全世界无产者，联合起来！

马克思恩格斯选集

第 一 卷

中共中央 马克思　恩格斯 著作编译局编译
列　宁　斯大林

人民出版社

Karl Marx

F. Engels

编 辑 说 明

一、《马克思恩格斯选集》是在马克思主义中国化、时代化、大众化事业不断推进的形势下，为适应广大读者学习和研究马克思主义理论的需要而编辑的马克思恩格斯著作精选本。1972年，四卷本《马克思恩格斯选集》第一版问世，译文选自《马克思恩格斯全集》第一版。1995年，我们对第一版篇目作了调整，对译文进行了校订，出版了四卷本《马克思恩格斯选集》第二版。2009年，十卷本《马克思恩格斯文集》正式出版，这是马克思主义理论研究和建设工程的重点项目和标志性成果，为深入学习和研究马克思主义理论提供了译文更准确、选编更精当、资料更翔实的基础文本。我们充分利用文集的编译和研究成果，编辑出版《马克思恩格斯选集》第三版。

二、《马克思恩格斯选集》第三版力求在有限的篇幅内完整准确地反映马克思和恩格斯创立的科学理论体系，集中涵盖马克思主义哲学、政治经济学和科学社会主义，以及马克思和恩格斯在政治、法学、史学、教育、科学技术、文学艺术、军事、民族、宗教等方面的重要论述，并体现马克思主义理论体系形成和发展的历史进程。《马克思恩格斯选集》第三版仍编为四卷，所收的著作按编年与专题相结合的方式编排：第一卷选辑马克思和恩格斯1843—1859年的著作，其中论述中国问题的十篇文章和论述印度问题的两篇文章分别集中编排;第二卷为马克思主义政治经济学专卷,内容包括马克思《资本论》节选和经济学手稿摘选,同时收录了马克思和恩格斯的四篇经济学论文;第三卷选辑马克思和恩格斯1864—1883年的著作;第四卷选辑恩格斯1884—1895年的著作,以及马克思和恩格斯1842—1895年写的102封书信。在选集中,马克思和恩格斯在不同时期为某一著作写的序言、导言一般同原著作编在一起,以方便读者阅读和研究;如果原著作没有收入选集,或者序言、导言本身已成为独立的论文,则按照写作和发表的时间顺序编排。

三、《马克思恩格斯选集》第三版吸收了第二版的编辑成果,同时在认真研究的基础上,对整体结构作了必要的调整,对各卷篇目作了适当的增删。第一卷增加了恩格斯的《国民经济学批判大纲》和《英国工人阶级状况》(节选),删去了恩格斯的《英国状况。十八世纪》。第二卷充实了《资本论》节选的内容,增加了马克思经济学手稿摘选,并将经济学著作以外的其他文献调整到第三卷。第三卷增加了马克思的《法国工人党纲领导言(草案)》以及《给维·伊·查苏利奇的复信》第三稿。第四卷增加了恩格斯的《纪念巴黎公社十五周年》以及他为《〈人民国家报〉国际问题论文集(1871—1875)》撰写的序言;在这一卷的书信部分,增收了马克思和恩格斯的四封书信,即恩格斯1847年11月23—24日致马克思的信、马克思1858年2月22日致斐迪南·拉萨尔的信、马克思1864年11月4日致恩格斯的信、恩格斯1895年3月8日致理查·费舍的信。恩格斯的《自然辩证法》(节选)原收入第四卷,现按写作年代编入第三卷,并增补了一些内容。在编辑过程中,我们对所有文献的写作和发表时间进行了核查和考订,以保证编排顺序和相关说明的科学性。

四、《马克思恩格斯选集》第三版所收的全部著作均采用《马克思恩格斯文集》的译文,以保证经典著作译文的统一性和准确性。

五、《马克思恩格斯选集》第三版所附的各种资料都经过全面审核和修订,努力做到严谨翔实,便于读者查考和检索。各卷正文之前刊有该卷说明,对本卷著作的时代背景和主要观点进行简要的综述。各卷卷末均附有著作题注、资料性注释和人名索引。第四卷所收的书信内容丰富,涉及面很广,我们除了在该卷说明中进行综合介绍,还专门编写了马克思恩格斯书信分类索引,附在该卷卷末。此外,第四卷还附有涵盖整部选集内容的名目索引,以及马克思恩格斯生平大事年表。这些资料旨在帮助读者更好地理解和把握经典著作的内涵。

六、《马克思恩格斯选集》第三版的目录和正文中,凡标有星花 * 的标题都是编者加的;引文中尖括号〈 〉内的文字和标点符号是马克思、恩格斯加的,引文中加圈点处是马克思、恩格斯加着重号的地方;目录和正文中方括号[ ]内的文字是编者加的;未注明"编者注"的脚注是马克思、恩格斯的原注。

中共中央 马克思 恩格斯 著作编译局
列 宁 斯大林

2012 年 8 月

目　录

第一卷说明

《马克思恩格斯选集》第一卷选收马克思和恩格斯 1843—1859 年的著作，以及他们后来为一些著作撰写的序言和导言。

这一时期是马克思主义诞生并在革命实践中运用和丰富的重要时期。19 世纪 40 年代，资本主义在欧洲主要国家迅速发展，资产阶级对工人阶级的剥削日益加深，资本主义固有的矛盾日益尖锐。工人阶级作为独立的政治力量登上历史舞台，为反对资本主义压迫和封建专制制度进行声势浩大的斗争。与此同时，由于资产阶级开拓了世界市场，以往那种地方的和民族的自给自足和闭关自守状态，逐渐被各民族的互相往来和互相依赖所代替。这种世界交往的趋势不仅出现在物质生产领域，而且也出现在精神生产领域，从而使各民族的精神产品逐渐成为全人类的共同财富。这一切为无产阶级科学世界观的诞生提供了社会历史条件和阶级基础。1848—1849 年欧洲大陆爆发资产阶级民主革命，工人阶级在这场革命中发挥了主力军作用，开始为争取自身彻底解放进行自觉的斗争，国际工人运动揭开了崭新的历史篇章。

正是在这样的时代背景下，马克思和恩格斯积极投身于理论研究和革命实践活动，把自己的命运同无产阶级解放事业紧紧地联系在一起。在探求真理的道路上，他们完成了从唯心主义向唯物主义、从革命民主主义向共产主义的转变，进而深入研究欧洲资本主义经济和政治发展状况,科学地总结工人运动的经验,吸收和改造人类思想文化的优秀成果,创立了历史唯物主义理论,形成了新世界观。他们参与创建无产阶级政党,制定了党的理论纲领和策略原则,阐述了科学社会主义的基本观点。他们亲自参加1848—1849年革命,指导工人阶级斗争实践,并在革命失败后全面总结革命的经验教训,进一步丰富和发展自己的科学理论。19世纪50年代后半期,马克思在长期研究的基础上创立了剩余价值理论。唯物史观和剩余价值理论这两大发现为科学社会主义奠定了坚实的理论基石。在这个时期,马克思和恩格斯还密切关注和热情支持被压迫民族争取解放的斗争,深刻揭露资本主义列强的侵略本质和罪恶行径。

本卷开篇部分选收了马克思的《〈黑格尔法哲学批判〉导言》和恩格斯的《国民经济学批判大纲》。这两篇文章写于1843年至1844年初,标志着马克思和恩格斯彻底完成了世界观和立场的转变。在《〈黑格尔法哲学批判〉导言》中,马克思从唯物主义和无神论立场出发,阐明了宗教的社会根源和本质,揭示了德国封建专制制度的社会基础和阶级特征,提出了推翻这一反动制度的战斗任务,论述了革命理论同革命实践相统一的思想,同时首次明确地阐述了无产阶级消灭一切奴役、实现人的解放的历史使命。在《国民经济学批判大纲》中,恩格斯评述了资产阶级政治经济学的起源和影响,分析和批判了它的主要范畴,指出它是资本主义私有制的理论表现,同时揭露了资本主义生产方式的矛盾,强调只有消灭私有制、全面变革现存的社会关系,才能消除资本主义的弊端。

《1844年经济学哲学手稿》是马克思1844年4—8月撰写的一部未完成的手稿,是马克思主义形成过程中的重要著作。在这部手稿中,马克思从唯物主义和共产主义的立场出发,对涉及哲

学、政治经济学和共产主义理论的各种历史文献和思想观点进行
了系统的批判性考察,在剖析资本主义经济制度和资产阶级经济
学的过程中,提出了新的经济学观点、哲学观点和共产主义理论观
点,并作了初步的综合性阐述。在本卷选录的《异化劳动和私有
财产》这一节中,马克思批判地改造了德国古典哲学的异化概念,
提出了异化劳动理论,用来分析资本主义的社会关系,揭示资本与
劳动的不可调和的对立,说明资本主义私有制必然给工人阶级和
整个人类带来灾难性的后果,指出要使社会从资本主义私有制的
统治下解放出来,就必须采取现实的共产主义行动,必须通过工人
解放这种政治形式。这样,马克思就进一步深刻地论证了工人阶
级的历史使命。

马克思和恩格斯高度重视对社会状况特别是工人阶级状况的
考察,以便把自己的理论建立在确凿可靠的事实基础上。恩格斯
在1844—1845年撰写的《英国工人阶级状况》就是这方面的范
例。这部著作以生动具体的材料展现了工人阶级在资本主义制度
下惨遭剥削和压迫的情景,揭示了工人遭受蹂躏的社会根源,并明
确指出,工人阶级的社会地位必然会促使他们奋起抗争,推翻资本
主义统治,实现创建新社会的任务。在本卷选录的内容中,恩格斯
在阐明上述基本思想的同时,还论述了英国工人运动的发展历程
和前进方向,指出工人运动除了与社会主义相结合,再没有其他出
路;而社会主义只有成为工人阶级政治斗争的目标,才能赢得真正
的胜利。在为这部著作1892年德文第二版撰写的序言中,恩格斯
分析了英国资本主义发展的新情况,批判了那种凌驾于一切阶级
对立和阶级斗争之上的冒牌社会主义,强调工人阶级必须正确判
断形势,善于总结经验,把革命运动不断推向前进。

马克思和恩格斯在创立新世界观的过程中,不仅坚决批判唯

心主义,而且自觉地同旧唯物主义划清界限。1845 年春,马克思撰写了《关于费尔巴哈的提纲》,批判费尔巴哈和一切旧唯物主义者忽视人的主观能动性和实践作用的主要缺点,阐明了辩证唯物主义的认识论和实践观,论述了实践是检验真理的标准的思想,指出人的本质是一切社会关系的总和,强调哲学家们过去只是用不同的方式解释世界,而问题在于改变世界。恩格斯认为,《提纲》是包含着新世界观的天才萌芽的第一个文献,是历史唯物主义的起源。

1845 年秋至 1846 年 5 月,马克思和恩格斯共同撰写了阐述唯物史观和共产主义理论的重要著作《德意志意识形态》。在这部著作的第一卷第一章中,马克思和恩格斯首次对唯物史观作了比较系统的论述。他们阐明了社会存在决定社会意识这一唯物史观的出发点,论证了研究现实的人的活动和他们的物质生活条件是科学的历史观的前提,指出唯物史观不是从观念出发来解释实践,而是从物质实践出发来揭示各种观念形态,从而深刻地揭示了唯物史观与唯心史观的根本区别;他们论证了物质生产在人类历史发展中的决定作用,从生产力和交往形式的矛盾运动中揭示人类历史发展的一般规律,进而阐述了共产主义取代资本主义的历史必然性;他们提出了无产阶级夺取政权、消灭私有制、建设新社会并在斗争实践中改造自己的任务,强调未来新社会的创建一方面要以生产力的巨大增长和高度发展为前提,另一方面要以同生产力的普遍发展相联系的世界交往为前提,共产主义事业只有作为世界历史性的存在才有可能实现。马克思和恩格斯创立的唯物史观为科学社会主义奠定了哲学基础。

为了给新世界观的传播扫清道路,引导工人阶级在思想上同小资产阶级划清界限,马克思和恩格斯对形形色色的历史唯心主义观点进行了剖析和批判。1847 年，马克思撰写了《哲学的贫困》，抨击小资产阶级社会主义者蒲鲁东为维护资本主义制度而散布的取消阶级斗争和社会革命的改良主义主张。本卷节选了这部著作的第二章《政治经济学的形而上学》。马克思在文中批判了蒲鲁东的唯心史观和形而上学方法论，进一步阐发了历史唯物主义基本原理，论述了生产力和生产关系的辩证运动以及生产力在社会发展中的决定作用，指出资本主义生产方式内在矛盾的对抗性必然导致阶级斗争尖锐化，资本主义终将为一个没有阶级和阶级对抗的新社会所代替，而工人阶级就是实现这一历史性变革的伟大革命阶级。这些精辟论述为马克思主义经济学理论奠定了初步基础，包含着后来在《资本论》中阐发的理论的萌芽。

马克思和恩格斯在 19 世纪 40 年代广泛关注各个社会领域的重大现实问题和理论问题，发表了一系列重要论著和演说。本卷收录的恩格斯的《共产主义者和卡尔·海因岑》阐述了共产主义理论产生的实践基础，强调共产主义不是教义，而是运动；不是从原则出发，而是从事实出发。马克思和恩格斯的《关于波兰的演说》论述了无产阶级革命同民族解放运动的关系，指出无产阶级对资产阶级的胜利是一切被压迫民族获得解放的信号。马克思的《雇佣劳动与资本》论述了以剥削雇佣工人劳动为基础的资本主义生产关系的实质，阐述了后来在《资本论》中得到科学论证的剩余价值理论的一些重要思想。恩格斯在 1891 年为这篇著作撰写的《导言》中论述了马克思主义政治经济学的科学价值，揭露了资本主义制度的本质，指出工人阶级不仅是社会财富的生产者，而且是新的社会制度的创造者。在《关于自由贸易问题的演说》中，马克思指出资产阶级所标榜的"贸易自由"实质上就是资本家压榨工人的自由，同时也是资本主义国家牺牲其他民族的利益而聚敛财富的自由。这些论著和演说从不同角度说明,马克思主义理论从一开始就体现了鲜明的阶级特征、实践品格和科学精神。

马克思和恩格斯在这个时期同工人阶级革命团体建立并保持广泛联系,使自己的理论同工人运动结合起来。在马克思和恩格斯的引导和支持下,1847年成立了以科学社会主义为指导思想的第一个国际性的无产阶级政党——共产主义者同盟。收入本卷的《共产主义原理》是恩格斯为同盟撰写的纲领草案,是《共产党宣言》的重要准备著作。恩格斯在这篇文献中指出,共产主义是关于无产阶级解放条件的学说,历史的发展决定了无产阶级必将完成埋葬资本主义和建立共产主义新社会的使命。恩格斯强调废除私有制是共产主义者的主要要求,同时阐明了消灭私有制的历史条件,论述了共产主义者的斗争道路和策略原则,并科学地预言了未来新社会的一些基本特征。1847年11月,共产主义者同盟第二次代表大会委托马克思和恩格斯为同盟起草一个准备公布的理论和实践的纲领。他们在《共产主义原理》的基础上写成了《共产党宣言》。

《共产党宣言》是科学社会主义的第一个纲领性文献,标志着马克思主义的诞生。《宣言》用历史唯物主义阐明了原始土地公有制解体以来的全部历史是阶级斗争的历史;对资本主义作了深刻而系统的分析,科学地评价了资产阶级的历史作用,揭示了资本主义的内在矛盾,论证了资本主义必然灭亡和共产主义必然胜利的人类社会发展规律;阐述了无产阶级作为资本主义掘墓人的伟大历史使命和奋斗目标,指出:共产主义革命就是同传统的所有制关系实行最彻底的决裂,并在自己的发展进程中同传统的观念实行最彻底的决裂;共产主义的特征并不是要废除一般的所有制,而是要废除资产阶级的所有制;工人革命的第一步就是使无产阶级上升为统治阶级,争得民主,并尽可能快地增加生产力的总量;共产主义新社会必将代替那存在着阶级和阶级对立的资产阶级旧社会,这个新社会将是这样一个联合体,在那里,每个人的自由发展是一切人的自由发展的条件。《宣言》奠定了马克思主义建党学说的基础,论述了共产党的性质、特点、基本纲领和策略原则,指出在无产阶级与资产阶级的斗争中,共产党人始终代表整个运动的利益。在实践方面,共产党人是各国工人政党中最坚决的、始终起推动作用的部分;在理论方面,他们胜过其余无产阶级群众的地方在于他们了解无产阶级运动的条件、进程和一般结果。《宣言》批判了当时流行的形形色色的社会主义流派,划清了科学社会主义与这些流派的界限,提出了"全世界无产者,联合起来!"这一战斗口号。

本卷同时收录了马克思和恩格斯在不同时期为《宣言》写的七篇序言。序言阐明了贯穿《宣言》的基本思想是唯物史观,并结合各个国家的不同条件和各国无产阶级的斗争实践,阐述了《宣言》的指导意义,强调指出:不管后来情况发生了多大的变化,《宣言》所阐述的一般原理整个说来是完全正确的;而这些原理的实际运用,随时随地都要以当时的历史条件为转移。

《共产党宣言》阐述的科学理论在1848—1849年欧洲革命中经受了检验,并在实际的运用中得到发展。本卷选收了马克思和恩格斯论述和总结这场革命的经验的重要著作。在这些论著中,马克思和恩格斯提出了有关无产阶级革命、无产阶级专政以及工农联盟等问题的重要观点,进一步丰富了新世界观的科学内涵。

《危机和反革命》、《资产阶级和反革命》是马克思在1848—1849年革命期间写的两篇评论。这两篇评论深刻地揭露了德国资产阶级背叛革命的行径及其原因,为无产阶级确立革命目标、制定斗争策略指明了方向。

《1848年至1850年的法兰西阶级斗争》是马克思科学总结法国1848—1849年革命经验的重要著作。在这部著作中,马克思通过对法国1848—1849年革命的分析和总结,阐明了无产阶级革命斗争的理论和策略,并第一次使用了"无产阶级专政"概念。他评价六月起义是现代社会中两大对立阶级间的第一次伟大战斗,是保存还是消灭资产阶级制度的斗争。马克思划清了革命的社会主义与各种空论的社会主义的界限,指出革命的社会主义就是宣布不断革命,就是无产阶级的阶级专政,这种专政是达到消灭一切阶级差别,达到消灭这些差别所由产生的一切生产关系,达到消灭和这些生产关系相适应的一切社会关系,达到改变由这些社会关系产生出来的一切观念的必然的过渡阶段。马克思阐明了"劳动权"的科学内涵,强调劳动权就是支配资本的权力,就是占有生产资料,使生产资料受联合起来的工人阶级支配,也就是消灭雇佣劳动、资本及其相互间的关系。恩格斯认为,马克思在这里第一次提出了世界各国工人政党用以表述自己的经济改造要求的公式,即"生产资料归社会所有",因而具有特别重大的意义。此外马克思还提出了"革命是历史的火车头"这个著名论点,并阐述了工农联盟是无产阶级革命成功的重要前提的思想。

在《共产主义者同盟中央委员会告同盟书》中,马克思和恩格斯在总结德国1848—1849年革命经验的基础上,着重阐述了无产阶级政党对小资产阶级民主派的策略,强调必须建立独立的工人政党并坚持无产阶级独立的革命策略,必须保持自己组织上和思想上的独立性。他们第一次比较完整地阐述了"不断革命"理论,指出无产阶级的利益要求不断革命,直到彻底消灭有产阶级的统治,直到无产阶级夺得国家政权,将有决定意义的生产力集中到无产者手中。

恩格斯的《德国的革命和反革命》是一部用唯物史观全面研究德国 1848—1849 年革命的著作。恩格斯科学地阐明了革命的前提和性质、发展进程和失败原因。通过对德国社会结构、各阶级的地位及其在革命中的态度和作用的分析,恩格斯论述了无产阶级领导权和工农联盟问题,并进一步阐述了无产阶级革命斗争的策略原则。

《路易·波拿巴的雾月十八日》是马克思总结法国 1848 年革命经验和评述 1851 年 12 月 2 日路易·波拿巴政变的重要著作。在这部著作中,马克思通过对法国社会结构和阶级斗争状况的科学分析,揭示了历史运动的规律,阐明了马克思主义国家学说,指出历次资产阶级革命都没有动摇在君主专制时代形成的军事官僚机器,反而把它当做主要的战利品,而无产阶级革命则必须打碎旧的国家机器;阐述了工农联盟的思想,指出无产阶级革命只有获得农民的支持,才能形成一种合唱,若没有这种合唱,它在一切农民国度中的独唱都会成为孤鸿哀鸣。

马克思《在〈人民报〉创刊纪念会上的演说》简明扼要地阐述了唯物史观,强调了无产阶级革命胜利的历史必然性,指出生产力发展和科技进步中蕴含着巨大的革命力量;在资本主义社会,生产力与生产关系之间的对抗必然引起无产阶级革命;无产阶级是新生产力的代表,肩负着彻底改造旧世界的历史使命。

马克思和恩格斯十分关注东方被压迫民族的斗争,本卷选收了他们在 19 世纪 50 年代论中国的十篇文章和论印度的两篇文章。

在论中国的文章中,马克思和恩格斯分析了中国社会的特点,揭露了资本主义列强对华战争的侵略本质和血腥暴行,热情支持中国人民的反侵略斗争,并对中国的农民起义作了科学的评价。马克思和恩格斯指出,封建专制的压迫和欧洲列强的侵略是引起中国革命的原因,中国革命必将对欧洲产生重要影响,并成为整个亚洲新纪元的曙光。

在论印度的文章中,马克思揭露了英国殖民统治的本质和罪恶行径,同时指出,它破坏了印度的宗法制,造成了一场前所未有的社会革命,因而充当了历史的不自觉的工具。马克思联系无产阶级革命的前景来考察民族殖民地问题和人类历史进步问题,指出被压迫民族和殖民地人民的解放不仅仅决定于生产力的发展,而且决定于生产力是否归人民所有;强调只有在伟大的社会革命支配了资产阶级时代的文明成果,支配了世界市场和现代生产力,并且使这一切都服从于最先进的民族共同监督的时候,人类才能在没有阶级压迫和剥削的条件下实现历史的进步。

从 19 世纪 40 年代初开始,马克思一直孜孜不倦地从事政治经济学研究。1857—1858 年间,他以《政治经济学批判》为题撰写了篇幅宏大的经济学手稿。1859 年,他出版了《政治经济学批判。第一分册》,并在序言中对唯物史观作了经典表述。恩格斯为这部著作撰写了书评,阐述了马克思的理论贡献。按照本选集的体例和结构,上述著作选编在第二卷,以便比较集中地反映马克思主义创始人在经济学领域的理论成果。

卡·马克思

《黑格尔法哲学批判》导言¹

就德国来说,**对宗教的批判**基本上已经结束;而对宗教的批判是其他一切批判的前提。

谬误在**天国**为神祇所作的雄辩[oratio pro aris et focis①]一经驳倒,它在**人间的**存在就声誉扫地了。一个人,如果曾在天国的幻想现实性中寻找超人,而找到的只是他自身的**反映**,他就再也不想在他正在寻找和应当寻找自己的真正现实性的地方,只去寻找他自身的**假象**,只去寻找非人了。

反宗教的批判的根据是:**人创造了宗教**,而不是宗教创造人。就是说,宗教是还没有获得自身或已经再度丧失自身的人的自我意识和自我感觉。但是,人不是抽象的蛰居于世界之外的存在物。人就是**人的世界**,就是国家,社会。这个国家、这个社会产生了宗教,一种**颠倒的世界意识**,因为它们就是**颠倒的世界**。宗教是这个世界的总理论,是它的包罗万象的纲要,它的具有通俗形式的逻辑,它的唯灵论的荣誉问题[Point-d'honneur],它的狂热,它的道德

---

① 见西塞罗《论神之本性》。直译是:为保卫祭坛和炉灶所作的雄辩;转义是:为保卫社稷和家园所作的雄辩。——编者注

约束,它的庄严补充,它借以求得慰藉和辩护的总根据。宗教是人的本质**在幻想中的实现**,因为**人的本质**不具有真正的现实性。因此,反宗教的斗争间接地就是反对以宗教为精神**抚慰**的**那个世界**的斗争。

宗教里的苦难既是现实的苦难的**表现**,又是对这种现实的苦难的**抗议**。宗教是被压迫生灵的叹息,是无情世界的情感,正像它是无精神活力的制度的精神一样。宗教是人民的**鸦片**。

废除作为人民的**虚幻幸福**的宗教,就是要求人民的**现实**幸福。要求抛弃关于人民处境的幻觉,就是**要求抛弃那需要幻觉的处境**。因此,对宗教的批判就是**对苦难尘世**——宗教是它的**神圣光环**——的批判的胚芽。

这种批判撕碎锁链上那些虚幻的花朵,不是要人依旧戴上没有幻想没有慰藉的锁链,而是要人扔掉它,采摘新鲜的花朵。对宗教的批判使人不抱幻想,使人能够作为不抱幻想而具有理智的人来思考,来行动,来建立自己的现实;使他能够围绕着自身和自己现实的太阳转动。宗教只是虚幻的太阳,当人没有围绕自身转动的时候,它总是围绕着人转动。

因此,**真理的彼岸世界**消逝以后,**历史的任务**就是确立**此岸世界的真理**。人的自我异化的**神圣形象**被揭穿以后,揭露具有非神圣形象的自我异化,就成了为历史服务的**哲学**的迫切**任务**。于是,对天国的批判变成对尘世的批判,**对宗教的批判变成对法的批判,对神学的批判变成对政治的批判**。

随导言之后将要作的探讨[2]——这是为这项工作尽的一份力——首先不是联系原本,而是联系副本即联系德国的国家**哲学**和法哲学来进行的。其所以如此,正是因为这一探讨是联系**德国**进行的。

如果想从德国的现状[status quo]本身出发,即使采取唯一适当的方式,就是说采取否定的方式,结果依然是**时代错乱**。即使对我国当代政治状况的否定,也已经是现代各国的历史废旧物品堆藏室中布满灰尘的史实。即使我否定了敷粉的发辫,我还是要同没有敷粉的发辫打交道。即使我否定了1843年的德国制度,但是按照法国的纪年,我也不会处在1789年①,更不会是处在当代的焦点。

不错,德国历史自夸有过一个运动,在历史的长空中,没有一个国家曾经是这个运动的先行者,将来也不会是这个运动的模仿者。我们没有同现代各国一起经历革命,却同它们一起经历复辟。我们经历了复辟,首先是因为其他国家敢于进行革命,其次是因为其他国家受到反革命的危害;在第一种情形下,是因为我们的统治者们害怕了,在第二种情形下,是因为我们的统治者们并没有害怕。我们,在我们的那些牧羊人带领下,总是只有一次与自由为伍,那就是**在自由被埋葬的那一天**。

有个学派以昨天的卑鄙行为来说明今天的卑鄙行为是合法的,有个学派把农奴反抗鞭子——只要鞭子是陈旧的、祖传的、历史的鞭子——的每一声呐喊都宣布为叛乱;正像以色列人的上帝对他的奴仆摩西一样,历史对这一学派也只是显示了自己的后背[a posteriori]②,因此,这个**历史法学派**³本身如果不是德国历史的杜撰,那就是它杜撰了德国历史。这个夏洛克,却是奴才夏洛克,他发誓要凭他所持的借据,即历史的借据、基督教日耳曼的借据来索取从人民胸口割下的每一磅肉。

---

① 1789年是法国资产阶级革命(1789—1794年)开始的年份。——编者注
② 《旧约全书·出埃及记》第33章第23节。——编者注

相反,那些好心的狂热者,那些具有德意志狂的血统并有自由思想的人,却到我们史前的条顿原始森林去寻找我们的自由历史。但是,如果我们的自由历史只能到森林中去找,那么我们的自由历史和野猪的自由历史又有什么区别呢?况且谁都知道,在森林中叫唤什么,森林就发出什么回声。还是让条顿原始森林保持宁静吧!

向德国制度**开火**!一定要开火!这种制度虽然**低于历史水平,低于任何批判**,但依然是批判的对象,正像一个低于做人的水平的罪犯,依然是**刽子手**的对象一样。在同这种制度进行的斗争中,批判不是头脑的激情,它是激情的头脑。它不是解剖刀,它是武器。它的对象是自己的**敌人**,它不是要驳倒这个敌人,而是要**消灭**这个敌人。因为这种制度的精神已经被驳倒。这种制度本身不是**值得重视**的对象,而是既应当受到鄙视同时又已经受到鄙视的**存在状态**。对于这一对象,批判本身不用自己表明什么了,因为它对这一对象已经清清楚楚。批判已经不再是**目的本身**,而只是一种**手段**。它的主要情感是**愤怒**,它的主要工作是**揭露**。

这是指描述各个社会领域相互施加的无形压力,描述普遍无所事事的沉闷情绪,描述既表现为自大又表现为自卑的狭隘性,而且要在政府制度的范围内加以描述,政府制度是靠维护一切卑劣事物为生的,它本身无非是**以政府的形式表现出来的卑劣事物**。

这是一幅什么景象呵!社会无止境地继续分成各色人等,这些心胸狭窄、心地不良、粗鲁平庸之辈处于互相对立的状态,这些人正因为相互采取暧昧的猜疑的态度而被自己的**统治者**一律——虽然形式有所不同——视为**特予恩准的存在物**。甚至他们还必须承认和首肯自己之**被支配**、**被统治**、**被占有**全是上天的恩准!而另一方面,是那些统治者本人,他们的身价与他们的人数则成反比!

涉及这个内容的批判是**搏斗式的**批判;而在搏斗中,问题不在于敌人是否高尚,是否旗鼓相当,是否**有趣**,问题在于给敌人以**打击**。问题在于不让德国人有一时片刻去自欺欺人和俯首听命。应当让受现实压迫的人意识到压迫,从而使现实的压迫更加沉重;应当公开耻辱,从而使耻辱更加耻辱。应当把德国社会的每个领域作为德国社会的羞耻部分[partie honteuse]加以描述,应当对这些僵化了的关系唱一唱它们自己的曲调,迫使它们跳起舞来! 为了激起人民的**勇气**,必须使他们对自己**大吃一惊**。这样才能实现德国人民的不可抗拒的要求,而各国人民的要求本身则是能使这些要求得到满足的决定性原因。

甚至对**现代各国**来说,这种反对德国现状的狭隘内容的斗争,也不会是没有意义的,因为德国现状是旧制度[ancien régime]的**公开的完成**,而旧制度是**现代国家的隐蔽的缺陷**。对当代德国政治状况作斗争就是对现代各国的过去作斗争,而对过去的回忆依然困扰着这些国家。这些国家如果看到,在它们那里经历过自己的**悲剧**的旧制度,现在又作为德国的幽灵在演自己的**喜剧**,那是很有教益的。当旧制度还是有史以来就存在的世界权力,自由反而是个人突然产生的想法的时候,简言之,当旧制度本身还相信而且也必定相信自己的合理性的时候,它的历史是**悲剧性的**。当旧制度作为现存的世界制度同新生的世界进行斗争的时候,旧制度犯的是世界历史性的错误,而不是个人的错误。因而旧制度的灭亡也是悲剧性的。

相反,现代德国制度是时代错乱,它公然违反普遍承认的公理,它向全世界展示旧制度毫不中用;它只是想象自己有自信,并且要求世界也这样想象。如果它真的相信自己的**本质**,难道它还会用一个异己本质的**假象**来掩盖自己的本质,并且求助于伪善和诡辩吗？现代的旧制度不过是**真正主角**已经死去的那种世界制度的**丑角**。历史是认真的，经过许多阶段才把陈旧的形态送进坟墓。世界历史形态的最后一个阶段是它的**喜剧**。**4**在埃斯库罗斯的《被缚的普罗米修斯》中已经悲剧性地因伤致死的希腊诸神，还要在琉善的《对话》中喜剧性地重死一次。为什么会出现这样的历史进程呢？这是为了人类能够**愉快地**同自己的过去诀别。我们现在为德国政治力量争取的也正是这样一个**愉快的**历史结局。

可是，一旦**现代的**政治社会现实本身受到批判，即批判一旦提高到真正的人的问题，批判就超出了德国现状，不然的话，批判就会认为自己的对象所处的水平**低于**这个对象的实际水平。下面就是一个例子！工业以至于整个财富领域对政治领域的关系，是现代主要问题之一。这个问题开始是以何种形式引起德国人的关注的呢？以**保护关税**、**禁止性关税制度**、**国民经济学5**的形式。德意志狂从人转到物质，因此，我们的棉花骑士和钢铁英雄就在某个早晨一变而成爱国志士了。所以在德国，人们是通过给垄断以**对外的统治权**，开始承认垄断有对内的统治权的。可见，在法国和英国行将完结的事物，在德国现在才刚刚开始。这些国家在理论上激烈反对的、然而却又像戴着锁链一样不得不忍受的陈旧腐朽的制度，在德国却被当做美好未来的初升朝霞而受到欢迎，这个美好的未来好不容易才敢于从**狡猾的理论**①向最无情的实践过渡。在法国和英国，问题是**政治经济学**，或社会对财富的统治；在德国，问题却是**国民经济学**，或私有财产对国民的统治。因此，在法国和英

---

① 德文 *listige* Theorie（**狡猾的**理论）在这里是双关语，暗示弗·李斯特的保护关税宣传，特别是指他的《政治经济学的国民体系》一书。listige（狡猾的）和 List（李斯特）读音相近。——编者注

国是要消灭已经发展到终极的垄断；在德国却要把垄断发展到终极。那里，正涉及解决问题；这里，才涉及冲突。这个例子充分说明了**德国式的**现代问题，说明我们的历史就像一个不谙操练的新兵一样，到现在为止只承担着一项任务，那就是补习操练陈旧的历史。

因此，假如德国的**整个**发展没有超出德国的**政治**发展，那么德国人对当代问题的参与程度顶多也只能像**俄国人**一样。但是，既然单个人不受国界的限制，那么整个国家就不会因为个人获得解放而获得解放。希腊哲学家中间有一个是西徐亚人**6**，但西徐亚人并没有因此而向希腊文化迈进一步。

我们德国人幸而不是西徐亚人。

正像古代各民族是在想象中、在**神话**中经历了自己的史前时期一样，我们德国人在思想中、在**哲学**中经历了自己的未来的历史。我们是当代的**哲学**同时代人，而不是当代的**历史**同时代人。德国的哲学是德国历史**在观念上的延续**。因此，当我们不去批判我们现实历史的未完成的著作［œuvres incomplètes］，而来批判我们观念历史的遗著［œuvres posthumes］——**哲学**的时候，我们的批判恰恰接触到了当代所谓的问题之所在［that is the question①］的那些问题的中心。在先进国家，是同现代国家制度**实际**分裂，在甚至不存在这种制度的德国，却首先是同这种制度的哲学反映**批判地**分裂。

德国的法哲学和国家哲学是唯一与**正式的**当代现实保持在同等水平上［al pari］的**德国历史**。因此，德国人民必须把自己这种

---

① 莎士比亚《哈姆雷特》第3幕第1场。——编者注

梦想的历史一并归入自己的现存制度,不仅批判这种现存制度,而且同时还要批判这种制度的抽象继续。他们的未来既不能**局限于**对他们现实的国家和法的制度的直接否定,也不能**局限于**他们观念上的国家和法的制度的直接实现,因为他们观念上的制度就具有对他们现实的制度的直接否定,而他们观念上的制度的直接实现,他们在观察邻近各国的生活的时候几乎已经**经历过**了。因此,德国的**实践政治派**要求**对哲学的否定**是正当的。该派的错误不在于提出了这个要求,而在于停留于这个要求——没有认真实现它,也不可能实现它。该派以为,只要背对着哲学,并且扭过头去对哲学嘟囔几句陈腐的气话,对哲学的否定就实现了。该派眼界的狭隘性就表现在没有把哲学归入**德国的**现实范围,或者甚至以为哲学低于德国的实践和为实践服务的理论。你们要求人们必须从**现实的生活胚芽**出发,可是你们忘记了德国人民现实的生活胚芽一向都只是在他们的**脑壳**里萌生的。一句话,**你们不使哲学成为现实,就不能够消灭哲学**。

起源于哲学的**理论政治派**犯了同样的错误,只不过错误的因素是**相反的**。

该派认为目前的斗争**只是哲学同德国世界的批判性斗争**,它没有想到**迄今为止的哲学**本身就属于这个世界,而且是这个世界的**补充**,虽然只是观念的**补充**。该派对敌手采取批判的态度,对自己本身却采取非批判的态度,因为它从哲学的**前提**出发,要么停留于哲学提供的结论,要么就把从别处得来的要求和结论冒充为哲学的直接要求和结论,尽管这些要求和结论——假定是正确的——相反地只有借助于**对迄今为止的哲学的否定**、对作为哲学的哲学的否定,才能得到。关于这一派,我们留待以后作更详细的叙述。该派的根本缺陷可以归结如下:**它以为,不消灭哲学,就能**

够使哲学成为现实。[7]

德国的国家哲学和法哲学在**黑格尔**的著作中得到了最系统、最丰富和最终的表述;[8]对这种哲学的批判既是对现代国家以及同它相联系的现实所作的批判性分析,又是对迄今为止的**德国政治意识和法意识**的整个**形式**的坚决否定,而这种意识的最主要、最普遍、上升为**科学**的表现正是**思辨的法哲学**本身。如果思辨的法哲学,这种关于现代国家——它的现实仍然是彼岸世界,虽然这个彼岸世界也只在莱茵河彼岸——的抽象而不切实际的**思维**,只是在德国才有可能产生,那么反过来说,**德国人那种置现实的人**于不顾的关于现代国家的思想形象之所以可能产生,也只是因为现代国家本身置**现实的人**于不顾,或者只凭虚构的方式满足**整个的人**。德国人在政治上**思考**其他国家**做过**的事情。德国是这些国家的**理论良心**。它的思维的抽象和自大总是同它的现实的片面和低下保持同步。因此,如果**德国国家制度**的现状表现了旧制度的**完成**,即表现了现代国家机体中这个肉中刺的完成,那么**德国的国家学说**的现状就表现了**现代国家的未完成**,表现了现代国家的机体本身的缺陷。

对思辨的法哲学的批判既然是对**德国**迄今为止政治意识形式的坚决反抗,它就不会专注于自身,而会专注于**课题**,这种课题只有一个解决办法:**实践**。

试问:德国能不能实现有原则高度的[à la hauteur des principes]实践,即实现一个不但能把德国提高到现代各国的**正式水准**,而且提高到这些国家最近的将来要达到的**人的高度**的革命呢?

批判的武器当然不能代替武器的批判,物质力量只能用物质力量来摧毁;但是理论一经掌握群众,也会变成物质力量。理论只要说服人［ad hominem］，就能掌握群众；而理论只要彻底，就能说服人［ad hominem］。所谓彻底，就是抓住事物的根本。而人的根本就是人本身。德国理论的彻底性的明证，亦即它的实践能力的明证，就在于德国理论是从坚决**积极**废除宗教出发的。对宗教的批判最后归结为**人是人的最高本质**这样一个学说，从而也归结为这样的**绝对命令**：必须推翻使人成为被侮辱、被奴役、被遗弃和被蔑视的东西的**一切关系**，一个法国人对草拟中的养犬税发出的呼声，再恰当不过地刻画了这种关系，他说："可怜的狗啊！人家要把你们当人看哪！"

即使从历史的观点来看，理论的解放对德国也有特殊的实践意义。德国的**革命的**过去就是理论性的，这就是**宗教改革**⁹。正像当时的革命是从**僧侣**的头脑开始一样，现在的革命则从**哲学家**的头脑开始。

的确，**路德**战胜了**虔信**造成的奴役制，是因为他用**信念**造成的奴役制代替了它。他破除了对权威的信仰，是因为他恢复了信仰的权威。他把僧侣变成了世俗人，是因为他把世俗人变成了僧侣。他把人从外在的宗教笃诚解放出来，是因为他把宗教笃诚变成了人的内在世界。他把肉体从锁链中解放出来，是因为他给人的心灵套上了锁链。

但是，新教即使没有正确解决问题，毕竟正确地提出了问题。现在问题已经不再是世俗人同**世俗人以外的僧侣**进行斗争，而是同他**自己内心的僧侣**进行斗争，同他自己的**僧侣本性**进行斗争。如果说新教把德国世俗人转变为僧侣，就是解放了世俗教皇即**王公**，以及他们的同伙即特权者和庸人，那么哲学把受僧侣精神影响的德国人转变为人，就是解放**人民**。但是，正像解放不应停留于王公的解放，财产的**收归俗用**¹⁰也不应停留于剥夺教会财产，而这种剥夺是由伪善的普鲁士最先实行的。当时,农民战争,这个德国历史上最彻底的事件,因碰到神学而失败了。今天,神学本身遭到失败,德国历史上最不自由的实际状况——我们的现状——也会因碰到哲学而土崩瓦解。宗教改革之前,官方德国是罗马最忠顺的奴仆。而在德国发生革命之前,它则是小于罗马的普鲁士和奥地利的忠顺奴仆,是土容克和庸人的忠顺奴仆。

可是,**彻底的**德国革命看来面临着一个重大的困难。

就是说,革命需要**被动**因素,需要**物质**基础。理论在一个国家实现的程度,总是取决于理论满足这个国家的需要的程度。但是,德国思想的要求和德国现实对这些要求的回答之间有惊人的不一致,与此相应,市民社会[11]和国家之间以及和市民社会本身之间是否会有同样的不一致呢?理论需要是否会直接成为实践需要呢?光是思想力求成为现实是不够的,现实本身应当力求趋向思想。

但是,德国不是和现代各国在同一个时候登上政治解放的中间阶梯的。甚至它在理论上已经超越的阶梯,它在实践上却还没有达到。它怎么能够一个筋斗[salto mortale]就不仅越过自己本身的障碍,而且同时越过现代各国面临的障碍呢?现代各国面临的障碍,对德国来说实际上应该看做摆脱自己实际障碍的一种解放,而且应该作为目标来争取。彻底的革命只能是彻底需要的革命,而这些彻底需要所应有的前提和基础,看来恰好都不具备。

但是,如果说德国只是用抽象的思维活动伴随现代各国的发展,而没有积极参加这种发展的实际斗争,那么从另一方面看,它分担了这一发展的**痛苦**,而没有分享这一发展的欢乐和局部的满足。一方面的抽象痛苦同另一方面的抽象活动相适应。因此,有朝一日,德国会在还没有处于欧洲解放的水平以前就处于欧洲瓦解的水平。德国可以比做染上基督教病症而日渐衰弱的**偶像崇**

拜者。

如果我们先看一下**德国各邦政府**,那么我们就会看到,这些政府由于现代各种关系,由于德国的形势,由于德国教育的立足点,最后,由于自己本身的良好本能,不得不把**现代政治领域**(它的长处我们不具备)的**文明缺陷**同旧制度(这种制度我们完整地保存着)的**野蛮缺陷**结合在一起。因此,德国就得越来越多地分担那些超出它的现状之上的国家制度的某些方面,即使不是合理的方面,至少也是不合理的方面。例如,世界上有没有一个国家,像所谓立宪德国这样,天真地分享了立宪国家制度的一切幻想,而未分享它的现实呢?而德国政府突发奇想,要把书报检查制度的折磨和以新闻出版自由为前提的法国九月法令**12**的折磨结合在一起,岂不是在所难免!正像在罗马的万神庙可以看到一切民族的**神**一样,在德意志神圣罗马帝国**13**可以看到一切国家形式的**罪恶**。这种折中主义将达到迄今没有料到的高度,而一位德国国王①在**政治上、审美上的贪欲**将为此提供特别的保证,这个国王想扮演王权的一切角色——封建的和官僚的,专制的和立宪的,独裁的和民主的;他想,这样做如果不是以人民的名义,便是以他**本人**的名义,如果不是为了人民,便是为**他自己本身**。德国这个形成一种特殊领域的当代政治的缺陷,如果不摧毁当代政治的普遍障碍,就不可能摧毁德国特有的障碍。

对德国来说,**彻底的革命、普遍的人的解放**,不是乌托邦式的梦想,相反,局部的**纯政治的革命**,毫不触犯大厦支柱的革命,才是乌托邦式的梦想。局部的纯政治的革命的基础是什么呢?就是**市**

---

① 弗里德里希-威廉四世。——编者注

民社会的**一部分**解放自己,取得**普遍**统治,就是一定的阶级从自己的**特殊地位**出发,从事社会的普遍解放。只有在这样的前提下,即整个社会都处于这个阶级的地位,也就是说,例如既有钱又有文化知识,或者可以随意获得它们,这个阶级才能解放整个社会。

在市民社会,任何一个阶级要能够扮演这个角色,就必须在自身和群众中激起瞬间的狂热。在这瞬间,这个阶级与整个社会亲如兄弟,汇合起来,与整个社会混为一体并且被看做和被认为是社会的**总代表**;在这瞬间,这个阶级的要求和权利真正成了社会本身的权利和要求,它真正是社会的头脑和社会的心脏。只有为了社会的普遍权利,特殊阶级才能要求普遍统治。要夺取这种解放者的地位,从而在政治上利用一切社会领域来为自己的领域服务,光凭革命精力和精神上的自信是不够的。要使**人民革命**同市民社会**特殊阶级的解放**完全一致,要使**一个**等级被承认为整个社会的等级,社会的一切缺陷就必定相反地集中于另一个阶级,一定的等级就必定成为引起普遍不满的等级,成为普遍障碍的体现;一种特殊的社会领域就必定被看做是整个社会中**昭彰的罪恶**,因此,从这个领域解放出来就表现为普遍的自我解放。要使**一个**等级真正[par excellence]成为解放者等级,另一个等级就必定相反地成为公开的奴役者等级。法国贵族和法国僧侣的消极普遍意义决定了同他们最接近却又截然对立的阶级即**资产阶级**的积极普遍意义。

但是,在德国,任何一个特殊阶级所缺乏的不仅是能标明自己是社会消极代表的那种坚毅、尖锐、胆识、无情。同样,任何一个等级也还缺乏和人民魂魄相同的,哪怕是瞬间相同的那种开阔胸怀,缺乏鼓舞物质力量去实行政治暴力的天赋,缺乏革命的大无畏精神,对敌人振振有辞地宣称:**我没有任何地位,但我必须成为一切**[14]。德国的道德和忠诚——不仅是个别人的而且也是各个阶级的道德和忠诚——的基础,反而是**有节制的利己主义**;这种利己主义表现出自己的狭隘性,并用这种狭隘性来束缚自己。因此,德国社会各个领域之间的关系就不是戏剧性的,而是叙事式的。每个领域不是在受到压力的时候,而是当现代各种关系在没有得到它的支持的情况下确立了一种社会基础,而且它又能够对这种基础施加压力的时候,它才开始意识到自己,才开始带着自己的特殊要求同其他各种社会领域靠拢在一起。就连**德国中等阶级道德上的自信**也只以自己是其他一切阶级的平庸习性的总代表这种意识为依据。因此,不仅德国国王们登基不逢其时[mal-à-propos],而且市民社会每个领域也是未等庆祝胜利,就遭到了失败,未等克服面前的障碍,就有了自己的障碍,未等表现出自己的宽宏大度的本质,就表现了自己心胸狭隘的本质,以致连扮演一个重要角色的机遇,也是未等它到手往往就失之交臂,以致一个阶级刚刚开始同高于自己的阶级进行斗争,就卷入了同低于自己的阶级的斗争。因此,当诸侯同君王斗争,官僚同贵族斗争,资产者同所有这些人斗争的时候,无产者已经开始了反对资产者的斗争。中等阶级还不敢按自己的观点来表达解放的思想,而社会形势的发展以及政治理论的进步已经说明这种观点本身陈旧过时了,或者至少是成问题了。

在法国,一个人只要有一点地位,就足以使他希望成为一切。在德国,一个人如果不想放弃一切,就必须没有任何地位。在法国,部分解放是普遍解放的基础。在德国,普遍解放是任何部分解放的必要条件[conditio sine qua non]。在法国,全部自由必须由逐步解放的现实性产生;而在德国,却必须由这种逐步解放的不可能性产生。在法国,人民中的每个阶级都是**政治上的理想主义者**,它首先并不感到自己是个特殊阶级,而感到自己是整个社会需要的代表。因此,**解放者**的角色在戏剧性的运动中依次由法国人民的各个不同阶级担任,直到最后由这样一个阶级担任,这个阶级在实现社会自由时,已不再以在人之外的但仍然由人类社会造成的一定条件为前提,而是从社会自由这一前提出发,创造人类存在的一切条件。在德国则相反,这里实际生活缺乏精神活力,精神生活也无实际内容,市民社会任何一个阶级,如果不是由于自己的**直接**地位、由于**物质**需要、由于自己的**锁链本身**的强迫,是不会有普遍解放的需要和能力的。

那么,德国解放的**实际**可能性到底在哪里呢?

答:就在于形成一个被戴上**彻底的锁链**的阶级,一个并非市民社会阶级的市民社会阶级,形成一个表明一切等级解体的等级,形成一个由于自己遭受普遍苦难而具有普遍性质的领域,这个领域不要求享有任何**特殊的权利**,因为威胁着这个领域的不是**特殊的不公正**,而是**普遍的不公正**,它不能再求助于**历史的**权利,而只能求助于**人的**权利,它不是同德国国家制度的后果处于片面的对立,而是同这种制度的前提处于全面的对立,最后,在于形成一个若不从其他一切社会领域解放出来从而解放其他一切社会领域就不能解放自己的领域,总之,形成这样一个领域,它表明人的**完全丧失**,并因而只有通过**人的完全回复**才能回复自己本身。社会解体的这个结果,就是**无产阶级**这个特殊等级。

德国无产阶级只是通过兴起的**工业**运动才开始形成;因为组成无产阶级的不是**自然形成的**而是**人为造成的**贫民,不是在社会的重担下机械地压出来的而是由于社会的**急剧解体**、特别是由于中间等级的解体而产生的群众,虽然不言而喻,自然形成的贫民和基督教日耳曼的农奴也正在逐渐跨入无产阶级的行列。

无产阶级宣告**迄今为止的世界制度的解体**,只不过是揭示**自己本身的存在的秘密**,因为它就**是**这个世界制度的**实际**解体。无产阶级要求**否定私有财产**,只不过是把社会已经提升为**无产阶级**的原则的东西,把未经无产阶级的协助就已作为社会的否定结果而体现在**它身上**的东西提升为**社会的原则**。这样一来,无产者对正在生成的世界所享有的权利就同**德国国王**对已经生成的世界所享有的权利一样了。德国国王把人民称为**自己的人民**,正像他把马叫做**自己的马**一样。国王宣布人民是他的私有财产,只不过表明私有者就是国王。

哲学把无产阶级当做自己的**物质**武器,同样,无产阶级也把哲学当做自己的**精神**武器;思想的闪电一旦彻底击中这块素朴的人民园地,**德国人**就会解放成为**人**。

我们可以作出如下的结论:

德国唯一**实际**可能的解放是以宣布人是人的最高本质**这个理论**为立足点的解放。在德国,只有同时从对中世纪的**部分胜利**解放出来,才能从**中世纪**得到解放。在德国,不摧毁**一切**奴役制,**任何一种奴役制都不可能被摧毁**。**彻底的**德国不从**根本**上进行革命,就不可能完成革命。**德国人的解放就是人的解放**。这个解放的**头脑**是**哲学**,它的**心脏**是**无产阶级**。哲学不消灭无产阶级,就不能成为现实;无产阶级不把哲学变成现实,就不可能消灭自身。

一切内在条件一旦成熟,**德国的复活日**就会由**高卢雄鸡**的**高鸣**来宣布。**15**

卡·马克思大约写于 1843 年
10 月中—12 月中

载于 1844 年 2 月《德法年鉴》

原文是德文

选自《马克思恩格斯文集》
第 1 卷第 3—18 页

弗·恩格斯

国民经济学批判大纲[16]

国民经济学[5]的产生是商业扩展的自然结果,随着它的出现,一个成熟的允许欺诈的体系、一门完整的发财致富的科学代替了简单的不科学的生意经。

这种从商人的彼此妒忌和贪婪中产生的国民经济学或发财致富的科学,在额角上带有最令人厌恶的自私自利的烙印。人们还有一种幼稚的看法,以为金银就是财富,因此必须到处从速禁止"贵"金属出口。各国像守财奴一样相互对立,双手抱住自己珍爱的钱袋,怀着妒忌心和猜疑心注视着自己的邻居。他们使用一切手段尽可能多地骗取那些与自己通商的民族的现钱,并使这些侥幸赚来的钱好好地保持在关税线以内。

如果完全彻底地实行这个原则,那就会葬送商业。因此,人们便开始跨越这个最初的阶段。他们意识到,放在钱柜里的资本是死的,而流通中的资本会不断增殖。于是,人们变得比较友善了,人们开始把自己的杜卡特①当做诱鸟放出去,以便把别人的杜卡特一并引回来,并且认识到,多花一点钱买甲的商品一点也不会吃

---

① 14—19世纪欧洲许多国家通用的金币。——编者注

亏,只要能以更高的价格把它卖给乙就行了。

重商主义[17]**体系**就建立在这个基础上。商业的贪婪性已多少有所遮掩;各国多少有所接近,开始缔结通商友好条约,彼此做生意,并且为了获得更大的利润,甚至尽可能地互相表示友爱和亲善。但是实质上还是同从前一样贪财和自私,当时一切基于商业角逐而引起的战争就时时露出这种贪财和自私。这些战争也表明:贸易和掠夺一样,是以强权为基础的;人们只要认为哪些条约最有利,他们就甚至会昧着良心使用诡计或暴力强行订立这些条约。

贸易差额论是整个重商主义体系的要点。正因为人们始终坚持金银就是财富的论点,所以他们认为只有那最终给国家带来现金的交易才是赢利交易。为了说明这一点,他们以输出和输入作比较。如果输出大于输入,那么他们就认为这个差额会以现金的形式回到本国,国家也因这个差额而更富裕。因此经济学家的本事就是要设法使输出和输入到每年年底有一个顺差。为了这样一个可笑的幻想,竟有成千上万的人被屠杀!商业也有了它的十字军征讨[18]和宗教裁判所[19]。

18世纪这个革命的世纪使经济学也发生了革命。然而,正如这个世纪的一切革命都是片面的并且停留在对立的状态中一样,正如抽象的唯物主义和抽象的唯灵论相对立,共和国和君主国相对立,社会契约[20]和神权相对立一样,经济学的革命也未能克服对立。到处依然存在着下述前提:唯物主义不抨击基督教对人的轻视和侮辱,只是把自然界当做一种绝对的东西来代替基督教的上帝而与人相对立;政治学没有想去检验国家的各个前提本身;经济学没有想去过问**私有制的合理性**的问题。因此,新的经济学只前进了半步;它不得不背弃和否认它自己的前提,不得不求助于诡辩和伪善，以便掩盖它所陷入的矛盾，以便得出那些不是由它自己的前提而是由这个世纪的人道精神得出的结论。这样，经济学就具有仁爱的性质；它不再宠爱生产者，而转向消费者了；它假惺惺地对重商主义体系的血腥恐怖表示神圣的厌恶，并且宣布商业是各民族、各个人之间的友谊和团结的纽带。一切都显得十分辉煌壮丽，可是上述前提马上又充分发挥作用，而且创立了与这种伪善的博爱相对立的马尔萨斯人口论[21]，这种理论是迄今存在过的体系中最粗陋最野蛮的体系，是一种彻底否定关于仁爱和世界公民的一切美好言词的绝望体系；这些前提创造并发展了工厂制度和现代的奴隶制度，这种奴隶制度就它的无人性和残酷性来说不亚于古代的奴隶制度。新的经济学，即以亚当·斯密的《国富论》①为基础的自由贸易体系，也同样是伪善、前后不一贯和不道德的。这种伪善、前后不一贯和不道德目前在一切领域中与自由的人性处于对立的地位。

可是，难道说亚当·斯密的体系不是一个进步吗？当然是进步，而且是一个必要的进步。为了使私有制的真实的后果能够显露出来，就有必要摧毁重商主义体系以及它的垄断和它对商业关系的束缚；为了使当代的斗争能够成为普遍的人类的斗争，就有必要使所有这些地域的和国家的小算盘退居次要的地位；有必要使私有制的理论抛弃纯粹经验主义的、仅仅是客观主义的研究方法，并使它具有一种也对结果负责的更为科学的性质，从而使问题涉及全人类的范围；有必要通过对旧经济学中包含的不道德加以否定的尝试，并通过由此产生的伪善——这种尝试的必然结果——

---

① 亚·斯密《国民财富的性质和原因的研究》1776 年伦敦版。——编者注

而使这种不道德达于极点。这一切都是理所当然的。我们乐于承认,只有通过对贸易自由的论证和阐述,我们才有可能超越私有制的经济学,然而我们同时也应该有权指出,这种贸易自由并没有任何理论价值和实践价值。

我们所要评判的经济学家离我们的时代越近,我们对他们的判决就必定越严厉。因为斯密和马尔萨斯所看到的现成的东西只不过是一些片断,而在新近的经济学家面前却已经有了一个完整的体系;一切结论已经作出,各种矛盾已经十分清楚地显露出来,但是,他们仍不去检验前提,而且还是对整个体系负责。经济学家离我们的时代越近,离诚实就越远。时代每前进一步,为把经济学保持在时代的水平上,诡辩术就必然提高一步。因此,比如说,**李嘉图**的罪过比**亚当·斯密**大,而**麦克库洛赫**和**穆勒**的罪过又比**李嘉图**大。

新近的经济学甚至不能对重商主义体系作出正确的评判,因为它本身就带有片面性,而且还受到重商主义体系的各个前提的拖累。只有摆脱这两种体系的对立,批判这两种体系的共同前提,并从纯粹人的、普遍的基础出发来看问题,才能够给这两种体系指出它们的真正的地位。那时大家就会明白,贸易自由的捍卫者是一些比旧的重商主义者本身更为恶劣的垄断者。那时大家就会明白,在新经济学家的虚伪的人道背后隐藏着旧经济学家闻所未闻的野蛮;旧经济学家的概念虽然混乱,与攻击他们的人的口是心非的逻辑比较起来还是单纯的、前后一贯的;这两派中任何一派对另一派的指责,都不会不落到自己头上。因此,新的自由主义经济学也无法理解李斯特为什么要恢复重商主义体系①,而这件事我们

---

① 弗·李斯特《政治经济学的国民体系》第 1 卷《国际贸易、贸易政策和德国关税同盟》1841 年斯图加特—蒂宾根版。——编者注

却觉得很简单。前后不一贯的和具有两面性的自由主义经济学必然要重新分解为它的基本组成部分。正如神学不回到迷信，就得前进到自由哲学一样，贸易自由必定一方面造成垄断的恢复，另一方面造成私有制的消灭。

自由主义经济学达到的唯一**肯定的**进步，就是阐述了私有制的各种规律。这种经济学确实包含这些规律，虽然这些规律还没有被阐述为最后的结论，还没有被清楚地表达出来。由此可见，在涉及确定生财捷径的一切地方，就是说，在一切严格意义的经济学上的争论中，贸易自由的捍卫者们是正确的。当然，这里指的是与支持垄断的人争论，而不是与反对私有制的人争论，因为正如英国社会主义者早就在实践中和理论上证明的那样①，反对私有制的人能够从经济的观点比较正确地解决经济问题。

因此，我们在批判国民经济学时要研究它的基本范畴，揭露自由贸易体系所产生的矛盾，并从这个矛盾的两个方面作出结论。

———

国民财富这个用语是由于自由主义经济学家努力进行概括才产生的。只要私有制存在一天，这个用语便没有任何意义。英国人的"国民财富"很多，他们却是世界上最穷的民族。人们要么完全抛弃这个用语，要么采用一些使它具有意义的前提。国民经济学，政治经济学，公共经济学等用语也是一样。在目前的情况下，

---

① 指约·弗·布雷、威·汤普森、约·瓦茨和他们的著作：布雷《劳动的不公正现象及其解决办法，或强权时代和公正时代》1839年利兹版；汤普森《最能促进人类幸福的财富分配原理的研究》1824年伦敦版；瓦茨《政治经济学家的事实和臆想：科学原则述评，去伪存真》1842年曼彻斯特—伦敦版。——编者注

应该把这种科学称为**私**经济学,因为在这种科学看来,社会关系只是为了私有制而存在。

————

私有制产生的最直接的结果就是**商业**,即彼此交换必需品,亦即买和卖。在私有制的统治下,这种商业与其他一切活动一样,必然是经商者收入的直接源泉;就是说,每个人必定要尽量设法贱买贵卖。因此,在任何一次买卖中,两个人总是以绝对对立的利益相对抗;这种冲突带有势不两立的性质,因为每一个人都知道另一个人的意图,知道另一个人的意图是和自己的意图相反的。因此,商业所产生的第一个后果是:一方面互不信任,另一方面为这种互不信任辩护,采取不道德的手段来达到不道德的目的。例如,商业的第一条原则就是对一切可能降低有关商品的价格的事情都绝口不谈,秘而不宣。由此可以得出结论:在商业中允许利用对方的无知和轻信来取得最大利益,并且也同样允许夸大自己的商品本来没有的品质。总而言之,商业是合法的欺诈。任何一个商人,只要他说实话,他就会证明实践是符合这个理论的。

重商主义体系在某种程度上还具有某种纯朴的天主教的坦率精神,它丝毫不隐瞒商业的不道德的本质。我们已经看到,它怎样公开地显露自己卑鄙的贪婪。18 世纪民族间的相互敌视、可憎的妒忌以及商业角逐,都是贸易本身的必然结果。社会舆论既然还不具有人道精神,那么何必要掩饰从商业本身的无人性的和充满敌意的本质中所产生的那些东西呢?

但是,当**经济学的路德**①,即亚当·斯密,批判过去的经济学

————

① 马克思在《1844 年经济学哲学手稿》中对这个提法作了解释,见《马克思恩格斯文集》第 1 卷第 178—179 页。——编者注

的时候,情况大大地改变了。时代具有人道精神了,理性起作用了,道德开始要求自己的永恒权利了。强迫订立的通商条约、商业战争、民族间的严重孤立状态与前进了的意识异常激烈地发生冲突。新教的伪善代替了天主教的坦率。斯密证明,人道也是由商业的本质产生的,商业不应当是"纠纷和敌视的最丰产的源泉",而应当是"各民族、各个人之间的团结和友谊的纽带"(参看《国富论》第4卷第3章第2节①);理所当然的是,商业总的说来对它的**一切**参加者都是有利的。

斯密颂扬商业是人道的,这是对的。世界上本来就没有绝对不道德的东西;商业也有对道德和人性表示尊重的一面。但这是怎样的尊重啊!当中世纪的强权,即公开的拦路行劫转到商业时,这种行劫就变得具有人道精神了;当商业上以禁止货币输出为特征的第一个阶段转到重商主义体系时,商业也变得具有人道精神了。现在连这种体系本身也变得具有人道精神了。当然,商人为了自己的利益必须与廉价卖给他货物的人们和高价买他的货物的人们保持良好的关系。因此,一个民族要是引起它的供应者和顾客的敌对情绪,就太不明智了。它表现得越友好,对它就越有利。这就是商业的人道,而滥用道德以实现不道德的意图的伪善方式就是自由贸易体系引以自豪的东西。伪君子叫道:难道我们没有打倒垄断的野蛮吗?难道我们没有把文明带往世界上遥远的地方吗?难道我们没有使各民族建立起兄弟般的关系并减少了战争次数吗?不错,这一切你们都做了,然而你们是**怎样**做的啊!你们消灭了小的垄断,以便使**一个**巨大的根本的垄断,即所有权,更自由

---

① 亚·斯密《国民财富的性质和原因的研究》(四卷集)1828年爱丁堡版。——编者注

地、更不受限制地起作用；你们把文明带到世界的各个角落，以便赢得新的地域来扩张你们卑鄙的贪欲；你们使各民族建立起兄弟般的关系——但这是盗贼的兄弟情谊；你们减少了战争次数，以便在和平时期赚更多的钱，以便使各个人之间的敌视、可耻的竞争战争达到登峰造极的地步！你们什么时候做事情是从纯粹的人道出发，是从普遍利益和个人利益之间的对立毫无意义这种意识出发的呢？你们什么时候讲过道德，而不图谋私利，不在心底隐藏一些不道德的、利己的动机呢？

自由主义的经济学竭力用瓦解各民族的办法使敌对情绪普遍化，使人类变成一群**正因为**每一个人具有与其他人相同的利益而互相吞噬的凶猛野兽——竞争者不是凶猛野兽又是什么呢？自由主义的经济学做完这个准备工作之后，只要再走一步——使家庭解体——就达到目的了。为了实现这一点，它自己美妙的发明即工厂制度助了它一臂之力。共同利益的最后痕迹，即家庭的财产共有被工厂制度破坏了，至少在这里，在英国已处在瓦解的过程中。孩子一到能劳动的时候，就是说，到了九岁，就靠自己的工钱过活，把父母的家只看做一个寄宿处，付给父母一定的膳宿费。这已经是很平常的事了。还能有别的什么呢？从构成自由贸易体系的基础的利益分离，还能产生什么别的结果呢？一种原则一旦被运用，它就会自行贯穿在它的一切结果中，不管经济学家们是否乐意。

然而，经济学家自己也不知道他在为什么服务。他不知道，他的全部利己的论辩只不过构成人类普遍进步的链条中的一环。他不知道，他瓦解一切私人利益只不过替我们这个世纪面临的大转变，即人类与自然的和解以及人类本身的和解开辟道路。

———

商业形成的第一个范畴是**价值**。关于这个范畴和其他一切范畴,在新旧两派经济学家之间没有什么争论,因为直接热衷于发财致富的垄断主义者没有多余时间来研究各种范畴。关于这类论点的所有争论都出自新近的经济学家。

靠种种对立活命的经济学家当然也有一种**双重**的价值:抽象价值(或实际价值)和交换价值。关于实际价值的本质,英国人和法国人萨伊进行了长期的争论。前者认为生产费用是实际价值的表现,后者则说什么实际价值要按物品的效用来测定。这个争论从本世纪初开始,后来停息了,没有得到解决。这些经济学家是什么问题也解决不了的。

这样,英国人——特别是麦克库洛赫和李嘉图——断言,物品的抽象价值是由生产费用决定的。请注意,是抽象价值,不是交换价值,不是 *exchangeable value*,不是商业价值;至于商业价值,据说完全是另外一回事。为什么生产费用是价值的尺度呢?请听!请听!因为在通常情况下,如果把竞争关系撇开,没有人会把物品卖得低于它的生产费用。没有人会卖吧?在这里,既然不谈**商业**价值,我们谈"卖"干什么呢?一谈到"卖",我们就要让我们刚才要撇开的商业重新参加进来,而且是这样一种商业!一种不把主要的东西即竞争关系考虑在内的商业!起初我们有一种抽象价值,现在又有一种抽象商业,一种没有竞争的商业,就是说有一个没有躯体的人,一种没有产生思想的大脑的思想。难道经济学家根本没有想到,一旦竞争被撇开,那就保证不了生产者正是按照他的生产费用来卖自己的商品吗?多么混乱啊!

还不仅如此!我们暂且认为,一切都像经济学家所说的那样。假定某人花了很大的力气和巨大的费用制造了一种谁也不要的毫无用处的东西,难道这个东西的价值也同生产费用一样吗?经济学家回答说,绝对没有,谁愿意买这种东西呢?于是,我们立刻不仅碰到了萨伊的声名狼藉的效用,而且还有了随着"买"而来的竞争关系。经济学家是一刻也不能坚持他的抽象的——这是做不到的。不仅他所竭力避开的竞争,而且连他所攻击的效用,随时都可能突然出现在他面前。抽象价值以及抽象价值由生产费用决定的说法,恰恰都只是抽象的非实在的东西。

我们再一次暂且假定经济学家是对的,那么在不把竞争考虑在内的情况下,他又怎样确定生产费用呢?我们研究一下生产费用,就可以看出,这个范畴也是建立在竞争的基础上的。在这里又一次表明经济学家是无法贯彻他的主张的。

如果我们转向萨伊的学说,我们也会发现同样的抽象。物品的效用是一种纯主观的根本不能绝对确定的东西,至少它在人们还在对立中徘徊的时候肯定是不能确定的。根据这种理论,生活必需品应当比奢侈品具有更大的价值。在私有制统治下,竞争关系是唯一能比较客观地、**似乎**能大体确定物品效用大小的办法,然而恰恰是竞争关系被撇在一边。但是,只要容许有竞争关系,生产费用也就随之产生,因为没有人会卖得低于他自己在生产上投入的费用。因此,在这里也是对立的一方不情愿地转到另一方。

让我们设法来澄清这种混乱吧!物品的价值包含两个因素,争论的双方都要强行把这两个因素分开,但正如我们所看到的,这是徒劳的。价值是生产费用对效用的关系。价值首先是用来决定某种物品是否应该生产,即这种物品的效用是否能抵偿生产费用。然后才谈得上运用价值来进行交换。如果两种物品的生产费用相等,那么效用就是确定它们的比较价值的决定性因素。

这个基础是交换的唯一正确的基础。可是,如果以这个基础为出发点,那么又该谁来决定物品的效用呢?单凭当事人的意见吗？这样总会有**一人**受骗。或者,是否有一种不取决于当事人双方、不为当事人所知悉、只以物品固有的效用为依据的规定呢？这样,交换就只能**强制**进行,并且每一个人都认为自己受骗了。不消灭私有制,就不可能消灭物品固有的实际效用和这种效用的规定之间的对立,以及效用的规定和交换者的自由之间的对立;而私有制一旦被消灭,就无须再谈现在这样的交换了。到那个时候,价值概念的实际运用就会越来越限于决定生产,而这也是它真正的活动范围。

然而,目前的情况怎样呢？我们看到,价值概念被强行分割了,它的每一个方面都叫嚷自己是整体。一开始就为竞争所歪曲的生产费用,应该被看做是价值本身。纯主观的效用同样应该被看做是价值本身,因为现在不可能有第二种效用。要把这两个跛脚的定义扶正,必须在两种情况下都把竞争考虑在内;而这里最有意思的是:在英国人那里,竞争代表效用而与生产费用相对立,在萨伊那里则相反,竞争带来生产费用而与效用相对立。但是,竞争究竟带来什么样的效用和什么样的生产费用！它带来的效用取决于偶然情况、时尚和富人的癖好,它带来的生产费用则随着需求和供给的偶然比例而上下波动。

实际价值和交换价值之间的差别基于下述事实:物品的价值不同于人们在买卖中为该物品提供的那个所谓等价物,就是说,这个等价物并不是等价物。这个所谓等价物就是物品的**价格**,如果经济学家是诚实的,他就会把等价物一词当做"商业价值"来使用。但是,为了使商业的不道德不过于明显地暴露出来,他总得保留一点假象,似乎价格和价值以某种方式相联系。说**价格**由生产费用和竞争的相互作用决定,这是完全正确的,而且是私有制的一个主要的规律。经济学家的第一个发现就是这个纯经验的规律;

接着他从这个规律中抽去他的实际价值,就是说,抽去竞争关系均衡时、供求一致时的价格,这时,剩下的自然只有生产费用了,经济学家就把它称为实际价值,其实只是价格的一种规定性。但是,这样一来,经济学中的一切就被本末倒置了:价值本来是原初的东西,是价格的源泉,倒要取决于价格,即它自己的产物。大家知道,正是这种颠倒构成了抽象的本质。关于这点,请参看费尔巴哈的著作。①

————

在经济学家看来,商品的生产费用由以下三个要素组成:生产原材料所必需的土地的地租,资本及其利润,生产和加工所需要的劳动的报酬。但人们立即就发现,资本和劳动是同一个东西,因为经济学家自己就承认资本是"积蓄的劳动"②。这样,我们这里剩下的就只有两个方面,自然的、客观的方面即土地和人的、主观的方面即劳动。劳动包括资本,并且除资本之外还包括经济学家没有想到的第三要素,我指的是简单劳动这一肉体要素以外的发明和思想这一精神要素。经济学家与发明的精神有什么关系呢?难道没有他参与的一切发明就不会落到他手里吗?有哪**一件**发明曾经使他花费过什么? 因此,他在计算他的生产费用时为什么要为这些发明操心呢? 在他看来,财富的条件就是土地、资本、劳动,除此以外,他什么也不需要。科学是与他无关的。尽管科学通过贝托莱、戴维、李比希、瓦特、卡特赖特等人送了许多礼物给他,把他

① 路·费尔巴哈《关于哲学改革的临时纲要》,见《德国现代哲学和政论界轶文集》1843年苏黎世—温特图尔版第64—71页。——编者注

② 亚·斯密《国民财富的性质和原因的研究》1828年爱丁堡版第2卷第94页。——编者注

本人和他的生产都提到空前未有的高度,可是这与他有何相干呢?他不懂得重视这些东西,科学的进步超出了他的计算。但是,在一个超越利益的分裂——正如在经济学家那里发生的那样——的合理状态下,精神要素自然会列入生产要素,并且会在经济学的生产费用项目中找到自己的位置。到那时,我们自然会满意地看到,扶植科学的工作也在物质上得到报偿,会看到,仅仅詹姆斯·瓦特的蒸汽机这样一项科学成果,在它存在的头 50 年中给世界带来的东西就比世界从一开始为扶植科学所付出的代价还要多。

这样,我们就有了两个生产要素——自然和人,而后者还包括他的肉体活动和精神活动。现在我们可以回过来谈谈经济学家和他的生产费用。

———

经济学家说,凡是无法垄断的东西就没有价值。这个论点以后再详细研究。如果我们说:凡是无法垄断的东西就没有**价格**,那么,这个论点对于以私有制为基础的状态而言是正确的。如果土地像空气一样容易得到,那就没有人会支付地租了。既然情况不是这样,而是在一种特殊情况下被占有的土地的面积是有限的,那人们就要为一块被占有的即被垄断的土地支付地租或者按照售价把它买下来。令人感到奇怪的是,在这样弄明白了土地价值的产生以后,还得听经济学家说什么地租是付租金的土地的收入和值得费力耕种的最坏的土地的收入之间的差额。大家知道,这是李嘉图第一次充分阐明的地租定义。① 当人们假定需求的减少**马上**影响地租并立刻使相应数量的最坏耕地停止耕种的时候,这个定

---

① 大·李嘉图《政治经济学和赋税原理》1817 年伦敦版第 54 页。——编者注

义实际上是正确的。但情况并不是这样,因此这个定义是有缺陷的;况且这个定义没有包括地租产生的原因,仅仅由于这一点,这个定义就已经站不住脚了。反谷物法同盟²²盟员托·佩·汤普森上校在反对这个定义时,又把亚当·斯密的定义^①搬了出来并加以论证。据他说,地租是谋求使用土地者的竞争和可支配的土地的有限数量之间的关系。在这里,这至少又回到地租产生的问题上来了;但是,这个解释没有包括土壤肥力的差别,正如上述的定义忽略了竞争一样。^②

这样一来,同一个对象又有了两个片面的因而是不完全的定义。正如研究价值概念时一样,在这里我们也必须把这两个定义结合起来,以便得出一个正确的、来自事物本身发展的、因而包括了实践中的一切情况的定义。地租是土地的收获量即自然方面(这方面又包括**自然的**肥力和**人的**耕作即改良土壤所耗费的劳动)和人的方面即竞争之间的相互关系。经济学家会对这个"定义"摇头;当他们知道这个定义包括了有关这个问题的一切时,他们会大吃一惊的。

土地占有者无论如何不能责备商人。

他靠垄断土地进行掠夺。他利用人口的增长进行掠夺,因为人口的增长加强了竞争,从而抬高了他的土地的价值。他把不是通过他个人劳动得来的、完全偶然地落到他手里的东西当做他个人利益的源泉进行掠夺。他靠**出租土地**、靠最终攫取租地农场主的种种改良的成果进行掠夺。大土地占有者的财富日益增长的秘

---

① 亚·斯密《国民财富的性质和原因的研究》1828 年爱丁堡版第 1 卷第 237—242 页。——编者注

② 托·佩·汤普森《真正的地租理论,驳李嘉图先生等》,见他的《政治习作及其他》1842 年伦敦版第 4 卷第 404 页。——编者注

密就在于此。

认定土地占有者的获得方式是掠夺,即认定人人都有享受自己的劳动产品的权利或不播种者不应有收获,这样的公理①并不是我们的主张。第一个公理排除抚育儿童的义务;第二个公理排除任何世代的生存权利,因为任何世代都得继承前一世代的遗产。确切地说,这些公理都是由私有制产生的结论。要么实现由私有制产生的一切结论,要么抛弃私有制这个前提。

甚至最初的占有本身,也是以断言老早就存在过**共同**占有权为理由的。① 因此,不管我们转向哪里,私有制总会把我们引到矛盾中去。

土地是我们的一切,是我们生存的首要条件;出卖土地,就是走向自我出卖的最后一步;这无论过去或直至今日都是这样一种不道德,只有自我出让的不道德才能超过它。最初的占有土地,少数人垄断土地,所有其他的人都被剥夺了基本的生存条件,就不道德来说,丝毫也不逊于后来的土地出卖。

如果我们在这里再把私有制撇开,那么地租就恢复它的本来面目,就归结为实质上可以作为地租基础的合理观点。这时,作为地租而与土地分离的土地价值,就回到土地本身。这个价值是依据面积相等的土地在花费的劳动量相等的条件下所具有的生产能力来计算的;这个价值在确定产品的价值时自然是作为生产费用的一部分计算在内的,它像地租一样是生产能力对竞争的关系,不过是对**真正的**竞争,即对某个时候会展开的竞争的关系。

————

① 亚·斯密《国民财富的性质和原因的研究》1828 年爱丁堡版第 1 卷第 85—86 页。——编者注

　　我们已经看到,资本和劳动最初是同一个东西;其次,我们从经济学家自己的阐述中也可以看到,资本是劳动的结果,它在生产过程中立刻又变成了劳动的基质、劳动的材料;可见,资本和劳动的短暂分开,立刻又在两者的统一中消失了;但是,经济学家还是把资本和劳动分开,还是坚持这两者的分裂,他只在资本是"积蓄的劳动"这个定义①中承认它们两者的统一。由私有制造成的资本和劳动的分裂,不外是与这种分裂状态相应的并从这种状态产生的劳动本身的分裂。这种分开完成之后,资本又分为原有资本和利润,即资本在生产过程中所获得的增长额,虽然实践本身立刻又将这种利润加到资本上,并把它和资本投入周转中。甚至利润又分裂为利息和本来意义上的利润。在利息中,这种分裂的不合理性达到顶点。贷款生息,即不花劳动单凭贷款获得收入,是不道德的,虽然这种不道德已经包含在私有制中,但毕竟还是太明显,并且早已被不持偏见的人民意识看穿了,而人民意识在认识这类问题上通常总是正确的。所有这些微妙的分裂和划分,都产生于资本和劳动的最初的分开和这一分开的完成,即人类分裂为资本家和工人。这一分裂正日益加剧,而且我们将看到,它**必定**会不断地加剧。但是,这种分开与我们考察过的土地同资本和劳动分开一样,归根结底是不可能的。我们根本无法确定在某种产品中土地、资本和劳动各占多少分量。这三个量是不可通约的。土地出产原材料,但这里并非没有资本和劳动;资本以土地和劳动为前提,而劳动**至少**以土地,在大多数场合还以资本为前提。这三者的作用截然不同,无法用任何第四种共同的尺度来衡量。因此,如果

---

① 亚·斯密《国民财富的性质和原因的研究》1828 年爱丁堡版第 2 卷第 94 页。——编者注

在当前的条件下,将收入在这三种要素之间进行分配,那就没有它们固有的尺度,而只有由一个完全异己的、对它们来说是偶然的尺度即竞争或者强者狡诈的权利来解决。地租包含着竞争;资本的利润只有由竞争决定,至于工资的情况怎样,我们立刻就会看到。

如果我们撇开私有制,那么所有这些反常的分裂就不会存在。利息和利润的差别也会消失;资本如果没有劳动、没有运动就是虚无。利润把自己的意义归结为资本在决定生产费用时置于天平上的砝码,它仍是资本所固有的部分,正如资本本身将回到它与劳动的最初统一体一样。

――――――

劳动是生产的主要要素,是"财富的源泉"①,是人的自由活动,但很少受到经济学家的重视。正如资本已经同劳动分开一样,现在劳动又再度分裂了;劳动的产物以工资的形式与劳动相对立,它与劳动分开,并且通常又由竞争决定,因为,正如我们所看到的,没有一个固定的尺度来确定劳动在生产中所占的比重。只要我们消灭了私有制,这种反常的分离就会消失;劳动就会成为它自己的报酬,而以前被让渡的工资的真正意义,即劳动对于确定物品的生产费用的意义,也就会清清楚楚地显示出来。

――――――

我们知道,只要私有制存在一天,一切终究会归结为竞争。竞争是经济学家的主要范畴,是他最宠爱的女儿,他始终娇惯和爱抚着她,但是请看,在这里出现的是一张什么样的美杜莎的怪脸。

私有制的最直接的结果是生产分裂为两个对立的方面:自然

――――――

① 亚·斯密《国民财富的性质和原因的研究》1828 年爱丁堡版第 1 卷第 9—10 页。――编者注

的方面和人的方面,即土地和人的活动。土地无人施肥就会荒芜,成为不毛之地,而人的活动的首要条件恰恰是土地。其次,我们看到,人的活动又怎样分解为劳动和资本,这两方面怎样彼此敌视。这样,我们已经看到的是这三种要素的彼此斗争,而不是它们的相互支持;现在,我们还看到私有制使这三种要素中的每一种都分裂。一块土地与另一块土地对立,一个资本与另一个资本对立,一个劳动力与另一个劳动力对立。换句话说,因为私有制把每一个人隔离在他自己的粗陋的孤立状态中,又因为每个人和他周围的人有同样的利益,所以土地占有者敌视土地占有者,资本家敌视资本家,工人敌视工人。在相同利益的敌对状态中,正是由于利益的相同,人类目前状态的不道德已经达到极点,而这个极点就是竞争。

————

竞争的对立面是**垄断**。垄断是重商主义者战斗时的呐喊,竞争是自由主义经济学家厮打时的吼叫。不难看出,这个对立面也是完全空洞的东西。每一个竞争者,不管他是工人,是资本家,或是土地占有者,都**必定**希望取得垄断地位。每一个较小的竞争者群体都必定希望为自己取得垄断地位来对付所有其他的人。竞争建立在利益基础上,而利益又引起垄断;简言之,竞争转为垄断。另一方面,垄断挡不住竞争的洪流;而且,它本身还会引起竞争,正如禁止输入或高额关税直接引起走私一样。竞争的矛盾和私有制本身的矛盾是完全一样的。单个人的利益是要占有一切,而群体的利益是要使每个人所占有的都相等。因此,普遍利益和个人利益是直接对立的。竞争的矛盾在于:每个人都必定希望取得垄断地位,可是群体本身却因垄断而一定遭受损失,因此一定要排除垄断。此外,竞争已经以垄断即所有权的垄断为前提——这里又暴露出自由主义者的虚伪——,而且只要所有权的垄断存在着,垄断的所有权也同样是正当的,因为垄断一经存在,它就是所有权。可见,攻击小的垄断,保留根本的垄断,这是多么可鄙的不彻底啊!前面我们已经提到过经济学家的论点,凡是无法垄断的东西就没有价值,因此,凡是不容许垄断的东西就不可能卷入这个竞争的斗争;如果我们再把经济学家的这个论点引到这里来,那么我们关于竞争以垄断为前提的论断,就被证明是完全正确的了。

————

竞争的规律是:需求和供给始终力图互相适应,而正因为如此,从未有过互相适应。双方又重新脱节并转化为尖锐的对立。供给总是紧跟着需求,然而从来没有达到过刚好满足需求的情况;供给不是太多,就是太少,它和需求永远不相适应,因为在人类的不自觉状态下,谁也不知道需求和供给究竟有多大。如果需求大于供给,价格就会上涨,因而供给似乎就会兴奋起来;只要市场上供给增加,价格又会下跌,而如果供给大于需求,价格就会急剧下跌,因而需求又被激起。情况总是这样;从未有过健全的状态,而总是兴奋和松弛相更迭——这种更迭排斥一切进步——一种达不到目的的永恒波动。这个规律永远起着平衡的作用,使在这里失去的又在那里获得,因而经济学家非常欣赏它。这个规律是他最大的荣誉,他简直百看不厌,甚至在一切可能的和不可能的条件下都对它进行观察。然而,很明显,这个规律是纯自然的规律,而不是精神的规律。这是一个产生革命的规律。经济学家用他那绝妙的供求理论向你们证明"生产永远不会过多"[1],而实践却用商业危机来回答,这种危机就像彗星一样定期再现,在我们这里现在

———

[1] 亚·斯密《国民财富的性质和原因的研究》1828年爱丁堡版第1卷第97页。——编者注

是平均每五年到七年发生一次。80 年来,这些商业危机像过去的大瘟疫一样定期来临,而且它们造成的不幸和不道德比大瘟疫所造成的更大(参看威德《中等阶级和工人阶级的历史》1835 年伦敦版第 211 页)。当然,这些商业革命证实了这个规律,完完全全地证实了这个规律,但不是用经济学家想使我们相信的那种方式证实的。我们应该怎样理解这个只有通过周期性的革命才能为自己开辟道路的规律呢? 这是一个以当事人的无意识活动为基础的自然规律。如果生产者自己知道消费者需要多少,如果他们把生产组织起来,并且在他们中间进行分配,那么就不会有竞争的波动和竞争引起危机的倾向了。你们有意识地作为人,而不是作为没有类意识的分散原子进行生产吧,你们就会摆脱所有这些人为的无根据的对立。但是,只要你们继续以目前这种无意识的、不假思索的、全凭偶然性摆布的方式来进行生产,那么商业危机就会继续存在;而且每一次接踵而来的商业危机必定比前一次更普遍,因而也更严重,必定会使更多的小资本家变穷,使专靠劳动为生的阶级人数以增大的比例增加,从而使待雇劳动者的人数显著地增加——这是我们的经济学家必须解决的一个主要问题——,最后,必定引起一场社会革命,而这一革命,经济学家凭他的书本知识是做梦也想不到的。

由竞争关系造成的价格永恒波动,使商业完全丧失了道德的最后一点痕迹。至于**价值**就无须再谈了。这种似乎非常重视价值并以货币的形式把价值的抽象推崇为一种特殊存在物的制度,本身就通过竞争破坏着一切物品所固有的任何价值,而且每日每时改变着一切物品相互的价值关系。在这个漩涡中,哪里还可能有建立在道德基础上的交换呢? 在这种持续地不断涨落的情况下,每个人都**必定**力图碰上最有利的时机进行买卖,每个人都必定会成为投机家,就是说,都企图不劳而获,损人利己,算计别人的倒霉,或利用偶然事件发财。投机者总是指望不幸事件,特别是指望歉收,他们利用一切事件,例如,当年的纽约大火灾①;而不道德的顶点还是交易所中有价证券的投机,这种投机把历史和历史上的人类贬低为那种用来满足善于算计或伺机冒险的投机者的贪欲的手段。但愿诚实的、"正派的"商人不以"我感谢你上帝"等表面的虔诚形式摆脱交易所投机。这种商人和证券投机者一样可恶,他也同他们一样地投机倒把,他必须投机倒把,竞争迫使他这样做,所以他的买卖也与证券投机者的勾当一样不道德。竞争关系的真谛就是消费力对生产力的关系。在一种与人类相称的状态下,不会有除这种竞争之外的别的竞争。社会应当考虑,靠它所支配的资料能够生产些什么,并根据生产力和广大消费者之间的这种关系来确定,应该把生产提高多少或缩减多少,应该允许生产或限制生产多少奢侈品。但是,为了正确地判断这种关系,判断从合理的社会状态下能期待的生产力提高的程度,请读者参看英国社会主义者的著作②并部分地参看傅立叶的著作③。

在这种情况下,主体的竞争,即资本对资本、劳动对劳动的竞争等等,被归结为以人的本性为基础并且到目前为止只有傅立叶

---

① 指 1835 年 12 月 16 日在纽约发生的火灾。——编者注

② 约·弗·布雷《劳动的不公正现象及其解决办法,或强权时代和公正时代》1839 年利兹版;威·汤普森《最能促进人类幸福的财富分配原理的研究》1824 年伦敦版;约·瓦茨《政治经济学家的事实和臆想:科学原则述评,去伪存真》1842 年曼彻斯特—伦敦版。——编者注

③ 沙·傅立叶《关于四种运动和普遍命运的理论》1841 年巴黎第 2 版和《经济的和协作的新世界,或按情欲分类的引人入胜的和合乎自然的劳动方式的发现》1829 年巴黎版。——编者注

作过差强人意的说明的竞赛①,这种竞赛将随着对立利益的消除而被限制在它特有的和合理的范围内。

————

资本对资本、劳动对劳动、土地对土地的斗争,使生产陷于高烧状态,使一切自然的合理的关系都颠倒过来。要是资本不最大限度地展开自己的活动,它就经不住其他资本的竞争。要是土地的生产力不经常提高,耕种土地就会无利可获。要是工人不把自己的全部力量用于劳动,他就对付不了自己的竞争者。总之,卷入竞争斗争的人,如果不全力以赴,不放弃一切真正人的目的,就经不住这种斗争。一方的这种过度紧张,其结果必然是另一方的松弛。在竞争的波动不大,需求和供给、消费和生产几乎彼此相等的时候,在生产发展过程中必定会出现这样一个阶段,在这个阶段,生产力大大过剩,结果,广大人民群众无以为生,人们纯粹由于过剩而饿死。长期以来,英国就处于这种荒诞的状况中,处于这种极不合理的情况下。如果生产波动得比较厉害——这是这种状态的必然结果——,那么就会出现繁荣和危机、生产过剩和停滞的反复交替。经济学家从来就解释不了这种怪诞状况;为了解释这种状况,他发明了人口论**21**,这种理论和当时这种贫富矛盾同样荒谬,甚至比它更荒谬。经济学家不**敢**正视真理,不敢承认这种矛盾无非是竞争的结果,因为否则他的整个体系就会垮台。

在我们看来,这个问题很容易解释。人类支配的生产力是无法估量的。资本、劳动和科学的应用,可以使土地的生产能力无限地提高。按照最有才智的经济学家和统计学家的计算(参看**艾利**

————

① 沙·傅立叶《关于四种运动和普遍命运的理论》1841 年巴黎第 2 版第 175、244—245、265 和 434—436 页。——编者注

生的《人口原理》第 1 卷第 1、2 章[23]），"人口过密"的大不列颠在十年内,将使粮食生产足以供应六倍于目前人口的需要。资本日益增加,劳动力随着人口的增长而增长,科学又日益使自然力受人类支配。这种无法估量的生产能力,一旦被自觉地运用并为大众造福,人类肩负的劳动就会很快地减少到最低限度。要是让竞争自由发展,它虽然也会起同样的作用,然而是在对立之中起作用。一部分土地进行精耕细作,而另一部分土地——大不列颠和爱尔兰的 3 000 万英亩好地——却荒芜着。一部分资本以难以置信的速度周转,而另一部分资本却闲置在钱柜里。一部分工人每天工作 14 或 16 小时,而另一部分工人却无所事事,无活可干,活活饿死。或者,这种分立现象并不同时发生:今天生意很好,需求很大,这时,大家都工作,资本以惊人的速度周转着,农业欣欣向荣,工人干得累倒了;而明天停滞到来,农业不值得费力去经营,大片土地荒芜,资本在正在流动的时候凝滞,工人无事可做,整个国家因财富过剩、人口过剩而备尝痛苦。

经济学家不能承认事情这样发展是对的,否则,他就得像上面所说的那样放弃自己的全部竞争体系,就得认识到自己把生产和消费对立起来、把人口过剩和财富过剩对立起来是荒诞无稽的。但是,既然事实是无法否认的,为了使这种事实与理论一致,就发明了人口论。

这种学说的创始人马尔萨斯断言,人口总是威胁着生活资料,一当生产增加,人口也以同样比例增加,人口固有的那种其繁衍超过可支配的生活资料的倾向,是一切贫困和罪恶的原因。因此,在人太多的地方,就应当用某种方法把他们消灭掉:或者用暴力将他们杀死,或者让他们饿死。可是这样做了以后,又会出现一个空隙,这个空隙又会马上被另一次繁衍的人口填满,于是,以前的贫困又开始到来。据说在任何条件下都是如此,不仅在文明的状态下,而且在自然的状态下都是如此;新荷兰①平均每平方英里只有**一个野蛮人**,却也和英国一样,深受人口过剩的痛苦。简言之,要是我们愿意首尾一贯,那我们就得承认:**当地球上只有一个人的时候,就已经人口过剩了**。从这种阐述得出的结论是:正因为穷人是过剩人口,所以,除了尽可能减轻他们饿死的痛苦,使他们相信这是无法改变的,他们整个阶级的唯一出路是尽量减少生育,此外就不应该为他们做任何事情;或者,如果这样做不行,那么最好还是像"马尔库斯"所建议的那样,建立一种国家机构,用无痛苦的办法把穷人的孩子杀死;按照他的建议,每一个工人家庭只能有两个半小孩,超过此数的孩子用无痛苦的办法杀死。**24** 施舍被认为是犯罪,因为这会助长过剩人口的增长;但是,把贫穷宣布为犯罪,把济贫所变为监狱——这正是英国通过"自由的"新济贫法**25**已经做的——,却算是非常有益的事情。的确,这种理论很不符合圣经关于上帝及其创造物完美无缺的教义,但是"动用圣经来反驳事实,是拙劣的反驳!"②

我是否还需要更详尽地阐述这种卑鄙无耻的学说,这种对自然和人类的恶毒诬蔑,并进一步探究其结论呢? 在这里我们终于看到,经济学家的不道德已经登峰造极。一切战争和垄断制度所造成的灾难,与这种理论相比,又算得了什么呢? 要知道,正是这种理论构成了自由派的自由贸易体系的拱顶石,这块石头一旦坠落,整个大厦就要倾倒。因为竞争在这里既然已经被证明是贫困、穷苦、犯罪的原因,那么谁还敢对竞争赞一词呢?

---

① 澳大利亚的旧称。——编者注
② 托·卡莱尔《宪章运动》1840 年伦敦版第 109 页。——编者注

艾利生在上面引用过的著作中动摇了马尔萨斯的理论,他诉诸土地的生产力,并用以下的事实来反对马尔萨斯的原理:每一个成年人能够生产出多于他本人消费所需的东西。如果不存在这一事实,人类就不可能繁衍,甚至不可能生存;否则成长中的一代依靠什么来生活呢?[1] 可是,艾利生没有深入事物的本质,因而他最后也得出了同马尔萨斯一样的结论。他虽然证明了马尔萨斯的原理是不正确的,但未能驳倒马尔萨斯据以提出他的原理的事实。

如果马尔萨斯不这样片面地看问题,那么他必定会看到,人口过剩或劳动力过剩是始终与财富过剩、资本过剩和地产过剩联系着的。只有在整个生产力过大的地方,人口才会过多。从马尔萨斯写作时起[2],任何人口过剩的国家的情况,尤其是英国的情况,都极其明显地证实了这一点。这是马尔萨斯应当从总体上加以考察的事实,而对这些事实的考察必然会得出正确的结论;他没有这样做,而是只选出一个事实,对其他事实不予考虑,因而得出荒谬的结论。他犯的第二个错误是把生活资料和就业手段混为一谈。人口总是威胁着就业手段,有多少人能够就业,就有多少人出生,简言之,劳动力的产生迄今为止由竞争的规律来调节,因而也同样要经受周期性的危机和波动,这是事实,确定这一事实是马尔萨斯的功绩。[3] 然而,就业手段并不就是生活资料。就业手段由于机器力和资本的增加而增加,这是仅就其最终结果而言;而生活资料,只

---

① 阿·艾利生《人口原理及其和人类幸福的关系》1840 年爱丁堡—伦敦版第 33—82 页。——编者注

② 托·罗·马尔萨斯《人口原理》第 1 版于 1798 年在伦敦出版。——编者注

③ 托·罗·马尔萨斯《人口原理》1826 年伦敦版第 1 卷第 18—21 页。——编者注

要生产力稍有提高,就立刻增加。这里暴露出经济学的一个新的矛盾。经济学家所说的需求不是现实的需求,他所说的消费只是人为的消费。在经济学家看来,只有能够为自己取得的东西提供等价物的人,才是现实的需求者,现实的消费者。但是,如果事实是这样:每一个成年人生产的东西多于他本人所消费的东西;小孩像树木一样能够绰绰有余地偿还花在他身上的费用——难道这不是事实?——,那么就应该认为,每一个工人必定能够生产出远远多于他所需要的东西,因此,社会必定会乐意供给他所必需的一切;同时也应该认为,大家庭必定是非常值得社会向往的礼物。但是,由于经济学家观察问题很粗糙,除了以可触摸的现金向他支付的东西以外,他不知道还有任何别的等价物。他已深陷在自己的对立物中,以致连最令人信服的事实也像最科学的原理一样使他无动于衷。

我们干脆用扬弃矛盾的方法消灭矛盾。只要目前对立的利益能够融合,一方面的人口过剩和另一方面的财富过剩之间的对立就会消失,关于一国人民纯粹由于富裕和过剩而必定饿死这种不可思议的事实,这种比一切宗教中的一切奇迹的总和更不可思议的事实就会消失,那种认为土地无力养活人们的荒谬见解也就会消失。这种见解是基督教经济学的顶峰,——而我们的经济学本质上是基督教经济学,这一点我可以用任何命题和任何范畴加以证明,这个工作在适当的时候我会做的;马尔萨斯的理论[21]只不过是关于精神和自然之间存在着矛盾和由此而来的关于二者的堕落的宗教教条在经济学上的表现。我希望也在经济学领域揭示这个对宗教来说并与宗教一起早就解决了的矛盾的虚无性。同时,如果马尔萨斯理论的辩护人事先不能用这种理论的原则向我解释,一国人民怎么能够纯粹由于过剩而饿死,并使这种解释同理性和事实一致起来,那我就不会认为这种辩护是站得住脚的。

可是,马尔萨斯的理论却是一个推动我们不断前进的、绝对必要的中转站。我们由于他的理论,总的来说由于经济学,才注意到土地和人类的生产力,而且我们在战胜了这种经济学上的绝望以后,就保证永远不惧怕人口过剩。我们从马尔萨斯的理论中为社会变革汲取到最有力的经济论据,因为即使马尔萨斯完全正确,也必须立刻进行这种变革,原因是只有这种变革,只有通过这种变革来教育群众,才能够从道德上限制繁殖本能,而马尔萨斯本人也认为这种限制是对付人口过剩的最有效和最简易的办法。① 我们由于这个理论才开始明白人类的极端堕落,才了解这种堕落依存于竞争关系;这种理论向我们指出,私有制如何最终使人变成了商品,使人的生产和消灭也仅仅依存于需求;它由此也指出竞争制度如何屠杀了并且每日还在屠杀着千百万人;这一切我们都看到了,这一切都促使我们要用消灭私有制、消灭竞争和利益对立的办法来消灭这种人类堕落。

然而,为了驳倒对人口过剩普遍存在的恐惧所持的根据,让我们再回过来谈生产力和人口的关系。马尔萨斯把自己的整个体系建立在下面这种计算上:人口按几何级数 1+2+4+8+16+32……增加,而土地的生产力按算术级数 1+2+3+4+5+6 增加。② 差额是明显的、触目惊心的,但这是否对呢? 在什么地方证明过土地的生产能力是按算术级数增加的呢? 土地的扩大是受限制的。好吧。在这个面积上使用的劳动力随着人口的增加而增加。即使我们假定,由于增加劳动而增加的收获量,并不总是与劳动成比例地增

---

① 托·罗·马尔萨斯《人口原理》1826 年伦敦版第 2 卷第 255—269 页。——编者注

② 同上,第 1 卷第 11 页。——编者注

加,这时仍然还有一个第三要素,一个对经济学家来说当然是无足轻重的要素——科学,它的进步与人口的增长一样,是永无止境的,至少也是与人口的增长一样快。仅仅一门化学,光是汉弗莱·戴维爵士和尤斯图斯·李比希两人,就使本世纪的农业获得了怎样的成就?可见科学发展的速度至少也是与人口增长的速度一样的;人口与前一代人的人数成比例地增长,而科学则与前一代人遗留的知识量成比例地发展,因此,在最普通的情况下,科学也是按几何级数发展的。而对科学来说,又有什么是做不到的呢?当"密西西比河流域有足够的荒地可容下欧洲的全部人口"①的时候,当地球上的土地才耕种了三分之一,而这三分之一的土地只要采用现在已经人所共知的改良耕作方法,就能使产量提高五倍、甚至五倍以上的时候,谈论什么人口过剩,岂不是非常可笑的事情。

————

这样,竞争就使资本与资本、劳动与劳动、土地占有与土地占有对立起来,同样又使这些要素中的每一个要素与其他两个要素对立起来。力量较强的在斗争中取得胜利。要预卜这个斗争的结局,我们就得研究一下参加斗争的各方的力量。首先,土地占有或资本都比劳动强,因为工人要生活就得工作,而土地占有者可以靠地租过活,资本家可以靠利息过活,万不得已时,也可以靠资本或资本化了的土地占有过活。其结果是:劳动得到的仅仅是最必需的东西,仅仅是一点点生活资料,而大部分产品则为资本和土地占有所得。此外,较强的工人把较弱的工人,较大的资本把较小的资本,较大的土地占有把小土地占有从市场上排挤出去。实践证实

————

① 约·瓦茨《政治经济学家的事实和臆想》1842年曼彻斯特—伦敦版第21页。——编者注

了这个结果。大家都知道,大厂主和大商人比小厂主和小商人占优势,大土地占有者比只有一摩尔根土地的占有者占优势。其结果是:在通常情况下,按照强者的权利,大资本和大土地占有吞并小资本和小土地占有,就是说,产生了财产的集中。在商业危机和农业危机时期,这种集中就进行得更快。一般说来,大的财产比小的财产增长得更快,因为从收入中作为占有者的费用所扣除的部分要小得多。这种财产的集中是一个规律,它与所有其他的规律一样,是私有制所固有的;中间阶级必然越来越多地消失,直到世界分裂为百万富翁和穷光蛋、大土地占有者和贫穷的短工为止。任何法律,土地占有的任何分割,资本的任何偶然的分裂,都无济于事,这个结果必定会产生,而且就会产生,除非在此之前全面变革社会关系、使对立的利益融合、使私有制归于消灭。

作为当今经济学家主要口号的自由竞争,是不可能的事情。垄断至少具有使消费者不受欺骗的意图,虽然它不可能实现这种意图。消灭垄断就会为欺骗敞开大门。你们说,竞争本身是对付欺骗的办法,谁也不会去买坏的东西;照这样说来,每个人都必须是每一种商品的行家,而这是不可能的,由此可见,垄断是必要的,这种必要性也在许多商品中表现出来。药房等等**必须**实行垄断。最重要的商品即货币恰好最需要垄断。每当流通手段不再为国家所垄断的时候,这种手段就引起商业危机,因此,英国的经济学家,其中包括威德博士,也认为在这里有实行垄断的必要。① 但是,垄断也不能防止假币。随便你站在问题的哪一方面,一方面的困难与另一方面的困难都不相上下。垄断引起自由竞争,自由竞争又

---

① 约·威德《中等阶级和工人阶级的历史》1835 年伦敦第 3 版第 152—160 页。——编者注

引起垄断;因此,二者一定都失败,而且这些困难只有在消灭了产生这二者的原则时才能消除。

———

竞争贯穿在我们的全部生活关系中,造成了人们今日所处的相互奴役状况。竞争是强有力的发条,它一再促使我们的日益陈旧而衰退的社会秩序,或者更正确地说,无秩序状况活动起来,但是,它每努力一次,也就消耗掉一部分日益衰败的力量。竞争支配着人类在数量上的增长,也支配着人类在道德上的进步。谁只要稍微熟悉一下犯罪统计,他就会注意到,犯罪行为按照特有的规律性年年增加,一定的原因按照特有的规律性产生一定的犯罪行为。工厂制度的扩展到处引起犯罪行为的增加。我们能够精确地预计一个大城市或者一个地区每年会发生的逮捕、刑事案件,以至凶杀、抢劫、偷窃等事件的数字,在英国就常常这样做。这种规律性证明犯罪也受竞争支配,证明社会产生了犯罪的**需求**,这个需求要由相应的**供给**来满足;它证明由于一些人被逮捕、放逐或处死所形成的空隙,立刻会有其他的人来填满,正如人口一有空隙立刻就会有新来的人填满一样;换句话说,它证明了犯罪威胁着惩罚手段,正如人口威胁着就业手段一样。别的且不谈,在这种情况下对罪犯的惩罚究竟公正到什么程度,我让我的读者去判断。我认为这里重要的是:证明竞争也扩展到了道德领域,并表明私有制使人堕落到多么严重的地步。

———

在资本和土地反对劳动的斗争中,前两个要素比劳动还有一个特殊的优越条件,那就是科学的帮助,因为在目前情况下连科学也是用来反对劳动的。例如,几乎一切机械发明,尤其是哈格里沃斯、克朗普顿和阿克莱的棉纺机,都是由于缺乏劳动力而引起的。

对劳动的渴求导致发明的出现,发明大大地增加了劳动力,因而降低了对人的劳动的需求。1770 年以来英国的历史不断地证明了这一点。棉纺业中最近的重大发明——自动走锭纺纱机——就完全是由于对劳动的需求和工资的提高引起的;这项发明使机器劳动增加了一倍,从而把手工劳动减少了一半,使一半工人失业,因而也就降低另一半工人的工资;这项发明破坏了工人对工厂主的反抗,摧毁了劳动在坚持与资本作力量悬殊的斗争时的最后一点力量(参看**尤尔博士**《工厂哲学》第 2 卷①)。诚然,经济学家说,归根结底,机器对工人是有利的,因为机器能够降低生产费用,因而替产品开拓新的更广大的市场,这样,机器最终还能使失业工人重新就业。这完全正确,但是,劳动力的生产是受竞争调节的;劳动力始终威胁着就业手段,因而在这些有利条件出现以前就已经有大量寻求工作的竞争者等待着,于是有利的情况形同虚构,而不利的情况,即一半工人突然被剥夺生活资料而另一半工人的工资被降低,却决非虚构,这一点为什么经济学家就忘记了呢?发明是永远不会停滞不前的,因而这种不利的情况将永远继续下去,这一点为什么经济学家就忘记了呢? 由于我们的文明,分工无止境地增多,在这种情况下,一个工人只有在一定的机器上被用来做一定的细小的工作才能生存,成年工人几乎在任何时候都根本不可能从一种职业转到另一种新的职业,这一点为什么经济学家又忘记了呢?

考虑到机器的作用,我有了另一个比较远的题目即工厂制度;但是,现在我既不想也没有时间来讨论这个题目。不过,我希望不

---

① 安·尤尔《工厂哲学:或论大不列颠工厂制度的科学、道德和商业的经济》1835 年伦敦修订第 2 版第 366—373 页。——编者注

久能够有机会来详细地阐述这个制度的极端的不道德,并且无情地揭露经济学家在这里表现得十分出色的那种伪善。[26]

弗·恩格斯大约写于 1843 年 9 月底或 10 月初—1844 年 1 月中

载于 1844 年 2 月《德法年鉴》

原文是德文

选自《马克思恩格斯文集》第 1 卷第 56—86 页

卡·马克思

*1844 年经济学哲学手稿[27]

（节　选）

［异化劳动和私有财产］

［XXII］我们是从国民经济学[5]的各个前提出发的。我们采用了它的语言和它的规律。我们把私有财产，把劳动、资本、土地的互相分离，工资、资本利润、地租的互相分离以及分工、竞争、交换价值概念等等当做前提。我们从国民经济学本身出发，用它自己的话指出，工人降低为商品，而且降低为最贱的商品；工人的贫困同他的生产的影响和规模成反比；竞争的必然结果是资本在少数人手中积累起来，也就是垄断的更惊人的恢复；最后，资本家和地租所得者之间、农民和工人之间的区别消失了，而整个社会必然分化为两个阶级，即**有产者**阶级和没有财产的**工人**阶级。

国民经济学从私有财产的事实出发。它没有给我们说明这个事实[28]。它把私有财产在现实中所经历的**物质**过程，放进一般的、抽象的公式，然后把这些公式当做**规律**。它不**理解**这些规律，就是说，它没有指明这些规律是怎样从私有财产的本质中产生出来的。国民经济学没有向我们说明劳动和资本分离以及资本和土地分离的原因。例如,当它确定工资和资本利润之间的关系时,它把资本家的利益当做最终原因;就是说,它把应当加以阐明的东西当做前提。同样,竞争到处出现,对此它则用外部情况来说明。至于这种似乎偶然的外部情况在多大程度上仅仅是一种必然的发展过程的表现,国民经济学根本没有向我们讲明。我们已经看到,交换本身在它看来是偶然的事实。**贪欲**以及**贪欲者之间的战争即竞争**,是国民经济学家所推动的仅有的车轮。①

正因为国民经济学不理解运动的联系,所以才把例如竞争的学说同垄断的学说,经营自由的学说同同业公会的学说,地产分割的学说同大地产的学说重新对立起来。因为竞争、经营自由、地产分割仅仅被阐述和理解为垄断、同业公会和封建所有制的偶然的、蓄意的、强制的结果,而不是必然的、不可避免的、自然的结果。

因此,我们现在必须弄清楚私有制、贪欲以及劳动、资本、地产三者的分离之间,交换和竞争之间、人的价值和人的贬值之间、垄断和竞争等等之间以及这全部异化和**货币**制度之间的本质联系。

我们不要像国民经济学家那样,当他想说明什么的时候,总是置身于一种虚构的原始状态。这样的原始状态什么问题也说明不了。29国民经济学家只是使问题堕入五里雾中。他把应当加以推论的东西即两个事物之间的例如分工和交换之间的必然关系,假定为事实、事件。神学家也是这样用原罪来说明恶的起源,就是说,他把他应当加以说明的东西假定为一种具有历史形式的事实。

我们且从**当前的**国民经济的事实出发。

---

① 手稿中这段话下面删去一句话:"我们现在必须回顾上述财产的**物质**运动的本质。"——编者注

工人生产的财富越多,他的生产的影响和规模越大,他就越贫穷。[30] 工人创造的商品越多,他就越变成廉价的商品。物的世界的**增值**同人的世界的**贬值**成正比。劳动生产的不仅是商品,它还生产作为**商品**的劳动自身和工人,而且是按它一般生产商品的比例生产的。

这一事实无非是表明:劳动所生产的对象,即劳动的产品,作为一种**异己的存在物**,作为**不依赖于生产者的力量**,同劳动相对立。劳动的产品是固定在某个对象中的、物化的劳动,这就是劳动的**对象化**。劳动的现实化就是劳动的对象化。在国民经济的实际状况中,劳动的这种现实化表现为工人的**非现实化**[31],对象化表现为**对象的丧失**和**被对象奴役**,占有表现为**异化、外化**[32]。

劳动的现实化竟如此表现为非现实化,以致工人非现实化到饿死的地步。对象化竟如此表现为对象的丧失,以致工人被剥夺了最必要的对象——不仅是生活的必要对象,而且是劳动的必要对象。甚至连劳动本身也成为工人只有通过最大的努力和极不规则的间歇才能加以占有的对象。对对象的占有竟如此表现为异化,以致工人生产的对象越多,他能够占有的对象就越少,而且越受自己的产品即资本的统治。

这一切后果包含在这样一个规定中:工人对**自己的劳动的产品**的关系就是对一个**异己的**对象的关系。因为根据这个前提,很明显,工人在劳动中耗费的力量越多,他亲手创造出来反对自身的、异己的对象世界的力量就越强大,他自身、他的内部世界就越贫乏,归他所有的东西就越少。宗教方面的情况也是如此。人奉献给上帝的越多,他留给自身的就越少。[33] 工人把自己的生命投入对象;但现在这个生命已不再属于他而属于对象了。因此,这种活动越多,工人就越丧失对象。凡是成为他的劳动的产品的东西,就不再是他自身的东西。因此,这个产品越多,他自身的东西就越少。工人在他的产品中的**外化**,不仅意味着他的劳动成为对象,成为**外部的**存在,而且意味着他的劳动作为一种与他相异的东西不依赖于他而**在他之外**存在,并成为同他对立的独立力量;意味着他给予对象的生命是作为敌对的和相异的东西同他相对立。

[XXIII]现在让我们来更详细地考察一下**对象化**,即工人的生产,以及对象即工人的产品在对象化中的**异化**、**丧失**。

没有**自然界**,没有**感性的外部世界**,工人什么也不能创造。自然界是工人的劳动得以实现、工人的劳动在其中活动、工人的劳动从中生产出和借以生产出自己的产品的材料。

但是,自然界一方面在这样的意义上给劳动提供**生活资料**,即没有劳动加工的对象,劳动就不能**存在**,另一方面,也在更狭隘的意义上提供**生活资料**,即维持**工人**本身的肉体生存的手段。

因此,工人越是通过自己的劳动**占有**外部世界、感性自然界,他就越是在两个方面失去**生活资料**:第一,感性的外部世界越来越不成为属于他的劳动的对象,不成为他的劳动的**生活资料**;第二,感性的外部世界越来越不给他提供直接意义的**生活资料**,即维持工人的肉体生存的手段。

因此,工人在这两方面成为自己的对象的奴隶:首先,他得到**劳动的对象**,也就是得到**工作**;其次,他得到**生存资料**。因此,他首先是作为**工人**,其次是作为**肉体的主体**,才能够生存。这种奴隶状态的顶点就是:他只有作为**工人**才能维持自己作为**肉体的主体**,并且只有作为**肉体的主体**才能是工人。

(按照国民经济学的规律,工人在他的对象中的异化表现在:工人生产得越多,他能够消费的越少;他创造的价值越多,他自己越没有价值、越低贱;工人的产品越完美,工人自己越畸形;工人创造的对象越文明,工人自己越野蛮;劳动越有力量,工人越无力;劳动越机巧,工人越愚笨,越成为自然界的奴隶。)

国民经济学由于不考察工人(劳动)**同产品的直接关系而掩盖劳动本质的异化**。当然,劳动为富人生产了奇迹般的东西,但是为工人生产了赤贫。劳动生产了宫殿,但是给工人生产了棚舍。劳动生产了美,但是使工人变成畸形。劳动用机器代替了手工劳动,但是使一部分工人回到野蛮的劳动,并使另一部分工人变成机器。劳动生产了智慧,但是给工人生产了愚钝和痴呆。

劳动对它的产品的直接关系,是工人对他的生产的对象的关系。有产者对生产对象和生产本身的关系,不过是这前一种关系的**结果**,而且证实了这一点。对问题的这另一个方面我们将在后面加以考察。因此,当我们问劳动的本质关系是什么的时候,我们问的是**工人**对生产的关系。

以上我们只是从一个方面,就是从工人**对他的劳动产品的关系**这个方面,考察了工人的异化、外化。但是,异化不仅表现在结果上,而且表现在**生产行为**中,表现在**生产活动**本身中。如果工人不是在生产行为本身中使自身异化,那么工人活动的产品怎么会作为相异的东西同工人对立呢?产品不过是活动、生产的总结。因此,如果劳动的产品是外化,那么生产本身必然是能动的外化,活动的外化,外化的活动。在劳动对象的异化中不过总结了劳动活动本身的异化、外化。

那么,劳动的外化表现在什么地方呢?

首先,劳动对工人来说是**外在的东西**,也就是说,不属于他的本质;因此,他在自己的劳动中不是肯定自己,而是否定自己,不是感到幸福,而是感到不幸,不是自由地发挥自己的体力和智力,而是使自己的肉体受折磨、精神遭摧残。因此,工人只有在劳动之外才感到自在,而在劳动中则感到不自在,他在不劳动时觉得舒畅,而在劳动时就觉得不舒畅。因此,他的劳动不是自愿的劳动,而是被迫的**强制劳动**。因此,这种劳动不是满足一种需要,而只是满足劳动以外的那些需要的一种**手段**。劳动的异己性完全表现在:只要肉体的强制或其他强制一停止,人们就会像逃避瘟疫那样逃避劳动。外在的劳动,人在其中使自己外化的劳动,是一种自我牺牲、自我折磨的劳动。最后,对工人来说,劳动的外在性表现在:这种劳动不是他自己的,而是别人的;劳动不属于他;他在劳动中也不属于他自己,而是属于别人。在宗教中,人的幻想、人的头脑和人的心灵的自主活动对个人发生作用不取决于他个人,就是说,是作为某种异己的活动,神灵的或魔鬼的活动发生作用,同样,工人的活动也不是他的自主活动。[34]他的活动属于别人,这种活动是他自身的丧失。

因此,结果是,人(工人)只有在运用自己的动物机能——吃、喝、生殖,至多还有居住、修饰等等——的时候,才觉得自己在自由活动,而在运用人的机能时,觉得自己只不过是动物。动物的东西成为人的东西,而人的东西成为动物的东西。

吃、喝、生殖等等,固然也是真正的人的机能。但是,如果加以抽象,使这些机能脱离人的其他活动领域并成为最后的和唯一的终极目的,那它们就是动物的机能。

我们从两个方面考察了实践的人的活动即劳动的异化行为。第一,工人对**劳动产品**这个异己的、统治着他的对象的关系。这种关系同时也是工人对感性的外部世界、对自然对象——异己的与他敌对的世界——的关系。第二,在**劳动**过程中劳动对**生产行为**的关系。这种关系是工人对他自己的活动——一种异己的、不属于他的活动——的关系。在这里,活动是受动;力量是无力;生殖是去势;工人**自己的**体力和智力,他个人的生命——因为,生命如果不是活动,又是什么呢?——是不依赖于他、不属于他、转过来反对他自身的活动。这是**自我异化**,而上面所谈的是**物**的异化。

[**XXIV**]我们现在还要根据在此以前考察的**异化劳动**的两个规定推出它的第三个规定。

人是类存在物,不仅因为人在实践上和理论上都把类——他自身的类以及其他物的类——当做自己的对象;而且因为——这只是同一种事物的另一种说法——人把自身当做现有的、有生命的类来对待,因为人把自身当做**普遍的**因而也是自由的存在物来对待。**35**

无论是在人那里还是在动物那里,类生活从肉体方面来说就在于人(和动物一样)靠无机界生活,而人和动物相比越有普遍性,人赖以生活的无机界的范围就越广阔。从理论领域来说,植物、动物、石头、空气、光等等,一方面作为自然科学的对象,一方面作为艺术的对象,都是人的意识的一部分,是人的精神的无机界,是人必须事先进行加工以便享用和消化的精神食粮;同样,从实践领域来说,这些东西也是人的生活和人的活动的一部分。人在肉体上只有靠这些自然产品才能生活,不管这些产品是以食物、燃料、衣着的形式还是以住房等等的形式表现出来。在实践上,人的普遍性正是表现为这样的普遍性,它把整个自然界——首先作为人的直接的生活资料,其次作为人的生命活动的对象(材料)①和工具——变成人的**无机的**身体。自然界,就它自身不是人的身体而言,是人的**无机的**身体。人靠自然界**生活**。这就是说,自然界是

---

① 手稿中"材料"写在"对象"的上方。——编者注

人为了不致死亡而必须与之处于持续不断的交互作用过程的、人的**身体**。所谓人的肉体生活和精神生活同自然界相联系,不外是说自然界同自身相联系,因为人是自然界的一部分。

异化劳动,由于(1)使自然界同人相异化,(2)使人本身,使他自己的活动机能,使他的生命活动同人相异化,因此,异化劳动也就使**类**同人相异化;对人来说,异化劳动把**类生活**变成维持个人生活的手段。第一,它使类生活和个人生活异化;第二,它把抽象形式的个人生活变成同样是抽象形式和异化形式的类生活的目的。**36**

因为,首先,劳动这种**生命活动**、这种**生产生活**本身对人来说不过是满足一种需要即维持肉体生存的需要的一种**手段**。而生产生活就是类生活。这是产生生命的生活。一个种的整体特性、种的类特性就在于生命活动的性质,而自由的有意识的活动恰恰就是人的类特性。生活本身仅仅表现为**生活的手段**。

动物和自己的生命活动是直接同一的。动物不把自己同自己的生命活动区别开来。它就是**自己的生命活动**。人则使自己的生命活动本身变成自己意志的和自己意识的对象。他具有有意识的生命活动。这不是人与之直接融为一体的那种规定性。有意识的生命活动把人同动物的生命活动直接区别开来。正是由于这一点,人才是类存在物。或者说,正因为人是类存在物,他才是有意识的存在物,就是说,他自己的生活对他来说是对象。仅仅由于这一点,他的活动才是自由的活动。异化劳动把这种关系颠倒过来,以致人正因为是有意识的存在物,才把自己的生命活动,自己的**本质**变成仅仅维持自己**生存**的手段。

通过实践创造**对象世界**,**改造**无机界,人证明自己是有意识的类存在物,就是说是这样一种存在物,它把类看做自己的本质,或者说把自身看做类存在物。诚然,动物也生产。动物为自己营造巢穴或住所,如蜜蜂、海狸、蚂蚁等。但是,动物只生产它自己或它的幼仔所直接需要的东西;动物的生产是片面的,而人的生产是全面的;动物只是在直接的肉体需要的支配下生产,而人甚至不受肉体需要的影响也进行生产,并且只有不受这种需要的影响才进行真正的生产;动物只生产自身,而人再生产整个自然界;动物的产品直接属于它的肉体,而人则自由地面对自己的产品。动物只是按照它所属的那个种的尺度和需要来构造,而人却懂得按照任何一个种的尺度来进行生产,并且懂得处处都把固有的尺度运用于对象;因此,人也按照美的规律来构造。

因此,正是在改造对象世界的过程中,人才真正地证明自己是**类存在物**。这种生产是人的能动的类生活。通过这种生产,自然界才表现为**他的作品和他的现实**。因此,劳动的对象是**人的类生活的对象化**:人不仅像在意识中那样在精神上使自己二重化,而且能动地、现实地使自己二重化,从而在他所创造的世界中直观自身。因此,异化劳动从人那里夺去了他的生产的对象,也就从人那里夺去了他的**类生活**,即他的现实的类对象性,把人对动物所具有的优点变成缺点,因为人的无机的身体即自然界被夺走了。

同样,异化劳动把自主活动、自由活动贬低为手段,也就把人的类生活变成维持人的肉体生存的手段。

因此,人具有的关于自己的类的意识,由于异化而改变,以致类生活对他来说竟成了手段。

这样一来,异化劳动导致:

(3)**人的类本质**,无论是自然界,还是人的精神的类能力,都变成了对人来说是**异己的本质**,变成了维持他的**个人生存的手段**。异化劳动使人自己的身体同人相异化,同样也使在人之外的自然界同人相异化,使他的精神本质、他的**人的**本质同人相异化。

(4)人同自己的劳动产品、自己的生命活动、自己的类本质相异化的直接结果就是**人同人相异化**。当人同自身相对立的时候,他也同**他**人相对立。凡是适用于人对自己的劳动、对自己的劳动产品和对自身的关系的东西,也都适用于人对他人、对他人的劳动和劳动对象的关系。

总之,人的类本质同人相异化这一命题,说的是一个人同他人相异化,以及他们中的每个人都同人的本质相异化。

人的异化,一般地说,人对自身的任何关系,只有通过人对他人的关系才得到实现和表现。

因此,在异化劳动的条件下,每个人都按照他自己作为工人所具有的那种尺度和关系来观察他人。

[**XXV**]我们的出发点是国民经济事实即工人及其生产的异化。我们表述了这一事实的概念:**异化的、外化的**劳动。我们分析了这一概念,因而我们只是分析了一个国民经济事实。

现在让我们看一看,应该怎样在现实中去说明和表述异化的、外化的劳动这一概念。

如果劳动产品对我来说是异己的,是作为异己的力量面对着我,那么它到底属于谁呢?

如果我自己的活动不属于我,而是一种异己的活动、一种被迫的活动,那么它到底属于谁呢?

属于**另一个**有别于我的存在物。

这个存在物是谁呢?

是**神**吗?确实,起初主要的生产活动,如埃及、印度、墨西哥建造神庙的活动等等,不仅是为供奉神而进行的,而且产品本身也是属于神的。但是,神从来不是劳动的唯一主宰。**自然界**也不是。

况且,在人通过自己的劳动使自然界日益受自己支配的情况下,在工业奇迹使神的奇迹日益变得多余的情况下,如果人竟然为讨好这些力量而放弃生产的乐趣和对产品的享受,那岂不是十分矛盾的事情。

劳动和劳动产品所归属的那个**异己的**存在物,劳动为之服务和劳动产品供其享受的那个存在物,只能是人自身。

如果劳动产品不是属于工人,而是作为一种异己的力量同工人相对立,那么这只能是由于产品属于**工人之外的他人**。如果工人的活动对他本身来说是一种痛苦,那么这种活动就必然给他人带来**享受**和生活乐趣。不是神也不是自然界,只有人自身才能成为统治人的异己力量。

还必须注意上面提到的这个命题:人对自身的关系只有通过他对他人的关系,才成为对他来说是**对象性的**、**现实的**关系。因此,如果人对自己的劳动产品的关系、对对象化劳动的关系,就是对一个**异己的**、敌对的、强有力的、不依赖于他的对象的关系,那么他对这一对象所以发生这种关系就在于有另一个异己的、敌对的、强有力的、不依赖于他的人是这一对象的主宰。如果人把他自己的活动看做一种不自由的活动,那么他是把这种活动看做替他人服务的、受他人支配的、处于他人的强迫和压制之下的活动。

人同自身以及同自然界的任何自我异化,都表现在他使自身、使自然界跟另一些与他不同的人所发生的关系上。因此,宗教的自我异化也必然表现在世俗人对僧侣或者世俗人对耶稣基督——因为这里涉及精神世界——等等的关系上。在实践的、现实的世界中,自我异化只有通过对他人的实践的、现实的关系才能表现出来。异化借以实现的手段本身就是**实践的**。因此,通过异化劳动,人不仅生产出他对作为异己的、敌对的力量的生产对象和生产行为的关系,而且还生产出他人对他的生产和他的产品的关系,以及他对这些他人的关系。正像他把他自己的生产变成自己的非现实化,变成对自己的惩罚一样,正像他丧失掉自己的产品并使它变成不属于他的产品一样,他也生产出不生产的人对生产和产品的支配。正像他使他自己的活动同自身相异化一样,他也使与他相异的人占有非自身的活动。

到目前为止,我们只是从工人方面考察了这一关系;下面我们还要从非工人方面来加以考察。

总之,通过**异化的**、**外化的劳动**,工人生产出一个同劳动疏远的、站在劳动之外的人对这个劳动的关系。工人对劳动的关系,生产出资本家——或者不管人们给劳动的主宰起个什么别的名字——对这个劳动的关系。

因此,**私有财产**是**外化劳动**即工人对自然界和对自身的外在关系的产物、结果和必然后果。

因此,我们通过分析,从**外化劳动**这一概念,即从**外化的人**、异化劳动、异化的生命、**异化的人**这一概念得出**私有财产**这一概念。

诚然,我们从国民经济学得到作为**私有财产运动**之结果的**外化劳动**(**外化的生命**)这一概念。但是,对这一概念的分析表明,尽管私有财产表现为外化劳动的根据和原因,但确切地说,它是外化劳动的后果,正像神**原先**不是人类理智迷误的原因,而是人类理智迷误的结果一样。后来,这种关系就变成相互作用的关系。

私有财产只有发展到最后的、最高的阶段,它的这个秘密才重新暴露出来,就是说,私有财产一方面是外化劳动的**产物**,另一方面又是劳动借以外化的**手段**,是**这一外化的实现**。

这些论述使至今没有解决的各种矛盾立刻得到阐明。

(1)国民经济学虽然从劳动是生产的真正灵魂这一点出发,

但是它没有给劳动提供任何东西,而是给私有财产提供了一切。蒲鲁东从这个矛盾得出了有利于劳动而不利于私有财产的结论。**37** 然而,我们看到,这个表面的矛盾是**异化劳动**同自身的矛盾,而国民经济学只不过表述了异化劳动的规律罢了。

因此,我们也看到,**工资和私有财产**是同一的,因为用劳动产品、劳动对象来偿付劳动本身的工资,不过是劳动异化的必然后果,因为在工资中,劳动并不表现为目的本身,而表现为工资的奴仆。下面我们要详细说明这个问题,现在还只是作出几点[XXVI]结论。**38**

强制提高工资(且不谈其他一切困难,不谈强制提高工资这种反常情况也只有靠强制才能维持),无非是**给奴隶以较多工资**,而且既不会使工人也不会使劳动获得人的身份和尊严。

甚至蒲鲁东所要求的**工资平等**,也只能使今天的工人对自己的劳动的关系变成一切人对劳动的关系。这时社会就被理解为抽象的资本家。**39**

工资是异化劳动的直接结果,而异化劳动是私有财产的直接原因。因此,随着一方衰亡,另一方也必然衰亡。

(2)从异化劳动对私有财产的关系可以进一步得出这样的结论:社会从私有财产等等解放出来、从奴役制解放出来,是通过**工人解放**这种**政治**形式来表现的,这并不是因为这里涉及的仅仅是工人的解放,而是因为工人的解放还包含普遍的人的解放;其所以如此,是因为整个的人类奴役制就包含在工人对生产的关系中,而一切奴役关系只不过是这种关系的变形和后果罢了。

正如我们通过**分析**从**异化的、外化的劳动**的概念得出**私有财产**的概念一样,我们也可以借助这两个因素来阐明国民经济学的一切**范畴**,而且我们将重新发现,每一个范畴,例如买卖、竞争、资本、货币,不过是这两个基本因素的**特定的**、**展开了的表现**而已。

但是,在考察这些范畴的形成以前,我们还打算解决两个任务:

(1)从**私有财产**对**真正人的和社会的财产**的关系来规定作为异化劳动的结果的**私有财产**的普遍**本质**。

(2)我们已经承认**劳动的异化**、劳动的**外化**这个事实,并对这一事实进行了分析。现在要问,**人**是怎样使自己的**劳动外化**、异化的? 这种异化又是怎样由人的发展的本质引起的? 我们把**私有财产的起源**问题**变为外化劳动**对人类发展进程的关系问题,就已经为解决这一任务得到了许多东西。因为人们谈到**私有财产**时,总以为是涉及人之外的东西。而人们谈到劳动时,则认为是直接关系到人本身。问题的这种新的提法本身就已包含问题的解决。

补入(1)   私有财产的普遍本质以及私有财产对真正人的财产的关系。

在这里外化劳动分解为两个组成部分,它们互相制约,或者说,它们只是同一种关系的不同表现,**占有**表现为**异化**、**外化**,而外化表现为**占有**,**异化**表现为真正**得到公民权**。

我们已经考察了一个方面,考察了**外化劳动**对**工人**本身的关系,也就是说,考察了**外化劳动对自身的关系**。我们发现,这一关系的产物或必然结果是**非工人对工人和劳动的财产关系**。私有财产作为外化劳动的物质的、概括的表现,包含着这两种关系:**工人对劳动、对自己的劳动产品和对非工人的关系,以及非工人对工人和工人的劳动产品的关系**。

我们已经看到,对于通过劳动而**占有**自然界的工人来说,占有表现为异化,自主活动表现为替他人活动和表现为他人的活动,生命的活跃表现为生命的牺牲,对象的生产表现为对象的丧失,即对象转归异己力量、**异己的**人所有。现在我们就来考察一下这个同劳动和工人**疏远的**人对工人、劳动和劳动对象的关系。

首先必须指出,凡是在工人那里表现为**外化的**、**异化的活动**的东西,在非工人那里都表现为**外化的**、**异化的状态**。

其次,工人在生产中的**现实的**、实践的**态度**,以及他对产品的态度(作为一种内心状态),在同他相对立的非工人那里表现为**理论的态度**。

[**XXVII**]**第三**,凡是工人做的对自身不利的事,非工人都对工人做了,但是,非工人做的对工人不利的事,他对自身却不做。

我们来进一步考察这三种关系。

卡·马克思大约写于 1844
年 5 月底 6 月初—8 月

第一次发表于《马克思恩格
斯全集》1932 年历史考证版
第 1 部分第 3 卷

原文是德文

选自《马克思恩格斯文集》
第 1 卷第 155—169 页

弗·恩格斯

英国工人阶级状况

根据亲身观察和可靠材料[40]

（节　选）

1892年德文第二版序言[41]

现在重新呈献给德国读者的这本书,最初是在1845年夏天出版的。这本书无论在优点方面或缺点方面都带有作者青年时代的痕迹。那时我是24岁。现在我的年纪相当于那时的三倍,但是当我重读这本青年时期的著作时,发现它毫无使我羞愧的地方。因此,本书中的这种青年时期的痕迹我一点也不打算抹去。我现在原封不动地把它重新献给读者。我只是把若干不十分清楚的地方表述得更明确些,并在某些地方加了新的简短的脚注,这些脚注都标明了今年(1892)的年份。

关于这本书的命运,我只想谈一点:它的英译本于1887年在纽约出版(弗洛伦斯·凯利-威士涅威茨基夫人译),1892年由斯旺·桑南夏恩公司在伦敦再版。英国版序言①是根据美国版序

---

① 恩格斯《〈英国工人阶级状况〉1892年英国版序言》,见《马克思恩格斯全集》中文第1版第22卷。——编者注

言⁴²写的，而现在德文版的这篇序言又是根据英国版序言写的。现代大工业已经在如此大的程度上使所有出现了这种工业的国家的经济关系趋于平衡，以致我要向德国读者说的和要向美、英两国读者说的几乎没有什么两样了。

本书所描写的情况，至少就英国而言，现在在很多方面都已经成为过去。现代政治经济学的规律之一（虽然通行的教科书里没有明确提出）就是：资本主义生产越发展，它就越不能采用作为它早期阶段的特征的那些小的哄骗和欺诈手段。波兰犹太人，即欧洲商业发展最低阶段的代表所玩弄的那些猥琐的骗人伎俩，可以使他们在本乡本土获得很多好处，并且可以在那里普遍使用，可是只要他们一来到汉堡或柏林，那些狡猾手段就失灵了。同样，一个经纪人，犹太人也好，基督徒也好，如果从柏林或汉堡来到曼彻斯特交易所，他就会发现（至少在不久以前还是这样），要想廉价购入棉纱或布匹，最好还是放弃那一套固然已经稍加改进但到底还很低劣的手腕和花招，虽然这些手腕和花招在他本国被看做生意场上的智慧顶峰。但是，随着大工业的发展，据说德国的许多情况也改变了，特别是当德国人在费城打了一次工业上的耶拿会战⁴³以后，连那条德国市侩的老规矩也声誉扫地了，那条规矩就是：先给人家送上好的样品，再把蹩脚货送去，他们只会感到称心满意！的确，玩弄这些狡猾手腕和花招在大市场上已经不合算了，那里时间就是金钱，那里商业道德必然发展到一定的水平，其所以如此，并不是出于伦理的狂热，而纯粹是为了不白费时间和辛劳。在英国，在工厂主对待工人的关系上也发生了同样的变化。

1847 年危机以后的工商业复苏，是新的工业时代的开端。谷物法⁴⁴的废除以及由此而必然引起的进一步的财政改革，给英国工商业提供了它们发展所必需的全部空间。此后，很快又在加利福尼亚和澳大利亚发现了金矿[45]。殖民地市场吸收英国工业品的能力一天天增长起来。兰开夏郡的机械织机使千百万印度手工织工陷于彻底的灭亡。中国的门户日益被打开。但发展最快的还是美国,其速度甚至对这个进展神速的国家来说也是空前的;而我们不要忘记,美国当时只是一个殖民地市场,而且是最大的殖民地市场,即输出原产品和输入工业品(当时是英国的工业品)的国家。

此外,前一时期末开始使用的新的交通工具——铁路和海船——现在已经在国际范围内应用起来;它们事实上创造了以前只是潜在的**世界市场**。这个世界市场当时还是由一些以农业为主或纯粹从事农业的国家组成的,这些国家都围绕着一个大的工业中心——英国。英国消费它们的大部分过剩原产品,同时又满足它们对工业品的大部分需要。因此,无怪乎英国工业获得了这样巨大的和空前的发展,以致1844年的状况现在看来已经显得微不足道,几乎可以说是原始的了。

与这样的发展程度相一致的是,大工业从表面看来也变得讲道德了。工厂主靠对工人进行琐细偷窃的办法来互相竞争已经不合算了。事业的发展已经不允许再使用这些低劣的谋取金钱的手段;拥资百万的工厂主有比在这些小算盘上浪费时间更为重要的事情要做,这些小算盘充其量对那些急需挣钱的小生意人还有用处,如果他们不想在竞争中毁灭,就必须抓住每一文钱。于是,工厂区的实物工资制[46]被取消了,通过了十小时工作日法案[47],并且实行了一系列比较小的改良措施,所有这些都同自由贸易和无限制竞争的精神直接矛盾,但却使大资本家同条件较差的同行的竞争更具优势。

此外,企业规模越大,雇用的工人越多,每次同工人发生冲突时所遭受的损失和经营方面的困难也就越多。因此,工厂主们,尤其是那些最大的工厂主,就渐渐产生了一种新的想法。他们学会了避免不必要的纷争,默认工联的存在和力量,最后甚至发现罢工——发生得适时的罢工——也是实现他们自己的目的的有效手段。于是,过去带头同工人阶级作斗争的最大的工厂主们,现在却首先起来呼吁和平与和谐了。他们这样做是有很充分的理由的。

所有这些对正义和仁爱的让步,事实上只是一种手段,这种手段可以使资本加速积聚在少数人手中,并且压垮那些没有这种额外收入就活不下去的小竞争者。对于这少数人说来,早年的那种小规模的额外勒索不但已经毫无意义,而且成了大展宏图的严重障碍。这样,至少在主要的工业部门中——因为在次要的工业部门中根本不是这样——资本主义生产发展本身已经足以消除早年使工人命运恶化的那些小的弊端。这样一来,下面这个重大的基本事实就越来越明显了:工人阶级处境悲惨的原因不应当到这些小的弊病中去寻找,而应当到**资本主义制度本身**中去寻找。工人为取得每天的一定数目的工资而把自己的劳动力卖给资本家。在不多的几小时工作之后,他就把这笔工资的价值再生产出来了。但是,他的劳动合同却规定,工人必须再工作好几个小时,才算完成一个工作日。工人用这个附加的几小时剩余劳动生产出来的价值,就是剩余价值。这个剩余价值不破费资本家一文钱,但仍然落入资本家的腰包。这就是这样一个制度的基础,这个制度使文明社会越来越分裂,一方面是一小撮路特希尔德们和万德比尔特们,他们是全部生产资料和消费资料的所有者,另一方面是广大的雇佣工人,他们除了自己的劳动力之外一无所有。产生这个结果的,并不是这个或那个次要的弊端而是制度本身,这个事实目前已经在英国资本主义的发展过程中十分鲜明地显示出来。

其次,霍乱、伤寒、天花以及其他流行病的一再发生,使英国资产者懂得了,如果他想使自己以及自己的家人不致成为这些流行病的牺牲品,就必须立即着手改善自己城市的卫生状况。因此,这本书里所描写的那些最令人触目惊心的恶劣现象,现在或者已经被消除,或者已经不那么明显。下水道已经修筑起来或改善了;在境况最差的"贫民窟"中间,有许多地方修建了宽阔的街道;"小爱尔兰"**48**已经消失,"七日规"**49**跟着也将被清除。但是这有什么意义呢? 我在1844年还能用几乎是田园诗的笔调来描写的那些地区,现在随着城市的发展已经整批地陷入同样衰败、荒凉和穷困的境地。当然,猪和垃圾堆现在是看不到了。资产阶级掩饰工人阶级灾难的手法又有进步。但是,在工人住宅方面并没有任何重大改善,这一点从1885年皇家委员会《关于穷人的居住条件》①的报告中可以得到充分证明。其他各方面的情形也都是这样。警察局的命令多如雪片,但只能用来掩盖工人的穷困状况,而不能消除这种状况。

但是,英国现在已经度过了我所描写的这个资本主义剥削的青年时期,而其他国家则刚刚进入这个时期。法国、德国,尤其是美国,这些可怕的敌手,它们如同我在1844年所预见的那样,正在日益摧毁英国的工业垄断地位。它们的工业比英国的工业年轻,但是其成长却迅速得多,现在已经达到与1844年英国工业大致相同的发展阶段。拿美国来比较,情况特别明显。当然,美国工人阶级所处的外部环境很不相同,但毕竟都是同样的经济规律在起作用,所以产生的结果虽然不是在各方面都相同,却仍然属于同一性质。正因为如此,在美国我们也可以看到同样的争取缩短并从法

---

① 见《皇家委员会关于工人阶级的居住条件的报告。英格兰和威尔士。1885年》。——编者注

律上确定工作日,特别是工厂女工和童工的工作日的斗争;我们也发现极其盛行的实物工资制和农村地区的小宅子制**50**,"老板"资本家及其代理人就是利用这些制度作为统治工人的手段。1886年,当我读到美国报纸上关于康奈尔斯维尔区宾夕法尼亚矿工大罢工**51**的报道时,我简直就像在读我自己描写 1844 年英格兰北部煤矿工人罢工的文字一样①。同样是用假尺假秤来欺骗工人,同样是实行实物工资制,同样是资本家企图用最后的但是致命性的手段,即把工人赶出他们所住的属于矿山管理处的房屋,来压制矿工们的反抗。

不论在本版或两个英文版中,我都不打算使本书适应目前形势发展的状况,也就是说,我不打算详细地一一列举 1844 年以来发生的一切变化。我的想法基于这样两个原因:第一,要是那样做,就得把本书的篇幅增大一倍。第二,马克思的《资本论》第一卷已经详细描述了 1865 年前后,即英国的工业繁荣达到顶点时的英国工人阶级状况;如果我那样做,就得重复马克思已经讲过的内容。

几乎用不着指出,本书在哲学、经济学和政治方面的总的理论观点,和我现在的观点决不是完全一致的。1844 年还没有现代的国际社会主义,从那时起,首先是并且几乎完全是由于马克思的功绩,社会主义才发展成为科学。我这本书只是体现了它的胚胎发展的一个阶段。正如人的胚胎在其发展的最初阶段还要再现出我们的祖先鱼类的鳃弧一样,在本书中到处都可以发现现代社会主义从它的祖先之一即德国古典哲学起源的痕迹。例如本书,特别

---

① 见《马克思恩格斯全集》中文第 1 版第 2 卷第 542—548 页。——编者注

是在末尾,很强调这样一个论点:共产主义不是一种单纯的工人阶级的党派性学说,而是一种最终目的在于把连同资本家在内的整个社会从现存关系的狭小范围中解放出来的理论。这在抽象的意义上是正确的,然而在实践中在大多数情况下是无益的,甚至是有害的。只要有产阶级不但自己不感到有任何解放的需要,而且还全力反对工人阶级的自我解放,工人阶级就应当单独地准备和实现社会变革。1789年的法国资产者也曾宣称资产阶级的解放就是全人类的解放;但是贵族和僧侣不肯同意,这一论断——虽然当时它对封建主义来说是一个无可辩驳的抽象的历史真理——很快就变成了一句纯粹是自作多情的空话而在革命斗争的火焰中烟消云散了。现在也还有不少人,站在不偏不倚的高高在上的立场向工人鼓吹一种凌驾于一切阶级对立和阶级斗争之上的社会主义,这些人如果不是还需要多多学习的新手,就是工人的最凶恶的敌人,是披着羊皮的豺狼。

在本书中我把工业大危机的周期算成了五年。这个关于周期长短的结论,显然是从1825年到1842年间的事变进程中得出来的。但是1842年到1868年的工业历史证明,实际周期是十年,中间危机只具有次要的性质,而且在1842年以后日趋消失。从1868年起情况又改变了,这方面的情况下面再谈。

我有意地不删去本书中的许多预言,特别是青年时期的激情使我大胆作出的英国即将发生社会革命的预言。我决不想把我的著作和我本人描写得比当时高明些。值得惊奇的并不是这些预言中有那么多没有言中,倒是竟然有这样多的预言已经实现了,还有当时我就预见到的(诚然我把时间估计得过早了)大陆的、特别是美国的竞争将引起英国工业的危急状态,现在也真正到来了。在这一点上我有责任使本书和英国当前的情况相符合。为此,我把我的一篇文章①照抄于此,这篇文章曾经用英文发表在 1885 年 3 月 1 日伦敦《公益》⁵²杂志上,后来用德文发表在同年 6 月的《新时代》⁵³第 6 期上。

"40 年前,英国面临着一场按一切迹象看来只有用暴力才能解决的危机。工业的大规模的、迅速的发展远远地超过了国外市场的扩大和需求的增加。每隔十年,生产的进程就被普遍的商业危机强制性地打断一次,随后,经过一个长久的持续的停滞时期后,就是短短的繁荣年份,这种繁荣年份总是又以发疯似的生产过剩和最后再度崩溃而结束。资本家阶级大声疾呼,要求实行谷物自由贸易,并且威胁说,为了实现这一点,他们要把城市的饥民送回原来居住的农业地区去,然而,正如约翰·布莱特所说,那些城市饥民'不是作为乞讨面包的穷人,而是如同驻扎在敌区的一支军队'。城市工人群众要求参与政权——实行人民宪章⁵⁴;小资产阶级的大多数支持他们,二者之间的分歧仅仅在于是应当用暴力还是用合法手段来实现宪章。这时 1847 年的商业危机和爱尔兰的饥荒到来了,革命的前景也同时出现了。

1848 年的法国革命拯救了英国资产阶级。胜利的法国工人的社会主义口号吓倒了英国小资产阶级,瓦解了比较狭小然而比较注重眼前实际的英国工人阶级运动。正当宪章运动⁵⁵应当显示全部力量的时候,它却在 1848 年 4 月 10 日外部崩溃到来以前,就从内部崩溃了。⁵⁶工人阶级的政治活动被推到了后台。资本家阶级获得了全线胜利。

1831 年的议会改革⁵⁷是整个资本家阶级对土地贵族的胜利。

---

① 恩格斯《1845 年和 1885 年的英国》,见《马克思恩格斯全集》中文第 1 版第 21 卷。——编者注

谷物税的废除不只是**工业**资本家对大土地占有制的胜利,而且也是对那些同地产的利益一致或密切相关的资本家的胜利,即对银行家、交易所经纪人、食利者等等的胜利。自由贸易意味着改革英国全部对内对外的贸易和财政政策,以适应工业资本家即现在代表着国家的阶级的利益。于是这个阶级就努力地行动起来。工业生产上的每一个障碍都被毫不留情地扫除。关税率和整个税收制度实行了根本的改革。一切都服从于一个目的,也就是服从工业资本家眼中最为重要的目的:降低各种原料特别是工人阶级的一切生活资料的价格,减少原料费用,压住(即使还不能**压低**)工资。英国应当成为'世界工厂';对于英国来说,其他一切国家都应当同爱尔兰一样,成为英国工业品的销售市场,同时又是其原料和粮食的供应地。英国是农业世界的伟大的工业中心,是工业太阳,日益增多的生产谷物和棉花的卫星都围绕着它运转。多么灿烂的前景啊!

工业资本家在着手实现自己的这个伟大目的时,具有坚强的健全的理智,并且蔑视传统的原则,这是他们一向比大陆上沾染庸人习气较深的竞争者出色的地方。宪章运动已经奄奄一息。1847年危机过去之后自然而然地、几乎是理所当然地重新出现的工商业繁荣,被人说成完全是自由贸易的功劳。由于这两种情况,英国工人阶级在政治上成了'伟大的自由党'[58]即工厂主领导的政党的尾巴。这种有利的局面既已形成,就必须永远保持下去。宪章派[55]所激烈反对的不是自由贸易本身,他们反对的是把自由贸易变成事关国家存亡的唯一问题,工厂主从这种反对立场中了解到,并且日益清楚地了解到:没有工人阶级的帮助,资产阶级永远不能取得对国家的完全的社会统治和政治统治。这样,两个阶级之间的相互关系就逐渐改变了。从前让所有工厂主望而生畏的工厂法,现在他们不但自愿地遵守,甚至还容许把它推广到所有工业部门中去。从前被看做恶魔现形的工联,现在被工厂主们当做完全合法的机构,当做在工人中间传播健康的经济学说的有用工具而受到宠爱和保护。甚至直到 1848 年还被宣布不受法律保护的罢工,现在也被认为有时很有用处,特别是当工厂主老爷们遇到适当时机主动挑起罢工的时候。在那些剥夺了工人同雇主平等的权利的法律中,至少已经废除了最令人反感的那一部分法律。而十分可怕的人民宪章,实质上已经成了那些直到最近还在反对它的工厂主们自己的政治纲领。**取消选举资格限制**和**秘密投票**现在已经成为法律。1867 年和 1884 年的议会改革[59]已经大大接近于**普选权**,至少是像德国现存的那种普选权;目前议会正在讨论的关于选区的法案,划分了**平等的选区**,总的说来不会比法国或德国的更不平等。**议员支薪**和缩短任期——即使还不能**每年改选议会**——显然不久定会实现;尽管这样,还是有人说宪章运动已经死亡。

1848 年的革命,同它以前的许多次革命一样,有着奇特的命运。正是那些把这次革命镇压下去的人,如卡尔·马克思常说的,变成了它的遗嘱执行人。[60]路易-拿破仑不得不建立独立而统一的意大利,俾斯麦不得不在德国实行某种根本的变革,不得不恢复匈牙利的某种程度的独立,而英国的工厂主们也没有任何更好的办法,只有赋予人民宪章以法律效力。

对英国来说,工业资本家的这种统治的影响一开始是惊人的。工商业重新活跃起来,并且飞快地发展,其速度甚至对这个现代工业的摇篮来说也是空前的。所有过去应用蒸汽和机器获得的惊人成果,同 1850—1870 年这 20 年间生产的巨大飞跃比起来,同输出与输入的巨大数字比起来,同积聚在资本家手中的财富以及集中在大城市里的人的劳动力的巨大数字比起来,就微不足道了。诚然,这个进步同以前一样被每十年一次的危机所中断:1857 年有一次危机,1866 年又有一次;但是这种危机的反复出现如今已经被看成是一种自然的、不可避免的事情,这种事情是无法逃脱的遭遇,但最后总是又走上正轨。

这个时期工人阶级的状况怎样呢? 有时也有所改善,甚至对于广大群众来说也是如此。但是,由于大量的失业后备军汹涌而来,由于工人不断被新机器排挤,由于现在同样日益受机器排挤的农业工人的移来,这种改善每次都又化为乌有。

我们发现,工人阶级中只有两种受到保护的人的状况得到了长期的改善。第一种是工厂工人。法律规定了一个有利于他们的、起码是较为合理的正常工作日,这使他们的体质得到了一定程度的恢复,并且给了他们一种精神上的优势,而这种优势又因他们集中在一定地区而加强了。他们的状况无疑要比 1848 年以前好。最好的证明是:在他们举行的罢工中,十次有九次都是工厂主们为了自己的利益,作为保证缩减生产的唯一手段而挑起的。你永远也不能说服工厂主同意缩短工作时间,即使他们的工业品根本找不到销路;但是要是你使工人罢工,资本家们就会毫无例外地关闭自己的工厂。

第二种是庞大的工联。这是那些全部使用或主要使用**成年男子**劳动的生产部门的组织。无论是女工和童工的竞争,或者是机器的竞争,迄今为止都不能削弱它们的有组织的力量。钳工、粗细木工、建筑工人都各自组成一种力量,这种力量甚至强大到能够成功地抵制采用机器,例如建筑工人就是这样。从 1848 年以来,他们的状况无疑有了显著的改善;这方面最好的证明是:在 15 年多的时期中,不但雇主对他们非常满意,而且他们对雇主也非常满意。他们构成了工人阶级中的贵族;他们为自己争到了比较舒适的地位,于是就认为万事大吉了。他们是莱昂内·莱维先生和吉芬先生（以及可敬的路约·布伦坦诺先生）的模范工人，对于每个精明的资本家和整个资本家阶级来说，他们确实都是非常可爱、非常听话的人。

但是，谈到广大工人群众，他们的穷困和生活无保障的情况现在至少和过去一样严重。伦敦的东头是一个日益扩大的泥塘，在失业时期那里充满了无穷的贫困、绝望和饥饿，在有工作做的时候又到处是肉体和精神的堕落。在其他一切大城市里也是一样，只有享有特权的少数工人是例外；在较小的城市和农业地区情况也是这样。一条规律把劳动力的价值限制在必要的生活资料的价格上，另一条规律把劳动力的平均价格照例降低到这种生活资料的最低限度上。这两条规律像自动机器一样以不可抗拒的力量对工人起着作用，用它们的轮子碾压着工人。

这就是1847年的自由贸易政策和工业资本家20年的统治所造成的状况。但是后来事情就发生了变化。的确，在1866年的危机之后，1873年前后有过一次短暂而微弱的工商业高涨，但这次高涨并没有延续下去。的确，完全的危机并没有在它应当到来的时候即1877年或1878年发生，但是从1876年起，一切重要的工业部门都处于经常沉寂的状态。既没有完全的破产，也没有人们所盼望的、在破产以前和破产以后惯常被人指望的工商业繁荣时期。死气沉沉的萧条景象，各行各业的所有市场都出现经常的过饱和现象，——这就是我们将近10年来所遇到的情况。这是怎样产生的呢？

自由贸易论是建立在英国应当成为农业世界唯一的伟大工业中心这样一个假设上的。而事实表明，这种假设纯粹是谎言。现代工业存在的条件——蒸汽力和机器，凡是有燃料、特别是有煤的地方都能制造出来，而煤不仅英国有，其他国家，如法国、比利时、德国、美国、甚至俄国也都有。这些国家的人并不认为，仅仅为了让英国资本家获得更多的财富和光荣而使自己沦为饥饿的爱尔兰佃农有什么好处。于是他们就动手来进行制造,不仅是为了自己,而且也是为了世界的其他部分;结果,英国保持了将近一个世纪的工业垄断,现在无可挽回地被打破了。

但是英国的工业垄断是英国现存社会制度的基石。甚至在保持着这种垄断的时期,市场也跟不上英国工业的日益增长的生产率;结果是每隔10年就有一次危机。而现在新的市场一天比一天少,连刚果河沿岸的黑人也要被迫接受曼彻斯特的印花布、斯塔福德郡的陶器和伯明翰的金属制品这种形式的文明了。当大陆上的特别是美国的商品日益大量地涌来的时候,当现在仍然归英国工厂所占有的世界供应中的那个最大份额将一年年减少的时候,后果会怎样呢? 让自由贸易这个万应灵丹回答吧!

我不是指出这一点的第一个人。早在1883年不列颠协会绍斯波特会议上,该协会的经济部主席英格利斯·鲍格雷夫先生就曾直截了当地说:

‘英国获得巨额营业利润的日子已经过去了,各大工业部门的发展进入了停顿时期。**几乎可以说,英国正转入不再发展的状态。**’①

但是整个事态的结局会怎样呢? 资本主义生产是**不可能稳定不变的**,它必须增长和扩大,否则必定死亡。即使现在,仅仅缩减一下英国在世界市场供应方面所占的那个最大份额,就意味着停滞、贫穷,一方面资本过剩,另一方面失业工人过剩。要是每年的生产完全停止增长,情形又将怎样呢? 这正是资本主义生产易受伤害

---

① 见《不列颠科学促进协会第五十三届年会报告。1883年9月于绍斯波特》1884年伦敦版第608—609页。——编者注

的地方,是它的阿基里斯之踵。必须持续扩大是资本主义生产存在的基础,而这种持续扩大现在越来越不可能了。资本主义生产正陷入绝境。英国一年比一年紧迫地面临着这样一个问题:要么是民族灭亡,要么是资本主义生产灭亡。遭殃的究竟是哪一个呢?

而工人阶级呢?既然在1848—1868年商业和工业空前高涨的情况下他们还得遭受这样的穷困,既然那时工人阶级广大群众的状况至多也不过得到暂时的改善,而只有享有特权和'受到保护的'区区少数才获得了长期的利益,那么,当这个耀眼的时期最终结束时,当目前这种令人感到压抑的停滞不但加剧起来,而且这种加剧了的死气沉沉的萧条状态变成英国工业的经常的和正常的状态时,情形又将怎样呢?

真相是这样的:当英国工业垄断地位还保存着的时候,英国工人阶级在一定程度上也分沾过这一垄断地位的利益。这些利益在工人阶级中间分配得极不均匀:享有特权的少数人捞取了绝大部分利益,但广大的群众至少有时也能沾到一点。而这就是自从欧文主义灭绝以后,社会主义在英国未曾出现的原因。随着英国工业垄断的破产,英国工人阶级就要失掉这种特权地位,整个英国工人阶级,连享有特权和占据领导地位的少数在内,将同其他各国工人处于同一水平。而这就是社会主义将重新在英国出现的原因。"

以上是我在1885年所写的文章。在1892年1月11日写的英国版序言中我继续写道:

"对于我在1885年看到的情况的这种叙述,我只需要作少许补充。不用说,现在的确'社会主义重新在英国出现了',而且是大规模地出现了。各色各样的社会主义都有:自觉的社会主义和不自觉的社会主义,散文中的社会主义和诗歌中的社会主义,工人阶级的社会主义和资产阶级的社会主义。事实上,这个一切可怕的东西中最可怕的东西,这个社会主义,不仅变成非常体面的东西,而且已经穿上了燕尾服,大模大样地躺在沙龙里的沙发上了。这再一次证明'好社会'的可怕暴君——资产阶级舆论——的不可救药的反复无常,而且再一次证明,我们老一代的社会主义者完全有理由对这种舆论始终表示蔑视。然而,对这个新的征兆,我们没有理由不满意。

但是,我认为,比资产阶级圈子里这种卖弄掺了水的社会主义方案的短暂的时髦风尚重要得多的,甚至比社会主义在英国一般获得的进步也更重要的,是伦敦东头的重新觉醒。这个巨大的贫穷渊薮已不再是六年前那样的一潭死水了。伦敦东头甩掉了绝望的冷漠;它复活了,并且成了'新工联',即'没有技术的'广大工人群众的组织的发源地。虽然这种组织在很多方面采用了'有技术的'工人的旧工联的形式,但是按其性质说来,仍然和旧工联有本质上的区别。旧工联保存着它们产生的那一时代的传统;它们把雇佣劳动制度看做永恒的、一成不变的制度,它们至多只能使它变得稍微温和一些,以利于它们的会员。新工联则是在雇佣劳动制度万古长存这一信念已经大大动摇的时候成立的。它们的创立者和支持者都是自觉的社会主义者或感情上的社会主义者;涌向新工联并构成其力量的群众,都是被工人贵族轻视和蔑视的粗人。但是他们拥有一个无与伦比的优点:他们的心田还是一块处女地,丝毫没有沾染上传统的'体面的'资产阶级偏见,而那些处境较好的'旧工联主义者'却被这种偏见弄得昏头昏脑。我们现在已经看到,这些新工联如何争取领导整个工人运动并日益牵着富有而傲慢的'旧'工联一起走。

毫无疑问,伦敦东头的活动家们犯过一系列重大错误;但是他们的前辈也犯过同样的错误,而那些对他们不屑一顾的空论社会主义者直到今天还在犯同样的错误。伟大的阶级,正如伟大的民族一样,无论从哪方面学习都不如从自己所犯错误的后果中学习来得快。虽然过去和现在他们犯过各种各样的错误,而且将来还会犯错误,但是伦敦东头的觉醒仍然是本世纪末最伟大最有成果的事件之一,而我能活到现在,亲眼看到它,实在感到高兴和骄傲。"

自从半年前我写了这些话以来,英国工人运动又向前迈进了一大步。几天以前结束的议会选举向两个官方的政党——保守党和自由党——清楚地表明,今后他们对第三个政党即工人政党不能置之不理。这个工人政党还只是刚刚在形成;它的成员正在摆脱种种传统的偏见——资产阶级的、旧工联主义的、甚至空论社会主义的偏见,以便他们最后有可能在共同的基础上团结起来。但是那种把他们团结起来的本能现在已经这样强烈,以至在英国导致了前所未闻的选举结果。在伦敦有两个工人①参加竞选,并且公开以社会主义者的身份参加;自由党人不敢提出自己的候选人来同他们竞争,这两个社会主义者以出乎意料的压倒多数当选了。在米德尔斯伯勒,一个工人候选人②出来同一个自由党人和一个保守党人竞选,并且战胜了这两个人;而那些和自由党人缔结了联盟的新的工人候选人,除一个人外,却都遭到了无可挽救的失败。在迄今为止的所谓工人代表中,即在那些一心要把自己的工人本色淹没于自由主义海洋,以求得别人宽恕的人中,旧工联主义的一个最显赫的代表亨利·布罗德赫斯特很不光彩地落选了,因

---

① 詹·基·哈第和约·白恩士。——编者注

② 约·哈·威尔逊。——编者注

为他宣布反对八小时工作日。在格拉斯哥的两个选区里,在索尔福德的一个选区里,以及在其他许多选区里,都有独立的工人候选人出来同两个旧政党的候选人竞选;工人候选人失败了,但是自由党的候选人也失败了。总之,在大城市和工业地区的许多选区里,工人都坚决拒绝和两个旧政党进行任何联合,并因此获得了在以前任何一次选举中都不曾有过的直接的和间接的成绩。工人为此所表露的欢欣鼓舞是无法形容的。他们第一次看到和感觉到,如果他们为了自己阶级的利益而利用自己的选举权,他们能获得什么样的成果。对"伟大的自由党"的迷信——统治了英国工人几乎40年的迷信——被打破了。工人们从令人信服的实例中看到:只要他们提出要求,并且明白自己要求的是什么,他们在英国就成为一种决定性的力量;1892年的选举已经在这方面开了一个头。其余的事情,大陆上的工人运动是会去关心的;那些在议会和市镇参议会中已经有那么多代表的德国人和法国人,将以自己的进一步的成绩来鼓舞英国人的奋斗精神。人们在不久的将来会发现,新议会奈何不得格莱斯顿先生,格莱斯顿先生也奈何不得新议会;到那时,英国的工人政党将会完善地组织起来,足以很快地结束那两个轮流执政并以这种方式使资产阶级统治永存的旧政党的跷跷板游戏。

弗·恩格斯

1892 年 7 月 21 日于伦敦

弗·恩格斯写于 1892 年 4 月底—7 月 21 日

载于 1892 年在斯图加特出版的《英国工人阶级状况》德文第 2 版

原文是德文

选自《马克思恩格斯文集》第 1 卷第 365—381 页

英国工人阶级状况

致大不列颠工人阶级[61]

工人们！

我谨献给你们一本书。在这本书里,我试图向我的德国同胞真实地描述你们的状况、你们的苦难和斗争、你们的希望和前景。我曾经在你们当中生活过相当长的时间,对你们的境况进行了一些了解。我非常认真地对待所获得的认识,研究过我所能找到的各种官方的和非官方的文件。我不以此为满足,我想要的不限于和我的课题有关的纯粹**抽象的**知识,我很想在你们家中看到你们,观察你们的日常生活,同你们谈谈你们的状况和你们的疾苦,亲眼看看你们为反抗你们的压迫者的社会统治和政治统治而进行的斗争。我是这样做的:我放弃了资产阶级的社交活动和宴会、波尔图酒和香槟酒,把自己的空闲时间几乎全部用来和普通**工人**交往;这样做,我感到既高兴又骄傲。感到高兴,是因为这样一来我在了解你们的实际生活时度过了许多愉快时光,否则这些时间也只是在上流社会的闲谈和令人厌烦的礼节中浪费掉;感到骄傲,是因为这样一来我就有机会对这个受压迫遭诽谤的阶级给以公正的评价,他们尽管有种种缺点并且处境极为不利,仍博得每个人的尊敬,只有英国的锱铢必较的商人除外;我感到骄傲,还因为这样一来我就能够维护英国人民,使他们不致日益受人鄙视。来自大陆的这种鄙视,正是你们国家当权的资产阶级极端自私自利的政策和全部行为的必然后果。

由于同时有很多机会来观察你们的敌人——资产阶级,我很快就得出结论:你们不指望从他们那里得到任何援助是正确的,是完全正确的。他们的利益同你们的利益是完全对立的,虽然他们总是企图证明相反的说法,并且企图使你们相信他们真心同情你们的命运。他们的行为揭穿了他们的谎言。我希望我收集到的材料足以证明下面的事实:资产阶级,不管他们口头上怎么说,实际上只有一个目的,那就是当他们能够把你们劳动的产品卖出去的时候,就靠你们的劳动发财,而一旦他们无法靠这种间接的人肉买卖赚钱了,就任凭你们饿死也不管。他们做了些什么来证实他们自称的对你们的好意? 对你们的疾苦他们可曾表示过一点点真诚的关心? 除了支付五六个调查委员会的费用,他们还为你们做了些什么呢? 这些委员会的长篇大论的报告注定要永远沉睡在内务部档案架上的废纸堆里。他们可曾尝试过从那些散发出霉味的蓝皮书[62]中哪怕只编写一本可读的书,使每个人都不难从中获得一些有关绝大多数"生而自由的不列颠人"状况的资料? 他们当然没有这样做;这些都是他们不喜欢谈论的事情。他们宁可让一个外国人去向文明世界报道你们不得不生活于其中的屈辱状况。

我希望,我对**他们**来说是外国人,而对**你们**则不是。我的英语也许不纯正,但是,我希望你们将发现它是**平实易懂的**。在英国,顺便说一下,在法国也一样,从来没有一个工人把我看做外国人。我极其满意地看到你们已经摆脱了民族偏见和民族优越感这些极端有害的东西,它们归根结底不过是**大规模的利己主义**而已。我看到你们同情每一个真诚地致力于人类进步的人，不管他是不是英国人；我看到你们仰慕一切伟大的美好的事物，不论它是不是在你们祖国的土地上培育的。我确信，你们不仅仅是**英国人**，不仅仅是单个的、孤立的民族的成员；我确信，你们是认识到自己的利益和全人类的利益相一致的**人**，是伟大的**人类**大家庭的成员。对你们作为这样的人，作为这个"**统一而不可分的**"人类家庭的成员，作为真正符合人这个词的含义的人，我以及大陆上其他许多人祝贺你们在各方面的进步，并希望你们很快获得成功。

继续像以前那样前进吧！你们还将经受许多历练；要坚定，要勇敢，你们必定会获得成功，你们前进中的每一步都将为我们共同的事业，**人类**的事业所共有！

弗里德里希·恩格斯

1845 年 3 月 15 日于巴门（莱茵普鲁士）

序　言

　　本书所探讨的问题，最初我是打算仅仅作为一部内容比较广泛的关于英国社会史的著作中的一章来论述的。但是这个问题的重要性很快就使我不得不对它进行单独的研究。

　　工人阶级的状况是当代一切社会运动的真正基础和出发点，因为它是我们目前存在的社会灾难最尖锐、最露骨的表现。法国和德国的工人共产主义是它的直接产物，傅立叶主义[63]和英国的社会主义以及德国有教养的资产阶级的共产主义是它的间接产物。因此，为了一方面给社会主义理论，另一方面给那些认为社会主义理论有权存在的见解提供坚实的基础，为了肃清赞成和反对这种理论的一切空想和幻想，了解无产阶级的状况是十分必要的。但是，只有在不列颠帝国，特别是在英国本土，无产阶级的状况才具有**典型的形式**，才表现得最完备；而且只有在英国，才能搜集到这样完整的并为官方的调查所证实的必要材料，这正是对这个问题进行比较详尽的阐述所必需的。

　　我曾经用了 21 个月的时间，通过亲身观察和亲自交往来直接了解英国的无产阶级，了解他们的愿望、他们的痛苦和欢乐，同时又以必要的可靠材料补充自己的观察。这本书里所叙述的，就是我看到、听到和读到的。不仅我的观点，而且我所引用的事实，都将遭到来自许多方面的攻击，特别是当我的书落到英国人手里的时候；对此我是有准备的。我也清楚地知道，在这本书里，人们可能指出一些无关紧要的差错。研究一个庞大的题目，需要具备广泛的前提条件，出现一些差错就是对英国人来说也是难以避免的，更何况即使在英国也还没有一本像我这样考察**一切**工人的著作。但是我要毫不迟疑地向英国资产阶级提出挑战：请他们拿出像我所引用的这样可靠的证据，向我指出哪怕是一个对我的整个观点多少有些意义的事实是不确切的。

　　描述不列颠帝国无产阶级状况的典型形式，特别是在目前，对德国来说尤其具有重大的意义。德国的社会主义和共产主义比任何其他国家的社会主义和共产主义都更多地是从理论前提出发的。我们德国的理论家对现实世界了解得太少，以致现实的关系还不能直接推动我们去对这个"丑恶的现实"进行改革。在公开主张这种改革的代表人物中，几乎没有一个不是通过费尔巴哈对黑格尔思辨的克服而走向共产主义的。关于无产阶级的真实生活状况我们知道得这样少，甚至连善意的"工人阶级生活改善协会"[64]（我们的资产阶级现在在这些协会里对社会问题大肆歪曲）也经常把那些关于工人状况的最可笑最无聊的见解作为出发点。在这个问题上我们德国人比任何人都更需要了解实情。虽然德国无产阶级的状况还没有发展到像英国那样典型的程度，但是我们的社会制度从根本上说是相同的；除非民族的理智及时地采取为整个社会制度打下新基础的措施，这种社会制度迟早会发展到在北海彼岸已经达到的那种极端的地步。在英国造成无产阶级贫困和受压迫的那些根本原因，在德国也同样存在，而且长此下去也一定会产生同样的结果。而在当前，揭示**英国的**贫困，也将推动我们去揭示我们**德国的**贫困，而且还会给我们一个尺度，来衡量德国的贫困的范围以及在西里西亚和波希米亚的骚动[65]中所暴露出来的危险的程度，这种危险从这一方面直接威胁着德国的安宁。

　　最后,我还要作两点声明。第一,我总是用 *Mittelklasse*[**中等阶级**]这个词来表示英文中的 middle-class(或通常所说的 middle-classes),它同法文的 bourgeoisie[资产阶级]一样是表示有产阶级,尤其是和所谓的贵族不同的有产阶级,这个阶级在法国和英国是直接地、而在德国是作为"社会舆论"间接地掌握着国家政权。①同样,我也总是把工人(working men)和无产者,把工人阶级、没有财产的阶级和无产阶级当做同义语来使用。第二,我在引用别人的话时,在大多数场合都指出引文作者所属的党派,因为自由党人几乎总是竭力强调农业区的贫困,否认工厂区的贫困,而保守党人恰恰相反,他们承认工厂区的贫困,但不想承认农业区的贫困。因此,当我描述工业工人的状况而缺少官方文件的时候,我总是宁可利用**自由党人**的证据,以便用自由资产阶级亲口说出来的话来打击自由资产阶级;只有当我通过亲身观察了解了真实情况或者引文作者本身或文章的声望使我确信所引用的证据真实无误的时候,我才引用托利党人[66]或宪章派[55]的材料。

弗·恩格斯

1845 年 3 月 15 日于巴门

---

① 　根据恩格斯的这一说明,本文中的 Mittelklasse 一词在多数场合译为"资产阶级"。——编者注

导　言

英国工人阶级的历史是从上个世纪后半期,随着蒸汽机和棉花加工机的发明而开始的。大家知道,这些发明推动了工业革命,工业革命同时又推动了整个市民社会的变革,它的世界历史意义只是现在才开始被认识。英国是发生这种变革(这种变革越是无声无息地进行,就越是强有力)的典型地方,因此,英国也是这种变革最主要的结果即无产阶级发展的典型国家。只有在英国,才能把无产阶级放在它的一切关系中并从各个方面来加以研究。

我们在这里暂且不谈这个革命的历史,不谈它对现在和未来的巨大意义。这个题目留待将来的一部内容更广泛的著作去论述。现在我们只谈几点,这几点是为弄清以后要讲到的事实和了解英国无产者的现状所必需的。

在采用机器以前,纺纱和织布都是在工人家里进行的。妻子和女儿纺纱,丈夫把纱织成布,如果当家人自己不加工,就把纱卖掉。这些织工家庭大部分住在城市近郊的农村,靠自己挣的钱能生活得不错,因为就布匹的需求来说,本地市场还是具有决定意义的,甚至几乎是唯一的市场。后来由于国外市场的占领和贸易的扩大出现了竞争,但竞争的威力对工资产生的影响还不显著。同时本地市场的需求不断扩大,这种扩大和人口的缓慢增长是同步的,因而保证了所有工人都有工作;此外,工人之间还不可能发生激烈的竞争,因为他们散居在农村。这样,织工多半能够积蓄一点钱,租一小块地,在空闲的时候耕种。至于空闲的时间,他们愿意有多少就有多少,因为什么时候织布和织多长时间是随他们便的。当然,他们是蹩脚的农民,他们的耕作是马马虎虎的,没有很多实际收益;但是,他们至少不是无产者,他们,正如英国人所说的,已经在故乡的土地上扎下了根,他们是定居的,其社会地位比现在的英国工人要高一等。

工人们就这样颇为愉快地度过时光,他们极其虔诚、受人尊敬,过着正直而又平静的生活,他们的物质状况比他们的后代好得多;他们无须过度劳动,愿意做多少工作就做多少工作,但是仍然能够挣得所需要的东西;他们有余暇到自己的园子或田地里做些有益于健康的工作,这种工作本身对他们就是一种休息;此外,他们还能够参加邻居的娱乐和游戏;而九柱戏、打球等等所有这些游戏对保持健康和增强体质都是有好处的。他们大都是些强壮、结实的人,在体格上和他们邻近的农民很少或者甚至完全没有区别。他们的孩子生长在农村的新鲜空气中,孩子们也帮助父母做些事情,但并不是经常性的,当然更谈不到一天工作 8 小时或 12 小时。

这个阶级的道德水平和智力水平怎样,是不难想象的。他们和城市隔离,从来没有进过城,因为他们把纱和布交给流动的代理商,从他那里取得工资;他们和城市完全隔离,连住在城市近郊的老年人也从来没有进过城,直到最后机器剥夺了他们的生计,迫使他们到城里去寻找工作。他们在道德和智力方面和农民处于同一水平,由于有一小块租地,他们大部分人本来就和农民有着直接的联系。他们把**乡绅**——当地最有影响的地主——看做自己的天然尊长,向他讨主意,有了小小的争吵,请他来公断,对他表示在这种宗法关系下所应表示的一切尊敬。他们都是"值得尊敬的"人,是好的当家人,过着合乎道德的生活,因为他们那里没有使人过不道德生活的诱因——附近没有酒馆和妓院,而他们有时去解解渴的小饭馆的老板也是值得尊敬的人,这些人大部分是大佃农,店内有好的啤酒和良好的秩序,每天晚上很早就把买卖收了。他们的孩子整天和父母一起待在家里,受的教育是服从父母,敬畏上帝。宗法的家庭关系一直保持到孩子们结婚。年轻人直到结婚前都是在幽静纯朴的环境中、在和游伴互相信赖的气氛中长大的,虽然婚前发生性关系几乎是普遍现象,可是这仅仅是在双方都已经把结婚看做道义上的责任时发生的,只要一举行婚礼,就一切都正常了。总之,当时英国工业工人的生活方式和思想方法与现在德国某些地方的工人是一样的,闭关自守,与世隔绝,没有精神活动,在他们的生活环境中没有激烈的波动。他们当中很少有人能读,能写的人就更少了;他们按时去教堂,不问政治,不搞密谋,不动脑筋,热衷于体育活动,带着祖传的虔诚心情听人讲圣经,他们为人谦逊恭顺,和社会上比较显贵的阶级相处得很和睦。但是,他们的精神生活是死气沉沉的;他们只是为了自己小小的私利、为了自己的织机和小小的园子而活着,对外面席卷了全人类的强大运动一无所知。他们在自己的平静、刻板的生活中感到很舒服,如果没有工业革命,他们是永远不会脱离这种生活方式的。诚然,这种生活很惬意,很舒适,但到底不是人应该过的。他们确实也不算是人,而只是一部替一直主宰着历史的少数贵族做工的机器。工业革命只是使这种情况发展到极点,把工人完全变成了简单的机器,剥夺了他们独立活动的最后一点残余。但是,正因为如此,工业革命也就促使他们去思考,促使他们去争取人应有的地位。像法国的政治一样,英国的工业和整个市民社会运动把最后的一些还对人类共同利益漠不关心的阶级卷入了历史的旋涡。

　　使英国工人以前的这种状况发生根本变化的第一个发明,是北兰开夏郡布莱克本附近斯坦德希尔的织工**詹姆斯·哈格里沃斯**制造的**珍妮纺纱机**[67](1764 年)。它是后来的走锭精纺机的雏形，是用手摇的，但不像普通的手摇纺车只有一个锭子，它有 16—18 个锭子，只需要一个工人摇动，因而能够提供比过去多得多的纱。从前，一个织工经常需要三个纺纱女工供给纱，纱还总是不够用，织工常常要等纱，现在，纱却比现有织工织布所能用的多了。新发明的机器使纱的生产费用减少了，布匹的价格也跟着降低，于是，本来就已增长的对布匹的需求更加增长了。这就需要更多的织工，织工的工资提高了。现在，因为织工靠自己的织机能挣更多的钱，他们就逐渐抛弃了自己的农业而专门织布了。这时，四个成年人和两个孩子（这两个孩子用来缠纱）的家庭，一天工作 10 小时，每星期可挣 4 英镑（合 28 个普鲁士塔勒①），如果买卖景气，工作饱满，常常挣得更多；单个织工靠自己的织机一星期挣两英镑的事，也是常有的。这样，兼营农业的织工阶级就逐渐完全消失而成为新兴的纯粹的织工阶级，他们仅仅靠工资生活，没有一点财产，甚至连名义上的财产（一块租来的土地）也没有，于是他们就变成了**无产者**（working men）。此外，纺工和织工以前的那种关系也不存在了。以前，纺纱和织布是尽可能在一个屋子里进行的。现在，使用珍妮纺纱机像使用织机一样，都需要有气力，于是男人也开始做纺纱的工作了，而且整个家庭完全靠珍妮纺纱机生活；而另一些家庭却把现在已经过时的、落后的纺车扔在一边，如果他们买不起珍妮纺纱机，就不得不单靠当家人的织机过活。后来工业中无止境地发展的分工就是这样从织布和纺纱开

---

① 德国旧时的银币，1 塔勒合 3 马克。——编者注

始的。

　　当**工业无产阶级**已经随着最初的、还很不完善的机器发展起来的时候，这台机器也促进了**农业无产阶级**的产生。在这以前，有大量的小土地所有者，即所谓自耕农，他们过着平静的、不动脑筋的庸碌生活，就像他们的邻居，那些兼营农业的织工一样。他们完全沿用父辈们古老而粗陋的方法耕种自己的小块土地，他们以那种世代相传墨守成规的人们所特有的顽固僵化来反对任何革新。他们当中也有许多小佃农，但不是今天所说的佃农，而是这样一些人，他们由于契约规定的世袭租佃权或者由于古老的习惯，从父亲和祖父手里继承了小块的土地，至今一直稳稳地坐在上面，好像这些土地本来就是他们的。现在，由于工业工人放弃了农业，许多土地闲起来了，在这些土地上出现了新的**大佃农**阶级，他们一租就是50英亩、100英亩、200英亩或者更多的土地，这些人就是 tenants-at-will，也就是每年都可能被解除租契的佃农，他们能够通过更好的耕作和较大规模的经营来提高土地收益。他们的产品可以比小自耕农卖得便宜；而小自耕农由于土地已经不再能养活自己，只能卖掉土地去买一部珍妮纺纱机或织机，或者到大佃农那里去当短工，成为农业无产者。小自耕农天生的惰性和世代相传而无法改进的粗陋的耕作方法，使他们不得不同另一些人竞争，那些人用更合理的方法耕种租来的土地，而且具有大规模经营和投资改良土壤所带来的一切优越性。

　　可是工业的运动并没有就此止步不前。有些资本家开始把珍妮纺纱机安装在大建筑物里面，并且用**水力**来发动；这就使他们有可能减少工人数量，并且把自己的纱卖得比仅仅用手摇动机器的个体纺工便宜。由于珍妮纺纱机不断改进，机器随时都会变成过时的，因此必须加以改造或者干脆弃置不用；资本家由于利用水力，即使机器已经过时，也还可以维持下去，而对于个体纺工来说，就难以为继了。如果说这样一来就为工厂制度奠定了基础，那么，由于**翼锭纺纱机**的出现，工厂制度又获得了进一步的扩展。这种机器是北兰开夏郡**普雷斯顿**的一个理发师**理查·阿克莱**在1767年发明的，在德国通常叫做经线织机，除了蒸汽机，它是18世纪最重要的机械发明。这种机器从一开始设计就考虑使用**机械动力**，而且是以全新的原理为根据的。**菲尔伍德**（兰开夏郡）的**赛米尔·克朗普顿**综合了珍妮纺纱机和经线织机的特点，于1785年发明了**走锭精纺机**。大约在同一时间，**阿克莱**又发明了**梳棉机和粗纺机**，于是工厂制度就成为棉纺业中唯一占统治地位的制度了。这些机器经过一些不大的改变，逐渐开始用来纺羊毛，以后（19世纪最初10年）又用来纺麻，于是在这里也排挤了手工劳动。但是事情还没有就此停止。在18世纪最后几年，乡村牧师**卡特赖特**博士发明了**机械织机**，大约在1804年，他把这种机器又改进得足以压倒手工织工；所有这些机器由于有了**蒸汽机**发动，就加倍重要了，蒸汽机是**詹姆斯·瓦特**在1764年发明的，从1785年起用来发动纺纱机。

由于这些发明（这些发明后来年年都有改进），**机器劳动**在英国工业的各主要部门**战胜了手工劳动**，从那时起，英国工业的全部历史所讲述的，只是手工业者如何被机器驱逐出一个个阵地。结果，一方面是一切纺织品迅速跌价，商业和工业日益繁荣，一切没有实行保护关税的国外市场几乎全被占领，资本和国民财富迅速增长；另一方面是无产阶级的人数更加迅速地增长，工人阶级失去一切财产，失去获得生计的任何保证，道德败坏，政治骚动，以及我们将在下面各章加以研究的使英国有产阶级极端不快的种种事实。我们已经看到，仅仅一台像珍妮纺纱机这样很不完善的机器就使下层阶级的社会关系发生了怎样的变化,因此,我们对于从我们这里得到原料而还给我们以布匹的一整套构造精密相互配套的机器所起的作用就不会感到惊奇了。

现在,我们来稍微详细地研究一下英国工业的发展①,先从它的主要部门**棉纺织业**开始。在1771—1775年输入英国的原棉平均每年不到500万磅;1841年输入52 800万磅,而1844年输入至少60 000万磅。1834年,英国输出55 600万码棉布,7 650万磅棉纱和价值120万英镑的棉针织品。同年,棉纺织业中使用了800多万锭子,11万台机械织机和25万台手工织机,经线织机没有计算在内。根据**麦克库洛赫**的计算,当时全联合王国直接或间接靠这一工业部门生活的有近150万人,其中在工厂工作的只有22万人;这些工厂所使用的动力,蒸汽力是33 000马力,水力是11 000马力。现在这些数字都已经远远地被超过了;可以大胆地设想,在1845年,机器的动力和数量以及工人的数目,都将比1834年增加二分之一。这种工业的中心是**兰开夏郡**,兰开夏郡是棉纺织业的摇篮,棉纺织业使得兰开夏郡发生了深刻的变革,把它从一个偏僻的很少开垦的沼泽地变成了充满生机和活力的地方;这种工业在80年内使兰开夏郡的人口增加了9倍。居民共达70万人的**利物浦**和**曼彻斯特**这样的大城市及其附近的城市,如**博尔顿**(6万居民)、**罗奇代尔**(75 000居民)、**奥尔德姆**(5万居民)、**普**

---

① 　恩格斯在这里加了一个注:"根据**波特**《国家的进步》,伦敦版,1836年第1卷,1838年第2卷,1843年第3卷(根据官方资料写成);这里还根据其他一些大部分也来自官方的资料。"

　　在1892年德文版中,恩格斯在原注文之后又加了一句话:"这里关于工业变革的历史概述在某些细节上是不准确的,但是在1843—1844年没有更好的资料。"——编者注雷斯顿(6 万居民)、阿什顿和斯泰利布里奇(共 4 万居民),以及其他许多工厂城市,就像是用了法术一样,一下子就从地下变出来了。在南兰开夏郡的历史上可以看到近代的一些最大的奇迹(但是这一点还没有一个人谈到过),所有这些奇迹都是棉纺织业创造的。此外,格拉斯哥形成了苏格兰的棉纺织业区(包括拉纳克郡和伦弗鲁郡)的第二中心,这个中心城市的人口自兴办这种工业的时候起到现在也从 3 万增加到 30 万。诺丁汉和德比的织袜业,由于棉纱价格的降低也获得了新的推动力,而由于织袜机的改良又获得了第二个推动力,这种改良使人可以在一台机器上同时织两只袜子。自从 1777 年发明了网织机,花边的生产也成了重要的工业部门;此后不久林德利发明了花边机,1809 年希思科特又发明了络丝机。这样一来,制造花边的工作无限地简化了,而对花边的需求随着它的降价而大大增长,以致现在至少有 20 万人以从事这种生产为生。它的主要中心是诺丁汉、莱斯特和英格兰西部(威尔特郡、德文郡等)。从属于棉纺织业的劳动部门,如漂白、染色和印花也得到了同样的发展。此外,漂白业由于在化学漂白中用氯代替了氧,染色业和印花业由于化学的迅速发展,印花业由于机械方面的一系列极其辉煌的发明,又有了新的高涨;由于这种高涨以及棉纺织业的发展引起的这类营业部门的扩大,这些行业空前地繁荣起来了。

在羊毛加工业中也展开了同样的活动。这种行业过去曾经是英国工业的主要部门,但当时的产量根本不能和现在所生产的数量相比。1782 年,前三年剪下的全部羊毛都因为缺少工人而没有加工,假若不是新发明的机器帮助把所有的羊毛都纺出来的话,这些羊毛还得这样搁下去。把这些机器改装得适用于毛纺业的尝试完全获得成功。这时,在毛纺织业区也开始了我们在棉纺织业所看到的那种迅速的发展。1738 年，**约克郡西区**生产了毛织品 75 000 匹，1817 年生产了 49 万匹，毛纺织业得到迅速发展，1834 年输出的毛织品就比 1825 年多 45 万匹。1801 年加工的羊毛是 10 100 万磅（其中 700 万磅是输入的），1835 年加工的是 18 000 万磅（其中 4 200 万磅是输入的）。这种工业的主要中心是约克郡的西区，在这里，特别是在**布拉德福德**，英格兰的长羊毛制成供编织等用的毛线，而在其他城市，如**利兹**、**哈利法克斯**、**哈德斯菲尔德**等地，短羊毛制成合股毛纱，然后再制成呢绒织物；其次，是**兰开夏郡**的毗邻地区，即**罗奇代尔**一带，这里除了生产棉纺织品，还生产许多法兰绒；最后，是**英格兰西部**，这里生产最精细的呢子。在这里人口的增加也是很明显的：

	1801 年	1831 年
布拉德福德	29 000 人	77 000 人
哈利法克斯	63 000 人	110 000 人
哈德斯菲尔德	15 000 人	34 000 人
利兹	53 000 人	123 000 人
整个约克郡西区	564 000 人	980 000 人

1831 年以来，这些地方的人口至少又增加了 20%—25%。1835 年，全联合王国从事毛纺业的工厂是 1 313 个，共有工人 71 300 人，在这个数目中只包括了直接或间接依靠羊毛加工为生的广大群众中的一小部分，并且几乎完全没有包括织工在内。

　　麻纺织工业中的进步开始得比较晚，因为原料的天然特性给纺纱机的应用造成了很大的困难。虽然 18 世纪最后几年在苏格兰已经有人作过这种尝试，但是直到 1810 年，法国人**日拉**才以一种实用的方法建立了**麻纺业**。而他的机器也只是在英国加以改善，并在**利兹**、**邓迪**和**贝尔法斯特**普遍应用以后，才在不列颠的土地上获得它们应有的重要意义。从这时起，英国的麻纺织工业才开始迅速发展起来。1814年,有3 000吨①亚麻运入邓迪,到1833年就有大约19 000吨亚麻和3 400吨大麻了。输入大不列颠的爱尔兰亚麻布从3 200万码(1800年)增加到5 300万码(1825年),其中大部分又从大不列颠输出了;英格兰和苏格兰的麻织品的输出从2 400万码(1820年)增加到5 100万码(1833年)。麻纺厂的数目在1835年达到347个,共有工人33 000人;其中一半是在苏格兰南部,有60多个在约克郡西区(利兹及其附近),25个在爱尔兰的贝尔法斯特,其余的在多塞特郡和兰开夏郡。麻织品的生产是在苏格兰南部以及英格兰的某些地方,但主要是在爱尔兰。

英国人在**蚕丝加工**方面也获得了同样的成绩。他们从南欧和亚洲取得已经纺好的原料,而主要的工作就是捻成细线(捻线)。1824年以前,生丝的高额关税(每磅四先令)大大限制了英国丝纺织工业的发展,英国丝纺织工业的市场仅仅限于本国及其殖民地,因为那里实行保护关税。现在,进口税降低到一个便士,工厂的数目就立刻大量增加了。一年之内并纱锭的数目从78万增加到118万,虽然1825年的商业危机也使这个工业部门的发展一时陷于停顿,但到1827年这一部门生产的产品就比以前任何时候都多了,因为英国人在掌握机械方面的熟练程度和他们的经验保证了他们的捻线机优越于其竞争者的拙劣机械。1835年,不列颠帝国共有捻丝厂263个,工人3万名,这些工厂大部分设在**柴郡(麦克尔斯菲尔德、康格尔顿及其附近地区)、曼彻斯特**和**萨默塞特郡**。此外,还有许多从事废茧加工的工厂;用废茧制成一种特别的丝

---

① 恩格斯在这里加了一个注:"在英国,1英吨等于2 240磅。"

　　在1892年德文版上,恩格斯在原注文后又加了:"约1 000公斤。"——编者注

（绢丝），英国人甚至用它来供给巴黎和里昂的织造业。用这种方法捻和纺的丝，主要在苏格兰（**佩斯利**等地）和伦敦（**斯皮特尔菲尔兹**），同时也在**曼彻斯特**和另外一些地方织成绸子。

　　但是，从1760年开始的英国工业的巨大高涨，并不局限于衣料的生产。推动力一旦产生，它就扩展到工业活动的一切部门，而许多和前面提到的情况毫无联系的发明，也由于它们正好出现在工业普遍高涨的时候而获得了双倍的意义。其次，当工业中机械力的巨大意义在实践中得到证明以后，人们便想尽一切办法来全面利用机械力，并使这种利用有利于一个个的发明家和厂主；此外，对机器、燃料和原料的需求本身，就直接要求大批工人和许多行业加倍地工作。由于蒸汽机的出现，英国丰富的**煤层**才具有了重要意义；只是现在才出现了**机器制造业**，而对为制造机器提供原料的**铁矿**的关注也随之加强了。羊毛消耗量的增加使英国的饲羊业得到发展，而羊毛、亚麻和蚕丝输入的增加又引起了英国商船队的扩大。发展得最快的是**铁的生产**。英国藏铁丰富的矿山过去很少开采；熔炼铁矿石总是用木炭，而由于土地耕作的改良和森林砍伐殆尽，木炭越来越贵，产量越来越少。上一世纪才开始用经过干馏的煤（焦炭）来炼铁，在1780年以后又发明了一种新方法，把用焦炭熔炼的、以前只能作为铸铁使用的那种铁变成可用的锻铁。这种把炼铁时掺在铁里面的碳收回的方法，英国人叫做搅炼；它给英国的铁的生产开辟了崭新的活动地盘。高炉建造得比过去大50倍，矿石的熔炼由于使用热风而简化了，因此，铁的生产成本能够大大降低，以致过去用木头或石头制造的许多东西现在都用铁制造了。1788年，著名的民主主义者**托马斯·潘恩**在约克郡建造了第一座铁桥，接着出现了无数铁桥，现在几乎所有的桥，特别是铁路桥，都是用铸铁建造的，在伦敦甚至用这种材料建造了一座横跨泰晤士河的桥(萨瑟克桥);铁柱和铁制机座等普遍被采用,而随着使用瓦斯照明和修筑铁路,英国的制铁业又获得了新的销售领域。钉子和螺丝钉也逐渐用机器制造了。设菲尔德人**亨茨曼**在1760年发明了一种铸钢方法,这种方法省去了许多不必要的劳动,并且能生产出全新的便宜的制品。只是到这时,由于使用的材料纯度更高,工具更完善,机器更新,分工更完善更细,英国的金属制品生产才产生了重大影响。**伯明翰**的人口从73 000(1801年)增加到20万(1844年),**设菲尔德**的人口从46 000(1801年)增加到11万(1844年),而仅在设菲尔德这座城市,煤的消耗量在1836年就达到了515 000吨。1805年输出了4 300吨铁制品和4 600吨生铁,1834年输出了16 200吨铁制品和107 000吨生铁,铁的全部生产在1740年还只有17 000吨,1834年就增加到将近70万吨。仅熔炼生铁,每年就要消耗300多万吨煤,甚至很难想象,**煤矿**在最近60年中获得了多么巨大的意义。现在,英格兰和苏格兰的所有煤层都在开采,仅仅**诺森伯兰**和**达勒姆**的煤矿每年就有500多万吨由海上运出,使用的工人有4万—5万。根据《达勒姆纪事报》**68**的报道,上述两个郡进行开采的煤矿:

1753 年	…………………………	14 个,
1800 年	…………………………	40 个,
1836 年	…………………………	76 个,
1843 年	…………………………	130 个。

同时,现在所有煤矿的开采都比过去紧张多了。**锡矿**、**铜矿**和**铅矿**也在同样地加紧开采;和**玻璃**生产发展的同时,又产生了一个新的工业部门,即**陶器的生产**,这种生产在1763年前后由于**乔赛亚·韦奇伍德**而赢得了重要地位。他把整个陶器制造过程归纳成科学原理,采用了新的艺术风格,并且在**北斯塔福德郡**八英里见方

的一片地方建立了**陶器厂**（potteries），这地方从前是不毛之地，现在却布满了工厂和住宅，并且养活了6万多人。

一切都被卷入了运动的这个大旋涡。**农业**也发生了变革。正如我们所看到的，地产转到了另外一些占有者和耕种者的手里，不仅如此，农业也受到其他方面的影响。大佃农投资改良土壤，拆毁不必要的篱笆，排干积水，施以肥料，使用较好的农具，实行系统的轮作制（cropping by rotation）。科学的进步也帮助了他们。**汉·戴维**爵士把化学应用于农业得到了成功，而力学的发展又给大佃农带来许多好处。此外，由于人口的增长，对农产品的需求也迅速增加，尽管从1760年到1834年有6 840 540英亩荒地变成了耕地，可是英国却由粮食输出国变成了粮食输入国。

在**交通**建设方面也进行了同样的活动。1818—1829年，英格兰和威尔士修筑了1 000英里法定宽度为60英尺的公路，而且几乎所有的旧公路都按照**麦克亚当**的原则加以改造。在**苏格兰**，公共工程局从1803年起修筑了约900英里公路，并建造了1 000多座桥梁，因此，苏格兰山地的居民一下子就接触到了文明。过去大部分山民从事盗猎和走私；现在他们成了勤劳的庄稼人和手工业者；虽然为了保存盖尔语而开办了专门的学校，可是盖尔-凯尔特的习俗和语言一经接触英格兰文明很快就消失了。**爱尔兰**的情形也一样。在**科克**、**利默里克**和**凯里**等郡之间，以前是一片荒地，没有任何可行驶的道路，这个地方由于很难通行而成了一切罪犯的隐匿处和南爱尔的凯尔特-爱尔兰民族的堡垒；现在这里已经是公路纵横，从而文明也进入了这个荒凉的地方。整个不列颠帝国，特别是英格兰，60年以前道路还和当时的德国、法国一样差，现在却有了很好的公路网，而所有这些公路，像英格兰的几乎一切设施一样，都是私人企业家修建起来的，因为在这些方面国家做的事情很少,或者根本就没有做什么。

1755 年以前英国几乎没有**运河**。1755 年,在兰开夏郡开凿了从**桑基布鲁克**到**圣海伦斯**的运河,1759 年**詹姆斯·布林德利**开凿了第一条有重要意义的运河,即**布里奇沃特公爵**运河,这条运河从**曼彻斯特**及附近的煤矿流到**默西河口**,并在**巴顿**附近通过渡槽越过**艾尔韦尔河**。由此开始了英国的运河建设,布林德利是第一个重视这一建设的人。现在人们已经向四面八方开凿了许多运河,河流也疏浚得可以通航了。仅仅在**英格兰**就有 2 200 英里运河和 1 800 英里可通航的河流;在**苏格兰**开凿了横贯全境的**喀里多尼亚运河**,在**爱尔兰**也开凿了好几条运河。这些工程,也像铁路和公路一样,几乎全部是私人和公司修筑的。

铁路只是在最近才修筑起来。第一条大铁路是从**利物浦**通往**曼彻斯特**的铁路(1830 年通车)。从那时起,所有大城市彼此之间都用铁路联系起来了。伦敦和南安普敦、布赖顿、多佛尔、科尔切斯特、剑桥、埃克塞特(经过布里斯托尔)、伯明翰之间有铁路相通;伯明翰和格洛斯特、利物浦、兰开斯特(一线经过牛顿和威根,一线经过曼彻斯特和博尔顿)、利兹(一线经过曼彻斯特、哈利法克斯,一线经过莱斯特、德比及设菲尔德)之间有铁路相通;利兹和赫尔、纽卡斯尔(经过约克)之间有铁路相通。此外还有许多正在建设和设计中的支线,不久以后从爱丁堡到伦敦只要一天的时间就够了。

蒸汽不仅使陆路交通发生变革,而且使水路交通焕然一新。第一艘轮船是 1807 年在北美的哈得孙河下水的,而在不列颠帝国则是 1811 年在克莱德河下水的。从那时起,英国建造了 600 多艘轮船,1836 年在英国港湾运营的轮船有 500 多艘。

简单说来,这就是最近六十年的英国工业史,这是人类编年史中的一部无与伦比的历史。六十年至八十年以前,英国和其他任何国家一样,城市很小,只有很少而且简单的工业,人口稀疏而且多半是农业人口。现在它和其他任何国家都不一样了:有居民达250万人的首都,有巨大的工厂城市,有向全世界供给产品而且几乎全都是用极复杂的机器生产的工业,有勤劳智慧的稠密的人口,这些人口有三分之二从事工业①,他们是由完全不同的阶级组成的,可以说,组成了一个和过去完全不同的、具有不同的习惯和不同的需要的民族。工业革命对英国的意义,就像政治革命对法国,哲学革命对德国一样。1760 年的英国和 1844 年的英国之间的差别,至少像旧制度下的法国和七月革命**69**的法国之间的差别一样大。但是,这种工业变革的最重要的产物是英国无产阶级。

我们在上面已经看到,机器的使用如何促使无产阶级诞生。工业的迅速发展产生了对人手的需要;工资提高了,因此,工人成群结队地从农业地区涌入城市。人口急剧增长,而且增加的几乎全是无产者阶级。此外,爱尔兰只是从 18 世纪初才进入安定状态,这里的人口过去在骚乱中被英国人残酷地屠杀了十分之一以上,现在也迅速增长起来,特别是从工业繁荣开始吸引许多爱尔兰人到英格兰去的那个时候起。这样就产生了不列颠帝国的大工商业城市,这些城市中至少有四分之三的人口属于工人阶级,而小资产阶级只是一些小商人和人数很少很少的手工业者。新的工业能够获得重要意义,只是因为它把工具变成了机器,把作坊变成了工厂,从而把中间阶级中的劳动者变成了工人无产者,把以前的大商人变成了厂主;它排挤了小的中间阶级,并把居民的一切差别化为工人和资本家的对立。在狭义的工业范围之外,在手工业方面,甚

---

① 在 1887 年和 1892 年的英文版中,这里是"工业和商业"。——编者注

至在商业方面,也发生了同样的情形。大资本家和没有任何希望
上升到更高的阶级地位的工人代替了以前的师傅和帮工;手工业
变成了工厂生产,严格地实行了分工,小的师傅由于没有可能和大
企业竞争,被挤到了无产者阶级中去。同时,由于迄今为止的手工
业生产被废除,由于小资产阶级被消灭,工人已没有任何可能成为
资产者。以前,他们总还有希望作为有固定住所的师傅自己开一
个作坊,也许日后还可以雇几个帮工;可是现在,当师傅本人也被
厂主排挤的时候,当独立经营一个企业必须有大量资本的时候,工
人阶级才第一次真正成为居民中的一个固定的阶级,而在过去,它
往往只是通向资产阶级的过渡。现在,谁要是生为工人,那他除了
一辈子当无产者,就再没有别的前途了。所以,只是现在无产阶级
才能组织自己的独立运动。

这样就形成了庞大的工人群体,他们现在布满了整个不列颠
帝国,他们的社会状况日益引起文明世界的注意。

工人阶级的状况也就是绝大多数英国人民的状况。这几百万
无产者,他们昨天挣得的今天就吃光,他们用自己的发明和自己的
劳动创造了英国的伟业,他们日益意识到自己的力量,日益迫切地
要求分享社会设施的利益,这些人的命运应该如何,这个问题,从
改革法案[57]通过时起已成为全国性的问题。议会中一切稍微重要
的辩论都可以归结为这个问题。虽然英国的资产阶级到现在还不
愿意承认这一点,虽然他们企图回避这个大问题,并把自己的特殊
利益说成是真正的民族利益,但这都是完全无济于事的。议会每
开一次会,工人阶级都赢得地盘,而资产阶级的利益则退居次要地
位,虽然资产阶级是议会中主要的、甚至是唯一的力量,但是1844
年最近的一次会议所讨论的却始终是有关工人的问题(济贫法
案、工厂法案、主仆关系法案)[70]。工人阶级在下院的代表托马

斯·邓库姆是这次会议的中心人物,而要求废除谷物法[44]的自由资产阶级和提议拒绝纳税的激进资产阶级却充当了可怜的角色。甚至关于爱尔兰问题的辩论,实质上也只是关于爱尔兰无产阶级状况和援助他们的措施的辩论。确实,英国资产阶级应该赶快向工人让步了,否则将为时太晚;工人不是在乞求,而是在威逼,在要求。

尽管如此,英国资产阶级,特别是直接靠工人的贫困发财的工厂主阶级,却不正视这种贫困的状况。他们认为自己是最强大的、代表民族的阶级,却羞于向全世界暴露英国的这个痛处;他们不愿意承认工人是贫困的,因为正是**他们**,有产的工业阶级,对这种贫困应负道义上的责任。因此,当人们开始谈论工人状况时,有教养的英国人(大陆上知道的仅仅是他们,即资产阶级)通常总是报以轻蔑的一笑;因此,整个资产阶级对有关工人的一切都一无所知;因此,他们在议会内外一谈到无产阶级的状况就牛头不对马嘴;因此,虽然他们赖以生存的地盘正从他们脚下被挖空并且每天都可能坍塌,而这种很快会发生的坍塌就像某个数学和力学定律那样肯定无疑,他们还是可笑地安然自得;因此,就出现了这样的怪事:虽然天知道英国人已经用了多少年来反复调查和修补工人的状况,他们竟还没有一本完整地阐述工人状况的书。但是,因此也产生了从格拉斯哥到伦敦整个工人阶级对富有者的极大的愤怒,这些富有者系统地剥削他们,然后又冷酷地让他们受命运的摆布。这种愤怒要不了多久(这个时刻人们几乎可以算出来)就必然会爆发为革命,同这一革命比较起来,法国第一次革命和1794年简直就是儿戏。

工 人 运 动

即使我没有在许多场合一一证明,大家也会同意我的意见:英国工人在这种状况下是不会感到幸福的;处于这种境况,无论是个人还是整个阶级都不可能像人一样地思想、感觉和生活。因此,工人必须设法摆脱这种非人的状况,必须争取良好的比较合乎人的身份的地位。如果他们不去和资产阶级本身的利益(它的利益正是在于剥削工人)作斗争,他们就不可能做到这一点。但是资产阶级却用他们的财产和他们掌握的国家政权所能提供的一切力量来维护自己的利益。工人一旦想要摆脱现状,资产者就会成为他们的公开敌人。

此外,工人随时都发现资产阶级把他当做物品、当做自己的财产来对待,就凭这一点,工人也要成为资产阶级的敌人。我在前面已经举了上百个例子,而且还能再举出上百个例子来证明,在目前情况下,工人只有仇恨和反抗资产阶级,才能拯救自己的人的尊严。而工人之所以**能够**如此强烈地反抗有产者的暴政,应当归功于他所受的教育,或者更确切地说,应当归功于他没有受过教育,同样也应当归功于英国工人阶级的血管里掺入了大量的爱尔兰人的热血。英国工人已经不再是英国人,不是像他的有钱的邻居那样的专会打算盘的拜金者;他的内心充满了丰富的感情,他那北方人天生的冷漠被奔放的热情所抵消,这种热情已经控制了他。智力教育已经如此有力地促进了英国资产者利己主义天性的发展,使他所有的热情都受利己心的支配,并把他的情感的全部力量集中在追求金钱这一点上。而工人缺少这种智力教育,因此,工人的热情和外国人一样强烈奔放。英国的民族性在工人身上消失了。

既然如我们所看到的,工人除了为改善自己的整个生活状况而进行反抗,再也没有任何其他表现自己的人的尊严的余地,那么工人自然就一定会在这种反抗中显示出自己最动人、最高贵、最合乎人性的特点。我们将看到,工人的全部力量、全部活动都倾注于这一方面,甚至他们为了要获得普通教育而作的一切努力也都是与此有直接联系的。固然,我们不得不报道一些粗暴行为,甚至是野蛮行为,但是永远不要忘记,英国正进行着公开的社会战争;如果说,资产阶级所关心的是伪善地打着和平甚至博爱的幌子来进行这场战争,那么,只有揭露事实的真相,只有撕破这个伪善的假面具,才能对工人有利;所以,甚至工人对资产阶级及其奴仆所采取的最强悍的敌对行动,也不过是资产阶级用来暗地里阴险地对付工人的种种手段的公开的、毫不掩饰的表现而已。

工人对资产阶级的反抗在工业发展后不久就已经开始,并经过了不同的阶段。这里不可能详细论述这些阶段对英国人民发展的历史意义;这些内容将在我以后的一部著作中加以阐述,在这里我仅限于叙述那些为说明英国无产阶级的状况所必需的事实。

这种反抗的最早、最原始和最没有效果的形式就是犯罪。工人过着贫穷困苦的生活,看到别人的生活比他好。他想不通,为什么偏偏是他这个比有钱的懒虫们为社会付出更多劳动的人该受这些苦难。而且穷困战胜了他生来对私有财产的尊重,于是他偷窃了。我们已经看到,随着工业的发展,犯罪事件在增加,每年被捕的人数和消耗的棉花的包数经常成正比。

但是工人很快就发觉这样做是无益的。罪犯只能一个人单枪匹马地以他们的偷窃行为来反对现存的社会制度;社会却能以全部权力来袭击每一个人并以巨大的优势压倒他。况且,盗窃是一种最无教养、最不自觉的反抗形式,因此,仅仅由于这个原因,盗窃也决不会成为工人舆论的一般表现形式,虽然工人舆论也许会悄悄地赞同这种行为。工人**阶级**第一次反抗资产阶级是在工业运动初期,即工人用暴力来反对使用机器的时候。最初的一批发明家阿克莱等人就遭受过这种暴力,他们的机器被砸碎了;后来又发生了许多反对使用机器的起义,这些起义的经过情形和1844年6月波希米亚印花工掀起的风潮[65]几乎完全一样:工人捣毁了工厂,砸碎了机器。

但是这种反抗形式也只是零散的,它局限于一定的地区,并且仅仅针对现存关系的一个方面。只要工人达到了眼前的目的,社会权力就以全部力量袭击这些再度变得手无寸铁的犯罪者,随心所欲地惩罚他们,而机器还是被采用了。工人必须找到一种新的反抗形式。

这时,一个由旧的、改革前的、托利党人[66]的寡头议会颁布的法律帮了他们的忙,要是再晚一些,在改革法案把资产阶级和无产阶级之间的对立用法律固定下来并使资产阶级成为统治阶级之后,这个法律就永远不会被下院通过了。这个法律是在1824年通过的,它废除了以前禁止工人为保护自己的利益联合起来的一切法令。工人得到了过去只是贵族和资产阶级才有的**自由结社的权利**。诚然,在工人中间过去一直就有秘密工会存在,但是它们从来没有显著的成果。例如,据西蒙斯说(《手工业和手工业者》第137页及以下几页)①,在苏格兰,还在1812年就发生了由秘密联合会

---

① 杰·库·西蒙斯《国内外的手工业和手工业者》1839年爱丁堡版。——编者注

组织的格拉斯哥织工的总罢工。1822年又发生了罢工，在罢工中有两个因不愿加入联合会而被参加者看做本阶级叛徒的工人脸上被人泼了硫酸，结果这两个人都成了瞎子。1818年，苏格兰矿工联合会同样也已经强大到能进行总罢工的程度。这些联合会都要求成员宣誓效忠和保守秘密，通常有名册、基金、簿记和地方分会。但是，全部活动的秘密性阻碍了联合会的发展。当1824年工人得到自由结社的权利时，这些工会很快就遍布全英国而变得强大起来。所有的劳动部门都成立了这样的协会（工联），它们公开宣称要保护各个工人使其免遭资产阶级的暴行和歧视。它们的目的是：规定工资，作为**一个力量**，集体地和雇主进行谈判，按照雇主所获利润的多少来调整工资，在适当的时候提高工资，并使每一种职业的工资保持同一水平。因此，这些工会总是同资本家谈判，争取一个大家都得遵守的工资标准，谁拒绝接受这种工资标准，就向他宣布罢工。其次，通过限制招收学徒的方法来维持资本家对工人需求的势头，从而使工资保持高水平，并尽可能阻止厂主通过采用新机器和新工具等欺诈手段来降低工资。最后，用救济金来援助失业工人。这件事或者直接用协会的基金来解决，或者利用证明工人身份的卡片来进行，工人带着卡片从一个地方走到另一个地方，同行就资助他并告诉他什么地方容易找到工作。这种走四方的生活，工人们叫做流浪，而这种走四方的人就叫做流浪者。为了达到这些目的，工会委任一个主席兼秘书，并发给薪金（因为可以设想，没有一个厂主雇用这样的人），同时成立一个委员会来收取每周的会费和监督这些会费的开支，使其符合联合会的目的。个别地区的工会在可能和有利的时候就合并为一个联合会，并定期举行代表大会。有几次，人们曾试图把全英国**同一**行业的工人组成**一个**大的工会，并且不止一次地——第一次是在1830年——

试图建立一个全国工人联合会,同时每一个行业都保留自己的特有的组织。但是这种联合会是维持不了很久的,甚至也很少能暂时成立起来;只有特别普遍的高潮才能使这样的联合会诞生,并使它具有行动的能力。

这些工会为了达到自己的目的通常使用如下的手段。如果有一个或几个业主拒绝支付联合会所规定的工资,那就派一个代表团去见他们,或者送一份请愿书(可见,工人是能够承认专制的厂主在他那小王国里的权力的)。如果这样做仍没有结果,联合会就下令停工,所有的工人都回家。如果一个或几个厂主拒绝按照工会的建议调整工资,这种罢工(turn-out 或 strike)就是局部性的;如果某一个劳动部门所有的雇主都拒绝这样做,那么罢工就会成为总罢工。这就是工会的合法手段,所谓合法就是在宣布罢工前要预先提出警告,实际上也并不总是这样。但是,只要有些工人还没有加入联合会,有些人为了资产者所许诺的眼前利益准备退出联合会,这种合法手段就起不了什么作用。特别是在局部罢工时,厂主很容易从这些害群之马(所谓工贼)中招雇工人,从而使联合起来的工人的努力毫无结果。工会会员通常用威胁、辱骂、殴打或者其他粗暴手段来对付这些工贼,总之,用一切方法来恐吓他们。于是这些工贼就向法庭控告,由于法律的守护者资产阶级至今还掌握着政权,所以只要发生违法的行为,只要有人向法庭控告工会会员,工会的力量几乎总要受到损害。

这些工会的历史充满了工人的一连串的失败,只是间或有几次个别的胜利。自然,工会的所有这一切努力都不能改变工资决定于劳动市场上的供求关系这一经济规律。因此,工会在所有影响这种关系的**重大**原因面前是无能为力的。在商业危机期间,工会不得不自己降低工资标准,或者自己彻底解散,而在劳动需求大大增加的时候,它们也不可能把工资提得高于因资本家之间的竞争而自然形成的水平。但是,对比较微小的、个别起作用的原因来说,工会是强有力的。假使厂主不会遇到工人集中的、大量的反抗,他会为了自己的利益而逐渐把工资越降越低;此外,他和其他厂主进行的竞争也迫使他这样做,工资很快就会降到最低限度。但是,厂主**相互之间**的这种竞争**在正常情况下**会为工人的反抗所扼制。每个厂主都知道,每一次降低工资,如果不是由他和他的竞争者所共有的条件决定的,结果都会引起罢工,而罢工无疑会给他带来损失,因为他的资本在罢工期间将会闲置,机器也要生锈。至于在这种情况下他到底是否能降低工资也还很难说,但是他很清楚地知道,只要他一成功,竞争者就会跟他学,产品的价格也会降低,因此,他由于降低工资而得到的利润又会从他的手中溜走。其次,在危机之后,工会常常会使工资比在其他情况下更快地提高。厂主所关心的,是在其他厂主的竞争还没有迫使他提高工资以前尽可能地不这样做;可是,现在工人自己要求提高工资,因为市场情况好转,他们往往利用厂主大量需要工人的情况,以罢工来迫使厂主提高工资。但是,正如已经说过的,工会对左右着劳动市场的较重大的原因是起不了作用的。在这种情况下,饥饿逐渐迫使工人在任何条件下复工,而只要有几个人复工,工会的力量就会被摧毁,因为在市场上还有存货的时候,资产阶级有了这几个工贼就能够消除生产中断所引起的最严重的后果。由于需要救济的工人很多,联合会的基金很快就用完;最后连小铺老板也拒绝高利赊购了,穷困迫使工人重新戴上资产阶级的枷锁。但是厂主为了自己的利益——当然,这只是由于工人的反抗才成为他们的利益——也要避免一切不必要的降低工资,而工人把每次由市场状况决定的工资降低都看做他们的状况的恶化(他们必须尽力抵御这种恶化);因此,大多数罢工都是以工人吃亏而告终。人们不禁要问,工人明明知道罢工没有用处,为什么还要采取这种办法呢？道理很简单,因为工人**必须**反对降低工资,甚至**必须**反抗这种降低的必要性本身;因为工人必须宣布,他们是人,不应该让他们去顺从环境,而应该让环境来适应**他们**,适应人;因为工人的沉默就意味着承认这种环境,承认资产阶级在商业繁荣时期有权剥削工人,而在萧条时期又有权让工人饿死。只要工人还没有完全丧失人的情感,他们就不能不对此表示抗议,他们之所以**这样**抗议,而不用别的方式来抗议,就因为他们是英国人,是用**行动**来表示抗议的讲求实际的人,而不是像德国理论家们那样,只要把他们的抗议书照章记录在案,归入卷宗,就回去安安静静地睡大觉,让抗议书也像抗议者一样在那里安安静静地睡觉。相反,英国人的积极抗议是起作用的,这种抗议把资产阶级的金钱欲限制在一定范围内,使工人对有产阶级的社会的和政治的万能权力的反抗活动保持生机;同时,这种抗议也促使工人意识到,要粉碎资产阶级的统治,除了成立工会和罢工,还需要采取更多的行动。但是,这些工会及其组织的罢工的真正意义,在于它们是工人**消灭竞争**的第一次尝试。它们存在的前提就是工人已经懂得,资产阶级的统治正是建立在工人之间的竞争上,即建立在由于一些工人和另一些工人的对立而产生的无产阶级的分裂上。正是因为工会及其组织的罢工反对竞争,反对现存社会制度的命脉(虽然其反对的方式是片面的和有局限性的),所以这个社会制度才把它们看得这样危险。在进攻资产阶级和整个现存社会制度的时候,工人再也找不到比这更容易攻破的地方了。当工人之间的竞争停止的时候,当所有的工人都下定决心,不再让资产阶级剥削自己的时候,财产王国的末日就来临了。工资之所以由供求关系来决定,由劳动市场上的偶然情况来决定,仅仅是由于直到现在工人还让别人把自己当做可以买卖的物品来看待。当工人下定决心不再让别人买卖他们的时候,当工人弄清了劳动的价值究竟是什么,工人作为一个不仅具有劳动力并且具有意志的**人**出现的时候,到那时,全部现代国民经济学和工资规律就完结了。当然,假如工人在消灭彼此之间的竞争后停止前进,工资规律归根到底还会重新发生作用。但是,如果工人不想放弃他们以前的整个运动,不想重新恢复彼此之间的这种竞争,那么他们就不能停止前进,就是说,他们根本不能这样做。有一种必要性在迫使他们不仅消灭**一部分**竞争,而且彻底消灭竞争,他们是会这样做的。现在工人已经一天比一天懂得竞争给他们带来了什么害处,他们比资产者更懂得,即使是有产者之间的竞争,由于会引起商业危机,也对工人造成影响,所以也必须消灭这种竞争。很快他们就会懂得,他们应当**怎样**着手做这件事情。

工会在很大程度上加深了工人对有产阶级的仇恨和愤怒,这是无须加以说明的。因此,在群情异常激愤的时期,这些工会中发生了——不论领导者是否知情——一些只能用达到绝望地步的仇恨和冲破一切藩篱的狂野的激情来解释的个别行动。属于这一类行动的就是前面已经提到过的泼硫酸事件,以及一系列其他事件。现在我就举出几件来。1831 年当工人运动高涨时,曼彻斯特附近海德的厂主,年轻的阿什顿,一天晚上在经过田野时被人枪杀了,凶手的线索一点也没有发现。毫无疑问,这是工人的报复行为。纵火和试图爆炸的事件也经常发生。1843 年 9 月 29 日,星期五,有人试图炸毁**设菲尔德**霍华德街厂主派金的制锯工场。用来进行爆炸的是一根装满了炸药而且两端堵死了的铁管;损失是相当严重的。第二天,即 9 月 30 日,在**设菲尔德**附近**设尔斯-摩尔**的伊毕岑刀锉工厂又发生了同样的事件。伊毕岑先生积极参加资产阶级运动,压低工资,专门雇用工贼,还利用济贫法来攫取私利(在1842年的危机时期,他把那些拒绝接受低工资的人的名字通知济贫所,说他们能够得到工作,但不愿工作,因而不应当得到救济,以此来迫使工人接受低工资),所以激起了工人的仇恨。爆炸使他受到相当大的损失,而所有来到出事地点的工人,都只恨"没有把工厂全部炸毁"。1843年10月6日,星期五,在**博尔顿**有人试图纵火焚烧安斯沃思—克朗普顿工厂,但没有造成损失。这已经是在很短的时间内第三次或第四次有人试图焚烧这家工厂了。1844年1月10日,星期三,在**设菲尔德**市政会会议上警官给大家看一个专门用来爆破的生铁炸弹,装有四磅炸药,有一根烧焦了但已熄灭的引线,这个炸弹是在设菲尔德市厄尔街基钦先生的工厂里发现的。1844年1月20日,星期日,在兰开夏郡的**贝里**的本特利—怀特锯木厂发生了爆炸,爆炸是由扔到工厂里的火药包引起的,损失严重。1844年2月1日,星期四,**设菲尔德**的索霍车轮工厂被人放火烧得精光。四个月内发生了六起这样的事件,所有这些事件都是由于工人对雇主的切齿痛恨而引起的。在什么样的社会制度下才**可能**发生这类事情,那是用不着我来说的。这些事实清楚地证明,在英国,甚至像在1843年年底那样的商业繁荣时期,社会战争就已经爆发并公开地进行了。然而英国资产阶级依然执迷不悟!但是最突出的事件是1838年1月3日至11日格拉斯哥陪审法庭审理的**格拉斯哥的萨格**①案件。从审讯中人们可以看到,1816年就在这里成立的棉纺工人联合会拥有一种少有的组织和

---

① 恩格斯在这里加了一个注:"这些工人被称为萨格。萨格是东印度一个著名的种族,他们以杀害一切落到他们手中的外来人为生。**71**"——编者注

力量。它的会员必须宣誓服从多数的决定。每次罢工都有一个秘密的委员会,这个委员会是大多数会员所不知道的,它可以不受限制地支配基金。委员会规定了刺杀工贼和可恶的厂主以及放火焚烧工厂的奖金。例如,有一家工厂由于雇用女工贼来代替男纺工而被放火烧掉;其中有一个少女的母亲麦克弗森太太被杀死,两个凶手由联合会出钱送到美国去了。1820 年有一个叫麦克夸里的工贼遭到枪击而受伤,联合会付给开枪者 15 英镑。以后又有一个叫做格雷厄姆的也遭到枪击;开枪者得到 20 英镑,但被揭发,并被判处终身流放。最后,1837 年 5 月,在奥特班克和迈尔-恩德的一些工厂里,由于罢工而发生了骚动,十来个工贼遭到殴打;同年 7 月,骚动还在继续,一个叫斯密斯的工贼被打死。这时委员会的成员才被逮捕和审讯。主席和主要成员被控犯有参加非法社团、对工贼使用暴力和纵火焚烧詹姆斯—弗兰西斯·伍德工厂的罪行,被判处流放 7 年。对这一事件我们的善良的德国人会说些什么呢?①

有产阶级,特别是这个阶级中同工人有直接接触的从事制造业的那一部分人,反对这些工会最为激烈,并且不断地设法用各种

---

① 恩格斯在这里加了一个注:"'一种特殊的"野蛮的正义感"(wild-justice)支配着他们,驱使他们在密室中集会,以冷静的思考宣布自己的工人伙伴是自己阶级和这个阶级的事业的逃兵,把这些叛徒和逃兵判处死刑,并把他们处决,因为官方的法庭和刽子手是不干这种事的,所以由秘密的刽子手来执行,就像古代的"菲默法庭"**72**或骑士时代的秘密法庭突然以这种方式恢复了,并一再呈现在人们惊愕的目光下,只是现在的这些法官穿的不是铠甲,而是粗布夹克,法庭不是设在威斯特伐利亚的森林里,而是设在格拉斯哥铺砌得很好的盖罗盖特大街上!——虽然把自己的情感用如此尖锐的方式表现出来的只是**少数人**,但这种情感势必广泛传播,并且**有力地**渗透到**群众**之中!'——**卡莱尔**《宪章运动》[1840 年伦敦版]第 41 页。"——编者注

理由向工人证明工会是无用的,这些理由从国民经济学[5]的角度来看是完全正确的,但是正因为如此,从一定角度来看就是错误的,而且对工人的理性不会发生任何影响。资产阶级所表现的热心已证明这件事是和他们的利益有关的,撇开罢工所引起的直接损失不谈,实际情况是:落到厂主腰包里的一切必定是从工人口袋里掏出来的。即使工人不十分了解,工会至少能够把他们的雇主竞相降低工资的欲望在某种程度上加以限制,他们也会因为通过工会能使厂主即自己的敌人受到损失这一点而参加工会。在战争中,一方的损失就是另一方的利益,由于工人和他们的厂主处于战争状态,所以工人在这种场合下所做的也不过是和那些高贵的君主们在彼此争斗时所做的一样。在所有资产者中,又是我们的那位朋友尤尔博士成了所有工会的最疯狂的敌人。他一谈到最强有力的工人派别棉纺工人的"秘密法庭"就勃然大怒,这些法庭自称能够使任何不听话的厂主束手待毙,"并从而使养活他们多年的人破产"。他还谈到一个时代,"那时工业发明家的头脑和活跃的心脏竟被不安分的下肢所奴役",好一个现代的梅涅尼·阿格利巴![73]遗憾的是,英国工人并不像罗马平民那样容易被你的寓言所安抚。最后,尤尔还说了下面这样一个美妙的故事。操纵走锭纺纱机的粗纺工有时滥用他们的力量达到令人难以容忍的程度。高工资并没有引起他们对厂主的感激之情和发展智力(自然是在对资产阶级无害甚至有益的科学方面)的愿望,反而常常使他们变得傲慢,使他们有钱来为罢工者的反叛精神提供支撑,而许多厂主却一个接一个地平白无故地因这种罢工而遭殃。在海德、达金菲尔德和附近地区发生这类不幸的乱子时,这一带的厂主们担心被法国人、比利时人和美国人赶出市场,就向夏普—罗伯茨公司的机器制造厂求助,请求夏普先生发挥他的发明才能,设计一台自动走锭纺纱机，以便"把生产从痛苦的奴役和毁灭的威胁中拯救出来"。

"几个月以后，一台机器造好了，它好像具备了一个熟练工人所具有的思维能力、感觉和触觉。**这个铁人**（工人是这样叫这台机器的）就这样**按照密纳发的命令从现代的普罗米修斯的手中跳了出来**。它是这样一个创造物，它的使命就是恢复各个工业阶级之间的秩序，并保证英国人的工业统治权。关于这个新的海格立斯式的奇物的消息在工会中引起了恐慌，**可以说，这个奇妙的创造物还没有走出自己的摇篮就把无法无天的许德拉扼杀了**。"

接着尤尔又证明，同时印四五种颜色的机器的发明，是印花布工人骚动的结果；机织业中浆纱工的反抗行动促成了新的完善的浆纱机的诞生。另外他还提到一些类似的事情。① 这个尤尔不久前还竭力用许多篇幅来证明，使用机器对工人是有利的！但是，尤尔并不是独一无二的；在工厂报告中，厂主阿什沃思先生和其他一些人也没有放过向这些联合会发泄自己满腔愤怒的机会。这些足智多谋的资产者，正像某些政府一样，把他们所不能理解的一切运动都归罪于恶意的鼓动者、阴谋家、蛊惑者、吹牛家和青年人的影响。他们硬说，这些工会的拿报酬的代理人对鼓动感兴趣是因为他们靠鼓动为生；殊不知正是由于资产阶级剥夺了这些人的工作，工会才认为必须向他们支付报酬！

这类罢工令人难以置信地频繁发生，再好不过地证明了英国的社会战争已经蔓延到什么程度。没有一个星期，甚至几乎没有一天不在这里或那里发生罢工，有时是由于厂主降低工资，有时是由于厂主拒绝提高工资，有时是由于厂主雇用工贼，有时是由于厂

---

① 恩格斯在这里加了一个注："**尤尔**《工厂哲学》第 366 页及以下几页。"指安·尤尔《工厂哲学：或论大不列颠工厂制度的科学、道德和商业的经济》1835 年伦敦修订第 2 版。——编者注

主拒绝废止虐待行为或恶劣的制度,有时是由于厂主采用新机器,或由于无数其他的原因。当然,这些罢工只是前哨的小冲突,有时也形成影响较大的战斗;它们决定不了什么,但它们最确凿地证明了无产阶级和资产阶级之间的决战已经迫近。罢工是工人的军事学校,他们在这里为投入已经不可避免的伟大斗争做好准备;罢工是各个劳动部门关于自己参加伟大的工人运动的宣言。如果翻阅一下唯一报道无产阶级一切运动的报纸《北极星报》[74]全年合订本,就可以看到,城市和农村工业区的所有工人都已经组成联合会,并且常常用总罢工来表示自己对资产阶级统治的抗议。作为军事学校,罢工起着无与伦比的作用。英国人那种独特的勇敢在罢工中展现出来了。大陆上的人认为,英国人,特别是英国工人,都是懦夫,他们不能干革命,因为他们不像法国人那样随时都在准备暴动,他们好像安于资产阶级的统治。这是完全错误的。英国工人在勇敢方面并不比任何国家的工人差,他们同法国人一样并不安守本分,但他们是用另外的方式进行斗争的。法国人是彻头彻尾政治性的,他们是以政治的方式同社会弊端作斗争的。英国人则认为政治只是为资产阶级社会的利益而存在的,他们不是同政府而是直接同资产阶级作斗争,这种斗争暂时只有用和平方式进行才能生效。由于工商业停滞和随之而来的贫困,1834 年在里昂爆发了要求建立共和国的起义,1842 年在曼彻斯特爆发了要求制定人民宪章[54]和提高工资的总罢工。罢工也需要有勇气,甚至比暴动需要更大更多的勇气,需要更果敢和更坚定的决心,这是显而易见的。对一个亲身体验到什么是贫困的工人说来,能够同妻子儿女一起面对贫困,能够长达数月地忍受饥饿和匮乏,并且始终坚强刚毅、毫不动摇,这确实不是一件小事。英国工人为了不受有产阶级的压迫而宁可慢慢地饿死,宁可天天看着家里的人挨饿,宁可冒着总有一天资产阶级肯定要复仇的危险,与这一切相比,威胁着法国革命者的死刑和苦役又算得了什么? 我们从下面的例子中,会看到英国工人只有在任何反抗都已无济于事并已失去意义的时候才向暴力让步的那种顽强的、不可战胜的英勇气概。正是在这种沉着镇静的坚忍精神中,在这种每天都要经受上百次考验的不可动摇的决心中,英国工人显示出自身品格的最值得尊敬的一面。为了制服一个资产者而忍受着这么多苦难的人们,也一定能够摧毁整个资产阶级的权势。即使撇开上述情况不说,英国工人也已经不止一次地显示了足够的勇气。1842 年的罢工之所以没有获得进一步的结果,一方面是由于工人在资产阶级逼迫下才举行了罢工,一方面是由于工人本身对罢工的目的不明确,而且意见也不一致。但是在其他情况下,当有了明确的**社会**目的的时候,英国工人已经多次证明自己是有勇气的。1839 年威尔士的起义就不用说了,当我居住在曼彻斯特的时候(1843 年 5 月),那里发生了一次真正的战斗。有一家制砖厂(波林—亨弗莱)加大了砖模的尺寸,但是没有提高工资,当然较大的砖会卖更高的价钱。工人提高工资的要求被拒绝了,于是他们就停了工,同时制砖工人联合会也向公司宣布抵制。可是公司费了很大的力气从附近地区和工贼中招到了工人,工人联合会对这些人最初使用了恐吓的办法。公司雇了 12 个当过兵或当过警察的人在院子里守卫,并给他们配备了枪支。由于恐吓没有产生效果,一天晚上 10 点钟左右,一支排成战斗队形、第一列用火枪武装起来的制砖工人队伍袭击了工厂,工厂离步兵营房几乎不到 400 步。[①] 人们冲了进去,发现警卫

---

① 恩格斯在这里加了一个注:"在十字胡同和瑞琴特路拐角上,见曼彻斯特平面图。"——编者注

后就向他们开枪,踏坏了摆在地上晾晒的砖坯,抛散了垒成堆的干砖,毁坏了他们所碰到的一切东西,并且冲到一幢房子里面去,砸坏了家具,痛殴了住在那里的一个监工的妻子。那时,警卫躲在一道篱笆后面,在篱笆掩护下他们可以准确地毫无阻碍地射击。袭击工厂的人却站在一座火光熊熊的砖窑前,火光照亮了他们,以致敌人的每发子弹都能命中,而他们的每一枪都不能击中目标。但是射击仍然继续了半个多小时,直到他们的弹药用光并达到了这次行动的目的,把院子里一切可以毁坏的东西全部毁坏为止。这时军队开来了,制砖工人向埃克尔斯(距曼彻斯特三英里)撤退。快到埃克尔斯时,他们把队伍集合起来,按每人编组的号码点了一次名,然后散开,这些人当然只会落到那些从四面八方逼近的警察手中。受伤者的数量肯定很多,但是人们知道的只是那些受伤后被捕的人。有一个工人的大腿、小腿和肩膀中了三枪,他还是步履蹒跚地坚持走了四英里多路。这些人确实证明了他们同样具有革命的勇气,面对枪林弹雨毫不畏惧。1842年,一些连自己究竟要干什么都不知道的手无寸铁的群众,在封闭的集市广场被几个把住出口的龙骑兵和警察控制住而动弹不得,这种情况决不能证明这些群众缺乏勇气;因为当时即使国家权力即资产阶级权力的奴仆们不在场,这些群众也不会采取什么行动。只要人民在心目中有了明确的目标,他们就会显示出足够的勇气,例如对伯利工厂的袭击就是一个证明,这个工厂后来竟不得不动用大炮来防守。

趁这个机会来谈谈在英国是怎样神圣地看待法律的。对资产者来说,法律当然是神圣的,因为法律是资产者本身的创造物,是经过他的同意并且是为了保护他和他的利益而颁布的。资产者懂得,即使个别的法律对他特别不利,但是整个立法毕竟是保护他的利益的,而最重要的是,法律的神圣性,由社会上一部分人积极地按自己的意志规定下来并由另一部分人消极地接受下来的秩序的不可侵犯性,是资产者的社会地位的最强有力的支柱。英国资产者把法律看做自己的化身,正如他把自己的上帝看做自己的化身一样,所以他认为法律是神圣的,所以警察手中的棍子(其实就是他自己手中的棍子)对于他具有极大的安抚力。而在工人看来当然就不是这样。工人有足够的体验,并且十分清楚地知道,法律对他来说是资产者给他准备的鞭子,因此,不是万不得已工人是不会诉诸法律的。可笑的是有人硬说英国工人怕警察,要知道,曼彻斯特每星期都有警察挨打的事情发生,去年甚至还有人企图袭击一个装有铁门和厚厚的百叶窗的警察分局。1842年罢工时,警察之所以显得威风,如前所述,只是由于工人自己没有拿定主意的缘故。

因为工人并不尊重法律,而只是在无力改变它的时候才承认它的力量,所以,他们至少要提出修改法律的建议,他们力求以无产阶级的法律来代替资产阶级的法律,这是再自然不过的事情。无产阶级所提出的这种法律就是**人民宪章**[54](people's charter),它在形式上纯粹是政治性的,它要求在民主基础上改组下院。**宪章运动**[55]是反抗资产阶级的强有力的形式。在工会的活动和罢工中,这种反抗总是分散的,是个别的工人或个别部门的工人同个别的资产者作斗争。即使斗争普遍化了,这多半也不是由于工人的自觉;当工人自觉地这样做的时候,这种自觉的基础就是宪章运动。在宪章运动旗帜下起来反对资产阶级的是整个工人阶级,他们首先向资产阶级的政权进攻,向资产阶级用来保护自己的法律围墙进攻。**宪章派**[55]是从**民主党**中产生出来的。民主党是在上个世纪80年代**和无产阶级同时并在无产阶级内部**发展起来的政党,它在法国革命时期强大起来,在缔结和约后成为"**激进**"党。那时,它的主要中心在伯明翰和曼彻斯特,以前是在伦敦。它曾经和自由资产阶级联合起来迫使旧议会的寡头政客通过了改革法案,从那时起,它已经是一个越来越巩固的和资产阶级对立的工人政党了。1838 年以威廉·拉维特为首的全伦敦工人协会(Working Men's Association)委员会草拟了人民宪章,其中包括下列"六条":(1)一切有健全意识和没有犯罪行为的成年男子均有普选权;(2)议会每年改选一次;(3)为议员支付薪金,使没有财产的人也能够当代表;(4)选举采用无记名投票方式,以避免资产阶级的贿买和恐吓;(5)设立平等的选区,以保证平等的代表权;(6)取消纯属形式的 300 英镑地产的代表资格限制,使每个选民都同样有被选举权。这六条只涉及下院的构成,初看起来都是无可非议的,但是却足以把英国的宪法连同女王和上院彻底毁掉。宪法中的所谓君主和贵族的成分之所以能够保存下来,只是因为资产阶级乐于留着他们**摆摆样子**;这两者也确实是形同虚设。但是,要是下院有朝一日获得全国舆论的支持,要是它不再仅仅是表达资产阶级的意志,而是表达全民族的意志,那它就会把一切权力完全攫为己有,使君主和贵族失掉他们头上最后的神圣光环。英国工人既不尊敬勋爵,也不尊敬女王,资产阶级虽然事实上很少听取勋爵和女王的意见,但对他们个人却敬之如神。英国的宪章派在政治上是共和主义者,虽然他们从来不用或极少用这个字眼;尽管他们同情各国的共和党,然而更喜欢称自己为民主主义者。但是他们不仅仅是普通的共和主义者;他们的民主主义也不仅仅限于政治方面。

诚然,宪章运动从 1835 年开始产生的时候起,主要就是在工人中间开展的运动,但那时它还没有和激进的小资产阶级严格划清界限。工人的激进主义是和资产阶级的激进主义携手并进的。宪章是他们的共同口号,他们每年共同举行"国民公会",看起来就好像是一个党。那时,小资产阶级由于对改革法案的结果感到失望,由于1837—1839年是工商业不景气的年份,好战和好杀的情绪很高,所以宪章派的激烈鼓动很合他们的心意。这种鼓动激烈到什么程度,在德国是无论如何想象不出来的。宪章派号召人民武装起来,有时甚至号召他们起义。人们制造了长矛,就像过去法国革命时代一样。1838年,一个叫斯蒂芬斯的循道宗的传教士参加了这一运动,他对曼彻斯特的集会群众讲了这样的话:

> "不要害怕政府的势力,不要害怕你们的压迫者所掌握的士兵、刺刀和大炮;你们有比这一切都更有力量的一种手段,一种刺刀和大炮所不能对付的武器。这种武器是10岁的孩子也会用的。只需要几根火柴和一把蘸上沥青的干草。我要看看,当人们勇敢地使用起这种武器的时候,政府和它的几十万士兵对这种武器究竟有什么办法!"①

但同时,工人的宪章运动所特有的**社会**性质在那时就已经显露出来。这位斯蒂芬斯在我们已经提到过的曼彻斯特的"圣山"克萨尔-摩尔[75]举行的20万人的大会上又讲了下面的话:

> "朋友们,宪章运动并不是有关你们获得选举权等等的政治问题,宪章运动是**饭碗问题**;宪章的意思就是住得好,吃得好,喝得好,工资高,工作日短。"

因此,反对新济贫法[25]和争取十小时工作日法案[47]的运动在那时就已经和宪章运动有了极其密切的联系。在这一期间,每次群众大会都有**托利党人**[66]奥斯特勒参加,而且除了在伯明翰通过的要求实现人民宪章的国民请愿书,还提出了几百份关于改善工人社会状况的请愿书。1839年,鼓动还是同样活跃地继续下去,

---

① 恩格斯在这里加了一个注:"我们已经看到,这些话对工人起了多大的作用。"——编者注

在年底,当鼓动开始有点松懈的时候,伯西、泰勒和弗罗斯特就急忙同时在英国北部、约克郡和威尔士组织起义。由于弗罗斯特的计划被人告密,他不得不过早地发动起义,因此他的行动遭到了失败。北方的起义组织者知道了弗罗斯特的行动已经失败,就及时地退却了。两个月以后,1840年1月,约克郡(例如在设菲尔德和布拉德福德)发生了几次所谓的警察叛乱(spy-outbreaks)[76],后来这种激昂的情绪逐渐平息下去。这时,资产阶级急忙实施更实际的对自己更有利的计划,这就是废除谷物法[44]。在曼彻斯特成立了反谷物法协会,其结果削弱了激进资产阶级和无产阶级之间的联系。工人很快就明白,废除谷物法**对他们**好处很少,而对资产阶级却很有利,所以资产阶级的这一计划没有得到工人的支持。1842年的危机爆发了。鼓动又像1839年那样活跃起来。但是这一次富有的工业资产阶级也参加了鼓动,因为他们在这次危机中受到了很大的损失。由曼彻斯特厂主组成的、现在叫做反谷物法同盟[22]的团体具有一种非常激进的暴力倾向。这个同盟的报刊和鼓动者使用毫不掩饰的革命语言,其原因之一就是保守党从1841年起掌握了政权。像过去的宪章派一样,同盟现在直接号召起义,而在危机中受苦最深的工人也同样有所行动,这一年在国民请愿书上有350万人签名就证明了这一点。总之,如果说这两个激进的党派过去曾经有些疏远,那么它们现在又重新联合起来了。1842年2月15日,自由党人和宪章派在曼彻斯特举行的联席会议上起草了一份请愿书,要求废除谷物法和实施宪章;第二天两个党派都通过了这份请愿书。春天和夏天是在热烈的宣传鼓动和日益严重的贫困中过去的。资产阶级决心利用危机及其引起的贫困和普遍的激愤情绪来达到废除谷物法的目的。这一次,由于执政的是托利党人,资产阶级甚至抛弃了他们的守法立场;他们要革命,但是要靠工人的帮助。资产阶级要让工人为他们火中取栗,让工人为他们的利益而烧坏自己的手指。各方面的人士重新谈起以前(1839 年)就已经由宪章派提出的"**神圣月**",即工人总罢工的想法;但是,这一次不是工人要罢工,而是厂主想关闭自己的工厂,把工人送到乡下,送到贵族的领地上去,他们想用这种方法迫使托利党的议会和政府取消谷物税。这自然要引发起义,但是资产阶级肯定会站在幕后,可以安安稳稳地坐享其成,万一失败了也不会危及自己。7 月底,商业情况开始好转;事情不能再拖延了,为了不错过时机,现在,**在行情日渐好转的时候**(参看 7 月底和 8 月初曼彻斯特和利兹的商业报告),斯泰利布里奇有三家公司降低了工资;至于是它们自己决定这样做,还是和其他厂主,特别是和同盟议定之后才这样做,我不能断定。但是,两家公司不久就让步了,而第三家即威廉·贝利兄弟公司却坚持下去;这家公司对前来申诉的工人说,如果他们不愿接受这种办法,也许他们最好去过一段休闲的生活。这种讥讽的口吻使工人大哗,他们纷纷离开工厂,跑遍全城,号召所有的工人罢工。过了几小时,所有工厂都停工了,工人列队到莫特兰-摩尔去举行群众大会。这是 8 月 5 日的事。8 月 8 日,他们有 5 000 人出发到阿什顿和海德去,使所有的工厂和煤矿都停了工,并且在各处举行了群众大会,但是大会上谈的不是资产阶级所希望的废除谷物法,而是"做一天公平的工作,得一天公平的工资"(a fair day's wages for a fair day's work)。8 月 9 日,他们向曼彻斯特进发,由于地方当局都是自由党人,他们**被准许入城**,并且使工厂都停了工。11 日,他们抵达斯托克波特,在这里,当他们袭击资产阶级宠爱的机构——习艺所[77]时,第一次遇到了抵抗。同一天,在博尔顿发生了总罢工和骚动,当局同样没有阻拦;起义很快扩展到所有工业区,除了收割庄稼和制作食物,一切工作都停止了。但是起义的工人也很镇静。他们并不是自愿起义,而是被别人拖进去的;除了曼彻斯特的**托利党人**柏里一个人,厂主们都**一反常态**,没有反对罢工。事情已经开了头,但是工人没有一个明确的目的。固然,在不愿为那些力图废除谷物法的厂主的利益而遭到枪杀这一点上,他们是完全一致的,但是在其他方面,一些人要求实施人民宪章,另一些人则认为为时过早,只要求恢复1840年的工资标准。整个起义就是由于这些原因而失败的。假如它一开始就是有目的的自觉的工人起义,那么无疑是会获得胜利的。但是,这些不是自愿而是被雇主赶到街上来的、根本没有明确目的的群众,不可能做成任何事情。同时,在履行2月15日的盟约方面连手指都没有动一下的资产阶级很快就明白了,工人并不愿意充当他们的工具,他们离开"守法"立场的矛盾行为对他们本身是一种危险;因此,资产阶级又回到他们原来的守法立场,跑到政府方面去反对那些先是由他们煽动起来,然后又被他们逼着起义的工人。资产阶级和他们的忠实奴仆充当了特别警察[78]——在曼彻斯特,德国商人也参加进来,他们手里拿着粗棍子,嘴里衔着雪茄烟,在全市的街道上耀武扬威、虚张声势地踱来踱去;在普雷斯顿,资产阶级下令向人民开枪,于是这个毫无目的的人民起义就一下子不仅面对政府的武装力量,而且面对整个有产阶级。本来就没有目的的工人逐渐散去,起义就这样结束了,没有造成严重的后果。此后,资产阶级还接二连三地干了一些卑鄙勾当;他们表示厌恶人民的暴力行动,力图以此来洗刷自己。这种说法和他们在春天所讲的革命词句大相径庭。他们把起义的罪责推给宪章派的"煽动者"等等,其实他们自己在挑起起义方面所做的事情要比宪章派多得多。他们极端厚颜无耻地重新站到先前承认法律神圣的立场上去了。宪章派几乎完全没有为起义做什么工作,他们只是做了资产阶级准备做的事情,即利用机会,可是他们却受到法庭审判,并被判了罪,而资产阶级却没有遭到丝毫损失,在停工时期他们还卖掉了存货,获得了利益。

这次起义的结果是无产阶级和资产阶级彻底决裂。宪章派过去也没有隐瞒他们要用一切手段来实施他们的宪章,甚至通过革命。资产阶级现在忽然明白,任何使用暴力的变革对他们的地位来说都是危险的,他们反对使用"物质力量",而只想通过"道义力量"来达到自己的目的(他们竟把这种道义力量同物质力量的直接或间接的威胁看成是两回事)。这是一个争论点,但是,这个争论点事实上已经消除了,因为宪章派(他们和自由资产阶级一样值得信任)后来在口头上表示,他们也不会诉诸物质力量。第二个争论点,也是最重要的争论点,正是这一点使宪章运动表现为纯粹的宪章运动,这就是谷物法问题。关心这个问题的是激进资产阶级而不是无产阶级。因此,以前的宪章派分裂成两派,两派的政治原则在口头上完全一致,事实上却根本不同,甚至互不相容。在1843 年 1 月的伯明翰国民公会上,激进资产阶级的代表**斯特奇**提议把宪章这一**名称**从宪章协会的章程中删去,据称是因为在起义后这一名称使人联想到暴力革命行动。但是这种联系已经存在了好几年,而斯特奇先生过去并没有认为必须加以反对。工人们不愿放弃这个名称,斯特奇的提案被多数票否决。这时,这位忽然变得守法的贵格会[79]会士带了少数人退出会场,组织了一个由激进资产阶级组成的"完全选举权协会"。这个不久前还是雅各宾派[80]的资产者竟然对这种联想感到如此讨厌,甚至连普选权(universal suffrage)这个名称也用另一个令人发笑的名称——完全选举权(complete suffrage)来代替了!工人们嘲笑了他,仍然沉着地继续走自己的路。

从这时起,宪章运动就成了没有任何资产阶级分子参加的纯粹工人的事业。要求"完全"选举权的《每周快讯》[81]、《每周纪事报》[82]、《观察家》[83]等等报刊逐渐陷入一种和其他自由派报纸同样无精打采的状况,它们拥护贸易自由,攻击十小时工作日法案和工人的一切特殊要求,总的说来,它们很少有什么激进主义的表现了。激进资产阶级在一切冲突中都站在自由党人方面反对宪章派,仅把解决谷物法问题作为自己的主要任务,而这个问题对英国人来说只是自由竞争的问题。因此,激进资产阶级已完全处于自由资产阶级的支配之下。他们现在所扮演的是一个极其可怜的角色。

与此相反,宪章派工人却加倍积极地参加了无产阶级反对资产阶级的一切斗争。自由竞争使工人遭受极大的痛苦,引起他们的痛恨;自由竞争的拥护者即资产者成了工人的死敌。完全的竞争自由只会使工人遭殃。工人迄今提出的要求:十小时工作日法案、保护工人不受资本家的迫害、工资要合理、地位要有保证、废除新济贫法,所有这些要求至少和"六条"一样,都是宪章运动的基本内容,是直接反对自由竞争和贸易自由的。所以,工人根本不愿过问有关自由竞争、贸易自由、废除谷物法的事情;他们对废除谷物法至少是抱着极端冷漠的态度,而对废除谷物法的拥护者却极端愤恨,这是毫不奇怪的,但是整个英国资产阶级却不能理解这一点。正是在这个问题上无产阶级和资产阶级、宪章运动和激进主义发生了分歧,而资产者的理智却不能理解这一点,因为他们不能理解无产阶级。

宪章运动的民主和迄今一切资产阶级政治上的民主的区别也就在这里。**宪章运动本质上具有社会性质。**在激进资产者看来,"六条"就是一切,这"六条"最多还能促使人们对宪法作某些修改,但对无产者来说,这"六条"不过是一种手段而已。"政治权力是我们的手段,社会幸福是我们的目的",这就是宪章派现在明确喊出的口号。传教士斯蒂芬斯所说的关于"饭碗问题"的话,在1838年只是对一部分宪章派是真理,但是在1845年对一切宪章派都是真理了。宪章派中间再也没有纯粹的政客了。诚然,他们的社会主义还处在萌芽状态;直到现在他们还认为地产析分(allotment-system)是消灭贫穷的主要方法,而实际上由于工业的发展,地产析分早已过时了(参看导言);他们在实践方面的大多数建议(保护工人利益等等)表面上看来一般都带有反动性质。但是,一方面,他们所提出的措施本身必然导致重新屈服于竞争的威力,从而恢复旧状况,或者必然导致消灭竞争本身;另一方面,宪章运动目前的暧昧状况和它脱离纯粹政治党派的倾向,必然会使它那些由其社会本质所决定的、正是**它所独有的特征**获得进一步发展。宪章运动和社会主义接近是不可避免的,特别是在下一次危机到来的时候。这次危机必然紧跟在目前工业和商业繁荣状况的后面,最晚在1847年爆发①,但是也许会在明年爆发。这次危机将比过去历次危机都剧烈和尖锐得多,它将迫使工人更多地从社会方面而不是从政治方面去寻找摆脱贫困的办法。工人将实现自己的宪章,这是不言而喻的;但是在这之前他们还要弄清许多通过宪章所能做到的事情,而他们现在对此还不很清楚。

同时,社会主义的鼓动也在继续进行。在这里,我们谈英国的**社会主义**只是就它对工人阶级的影响而言。英国社会主义者要求以建立两三千人(这些人都从事工业和农业,享有平等的权利和

---

① 恩格斯在1892年德文版上加了一个注:"预言准确地实现了。"——编者注

享受同样的教育）的"国内移民区"**84**的方法来逐渐实行财产公有，要求为离婚提供便利条件，建立理性的政府，使人们有充分发表意见的自由，取消刑罚，给犯人以理性的待遇。这就是他们**在实践方面**的建议；至于他们在理论方面的原则，同我们在这里的论述并没有关系。英国社会主义的创始人是**欧文**，他是一个工厂主，所以，他的社会主义虽然在实质上超越资产阶级和无产阶级的对立，但在形式上仍然以很宽容的态度对待资产阶级，以很不公平的态度对待无产阶级。社会主义者十分温顺随和；不管现存的各种关系如何坏，他们还是承认这些关系有合理性，因为他们除了争取公众信任外，对改变现存关系的其他一切途径是一概否定的。同时他们的原则又是如此抽象，如果他们的原则保持现在的形式，他们是永远也不能争得公众信任的。此外，社会主义者还经常抱怨下层阶级颓废堕落，他们看不见社会制度的这种瓦解中含有进步成分，看不见唯利是图的伪善的有产阶级更严重的道德堕落。他们不承认历史的发展，所以他们打算一下子就把国家置于共产主义的境界，而不是进一步开展政治斗争以达到国家自行消亡的目的①。他们固然了解工人为什么反对资产者，但是，他们认为愤怒这种唯一能够引导工人前进的手段并没有什么用处，为此他们宣扬对英国的现状更加没有用处的慈善和博爱。他们只承认心理的发展，只承认和过去毫无联系的抽象的人的发展。可是整个世界，包括每一个单个的人在内，都是立足于过去的基础之上的。所以他们太学究气、太形而上学了，他们是不可能有所作为的。他们之中一部分人来自工人阶级，但是工人阶级中被他们争取过来的只

---

① 在1887年和1892年的英文版中，这句话的后半句为："以达到使这种变革不仅成为可能，而且成为必要的地步。"——编者注

是很少的一部分,当然这一部分是最有教养的和性格最坚强的。社会主义在其现有的形式下决不能成为工人阶级的共同财富,因此,它甚至必须降低自己的水平,暂时回到宪章派的立场上来。但是,经过宪章运动的考验并清除了资产阶级成分的、真正的无产阶级社会主义,现在已经在许多社会主义者和宪章派领袖(他们几乎全是社会主义者①)那里发展起来,它不久就会在英国人民的发展史上发挥重要的作用。英国社会主义的基础比法国共产主义广泛得多,但是在发展②方面落后于法国共产主义。英国社会主义应当暂时回到法国的立场上来,以便将来再超过它。当然,到那时法国人也会进一步向前发展。社会主义同时又是工人不信仰宗教的最坚决的表现,这种表现是这样坚决,以致那些**不自觉地**纯粹由于实际原因而不信仰宗教的工人往往被这种表现的尖锐性所吓退。但是在这里,贫困也将迫使工人抛弃信仰,他们会越来越认识到,这种信仰只能使他们变得软弱,使他们屈服于自己的命运,对榨取他们脂膏的有产阶级俯首帖耳。

这样我们就看到,工人运动分裂为两个派别,即宪章派和社会主义者。宪章派还处于很落后的状态,发展水平还很低,但他们却是真正的活生生的无产者,是无产阶级的代表。社会主义者看得比较远,提出消灭贫困的实际办法,但他们来自资产阶级,因此不能和工人阶级融合在一起。社会主义和宪章运动的融合,法国共产主义以英国方式的再现,将会在最近发生,而且已经部分地发生

---

① 恩格斯在 1892 年德文版上加了一个注:"自然是一般意义上的社会主义者,而不是欧文主义者这一特定意义上的社会主义者。"——编者注
② "发展"一词在 1887 年和 1892 年的英文版中为"理论发展"。——编者注

了。只有实现了这一点,工人阶级才会真正成为英国的统治者;那时,政治和社会的发展也将向前推进,这种发展将有利于这个新生的政党,有利于宪章运动的继续发展。

这些时合时分的不同的工人派别——工会会员、宪章派和社会主义者——独自创办了许多学校和阅览室以提高文化水平。这样的设施在每个社会主义的组织里和几乎每个宪章派的组织里都有,而且在许多单个的行业工会里也有。在这里,孩子们受到纯粹无产阶级的教育,摆脱了资产阶级的一切影响,阅览室里只有或几乎只有无产阶级的书刊。这种设施对资产阶级是很危险的,他们已经在某些类似的设施中,即在"技术学校"**85**中消除了无产阶级的影响,并把它们变成在工人中间传播对资产阶级有利的科学知识的机构。目前,这里讲授的是自然科学,这些科学能使工人脱离反对资产阶级的斗争,或许还能使他们掌握从事发明的手段,以增加资产阶级的收入。但是,自然科学**目前**对于工人实际上是毫无用处的,因为在他们居住的大城市里,在工作日很长的情况下,他们常常根本看不到大自然。这里还进行以自由竞争为偶像的国民经济学的说教;工人从中得出的唯一结论是,对他们来说,最明智之举莫过于默默地驯服地饿死。这里的一切都是教人俯首帖耳地顺从占统治地位的政治和宗教,所以工人在这里听到的只是劝他们唯唯诺诺、任人摆布和听天由命的说教。工人群众自然不愿意和这些学校打交道,他们都到无产阶级的阅览室去阅读,讨论直接和自己的切身利益相关的各种关系。于是自满自足的资产阶级就说:我已经说了,我已经拯救了自己[Dixi et salvavi],并且不屑一顾地避开了这个"宁愿听恶意的煽动者狂暴的叫喊而不愿接受踏踏实实的教育"的阶级。而实际上工人也是重视"踏踏实实的教育"的,只要这种教育不掺杂资产阶级牟取私利的伎俩。这一点

可以由下面的事实来证明：在所有无产阶级的，特别是社会主义者
的教育机构里经常举行关于自然科学、美学和国民经济学问题的
演讲，而且听众很多。我常常会听到一些穿着褴褛不堪的粗布夹
克的工人谈论地质学、天文学及其他学科，他们在这方面的知识比
一些有教养的德国资产者还多。阅读最新的哲学、政治和诗歌方
面划时代的著作的几乎完全是工人，这一事实特别表明了英国无
产阶级在获得自主的教育方面已经取得多么大的成就。资产者是
现存社会制度以及和这种制度相联系的各种偏见的奴隶；他惧
怕、诅咒和排斥真正标志着进步的一切；无产者却睁大眼睛正视这
一切，兴致勃勃地而且富有成效地研究它们。在这方面，特别是社
会主义者为无产阶级的教育做了许多事情，他们翻译了法国唯物
主义者**爱尔维修**、**霍尔巴赫**、**狄德罗**等人的著作，并且把这些译文
和英国最优秀的作品一道以普及本的形式加以传播。**施特劳斯**的
《耶稣传》①和**蒲鲁东**的《什么是财产》②也仅仅是在无产者中间流
传。雪莱，天才的预言家**雪莱**和满腔热情的、辛辣地讽刺现存社会
的**拜伦**，他们的读者大多数也是工人；资产者所读的只是经过阉割
并使之适合于今天的伪善道德的版本"家庭版"。当代最大的两
个功利主义哲学家**边沁**和**葛德文**的著作，特别是后者的著作，也几
乎只是无产阶级的财富。即使激进资产阶级中有**边沁**的信徒，那
也只有无产阶级和社会主义者才能超越边沁，向前发展。无产阶
级在这个基础上创造了自己的文献，这多半是一些期刊和小册子，

---

① 大·弗·施特劳斯《耶稣传》1840 年蒂宾根第 4 版第 1—2 卷。——编
者注
② 皮·约·蒲鲁东《什么是财产？或关于法和权力的原理的研究》1841 年
巴黎版。——编者注

就内容来说,远远胜过一切资产阶级文献。这个问题我们以后再谈。

还必须指出一点。工厂工人,其中主要是棉纺织业区的工人,构成工人运动的核心。兰开夏郡,特别是曼彻斯特,是最强大的工会的所在地,是宪章运动的中心,是社会主义者最多的地方。工厂制度渗入某个劳动部门越深,这个部门的工人参加运动的也就越多;工人和资本家的对立越尖锐,工人中的无产阶级意识也就越发展,越明朗。伯明翰的小师傅虽然也吃了危机的苦头,但他们还是处于无产阶级的宪章运动和小商人的激进主义之间的不幸的中间地位。一般说来,所有的工业工人都被卷入了反对资本和资产阶级的各种斗争;他们一致认为,他们是"工人"——这个头衔使他们引以自豪,并且是宪章派集会上通常的称呼——,他们构成了同一切有产阶级相对立的、有自己的利益和原则、有自己的世界观的独立的阶级,在他们身上蕴蓄着民族的力量和推进民族发展的才能。

弗·恩格斯写于 1844 年
9 月—1845 年 3 月

1845 年 5 月在莱比锡出版

原文是德文

选自《马克思恩格斯文集》第 1 卷第 382—404、448—475 页

卡·马克思

关于费尔巴哈的提纲⁸⁶

1. 关于费尔巴哈^①

一

从前的一切唯物主义（包括费尔巴哈的唯物主义）的主要缺点是：对对象、现实、感性，只是从**客体**的或者直观的形式去理解，而不是把它们当做**感性的人的活动**，当做**实践**去理解，不是从主体方面去理解。因此，和唯物主义相反，唯心主义却把**能动的**方面抽象地发展了，当然，唯心主义是不知道现实的、感性的活动本身的。费尔巴哈想要研究跟思想客体确实不同的感性客体，但是他没有把人的活动本身理解为**对象性的**［*gegenständliche*］活动。因此，他在《基督教的本质》^②中仅仅把理论的活动看做是真正人的活动，而对于实践则只是从它的卑污的犹太人的表现形式去理解和确定。因此，他不了解"革命的"、"实践批判的"活动的意义。

---

① 马克思 1845 年的稿本。——编者注
② 路·费尔巴哈《基督教的本质》1841 年莱比锡版。——编者注

二

人的思维是否具有客观的[gegenständliche]真理性,这不是一个理论的问题,而是一个**实践的**问题。人应该在实践中证明自己思维的真理性,即自己思维的现实性和力量,自己思维的此岸性。关于思维——离开实践的思维——的现实性或非现实性的争论,是一个纯粹**经院哲学**[87]的问题。

三

关于环境和教育起改变作用的唯物主义学说忘记了:环境是由人来改变的,而教育者本人一定是受教育的。因此,这种学说必然会把社会分成两部分,其中一部分凌驾于社会之上。

环境的改变和人的活动或自我改变的一致,只能被看做是并合理地理解为**革命的实践**。

四

费尔巴哈是从宗教上的自我异化,从世界被二重化为宗教世界和世俗世界这一事实出发的。他做的工作是把宗教世界归结于它的世俗基础。但是,世俗基础使自己从自身中分离出去,并在云霄中固定为一个独立王国,这只能用这个世俗基础的自我分裂和自我矛盾来说明。因此,对于这个世俗基础本身应当在自身中、从它的矛盾中去理解,并且在实践中使之发生革命。因此,例如,自从发现神圣家族的秘密在于世俗家庭之后,世俗家庭本身就应当在理论上和实践中被消灭。

五

费尔巴哈不满意**抽象的思维**而喜欢**直观**；但是他把感性不是看做**实践的**、人的感性的活动。

六

费尔巴哈把宗教的本质归结于**人的**本质。但是，人的本质不是单个人所固有的抽象物，在其现实性上，它是一切社会关系的总和。

费尔巴哈没有对这种现实的本质进行批判，因此他不得不：

（1）撇开历史的进程，把宗教感情固定为独立的东西，并假定有一种抽象的——**孤立的**——人的个体。

（2）因此，本质只能被理解为"类"，理解为一种内在的、无声的、把许多个人**自然地**联系起来的普遍性。

七

因此，费尔巴哈没有看到，"宗教感情"本身是社会的产物，而他所分析的抽象的个人，是属于一定的社会形式的。

八

全部社会生活在本质上是**实践的**。凡是把理论引向神秘主义的神秘东西,都能在人的实践中以及对这种实践的理解中得到合理的解决。

九

直观的唯物主义,即不是把感性理解为实践活动的唯物主义,至多也只能达到对单个人和市民社会[11]的直观。

十

旧唯物主义的立脚点是市民社会,新唯物主义的立脚点则是人类社会或社会的人类。

十一

哲学家们只是用不同的方式**解释**世界,问题在于**改变**世界。

卡·马克思写于 1845 年春　　　　　　　　　原文是德文

选自《马克思恩格斯文集》
第 1 卷第 499—502 页

马克思论费尔巴哈①

一

从前的一切唯物主义——包括费尔巴哈的唯物主义——的主要缺点是：对对象、现实、感性，只是从**客体**的或者**直观**的形式去理解，而不是把它们当做**人的感性活动**，当做**实践**去理解，不是从主体方面去理解。因此，结果竟是这样，和唯物主义相反，唯心主义却把**能动的**方面发展了，但只是抽象地发展了，因为唯心主义当然是不知道现实的、感性的活动本身的。费尔巴哈想要研究跟思想客体确实不同的感性客体，但是他没有把人的活动本身理解为**对象性的**［*gegenständliche*］活动。因此，他在《基督教的本质》中仅仅把理论的活动看做是真正人的活动，而对于实践则只是从它的卑污的犹太人的表现形式去理解和确定。因此，他不了解"革命的"、"实践批判的"活动的意义。

二

人的思维是否具有客观的［*gegenständliche*］真理性，这不是一

---

① 恩格斯 1888 年发表的稿本。——编者注

个理论的问题,而是一个**实践的**问题。人应该在实践中证明自己思维的真理性,即自己思维的现实性和力量,自己思维的此岸性。关于离开实践的思维的现实性或非现实性的争论,是一个纯粹**经院哲学的**问题。

三

有一种唯物主义学说,认为人是环境和教育的产物,因而认为改变了的人是另一种环境和改变了的教育的产物,——这种学说忘记了:环境正是由人来改变的,而教育者本人一定是受教育的。因此,这种学说必然会把社会分成两部分,其中一部分凌驾于社会之上。(例如,在罗伯特·欧文那里就是如此。)

环境的改变和人的活动的一致,只能被看做是并合理地理解**为变革的实践。**

四

费尔巴哈是从宗教上的自我异化,从世界被二重化为宗教的、想象的世界和现实的世界这一事实出发的。他做的工作是把宗教世界归结于它的世俗基础。他没有注意到,在做完这一工作之后,主要的事情还没有做。因为,世俗基础使自己从自身中分离出去,并在云霄中固定为一个独立王国,这一事实,只能用这个世俗基础的自我分裂和自我矛盾来说明。因此,对于这个世俗基础本身首先应当从它的矛盾中去理解,然后用消除矛盾的方法在实践中使之发生革命。因此,例如,自从发现神圣家族的秘密在于世俗家庭之后,对于世俗家庭本身就应当从理论上进行批判,并在实践中加以变革。

五

费尔巴哈不满意**抽象的思维**而诉诸**感性的直观**；但是他把感性不是看做**实践的**、人的感性的活动。

六

费尔巴哈把宗教的本质归结于**人的**本质。但是，人的本质不是单个人所固有的抽象物，在其现实性上，它是一切社会关系的总和。

费尔巴哈没有对这种现实的本质进行批判，因此他不得不：

（1）撇开历史的进程，把宗教感情固定为独立的东西，并假定有一种抽象的——孤立的——人的个体；

（2）因此，他只能把人的本质理解为"类"，理解为一种内在的、无声的、把许多个人纯粹**自然地**联系起来的普遍性。

七

因此，费尔巴哈没有看到，"宗教感情"本身是**社会的产物**，而他所分析的抽象的个人，实际上是属于一定的社会形式的。

八

社会生活在本质上是**实践的**。凡是把理论诱入神秘主义的神秘东西,都能在人的实践中以及对这种实践的理解中得到合理的解决。

九

直观的唯物主义,即不是把感性理解为实践活动的唯物主义,至多也只能做到对"市民社会"中的单个人的直观。

十

旧唯物主义的立脚点是"**市民**"社会;新唯物主义的立脚点则是**人类**社会或社会化的人类。

十一

哲学家们只是用不同的方式**解释**世界,而问题在于**改变**世界。

卡·马克思写于 1845 年春

第一次作为附录发表于《路德维希·费尔巴哈和德国古典哲学的终结》1888 年版单行本

原文是德文

选自《马克思恩格斯文集》第 1 卷第 503—506 页

卡·马克思和弗·恩格斯

德意志意识形态

对费尔巴哈、布·鲍威尔和施蒂纳所代表的现代德国哲学以及各式各样先知所代表的德国社会主义的批判[88]

（节　　选）

第一卷第一章

费 尔 巴 哈

唯物主义观点和唯心主义观点的对立

［Ⅰ］

正如德意志意识形态家们①所宣告的，德国在最近几年里经

---

① "意识形态家"原文为Ideologe，过去曾译"思想家"、"玄想家"。Ideologe一词是由Ideologie（意识形态）派生出来的。为了保持这两个词译法的一致性，现将"思想家"、"玄想家"改为"意识形态家"。当时以青年黑格尔派为主要代表的德国哲学，颠倒意识与存在、思想与现实的关系，以纯思想批判代替反对现存制度的实际斗争。马克思和恩格斯把这种哲学称为"德意志意识形态"，把鼓吹这种哲学的人称为"德意志意识形态家"。——编者注

历了一次空前的变革。从施特劳斯开始的黑格尔体系的解体过程[89]发展为一种席卷一切"过去的力量"的世界性骚动。在普遍的混乱中,一些强大的王国产生了,又匆匆消逝了,瞬息之间出现了许多英雄,但是马上又因为出现了更勇敢更强悍的对手而销声匿迹。这是一次革命,法国革命同它相比只不过是儿戏;这是一次世界斗争,狄亚多希[90]的斗争在它面前简直微不足道。一些原则为另一些原则所代替,一些思想勇士为另一些思想勇士所歼灭,其速度之快是前所未闻的。在1842—1845年这三年中间,在德国进行的清洗比过去三个世纪都要彻底得多。

据说这一切都是在纯粹的思想领域中发生的。

然而,不管怎么样,这里涉及的是一个有意义的事件:绝对精神的瓦解过程。在最后一点生命的火花熄灭之后,这具残骸①的各个组成部分就分解了,它们重新化合,构成新的物质。那些以哲学为业,一直以经营绝对精神为生的人们,现在都扑向这种新的化合物。每个人都不辞劳苦地兜售他所得到的那一份。竞争不可避免。起初这种竞争还相当体面,并且循规蹈矩。后来,当商品充斥德国市场,而在世界市场上尽管竭尽全力也无法找到销路的时候,按照通常的德国方式,生意都因搞批量的和虚假的生产,因质量降低、原料掺假、伪造商标、买空卖空、票据投机以及没有任何现实基础的信用制度而搞糟了。竞争变成了激烈的斗争,而这个斗争现在却被吹嘘和构想成一种具有世界历史意义的变革,一种产生了十分重大的结果和成就的因素。

为了正确地评价这种甚至在可敬的德国市民心中唤起怡然自

---

① 原文是 caput mortum,原意为"骷髅";在化学中,是指蒸馏过程结束后的残留物。——编者注

得的民族感情的哲学叫卖,为了清楚地表明这整个青年黑格尔派运动的狭隘性、地域局限性,特别是为了揭示这些英雄们的真正业绩和关于这些业绩的幻想之间的令人啼笑皆非的显著差异,就必须站在德国以外的立场上来考察一下这些喧嚣吵嚷。①

一　费尔巴哈

A. 一般意识形态,特别是德意志意识形态

德国的批判,直至它最近所作的种种努力,都没有离开过哲学的基地。这个批判虽然没有研究过自己的一般哲学前提,但是它谈到的全部问题终究是在一定的哲学体系即黑格尔体系的基地上产生的。不仅是它的回答,而且连它所提出的问题本身,都包含着神秘主义。对黑格尔的这种依赖关系正好说明了为什么在这些新出现的批判家中甚至没有一个人试图对黑格尔体系进行全面的批判,尽管他们每一个人都断言自己已经超越黑格尔哲学。他们和黑格尔的论战以及他们相互之间的论战,只局限于他们当中的每一个人都抓住黑格尔体系的某一方面,用它来反对整个体系,也反对别人所抓住的那些方面。起初他们还是抓住纯粹的、未加伪造的黑格尔

---

① 手稿中删去以下一段话:"因此,我们在对这个运动的个别代表人物进行专门批判之前,先提出一些有关德国哲学和整个意识形态的一般意见,这些意见要进一步揭示所有代表人物共同的意识形态前提。这些意见将充分表明我们在进行批判时所持的观点,而表明我们的观点对于了解和说明以后各种批评意见是必要的。我们这些意见正是针对**费尔巴哈**的,因为只有他才至少向前迈进了一步,只有他的著作才可以认真地加以研究。"——编者注

的范畴,如"实体"和"自我意识"①,但是后来却用一些比较世俗的名称如"类"、"唯一者"、"人"②等等,使这些范畴世俗化。

从施特劳斯到施蒂纳的整个德国哲学批判都局限于对**宗教**观念的批判③。他们的出发点是现实的宗教和真正的神学。至于什么是宗教意识,什么是宗教观念,他们后来下的定义各有不同。其进步在于:所谓占统治地位的形而上学观念、政治观念、法律观念、道德观念以及其他观念也被归入宗教观念或神学观念的领域;还在于:政治意识、法律意识、道德意识被宣布为宗教意识或神学意识,而政治的、法律的、道德的人,总而言之,"**人**",则被宣布为宗教的人。宗教的统治被当成了前提。一切占统治地位的关系逐渐地都被宣布为宗教的关系,继而被转化为迷信——对法的迷信,对国家的迷信等等。到处涉及的都只是教义和对教义的信仰。世界在越来越大的规模内被圣化了,直到最后可尊敬的圣麦克斯④完全把它宣布为圣物,从而一劳永逸地把它葬送为止。

老年黑格尔派认为,只要把一切都归入黑格尔的逻辑范畴,他们就**理解**了一切。青年黑格尔派则硬说一切都包含宗教观念或者宣布一切都是神学上的东西,由此来**批判**一切。青年黑格尔派同意老年黑格尔派的这样一个信念,即认为宗教、概念、普遍的东西

---

① 大·施特劳斯和布·鲍威尔使用的基本范畴。——编者注

② 路·费尔巴哈和麦·施蒂纳使用的基本范畴。——编者注

③ 手稿中删去以下这段话:"这种批判自以为是使世界消除一切灾难的绝对救世主。宗教总是被看做和解释成这些哲学家们所厌恶的一切关系的终极原因,他们的主要敌人。"——编者注

④ 指麦·施蒂纳(约·卡·施米特的笔名)。马克思和恩格斯在《德意志意识形态》中也用其他绰号称呼他,例如,称他为"圣桑乔"、"圣者"、"教父"、"笨伯雅克"等等。——编者注

统治着现存世界。不过一派认为这种统治是篡夺而加以反对，另一派则认为这种统治是合法的而加以赞扬。

既然青年黑格尔派认为，观念、思想、概念，总之，被他们变为某种独立东西的意识的一切产物，是人们的真正枷锁，就像老年黑格尔派把它们看做是人类社会的真正镣铐一样，那么不言而喻，青年黑格尔派只要同意识的这些幻想进行斗争就行了。既然根据青年黑格尔派的设想，人们之间的关系、他们的一切举止行为、他们受到的束缚和限制，都是他们意识的产物，那么青年黑格尔派完全合乎逻辑地向人们提出一种道德要求，要用人的、批判的或利己的意识①来代替他们现在的意识，从而消除束缚他们的限制。这种改变意识的要求，就是要求用另一种方式来解释存在的东西，也就是说，借助于另外的解释来承认它。青年黑格尔派的意识形态家们尽管满口讲的都是所谓"震撼世界的"[91]词句，却是最大的保守派。如果说，他们之中最年轻的人宣称只为反对"**词句**"而斗争，那就确切地表达了他们的活动。不过他们忘记了：他们只是用词句来反对这些词句；既然他们仅仅反对这个世界的词句，那么他们就绝对不是反对现实的现存世界。这种哲学批判所能达到的唯一结果，是从宗教史上对基督教作一些说明，而且还是片面的说明。至于他们的全部其他论断，只不过是进一步修饰他们的要求：想用这样一些微不足道的说明作出具有世界历史意义的发现。

这些哲学家没有一个想到要提出关于德国哲学和德国现实之间的联系问题，关于他们所作的批判和他们自身的物质环境之间

---

① 指路·费尔巴哈、布·鲍威尔和麦·施蒂纳所说的意识。——编者注

的联系问题。

———

1. 一般意识形态,特别是德国哲学

A. ①

我们开始要谈的前提不是任意提出的,不是教条,而是一些只有在臆想中才能撇开的现实前提。这是一些现实的个人,是他们的活动和他们的物质生活条件,包括他们已有的和由他们自己的活动创造出来的物质生活条件。因此,这些前提可以用纯粹经验的方法来确认。

全部人类历史的第一个前提无疑是有生命的个人的存在。②因此,第一个需要确认的事实就是这些个人的肉体组织以及由此产生的个人对其他自然的关系。当然,我们在这里既不能深入研究人们自身的生理特性,也不能深入研究人们所处的各种自然条件——地质条件、山岳水文地理条件、气候条件以及其他条件。③

---

① 手稿中删去以下一段话:"我们仅仅知道一门唯一的科学,即历史科学。历史可以从两方面来考察,可以把它划分为自然史和人类史。但这两方面是不可分割的;只要有人存在,自然史和人类史就彼此相互制约。自然史,即所谓自然科学,我们在这里不谈;我们需要深入研究的是人类史,因为几乎整个意识形态不是曲解人类史,就是完全撇开人类史。意识形态本身只不过是这一历史的一个方面。"——编者注

② 手稿中删去以下这句话:"这些个人把自己和动物区别开来的第一个**历史**行动不在于他们有思想,而在于他们开始**生产自己的生活资料**。"——编者注

③ 手稿中删去以下这句话:"但是,这些条件不仅决定着人们最初的、自然形成的肉体组织,特别是他们之间的种族差别,而且直到如今还决定着肉体组织的整个进一步发展或不发展。"——编者注

任何历史记载都应当从这些自然基础以及它们在历史进程中由于人们的活动而发生的变更出发。

可以根据意识、宗教或随便别的什么来区别人和动物。一当人开始**生产**自己的生活资料，即迈出由他们的肉体组织所决定的这一步的时候，人本身就开始把自己和动物区别开来。人们生产自己的生活资料，同时间接地生产着自己的物质生活本身。

人们用以生产自己的生活资料的方式，首先取决于他们已有的和需要再生产的生活资料本身的特性。这种生产方式不应当只从它是个人肉体存在的再生产这方面加以考察。更确切地说，它是这些个人的一定的活动方式，是他们表现自己生命的一定方式、他们的一定的**生活方式**。个人怎样表现自己的生命，他们自己就是怎样。因此，他们是什么样的，这同他们的生产是一致的——既和他们生产**什么**一致，又和他们**怎样**生产一致。因而，个人是什么样的，这取决于他们进行生产的物质条件。

这种生产第一次是随着**人口的增长**而开始的。而生产本身又是以个人彼此之间的**交往**[*Verkehr*][92]为前提的。这种交往的形式又是由生产决定的。

————

各民族之间的相互关系取决于每一个民族的生产力、分工和内部交往的发展程度。这个原理是公认的。然而不仅一个民族与其他民族的关系，而且这个民族本身的整个内部结构也取决于自己的生产以及自己内部和外部的交往的发展程度。一个民族的生产力发展的水平，最明显地表现于该民族分工的发展程度。任何新的生产力，只要它不是迄今已知的生产力单纯的量的扩大（例如，开垦土地），都会引起分工的进一步发展。

一个民族内部的分工，首先引起工商业劳动同农业劳动的分离,从而也引起**城乡**的分离和城乡利益的对立。分工的进一步发展导致商业劳动同工业劳动的分离。同时,由于这些不同部门内部的分工,共同从事某种劳动的个人之间又形成不同的分工。这种种分工的相互关系取决于农业劳动、工业劳动和商业劳动的经营方式(父权制、奴隶制、等级、阶级)。在交往比较发达的条件下,同样的情况也会在各民族间的相互关系中出现。

分工的各个不同发展阶段,同时也就是所有制的各种不同形式。这就是说,分工的每一个阶段还决定个人在劳动材料、劳动工具和劳动产品方面的相互关系。

第一种所有制形式是部落[Stamm][93]所有制。这种所有制与生产的不发达阶段相适应,当时人们靠狩猎、捕鱼、畜牧,或者最多靠耕作为生。在人们靠耕作为生的情况下,这种所有制是以有大量未开垦的土地为前提的。在这个阶段,分工还很不发达,仅限于家庭中现有的自然形成的分工的进一步扩大。因此,社会结构只限于家庭的扩大:父权制的部落首领,他们管辖的部落成员,最后是奴隶。潜在于家庭中的奴隶制,是随着人口和需求的增长,随着战争和交易这种外部交往的扩大而逐渐发展起来的。

第二种所有制形式是古典古代的公社所有制和国家所有制。这种所有制首先是由于几个部落通过契约或征服联合为一个**城市**而产生的。在这种所有制下仍然保存着奴隶制。除公社所有制以外,动产私有制以及后来的不动产私有制已经发展起来,但它们是作为一种反常的、从属于公社所有制的形式发展起来的。公民仅仅共同拥有支配自己那些做工的奴隶的权力,因此受公社所有制形式的约束。这是积极公民的一种共同私有制,他们面对着奴隶不得不保存这种自然形成的联合方式。因此,建筑在这个基础上的整个社会结构,以及与此相联系的人民权力,随着私有制,特别是不动产私有制的发展而逐渐趋向衰落。分工已经比较发达。城乡之间的对立已经产生,后来,一些代表城市利益的国家同另一些代表乡村利益的国家之间的对立出现了。在城市内部存在着工业和海外贸易之间的对立。公民和奴隶之间的阶级关系已经充分发展。

随着私有制的发展,这里第一次出现了这样的关系,这些关系我们在考察现代私有制时还会遇见,不过规模更为巨大而已。一方面是私有财产的集中,这种集中在罗马很早就开始了(李奇尼乌斯土地法[94]就是证明),从内战[95]发生以来,尤其是在帝政时期,发展得非常迅速;另一方面是由此而来的平民小农向无产阶级的转化,然而,后者由于处于有产者公民和奴隶之间的中间地位,并未获得独立的发展。

第三种形式是封建的或等级的所有制。古代的起点是**城市**及其狭小的领域,中世纪的起点则是**乡村**。地旷人稀,居住分散,而征服者也没有使人口大量增加,——这种情况决定了起点有这样的变化。因此,与希腊和罗马相反,封建制度的发展是在一个宽广得多的、由罗马的征服以及起初就同征服联系在一起的农业的普及所准备好了的地域中开始的。趋于衰落的罗马帝国的最后几个世纪和蛮族对它的征服本身,使得生产力遭到了极大的破坏;农业衰落了,工业由于缺乏销路而一蹶不振,商业停滞或被迫中断,城乡居民减少了。这些情况以及受其制约的进行征服的组织方式,在日耳曼人的军事制度[96]的影响下,发展了封建所有制。这种所有制像部落所有制和公社所有制一样,也是以一种共同体为基础的。但是作为直接进行生产的阶级而与这种共同体对立的,已经不是与古典古代的共同体相对立的奴隶,而是小农奴。随着封建制度的充分发展,也产生了与城市对立的现象。土地占有的等级结构以及与此相联系的武装扈从制度使贵族掌握了支配农奴的权力。这种封建结构同古典古代的公社所有制一样，是一种联合，其目的在于对付被统治的生产者阶级；只是联合的形式和对于直接生产者的关系有所不同，因为出现了不同的生产条件。

在**城市**中与这种土地占有的封建结构相适应的是同业公会所有制，即手工业的封建组织。在这里财产主要在于个人的劳动。联合起来反对成群搭伙的掠夺成性的贵族的必要性，在实业家同时又是商人的时期对公共商场的需要，流入当时繁华城市的逃亡农奴的竞争的加剧，全国的封建结构，——所有这一切产生了**行会**；个别手工业者逐渐积蓄起少量资本，而且在人口不断增长的情况下他们的人数没有什么变动，这就使得帮工制度和学徒制度发展起来，而这种制度在城市里产生了一种和农村等级制相似的等级制。

这样，封建时代的所有制的主要形式，一方面是土地所有制和束缚于土地所有制的农奴劳动，另一方面是拥有少量资本并支配着帮工劳动的自身劳动。这两种所有制的结构都是由狭隘的生产关系——小规模的粗陋的土地耕作和手工业式的工业——决定的。在封建制度的繁荣时代，分工是很少的。每一个国家都存在着城乡之间的对立；等级结构固然表现得非常鲜明，但是除了在乡村里有王公、贵族、僧侣和农民的划分，在城市里有师傅、帮工、学徒以及后来的平民短工的划分之外，就再没有什么大的分工了。在农业中，分工因土地的小块耕作而受到阻碍，与这种耕作方式同时产生的还有农民自己的家庭工业；在工业中，各手工业内部根本没有实行分工，而各手工业之间的分工也是非常少的。在比较老的城市中，工业和商业早就分工了；而在比较新的城市中，只是在后来当这些城市彼此发生了关系的时候，这样的分工才发展起来。

比较广大的地区联合为封建王国,无论对于土地贵族或城市来说,都是一种需要。因此,统治阶级的组织即贵族的组织到处都在君主的领导之下。

————

由此可见,事情是这样的:以一定的方式进行生产活动的一定的个人①,发生一定的社会关系和政治关系。经验的观察在任何情况下都应当根据经验来揭示社会结构和政治结构同生产的联系,而不应当带有任何神秘和思辨的色彩。社会结构和国家总是从一定的个人的生活过程中产生的。但是,这里所说的个人不是他们自己或别人想象中的那种个人,而是**现实中的**个人,也就是说,这些个人是从事活动的,进行物质生产的,因而是在一定的物质的、不受他们任意支配的界限、前提和条件下活动着的。②

思想、观念、意识的生产最初是直接与人们的物质活动,与人们的物质交往,与现实生活的语言交织在一起的。人们的想象、思维、精神交往在这里还是人们物质行动的直接产物。表现在某一民族的政治、法律、道德、宗教、形而上学等的语言中的精神生产也

————

① 手稿的最初方案是:"在一定的生产关系下的一定的个人"。——编者注

② 手稿中删去以下这段话:"这些个人所产生的观念,或者是关于他们对自然界的关系的观念,或者是关于他们之间的关系的观念,或者是关于他们自身的状况的观念。显然,在这几种情况下,这些观念都是他们的现实关系和活动、他们的生产、他们的交往、他们的社会组织和政治组织有意识的表现,而不管这种表现是现实的还是虚幻的。相反的假设,只有在除了现实的、受物质制约的个人的精神以外还假定有某种特殊的精神的情况下才能成立。如果这些个人的现实关系的有意识的表现是虚幻的,如果他们在自己的观念中把自己的现实颠倒过来,那么这又是由他们狭隘的物质活动方式以及由此而来的他们狭隘的社会关系造成的。"——编者注

是这样。人们是自己的观念、思想等等的生产者,[①]但这里所说的人们是现实的、从事活动的人们,他们受自己的生产力和与之相适应的交往的一定发展——直到交往的最遥远的形态——所制约。意识[das Bewußtsein]在任何时候都只能是被意识到了的存在[das bewußte Sein],而人们的存在就是他们的现实生活过程。如果在全部意识形态中,人们和他们的关系就像在照相机中一样是倒立成像的,那么这种现象也是从人们生活的历史过程中产生的,正如物体在视网膜上的倒影是直接从人们生活的生理过程中产生的一样。

德国哲学从天国降到人间;和它完全相反,这里我们是从人间升到天国。这就是说,我们不是从人们所说的、所设想的、所想象的东西出发,也不是从口头说的、思考出来的、设想出来的、想象出来的人出发,去理解有血有肉的人。我们的出发点是从事实际活动的人,而且从他们的现实生活过程中还可以描绘出这一生活过程在意识形态上的反射和反响的发展。甚至人们头脑中的模糊幻象也是他们的可以通过经验来确认的、与物质前提相联系的物质生活过程的必然升华物。因此,道德、宗教、形而上学和其他意识形态,以及与它们相适应的意识形式便不再保留独立性的外观了。它们没有历史,没有发展,而发展着自己的物质生产和物质交往的人们,在改变自己的这个现实的同时也改变着自己的思维和思维的产物。不是意识决定生活,而是生活决定意识。前一种考察方法从意识出发,把意识看做是有生命的个人。后一种符合现实生

---

① 手稿中删去以下这句话:"而且人们是受他们的物质生活的生产方式,他们的物质交往和这种交往在社会结构和政治结构中的进一步发展所制约的。"——编者注

活的考察方法则从现实的、有生命的个人本身出发,把意识仅仅看做是**他们的**意识。

这种考察方法不是没有前提的。它从现实的前提出发,它一刻也不离开这种前提。它的前提是人,但不是处在某种虚幻的离群索居和固定不变状态中的人,而是处在现实的、可以通过经验观察到的、在一定条件下进行的发展过程中的人。只要描绘出这个能动的生活过程,历史就不再像那些本身还是抽象的经验主义者所认为的那样,是一些僵死的事实的汇集,也不再像唯心主义者所认为的那样,是想象的主体的想象活动。

在思辨终止的地方,在现实生活面前,正是描述人们实践活动和实际发展过程的真正的实证科学开始的地方。关于意识的空话将终止,它们一定会被真正的知识所代替。对现实的描述会使独立的哲学失去生存环境,能够取而代之的充其量不过是从对人类历史发展的考察中抽象出来的最一般的结果的概括。这些抽象本身离开了现实的历史就没有任何价值。它们只能对整理历史资料提供某些方便,指出历史资料的各个层次的顺序。但是这些抽象与哲学不同,它们绝不提供可以适用于各个历史时代的药方或公式。相反,只是在人们着手考察和整理资料——不管是有关过去时代的还是有关当代的资料——的时候,在实际阐述资料的时候,困难才开始出现。这些困难的排除受到种种前提的制约,这些前提在这里是根本不可能提供出来的,而只能从对每个时代的个人的现实生活过程和活动的研究中产生。这里我们只举出几个我们用来与意识形态相对照的抽象,并用历史的实例来加以说明。

[II]

　　当然,我们不想花费精力①去启发我们的聪明的哲学家,使他们懂得:如果他们把哲学、神学、实体和一切废物消融在"自我意识"中,如果他们把"人"从这些词句的统治下——而人从来没有受过这些词句的奴役——解放出来,那么"人"的"解放"也并没有前进一步;只有在现实的世界中并使用现实的手段才能实现真正的解放②;没有蒸汽机和珍妮走锭精纺机就不能消灭奴隶制;没有改良的农业就不能消灭农奴制;当人们还不能使自己的吃喝住穿在质和量方面得到充分保证的时候,人们就根本不能获得解放。"解放"是一种历史活动,不是思想活动,"解放"是由历史的关系,是由工业状况、商业状况、农业状况、交往状况促成的[……]③其次,还要根据它们的不同发展阶段,清除实体、主体、自我意识和纯批判等无稽之谈,正如同清除宗教的和神学的无稽之谈一样,而且在它们有了更充分的发展以后再次清除这些无稽之谈。④ 当然,在像德国这样一个具有微不足道的历史发展的国家里,这些思想发展,这些被捧上了天的、毫无作用的卑微琐事弥补了历史发展的不足,它们已经根深蒂固,必须同它们进行斗争。⑤ 但这是具有地域性意义的斗争。

---

① 马克思加了边注:"**费尔巴哈**"。——编者注
② 马克思加了边注:"哲学的和真正的解放。——**人。唯一者。个人。**——地质、水文等等条件。人体。需要和劳动"。——编者注
③ 此处手稿缺损。——编者注
④ 马克思加了边注:"词句和现实的运动"。——编者注
⑤ 马克思加了边注:"词句对德国的意义"。——编者注

[……]①实际上，而且对**实践的**唯物主义者即**共产主义者**来说，全部问题都在于使现存世界革命化，实际地反对并改变现存的事物。② 如果在费尔巴哈那里有时也遇见类似的观点，那么它们始终不过是一些零星的猜测，而且对费尔巴哈的总的观点的影响微乎其微，以致只能把它们看做是具有发展能力的萌芽。费尔巴哈对感性世界的"理解"一方面仅仅局限于对这一世界的单纯的直观，另一方面仅仅局限于单纯的感觉。费尔巴哈设定的是"**人**"，而不是"现实的历史的人"。**97** "人"实际上是"德国人"。在前一种情况下，在对感性世界的**直观**中，他不可避免地碰到与他的意识和他的感觉相矛盾的东西，这些东西扰乱了他所假定的感性世界的一切部分的和谐，特别是人与自然界的和谐。为了排除这些东西，他不得不求助于某种二重性的直观，这种直观介于仅仅看到"眼前"的东西的普通直观和看出事物的"真正本质"的高级的哲学直观之间。③ 他没有看到，他周围的感性世界决不是某种开天辟地以来就直接存在的、始终如一的东西，而是工业和社会状况的产物，是历史的产物，是世世代代活动的结果，其中每一代都立足于前一代所奠定的基础上，继续发展前一代的工业和交往，并随着需要的改变而改变他们的社会制度。甚至连最简单的"感性确定性"的对象也只是由于社会发展、由于工业和商业交往才提供给他的。大家知道，樱桃树和几乎所有的果树一样，只是在几个世纪以前由于**商业**才移

---

① 这里缺五页手稿。——编者注
② 马克思加了边注："**费尔巴哈**"。——编者注
③ 恩格斯加了边注："注意：费尔巴哈的错误不在于他使眼前的东西即感性**外观**从属于通过对感性事实作比较精确的研究而确认的感性现实，而在于他要是不用**哲学家**的'眼睛'，就是说，要是不戴哲学家的'眼镜'来观察感性，最终会对感性束手无策。"——编者注

植到我们这个地区。由此可见,樱桃树只是**由于**一定的社会在一定时期的这种活动才为费尔巴哈的"感性确定性"所感知。①

此外,只要这样按照事物的真实面目及其产生情况来理解事物,任何深奥的哲学问题——后面将对这一点作更清楚的说明——都可以十分简单地归结为某种经验的事实。人对自然的关系这一重要问题(或者如布鲁诺在第 110 页上②所说的"自然和历史的对立",好像这是两种互不相干的"事物",好像人们面前始终不会有历史的自然和自然的历史),就是一个例子,这是一个产生了关于"实体"和"自我意识"的一切"神秘莫测的崇高功业"③的问题。然而,如果懂得在工业中向来就有那个很著名的"人和自然的统一",而且这种统一在每一个时代都随着工业或慢或快的发展而不断改变,就像人与自然的"斗争"促进其生产力在相应基础上的发展一样,那么上述问题也就自行消失了。工业和商业、生活必需品的生产和交换,一方面制约着分配、不同社会阶级的划分,同时它们在自己的运动形式上又受着后者的制约。这样一来,打个比方说,费尔巴哈在曼彻斯特只看见一些工厂和机器,而 100 年以前在那里只能看见脚踏纺车和织布机;或者,他在罗马的坎帕尼亚只发现一些牧场和沼泽,而在奥古斯都时代在那里只能发现罗马富豪的葡萄园和别墅。④ 费尔巴哈特别谈到自然科学的直观,提到一些只有物理学家和化学家的眼睛才能识破的秘密,但是

---

① 马克思加了边注:"**费尔巴哈**"。——编者注
② 布·鲍威尔《评路德维希·费尔巴哈》,载于 1845 年《维干德季刊》第 3 卷。——编者注
③ 歌德《浮士德》的《天上序幕》。——编者注
④ 马克思加了边注:"**费尔巴哈**"。——编者注

如果没有工业和商业,哪里会有自然科学呢? 甚至这个"纯粹的"自然科学也只是由于商业和工业,由于人们的感性活动才达到自己的目的和获得自己的材料的。这种活动、这种连续不断的感性劳动和创造、这种生产,正是整个现存的感性世界的基础,它哪怕只中断一年,费尔巴哈就会看到,不仅在自然界将发生巨大的变化,而且整个人类世界以及他自己的直观能力,甚至他本身的存在也会很快就没有了。当然,在这种情况下,外部自然界的优先地位仍然会保持着,而整个这一点当然不适用于原始的、通过自然发生的途径产生的人们。但是,这种区别只有在人被看做是某种与自然界不同的东西时才有意义。此外,先于人类历史而存在的那个自然界,不是费尔巴哈生活于其中的自然界;这是除去在澳洲新出现的一些珊瑚岛以外今天在任何地方都不再存在的、因而对于费尔巴哈来说也是不存在的自然界。

诚然,费尔巴哈与"纯粹的"唯物主义者相比有很大的优点:他承认人也是"感性对象"。但是,他把人只看做是"感性对象",而不是"感性活动",因为他在这里也仍然停留在理论领域,没有从人们现有的社会联系,从那些使人们成为现在这种样子的周围生活条件来观察人们——这一点且不说,他还从来没有看到现实存在着的、活动的人,而是停留于抽象的"人",并且仅仅限于在感情范围内承认"现实的、单个的、肉体的人",也就是说,除了爱与友情,而且是理想化了的爱与友情以外,他不知道"人与人之间"还有什么其他的"人的关系"。① 他没有批判现在的爱的关系。可见,他从来没有把感性世界理解为构成这一世界的个人的全部活

---

① 马克思加了边注:"费[尔巴哈]"。——编者注

生生的感性**活动**,因而比方说,当他看到的是大批患瘰疬病的、积劳成疾的和患肺痨的穷苦人而不是健康人的时候,他便不得不求助于"最高的直观"和观念上的"类的平等化",这就是说,正是在共产主义的唯物主义者看到改造工业和社会结构的必要性和条件的地方,他却重新陷入唯心主义。①

当费尔巴哈是一个唯物主义者的时候,历史在他的视野之外;当他去探讨历史的时候,他不是一个唯物主义者。在他那里,唯物主义和历史是彼此完全脱离的。这一点从上面所说的看来已经非常明显了。②

我们谈的是一些没有任何前提的德国人,因此我们首先应当确定一切人类生存的第一个前提,也就是一切历史的第一个前提,③这个前提是:人们为了能够"创造历史",必须能够生活。④但是为了生活,首先就需要吃喝住穿以及其他一些东西。因此第一个历史活动就是生产满足这些需要的资料,即生产物质生活本身,而且,这是人们从几千年前直到今天单是为了维持生活就必须每日每时从事的历史活动,是一切历史的基本条件。即使感性在圣布鲁诺那里被归结为像一根棍子那样微不足道的东西⑤,它仍

---

① 马克思加了边注:"**费尔巴哈**"。——编者注
② 手稿中删去以下这段话:"我们之所以在这里比较详细地谈论历史,只是因为德国人习惯于用'历史'和'历史的'这些字眼随心所欲地想象,但就是不涉及现实。'说教有术的'圣布鲁诺就是一个出色的例子。"——编者注
③ 马克思加了边注:"**历史**"。——编者注
④ 马克思加了边注:"**黑格尔**。地质、水文等等的条件。人体。需要,劳动"。——编者注
⑤ 指布·鲍威尔在《评路德维希·费尔巴哈》一文中的观点。——编者注

然必须以生产这根棍子的活动为前提。因此任何历史观的第一件
事情就是必须注意上述基本事实的全部意义和全部范围，并给予
应有的重视。大家知道，德国人从来没有这样做过，所以他们从来
没有为历史提供**世俗**基础，因而也从未拥有过一个历史学家。法
国人和英国人尽管对这一事实同所谓的历史之间的联系了解得非
常片面——特别是因为他们受政治意识形态的束缚——，但毕竟
作了一些为历史编纂学提供唯物主义基础的初步尝试，首次写出
了市民社会史、商业史和工业史。

　　第二个事实是，已经得到满足的第一个需要本身、满足需要的
活动和已经获得的为满足需要而用的工具又引起新的需要，而这种
新的需要的产生是第一个历史活动。从这里立即可以明白，德国人
的伟大历史智慧是谁的精神产物。德国人认为，凡是在他们缺乏实
证材料的地方，凡是在神学、政治和文学的谬论不能立足的地方，就
没有任何历史，那里只有"史前时期"；至于如何从这个荒谬的"史前
历史"过渡到真正的历史，他们却没有对我们作任何解释。不过另
一方面，他们的历史思辨所以特别热衷于这个"史前历史"，是因为
他们认为在这里他们不会受到"粗暴事实"的干预，而且还可以让他
们的思辨欲望得到充分的自由，创立和推翻成千上万的假说。

　　一开始就进入历史发展过程的第三种关系是：每日都在重新
生产自己生命的人们开始生产另外一些人，即繁殖。这就是夫妻
之间的关系，父母和子女之间的关系，也就是**家庭**。这种家庭起初
是唯一的社会关系，后来，当需要的增长产生了新的社会关系而人
口的增多又产生了新的需要的时候，这种家庭便成为从属的关系
了（德国除外）。这时就应该根据现有的经验材料来考察和阐明
家庭，而不应该像通常在德国所做的那样，根据"家庭的概念"来
考察和阐明家庭。此外，不应该把社会活动的这三个方面看做是

三个不同的阶段,而只应该看做是三个方面,或者,为了使德国人能够明白,把它们看做是三个"因素"。从历史的最初时期起,从第一批人出现以来,这三个方面就同时存在着,而且现在也还在历史上起着作用。

这样,生命的生产,无论是通过劳动而生产自己的生命,还是通过生育而生产他人的生命,就立即表现为双重关系:一方面是自然关系,另一方面是社会关系;社会关系的含义在这里是指许多个人的共同活动,不管这种共同活动是在什么条件下、用什么方式和为了什么目的而进行的。由此可见,一定的生产方式或一定的工业阶段始终是与一定的共同活动方式或一定的社会阶段联系着的,而这种共同活动方式本身就是"生产力";由此可见,人们所达到的生产力的总和决定着社会状况,因而,始终必须把"人类的历史"同工业和交换的历史联系起来研究和探讨。但是,这样的历史在德国是写不出来的,这也是很明显的,因为对于德国人来说,要做到这一点不仅缺乏理解能力和材料,而且还缺乏"感性确定性";而在莱茵河彼岸之所以不可能有关于这类事情的任何经验,是因为那里再没有什么历史。由此可见,人们之间一开始就有一种物质的联系。这种联系是由需要和生产方式决定的,它和人本身有同样长久的历史;这种联系不断采取新的形式,因而就表现为"历史",它不需要用任何政治的或宗教的呓语特意把人们维系在一起。

只有现在,在我们已经考察了原初的历史的关系的四个因素、四个方面之后,我们才发现:人还具有"意识"①。但是这种意

---

① 马克思加了边注:"人们之所以有历史,是因为他们必须**生产**自己的生命,而且必须用**一定的**方式来进行:这是受他们的肉体组织制约的,人们的意识也是这样受制约的。"——编者注

识并非一开始就是"纯粹的"意识。"精神"从一开始就很倒霉，受到物质的"纠缠"，物质在这里表现为振动着的空气层、声音，简言之，即语言。语言和意识具有同样长久的历史；语言**是**一种实践的、既为别人存在因而也为我自身而存在的、现实的意识。语言也和意识一样，只是由于需要，由于和他人交往的迫切需要才产生的。① 凡是有某种关系存在的地方，这种关系都是为我而存在的；动物不对什么东西发生"**关系**"，而且根本没有"关系"；对于动物来说，它对他物的关系不是作为关系存在的。因而，意识一开始就是社会的产物，而且只要人们存在着，它就仍然是这种产物。当然，意识起初只是对**直接的**可感知的环境的一种意识，是对处于开始意识到自身的个人之外的其他人和其他物的狭隘联系的一种意识。同时，它也是对自然界的一种意识，自然界起初是作为一种完全异己的、有无限威力的和不可制服的力量与人们对立的，人们同自然界的关系完全像动物同自然界的关系一样，人们就像牲畜一样慑服于自然界，因而，这是对自然界的一种纯粹动物式的意识（自然宗教）②；但是，另一方面，意识到必须和周围的个人来往，也就是开始意识到人总是生活在社会中的。这个开始，同这一阶段的社会生活本身一样，带有动物的性质；这是纯粹的畜群意识，这里，人和绵羊不同的地方只是在于：他的意识代替了他的本能，或

---

① 手稿中删去以下这句话："我对我的环境的关系是我的意识。"——编者注

② 马克思加了边注："这里立即可以看出，这种自然宗教或对自然界的这种特定关系，是由社会形式决定的，反过来也是一样。这里和任何其他地方一样，自然界和人的同一性也表现在：人们对自然界的狭隘的关系决定着他们之间的狭隘的关系，而他们之间的狭隘的关系又决定着他们对自然界的狭隘的关系，这正是因为自然界几乎还没有被历史的进程所改变。"——编者注

者说他的本能是被意识到了的本能。由于生产效率的提高,需要的增长以及作为二者基础的人口的增多,这种绵羊意识或部落意识获得了进一步的发展和提高。与此同时分工也发展起来。分工起初只是性行为方面的分工,后来是由于天赋(例如体力)、需要、偶然性等等才自发地或"自然地"形成的分工。分工只是从物质劳动和精神劳动分离的时候起才真正成为分工①。从这时候起意识**才能**现实地想象:它是和现存实践的意识不同的某种东西;它不用想象某种现实的东西就能**现实地**想象某种东西。从这时候起,意识才能摆脱世界而去构造"纯粹的"理论、神学、哲学、道德等等。但是,如果这种理论、神学、哲学、道德等等同现存的关系发生矛盾,那么,这仅仅是因为现存的社会关系同现存的生产力发生了矛盾。不过,在一定民族的各种关系的范围内,这种现象的出现也可能不是因为在该民族范围内出现了矛盾,而是因为在该民族意识和其他民族的实践之间,亦即在某一民族的民族意识和普遍意识之间②出现了矛盾(就像目前德国的情形那样)——既然这个矛盾似乎只表现为民族意识范围内的矛盾,那么在这个民族看来,斗争也就限于这种民族废物,因为这个民族就是废物本身。但是,意识本身究竟采取什么形式,这是完全无关紧要的。我们从这一大堆赘述中只能得出一个结论:上述三个因素即生产力、社会状况和意识,彼此之间可能而且一定会发生矛盾,因为**分工**使精神活动和物质活动③、享

---

① 马克思加了边注:"与此同时出现的是意识形态家、**僧侣**的最初形式"。——编者注
② 马克思加了边注:"**宗教**。具有真正的**意识形态**的德国人"。——编者注
③ 手稿中删去以下这句话:"活动和思维,即没有思想的活动和没有活动的思想。"——编者注

受和劳动、生产和消费由不同的个人来分担这种情况不仅成为可能,而且成为现实,而要使这三个因素彼此不发生矛盾,则只有再消灭分工。此外,不言而喻,"幽灵"、"枷锁"、"最高存在物"、"概念"、"疑虑"显然只是孤立的个人的一种观念上的、思辨的、精神的表现,只是他的观念,即关于真正经验的束缚和界限的观念;生活的生产方式以及与此相联系的交往形式就在这些束缚和界限的范围内运动着。①

分工包含着所有这些矛盾,而且又是以家庭中自然形成的分工和以社会分裂为单个的、互相对立的家庭这一点为基础的。与这种分工同时出现的还有**分配**,而且是劳动及其产品的**不平等**的分配(无论在数量上或质量上);因而产生了所有制,它的萌芽和最初形式在家庭中已经出现,在那里妻子和儿女是丈夫的奴隶。家庭中这种诚然还非常原始和隐蔽的奴隶制,是最初的所有制,但就是这种所有制也完全符合现代经济学家所下的定义,即所有制是对他人劳动力的支配。其实,分工和私有制是相等的表达方式,对同一件事情,一个是就活动而言,另一个是就活动的产品而言。

其次,随着分工的发展也产生了单个人的利益或单个家庭的利益与所有互相交往的个人的共同利益之间的矛盾;而且这种共同利益不是仅仅作为一种"普遍的东西"存在于观念之中,而首先是作为彼此有了分工的个人之间的相互依存关系存在于现实之中。

---

① 手稿中删去以下这句话:"这种关于现存的经济界限的观念上的表现,不是纯粹理论上的,而且在实践的意识中也存在着,就是说,使自己自由存在的并且同现存的生产方式相矛盾的意识,不是仅仅构成宗教和哲学,而且也构成国家。"——编者注

正是由于特殊利益和共同利益之间的这种矛盾,共同利益才采取**国家**这种与实际的单个利益和全体利益相脱离的独立形式,同时采取虚幻的共同体的形式,而这始终是在每一个家庭集团或部落集团中现有的骨肉联系、语言联系、较大规模的分工联系以及其他利益的联系的现实基础上,特别是在我们以后将要阐明的已经由分工决定的阶级的基础上产生的,这些阶级是通过每一个这样的人群分离开来的,其中一个阶级统治着其他一切阶级。从这里可以看出,国家内部的一切斗争——民主政体、贵族政体和君主政体相互之间的斗争,争取选举权的斗争等等,不过是一些虚幻的形式——普遍的东西一般说来是一种虚幻的共同体的形式——,在这些形式下进行着各个不同阶级间的真正的斗争(德国的理论家们对此一窍不通,尽管在《德法年鉴》[98]和《神圣家族》[①]中已经十分明确地向他们指出过这一点)。从这里还可以看出,每一个力图取得统治的阶级,即使它的统治要求消灭整个旧的社会形式和一切统治,就像无产阶级那样,都必须首先夺取政权,以便把自己的利益又说成是普遍的利益,而这是它在初期不得不如此做的。

正因为各个人所追求的**仅仅**是自己的特殊的、对他们来说是同他们的共同利益不相符合的利益,所以他们认为,这种共同利益是"异己的"和"不依赖"于他们的,即仍旧是一种特殊的独特的"普遍"利益,或者说,他们本身必须在这种不一致的状况下活动,就像在民主制中一样。另一方面,这些始终**真正地**同共同利益和虚幻的共同利益相对抗的特殊利益所进行的**实际**斗争,使得通过国家这种虚幻的"普遍"利益来进行**实际的**干涉和约束成为必要。

---

① 马克思和恩格斯《神圣家族》,见《马克思恩格斯文集》第 1 卷。——编者注

最后，分工立即给我们提供了第一个例证，说明只要人们还处在自然形成的社会中，就是说，只要特殊利益和共同利益之间还有分裂，也就是说，只要分工还不是出于自愿，而是自然形成的，那么人本身的活动对人来说就成为一种异己的、同他对立的力量，这种力量压迫着人，而不是人驾驭着这种力量。原来，当分工一出现之后，任何人都有自己一定的特殊的活动范围，这个范围是强加于他的，他不能超出这个范围：他是一个猎人、渔夫或牧人，或者是一个批判的批判者，只要他不想失去生活资料，他就始终应该是这样的人。而在共产主义社会里，任何人都没有特殊的活动范围，而是都可以在任何部门内发展，社会调节着整个生产，因而使我有可能随自己的兴趣今天干这事，明天干那事，上午打猎，下午捕鱼，傍晚从事畜牧，晚饭后从事批判，这样就不会使我老是一个猎人、渔夫、牧人或批判者。社会活动的这种固定化，我们本身的产物聚合为一种统治我们、不受我们控制、使我们的愿望不能实现并使我们的打算落空的物质力量，这是迄今为止历史发展中的主要因素之一。受分工制约的不同个人的共同活动产生了一种社会力量，即成倍增长的生产力。因为共同活动本身不是自愿地而是自然形成的，所以这种社会力量在这些个人看来就不是他们自身的联合力量，而是某种异己的、在他们之外的强制力量。关于这种力量的起源和发展趋向，他们一点也不了解；因而他们不再能驾驭这种力量，相反，这种力量现在却经历着一系列独特的、不仅不依赖于人们的意志和行为反而支配着人们的意志和行为的发展阶段。

这种"**异化**"（用哲学家易懂的话来说）当然只有在具备了两个**实际**前提之后才会消灭。要使这种异化成为一种"不堪忍受的"力量，即成为革命所要反对的力量，就必须让它把人类的大多数变成完全"没有财产的"人，同时这些人又同现存的有钱有教养的世界相对立,而这两个条件都是以生产力的巨大增长和高度发展为前提的。另一方面,生产力的这种发展(随着这种发展,人们的**世界历史性的**而不是地域性的存在同时已经是经验的存在了)之所以是绝对必需的实际前提,还因为如果没有这种发展,那就只会有**贫穷**、极端贫困的普遍化;而在**极端贫困**的情况下,必须重新开始争取必需品的斗争,全部陈腐污浊的东西又要死灰复燃。其次,生产力的这种发展之所以是绝对必需的实际前提,还因为:只有随着生产力的这种普遍发展,人们的**普遍**交往才能建立起来;普遍交往,一方面,可以产生一切民族中同时都存在着"没有财产的"群众这一现象(普遍竞争),使每一民族都依赖于其他民族的变革;最后,地域性的个人为**世界历史性的**、经验上普遍的个人所代替。不这样,(1)共产主义就只能作为某种地域性的东西而存在;(2)交往的**力量**本身就不可能发展成为一种**普遍的**因而是不堪忍受的力量:它们会依然处于地方的、笼罩着迷信气氛的"状态";(3)交往的任何扩大都会消灭地域性的共产主义。共产主义只有作为占统治地位的各民族"一下子"同时发生的行动,在经验上才是可能的,而这是以生产力的普遍发展和与此相联系的世界交往为前提的。

共产主义对我们来说不是应当确立的**状况**,不是现实应当与之相适应的**理想**。我们所称为共产主义的是那种消灭现存状况的**现实的**运动。这个运动的条件是由现有的前提产生的。

此外,许许多多人**仅仅**依靠自己劳动为生——大量的劳力与资本隔绝或甚至连有限地满足自己的需要的可能性都被剥夺——,从而由于竞争,他们不再是暂时失去作为有保障的生活来源的工作,他们陷于绝境,这种状况是以**世界市场**的存在为前提的。因此,无产阶级只有**在世界历史意义上**才能存在,就像共产主义——它的事业——只有作为"世界历史性的"存在才有可能实现一样。而各个人的世界历史性的存在,也就是与世界历史直接相联系的各个人的存在。

否则,例如财产一般怎么能够具有某种历史,采取各种不同的形式,例如地产怎么能够像今天实际生活中所发生的那样,根据现有的不同前提而发展呢?——在法国,从小块经营发展到集中于少数人之手,在英国,则是从集中于少数人之手发展到小块经营。至于贸易——它终究不过是不同个人和不同国家的产品交换——又怎么能够通过供求关系而统治全世界呢?用一位英国经济学家的话来说,这种关系就像古典古代的命运之神一样,遨游于寰球之上,用看不见的手把幸福和灾难分配给人们,把一些王国创造出来,又把它们毁掉,使一些民族产生,又使它们衰亡;但随着基础即随着私有制的消灭,随着对生产实行共产主义的调节以及这种调节所带来的人们对于自己产品的异己关系的消灭,供求关系的威力也将消失,人们将使交换、生产及他们发生相互关系的方式重新受自己的支配。

———

受到迄今为止一切历史阶段的生产力制约同时又反过来制约生产力的交往形式,就是**市民社会**[11]。前面的叙述已经表明,这个社会是以简单的家庭和复杂的家庭,即所谓部落制度作为自己的前提和基础的。关于市民社会的比较详尽的定义已经包括在前面的叙述中了。从这里已经可以看出,这个市民社会是全部历史的真正发源地和舞台,可以看出过去那种轻视现实关系而局限于言过其实的重大政治历史事件[99]的历史观是何等荒谬。

到现在为止,我们主要只是考察了人类活动的一个方面——

人改造自然。另一方面，是**人改造人**……①

国家的起源和国家同市民社会的关系。

———

历史不外是各个世代的依次交替。每一代都利用以前各代遗留下来的材料、资金和生产力；由于这个缘故，每一代一方面在完全改变了的环境下继续从事所继承的活动，另一方面又通过完全改变了的活动来变更旧的环境。然而，事情被思辨地扭曲成这样：好像后期历史是前期历史的目的，例如，好像美洲的发现的根本目的就是要促使法国大革命的爆发。于是历史便具有了自己特殊的目的并成为某个与"其他人物"（像"自我意识"、"批判"、"唯一者"等等）"并列的人物"。其实，前期历史的"使命"、"目的"、"萌芽"、"观念"等词所表示的东西，终究不过是从后期历史中得出的抽象，不过是从前期历史对后期历史发生的积极影响中得出的抽象。

各个相互影响的活动范围在这个发展进程中越是扩大，各民族的原始封闭状态由于日益完善的生产方式、交往以及因交往而自然形成的不同民族之间的分工消灭得越是彻底，历史也就越是成为世界历史。例如，如果在英国发明了一种机器，它夺走了印度和中国的无数劳动者的饭碗，并引起这些国家的整个生存形式的改变，那么，这个发明便成为一个世界历史性的事实；同样，砂糖和咖啡是这样来表明自己在 19 世纪具有的世界历史意义的：拿破仑的大陆体系[100]所引起的这两种产品的匮乏推动了德国人起来反抗拿破仑，从而就成为光荣的 1813 年解放战争的现实基础。由此

———

① 马克思加了边注："交往和生产力"。——编者注

可见,历史向世界历史的转变,不是"自我意识"、世界精神或者某个形而上学幽灵的某种纯粹的抽象行动,而是完全物质的、可以通过经验证明的行动,每一个过着实际生活的、需要吃、喝、穿的个人都可以证明这种行动。

单个人随着自己的活动扩大为世界历史性的活动,越来越受到对他们来说是异己的力量的支配(他们把这种压迫想象为所谓世界精神等等的圈套),受到日益扩大的、归根结底表现为**世界市场**的力量的支配,这种情况在迄今为止的历史中当然也是经验事实。但是,另一种情况也具有同样的经验根据,这就是:随着现存社会制度被共产主义革命所推翻(下面还要谈到这一点)以及与这一革命具有同等意义的私有制的消灭,这种对德国理论家们来说是如此神秘的力量也将被消灭;同时,每一个单个人的解放的程度是与历史完全转变为世界历史的程度一致的①。至于个人在精神上的现实丰富性完全取决于他的现实关系的丰富性,根据上面的叙述,这已经很清楚了。只有这样,单个人才能摆脱种种民族局限和地域局限而同整个世界的生产(也同精神的生产)发生实际联系,才能获得利用全球的这种全面的生产(人们的创造)的能力。各个人的**全面的**依存关系、他们的这种自然形成的**世界历史性**的共同活动的最初形式,由于这种共产主义革命而转化为对下述力量的控制和自觉的驾驭,这些力量本来是由人们的相互作用产生的,但是迄今为止对他们来说都作为完全异己的力量威慑和驾驭着他们。这种观点仍然可以用思辨的、观念的方式,也就是用幻想的方式解释为"类的自我产生"("作为主体的社会"),从而

---

① 马克思加了边注:"**关于意识的生产**"。——编者注

把所有前后相继、彼此相联的个人想象为从事自我产生这种神秘活动的唯一的个人。这里很明显，尽管人们在肉体上和精神上**互相**创造着，但是他们既不像圣布鲁诺胡说的那样，也不像"唯一者"、"被创造的"人那样创造自己本身。

最后，我们从上面所阐述的历史观中还可以得出以下的结论：(1)生产力在其发展的过程中达到这样的阶段，在这个阶段上产生出来的生产力和交往手段在现存关系下只能造成灾难，这种生产力已经不是生产的力量，而是破坏的力量（机器和货币）。与此同时还产生了一个阶级，它必须承担社会的一切重负，而不能享受社会的福利，它被排斥于社会之外，因而不得不同其他一切阶级发生最激烈的对立；这个阶级构成了全体社会成员中的大多数，从这个阶级中产生出必须实行彻底革命的意识，即共产主义的意识，这种意识当然也可以在其他阶级中形成，只要它们认识到这个阶级的状况；(2)那些使一定的生产力能够得到利用的条件，是社会的一定阶级实行统治的条件，这个阶级的由其财产状况产生的社会权力，每一次都在相应的国家形式中获得**实践的**观念的表现，因此一切革命斗争都是针对在此以前实行统治的阶级的①；(3)迄今为止的一切革命始终没有触动活动的性质，始终不过是按另外的方式分配这种活动，不过是在另一些人中间重新分配劳动，而共产主义革命则针对活动迄今具有的**性质**，消灭**劳动**②，并消灭任何阶级

---

① 马克思加了边注："这些人所关心的是维持现在的生产状况"。——编者注

② 手稿中删去以下这句话："消灭在……统治下活动的现代形式"。马克思在这里所说的"消灭劳动"，是指消灭资本主义私有制统治下的异化劳动。关于这种说法的含义，并见本卷第 198—201、207—211 页。关于异化劳动，可参看本卷第 49—63 页。——编者注

的统治以及这些阶级本身,因为完成这个革命的是这样一个阶级,它在社会上已经不算是一个阶级,它已经不被承认是一个阶级,它已经成为现今社会的一切阶级、民族等等的解体的表现;(4)无论为了使这种共产主义意识普遍地产生还是为了实现事业本身,使人们普遍地发生变化是必需的,这种变化只有在实际运动中,在**革命**中才有可能实现;因此,革命之所以必需,不仅是因为没有任何其他的办法能够推翻**统治**阶级,而且还因为**推翻**统治阶级的那个阶级,只有在革命中才能抛掉自己身上的一切陈旧的肮脏东西,才能胜任重建社会的工作。①

由此可见,这种历史观就在于:从直接生活的物质生产出发阐述现实的生产过程,把同这种生产方式相联系的、它所产生的交往形式即各个不同阶段上的市民社会理解为整个历史的基础,从市民社会作为国家的活动描述市民社会,同时从市民社会出发阐明意识的所有各种不同的理论产物和形式,如宗教、哲学、道德等等,而且追溯它们产生的过程。这样做当然就能够完整地描述事物了

---

① 手稿中删去以下这段话:"至于谈到革命的这种必要性,所有的共产主义者,不论是法国的、英国的或德国的,早就一致同意了,而圣布鲁诺却继续心安理得地幻想,认为'现实的人道主义'即共产主义所以取代'唯灵论的地位'(唯灵论根本没有什么地位)只是为了赢得崇敬。他继续幻想:那时候'灵魂将得救,人间将成为天国,天国将成为人间。'(神学家总是念念不忘天国)'那时候欢乐和幸福将要永世高奏天国的和谐曲'(第140页)**101**。当末日审判——这一切都要在这一天发生,燃烧着的城市火光在天空的映照将是这一天的朝霞——突然来临的时候,当耳边响起由这种'天国的和谐曲'传出的有炮声为之伴奏、有断头台为之击节的《马赛曲》和《卡马尼奥拉曲》旋律的时候;当卑贱的'群众'高唱着 ça ira,ça ira 并把'自我意识'吊在路灯柱上**102**的时候,我们这位神圣的教父将会大吃一惊。圣布鲁诺毫无根据地为自己描绘了一幅'永世欢乐

（因而也能够描述事物的这些不同方面之间的相互作用）。① 这种历史观和唯心主义历史观不同，它不是在每个时代中寻找某种范畴，而是始终站在现实历史的**基础**上，不是从观念出发来解释实践，而是从物质实践出发来解释各种观念形态，由此也就得出下述结论：意识的一切形式和产物不是可以通过精神的批判来消灭的，不是可以通过把它们消融在"自我意识"中或化为"怪影"、"幽灵"、"怪想"②等等来消灭的，而只有通过实际地推翻这一切唯心主义谬论所由产生的现实的社会关系，才能把它们消灭；历史的动力以及宗教、哲学和任何其他理论的动力是革命，而不是批判。这种观点表明：历史不是作为"源于精神的精神"消融在"自我意识"③中而告终的，历史的每一阶段都遇到一定的物质结果，一定的生产力总和，人对自然以及个人之间历史地形成的关系，都遇到前一代传给后一代的大量生产力、资金和环境，尽管一方面这些生产力、资金和环境为新的一代所改变，但另一方面，它们也预先规定新的一代本身的生活条件，使它得到一定的发展和具有特殊的性质。由此可见，这种观点表明：人创造环境，同样，环境也创造

和幸福'的振奋人心的图画。'费尔巴哈的爱的宗教的追随者'对这种'欢乐和幸福'似乎有独特的想法，他们在谈到革命的时候，强调的是与'天国的和谐曲'截然不同的东西。我们没有兴致来事先构想圣布鲁诺在末日审判这一天的行为。至于应当把进行革命的无产者了解为反抗自我意识的'实体'或想要推翻批判的'群众'，还是了解为还没有足够的浓度来消化鲍威尔思想的一种精神'流出体'，这个问题也确实难以解决。"——编者注

① 马克思加了边注："**费尔巴哈**"。——编者注
② 麦·施蒂纳《唯一者及其所有物》（1845 年莱比锡版）一书中的用语。——编者注
③ 布·鲍威尔《评路德维希·费尔巴哈》一文中的用语。——编者注

人。每个个人和每一代所遇到的现成的东西：生产力、资金和社会交往形式的总和，是哲学家们想象为"实体"和"人的本质"的东西的现实基础，是他们加以神化并与之斗争的东西的现实基础，这种基础尽管遭到以"自我意识"和"唯一者"的身份出现的哲学家们的反抗，但它对人们的发展所起的作用和影响却丝毫也不因此而受到干扰。各代所遇到的这些生活条件还决定着这样的情况：历史上周期性地重演的革命动荡是否强大到足以摧毁现存一切的基础；如果还没有具备这些实行全面变革的物质因素，就是说，一方面还没有一定的生产力，另一方面还没有形成不仅反抗旧社会的个别条件，而且反抗旧的"生活生产"本身、反抗旧社会所依据的"总和活动"的革命群众，那么，正如共产主义的历史所证明的，尽管这种变革的**观念**已经表述过千百次，但这对于实际发展没有任何意义。

迄今为止的一切历史观不是完全忽视了历史的这一现实基础，就是把它仅仅看成与历史进程没有任何联系的附带因素。因此，历史总是遵照在它之外的某种尺度来编写的；现实的生活生产被看成是某种非历史的东西，而历史的东西则被看成是某种脱离日常生活的东西，某种处于世界之外和超乎世界之上的东西。这样，就把人对自然界的关系从历史中排除出去了，因而造成了自然界和历史之间的对立。因此，这种历史观只能在历史上看到重大政治历史事件，看到宗教的和一般理论的斗争，而且在每次描述某一历史时代的时候，它都不得不赞同**这一时代的幻想**。例如，某一时代想象自己是由纯粹"政治的"或"宗教的"动因所决定的——尽管"宗教"和"政治"只是时代的现实动因的形式——，那么它的历史编纂学家就会接受这个意见。这些特定的人关于自己的真正实践的"想象"、"观念"变成了一种支配和决定这些人的实践的唯一起决定作用的和积极的力量。印度人和埃及人借以实现分工的粗陋形式在这些民族的国家和宗教中产生了种姓制度[103]，于是历史学家就以为种姓制度是产生这种粗陋的社会形式的力量。法国人和英国人至少抱着一种毕竟是同现实最接近的政治幻想，而德国人却在"纯粹精神"的领域中兜圈子，把宗教幻想推崇为历史的动力。黑格尔的历史哲学是整个这种德国历史编纂学的最终的、达到自己"最纯粹的表现"的成果。对于**德国**历史编纂学来说，问题完全不在于现实的利益，甚至不在于政治的利益，而在于纯粹的思想。这种历史哲学后来在圣布鲁诺看来也一定是一连串的"思想"，其中一个吞噬一个，最终消失于"自我意识"中。圣麦克斯·施蒂纳更加彻底，他对全部现实的历史一窍不通，他认为历史进程必定只是"骑士"、强盗和幽灵的历史，他当然只有借助于"不信神"才能摆脱这种历史的幻觉而得救。① 这种观点实际上是宗教的观点：它把宗教的人假设为全部历史起点的原人，它在自己的想象中用宗教的幻想生产代替生活资料和生活本身的现实生产。整个这样的历史观及其解体和由此产生的怀疑和顾虑，仅仅是德国人**本民族的**事情，而且对德国来说也只有**地域性**的意义。例如，近来不断讨论着如何能够"从神的王国进入人的王国"②这样一个重要问题，似乎这个"神的王国"不是存在于想象之中，而是存在于其他什么地方；似乎那些学识渊博的先生们不是一直生活在——他们自己并不知道——他们目前正在寻找途径以求到达的那个"人的王国"之中；似乎这种科学的娱乐——这确实只是一

---

① 马克思加了边注："所谓**客观的**历史编纂学正是脱离活动来考察历史关系。反动的性质。"——编者注

② 路·费尔巴哈《因〈唯一者及其所有物〉而论〈基督教的本质〉》，载于1845年《维干德季刊》第2卷。——编者注

种娱乐——就在于去说明这个理论上的空中楼阁多么奇妙,而不是相反,去证明这种空中楼阁是从现实的尘世关系中产生的。通常这些德国人总是只关心把既有的一切无意义的论调变为某种别的胡说八道,就是说,他们假定,所有这些无意义的论调都具有某种需要揭示的特殊**意义**,其实全部问题只在于从现存的现实关系出发来说明这些理论词句。如前所说,要真正地、实际地消灭这些词句,从人们意识中消除这些观念,就要靠改变了的环境而不是靠理论上的演绎来实现。对于人民大众即无产阶级来说,这些理论观念并不存在,因而也不用去消灭它们。如果这些群众曾经有过某些理论观念,如宗教,那么现在这些观念也早已被环境消灭了。

上述问题及其解决方法所具有的纯粹民族的性质还表现在:这些理论家们郑重其事地认为,像"神人"、"人"等这类幻象,支配着各个历史时代;圣布鲁诺甚至断言:只有"批判和批判者创造了历史"①。而当这些理论家亲自虚构历史时,他们会急匆匆地越过先前的一切,一下子从"蒙古人时代"②转到真正"内容丰富的"历史,即《哈雷年鉴》和《德国年鉴》**104**的历史,转到黑格尔学派在普遍争吵中解体的历史。所有其他民族和所有现实事件都被遗忘了,世界舞台局限于莱比锡的书市,局限于"批判"、"人"和"唯一者"③的相互争吵。或许这些理论家有朝一日会着手探讨真正的历史主题,例如18世纪,那时他们也只是提供观念的历史,这种历史是和构成这些观念的基础的事实和实际发展过程脱离的,而他们阐述这种历史的意图也只是把所考察的时代描绘成在真正的历

---

① 布·鲍威尔《评路德维希·费尔巴哈》一文中的用语。——编者注
② 麦·施蒂纳《唯一者及其所有物》一书中的用语。——编者注
③ 即布·鲍威尔、路·费尔巴哈和麦·施蒂纳。——编者注

史时代即 1840—1844 年德国哲学斗争时代到来之前的一个不完善的预备阶段、尚有局限性的前奏时期。他们抱的目的是为了使某个非历史性人物及其幻想流芳百世而编写前期的历史,与这一目的相适应的是:他们根本不提一切真正历史的事件,甚至不提政治对历史进程的真正历史性的干预,为此他们的叙述不是以研究而是以虚构和文学闲篇为根据,如像圣布鲁诺在他那本已被人遗忘的《18 世纪的历史》一书①中所做的那样。这些唱高调、爱吹嘘的思想贩子以为他们无限地超越于任何民族偏见之上,其实他们比梦想德国统一的啤酒店庸人带有更多的民族偏见。他们根本不承认其他民族的业绩是历史性的;他们生活在德国,依靠德国和为着德国而生活;他们把莱茵之歌**105**变为圣歌并征服阿尔萨斯和洛林,其办法不是剽窃法兰西国家,而是剽窃法兰西哲学,不是把法兰西省份德国化,而是把法兰西思想德国化。费奈迭先生,同打着理论的世界统治这面旗帜而宣布德国的世界统治的圣布鲁诺和圣麦克斯相比较,是一个世界主义者。

从这些分析中还可以看出,费尔巴哈是多么错误,他(《维干德季刊》**106**1845 年第 2 卷②)竟借助于"共同人"这一规定宣称自己是共产主义者,把这一规定变成"**人**"的谓词,以为这样一来又可以把表达现存世界中特定革命政党的拥护者的"共产主义者"一词变成一个空洞范畴。**107**费尔巴哈关于人与人之间的关系的全部推论无非是要证明:人们是互相需要的,而且**过去一直**是互相**需要**的。

---

① 布·鲍威尔《18 世纪政治、文化和启蒙的历史》1843—1845 年夏洛滕堡版第 1—2 卷。——编者注

② 该刊发表了路·费尔巴哈《因〈唯一者及其所有物〉而论〈基督教的本质〉》一文。——编者注

他希望确立对这一事实的理解,也就是说,和其他的理论家一样,他只是希望确立对**现存的**事实的正确理解,然而一个真正的共产主义者的任务却在于推翻这种现存的东西。不过,我们完全承认,费尔巴哈在力图理解**这一**事实的时候,达到了理论家一般所能达到的地步,他还是一位理论家和哲学家。然而值得注意的是:圣布鲁诺和圣麦克斯立即用费尔巴哈关于共产主义者的观念来代替真正的共产主义者,这样做的目的多少是为了使他们能够像同"源于精神的精神"、同哲学范畴、同势均力敌的对手作斗争那样来同共产主义作斗争,而就圣布鲁诺来说,这样做也还是为了实际的利益。我们举出《未来哲学》中的一个地方作为例子,来说明费尔巴哈既承认现存的东西同时又不了解现存的东西,这一点始终是费尔巴哈和我们的对手的共同之点。费尔巴哈在那里阐述道:某物或某人的存在同时也就是某物或某人的本质;一个动物或一个人的一定生存条件、生活方式和活动,就是使这个动物或这个人的"本质"感到满意的东西。[108]任何例外在这里都被肯定地看做是不幸的偶然事件,是不能改变的反常现象。这样说来,如果千百万无产者根本不满意他们的生活条件,如果他们的"存在"同他们的"本质"完全不符合,那么,根据上述论点,这是不可避免的不幸,应当平心静气地忍受这种不幸。可是,这千百万无产者或共产主义者所想的完全不一样,而且这一点他们将在适当时候,在实践中,即通过革命使自己的"存在"同自己的"本质"协调一致的时候予以证明。因此,在这样的场合费尔巴哈从来不谈人的世界,而是每次都求救于外部自然界,而且是**那个**尚未置于人的统治之下的自然界。但是,每当有了一项新的发明,每当工业前进一步,就有一块新的地盘从这个领域划出去,而能用来说明费尔巴哈这类论点的事例借以产生的基地,也就越来越小了。现在我们只来谈谈其中的一个论点:鱼的"本质"是它的"存在",即水。河鱼的"本质"是河水。但是,一旦这条河归工业支配,一旦它被染料和其他废料污染,成为轮船行驶的航道,一旦河水被引入水渠,而水渠的水只要简单地排放出去就会使鱼失去生存环境,那么这条河的水就不再是鱼的"本质"了,对鱼来说它将不再是适合生存的环境了。把所有这类矛盾宣布为不可避免的反常现象,实质上,同圣麦克斯·施蒂纳对不满者的安抚之词没有区别,施蒂纳说,这种矛盾是他们自己的矛盾,这种恶劣环境是他们自己的恶劣环境,而且他们可以安于这种环境,或者忍住自己的不满,或者以幻想的方式去反抗这种环境。同样,这同圣布鲁诺的责难也没有区别,布鲁诺说,这些不幸情况的发生是由于那些当事人陷入"实体"这堆粪便之中,他们没有达到"绝对自我意识",也没有认清这些恶劣关系是源于自己精神的精神。①

[III]

统治阶级的思想在每一时代都是占统治地位的思想。这就是说,一个阶级是社会上占统治地位的**物质**力量,同时也是社会上占统治地位的**精神**力量。支配着物质生产资料的阶级,同时也支配着精神生产资料,因此,那些没有精神生产资料的人的思想,一般地是隶属于这个阶级的。占统治地位的思想不过是占统治地位的物质关系在观念上的表现,不过是以思想的形式表现出来的占统治地位的物质关系;因而,这就是那些使某一个阶级成为统治阶级的关系在观念上的表现,因而这也就是这个阶级的统治的思想。

---

① 布·鲍威尔《评路德维希·费尔巴哈》。——编者注

此外,构成统治阶级的各个个人也都具有意识,因而他们也会思维;既然他们作为一个阶级进行统治,并且决定着某一历史时代的整个面貌,那么,不言而喻,他们在这个历史时代的一切领域中也会这样做,就是说,他们还作为思维着的人,作为思想的生产者进行统治,他们调节着自己时代的思想的生产和分配;而这就意味着他们的思想是一个时代的占统治地位的思想。例如,在某一国家的某个时期,王权、贵族和资产阶级为夺取统治而争斗,因而,在那里统治是分享的,那里占统治地位的思想就会是关于分权的学说,于是分权就被宣布为"永恒的规律"。

我们在上面(第[162—165]页)已经说明分工是迄今为止历史的主要力量之一,现在,分工也以精神劳动和物质劳动的分工的形式在统治阶级中间表现出来,因此在这个阶级内部,一部分人是作为该阶级的思想家出现的,他们是这一阶级的积极的、有概括能力的意识形态家,他们把编造这一阶级关于自身的幻想当做主要的谋生之道,而另一些人对于这些思想和幻想则采取比较消极的态度,并且准备接受这些思想和幻想,因为在实际中他们是这个阶级的积极成员,并且很少有时间来编造关于自身的幻想和思想。在这一阶级内部,这种分裂甚至可以发展成为这两部分人之间的某种程度的对立和敌视,但是一旦发生任何实际冲突,即当这一阶级本身受到威胁的时候,当占统治地位的思想好像不是统治阶级的思想而且这种思想好像拥有与这一阶级的权力不同的权力这种假象也趋于消失的时候,这种对立和敌视便会自行消失。一定时代的革命思想的存在是以革命阶级的存在为前提的,关于这个革命阶级的前提所必须讲的,在前面(第[164—167,170—171]页)已经讲过了。

然而,在考察历史进程时,如果把统治阶级的思想和统治阶级本身分割开来,使这些思想独立化,如果不顾生产这些思想的条件和它们的生产者而硬说该时代占统治地位的是这些或那些思想,也就是说,如果完全不考虑这些思想的基础——个人和历史环境,那就可以这样说:例如,在贵族统治时期占统治地位的概念是荣誉、忠诚,等等,而在资产阶级统治时期占统治地位的概念则是自由、平等,等等。一般说来,统治阶级总是自己为自己编造出诸如此类的幻想。所有的历史编纂学家,主要是 18 世纪以来的历史编纂学家所共有的这种历史观,必然会碰到这样一种现象:占统治地位的将是越来越抽象的思想,即越来越具有普遍性形式的思想。因为每一个企图取代旧统治阶级的新阶级,为了达到自己的目的不得不把自己的利益说成是社会全体成员的共同利益,就是说,这在观念上的表达就是:赋予自己的思想以普遍性的形式,把它们描绘成唯一合乎理性的、有普遍意义的思想。进行革命的阶级,仅就它对抗另一个**阶级**而言,从一开始就不是作为一个阶级,而是作为全社会的代表出现的;它以社会全体群众的姿态反对唯一的统治阶级①。它之所以能这样做,是因为它的利益在开始时的确同其余一切非统治阶级的共同利益还有更多的联系,在当时存在的那些关系的压力下还不能够发展为特殊阶级的特殊利益。因此,这一阶级的胜利对于其他未能争得统治地位的阶级中的许多个人来说也是有利的,但这只是就这种胜利使这些个人现在有可能升入统治阶级而言。当法国资产阶级推翻了贵族的统治之后,它使许多无产者有可能升到无产阶级之上,但是只有当他们变成资产者

---

① 马克思加了边注:"(普遍性符合于:(1)与等级相对的阶级;(2)竞争、世界交往等等;(3)统治阶级的人数众多;(4)**共同**利益的幻想,起初这种幻想是真实的;(5)意识形态家的欺骗与分工。)"——编者注

的时候才达到这一点。由此可见,每一个新阶级赖以实现自己统治的基础,总比它以前的统治阶级所依赖的基础要宽广一些;可是后来,非统治阶级和正在进行统治的阶级之间的对立也发展得更尖锐和更深刻。这两种情况使得非统治阶级反对新统治阶级的斗争在否定旧社会制度方面,又要比过去一切争得统治的阶级所作的斗争更加坚决、更加彻底。

只要阶级的统治完全不再是社会制度的形式,也就是说,只要不再有必要把特殊利益说成是普遍利益,或者把"普遍的东西"说成是占统治地位的东西,那么,一定阶级的统治似乎只是某种思想的统治这整个假象当然就会自行消失。

把占统治地位的思想同进行统治的个人分割开来,主要是同生产方式的一定阶段所产生的各种关系分割开来,并由此得出结论说,历史上始终是思想占统治地位,这样一来,就很容易从这些不同的思想中抽象出"**思想**"、观念等等,并把它们当做历史上占统治地位的东西,从而把所有这些个别的思想和概念说成是历史上发展着的**概念**的"自我规定"。在这种情况下,从人的概念、想象中的人、人的本质、**人**中能引申出人们的一切关系,也就很自然了。思辨哲学就是这样做的。黑格尔本人在《历史哲学》的结尾承认,他"所考察的仅仅是**概念**的前进运动",他在历史方面描述了"真正的**神正论**"(第446页)。① 这样一来,就可以重新回复到"概念"的生产者,回复到理论家、意识形态家和哲学家,并得出结论说:哲学家、思维着的人本身自古以来就是在历史上占统治地位的。这个结论,如我们所看到的,早就由黑格尔表述过了。这样,

---

① 黑格尔《历史哲学讲演录》1837年柏林版(《黑格尔全集》第9卷)。——编者注

证明精神在历史上的最高统治（施蒂纳的教阶制）的全部戏法，可以归结为以下三个手段：

第一，必须把进行统治的个人——而且是由于种种经验的原因、在经验的条件下和作为物质的个人进行统治的个人——的思想同这些进行统治的个人本身分割开来，从而承认思想或幻想在历史上的统治。

第二，必须使这种思想统治具有某种秩序，必须证明，在一个个相继出现的占统治地位的思想之间存在着某种神秘的联系，而要做到这一点，就得把这些思想看做是"概念的自我规定"（所以能这样做，是因为这些思想凭借自己的经验的基础，彼此确实是联系在一起的，还因为它们被**仅仅**当做思想来看待，因而就变成自我差别，变成由思维产生的差别）。

第三，为了消除这种"自我规定着的概念"的神秘外观，便把它变成某种人物——"自我意识"；或者，为了表明自己是真正的唯物主义者，又把它变成在历史上代表着"概念"的许多人物——"思维着的人"、"哲学家"、意识形态家，而这些人又被看做是历史的制造者、"监护人会议"、统治者①。这样一来，就把一切唯物主义的因素从历史上消除了，就可以任凭自己的思辨之马自由奔驰了。

要说明这种曾经在德国占统治地位的历史方法，以及说明它为什么主要在德国占统治地位的原因，就必须从它与一切意识形态家的幻想，例如，与法学家、政治家（包括实际的国务活动家）的幻想的联系出发，必须从这些家伙的独断的玄想和曲解出发。而

---

① 马克思加了边注："**人**＝'思维着的人的精神'"。——编者注

从他们的实际生活状况、他们的职业和分工出发,是很容易说明这些幻想、玄想和曲解的。

在日常生活中任何一个小店主都能精明地判别某人的假貌和真相,然而我们的历史编纂学却还没有获得这种平凡的认识,不论每一时代关于自己说了些什么和想象了些什么,它都一概相信。

［Ⅳ］

［……］①从前者产生了发达分工和广泛贸易的前提,从后者产生了地域局限性。在前一种情况下,各个人必须聚集在一起,在后一种情况下,他们本身已作为生产工具而与现有的生产工具并列在一起。因此,这里出现了自然形成的生产工具和由文明创造的生产工具之间的差异。**耕地**(水,等等)可以看做是自然形成的生产工具。在前一种情况下,即在自然形成的生产工具的情况下,各个人受自然界的支配,在后一种情况下,他们受劳动产品的支配。因此在前一种情况下,财产(地产)也表现为直接的、自然形成的统治,而在后一种情况下,则表现为劳动的统治,特别是积累起来的劳动即资本的统治。前一种情况的前提是,各个人通过某种联系——家庭、部落或者甚至是土地本身,等等——结合在一起;后一种情况的前提是,各个人互不依赖,仅仅通过交换集合在一起。在前一种情况下,交换主要是人和自然之间的交换,即以人的劳动换取自然的产品,而在后一种情况下,主要是人与人之间进行的交换。在前一种情况下,只要具备普通常识就够了,体力活动

---

① 这里缺四页手稿。——编者注

和脑力活动彼此还完全没有分开；而在后一种情况下，脑力劳动和体力劳动之间实际上应该已经实行分工。在前一种情况下，所有者对非所有者的统治可以依靠个人关系，依靠这种或那种形式的共同体；在后一种情况下，这种统治必须采取物的形式，通过某种第三者，即通过货币。在前一种情况下，存在着小工业，但这种工业决定于自然形成的生产工具的使用，因此这里没有不同的个人之间的分工；在后一种情况下，工业只有在分工的基础上和依靠分工才能存在。

到现在为止我们都是以生产工具为出发点，这里已经表明，对于工业发展的一定阶段来说，私有制是必要的。在采掘工业中私有制和劳动还是完全一致的；在小工业以及到目前为止的整个农业中，所有制是现存生产工具的必然结果；在大工业中，生产工具和私有制之间的矛盾才是大工业的产物，这种矛盾只有在大工业高度发达的情况下才会产生。因此，只有随着大工业的发展才有可能消灭私有制。

————

物质劳动和精神劳动的最大的一次分工，就是城市和乡村的分离。城乡之间的对立是随着野蛮向文明的过渡、部落制度向国家的过渡、地域局限性向民族的过渡而开始的，它贯穿着文明的全部历史直至现在（反谷物法同盟[22]）。——随着城市的出现，必然要有行政机关、警察、赋税等等，一句话，必然要有公共机构，从而也就必然要有一般政治。在这里，居民第一次划分为两大阶级，这种划分直接以分工和生产工具为基础。城市已经表明了人口、生产工具、资本、享受和需求的集中这个事实；而在乡村则是完全相反的情况：隔绝和分散。城乡之间的对立只有在私有制的范围内才能存在。城乡之间的对立是个人屈从于分工、屈从于他被迫从事的某种活动的最鲜明的反映,这种屈从把一部分人变为受局限的城市动物,把另一部分人变为受局限的乡村动物,并且每天都重新产生二者利益之间的对立。在这里,劳动仍然是最主要的,是**凌驾于**个人之上的力量;只要这种力量还存在,私有制也就必然会存在下去。消灭城乡之间的对立,是共同体的首要条件之一,这个条件又取决于许多物质前提,而且任何人一看就知道,这个条件单靠意志是不能实现的(这些条件还须详加探讨)。城市和乡村的分离还可以看做是资本和地产的分离,看做是资本不依赖于地产而存在和发展的开始,也就是仅仅以劳动和交换为基础的所有制的开始。

在中世纪,有一些城市不是从前期历史中现成地继承下来的,而是由获得自由的农奴重新建立起来的。在这些城市里,每个人的唯一财产,除开他随身带着的几乎全是最必需的手工劳动工具构成的那一点点资本之外,就只有他的特殊的劳动。不断流入城市的逃亡农奴的竞争;乡村反对城市的连绵不断的战争,以及由此产生的组织城市武装力量的必要性;共同占有某种手艺而形成的联系;在手工业者同时又是商人的时期,必须有在公共场所出卖自己的商品以及与此相联的禁止外人进入这些场所的规定;各手工业间利益的对立;保护辛苦学来的手艺的必要性;全国性的封建组织,——所有这些都是各行各业的手艺人联合为行会的原因。这里我们不打算详细地谈论以后历史发展所引起的行会制度的多种变化。在整个中世纪,农奴不断地逃入城市。这些在乡村遭到自己主人迫害的农奴是只身流入城市的,他们在这里遇见了有组织的团体,对于这种团体他们是没有力量反对的,在它的范围内,他们只好屈从于由他们那些有组织的城市竞争者对他们劳动的需要以及由这些竞争者的利益所决定的处境。这些只身流入城市的劳动者根本不可能成为一种力量,因为,如果他们的劳动带有行会的性质并需要培训,那么行会师傅就会使他们从属于自己,并按照自己的利益来组织他们;或者,如果这种劳动不需要培训,因而不是行会劳动,而是短工,那么劳动者就根本组织不起来,始终是无组织的平民。城市对短工的需要造成了平民。

这些城市是真正的"联盟"[109],这些"联盟"的产生是由于直接的需要,由于对保护财产、增加各成员的生产资料和防卫手段的关心。这些城市的平民是毫无力量的,因为他们都是只身流入城市的彼此素不相识的个人,他们无组织地同有组织、有武装配备并用忌妒的眼光监视着他们的力量相抗衡。每一行业中的帮工和学徒都以最适合于师傅利益的方式组织起来;他们和师傅之间的宗法关系使师傅具有双重力量:第一,师傅对帮工的全部生活有直接的影响;第二,帮工在同一师傅手下做工,对这些帮工来说这是一根真正的纽带,它使这些帮工联合起来反对其他师傅手下的帮工,并同他们分隔开来;最后,帮工由于自己也想成为师傅而与现存制度结合在一起了。因此,平民至少还举行暴动来反对整个城市制度,不过由于他们软弱无力而没有任何结果,而帮工们只在个别行会内搞一些与行会制度本身的存在有关的小冲突。中世纪所有的大规模起义都是从乡村爆发起来的,但是由于农民的分散性以及由此而来的不成熟,这些起义也毫无结果。[110]

这些城市中的资本是自然形成的资本;它是由住房、手工劳动工具和自然形成的世代相袭的主顾组成的,并且由于交往不发达和流通不充分而没有实现的可能,只好父传子,子传孙。这种资本和现代资本不同,它不是以货币计算的资本——用货币计算,资本体现为哪一种物品都一样——,而是直接同占有者的特定的劳动联系在一起、同它完全不可分割的资本,因此就这一点来说,它是

等级资本。

在城市中各行会之间的分工还是非常少的,而在行会内部,各劳动者之间则根本没有什么分工。每个劳动者都必须熟悉全部工序,凡是用他的工具能够做的一切,他必须都会做;各城市之间的有限交往和少量联系、居民稀少和需求有限,都妨碍了分工的进一步发展,因此,每一个想当师傅的人都必须全盘掌握本行手艺。正因为如此,中世纪的手工业者对于本行专业劳动和熟练技巧还是有兴趣的,这种兴趣可以升华为某种有限的艺术感。然而也是由于这个原因,中世纪的每一个手工业者对自己的工作都是兢兢业业,安于奴隶般的关系,因而他们对工作的屈从程度远远超过对本身工作漠不关心的现代工人。

分工的进一步扩大是生产和交往的分离,是商人这一特殊阶级的形成。这种分离在随历史保存下来的城市(其中有住有犹太人的城市)里被继承下来,并很快就在新兴的城市中出现了。这样就产生了同邻近地区以外的地区建立贸易联系的可能性,这种可能性之变为现实,取决于现有的交通工具的情况,取决于政治关系所决定的沿途社会治安状况(大家知道,整个中世纪,商人都是结成武装商队行动的)以及取决于交往所及地区内相应的文化水平所决定的比较粗陋或比较发达的需求。

随着交往集中在一个特殊阶级手里,随着商人所促成的同城市近郊以外地区的通商的扩大,在生产和交往之间也立即发生了相互作用。城市**彼此**建立了联系,新的劳动工具从一个城市运往另一个城市,生产和交往之间的分工随即引起了各城市之间在生产上的新的分工,不久每一个城市都设立一个占优势的工业部门。最初的地域局限性开始逐渐消失。

某一个地域创造出来的生产力,特别是发明,在往后的发展中是否会失传，完全取决于交往扩展的情况。当交往只限于毗邻地区的时候，每一种发明在每一个地域都必须单独进行；一些纯粹偶然的事件，例如蛮族的入侵，甚至是通常的战争，都足以使一个具有发达生产力和有高度需求的国家陷入一切都必须从头开始的境地。在历史发展的最初阶段，每天都在重新发明，而且每个地域都是独立进行的。发达的生产力，即使在通商相当广泛的情况下，也难免遭到彻底的毁灭。关于这一点，腓尼基人的例子就可以说明。由于这个民族被排挤于商业之外，由于他们被亚历山大征服以及继之而来的衰落，他们的大部分发明都长期失传了。再如中世纪的玻璃绘画术也有同样的遭遇。只有当交往成为世界交往并且以大工业为基础的时候，只有当一切民族都卷入竞争斗争的时候，保持已创造出来的生产力才有了保障。

不同城市之间的分工的直接结果就是工场手工业的产生，即超出行会制度范围的生产部门的产生。工场手工业的初期繁荣——先是在意大利，然后是在佛兰德——的历史前提，是同外国各民族的交往。在其他国家，例如在英国和法国，工场手工业最初只限于国内市场。除上述前提外，工场手工业还以人口特别是乡村人口的不断集中和资本的不断积聚为前提。资本开始积聚到个人手里，一部分违反行会法规积聚到行会中，一部分积聚到商人手里。

那种一开始就以机器，尽管还是以具有最粗陋形式的机器为前提的劳动，很快就显出它是最有发展能力的。过去农民为了得到自己必需的衣着而在乡村中附带从事的织布业，是由于交往的扩大才获得了动力并得到进一步发展的第一种劳动。织布业是最早的工场手工业，而且一直是最主要的工场手工业。随着人口增长而增长的对衣料的需求，由于流通加速而开始的自然形成的资本的积累和运用,以及由此引起的并由于交往逐渐扩大而日益增长的对奢侈品的需求,——所有这一切都推动了织布业在数量上和质量上的发展,使它脱离了旧有的生产形式。除了为自身需要而一直在继续从事纺织的农民外,在城市里产生了一个新的织工阶级,他们所生产的布匹被用来供应整个国内市场,通常还供应国外市场。

织布是一种多半不需要很高技能并很快就分化成无数部门的劳动,由于自己的整个特性,它抵制行会的束缚。因此,织布业多半在没有行会组织的乡村和小市镇上经营,这些地方逐渐变为城市,而且很快就成为每个国家最繁荣的城市。

随着摆脱了行会束缚的工场手工业的出现,所有制关系也立即发生了变化。越过自然形成的等级资本而向前迈出的第一步,是由商人的出现所促成的,商人的资本一开始就是活动的,如果针对当时的情况来讲,可以说是现代意义上的资本。第二步是随着工场手工业的出现而迈出的,工场手工业又运用了大量自然形成的资本,并且同自然形成的资本的数量比较起来,一般是增加了活动资本的数量。

同时,工场手工业还成了农民摆脱那些不雇用他们或付给他们极低报酬的行会的避难所,就像行会城市过去曾是农民摆脱土地占有者的避难所一样。

随着工场手工业的产生,同时也就开始了一个流浪时期,这个时期的形成是由于:取消了封建侍从,解散了拼凑起来并效忠帝王、镇压其诸侯的军队,改进了农业以及把大量耕地变为牧场。从这里已经可以清楚地看出,这种流浪现象是和封建制度的瓦解密切联系着的。早在 13 世纪就曾出现过的个别类似的流浪时期,只是在 15 世纪末和 16 世纪初才成为普遍而持久的现象。这些流浪者人数非常多,其中单单由英王亨利八世下令绞死的就有72 000人,只有付出最大的力量,只有在他们穷得走投无路而且经过长期反抗之后,才能迫使他们去工作。迅速繁荣起来的工场手工业,特别是在英国,渐渐地吸收了他们。

随着工场手工业的出现,各国进入竞争的关系,展开了商业斗争,这种斗争是通过战争、保护关税和各种禁令来进行的,而在过去,各国只要彼此有了联系,就互相进行和平的交易。从此以后商业便具有了政治意义。

随着工场手工业的出现,工人和雇主的关系也发生了变化。在行会中,帮工和师傅之间的宗法关系继续存在,而在工场手工业中,这种关系由工人和资本家之间的金钱关系代替了;在乡村和小城市中,这种关系仍然带有宗法色彩,而在比较大的、真正的工场手工业城市里,则早就失去了几乎全部宗法色彩。

随着美洲和通往东印度的航线的发现,交往扩大了,工场手工业和整个生产运动有了巨大的发展。从那里输入的新产品,特别是进入流通的大量金银完全改变了阶级之间的相互关系,并且沉重地打击了封建土地所有制和劳动者;冒险者的远征,殖民地的开拓,首先是当时市场已经可能扩大为而且日益扩大为世界市场,——所有这一切产生了历史发展的一个新阶段,关于这个阶段的一般情况我们不准备在这里多谈。新发现的土地的殖民地化,又助长了各国之间的商业斗争,因而使这种斗争变得更加广泛和更加残酷了。

商业和工场手工业的扩大,加速了活动资本的积累,而在那些没有受到刺激去扩大生产的行会里,自然形成的资本却始终没有改变,甚至还减少了。商业和工场手工业产生了大资产阶级,而集中在行会里的是小资产阶级,现在它已经不再像过去那样在城市里占统治地位了,而是必须屈从于大商人和工场手工业主的统治①。由此可见,行会一跟工场手工业接触,就衰落下去了。

在我们所谈到的这个时代里,各国在彼此交往中建立起来的关系具有两种不同的形式。起初,由于流通的金银数量很少,这些金属是禁止出口的;另一方面,工业,即由于必须给不断增长的城市人口提供就业机会而不可或缺的、大部分是从国外引进的工业,没有特权不行,当然,这种特权不仅可以用来对付国内的竞争,而且主要是用来对付国外的竞争。通过这些最初的禁令,地方的行会特权便扩展到全国。关税产生于封建主对其领地上的过往客商所征收的捐税,即客商交的免遭抢劫的买路钱。后来各城市也征收这种捐税,在现代国家出现之后,这种捐税便是国库进款的最方便的手段。

美洲的金银在欧洲市场上的出现,工业的逐步发展,贸易的迅速高涨以及由此引起的不受行会束缚的资产阶级的兴旺发达和货币的活跃流通,——所有这一切都使上述各种措施具有另外的意义。国家日益不可缺少货币,为充实国库起见,它现在仍然禁止输出金银;资产者对此完全满意,因为这些刚刚投入市场的大量货币,成了他们进行投机买卖的主要对象;过去的特权成了政府收入的来源,并且可以用来卖钱;在关税法中有了出口税,这种税只是阻碍了工业的发展,纯粹是以充实国库为目的。

第二个时期开始于 17 世纪中叶,它几乎一直延续到 18 世纪末。商业和航运比那种起次要作用的工场手工业发展得更快;各

---

① 马克思加了边注:"小资产者——中间等级——大资产阶级"。——编者注

殖民地开始成为巨大的消费者;各国经过长期的斗争,彼此瓜分了已开辟出来的世界市场。这一时期是从航海条例[111]和殖民地垄断开始的。各国间的竞争尽可能通过关税率、禁令和各种条约来消除,但是归根结底,竞争的斗争还是通过战争(特别是海战)来进行和解决的。最强大的海上强国英国在商业和工场手工业方面都占据优势。这里已经出现商业和工场手工业集中于**一个**国家的现象。

对工场手工业一直是采用保护的办法:在国内市场上实行保护关税,在殖民地市场上实行垄断,而在国外市场上则尽量实行差别关税。本国生产的原料(英国的羊毛和亚麻,法国的丝)的加工受到鼓励,国内出产的原料(英国的羊毛)禁止输出,进口原料的[加工]仍受到歧视或压制(如棉花在英国)。在海上贸易和殖民实力方面占据优势的国家,自然能保证自己的工场手工业在数量和质量上得到最广泛的发展。工场手工业一般离开保护是不行的,因为只要其他国家发生任何最微小的变动都足以使它失去市场而遭到破产。只要在稍微有利的条件下,工场手工业就可以很容易地在某个国家建立起来,正因为这样,它也很容易被破坏。同时,它的经营方式,特别是18世纪在乡村里的经营方式,使它和广大的个人的生活条件结合在一起,以致没有一个国家敢于不顾工场手工业的生存而允许自由竞争。因此,工场手工业就它能够输出自己的产品来说,完全依赖于商业的扩大或收缩,而它对商业的反作用,相对来说是很微小的。这就决定了工场手工业的次要作用和18世纪商人的影响。正是这些商人,特别是船主最迫切地要求国家保护和垄断;诚然,工场手工业主也要求保护并且得到了保护,但是从政治意义上来说,他们始终不如商人。商业城市,特别是沿海城市已达到了一定的文明程度,并带有大资产阶级性质,而在工厂城市里仍然是小资产阶级势力占统治。参看艾金①。18 世纪是商业的世纪。平托关于这一点说得很明确："贸易是本世纪的嗜好。"他还说："从某个时期开始，人们就只谈论经商、航海和船队了。"②

虽然资本的运动已大大加速了，但相对来说总还是缓慢的。世界市场分割成各个部分，其中每一部分都由单独一个国家来经营；各国之间的竞争的消除；生产本身的不灵活以及刚从最初阶段发展起来的货币制度，——所有这一切都严重地妨碍了流通。这一切造成的结果就是当时一切商人和一切经商方式都具有斤斤计较的卑鄙的小商人习气。当时的商人同工场手工业主，特别是同手工业者比较起来当然是大市民——资产者，但是如果同后一时期的商人和工业家比较起来，他们仍旧是小市民。见亚·斯密③。

这一时期还有这样一些特征：禁止金银外运法令的废除，货币经营业、银行、国债和纸币的产生，股票投机和有价证券投机，各种物品的投机倒把等现象的出现以及整个货币制度的发展。资本又有很大一部分丧失了它原来还带有的那种自然性质。

在 17 世纪，商业和工场手工业不可阻挡地集中于一个国家——英国。这种集中逐渐地给这个国家创造了相对的世界市场，因而也造成了对这个国家的工场手工业产品的需求，这种需求是旧的工业生产力所不能满足的。这种超过了生产力的需求正是引起中世纪以来私有制发展的第三个时期的动力，它产生了大工业——

---

① 约·艾金《曼彻斯特市外 30—40 英里范围内的郊区》1795 年伦敦版。——编者注
② 伊·平托《关于商业忌妒的通讯》，见《关于流通和信用的论文集》1771 年阿姆斯特丹版第 234、238 页。——编者注
③ 亚·斯密《国民财富的性质和原因的研究》1776 年伦敦版。——编者注

把自然力用于工业目的,采用机器生产以及实行最广泛的分工。这一新阶段的其他条件——国内的自由竞争,理论力学的发展(牛顿所完成的力学在 18 世纪的法国和英国都是最普及的科学)等等——在英国都已具备了。(国内的自由竞争到处都必须通过革命的手段争得——英国 1640 年和 1688 年的革命,法国 1789 年的革命。)竞争很快就迫使每一个不愿丧失自己的历史作用的国家为保护自己的工场手工业而采取新的关税措施(旧的关税已无力抵制大工业了),并随即在保护关税之下兴办大工业。尽管有这些保护措施,大工业仍使竞争普遍化了(竞争是实际的贸易自由;保护关税在竞争中只是治标的办法,是贸易自由范围内的防卫手段),大工业创造了交通工具和现代的世界市场,控制了商业,把所有的资本都变为工业资本,从而使流通加速(货币制度得到发展)、资本集中。大工业通过普遍的竞争迫使所有个人的全部精力处于高度紧张状态。它尽可能地消灭意识形态、宗教、道德等等,而在它无法做到这一点的地方,它就把它们变成赤裸裸的谎言。它首次开创了世界历史,因为它使每个文明国家以及这些国家中的每一个人的需要的满足都依赖于整个世界,因为它消灭了各国以往自然形成的闭关自守的状态。它使自然科学从属于资本,并使分工丧失了自己自然形成的性质的最后一点假象。它把自然形成的性质一概消灭掉(只要在劳动的范围内有可能做到这一点),它还把所有自然形成的关系变成货币的关系。它建立了现代的大工业城市——它们的出现如雨后春笋——来代替自然形成的城市。凡是它渗入的地方,它就破坏手工业和工业的一切旧阶段。它使城市最终战胜了乡村。它的[……]①是自动体

---

① 此处手稿缺损。——编者注

系。［它］①造成了大量的生产力，对于这些生产力来说，私有制成了它们发展的桎梏，正如行会成为工场手工业的桎梏、小规模的乡村生产成为日益发展的手工业的桎梏一样。在私有制的统治下，这些生产力只获得了片面的发展，对大多数人来说成了破坏的力量，而许多这样的生产力在私有制下根本得不到利用。一般说来，大工业到处造成了社会各阶级间相同的关系，从而消灭了各民族的特殊性。最后，当每一民族的资产阶级还保持着它的特殊的民族利益的时候，大工业却创造了这样一个阶级，这个阶级在所有的民族中都具有同样的利益，在它那里民族独特性已经消灭，这是一个真正同整个旧世界脱离而同时又与之对立的阶级。大工业不仅使工人对资本家的关系，而且使劳动本身都成为工人不堪忍受的东西。

当然，在一个国家里，大工业不是在一切地域都达到了同样的发展水平。但这并不能阻碍无产阶级的阶级运动，因为大工业产生的无产者领导着这个运动并且引导着所有的群众，还因为没有卷入大工业的工人，被大工业置于比在大工业中做工的工人更糟的生活境遇。同样，大工业发达的国家也影响着那些或多或少是非工业性质的国家，因为那些国家由于世界交往而被卷入普遍竞争的斗争中。

这些不同的形式同时也是劳动组织的形式，从而也是所有制的形式。在每一个时期都发生现存的生产力相结合的现象，因为需求使这种结合成为必要的。

————

生产力和交往形式之间的这种矛盾——正如我们所见到的，

———

① 此处手稿缺损。——编者注

它在迄今为止的历史中曾多次发生过,然而并没有威胁交往形式的基础——,每一次都不免要爆发为革命,同时也采取各种附带形式,如冲突的总和,不同阶级之间的冲突,意识的矛盾,思想斗争,政治斗争,等等。从狭隘的观点出发,可以从其中抽出一种附带形式,把它看做是这些革命的基础,而这样做是相当容易的,因为进行这些革命的个人都由于自身的文化水平和所处的历史发展阶段,而对他们自己的活动本身抱有种种幻想。

因此,按照我们的观点,一切历史冲突都根源于生产力和交往形式之间的矛盾。此外,不一定非要等到这种矛盾在某一国家发展到极端尖锐的地步,才导致这个国家内发生冲突。由广泛的国际交往所引起的同工业比较发达的国家的竞争,就足以使工业比较不发达的国家内产生类似的矛盾(例如,英国工业的竞争使德国潜在的无产阶级显露出来了)。

————

尽管竞争把各个人汇集在一起,它却使各个人,不仅使资产者,而且更使无产者彼此孤立起来。因此这会持续很长时间,直到这些个人能够联合起来,更不用说,为了这种联合——如果它不仅仅是地域性的联合——,大工业应当首先创造出必要的手段,即大工业城市和廉价而便利的交通。因此只有经过长期的斗争,才能战胜同这些孤立的、生活在每天都重复产生着孤立状态的条件下的个人相对立的一切有组织的势力。要求相反的东西,就等于要求在这个特定的历史时代不要有竞争,或者说,就等于要求各个人从头脑中抛掉他们作为被孤立的人所无法控制的那些关系。

————

住宅建筑。不言而喻,野蛮人的每一个家庭都有自己的洞穴和茅舍,正如游牧人的每一个家庭都有独自的帐篷一样。这种单个分开的家庭经济由于私有制的进一步发展而成为更加必需的了。在农业民族那里,共同的家庭经济也和共同的耕作一样是不可能的。城市的建造是一大进步。但是,在过去任何时代,消灭单个分开的经济——这是与消灭私有制分不开的——是不可能的,因为还没有具备这样做的物质条件。组织共同的家庭经济的前提是发展机器,利用自然力和许多其他的生产力,例如自来水、煤气照明、蒸汽采暖等,以及消灭城乡之间的[对立]。没有这些条件,共同的经济本身将不会再成为新生产力,将没有任何物质基础,将建立在纯粹的理论基础上,就是说,将是一种纯粹的怪想,只能导致寺院经济。——还可能有什么呢?——这就是城市里的集中和为了各个特定目的而进行的公共房舍(监狱、兵营等)的兴建。不言而喻,消灭单个分开的经济是和消灭家庭分不开的。

(在圣桑乔那里常见的一个说法是:每个人通过国家才完全成其为人①,这实质上等于说,资产者只是资产者这个类的一个标本;这种说法的前提是:资产者这个**阶级**在构成该阶级的个人尚未存在之前就已经存在了。②)

在中世纪,每一城市中的市民为了自卫都不得不联合起来反对农村贵族;商业的扩大和交通道路的开辟,使一些城市了解到有另一些捍卫同样利益、反对同样敌人的城市。从各个城市的许多地域性市民团体中,开始非常缓慢地产生出市民**阶级**。各个市民的生活条件,由于同现存关系相对立并由于这些关系所决定的劳动方式,便成了对他们来说全都是共同的和不以每一个人为转移的条件。市民创造了这些条件,因为他们挣脱了封建的联系;同时

---

① 麦·施蒂纳《唯一者及其所有物》。——编者注
② 马克思加了边注:"在哲学家们看来,阶级是**预先存在**的"。——编者注

他们又是由这些条件所创造的,因为他们是由自己同既存封建制度的对立所决定的。随着各城市间的联系的产生,这些共同的条件发展为阶级条件。同样的条件、同样的对立、同样的利益,一般说来,也应当在一切地方产生同样的风俗习惯。资产阶级本身开始逐渐地随同自己的生存条件一起发展起来,由于分工,它又重新分裂为各种不同的集团,最后,随着一切现有财产被变为工业资本或商业资本,它吞并了在它以前存在过的一切有财产的阶级①(同时资产阶级把以前存在过的没有财产的阶级的大部分和原先有财产的阶级的一部分变为新的阶级——无产阶级)。单个人所以组成阶级只是因为他们必须为反对另一个阶级进行共同的斗争;此外,他们在竞争中又是相互敌对的。另一方面,阶级对各个人来说又是独立的,因此,这些人可以发现自己的生活条件是预先确定的:各个人的社会地位,从而他们个人的发展是由阶级决定的,他们隶属于阶级。这同单个人隶属于分工是同类的现象,这种现象只有通过消灭私有制和消灭劳动本身才能消除。至于个人隶属于阶级怎样同时发展为隶属于各种各样的观念,等等,我们已经不止一次地指出过了。

个人的这种发展是在历史地前后相继的等级和阶级的共同生存条件下进行的,也是在由此而强加于他们的普遍观念中进行的,如果用**哲学的观点**来考察这种发展,当然就很容易产生这样的臆想:在这些个人中,**类**或**人**得到了发展,或者说这些个人发展了**人**;这种臆想,是对历史的莫大侮辱。这样一来,就可以把各种等级和阶级看做是普遍表达方式的一些类别,看做是**类**的一些亚种,看做

---

① 马克思加了边注:"它首先吞并直接隶属于国家的那些劳动部门,接着又吞并了所有或多或少与意识形态有关的等级"。——编者注

是人的一些发展阶段。

个人隶属于一定阶级这一现象,在那个除了反对统治阶级以外不需要维护任何特殊的阶级利益的阶级形成之前,是不可能消灭的。

————

个人力量(关系)由于分工而转化为物的力量这一现象,不能靠人们从头脑里抛开关于这一现象的一般观念的办法来消灭,而只能靠个人重新驾驭这些物的力量,靠消灭分工的办法来消灭①。没有共同体,这是不可能实现的。只有在共同体中,个人才能获得全面发展其才能的手段,也就是说,只有在共同体中才可能有个人自由。在过去的种种冒充的共同体中,如在国家等等中,个人自由只是对那些在统治阶级范围内发展的个人来说是存在的,他们之所以有个人自由,只是因为他们是这一阶级的个人。从前各个人联合而成的虚假的共同体,总是相对于各个人而独立的;由于这种共同体是一个阶级反对另一个阶级的联合,因此对于被统治的阶级来说,它不仅是完全虚幻的共同体,而且是新的桎梏。在真正的共同体的条件下,各个人在自己的联合中并通过这种联合获得自己的自由。

各个人的出发点总是他们自己,不过当然是处于既有的历史条件和关系范围之内的自己,而不是意识形态家们所理解的“纯粹的”个人。然而在历史发展的进程中,而且正是由于在分工范围内社会关系的必然独立化,在每一个人的个人生活同他的屈从于某一劳动部门以及与之相关的各种条件的生活之间出现了差

---

① 恩格斯加了边注:“(费尔巴哈:*存在和本质*)”。

路·费尔巴哈在《未来哲学原理》中关于存在和本质的论点,参看本卷第177—178页。——编者注

别。这不应当理解为,似乎像食利者和资本家等等已不再是有个性的个人了,而应当理解为,他们的个性是由非常明确的阶级关系决定和规定的,上述差别只是在他们与另一阶级的对立中才出现,而对他们本身来说,上述差别只是在他们破产之后才产生。在等级中(尤其是在部落中)这种现象还是隐蔽的,例如,贵族总是贵族,平民总是平民,不管他的其他关系如何;这是一种与他的个性不可分割的品质。有个性的个人与阶级的个人的差别,个人生活条件的偶然性,只是随着那本身是资产阶级产物的阶级的出现才出现。只有个人相互之间的竞争和斗争才产生和发展了这种偶然性本身。因此,各个人在资产阶级的统治下被设想得要比先前更自由些,因为他们的生活条件对他们来说是偶然的;事实上,他们当然更不自由,因为他们更加屈从于物的力量。等级的差别特别显著地表现在资产阶级与无产阶级的对立中。当市民等级、同业公会等等起来反对农村贵族的时候,他们的生存条件,即在他们割断了封建的联系以前就潜在地存在着的动产和手艺,表现为一种与封建土地所有制相对立的积极的东西,因此起先也具有一种特殊的封建形式。当然,逃亡农奴认为他们先前的农奴地位对他们的个性来说是某种偶然的东西。但是,在这方面,他们只是做了像每一个挣脱了枷锁的阶级所做的事,此外,他们不是作为一个阶级解放出来的,而是零零散散地解放出来的。其次,他们并没有越出等级制度的范围,而只是形成了一个新的等级,在新的处境中也还保存了他们过去的劳动方式,并且使这种劳动方式摆脱已经和他们所达到的发展阶段不相适应的桎梏,从而使它得到进一步的发展。

相反,对于无产者来说,他们自身的生活条件,即劳动,以及当代社会的全部生存条件都已变成一种偶然的东西,单个无产者是无法加以控制的,而且也没有任何**社会**组织能够使他们加以控制。

单个无产者的个性和强加于他的生活条件即劳动之间的矛盾,对无产者本身是显而易见的,特别是因为他从早年起就成了牺牲品,因为他在本阶级的范围内没有机会获得使他转为另一个阶级的各种条件。

注意。不要忘记,单是维持农奴生存的必要性和大经济的不可能性(包括把小块土地分给农奴),很快就使农奴向封建主缴纳的贡赋降低到各种代役租和徭役地租的平均水平,这样就使农奴有可能积累一些动产,便于逃出自己领主的领地,并使他有希望上升为市民,同时还引起了农奴的分化。可见逃亡农奴已经是半市民了。由此也可以清楚地看到,掌握了某种手艺的农奴获得动产的可能性最大。

由此可见,逃亡农奴只是想自由地发展他们已有的生存条件并让它们发挥作用,因而归根结底只达到了自由劳动;而无产者,为了实现自己的个性,就应当消灭他们迄今面临的生存条件,消灭这个同时也是整个迄今为止的社会的生存条件,即消灭劳动。因此,他们也就同社会的各个人迄今借以表现为一个整体的那种形式即同国家处于直接的对立中,他们应当推翻国家,使自己的个性得以实现。

————

从上述一切可以看出①,某一阶级的各个人所结成的、受他们的与另一阶级相对立的那种共同利益所制约的共同关系,总是这样一种共同体,这些个人只是作为一般化的个人隶属于这种共同体,只是由于他们还处在本阶级的生存条件下才隶属于这种共同体;他们不是作为个人而是作为阶级的成员处于这种共同关系中

---

① 手稿中删去以下这句话:"在每一个历史时代获得解放的个人只是进一步发展自己已有的、对他们来说是既有的生存条件。"——编者注

的。而在控制了自己的生存条件和社会全体成员的生存条件的革命无产者的共同体中,情况就完全不同了。在这个共同体中各个人都是作为个人参加的。它是各个人的这样一种联合(自然是以当时发达的生产力为前提的),这种联合把个人的自由发展和运动的条件置于他们的控制之下。而这些条件从前是受偶然性支配的,并且是作为某种独立的东西同单个人对立的。这正是由于他们作为个人是相互分离的,是由于分工使他们有了一种必然的联合,而这种联合又因为他们的相互分离而成了一种对他们来说是异己的联系。过去的联合决不像《社会契约论》①中所描绘的那样是任意的,而只是关于这样一些条件的必然的联合(可以对照例如北美合众国和南美诸共和国形成的情况),在这些条件下,各个人有可能利用偶然性。这种在一定条件下不受阻碍地利用偶然性的权利,迄今一直称为个人自由。——这些生存条件当然只是各个时代的生产力和交往形式。

————

共产主义和所有过去的运动不同的地方在于:它推翻一切旧的生产关系和交往关系的基础,并且第一次自觉地把一切自发形成的前提看做是前人的创造,消除这些前提的自发性,使这些前提受联合起来的个人的支配。因此,建立共产主义实质上具有经济的性质,这就是为这种联合创造各种物质条件,把现存的条件变成联合的条件。共产主义所造成的存在状况,正是这样一种现实基础,它使一切不依赖于个人而存在的状况不可能发生,因为这种存在状况只不过是各个人之间迄今为止的交往的产物。这样,共产

———

① 让·雅·卢梭《社会契约论,或政治权利的原则》1762 年阿姆斯特丹版。——编者注

主义者实际上把迄今为止的生产和交往所产生的条件看做无机的
条件。然而他们并不以为过去世世代代的意向和使命就是给他们
提供资料,也不认为这些条件对于创造它们的个人来说是无机的。
有个性的个人与偶然的个人之间的差别,不是概念上的差别,而是
历史事实。在不同的时期,这种差别具有不同的含义,例如,等级
在 18 世纪对于个人来说就是某种偶然的东西,家庭或多或少地也
是如此。这种差别不是我们为每个时代划定的,而是每个时代本
身在既存的各种不同的因素之间划定的,而且不是根据概念而是
在物质生活冲突的影响下划定的。在后来时代(与在先前时代相
反)被看做是偶然的东西,也就是在先前时代传给后来时代的各
种因素中被看做是偶然的东西,是曾经与生产力发展的一定水平
相适应的交往形式。生产力与交往形式的关系就是交往形式与个
人的行动或活动的关系。(这种活动的基本形式当然是物质活
动,一切其他的活动,如精神活动、政治活动、宗教活动等都取决于
它。当然,物质生活的这样或那样的形式,每次都取决于已经发达
的需求,而这些需求的产生,也像它们的满足一样,本身是一个历
史过程,这种历史过程在羊或狗那里是没有的(这是施蒂纳顽固
地提出来**反对人**的主要论据①),尽管羊或狗的目前形象无疑是历
史过程的产物——诚然,不以它们的意愿为转移。)个人相互交往
的条件,在上述这种矛盾产生以前,是与他们的个性相适合的条
件,对于他们来说不是什么外部的东西;在这些条件下,生存于一
定关系中的一定的个人独力生产自己的物质生活以及与这种物质

---

① 麦·施蒂纳《施蒂纳的评论者》(载于 1845 年《维干德季刊》第 3 卷)一
文中的议论;并见麦·施蒂纳《唯一者及其所有物》1845 年莱比锡版第
443 页。——编者注

生活有关的东西,因而这些条件是个人的自主活动的条件,并且是由这种自主活动产生出来的①。这样,在矛盾产生以前,人们进行生产的一定条件是同他们的现实的局限状态,同他们的片面存在相适应的,这种存在的片面性只是在矛盾产生时才表现出来,因而只是对于后代才存在。这时人们才觉得这些条件是偶然的桎梏,并且把这种视上述条件为桎梏的意识也强加给先前的时代。

这些不同的条件,起初是自主活动的条件,后来却变成了自主活动的桎梏,这些条件在整个历史发展过程中构成各种交往形式的相互联系的序列,各种交往形式的联系就在于:已成为桎梏的旧交往形式被适应于比较发达的生产力,因而也适应于进步的个人自主活动方式的新交往形式所代替;新的交往形式又会成为桎梏,然后又为另一种交往形式所代替。由于这些条件在历史发展的每一阶段都是与同一时期的生产力的发展相适应的,所以它们的历史同时也是发展着的、由每一个新的一代承受下来的生产力的历史,从而也是个人本身力量发展的历史。

由于这种发展是自发地进行的,就是说它不是按照自由联合起来的个人制定的共同计划进行的,所以它是以各个不同的地域、部落、民族和劳动部门等等为出发点的,其中的每一个起初都与别的不发生联系而独立地发展,后来才逐渐与它们发生联系。其次,这种发展非常缓慢;各种不同的阶段和利益从来没有被完全克服,而只是屈从于获得胜利的利益,并在许多世纪中和后者一起延续下去。由此可见,甚至在一个民族内,各个人,即使撇开他们的财产关系不谈,都有各种完全不同的发展;较早

---

① 马克思加了边注:"交往形式本身的生产"。——编者注

时期的利益，在它固有的交往形式已经为属于较晚时期的利益的交往形式排挤之后，仍然在长时间内拥有一种相对于个人而独立的虚假共同体（国家、法）的传统权力，一种归根结底只有通过革命才能被打倒的权力。由此也就说明：为什么在某些可以进行更一般的概括的问题上，意识有时似乎可以超过同时代的经验关系，以致人们在以后某个时代的斗争中可以依靠先前时代理论家的威望。

相反，有些国家，例如北美的发展是在已经发达的历史时代起步的，在那里这种发展异常迅速。在这些国家中，除了移居到那里去的个人而外没有任何其他的自发形成的前提，而这些个人之所以移居那里，是因为他们的需要与老的国家的交往形式不相适应。可见，这些国家在开始发展的时候就拥有老的国家的最进步的个人，因而也就拥有与这些个人相适应的、在老的国家里还没有能够实行的最发达的交往形式。这符合于一切殖民地的情况，只要它们不仅仅是一些军用场所或交易场所。迦太基、希腊的殖民地以及 11 世纪和 12 世纪的冰岛可以作为例子。类似的关系在征服的情况下也可以看到，如果在另一块土地上发展起来的交往形式被现成地搬到被征服国家的话。这种交往形式在自己的祖国还受到以前时代遗留下来的利益和关系的牵累，而它在这些地方却能够而且应当充分地和不受阻碍地确立起来，尽管这是为了保证征服者拥有持久的政权（英格兰和那不勒斯在被诺曼人征服[112]之后，获得了最完善的封建组织形式）。

————

征服这一事实看起来好像是同整个这种历史观矛盾的。到目前为止，暴力、战争、掠夺、抢劫等等被看做是历史的动力。这里我们只能谈谈主要之点，因此，我们举一个最显著的例子：古老文明被蛮族破坏,以及与此相联系重新开始形成一种新的社会结构(罗马和蛮人,封建制度和高卢人,东罗马帝国[113]和土耳其人)。对进行征服的蛮族来说,正如以上所指出的,战争本身还是一种通常的交往形式;在传统的、对该民族来说唯一可能的粗陋生产方式下,人口的增长越来越需要新的生产资料,因而这种交往形式越来越被加紧利用。相反,在意大利,由于地产日益集中(这不仅是由购买和负债引起的,而且还是由继承引起的,当时一些古老的氏族由于生活放荡和很少结婚而逐渐灭亡,他们的财产转入少数人手里),由于耕地变为牧场(这不仅是由通常的、至今仍然起作用的经济原因引起的,而且也是由掠夺来的和进贡的谷物的输入以及由此造成的意大利谷物没有买主的现象引起的),自由民几乎完全消失了,就是奴隶也在不断地死亡,而不得不经常代之以新的奴隶。奴隶制仍然是整个生产的基础。介于自由民与奴隶之间的平民,始终不过是流氓无产阶级。总之,罗马始终只不过是一个城市,它与各行省之间的联系几乎仅仅是政治上的联系,因而这种联系自然也就可能为政治事件所破坏。

————

有一种最普通的观点认为,迄今为止在历史上只有**占领**才具有决定意义。蛮人**占领**了罗马帝国,这种占领的事实通常被用来说明从古代世界向封建制度的过渡。但是在蛮人的占领下,一切都取决于被占领国家此时是否已经像现代国家那样发展了工业生产力,或者被占领国家的生产力主要是否只是以它的联合和共同体为基础。其次,占领是受占领的对象所制约的。如果占领者不依从被占领国家的生产条件和交往条件,就完全无法占领银行家的体现于证券中的财产。对于每个现代工业国家的全部工业资本来说,情况也是这样。最后,无论在什么地方,占领都是很快就会结束的,已经不再有东西可供占领时,必须开始进行生产。从这种很快出现的生产的必要性中可以得出如下结论:定居下来的征服者所采纳的共同体形式,应当适应于他们面临的生产力发展水平,如果起初情况不是这样,那么共同体形式就应当按照生产力来改变。这也就说明了民族大迁徙[114]后的时期到处可见的一件事实,即奴隶成了主人,征服者很快就接受了被征服民族的语言、教育和风俗。

封建制度决不是现成地从德国搬去的。它起源于征服者在进行征服时军队的战时组织,而且这种组织只是在征服之后,由于在被征服国家内遇到的生产力的影响才发展为真正的封建制度的。这种形式到底在多大程度上受生产力的制约,这从企图仿效古罗马来建立其他形式的失败尝试(查理大帝,等等)中已经得到证明。

待续。——

————

在大工业和竞争中,各个人的一切生存条件、一切制约性、一切片面性都融合为两种最简单的形式——私有制和劳动。货币使任何交往形式和交往本身成为对个人来说是偶然的东西。因此,货币就是产生下述现象的根源:迄今为止的一切交往都只是在一定条件下个人的交往,而不是作为个人的个人的交往。这些条件可以归结为两点:积累起来的劳动,或者说私有制,以及现实的劳动。如果二者缺一,交往就会停止。现代的经济学家如西斯蒙第①、舍尔比利埃②等人自己就把个人的联合同资本的联合对立起来。但是,另一方面,个人本身完全屈从于分工,因此他们完全

①　德·西斯蒙第《政治经济学新原理,或论财富同人口的关系》(两卷集)1827 年巴黎第 2 版。——编者注
②　安·埃·舍尔比利埃《富人或穷人》1840 年巴黎—日内瓦版。——编者注

被置于相互依赖的关系之中。私有制,就它在劳动的范围内同劳动相对立来说,是从积累的必然性中发展起来的。起初它大部分仍旧保存着共同体的形式,但是在以后的发展中越来越接近私有制的现代形式。分工从最初起就包含着劳动**条件**——劳动工具和材料——的分配,也包含着积累起来的资本在各个所有者之间的劈分,从而也包含着资本和劳动之间的分裂以及所有制本身的各种不同的形式。分工越发达,积累越增加,这种分裂也就发展得越尖锐。劳动本身只能在这种分裂的前提下存在。

————

(各个民族的个人——德国人和美国人——的自身能力,已经通过种族杂交而产生的能力,——因此德国人是白痴式的;在法、英等国是异族人移居于已经发达的土地上,在美国是异族人移居于一块全新的土地上,而在德国,土著居民安居不动。)

————

因此,这里显露出两个事实。第一,生产力表现为一种完全不依赖于各个人并与他们分离的东西,表现为与各个人同时存在的特殊世界,其原因是,各个人——他们的力量就是生产力——是分散的和彼此对立的,而另一方面,这些力量只有在这些个人的交往和相互联系中才是真正的力量。[①] 因此,一方面是生产力的总和,生产力好像具有一种物的形式,并且对个人本身来说它们已经不再是个人的力量,而是私有制的力量,因此,生产力只有在个人是私有者的情况下才是个人的力量。在以前任何一个时期,生产力都没有采取过这种对于**作为**个人的个人的交往无关紧要的形式,

————

① 恩格斯加了边注:"西斯蒙第"。——编者注

因为他们的交往本身还是受限制的。另一方面是同这些生产力相对立的大多数个人，这些生产力是和他们分离的，因此这些个人丧失了一切现实的生活内容，成了抽象的个人，然而正因为这样，他们才有可能**作为个人**彼此发生联系。

他们同生产力并同他们自身的存在还保持着的唯一联系，即劳动，在他们那里已经失去了任何自主活动的假象，而且只能用摧残生命的方式来维持他们的生命。而在以前各个时期，自主活动和物质生活的生产是分开的，这是因为它们是由不同的人承担的，同时，物质生活的生产由于各个人本身的局限性还被认为是自主活动的从属形式，而现在它们竟互相分离到这般地步，以致物质生活一般都表现为目的，而这种物质生活的生产即劳动（劳动现在是自主活动的唯一可能的形式，然而正如我们看到的，也是自主活动的否定形式）则表现为手段。

这样一来，现在情况就变成了这样：各个人必须占有现有的生产力总和，这不仅是为了实现他们的自主活动，而且从根本上说也是为了保证自己的生存。这种占有首先受所要占有的对象的制约，即受发展成为一定总和并且只有在普遍交往的范围里才存在的生产力的制约。因此，仅仅由于这一点，占有就必须带有同生产力和交往相适应的普遍性质。对这些力量的占有本身不外是同物质生产工具相适应的个人才能的发挥。仅仅因为这个缘故，对生产工具一定总和的占有，也就是个人本身的才能的一定总和的发挥。其次，这种占有受进行占有的个人的制约。只有完全失去了整个自主活动的现代无产者，才能够实现自己的充分的、不再受限制的自主活动，这种自主活动就是对生产力总和的占有以及由此而来的才能总和的发挥。过去的一切革命的占有都是有限制的；各个人的自主活动受到有局限性的生产工具和有局限性的交往的束缚，他们所占有的是这种有局限性的生产工具,因此他们只是达到了新的局限性。他们的生产工具成了他们的财产,但是他们本身始终屈从于分工和自己的生产工具。在迄今为止的一切占有制下,许多个人始终屈从于某种唯一的生产工具;在无产者的占有制下,许多生产工具必定归属于每一个个人,而财产则归属于全体个人。现代的普遍交往,除了归属于全体个人,不可能归属于各个人。

其次,占有还受实现占有所必须采取的方式的制约。占有只有通过联合才能实现,由于无产阶级本身固有的本性,这种联合又只能是普遍性的,而且占有也只有通过革命才能得到实现,在革命中,一方面迄今为止的生产方式和交往方式的权力以及社会结构的权力被打倒,另一方面无产阶级的普遍性质以及无产阶级为实现这种占有所必需的能力得到发展,同时无产阶级将抛弃它迄今的社会地位遗留给它的一切东西。

只有在这个阶段上,自主活动才同物质生活一致起来,而这又是同各个人向完全的个人的发展以及一切自发性的消除相适应的。同样,劳动向自主活动的转化,同过去受制约的交往向个人本身的交往的转化,也是相互适应的。随着联合起来的个人对全部生产力的占有,私有制也就终结了。在迄今为止的历史上,一种特殊的条件总是表现为偶然的,而现在,各个人本身的独自活动,即每一个人本身特殊的个人职业,才是偶然的。

哲学家们在不再屈从于分工的个人身上看到了他们名之为"人"的那种理想,他们把我们所阐述的整个发展过程看做是"人"的发展过程,从而把"人"强加于迄今每一历史阶段中所存在的个人,并把"人"描述成历史的动力。这样,整个历史过程就被看成是"人"的自我异化过程,实质上这是因为,他们总是把后来阶段的一般化的个人强加于先前阶段的个人,并且把后来的意识强加于先前的个人。① 借助于这种从一开始就撇开现实条件的本末倒置的做法,他们就可以把整个历史变成意识的发展过程了。

————

市民社会[11]包括各个人在生产力发展的一定阶段上的一切物质交往。它包括该阶段的整个商业生活和工业生活,因此它超出了国家和民族的范围,尽管另一方面它对外仍必须作为民族起作用,对内仍必须组成为国家。"市民社会"这一用语是在18世纪产生的,当时财产关系已经摆脱了古典古代的和中世纪的共同体。真正的市民社会只是随同资产阶级发展起来的;但是市民社会这一名称始终标志着直接从生产和交往中发展起来的社会组织,这种社会组织在一切时代都构成国家的基础以及任何其他的观念的上层建筑的基础。

国家和法同所有制的关系

所有制的最初形式,无论是在古典古代世界或中世纪,都是部落所有制,这种所有制在罗马人那里主要是由战争决定的,而在日耳曼人那里则是由畜牧业决定的。在古典古代民族中,一个城市里聚居着几个部落,因此部落所有制就具有国家所有制的形式,而个人的权利则局限于简单的占有,但是这种占有也和一般部落所有制一样,仅仅涉及地产。无论在古代或现代民族中,真正的私有制只是随着动产的出现才开始的。——(奴隶制和共同体)(古罗马公民的合法的所有权[dominium ex jure Quiritum])。在起源于中世纪的

————

① 马克思加了边注:"自我异化"。——编者注

民族那里,部落所有制经过了几个不同的阶段——封建地产,同业公会的动产,工场手工业资本——才发展为由大工业和普遍竞争所引起的现代资本,即变为抛弃了共同体的一切外观并消除了国家对所有制发展的任何影响的纯粹私有制。现代国家是与这种现代私有制相适应的。现代国家由于税收而逐渐被私有者所操纵,由于国债而完全归他们掌握;现代国家的存在既然受到交易所内国家证券行市涨落的调节,所以它完全依赖于私有者即资产者提供给它的商业信贷。因为资产阶级已经是一个**阶级**,不再是一个**等级**了,所以它必须在全国范围内而不再是在一个地域内组织起来,并且必须使自己通常的利益具有一种普遍的形式。由于私有制摆脱了共同体,国家获得了和市民社会并列并且在市民社会之外的独立存在;实际上国家不外是资产者为了在国内外相互保障各自的财产和利益所必然要采取的一种组织形式。目前国家的独立性只有在这样的国家里才存在:在那里,等级还没有完全发展成为阶级,在那里,比较先进的国家中已被消灭的等级还起着某种作用,并且那里存在某种混合体,因此在这样的国家里居民的任何一部分也不可能对居民的其他部分进行统治。德国的情况就正是这样。现代国家的最完善的例子就是北美。法国、英国和美国的一些近代著作家都一致认为,国家只是为了私有制才存在的,可见,这种思想也渗入日常的意识了。

因为国家是统治阶级的各个人借以实现其共同利益的形式,是该时代的整个市民社会获得集中表现的形式,所以可以得出结论:一切共同的规章都是以国家为中介的,都获得了政治形式。由此便产生了一种错觉,好像法律是以意志为基础的,而且是以脱离其现实基础的意志即**自由**意志为基础的。同样,法随后也被归结为法律。

私法是与私有制同时从自然形成的共同体的解体过程中发展起来的。在罗马人那里,私有制和私法的发展没有在工业和商业方面引起进一步的结果,因为他们的整个生产方式没有改变。①
在现代民族那里,工业和商业瓦解了封建的共同体,随着私有制和
私法的产生,开始了一个能够进一步发展的新阶段。在中世纪进
行了广泛的海上贸易的第一个城市阿马尔菲还制定了海商法。**115**
当工业和商业——起初在意大利,随后在其他国家——进一步发
展了私有制的时候,详细拟定的罗马私法便又立即得到恢复并取
得威信。后来,资产阶级力量壮大起来,君主们开始照顾它的利
益,以便借助资产阶级来摧毁封建贵族,这时候法便在所有国家
中——法国是在 16 世纪——开始真正地发展起来了,除了英国以
外,这种发展在所有国家中都是以罗马法典为基础的。即使在英
国,为了私法(特别是其中关于动产的那一部分)的进一步完善,
也不得不参照罗马法的原则。(不应忘记,法也和宗教一样是没
有自己的历史的。)

在私法中,现存的所有制关系是作为普遍意志的结果来表达
的。仅仅使用和滥用的权利[jus utendi et abutendi]就一方面表明
私有制已经完全不依赖于共同体,另一方面表明了一个错觉,仿佛
私有制本身仅仅以个人意志即以对物的任意支配为基础。实际
上,滥用[abuti]对于私有者具有极为明确的经济界限,如果他不
希望他的财产从而他滥用的权利转入他人之手的话;因为仅仅从
私有者的意志方面来考察的物,根本不是物;物只有在交往中并且
不以权利为转移时,才成为物,即成为真正的财产(一种**关系**,哲
学家们称之为观念)。② 这种把权利归结为纯粹意志的法律上的

---

① 恩格斯加了边注:"(放高利贷!)"——编者注
② 马克思加了边注:"**在哲学家们看来关系=观念**。他们只知道'**人**'对自身
的关系,因此,在他们看来,一切现实的关系都成了观念。"——编者注

错觉,在所有制关系进一步发展的情况下,必然会造成这样的现象:某人在法律上可以对某物享有权利,但实际上并不拥有某物。例如,假定由于竞争,某一块土地不再提供地租,虽然这块土地的所有者在法律上享有权利,包括享有使用和滥用的权利。但是这种权利对他毫无用处,只要他还未占有足够的资本来经营自己的土地,他作为土地所有者就一无所有。法学家们的这种错觉说明:在法学家们以及任何法典看来,各个人相互之间的关系,例如缔结契约这类事情,一般都是偶然的;他们认为这些关系可以随意建立或不建立,它们的内容完全依据缔约双方的个人意愿。

每当工业和商业的发展创造出新的交往形式,例如保险公司等等,法便不得不承认它们都是获得财产的方式。

————

分工对科学的影响。

镇压在国家、法、道德等等中的作用。

资产者之所以必须在法律中使自己得到普遍表现,正因为他们是作为阶级进行统治的。

自然科学和历史。

没有政治史、法律史、科学史等等,艺术史、宗教史等等①。

————

为什么意识形态家使一切本末倒置。

笃信宗教者、法学家、政治家。

法学家、政治家(一般的国务活动家)、伦理学家、笃信宗教者。

关于一个阶级内的这种意识形态划分:**职业由于分工而独立**

---

① 马克思加了边注:"同表现为古典古代国家、封建制度、专制君主制的'共同体'相适应的,同这种联系相适应的,尤其是宗教观念。"——编者注

化;每个人都认为他的手艺是真的。他们之所以必然产生关于自己的手艺和现实相联系的错觉,是手艺本身的性质所决定的。关系在法学、政治学中——在意识中——成为概念;因为他们没有超越这些关系,所以这些关系的概念在他们的头脑中也成为固定概念。例如,法官运用法典,因此法官认为,立法是真正的积极的推动者。尊重自己的商品,因为他们的职业是和公众打交道。

法的观念。国家的观念。在**通常的**意识中事情被本末倒置了。

————

宗教从一开始就是**超验性的意识**,这种意识是从**现实的**力量中产生的。

要更通俗地表达这一点。

————

法、宗教等领域中的传统。

————

各个人过去和现在始终是从自己出发的。他们的关系是他们的现实生活过程的关系。为什么会发生这样的情况:他们的关系会相对于他们而独立? 他们自己生命的力量会成为压倒他们的力量?

总之:**分工**,分工的阶段依赖于当时生产力的发展水平。

————

土地所有制。公社所有制。封建的所有制。现代的所有制。等级的所有制。手工工场所有制。工业资本。

卡·马克思和弗·恩格斯写于
1845 年秋—1846 年 5 月

第一次用俄文发表于《马克思
恩格斯文库》1924 年版第 1 卷

原文是德文

选自《马克思恩格斯文集》
第 1 卷第 512—587 页

卡·马克思

哲学的贫困

答蒲鲁东先生的《贫困的哲学》[116]

（节　选）

第　二　章

政治经济学的形而上学

第一节　方　法

现在我们是在德国！我们在谈论政治经济学的同时还要谈论形而上学。而在这方面，我们也只是跟着蒲鲁东先生的"矛盾"走。刚才他迫使我们讲英国话，使我们差不多变成了英国人。现在场面变了。蒲鲁东先生把我们转移到我们亲爱的祖国，使我们不由得又变成了德国人。

如果说有一个英国人把人变成帽子，那么，有一个德国人就把帽子变成了观念。这个英国人就是李嘉图，一位银行巨子，杰出的经济学家；这个德国人就是黑格尔，柏林大学的一位专任哲学教授。

法国最末一个专制君主和法兰西王朝没落的代表路易十五有一个御医，这个人又是法国的第一个经济学家。这位御医，这位经济学家是法国资产阶级即将取得必然胜利的代表。魁奈医生使政治经济学成为一门科学；他在自己的著名的《经济表》①中概括地叙述了这门科学。除了已经有的对该表的 1 001 个注解以外，我们还找到医生本人作的一个注解。这就是附有"七个**重要说明**"的《经济表分析》②。

蒲鲁东先生是另一个魁奈医生，他是政治经济学的形而上学方面的魁奈。

但是在黑格尔看来，形而上学，整个哲学，是概括在方法里面的。所以我们必须设法弄清楚蒲鲁东先生那套至少同《经济表》一样含糊不清的方法。因此，我们作了七个比较重要的说明。如果蒲鲁东博士不满意我们的说明，那没关系，他可以扮演修道院院长勃多的角色，亲自写一篇《经济学—形而上学方法解说》。**117**

第一个说明

"这里我们论述的不是**与时间次序相一致的历史**，而是**与观念顺序相一致的历史**。各经济**阶段**或**范畴**在**出现**时有时候是同时代的，有时候又是颠倒的…… 不过，经济理论有它自己的**逻辑顺序**和**理性中的系列**，值得夸耀的是，经济理论的这种次序已被我们发现了。"（蒲鲁东《贫困的哲学》③第 1 卷

---

① 弗·魁奈《经济表》1758 年凡尔赛版。——编者注
② 弗·魁奈《经济表分析》，载于《重农学派》（附欧·德尔的绪论和评注）1846 年巴黎版第 1 部。——编者注
③ 皮·约·蒲鲁东《经济矛盾的体系，或贫困的哲学》1846 年巴黎版第 1—2 卷。——编者注

第145和146页）

蒲鲁东先生把这些冒牌的黑格尔词句扔向法国人,毫无疑问是想吓唬他们一下。这样一来,我们就要同两个人打交道:首先是蒲鲁东先生,其次是黑格尔。蒲鲁东先生和其他经济学家有什么不同呢? 黑格尔在蒲鲁东先生的政治经济学中又起什么作用呢?

经济学家们都把分工、信用、货币等资产阶级生产关系说成是固定的、不变的、永恒的范畴。蒲鲁东先生有了这些完全形成的范畴,他想给我们说明所有这些范畴、原理、规律、观念、思想的形成情况和来历。

经济学家们向我们解释了生产怎样在上述关系下进行,但是没有说明这些关系是怎样产生的,也就是说,没有说明产生这些关系的历史运动。由于蒲鲁东先生把这些关系看成原理、范畴和抽象的思想,所以他只要把这些思想(它们在每一篇政治经济学论文末尾已经按字母表排好)编一下**次序**就行了。经济学家的材料是人的生动活泼的生活;蒲鲁东先生的材料则是经济学家的教条。但是,既然我们忽略了生产关系(范畴只是它在理论上的表现)的历史运动,既然我们只想把这些范畴看做是观念、不依赖现实关系而自生的思想,那么,我们就只能到纯粹理性的运动中去找寻这些思想的来历了。纯粹的、永恒的、无人身的理性怎样产生这些思想呢? 它是怎样造成这些思想的呢?

假如在黑格尔主义方面我们具有蒲鲁东先生那种大无畏精神,我们就会说,理性在自身中把自己和自身区分开来。这是什么意思呢? 因为无人身的理性在自身之外既没有可以设定自己的场所,又没有可以与之相对立的客体,也没有可以与之合成的主体,所以它只得把自己颠来倒去:设定自己,自相对立,自相合成——设定、对立、合成。用希腊语来说,这就是:正题、反题、合题。对于不懂黑格尔语言的读者,我们将告诉他们一个神圣的公式:肯定、否定、否定的否定。这就是措辞的含意。固然这不是希伯来语①(请蒲鲁东先生不要见怪),然而却是脱离了个体的纯粹理性的语言。这里看到的不是一个用普通方式说话和思维的普通个体,而正是没有个体的纯粹普通方式。

在最后的抽象(因为是抽象,而不是分析)中,一切事物都成为逻辑范畴,这用得着奇怪吗?如果我们逐步抽掉构成某座房屋个性的一切,抽掉构成这座房屋的材料和这座房屋特有的形式,结果只剩下一个物体;如果把这一物体的界限也抽去,结果就只有空间了;如果再把这个空间的向度抽去,最后我们就只有纯粹的量这个逻辑范畴了,这用得着奇怪吗?如果我们继续用这种方法抽去每一个主体的一切有生命的或无生命的所谓偶性,人或物,我们就有理由说,在最后的抽象中,作为实体的将只是一些逻辑范畴。所以形而上学者也就有理由说,世界上的事物是逻辑范畴这块底布上绣成的花卉;他们在进行这些抽象时,自以为在进行分析,他们越来越远离物体,而自以为越来越接近,以至于深入物体。哲学家和基督徒不同之处正是在于:基督徒只有一个**逻各斯**的化身,不管什么逻辑不逻辑;而哲学家则有无数化身。既然如此,那么一切存在物,一切生活在地上和水中的东西经过抽象都可以归结为逻辑范畴,因而整个现实世界都淹没在抽象世界之中,即淹没在逻辑范畴的世界之中,这又有什么奇怪呢?

---

① 皮·约·蒲鲁东在 1827 年后曾作为校对者参加圣经的出版工作并在此期间掌握了希伯来语知识。蒲鲁东经常谈到希伯来语,马克思在这里暗喻此事。——编者注

一切存在物，一切生活在地上和水中的东西，只是由于某种运动才得以存在、生活。例如，历史的运动创造了社会关系，工业的运动给我们提供了工业产品，等等。

正如我们通过抽象把一切事物变成逻辑范畴一样，我们只要抽去各种各样的运动的一切特征，就可得到抽象形态的运动，纯粹形式上的运动，运动的纯粹逻辑公式。如果我们把逻辑范畴看做一切事物的实体，那么我们也就可以设想把运动的逻辑公式看做是一种**绝对方法**，它不仅说明每一个事物，而且本身就包含每个事物的运动。

关于这种绝对方法，黑格尔这样说过：

> "方法是任何事物所不能抗拒的一种绝对的、唯一的、最高的、无限的力量；这是理性企图在每一个事物中发现和认识自己的意向。"（《逻辑学》第 3 卷）

既然把任何一种事物都归结为逻辑范畴，任何一个运动、任何一种生产行为都归结为方法，那么由此自然得出一个结论，产品和生产、事物和运动的任何总和都可以归结为应用的形而上学。黑格尔为宗教、法等做过的事情，蒲鲁东先生也想在政治经济学上如法炮制。

那么，这种绝对方法到底是什么呢？是运动的抽象。运动的抽象是什么呢？是抽象形态的运动。抽象形态的运动是什么呢？是运动的纯粹逻辑公式或者纯粹理性的运动。纯粹理性的运动又是怎么回事呢？就是设定自己，自相对立，自相合成，就是把自身规定为正题、反题、合题，或者就是它自我肯定、自我否定和否定自我否定。

理性怎样进行自我肯定，把自己设定为特定的范畴呢？这就是理性自己及其辩护人的事情了。

但是理性一旦把自己设定为正题，这个正题、这个与自己相对立的思想就会分为两个互相矛盾的思想,即肯定和否定,"是"和"否"。这两个包含在反题中的对抗因素的斗争,形成辩证运动。"是"转化为"否","否"转化为"是"。"是"同时成为"是"和"否","否"同时成为"否"和"是",对立面互相均衡,互相中和,互相抵消。这两个彼此矛盾的思想的融合,就形成一个新的思想,即它们的合题。这个新的思想又分为两个彼此矛盾的思想,而这两个思想又融合成新的合题。从这种生育过程中产生出思想群。同简单的范畴一样,思想群也遵循这个辩证运动,它也有一个矛盾的群作为反题。从这两个思想群中产生出新的思想群,即它们的合题。

正如从简单范畴的辩证运动中产生出群一样,从群的辩证运动中产生出系列,从系列的辩证运动中又产生出整个体系。

把这个方法运用到政治经济学的范畴上面,就会得出政治经济学的逻辑学和形而上学,换句话说,就会把人所共知的经济范畴翻译成人们不大知道的语言,这种语言使人觉得这些范畴似乎是刚从纯粹理性的头脑中产生的,好像这些范畴仅仅由于辩证运动的作用才互相产生、互相联系、互相交织。请读者不要害怕这个形而上学以及它那一大堆范畴、群、系列和体系。尽管蒲鲁东先生费了九牛二虎之力想爬上**矛盾体系**的顶峰,可是他从来没有超越过头两级即简单的正题和反题,而且这两级他仅仅爬上过两次,其中有一次还跌了下来。

在这以前我们谈的只是黑格尔的辩证法。下面我们要看到蒲鲁东先生怎样把它降低到极可怜的程度。黑格尔认为,世界上过去发生的一切和现在还在发生的一切,就是他自己的思维中发生的一切。因此,历史的哲学仅仅是哲学的历史,即他自己的哲学的历史。没有"与时间次序相一致的历史",只有"观念在理性中的顺序"。他以为他是在通过思想的运动建设世界;其实,他只是根据绝对方法把所有人们头脑中的思想加以系统的改组和排列而已。

第二个说明

经济范畴只不过是生产的社会关系的理论表现,即其抽象。真正的哲学家蒲鲁东先生把事物颠倒了,他认为现实关系只是一些原理和范畴的化身。这位哲学家蒲鲁东先生还告诉我们,这些原理和范畴过去曾睡在"无人身的人类理性"的怀抱里。

经济学家蒲鲁东先生非常明白,人们是在一定的生产关系中制造呢绒、麻布和丝织品的。但是他不明白,这些一定的社会关系同麻布、亚麻等一样,也是人们生产出来的。社会关系和生产力密切相联。随着新生产力的获得,人们改变自己的生产方式,随着生产方式即谋生的方式的改变,人们也就会改变自己的一切社会关系。手推磨产生的是封建主的社会,蒸汽磨产生的是工业资本家的社会。

人们按照自己的物质生产率①建立相应的社会关系,正是这些人又按照自己的社会关系创造了相应的原理、观念和范畴。

所以,这些观念、范畴也同它们所表现的关系一样,不是永恒的。它们是**历史的、暂时的产物**。

生产力的增长、社会关系的破坏、观念的形成都是不断运动的,只有运动的抽象即"**不死的死**"¹¹⁸才是停滞不动的。

第三个说明

每一个社会中的生产关系都形成一个统一的整体。蒲鲁东先

---

① 1885 年德文版改为"生产方式"。——编者注

生把种种经济关系看做同等数量的社会阶段,这些阶段互相产生,像反题来自正题一样一个来自一个,并在自己的逻辑顺序中实现着无人身的人类理性。

这个方法的唯一短处就是:蒲鲁东先生在考察其中任何一个阶段时,都不能不靠所有其他社会关系来说明,可是当时这些社会关系尚未被他用辩证运动产生出来。当蒲鲁东先生后来借助纯粹理性使其他阶段产生出来时,却又把它们当成初生的婴儿,忘记它们和第一个阶段是同样年老了。

因此,他要构成被他看做一切经济发展基础的价值,就非有分工、竞争等等不可。然而当时这些关系在**系列**中、在蒲鲁东先生的**理性**中以及**逻辑顺序**中根本还不存在。

谁用政治经济学的范畴构筑某种意识形态体系的大厦,谁就是把社会体系的各个环节割裂开来,就是把社会的各个环节变成同等数量的依次出现的单个社会。其实,单凭运动、顺序和时间的唯一逻辑公式怎能向我们说明一切关系在其中同时存在而又互相依存的社会机体呢?

第四个说明

现在我们看一看蒲鲁东先生在把黑格尔的辩证法应用到政治经济学上去的时候,把它变成了什么样子。

蒲鲁东先生认为,任何经济范畴都有好坏两个方面。他看范畴就像小资产者看历史伟人一样:**拿破仑**是一个大人物;他行了许多善,但是也作了许多恶。

蒲鲁东先生认为,**好的方面**和**坏的方面**,**益处**和**害处**加在一起就构成每个经济范畴所固有的**矛盾**。

应当解决的问题是:保存好的方面,消除坏的方面。

奴隶制是同任何经济范畴一样的经济范畴。因此,它也有两个方面。我们抛开奴隶制的坏的方面不谈,且来看看它的好的方面。自然,这里谈的只是直接奴隶制,即苏里南、巴西和北美南部各州的黑人奴隶制。

同机器、信用等等一样,直接奴隶制是资产阶级工业的基础。没有奴隶制就没有棉花;没有棉花就没有现代工业。奴隶制使殖民地具有价值,殖民地产生了世界贸易,世界贸易是大工业的条件。可见,奴隶制是一个极重要的经济范畴。

没有奴隶制,北美这个进步最快的国家就会变成宗法式的国家。如果从世界地图上把北美划掉,结果看到的是一片无政府状态,是现代贸易和现代文明十分衰落的情景。消灭奴隶制就等于从世界地图上抹掉美国。①

因为奴隶制是一个经济范畴,所以它总是存在于各民族的制度中。现代各民族只是在本国内把奴隶制掩饰一下,而在新大陆却不加掩饰地推行奴隶制。

蒲鲁东先生将用什么办法挽救奴隶制呢? 他提出的**问题**是:保存这个经济范畴的好的方面,消除其坏的方面。

---

① 恩格斯在 1885 年德文版上加了一个注:"这对 1847 年说来是完全正确的。当时美国的对外贸易主要限于输入移民和工业产品,输出棉花和烟草,即南部奴隶劳动的产物。北部各州主要是为各蓄奴州生产谷物和肉类。直至北部开始生产供输出用的谷物和肉类,并且成为工业国,而美国棉花的垄断又遇到印度、埃及、巴西等国的激烈竞争的时候,奴隶制才有可能废除。而且当时,奴隶制的废除曾引起南部的破产,因为南部还没有以印度和中国苦力的隐蔽奴隶制代替公开的黑人奴隶制。——弗·恩·"——编者注

黑格尔就不需要提出问题。他只有辩证法。蒲鲁东先生从黑格尔的辩证法那里只借用了用语。而蒲鲁东先生自己的辩证运动只不过是机械地划分出好、坏两面而已。

我们暂且把蒲鲁东先生当做一个范畴看待,看一看他的好的方面和坏的方面,他的长处和短处。

如果说,与黑格尔比较,他的长处是提出问题并且自愿为人类最大幸福而解决这些问题,那么,他也有一个短处:当他想通过辩证的生育过程生出一个新范畴时,却毫无所获。两个相互矛盾方面的共存、斗争以及融合成一个新范畴,就是辩证运动。谁要给自己提出消除坏的方面的问题,就是立即切断了辩证运动。我们看到的已经不是由于自己的矛盾本性而设定自己并自相对立的范畴,而是在范畴的两个方面中间转动、挣扎和冲撞的蒲鲁东先生。

这样,蒲鲁东先生就陷入了用正当方法难以摆脱的困境,于是他用尽全力一跳便跳到一个新范畴的领域中。这时在他那惊异的目光面前便出现了**理性中的系列**。

他随手拈来一个范畴,随心所欲地给它一种特性:把需要清洗的范畴的缺陷消除。例如,如果相信蒲鲁东先生的话,税收可以消除垄断的缺陷,贸易差额可以消除税收的缺陷,土地所有权可以消除信用的缺陷。

这样,蒲鲁东先生把经济范畴逐一取来,把一个范畴用做另一个范畴的**消毒剂**,用矛盾和矛盾的消毒剂这二者的混合物写成两卷矛盾,并且恰当地称为《经济矛盾的体系》。

第五个说明

"在绝对理性中,所有这些观念……是同样简单和普遍的…… 实际上我们只有靠我们的观念搭成的**一种脚手架**才能达到科学境地。但是,真理本身并不以这些辩证的图形为转移,而且不受我们思想的种种组合的束缚。"(蒲鲁东《贫困的哲学》第 2 卷第 97 页)

这样,一个急转弯(现在我们才知道其中奥妙)就使政治经济学的形而上学突然变成了幻想!蒲鲁东先生从来没有说过这样的实话。的确,一旦把辩证运动的过程归结为这样一个简单过程,即把好的方面和坏的方面加以对比,提出消除坏的方面的问题,并且把一个范畴用做另一个范畴的消毒剂,那么范畴就不再有自发的运动,观念就"不再**发生作用**",不再有内在的生命。观念既不能再把自己设定为范畴,也不能再把自己分解为范畴。范畴的顺序成了**一种脚手架**。辩证法不再是绝对理性的运动了。辩证法没有了,至多还剩下最纯粹的道德。

当蒲鲁东先生谈到**理性中的系列即范畴的逻辑顺序**的时候,他肯定地说,他不是想论述**与时间次序相一致的历史**,即蒲鲁东先生所认为的范畴在其中**出现**的历史顺序。他认为那时一切都在**理性的纯粹以太**中进行。一切都应当通过辩证法从这种以太中产生。现在当实际应用这种辩证法的时候,理性对他来说却不存在了。蒲鲁东先生的辩证法背弃了黑格尔的辩证法,于是蒲鲁东先生只得承认,他用以说明经济范畴的次序不再是这些经济范畴相互产生的次序。经济的进化不再是理性本身的进化了。

那么,蒲鲁东先生给了我们什么呢?是现实的历史,即蒲鲁东先生所认为的范畴在时间次序中**出现**的那种顺序吗?不是。是在观念本身中进行的历史吗?更不是。这就是说,他既没有给我们范畴的世俗历史,也没有给我们范畴的神圣历史!那么,到底他给了我们什么历史呢?是他本身矛盾的历史。让我们来看看这些矛盾怎样行进以及它们怎样拖着蒲鲁东先生走吧。

　　在未研究这一点(这是第六个重要说明的引子)之前,我们应当再作一个比较次要的说明。

　　让我们和蒲鲁东先生一同假定:现实的历史,与时间次序相一致的历史是观念、范畴和原理在其中出现的那种历史顺序。

　　每个原理都有其出现的世纪。例如,权威原理出现在 11 世纪,个人主义原理出现在 18 世纪。因而不是原理属于世纪,而是世纪属于原理。换句话说,不是历史创造原理,而是原理创造历史。但是,如果为了顾全原理和历史我们再进一步自问一下,为什么该原理出现在 11 世纪或者 18 世纪,而不出现在其他某一世纪,我们就必然要仔细研究一下:11 世纪的人们是怎样的,18 世纪的人们是怎样的,他们各自的需要、他们的生产力、生产方式以及生产中使用的原料是怎样的;最后,由这一切生存条件所产生的人与人之间的关系是怎样的。难道探讨这一切问题不就是研究每个世纪中人们的现实的、世俗的历史,不就是把这些人既当成他们本身的历史剧的剧作者又当成剧中人物吗? 但是,只要你们把人们当成他们本身历史的剧中人物和剧作者,你们就是迂回曲折地回到真正的出发点,因为你们抛弃了最初作为出发点的永恒的原理。

　　至于蒲鲁东先生,他还在意识形态家所走的这条迂回曲折的道路上缓慢行进,离开历史的康庄大道还有一大段路程。

第六个说明

　　我们且沿着这条迂回曲折的道路跟蒲鲁东先生走下去。

　　假定被当做**不变规律**、**永恒原理**、**观念范畴**的经济关系先于生动活跃的人而存在;再假定这些规律、这些原理、这些范畴自古以来就睡在"无人身的人类理性"的怀抱里。我们已经看到,在这一切一成不变的、停滞不动的永恒下面没有历史可言,即使有,至多也只是观念中的历史,即反映在纯粹理性的辩证运动中的历史。既然蒲鲁东先生认为各种观念在辩证运动中不能互相"**区分**",那么他就一笔勾销了**运动的影子和影子的运动**,而本来总还可以用它们造成某种类似历史的东西。他没有这样做,反而把自己的无能归罪于历史,埋怨一切,甚至连法国话也埋怨起来。哲学家蒲鲁东先生告诉我们:

> "我们说什么东西**出现**或者什么东西**生产出来**,这种说法是不确切的,无论是在文明里还是在宇宙中,自古以来一切就存在着、活动着…… **整个社会经济也是如此**。"(第 2 卷第 102 页)

自身起作用并且使蒲鲁东先生本人也起作用的矛盾的创造力竟大到这样程度,以至他本想说明历史,但却不得不否定历史;本想说明社会关系的顺次出现,但却根本否定**某种东西**可以**出现**;本想说明生产及其一切阶段,但却否定**某种东西可以生产出来**。

这样,在蒲鲁东先生看来,再没有什么历史,也没有什么观念的顺序了,可是,他那本大作却继续存在,而这部著作恰恰被他自己称为"**与观念顺序相一致的历史**"。怎样才能找到一个公式(因为蒲鲁东先生就是公式化的人物)帮助他**一跳**就越过他的一切矛盾呢?

为了做到这一点,他发明了一种新理性,这既不是绝对的、纯粹的和纯真的理性,也不是生活在不同历史时期的生动活跃的人们的普通的理性;这是一种十分特殊的理性,是作为人的社会的理性,是作为主体的**人类**的理性,这种理性在蒲鲁东先生的笔下最初间或写做"**社会天才**"、"**普遍理性**",最后又写做"**人类理性**"。然而这种名目繁多的理性在任何情况下都可以被人们认出是蒲鲁东先生的个人理性,它有好的和坏的方面,有消毒剂也有问题。

"**人类理性不创造真理**",真理蕴藏在绝对的永恒的理性的深处。人类理性只能发现真理。但是直到现在它所发现的真理是不完备的,不充足的,因而是矛盾的。经济范畴本身是人类理性、社会天才所发现和揭示出来的真理,因此它们也是不完备的并含有矛盾的萌芽。在蒲鲁东先生以前,社会天才只看见**对抗因素**而未发现**综合公式**,虽然两者同时潜藏在**绝对理性**里面。既然经济关系只是这些不充足的真理、这些不完备的范畴、这些矛盾的概念在人世间的实现,因此,它们本身就包含着矛盾,并且有好坏两个方面。

社会天才的任务是发现完备的真理、完整无缺的概念、排除二律背反的综合公式。这也就说明,为什么在蒲鲁东先生的想象中,这个社会天才不得不从一个范畴跑到另一个范畴,但是仍然不能靠这一整套范畴从上帝那里,从绝对理性那里得到一个综合公式:

"首先,社会〈社会天才〉假定一个原始的事实,提出一个**假设**……一个真正的二律背反,它的对抗性结果在社会经济中展开来就像它的后果会在精神上被推论出来一样,所以工业运动在各方面随着观念的演绎分为两道洪流:一道是有益作用的洪流,一道是有害结果的洪流……　为了和谐地构成这个两重性的原理和解决这个二律背反,社会就产生**第二个二律背反**,随后很快地又产生第三个二律背反;**社会天才**将一直这样**行进**,直到它用尽自己的全部矛盾(尽管未曾得到证实,但是我料想,人类的矛盾是有止境的),一跳而回到它自己原来的各种论点并用**唯一的公式**来解决自己的全部问题时为止。"(第 1 卷第 133 页)

正如以前**反题**变成**消毒剂**一样,现在**正题**将变成**假设**。但是,蒲鲁东先生这种术语上的变换现在再也不能使我们感到惊奇了。人类的理性最不纯洁,它只具有不完备的见解,每走一步都要遇到新的待解决的问题。人类的理性在绝对理性中发现的以及作为第一个正题的否定的每一个新的正题,对它说来都是一个合题,并且被它相当天真地当做有关问题的解决。这个理性就这样在不断变换的矛盾中冲撞,直至它达到了矛盾的终点,发觉这一切正题和合题不过是相互矛盾的假设时为止。在走投无路的情况下,"人类理性,社会天才一跳而回到它自己原来的各种论点并用唯一的公式来解决自己的全部问题"。这里附带说一下,这个唯一的公式是蒲鲁东先生真正的发现。这就是**构成价值**。

假设只是为了某种目的而设立的。通过蒲鲁东先生之口讲话的社会天才首先给自己提出的目的,就是消除每个经济范畴的一切坏的东西,使它只保留好的东西。他认为,好的东西,最高的幸福,真正的实际目的就是**平等**。为什么社会天才只要平等,而不要不平等或博爱、不要天主教或别的什么原理呢? 因为"人类之所以接连不断地实现这么多特殊的假设,正是由于考虑到一个最高的假设",这个最高的假设就是平等。换句话说,因为平等是蒲鲁东先生的理想。他以为分工、信用、工厂,一句话,一切经济关系都仅仅是为了平等的利益才被发明的,但是结果它们往往背离平等。由于历史和蒲鲁东先生的臆测步步发生矛盾,所以他得出结论说,有矛盾存在。即使是有矛盾存在,那也只存在于他的固定观念和现实运动之间。

从此以后,肯定平等的就是每个经济关系的好的方面,否定平等和肯定不平等的就是坏的方面。每一个新的范畴都是社会天才为了消除前一个假设所产生的不平等而作的假设。总之,平等是**原始的意向、神秘的趋势、天命的目的**,社会天才在经济矛盾的圈子里旋转时从来没有忽略过它。因此,**天命**是一个火车头,用它拖蒲鲁东先生的全部经济行囊前进远比用他那没有头脑的纯粹理性要好得多。他在论税收一章之后,用了整整一章来写天命。

天命,天命的目的,这是当前用以说明历史进程的一个响亮字眼。其实这个字眼不说明任何问题。它至多不过是一种修辞形式,是解释事实的多种方式之一。

　　大家知道,英国工业的发展使苏格兰地产获得了新的价值。而英国工业则为羊毛开辟了新的销售市场。要生产大量的羊毛,必然把耕地变成牧场。要实行这种改变就必须集中地产。要集中地产就必须消灭世袭租佃者的小农庄,使成千上万的租佃者离开家园,让放牧几百万只羊的少数牧羊人来代替他们。这样,由于耕地接连不断地变成牧场,结果苏格兰的地产使羊群赶走了人。如果现在你们说,羊群赶走人就是苏格兰地产制度的天命的目的,那么,你们就创造出了天命的历史。

　　当然,平等趋势是我们这个世纪所特有的。认为以往各世纪及其完全不同的需求、生产资料等等都是为实现平等而遵照天命行事,这首先就是用我们这个世纪的人和生产资料来代替过去各世纪的人和生产资料,否认后一代人改变前一代人所获得的成果的历史运动。经济学家们很清楚,同是一件东西对甲说来是成品,对乙说来只是从事新的生产的原料。

　　如果你们同蒲鲁东先生一道假定:社会天才制造出,或者更确切些说即兴制造出封建主,是为了达到把**佃农**变为**负有义务的**和**彼此平等的劳动者**这一天命的目的,那么,你们就把目的和人都换了,这种做法同为了达到恶意的满足(即用羊群赶走人)而在苏格兰确立地产制度的天命比较起来,毫不逊色。

　　可是,蒲鲁东先生既然对于天命表现出那样亲切的关怀,我们就介绍他看一看维尔纽夫-巴尔热蒙的《政治经济学的历史》[①],此人也是追求天命的目的。但他这个目的已经不是平等,而是天主教了。

---

①　让·保·阿·维尔纽夫-巴尔热蒙《政治经济学的历史》1839年布鲁塞尔版。——编者注

第七个即最后一个说明

经济学家们的论证方式是非常奇怪的。他们认为只有两种制度：一种是人为的，一种是天然的。封建制度是人为的，资产阶级制度是天然的。在这方面，经济学家很像那些把宗教也分为两类的神学家。一切异教都是人们臆造的，而他们自己的宗教则是神的启示。经济学家所以说现存的关系（资产阶级生产关系）是天然的，是想以此说明，这些关系正是使生产财富和发展生产力得以按照自然规律进行的那些关系。因此，这些关系是不受时间影响的自然规律。这是应当永远支配社会的永恒规律。于是，以前是有历史的，现在再也没有历史了。以前所以有历史，是由于有过封建制度，由于在这些封建制度中有一种和经济学家称为自然的、因而是永恒的资产阶级社会生产关系完全不同的生产关系。

封建主义也有过自己的无产阶级，即包含着资产阶级的一切萌芽的农奴等级。封建的生产也有两个对抗的因素，人们称为封建主义的**好的方面**和**坏的方面**，可是，却没想到结果总是坏的方面压倒好的方面。正是坏的方面引起斗争，产生形成历史的运动。假如在封建主义统治时代，经济学家看到骑士的德行，看到权利和义务之间美妙的协调，看到城市中的宗法式的生活，看到乡村中家庭工业的繁荣，看到通过各同业公会、行会和商会组织起来的工业的发展，总而言之，看到封建主义的这一切好的方面而深受感动，抱定目的要消除这幅图画上的一切阴暗面——农奴制度、特权、无政府状态，那么结果会怎样呢？引起斗争的一切因素就会灭绝，资产阶级的发展在萌芽时就会被窒息。经济学家就会给自己提出把历史一笔勾销的荒唐问题。

资产阶级得势以后，也就谈不到封建主义的好的方面和坏的方面了。资产阶级把它在封建主义统治下发展起来的生产力掌握起来。一切旧的经济形式、一切与之相适应的市民关系以及作为旧日市民社会的正式表现的政治制度都被粉碎了。

这样，为了正确地判断封建的生产，必须把它当做以对抗为基础的生产方式来考察。必须指出，财富怎样在这种对抗中间形成，生产力怎样和阶级对抗同时发展，这些阶级中一个代表着社会上坏的、有害方面的阶级怎样不断地成长，直到它求得解放的物质条件最后成熟。这难道不是说，生产方式，生产力在其中发展的那些关系，并不是永恒的规律，而是同人们及其生产力的一定发展相适应的东西，人们生产力的一切变化必然引起他们的生产关系的变化吗？由于最重要的是不使文明的果实——已经获得的生产力被剥夺，所以必须粉碎生产力在其中产生的那些传统形式。从此以后，革命阶级将成为保守阶级。

资产阶级从一开始就有一个本身是封建时期无产阶级[1]残存物的无产阶级相伴随。资产阶级在其历史发展过程中不可避免地要发展它的对抗性质，起初这种性质或多或少是掩饰起来的，仅仅处于隐蔽状态。随着资产阶级的发展，在它的内部发展着一个新的无产阶级，即现代无产阶级。无产阶级同资产阶级之间展开了斗争，这个斗争在双方尚未感觉到，尚未予以注意、重视、理解、承认并公开宣告以前，最初仅表现为局部的暂时的冲突，表现为一些破坏行为。另一方面，如果说现代资产阶级的全体成员由于组成

---

[1] 在马克思送给娜·吴亭娜的那一本上面，此处加了边注："劳动阶级"。——编者注

一个与另一个阶级相对立的阶级而有共同的利益,那么,一旦那些成员之间出现对立,他们的利益就会互相对抗和冲突。这种利益上的对立是由他们的资产阶级生活的经济条件产生的。资产阶级借以在其中活动的那些生产关系的性质决不是单一的、单纯的,而是两重的;在产生财富的那些关系中也产生贫困;在发展生产力的那些关系中也发展一种产生压迫的力量;这些关系只有不断消灭资产阶级单个成员的财富和产生出不断壮大的无产阶级,才能产生**资产者的财富**,即资产阶级的财富;这一切都一天比一天明显了。

这种对抗性质表现得越明显,经济学家们,这些资产阶级生产的学术代表就越和他们自己的理论发生分歧,于是在他们中间形成了各种学派。

宿命论的经济学家,在理论上对他们所谓的资产阶级生产的有害方面采取漠不关心的态度,正如资产者本身在实践中对他们赖以取得财富的无产者的疾苦漠不关心一样。这个宿命论学派有古典派和浪漫派两种。古典派如亚当·斯密和李嘉图,他们代表着一个还在同封建社会的残余进行斗争、力图清洗经济关系上的封建污垢、提高生产力、使工商业获得新的发展的资产阶级。而参加这一斗争并专心致力于这一狂热活动的无产阶级只经受着暂时的、偶然的苦难,并且它自己也认为这些苦难是暂时的、偶然的。亚当·斯密和李嘉图这样的经济学家是这一时代的历史学家,他们的使命只是表明在资产阶级生产关系下如何获得财富,只是将这些关系表述为范畴、规律并证明这些规律、范畴比封建社会的规律和范畴更有利于财富的生产。在他们看来,贫困只不过是每一次分娩时的阵痛,无论是自然界还是工业都要经历这种情况。

浪漫派属于我们这个时代,这时资产阶级同无产阶级处于直接对立状态,贫困像财富那样大量产生。这时,经济学家便以饱食的宿命论者的姿态出现,他们自命高尚,蔑视那些用劳动创造财富的活人机器。他们的一言一语都仿照他们的前辈,可是,前辈们的漠不关心只是出于天真,而他们的漠不关心却已成为卖弄风情了。

其次是**人道学派**,这个学派对现时生产关系的坏的方面倒是放在心上的。为了不受良心的责备,这个学派想尽量缓和现有的对比;他们对无产者的苦难以及资产者之间的剧烈竞争表示真诚的痛心;他们劝工人安分守己,好好工作,少生孩子;他们建议资产者节制一下生产热情。这个学派的全部理论建立在理论和实践、原理和结果、观念和应用、内容和形式、本质和现实、法和事实、好的方面和坏的方面之间无限的区别上面。

博爱学派是完善的人道学派。他们否认对抗的必然性;他们愿意把一切人都变成资产者;他们愿意实现理论,只要这种理论与实践不同而且本身不包含对抗。毫无疑问,在理论上把现实中随时都要遇到的矛盾撇开不管并不困难。那样一来,这种理论就会变成理想化的现实。因此,博爱论者愿意保存那些表现资产阶级关系的范畴,而不要那种构成这些范畴并且同这些范畴分不开的对抗。博爱论者以为,他们是在严肃地反对资产者的实践,其实,他们自己比任何人都更像资产者。

正如**经济学家**是资产阶级的学术代表一样,**社会主义者**和**共产主义者**是无产者阶级的理论家。在无产阶级尚未发展到足以确立为一个阶级,因而无产阶级同资产阶级的斗争尚未带政治性以前,在生产力在资产阶级本身的怀抱里尚未发展到足以使人看到解放无产阶级和建立新社会必备的物质条件以前,这些理论家不过是一些空想主义者,他们为了满足被压迫阶级的需要,想出各种各样的体系并且力求探寻一种革新的科学。但是随着历史的演进以及无产阶级斗争的日益明显,他们就不再需要在自己头脑里找寻科学了;他们只要注意眼前发生的事情,并且把这些事情表达出来就行了。当他们还在探寻科学和只是创立体系的时候,当他们的斗争才开始的时候,他们认为贫困不过是贫困,他们看不出它能够推翻旧社会的革命的破坏的一面。但是一旦看到这一面,这个由历史运动产生并且充分自觉地参与历史运动的科学就不再是空论,而是革命的科学了。

现在再来谈谈蒲鲁东先生。

每一种经济关系都有其好的一面和坏的一面;只有在这一点上蒲鲁东先生没有背叛自己。他认为,好的方面由经济学家来揭示,坏的方面由社会主义者来揭露。他从经济学家那里借用了永恒关系的必然性;从社会主义者那里借用了把贫困仅仅看做是贫困的幻想。他对两者都表示赞成,企图拿科学权威当靠山。而科学在他看来已成为某种微不足道的科学公式了;他无休止地追逐公式。正因为如此,蒲鲁东先生自以为他既批判了政治经济学,也批判了共产主义;其实他远在这两者之下。说他在经济学家之下,因为他作为一个哲学家,自以为有了神秘的公式就用不着深入纯经济的细节;说他在社会主义者之下,因为他既缺乏勇气,也没有远见,不能超出(哪怕是思辨地也好)资产者的眼界。

他希望成为合题,结果只不过是一种合成的错误。

他希望充当科学泰斗,凌驾于资产者和无产者之上,结果只是一个小资产者,经常在资本和劳动、政治经济学和共产主义之间摇来摆去。

第二节　分工和机器

照蒲鲁东先生的说法,**经济进化**的系列是由分工揭开的。

分工的好的方面 { "就实质而论，分工是实现条件上和智能上的**平等**的方法。"（第 1 卷第 93 页）

分工的坏的方面 {

"对我们说来，分工变成了贫困的源泉。"（第1卷第94页）

另一种说法

"劳动**按照**它所特有的、构成其有效性的首要条件的**规律进行划分**，结果就会否定自己的目的，毁灭自己。"（第 1 卷第 94 页）

应当解决的问题 { 找寻"一种新的合成，以便消除分工的有害方面而保存其有益的作用"（第 1 卷第 97 页）。

在蒲鲁东先生看来，分工是一种永恒的规律，是一种单纯而抽象的范畴。所以，抽象、观念、文字等就足以使他说明各个不同历史时代的分工。种姓[103]、行会、工场手工业、大工业必须用一个**分**字来解释。如果你们首先将"分"字的含义好好加以研究，将来你们就不必再研究每个时代中赋予分工以某种特定性质的诸多影响了。

当然，如果把事物归结为蒲鲁东先生的范畴，那未免把这些事物看得太简单了。历史的进程并非是那样绝对的。德国为了实现城乡分离这第一次大分工，整整用了三个世纪。城乡关系一改变，整个社会也跟着改变。即使只拿分工的这一方面来说，这里是古代的共和国，或是基督教的封建制度；那里则是古老的英国和它的贵族，或是现代的英国和它的棉纱大王（cotton-lords）。14 世纪和 15 世纪，殖民地尚未出现，对欧洲说来美洲还不存在，同亚洲的交往只有通过君士坦丁堡一个地方，贸易活动以地中海为中心，那时候分

工的形式和表现,与 17 世纪西班牙人、葡萄牙人、荷兰人、英国人和
法国人已在世界各处拥有殖民地时的分工完全不同。市场的大小
和它的面貌所赋予各个不同时代的分工的面貌和性质,单从一个
"**分**"字,从观念、范畴中是很难推论出来的。蒲鲁东先生说:

> "从亚当·斯密以来,所有的经济学家都指出过分工的规律的**有益方面**和
> **有害方面**,但是他们常常更多地强调前者,因为这样做更适合他们的乐观主
> 义;同时没有一个经济学家反问过自己:一个规律的有害方面是什么…… 一
> 个始终一贯的原理怎么会产生截然相反的结果呢?无论在亚当·斯密以前
> 或在他以后,甚至没有一个经济学家看出,这里有一个需要阐明的问题。萨
> 伊承认,在分工中,那个产生善的原因同样也产生恶。"

亚当·斯密比蒲鲁东先生所想象的要看得远些。他很清楚地
看到:"个人之间天赋才能的差异,实际上远没有我们所设想的那
么大;这些十分不同的、看来是使从事各种职业的成年人彼此有所
区别的才赋,与其说是分工的**原因**,不如说是分工的**结果**。"从根
本上说,搬运夫和哲学家之间的差别要比家犬和猎犬之间的差别
小得多,他们之间的鸿沟是分工掘成的。这一切并未妨碍蒲鲁东
先生在另一处说:亚当·斯密甚至一点也没有想到分工还有有害
的一面,因此他还说:让·巴·萨伊**第一个**承认,"在分工中,那个
产生善的原因同样也产生恶"。

但是,让我们听听勒蒙泰吧;让人人各得其所。

> "让·巴·萨伊先生在他的一篇卓越的政治经济学论著中采纳了**我**在
> 论分工的道德影响这一节中**提出**的原理,这使我感到荣幸。他没有提到我的
> 名字,大概是因为我那本书①的标题失之浅薄。我只能以此来解释作家的沉
> 默。这位作家由于自己的根底深厚,因此可以否认这种小小的剽窃。"(《勒

---

① 指皮·勒蒙泰的《理智和愚蠢各抒己见。供年长智低者阅读的简明伦理
教程》1801 年巴黎版。——编者注

蒙泰全集》1840 年巴黎版第 1 卷第 245 页）

让我们给勒蒙泰以公正吧:他机智地描绘了今天所实行的这种分工的有害的结果,蒲鲁东先生对这一点未能作任何补充。既然由于蒲鲁东先生的过错我们已卷入谁在先的争论,那么不妨再顺便说一下,在勒蒙泰之前很久,而且在亚当·斯密以前 17 年,斯密的老师亚·弗格森在专门论分工的一章中就已清楚地阐述了这一点。

"甚至可以怀疑一个民族的一般能力的增长是否同技术进步成正比例。在若干门机械技艺中……没有任何智慧和情感的参与也完全可以达到目的,正如无知是迷信之母一样,它也是工业之母。思索和想象会产生错误,但是手或脚的习惯动作既不靠思索,也不靠想象。所以可以说,在工场手工业方面,其最完善之处在于不用脑力参与,因此,不费任何思索就可以把作坊看做一部由人构成的机器…… 一位将军可能是十分精通战争艺术的人,而士兵的全部价值却只是完成一些手脚的动作。前者之所得可能就是后者之所失…… 在这一切都互相分离的时期,思维的技艺本身可以自成一个独立的行业。"(亚·弗格森《论市民社会史》1783 年巴黎版[第 108—110 页])

为了结束这场文献的涉猎,我们明确地否认"**所有的**经济学家更多强调的是分工的有益方面而不是有害方面"。只需举出西斯蒙第就可以了。

因此,一说到分工的**有益方面**,蒲鲁东先生就只有把众所周知的一般词句多少加以夸大,重说一番。

现在让我们来看看,蒲鲁东先生怎样从被当做普遍规律、范畴和观念来看待的分工中引申出同它有关的**有害方面**。这个范畴、这个规律怎么会包含一种损害蒲鲁东先生的平均主义体系的不平等的分工呢?

"在这分工的庄严时刻,狂风开始袭击人类。进步并不对一切人都是平等划一的…… 它首先只及于少数的特权者…… 这是进步对人的偏私,它使人长期相信在地位上有自然的和天命的不平等,并且它产生了种姓,建立了一切社会的等级制度。"(蒲鲁东《贫困的哲学》第 1 卷第 94 页)

分工产生了种姓。种姓就是分工的有害方面;因此,有害方面是由分工产生的。这正是需要证明的。如果我们想进一步问问,什么使得分工产生种姓、等级制度和特权呢?蒲鲁东先生会回答我们说:是进步。但是又是什么引起进步呢?界限。界限,这就是蒲鲁东先生所谓的进步对人的偏私。

哲学之后接着就是历史。这已不是叙述的历史,也不是辩证的历史,而是比较的历史。蒲鲁东先生将现代的和中世纪的印刷工人,将克列索工厂的工人和乡村的铁匠,将现代的作家和中世纪的作家加以对比;他使天平的一端倾向于那些多少代表在中世纪形成或由中世纪留传下来的分工的人们。他把一个历史时代的分工和另一历史时代的分工对立起来。这就是蒲鲁东先生应当证明的吗?不是。他应当向我们表明一般分工,即作为范畴的分工的有害方面。不过,既然在后面不远我们就会看到蒲鲁东先生自己正式收回了这一切假造的论据,我们又何必老是停留在他的著作的这一部分上面呢?蒲鲁东先生继续写道:

"**自灵魂被损害**以来,劳动被分散的第一个结果就是延长工作日,使工作日同脑力消耗的总量成反比例增长…… 但是,工作日的长度不可能超过16—18 小时,所以,自从不能靠增加劳动时间来补偿时起,补偿就要靠价格,于是工资就要降低…… 有一点是不容怀疑而且我们必须在这里指出的,这就是**普遍的良心**并不会把工头的工作和小工的劳动等同看待。**因此**,工作日的价格必然降低。这样一来,一个劳动者除了由于执行屈辱身份的职能而使灵魂受尽摧残以外,还免不了要忍受由于报酬微薄所产生的肉体上的痛苦。"

我们不打算谈这种三段论法的逻辑价值,康德会把它叫做使人误入歧途的谬论。

它的实质就是：

分工使工人去从事屈辱身份的职能；被损害的灵魂与这种屈辱身份的职能相适应，而工资的不断急降又与灵魂的被损害相适应。要证实降低了的工资与被损害的灵魂相适应，蒲鲁东先生为了不受良心责备，便说，这是普遍良心所希望的。请问，这种普遍良心包括不包括蒲鲁东先生的灵魂呢？

在蒲鲁东先生看来，**机器**是"分工的逻辑反题"，而他用自己的辩证法一开始便把机器变成**工厂**。

为了从分工中推论出贫困，蒲鲁东先生假设了现代工厂；接着他又假设由分工产生的贫困，以便得出工厂并且可以把工厂看做这种贫困的辩证的否定。蒲鲁东先生在精神上用**屈辱身份的职能**、在肉体上用工资微薄的办法惩罚了劳动者，使工人**附属于工头**，并把他的劳动降低到**小工**劳动的水平；随后他又责怪工厂和机器，说它们通过"使劳动者从属于他的**主人**"的办法**屈辱**他的身份，而且，为了彻底贬低劳动者，又使他"从手艺人的地位下降到**小工的地位**"。真是绝妙的辩证法！如果他到此为止倒也罢了。可是不然。他还需要分工的新的历史，不过这一次已不是为了从中引导出矛盾，而是为了按照自己的方式来改造工厂。为此目的，他必须忘记刚才关于分工所讲的一切。

劳动的组织和划分视其所拥有的工具而各有不同。手推磨所决定的分工不同于蒸汽磨所决定的分工。因此，先从一般的分工开始，以便随后从分工得出一种特殊的生产工具——机器，这简直是对历史的侮辱。

机器正像拖犁的牛一样，并不是一个经济范畴。机器只是一种生产力。以应用机器为基础的现代工厂才是社会生产关系，才是经济范畴。

现在且来看看蒲鲁东先生卓越的想象中的情况究竟是怎样的。

"社会上机器的不断出现,就是劳动的反题,即反公式,这是工业天才对**被分散的和杀人的劳动的抗议**。其实什么是机器呢?**这就是把分工后互相分开的劳动的不同部分联结起来的一种方式**。每一台机器都可以看做多种操作的结合……因此,通过机器会使**劳动者复原**…… 在政治经济学中同分工相对立的机器,在人脑中则是同分析相对立的合题…… 分工只不过使劳动的不同部分互相分开,让每一个人都从事他最合心意的专业;工厂按照每个部分对整体的关系来组合劳动者…… 它把权威原理带入劳动领域…… 但是,还不止于此,**机器**或**工厂**通过使劳动者从属于他的主人的办法屈辱他的身份,并彻底贬低他,强使他从手艺人的地位下降到小工的地位…… 我们现在所处的时期即机器时期有一个突出的特点,就是**雇佣劳动**。雇佣劳动是在**分工和交换**之后出现的。"

我们提醒蒲鲁东先生注意一个简单的事实。把劳动分为不同的部分,让每一个人都有可能从事他最合心意的专业,——蒲鲁东先生认为这种现象始于世界之初,其实,它仅仅是在竞争居于统治地位的现代工业中才存在。

其次,蒲鲁东先生为了表明分工怎样产生工厂,工厂又怎样产生雇佣劳动,他给我们拿出了一份非同寻常的"有趣的家谱"。

(1)他假设一个人,这个人"注意到,把生产分为不同的部分并让单个的工人来从事其中的每一部分",这样就可以扩大生产力。

(2)这个人"抓住这个思想线索向自己说,只要把那些为了实现他给自己**提出**的特殊目的而配备的劳动者组成一个经常性的集团,他就会得到比较持久的生产等等"。

(3)这个人向别人提出**建议**,要求他们领会他的思想,抓住这个思想线索。

(4)在工业刚开始的时候,这个人和**自己**的同伴们,即后来变成他的**工人**的那些人的关系是**彼此平等**的。

(5)"当然,可想而知,由于主人的有利地位和雇佣工人的从属性,这种原始的平等势必迅速消失。"

这就是蒲鲁东先生的**历史的叙述的方法**的又一标本。

现在让我们用历史的和经济的观点来考察一下,工厂或机器是否真是在分工之后把**权威原理**带入社会;工厂或机器是不是一方面恢复劳动者的权威,而另一方面又同时使劳动者从属于权威;机器是不是被分割的劳动的新的合成,是不是同劳动的**分析**相对立的劳动的**合题**。

社会作为一个整体和工厂的内部结构有共同的特点,这就是社会也有它的分工。如果我们以现代工厂中的分工为典型,把它运用于整个社会,那么我们就会看到,为了生产财富而组织得最完善的社会,毫无疑问只应当有一个起指挥作用的企业主按照预先制定的规则将工作分配给共同体的各个成员。可是,实际上情况却完全不是这样。当现代工厂中的分工由企业主的权威详细规定的时候,现代社会要进行劳动分配,除了自由竞争之外没有别的规则、别的权威可言。

在宗法制度、种姓制度、封建制度和行会制度下,整个社会的分工都是按照一定的规则进行的。这些规则是由哪个立法者确定的吗?不是。它们最初来自物质生产条件,只是过了很久以后才上升为法律。分工的这些不同形式正是这样才成为同样多的社会组织的基础。至于工场内部的分工,它在上述一切社会形式中是很不发达的。

甚至下面一点也可以确立为普遍的规则:社会内部的分工越不受权威的支配,工场内部的分工就越发展,越会从属于一人的权威。因此,在分工方面,工场里的权威和社会上的权威是互成**反比**的。

现在我们要来看看,作业被截然划分,每个工人的劳动只是极其简单的操作,各种工作都由权威即资本来安排部署的工厂是一种什么东西。这种工厂是怎么产生的呢?要回答这个问题,我们应当考察一下,真正的工场手工业是怎样发展起来的。我指的是尚未变成拥有机器的现代工业,但已不是中世纪的手工业或家庭工业的那种工业。我们不想讲得太详细,只想指出几个要点来说明,历史是不能靠公式来创造的。

形成工场手工业的最必要的条件之一,就是由于美洲的发现和美洲贵金属的输入而促成的资本积累。

交换手段扩大的结果一方面是工资和地租跌价,另一方面是工业利润增多,这一点已毫无疑义。换句话说,土地所有者阶级和劳动者阶级,即封建主和人民衰落了,资本家阶级,资产阶级则相应地上升了。

同时,绕道好望角这条航道同东印度通商后流通中商品量的增加,殖民地制度,以及海上贸易的发展等也促进了工场手工业的发展。

在工场手工业的历史上还没有获得足够重视的另一个情况,就是封建主遣散了无数的侍从,其中的下层人员在未进入作坊之前变成了流浪汉。在手工作坊建立以前,15 世纪和 16 世纪中流浪现象是极为普遍的。此外,作坊还找到了大量的农民这个强有力的支柱,数百年来,由于耕地变成了牧场以及农业进步减少了耕作所需要的人手,大批农民不断被赶出乡村而流入城市。

市场的扩大、资本的积累、各阶级的社会地位的改变、被剥夺了收入来源的大批人口的出现,这就是工场手工业形成的历史条件。把人们聚集到作坊里去的并不是蒲鲁东先生所说的那种平等者之间的友好协定。工场手工业并不发生在古老的行会内部。主持现代作坊的是商人而不是从前的行会师傅。工场手工业和手工业之间几乎到处都进行着激烈的斗争。

生产工具和劳动者的积累与积聚,发生在作坊内部分工发展以前。工场手工业不是将劳动分解并使专业工人去适应很简单的操作,而是将许多劳动者和许多种手艺集合在一起,在一所房子里面,受一个资本的支配。

手工作坊的益处并不在于真正的分工,而是在于可以进行较大规模的生产,可以减少许多不必要的费用等等。16 世纪末 17世纪初荷兰的工场手工业几乎还不知道分工。

劳动者集合在一个作坊是分工发展的前提。无论在 16 世纪或是 17 世纪,我们都找不出这样的例子:同一手艺的各部门已经互相分离到这样的程度,以致只要把它们集合在一个场所就可以形成一个完全现成的作坊。但是只要人和工具被集合到一个场所,过去以行会形式存在过的那种分工就必然会再度出现并在作坊内部反映出来。

如果说蒲鲁东先生能看见事物的话,他是把它们颠倒过来看的。在他看来,亚当·斯密所说的分工出现在作坊之前,可是实际上这种作坊却是分工存在的条件。

真正的**机器**只是在 18 世纪末才出现。把机器看做分工的**反题**,看做使被分散了的劳动重归统一的**合题**,真是荒谬之极。

机器是劳动工具的集合,但决不是工人本身的各种劳动的组合。

"当每一种特殊的操作已被分工化为对一种简单工具的使用时,由一个发动机开动的所有这些工具的集合就构成机器。"(拜比吉《论机器……的节约》①1833 年巴黎版[第 230 页])

---

① 查·拜比吉《论机器和工厂的节约》。——编者注

　　简单的工具,工具的积累,合成的工具;仅仅由人作为动力,即由人推动合成的工具,由自然力推动这些工具;机器;有一个发动机的机器体系;有自动发动机的机器体系——这就是机器发展的进程。

　　生产工具的积聚和分工是彼此不可分割的,正如政治领域内国家权力的集中和私人利益的分化不能分离一样。英国在土地这种农业劳动工具积聚的时候,也有农业分工,并且还使用机器开发土地。而在法国,工具分散,即存在着小块土地制度,一般说来,这里既没有农业分工,也没有机器在土地上的应用。

　　在蒲鲁东先生看来,劳动工具的积聚就是分工的否定。而实际上我们看到的又是相反的情况。工具积聚发展了,分工也随之发展,并且反过来也一样。正因为这样,机械方面的每一次重大发展都使分工加剧,而每一次分工的加剧也同样引起机械方面的新发明。

　　在英国,机器发明之后分工才有了巨大进步,这一点无须再来提醒。例如,织布工人和纺纱工人过去多半是至今我们还可以在落后国家里看到的那些农民。机器的发明完成了工场劳动同农业劳动的分离。从前结合在一个家庭里的织布工人和纺纱工人被机器分开了。由于有了机器,现在纺纱工人可以住在英国,而织布工人却住在东印度。在机器发明以前,一个国家的工业主要是用本地原料来加工。例如:英国加工的是羊毛,德国加工的是麻,法国加工的是丝和麻,东印度和黎凡特①加工的则是棉花等等。由于机器和蒸汽的应用,分工的规模已使脱离了本国基地的大工业完全依赖于世界市场、国际交换和国际分工。最后,机器对分工起着

---

　　①　地中海东岸诸国的旧称。——编者注

极大的影响,只要任何物品的生产中有可能用机械制造它的某一部分,这种物品的生产就立即分成两个彼此独立的部门。

还用得着谈论蒲鲁东先生在机器的发明和最初的应用中发现的**天命的**和慈善的**目的**吗?

在英国,当市场扩大到手工劳动不再能满足它的需求的时候,人们就感到需要机器。于是人们便想到应用 18 世纪时即已充分发展的机械学。

自动工厂一出现就表现出一些绝非慈善的行为。儿童在皮鞭下面工作;他们成了买卖的对象,有人为弄到儿童而同孤儿院订立了合同。所有关于徒工制度的法律一概废除,因为,用蒲鲁东先生的话来说,再也用不着**综合的**工人了。最后,自 1825 年起,一切新发明几乎都是工人同千方百计地力求贬低工人特长的企业主发生冲突的结果。在每一次多少有一点重要性的新罢工之后,总要出现一种新机器。而工人则很少在机器的应用中看到他们的权威的恢复,或如蒲鲁东先生所说,他们的**复原**。因此,在 18 世纪,工人曾经长期地反抗过正在确立的自动装置的统治。尤尔博士说道:

"在阿克莱以前很久,淮亚特发明了纺纱机械(一列沟槽轧辊)…… 主要的困难并不在于自动装置的发明…… 困难主要在于培养必要的纪律,使人们抛弃毫无次序的工作习惯,帮助他们和自动的大机器的始终如一的规律性运转融为一体。但是要发明一个适合机器体系的需要和速度的工厂纪律法典并付诸实施,是一件非常吃力的事情,这是阿克莱的可贵成就。"[①]

总之,机器的采用加剧了社会内部的分工,简化了作坊内部工人的职能,集结了资本,使人进一步被分割。

---

① 安·尤尔《工厂哲学,或加工棉、毛、麻、丝的工业经济学》1836 年布鲁塞尔版第 1 卷第 21—23 页。——编者注

当蒲鲁东先生愿意当一个经济学家而暂时放弃"理性中的系列的发展"时，他就从亚当·斯密在自动工厂刚刚产生的时期所写的著作中汲取大量的学识。其实，亚当·斯密那时的分工和我们在自动工厂里所见的分工之间有很大的差别。为了更好地了解这个差别，只需从尤尔博士的《工厂哲学》中引证几段就够了。

"当亚当·斯密写他那本关于政治经济学原理的不朽著作的时候，自动工业体系还几乎不为人所熟悉。他认为分工就是使工场手工业日臻完善的伟大原理，那是很自然的。他以别针的生产为例，说明工人由于完成同一操作而日益熟练，因此工作得更快而且工价也更便宜。他看到，根据这个原理，在工场手工业的每一部门中，某些操作，如将铜丝切成等长部分就变得容易完成，而其余操作如针头的成形和安装却仍较困难；由此他得出结论说，这样很自然就会让一个工人去适应其中一项操作，这个工人的工资将和他的技艺相适应。这种**适应**也就构成分工的本质。不过，在亚当·斯密博士时代可以当做有用例子的东西，今天就只能使大家对工厂工业的实际原理产生误解。事实上，工作的划分，或者说得更确切一些，使工作适应各人不同的才能这一点，在自动工厂的操作计划中几乎不加考虑；相反，在每一个要求高度灵敏性和精确性的操作的地方，这种操作不再由熟练的但是往往容易做出各种不规则动作的工人来完成，而由某种专门的机械取而代之，因为机械的自动工作极有规则，只需小孩看管就行了。

因此，自动体系的原理就在于用机械技艺取代手工劳动，以及操作分解为各个组成部分以代替手工业者间的分工。在手工操作制度下，手工劳动通常是任何一件产品中花费最大的因素；而在自动体系下，手工业者的技艺就日益为看管机器的简单动作所代替。

人类天赋的弱点就是如此：工人越是熟练，他就越是有主见，越是难于驾驭，因而对机械体系来说也就越不适用，因为他的任意妄动会给整个机械体系带来莫大的损失。因此，现代工厂主的最大目标，就是通过科学和资本的结合，将工人的作用降低到仅仅使用他们的注意力和灵敏性，**而只要把他们固定在唯一的对象上面**，他们在青年时期就很容易使这两种能力达到完善的程度。

在劳动分成各种等级的制度下，要使眼和手的技艺达到可以完成一些特别困难的机械操作，必须经过多年的训练；而在某种操作分解为由自动机器来完成的各个组成部分的制度下，这些基本组成部分的操作可以委托给一个只经过短期训练的平平常常的工人；必要的时候企业主甚至还可以任意把他从这一台机器调到另一台机器。这种变换显然是违背老规矩的,按照老规矩的分工,一个人固定做针头,另一个人固定磨针尖,这种千篇一律、枯燥无味的工作,使得工人逐渐愚钝…… 但在**均等化**原则即自动体系下,工人的能力只是进行轻松的操练"等等。"……由于他的业务只限于看管极其规律地运转的机器,所以他可以在很短的时期内学会这种业务;而当他从这一台机器调去看管另一台机器时,他的工作多样化了,并且由于他要考虑自己和同伴们的劳动所产生的共同配合,因而眼界也扩大了。因此,**工作均等分配**制度在通常的情况下不可能使工人的能力受抑制、眼界不开阔以及身体的发育受阻碍;把这些情况归咎于分工,倒并不是没有理由的。

实际上,机器技术方面的一切改进措施都有始终不变的目的和趋势,那就是尽可能取消人的劳动,或者用女工、童工的劳动代替成年男工的劳动,用未经训练的工人的劳动代替熟练手艺工人的劳动,以求降低劳动的价格……这种只用眼灵手快的儿童而不用经验丰富的熟练工人的趋向,证明按照工人的不同熟练程度来分工的死板教条,终于为我们开通的厂主们抛弃了。"(安德鲁·尤尔《工厂哲学,或工业经济学》第 1 卷第 1 章)[1]

现代社会内部分工的特点,在于它产生了特长和专业,同时也产生职业的痴呆。勒蒙泰说:

"我们十分惊异,在古代,一个人既是杰出的哲学家,同时又是杰出的诗人、演说家、历史学家、牧师、执政者和军事家。这样多方面的活动使我们吃惊。现在每一个人都在为自己筑起一道藩篱,把自己束缚在里面。我不知道这样分割之后活动领域是否会扩大,但是我却清楚地知道,这样一来,人是缩小了。"

自动工厂中分工的特点,是劳动在这里已完全丧失专业的性质。但是,当一切专门发展一旦停止,个人对普遍性的要求以及全面发展的趋势就开始显露出来。自动工厂消除着专业和职业的痴呆。

蒲鲁东先生连自动工厂的这唯一革命的一面也不懂,竟倒退一步,建议工人不要只做别针的十二部分中的一个部分,而要顺次

---

[1]　安·尤尔《工厂哲学,或加工棉、毛、麻、丝的工业经济学》1836 年布鲁塞尔版第 1 卷第 27—30、32—35 页。——编者注

做完它的所有十二部分。据说,这样工人就可得到做别针的从头到尾的全部知识。这就是蒲鲁东先生的综合劳动。进一步和退一步也构成一种综合运动,这一点谁也不会表示异议。

总括起来说,蒲鲁东先生没有超出小资产者的理想。为了实现这个理想,他除了让我们回到中世纪的帮工或者至多中世纪的手工业师傅那里以外,没有想出更好的办法。他在自己的著作中曾经谈到:人生在世,只要有一部杰作,只要有一次感觉到自己是人也就够了。无论就形式或实质来说,这难道不正是中世纪的手工业行会所要求的一部杰作吗?

第三节　竞争和垄断

竞争的好的方面 { "对劳动来说,竞争和分工同等重要……要使**平等到来**,必须有竞争。"

竞争的坏的方面 { "竞争的原理是自我否定。它的必然结果是把受它吸引的人消灭。"

一 般 的 想 法 { "竞争的**有害的**结果同它带来的益处……逻辑上都是由它的原理产生的。"

应当解决的问题 {

"找出一个**调和的**原理,这一原理必须来自超乎自由本身的规律。"

另一种说法:

"因此,问题根本不在于消除竞争,消除竞争和消除自由同样是不可能的;问题在于为它找到一种均衡,我看就是**警察**。"

　　蒲鲁东先生一开始就维护竞争的永恒必然性,反对那些想以**竞赛**代替竞争的人们①。

　　"无目的的竞赛"是不存在的。"每一热衷的对象都必然和热情本身对应:妇女是求爱者热衷的对象,权力是野心家热衷的对象,黄金是守财奴热衷的对象,桂冠是诗人热衷的对象,**利润**必然是工业竞赛的对象。竞赛就是竞争本身。"

　　竞争就是追逐利润的竞赛。工业竞赛必然是追逐利润的竞赛即竞争吗? 蒲鲁东先生用肯定来证明这一点。我们已经看到,蒲鲁东先生认为,肯定就是证明,正如假定就是否定一样。

　　如果说求爱者热衷的直接**对象**是妇女,那么,工业竞赛的直接对象就是产品,而不是利润。

　　竞争不是工业竞赛而是商业竞赛。在我们这个时代,工业竞赛只是为了商业而存在。在现代各民族的经济生活中,甚至还有一些阶段,所有的人都患了一种不从事生产而专谋利润的狂热病。这种周期性的投机狂热,暴露出竞争竭力逃避工业竞赛的必然性的真正性质。

　　如果你们对 14 世纪的手工业者说:工业上的特权和全部封建组织即将废除,并由工业竞赛即所谓竞争来代替,那么他一定会回答你们说,各种同业公会、行会和商会的特权就是有组织的竞争。蒲鲁东先生说的"竞赛就是竞争本身"也正是这个意思。

　　"假如颁布一道法令,说从 1847 年 1 月 1 日起人人的劳动和工资都有保障,那么工业上的极端紧张状态立即就会转变为严重的松弛。"

---

①　恩格斯在 1885 年德文版上加了一个注:"傅立叶主义者。——弗·恩·"——编者注

现在我们看到的不是假定,不是肯定,也不是否定,而是蒲鲁东先生为了证明竞争的必然性、它的永恒性是一些范畴等等而专门颁布的一道法令。

如果我们以为只需颁布几道法令就可以摆脱竞争,那么我们就永远摆脱不了竞争。如果我们更进一步建议废除竞争而保留工资,那就等于建议用王室法令来做一些毫无意义的事。但是各民族并不是按照王室法令来发展的。各民族在制定这样一些法令之前,至少必须彻底改变他们在工业上和政治上的生存条件,也就是要彻底改变他们的整个生活方式。

蒲鲁东先生会坚定不移地用自信的口吻回答我们说:这是一个关于"史无前例地改变我们的本性"的假设,并且他有权"把我们**排斥于辩论之外**",我们不知道他根据的又是哪一道法令。

蒲鲁东先生不知道,整个历史也无非是人类本性的不断改变而已。

"让我们根据事实来谈吧。法国革命既为了争取工业自由,也为了争取政治自由;我们要明确地说,虽然法国在1789年未曾认识到它要求实现的原理的全部后果,可是它的愿望和期待都没有落空。谁想否认这一点,我认为他就丧失了任何批评的权利:我决不同一个原则上认为2 500万人犯了自发性错误的论敌进行辩论…… 假如竞争不是社会经济的**原理、命运的法规、人类灵魂的某种必然要求**,那么,为什么人们宁愿将同业公会、行会和商会**废除**,却不肯考虑将它们加以**修正**呢?"

这样说来,既然18世纪的法国人废除了同业公会、行会和商会而不是将它们改头换面,那么19世纪的法国人就应该把竞争改头换面而不是将它废除。既然竞争在18世纪的法国是作为某些历史需要的结果而形成的,那么它在19世纪的法国就不该由于另一些历史需要而被消除。蒲鲁东先生不懂得,竞争的形成同18世纪人们的现实发展有联系,他把竞争变成非现实的**人类灵魂**的某种必然要求。他会把那位对 17 世纪说来是伟大人物的柯尔培尔变成什么呢?

革命以后就出现了目前这种局面。蒲鲁东先生同样从这里猎取一些事实,来说明竞争的永恒性。他证明,像农业等这样一些生产部门,由于竞争这一范畴尚未充分发展,目前仍处于落后和衰败状态。

说什么某些生产部门尚未发展到竞争的高度,而另外一些又还没有达到资产阶级的生产水平,这简直是痴人说梦,丝毫不能证明竞争的永恒性。

蒲鲁东先生的全部逻辑总括起来就是:竞争是我们现在借以在其中发展我们的生产力的一种社会关系。对于这个真理,他并没有在逻辑上加以说明,而是赋予了形式,而且往往是十分可笑的形式,他说:竞争是工业竞赛,是自由的时髦方式,是劳动中的责任,是价值的构成,是平等到来的条件,是社会经济的原理,是命运的法规,是人类灵魂的必然要求,是永恒公平的启示,是划分中的自由,是自由中的划分,是一个经济范畴。

"**竞争和联合**是相互依存的。它们不仅不互相排斥,甚至彼此间也没有**分歧**。谈论竞争就已经以**共同目标**为前提。可见,竞争并不是**利己主义**,而社会主义的最可悲的错误,正是在于它把竞争看成社会的倾覆。"

谈论竞争就是谈论共同目标,而这就证明:一方面,竞争是联合,另一方面,竞争不是利己主义。难道谈论**利己主义**就不是在谈论共同目标么? 任何利己主义都是在社会中靠社会来进行活动的。可见,它是以社会为前提,即以共同的目标、共同的需要、共同的生产资料等等为前提的。因此,在社会主义者所说的竞争和联合之间甚至没有分歧,这难道是偶然的吗?

社会主义者很清楚,当前的社会是建立在竞争之上的。既然他们自己就打算推翻当代社会,他们怎能责备竞争要推翻当代社会呢?既然他们认为未来的社会将要推翻竞争,他们又怎能反而指责竞争要推翻未来的社会呢?

往后,蒲鲁东先生又说,竞争是**垄断的对立面**,因此,竞争不可能是**联合的对立面**。

封建主义一开始就同宗法式的君主制对立;可见它并不同当时还不存在的竞争对立。难道由此就可以得出结论,说竞争同封建主义并不对立吗?

其实,**社会、联合**这样的字眼是可以用于一切社会的名称,既可以用于封建社会,也可以用于资产阶级社会——建筑在竞争上的联合。因此,怎么可能有认为仅仅靠**联合**这个词就可以驳倒竞争的社会主义者呢?蒲鲁东先生本人又怎能设想,仅仅把竞争说成是**联合**就可以维护竞争而反对社会主义呢?

刚才我们所讲的一切就是蒲鲁东先生所理解的竞争的好的一面。现在我们来谈谈竞争的坏的即否定的一面,谈谈它的缺陷,它的破坏性的、毁灭性的方面,有害的属性。

蒲鲁东先生为我们描绘的那种情景是非常阴暗的。

竞争产生贫困,它酿成内战,"改变自然区域",混合各民族,制造家庭纠纷,败坏公德,"搞乱公平、正义的概念"和道德的概念,更坏的是,它还破坏诚实而自由的贸易,甚至也不拿**综合价值**、固定而诚实的价格来代替。竞争使得人人失望,经济学家们也不例外。它把事情弄到自我毁灭的地步。

从蒲鲁东先生所说的竞争的这一切坏处看来,竞争岂不成了资产阶级社会关系及其原理和幻想的最具有分裂性和破坏性的因素吗?

我们要注意:竞争对资产阶级**关系**所起的破坏作用,将随着新生产力即新社会的物质条件在它的刺激下急剧地形成而日益增大。至少在这一点上竞争的坏的一面也会有它的好处。

"从竞争的起源来考察,作为一种经济状态或一个经济阶段的竞争,是……减少生产费用的理论的必然结果。"

在蒲鲁东先生看来,血液循环应当是哈维的理论的结果。

"**垄断**是竞争的必然结局,竞争在不断的自我否定中产生出垄断。垄断的这种起源就证明垄断的正当…… 垄断是竞争的天然对立面…… 可是,既然竞争是必要的,那么它本身就含有垄断的思想,因为垄断好像是每一个竞争的个体的屏障。"

我们和蒲鲁东先生一同感到高兴的是,他总算有一次把他的正题和反题的公式运用成功了。谁都知道,现代的垄断就是由竞争本身产生的。

一牵涉到内容,蒲鲁东先生就得依靠诗意的形象。竞争曾经把"劳动的每一细小部分"变成"一个好像是独立自主的领域,在这里每个人都表现了自己的力量和自己的独立性"。垄断是"每一个竞争的个体的**屏障**"。"独立自主的领域"至少和"屏障"同样好听。

蒲鲁东先生所讲的只是由竞争产生的现代垄断。但是,大家知道,竞争是由封建垄断产生的。可见,原来竞争是垄断的对立面,并非垄断是竞争的对立面。因此,现代垄断并不是一个单纯的反题,相反地,它是一个真正的合题。

正题:竞争前的封建垄断。

反题:竞争。

合题:现代垄断;它既然以竞争的统治为前提,所以它就是封建垄断的否定,同时,它既然是垄断,所以就是竞争的否定。

因此,现代垄断,资产阶级的垄断就是综合的垄断,是否定的否定,是对立面的统一。它是纯粹的、正常的、合理的垄断。蒲鲁东先生把资产阶级的垄断当做粗野的、**简陋的**、矛盾的、痉挛状态的垄断,这样他就陷入了和他的哲学自相矛盾的境地。蒲鲁东先生在垄断问题上不止一次提到过的罗西先生,大概对资产阶级垄断的综合性质理解得要深一些。他在自己的《政治经济学教程》中举出人为的和自然的垄断之间的区别。他说:封建的垄断是人为的,即专横的;资产阶级的垄断则是自然的,即合理的。

蒲鲁东先生推论说:垄断是一件好事,因为它是一个经济范畴,是"无人身的人类理性"的启示。竞争也是一件好事,因为它也是一个经济范畴。不过,不好的就是垄断的现实和竞争的现实。更坏的是垄断和竞争的互相吞噬。怎么办呢?设法找到这两个永恒思想的合题,把它从太古以来所寄居的神的怀抱中拉出来。

在实际生活中,我们不仅可以找到竞争、垄断和它们的对抗,而且可以找到它们的合题,这个合题并不是公式,而是运动。垄断产生着竞争,竞争产生着垄断。垄断者彼此竞争着,竞争者变成了垄断者。如果垄断者用局部的联合来限制彼此间的竞争,工人之间的竞争就要加剧;对某个国家的垄断者来说,无产者群众越增加,各国垄断者之间的竞争就越疯狂。合题就是:垄断只有不断投入竞争的斗争才能维持自己。

为了辩证地引导出随**垄断**而来的**税收**,蒲鲁东先生向我们谈到了**社会天才**。这位天才**勇敢地**在他那条曲折的道路上行进。

"他步伐坚定,**不后悔也不踌躇;走到垄断的拐角**,他用**忧郁的**目光回头一望,经过深思熟虑之后,便对一切产品课以赋税,并建立起一套行政机构,以便把全部职务交给无产阶级并由垄断者付给报酬。"

关于这位饿着肚子在曲折的道路上散步的天才有什么可说的呢?这种散步的唯一目的是通过税收来消灭资产者们,而税收恰恰为资产阶级保持统治地位提供了手段；关于这种散步，又有什么可说的呢？

为使读者约略地了解蒲鲁东先生对待经济细节的方法，只需说明一点就够了：他认为设立**消费税**是为了平等和救济无产阶级。

消费税只是随着资产阶级的兴起才得到了真正的发展。它在工业资本即靠直接剥削劳动来维持、再生产和不断扩大自己的持重而节俭的财富的手中，是对那些只知消费的封建贵族们的轻浮、逸乐和挥霍的财富进行剥削的一种手段。詹姆斯·斯图亚特在亚当·斯密的著作问世以前10年所发表的《政治经济学原理研究》一书中对消费税的这种原始目的有很好的描写。他说：

> "在纯粹的君主制度下，君主对财富的增长似乎有些忌妒，所以就向发财致富的人征税，即向生产征税。而在立宪制度下，赋税主要落在日益贫困的人身上，即落在消费身上。因此，君主们向工业征税……比如人头税和财产税是根据纳税人的假定财富按比例征收的。每人按照假定的收益纳税。在立宪制度下，一般是向消费课税。每人按照他支出的多少纳税。"①

至于税收、贸易差额和信用（在蒲鲁东先生的理性中）出现的**逻辑顺序**，我们只要看到这一点就够了：英国资产阶级在奥伦治的威廉三世时期确立了自己的政治制度之后，一到它可能自由发展自己的生存条件时，立即建立了新的税收制度、公共信用和保护关税制度。

对于蒲鲁东先生在警察或税收，在贸易差额、信用、共产主义和人口等问题上搜索枯肠制定的理论，这些概略的说明已经足以使读者获得一个正确的观念。我们敢说，最宽容的评论也不会对这些章节进行认真的研究了。

---

① 詹·斯图亚特《政治经济学原理研究，或自由国家内政学概论》（五卷集）1789年巴黎版第2卷第190—191页。——编者注

第四节　所有权或租[119]

在每个历史时代中所有权是以各种不同的方式、在完全不同的社会关系下面发展起来的。因此,给资产阶级的所有权下定义不外是把资产阶级生产的全部社会关系描述一番。

要想把所有权作为一种独立的关系、一种特殊的范畴、一种抽象的和永恒的观念来下定义,这只能是形而上学或法学的幻想。

虽然蒲鲁东先生表面上似乎讲的是一般的所有权,其实他所谈论的不过是**土地所有权**,**地租**而已。

"租和所有权一样,其起源可以说是在经济之外:它根源于同财富生产没有多少关联的心理上和道德上的考虑。"(第2卷第269页)

这样,蒲鲁东先生就是承认自己在了解租和所有权产生的经济原因上是无能的。他承认这种无能使他不得不求助于心理上和道德上的考虑;这些考虑的确同财富生产没有多少关联,但是同他那狭隘的历史眼光却大有关系。蒲鲁东先生断言,所有权的起源包含有某种**神秘的**和**玄妙的**因素。但是,硬使所有权的起源神秘化也就是使生产本身和生产工具的分配之间的关系神秘化,用蒲鲁东先生的话来说,这不是放弃对经济科学的一切要求了吗?

蒲鲁东先生

"只是提醒:在经济进化的第七个时代(即**信用**时代),现实曾为虚构所排挤,人的活动有在空虚里消失的危险,因此有必要**把人更紧地束缚于自然**,而租就是这种新契约的代价。"(第2卷第265页)

有 **40 个埃巨的人**[120]预感到后来会出现一个蒲鲁东先生,因而说:"造物主先生,您怎么说都行。每个人都是自己世界的主人,可是您绝不能使我相信我们生活的这个世界是用玻璃做成的。"在您的世界里,信用是**使人消失于空虚**的手段,因此,**要把人束缚于自然**,所有权很可能是必要的。但是在现实生产的世界里,土地所有权总是出现在信用之前,所以蒲鲁东先生的惧怕空虚是不可能存在的。

不管租的起源怎样,只要它存在,它就是租佃者和土地所有者之间激烈争执的对象。这种争执的最终结果是什么呢?或者,换句话说,租的平均额怎样呢?请看蒲鲁东先生是怎么说的:

"李嘉图的理论回答了这个问题。在社会之初,人刚来到地球上,只见大片的森林,土地广袤无垠,而工业仅仅萌芽,在这个时候,租当然等于零。未经劳动开垦过的土地是使用对象,并不是交换价值,它是公共的,但不是社会的。由于家族繁衍和农业进步,土地开始具有价格。劳动使土地具有价值,由此产生了租。在付出等量劳动的情况下,收成越多的土地,价格也就越高;因此,所有者总是力求把除去租佃者的工资即除去生产费用以外的全部土地产品攫为己有。于是所有权就紧跟在劳动之后,以便从劳动那里夺取超过实际生产费用的全部产品。所有者执行着神秘的义务,并在佃农面前代表共同体,因此租佃者命中注定只是负有义务的劳动者,他有义务把超过他应得工资的全部所向社会交代…… 因此,从本质和使命来说,租是一种可分配的公平的工具,是经济天才用来达到平等的无数手段之一。这是所有者和租佃者在不能秘密串通的情况下,为了更高的利益而从相反的角度编成的一份巨大的地籍册,其最终结果将是土地使用者和产业家平均占有土地…… 必须具备所有权的这种魔力,才能从佃农那里夺去他不能不视为己有的产品的余额,因为他认为自己是产品的唯一创造者。租,或者更恰当地说,所有权,摧毁了农业上的自私,产生了任何力量、任何土地的分割所不能产生的团结…… 现在,所有权已经获得道义上的成果,剩下的就只是分配租了。"

所有这些响亮的词句首先可以归结如下：李嘉图说，农产品价格超过它们的生产费用（包括资本的普通利润和利息在内）的余额，就是租的标准。蒲鲁东先生则更为高明，他使化装成解围之神①的所有者出面干预，从**佃农**那里夺去超过生产费用的全部产品余额。他利用所有者的干预来说明所有权，利用收租者的干预来说明租。他回答问题的方法就是提出同样的问题，并在后面加上一个音节②。

我们还要注意一点，蒲鲁东先生用土地的不同肥力来决定租，使租又有了一个新的起源，因为他认为土地在按照不同肥力来估价之前，"不是交换价值，而是公共的"。那么关于租的产生是由于有必要**使行将消失于无限空虚里**的人**回到土地上来**的这种虚构现在又到哪里去了呢？

李嘉图的学说被蒲鲁东先生用天命的、比喻的和神秘的语句煞费苦心地包扎起来了，现在我们来把它解开。

李嘉图所说的租就是资产阶级状态的土地所有权，也就是从属于资产阶级生产条件的封建所有权。

我们看到，根据李嘉图的学说，一切物品的价格归根到底取决于生产费用，其中包括产业利润；换句话说，价格取决于所用的劳动时间。在工业生产中，使用劳动量最少的产品的价格决定着其余的同类产品的价格，因为最便宜而效率又最高的生产工具可以

---

① 解围之神的原文为：deus ex machina，直译是"从机器里出来的神"（在古代剧院中，扮演神的演员是借助于特别的机械装置而出现在舞台上的）；转义是：突然出现的挽救危局的人。——编者注

② 用propriétaire（所有者）的干预来说明propriété（所有权），用 rentier（收租者）的干预来说明 rente（租）。——编者注

无限增加,而自由竞争必然产生市场价格,就是说,产生一种一切同类产品的共同价格。

与此相反,在农业生产中,使用劳动量最多的产品的价格决定一切同类产品的价格。首先,这里不能像工业生产中那样随意增加效率相同的生产工具,即肥力相同的土地。其次,随着人口的增加,人们就开始经营劣等地,或者在原有土地上进行新的投资,这新的投资的收益比原始投资的收益就相应地减少。在这两种情况下都是用较多的劳动量获得较少的产品。人口的需要必然造成这种劳动的增加,因此耕作费用较高的土地的产品就一定和耕作费用较低的土地的产品同样有销路。但由于竞争使市场价格平均化,所以优等地的产品就要同劣等地的产品等价销售。优等地的产品价格中超过生产费用的余额就构成租。假如人们可以随时得到肥力相同的土地,假如人们能够像在工业生产中一样也可以随时使用费用较少而效率较高的机器,或者假如后来的投资和最初的投资具有相同的生产效率,那么,农产品的价格就会像我们所见的工业产品价格一样,取决于最好的生产工具所生产的商品的成本价格。但是,从这时起租就会消失。

要使李嘉图的理论普遍正确,必须①使资本能够自由运用于各生产部门;资本家之间高度发展的竞争必须使利润达到同一水平;必须使租佃者变成产业资本家,他要从他投入劣等地②的资本

---

① 在马克思送给娜·吴亭娜的那一本上面,这一句的开头改为"要使李嘉图的理论(只要肯定它的前提)普遍正确,还必须"。——编者注

② 在马克思送给娜·吴亭娜的那一本上面,"投入劣等地"改为"投入土地"。——编者注

中取得相当于他投资于例如棉纺工业①时所能取得的利润;必须使土地的耕作按照大工业制度进行;最后,还必须使土地所有者本人只想得到货币收入。

在爱尔兰,土地租佃已高度发展,但是还没有租。② 因为租不仅是扣除工资以后,而且还是扣除经营利润以后的余额,所以,如果所有者的收入只是来自克扣工资,租就不可能存在。

这样看来,租决不是把土地使用者、租佃者变成**简单的劳动者**,决不是"从佃农那里夺去他不能不视为己有的产品的余额",不是使土地所有者同奴隶、农奴、代役租的农民或雇工对立,而是同产业资本家对立③。土地所有权一旦构成租,它所占有的就只是超过生产费用(不仅由工资而且也由产业利润决定)的余额。可见,租从土地所有者那里夺去了他的一部分收入。④ 因此,经过一个很长的时期封建租佃者才被产业资本家所取代。例如,在德国这种变化直到 18 世纪的最后三四十年间才开始。只有在

---

① 马克思在自用本中划去了"他投资于例如棉纺工业",并在左页边标明"任何工业部门"。在送给娜·吴亭娜的那一本上面又恢复了"他投资于",因而整个句子的这一部分就是"他投资于任何工业部门"(见《马克思恩格斯全集》中文第 1 版第 4 卷第 184 页)。——编者注

② 这句话在 1896 年巴黎版中为"可能发生像在爱尔兰那样的情况:土地租佃已高度发展,但是还没有租"(参看《马克思恩格斯全集》中文第 1 版第 4 卷第 184 页)。——编者注

③ 在 1885 年德文版中,这里作了如下的补充:"他用雇佣工人来经营土地,他只是把超出包括资本的利润在内的生产费用的余额作为租金付给土地所有者"。——编者注

④ 在 1885 年德文版中,没有"土地所有权一旦构成租……他的一部分收入"这段话。——编者注

英国,产业资本家①和土地所有者之间的这种关系才得到了充分的发展。

当蒲鲁东先生的佃农孑然独存的时候,还没有出现租。可见,一出现了租,佃农就不再是租佃者而是工人,即租佃者的佃农。劳动者被贬低了,沦为替产业资本家干活的普通工人、日工和雇工;像经营任何一个工厂一样地经营土地的产业资本家出现了;土地所有者由一个小皇帝变成一个普通的高利贷者:这就是租所表现的各种不同的关系。

李嘉图所说的租就是把宗法式的农业变成商业性的产业,把产业资本投入土地,使城市资产阶级移到乡村。租并不**把人束缚于自然**,它只是把土地的经营同竞争连在一起。土地所有权一旦构成租,它本身就成为**竞争的结果**,因为从这时起土地所有权就取决于农产品的市场价值。作为租,土地所有权成为动产,变成一种交易品。只有在城市工业的发展和由此产生的社会组织迫使土地所有者只去追求商业利润,只去追求农产品给他带来的货币收益,迫使他最终把自己的土地所有权看成是为他铸造货币的机器以后,才可能有租。租使土地所有者完全脱离土地,脱离自然,他甚至不需要了解自己的领地,正像在英国那样。至于租佃者、产业资本家和农业工人,他们不再被束缚在他们所经营的土地上,正如厂主和工厂工人没有被束缚在他们加工的棉花或羊毛上一样。他们感到切身有关的只是他们的经营费用和货币收益。因此反动势力便发出悲叹,祈求回到封建主义,回到美好的宗法式

①　马克思在自用本中划去了"产业资本家",把"资本家"改写为"租佃者",在左页边又一次加上了"租佃者"。在送给娜·吴亭娜的本子中也有这一改动。——编者注

生活里,恢复我们祖先的淳朴的风尚和伟大的德行。土地也服从于支配任何其他产业的那些规律,这就是而且也永远是私利哀悼的对象。因此,可以说,租成了将田园生活卷入历史运动的动力。

尽管李嘉图已经假定资产阶级的生产是规定租的必要前提,但是他仍然把他的租用于一切时代和一切国家的土地所有权。这就是把资产阶级的生产关系当做永恒范畴的一切经济学家的通病。

蒲鲁东先生曾赋予租以天命的目的——把佃农变成**负有义务的劳动者**,现在他从这个天命的目的转向租的平均分配。

刚才我们已经看到,租是由于**肥力不等的**土地的产品具有**同等的价格**造成的。所以假定 1 石谷物在劣等地上的生产费用是 20 法郎,那么,原来花费 10 法郎的 1 石谷物就可以卖到 20 法郎。

只要由于需要而不得不购买市场上的全部农产品,市场价格就由最昂贵的产品的费用来决定。正是这种由竞争而不是由土地的不同肥力产生的价格均等化,使优等地的所有者能够从他的租佃者所卖出的每石中取得 10 法郎的租。

我们暂且假定谷物的价格决定于生产它所必需的劳动时间;那么,优等地生产的每一石谷物将按 10 法郎的价格出售,而劣等地生产的每一石谷物就值 20 法郎。如果这个假定成立,那么,平均市场价格就是 15 法郎,但是按照竞争的规律,平均市场价格应为 20 法郎。假如平均价格等于 15 法郎,那么租要进行均等的或者别的什么方式的分配都不可能,因为租本身就不存在。只有在生产者用 10 法郎生产的 1 石谷物能卖 20 法郎时,租才能存在。蒲鲁东先生假定生产费用不等而市场价格相等,那是为了把不等的产品进行均等的分配。

穆勒、舍尔比利埃、希尔迪奇等一些经济学家要求租归国家所有以代替税收，我们是可以理解的。这不过是产业资本家仇视土地所有者的一种公开表现而已，因为在他们的眼里，土地所有者在整个资产阶级生产中是一个无用的累赘。

但是，首先1石谷物要按20法郎支付，然后再把从消费者身上多取的那10法郎普遍进行分配，这的确足以使**社会天才在他那条曲折的道路上行进时闷闷不乐**，并且一走到**拐角**就碰破了自己的脑袋。

租在蒲鲁东先生的笔下变成了

"所有者和租佃者……为了更高的利益而从相反的角度编成的一份巨大的**地籍册**，其最终结果将是土地使用者和产业家平均占有土地"。

只有在当代社会的条件下，租所造成的某种地籍册才可能有实际意义。

但是，我们已经指出，租佃者向土地所有者交纳的租金只是在工商业最发达的国家里才多少正确地表现为租。而且这租金里面往往也还包含向所有者支付的投入土地的资本的利息。土地的位置、靠近城市以及其他许多情况都影响着租金，使租发生变化。这些不容置辩的论据足以证明，以租为基础的地籍册是不精确的。

另一方面，租不能作为表明一块土地肥力程度的固定指标，因为化学在现代的应用不断改变着土质，而地质科学目前又在开始推翻过去对相对肥力的估价。英国东部各郡的广阔土地直到大约20年前才着手开垦，在这以前，由于人们对腐殖质和下层土的构成之间的相互关系了解不够，这些土地没有开垦。

可见，在租方面，历史并没有给我们现成的地籍册，而只是把现有的地籍册加以改变或全部推翻。

最后,肥力并不像人们所想的那样是一种天然素质,它和当前的社会关系有着密切的联系。一块土地,用来种粮食可能很肥沃,但是市场价格可以驱使耕作者把它改成人工牧场因而变得不肥沃。

蒲鲁东先生发明那种甚至并不具备普通地籍册所具有的意义的地籍册,纯粹是为了用来体现租的**天命的平等的目的**。蒲鲁东先生继续说:

> "租就是付给永存不灭的资本即土地的利息。但是由于这种资本不能在物质成分上有所扩大,只能在使用上不断改进,所以,虽然贷款(mutuum)的利息或利润由于资本充斥而有不断下降的趋势,但租将由于工业的更加完善和由此造成的土地使用方法的改进而有不断上升的趋势……这就是租的实质。"(第2卷第265页)

这一次蒲鲁东先生在租里面看到了利息的一切标志,所不同的只是,租是特种资本的利息。这种资本就是土地,它是永恒的资本,"它不能在物质成分上有所扩大,只能在使用上不断改进"。在文明的发展进程中,利息有不断下降的趋势,而租却有不断上升的趋势。利息由于资本充斥而下降,租由于工业更加完善和由此引起的土地使用方法的日益改进而上升。

这就是蒲鲁东先生的看法的实质。

首先我们看看所谓租是资本的利息这一说法有多少正确的成分。

对土地所有者本人来说,租代表他买进土地时所付出的资本的利息,或代表他卖出土地时所能收回的资本的利息。但是在买卖土地时他买进或卖出的只是租。土地所有者为了取得租而付出的代价由一般利率而定,与租的性质本身无关。投入土地的资本的利息通常低于投入工商业的资本的利息。因此,如果不把土地给它的所有者带来的利息同租本身区分开来,那么土地资本的利息就要比其他资本的利息更低些。但是,问题不在租的买价或卖价,不在它的市场价值,不在资本化的租,而在租本身。

租金不仅包含真正的租,而且还可能包含投入土地的资本的利息。在这种情况下,土地所有者不是以土地所有者的身份而是以资本家的身份获得这一部分租金。不过,这并不是我们所要讲的真正的租。

只要土地不被用做生产资料,它就不是资本。正如所有其他生产工具一样,土地资本是可以增多的。按照蒲鲁东先生的说法,我们不能在土地的物质成分上添加任何东西,但是我们可以增加作为生产工具的土地。人们只要对已经变成生产资料的土地进行新的投资,就可以在不增加土地物质即土地面积的情况下增加土地资本。蒲鲁东先生的土地物质,就是有界限的土地。至于他赋予土地的永恒性,我们并不反对土地作为一种物质具有这种性质。但是土地资本也同其他任何资本一样不是永恒的。

产生利息的黄金和白银,也和土地一样是经久而永恒的。如果说金价、银价下跌而地价却上涨,那么,这决不是土地的或多或少的永恒性质造成的。

土地资本是固定资本,但是固定资本同流动资本一样也有损耗。土地方面已有的种种改良需要得到再生产和维持。这些改良只有在一定时期内才有效用,这和所有别的用来使物质变成生产资料的改良是一样的。假如土地资本是永恒的,那么,有些地方的面貌就会完全不同于今天,罗马坎帕尼亚地区、西西里岛和巴勒斯坦就会仍然放出昔日繁盛的全部光辉。

甚至有时有这样的情况:对土地实行的改良依然存在,而土地资本却已消失。

首先,这种情况每一次都是在真正的租由于有新的更肥沃的土地的竞争而被消灭的时候发生;其次,在一定时期内曾经具有价值的改良,在农艺学的发展使其普及以后,就不再具有这种价值了。

土地资本的代表不是土地所有者而是租佃者。土地作为资本带来的收入不是租而是利息和产业利润。有些土地产生这种利息和这种利润,但不产生租。

总之,土地只要提供利息,就是土地资本,而作为土地资本,它不提供租,不构成土地所有权。租是土地经营赖以进行的社会关系产生的结果。它不可能是土地所具有的多少是稳固的持续的本性的结果。租来自社会,而不是来自土壤。

在蒲鲁东先生看来,"土地使用方法的改进"("工业更加完善"的后果)是租不断上升的原因。其实恰恰相反,这种改进迫使租周期地下降。

一般说来,农业上或工业上的一切改良是怎么回事呢?就是用同样多的劳动生产出更多的产品,就是用更少的劳动生产出同样多或者更多的产品。由于这些改良,租佃者可以避免用更多的劳动量获得比较少的产品。这时,他不需要耕种劣等地,他在同一块土地上的连续投资可以保持相同的生产率。因此,这些改良不但不能像蒲鲁东先生所说的那样不断提高租,它们反而成为租上升的暂时障碍。

17世纪英国的所有者们非常明白这个真理,他们唯恐自己的收入减少,就反对农业上的成就。(见查理二世时期英国经济学家配第的著作①)

---

① 指威·配第《政治算术》,载于威·配第《政治算术论文集》1699年伦敦版。——编者注

第五节 罢工和工人同盟

"任何旨在提高工资的运动除了使粮食、酒等等涨价即引起生活必需品的匮乏以外,不可能产生别的结果。要知道,什么是工资?工资就是粮食……的成本,就是一切物品的全部价格。再进一步说,工资就是构成财富的各种要素同劳动群众每日为再生产而消费的各种要素的比例。因此,将工资提高一倍……就等于发给每一个生产者一份比他的产品更大的份额,这是矛盾的。如果只是在少数产业中提高,就会使交换普遍混乱,总之,会引起生活必需品的匮乏…… 我可以断言:导致提高工资的罢工不能不引起**价格的普遍上涨**,这同二加二等于四一样确实。"(蒲鲁东《贫困的哲学》第 1 卷第 110 和 111 页)

除了二加二等于四以外,我们否定上述一切论点。

首先,不可能有**价格的普遍上涨**。如果一切物品的价格都和工资同时增加一倍,价格并没有变化,起变化的只是说法而已。

其次,普遍提高工资决不会引起商品价格或多或少的普遍上涨。实际上,假如一切生产部门都按照固定资本或所用劳动工具的比例使用等量的工人,那么,普遍提高工资就会使利润普遍降低,而商品的市场价格却不会有任何变化。

但是,由于各生产部门中手工劳动对固定资本的比例并不一样,所以凡固定资本较多而工人较少的生产部门迟早总不得不降低自己的商品价格。反之,如果它们的商品价格不降低,它们的利润就一定会超过利润的一般水平。机器不是雇佣工人。因此,普遍提高工资对于那些使用机器较多而工人较少的生产部门,影响就比较小。但是,由于竞争不断使利润平均化,超过一般水平的利润只能是暂时的。可见,如果除去某些波动情况,普遍提高工资的结果就不是蒲鲁东先生所说的价格普遍上涨,而是价格的局部下跌,主要是用机器制造的商品的市场价格的下跌。

利润和工资的提高或降低只是表示资本家和工人分享一个工作日的产品的比例,在大多数情况下不会影响产品的价格。至于"导致提高工资的罢工引起价格的普遍上涨,甚至引起生活必需品匮乏",这种思想只有在不可理解的诗人的头脑里才能出现。

在英国,罢工常常引起某种新机器的发明和应用。机器可以说是资本家用来对付熟练劳动者反抗的武器。现代工业中一个最重大的发明——自动走锭纺纱机击溃了进行反抗的纺纱工人。即使说同盟和罢工的结果只是引起各种用来对付同盟和罢工的机械发明,那么仅就这一点来说,同盟和罢工对工业的发展也是有巨大影响的。蒲鲁东先生继续说:

"我在莱昂·福适先生1845年9月……发表的一篇文章中看到:近来英国工人对同盟已不发生兴趣(这当然是一种进步,我们只有向他们表示祝贺),然而工人在精神上的这种改善主要是经济上开化的结果。在博尔顿的一次集会上一个纺纱工人大声说过:'工资不是由厂主决定的。在萧条时期老板们可以说只是充当必然性手中的鞭子,不管他们愿意不愿意,他们只得鞭打。起调节作用的原理是供求关系,而老板们对此是无能为力的'……"蒲鲁东先生大叫道:"好啊,这就是驯良的模范工人"…… "英国过去是不存在这种贫困的;但愿它不要跨过海峡。"(蒲鲁东《贫困的哲学》第1卷第261和262页)

在英国的各城市中,博尔顿的激进主义声势最大。博尔顿的工人是以革命最坚决闻名的。当英国为废除谷物法[44]而掀起广泛的鼓动宣传的时候,英国厂主们认为,只有让工人打先锋,他们才能对付土地所有者。但是由于工人利益同厂主利益的对立并不亚于厂主利益同土地所有者利益的对立,所以,很自然,厂主们在工人的集会上是注定要失败的。厂主们干了些什么呢?为了顾全面子,他们组织了一些主要由工头、少数忠于他们的工人和道地的**生意朋友**参加的集会。后来,真正的工人要参加集会(当时博尔顿和曼彻斯特的情况就是这样），反对这种虚假的示威，却被拒之门外，说这是凭票入场的集会，意思是只有持入场券的人才能参加。可是墙上的招贴明明写的是公众的大会。每逢举行这种集会的时候，厂主们的报纸总是大登特登有关会上发言的报道。不用说，在会上发言的都是一些工头。伦敦的报纸一字不改地将他们的发言全文转载。不幸蒲鲁东先生竟把工头当成普通工人，而且严禁他们渡过海峡。

1844年和1845年罢工的消息比往年少了，这是因为1844年和1845年是1837年后英国工业繁荣的头两年。尽管这样，那时并没有一个**工联**解散。

现在我们来听听博尔顿的工头们的发言。他们说，厂主不能操纵工资，因为厂主不能操纵产品价格，其所以不能操纵产品价格，则是因为厂主不能操纵世界市场。于是他们根据这个理由，要求工人们懂得：不应当组织同盟来要挟老板增加工资。蒲鲁东先生则相反，他禁止组织同盟是唯恐引起工资的提高，因而引起生活必需品的普遍匮乏。不言而喻，工头们和蒲鲁东先生在提高工资就等于提高产品价格这一点上是同声相应的。

但是，使蒲鲁东先生恼怒的真正原因是不是唯恐引起生活必需品的匮乏呢？不是。他对博尔顿的工头们恼怒纯粹是因为他们用**供求关系**来确定价值，毫不关心**构成价值**，即达到构成状态的价值，毫不关心价值的构成，其中包括**不断的交换可能性**以及其他一切同天命并列的**关系的比例性**和**比例性的关系**。

"工人罢工是**违法的**；不仅刑法典上如此规定，而且经济体系、现存制度的必然性也说明这一点…… 每一个工人有个人支配自己的人身和双手的自由，这是可以容忍的，但是社会不能容许工人组织同盟来压制垄断。"（第1卷第334和335页）

蒲鲁东先生想把刑法典的条文说成是资产阶级生产关系的必

然的和普遍的结果。

在英国,组织同盟是议会的法令所认可的,而且正是经济制度迫使议会以法律的形式作出了这种认可。1825年,在哈斯基森大臣任内,议会必须修改法律才能更加适应自由竞争所造成的环境,在这个时候,议会不得不废除一切禁止工人组织同盟的法律。现代工业和竞争越发展,产生和促进同盟的因素也就越多,而同盟一经成为经济事实并日益稳定,它们也必然很快地成为合法的事实。

因此,刑法典的有关条文至多只能证明,在制宪议会[121]和帝制时期,现代工业和竞争还没有得到充分发展。[122]

经济学家和社会主义者①在谴责**同盟**这一点上是一致的,只是动机各不相同而已。

经济学家向工人说:不要结成同盟。如果你们结成同盟,就会阻碍工业的正常进程,妨碍厂主满足订货要求,扰乱商业,加速采用机器,而机器会使你们的一部分劳动毫无用处,从而迫使你们接受更低的工资。再说,你们的行动肯定是徒劳的。你们的工资总是决定于人手的供求关系;抗拒政治经济学的永恒规律,不但可笑,而且危险。

社会主义者向工人说:不要结成同盟,你们这样做最终会得到什么呢? 能提高工资吗? 经济学家可以非常清楚地向你们证明:即使事情顺利,在短期内多拿到几文钱,但是以后工资要永远减少下去。熟练的核算家会向你们证明:单是你们组织和维持同盟所必需的一笔经费,就需要经过若干年才能从提高的工资中得到补偿。而我们,作为社会主义者则要告诉你们:即使不谈钱的问题,你们也决不会因为结成了同盟就不再当工人,而老板将来却照旧

---

① 恩格斯在1885年德文版上加了一个注:"指当时的社会主义者,在法国是傅立叶主义者,在英国是欧文主义者。——弗·恩·"——编者注

当他的老板。所以,不需要任何同盟,不需要任何政治,因为组织同盟不就是搞政治吗?

经济学家希望工人在目前已经形成、经济学家已经在自己的教科书里加以描述并予以肯定的社会里停滞不前。

社会主义者劝告工人不要触动旧社会,以便更好地进入他们用非凡的先见之明为工人准备就绪的新社会。

不管什么经济学家和社会主义者,不管什么教科书和乌托邦,同盟片刻不停地随着现代工业的发展和成长而日益进步和扩大。现在甚至可以说,同盟在一国内的发展程度可以确切地表明该国在世界市场等级中所占的地位。工业最发达的英国就有最大的而且组织得最好的同盟。

在英国,工人们就不限于组织一些除临时罢工外别无其他目的并和罢工一起结束的局部性同盟。他们还建立经常性的同盟——**工联**,作为工人同企业主进行斗争的堡垒。现在,所有这些地方工联已组成为全国职工联合会[123],拥有会员 8 万人,中央委员会设在伦敦。这些罢工、同盟、工联是与工人的政治斗争同时并进的,现在工人们正在**宪章派**[55]的名义下形成一个巨大的政党。

劳动者最初企图**联合**时总是采取同盟的形式。

大工业把大批互不相识的人们聚集在一个地方。竞争使他们的利益分裂。但是维护工资这一对付老板的共同利益,使他们在一个共同的思想(反抗、组织**同盟**)下联合起来。因此,同盟总是具有双重目的:消灭工人之间的竞争,以便同心协力地同资本家竞争。反抗的最初目的只是为了维护工资,后来,随着资本家为了压制工人而逐渐联合起来,原来孤立的同盟就组成为集团,而且在经常联合的资本面前,对于工人来说,维护自己的联盟,就比维护工资更为重要。下面这个事实就确切地说明了这一点:使英国经济学家异常吃惊的是,工人们献出相当大一部分工资支援经济学家认为只是为了工资而建立的联盟。在这一斗争(真正的内战)中,未来战斗的一切必要的要素在聚集和发展着。一旦达到这一点,联盟就具有政治性质。

经济条件首先把大批的居民变成劳动者。资本的统治为这批人创造了同等的地位和共同的利害关系。所以,这批人对资本说来已经形成一个阶级,但还不是自为的阶级。在斗争(我们仅仅谈到它的某些阶段)中,这批人联合起来,形成一个自为的阶级。他们所维护的利益变成阶级的利益。而阶级同阶级的斗争就是政治斗争。

我们应当把资产阶级的历史分为两个阶段:第一是资产阶级在封建主义和专制君主制的统治下形成为阶级;第二是形成阶级之后,推翻封建主义和君主制度,把社会改造成资产阶级社会。第一个阶段历时最长,花的力量也最多。资产阶级也是从组织反对封建主的局部性同盟开始进行斗争的。

对资产阶级所经历的各个历史阶段——从城市自治团体直到构成阶级,已有不少的探讨。

但是,当问题涉及到对罢工、同盟以及无产者在我们眼前实现他们组成为阶级所采用的其他形式给以明确说明的时候,一些人就陷入真正的惶恐,另一些人就显出**先验的**蔑视。

被压迫阶级的存在就是每一个以阶级对抗为基础的社会的必要条件。因此,被压迫阶级的解放必然意味着新社会的建立。要使被压迫阶级能够解放自己,就必须使既得的生产力和现存的社会关系不再能够继续并存。在一切生产工具中,最强大的一种生产力是革命阶级本身。革命因素之组成为阶级,是以旧社会的怀抱中所能产生的全部生产力的存在为前提的。

这是不是说,旧社会崩溃以后就会出现一个表现为新政权的新的阶级统治呢? 不是。

劳动阶级解放的条件就是要消灭一切阶级；正如第三等级即市民等级解放的条件就是消灭一切等级一样。①

劳动阶级在发展进程中将创造一个消除阶级和阶级对抗的联合体来代替旧的市民社会；从此再不会有原来意义的政权了。因为政权正是市民社会内部阶级对抗的正式表现。

在这以前，无产阶级和资产阶级之间的对抗仍然是阶级反对阶级的斗争，这个斗争的最高表现就是全面革命。可见，建筑在阶级**对立**上面的社会最终将导致剧烈的**矛盾**、人们的肉搏，这用得着奇怪吗？

不能说社会运动排斥政治运动。从来没有哪一种政治运动不同时又是社会运动的。

只有在没有阶级和阶级对抗的情况下，**社会进化**将不再是**政治革命**。而在这以前，在每一次社会全盘改造的前夜，社会科学的结论总是：

"不是战斗，就是死亡；不是血战，就是毁灭。问题的提法必然如此。"（乔治·桑）②

卡·马克思写于 1847 年上半年　　　　　　原文是法文

1847 年 7 月初以小册子形式在　　　　　　选自《马克思恩格斯文集》
巴黎和布鲁塞尔出版　　　　　　　　　　　第 1 卷第 593—656 页

---

① 恩格斯在 1885 年德文版上加了一个注："这里所谓等级是指历史意义上的封建国家的等级，这些等级有一定的和有限的特权。资产阶级革命消灭了这些等级及其特权。资产阶级社会只有**阶级**，因此，谁把无产阶级称为'第四等级'**124**，他就完全违背了历史。——弗·恩·"——编者注
② 见乔治·桑《扬·杰士卡》。——编者注

弗·恩格斯

共产主义者和卡尔·海因岑[125]

［第 一 篇］

布鲁塞尔 9 月 26 日。今天的《德意志—布鲁塞尔报》[126]刊登了海因岑的一篇文章。在这篇文章中,海因岑以反驳编辑部的无谓指责、为自己进行辩护为借口,大张旗鼓地开始同共产主义者论战。

编辑部建议双方不要进行论战。在这种情况下,编辑部本来只应发表海因岑这篇文章的部分内容,即确实是对指责他首先攻击共产主义者的说法加以反驳、为自己进行辩护的那一部分内容。即使"海因岑没有一份可供自己支配的报纸",这也不能成为理由,说明应当提供一份报纸供他支配,让他发表连该报编辑部自己都认为是无聊的攻击性的东西。

不过,这篇文章的发表倒是向共产主义者提供了极其有益的帮助。过去任何一个党派所受到的责难,都没有像海因岑在这篇文章中对共产主义者的责难这样荒唐和狭隘。这篇文章最清楚地表明共产主义者是正确的。它证明,如果共产主义者以前一直没有抨击过海因岑,那么,现在就应当立即采取行动了。

海因岑先生一开头就以德国一切非共产主义激进派的代表自居；他想以一个党同另一个党争论的方式同共产主义者进行争论。他"有权提出要求"，他极其坚决地宣称："必须估计到"共产主义者会做些什么，"必须要求他们"做些什么，"真正的共产主义者的责任"是什么。他把**他**同共产主义者之间的分歧和"德国共和派与民主派"同共产主义者之间的分歧完全混为一谈，并用"**我们**"一词来代表这些共和派说话。

海因岑先生究竟是什么人，他究竟代表谁呢？

海因岑先生过去是个自由派小官吏，他在1844年还如痴如醉地向往法律范围内的进步和可怜的德国宪法，他至多只是在私下小心翼翼地承认过，在很遥远的未来，共和国也许是值得向往而又能够实现的。但是，海因岑先生认为在普鲁士有可能进行合法斗争，这一点是错了。他曾因为他那本关于官僚制度的蹩脚著作（连雅科布·费奈迭在多年以前写的一本论述普鲁士的著作都比他的好得多）①而不得不逃亡在外。这时他才恍然大悟。他宣称进行合法斗争是不可能的；他变成了革命家，当然也变成了共和派。在瑞士，他结识了严肃的学者卢格；卢格向他传授了自己的那一丁点儿哲学，这种哲学是用费尔巴哈的无神论与关于人的学说、黑格尔的影响和施蒂纳的高调拼凑而成的杂乱无章的东西。海因岑先生掌握了这一套东西之后，便以为自己成熟了，于是他右靠卢格，左靠弗莱里格拉特，开始了他的革命宣传。

当然，我们并不想责难海因岑先生从自由主义转向疯狂的激进主义。可是我们要指出，他这种转变完全是由于个人因素的影

---

① 指卡·海因岑《普鲁士的官僚制度》1845年达姆施塔特版和雅·费奈迭《普鲁士和普鲁士制度》1839年曼海姆版。——编者注

响。当海因岑先生还有可能进行合法斗争的时候,他对一切认为必须进行革命的人都加以攻击。一旦**他**不可能再进行合法斗争,他就声称这种斗争是根本不可能进行的,而不考虑德国资产阶级目前还完全有可能进行这种斗争,而且他们的斗争常常具有十分合法的性质。**他**的退路一旦被切断,他就宣称必须立即进行革命。他不去研究并从总体上把握德国的情况,由此推断什么样的进步措施、什么样的发展以及什么样的办法是必要而又切实可行的,他不去弄清德国各个阶级之间的复杂关系以及它们同政府之间的复杂关系,由此确定应当遵循的政策,总之,他不是使自己适应德国的发展进程,而是十分任性地要求德国的发展进程适应他自己。

当哲学还是**进步的**时候,海因岑先生曾激烈地反对过它。而一旦哲学变得反动,成了所有动摇分子、懦夫和雇佣文人的避难所,海因岑先生便不幸地同它合流了。对海因岑先生来说更加不幸的是,那个毕生都只充当改宗者的卢格先生,又使海因岑先生成了唯一在他的劝诱下改变信仰的人。因此海因岑先生肯定会使卢格先生得到安慰,因为至少有一个人自认为领会了卢格先生空洞言论的奥义。

海因岑先生究竟主张什么呢? 他主张立即建立德意志共和国,这个共和国将是美国的传统和1793年的传统以及从共产主义者那里剽窃的某些措施相结合的产物,它将具有鲜明的黑红黄色彩。[127]德国由于本国工业委靡不振,在欧洲处于一种非常可怜的地位,以致它永远不可能发挥首倡精神,永远不可能首先宣布进行一场伟大的革命,永远不可能离开法国和英国而独立自主地建立共和国。任何一个脱离文明各国的运动而建立的德意志共和国,任何一次据称要独立自主地进行的、按照海因岑先生的主张将完全对德国各个阶级的实际运动置之不顾的德国革命,都是以黑红黄色装饰起来的纯粹幻想的产物。为了使这个光荣的德意志共和国更加光荣,海因岑先生把它嵌进卢格化的费尔巴哈的关于人的学说的框子里,宣布它是即将出现的"人"的王国。所有这些层出不穷的幻想,难道都要德国人去实现吗?

可是,伟大的"鼓动家"海因岑先生究竟是怎样进行宣传的呢?他宣称君主是造成一切贫困和一切灾难的祸首。这种论断不仅可笑,而且极端有害。海因岑先生在这里对德国君主这帮庸碌无能、昏聩愚蠢的傀儡的阿谀诌媚,实在到了无以复加的程度,因为他把一种虚构的、超自然的、神奇的无限威力加在这帮傀儡身上。海因岑先生既然断言君主能造成如此多的灾祸,那他同时也就承认君主有能力做出同样多的好事。由此得出的结论就不是必须进行革命,而是应当虔诚地希望有一位可爱的君主、好心的皇帝约瑟夫。但是人民要比海因岑先生更加清楚谁是压迫他们的人。海因岑先生要把徭役农民对地主的仇恨和工人对雇主的仇恨转到君主头上,是永远也办不到的。但海因岑先生的所作所为确实对地主和资本家有利,因为他把这两个阶级剥削人民的罪过转嫁于君主。而德国十分之九的灾难却正是由于地主和资本家的剥削造成的!

海因岑先生号召立即举行起义。他本着这个精神印刷传单,试图在德国散发。试问:这种毫无意义的、盲目进行的宣传难道不是极其严重地损害着德国民主派的利益吗?试问:难道经验没有证明这种宣传是毫无补益的吗?难道在另一个迥然不同的动荡时期即30年代,德国境内没有散发过几十万份类似的传单、小册子吗?难道其中有一份取得什么成效了吗?试问:难道一个头脑多少还正常的人会异想天开地认为人民对这类政治说教和训诫将予以丝毫重视吗?试问:海因岑先生在他的传单中除了进行训诫和说教以外,什么时候还做过别的事情吗?试问:不经过冷静思考,不了解也不顾及实际情况,就声嘶力竭地向全世界发出革命号召,这岂不是太可笑了吗?

党的报刊的任务是什么呢? 首先是组织讨论,论证、阐发和捍卫党的要求,批驳和推翻敌对党提出的各种要求和论断。德国民主派报刊的任务是什么呢? 就是从以下各个方面证明民主制的必要性:目前这个在某种程度上代表贵族的政府是应当受到鄙弃的,那种使政权转到资产阶级手里的立宪制度是不完备的,人民只要不掌握政权就不可能改善自己的处境。因此,这种报刊应当说明,无产者、小农和小资产者(因为在德国,构成"人民"的正是这些人)为什么受官吏、贵族和资产阶级的压迫;应该说明,为什么不仅产生了政治压迫,而且首先产生了社会压迫,以及采取哪些手段可以消除这种压迫;它应该证明,无产者、小农和小资产者取得政权是采取这些手段的首要条件。其次,它应该探讨,立即实现民主制的可能性究竟有多大,党有哪些手段可以采取,当它还很软弱不能独立行动的时候,它应当联合哪些党派。所有这些任务,海因岑先生完成了一项吗? 没有。他根本没有花费精力这样做。他没有向人民即无产者、小农和小资产者说明任何问题。他从来没有研究过各阶级和党派的情况。他所做的,无非是在"暴动,暴动,暴动!"这一个题目上玩弄花样。

海因岑先生又是对谁进行这种革命说教的呢? 首先是对小农这个在目前最不能发挥革命首倡精神的阶级。近600年来,一切进步的运动都发源于城市,其结果就是:第一,农民的独立民主运动(瓦特·泰勒、杰克·凯德、扎克雷、农民战争)[128]每一次都是反动的,第二,这种运动每一次都被镇压下去。城市工业无产阶级成了现代一切民主运动的核心;小资产者,尤其是农民,总是跟在他们后面。1789年的法国革命,英国、法国和美国东部各州的现代历史都证明了这一点。而海因岑先生在现在,在 19 世纪,却还把希望寄托在农民暴动上面!

然而海因岑先生也答应进行社会改革。当然,这是由于人民对他的号召表示冷淡才慢慢使他不得不这样做。这又是些什么改革呢?就是**共产主义者**提出的那些废除私有制的准备步骤。在海因岑先生那里唯一可以认为是正确的东西,却又是他从他所激烈抨击的共产主义者那里剽窃来的。就是这些东西一到他的手里,也成了荒谬绝伦、虚无缥缈的东西。一切旨在限制竞争和限制大资本聚积在个别人手里的措施,一切限制或废除继承权的办法,以及一切通过国家来对劳动进行组织的办法等等,所有这些措施作为革命的措施不仅是可能实行的,甚至是必须实行的。这些措施之所以有可能实行,是因为整个奋起反抗的无产阶级赞同这些措施并用武力支持这些措施。尽管经济学家借口一些困难和弊端来反对这些措施,这些措施还是有可能实行的,因为正是这些困难和弊端将迫使无产阶级为了不致失掉自己的胜利果实而勇往直前,直到完全废除私有制。这些措施作为废除私有制的准备措施和过渡的中间阶段是有可能实行的,而且它们也只能是这样一种措施。

可是海因岑先生却要把所有这些措施都当做确定不移的最终的措施。他认为这些措施不应当是为实现任何目标而采取的准备步骤,而应该是最终的措施。在他看来,这些措施不是手段,而是目的。这些措施不是要导向革命的社会状态,而是要导向宁静的资产阶级的社会状态。这样一来,这些措施就成为不能实现的,而且是反动的了。与海因岑相反,资产阶级经济学家认为这些措施与自由竞争比较起来是反动的,他们这种看法完全正确。自由竞争是私有制最后的、最高的、最发达的存在形式。因此一切从私有制的基础出发而同时又反对自由竞争的措施都是反动的,都力图恢复私有制的低级发展阶段,因此,这种措施最终必将在竞争面前遭到失败,使目前这种社会状态重新恢复。只要我们把上述社会改革看成单纯的社会福利措施,看成革命的过渡的措施,资产者的这些反对意见就会显得毫无力量,而这些反对意见却会使海因岑先生的农业的、社会主义的、黑红黄色的共和国彻底破产。

海因岑先生当然异想天开地以为,财产关系、继承权等等可以任意改变和调整。海因岑先生(本世纪最无知的人之一)当然不可能知道,每个时代的财产关系是该时代的生产方式和交换方式的必然结果。海因岑先生不可能知道,不改变整个农业经营方式就不能把大土地所有制变成小土地所有制,不然,大土地所有制很快就会重新恢复起来。海因岑先生不可能知道,现代大工业、资本积聚和无产阶级的形成之间有着多么紧密的联系。海因岑先生不可能知道,像德国这样一个在工业上处于依附和被奴役地位的国家,只能对本国的财产关系实行有利于资产阶级和自由竞争的改造,除此之外,它永远也不敢独立自主地实行其他类型的改造。

总之,这些措施在共产主义者那里是有意义的、明智的,因为它们不是随意提出的措施,而是从工业、农业、商业和交通工具的发展中,以及由此决定的资产阶级和无产阶级的阶级斗争的发展中必然产生的结果;由此产生的这些措施并不是最终的措施,而是从过渡性的阶级斗争本身产生的过渡性的社会福利措施。

这些措施在海因岑先生那里却既无意义,又不明智,因为在他那里它们纯粹是任意编造出来的改善世界的庸俗幻想,因为他丝毫也没有指出这些措施和历史发展的联系,因为海因岑先生一点儿都不考虑实现自己的建议的物质可能性,因为他不是力求表述工业领域的各种必然性,而是力求用法令来消除这些必然性。

正是这位粗暴地把共产主义者的要求搞得十分混乱并把它们

变成纯粹的空中楼阁以后才加以接受的海因岑先生,却指责共产主义者,说他们"在没有受过教育的人的头脑中制造混乱",说他们"追求空中楼阁"、"丧失了现实基础〈!〉"!

这就是海因岑先生的整个鼓动活动;我们直言不讳地声明,我们认为这种鼓动对整个德国激进派是极其有害的,是有损它的声誉的。党的政论家应当具备完全不同于海因岑先生(前面已经指出,他是本世纪最无知的人之一)所具有的素质。海因岑先生也许怀有人间最善良的愿望,他也许是全欧洲信念最坚定的人。我们也知道,他是一个正直的人,具有勇气和毅力。但是,单凭这些条件还不能成为党的政论家。作为党的政论家,除了一定的信念、善良的愿望和洪亮的嗓音而外,还需要一些别的条件。同海因岑先生现在具有的和多年经验证明他能够具有的各方面的条件相比,党的政论家还需要具有更多的智慧、更明确的思想、更好的风格和更丰富的知识。

然而海因岑先生由于逃亡在外,就势必要去充当一名党的政论家。他不得不在激进派中间试行组织自己的党派。于是他就担任了他所无法胜任的职务,他为履行这一职务而进行的种种徒劳的努力,只是使他成为笑料。如果德国的激进派让他保留这样一种假象:似乎他就是激进派的代表,似乎他是以激进派代表的身份成为笑料的,那么,他就会使德国激进派本身也同样成为笑料。

可是海因岑先生并不代表德国激进派。他们的代表完全是另外一些人,如雅科比等。海因岑先生不代表任何人,除了出钱支持他进行鼓动的少数几个德国资产者外,谁也不承认他是自己的代表。不过我们错了。德国有一个阶级承认他是自己的代表,对他狂热崇拜,为他大吹大擂,竭力为他压倒所有饭店顾客的声音(正像海因岑先生所说的共产主义者"压倒了整个著作界反对派的声音"一样）。这个阶级就是人数众多、思想开明、信念坚定而又颇有影响的推销人阶级。

就是这位海因岑先生，居然要求共产主义者承认他是激进的资产者的代表，要求共产主义者把他当做激进的资产者的代表和他争论！

上面讲的一切已经足以说明，共产主义者对海因岑先生的驳斥是正确的。我们准备在下一期谈一谈海因岑先生在本报第77号上对共产主义者的责难。

假如我们不是坚信海因岑先生根本没有能力当一名党的政论家，我们就会劝他仔细钻研一下马克思的《哲学的贫困》。因此，在他劝我们去阅读福禄培尔的《新政治》¹²⁹的时候，我们只能回报以另一种劝告：请保持安静，心平气和地等待"战斗"吧。我们相信，海因岑先生作为一个政论家有多么拙劣，作为一个营指挥官就会多么英明。

为了使海因岑先生不致抱怨匿名攻击，我们在本文末尾署上名字。

弗·恩格斯

［第 二 篇］

我们在第一篇文章中已经说明，共产主义者之所以抨击海因岑，并不是因为他不是共产主义者，而是因为他是一个蹩脚的民主派政论家。他们并不是以**共产主义者**的身份，而是以**民主主义者**的身份对他进行抨击的。至于同他展开论战的恰恰是共产主义者，这一点完全是出于偶然；即使这个世界上根本没有什么共产主义者,民主主义者也肯定是要起来反对海因岑的。这里争论的全部问题仅仅涉及下面两点:(1)海因岑先生能不能作为党的政论家和鼓动家给德国民主派带来好处,我们否定这一点;(2)海因岑先生的鼓动方式是否正确,人们对这种鼓动方式是否还能容忍,对这一点我们也是否定的。可见,这里既不涉及共产主义,也不涉及民主主义,这里涉及的只是海因岑先生个人及其个人的妄想。

在目前条件下,共产主义者根本不想同民主主义者进行无益的争论,相反,目前在党的一切实际问题上,他们自己都是以民主主义者的身份出现的。在所有的文明国家,民主主义的必然结果都是无产阶级的政治统治,而无产阶级的政治统治又是实行一切共产主义措施的首要前提。因此在民主主义还未实现以前,共产主义者和民主主义者就要并肩战斗,民主主义者的利益也就是共产主义者的利益。在此以前,两派的分歧是纯理论性质的,完全可以从理论上进行讨论,而决不会使共同行动因此受到任何影响。人们甚至可以对民主主义实现以后应当立即为一向受压迫的阶级采取的一些措施取得一致意见,如大工业和铁路交给国家管理,所有儿童的教育费用由国家负担等等。

我们还是来谈谈海因岑先生吧。

海因岑先生宣称,是共产主义者先同他争论,而不是他先同共产主义者争论。这是人所共知的无赖式的论据,因此我们不打算同他争辩。他把自己同共产主义者的冲突说成是"共产主义者在德国激进派阵营里制造的无谓分裂"。海因岑说,早在三年前,他就曾尽一切力量并利用一切机会来防止即将发生的分裂,但是他的努力未能奏效,结果共产主义者还是对他发起了攻击。

大家都很清楚,三年前海因岑先生根本还不在**激进派阵营里**。当时海因岑先生还主张实行法律范围内的进步措施,坚持自由主义。因此,同他的分裂决不意味着**激进派**阵营内部的分裂。

海因岑先生是 1845 年初,在布鲁塞尔这里见到共产主义者的。共产主义者当时根本没有因为海因岑先生在政治上坚持所谓激进主义而想要攻击他,相反,他们尽了最大的努力争取当时还是自由派的海因岑先生转到这种激进主义的立场上来。但没有用。海因岑先生只是到了瑞士才成为民主主义者。

"后来我越来越深信〈!〉大力反对共产主义者是必要的",因而也就是深信在激进派阵营制造无谓的分裂是必要的! 我们请问德国民主主义者们:这样可笑地自相矛盾的人配做党的政论家吗?

可是海因岑先生所说的对他进行攻击的共产主义者是些什么人呢? 上文提到的那些暗示,特别是下面紧接着对共产主义者的责难,明确地回答了这个问题。海因岑说,共产主义者

"压倒了整个著作界反对派阵营的声音,他们在没有受过教育的人的头脑中制造混乱,他们还肆无忌惮地贬低最激进的人士,……他们竭力使政治斗争陷于瘫痪,……最后,他们甚至直接同反动派联合起来。更糟的是在实际生活当中,显然是在他们的教义的影响下,他们常常堕落为**卑鄙的奸险的阴谋家**……"

这些模模糊糊的责难描画出一个十分鲜明的形象——雇佣文人卡尔·格律恩先生的形象。三年以前,格律恩先生同海因岑先生之间曾有过一些个人的纠葛;格律恩先生为此在《特里尔日报》**130**上对海因岑先生进行了攻击,格律恩先生曾试图压倒整个著作界反对派阵营的声音,曾竭力使政治斗争陷于瘫痪等等。

可是,格律恩先生是从什么时候起成为共产主义的代表的呢?即使三年以前他曾经企图靠近共产主义者,人们也从未承认他是共产主义者,他自己也从来没有公开这样自命过,近一年多以来他

甚至还认为必须反对共产主义者。

况且,马克思在当时就曾向海因岑先生表示不同意格律恩先生的做法,后来,他一有机会就公开地揭露格律恩的真面目。**131**

至于海因岑先生最后对共产主义者进行"卑鄙的奸险的"诬蔑,那不是因为别的,而是由于格律恩先生和海因岑先生之间的纠葛。这种纠葛同上述两位先生有关,而同共产主义者却毫不相干。我们连这种纠葛的详细情形都不了解,因此无从评判。我们姑且假定海因岑先生是对的。但是当马克思及其他共产主义者已经否定了有关人士的做法以后,当这位有关人士从来就不是共产主义者这一点已经昭然若揭以后,如果海因岑先生还要把这种纠葛说成是共产主义教义的必然后果,那就太卑鄙了。

如果说海因岑先生的上述责难除了针对格律恩先生以外还针对别的什么人,那么,他所针对的无非是那些"真正的社会主义者"**132**,那些人的十足的反动理论早就遭到了共产主义者的否定。这个现在已经完全瓦解的派别中所有能够前进的人都已经站到共产主义者这一边来了,并且只要"真正的社会主义"一露头角,他们就加以抨击。海因岑先生把这些早已被埋葬的幻想又挖掘出来,并把它们归咎于共产主义者,这就再一次暴露了他的屡见不鲜的极端无知。海因岑先生在这里指责"真正的社会主义者",把他们同共产主义者混为一谈,而后来他却同"真正的社会主义者"一样,指责共产主义者荒诞不经。因此,他根本就没有任何权利抨击"真正的社会主义者",因为他本人在一定的意义上也属于这一派。当共产主义者撰写文章猛烈抨击这些社会主义者的时候,这位海因岑先生正在苏黎世倾听卢格先生传授他自己混乱的脑袋里所装的那一套支离破碎的"真正的社会主义"。确实,卢格先生找到了一位值得教诲的门生!

但是,真正的共产主义者在哪儿呢? 海因岑先生谈到了值得尊敬的非凡人才和才华横溢的人物,而且预言这些人将拒绝共产主义的同情〈!〉①。共产主义者对"真正的社会主义者"的著作和行动**已经**拒绝给以同情。在上述所有的责难中,没有任何一点可以加在共产主义者的头上,只有这整段文章的最后一句话是例外,这句话原文如下:

"共产主义者……妄自尊大,嘲笑一切可以成为**正直的人**联合的基础的东西。"

海因岑先生这句话大概是指共产主义者曾讥笑他那道貌岸然的姿态,并曾嘲讽所有那些神圣高超的思想、操守、正义、道德等等,海因岑先生以为,正是这些东西构成了一切社会的基础。这个责难我们接受。尽管海因岑先生这个**正直的**人感到义愤填膺,共产主义者还是要继续嘲讽这些**永恒的真理**。而且共产主义者认定,这些永恒的真理决不是它们自身形成时所处的那个社会的基础,恰恰相反,它们是那个社会的产物。

此外,既然海因岑先生已经预见到,共产主义者对他想列入共产主义者营垒的那些人将拒绝给以同情,那么,他进行所有这些荒唐的责难和卑鄙的诬蔑又有什么意义呢? 既然海因岑先生对共产主义者的了解显然只是来自道听途说,既然他对共产主义者是些什么人知之甚少,以致要求他们对自身的情况作出更确切的说明,要求他们向他作一番**自我介绍**,那么在这种情况下同共产主义者进行论战,这岂不是太无耻了吗?

---

① 卡·海因岑要讲的是"拒绝同情共产主义"。这种表达方式说明他的文风很糟糕,所以恩格斯在这里加了〈!〉。——编者注

"如果对那些真正代表共产主义或叙述共产主义真实内容的人的情况作出说明,这可能会使大部分信奉共产主义并**为共产主义所利用**的人完全脱离共产主义,而反对这种要求的恐怕也不会只是《特里尔日报》的那些人。"

隔几行下面接着写道:

"对那些真正的共产主义者,**应当相信**他们会坚决而又**真诚地**〈哦,好一个老实人!〉坦率宣布自己的教义,并宣布同那些非共产主义者脱离关系。**应当要求他们**〈这一切都是老实人的用语〉不要**伤天害理地**〈!〉助长那种在成千上万**受苦受难和没有受过教育**的人的头脑中所制造的**混乱**,而制造这种混乱的手段就是通过幻想或欺骗,硬把不可能实现的事情〈!!〉说成有可能实现,即认为有可能在现实关系的基础上找到实现这种教义的途径〈!〉。真正的共产主义者的**责任**〈又是这个老实人〉是:或者让所有站在他们一边的不明实情的人充分地了解实情,并把他们引向一个既定目标,或者同他们**一刀两断,不再利用他们**。"

假如卢格先生造出了上面这样三个主从复合句,那他就会感到欣幸了。老实人的思想混乱同老实人提出的各种要求是完全吻合的,在思想混乱的情况下,他所关心的只是事情本身,而决不是形式,正因为如此,他讲的和他想讲的就截然相反。海因岑先生要求真正的共产主义者同冒牌的共产主义者一刀两断,要求他们结束由于混淆两个不同的派别而产生的混乱(这正是他**想要讲的**)。但是当"共产主义者"和"混乱"这两个词在他脑袋里碰到一起的时候,他脑袋里却产生了混乱。海因岑先生的思路中断了;他那固定不变的公式,即共产主义者**一般**都要在没有受过教育的人的头脑中制造混乱这个公式,成了他自己的绊脚石,他忘了真正的共产主义者和冒牌的共产主义者,他笨拙可笑地在各种通过幻想和欺骗硬被说成可能实现而实际上并不可能实现的事情上跌跌撞撞地行进,最后在现实关系的基础上整个倒了下去,然后又在这个基础上清醒过来。这时他才又想到,他想谈的完全是另一回事,而他谈的根本不是这个或那个是否可能的问题。他又回到自己的题目上来,但他还是神情恍惚,连他在前面要把戏时所用的那个冠冕堂皇的句子都没删掉。

这就是海因岑先生的文风。至于事情本身,我们再说一遍,作为一个正直的德国人,海因岑先生的要求提得太晚了,共产主义者早就否定了那些"真正的社会主义者"。其次,我们在这里再次看到,背地里进行诬蔑同老实人的本性也决不是水火不相容的。特别是海因岑先生十分明显地让人意识到,共产主义政论家只是在利用那些信奉共产主义的工人。他相当直率地表示,这些政论家公开表述自己的观点会使为共产主义所利用的大部分人完全脱离共产主义。他把共产主义政论家看做先知、术士或牧师,认为他们把某种秘密的谋略据为己有,而对没有受过教育的人守口如瓶,以便牵着他们的鼻子走。他认为共产主义者应当**使一切不明实情的人了解实情**而不应当**利用**他们,他所提出的所有这些老实人的要求显然是从这样一个前提出发的:似乎共产主义著作家乐于让工人对实情一无所知,似乎他们只是在利用那些工人,就像上一世纪的伊留米纳特[133]企图利用人民一样。这种荒唐的看法也使海因岑先生不合时宜地到处宣扬没有受过教育的人头脑中的混乱,而且语句颠三倒四,这是他说话不直截了当的报应。

我们只是把这些诬蔑指出来,而不再就此展开辩论。我们让信奉共产主义的工人们自己去评判。

我们看了海因岑先生所有这些预先声明、迂回其辞、要求、诬蔑和种种把戏以后,最后来看看他从理论上对共产主义者的攻击和他的论据。

海因岑先生

"认为共产主义教义的核心，简单说来就是废除私有财产（通过劳动获得的财产也包括在内）和作为这种废除的必然结果的共同利用人间财富的原则"。

海因岑先生异想天开地认为，共产主义是一种从一定的理论原则即自己的**核心**出发并由此得出进一步的结论的**教义**。海因岑先生大错特错了。共产主义不是教义，而是**运动**。它不是从原则出发，而是从**事实**出发。共产主义者不是把某种哲学作为前提，而是把迄今为止的全部历史，特别是这一历史目前在文明各国造成的实际结果作为前提。共产主义的产生是由于大工业以及由大工业带来的后果，是由于世界市场的形成，是由于随之而来的不可遏止的竞争，是由于目前已经完全成为世界市场危机的那种日趋严重和日益普遍的商业危机，是由于无产阶级的形成和资本的积聚，是由于由此产生的无产阶级和资产阶级之间的阶级斗争。共产主义作为理论，是无产阶级立场在这种斗争中的理论表现，是无产阶级解放的条件的理论概括。

海因岑先生现在也许会认识到，他在评判共产主义的时候，只是认为它的核心简单说来就是废除私有财产是不够的；他最好不要信口开河地空谈废除私有财产，而应当研究一下国民经济学[5]；假如他对废除私有财产的条件也不了解，那他对废除私有财产所造成的**后果**就不可能有丝毫的认识。

可是，海因岑先生对废除私有财产的条件极端无知，他竟认为"共同利用人间财富"（措辞挺不坏）是废除私有财产的**结果**。其实恰恰相反。因为大工业和机器设备、交通工具、世界贸易发展的巨大规模使这一切越来越不可能为个别资本家所利用，因为日益加剧的世界市场危机在这方面提供了最有力的证明，因为现代生产**方式**和交换**方式**下的生产**力**和交换**手段**日益超出了个人交换和私有财产的范围,总之,因为工业、农业、交换的共同管理将成为工业、农业和交换本身的物质必然性的日子日益逼近,所以,私有财产一定要被废除。

因此,如果海因岑先生把废除私有财产(这种废除当然是无产阶级解放的条件)同这种废除本身的条件分离开来,如果他把废除私有财产置于同现实世界的一切联系之外,只是把它视为蛰居书斋而产生的臆想,那么,这种废除就成了纯粹的空谈,海因岑先生只能就此发表一通平庸的废话。他实际上也是这样做的:

"通过上面所谈到的废除一切私有财产的做法,共产主义必然也要废除**个人的独立存在**⟨可见,海因岑先生是在责备我们要把人们变成连体双胎⟩。结果又把每个人投入几乎是⟨!!⟩刻板划一的兵营生活⟨有劳读者留意,海因岑先生承认这一切只是他自己妄谈个人的独立存在的结果⟩。共产主义者就这样毁灭了个性……独立性……自由⟨这是"真正的社会主义者"和资产者的陈词滥调。由于违背自己意愿的分工而成为鞋匠、工厂工人、资产者、律师、农民,即成为一定工作以及与这种工作相适应的习俗、生活方式、偏见、局限性等等的奴隶的现代个人,似乎还具有某种可以毁灭的个性!⟩。共产主义把个人连同他**获得**的私有财产这个个人必不可少的属性或基础⟨这个"**或**"字真是妙极了⟩用来祭祀'共同体或社会的幽灵'⟨这不也是施蒂纳的话吗?⟩,而对每个人来说,共同体可以而且应该⟨应该!!⟩是手段,而不是目的。"

海因岑先生特别重视**获得的**私有财产,这就再一次证明了他根本不了解他所谈论的对象。海因岑先生本着他那老实人的正义感,想把各人挣得的留给各人,可惜这种正义感被大工业化为乌有了,只要大工业的发展水平还没有达到足以使自己完全挣脱私有财产的羁绊,它就不能容许现存方式以外的其他任何分配产品的方式,资本家就还要把利润装进自己的口袋,工人在实践中也会越来越清楚地认识到什么是最低工资。蒲鲁东先生曾经企图对**获得的财产**进行系统的阐述,并把它同现存关系联系起来,大家知道,他的这种企图显然已经破产了。诚然,海因岑先生永远也不敢进行类似的尝试,因为这样他就必须研究问题,而他是不打算进行什么研究的。不过,他仍然可以将蒲鲁东先生作为前车之鉴,少向公众显示自己获得的财产。

如果海因岑先生还来指责共产主义者,说他们追求空中楼阁,丧失了现实基础,那么试问这种责难到底对谁最为合适呢?

海因岑先生还谈了许多别的,我们都不去管它了。我们只是指出,越往后他的语句就越糟糕。他始终未能找到恰当的词语,因而语言显得拙劣,仅仅这一点就足以败坏任何一个承认他是自己的著作家的党派的名声。他那固执的信念总是使他说出一些完全不是他所想说的话。因此他的每一句话都包含着两重废话:一种是他想说的废话,另一种是他不想说但还是说出来的废话。上面我们已经举了这样的例子。我们还要指出一点,海因岑先生不断重复他关于君主威力的陈旧的迷信观点,他说,那种应当被推翻而本身也无非是国家权力的**政权**,现在是而且过去也始终是一切不公正现象的制造者和维护者,他要建立一个**真正的法治国家**〈!〉,并在这个幻想的大厦的范围内"进行所有那些由于普遍的发展〈!〉而产生的理论上正确〈!〉而又实际可行的〈!〉社会改革"!!!

愿望多好,文风就多糟,这就是正直的品德在这个丑恶的世界上的命运。

> 受到了时代精神的诱惑,
> 成为出身林莽的长裤汉[134],
> 舞跳得虽然十分拙劣,
> 但毛茸茸的胸膛里却充满信念;
> ……
> 虽无才能,却有性格。[135]

我们的文章会使海因岑先生陷入一个老实人在受到屈辱时所产生的那种义愤之中,但他既不会因此而放弃自己的写作风格,也不会因此而放弃自己那种败坏名声和毫无补益的鼓动方式。他威胁说,他要在行动和决战的那一天把敌人吊在路灯柱上,这使我们感到十分可笑。

总之,共产主义者应当而且也希望同德国激进派采取共同行动。但是他们保留对任何一个败坏整个党派声誉的政论家进行抨击的权利。仅仅是本着这种精神,我们才对海因岑先生进行了抨击。

弗·恩格斯

1847 年 10 月 3 日于布鲁塞尔

注意:我们刚才收到一个工人①写的小册子:《海因岑的国家。**斯蒂凡**的批评意见》伯尔尼版,由雷策尔印行。如果海因岑先生的写作水平能赶上这个工人的一半,那他就可以感到欣慰了。除了其他一些东西外,海因岑先生从这本书中可以相当清楚地了解到,为什么工人对他的农业共和国丝毫不感兴趣。我们还要指出一点,这是第一本由工人写成的书,这本书不是进行道德说教,而是力图说明当代政治斗争归根结底是社会各阶级之间的斗争。

弗·恩格斯写于 1847 年 9 月
27 日前和 10 月 3 日

载于 1847 年 10 月 3、7 日
《德意志—布鲁塞尔报》第 79、
80 号

原文是德文

选自《马克思恩格斯文集》
第 1 卷第 657—675 页

---

① 斯·波尔恩。——编者注

弗·恩格斯

共产主义原理[136]

第一个问题:什么是共产主义?

答:共产主义是关于无产阶级解放的条件的学说。

第二个问题:什么是无产阶级?

答:无产阶级是完全靠出卖自己的劳动[137]而不是靠某一种资本的利润来获得生活资料的社会阶级。这一阶级的祸福、存亡和整个生存,都取决于对劳动的需求,即取决于工商业繁荣期和萧条期的更替,取决于没有节制的竞争的波动。一句话,无产阶级或无产者阶级是19世纪的劳动阶级。

第三个问题:是不是说,无产者不是一向就有的?

答:是的,不是一向就有的。穷人和劳动阶级一向就有;并且劳动阶级通常都是贫穷的。但是,生活在上述条件下的这种穷人、这种工人,即无产者,并不是一向就有的,正如竞争并不一向是自由的和没有节制的一样。

第四个问题:无产阶级是怎样产生的?

答:无产阶级是由于工业革命而产生的,这一革命在上个世纪下半叶发生于英国,后来,相继发生于世界各文明国家。工业革命是由蒸汽机、各种纺纱机、机械织布机和一系列其他机械装备的发明而引起的。这些价钱很贵,因而只有大资本家才买得起的机器,改变了以前的整个生产方式,挤掉了原来的工人。这是因为机器生产的商品要比工人用不完善的纺车和织布机生产的又便宜又好。这样一来,这些机器就使工业全部落到大资本家手里,并且使工人仅有的一点薄产(工具、织布机等)变得一钱不值,于是资本家很快就占有了一切,而工人却一无所有了。从此,在衣料生产方面就实行了工厂制度。机器和工厂制度一经采用,这一制度很快就推行到所有其他工业部门,特别是印花业、印书业、制陶业和金属品制造业等部门。工人之间的分工越来越细,于是,从前完成整件工作的工人,现在只做这件工作的一部分。这种分工可以使产品生产得更快,因而也更便宜。分工把每个工人的活动变成一种非常简单的、时刻都在重复的机械操作,这种操作利用机器不但能够做得同样出色,甚至还要好得多。因此,所有这些工业部门都像纺纱和织布业一样,一个跟着一个全都受到了蒸汽动力、机器和工厂制度的支配。这样一来,这些工业部门同时也就全都落到了大资本家的手里,工人也就失掉了最后的一点独立性。除了原来意义上的工场手工业,手工业也渐渐受到工厂制度的支配,因为这里的大资本家也在通过建立可以大量节省开支和实行细致分工的大作坊,不断挤掉小师傅。结果,我们现在可以看到,在文明国家里,几乎所有劳动部门都照工厂方式进行经营了,在所有劳动部门,手工业和工场手工业几乎都被工业挤掉了。于是,从前的中间等级,特别是小手工业师傅日益破产,工人原来的状况发生了根本的变化,产生了两个逐渐并吞所有其他阶级的新阶级。这两个阶级就是:

一、大资本家阶级,他们在所有文明国家里现在已经几乎独占了一切生活资料和生产这些生活资料所必需的原料和工具(机器、工厂）。这就是资产者阶级或资产阶级。

二、完全没有财产的阶级，他们为了换得维持生存所必需的生活资料，不得不把自己的劳动出卖给资产者。这个阶级叫做无产者阶级或无产阶级。

第五个问题：无产者是在怎样的条件下把劳动出卖给资产者的？

答：劳动和其他任何商品一样，也是一种商品，因此，劳动的价格和其他任何商品的价格一样，也是由同样的规律决定的。正像我们在下面将看到的，在大工业或自由竞争的统治下，情形都一样，商品的价格平均总是和这种商品的生产费用相等的。因此，劳动的价格也是和劳动的生产费用相等的。而劳动的生产费用正好是使工人能够维持他们的劳动能力并使工人阶级不致灭绝所必需的生活资料的数量。工人的劳动所得不会比为了这一目的所必需的更多。因此，劳动的价格或工资将是维持生存所必需的最低额。但是，因为工商业有时萧条有时兴旺，工人所得也就有多有少，正像厂主出卖商品所得有多有少一样。如果把工商业繁荣期和萧条期平均起来，厂主出卖商品所得既不多于他的生产费用，也不少于他的生产费用，同样，工人平均所得也是既不会多于这个最低额，也不会少于这个最低额。大工业越是在所有劳动部门占统治地位，工资的这一经济规律体现得就越充分。

第六个问题：在工业革命前，有过什么样的劳动阶级？

答：在不同的社会发展阶段上，劳动阶级的生活条件各不相同，劳动阶级在同有产阶级和统治阶级的关系中所处的地位也各不相同。在古代，劳动者是主人的**奴隶**。直到今天在许多落后国家甚至美国南部他们还是这种奴隶。在中世纪，劳动者是土地贵族的**农奴**，直到今天在匈牙利、波兰和俄国他们还是这种农奴。此外,在中世纪,直到工业革命前,城市里还有在小资产阶级师傅那里做工的手工业帮工,随着工场手工业的发展,也渐渐出现了受较大的资本家雇用的工场手工业工人。

第七个问题:无产者和奴隶有什么区别?

答:奴隶一次就被完全卖掉了。无产者必须一天一天、一小时一小时地出卖自己。单个的奴隶是**某一个**主人的财产,由于他与主人利害攸关,他的生活不管怎样坏,总还是有保障的。单个的无产者可以说是整个资产者**阶级**的财产,他的劳动只有在有人需要的时候才能卖掉,因而他的生活是没有保障的。只有对整个无产者**阶级**来说,这种生活才是有保障的。奴隶处在竞争之外,无产者处在竞争之中,并且亲身感受到竞争的一切波动。奴隶被看做物,不被看做市民社会的成员。无产者被承认是人,是市民社会的成员。因此奴隶能够比无产者生活得好些,但无产者属于更高的社会发展阶段,他们本身处于比奴隶更高的阶段。奴隶在所有的私有制关系中只要废除奴隶制关系,并由此而成为无产者,就能解放自己;无产者只有废除一切私有制才能解放自己。

第八个问题:无产者和农奴有什么区别?

答:农奴占有并使用一种生产工具,一块土地,为此他要交出自己的一部分收益或者服一定的劳役。无产者用别人的生产工具为这个别人做工,从而得到一部分收益。农奴是交出东西,无产者是得到报酬。农奴生活有保障,无产者生活无保障。农奴处在竞争之外,无产者处在竞争之中。农奴可以通过各种道路获得解放:或者是逃到城市里去做手工业者;或者是交钱给地主代替劳役和产品,从而成为自由的佃农;或者是把他们的封建主赶走,自己变成财产所有者。总之,农奴可以通过不同的办法加入有产阶级的队伍并进入竞争领域而获得解放。无产者只有通过消灭竞争、私有制和一切阶级差别才能获得解放。

第九个问题:无产者和手工业者有什么区别?[138]

第十个问题:无产者和工场手工业工人有什么区别?

答:16—18 世纪,几乎任何地方的工场手工业工人都占有生产工具,如织布机、家庭用的纺车和一小块在工余时间耕种的土地。这一切,无产者都没有。工场手工业工人几乎总是生活在农村,和地主或雇主维持着或多或少的宗法关系。无产者通常生活在大城市,和雇主只有金钱关系。大工业使工场手工业工人脱离了宗法关系,他们失去了仅有的一点财产,因此而变成无产者。

第十一个问题:工业革命和社会划分为资产者与无产者首先产生了什么结果?

答:第一,由于在世界各国机器劳动不断降低工业品的价格,旧的工场手工业制度或以手工劳动为基础的工业制度完全被摧毁。所有那些迄今或多或少置身于历史发展之外、工业迄今建立在工场手工业基础上的半野蛮国家,随之也就被迫脱离了它们的闭关自守状态。这些国家购买比较便宜的英国商品,把本国的工场手工业工人置于死地。因此,那些几千年来没有进步的国家,例如印度,都已经进行了完全的革命,甚至中国现在也正走向革命。事情已经发展到这样的地步:今天英国发明的新机器,一年之内就会夺去中国千百万工人的饭碗。这样,大工业便把世界各国人民互相联系起来,把所有地方性的小市场联合成为一个世界市场,到处为文明和进步做好了准备,使各文明国家里发生的一切必然影响到其余各国。因此,如果现在英国或法国的工人获得解放,这必然会引起其他一切国家的革命,这种革命迟早会使这些国家的工人也获得解放。

第二,凡是大工业代替了工场手工业的地方,工业革命都使资产阶级及其财富和势力最大限度地发展起来,使它成为国内的第一阶级。结果,凡是完成了这种过程的地方,资产阶级都取得了政治权力,并挤掉了以前的统治阶级——贵族、行会师傅和代表他们的专制王朝。资产阶级废除了长子继承权或出卖领地的禁令,取消了贵族的一切特权,这样便消灭了特权贵族、土地贵族的势力。资产阶级取消了所有行会,废除了手工业者的一切特权,这样便摧毁了行会师傅的势力。资产阶级用自由竞争来取代行会和手工业者的特权;在自由竞争这种社会状况下,每一个人都有权经营任何一个工业部门,而且,除非缺乏必要的资本,什么也不能妨碍他的经营。这样,实行自由竞争就是公开宣布:从今以后,只是由于社会各成员的资本多寡不等,所以他们之间才不平等,资本成为决定性的力量,从而资本家,资产者成为社会上的第一阶级。但是,自由竞争在大工业发展初期之所以必要,是因为只有在这种社会状况下大工业才能成长起来。资产阶级这样消灭了贵族和行会师傅的社会势力以后,也就消灭了他们的政治权力。资产阶级在社会上上升为第一阶级以后,它也就在政治上宣布自己是第一阶级。它是通过实行代议制而做到这一点的。代议制是以资产阶级的在法律面前平等和法律承认自由竞争为基础的。这种制度在欧洲各国采取立宪君主制的形式。在这种立宪君主制的国家里,只有拥有一定资本的人即资产者,才有选举权。这些资产者选民选出议员,而这些资产者议员可以运用拒绝纳税的权利,选出资产者政府。

第三,工业革命到处都使无产阶级和资产阶级以同样的速度发展起来。资产者越发财,无产者的人数也就越多。因为只有资本才能使无产者找到工作,而资本只有在使用劳动的时候才能增加,所以无产阶级的增加和资本的增加是完全同步的。同时,工业革命使资产者和无产者都集中在最有利于发展工业的大城市里，广大群众聚集在一个地方，使无产者意识到自己的力量。其次，随着工业革命的发展，随着挤掉手工劳动的新机器的不断发明，大工业把工资压得越来越低，把它压到上面说过的最低额，因而无产阶级的处境也就越来越不堪忍受了。这样，一方面由于无产阶级不满情绪的增长，另一方面由于他们力量的壮大，工业革命便孕育着一个由无产阶级进行的社会革命。

第十二个问题：工业革命进一步产生了什么结果？

答：大工业创造了像蒸汽机和其他机器那样的手段，使工业生产在短时间内用不多的费用便能无限地增加起来。由于生产变得这样容易，这种大工业必然产生的自由竞争很快就达到十分剧烈的程度。大批资本家投身于工业，生产很快就超过了消费。结果，生产出来的商品卖不出去，所谓商业危机就到来了。工厂只好关门，厂主破产，工人挨饿。到处出现了极度贫困的现象。过了一段时间，过剩的产品卖光了，工厂重新开工，工资提高，生意也渐渐地比以往兴旺起来。但这是不会长久的，因为很快又会生产出过多的商品，新的危机又会到来，这种新危机的过程和前次危机完全相同。因此，从本世纪初以来，工业经常在繁荣时期和危机时期之间波动。这样的危机几乎定期地每五年到七年发生一次[139]，每一次都给工人带来极度的贫困，激起普遍的革命热情，给整个现存制度造成极大的危险。

第十三个问题：这种定期重复的商业危机会产生什么后果？

答：第一，虽然大工业在它的发展初期自己造成了自由竞争，但是现在它的发展已经超越了自由竞争的范围。竞争和个人经营工业生产已经变成大工业的枷锁，大工业必须粉碎它，而且一定会粉碎它。大工业只要还在现今的基础上进行经营，就只能通过每七年出现一次的普遍混乱来维持,每次混乱对全部文明都是一种威胁,它不但把无产者抛入贫困的深渊,而且也使许多资产者破产。因此,或者必须完全放弃大工业本身(这是绝对不可能的),或者大工业使建立一个全新的社会组织成为绝对必要的,在这个全新的社会组织里,工业生产将不是由相互竞争的单个的厂主来领导,而是由整个社会按照确定的计划和所有人的需要来领导。

第二,大工业及其所引起的生产无限扩大的可能性,使人们能够建立这样一种社会制度,在这种社会制度下,一切生活必需品都将生产得很多,使每一个社会成员都能够完全自由地发展和发挥他的全部力量和才能。由此可见,在现今社会中造成一切贫困和商业危机的大工业的那种特性,在另一种社会组织中正是消灭这种贫困和这些灾难性的波动的因素。

这就完全令人信服地证明:

(1)从现在起,可以把所有这些弊病完全归咎于已经不适应当前情况的社会制度;

(2)通过建立新的社会制度来彻底铲除这些弊病的手段已经具备。

第十四个问题:这种新的社会制度应当是怎样的?

答:这种新的社会制度首先必须剥夺相互竞争的个人对工业和一切生产部门的经营权,而代之以所有这些生产部门由整个社会来经营,就是说,为了共同的利益、按照共同的计划、在社会全体成员的参加下来经营。这样,这种新的社会制度将消灭竞争,而代之以联合。因为个人经营工业的必然结果是私有制,竞争不过是单个私有者经营工业的一种方式,所以私有制同工业的个体经营和竞争是分不开的。因此私有制也必须废除,而代之以共同使用全部生产工具和按照共同的协议来分配全部产品,即所谓财产公有。废除私有制甚至是工业发展必然引起的改造整个社会制度的最简明扼要的概括。所以共产主义者完全正确地强调废除私有制是自己的主要要求。

第十五个问题:这么说,过去废除私有制是不可能的?

答:不可能。社会制度中的任何变化,所有制关系中的每一次变革,都是产生了同旧的所有制关系不再相适应的新的生产力的必然结果。私有制本身就是这样产生的。私有制不是一向就有的;在中世纪末期,产生了一种工场手工业那样的新的生产方式,这种新的生产方式超越了当时封建和行会所有制的范围,于是这种已经超越旧的所有制关系的工场手工业便产生了新的所有制形式——私有制。对于工场手工业和大工业发展的最初阶段来说,除了私有制,不可能有其他任何所有制形式,除了以私有制为基础的社会制度,不可能有其他任何社会制度。只要生产的规模还没有达到不仅可以满足所有人的需要,而且还有剩余产品去增加社会资本和进一步发展生产力,就总会有支配社会生产力的统治阶级和贫穷的被压迫阶级。至于这些阶级是什么样子,那要看生产的发展阶段。在依赖农业的中世纪,是领主和农奴;在中世纪后期的城市里,是行会师傅、帮工和短工;在 17 世纪是工场手工业主和工场手工业工人;在 19 世纪是大工厂主和无产者。非常明显,在这以前,生产力还没有发展到能以足够的产品来满足所有人的需要,还没有发展到私有制成为这些生产力发展的桎梏和障碍。但是现在,由于大工业的发展,**第一**,产生了空前大规模的资本和生产力,并且具备了能在短时期内无限提高这些生产力的手段;**第二**,生产力集中在少数资产者手里,而广大人民群众越来越变成无产者,资产者的财富越增加,无产者的境遇就越悲惨和难以忍受;**第三**,这种强大的、容易增长的生产力,已经发展到私有制和资产者远远不能驾驭的程度,以致经常引起社会制度极其剧烈的震荡。只有这时废除私有制才不仅可能,甚至完全必要。

第十六个问题:能不能用和平的办法废除私有制?

答:但愿如此,共产主义者当然是最不反对这种办法的人。共产主义者很清楚,任何密谋都不但无益,甚至有害。他们很清楚,革命不能故意地、随心所欲地制造,革命在任何地方和任何时候都是完全不以单个政党和整个阶级的意志和领导为转移的各种情况的必然结果。但他们也看到,几乎所有文明国家的无产阶级的发展都受到暴力压制,因而是共产主义者的敌人用尽一切力量引起革命。如果被压迫的无产阶级因此最终被推向革命,那时,我们共产主义者将用行动来捍卫无产者的事业,正像现在用语言来捍卫它一样。

第十七个问题:能不能一下子就把私有制废除?

答:不,不能,正像不能一下子就把现有的生产力扩大到为实行财产公有所必要的程度一样。因此,很可能就要来临的无产阶级革命,只能逐步改造现今社会,只有创造了所必需的大量生产资料之后,才能废除私有制。

第十八个问题:这个革命的发展过程将是怎样的?

答:首先无产阶级革命将建立**民主的国家制度**,从而直接或间接地建立无产阶级的政治统治。在英国可以直接建立,因为那里的无产者现在已占人民的大多数。在法国和德国可以间接建立,因为这两个国家的大多数人民不仅是无产者,而且还有小农和小资产者,小农和小资产者正处在转变为无产阶级的过渡阶段,他们的一切政治利益的实现都越来越依赖无产阶级,因而他们很快就会同意无产阶级的要求。这也许还需要第二次斗争,但是,这次斗争只能以无产阶级的胜利而告终。

如果不立即利用民主作为手段实行进一步的、直接向私有制发起进攻和保障无产阶级生存的各种措施,那么,这种民主对于无产阶级就毫无用处。这些作为现存关系的必然结果现在已经产生出来的最主要的措施如下:

(1)用累进税、高额遗产税、取消旁系亲属(兄弟、侄甥等)继承权、强制公债等来限制私有制。

(2)一部分用国家工业竞争的办法,一部分直接用纸币赎买的办法,逐步剥夺土地所有者、工厂主、铁路所有者和船主的财产。

(3)没收一切反对大多数人民的流亡分子和叛乱分子的财产。

(4)在国家农场、工厂和作坊中组织劳动或者让无产者就业,这样就会消除工人之间的竞争,并迫使还存在的厂主支付同国家一样高的工资。

(5)对社会全体成员实行同样的劳动义务制,直到完全废除私有制为止。成立产业军,特别是在农业方面。

(6)通过拥有国家资本的国家银行,把信贷系统和货币经营业集中在国家手里。取消一切私人银行和银行家。

(7)随着国家拥有的资本和工人的增加,增加国家工厂、作坊、铁路和船舶,开垦一切荒地,改良已垦土地的土壤。

(8)所有的儿童,从能够离开母亲照顾的时候起,都由国家出钱在国家设施中受教育。把教育和生产结合起来。

(9)在国有土地上建筑大厦,作为公民公社的公共住宅。公民公社将从事工业生产和农业生产,将把城市和农村生活方式的优点结合起来,避免二者的片面性和缺点。

(10)拆毁一切不合卫生条件的、建筑得很坏的住宅和市区。

(11)婚生子女和非婚生子女享有同等的继承权。

（12）把全部运输业集中在国家手里。

自然，所有这一切措施不能一下子都实行起来，但是它们将一个跟着一个实行，只要向私有制一发起猛烈的进攻，无产阶级就要被迫继续向前迈进，把全部资本、全部农业、全部工业、全部运输业和全部交换都越来越多地集中在国家手里。上述一切措施都是为了这个目的。无产阶级的劳动将使国家的生产力大大增长，随着这种增长，这些措施实现的可能性和由此而来的集中化程度也将相应地增长。最后，当全部资本、全部生产和全部交换都集中在国家手里的时候，私有制将自行灭亡，金钱将变成无用之物，生产将大大增加，人将大大改变，以致连旧社会最后的各种交往形式也能够消失。

第十九个问题：这种革命能不能单独在一个国家发生？

答：不能。单是大工业建立了世界市场这一点，就把全球各国人民，尤其是各文明国家的人民，彼此紧紧地联系起来，以致每一国家的人民都受到另一国家发生的事情的影响。此外，大工业使所有文明国家的社会发展大致相同，以致在所有这些国家，资产阶级和无产阶级都成了社会上两个起决定作用的阶级，它们之间的斗争成了当前的主要斗争。因此，共产主义革命将不是仅仅一个国家的革命，而是将在一切文明国家里，至少在英国、美国、法国、德国同时发生的革命，在这些国家的每一个国家中，共产主义革命发展得较快或较慢，要看这个国家是否有较发达的工业，较多的财富和比较大量的生产力。因此，在德国实现共产主义革命最慢最困难，在英国最快最容易。共产主义革命也会大大影响世界上其他国家，会完全改变并大大加速它们原来的发展进程。它是世界性的革命，所以将有世界性的活动场所。

第二十个问题：最终废除私有制将产生什么结果？

答：由于社会将剥夺私人资本家对一切生产力和交换手段的

支配权以及他们对产品的交换和分配权,由于社会将按照根据实有资源和整个社会需要而制定的计划来管理这一切,所以同现在的大工业经营方式相联系的一切有害的后果,将首先被消除。危机将终止。扩大的生产在现今的社会制度下引起生产过剩,并且是产生贫困的极重要的原因,到那个时候,这种生产就会显得十分不够,还必须大大扩大。超出社会当前需要的生产过剩不但不会引起贫困,而且将保证满足所有人的需要,将引起新的需要,同时将创造出满足这种新需要的手段。这种生产过剩将成为新的进步的条件和起因,它将实现这种进步,而不会像过去那样总是因此造成社会秩序的混乱。摆脱了私有制压迫的大工业的发展规模将十分宏伟,相形之下,目前的大工业状况将显得非常渺小,正像工场手工业和我们今天的大工业相比一样。工业的这种发展将给社会提供足够的产品以满足所有人的需要。农业在目前由于私有制的压迫和土地的小块化而难以利用现有改良成果和科学成就,而在将来也同样会进入崭新的繁荣时期,并将给社会提供足够的产品。这样一来,社会将生产出足够的产品,可以组织分配以满足全体成员的需要。因此,社会划分为各个不同的相互敌对的阶级就是多余的了。这种划分不仅是多余的,甚至是和新的社会制度互不相容的。阶级的存在是由分工引起的,而迄今为止的分工方式将完全消失。因为要把工业和农业生产提高到上面说过的水平,单靠机械和化学的辅助手段是不够的,还必须相应地发展使用这些手段的人的能力。当上个世纪的农民和工场手工业工人被卷入大工业的时候,他们改变了自己的整个生活方式而成为完全不同的人,同样,由整个社会共同经营生产和由此而引起的生产的新发展,也需要完全不同的人,并将创造出这种人来。共同经营生产不能由现在这种人来进行,因为他们每一个人都只隶属于某一个生产部门,受它束缚,听它剥削,在这里,每一个人都只能发展自己才能的**一方面**而偏废了其他各方面,只熟悉整个生产的某**一个**部门或者某一个部门的一部分。就是现在的工业也越来越不能使用这样的人了。由整个社会共同地和有计划地来经营的工业,更加需要才能得到全面发展、能够通晓整个生产系统的人。因此,现在已被机器破坏了的分工,即把一个人变成农民、把另一个人变成鞋匠、把第三个人变成工厂工人、把第四个人变成交易所投机者的分工,将完全消失。教育将使年轻人能够很快熟悉整个生产系统,将使他们能够根据社会需要或者他们自己的爱好,轮流从一个生产部门转到另一个生产部门。因此,教育将使他们摆脱现在这种分工给每个人造成的片面性。这样一来,根据共产主义原则组织起来的社会,将使自己的成员能够全面发挥他们的得到全面发展的才能。于是各个不同的阶级也必然消灭。因此,根据共产主义原则组织起来的社会一方面不容许阶级继续存在,另一方面这个社会的建立本身为消灭阶级差别提供了手段。

由此可见,城市和乡村之间的对立也将消失。从事农业和工业的将是同一些人,而不再是两个不同的阶级,单从纯粹物质方面的原因来看,这也是共产主义联合体的必要条件。乡村农业人口的分散和大城市工业人口的集中,仅仅适应于工农业发展水平还不够高的阶段,这种状态是一切进一步发展的障碍,这一点现在人们就已经深深地感觉到了。

由社会全体成员组成的共同联合体来共同地和有计划地利用生产力;把生产发展到能够满足所有人的需要的规模;结束牺牲一些人的利益来满足另一些人的需要的状况;彻底消灭阶级和阶级对立;通过消除旧的分工,通过产业教育、变换工种、所有人共同享受大家创造出来的福利,通过城乡的融合,使社会全体成员的才能得到全面发展，——这就是废除私有制的主要结果。

第二十一个问题：共产主义社会制度对家庭将产生什么影响？

答：共产主义社会制度将使两性关系成为仅仅和当事人有关而社会无须干预的纯粹私人关系。共产主义社会制度之所以能实现这一点，是由于这种社会制度将废除私有制并将由社会教育儿童，从而将消灭迄今为止的婚姻的两种基础，即私有制所产生的妻子依赖丈夫、孩子依赖父母。这也是对道貌岸然的市侩关于共产主义公妻制的号叫的回答。公妻制完全是资产阶级社会的现象，现在的卖淫就是公妻制的充分表现。卖淫是以私有制为基础的，它将随着私有制的消失而消失。因此，共产主义组织并不实行公妻制，正好相反，它要消灭公妻制。

第二十二个问题：共产主义组织将怎样对待现有的民族？

——保留原案[140]。

第二十三个问题：共产主义组织将怎样对待现有的宗教？

——保留原案[141]。

第二十四个问题：共产主义者和社会主义者有什么区别？

答：所谓社会主义者分为三类：

第一类是封建和宗法社会的拥护者，这种社会已被大工业、世界贸易和由它们造成的资产阶级社会所消灭，并且每天还在消灭。这一类社会主义者从现今社会的弊病中得出了这样的结论：应该恢复封建和宗法社会，因为它没有这种种弊病。他们的所有建议都是直接或间接地为了这一目的。共产主义者随时都要坚决同这类**反动的**社会主义者作斗争，尽管他们假惺惺地表示同情无产阶级的苦难并为此而洒出热泪。因为：

（1）他们追求一种根本不可能的事情；

（2）他们企图恢复贵族、行会师傅、工场手工业主以及和他们相联系的专制君主或封建君主、官吏、士兵和僧侣的统治,他们想恢复的这种社会固然没有现今社会的各种弊病,但至少会带来同样多的其他弊病,而且它根本不可能展现通过共产主义组织来解放被压迫工人的任何前景;

(3)当无产阶级成为革命的和共产主义的阶级的时候,这些社会主义者总要暴露出他们的真实意图。那时他们马上和资产阶级联合起来反对无产者。

第二类是现今社会的拥护者,现今社会必然产生的弊病,使他们为这个社会的存在担心。因此,他们力图保持现今社会,不过要消除和它联系在一起的弊病。为此,一些人提出了种种简单的慈善办法,另一些人则提出了规模庞大的改革计划,这些计划在改组社会的借口下企图保存现今社会的基础,从而保存现今社会本身。共产主义者也必须同这些**资产阶级社会主义者**作不懈的斗争,因为他们的活动有利于共产主义者的敌人,他们所维护的社会正是共产主义者所要推翻的社会。

最后,第三类是民主主义的社会主义者,他们希望沿着和共产主义者相同的道路去实现×××问题①中所提出的部分措施,但他们不是把这些措施当做走向共产主义的过渡办法,而是当做足以消除贫困和现今社会的弊病的措施。这些**民主主义的社会主义者**,或者是还不够了解本阶级解放条件的无产者,或者是小资产阶级的代表,这个阶级直到争得民主和实行由此产生的社会主义措施为止,在许多方面都和无产者有共同的利益。因此,共产主义者在行动的时候,只要民主主义的社会主义者不为占统治地位的资

---

① 手稿此处空白,指的是第十八个问题。——编者注

产阶级效劳和不攻击共产主义者,就应当和这些社会主义者达成协议,同时尽可能和他们采取共同的政策。当然,共同行动并不排除讨论存在于他们和共产主义者之间的分歧意见。

第二十五个问题:共产主义者怎样对待现有的其他政党?

答:在不同的国家采取不同的态度。在资产阶级占统治地位的英国、法国和比利时,共产主义者和各民主主义政党暂时还有共同的利益,并且民主主义者在他们现在到处坚持的社会主义措施中越接近共产主义者的目的,就是说,他们越明确地坚持无产阶级的利益和越依靠无产阶级,这种共同的利益就越多。例如在**英国**,由工人组成的宪章派[55]就要比民主主义小资产者或所谓激进派在极大程度上更接近共产主义者。

在实行民主宪法的**美国**,共产主义者必须支持愿意用这个宪法去反对资产阶级、并利用它来为无产阶级谋利益的政党,即全国土地改革派[142]。

在**瑞士**,激进派虽然本身也是个成分极其复杂的政党,但他们是共产主义者所能接触交往的唯一政党,其中瓦特州和日内瓦州的激进派又是最进步的。

最后,在**德国**,资产阶级和专制君主制之间的决战还在后面。但是,共产主义者不能指望在资产阶级取得统治以前就和资产阶级进行决战,所以共产主义者为了本身的利益必须帮助资产阶级尽快地取得统治,以便尽快地再把它推翻。因此,在同政府的斗争中,共产主义者始终应当支持自由派资产者,只是应当注意,不要跟着资产者自我欺骗,不要听信他们关于资产阶级的胜利会给无产阶级带来良好结果的花言巧语。共产主义者从资产阶级的胜利中得到的好处只能是:(1)得到各种让步,使共产主义者易于捍卫、讨论和传播自己的原则,从而使无产阶级易于联合成一个紧密团结的、准备战斗的和有组织的阶级；（2）使他们确信，从专制政府垮台的那一天起，就轮到资产者和无产者进行斗争了。从这一天起，共产主义者在这里所采取的党的政策，将和在资产阶级现在已占统治地位的那些国家里所采取的政策一样。

弗·恩格斯写于 1847 年 10 月底—11 月

1914 年以小册子形式出版

原文是德文

选自《马克思恩格斯文集》第 1 卷第 676—693 页

卡·马克思和弗·恩格斯

*关于波兰的演说[143]

1847 年 11 月 29 日在伦敦举行的纪念 1830 年
波兰起义[144]十七周年的国际大会上

马克思的演说

各民族的联合和兄弟联盟,这是目前一切派别,尤其是资产阶级自由贸易派[145]的一句口头禅。的确,现在存在着一种各民族资产阶级的兄弟联盟。这就是压迫者对付被压迫者的兄弟联盟、剥削者对付被剥削者的兄弟联盟。一个国家里在资产阶级各个成员之间虽然存在着竞争和冲突,但资产阶级却总是联合起来并且建立兄弟联盟以反对本国的无产者;同样,各国的资产者虽然在世界市场上互相冲突和竞争,但总是联合起来并且建立兄弟联盟以反对各国的无产者。要使各国真正联合起来,它们就必须有一致的利益。要使它们利益一致,就必须消灭现存的所有制关系,因为现存的所有制关系是一些国家剥削另一些国家的条件;消灭现存的所有制关系只符合工人阶级的利益。也只有工人阶级有办法做到这一点。无产阶级对资产阶级的胜利也就是对民族冲突和工业冲突的胜利,这些冲突在目前使各国互相敌视。因此,无产阶级对资产阶级的胜利同时就是一切被压迫民族获得解放的信号。

毫无疑问,旧波兰已经病入膏肓了,我们绝对不希望它恢复。不过病入膏肓的不仅是旧波兰。旧德国、旧法国、旧英国,——整个旧社会都已经病入膏肓了。旧社会的死亡对于在那个社会里没有什么东西可以丧失的人们来说并不是一种损失,而一切现代国家里的极大多数人的处境正是这样。而且,他们必须通过旧社会的覆灭才能获得一切;旧社会的覆灭是建立一个不再以阶级对立为基础的新社会的条件。

在所有的国家里,英国的无产阶级和资产阶级之间的对立最为尖锐。因此,英国无产者对英国资产阶级的胜利对于一切被压迫者战胜他们的压迫者具有决定意义。因此,不应该在波兰解放波兰,而应该在英国解放波兰。因此,你们宪章派[55]不应该仅限于表达解放各民族的善良愿望。打倒你们国内的敌人,那时你们就可以自豪地感到,你们消灭了整个旧社会。

恩格斯的演说

我的朋友们,请允许我今天破例以一个德国人的身份来讲几句话。我们德国的民主主义者特别关心波兰的解放。正是德国的君主们曾经从瓜分波兰[146]中得到好处,正是德国的士兵直到现在还在蹂躏加利西亚和波森。我们德国人,我们德国民主主义者,首先应当洗刷我们民族的这个污点。一个民族当它还在压迫其他民族的时候,是不可能获得自由的。因此,只要波兰没有从德国人的压迫下解放出来,德国就不可能获得解放。正因为这样,波兰和德国才有着一致的利益,也正因为这样,波兰的和德国的民主主义者才能够为解放两个民族而共同努力。我也认为,导致民主主义胜利、导致欧洲各国解放的首次具有决定意义的打击将来自英国的宪章派;我在英国已经住了几年,并且在这段时间内公开地参加了宪章运动[55]。英国的宪章派将第一个奋起,因为正是在英国,资产阶级和无产阶级之间的斗争最为激烈。为什么最为激烈呢?因为由于现代工业,由于运用机器,英国一切被压迫阶级已经汇合成为一个具有共同利益的庞大阶级,即无产阶级;由于这种原因,对立方面的一切压迫阶级也联结成为一个阶级,即资产阶级。这样,斗争便简单化了,因此只要有一次重大的打击,就能对这种斗争产生决定性影响。难道不是这样吗?贵族在英国已不再拥有任何权力,资产阶级独揽大权,并且控制着贵族。跟资产阶级对抗的是众志成城的广大人民群众,他们战胜统治者资本家的时刻已经日益临近了。过去使工人的各个部分互相分离的那种对立的利益已经消除,所有工人的生活水平已经趋于平均化,这一切你们都应归功于机器生产;没有机器生产就不会有宪章运动,即使机器生产使你们现在的处境恶化,但也正因为如此我们的胜利才有可能。不仅在英国,就是在所有别的国家里,机器生产对工人的影响也都是如此。在比利时、美国、法国和德国,机器生产使一切工人的生活水平都平均化了,并且越来越平均;所有这些国家里的工人现在的共同利益,就是推翻压迫他们的阶级——资产阶级。各民族工人生活水平的平均化,他们的党派利益的一致,都是机器生产的结果,因此机器生产仍然是历史上的一大进步。从这里我们应当得出什么结论呢?既然各国工人的生活水平是相同的,既然他们的利益是相同的,他们的敌人也是相同的,那么他们就应当共同战斗，就应当以各国工人的兄弟联盟来对抗各国资产者的兄弟联盟。

载于 1847 年 12 月 9 日《德意志—布鲁塞尔报》第 98 号

原文是德文

选自《马克思恩格斯文集》第 1 卷第 694—697 页

卡·马克思

雇佣劳动与资本[147]

恩格斯写的 1891 年单行本导言[148]

这部著作从 1849 年 4 月 5 日起以社论的形式陆续发表在《新莱茵报》[149]上。它的基础是 1847 年**马克思**在布鲁塞尔德意志工人协会[150]作的几次讲演。这部著作没有全文刊载；在第 269 号上的文章末尾曾刊有"待续"字样，但这一点并未实现，因为当时接连爆发的事变——俄国人开进了匈牙利[151]，德累斯顿、伊瑟隆、埃尔伯费尔德、普法尔茨和巴登发生起义[152]——使报纸本身被迫停刊(1849 年 5 月 19 日)。这部著作的续稿，在马克思的遗稿中始终没有发现[153]。

《雇佣劳动与资本》已经以小册子的形式出版过好几种单行本，最后一次于 1884 年在霍廷根—苏黎世由瑞士合作印书馆出版。所有以前发行的版本都是一字不动地按原稿印行的。可是，现在刊印的新版是宣传性质的小册子，发行量至少应当是一万册，因此我不免产生了一个问题：在这种情况下，马克思本人是否会同意不加修改地重印呢？

在 40 年代，马克思还没有完成他的政治经济学批判工作。这个工作只是到 50 年代末才告完成。因此,他在《政治经济学批判。第一分册》①出版(1859 年)以前发表的那些著作,有个别地方与他在 1859 年以后写的著作不尽一致,有些用语和整个语句如果用后来的著作中的观点来衡量,是不妥当的,甚至是不正确的。因而不言而喻:在供一般读者阅读的普通版本中,作者的思想发展进程中所包含的这种早期的观点,也应该得到反映;作者和读者都有无可争议的权利要求不加修改地重印这些早期著作。在这种情况下,重印这些早期著作,我连想也不会想到要更改这些著作中的任何一个字。

但是,新刊行的版本可以说是专为在工人中进行宣传工作用的,这与上面所说的情况不同。在这种场合,马克思一定会使这个发表于 1849 年的旧的论述同他的新的观点一致起来。所以我确信,我**在这个版本中**为了在一切要点上达到这种一致而作的一些必要的修改和补充,是完全符合他的心愿的。因此,我要预先告诉读者:这本小册子现在已经不是像马克思在 1849 年写成的那个样子,而大致有些像在 1891 年写成的。况且原本已经大量发行,在我将来有机会把它不加修改地编入全集重印以前,这已经够了。

我所作的全部修改,都归结为一点。在原稿上是,工人为取得工资向资本家出卖自己的**劳动**,在现在这一版本中则是出卖自己的劳动**力**。关于这点修改,我应当作一个解释。向工人们解释,是为了使他们知道,这里并不是单纯的咬文嚼字,而是牵涉到全部政治经济学中一个极重要的问题。向资产者们解释,是为了使他们确信,没有受过教育的工人要比我们那些高傲的"有教养的人"高

---

① 见《马克思恩格斯全集》中文第 2 版第 31 卷。——编者注

明得多,因为工人对最艰深的经济学论述也很容易理解,而"有教养的人"对这种复杂的问题却终身也解决不了。

古典政治经济学从工业实践方面因袭了工厂主的流行的看法,仿佛工厂主所购买和偿付的是自己的工人的**劳动**。这一看法对于工厂主进行营业、记账和计算价格来说,是完全够用了。可是,把这个看法天真地搬到政治经济学中去,就在那里造成了不可思议的谬误和混乱。

经济学碰到了这样一个事实,即一切商品的价格,包括在经济学中被称做"劳动"的那个商品的价格在内,不断地发生变动;由于那些往往与商品本身的生产毫不相关的各种各样的情况的影响,商品的价格忽而上涨,忽而下降,因而使人觉得价格通常是由纯粹的偶然情况来决定的。当经济学作为科学出现的时候,它的首要任务之一就是要找出隐藏在这种表面支配着商品价格的偶然情况后面,而实际上却在支配着这种偶然情况本身的规律。在商品价格不断地时而上涨、时而下降的变动和波动中,经济学要找出这种变动和波动所围绕的稳定的轴心。一句话,它要从商品**价格**出发,找出作为调节价格的规律的商品**价值**,价格的一切变动都可以根据价值来加以说明,而且归根到底都以价值为依归。

于是古典经济学就发现了,商品的价值是由商品所包含的、为生产该商品所必需的劳动来决定的。古典经济学满足于这样的解释。我们也可以暂且到此为止。不过为了避免误会起见,我认为需要提醒一下,这种解释在今天已经完全不够了。马克思曾经第一个彻底研究了劳动所具有的创造价值的特性,并且发现,并非任何仿佛是或者甚至真正是生产某一商品所必需的劳动,都会在任何条件下给这一商品追加一个与所消耗的劳动量相当的价值量。因此,如果我们现在还是简单地采用李嘉图这样的经济学家们的说法,指出商品的价值是由生产该商品所必需的劳动决定的,那么我们在这里总是以马克思所提出的那些附带条件为当然前提的。这里指出这一点就够了。其余的可以在马克思1859年发表的《政治经济学批判》一书和《资本论》第一卷里找到。①

可是只要经济学家将价值由劳动来决定这个观点应用到"劳动"这个商品上去,他们马上就陷进一连串的矛盾之中。"劳动"的价值是由什么决定的呢?是由它所包含的必要劳动来决定的。但是,在一个工人一天、一星期、一个月、一年的劳动里面,包含有多少劳动呢?包含有一天、一星期、一个月、一年的劳动。假如劳动是一切价值的尺度,那么我们只能用劳动来表现"劳动的价值"。但是假如我们只知道一小时劳动的价值等于一小时劳动,那么我们对一小时劳动的价值就绝对地毫无所知。这样,我们丝毫也没有接近我们的目的,总是在一个圈子里打转。

于是古典经济学就企图另找出路,它说:商品的价值等于它的生产费用。但是劳动的生产费用又是什么呢?为了答复这个问题,经济学家们不得不对逻辑施加一些暴行。他们不去考察劳动本身的生产费用(遗憾得很,这是不能确定的),而去考察什么是**工人**的生产费用。而这种生产费用是可以确定的。它是随着时间和情况而改变的,可是在一定的社会状况下,在一定的地方,在一定的生产部门中,它同样是个特定的量,至少在相当狭小的范围内是个特定的量。我们现在是生活在资本主义生产占统治的条件下,在这里,居民中的一个人数众多并且不断增长的阶级,只有为生产资料(工具、机器、原料)和生活资料占有者工作以挣得工资,

---

① 见《马克思恩格斯全集》中文第2版第31卷第419—445页和本选集第2卷第95—127页。——编者注

才能生存。在这种生产方式的基础上,工人的生产费用就是为了使工人具有劳动能力,保持其劳动能力,以及在他因年老、疾病或死亡而脱离生产时用新的工人来代替他,也就是为了使工人阶级能够以必要的数量繁殖下去所平均必需的生活资料数量,或者是这些生活资料的货币价格。现在我们假定,这些生活资料的货币价格是平均每天 3 马克。

这样,我们这个工人从雇他的资本家那里得到一天 3 马克的工资。资本家借此让他一天工作比如说 12 小时。在这当中,资本家大致是这样盘算的:

假定我们的这个工人——一个钳工——应当做出他在一天里所能做成的一个机器零件。假定原料——加工制成必要样式的铁和铜——值 20 马克。又假定蒸汽机的耗煤量,以及这蒸汽机、旋床和这个工人所使用的一切其他工具的损耗,按一天时间和按他所占的份额计算,值 1 马克。一天的工资,照我们的假定是 3 马克。总共算起来,我们所说的这个机器零件要耗费 24 马克。但是资本家却打算平均从零件购买者手上取得 27 马克的价格,即要比他所支出费用多 3 马克。

资本家装到自己腰包里去的这 3 马克是从哪里得来的呢?按照古典经济学的说法,商品是平均按照它的价值出卖的,也就是按照相当于这商品中所包含的必要劳动量的价格出卖的。于是,我们所说的这个机器零件的平均价格——27 马克——就和它的价值相等,即和它里面所包含的劳动量相等。但是,在这 27 马克当中,有 21 马克是在我们所说的这个钳工开始工作以前就已经存在的价值;20 马克包含在原料中,1 马克包含在工作期间所燃去的煤中,或是包含在当时所使用,因而工作效能已经按这一价值额降低了的机器和工具中。剩下的 6 马克被加到原料的价值上去了。

但是按照我们那些经济学家自己的假定,这6马克只能是从我们所说的这个工人加到原料上去的那个劳动中产生的。这样一来,他12小时的劳动创造了6马克的新价值。因此,他的12小时劳动的价值就等于6马克,这样我们就会终于发现什么是"劳动的价值"了。

"等一等!"——我们所说的这个钳工说,——"6马克吗?但是我只拿到3马克呀!我的资本家向天发誓说,我的12小时劳动的价值只等于3马克,假使我向他要6马克,就要被他嗤笑。这到底是怎么回事呢?"

如果说前面在谈到劳动价值问题的时候,我们曾经陷在一个圈子里走不出去,那么现在我们又完全陷进一个不能解决的矛盾之中。我们寻找劳动的价值,而我们所找到的却多于我们所需要的。对于工人说来,12小时劳动的价值是3马克;对于资本家说来却是6马克,资本家从这6马克中拿出3马克作为工资付给工人,而其余3马克则装进了自己的腰包。这样看来,劳动不是有一个价值,而是有两个价值,并且是两个极不相同的价值!

如果我们把货币所表现的价值归结为劳动时间,那么这个矛盾就显得更加荒谬了。在12小时劳动时间内创造了6马克的新价值。这就是说,在6小时内创造的是3马克,即工人劳动12小时所得到的那个数目。工人劳动了12小时,而他当做等价物得到的却是6小时劳动的产品。因此,或者是劳动有两个价值,其中一个比另一个大一倍,或者是12等于6!两种情况都是极端荒谬的。

不管我们怎样挣扎,只要我们还是讲劳动的买卖和劳动的价值,我们就不能够摆脱这种矛盾。经济学家的情况就是这样。古典经济学的最后一个分支——李嘉图学派[154],多半是由于不能解决这个矛盾而遭到了破产。古典经济学走入了绝境。从这种绝境中找到出路的那个人就是卡尔·马克思。

经济学家所看做"劳动"生产费用的,并不是劳动的生产费用,而是活的工人本身的生产费用。而这个工人出卖给资本家的,也不是他的劳动。马克思说:"当工人的劳动实际上开始了的时候,它就不再属于工人了,因而也就不再能被工人出卖了。"①因此,他最多只能出卖他自己的**未来的**劳动,也就是说,他只能承担在一定时间内完成一定工作的义务。但是,这样他就不是出卖劳动(这劳动还有待去完成),而是为了获得一定的报酬让资本家在一定的时间内(在计日工资下)或为完成一定的工作(在计件工资下)支配自己的劳动力:他出租或出卖自己的**劳动力**。可是,这个劳动力是同工人本身长在一起而不可分割的。所以它的生产费用是和工人本身的生产费用一致的;那些被经济学家称为劳动生产费用的,恰恰就是工人的生产费用,因而也就是劳动力的生产费用。这样一来,我们就能从劳动力的生产费用进而谈到劳动力的**价值**,并确定为生产一定质量的劳动力所需要的社会必要劳动量,——马克思在论劳动力买卖的那一节里也就是这样做的(《资本论》第一卷第四章第 3 节②)。

那么,在工人把自己的劳动力卖给资本家之后,就是说为了获得预先讲定的工资——计日工资或计件工资——而把自己的劳动力交给资本家去支配之后,情形又怎样了呢?资本家把这个工人带到自己的工场或工厂里去,在那里已经有了工作上所必需的各种东西:原料,辅助材料(煤、染料等等),工具,机器。于是工人就

---

① 见马克思《资本论》第 1 卷,本选集第 2 卷第 244 页。——编者注
② 见本选集第 2 卷第 163—168 页。——编者注

在这里开始工作起来。假定他一天的工资跟前面所假定的一样是3马克，——至于他是以计日工资还是以计件工资获得这笔工资，那没有什么关系。这里我们还是照前面那样假定，工人在12小时内用自己的劳动在被使用的原料上追加了6马克的新价值，这个新价值是资本家在出卖成品的时候实现的。从这6马克中，他付给工人3马克，剩下的3马克则留给自己。但是，假定工人在12小时里生产6马克的价值，那么在6小时里他所创造的就是3马克的价值。这样，工人在替资本家工作了6小时之后，就已经把包含在工资中的3马克等量价值偿还给资本家了。在6小时劳动以后双方两讫，谁也不欠谁一文钱。

"等一等!"——现在是资本家叫起来了，——"我雇工人是雇的一整天，是12小时。6小时只有半天。快去把剩下的6小时做完，只有到那时我们才算是两讫!"于是这个工人实际上只得去履行他自己"自愿"签订的合同，根据那个合同，他为了值6小时的劳动产品，应该去工作整整12小时。

计件工资的情形也是如此。假定我们所说的这个工人在12小时内制成了12件商品。每件商品所用去的原料和机器的损耗共计2马克，而每件商品却卖$2\frac{1}{2}$马克。这样，在上面所假设的同样条件下，资本家只付给工人每件商品25分尼。12件就是3马克;要得到这3马克，工人必须工作12小时。资本家从12件商品上得到30马克。扣除原料和机器损耗共24马克外，还剩下6马克，从这6马克中，他拿出3马克作为工资付给工人，而把其余3马克放进了自己的腰包。全部情形完全和上面一样。这里工人为自己工作6小时，即为偿还自己的工资而工作6小时(在12小时中，每小时为自己工作半小时)，而为资本家工作6小时。

那些最优秀的经济学家从"劳动"价值出发而无法解决的困

难,一到我们把"劳动力"价值作为出发点,就消失不见了。在我们当代的资本主义社会里,劳动力是商品,是跟任何其他的商品一样的商品,但却是一种完全特殊的商品。这就是说,这个商品具有一种独特的特性:它是创造价值的力量,是价值的源泉,并且——在适当使用的时候——是比自己具有的价值更多的价值的源泉。在现代生产状况下,人的劳动力不仅仅在一天里能生产超过它本身具有的和消耗的价值;而且随着每一个新的科学发现,随着每一项新的技术发明,劳动力的一天产品超出其一天费用的那个余额也在不断增长,因而工作日中工人为偿还自己一天的工资而工作的那一部分时间就在缩短;另一方面,工人不得不为资本家**白白工作**而不取分文报酬的那部分时间却在延长。

这就是我们的全部当代社会的经济制度:工人阶级是生产全部价值的唯一的阶级。因为价值只是劳动的另一种表现,是我们当代资本主义社会中用以表示包含在一定商品中的社会必要劳动量的一种表现。但是,这些由工人所生产的价值不属于工人,而是属于那些占有原料、机器、工具和预付资金,因而有可能去购买工人阶级的劳动力的所有者。所以,工人阶级从他们所生产的全部产品中只取回一部分。另一部分,即资本家阶级保留在自己手里并至多也只需和土地所有者阶级瓜分的那一部分,如我们刚才所说的那样,随着每一项新的发明和发现而日益增大,而落到工人阶级手中的那一部分(按人口计算)或者增加得很慢和很少,或者是一点也不增加,并且在某些情况下甚至还会缩减。

但是,这些日益加速互相排挤的发明和发现,这种以前所未有的幅度日益提高的人类劳动的生产率,最终必将造成一种使当代资本主义经济走向灭亡的冲突。一方面是不可计量的财富和购买者无法对付的产品过剩,另一方面是社会上绝大多数人口无产阶级化,变成雇佣工人,因而无力获得这些过剩的产品。社会分裂为人数很少的过分富有的阶级和人数众多的无产的雇佣工人阶级,这就使得这个社会被自己的富有所窒息,而同时社会的绝大多数成员却几乎没有或完全没有免除极度贫困的任何保障。社会的这种状况日益显得荒谬,日益显得没有存在的必要。这种状况**应当**被消除,而且**能够**被消除。一个新的社会制度是可能实现的,在这个制度之下,当代的阶级差别将消失;而且在这个制度之下——也许在经过一个短暂的、有些艰苦的、但无论如何在道义上很有益的过渡时期以后——,通过有计划地利用和进一步发展一切社会成员的现有的巨大生产力,在人人都必须劳动的条件下,人人也都将同等地、愈益丰富地得到生活资料、享受资料、发展和表现一切体力和智力所需的资料。现在工人们正日益坚决地为实现这个新的社会制度而斗争,这一点,明天(5月1日)和星期日(5月3日)[155]将在大洋两岸都得到验证。

弗里德里希·恩格斯

1891 年 4 月 30 日于伦敦

弗·恩格斯写于 1891 年 4 月底   原文是德文

载于 1891 年 5 月 13 日《前进   选自《马克思恩格斯文集》
报》第 109 号附刊   第 1 卷第 701—710 页

雇佣劳动与资本

我们听到了各方面的责难,说我们没有叙述构成现代阶级斗争和民族斗争的物质基础的**经济关系**。① 我们只是当这些关系在政治冲突中直接突显出来的时候,才有意地提到过这些关系。

过去我们要做的首先是从日常历史进程中去考察阶级斗争,并根据已有的和每天新出现的历史材料来从经验上证明:当进行过二月革命[156]和三月革命[157]的工人阶级遭到镇压的时候,工人阶级的敌人(在法国是资产阶级共和派,在整个欧洲大陆则是反对过封建专制制度的资产阶级和农民阶级)也同时被战胜了;法国"正直的共和国"的胜利,同时也就是以争取独立的英勇战争响应了二月革命的那些民族的失败;最后,随着革命工人的失败,欧洲又落到了过去那种受双重奴役即受**英俄两国**奴役的地位。巴黎的六月斗争[158],维也纳的陷落[159],1848 年柏林 11 月②的悲喜剧[160],波兰、意大利和匈牙利的拼命努力,爱尔兰的严重饥荒——这些就是集中表现了欧洲资产阶级和工人阶级之间的阶级斗争的主要事件。我们曾经根据这些实例证明过:任何一次革命起义,不论它的目的显得离阶级斗争有多么远,在革命的工人阶级没有获得胜利以前,都是注定要失败的;任何一种社会改革,在无产阶级革命和

---

① 在《新莱茵报》上发表时, 这句话的前面加有"科隆 4 月 4 日"。——编者注
② 在《新莱茵报》上发表时, "柏林 11 月"前面没有"1848 年"。——编者注

封建反革命没有在**世界战争**中用武器进行较量以前，都是要成为空想的。在我们的阐述中，也如在现实中一样，**比利时和瑞士**都是巨幅历史画卷中的悲喜剧式的、漫画式的世俗画：前者是资产阶级君主制的典型国家，后者是资产阶级共和制的典型国家，两者都自以为既跟阶级斗争无关，又跟欧洲革命无关。

现在，在我们的读者看到了1848年以波澜壮阔的政治形式展开的阶级斗争以后，我们想更切近地考察一下经济关系本身，也就正当其时了，因为这种经济关系既是资产阶级生存及其阶级统治的基础，又是工人遭受奴役的根由。

我们分三大部分来加以说明：(1)**雇佣劳动对资本**的关系，工人遭受奴役的地位，资本家的统治；(2)**各个中间市民阶级和所谓的市民等级**①**在现存制度下必然发生的灭亡过程**；(3)**欧洲各国资产者阶级在商业上受世界市场霸主英国的奴役和剥削**的情形。

我们力求说得尽量简单和通俗，我们就当读者连最起码的政治经济学概念也没有。我们希望工人能明白我们的解说。加之，在德国到处都存在着对最简单的经济关系极端无知和理解混乱的现象，从特许的现存制度的辩护者到**冒牌的社会主义者和未被承认的政治天才**都莫不如此，这种人在四分五裂的德国比诸侯王爷还多。

我们首先来讲第一个问题：**什么是工资？它是怎样决定的？**

假如问工人们："你们的工资是多少？"那么一个工人回答说："我做一天工从我的雇主那里得到一马克②"；另一个工人回答说：

---

① 在《新莱茵报》上发表时，不是"**所谓的市民等级**"，而是"**农民等级**"。——编者注

② 在《新莱茵报》上发表时不是"马克"，而是"法郎"。以下出现的"马克"原来也都是"法郎"。——编者注

"我得到两马克",等等。由于他们隶属的劳动部门不同,他们每一个人因①做了一定的工作(比如,织成一尺麻布或排好一个印张的字)而从各自的雇主那里得到的货币数量也不同。尽管他们得到的货币数量不同,但是有一点是一致的:工资是资本家②为一定的劳动时间或一定的劳动付出而偿付的一笔货币。

可见③,看起来好像是资本家②用货币**购买**工人的劳动。工人是为了货币而向资本家**出卖**自己的劳动。但这只是假象。实际上,他们为了货币而向资本家出卖的东西,是他们的劳动**力**。资本家以一天、一星期、一个月等等为期购买这个劳动力。他在购买劳动力以后使用这个劳动力,也就是让工人在约定的时间内劳动。④资本家②用以购买工人劳动力⑤的那个货币量,比如说两马克,也可以买到两磅糖或一定数量的其他某种商品。他用以购买两磅糖的两马克,就是两磅糖的**价格**。他用以购买12小时的劳动力的使用⑥的两马克,就是12小时劳动的价格。可见,劳动力⑤是一种商品,是和砂糖一模一样的商品。前者是用钟点来计量的,后者是用重量来计量的。

工人拿自己的商品即劳动力⑤去换得资本家的商品,即换得货币,并且这种交换是按一定的比例进行的。一定量的货币交换

---

① 在《新莱茵报》上发表时,此处在"因"后面有"劳动了一定的时间或"。——编者注
② 在《新莱茵报》上发表时不是"资本家",而是"资产者"。——编者注
③ 在《新莱茵报》上发表时,"可见"后面没有"看起来好像是"。——编者注
④ 在《新莱茵报》上发表时没有"但这只是假象…… 也就是让工人在约定的时间内劳动"这几句话。——编者注
⑤ 在《新莱茵报》上发表时不是"劳动力",而是"劳动"。——编者注
⑥ 在《新莱茵报》上发表时不是"劳动力的使用",而是"劳动"。——编者注

一定量的劳动力的使用①时间。织布工人的 12 小时劳动交换两马克。但是,难道这两马克不是代表其他一切可以用两马克买到的商品吗? 可见,实质上工人是拿他自己的商品即劳动力交换各种各样的其他商品②,并且是按一定的比例交换的。资本家付给他两马克,就是为交换他的工作日而付给了他一定量的肉,一定量的衣服,一定量的劈柴,一定量的灯光,等等。可见,这两马克是表现劳动力③同其他④商品相交换的比例,即表现他的劳动力③的**交换价值**。商品通过**货币**来估价的交换价值,也就称为商品的**价格**。所以,**工资**只是人们通常称之为**劳动价格**的**劳动力价格**⑤的特种名称,是只能存在于人的血肉中的这种特殊商品价格的特种名称。

　　拿任何一个工人来说,比如拿一个织布工人来说吧。资本家⑥供给他一台织布机和一些纱。织布工人动手工作,把纱织成了布。资本家把布拿去,卖了比方说 20 马克。织布工人的工资是不是这块布中的**一份**,20 马克中的**一份**,他的劳动产品中的**一份**呢? 绝对不是。因为这个织布工人是在布还没有卖出以前很久,甚至可能是在布还没有织成以前很久就得到了自己的工资的。可见,资本家支付的这笔工资并不是来自他卖布所赚的那些货币,而是来自他原来储备的货币。资产者给织布工人提供的织布机和纱

---

① 在《新莱茵报》上发表时不是"劳动力的使用",而是"劳动"。——编者注
② 在《新莱茵报》上发表时不是"劳动力交换各种各样的其他商品",而是"劳动交换各种各样的商品"。——编者注
③ 在《新莱茵报》上发表时不是"劳动力",而是"劳动"。——编者注
④ 在《新莱茵报》上发表时没有"其他"一词。——编者注
⑤ 在《新莱茵报》上发表时,不是"人们通常称之为**劳动价格**的**劳动力价格**",而是"**劳动价格**"。——编者注
⑥ 在《新莱茵报》上发表时不是"资本家",而是"资产者"。——编者注

不是织布工人的产品,同样,织布工人用自己的商品即劳动力①交换所得的那些商品也不是他的产品。可能有这样的情形:资产者给自己的布找不到一个买主。他出卖布所赚的钱,也许甚至不能捞回他用于开销工资的款项。也有可能他出卖布所得的钱,比他付给织布工人的工资数目大得多。这一切都与织布工人毫不相干。资本家拿自己的一部分现有财产即一部分资本去购买织布工人的劳动力①,这就同他拿他的另一部分资本去购买原料(纱)和劳动工具(织布机)完全一样。购买了这些东西(其中包括生产布所必需的劳动力①)以后,资本家就用只是**属于他的原料和劳动工具**进行生产。当然,我们这位善良的织布工人现在也属于劳动工具之列,他也像织布机一样在产品中或在产品价格中是没有份的。

所以,工资不是工人在他所生产的商品中占有的一份。工资是原有商品中由资本家用以购买一定量的生产性劳动力①的那一部分。

总之,劳动力①是一种商品,是由其所有者即雇佣工人出卖给资本的一种商品。他为什么出卖它呢? 为了生活。

可是,劳动力的表现即②劳动是工人本身的生命活动,是工人本身的生命的表现。工人正是把这种**生命活动**出卖给别人,以获得自己所必需的**生活资料**。可见,工人的生命活动对于他不过是使他能够生存的一种**手段**而已。他是为生活而工作的。他甚至不认为劳动是自己生活的一部分;相反,对于他来说,劳动就是牺牲自己的生活。劳动是已由他出卖给别人的一种商品。因此,他的

---

① 在《新莱茵报》上发表时不是"劳动力",而是"劳动"。——编者注
② 在《新莱茵报》上发表时没有"劳动力的表现即"。——编者注

活动的产物也就不是他的活动的目的。工人为自己生产的不是他织成的绸缎，不是他从金矿里开采出的黄金，也不是他盖起的高楼大厦。他为自己生产的是**工资**，而绸缎、黄金、高楼大厦对于他都变成一定数量的生活资料，也许是变成棉布上衣，变成铜币，变成某处地窖的住所了。一个工人在一昼夜中有 12 小时在织布、纺纱、钻孔、研磨、建筑、挖掘、打石子、搬运重物等等，对于他来说，这 12 小时的织布、纺纱、钻孔、研磨、建筑、挖掘、打石子能不能被看成是他的生活的表现，是他的生活呢？恰恰相反，对于他来说，在这种活动停止以后，当他坐在饭桌旁，站在酒店柜台前，睡在床上的时候，生活才算开始。在他看来，12 小时劳动的意义并不在于织布、纺纱、钻孔等等，而在于**挣钱**，挣钱使他能吃饭、喝酒、睡觉。如果说蚕儿吐丝作茧是为了维持自己的生存，那么它就可算是一个真正的雇佣工人了。

　　劳动力①并不向来就是**商品**。劳动并不向来就是雇佣劳动，即**自由**劳动。奴隶就不是把他自己的劳动力①出卖给奴隶主，正如耕牛不是向农民出卖自己的劳务一样。奴隶连同自己的劳动力①一次而永远地卖给奴隶的所有者了。奴隶是商品，可以从一个所有者手里转到另一个所有者手里。**奴隶本身**是商品，但劳动力①却不是**他的**商品。**农奴**只出卖自己的一部分劳动力①。不是他从土地所有者方面领得报酬；相反，是土地所有者从他那里收取贡赋。农奴是土地的附属品，替土地所有者生产果实。相反，**自由工人**自己出卖自己，并且是零碎地出卖。他日复一日地把自己生命中的 8 小时、10 小时、12 小时、15 小时拍卖给出钱最多的人，拍卖给原

---

①　在《新莱茵报》上发表时不是"劳动力"，而是"劳动"。——编者注

料、劳动工具和生活资料的所有者，即拍卖给资本家。工人既不属于某个所有者，也不属于土地，但是他每日生命的 8 小时、10 小时、12 小时、15 小时却属于这些时间的购买者。工人只要愿意，就可以离开雇用他的资本家，而资本家也可以随意辞退工人，只要资本家不能再从工人身上获得利益或者获得预期的利益，他就可以辞退工人。但是，工人是以出卖劳动力①为其收入的唯一来源的，如果他不愿饿死，就不能离开**整个购买者阶级即资本家阶级。工人不是属于某一个资本家，而是属于整个资本家阶级**②；至于工人给自己寻找一个雇主，即在这个资本家阶级③中间寻找一个买者，那是工人自己的事情了。

现在，在更详细地谈论资本和雇佣劳动之间的关系以前，我们先简短地叙述一下在决定工资时要考虑到的一些最一般的条件。

我们已经说过，**工资**是一定商品即劳动力①的**价格**。所以，工资同样也是由那些决定其他一切商品价格的规律决定的。

那么，试问：**商品的价格是怎样决定的呢？**

商品的价格是由什么决定的？④

它是由买者和卖者之间的竞争即需求和供给的关系决定的。决定商品价格的竞争是**三方面**的。

同一种商品，有许多不同的卖者供应。谁以最便宜的价格出

---

① 在《新莱茵报》上发表时不是"劳动力"，而是"劳动"。——编者注
② 在《新莱茵报》上发表时不是"**不是属于某一个资本家，而是属于整个资本家阶级**"；而是"**不是属于某个资产者，而是属于整个资产阶级，即资产者阶级**"。——编者注
③ 在《新莱茵报》上发表时不是"资本家阶级"，而是"资产者阶级"。——编者注
④ 在《新莱茵报》上发表时，这句话的前面加有"科隆4月5日"。——编者注

卖同一质量的商品,谁就一定会战胜其他卖者,从而保证自己有最大的销路。于是,各个卖者彼此间就进行争夺销路、争夺市场的斗争。他们每一个人都想出卖商品,都想尽量多卖,如果可能,都想由他一个人独卖,而把其余的出卖者排挤掉。因此,一个人就要比另一个人卖得便宜些。于是**卖者之间**就发生了**竞争**,这种竞争**降低**他们所供应的商品的价格。

但是**买者之间**也有**竞争**,这种竞争反过来**提高**所供应的商品的价格。

最后,**买者和卖者之间**也有**竞争**。前者想买得尽量便宜些,**后者**却想卖得尽量贵些。买者和卖者之间的这种竞争的结果怎样,要依上述竞争双方的情况如何来决定,就是说要看是买者阵营里的竞争激烈些呢还是卖者阵营里的竞争激烈些。产业把两支军队抛到战场上对峙,其中每一支军队内部又发生内讧。战胜敌人的是内部冲突较少的那支军队。

假定,市场上有 100 包棉花,而买者们却需要 1 000 包。在这种情形下,需求比供给大 10 倍,因而买者之间的竞争就会很激烈;他们中间的每一个人都竭力设法至少也要搞到 1 包,如果可能,就把 100 包全都搞到手里。这个例子并不是随意虚构的。在商业史上有过这样一些棉花歉收的时期,那时几个资本家彼此结成联盟,不只想把 100 包棉花都买下来,而且想把世界上的全部存棉都买下来。这样,在我们前述的情形下,每一个买者都力图排挤掉另一个买者,出较高的价格收购每包棉花。棉花的卖者们看见敌军队伍里发生十分剧烈的内讧,并完全相信他们的 100 包棉花都能卖掉,因此他们就严防自己内部打起架来,以免在敌人竞相抬高价格的时候降低棉花的价格。于是卖者阵营里忽然出现了和平。他们冷静地叉着双手,像**一个人**似的对抗买者;只要那些最热衷的买者的出价没有非常确定的限度,卖者的贪图就没有止境。

可见,某种商品的供给低于需求,那么这种商品的卖者之间的竞争就会很弱,甚至于完全没有竞争。卖者之间的竞争在多大程度上减弱,买者之间的竞争就会在多大程度上加剧。结果便是商品价格或多或少显著地上涨。

大家知道,较为常见的是产生相反后果的相反情形:供给大大超过需求,卖者之间拼命竞争;买者少,商品贱价抛售。

但是,价格上涨和下跌是什么意思呢?高价和低价是什么意思呢?沙粒在显微镜下显得很高,而宝塔同山岳相比却显得很低。既然价格是由需求和供给的关系决定的,那么需求和供给的关系又是由什么决定的呢?

让我们随便问一个资产者吧。他会像一个新的亚历山大大帝一样,马上毫不犹豫地利用乘法表来解开这个形而上学的纽结。他会对我们说,假如我生产我出卖的这个商品的费用是 100 马克,而我把它卖了 110 马克(自然是以一年为期),那么这是一种普通的、老实的、正当的利润。假如我在进行交换时得到了 120 或 130 马克,那就是高额利润了。假如我得到了整整 200 马克,那就会是特高的巨额利润了。对于这个资产者来说,究竟什么是衡量利润的**尺度**呢?这就是他的商品的**生产费用**。假如他拿自己的商品换来一定数量的别种商品,其生产费用少于他的商品的生产费用,那他就算亏本了。可是假如他拿自己的商品换来一定数量的别种商品,其生产费用大于他的商品的生产费用,那他就算赢利了。他是以**生产费用**作为零度,根据他的商品的交换价值在零度上下的度数来测定他的利润的升降的。

我们已经说过,需求和供给的关系的改变,时而引起价格的上涨,时而引起价格的下跌,时而引起高价,时而引起低价。

假如某一种商品的价格,由于供给不足或需求剧增而大大上涨,那么另一种商品的价格就不免要相应地下跌,因为商品的价格不过是以货币来表示的别种商品和它交换的比例。举例说,假如一码绸缎的价格从五马克上涨到六马克,那么白银的价格对于绸缎来讲就下跌了,其他一切商品也都是这样,它们的价格虽然没有改变,但比起绸缎来却是跌价了。人们在交换中必须拿出更多的商品才能得到原来那么多的绸缎。

商品价格上涨会产生什么后果呢?大量资本将涌向繁荣的产业部门中去,而这种资本流入较为有利的产业部门中去的现象,要继续到该部门的利润跌落到普通水平时为止,或者更确切些说,要继续到该部门产品的价格由于生产过剩而跌落到生产费用以下时为止。

反之,假如某一种商品的价格跌落到它的生产费用以下,那么资本就会从该种商品的生产部门抽走。除了该产业部门已经不合时代要求,因而必然衰亡以外,该商品的生产,即该商品的供给,就要因为资本的这种外流而缩减,直到该商品的供给和需求相适应为止,就是说,直到该商品的价格重新上涨到它的生产费用水平,或者更确切些说,直到供给低于需求,即直到商品价格又上涨到它的生产费用以上为止,因为**商品的市场价格总是高于或低于它的生产费用**。

我们看到,资本是不断地从一个产业部门向另一个产业部门流出或流入的。价格高就引起资本的过分猛烈的流入,价格低就引起资本的过分猛烈的流出。

我们还可以从另一个角度来证明:不仅供给,连需求也是由生产费用决定的。可是,这样一来,我们就未免离题太远了。

我们刚才说过,供给和需求的波动,总是会重新把商品的价格引导到生产费用的水平。**固然,商品的实际价格始终不是高于生产费用,就是低于生产费用**;但是,上涨和下降是相互补充的,因此,在一定时间内,如果把产业衰退和兴盛总合起来看,就可看出各种商品是依其生产费用而互相交换的,所以它们的价格是由生产费用决定的。

价格由生产费用决定这一点,不应当理解成像经济学家们所理解的那种意见。经济学家们说,商品的**平均价格**等于生产费用;在他们看来,这是一个**规律**。他们把价格的上涨被价格的下降所抵消,而下降则被上涨所抵消这种无政府状态的运动看做偶然现象。那么,同样也可以(另一些经济学家就正是这样做的)把价格的波动看做规律,而把价格由生产费用决定这一点看做偶然现象。可是,只有在这种波动的进程中,价格才是由生产费用决定的;我们细加分析时就可以看出,这种波动起着极可怕的破坏作用,并像地震一样震撼资产阶级社会的基础。这种无秩序状态的总运动就是它的秩序。在这种产业无政府状态的进程中,在这种循环运动中,竞争可以说是拿一个极端去抵消另一个极端。

由此可见,商品的价格是这样由它的生产费用来决定的:某些时期,某种商品的价格超过它的生产费用,另一些时期,该商品的价格却下跌到它的生产费用以下,而抵消以前超过的时期,反之亦然。当然,这不是就个别产业的产品来说的,而只是就整个产业部门来说的。所以,这同样也不是就个别产业家来说的,而只是就整个产业家阶级来说的。

价格由生产费用决定,就等于说价格由生产商品所必需的劳动时间决定,因为构成生产费用的是:(1)原料和劳动工具的损耗部分①,即产业产品,它们的生产耗费了一定数量的工作日,因而

---

① 在《新莱茵报》上发表时不是"劳动工具的损耗部分",而是"劳动工具"。——编者注

也就是代表一定数量的劳动时间;(2)直接劳动,它也是以时间计量的。

调节一般商品价格的那些一般的规律,当然也调节**工资**,即调节**劳动价格**。

劳动报酬忽而提高,忽而降低,是依需求和供给的关系为转移的,依购买劳动力①的资本家和出卖劳动力①的工人之间的竞争情形为转移的。工资的波动一般是和商品价格的波动相适应的。**可是,在这种波动的范围内,劳动的价格是由生产费用即为创造劳动力①这一商品所需要的劳动时间来决定的。**

那么,劳动力②的生产费用究竟是什么呢?

这就是为了使工人保持其为工人并把他训练成为工人所需要的费用。

因此,某一种劳动所需要的训练时间越少,工人的生产费用也就越少,他的劳动的价格即他的工资也就越低。在那些几乎不需要任何训练时间,只要有工人的肉体存在就行的产业部门里,为造成工人所需要的生产费用,几乎只归结为维持工人的具有劳动能力的生命③所需要的商品。因此,**工人的劳动的价格是由必要生活资料的价格决定的。**

可是,这里还应该注意到一种情况。

工厂主在计算自己的生产费用,并根据生产费用计算产品的价格的时候,是把劳动工具的损耗也计算在内的。比如说,一台机

---

① 在《新莱茵报》上发表时不是"劳动力",而是"劳动"。——编者注
② 在《新莱茵报》上发表时不是"**劳动力**",而是"**劳动本身**"。——编者注
③ 在《新莱茵报》上发表时不是"具有劳动能力的生命",而是"生命"。——编者注

器值 1 000 马克,使用期限为 10 年,那么他每年就要往商品价格中加进 100 马克,以便在 10 年期满时有可能用新机器来更换用坏的机器。同样,简单劳动力①的生产费用中也应加入延续工人后代的费用,从而使工人种族能够繁殖后代并用新工人来代替失去劳动能力的工人。所以,工人的损耗也和机器的损耗一样,是要计算进去的。

总之,简单劳动力①的生产费用就是**维持工人生存和延续工人后代的费用**。这种维持生存和延续后代的费用的价格就是工资。这样决定的工资就叫做**最低工资额**。这种最低工资额,也和商品价格一般由生产费用决定一样,不是就**单个人**来说的,而是就整个**种属**来说的。单个工人、千百万工人的所得不足以维持生存和延续后代,但**整个工人阶级的工资**在其波动范围内则是和这个最低额相等的。

现在,我们既已讲明了调节工资以及其他任何商品的价格的最一般规律,我们就能更切近地研究我们的本题了。

资本是由用于生产新的原料、新的劳动工具和新的生活资料的各种原料、劳动工具和生活资料组成的。② 资本的所有这些组成部分都是劳动的创造物,劳动的产品,**积累起来的劳动**。作为进行新生产的手段的积累起来的劳动就是资本。

经济学家们就是这样说的。

什么是黑奴呢? 黑奴就是黑种人。这个说明和前一个说明是一样的。

---

① 在《新莱茵报》上发表时不是"劳动力",而是"劳动"。——编者注
② 在《新莱茵报》上发表时,这句话的前面加有"科隆 4 月 6 日"。——编者注

黑人就是黑人。只有在一定的关系下，他才成为**奴隶**。纺纱机是纺棉花的机器。只有在一定的关系下，它才成为**资本**。脱离了这种关系，它也就不是资本了，就像**黄金**本身并不是**货币**，砂糖并不是砂糖的**价格**一样。

人们在生产中不仅仅影响自然界，而且也互相影响①。他们只有以一定的方式共同活动和互相交换其活动，才能进行生产。为了进行生产，人们相互之间便发生一定的联系和关系；只有在这些社会联系和社会关系的范围内，才会有他们对自然界的影响②，才会有生产。

生产者相互发生的这些社会关系，他们借以互相交换其活动和参与全部生产活动的条件，当然依照生产资料的性质而有所不同。随着新作战工具即射击火器的发明，军队的整个内部组织就必然改变了，各个人借以组成军队并能作为军队行动的那些关系就改变了，各个军队相互间的关系也发生了变化。

因此，各个人借以进行生产的社会关系，即**社会生产关系**，是随着物质生产资料、生产力的变化和发展而变化和改变的。生产关系总合起来就构成所谓社会关系，构成所谓社会，并且是构成一个处于一定历史发展阶段上的社会，具有独特的特征的社会。古典古代社会、封建社会和资产阶级社会都是这样的生产关系的总和，而其中每一个生产关系的总和同时又标志着人类历史发展中的一个特殊阶段。

---

① 在《新莱茵报》上发表时不是"不仅仅影响自然界，而且也互相影响"；而是"不仅仅同自然界发生关系"。——编者注

② 在《新莱茵报》上发表时不是"对自然界的影响"，而是"对自然界的关系"。——编者注

　　资本也是一种社会生产关系。这是**资产阶级的生产关系**,是资产阶级社会的生产关系。构成资本的生活资料、劳动工具和原料,难道不是在一定的社会条件下,不是在一定的社会关系内生产出来和积累起来的吗?难道这一切不是在一定的社会条件下,在一定的社会关系内被用来进行新生产的吗?并且,难道不正是这种一定的社会性质把那些用来进行新生产的产品变为**资本**的吗?

　　资本不仅包括生活资料、劳动工具和原料,不仅包括物质产品,并且还包括**交换价值**。资本所包括的一切产品都是**商品**。所以,资本不仅是若干物质产品的总和,并且也是若干商品、若干交换价值、若干**社会量**的总和。

　　不论我们是以棉花代替羊毛也好,是以米代替小麦也好,是以轮船代替铁路也好,只要棉花、米和轮船——资本的躯体——同原先体现资本的羊毛、小麦和铁路具有同样的交换价值即同样的价格,那么资本依然还是资本。资本的躯体可以经常改变,但不会使资本有丝毫改变。

　　不过,虽然任何资本都是一些商品即交换价值的总和,但并不是任何一些商品即交换价值的总和都是资本。

　　任何一些交换价值的总和都是一个交换价值。任何单个交换价值都是一些交换价值的总和。例如,值1 000马克的一座房子是1 000马克的交换价值。值一分尼①的一张纸是$\frac{100}{100}$分尼的交换价值的总和。能同别的产品交换的产品就是**商品**。这些产品按照一定比例进行交换,而这一定比例就构成它们的**交换价值**,或者用货币来表示,就构成它们的**价格**。这些产品的数量多少丝毫不能

---

① 在《新莱茵报》上发表时不是"分尼",而是"生丁"。——编者注

改变使它们成为**商品**,或者使它们表现**交换价值**,或者使它们具有一定**价格**的规定。一株树不论其大小如何,终究是一株树。无论我们拿铁同别的产品交换时是以罗特①为单位还是以公担为单位,这一点难道会改变使铁成为商品,成为交换价值的性质吗?铁是一种商品,它依其数量多少而具有大小不同的价值,高低不同的价格。

一些商品即一些交换价值的总和究竟是怎样成为资本的呢?

它成为资本,是由于它作为一种独立的社会**力量**,即作为一种属于**社会一部分**的力量,通过**交换直接的、活的劳动力**②而保存并增大自身。除劳动能力以外一无所有的阶级的存在是资本的必要前提。

只是由于积累起来的、过去的、对象化的劳动支配直接的、活的劳动,积累起来的劳动才变为资本。

资本的实质并不在于积累起来的劳动是替活劳动充当进行新生产的手段。它的实质在于活劳动是替积累起来的劳动充当保存并增加其交换价值的手段。

资本家和雇佣工人③是怎样进行交换的呢?

工人拿自己的劳动力②换到生活资料,而资本家拿他的生活资料换到劳动,即工人的生产活动,亦即创造力量。工人通过这种创造力量不仅能补偿工人所消费的东西,并且还使积累起来的劳动具有比以前更大的价值。工人从资本家那里得到一部分现有的

---

① 欧洲旧重量单位,约为三十分之一磅。——编者注
② 在《新莱茵报》上发表时不是"**劳动力**",而是"**劳动**"。——编者注
③ 在《新莱茵报》上发表时不是"资本家和雇佣工人",而是"资本和雇佣劳动"。——编者注

生活资料。这些生活资料对工人有什么用处呢？用于直接消费。可是，如果我不把靠这些生活资料维持我的生活的这段时间用来生产新的生活资料，即在消费的同时用我的劳动创造新价值来补偿那些因消费而消失了的价值，那么，只要我消费生活资料，这些生活资料对我来说就会永远消失。但是，工人为了交换已经得到的生活资料，正是把这种贵重的再生产力量让给了资本。因此，工人自己失去了这种力量。

举一个例子来说吧。有个农场主每天付给他的一个短工五银格罗申。这个短工为得到这五银格罗申，就整天在农场主的田地上干活，保证农场主能得到十银格罗申的收入。农场主不但收回了他付给短工的价值，并且还把它增加了一倍。可见，他有成效地、生产性地使用和消费了他付给短工的五银格罗申。他拿这五银格罗申买到的正是一个短工的能生产出双倍价值的农产品并把五银格罗申变成十银格罗申的劳动和力量。相反，短工则拿他的生产力（他正是把这个生产力的作用让给了农场主）换到五银格罗申，并用它们换得迟早要消费掉的生活资料。所以，这五银格罗申的消费有两种方式：对资本家来说，是**再生产性的**，因为这五银格罗申换来的劳动力[161]带来了十银格罗申；对工人来说，是**非生产性的**，因为这五银格罗申换来的生活资料永远消失了，他只有再和农场主进行同样的交换才能重新取得这些生活资料的价值。**这样，资本以雇佣劳动为前提，而雇佣劳动又以资本为前提。两者相互制约；两者相互产生。**

一个棉纺织厂的工人是不是只生产棉织品呢？不是，他生产资本。他生产重新供人利用去支配他的劳动并通过他的劳动创造新价值的价值。

资本只有同劳动力①交换，只有引起雇佣劳动的产生，才能增加。雇佣工人的劳动力②只有在它增加资本，使奴役它的那种权力加强时，才能和资本交换。**因此，资本的增加就是无产阶级即工人阶级的增加。**

所以，资产者及其经济学家们断言，资本家和工人的利益是**一致的**。千真万确呵！如果资本不雇用工人，工人就会灭亡。如果资本不剥削劳动力①，资本就会灭亡，而要剥削劳动力①，资本就得购买劳动力①。投入生产的资本即生产资本增加越快，从而产业越繁荣，资产阶级越发财，生意越兴隆，资本家需要的工人也就越多，工人出卖自己的价格也就越高。

原来，生产资本的尽快增加竟是工人能勉强过活的必要条件。

但是，生产资本的增加又是什么意思呢？就是积累起来的劳动对活劳动的权力的增加，就是资产阶级对工人阶级的统治力量的增加。雇佣劳动生产着对它起支配作用的他人财富，也就是说生产着同它敌对的权力——资本，而它从这种敌对权力那里取得就业手段，即取得生活资料，是以雇佣劳动又会变成资本的一部分，又会变成再一次把资本投入加速增长运动的杠杆为条件的。

断言资本的利益和工人的利益③是一致的，事实上不过是说资本和雇佣劳动是同一种关系的两个方面罢了。一个方面制约着另一个方面，就如同高利贷者和挥霍者相互制约一样。

---

① 在《新莱茵报》上发表时不是"劳动力"，而是"劳动"。——编者注
② 在《新莱茵报》上发表时不是"雇佣工人的劳动力"，而是"雇佣劳动"。——编者注
③ 在《新莱茵报》上发表时不是"**工人的利益**"，而是"**劳动的利益**"。——编者注

只要雇佣工人仍然是雇佣工人,他的命运就取决于资本。这就是一再被人称道的工人和资本家利益的共同性。

资本越增长,雇佣劳动量就越增长,雇佣工人人数就越增加,一句话,受资本支配的人数就越增多。① 我们且假定有这样一种最有利的情形:随着生产资本的增加,对劳动的需求也增加了。因而劳动价格即工资也提高了。

一座房子不管怎样小,在周围的房屋都是这样小的时候,它是能满足社会对住房的一切要求的。但是,一旦在这座小房子近旁耸立起一座宫殿,这座小房子就缩成茅舍模样了。这时,狭小的房子证明它的居住者不能讲究或者只能有很低的要求;并且,不管小房子的规模怎样随着文明的进步而扩大起来,只要近旁的宫殿以同样的或更大的程度扩大起来,那座较小房子的居住者就会在那四壁之内越发觉得不舒适,越发不满意,越发感到受压抑。

工资的显著增加是以生产资本的迅速增长为前提的。生产资本的迅速增长,会引起财富、奢侈、社会需要和社会享受同样迅速的增长。所以,即使工人得到的享受增加了,但是,与资本家的那些为工人所得不到的大为增加的享受相比,与一般社会发展水平相比,工人所得到的社会满足的程度反而降低了。我们的需要和享受是由社会产生的;因此,我们在衡量需要和享受时是以社会为尺度,而不是以满足它们的物品为尺度的。因为我们的需要和享受具有社会性质,所以它们具有相对的性质。

工资一般不仅是由我能够用它交换到的商品数量来决定的。工资包含着各种关系。

---

① 在《新莱茵报》上发表时,这句话前面加有"科隆4月7日"。——编者注

首先,工人靠出卖自己的劳动力①取得一定数量的货币。工资是不是单由这个货币价格来决定的呢?

在16世纪,由于在美洲发现了更丰富和更易于开采的矿藏②,欧洲流通的黄金和白银的数量增加了。因此,黄金和白银的价值和其他各种商品比较起来就降低了。但是,工人们出卖自己的劳动力①所得到的银币数仍和从前一样。他们的劳动的货币价格仍然如旧,然而他们的工资毕竟是降低了,因为他们拿同样数量的银币所交换到的别种商品比以前少了。这是促进16世纪资本增长和资产阶级兴盛的原因之一。

我们再举一个别的例子。1847年冬,由于歉收,最必需的生活资料(面包、肉类、黄油、干酪等等)大大涨价了。假定工人靠出卖自己的劳动力①所得的货币量仍和以前一样。难道他们的工资没有降低吗?当然是降低了。他们拿同样多的货币所能换到的面包、肉类等等东西比从前少了。他们的工资降低并不是因为白银的价值减低了,而是因为生活资料的价值增高了。

我们最后再假定,劳动的货币价格仍然未变,可是一切农产品和工业品由于使用新机器、年成好等等原因而降低了价格。这时,工人拿同样多的货币可以买到更多的各种商品。所以,他们的工资正因为工资的货币价值仍然未变而提高了。

总之,劳动的货币价格即名义工资,是和实际工资即用工资实际交换所得的商品量并不一致的。因此,我们谈到工资的增加或降低时,不应当仅仅注意到劳动的货币价格,仅仅注意到名义

---

① 在《新莱茵报》上发表时不是"劳动力",而是"劳动"。——编者注

② 在《新莱茵报》上发表时不是"在美洲发现了更丰富和更易于开采的矿藏",而是"美洲的发现"。——编者注

工资。

但是,无论名义工资,即工人把自己卖给资本家所得到的货币量,还是实际工资,即工人用这些货币所能买到的商品量,都不能把工资所包含的各种关系完全表示出来。

此外,工资首先是由它和资本家的赢利即利润的关系来决定的。这就是比较工资、相对工资。

实际工资所表示的是同其他商品的价格相比的劳动价格,而相对工资所表示的是:同积累起来的劳动即资本从直接劳动新创造的价值中所取得的份额相比,直接劳动在自己新创造的价值中所占的份额①。

上面,在第 14 页上②,我们说过:"工资不是工人在他所生产的商品中占有的一份。工资是原有商品中由资本家用以购买一定量的生产性劳动力的那一部分。"但是,资本家必须从出卖由工人创造的产品的价格中再补偿这笔工资。资本家必须这样做:他在补偿这笔工资时,照例要剩下一笔超出他所支出的生产费用的余额即利润。工人所生产的商品的销售价格,对资本家来说可分为三部分:**第一**,补偿他所预付的原料价格和他所预付的工具、机器及其他劳动资料的损耗;**第二**,补偿资本家所预付的工资;**第三**,这些费用以外的余额,即资本家的利润。第一部分只是补偿**原已存在的价值**;很清楚,补偿工资的那一部分和构成资本家利润的余额完全是从**工人劳动所创造出来的**并追加到原料上去的**新价值**中得

---

① 在《新莱茵报》上发表时,"相对工资所表示的……"这一段话如下:"相对工资表示的则是同积累起来的劳动的价格相比的直接劳动价格,是雇佣劳动和资本的相对价值,是资本家和工人的相互价值"。——编者注

② 见本卷第 331 页。——编者注

来的。而**在这个意义上说**,为了把工资和利润加以比较,我们可以把两者都看成是工人的产品中的份额。①

实际工资可能仍然未变,甚至可能增加了,可是尽管如此,相对工资却可能降低了。假定说,一切生活资料跌价三分之二,而日工资只降低了三分之一,比方由三马克降低到两马克。这时,虽然工人拿这两马克可以买到比从前拿三马克买到的更多的商品,但是他的工资和资本家的利润相比却降低了。资本家(比如,一个工厂主)的利润增加了一马克,换句话说,资本家拿比以前少的交换价值付给工人,而工人却必须生产出比以前多的交换价值。资本的份额与劳动的份额相比提高了②。社会财富在资本和劳动之间的分配更不平均了。资本家用同样多的资本支配着更大的劳动量。资本家阶级支配工人阶级的权力增加了,工人的社会地位更低了,比起资本家的地位来又降低了一级。

究竟什么是决定工资和利润在其相互关系上的降低和增加的一般规律呢?

工资和利润是互成反比的。资本的份额③即利润越增加,则劳动的份额④即日工资就越降低;反之亦然。利润增加多少,工资就降低多少;而利润降低多少,则工资就增加多少。

也许有人会驳斥说:资本家赢利可能是由于他拿自己的产品

---

① 在《新莱茵报》上发表时没有这一整段话。——编者注

② 在《新莱茵报》上发表时不是"资本的份额与劳动的份额相比提高了";而是"资本的价值与劳动的价值相比提高了"。——编者注

③ 在《新莱茵报》上发表时不是"**资本的份额**",而是"**资本的交换价值**"。——编者注

④ 在《新莱茵报》上发表时不是"**劳动的份额**",而是"**劳动的交换价值**"。——编者注

同其他资本家进行了有利的交换,可能是由于开辟了新的市场或者原有市场上的需要骤然增加等等,从而对他的商品的需求量有所增加;所以,一个资本家所得利润的增加可能是由于损害了其他资本家的利益,而与工资即劳动力①的交换价值的涨落无关;或者,资本家所得利润的增加也可能是由于改进了劳动工具,采用了利用自然力的新方法等等。

首先必须承认,所得出的结果依然是一样的,只不过这是经过相反的途径得出的。固然,利润的增加不是由于工资的降低,但是工资的降低却是由于利润的增加。资本家用同一数量的他人的劳动②,购得了更多的交换价值,而对这个劳动却没有多付一文。这就是说,劳动所得的报酬同它使资本家得到的纯收入相比却减少了。

此外,我们还应提醒,无论商品价格如何波动,每一种商品的平均价格,即它同其他商品相交换的比例,总是由**它的生产费用**决定的。因此,资本家相互间的盈亏得失必定在整个资本家阶级范围内互相抵消。改进机器,在生产中采取利用自然力的新方法,使得在一定的劳动时间内,用同样数量的劳动和资本可以创造出更多的产品,但决不是创造出更多的交换价值。如果我用纺纱机能够在一小时内生产出比未发明这种机器以前的产量多一倍的纱,比方从前为 50 磅,现在为 100 磅,那么从长期来看③我用这 100 磅纱所交换到的商品不会比以前用 50 磅交换到的多些,因为纱的生产费用减少了一半,或者说,因为现在我用同样多的生产费用能

---

① 在《新莱茵报》上发表时不是"劳动力",而是"劳动"。——编者注
② 在《新莱茵报》上发表时不是"他人的劳动",而是"劳动"。——编者注
③ 在《新莱茵报》上发表时没有"从长期来看"。——编者注

够生产出比以前多一倍的产品。

最后,不管资本家阶级即资产阶级(一个国家的也好,整个世界市场的也好)相互之间分配生产所得的纯收入的比例如何,这个纯收入的总额归根到底只是直接劳动使积累起来的劳动①在总体上增加的那个数额。所以,这个总额是按劳动使资本增加的比例,即按利润与工资相对而言增加的比例增长的。

可见,即使我们停留在**资本和雇佣劳动的关系**范围内,也可以知道**资本的利益和雇佣劳动的利益是截然对立的**。

资本的迅速增加就等于利润的迅速增加。而利润的迅速增加只有在劳动的价格②同样迅速下降、相对工资同样迅速下降的条件下才是可能的。即使实际工资同名义工资即劳动的货币价值同时增加,只要实际工资不是和利润以同一比例增加,相对工资还是可能下降。比如说,在经济兴旺的时期,工资提高 5% ,而利润却提高 30% ,那么比较工资即相对工资**不是增加,而是减少**了。

所以,一方面工人的收入随着资本的迅速增加也有所增加,可是另一方面横在资本家和工人之间的社会鸿沟也同时扩大,而资本支配劳动的权力,劳动对资本的依赖程度也随着增大。

所谓资本迅速增加对工人有好处的论点,实际上不过是说:工人把他人的财富增加得越迅速,工人得到的残羹剩饭就越多,能够获得工作和生活下去的工人就越多,依附资本的奴隶人数就增加得越多。

---

① 在《新莱茵报》上发表时这里是"积累起来的劳动使直接劳动"。——编者注

② 在《新莱茵报》上发表时不是"劳动的价格",而是"劳动的交换价值"。——编者注

这样我们就看出：

即使**最有利于工人阶级**的**情势**，即**资本的尽快增加**改善了工人的物质生活，也不能消灭工人的利益和资产者的利益即资本家的利益之间的对立状态。**利润和工资**仍然是**互成反比的**。

假如资本增加得迅速，工资是可能提高的；可是资本的利润增加得更迅速无比。工人的物质生活改善了，然而这是以他们的社会地位的降低为代价换来的。横在他们和资本家之间的社会鸿沟扩大了。

最后：

所谓生产资本的尽快增加是对雇佣劳动最有利的条件这种论点，实际上不过是说：工人阶级越迅速地扩大和增加与它敌对的权力，即越迅速地扩大和增加支配它的他人财富，它就被允许在越加有利的条件下重新为增加资产阶级财富、重新为增大资本的权力而工作，满足于为自己铸造金锁链，让资产阶级用来牵着它走。

然而，是不是像资产阶级的经济学家们所说的那样，**生产资本的增加**真的和**工资的提高**密不可分呢？① 我们不应当听信他们的话。我们甚至于不能相信他们的这种说法：似乎资本长得越肥，它的奴隶也吃得越饱。资产阶级很开明，很会打算，它没有封建主的那种以仆役队伍的奢华夸耀于人的偏见。资产阶级的生存条件迫使它锱铢必较。

因此我们就应当更仔细地研究一个问题：

生产资本的增长是怎样影响工资的？

---

① 在《新莱茵报》上发表时，这句话的前面加有"科隆4月10日"。——编者注

如果资产阶级社会的生产资本整个说来是在不断增长,那么劳动的积累就是**更多方面**的了。资本①的数量和规模日益增大。**资本的增大**加剧**资本家之间的竞争**。**资本规模的不断增大**,为把**装备着火力更猛烈的斗争武器的更强大的工人大军引向产业战场**提供了手段。

一个资本家只有在自己更便宜地出卖商品的情况下,才能把另一个资本家逐出战场,并占有他的资本。可是,要能够更便宜地出卖而又不破产,他就必须更便宜地进行生产,就是说,必须尽量提高劳动的生产力。而增加劳动的生产力的首要办法是**更细地分工**,更全面地应用和经常地改进**机器**。内部实行分工的工人大军越庞大,应用机器的规模越广大,生产费用相对地就越迅速缩减,劳动就更有效率。因此,资本家之间就发生了全面的竞争:他们竭力设法扩大分工和增加机器,并尽可能大规模地使用机器。

可是,假如某一个资本家由于更细地分工、更多地采用新机器并改进新机器,由于更有利和更大规模地利用自然力,因而有可能用同样多的劳动或积累起来的劳动生产出比他的竞争者更多的产品(即商品),比如说,在同一劳动时间内,他的竞争者只能织出半码麻布,他却能织出一码麻布,那么他会怎样办呢?

他可以继续按照原来的市场价格出卖每半码麻布,但是这样他就不能把自己的敌人逐出战场,就不能扩大自己的销路。可是随着他的生产的扩大,他对销路的需要也增加了。固然,他所采用的这些更有效率、更加贵重的生产资料**使他能够**廉价出卖商品,但是这种生产资料又**使他不得不**出卖更多的商品,为自己的商品争

---

① 在《新莱茵报》上发表时误为"资本家",后在第270号加以更正,现根据这一更正进行改动。——编者注

夺更**大**得多的市场。因此,这个资本家出卖半码麻布的价格就要比他的竞争者便宜些。

虽然这个资本家生产一码麻布的费用并不比他的竞争者生产半码麻布的费用多,但是他不会以他的竞争者出卖半码麻布的价格来出卖一码麻布。不然他就得不到任何额外的利润,而只是通过交换把自己的生产费用收回罢了。如果他的收入终究还是增加了,那只是因为他动用了更多的资本,而不是因为他比其他资本家更多地增殖了自己的资本。而且,只要他把他的商品价格定得比他的竞争者低百分之几,他追求的目的也就达到了。他**压低价格**就能把他的竞争者挤出市场,或者至少也能夺取他的竞争者的一部分销路。最后,我们再提一下,市场价格是**高于**还是**低于生产费用**,这一点始终取决于该种商品是在产业的旺季出卖还是在淡季出卖。一个采用了生产效能更高的新生产资料的资本家的卖价超出他的实际生产费用的百分率,是依每码麻布的市场价格高于或低于迄今的一般生产费用为转移的。

可是,这个资本家的**特权**不会长久;参与竞争的其他资本家也会采用同样的机器,实行同样的分工,并以同样的或更大的规模采用这些机器和分工。这些新措施将得到广泛的推广,直到麻布价格不仅跌到**原先的生产费用以下**,而且跌到**新的生产费用以下**为止。

这样,资本家的相互关系又会像采用新生产资料**以前**那样了;如果说他们由于采用这种生产资料能够以同一价格提供加倍的产品,那么**现在**他们已不得不按**低于**原来的价格出卖加倍的产品了。在这种新生产费用的水平上,同样一场角逐又重新开始:分工更细了,使用的机器数量更多了,利用这种分工的范围和采用这些机器的规模更大了。而竞争又对这个结果发生反作用。

我们看到:生产方式和生产资料是如何通过这种方式不断变

革,不断革命化的;**分工如何必然要引起更进一步的分工;机器的采用如何必然要引起机器的更广泛的采用;大规模的劳动如何必然要引起更大规模的劳动。**

这是一个规律,这个规律一次又一次地把资产阶级的生产抛出原先的轨道,并且**因为资本已经加强了劳动的生产力而迫使它继续加强劳动的生产力**;这个规律不让资本有片刻的停息,老是在它耳边催促说:前进! 前进!

这个规律正是那个在商业的周期性波动中必然使商品价格和商品**生产费用趋于一致**的规律。

不管一个资本家运用了效率多么高的生产资料,竞争总使这种生产资料普遍地被采用,而一旦竞争使这种生产资料普遍地被采用,他的资本具有更大效率的唯一后果就只能是:**要保持原来的价格**,他就必须提供比以前多10倍、20倍、100倍的商品。可是,因为现在他必须售出也许比以前多1 000倍的商品,才能靠增加所售产品数量的办法来弥补由于售价降低所受的损;因为他现在必须卖出更多的商品不仅是为了得到更多的利润①,并且也是为了补偿生产费用(我们已经说过,生产工具本身也日益昂贵);因为此时这种大量出卖不仅对于他而且对于他的竞争对方都成了生死攸关的问题,所以先前的斗争就**会随着已经发明的生产资料的生产效率的提高而日益激烈起来。所以,分工和机器的采用又将以更大得无比的规模发展起来。**

不管已被采用的生产资料的力量多么强大,竞争总是要把资本从这种力量中得到的黄金果实夺去:竞争使商品的价格降低到

---

① 在《新莱茵报》上发表时不是"得到更多的利润",而是"得到利润"。——编者注

生产费用的水平;也就是说,越是有可能便宜地生产,即有可能用同一数量的劳动生产更多的产品,竞争就使更便宜的生产即为了同一价格总额①而提供日益增多的产品数量成为确定不移的规律。可见,资本家努力的结果,除了必须在同一劳动时间内提供更多的商品以外,换句话说,除了**使他的资本的价值增殖的条件恶化**以外,并没有得到任何好处。因此,竞争经常以其生产费用的规律迫使资本家坐卧不宁,把他为对付竞争者而锻造的一切武器倒转来针对他自己,然而尽管如此,资本家还是不断想方设法在竞争中取胜,孜孜不倦地采用价钱较贵但能更便宜地进行生产的新机器,实行新分工,以代替旧机器和旧分工,并且不等到竞争使这些新措施过时,就这样做了。

现在我们如果想象一下这种狂热的激发状态**同时**笼罩了**整个世界市场**,那我们就会明白,资本的增长、积累和积聚是如何导致不断地、日新月异地、以日益扩大的规模实行分工,采用新机器,改进旧机器。

这些同生产资本的增长分不开的情况又怎样影响工资的确定呢?

更进一步的**分工使1个工人能做5个、10个乃至20个人的**工作,因而就使工人之间的竞争加剧5倍、10倍乃至20倍。工人中间的竞争不只表现于1个工人把自己出卖得比另1个工人贱些,而且还表现于**1个工人做5个、10个乃至20个人的工作**。而资本所实行的和经常扩展的**分工**就迫使工人进行这种竞争。

其次,**分工越细,劳动就越简单化**。工人的特殊技巧失去任何

---

① 在《新莱茵报》上发表时不是"为了同一价格总额",而是"为了保持原来的价格"。——编者注

价值。工人变成了一种简单的、单调的生产力,这种生产力不需要投入紧张的体力或智力。他的劳动成为人人都能从事的劳动了。因此,工人受到四面八方的竞争者的排挤;我们还要提醒一下,一种工作越简单,越容易学会,为学会这种工作所需要的生产费用越少,工资也就越降低,因为工资像一切商品的价格一样,是由生产费用决定的。

总之,劳动越是不能给人以乐趣,越是令人生厌,竞争也就越激烈,工资也就越减少。工人想维持自己的工资总额,就得多劳动:多工作几小时或者在一小时内提供更多的产品。这样一来,工人为贫困所迫,就进一步加重分工带来的恶果。结果就是:**他工作得越多,他所得的工资就越少**,而且原因很简单:他工作得越多,他就越是同他的工友们竞争,因而就使自己的工友们变成他自己的竞争者,这些竞争者也像他一样按同样恶劣的条件出卖自己;所以,他归根到底是**自己给自己**,即自己给作为工人阶级一员的自己造成竞争。

机器也发生同样的影响,而且影响的规模更大得多,因为机器用不熟练的工人代替熟练工人,用女工代替男工,用童工代替成年工;因为在最先使用机器的地方,机器就把大批手工工人抛向街头,而在机器日益完善、改进或为生产效率更高的机器所替换的地方,机器又把一批一批的工人排挤出去。我们在前面大略地描述了资本家相互间的产业战争。**这种战争有一个特点,就是制胜的办法与其说是增加工人大军,不如说是减少工人大军。统帅们即资本家们相互竞赛,看谁能解雇更多的产业士兵。**

不错,经济学家们告诉我们说,因采用机器而成为多余的工人可以在**新的**劳动部门里找到工作。

他们不敢干脆地肯定说,在新的劳动部门中找到栖身之所的就是那些被解雇的工人。事实最无情地粉碎了这种谎言。其实，他们不过是肯定说，在**工人阶级的其他组成部分**面前，比如说，在一部分已准备进入那种衰亡的产业部门的青年工人面前，出现了新的就业门路。这对于不幸的工人当然是一个很大的安慰。资本家老爷们是不会缺少可供剥削的新鲜血肉的，他们让死人们去埋葬自己的尸体。这与其说是资产者对工人的安慰，不如说是资产者对自己的安慰。如果机器消灭了整个雇佣工人阶级，那么这对资本来说将是一件十分可怕的事情，因为资本没有雇佣劳动就不成其为资本了！

就假定那些直接被机器从工作岗位排挤出去的工人以及原来期待着这一工作的那一部分青年工人**都能找到新工作**。是否可以相信新工作的报酬会和已失去的工作的报酬同样高呢？**要是这样，那就是违反了一切经济规律**。我们说过，现代产业经常是用更简单的和更低级的工作来代替复杂和较高级的工作的。

那么，被机器从一个产业部门排挤出去的一大批工人如果不甘愿领取**更低更微薄的报酬**，又怎能在别的部门找到栖身之所呢？

有人说制造机器本身的工人是一种例外。他们说，既然产业需要并使用更多的机器，机器的数量就必然增加，因而机器制造、从事机器制造的工人也必然增加；而这个产业部门所使用的工人是熟练工人，甚至是受过教育的工人。

从1840年起，这种原先也只有一半正确的论点已经毫无正确的影子了，因为机器制造也完全和棉纱生产一样，日益多方面地采用机器，而在机器制造厂就业的工人，比起极完善的机器来，只能起着极不完善的机器的作用。

可是，在一个男工被机器排挤出去以后，工厂方面也许会雇用**三个童工**和**一个女工**！难道先前一个男工的工资不是应该足够养活三个孩子和一个妻子吗？难道先前最低工资额不是应该足够这个种族维持生活和繁殖后代吗？资产者爱说的这些话在这里究竟证明了什么呢？只证明了一点：现在要得到维持**一个**工人家庭生活的工资，就得消耗比以前多三倍的工人生命。

总括起来说：**生产资本越增加，分工和采用机器的范围就越扩大。分工和采用机器的范围越扩大，工人之间的竞争就越剧烈，他们的工资就越减少。**

加之，工人阶级还从**较高的社会阶层**中得到补充；沦落到无产阶级队伍里来的有大批小产业家和小食利者，他们除了赶快跟工人一起伸手乞求工作，毫无别的办法。这样，伸出来乞求工作的手就像森林似的越来越稠密，而这些手本身则越来越消瘦。

不言而喻，小产业家在这种斗争①中是不可能支持下去的，因为这种斗争的首要条件之一就是要不断扩大生产的规模，也就是说要做大产业家而决不能做一个小产业家。

当然，还有一点也是无可争辩的：资本的总量和数目越增加，资本越增长，资本的利息也就越减少；因此，小食利者就不可能再依靠租金来维持生活，必须投身于产业，即扩大小产业家的队伍，从而增加无产阶级的候补人数。

最后，上述发展进程越迫使资本家以日益扩大的规模利用既有的巨大的生产资料，并为此而动用一切信贷机构，产业地震②也就越来越频繁，在每次地震中，商业界只是由于埋葬一部分财富、产品以至生产力才维持下去，——也就是说，**危机**也就越来越频繁了。这种危机之所以越来越频繁和剧烈，就是因为随着产品

---

① 在《新莱茵报》上发表时不是"斗争"，而是"战争"。——编者注
② 在《新莱茵报》上发表时不是"产业地震"，而是"地震"。——编者注

总量的增加,亦即随着对扩大市场的需要的增长,世界市场变得日益狭窄了,剩下可供榨取的新市场①日益减少了,因为先前发生的每一次危机都把一些迄今未被占领的市场或只是在很小的程度上被商业榨取过的市场卷入了世界贸易。但是,资本不仅在**活着**的时候要依靠劳动。这位尊贵而又野蛮的主人在葬入坟墓时,也要把他的奴隶们的尸体,即在危机中丧生而成为牺牲品的大批工人一起陪葬。由此可见:**如果说资本增长得迅速,那么工人之间的竞争就增长得更迅速无比,就是说,资本增长得越迅速,工人阶级的就业手段即生活资料就相对地缩减得越厉害;尽管如此,资本的迅速增长对雇佣劳动却是最有利的条件。**②

卡·马克思根据 1847 年 12 月
下半月所作的演说写成

作为社论载于 1849 年 4 月 5—
8 和 11 日《新莱茵报》第 264—
267 和 269 号

原文是德文

选自《马克思恩格斯文集》
第 1 卷第 711—743 页

---

① 在《新莱茵报》上发表时不是"新市场",而是"市场"。——编者注
② 在《新莱茵报》上发表时,这句话后面加有"(待续)卡尔·马克思"。——
编者注

卡·马克思

关于自由贸易问题的演说[162]

1848 年 1 月 9 日在布鲁塞尔
民主协会召开的公众大会上

先生们!

英国谷物法[44]的废除是自由贸易在 19 世纪取得的最伟大的胜利。在厂主们谈论自由贸易的所有国家里,他们主要指的是谷物和一切原料的自由贸易。对外国谷物征收保护关税,这是卑劣的行为,这是利用人民的饥饿进行投机。

廉价的面包,高额的工资(cheap food, high wages),这就是英国的自由贸易派[145]不惜耗资百万力求达到的唯一目的,他们的热情已经感染了他们在大陆上的同伙。总之,人们要求自由贸易,是为了改善工人阶级的处境。

可是,奇怪得很!想尽办法让人民得到廉价的面包,而人民却毫不领情。现在英国的廉价面包,如同法国的廉价政府一样,都信誉扫地。人民把那些充满献身精神的人们,包令、布莱特一类人及其同伙,当做自己最大的敌人和最无耻的伪君子。

谁都知道:在英国,自由派和民主派之间的斗争被称为自由贸易派和宪章派⁵⁵之间的斗争。

现在让我们来看看,英国的自由贸易派是如何向人民证明那种激励他们起来行动的崇高信念的。

他们向工厂工人这样说:

谷物税是工资税,是你们向大地主,向那些中世纪的贵族交纳的税;你们陷于贫困,是因为必要生活资料的价格昂贵。

工人反过来问厂主们:在最近 30 年中,我们的工业获得巨大发展,而我们的工资的下降率却大大超过了谷物价格的上涨率,这又是什么原因呢?

照你们所说的,我们交纳给地主的税,对每一个工人来说,每周约计 **3 便士**(6 苏①);可是,在 1815 年到 1843 年这一时期内,手工织工的工资从每周 28 先令降到 5 先令(从 35 法郎降到 7.25 法郎),而在 1823 年到 1843 年这一时期内,机器织工的工资从每周 20 先令降到 8 先令(从 25 法郎降到 10 法郎)。

在这整个时期内,我们交纳给地主们的税从未超过 3 便士。而在 1834 年面包价廉、市场繁荣的时候,你们对我们说过什么话呢?——"你们是不幸的,因为你们生育的孩子太多了,你们的婚姻比你们的手艺还要多产!"

这就是当时你们自己对我们说过的话,同时你们还制定了新的济贫法²⁵,设立了习艺所⁷⁷这种无产者的巴士底狱。

厂主们对此回答说:

工人先生们,你们说的对,决定工资的不仅是谷物的价格,而且还有求职者之间的竞争。

---

① 法国旧铜币名,一个苏等于二十分之一法郎。——编者注

但是请你们仔细地想一想：我们的土地都是由岩石和砂砾构成的。你们可别以为在花盆里就能种庄稼！如果我们不是慷慨地献出自己的资本和劳动，用来耕种不毛之地，而是撇掉农业，专门来搞工业，那么，整个欧洲就得把工厂都关掉，那时英国也就成了唯一的、庞大的工厂城市，而欧洲的其他部分就都变成英国的农业区了。

可是厂主和自己的工人们的这番谈话被一个小商人打断了。他向厂主说道：

如果我们废除了谷物法，那么我们就荒废了农业，但是我们也不会因此而迫使其他国家关闭它们的工厂来购买我们的工厂的产品。

结果将怎样呢？我将失去现在农村的主顾，而国内贸易也会丧失市场。

厂主抛开工人转过身来回答小铺主说：这件事就听之任之吧。一旦废除了谷物税，我们就会从国外得到更廉价的谷物。那时，我们就会降低工资，同时在那些供给我们谷物的国家里，工资却会因此而提高。

因此，我们除了已有的那些优越条件之外，还将得到实行低额工资带来的好处，凭借这一切优势，我们就能迫使大陆购买我们的产品。

可是，现在租地农场主和农业工人也插进来争论了。

他们叫道：我们又将会面临怎样的境况呢？

难道我们应该把养育我们的农业宣判死刑吗？难道我们能够听任别人断绝我们的生活来源吗？

反谷物法同盟[22]却不作回答，而一味满足于给三部论述废除谷物法将对英国农业产生有益影响的优秀著作颁发奖金。

获得这种奖金的是霍普、莫尔斯和格雷格三位先生,他们的著作已有成千上万册在农村流传。

其中一位获奖者企图证明,自由输入外国谷物既不会使租地农场主吃亏,也不会使农业工人吃亏,吃亏的只是地主。他大声疾呼:英国租地农场主不应该害怕谷物法的废除,因为没有一个国家能像英国那样生产如此价廉物美的谷物。

因此,即使谷物价格下跌,也不会使你们遭致损失,因为这种下跌只会引起地租的缩减,而绝对不会伤及资本的利润和工资,它们依然会保持原有的水平。

第二位获奖者是莫尔斯先生。他相反地断定,废除谷物法的结果是谷物价格上涨。他挖空心思力图证明,保护关税从来都没有能保证谷物得到有利的价格。

他引用事实来证实自己的论点说,在英国,每当输入外国谷物的时候,谷物价格总要大大上涨,而当进口减少的时候,谷物价格便急剧下跌。这位获奖者忘记了不是进口引起价格上涨,而是价格上涨引起进口。

他的见解同他的获奖的同僚迥然不同,他断言,每次谷物价格上涨总是有利于租地农场主和工人,而不利于地主。

第三位获奖者是大厂主格雷格先生,他的著作是为大租地农场主写的,他不能满足于重复类似的滥调,他的话是比较科学的。

他承认谷物法之所以会引起地租的上涨,只是因为谷物法会引起谷物价格的上涨,而谷物法之所以会引起谷物价格的上涨,正是由于谷物法会迫使资本投于劣等地,这是很容易说明的。

随着人口的增长,由于外国谷物不能输入,就不得不去开垦肥力较差的土地,耕种这种土地需要较大的耗费,因而它的产品也就较贵。

既然谷物的销路有充分保证,那么谷物的价格必然要受耗费最大的土地的产品价格的调节。这一价格和优等地的生产费用间的差额便构成地租。

因此,如果因废除谷物法而降低了谷物价格,从而也降低了地租的话,那么,这种情况的发生是因为不再在没有收益的土地上耕作的缘故。由此可见,地租的降低必然要引起一部分租地农场主的破产。

为了理解格雷格先生的话,作这几点说明是必要的。

他说,那些不能再继续经营农业的小租地农场主,可以去工业中谋生。至于那些大租地农场主,则必然在农业中取胜。或者是土地所有者被迫把自己的土地以极低廉的价格卖给他们,或者是土地所有者和他们订立期限极长的租约。这就有可能使这些租地农场主把巨额资本投向土地,更大规模地采用机器,从而也就节省了手工劳动,而手工劳动的报酬也将由于工资的普遍下降(这是废除谷物法的直接结果)而跌到更低的水平。

包令博士对所有这些论证都予以宗教上的承认。他在一个公众集会上大声说:"耶稣基督是自由贸易,自由贸易是耶稣基督!"

显然,这种虚伪的说教根本不能使工人为面包跌价而感到欣喜。

其次,对于厂主那种单凭一时心血来潮而发的慈悲,工人又怎么能够相信呢?要知道,最激烈地反对十小时工作日法案[47],即反对将工厂工人的工作日从 12 小时减到 10 小时的人,正是这些厂主!

为使你们对厂主的慈悲得到一个概念,先生们,我提醒你们注意一下所有工厂都采用的厂规。

任何厂主都有他自己使用的一整套规程,其中规定对一切有意无意的过失都处以罚金；例如，假使工人不幸在椅子上坐了一下，偶尔私语或谈笑，迟到了几分钟，损坏了机器的某一部件，或者制品的质量不合规格等等，他就得挨罚。事实上罚款往往超过工人实际造成的损失。为了设法使工人容易挨罚，工厂的钟拨快了，发给工人劣等的原料而要他制出好的成品。工头要是没有足够的花招来增加犯规数字，便被辞退。

先生们，你们看，这种私人立法的建立是为了制造过失，而制造过失却成为生财之道。因此，厂主不择手段，竭力减低名义工资，甚至还要从那些并非由于工人的过失而造成的意外事故中得到好处。

有些慈善家力图使工人相信，只要能够改善工人的命运，他们可以付出巨额金钱。这些厂主就正是这样的慈善家。

这样一来，厂主一方面靠自己的厂规用最卑劣的手法克扣工人的工资，另一方面又不惜作出最大的牺牲借反谷物法同盟来提高工资。

他们不惜耗费巨大的开销来建筑宫殿，反谷物法同盟在这些宫殿里也设立了自己的某种类似官邸的东西，他们派遣整批传道大军到英国各地宣传自由贸易的宗教。他们刊印成千上万的小册子四处赠送，让工人认识到自己的利益。他们不惜花费巨额资金拉拢报刊。为了领导自由贸易运动，他们组织庞大的管理机构，而且在公众集会上施展自己全部雄辩之才。在一次这样的群众大会上，一个工人大声喊道：

"要是地主出卖我们的骸骨，那么，你们这些厂主就会首先买去放到蒸汽磨中去磨成面粉！"

英国工人是非常懂得地主和工业资本家之间斗争的意义的。他们很清楚，人们希望降低面包价格就是为了降低工资，同时也知道,地租下降多少,资本的利润也就上升多少。

英国自由贸易派的传道者、本世纪最杰出的经济学家李嘉图的观点在这一点上是和工人们的意见完全一致的。

他在自己的政治经济学名著中说:

"要是我们不在自己本土耕作……而找寻新的市场以便获得更廉价的谷物的话,那么,工资就要降低,利润就会增加。……农产品的跌价不仅降低了农业工人的工资,而且也降低了所有产业工人和商业工人的工资。"[①]

先生们,工人过去收入五法郎,而现在由于谷物价格较贱至多收入四法郎;请不要以为这件事对工人来说是完全无所谓的。

工人的工资和利润比较起来难道不是越来越低吗?工人的社会地位和资本家的地位比较起来是每况愈下,难道这还不清楚吗?不但如此,工人实际上还遭受更大的损失。

当谷物的价格和工资都同样处于较高的水平时,工人节省少许面包就足以满足其他需要。但是一旦面包变得非常便宜,从而工资大大下降,工人便几乎根本不能靠节约面包来购买其他的东西了。

英国工人已经向自由贸易派表明,他们并没有被自由贸易派的蒙蔽和谎言所欺骗,尽管他们曾同自由贸易派联合起来反对地主,但那样做是为了消灭最后的封建残余,是为了此后只需单独同一个敌人进行斗争。工人并没有估计错:地主为了向厂主进行报复,和工人联合行动使十小时工作日法案获得通过;工人们 30 年来求之不得的法案,在废除谷物法后就立即实现了。

---

① 大·李嘉图《政治经济学和赋税原理》1835 年巴黎版第 1 卷第 178—179 页。——编者注

在经济学家会议[163]上,包令博士从口袋里取出一份长长的统计表,他想表明,为了满足(照他的说法)工人的消费,英国输入了多少牛肉、火腿、脂油、鸡雏等等。可是遗憾的是,他却忘记了告诉你们,就在这个时候,由于危机来临,曼彻斯特和其他一些工厂城市的工人被抛到了街头。

在政治经济学中,原则上决不能仅仅根据一年的统计材料就得出一般规律。常常需要引证六七年来的平均数字,也就是说,需要引证在现代工业经过各个阶段(繁荣、生产过剩、停滞、危机)而完成它必然的周期这一段时期内的一些平均数字。

显而易见,当一切商品跌价时(这种跌价是自由贸易的必然结果),我用一个法郎买的东西要比过去多得多。而工人的法郎同其他任何法郎一样,具有同等价值。因此,自由贸易对工人会是非常有利的。但美中不足的是,工人在以自己的法郎交换别的商品以前,已经先以自己的劳动同资本进行了交换[137]。要是当他进行这种交换的时候,仍然能以同量的劳动换得上述数量的法郎而其他一切商品又在跌价的话,那么他在这种交易中始终都会是有利的。困难并不在于证明当一切商品跌价的时候,用同样的钱可以买到更多的商品。

经济学家总是在劳动与其他商品相交换的时候去观察劳动价格,却把劳动与资本相交换这一环节完全置之度外。

当开动生产商品的机器需要较少的费用时,则保养被称为劳动者的这种机器所必需的东西,同样也得跌价。如果一切商品都便宜了,那么,同是商品的这种劳动的价格也同样降低了。而且,正如我们在下面将看到的,劳动这种商品的价格的下跌较其他的商品要大得多。那时候,仍然继续相信那些经济学家的论据的劳动者将发现自己口袋里的法郎已经融化,只剩下五苏了。

　　于是经济学家们会对你们说:好吧,我们同意说工人之间的竞争(这种竞争在自由贸易的统治下恐怕也不会减少)很快会使工资和低廉的商品价格互相一致起来。但是,另一方面,低廉的商品价格会导致消费的增加;大量的消费要求大量的生产,而大量的生产又引起了对人手需求的增加;对人手需求增加的结果将是工资的提高。

　　全部论据可以归结如下:自由贸易扩大了生产力。如果工业发展,如果财富、生产能力,总而言之,生产资本增加了对劳动的需求,那么,劳动价格便提高了,因而工资也就提高了。资本的扩大是对工人最有利不过的事。这一点必须同意。如果资本停滞不动,工业就不仅会停滞不前,而且会走向衰落,在这种情况下,工人将会成为第一个牺牲品。工人将先于资本家而死亡。而在资本扩大时,就像上面所说的,在对工人最有利的情况下,工人的命运又将如何呢? 他同样会死亡。生产资本的扩大也就意味着资本的积累和积聚。资本集中的结果是分工的扩大和机器的更广泛的使用。分工的扩大使工人的专门技能变得一文不值,从前需要这种专门技能的工作,现在任何人都能做,从而工人之间的竞争也就加剧了。

　　这种竞争之所以更趋激烈,是因为分工使一个工人可以完成三个人的工作。机器的采用在更大规模上产生了同样的结果。生产资本的扩大迫使工业资本家采用不断扩大的生产资料进行工作,从而使一些小企业主破产,把他们抛入无产阶级队伍。其次,因为利息率随着资本的积累而下降,小食利者不能再依靠自己的利息过活,只好到工业中去工作,这样一来就增加了无产者的人数。

　　最后,生产资本越增加,它就越是迫不得已地为市场(这种市场的需求它并不了解)而生产,生产就越是超过消费,供给就越是力图强制需求,结果危机的发生也就越猛烈而且越频繁。另一方面,每一次危机又加速了资本的集中,扩大了无产阶级的队伍。

因此,生产资本越扩大,工人之间的竞争就越加剧,而且其激烈的程度大大超过以前。大家的劳动报酬都减少了,而一些人的劳动负担也增加了。

1829 年在曼彻斯特 36 个工厂中有 1 088 个纺纱工人。到 1841 年纺纱工人总共只有 448 人,可是他们所照管的纱锭却比 1829 年的 1 088 个工人所照管的还要多 53 353 个。假定采用手工劳动的数量随着生产能力的发展而相应增长的话,则工人的数量应达 1 848 人;也就是说,机械的改进使 1 100 个工人失去了工作。

经济学家们的答复,我们是可想而知的。他们一定会说,这些失去工作的人会找到别的职业。在经济学家会议上,包令博士没有忘记引用这个论据,同时也没有忘记自己打自己的嘴巴。

1835 年包令博士在下院就 5 万名伦敦织布工人的问题发表了演说,这些工人长期忍饥挨饿,一直没有能够找到自由贸易派向他们许诺的新职业。

让我们从包令博士的演说中引用一些最值得注意的地方吧。

他说:"手工织工所忍受的困苦是所有从事这类劳动的人的必然遭遇,因为这种劳动易于学习,而且随时都可能被较便宜的工具所代替。由于在这种情况下工人之间的竞争非常激烈,所以只要需求略微减少,就会引起危机。手工织工几乎处于人生的边缘。再走一步,他们就不能生存下去。只消一点轻微的振荡,就足以置他们于死地。机械的进步使手工劳动越来越被排挤,因此在过渡时期必然要引起许多暂时的苦难。民族的福祉只有以某些个人的不幸作代价才能取得。工业的发展总是靠牺牲落后者来完成的;在所有的发明中间,只有用蒸汽发动的织布机对手工织工的命运影响最大。在许多手工制品的生产中,手工织工已经被排挤了,而在迄今尚用手制作的许多其他制品的生产中,手工织工也将被击败。"

　　他接下去说:"我这里有印度总督跟东印度公司[164]的往来信件,其中论及达卡地区的织布工人。总督在他的信件中说:几年以前,东印度公司购入600万到800万匹当地手工织机织成的棉布。后来需求逐渐下降,大约缩减到100万匹。

　　现在,需求几乎降到零了。更有甚者,1800年北美从印度购进的棉布约为80万匹。而1830年北美购进的棉布还不到4 000匹。1800年装船运送到葡萄牙的棉布有100万匹。而1830年葡萄牙购进的不过2万匹。

　　关于印度织工苦难的报告是可怕的。但是这些苦难的原因何在呢?

　　在于英国产品在市场上的出现,在于用蒸汽发动的织布机来进行生产。大量的织工死于饥饿,其余的人则转入其他行业,特别是转入农业劳动。不能改行的人则等于被判了死刑。现在英国的棉布和棉纱充斥达卡地区。以美观和耐久著称于世的达卡麦斯林薄纱,也由于英国机器的竞争而完全绝迹了。像东印度的整个阶级所受的那种苦难,恐怕在全部贸易史上都很难找到第二个例子。"①

　　包令博士在演说中所引用的事实是真实的,所以他的演说就更为出色。但是他力图掩盖这些事实时所使用的措辞,和自由贸易派的一切说教一样,是伪善的。他把工人描写成应该以更廉价的生产资料来代替的生产资料。他故弄玄虚,把他所说到的这种劳动看做完全特殊的劳动,而把排斥手工织工的机器也看做特殊的机器。他忘记了,任何一种手工劳动总有一天都要经受手工织布劳动的命运。

　　"实际上,机器技术方面的一切改进措施都有始终不变的目的和趋势,那就是尽可能取消人的劳动,或者用女工、童工的劳动代替成年男工的劳动,用未经训练的工人的劳动代替熟练手艺工人的劳动,以求降低劳动的价格。

---

①　约·包令《1835年7月在下院的演说》,引自威·阿特金森《政治经济学原理》1840年伦敦版。——编者注

在大多数机器纺纱厂（英文叫 throstle-mills）中，纺纱的尽是些 16 岁及 16 岁以下的小姑娘。由于用自动走锭纺纱机代替了简单的走锭纺纱机，大部分纺纱工被解雇，留下的仅是些少年儿童。"[1]

自由贸易的最狂热的信徒尤尔博士的这些话，是对包令先生自白的很好的补充。包令先生谈到某些个人的不幸，同时又告诉我们，这些个人的不幸必然要导致整个阶级的毁灭；他谈到了过渡时期的暂时的苦难，而且毫不隐讳地说，这些暂时的苦难对大多数人说来是从生存到死亡的转变，而对其余的人说来，是从较好的处境向较差的处境的转变。他进一步说，这些工人的不幸是和工业的进步不可分割地联系着的，而且是民族的福祉所必要的；这种说法等于承认劳动阶级的苦难就是资产阶级福祉的必要条件。

包令先生慷慨地给予奄奄待毙的工人的一切安慰，以及自由贸易派所创立的全部补偿理论总的来说可归结如下：

成千上万的奄奄待毙的工人们，你们不应灰心失望。你们可以非常平静地死去。你们的阶级是不会绝种的。它将永远保有足够数量的人听任资本去宰割，而不必担心资本会将它消灭。顺便提一下，如果资本不力求保存工人这种可供其不断地剥削的材料，资本又怎能使自己得到有效的运用呢？

那么，为什么还要把实现自由贸易会对工人阶级状况产生什么影响作为未解决的问题来谈呢？从魁奈到李嘉图，经济学家们所表述的一切规律是建立在这样的假定上的：迄今妨碍自由贸易的羁绊已不再存在。这些规律的作用随着自由贸易的实现而加强。其中第一条规律是说，竞争把每一种商品的价格都降低到该

---

[1] 安·尤尔《工厂哲学，或加工棉、毛、麻、丝的工业经济学》1836 年布鲁塞尔版第 1 卷第 34 页。——编者注

商品的最低生产费用。因此,最低工资是劳动的自然价格。什么是最低工资呢?要维持工人的生计,使他能勉强养活自己,并使自己的阶级能保持必要的人数而得以延续,就需要一些物品,最低工资恰好就是为生产这些物品所必需的支出。

不要因此而认为工人只能得到这种最低工资,更不要以为他总是能得到这种最低工资。

不是的,在这一规律的作用下,工人阶级有时也比较幸运。有时工人阶级的所得会多于这种最低工资,但这种多余部分不过是补充了他们在工业停滞时期所得低于最低工资的不足部分而已。这就是说,工业经过繁荣、生产过剩、停滞、危机诸阶段而形成一种反复循环的周期,在这一定的周期内,如果把工人阶级高于必需的全部所得和低于必需的全部所得合计起来,那么他们所得的总额恰好是这个最低额;换言之,工人阶级只有经历一切苦难和贫困,在工业战场上抛下许多尸体,才能作为一个阶级保存下来。但是这又有什么关系呢?这个阶级还是继续存在下去,而且它的数量还在增长。

事情还不止于此。工业的进步提供了不太昂贵的生活资料。例如烧酒代替了啤酒,棉织品代替了毛织品和亚麻织品,马铃薯代替了面包。

因而,由于不断地找到以更廉价更低劣的食品来维持劳动的新方法,最低工资也就不断降低。如果说,起初这种工资迫使人为了活下去而去劳动,那么,到最后就把人变成机器人了。工人存在的价值只不过在于他是一种单纯的生产力而已;资本家就是这样来对待工人的。

随着经济学家设定的前提即自由贸易得到实现,变为事实,劳动商品的这一规律即最低工资的规律也就得到了证实。因此,二者必居其一:或者全部否定以自由贸易这一前提作基础的政治经济学,或者承认在自由贸易的情况下工人势必要受到经济规律严酷无情的打击。

让我们来作个总结:在当今社会条件下,到底什么是自由贸易呢? 这就是资本的自由。排除一些仍然阻碍着资本自由发展的民族障碍,只不过是让资本能充分地自由活动罢了。不管商品相互交换的条件如何有利,只要雇佣劳动和资本的关系继续存在,就永远会有剥削阶级和被剥削阶级存在。那些自由贸易的信徒认为,只要更有效地运用资本,就可以消除工业资本家和雇佣劳动者之间的对立,他们这种妄想,真是令人难以理解。恰恰相反,这只能使这两个阶级的对立更为显著。

可以设想,一旦不再有谷物法,不再有关税和入市税,一句话,一旦那些至今还有可能被工人看做造成自己贫困境遇原因的所有次要因素全都消失,到那时,所有遮挡工人的视线、掩盖他的真正敌人的帷幕必将被撕得粉碎。

工人将会看到,摆脱羁绊的资本对他的奴役并不亚于受关税束缚的资本对他的奴役。

先生们,不要一听到**自由**这个抽象字眼就深受感动! 这是谁的自由呢? 这不是一个人在另一个人面前享有的自由。这是资本所享有的压榨工人的自由。

既然这种自由的观念本身不过是一种以自由竞争为基础的制度的产物,怎么还能用这种自由的观念来肯定自由竞争呢?

我们已经指出,在同一个国家里,自由贸易在不同的阶级之间会产生怎样一种友爱。如果说自由贸易在世界各国之间也能促成什么友爱,那么,这种友爱也未必更具有友爱的特色;把世界范围的剥削美其名曰普遍的友爱,这种观念只有资产阶级才想得出来。

自由竞争在一个国家内部所引起的一切破坏现象,都会在世界市场上以更大的规模再现出来。我们不需要花费更多的时间去批驳自由贸易的信徒在这个问题上散布的诡辩,这些诡辩的价值同我们的三位获奖者霍普、莫尔斯和格雷格先生的论证完全一样。

例如,有人对我们说,自由贸易会引起国际分工,这种分工将规定与每个国家优越的自然条件相适宜的生产。

先生们,你们也许认为生产咖啡和砂糖是西印度的自然禀赋吧。

200年以前,跟贸易毫无关系的自然界在那里连一棵咖啡树、一株甘蔗也没有生长出来。

也许不出50年,那里连一点咖啡、一点砂糖也找不到了,因为东印度正以其更廉价的生产得心应手地跟西印度虚假的自然禀赋竞争。而这个自然禀赋异常富庶的西印度,对英国人说来,正如有史以来就有手工织布天赋的达卡地区的织工一样,已是同样沉重的负担。

同时不应忽视另一种情况:正如一切都已成为垄断的,在现时,也有一些工业部门支配所有其他部门,并且保证那些主要从事这些行业的民族统治世界市场。例如,在国际交换中,棉花本身在贸易中比其他一切成衣原料具有更大的意义。自由贸易的信徒从每一个工业部门找出几个特殊品种的生产,把它们跟工业最发达的国家中一般消费品的最廉价的生产等量齐观,这真是太可笑了。

如果说自由贸易的信徒弄不懂一国如何牺牲别国而致富,那么我们对此不应该感到意外,因为这些先生们同样不想懂得,在每一个国家内,一个阶级是如何牺牲另一个阶级而致富的。

但是,先生们,不要以为我们批判自由贸易的目的是为了维护保护关税制度。

一个人宣称自己是立宪制的敌人，并不见得自己就是旧制度的朋友。

但是，保护关税制度不过是在某个国家建立大工业的手段，也就是使这个国家依赖于世界市场，然而，一旦它对世界市场有了依赖性，对自由贸易也就有了或多或少的依赖性。此外，保护关税制度也促进了国内自由竞争的发展。因此，我们看到，在资产阶级开始以一个阶级自居的那些国家（例如在德国），资产阶级便竭力争取保护关税。保护关税成了它反对封建主义和专制政权的武器，是它聚集自己的力量和实现国内自由贸易的手段。

但总的说来，保护关税制度在现今是保守的，而自由贸易制度却起着破坏的作用。自由贸易制度正在瓦解迄今为止的各个民族，使无产阶级和资产阶级间的对立达到了顶点。总而言之，自由贸易制度加速了社会革命。先生们，也只有在这种革命意义上我才赞成自由贸易。

1848年2月初以小册子形式
在布鲁塞尔出版

原文是法文

选自《马克思恩格斯文集》
第1卷第744—759页

卡·马克思和弗·恩格斯

共产党宣言[165]

1872年德文版序言[166]

共产主义者同盟[167]这个在当时条件下自然只能是秘密团体的国际工人组织,1847年11月在伦敦举行的代表大会上委托我们两人起草一个准备公布的详细的理论和实践的党纲。结果就产生了这个《宣言》,《宣言》原稿在二月革命[156]前几星期送到伦敦付印。《宣言》最初用德文出版,它用这种文字在德国、英国和美国至少印过12种不同的版本。第一个英译本是由海伦·麦克法林女士翻译的,于1850年在伦敦《红色共和党人》[168]杂志上发表,1871年至少又有三种不同的英译本在美国出版。法译本于1848年六月起义[158]前不久第一次在巴黎印行,最近又有法译本在纽约《社会主义者报》[169]上发表;现在有人在准备新译本。波兰文译本在德文本初版问世后不久就在伦敦出现。俄译本是60年代在日内瓦出版的。丹麦文译本也是在原书问世后不久就出版了。

不管最近25年来的情况发生了多大的变化,这个《宣言》中所阐述的一般原理整个说来直到现在还是完全正确的。某些地方本来可以作一些修改。这些原理的实际运用,正如《宣言》中所说的,随时随地都要以当时的历史条件为转移,所以第二章末尾提出的那些革命措施根本没有特别的意义。如果是在今天,这一段在许多方面都会有不同的写法了。由于最近 25 年来大工业有了巨大发展而工人阶级的政党组织也跟着发展起来,由于首先有了二月革命的实际经验而后来尤其是有了无产阶级第一次掌握政权达两月之久的巴黎公社[170]的实际经验,所以这个纲领现在有些地方已经过时了。特别是公社已经证明:"工人阶级不能简单地掌握现成的国家机器,并运用它来达到自己的目的。"(见《法兰西内战。国际工人协会总委员会宣言》德文版第 19 页,那里对这个思想作了更详细的阐述。)[①]其次,很明显,对于社会主义文献所作的批判在今天看来是不完全的,因为这一批判只包括到 1847 年为止;同样也很明显,关于共产党人对待各种反对党派的态度的论述(第四章)虽然在原则上今天还是正确的,但是就其实际运用来说今天毕竟已经过时,因为政治形势已经完全改变,当时所列举的那些党派大部分已被历史的发展彻底扫除了。

但是《宣言》是一个历史文件,我们已没有权利来加以修改。下次再版时也许能加上一篇论述 1847 年到现在这段时期的导言。这次再版太仓促了,我们来不及做这件工作。

卡尔·马克思　弗里德里希·恩格斯

1872 年 6 月 24 日于伦敦

卡·马克思和弗·恩格斯写于
1872 年 6 月 24 日

载于 1872 年在莱比锡出版的
德文版《共产主义宣言》一书

原文是德文

选自《马克思恩格斯文集》
第 2 卷第 5—6 页

---

①　见本选集第 3 卷第 95 页。——编者注

1882 年俄文版序言[171]

巴枯宁翻译的《共产党宣言》俄文第一版,60 年代初①由《钟声》[172]印刷所出版。当时西方认为这件事(《宣言》译成**俄文**出版)不过是著作界的一件奇闻。这种看法今天是不可能有了。

当时(1847 年 12 月)卷入无产阶级运动的地区是多么狭小,这从《宣言》最后一章《共产党人对各国各种反对党派的态度》②中可以看得很清楚。在这一章里,正好没有说到俄国和美国。那时,俄国是欧洲全部反动势力的最后一支庞大后备军;美国正通过移民吸收欧洲无产阶级的过剩力量。这两个国家,都向欧洲提供原料,同时又都是欧洲工业品的销售市场。所以,这两个国家不管怎样当时都是欧洲现存秩序的支柱。

今天,情况完全不同了! 正是欧洲移民,使北美能够进行大规模的农业生产,这种农业生产的竞争震撼着欧洲大小土地所有制的根基。此外,这种移民还使美国能够以巨大的力量和规模开发其丰富的工业资源,以至于很快就会摧毁西欧特别是英国迄今为止的工业垄断地位。这两种情况反过来对美国本身也起着革命作用。作为整个政治制度基础的农场主的中小土地所有制,正逐渐被大农场的竞争所征服;同时,在各工业区,人数众多的无产阶级

---

① 应是 1869 年。——编者注
② 《宣言》最后一章的标题应是《共产党人对各种反对党派的态度》。——编者注

和神话般的资本积聚第一次发展起来了。

现在来看看俄国吧！在 1848—1849 年革命期间,不仅欧洲的君主,而且连欧洲的资产者,都把俄国的干涉看做是帮助他们对付刚刚开始觉醒的无产阶级的唯一救星。沙皇被宣布为欧洲反动势力的首领。现在,沙皇在加特契纳成了革命的俘虏[173],而俄国已是欧洲革命运动的先进部队了。

《共产主义宣言》[①]的任务,是宣告现代资产阶级所有制必然灭亡。但是在俄国,我们看见,除了迅速盛行起来的资本主义狂热和刚开始发展的资产阶级土地所有制外,大半土地仍归农民公共占有。那么试问:俄国公社,这一固然已经大遭破坏的原始土地公共占有形式,是能够直接过渡到高级的共产主义的公共占有形式呢?或者相反,它还必须先经历西方的历史发展所经历的那个瓦解过程呢?

对于这个问题,目前唯一可能的答复是:假如俄国革命将成为西方无产阶级革命的信号而双方互相补充的话,那么现今的俄国土地公有制便能成为共产主义发展的起点。

卡尔·马克思　弗里德里希·恩格斯

1882 年 1 月 21 日于伦敦

卡·马克思和弗·恩格斯写于
1882 年 1 月 21 日

载于 1882 年 2 月 5 日《民意》
杂志第 8—9 期

原文是德文

选自《马克思恩格斯文集》
第 2 卷第 7—8 页

---

① 即《共产党宣言》。——编者注

1883 年德文版序言[174]

本版序言不幸只能由我一个人署名了。马克思这位比其他任何人都更应受到欧美整个工人阶级感谢的人物,已经长眠于海格特公墓,他的墓上已经初次长出了青草。在他逝世以后,就更谈不上对《宣言》作什么修改或补充了。因此,我认为更有必要在这里再一次明确地申述下面这一点。

贯穿《宣言》的基本思想:每一历史时代的经济生产以及必然由此产生的社会结构,是该时代政治的和精神的历史的基础;因此(从原始土地公有制解体以来)全部历史都是阶级斗争的历史,即社会发展各个阶段上被剥削阶级和剥削阶级之间、被统治阶级和统治阶级之间斗争的历史;而这个斗争现在已经达到这样一个阶段,即被剥削被压迫的阶级(无产阶级),如果不同时使整个社会永远摆脱剥削、压迫和阶级斗争,就不再能使自己从剥削它压迫它的那个阶级(资产阶级)下解放出来。——这个基本思想完全是属于马克思一个人的。①

---

① 恩格斯在 1890 年德文版转载该序言时在此处加了一个注:"我在英译本序言中说过:'在我看来这一思想对历史学必定会起到像达尔文学说对生物学所起的那样的作用,我们两人早在 1845 年前的几年中就已经逐渐接近了这个思想。当时我个人独自在这方面达到什么程度,我的《英国工人阶级状况》一书就是最好的说明。但是到 1845 年春我在布鲁塞尔再次见到马克思时,他已经把这个思想考虑成熟,并且用几乎像我在上面所用的那样明晰的语句向我说明了。'"——编者注

　　这一点我已经屡次说过,但正是现在必须在《宣言》正文的前面也写明这一点。

弗·恩格斯

1883 年 6 月 28 日于伦敦

弗·恩格斯写于 1883 年 6 月 28 日

载于 1883 年在霍廷根—苏黎世出版的德文版《共产主义宣言》一书

原文是德文

选自《马克思恩格斯文集》第 2 卷第 9—10 页

1888 年英文版序言[175]

《宣言》是作为共产主义者同盟[167]的纲领发表的,这个同盟起初纯粹是德国工人团体,后来成为国际工人团体,而在 1848 年以前欧洲大陆的政治条件下必然是一个秘密的团体。1847 年 11 月在伦敦举行的同盟代表大会,委托马克思和恩格斯起草一个准备公布的完备的理论和实践的党纲。手稿于 1848 年 1 月用德文写成,并在 2 月 24 日的法国革命[156]前几星期送到伦敦付印。法译本于 1848 年六月起义[158]前不久在巴黎出版。第一个英译本是由海伦·麦克法林女士翻译的,于 1850 年刊载在乔治·朱利安·哈尼的伦敦《红色共和党人》[168]杂志上。还出版了丹麦文译本和波兰文译本。

1848 年巴黎六月起义这一无产阶级和资产阶级间的第一次大搏斗的失败,又把欧洲工人阶级的社会的和政治的要求暂时推到后面去了。从那时起,争夺统治权的斗争,又像二月革命以前那样只是在有产阶级的各个集团之间进行了;工人阶级被迫局限于争取一些政治上的活动自由,并采取资产阶级激进派极左翼的立场。凡是继续显露出生机的独立的无产阶级运动,都遭到无情的镇压。例如,普鲁士警察发觉了当时设在科隆的共产主义者同盟中央委员会。一些成员被逮捕,并且在经过 18 个月监禁之后于 1852 年 10 月被交付法庭审判。这次有名的"科隆共产党人案件"[176]从 10 月 4 日一直继续到 11 月 12 日;被捕者中有七人被判处三至六年的要塞监禁。宣判之后,同盟即由剩下的成员正式解散。至于《宣言》,似乎注定从此要被人遗忘了。

当欧洲工人阶级重新聚集了足以对统治阶级发动另一次进攻的力量的时候,产生了国际工人协会[177]。但是,这个协会成立的明确目的是要把欧美正在进行战斗的整个无产阶级团结为一个整体,因此,它不能立刻宣布《宣言》中所提出的那些原则。国际必须有一个充分广泛的纲领,使英国工联[178],法国、比利时、意大利和西班牙的蒲鲁东派[179]以及德国的拉萨尔派①[180]都能接受。马克思起草了这个能使一切党派都满意的纲领,他对共同行动和共同讨论必然会产生的工人阶级的精神发展充满信心。反资本斗争中的种种事件和变迁——失败更甚于胜利——不能不使人们认识到他们的各种心爱的万应灵丹都不灵,并为他们更透彻地了解工人阶级解放的真正的条件开辟道路。马克思是正确的。当1874年国际解散时,工人已经全然不是1864年国际成立时的那个样子了。法国的蒲鲁东主义和德国的拉萨尔主义已经奄奄一息,甚至那些很久以前大多数已同国际决裂的保守的英国工联也渐有进步,以致去年在斯旺西,工联的主席能够用工联的名义声明说:"大陆社会主义对我们来说再不可怕了。"[181]的确,《宣言》的原则在世界各国工人中间都已传播得很广了。

这样,《宣言》本身又重新走上了前台。从1850年起,德文本在瑞士、英国和美国重版过数次。1872年,有人在纽约把它译成

---

① 恩格斯在这里加了一个注:"拉萨尔本人在我们面前总是自认为是马克思的学生,他作为马克思的学生是站在《宣言》的立场上的。但是他在1862—1864年期间进行的公开鼓动中,却始终没有超出靠国家贷款建立生产合作社的要求。"——编者注

英文,并在那里的《伍德赫尔和克拉夫林周刊》[182]上发表。接着又有人根据这个英文本把它译成法文,刊载在纽约的《社会主义者报》[169]上。以后在美国又至少出现过两种多少有些损害原意的英文译本,其中一种还在英国重版过。由巴枯宁翻译的第一个俄文本约于 1863 年①在日内瓦由赫尔岑办的《钟声》[172]印刷所出版;由英勇无畏的维拉·查苏利奇翻译的第二个俄文本[183]于 1882 年也在日内瓦出版。新的丹麦文译本[184]于 1885 年在哥本哈根作为《社会民主主义丛书》的一种出版。新的法文译本于 1886 年刊载在巴黎的《社会主义者报》上。[185]有人根据这个译本译成西班牙文,并于 1886 年在马德里发表。[186]至于德文的翻印版本,则为数极多,总共至少有 12 个。亚美尼亚文译本原应于几个月前在君士坦丁堡印出,但是没有问世,有人告诉我,这是因为出版人害怕在书上标明马克思的姓名,而译者又拒绝把《宣言》当做自己的作品。关于用其他文字出版的其他译本,我虽然听说过,但是没有亲眼看到。因此,《宣言》的历史在很大程度上反映着现代工人阶级运动的历史;现在,它无疑是全部社会主义文献中传播最广和最具有国际性的著作,是从西伯利亚到加利福尼亚的千百万工人公认的共同纲领。

可是,当我们写这个《宣言》时,我们不能把它叫做**社会主义**宣言。在 1847 年,所谓社会主义者,一方面是指各种空想主义体系的信徒,即英国的欧文派[187]和法国的傅立叶派[63],这两个流派都已经降到纯粹宗派的地位,并在逐渐走向灭亡;另一方面是指形形色色的社会庸医,他们凭着各种各样的补缀办法,自称要消除一

---

① 应是 1869 年。——编者注

切社会弊病而毫不危及资本和利润。这两种人都是站在工人阶级运动以外,宁愿向"有教养的"阶级寻求支持。只有工人阶级中确信单纯政治变革还不够而公开表明必须根本改造全部社会的那一部分人,只有他们当时把自己叫做共产主义者。这是一种粗糙的、尚欠修琢的、纯粹出于本能的共产主义;但它却接触到了最主要之点,并且在工人阶级当中已经强大到足以形成空想共产主义,在法国有卡贝的共产主义[188],在德国有魏特林的共产主义[189]。可见,在 1847 年,社会主义是资产阶级的运动,而共产主义则是工人阶级的运动。当时,社会主义,至少在大陆上,是"上流社会的",而共产主义却恰恰相反。既然我们自始就认定"工人阶级的解放应当是工人阶级自己的事情"[190],那么,在这两个名称中间我们应当选择哪一个,就是毫无疑义的了。而且后来我们也从没有想到要把这个名称抛弃。

虽然《宣言》是我们两人共同的作品,但我认为自己有责任指出,构成《宣言》核心的基本思想是属于马克思的。这个思想就是:每一历史时代主要的经济生产方式和交换方式以及必然由此产生的社会结构,是该时代政治的和精神的历史所赖以确立的基础,并且只有从这一基础出发,这一历史才能得到说明;因此人类的全部历史(从土地公有的原始氏族社会解体以来)都是阶级斗争的历史,即剥削阶级和被剥削阶级之间、统治阶级和被压迫阶级之间斗争的历史;这个阶级斗争的历史包括有一系列发展阶段,现在已经达到这样一个阶段,即被剥削被压迫的阶级(无产阶级),如果不同时使整个社会一劳永逸地摆脱一切剥削、压迫以及阶级差别和阶级斗争,就不能使自己从进行剥削和统治的那个阶级(资产阶级)的奴役下解放出来。

在我看来这一思想对历史学必定会起到像达尔文学说对生物

学所起的那样的作用,我们两人早在1845年前的几年中就已经逐渐接近了这个思想。当时我个人独自在这方面达到什么程度,我的《英国工人阶级状况》①一书就是最好的说明。但是到1845年春我在布鲁塞尔再次见到马克思时,他已经把这个思想考虑成熟,并且用几乎像我在上面所用的那样明晰的语句向我说明了。

现在我从我们共同为1872年德文版写的序言中引录如下一段话:

"不管最近25年来的情况发生了多大的变化,这个《宣言》中所阐述的一般原理整个说来直到现在还是完全正确的。某些地方本来可以作一些修改。这些原理的实际运用,正如《宣言》中所说的,随时随地都要以当时的历史条件为转移,所以第二章末尾提出的那些革命措施根本没有特别的意义。如果是在今天,这一段在许多方面都会有不同的写法了。由于1848年以来大工业已有了巨大发展而工人阶级的组织也跟着有了改进和增长,由于首先有了二月革命的实际经验而后来尤其是有了无产阶级第一次掌握政权达两月之久的巴黎公社**170**的实际经验,所以这个纲领现在有些地方已经过时了。特别是公社已经证明:'工人阶级不能简单地掌握现成的国家机器,并运用它来达到自己的目的。'(见《法兰西内战。国际工人协会总委员会宣言》伦敦1871年特鲁拉夫版第15页,那里对这个思想作了更详细的阐述。)②其次,很明显,对于社会主义文献所作的批判在今天看来是不完全的,因为这一批判

---

① 恩格斯在这里加了一个注:"《1844年的英国工人阶级状况》,弗里德里希·恩格斯著,弗洛伦斯·凯利-威士涅威茨基译,1888年纽约—伦敦拉弗尔出版社版,威·里夫斯发行。"——编者注
② 见本选集第3卷第95页。——编者注

只包括到 1847 年为止；同样也很明显，关于共产党人对待各种反对党派的态度的论述（第四章）虽然在原则上今天还是正确的，但是就其实际运用来说今天毕竟已经过时，因为政治形势已经完全改变，当时列举的那些党派大部分已被历史的发展彻底扫除了。

但是《宣言》是一个历史文件，我们已没有权利来加以修改。"

本版译文是由译过马克思《资本论》一书大部分的赛米尔·穆尔先生翻译的。我们共同把译文校阅过一遍，并且我还加了一些有关历史情况的注释。

弗里德里希·恩格斯

1888 年 1 月 30 日于伦敦

弗·恩格斯写于 1888 年 1 月 30 日

载于 1888 年在伦敦出版的英文版《共产党宣言》一书

原文是英文

选自《马克思恩格斯文集》第 2 卷第 11—16 页

1890 年德文版序言[191]

自从我写了上面那篇序言①以来，又需要刊印《宣言》的新的德文版本了，同时《宣言》本身也有种种遭遇，应该在这里提一提。

1882 年在日内瓦出版了由维拉·查苏利奇翻译的第二个俄文本[183]，马克思和我曾为这个译本写过一篇序言。可惜我把这篇序言的德文原稿遗失了[192]，所以现在我只好再从俄文译过来，这样做当然不会使原稿增色。下面就是这篇序言：

"巴枯宁翻译的《共产党宣言》俄文第一版，60 年代初②由《钟声》[172]印刷所出版。当时西方认为《宣言》译成俄文出版不过是著作界的一件奇闻。这种看法今天是不可能有了。在《宣言》最初发表时期（1848 年 1 月）卷入无产阶级运动的地区是多么狭小，这从《宣言》最后一章《共产党人对各种反对党派的态度》中可以看得很清楚。在这一章里，首先没有说到俄国和美国。那时，俄国是欧洲反动势力的最后一支庞大后备军；向美国境内移民吸收着欧洲无产阶级的过剩力量。这两个国家，都向欧洲提供原料，同时又都是欧洲工业品的销售市场。所以，这两个国家不管怎样当时都是欧洲社会秩序的支柱。

今天，情况完全不同了！正是欧洲移民，使北美的农业生产能

---

① 指 1883 年德文版序言，见本卷第 380—381 页。——编者注
② 应是 1869 年。——编者注

够大大发展,这种发展通过竞争震撼着欧洲大小土地所有制的根基。此外,这种移民还使美国能够以巨大的力量和规模开发其丰富的工业资源,以至于很快就会摧毁西欧的工业垄断地位。这两种情况反过来对美国本身也起着革命作用。作为美国整个政治制度基础的自耕农场主的中小土地所有制,正逐渐被大农场的竞争所征服;同时,在各工业区,人数众多的无产阶级和神话般的资本积聚第一次发展起来了。

现在来看看俄国吧!在 1848—1849 年革命期间,不仅欧洲的君主,而且连欧洲的资产者,都把俄国的干涉看做是帮助他们对付当时刚刚开始意识到自己力量的无产阶级的唯一救星。他们把沙皇宣布为欧洲反动势力的首领。现在,沙皇在加特契纳已成了革命的俘虏[173],而俄国已是欧洲革命运动的先进部队了。

《共产主义宣言》①的任务,是宣告现代资产阶级所有制必然灭亡。但是在俄国,我们看见,除了狂热发展的资本主义制度和刚开始形成的资产阶级土地所有制外,大半土地仍归农民公共占有。

那么试问:俄国农民公社,这一固然已经大遭破坏的原始土地公有制形式,是能直接过渡到高级的共产主义的土地所有制形式呢?或者,它还必须先经历西方的历史发展所经历的那个瓦解过程呢?

对于这个问题,目前唯一可能的答复是:假如俄国革命将成为西方工人革命的信号而双方互相补充的话,那么现今的俄国公有制便能成为共产主义发展的起点。

卡·马克思　弗·恩格斯
1882 年 1 月 21 日于伦敦"

---

①　即《共产党宣言》。——编者注

大约在同一时候,在日内瓦出版了新的波兰文译本:《共产主义宣言》①。

随后又于1885年在哥本哈根作为《社会民主主义丛书》的一种出版了新的丹麦文译本。可惜这一译本不够完备;有几个重要的地方大概是因为译者感到难译而被删掉了,并且有些地方可以看到草率从事的痕迹,尤其令人遗憾的是,从译文中可以看出,要是译者细心一点,他是能够译得很好的。

1886年在巴黎《社会主义者报》上刊载了新的法译文;这是到目前为止最好的译文。[185]

同年又有人根据这个法文本译成西班牙文,起初刊登在马德里的《社会主义者报》上,[186]接着又印成单行本:《共产党宣言》,卡·马克思和弗·恩格斯著,马德里,社会主义者报社,埃尔南·科尔特斯街8号。

这里我还要提到一件奇怪的事。1887年,君士坦丁堡的一位出版商收到了亚美尼亚文的《宣言》译稿;但是这位好心人却没有勇气把这本署有马克思的名字的作品刊印出来,竟认为最好是由译者本人冒充作者,可是译者拒绝这样做。

在英国多次刊印过好几种美国译本,但都不大确切。到1888年终于出版了一种可靠的译本。这个译本是由我的友人赛米尔·穆尔翻译的,并且在付印以前还由我们两人一起重新校阅过一遍。标题是:《共产党宣言》,卡尔·马克思和弗里德里希·恩格斯著。经作者认可的英译本,由弗里德里希·恩格斯校订并加注,1888年伦敦,威廉·里夫斯,东中央区弗利特街185号。这个版本中的某些注释,我已收入本版。

---

① 即《共产党宣言》。——编者注

《宣言》有它本身的经历。它出现的时候曾受到当时人数尚少的科学社会主义先锋队的热烈欢迎（第一篇序言里提到的那些译本便可以证明这一点），但是不久它就被随着 1848 年 6 月巴黎工人失败[158]而抬起头来的反动势力排挤到后台去了，最后，由于 1852 年 11 月科隆共产党人被判刑[176]，它被"依法"宣布为非法。随着由二月革命[156]开始的工人运动退出公开舞台，《宣言》也退到后台去了。

当欧洲工人阶级又强大到足以对统治阶级政权发动另一次进攻的时候，产生了国际工人协会[177]。它的目的是要把欧美整个战斗的工人阶级联合成**一支**大军。因此，它不能从《宣言》中提出的那些原则**出发**。它必须有一个不致把英国工联[178]，法国、比利时、意大利和西班牙的蒲鲁东派[179]以及德国的拉萨尔派①[180]拒之于门外的纲领。这样一个纲领即国际章程绪论部分，是马克思起草的，其行文之巧妙连巴枯宁和无政府主义者也不能不承认。至于说到《宣言》中所提出的那些原则的最终胜利，马克思把希望完全寄托于共同行动和讨论必然会产生的工人阶级的精神的发展。反资本斗争中的种种事件和变迁——失败更甚于胜利——不能不使进行斗争的人们明白自己一向所崇奉的那些万应灵丹都不灵，并使他们的头脑更容易透彻地了解工人解放的真正的条件。马克思是正确的。1874 年，当国际解散的时候，工人阶级已经全然不

---

① 　恩格斯在这里加了一个注："拉萨尔本人在我们面前总是自认为是马克思的'学生'，他作为马克思的'学生'当然是站在《宣言》的立场上的。但是他的那些信徒却不是如此，他们始终没有超出他所主张的靠国家贷款建立生产合作社的要求，并且把整个工人阶级划分为国家帮助派和自助派。"——编者注

是 1864 年国际成立时的那个样子了。罗曼语各国的蒲鲁东主义和德国特有的拉萨尔主义已经奄奄一息,甚至当时极端保守的英国工联也渐有进步,以致 1887 年在斯旺西,工联代表大会的主席能够用工联的名义声明说:"大陆社会主义对我们来说再不可怕了。"[181]而在 1887 年,大陆社会主义已经差不多完全是《宣言》中所宣布的那个理论了。因此,《宣言》的历史在某种程度上反映着 1848 年以来现代工人运动的历史。现在,它无疑是全部社会主义文献中传播最广和最具有国际性的著作,是从西伯利亚到加利福尼亚的所有国家的千百万工人的共同纲领。

可是,当《宣言》出版的时候,我们不能把它叫做**社会主义**宣言。在 1847 年,所谓社会主义者是指两种人。一方面是指各种空想主义体系的信徒,特别是英国的欧文派[187]和法国的傅立叶派[63],这两个流派当时都已经缩小成逐渐走向灭亡的纯粹的宗派。另一方面是指形形色色的社会庸医,他们想用各种万应灵丹和各种补缀办法来消除社会弊病而毫不伤及资本和利润。这两种人都是站在工人运动以外,宁愿向"有教养的"阶级寻求支持。相反,当时确信单纯政治变革还不够而要求根本改造社会的那一部分工人,则把自己叫做**共产主义者**。这是一种还没有很好加工的、只是出于本能的、往往有些粗陋的共产主义;但它已经强大到足以形成两种空想的共产主义体系:在法国有卡贝的"伊加利亚"共产主义[188],在德国有魏特林的共产主义[189]。在 1847 年,社会主义意味着资产阶级的运动,共产主义则意味着工人的运动。当时,社会主义,至少在大陆上,是上流社会的,而共产主义却恰恰相反。既然我们当时已经十分坚决地认定"工人的解放应当是工人阶级自己的事情"[190],所以我们一刻也不怀疑究竟应该在这两个名称中间选定哪一个名称。而且后来我们也根本没有想到要把这个名称抛弃。

"全世界无产者,联合起来!"当42年前我们在巴黎革命即无产阶级带着自己的要求参加的第一次革命的前夜向世界上发出这个号召时,响应者还是寥寥无几。可是,1864年9月28日,大多数西欧国家中的无产者已经联合成为流芳百世的国际工人协会了。固然,国际本身只存在了九年,但它所创立的全世界无产者永久的联合依然存在,并且比任何时候更加强固,而今天这个日子就是最好的证明。因为今天我写这个序言的时候,欧美无产阶级正在检阅自己第一次动员起来的战斗力量,他们动员起来,组成**一支**大军,在**一个**旗帜下,为了**一个**最近的目的,即早已由国际1866年日内瓦代表大会宣布、后来又由1889年巴黎工人代表大会再度宣布的在法律上确立八小时正常工作日。[193]今天的情景将会使全世界的资本家和地主看到:全世界的无产者现在真正联合起来了。

如果马克思今天还能同我站在一起亲眼看见这种情景,那该多好啊!

弗·恩格斯

1890年5月1日于伦敦

弗·恩格斯写于1890年5月
1日

载于1890年在伦敦出版的
德文版《共产主义宣言》一书

原文是德文

选自《马克思恩格斯文集》
第2卷第17—22页

1892 年波兰文版序言[194]

目前已有必要出版《共产主义宣言》①波兰文新版本这一事实,可以引起许多联想。

首先值得注意的是,近来《宣言》在某种程度上已经成为测量欧洲大陆大工业发展的一种尺度。某一国家的大工业越发展,该国工人想要弄清他们作为工人阶级在有产阶级面前所处地位的愿望也就越强烈,工人中间的社会主义运动也就越扩大,对《宣言》的需求也就越增长。因此,根据《宣言》用某国文字发行的份数,不仅可以相当准确地判断该国工人运动的状况,而且可以相当准确地判断该国大工业发展的程度。

因此,《宣言》波兰文新版本,标志着波兰工业的重大发展。而且从 10 年前上一版问世以来确实已有这种发展,这是丝毫不容置疑的。俄罗斯的波兰,会议桌上的波兰[195],已成为俄罗斯帝国的巨大的工业区。俄国的大工业分散于各处,一部分在芬兰湾沿岸,一部分在中央区(莫斯科和弗拉基米尔),一部分在黑海和亚速海沿岸,还有一些分散在其他地方;波兰的大工业则集中于一个比较狭小的地区,这种集中所产生的益处和害处,它都感受到了。这种益处是竞争对手俄国工厂主所承认的,他们虽然拼命想把波

---

① 即《共产党宣言》。——编者注

兰人变成俄罗斯人,同时却要求实行对付波兰的保护关税。至于这种害处,即对波兰工厂主和俄国政府的害处,则表现为社会主义思想在波兰工人中间迅速传播和对《宣言》的需求日益增长。

但是,波兰工业的迅速发展(它已经超过了俄国工业),又是波兰人民拥有强大生命力的新的证明,是波兰人民即将达到民族复兴的新的保证。而一个独立强盛的波兰的复兴是一件不仅关系到波兰人而且关系到我们大家的事情。欧洲各民族的真诚的国际合作,只有当每个民族自己完全当家作主的时候才能实现。1848年革命在无产阶级的旗帜下使无产阶级战士归根到底只做了资产阶级的工作,这次革命也通过自己的遗嘱执行人[60]路易·波拿巴和俾斯麦实现了意大利、德国和匈牙利的独立。至于波兰,虽然它从 1792 年以来对革命所作的贡献比这三个国家所作的全部贡献还要大,可是它于 1863 年在十倍于自己的俄国优势下失败的时候,却被抛弃不管了。波兰贵族既没有能够保持住波兰独立,也没有能够重新争得波兰独立;在资产阶级看来,波兰独立在今天至少是一件无关痛痒的事情。然而这种独立却是实现欧洲各民族和谐的合作所必需的。这种独立只有年轻的波兰无产阶级才能争得,而且在波兰无产阶级手里会很好地保持住。因为欧洲所有其余各国工人都像波兰工人本身一样需要波兰的独立。

弗·恩格斯

1892 年 2 月 10 日于伦敦

弗·恩格斯写于 1892 年 2 月 10 日

载于 1892 年 2 月 27 日《黎明》杂志第 35 期

原文是德文

选自《马克思恩格斯文集》第 2 卷第 23—24 页

1893 年意大利文版序言[196]

致意大利读者

《共产党宣言》的发表,可以说正好碰上 1848 年 3 月 18 日这个日子,碰上米兰和柏林发生革命,这是两个民族的武装起义[197],其中一个处于欧洲大陆中心,另一个处于地中海各国中心;这两个民族在此以前都由于分裂和内部纷争而被削弱并因而遭到外族的统治。意大利受奥皇支配,而德国则受到俄国沙皇那种虽然不那么直接,但是同样可以感觉得到的压迫。1848 年 3 月 18 日的结果使意大利和德国免除了这种耻辱;如果说,这两个伟大民族在 1848—1871 年期间得到复兴并以这种或那种形式重新获得独立,那么,这是因为,正如马克思所说,那些镇压 1848 年革命的人违反自己的意志充当了这次革命的遗嘱执行人。[60]

这次革命到处都是由工人阶级干的;构筑街垒和流血牺牲的都是工人阶级。只有巴黎工人在推翻政府的同时也抱有推翻资产阶级统治的明确意图。但是,虽然他们已经认识到他们这个阶级和资产阶级之间存在着不可避免的对抗,然而无论法国经济的进展或法国工人群众的精神的发展,都还没有达到可能实现社会改造的程度。因此,革命的果实最终必然被资本家阶级拿去。在其他国家,在意大利、德国、奥地利,工人从一开始就只限于帮助资产阶级取得政权。但是在任何国家,资产阶级的统治离开民族独立都是不行的。因此,1848 年革命必然给那些直到那时还没有统一和独立的民族——意大利、德国、匈牙利——带来统一和独立。现在轮到波兰了。

由此可见,1848 年革命虽然不是社会主义革命,但它毕竟为社会主义革命扫清了道路,为这个革命准备了基础。最近 45 年来,资产阶级制度在各国引起了大工业的飞速发展,同时造成了人数众多的、紧密团结的、强大的无产阶级;这样它就产生了——正如《宣言》所说——它自身的掘墓人。不恢复每个民族的独立和统一,那就既不可能有无产阶级的国际联合,也不可能有各民族为达到共同目的而必须实行的和睦的与自觉的合作。试想想看,在 1848 年以前的政治条件下,哪能有意大利工人、匈牙利工人、德意志工人、波兰工人、俄罗斯工人的共同国际行动!

可见,1848 年的战斗并不是白白进行的。从这个革命时期起直到今日的这 45 年,也不是白白过去的。这个革命时期的果实已开始成熟,而我的唯一愿望是这个意大利文译本的出版能成为良好的预兆,成为意大利无产阶级胜利的预兆,如同《宣言》原文的出版成了国际革命的预兆一样。

《宣言》十分公正地评价了资本主义在先前所起过的革命作用。意大利是第一个资本主义民族。封建的中世纪的终结和现代资本主义纪元的开端,是以一位大人物为标志的。这位人物就是意大利人但丁,他是中世纪的最后一位诗人,同时又是新时代的最初一位诗人。现在也如 1300 年那样,新的历史纪元正在到来。意大利是否会给我们一个新的但丁来宣告这个无产阶级新纪元的诞生呢？

弗·恩格斯

1893 年 2 月 1 日于伦敦

弗·恩格斯写于 1893 年 1 月
31 日—2 月 1 日

原文是法文

载于 1893 年在米兰出版的意
大利文版《共产党宣言》一书

选自《马克思恩格斯文集》
第 2 卷第 25—29 页

共产党宣言

一个幽灵，共产主义的幽灵，在欧洲游荡。为了对这个幽灵进行神圣的围剿，旧欧洲的一切势力，教皇和沙皇、梅特涅和基佐、法国的激进派和德国的警察，都联合起来了。

有哪一个反对党不被它的当政的敌人骂为共产党呢？又有哪一个反对党不拿共产主义这个罪名去回敬更进步的反对党人和自己的反动敌人呢？

从这一事实中可以得出两个结论：

共产主义已经被欧洲的一切势力公认为一种势力；

现在是共产党人向全世界公开说明自己的观点、自己的目的、自己的意图并且拿党自己的宣言来反驳关于共产主义幽灵的神话的时候了。

为了这个目的，各国共产党人集会于伦敦，拟定了如下的宣言，用英文、法文、德文、意大利文、佛拉芒文和丹麦文公布于世。

一 资产者和无产者①

至今一切社会的历史②都是阶级斗争的历史。

自由民和奴隶、贵族和平民、领主和农奴、行会师傅③和帮工，一句话，压迫者和被压迫者，始终处于相互对立的地位，进行不断的、有时隐蔽有时公开的斗争，而每一次斗争的结局都是整个社会受到革命改造或者斗争的各阶级同归于尽。

在过去的各个历史时代，我们几乎到处都可以看到社会完全

---

① 恩格斯在 1888 年英文版上加了一个注："资产阶级是指占有社会生产资料并使用雇佣劳动的现代资本家阶级。无产阶级是指没有自己的生产资料，因而不得不靠出卖劳动力来维持生活的现代雇佣工人阶级。"——编者注

② 恩格斯在 1888 年英文版上加了一个注："这是指有**文字**记载的全部历史。在 1847 年，社会的史前史、成文史以前的社会组织，几乎还没有人知道。后来，哈克斯特豪森发现了俄国的土地公有制，毛勒证明了这种公有制是一切条顿族的历史起源的社会基础，而且人们逐渐发现，农村公社是或者曾经是从印度到爱尔兰的各地社会的原始形态。最后，摩尔根发现了**氏族**的真正本质及其对**部落**的关系，这一卓绝发现把这种原始共产主义社会的内部组织的典型形式揭示出来了。随着这种原始公社的解体，社会开始分裂为各个独特的、终于彼此对立的阶级。关于这个解体过程，我曾经试图在《家庭、私有制和国家的起源》（1886 年斯图加特第 2 版）中加以探讨。"——编者注

③ 恩格斯在 1888 年英文版上加了一个注："行会师傅就是在行会中享有全权的会员，是行会内部的师傅，而不是行会的首领。"——编者注

划分为各个不同的等级,看到社会地位分成多种多样的层次。在古罗马,有贵族、骑士、平民、奴隶,在中世纪,有封建主、臣仆、行会师傅、帮工、农奴,而且几乎在每一个阶级内部又有一些特殊的阶层。

从封建社会的灭亡中产生出来的现代资产阶级社会并没有消灭阶级对立。它只是用新的阶级、新的压迫条件、新的斗争形式代替了旧的。

但是,我们的时代,资产阶级时代,却有一个特点:它使阶级对立简单化了。整个社会日益分裂为两大敌对的阵营,分裂为两大相互直接对立的阶级:资产阶级和无产阶级。

从中世纪的农奴中产生了初期城市的城关市民;从这个市民等级中发展出最初的资产阶级分子。

美洲的发现、绕过非洲的航行,给新兴的资产阶级开辟了新天地。东印度和中国的市场、美洲的殖民化、对殖民地的贸易、交换手段和一般商品的增加,使商业、航海业和工业空前高涨,因而使正在崩溃的封建社会内部的革命因素迅速发展。

以前那种封建的或行会的工业经营方式已经不能满足随着新市场的出现而增加的需求了。工场手工业代替了这种经营方式。行会师傅被工业的中间等级排挤掉了;各种行业组织之间的分工随着各个作坊内部的分工的出现而消失了。

但是,市场总是在扩大,需求总是在增加。甚至工场手工业也不再能满足需要了。于是,蒸汽和机器引起了工业生产的革命。现代大工业代替了工场手工业;工业中的百万富翁、一支一支产业大军的首领、现代资产者,代替了工业的中间等级。

大工业建立了由美洲的发现所准备好的世界市场。世界市场使商业、航海业和陆路交通得到了巨大的发展。这种发展又反过来促进了工业的扩展,同时,随着工业、商业、航海业和铁路的扩展,资产阶级也在同一程度上发展起来,增加自己的资本,把中世纪遗留下来的一切阶级排挤到后面去。

由此可见,现代资产阶级本身是一个长期发展过程的产物,是生产方式和交换方式的一系列变革的产物。

资产阶级的这种发展的每一个阶段,都伴随着相应的政治上的进展①。它在封建主统治下是被压迫的等级,在公社②里是武装的和自治的团体,在一些地方组成独立的城市共和国③,在另一些地方组成君主国中的纳税的第三等级④;后来,在工场手工业时期,它是等级君主国⑤或专制君主国中同贵族抗衡的势力,而且是大君主国的主要基础;最后,从大工业和世界市场建立的时候起,它在现代的代议制国家里夺得了独占的政治统治。现代的国家政权不过是管理整个资产阶级的共同事务的委员会罢了。

资产阶级在历史上曾经起过非常革命的作用。

资产阶级在它已经取得了统治的地方把一切封建的、宗法的

---

① "相应的政治上的进展"在1888年英文版中是"这个阶级的相应的政治上的进展"。——编者注

② 恩格斯在1888年英文版上加了一个注:"法国的新兴城市,甚至在它们从封建主手里争得地方自治和'第三等级'的政治权利以前,就已经称为'公社'了。一般说来,这里是把英国当做资产阶级经济发展的典型国家,而把法国当做资产阶级政治发展的典型国家。"

　恩格斯在1890年德文版上加了一个注:"意大利和法国的市民,从他们的封建主手中买得或争得最初的自治权以后,就把自己的城市共同体称为'公社'。"——编者注

③ 在1888年英文版中这里加上了"(例如在意大利和德国)"。——编者注

④ 在1888年英文版中这里加上了"(例如在法国)"。——编者注

⑤ "等级君主国"在1888年英文版中是"半封建君主国"。——编者注

和田园诗般的关系都破坏了。它无情地斩断了把人们束缚于天然尊长的形形色色的封建羁绊,它使人和人之间除了赤裸裸的利害关系,除了冷酷无情的"现金交易",就再也没有任何别的联系了。它把宗教虔诚、骑士热忱、小市民伤感这些情感的神圣发作,淹没在利己主义打算的冰水之中。它把人的尊严变成了交换价值,用**一种**没有良心的贸易自由代替了无数特许的和自力挣得的自由。总而言之,它用公开的、无耻的、直接的、露骨的剥削代替了由宗教幻想和政治幻想掩盖着的剥削。

资产阶级抹去了一切向来受人尊崇和令人敬畏的职业的神圣光环。它把医生、律师、教士、诗人和学者变成了它出钱招雇的雇佣劳动者。

资产阶级撕下了罩在家庭关系上的温情脉脉的面纱,把这种关系变成了纯粹的金钱关系。

资产阶级揭示了,在中世纪深受反动派称许的那种人力的野蛮使用,是以极端急惰作为相应补充的。它第一个证明了,人的活动能够取得什么样的成就。它创造了完全不同于埃及金字塔、罗马水道和哥特式教堂的奇迹;它完成了完全不同于民族大迁徙[114]和十字军征讨[18]的远征。

资产阶级除非对生产工具,从而对生产关系,从而对全部社会关系不断地进行革命,否则就不能生存下去。反之,原封不动地保持旧的生产方式,却是过去的一切工业阶级生存的首要条件。生产的不断变革,一切社会状况不停的动荡,永远的不安定和变动,这就是资产阶级时代不同于过去一切时代的地方。一切固定的僵化的关系以及与之相适应的素被尊崇的观念和见解都被消除了,一切新形成的关系等不到固定下来就陈旧了。一切等级的和固定的东西都烟消云散了,一切神圣的东西都被亵渎了。人们终于不得不用冷静的眼光来看他们的生活地位、他们的相互关系。

　　不断扩大产品销路的需要,驱使资产阶级奔走于全球各地。它必须到处落户,到处开发,到处建立联系。

　　资产阶级,由于开拓了世界市场,使一切国家的生产和消费都成为世界性的了。使反动派大为惋惜的是,资产阶级挖掉了工业脚下的民族基础。古老的民族工业被消灭了,并且每天都还在被消灭。它们被新的工业排挤掉了,新的工业的建立已经成为一切文明民族的生命攸关的问题;这些工业所加工的,已经不是本地的原料,而是来自极其遥远的地区的原料;它们的产品不仅供本国消费,而且同时供世界各地消费。旧的、靠本国产品来满足的需要,被新的、要靠极其遥远的国家和地带的产品来满足的需要所代替了。过去那种地方的和民族的自给自足和闭关自守状态,被各民族的各方面的互相往来和各方面的互相依赖所代替了。物质的生产是如此,精神的生产也是如此。各民族的精神产品成了公共的财产。民族的片面性和局限性日益成为不可能,于是由许多种民族的和地方的文学形成了一种世界的文学①。

　　资产阶级,由于一切生产工具的迅速改进,由于交通的极其便利,把一切民族甚至最野蛮的民族都卷到文明中来了。它的商品的低廉价格,是它用来摧毁一切万里长城、征服野蛮人最顽强的仇外心理的重炮。它迫使一切民族——如果它们不想灭亡的话——采用资产阶级的生产方式;它迫使它们在自己那里推行所谓的文明,即变成资产者。一句话,它按照自己的面貌为自己创造出一个世界。

---

① "文学"一词德文是"Literatur",这里泛指科学、艺术、哲学、政治等等方面的著作。——编者注

资产阶级使农村屈服于城市的统治。它创立了巨大的城市，使城市人口比农村人口大大增加起来，因而使很大一部分居民脱离了农村生活的愚昧状态。正像它使农村从属于城市一样，它使未开化和半开化的国家从属于文明的国家，使农民的民族从属于资产阶级的民族，使东方从属于西方。

资产阶级日甚一日地消灭生产资料、财产和人口的分散状态。它使人口密集起来，使生产资料集中起来，使财产聚集在少数人的手里。由此必然产生的结果就是政治的集中。各自独立的、几乎只有同盟关系的、各有不同利益、不同法律、不同政府、不同关税的各个地区，现在已经结合为一个拥有统一的政府、**统一的**法律、**统一的民族阶级利益**和**统一的关税的统一的**民族。

资产阶级在它的不到一百年的阶级统治中所创造的生产力，比过去一切世代创造的全部生产力还要多，还要大。自然力的征服，机器的采用，化学在工业和农业中的应用，轮船的行驶，铁路的通行，电报的使用，整个整个大陆的开垦，河川的通航，仿佛用法术从地下呼唤出来的大量人口——过去哪一个世纪料想到在社会劳动里蕴藏有这样的生产力呢？

由此可见，资产阶级赖以形成的生产资料和交换手段，是在封建社会里造成的。在这些生产资料和交换手段发展的一定阶段上，封建社会的生产和交换在其中进行的关系，封建的农业和工场手工业组织，一句话，封建的所有制关系，就不再适应已经发展的生产力了。这种关系已经在阻碍生产而不是促进生产了。它变成了束缚生产的桎梏。它必须被炸毁，它已经被炸毁了。

起而代之的是自由竞争以及与自由竞争相适应的社会制度和政治制度、资产阶级的经济统治和政治统治。

现在，我们眼前又进行着类似的运动。资产阶级的生产关系和交换关系,资产阶级的所有制关系,这个曾经仿佛用法术创造了如此庞大的生产资料和交换手段的现代资产阶级社会,现在像一个魔法师一样不能再支配自己用法术呼唤出来的魔鬼了。几十年来的工业和商业的历史,只不过是现代生产力反抗现代生产关系、反抗作为资产阶级及其统治的存在条件的所有制关系的历史。只要指出在周期性的重复中越来越危及整个资产阶级社会生存的商业危机就够了。在商业危机期间,总是不仅有很大一部分制成的产品被毁灭掉,而且有很大一部分已经造成的生产力被毁灭掉。在危机期间,发生一种在过去一切时代看来都好像是荒唐现象的社会瘟疫,即生产过剩的瘟疫。社会突然发现自己回到了一时的野蛮状态;仿佛是一次饥荒、一场普遍的毁灭性战争,使社会失去了全部生活资料;仿佛是工业和商业全被毁灭了。这是什么缘故呢?因为社会上文明过度,生活资料太多,工业和商业太发达。社会所拥有的生产力已经不能再促进资产阶级文明和资产阶级所有制关系的发展;相反,生产力已经强大到这种关系所不能适应的地步,它已经受到这种关系的阻碍;而它一着手克服这种障碍,就使整个资产阶级社会陷入混乱,就使资产阶级所有制的存在受到威胁。资产阶级的关系已经太狭窄了,再容纳不了它本身所造成的财富了。资产阶级用什么办法来克服这种危机呢?一方面不得不消灭大量生产力,另一方面夺取新的市场,更加彻底地利用旧的市场。这究竟是怎样的一种办法呢?这不过是资产阶级准备更全面更猛烈的危机的办法,不过是使防止危机的手段越来越少的办法。

资产阶级用来推翻封建制度的武器,现在却对准资产阶级自己了。

但是,资产阶级不仅锻造了置自身于死地的武器;它还产生了将要运用这种武器的人——现代的工人,即**无产者**。

随着资产阶级即资本的发展,无产阶级即现代工人阶级也在同一程度上得到发展;现代的工人只有当他们找到工作的时候才能生存,而且只有当他们的劳动增殖资本的时候才能找到工作。这些不得不把自己零星出卖的工人,像其他任何货物一样,也是一种商品,所以他们同样地受到竞争的一切变化、市场的一切波动的影响。

由于推广机器和分工,无产者的劳动已经失去了任何独立的性质,因而对工人也失去了任何吸引力。工人变成了机器的单纯的附属品,要求他做的只是极其简单、极其单调和极容易学会的操作。因此,花在工人身上的费用,几乎只限于维持工人生活和延续工人后代所必需的生活资料。但是,商品的价格,从而劳动的价格[137],是同它的生产费用相等的。因此,劳动越使人感到厌恶,工资也就越减少。不仅如此,机器越推广,分工越细致,劳动量①也就越增加,这或者是由于工作时间的延长,或者是由于在一定时间内所要求的劳动的增加,机器运转的加速,等等。

现代工业已经把家长式的师傅的小作坊变成了工业资本家的大工厂。挤在工厂里的工人群众就像士兵一样被组织起来。他们是产业军的普通士兵,受着各级军士和军官的层层监视。他们不仅仅是资产阶级的、资产阶级国家的奴隶,他们每日每时都受机器、受监工、首先是受各个经营工厂的资产者本人的奴役。这种专制制度越是公开地把营利宣布为自己的最终目的,它就越是可鄙、可恨和可恶。

手的操作所要求的技巧和气力越少,换句话说,现代工业越发

---

① "劳动量"在1888年英文版中是"劳动负担"。——编者注

达,男工也就越受到女工和童工的排挤。对工人阶级来说,性别和年龄的差别再没有什么社会意义了。他们都只是劳动工具,不过因为年龄和性别的不同而需要不同的费用罢了。

当厂主对工人的剥削告一段落,工人领到了用现钱支付的工资的时候,马上就有资产阶级中的另一部分人——房东、小店主、当铺老板等等向他们扑来。

以前的中间等级的下层,即小工业家、小商人和小食利者,手工业者和农民——所有这些阶级都降落到无产阶级的队伍里来了,有的是因为他们的小资本不足以经营大工业,经不起较大的资本家的竞争;有的是因为他们的手艺已经被新的生产方法弄得不值钱了。无产阶级就是这样从居民的所有阶级中得到补充的。

无产阶级经历了各个不同的发展阶段。它反对资产阶级的斗争是和它的存在同时开始的。

最初是单个的工人,然后是某一工厂的工人,然后是某一地方的某一劳动部门的工人,同直接剥削他们的单个资产者作斗争。他们不仅仅攻击资产阶级的生产关系,而且攻击生产工具本身①;他们毁坏那些来竞争的外国商品,捣毁机器,烧毁工厂,力图恢复已经失去的中世纪工人的地位。

在这个阶段上,工人是分散在全国各地并为竞争所分裂的群众。工人的大规模集结,还不是他们自己联合的结果,而是资产阶级联合的结果,当时资产阶级为了达到自己的政治目的必须而且暂时还能够把整个无产阶级发动起来。因此,在这个阶段上,无产者不是同自己的敌人作斗争,而是同自己的敌人的敌人作斗争,即

---

① 这句话在1888年英文版中是"他们不是攻击资产阶级的生产关系,而是攻击生产工具本身"。——编者注

同专制君主制的残余、地主、非工业资产者和小资产者作斗争。因此,整个历史运动都集中在资产阶级手里;在这种条件下取得的每一个胜利都是资产阶级的胜利。

但是,随着工业的发展,无产阶级不仅人数增加了,而且结合成更大的集体,它的力量日益增长,而且它越来越感觉到自己的力量。机器使劳动的差别越来越小,使工资几乎到处都降到同样低的水平,因而无产阶级内部的利益、生活状况也越来越趋于一致。资产者彼此间日益加剧的竞争以及由此引起的商业危机,使工人的工资越来越不稳定;机器的日益迅速的和继续不断的改良,使工人的整个生活地位越来越没有保障;单个工人和单个资产者之间的冲突越来越具有两个阶级的冲突的性质。工人开始成立反对资产者的同盟①;他们联合起来保卫自己的工资。他们甚至建立了经常性的团体,以便为可能发生的反抗准备食品。有些地方,斗争爆发为起义。

工人有时也得到胜利,但这种胜利只是暂时的。他们斗争的真正成果并不是直接取得的成功,而是工人的越来越扩大的联合。这种联合由于大工业所造成的日益发达的交通工具而得到发展,这种交通工具把各地的工人彼此联系起来。只要有了这种联系,就能把许多性质相同的地方性的斗争汇合成全国性的斗争,汇合成阶级斗争。而一切阶级斗争都是政治斗争。中世纪的市民靠乡间小道需要几百年才能达到的联合,现代的无产者利用铁路只要几年就可以达到了。

无产者组织成为阶级,从而组织成为政党这件事,不断地由于

---

① 在 1888 年英文版中这里加上了"(工联)"。——编者注

工人的自相竞争而受到破坏。但是,这种组织总是重新产生,并且一次比一次更强大、更坚固、更有力。它利用资产阶级内部的分裂,迫使他们用法律形式承认工人的个别利益。英国的十小时工作日法案**47**就是一个例子。

旧社会内部的所有冲突在许多方面都促进了无产阶级的发展。资产阶级处于不断的斗争中:最初反对贵族;后来反对同工业进步有利害冲突的那部分资产阶级;经常反对一切外国的资产阶级。在这一切斗争中,资产阶级都不得不向无产阶级呼吁,要求无产阶级援助,这样就把无产阶级卷进了政治运动。于是,资产阶级自己就把自己的教育因素①即反对自身的武器给予了无产阶级。

其次,我们已经看到,工业的进步把统治阶级的整批成员抛到无产阶级队伍里去,或者至少也使他们的生活条件受到威胁。他们也给无产阶级带来了大量的教育因素②。

最后,在阶级斗争接近决战的时期,统治阶级内部的、整个旧社会内部的瓦解过程,就达到非常强烈、非常尖锐的程度,甚至使得统治阶级中的一小部分人脱离统治阶级而归附于革命的阶级,即掌握着未来的阶级。所以,正像过去贵族中有一部分人转到资产阶级方面一样,现在资产阶级中也有一部分人,特别是已经提高到能从理论上认识整个历史运动的一部分资产阶级思想家,转到无产阶级方面来了。

在当前同资产阶级对立的一切阶级中,只有无产阶级是真正

---

① "教育因素"在 1888 年英文版中是"政治教育和普通教育的因素"。——编者注

② "大量的教育因素"在 1888 年英文版中是"启蒙和进步的新因素"。——编者注

革命的阶级。其余的阶级都随着大工业的发展而日趋没落和灭亡,无产阶级却是大工业本身的产物。

中间等级,即小工业家、小商人、手工业者、农民,他们同资产阶级作斗争,都是为了维护他们这种中间等级的生存,以免于灭亡。所以,他们不是革命的,而是保守的。不仅如此,他们甚至是反动的,因为他们力图使历史的车轮倒转。如果说他们是革命的,那是鉴于他们行将转入无产阶级的队伍,这样,他们就不是维护他们目前的利益,而是维护他们将来的利益,他们就离开自己原来的立场,而站到无产阶级的立场上来。

流氓无产阶级是旧社会最下层中消极的腐化的部分,他们在一些地方也被无产阶级革命卷到运动里来,但是,由于他们的整个生活状况,他们更甘心于被人收买,去干反动的勾当。

在无产阶级的生活条件中,旧社会的生活条件已经被消灭了。无产者是没有财产的;他们和妻子儿女的关系同资产阶级的家庭关系再没有任何共同之处了;现代的工业劳动,现代的资本压迫,无论在英国或法国,无论在美国或德国,都是一样的,都使无产者失去了任何民族性。法律、道德、宗教在他们看来全都是资产阶级偏见,隐藏在这些偏见后面的全都是资产阶级利益。

过去一切阶级在争得统治之后,总是使整个社会服从于它们发财致富的条件,企图以此来巩固它们已经获得的生活地位。无产者只有废除自己的现存的占有方式,从而废除全部现存的占有方式,才能取得社会生产力。无产者没有什么自己的东西必须加以保护,他们必须摧毁至今保护和保障私有财产的一切。

过去的一切运动都是少数人的,或者为少数人谋利益的运动。无产阶级的运动是绝大多数人的,为绝大多数人谋利益的独立的运动。无产阶级,现今社会的最下层,如果不炸毁构成官方社会的整个上层，就不能抬起头来，挺起胸来。

如果不就内容而就形式来说，无产阶级反对资产阶级的斗争首先是一国范围内的斗争。每一个国家的无产阶级当然首先应该打倒本国的资产阶级。

在叙述无产阶级发展的最一般的阶段的时候，我们循序探讨了现存社会内部或多或少隐蔽着的国内战争，直到这个战争爆发为公开的革命，无产阶级用暴力推翻资产阶级而建立自己的统治。

我们已经看到，至今的一切社会都是建立在压迫阶级和被压迫阶级的对立之上的。但是，为了有可能压迫一个阶级，就必须保证这个阶级至少有能够勉强维持它的奴隶般的生存的条件。农奴曾经在农奴制度下挣扎到公社成员的地位，小资产者曾经在封建专制制度的束缚下挣扎到资产者的地位。现代的工人却相反，他们并不是随着工业的进步而上升，而是越来越降到本阶级的生存条件以下。工人变成赤贫者，贫困比人口和财富增长得还要快。由此可以明显地看出，资产阶级再不能做社会的统治阶级了，再不能把自己阶级的生存条件当做支配一切的规律强加于社会了。资产阶级不能统治下去了，因为它甚至不能保证自己的奴隶维持奴隶的生活，因为它不得不让自己的奴隶落到不能养活它反而要它来养活的地步。社会再不能在它统治下生存下去了，就是说，它的生存不再同社会相容了。

资产阶级生存和统治的根本条件，是财富在私人手里的积累，是资本的形成和增殖；资本的条件是雇佣劳动。雇佣劳动完全是建立在工人的自相竞争之上的。资产阶级无意中造成而又无力抵抗的工业进步，使工人通过结社而达到的革命联合代替了他们由于竞争而造成的分散状态。于是，随着大工业的发展，资产阶级赖以生产和占有产品的基础本身也就从它的脚下被挖掉了。它首先生产的是它自身的掘墓人。资产阶级的灭亡和无产阶级的胜利是同样不可避免的。

二　无产者和共产党人

共产党人同全体无产者的关系是怎样的呢？

共产党人不是同其他工人政党相对立的特殊政党。

他们没有任何同整个无产阶级的利益不同的利益。

他们不提出任何特殊的①原则，用以塑造无产阶级的运动。

共产党人同其他无产阶级政党不同的地方只是：一方面，在无产者不同的民族的斗争中，共产党人强调和坚持整个无产阶级共同的不分民族的利益；另一方面，在无产阶级和资产阶级的斗争所经历的各个发展阶段上，共产党人始终代表整个运动的利益。

因此，在实践方面，共产党人是各国工人政党中最坚决的、始终起推动作用的部分②；在理论方面，他们胜过其余无产阶级群众的地方在于他们了解无产阶级运动的条件、进程和一般结果。

共产党人的最近目的是和其他一切无产阶级政党的最近目的一样的：使无产阶级形成为阶级，推翻资产阶级的统治，由无产阶级夺取政权。

共产党人的理论原理，决不是以这个或那个世界改革家所发明或发现的思想、原则为根据的。

---

① “特殊的”在1888年英文版中是“宗派的”。——编者注
② “最坚决的、始终起推动作用的部分”在1888年英文版中是“最先进的和最坚决的部分，推动所有其他部分前进的部分”。——编者注

这些原理不过是现存的阶级斗争、我们眼前的历史运动的真实关系的一般表述。废除先前存在的所有制关系，并不是共产主义所独具的特征。

一切所有制关系都经历了经常的历史更替、经常的历史变更。

例如，法国革命废除了封建的所有制，代之以资产阶级的所有制。

共产主义的特征并不是要废除一般的所有制，而是要废除资产阶级的所有制。

但是，现代的资产阶级私有制是建立在阶级对立上面、建立在一些人对另一些人的剥削①上面的产品生产和占有的最后而又最完备的表现。

从这个意义上说，共产党人可以把自己的理论概括为一句话：消灭私有制。

有人责备我们共产党人，说我们要消灭个人挣得的、自己劳动得来的财产，要消灭构成个人的一切自由、活动和独立的基础的财产。

好一个劳动得来的、自己挣得的、自己赚来的财产！你们说的是资产阶级财产出现以前的那种小资产阶级的、小农的财产吗？那种财产用不着我们去消灭，工业的发展已经把它消灭了，而且每天都在消灭它。

或者，你们说的是现代的资产阶级的私有财产吧？

但是，难道雇佣劳动、无产者的劳动，会给无产者创造出财产来吗？没有的事。这种劳动所创造的是资本，即剥削雇佣劳动的

---

① "一些人对另一些人的剥削"在 1888 年英文版中是"少数人对多数人的剥削"。——编者注

财产,只有在不断产生出新的雇佣劳动来重新加以剥削的条件下才能增殖的财产。现今的这种财产是在资本和雇佣劳动的对立中运动的。让我们来看看这种对立的两个方面吧。

做一个资本家,这就是说,他在生产中不仅占有一种纯粹个人的地位,而且占有一种社会的地位。资本是集体的产物,它只有通过社会许多成员的共同活动,而且归根到底只有通过社会全体成员的共同活动,才能运动起来。

因此,资本不是一种个人力量,而是一种社会力量。

因此,把资本变为公共的、属于社会全体成员的财产,这并不是把个人财产变为社会财产。这里所改变的只是财产的社会性质。它将失掉它的阶级性质。

现在,我们来看看雇佣劳动。

雇佣劳动的平均价格是最低限度的工资,即工人为维持其工人的生活所必需的生活资料的数额。因此,雇佣工人靠自己的劳动所占有的东西,只够勉强维持他的生命的再生产。我们决不打算消灭这种供直接生命再生产用的劳动产品的个人占有,这种占有并不会留下任何剩余的东西使人们有可能支配别人的劳动。我们要消灭的只是这种占有的可怜的性质,在这种占有下,工人仅仅为增殖资本而活着,只有在统治阶级的利益需要他活着的时候才能活着。

在资产阶级社会里,活的劳动只是增殖已经积累起来的劳动的一种手段。在共产主义社会里,已经积累起来的劳动只是扩大、丰富和提高工人的生活的一种手段。

因此,在资产阶级社会里是过去支配现在,在共产主义社会里是现在支配过去。在资产阶级社会里,资本具有独立性和个性,而活动着的个人却没有独立性和个性。

而资产阶级却把消灭这种关系说成是消灭个性和自由！说对了。的确，正是要消灭资产者的个性、独立性和自由。

在现今的资产阶级生产关系的范围内，所谓自由就是自由贸易、自由买卖。

但是，买卖一消失，自由买卖也就会消失。关于自由买卖的言论，也像我们的资产者的其他一切关于自由的大话一样，仅仅对于不自由的买卖来说，对于中世纪被奴役的市民来说，才是有意义的，而对于共产主义要消灭买卖、消灭资产阶级生产关系和资产阶级本身这一点来说，却是毫无意义的。

我们要消灭私有制，你们就惊慌起来。但是，在你们的现存社会里，私有财产对十分之九的成员来说已经被消灭了；这种私有制之所以存在，正是因为私有财产对十分之九的成员来说已经不存在。可见，你们责备我们，是说我们要消灭那种以社会上的绝大多数人没有财产为必要条件的所有制。

总而言之，你们责备我们，是说我们要消灭你们的那种所有制。的确，我们是要这样做的。

从劳动不再能变为资本、货币、地租，一句话，不再能变为可以垄断的社会力量的时候起，就是说，从个人财产不再能变为资产阶级财产①的时候起，你们说，个性被消灭了。

由此可见，你们是承认，你们所理解的个性，不外是资产者、资产阶级私有者。这样的个性确实应当被消灭。

共产主义并不剥夺任何人占有社会产品的权力，它只剥夺利用这种占有去奴役他人劳动的权力。

---

①　在 1888 年英文版中这里加上了"变为资本"。——编者注

有人反驳说,私有制一消灭,一切活动就会停止,懒惰之风就会兴起。

这样说来,资产阶级社会早就应该因懒惰而灭亡了,因为在这个社会里劳者不获,获者不劳。所有这些顾虑,都可以归结为这样一个同义反复:一旦没有资本,也就不再有雇佣劳动了。

所有这些对共产主义的物质产品的占有方式和生产方式的责备,也被扩展到精神产品的占有和生产方面。正如阶级的所有制的终止在资产者看来是生产本身的终止一样,阶级的教育的终止在他们看来就等于一切教育的终止。

资产者唯恐失去的那种教育,对绝大多数人来说是把人训练成机器。

但是,你们既然用你们资产阶级关于自由、教育、法等等的观念来衡量废除资产阶级所有制的主张,那就请你们不要同我们争论了。你们的观念本身是资产阶级的生产关系和所有制关系的产物,正像你们的法不过是被奉为法律的你们这个阶级的意志一样,而这种意志的内容是由你们这个阶级的物质生活条件来决定的。

你们的利己观念使你们把自己的生产关系和所有制关系从历史的、在生产过程中是暂时的关系变成永恒的自然规律和理性规律,这种利己观念是你们和一切灭亡了的统治阶级所共有的。谈到古代所有制的时候你们所能理解的,谈到封建所有制的时候你们所能理解的,一谈到资产阶级所有制你们就再也不能理解了。

消灭家庭! 连极端的激进派也对共产党人的这种可耻的意图表示愤慨。

现代的、资产阶级的家庭是建立在什么基础上的呢? 是建立在资本上面,建立在私人发财上面的。这种家庭只是在资产阶级那里才以充分发展的形式存在着,而无产者的被迫独居和公开的卖淫则是它的补充。

资产者的家庭自然会随着它的这种补充的消失而消失,两者都要随着资本的消失而消失。

你们是责备我们要消灭父母对子女的剥削吗?我们承认这种罪状。

但是,你们说,我们用社会教育代替家庭教育,就是要消灭人们最亲密的关系。

而你们的教育不也是由社会决定的吗?不也是由你们进行教育时所处的那种社会关系决定的吗?不也是由社会通过学校等等进行的直接的或间接的干涉决定的吗?共产党人并没有发明社会对教育的作用;他们仅仅是要改变这种作用的性质,要使教育摆脱统治阶级的影响。

无产者的一切家庭联系越是由于大工业的发展而被破坏,他们的子女越是由于这种发展而被变成单纯的商品和劳动工具,资产阶级关于家庭和教育、关于父母和子女的亲密关系的空话就越是令人作呕。

但是,你们共产党人是要实行公妻制的啊。整个资产阶级异口同声地向我们这样叫喊。

资产者是把自己的妻子看做单纯的生产工具的。他们听说生产工具将要公共使用,自然就不能不想到妇女也会遭到同样的命运。

他们想也没有想到,问题正在于使妇女不再处于单纯生产工具的地位。

其实,我们的资产者装得道貌岸然,对所谓的共产党人的正式公妻制表示惊讶,那是再可笑不过了。公妻制无需共产党人来实行,它差不多是一向就有的。

我们的资产者不以他们的无产者的妻子和女儿受他们支配为满足，正式的卖淫更不必说了，他们还以互相诱奸妻子为最大的享乐。

资产阶级的婚姻实际上是公妻制。人们至多只能责备共产党人，说他们想用正式的、公开的公妻制来代替伪善地掩蔽着的公妻制。其实，不言而喻，随着现在的生产关系的消灭，从这种关系中产生的公妻制，即正式的和非正式的卖淫，也就消失了。

有人还责备共产党人，说他们要取消祖国，取消民族。

工人没有祖国。决不能剥夺他们所没有的东西。因为无产阶级首先必须取得政治统治，上升为民族的阶级①，把自身组织成为民族，所以它本身还是民族的，虽然完全不是资产阶级所理解的那种意思。

随着资产阶级的发展，随着贸易自由的实现和世界市场的建立，随着工业生产以及与之相适应的生活条件的趋于一致，各国人民之间的民族分隔和对立日益消失。

无产阶级的统治将使它们更快地消失。联合的行动，至少是各文明国家的联合的行动，是无产阶级获得解放的首要条件之一。

人对人的剥削一消灭，民族对民族的剥削就会随之消灭。

民族内部的阶级对立一消失，民族之间的敌对关系就会随之消失。

从宗教的、哲学的和一切意识形态的观点对共产主义提出的种种责难，都不值得详细讨论了。

人们的观念、观点和概念，一句话，人们的意识，随着人们的生

---

① "民族的阶级"在1888年英文版中是"民族的领导阶级"。——编者注

活条件、人们的社会关系、人们的社会存在的改变而改变,这难道
需要经过深思才能了解吗?

思想的历史除了证明精神生产随着物质生产的改造而改造,
还证明了什么呢? 任何一个时代的统治思想始终都不过是统治阶
级的思想。

当人们谈到使整个社会革命化的思想时,他们只是表明了一
个事实:在旧社会内部已经形成了新社会的因素,旧思想的瓦解是
同旧生活条件的瓦解步调一致的。

当古代世界走向灭亡的时候,古代的各种宗教就被基督教战
胜了。当基督教思想在 18 世纪被启蒙思想击败的时候,封建社会
正在同当时革命的资产阶级进行殊死的斗争。信仰自由和宗教自
由的思想,不过表明自由竞争在信仰领域①里占统治地位罢了。

"但是",有人会说,"宗教的、道德的、哲学的、政治的、法的观
念等等在历史发展的进程中固然是不断改变的,而宗教、道德、哲
学、政治和法在这种变化中却始终保存着。

此外,还存在着一切社会状态所共有的永恒真理,如自由、正
义等等。但是共产主义要废除永恒真理,它要废除宗教、道德,而
不是加以革新,所以共产主义是同至今的全部历史发展相矛
盾的。"

这种责难归结为什么呢? 至今的一切社会的历史都是在阶级
对立中运动的,而这种对立在不同的时代具有不同的形式。

但是,不管阶级对立具有什么样的形式,社会上一部分人对另
一部分人的剥削却是过去各个世纪所共有的事实。因此,毫不奇

---

① "信仰领域"在 1872、1883 和 1890 年德文版中是"知识领域"。——编者注

怪,各个世纪的社会意识,尽管形形色色、千差万别,总是在某些共同的形式中运动的,这些形式,这些意识形式,只有当阶级对立完全消失的时候才会完全消失。

共产主义革命就是同传统的所有制关系实行最彻底的决裂;毫不奇怪,它在自己的发展进程中要同传统的观念实行最彻底的决裂。

不过,我们还是把资产阶级对共产主义的种种责难撇开吧。

前面我们已经看到,工人革命的第一步就是使无产阶级上升为统治阶级,争得民主。

无产阶级将利用自己的政治统治,一步一步地夺取资产阶级的全部资本,把一切生产工具集中在国家即组织成为统治阶级的无产阶级手里,并且尽可能快地增加生产力的总量。

要做到这一点,当然首先必须对所有权和资产阶级生产关系实行强制性的干涉,也就是采取这样一些措施,这些措施在经济上似乎是不够充分的和无法持续的,但是在运动进程中它们会越出本身,[①]而且作为变革全部生产方式的手段是必不可少的。

这些措施在不同的国家里当然会是不同的。

但是,最先进的国家几乎都可以采取下面的措施:

1. 剥夺地产,把地租用于国家支出。

2. 征收高额累进税。

3. 废除继承权。

4. 没收一切流亡分子和叛乱分子的财产。

5. 通过拥有国家资本和独享垄断权的国家银行,把信贷集中

---

① 在 1888 年英文版中这里加上了"使进一步向旧的社会制度进攻成为必要"。——编者注

在国家手里。

6. 把全部运输业集中在国家手里。

7. 按照共同的计划增加国家工厂和生产工具,开垦荒地和改良土壤。

8. 实行普遍劳动义务制,成立产业军,特别是在农业方面。

9. 把农业和工业结合起来,促使城乡对立①逐步消灭。②

10. 对所有儿童实行公共的和免费的教育。取消现在这种形式的儿童的工厂劳动。把教育同物质生产结合起来,等等。

当阶级差别在发展进程中已经消失而全部生产集中在联合起来的个人③的手里的时候,公共权力就失去政治性质。原来意义上的政治权力,是一个阶级用以压迫另一个阶级的有组织的暴力。如果说无产阶级在反对资产阶级的斗争中一定要联合为阶级,通过革命使自己成为统治阶级,并以统治阶级的资格用暴力消灭旧的生产关系,那么它在消灭这种生产关系的同时,也就消灭了阶级对立的存在条件,消灭了阶级本身的存在条件④,从而消灭了它自己这个阶级的统治。

代替那存在着阶级和阶级对立的资产阶级旧社会的,将是这样一个联合体,在那里,每个人的自由发展是一切人的自由发展的条件。

---

① "对立"在1872、1883和1890年德文版中是"差别"。——编者注

② 在1888年英文版中这一条是:"把农业和工业结合起来;通过把人口更平均地分布于全国的办法逐步消灭城乡差别。"——编者注

③ "联合起来的个人"在1888年英文版中是"巨大的全国联合体"。——编者注

④ "消灭了阶级本身的存在条件"在1872、1883和1890年德文版中是"消灭了阶级本身"。——编者注

三 社会主义的和共产主义的文献

1. 反动的社会主义

（甲）封建的社会主义

法国和英国的贵族,按照他们的历史地位所负的使命,就是写一些抨击现代资产阶级社会的作品。在法国的 1830 年七月革命[69]和英国的改革运动[198]中,他们再一次被可恨的暴发户打败了。从此就再谈不上严重的政治斗争了。他们还能进行的只是文字斗争。但是,即使在文字方面也不可能重弹复辟时期①的老调了。为了激起同情,贵族们不得不装模作样,似乎他们已经不关心自身的利益,只是为了被剥削的工人阶级的利益才去写对资产阶级的控诉书。他们用来泄愤的手段是:唱唱诅咒他们的新统治者的歌,并向他叽叽咕咕地说一些或多或少凶险的预言。

这样就产生了封建的社会主义,半是挽歌,半是谤文,半是过去的回音,半是未来的恫吓;它有时也能用辛辣、俏皮而尖刻的评论刺中资产阶级的心,但是它由于完全不能理解现代历史的进程而总是令人感到可笑。

为了拉拢人民,贵族们把无产阶级的乞食袋当做旗帜来挥舞。但是,每当人民跟着他们走的时候,都发现他们的臀部带有旧的封

---

① 恩格斯在 1888 年英文版上加了一个注:"这里所指的不是 1660—1689 年英国的复辟时期,而是 1814—1830 年法国的复辟时期。"——编者注

建纹章,于是就哈哈大笑,一哄而散。

一部分法国正统派[199]和"青年英国"[200],都演过这出戏。

封建主说,他们的剥削方式和资产阶级的剥削不同,那他们只是忘记了,他们是在完全不同的、目前已经过时的情况和条件下进行剥削的。他们说,在他们的统治下并没有出现过现代的无产阶级,那他们只是忘记了,现代的资产阶级正是他们的社会制度的必然产物。

不过,他们毫不掩饰自己的批评的反动性质,他们控告资产阶级的主要罪状正是在于:在资产阶级的统治下有一个将把整个旧社会制度炸毁的阶级发展起来。

他们责备资产阶级,与其说是因为它产生了无产阶级,不如说是因为它产生了革命的无产阶级。

因此,在政治实践中,他们参与对工人阶级采取的一切暴力措施,在日常生活中,他们违背自己的那一套冠冕堂皇的言辞,屈尊拾取金苹果①,不顾信义、仁爱和名誉去做羊毛、甜菜和烧酒的买卖。②

正如僧侣总是同封建主携手同行一样,僧侣的社会主义也总是同封建的社会主义携手同行的。

要给基督教禁欲主义涂上一层社会主义的色彩,是再容易不过了。基督教不是也激烈反对私有财产,反对婚姻,反对国家吗?它不是提倡用行善和求乞、独身和禁欲、修道和礼拜来代替这一切

---

① "金苹果"在1888年英文版中是"工业树上掉下来的金苹果"。——编者注

② 恩格斯在1888年英文版上加了一个注:"这里主要是指德国,那里的土地贵族和容克通过管事自行经营自己的很大一部分土地,他们还开设大规模的甜菜糖厂和土豆酒厂。较富有的英国贵族还没有落到这种地步;但是,他们也知道怎样让人家用他们的名义创办颇为可疑的股份公司,以补偿地租的下降。"——编者注

吗？基督教的社会主义，只不过是僧侣用来使贵族的怨愤神圣化的圣水罢了。

（乙）小资产阶级的社会主义

封建贵族并不是被资产阶级所推翻的、其生活条件在现代资产阶级社会里日益恶化和消失的唯一阶级。中世纪的城关市民和小农等级是现代资产阶级的前身。在工商业不很发达的国家里，这个阶级还在新兴的资产阶级身旁勉强生存着。

在现代文明已经发展的国家里，形成了一个新的小资产阶级，它摇摆于无产阶级和资产阶级之间，并且作为资产阶级社会的补充部分不断地重新组成。但是，这一阶级的成员经常被竞争抛到无产阶级队伍里去，而且，随着大工业的发展，他们甚至觉察到，他们很快就会完全失去他们作为现代社会中一个独立部分的地位，在商业、工场手工业和农业中很快就会被监工和雇员所代替。

在农民阶级远远超过人口半数的国家，例如在法国，那些站在无产阶级方面反对资产阶级的著作家，自然是用小资产阶级和小农的尺度去批判资产阶级制度的，是从小资产阶级的立场出发替工人说话的。这样就形成了小资产阶级的社会主义。西斯蒙第不仅对法国而且对英国来说都是这类著作家的首领。

这种社会主义非常透彻地分析了现代生产关系中的矛盾。它揭穿了经济学家的虚伪的粉饰。它确凿地证明了机器和分工的破坏作用、资本和地产的积聚、生产过剩、危机、小资产者和小农的必然没落、无产阶级的贫困、生产的无政府状态、财富分配的极不平均、各民族之间的毁灭性的工业战争，以及旧风尚、旧家庭关系和旧民族性的解体。

但是,这种社会主义按其实际内容来说,或者是企图恢复旧的生产资料和交换手段,从而恢复旧的所有制关系和旧的社会,或者是企图重新把现代的生产资料和交换手段硬塞到已被它们突破而且必然被突破的旧的所有制关系的框子里去。它在这两种场合都是反动的,同时又是空想的。

工场手工业中的行会制度,农业中的宗法经济。这就是它的结论。

这一思潮在它以后的发展中变成了一种怯懦的悲叹。①

（丙）德国的或"真正的"社会主义

法国的社会主义和共产主义的文献是在居于统治地位的资产阶级的压迫下产生的,并且是同这种统治作斗争的文字表现,这种文献被搬到德国的时候,那里的资产阶级才刚刚开始进行反对封建专制制度的斗争。

德国的哲学家、半哲学家和美文学家,贪婪地抓住了这种文献,不过他们忘记了:在这种著作从法国搬到德国的时候,法国的生活条件却没有同时搬过去。在德国的条件下,法国的文献完全失去了直接实践的意义,而只具有纯粹文献的形式。它必然表现为关于真正的社会、关于实现人的本质的无谓思辨。这样,第一次法国革命的要求,在 18 世纪的德国哲学家看来,不过是一般"实践理性"的要求,而革命的法国资产阶级的意志的表现,在他们心

---

① 在 1888 年英文版中这一句是:"最后,当顽强的历史事实把自我欺骗的一切醉梦驱散的时候,这种形式的社会主义就化为一种可怜的哀愁。"——编者注

目中就是纯粹的意志、本来的意志、真正人的意志的规律。

德国著作家的唯一工作，就是把新的法国的思想同他们的旧的哲学信仰调和起来，或者毋宁说，就是从他们的哲学观点出发去掌握法国的思想。

这种掌握，就像掌握外国语一样，是通过翻译的。

大家知道，僧侣们曾经在古代异教经典的手抄本上面写上荒诞的天主教圣徒传。德国著作家对世俗的法国文献采取相反的做法。他们在法国的原著下面写上自己的哲学胡说。例如，他们在法国人对货币关系的批判下面写上"人的本质的外化"，在法国人对资产阶级国家的批判下面写上所谓"抽象普遍物的统治的扬弃"，等等。

这种在法国人的论述下面塞进自己哲学词句的做法，他们称之为"行动的哲学"、"真正的社会主义"、"德国的社会主义科学"、"社会主义的哲学论证"，等等。

法国的社会主义和共产主义的文献就这样被完全阉割了。既然这种文献在德国人手里已不再表现一个阶级反对另一个阶级的斗争，于是德国人就认为：他们克服了"法国人的片面性"，他们不代表真实的要求，而代表真理的要求，不代表无产者的利益，而代表人的本质的利益，即一般人的利益，这种人不属于任何阶级，根本不存在于现实界，而只存在于云雾弥漫的哲学幻想的太空。

这种曾经郑重其事地看待自己那一套拙劣的小学生作业并且大言不惭地加以吹嘘的德国社会主义，现在渐渐失去了它的自炫博学的天真。

德国的特别是普鲁士的资产阶级反对封建主和专制王朝的斗争，一句话，自由主义运动，越来越严重了。

于是，"真正的"社会主义就得到了一个好机会，把社会主义的要求同政治运动对立起来，用诅咒异端邪说的传统办法诅咒自由主义,诅咒代议制国家,诅咒资产阶级的竞争、资产阶级的新闻出版自由、资产阶级的法、资产阶级的自由和平等,并且向人民群众大肆宣扬,说什么在这个资产阶级运动中,人民群众非但一无所得,反而会失去一切。德国的社会主义恰好忘记了,法国的批判(德国的社会主义是这种批判的可怜的回声)是以现代的资产阶级社会以及相应的物质生活条件和相当的政治制度为前提的,而这一切前提当时在德国正是尚待争取的。

这种社会主义成了德意志各邦专制政府及其随从——僧侣、教员、容克和官僚求之不得的、吓唬来势汹汹的资产阶级的稻草人。

这种社会主义是这些政府用来镇压德国工人起义的毒辣的皮鞭和枪弹的甜蜜的补充。

既然"真正的"社会主义就这样成了这些政府对付德国资产阶级的武器,那么它也就直接代表了一种反动的利益,即德国小市民的利益。在德国,16世纪遗留下来的、从那时起经常以不同形式重新出现的小资产阶级,是现存制度的真实的社会基础。

保存这个小资产阶级,就是保存德国的现存制度。这个阶级胆战心惊地从资产阶级的工业统治和政治统治那里等候着无可幸免的灭亡,这一方面是由于资本的积聚,另一方面是由于革命无产阶级的兴起。在它看来,"真正的"社会主义能起一箭双雕的作用。"真正的"社会主义像瘟疫一样流行起来了。

德国的社会主义者给自己的那几条干瘪的"永恒真理"披上一件用思辨的蛛丝织成的、绣满华丽辞藻的花朵和浸透甜情蜜意的甘露的外衣,这件光彩夺目的外衣只是使他们的货物在这些顾客中间增加销路罢了。

同时,德国的社会主义也越来越认识到自己的使命就是充当这种小市民的夸夸其谈的代言人。

它宣布德意志民族是模范的民族,德国小市民是模范的人。它给这些小市民的每一种丑行都加上奥秘的、高尚的、社会主义的意义,使之变成完全相反的东西。它发展到最后,就直接反对共产主义的"野蛮破坏的"倾向,并且宣布自己是不偏不倚地超乎任何阶级斗争之上的。现今在德国流行的一切所谓社会主义和共产主义的著作,除了极少数的例外,都属于这一类卑鄙龌龊的、令人委靡的文献。①

2. 保守的或资产阶级的社会主义

资产阶级中的一部分人想要消除社会的弊病,以便保障资产阶级社会的生存。

这一部分人包括:经济学家、博爱主义者、人道主义者、劳动阶级状况改善派、慈善事业组织者、动物保护协会会员、戒酒协会发起人以及形形色色的小改良家。这种资产阶级的社会主义甚至被制成一些完整的体系。

我们可以举蒲鲁东的《贫困的哲学》作为例子。

社会主义的资产者愿意要现代社会的生存条件,但是不要由这些条件必然产生的斗争和危险。他们愿意要现存的社会,但是不要那些使这个社会革命化和瓦解的因素。他们愿意要资产阶级,但是不要无产阶级。在资产阶级看来,它所统治的世界自然是最美好的世界。资产阶级的社会主义把这种安慰人心的观念制成

---

① 恩格斯在1890年德文版上加了一个注:"1848年的革命风暴已经把这个可恶的流派一扫而光,并且使这一流派的代表人物再也没有兴趣搞社会主义了。这一流派的主要代表和典型人物是卡尔·格律恩先生。"——编者注

半套或整套的体系。它要求无产阶级实现它的体系,走进新的耶路撒冷,其实它不过是要求无产阶级停留在现今的社会里,但是要抛弃他们关于这个社会的可恶的观念。

这种社会主义的另一种不够系统、但是比较实际的形式,力图使工人阶级厌弃一切革命运动,硬说能给工人阶级带来好处的并不是这样或那样的政治改革,而仅仅是物质生活条件即经济关系的改变。但是,这种社会主义所理解的物质生活条件的改变,绝对不是只有通过革命的途径才能实现的资产阶级生产关系的废除,而是一些在这种生产关系的基础上实行的行政上的改良,因而丝毫不会改变资本和雇佣劳动的关系,至多只能减少资产阶级的统治费用和简化它的财政管理。

资产阶级的社会主义只有在它变成纯粹的演说辞令的时候,才获得自己的适当的表现。

自由贸易!为了工人阶级的利益;保护关税!为了工人阶级的利益;单人牢房!为了工人阶级的利益。这才是资产阶级的社会主义唯一真实的结论。

资产阶级的社会主义就是这样一个论断:资产者之为资产者,是为了工人阶级的利益。

3. 批判的空想的社会主义和共产主义

在这里,我们不谈在现代一切大革命中表达过无产阶级要求的文献(巴贝夫等人的著作)。

无产阶级在普遍激动的时代、在推翻封建社会的时期直接实现自己阶级利益的最初尝试,都不可避免地遭到了失败,这是由于当时无产阶级本身还不够发展,由于无产阶级解放的物质条件还没有具备,这些条件只是资产阶级时代的产物。随着这些早期的无产阶级运动而出现的革命文献,就其内容来说必然是反动的。这种文献倡导普遍的禁欲主义和粗陋的平均主义。

本来意义的社会主义和共产主义的体系,圣西门、傅立叶、欧文等人的体系,是在无产阶级和资产阶级之间的斗争还不发展的最初时期出现的。关于这个时期,我们在前面已经叙述过了(见《资产阶级和无产阶级》①)。

诚然,这些体系的发明家看到了阶级的对立,以及占统治地位的社会本身中的瓦解因素的作用。但是,他们看不到无产阶级方面的任何历史主动性,看不到它所特有的任何政治运动。

由于阶级对立的发展是同工业的发展步调一致的,所以这些发明家也不可能看到无产阶级解放的物质条件,于是他们就去探求某种社会科学、社会规律,以便创造这些条件。

社会的活动要由他们个人的发明活动来代替,解放的历史条件要由幻想的条件来代替,无产阶级的逐步组织成为阶级要由一种特意设计出来的社会组织来代替。在他们看来,今后的世界历史不过是宣传和实施他们的社会计划。

诚然,他们也意识到,他们的计划主要是代表工人阶级这一受苦最深的阶级的利益。在他们的心目中,无产阶级只是一个受苦最深的阶级。

但是,由于阶级斗争不发展,由于他们本身的生活状况,他们就以为自己是高高超乎这种阶级对立之上的。他们要改善社会一切成员的生活状况,甚至生活最优裕的成员也包括在内。因此,他

---

① 指《共产党宣言》第1章《资产者和无产者》。——编者注

们总是不加区别地向整个社会呼吁,而且主要是向统治阶级呼吁。他们以为,人们只要理解他们的体系,就会承认这种体系是最美好的社会的最美好的计划。

因此,他们拒绝一切政治行动,特别是一切革命行动;他们想通过和平的途径达到自己的目的,并且企图通过一些小型的、当然不会成功的试验,通过示范的力量来为新的社会福音开辟道路。

这种对未来社会的幻想的描绘,在无产阶级还很不发展,因而对本身的地位的认识还基于幻想的时候,是同无产阶级对社会普遍改造的最初的本能的渴望相适应的。①

但是,这些社会主义和共产主义的著作也含有批判的成分。这些著作抨击现存社会的全部基础。因此,它们提供了启发工人觉悟的极为宝贵的材料。它们关于未来社会的积极的主张,例如消灭城乡对立②、消灭家庭、消灭私人营利、消灭雇佣劳动、提倡社会和谐、把国家变成纯粹的生产管理机构——所有这些主张都只是表明要消灭阶级对立,而这种阶级对立在当时刚刚开始发展,它们所知道的只是这种对立的早期的、不明显的、不确定的形式。因此,这些主张本身还带有纯粹空想的性质。

批判的空想的社会主义和共产主义的意义,是同历史的发展成反比的。阶级斗争越发展和越具有确定的形式,这种超乎阶级斗争的幻想,这种反对阶级斗争的幻想,就越失去任何实践意义和

---

① 这段话在 1872、1883 和 1890 年德文版中是:"这种对未来社会的幻想的描绘,是在无产阶级还很不发展,因而对本身的地位的认识还基于幻想的时候,从无产阶级对社会普遍改造的最初的本能的渴望中产生的。"——编者注

② "城乡对立"在 1888 年英文版中是"城乡差别"。——编者注

任何理论根据。所以,虽然这些体系的创始人在许多方面是革命的,但是他们的信徒总是组成一些反动的宗派。这些信徒无视无产阶级的历史进展,还是死守着老师们的旧观点。因此,他们一贯企图削弱阶级斗争,调和对立。他们还总是梦想用试验的办法来实现自己的社会空想,创办单个的法伦斯泰尔,建立国内移民区,创立小伊加利亚,①即袖珍版的新耶路撒冷。而为了建造这一切空中楼阁,他们就不得不呼吁资产阶级发善心和慷慨解囊。他们逐渐地堕落到上述反动的或保守的社会主义者的一伙中去了,所不同的只是他们更加系统地卖弄学问,狂热地迷信自己那一套社会科学的奇功异效。

因此,他们激烈地反对工人的一切政治运动,认为这种运动只是由于盲目地不相信新福音才发生的。

在英国,有欧文派[187]反对宪章派[55],在法国,有傅立叶派[63]反对改革派[201]。

四 共产党人对各种反对党派的态度

看过第二章之后,就可以了解共产党人同已经形成的工人政

---

① 恩格斯在1888年英文版上加了一个注:"法伦斯泰尔是沙尔·傅立叶所设计的社会主义移民区;伊加利亚是卡贝给自己的理想国和后来他在美洲创立的共产主义移民区所起的名称。"

　恩格斯在1890年德文版上加了一个注:"国内移民区是欧文给他的共产主义的模范社会所起的名称。法伦斯泰尔是傅立叶所设计的社会官的名称。伊加利亚是卡贝所描绘的那种共产主义制度的乌托邦幻想国。"——编者注

党的关系,因而也就可以了解他们同英国宪章派和北美土地改革派[142]的关系。

共产党人为工人阶级的最近的目的和利益而斗争,但是他们在当前的运动中同时代表运动的未来。在法国,共产党人同社会主义民主党①联合起来反对保守的和激进的资产阶级,但是并不因此放弃对那些从革命的传统中承袭下来的空谈和幻想采取批判态度的权利。

在瑞士,共产党人支持激进派,但是并不忽略这个政党是由互相矛盾的分子组成的,其中一部分是法国式的民主社会主义者,一部分是激进的资产者。

在波兰人中间,共产党人支持那个把土地革命当做民族解放的条件的政党,即发动过1846年克拉科夫起义[202]的政党。

在德国,只要资产阶级采取革命的行动,共产党就同它一起去反对专制君主制、封建土地所有制和小资产阶级。

但是,共产党一分钟也不忽略教育工人尽可能明确地意识到资产阶级和无产阶级的敌对的对立,以便德国工人能够立刻利用资产阶级统治所必然带来的社会的和政治的条件作为反对资产阶级的武器,以便在推翻德国的反动阶级之后立即开始反对资产阶

---

① 恩格斯在1888年英文版上加了一个注:"当时这个党在议会中的代表是赖德律-洛兰,在著作界的代表是路易·勃朗,在报纸方面的代表是《改革报》[201]。'社会主义民主党'这个名称在它的发明者那里是指民主党或共和党中或多或少带有社会主义色彩的一部分人。"

恩格斯在1890年德文版上加了一个注:"当时在法国以社会主义民主党自称的政党,在政治方面的代表是赖德律-洛兰,在著作界的代表是路易·勃朗;因此,它同现今的德国社会民主党是有天壤之别的。"——编者注

级本身的斗争。

共产党人把自己的主要注意力集中在德国,因为德国正处在资产阶级革命的前夜,因为同 17 世纪的英国和 18 世纪的法国相比,德国将在整个欧洲文明更进步的条件下,拥有发展得多的无产阶级去实现这个变革,因而德国的资产阶级革命只能是无产阶级革命的直接序幕。

总之,共产党人到处都支持一切反对现存的社会制度和政治制度的革命运动。

在所有这些运动中,他们都强调所有制问题是运动的基本问题,不管这个问题的发展程度怎样。

最后,共产党人到处都努力争取全世界民主政党之间的团结和协调。

共产党人不屑于隐瞒自己的观点和意图。他们公开宣布:他们的目的只有用暴力推翻全部现存的社会制度才能达到。让统治阶级在共产主义革命面前发抖吧。无产者在这个革命中失去的只是锁链。他们获得的将是整个世界。

全世界无产者,联合起来!

卡·马克思和弗·恩格斯写于
1847 年 12 月—1848 年 1 月底

1848 年 2 月以小册子形式在
伦敦出版

原文是德文

选自《马克思恩格斯文集》
第 2 卷第 30—67 页

卡·马克思

危机和反革命[203]

科隆,9月13日。柏林的危机又进了一步:**同国王**①**的冲突**,昨天还仅仅估计是难免的,现在**实际上已经发生了**。

本报读者在下面就可看到国王对内阁呈请辞职的答复[204]。由于这封信,国王自己登上了前台,同内阁站在一边,把自己和议会对立起来。

不仅如此,国王还背着议会让**贝克拉特**组阁,贝克拉特在法兰克福站在极右派一边,所有人早就知道,他决不可能指望在柏林获得多数。

国王的信是由**奥尔斯瓦尔德**先生副署的。奥尔斯瓦尔德先生以这种方式把国王推到前面去以掩饰他自己的可耻的退缩,同时,他在议会面前却企图躲在立宪原则后面践踏这一原则,**破坏国王的声誉,并激起建立共和国的要求**。对这一切奥尔斯瓦尔德先生是要承担责任的!

大臣们高喊:立宪原则! 右派高喊:立宪原则!《科隆日报》[205]也以哀叹的声音随声附和:立宪原则!

---

① 弗里德里希-威廉四世。——编者注

"立宪原则!"难道这些先生们真的这样愚蠢,以为依靠腐朽透顶的孟德斯鸠—德洛姆的分权学说,依靠陈词滥调和早就被揭穿的假象就能使德国人民摆脱1848年的风暴,摆脱日益临近的、使历史上遗留下来的全部机构覆灭的危险吗?!

"立宪原则!"但是,正是这些想不惜任何代价拯救立宪原则的先生们首先应当看到:在这种临时局面下,只有毅力才能拯救这一原则!

"立宪原则!"难道柏林议会的表决,波茨坦和法兰克福之间的冲突,骚乱、反动阴谋以及军阀的挑衅不是早就表明,我们总是不顾一切空话而始终**立足于革命的基础上**吗?难道不是早就表明,说我们已经立足于**业已确立的**完备的立宪君主制基础上的这种捏造,只会导致现在已经使"立宪原则"濒于毁灭的冲突吗?

在革命之后,任何临时性的政局下都需要专政,并且是强有力的专政。我们一开始就指责康普豪森没有实行专政,指责他没有马上粉碎和清除旧制度的残余。正当康普豪森先生陶醉于立宪的幻想时,被打垮的党派已在官僚机构和军队中巩固他们的阵地,甚至敢于在各处展开公开的斗争。为了协商宪法而召集了国民议会。国民议会和国王是平权的。在一种临时局面下有两个平等的权力!正是康普豪森先生想借以"拯救自由"的这种分权,正是临时局面下的这种分权状态,必然会导致冲突。贵族、军阀和官僚的反革命奸党藏身于国王背后。资产阶级站在议会的多数派背后。内阁想充当调停人。但是它太软弱,不能坚决维护资产阶级和农民的利益,一举推翻贵族、官僚和军阀的权力;它也太不灵活,它的财政措施总是触犯资产阶级的利益。它所做的都是各个党派所不能接受的,因而引起了它恰恰希望避免的冲突。

在任何一种尚未组织就绪的局面下,有决定意义的不是这种或那种原则,而是 salut public,即公共安全。内阁要想防止议会和国王之间的冲突,只有遵循公共安全的原则,并且即使**自己**和国王有发生冲突的危险也不畏缩。但是,内阁宁愿成为波茨坦"能够"接受的内阁。它一直坚决采取各种保障公共安全的措施(mesures du salut public)、专制的措施来对付民主派。在梅尔克尔先生已经承认邦法①的某些条文应当废除之后又用这些旧法律来对付政治上的犯罪行为,难道不正是为了这个目的吗?在王国各地进行大规模的逮捕,不也正是为了这个目的吗?

可是内阁以保障公共安全为由,在对付反革命时却缩手缩脚!

正因为内阁对待日益猖獗的反革命采取这种温和态度,议会才不得不**亲自提出保障**公共安全的措施。既然大臣们所代表的那位国王过于软弱,议会就不得不亲自过问。它通过了8月9日的决议[206],这就是它在这方面采取的行动。不过它的行动方式还是非常温和的,只是向大臣们提出了警告。可是大臣们却置之不理。

的确,他们怎么能同意这一点呢?!8月9日的决议践踏了立宪原则,它是立法权对行政权的干预,它要消灭为了自由的利益所十分必需的分权和权力互相监督,它要把协商议会[207]变成**国民公会**[208]!

于是燃起了威胁的烈火,传来了使小资产者心惊胆战的雷鸣般的呼号,说什么将来会出现一个恐怖政府,它将设置断头台,征收累进税,没收财产,悬挂红旗。

柏林议会变成了公会!真是极大的讽刺啊!

然而这些先生们并不是完全不对。如果政府今后仍然我行我素,我们很快就会有公会。并且不只是普鲁士的公会,而且是全德

---

① 指1794年颁布的《普鲁士国家通用邦法》。——编者注

国的公会。这个公会应当用一切办法来制止我们的 20 个旺代²⁰⁹的内战和不可避免的同俄国的战争。而现在,我们的确只有一幅制宪议会¹²¹的讽刺画!

但是,呼吁立宪原则的各位大臣先生自己是怎样遵守这个原则的呢?

8 月 9 日,他们让议会平静地散会了,议会当时还满以为大臣们会执行决议。其实这些大臣根本不想把自己拒绝执行决议的打算告诉议会,更不准备提出辞职。

大臣们考虑了整整一个月,最后,在许多质问的追逼下,他们才直截了当地向议会宣布:他们不打算执行决议,这一点是不言而喻的。

在这以后,议会仍然命令大臣们执行决议,于是,大臣们就躲在国王后面,在国王和议会之间制造裂痕,从而激起建立共和国的要求。

然而这些先生们却还在谈论什么立宪原则!

总而言之:

在一种临时局面下的两个平等的权力之间发生了不可避免的冲突。内阁不敢坚决果断地处理政务;它没有采取必要的保障公共安全的措施。议会要求内阁尽职只是执行了自己的职责。内阁宣布这样做是破坏国王的权利,而在它辞职的时候,它却损害了国王的声誉。国王和议会互相对立。"协商"造成了分裂,造成了冲突。这也许要用武力来解决。

谁最勇敢、最坚定,谁就能取得胜利。

卡·马克思写于 1848 年 9 月 13 日

载于 1848 年 9 月 14 日《新莱茵报》第 102 号

原文是德文

选自《马克思恩格斯文集》第 2 卷第 68—71 页

卡·马克思

资产阶级和反革命[210]

科隆,12 月 11 日。当三月的洪水[157]——一场势头很小的洪水——消退以后,在柏林地面上留下的不是什么庞然大物,不是什么革命巨人,而是一些陈旧货色,一些低矮的资产阶级人物——联合议会[211]的自由派,觉悟的普鲁士资产阶级的代表。那些拥有最发达的资产阶级的省份,即**莱茵省**和**西里西亚**,曾提出新内阁的基本人选。尾随其后的有莱茵省的一大群律师。随着资产阶级被封建主排挤到次要地位,莱茵省和西里西亚在内阁里也向旧普鲁士各省让位了。勃兰登堡内阁只是通过一个埃尔伯费尔德的托利党人[66],才与莱茵省保持一点联系。**汉泽曼**和**海特男爵**!在普鲁士资产阶级看来,这两个名字体现着 1848 年三月和十二月之间的全部差别!

普鲁士资产阶级被抛上了国家政权的高峰,不过与它的初衷不符的是,这一结果并不是通过一次同**王权的和平交易**取得的,而是通过一场**革命**取得的。它本来不应当为了维护自己的利益,而应当为了维护**人民的利益**去反对王权,即反对**自己**,因为人民运动替它扫清了道路。但是在它看来,王权只是上帝赐予的一道屏障,可以用来掩盖它自身的尘世利益。**它**自身的利益以及与这些利益

440

相适应的政治形式的不可侵犯性,译成宪法的语言应该是**王权的不可侵犯性**。因此,德国资产阶级特别是普鲁士资产阶级狂热地向往**立宪君主制**。所以,虽然二月革命[156]及其在德国的可悲结果使普鲁士资产阶级感到高兴,因为这场革命使国家的权柄落到了普鲁士资产阶级的手中,但是这场革命同时也打碎了它的如意算盘,因为此时它的统治已受到它所不愿实现而且也不可能实现的那些条件的束缚了。

资产阶级只是袖手旁观,让人民为它作战。因此,转交给它的统治权,也就不是一个统帅在战胜自己的敌人后所掌握的那种统治权,而是一个受取得了胜利的人民的委托来保护人民自身利益的安全委员会所掌握的那种统治权。

康普豪森倒也深深地感觉到了这种处境的难堪之处,并且他的内阁的全部软弱性都是从这种感觉和引起这种感觉的那些情况中产生的。因此,他的政府的那些最无耻的行径便带有几分羞愧的色彩。而**汉泽曼**的特权却是肆无忌惮的**无耻**和**卑鄙**。是否脸红,就是这两个油漆匠之间的唯一差别。

普鲁士的三月革命[157]既不应该和 1648 年的**英国**革命混为一谈,也不应该和 1789 年的**法国革命**混为一谈。

1648 年,资产阶级和新贵族结成同盟反对君主制,反对封建贵族,反对居于统治地位的教会。

1789 年,资产阶级和人民结成同盟反对君主制、贵族和居于统治地位的教会。

1789 年革命仅仅以 1648 年革命作为自己的榜样(至少就欧洲来说是如此),而 1648 年革命则仅仅以尼德兰人反对西班牙的起义作为自己的榜样。这两次革命都比自己的榜样前进了一个世纪;不仅在时间上是如此,而且在内容上也是如此。

在这两次革命中,资产阶级都是**实际上**领导运动的阶级。**无产阶级和那些不属于资产阶级的市民等级集团**,不是还没有与资产阶级截然不同的利益,就是还没有组成独立发展的阶级或阶层。因此,在它们起来反对资产阶级的地方,例如 1793 年和 1794 年在法国,它们只不过是为实现资产阶级的利益而斗争,虽然它们采用的并不是资产阶级的**方式**。**全部法兰西的恐怖主义**,无非是用来对付**资产阶级的敌人**,即对付专制制度、封建制度以及市侩主义的一种**平民方式**而已。

1648 年革命和 1789 年革命,并不是**英国的**革命和**法国的**革命,而是**欧洲的**革命。它们不是社会中**某一**阶级对旧**政治制度**的胜利;它们**宣告了欧洲新社会的政治制度**。资产阶级在这两次革命中获得了胜利;然而,当时**资产阶级的胜利**意味着**新社会制度的胜利**,资产阶级所有制对封建所有制的胜利,民族对地方主义的胜利,竞争对行会制度的胜利,遗产分割制对长子继承制的胜利,土地所有者支配土地对土地所有者隶属于土地的胜利,启蒙运动对迷信的胜利,家庭对宗族的胜利,勤劳对游手好闲的胜利,资产阶级权利对中世纪特权的胜利。1648 年革命是 17 世纪对 16 世纪的胜利,1789 年革命是 18 世纪对 17 世纪的胜利。这两次革命不仅反映了发生革命的地区即英法两国的要求,而且在更大程度上反映了当时整个世界的要求。

普鲁士的三月革命却完全不是这样。

二月革命在事实上**消灭了**立宪君主制,在思想上**消灭了**资产阶级统治。普鲁士的三月革命却要在思想上**确立**立宪君主制,在事实上**确立**资产阶级统治。三月革命决不是**欧洲的**革命,它不过是欧洲革命在一个落后国家里的微弱的回声。它不仅没有超过自己的世纪,反而比自己的世纪落后了半个世纪以上。它一开始就是一种**继发性的现象**,大家都知道,继发性病症比原发性疾病更难医治,并且对机体更加有害。它不是要建立一个新社会,而是要在柏林复活那种早已在巴黎死亡了的社会。普鲁士的三月革命甚至不是**民族的、德意志的**革命,它一开始就是**普鲁士地方性的**革命。维也纳起义、卡塞尔起义、慕尼黑起义以及各式各样的地方性的起义,都是同它并驾齐驱的,都同它争夺首位。

1648年革命和1789年革命,因其站立于创造性的事业的顶峰而充满无限的自信;而1848年柏林革命的抱负,则在于造成时代错乱。这次革命的光芒就像某些星球的光芒一样,在发出这种光芒的那些星体消逝了10万年以后,才到达我们地球居民的眼中。普鲁士的三月革命对于欧洲来说就是这样一个星球,只是缩小了规模,就像它在一切方面都缩小了规模一样。它的光芒是一具早已腐烂的社会尸体发出的光芒。

德国资产阶级发展得如此迟钝、畏缩、缓慢,以致当它以威逼的气势同封建制度和专制制度对抗的那一刻,它发现无产阶级以及市民等级中所有那些在利益和思想上跟无产阶级相近的集团也以威逼的气势同它自己形成了对抗。它看到,不仅有一个阶级在它**后面**对它采取敌视态度,而且整个欧洲都在它**前面**对它采取敌视态度。与1789年法国的资产阶级不同,普鲁士的资产阶级并不是一个代表**整个**现代社会反对旧社会的代表者——君主制和贵族的阶级。它降到了一种**等级**的水平,既明确地反对国王又明确地反对人民,对国王和人民双方都采取敌对态度,而在单独面对自己的每一个对手时态度都犹豫不决,因为它总是在自己前面或后面看见这两个敌人;它一开始就蓄意背叛人民,而与旧社会的戴皇冠的代表人物妥协,因为它本身已经从属于旧社会了;它不是代表新社会的利益去反对旧社会,而是代表已经陈腐的社会内部重新出现的那些利益；它操纵革命的舵轮，并不是因为它有人民作为后盾，而是因为人民在后面迫使它前进；它居于领导地位，并不是因为它代表新社会时代的首创精神，而只是因为它反映旧社会时代的怨恨情绪；它是旧国家的一个从未显露的岩层，由于一次地震而被抛到了新国家的表层上；不相信自己，不相信人民，在上层面前嘟囔，在下层面前战栗，对两者都持利己主义态度，并且意识到自己的这种利己主义；对于保守派来说是革命的，对于革命派来说却是保守的；不相信自己的口号，用空谈代替思想，害怕世界风暴，同时又利用这个风暴来谋私利；毫无毅力，到处剽窃；因缺乏任何独特性而显得平庸，同时又因本身平庸而显得独特；自己跟自己讲价钱；没有首创精神，不相信自己，不相信人民，没有负起世界历史使命；活像一个受诅咒的老头，注定要糟蹋健壮人民的初次勃发的青春激情而使其服从于自己风烛残年的需求；没有眼睛！没有耳朵！没有牙齿，没有一切①——这就是**普鲁士资产阶级**在三月革命后执掌普鲁士国家权柄时的形象。

卡·马克思写于 1848 年 12 月 11 日

载于 1848 年 12 月 15 日《新莱茵报》第 169 号

原文是德文

选自《马克思恩格斯文集》第 2 卷第 72—76 页

---

① 莎士比亚《皆大欢喜》第 2 幕第 7 场。——编者注

卡·马克思

1848年至1850年的法兰西阶级斗争[212]

除了很少几章之外,1848—1849年的革命编年史中每一个较为重要的章节,都冠有一个标题:**革命的失败!**

在这些失败中灭亡的并不是革命,而是革命前的传统的残余,是那些尚未发展到尖锐阶级对立地步的社会关系的产物,即革命党在二月革命[156]以前没有摆脱的一些人物、幻想、观念和方案,这些都不是**二月胜利**所能使它摆脱的,只有一连串的**失败**才能使它摆脱。

总之,革命的进展不是在它获得的直接的悲喜剧式的胜利中,相反,是在产生一个联合起来的、强大的反革命势力的过程中,即在产生一个敌对势力的过程中为自己开拓道路的,只是通过和这个敌对势力的斗争,主张变革的党才走向成熟,成为一个真正革命的党。

证明这一点就是下面几篇论文的任务。

一 1848 年的六月失败[158]

七月革命[69]之后,自由派的银行家拉菲特陪同他的教父①奥尔良公爵向市政厅[213]胜利行进时,脱口说出了一句话:"**从今以后,银行家要掌握统治权了。**"拉菲特道出了这次革命的秘密。

在路易-菲力浦时代掌握统治权的不是法国资产阶级,而只是这个资产阶级中的**一个集团**:银行家、交易所大王、铁路大王、煤铁矿和森林的所有者以及一部分与他们有联系的土地所有者,即所谓**金融贵族**。他们坐上王位,他们在议会中任意制定法律,他们分配从内阁到烟草专卖局的各种公职。

真正**工业资产阶级**是官方反对派中的一个部分,就是说,它的代表在议会中只占少数。金融贵族的专制发展得越纯粹,工业资产阶级本身越以为在 1832 年、1834 年和 1839 年各次起义[214]被血腥镇压以后,它对工人阶级的控制已经巩固,则它的反对派态度也就越坚决。鲁昂的工厂主**格朗丹**在制宪国民议会和立法国民议会中是资产阶级反动势力的最狂热的喉舌,在众议院中却是基佐的最激烈的反对者。后来曾以妄图充当法国反革命派的基佐角色而出名的**莱昂·福适**,在路易-菲力浦统治末年,为了工业的利益进行过反对投机事业及其走狗——政府的笔战。**巴师夏**曾以波尔多和所有法国酿酒厂主的名义煽动反对现存的统治制度。

小资产阶级的所有阶层,以及**农民阶级**,都完全被排斥于政权

---

① "教父"的原文是"compère",也有"同谋者"的意思。——编者注

之外。最后，置身于官方反对派的行列或者完全处于选举权享有者的范围之外的有上述阶级的**意识形态**代表和代言人，即它们的学者、律师、医生等等，简言之，就是它们的那些所谓"专门人才"。

财政困难使七月王朝[215]一开始就依赖资产阶级上层，而它对资产阶级上层的依赖又不断造成日益加剧的财政困难。没有达到预算平衡，没有达到国家收支平衡，是不能使国家行政服从于国民生产利益的。然而，如果不缩减国家开支，即不损害那些恰好构成现存统治制度的全部支柱的利益，如果不重新调整捐税的分担，即不把很大一部分税负加到资产阶级上层分子肩上，又怎能达到这种平衡呢？

国家负债倒是符合资产阶级中通过议会来统治和立法的那个集团的**直接利益**的。**国家赤字**，这正是他们投机的真正对象和他们致富的主要源泉。每一年度结束都有新的赤字。每过四至五年就有新的公债。而每一次新的公债都使金融贵族获得新的机会去盘剥被人为地保持在濒于破产状态的国家，因为国家不得不按最不利的条件向银行家借款。此外，每一次新的公债都使他们获得新的机会通过交易所活动来掠夺投资于国债券的大众，而政府和议会多数派议员是了解交易所活动的秘密的。一般说来，银行家和他们在议会中和王位上的同谋者由于利用国家信用的不稳定状态和掌握国家的机密，有可能制造国债券行价的突然急剧的波动，这种波动每次都会使许多较小的资本家破产，使大投机者难以置信地暴富起来。正因为国家赤字符合掌握统治权的那个资产阶级集团的直接利益，所以路易-菲力浦统治最后几年的国家**非常**开支超过了拿破仑统治时的国家非常开支一倍以上；这笔开支每年几乎达到 4 亿法郎，而法国年输出总额平均很少达到 7.5 亿法郎。此外，这样由国家经手花出的巨款，又使各式各样骗人的供货合同、贿赂、贪污以及舞弊勾当有机可乘。在发行国债时大批地骗取国家财物,而在承包国家工程时则零星地骗取。议会与政府之间所发生的事情,在各个官厅与各个企业家之间反复重演着。

正如统治阶级在整个国家支出和国债方面进行掠夺一样,它在**铁路建筑**方面也进行掠夺。议会把主要开支转嫁于国家而保证投机的金融贵族得到黄金果。大家都记得众议院中的那些丑闻,当时偶然暴露出:多数派的全体议员,包括一部分内阁大臣在内,都曾以股东身份参与他们后来以立法者身份迫令国家出资兴办的那些铁路建筑工程。

相反,任何细小的财政改革,都因银行家施加影响而遭到失败。**邮政改革**就是一例。路特希尔德起来抗议了。难道国家能缩减它赖以支付日益增加的国债利息的财源吗?

七月王朝不过是剥削法国国民财富的股份公司,这个公司的红利是在内阁大臣、银行家、24 万选民和他们的走卒之间分配的。路易-菲力浦是这个公司的经理——坐在王位上的罗伯尔·马凯尔。这个制度经常不断地威胁和损害商业、工业、农业、航运业,即工业资产阶级的利益,而这个资产阶级在七月事变时在自己的旗帜上写下的是 gouvernement à bon marché——廉价政府。

金融贵族颁布法律,指挥国家行政,支配全部有组织的社会权力机关,而且借助于这些现实状况和报刊来操纵舆论,与此同时,在一切地方,上至宫廷,下至低级的咖啡馆,到处都是一样卖身投靠,一样无耻欺诈,一样贪图不靠生产而靠巧骗他人现有的财产来发财致富;尤其是在资产阶级社会的上层,不健康的和不道德的欲望以毫无节制的、时时都和资产阶级法律本身相抵触的形式表现出来,在这种形式下,投机得来的财富自然要寻求满足,于是享乐变成放荡,金钱、污秽和鲜血汇为一流。金融贵族,不论就其发财致富的方式还是就其享乐的性质来说,都不过是**流氓无产阶级在资产阶级社会上层的再生**罢了。

当 1847 年,在资产阶级社会最高贵的舞台上公开演出那些通常使流氓无产阶级进入妓院、贫民院和疯人院,走向被告席、苦役所和断头台的同样场景时,法国资产阶级中没有掌握统治权的集团高叫"**腐败!**"人民大声疾呼:"**打倒大盗! 打倒杀人凶手!**"工业资产阶级看到了对自己利益的威胁,小资产阶级充满了道义的愤慨,人民的想象力被激发起来了。诸如《路特希尔德王朝》、《犹太人是现代的国王》等等的讽刺作品,充斥巴黎全城,这些作品都或多或少巧妙地揭露和诅咒了金融贵族的统治。

不为荣誉做任何事情! 荣誉不能带来任何好处! 无论何时何地都要和平! 战争将使三分息和四分息国债券跌价! 这就是交易所犹太人的法国写在自己旗帜上的字样。因此,它的对外政策就是让法国人的民族感情遭到一系列的凌辱。当奥地利吞并克拉科夫[202]而完成了对波兰的掠夺的时候,当基佐在瑞士宗得崩德[216]战争中积极地站到了神圣同盟[217]方面的时候,法国人的民族感情更加激昂起来了。瑞士自由党人在这次虚张声势的战争中的胜利增强了法国资产阶级反对派的自尊心,而巴勒莫人民的流血起义[218]则像电击一样激活了麻痹的人民群众,唤起了他们的伟大革命回忆和热情①。

最后,**两起世界性的经济事件**的发生,加速了普遍不满的爆

---

① 恩格斯在 1895 年版上加了一个注:"奥地利在俄国和普鲁士同意下吞并克拉科夫,是在 1846 年 11 月 11 日;瑞士宗得崩德战争,是在 1847 年 11 月 4 日至 28 日;巴勒莫的起义,是在 1848 年 1 月 12 日;1 月底,那不勒斯军队对该城进行了一连九天的炮击。"——编者注

发,使愤怒发展成了起义。

1845 年和 1846 年的马铃薯病害和歉收,使得到处民怨沸腾。1847 年的物价腾贵,在法国也像在欧洲大陆其他各国一样,引起了流血冲突。金融贵族过着糜烂生活,人民却在为起码的生计而挣扎!在比藏赛,饥荒暴动的参加者被处死刑[219],在巴黎,大腹便便的骗子却被王室从法庭中抢救出来!

加速革命爆发的第二个重大经济事件,就是**英国的普遍的工商业危机**。1845 年秋季铁路股票投机者整批失败的事实已经预示了这次危机的来临,在 1846 年有一系列偶然情况如谷物关税即将废除等等使它延缓了一下,到 1847 年秋天危机终于爆发了。最初是伦敦经营殖民地货物贸易的大商人破产,接着便是土地银行破产和英国工业区工厂倒闭。还没有等到这次危机的全部后果在大陆上彻底表现出来,二月革命就爆发了。

这场由经济瘟疫造成的工商业的毁灭,使金融贵族的专制统治变得更加不堪忍受了。反对派的资产阶级,在法国各处发起了支持**选举改革的宴会运动**[220],这种改革的目的是要使他们能在议会中取得多数,并推翻交易所内阁。在巴黎,工业危机还引起一个特别的后果:一批在当时的条件下已无法再在国外市场做生意的工厂主和大商人只得涌向国内市场。他们开设大公司,使大批小杂货商和小店主被大公司的竞争弄得倾家荡产。因此巴黎资产阶级中间这一部分人破产的很多,他们也因此而在二月事变中采取了革命行动。大家都知道,基佐和议会以露骨的挑战回答了选举改革的提议,路易-菲力浦决定要任命巴罗组阁的时候已经太迟了,事情竟闹到人民与军队发生冲突,军队因国民自卫军采取消极态度而被解除了武装,七月王朝[215]不得不让位给临时政府。

在二月街垒战中产生出来的**临时政府**,按其构成成分必然反映出分享胜利果实的各个不同的党派。它只能是**各个不同阶级间妥协的产物**,这些阶级曾共同努力推翻了七月王朝,但他们的利益是互相敌对的。临时政府中**绝大多数**是资产阶级的代表。赖德律-洛兰和弗洛孔代表共和派小资产阶级,代表共和派资产阶级的是《国民报》方面的人物[221],代表王朝反对派[222]的是克雷米约、杜邦·德勒尔等。工人阶级只有两个代表:路易·勃朗和阿尔伯。至于临时政府中的拉马丁,他当时并不代表任何现实利益,不代表任何特定阶级;他体现了二月革命本身,体现了这次带有自己的幻想、诗意、虚构的内容和辞藻的总起义。不过,这个二月革命的代言人,按其地位和观点看来是属于**资产阶级**的。

如果说巴黎由于政治上的中央集权而统治着法国,那么工人在革命的动荡时期却统治着巴黎。临时政府诞生后采取的第一个行动,就是企图从陶醉的巴黎向清醒的法国呼吁,从而摆脱这种压倒一切的影响。拉马丁不承认街垒战士有权宣告成立共和国。他认为,只有法国人的大多数才有权这样做,必须等待他们投票表决,巴黎的无产阶级不应该因篡夺权力而玷污自己的胜利。资产阶级只允许无产阶级进行**一种**篡夺,即对于斗争权的篡夺。

直到 2 月 25 日中午时分,共和国还没有宣告成立,然而内阁的一切职位都已被临时政府中的资产阶级分子,以及《国民报》派的将军、银行家和律师们瓜分了。但是工人这一次已决心不再像1830 年 7 月那样任人欺骗。他们准备重新开始斗争,以武力强迫成立共和国。**拉斯拜尔**前往市政厅去声明这一点。他以巴黎无产阶级的名义,**命令**临时政府宣布成立共和国;如果人民的这个命令在两小时之内不付诸执行,他就要带领 20 万人回来。阵亡战士尸骨未寒,街垒尚未拆除,工人也还没有解除武装,而唯一可以用来与工人相对抗的力量不过是国民自卫军。在这种情况下,临时政府的政略上的考虑和按法律行事的拘谨精神立即消失不见了。两小时的期限未满,巴黎的各处墙壁上就已出现了具有历史意义的夺目的大字:

法兰西共和国!自由,平等,博爱!

以普选权为基础的共和国一宣告成立,那些驱使资产阶级投入二月革命的有限目的和动机就无人记起了。不是资产阶级中的少数几个集团,而是法国社会中所有阶级,都突然被抛到政权的圈子里来,被迫离开包厢、正厅和楼座而登上革命舞台亲身去跟着一道表演!随着立宪君主制被推翻,国家政权不受资产阶级社会支配的这种假象就消失了,因而由这种虚假的政权挑起的一切派生的冲突也一并消失了!

无产阶级既然把共和国强加给临时政府,并通过临时政府强加给全法国,它就立刻作为一个独立的党登上了前台,但是同时它招致了整个资产阶级的法国来和它作斗争。它所获得的只是为自身革命解放进行斗争的基地,而决不是这种解放本身。

其实,二月共和国首先应该**完善资产阶级的统治**,因为这个共和国使**一切有产阶级**同金融贵族一起进入了政权的圈子。大多数的大土地所有者即正统派[199]从七月王朝迫使他们所处的那种政治地位低微的状态中解脱出来。无怪乎《法兰西报》[223]同反对派的报纸一起进行过鼓动,无怪乎拉罗什雅克兰在 2 月 24 日的众议院会议上表示过赞同革命。普选权已把那些在法国人中占绝大多数的名义上的所有者即**农民**指定为法国命运的裁定人。最后,二月共和国打落了后面隐藏着资本的王冠,因而资产阶级的统治现在已经赤裸裸地显露出来。

正如在七月事变中工人争得了**资产阶级君主国**一样,在二月事变中他们争得了**资产阶级共和国**。正如七月君主国不得不宣布自己为**设有共和机构的君主国**一样,二月共和国也不得不宣布自己为**设有社会机构的共和国**。巴黎的无产阶级把这个让步也**争到手**了。

工人马尔什迫使刚成立的临时政府颁布了一项法令,其中规定临时政府保证工人能以劳动维持生存,使全体公民都有工可做等等。当临时政府几天以后忘却了自己的诺言,并且好像心目中已经没有了无产阶级的时候,有两万工人群众向市政厅进发,大声高呼:**组织劳动! 成立专门的劳动部!** 临时政府经过长时间的辩论之后,勉强设立了一个专门常设委员会,负责**探求**改善工人阶级状况的办法! 这个委员会由巴黎各手工业行会的代表组成,由路易·勃朗和阿尔伯两人任主席。把卢森堡宫拨给它做会址。这样,工人阶级的代表就被逐出了临时政府的所在地,临时政府中的资产阶级分子就把实际的国家政权和行政管理权完全掌握在自己手中了。在财政部、商业部和公共工程部**旁边**,在银行和交易所**旁边**,修建了一个**社会主义的礼拜堂**,这个礼拜堂的两个最高祭司路易·勃朗和阿尔伯所承担的任务就是要发现乐土,宣告新福音,并让巴黎无产阶级有工作可做。与任何世俗的国家政权机关不同,他们既没有任何经费预算,也没有任何行政权。他们得用自己的头去撞碎资产阶级社会的柱石。卢森堡宫在寻找点金石,市政厅里却在铸造着通用的钱币。

可是,巴黎无产阶级的要求既然越出了资产阶级共和国的范围,那也只能在卢森堡宫的朦胧状态中得到表现。

工人与资产阶级共同进行了二月革命;现在工人企图在资产阶级**旁边**实现自己的利益,就像他们在临时政府本身安插了一位工人坐到资产阶级多数派旁边一样。**组织劳动!** 但是雇佣劳动就是现存的资产阶级的组织劳动。没有雇佣劳动,就没有资本,就没有资产阶级,就没有资产阶级社会。**专门的劳动部!**但是,难道财政部、商业部和公共工程部不是**资产阶级的**劳动部吗?设在这些部**旁边的无产阶级的**劳动部,只能是一个软弱无力的部,只能是一个徒有善良愿望的部,只能是一个卢森堡宫委员会。工人们相信能在资产阶级旁边谋求自身解放,同样,他们也认为能够在其他资产阶级国家旁边实现法国国内的无产阶级革命。但是,法国的生产关系是受法国的对外贸易制约的,是受法国在世界市场上的地位以及这个市场的规律制约的。如果没有一场击退英国这个世界市场暴君的欧洲革命战争,法国又怎么能打破这种生产关系呢?

一个一旦奋起反抗便集中体现社会的革命利益的阶级,会直接在自己的处境中找到自己革命活动的内容和材料:打倒敌人,采取适合斗争需要的办法,它自身行动的结果就推动它继续前进。它并不从理论上研究本身的任务。法国工人阶级不是站在这样的立足点上,它还没有能力实现自己的革命。

一般说来,工业无产阶级的发展是受工业资产阶级的发展制约的。在工业资产阶级统治下,它才能获得广大的全国规模的存在,从而能够把它的革命提高为全国规模的革命;在这种统治下,它才能创造出现代的生产资料,这种生产资料同时也正是它用以达到自身革命解放的手段。只有工业资产阶级的统治才能铲除封建社会的物质根底,并且铺平无产阶级革命唯一能借以实现的地基。法国的工业比大陆上其他地区的工业更发达,而法国的资产阶级比大陆上其他地区的资产阶级更革命。但是二月革命难道不是直接反对金融贵族的吗?这一事实证明,工业资产阶级并没有统治法国。工业资产阶级的统治只有在现代工业已按本身需要改造了一切所有制关系的地方才有可能实现;而工业又只有在

它已夺得世界市场的时候才能达到这样强大的地步,因为在本
国的疆界内是不能满足其发展需要的。但是,法国的工业,甚至
对于国内市场,也大都是依靠变相的禁止性关税制度才掌握得
住。所以当革命发生时,法国无产阶级在巴黎拥有实际的力量
和影响,足以推动它超出自己所拥有的手段去行事,而在法国其
他地方,无产阶级只是集聚在一个个零散的工业中心,几乎完全
消失在占压倒多数的农民和小资产阶级中间。具有发展了的现
代形式、处于关键地位的反资本斗争,即工业雇佣工人反对工业
资产者的斗争,在法国只是局部现象。在二月事变之后,这种斗
争更不能成为革命的全国性内容,因为在当时,反对次一等的资
本剥削方式的斗争,即农民反对高利贷和反对抵押制的斗争,小
资产者反对大商人、银行家和工厂主的斗争,也就是反对破产的
斗争,还隐蔽在反对金融贵族的普遍起义之中。所以,无怪乎巴
黎无产阶级力图在资产阶级利益**旁边**实现自己的利益,而不是
把自己的利益提出来当做社会本身的革命利益;无怪乎它在**三
色旗**面前降下了**红旗**。[224] 在革命进程把站在无产阶级与资产阶
级之间的国民大众即农民和小资产者发动起来反对资产阶级制
度,反对资本统治以前,在革命进程迫使他们承认无产阶级是自
己的先锋队而靠拢它以前,法国的工人们是不能前进一步,不能
丝毫触动资产阶级制度的。工人们只能用惨重的六月失败做代
价来换得这个胜利。

　　由巴黎工人创造出来的卢森堡宫委员会总算还有一个功劳,
这就是它从欧洲的一个讲坛上泄露了 19 世纪革命的秘密:**无产阶
级的解放**。《通报》[225] 在不得不正式宣传一些"荒诞呓语"时脸红
了,这些"荒诞呓语"原先埋藏在社会主义者的伪经里,只是间或
作为一种又可怕又可笑的遥远的奇谈传进资产阶级的耳鼓。欧洲

忽然从它那资产阶级的假寐中惊醒了。于是,在把金融贵族和一般资产阶级混为一谈的那些无产者的观念里,在甚至否认有阶级存在或至多也只认为阶级不过是立宪君主制产物的那些共和主义庸人的想象里,在先前被拒于政权之外的那些资产阶级集团伪善的词句里,**资产阶级的统治**已随着共和国的成立而被排除了。这时,一切保皇党人都变成了共和党人,巴黎所有百万富翁都变成了工人。与这种在想象中消灭阶级关系相适应的词句,就是**博爱**——人人都骨肉相连、情同手足。这样和气地抛开阶级矛盾,这样温柔地调和对立的阶级利益,这样想入非非地超越阶级斗争,一句话,博爱——这就是二月革命的真正口号。只是纯粹出于**误会**才造成各阶级的分裂,于是 2 月 24 日拉马丁就把临时政府叫做"消除**各阶级间所存在的可怕误会**的政府"①。巴黎无产阶级就沉醉在这种宽大仁慈的博爱气氛中了。

从临时政府这方面来说,它既然被迫宣告共和国成立,那就要尽力使这个共和国能为资产阶级和外省所接受。它以废除政治犯死刑来否定法兰西第一共和国那种血腥恐怖;在报刊上可以自由发表任何观点;军队、法庭、行政,除了少数例外,仍然掌握在昔日的达官贵人手中;七月王朝的重大罪犯没有一个受到追究。《国民报》方面的资产阶级共和党人把君主国的名称和衣裳改换成旧共和国的名称和衣裳,借以取乐。对他们来说,共和国只不过是旧资产阶级社会的一件新舞衣罢了。年轻的共和国认为自己建立丰功伟绩的途径不在于去恐吓别人,而在于自己总是诚惶诚恐,依靠自己的柔顺和不对抗的生存方式来谋求生存并消除对抗。它向国

---

① 阿·拉马丁《1848 年 2 月 24 日在众议院的演说》,载于 1848 年 2 月 25 日《总汇通报》第 56 号。——编者注

内特权阶级和国外专制政权大声宣告,共和国是爱好和平的。自己活,也让别人活——这就是它的座右铭。恰好在这个时候,紧跟着二月革命,德国人、波兰人、奥地利人、匈牙利人和意大利人,各个民族的人都按照自己直接所处的情势起来反抗了。俄国和英国都感到措手不及,后者本身被运动波及,而前者则被运动吓住了。于是,共和国面前一个**民族**敌人也没有了,于是也就没有什么重大的外部纠纷可以激发起活力,加速革命过程,推动临时政府前进或将它抛弃。巴黎无产阶级把共和国看做是自己创造的,自然赞同临时政府所采取的每一个有助于巩固其在资产阶级社会中地位的措施。它心甘情愿地接受科西迪耶尔的委派,去执行警察职务,来保护巴黎的财产,就像它让路易·勃朗去调停工人与雇主关于工资的争议一样。它认为在欧洲面前保全共和国的资产阶级荣誉是它自己的荣誉问题。

共和国不论在国外或国内都没有碰到什么抵抗。这种情况就使它解除了武装。它的任务已不是要用革命手段改造世界,而只是要它自己去适应资产阶级社会的环境。临时政府的**财政措施**最能清楚地表明它是如何狂热地解决这一任务的。

公共信用和**私人信用**自然被动摇了。**公共信用**是以确信国家听凭犹太人金融家剥削为基础的。但是旧的国家已经消失了,而革命反对的首先是金融贵族。最近这次欧洲商业危机的震荡还没有终止。破产还在相继发生。

可见,在二月革命爆发以前,**私人信用**已经瘫痪,流通已经不畅,生产已经停滞。革命危机加剧了商业危机。既然私人信用是以确信在整个资产阶级生产关系范围内的资产阶级生产、资产阶级制度没有受到侵犯并且不可侵犯为基础的,那么这种已经使资产阶级生产的基础,即无产阶级在经济上受奴役的状态受到威胁的革命,以卢森堡宫的斯芬克斯①去向交易所对抗的革命,又该产生什么影响呢?无产阶级的起义,就是消灭资产阶级的信用,因为它意味着消灭资产阶级生产及其制度。公共信用和私人信用是表明革命强度的经济温度计。**这种信用降低到什么程度,革命的热度和革命的创造力就增长到什么程度。**

临时政府想要抛掉共和国的反资产阶级外貌。为此首先必须设法保证这个新国家形式的**交换价值**,保证它在交易所中的**行价**。私人信用必然要跟着共和国在交易所中的行价再度上升。

为了使人不致**怀疑**共和国不愿意或不能够履行它从君主国继承下来的义务,为了使人相信共和国具有资产阶级的道德和偿付能力,临时政府采取了既不体面而又幼稚的虚张声势的手段。法定偿付期限**未到**,临时政府就向国债债权人付清了五厘、四厘五和四厘息国债券的息金。资本家一看见临时政府这样提心吊胆地急于收买他们的信任,他们那种资产阶级的骄矜自负的态度就立刻恢复了。

自然,临时政府的财政拮据,并没有因它采取这种耗费本身现金储备的矫揉造作办法而有所减轻。财政拮据已不能再掩饰下去了,于是**小资产者**、**仆役和工人**就不得不掏出钱来,为政府赠给国债债权人的这份令人喜出望外的礼物付款。

政府宣布,凡存款在 100 法郎以上的**储蓄银行存折**今后不得提取现款。储蓄银行中的存款被没收了,由政府下令变为不予兑现的国债。这就激起了原已处境困窘的**小资产者**对于共和国的愤恨。小资产者这时所持有的已经不是储蓄银行的存折而是国债

---

① 指卢森堡官委员会。——编者注

券,于是他们就不得不把这种债券拿到交易所去出卖,从而直接听任交易所犹太人的宰割,而他们正是为了反对这些人才进行二月革命的。

银行是七月王朝时期掌握统治权的金融贵族的高教会[226]。正像交易所操纵着国家信用一样,银行操纵着**商业信用**。

二月革命不仅直接威胁银行的统治,而且威胁银行的生存;银行一开始就把不守信用弄成普遍现象,以图使共和国丧失信用。银行突然停止对银行家、工厂主和商人发放信贷。这种手腕既然没有立刻引起反革命,就必然反而使银行本身受到打击。资本家们把他们贮藏在银行地下室里的钱提出来。银行券持有者们都赶到银行出纳处去挤兑金银。

临时政府本来可以不用强力干涉而完全合法地迫使银行**破产**,它只要冷眼旁观,让银行听天由命就行了。**银行破产**就会像洪水泛滥一样,转瞬间把金融贵族,这个共和国的最强大最危险的敌人,七月王朝的黄金台柱,从法国土地上扫除干净。银行一旦破产,如果政府建立一个国家银行并把全国信用事业置于国家监督之下,资产阶级自身就只得把这看做是自己在绝境中的一线生机。

但是,临时政府并没有这样去做,反而规定银行券**强制流通**。不仅如此,它还把一切外省银行变成了法兰西银行的分行,使法兰西银行网络遍布法国全境。后来,临时政府又向法兰西银行签约借款,把**国有森林**抵押给它作为担保。于是二月革命就直接地巩固和扩大了它本来应该推翻的银行统治。

同时,临时政府又日益被有增无已的财政赤字压得直不起腰来。它恳求大家为爱国主义作出牺牲,但是毫无用处。只有工人才给它一点施舍。于是它只得采取英勇手段——开征**新税**。然而向谁征税呢? 向交易所的豺狼、银行大王、国债债权人、食利者和工业家征税吗？这不是取得资产阶级对于共和国同情的办法。一方面，这样做意味着危害国家信用和商业信用，而另一方面，人们又力图用很大的牺牲和屈辱去换取这种信用。但是，总得有人从自己腰包里掏出钱来才行。谁来为资产阶级的信用事业作出牺牲呢？是笨伯雅克①，**农民**。

临时政府对所有四种直接税每法郎加征四十五生丁附加税[227]。官方的报刊欺骗巴黎无产阶级，说这项税负主要是落在大地产上，即落在复辟王朝非法攫取的 10 亿巨款[228]占有者的身上。而实际上这项税负首先落在**农民阶级**身上，即落在法国绝大多数人民身上。**农民不得不负担二月革命的费用**，反革命由此就得到了他们的主要物质力量。四十五生丁税，对于法国农民是个生死问题，而法国农民又把它变成了共和国的生死问题。从这时起，法国农民心目中的**共和国**就是**四十五生丁税**，而在他们看来，巴黎无产阶级就是靠他们出钱来享乐的浪费者。

1789 年的革命是从免除农民的封建负担开始的，而 1848 年的革命为了使资本不受到损害并使其国家机器继续运转，首先就给农民加上了一项新税。

临时政府只有用一个方法才能排除这一切困难，并使国家脱离其旧日的轨道，这就是**宣告国家破产**。大家都记得，赖德律-洛兰后来曾向国民议会描述，他如何义愤填膺地驳斥了交易所犹太人、法国现任财政部长富尔德所提出的这种无理要求。其实，富尔德当时劝他接受的是知善恶树上的苹果[229]。

临时政府既然承认旧资产阶级社会发行的要国家负责付款的

---

① 笨伯雅克原文是 Jacques le bonhomme，是法国贵族对农民的蔑称。——编者注

期票,也就归附了旧资产阶级社会。它不是以一个威风凛凛的债权人身份去向资产阶级社会索取多年的革命旧账,反而成了资产阶级社会的受催逼的债务人。它只得去加固摇摇欲坠的资产阶级社会关系,来履行那些只有在这种社会关系范围内才必须履行的义务。信用已成了它维持生存的必要条件,而它对无产阶级的让步和对无产阶级的许诺,已成了它无论如何都**必须**打破的**桎梏**。工人的解放——即令只是**空话**——也已成了新共和国不堪忍受的危险,因为要求工人解放,就意味着不断反对恢复信用,而这种信用是以坚定不移地、毫不含糊地承认现存的经济的阶级关系为基础的。所以,一定要**把工人清除出去**。

二月革命已把军队逐出巴黎了。国民自卫军,即资产阶级各个阶层的势力,成了唯一的军事力量,但是它觉得自己还不能对付无产阶级。而且,国民自卫军尽管进行了极顽强的抵抗和千方百计的阻挠,也不得不逐渐地、部分地开放自己的队伍,让武装的无产者加入进来。这样一来,就只剩下了一条出路:**使一部分无产者与另一部分无产者相对立**。

为了这个目的,临时政府组织了 24 营**别动队**[230],每营 1 000 人,由 15 岁到 20 岁的青年组成。这些青年大部分属于**流氓无产阶级**,而流氓无产阶级在所有大城市里都是由与工业无产阶级截然不同的一群人构成的。这是盗贼和各式各样罪犯滋生的土壤,是专靠社会餐桌上的残羹剩饭生活的分子、无固定职业的人、游民——gens sans feu et sans aveu;他们依各人所属民族的文化水平不一而有所不同,但是他们都具有拉察罗尼[231]的特点。他们的性格在受临时政府征募的青年时期是极易受人影响的,能够做出轰轰烈烈的英雄业绩和狂热的自我牺牲,也能干出最卑鄙的强盗行径和最龌龊的卖身勾当。临时政府每天给他们 1 法郎 50 生丁,就是说,收买了他们。临时政府给他们穿上特别制服,就是说,使他们在外表上不同于穿工作服的工人。担任他们指挥官的,一部分是政府指派的常备军军官,一部分是他们自己选出的资产阶级年轻子弟,这些人满口要为祖国牺牲和为共和国效忠的高调迷住了他们。

这样,当时与巴黎无产阶级相对立的,就有一支从他们自己当中招募的年轻力壮、好勇斗狠的 24 000 人的军队。无产阶级向列队通过巴黎街头的别动队欢呼**"万岁!"**他们把别动队看成是自己在街垒战中的前卫战士。他们认为别动队是同资产阶级的国民自卫军相对立的**无产阶级**自卫军。他们的错误是情有可原的。

除了别动队之外,政府还决定在自己周围募集一支产业工人大军。马利部长把 10 万个因危机和革命而失业的工人编进了所谓国家工场[232]。在这个响亮的名称之下不过是以 23 苏的工资雇用工人去从事枯燥、单调和非生产性的**掘土工作**罢了。国家工场只不过是**露天的英国习艺所**[77]。临时政府以为这样就组建了**第二支反对工人本身的无产者大军**。这一次资产阶级把国家工场看错了,正如工人把别动队看错了一样。它原来是创立了一支**暴动军**。

不过有**一个目的**是达到了。

国家工场——路易·勃朗在卢森堡宫所宣传的那种人民工场就叫这个名字。马利的工场同卢森堡宫的设想完全**相反**,但因为名称相同,就往往给人提供机会,去别有用心地制造误会,就像描写仆人的西班牙喜剧所制造的那种误会一样[233]。临时政府自己暗地里散布谣言,说这些国家工场是路易·勃朗的发明,因为国家工场的预言者路易·勃朗是临时政府中的一员,谣言就更加显得真实了。在巴黎资产阶级半天真半故意地混淆这两种东西的过程中,在法国和欧洲当时受到操纵的舆论中,这些习艺所竟成了实现社会主义的第一步,于是,社会主义就一起被钉在耻辱柱上了。

如果不是就内容来说,而是就名称来说,**国家工场**是无产阶级反对资产阶级工业,反对资产阶级信用和反对资产阶级共和国的具体表现。因此,资产阶级把自己的全部仇恨都倾注在这些国家工场上。同时它认定这些国家工场是它一旦强大到能够跟二月革命的幻想公然决裂时就可以加以打击的对象。**小资产者**也把这些已成为共同攻击对象的国家工场当做发泄自己一切不满和烦恼的目标。他们咬牙切齿地计算着这班无产阶级懒汉耗费的钱财,而他们自己的境况却变得一天比一天艰难。装装样子的工作竟可以获得国家年金,这就叫社会主义!他们这样嘟囔着。他们认为自己境况穷困的原因就在于国家工场,就在于卢森堡宫的浮夸之词,就在于巴黎工人的示威游行。最狂热地反对共产主义者的所谓阴谋诡计的,莫过于这些濒临破产而又毫无得救希望的小资产者了。

这样,在资产阶级与无产阶级之间行将来临的搏斗中,一切优势,一切最重要的阵地,社会的一切中间阶层,都掌握在资产阶级手中。而正是在这个时候,二月革命的浪潮又在整个大陆高涨起来了;每一次来的邮件,时而从意大利,时而从德国,时而从最遥远的欧洲东南部地区都传来新的革命消息,不断地给人民带来胜利的证据,使人民普遍地沉浸在欣喜的情绪之中,而实际上他们已经丧失了这种胜利。

三月十七日事件和**四月十六日事件**,是资产阶级共和国内部蕴蓄的伟大阶级斗争的初次交锋。

三月十七日事件表明,无产阶级处于不明朗的局势之中,难以采取任何决定性的行动。无产阶级举行示威游行的最初目的,是要让临时政府回到革命轨道上来,在必要时把资产阶级的阁员清除出去,并且迫使国民议会和国民自卫军的选举延期。[234]但是在 3

月 16 日，由国民自卫军代表的资产阶级举行了反对临时政府的示威游行。他们在"打倒赖德律-洛兰！"的呐喊声中涌向市政厅。这就使人民不得不在 3 月 17 日高呼："赖德律-洛兰万岁！临时政府万岁！"不得不**抗击**资产阶级，以维护他们觉得陷于危急的资产阶级共和国。他们没有使临时政府屈服于自己，反而加固了临时政府的地位。三月十七日事件以一种戏剧性的场面结束了。诚然，巴黎无产阶级在这一天再度显示了自己强大的力量，但这只是加强了临时政府内外的资产阶级击破无产阶级的决心。

四月十六日事件是临时政府串通资产阶级制造的一个**误会**。当时许多工人聚集在马尔斯广场和跑马场上，以便筹备国民自卫军总部的选举事宜。突然有一个谣言迅速传遍巴黎全城各处，说在马尔斯广场上工人们在路易·勃朗、布朗基、卡贝和拉斯拜尔领导下武装集合，打算从那里向市政厅进发，推翻临时政府，宣布成立共产主义政府。立刻就有人发出全体紧急集合警报——后来赖德律-洛兰、马拉斯特和拉马丁三人竞相表白，说首先发出警报的殊荣归于自己——，于是一小时以后就有 10 万人荷枪待发，市政厅的所有入口都被国民自卫军占据了，"打倒共产主义者！打倒路易·勃朗、布朗基、拉斯拜尔和卡贝！"的口号响彻巴黎全城，无数的代表团跑来向临时政府表示效忠，所有的人都准备拯救祖国和社会。最后，当工人们来到市政厅前面，正要把他们在马尔斯广场上募集的爱国捐款献给临时政府的时候，他们才惊悉，原来资产阶级的巴黎刚才在周密筹划的虚假战斗中战胜了他们的影子。4 月 16 日的这场可怕的乱子，便成了**把军队召回巴黎**（这出拙劣喜剧的真正目的原在于此），并在外省各处举行反动的联邦主义示威游行的借口。

5 月 4 日,由**直接普选产生的国民议会**①开会了。普选权并不具备旧派共和党人所寄托于它的那种魔力。旧派共和党人把全体法国人,或至少是把大多数法国人看做具有同一利益和同一观点等等的**公民**。这就是他们的那种**人民崇拜**。但是,选举所表明的并不是他们**意想中的人民**,而是**真实的人民**,即分裂成各个不同阶级的代表。我们已经看到,农民和小资产者在选举中为什么必定由好斗的资产阶级和渴望复辟的大土地所有者来统辖。然而,普选权虽不是共和主义庸人所想象的那种法力无边的魔杖,却具有另一种高超无比的功绩;它发动阶级斗争,使资产阶级社会各中间阶层迅速地产生幻想又迅速地陷入失望;它一下子就把剥削阶级所有集团提到国家高层,从而揭去他们骗人的假面具,而有选举资格限制的君主制度则只是让资产阶级中的某些集团丧失声誉,使其余的集团得以隐藏在幕后并且罩上共同反对派的神圣光环。

在 5 月 4 日开幕的制宪国民议会中,占压倒优势的是**资产阶级共和派**,《国民报》的共和派[221]。正统派[199]和奥尔良派[235]本身起初也只有戴着资产阶级共和主义假面具才敢出头露面。只有借共和国的名义,才能发动斗争反对无产阶级。

共和国,即法国人民所承认的共和国开始存在的时期,应该是**从 5 月 4 日算起,而不是从 2 月 25 日算起**;这不是巴黎无产阶级强令临时政府接受的那个共和国,不是设有社会机构的那个共和国,不是在街垒战士眼前浮现过的那个幻象。国民议会所宣告成立的、唯一合法的共和国,不是一种反对资产阶级制度的革命武器,而是在政治上对它实行的改造,是在政治上对资产阶级社会的

---

① 从本页到第 497 页,国民议会是指 1848 年 5 月 4 日—1849 年 5 月的制宪国民议会(制宪议会)。——编者注

重新加固,简言之,就是**资产阶级共和国**。这种论断是从国民议会的讲坛上发出的,并且在一切共和派的和反共和派的资产阶级报刊中得到了响应。

我们已经看到:二月共和国事实上不过是,而且也只能是一个**资产阶级**共和国,但是临时政府在无产阶级的直接压力下,不得不宣布它是一个**设有社会机构的共和国**;巴黎无产阶级还只能在**观念**中、在**想象**中越出资产阶级共和国的范围,而当需要行动的时候,他们的活动却处处都为资产阶级共和国效劳;许给无产阶级的那些诺言已成了新共和国所不堪忍受的威胁,临时政府的整个存在过程可以归结为一场反对无产阶级要求的、持续不断的斗争。

整个法国在国民议会里对巴黎无产阶级进行审判。国民议会立即与二月革命的一切社会幻想实行了决裂,公然宣布了**资产阶级共和国**,纯粹的资产阶级共和国。它立即从自己所任命的执行委员会**236**中排除了无产阶级的代表——路易·勃朗和阿尔伯;它否决了设立专门劳动部的提案,并且以暴风雨般的欢呼声同意了特雷拉部长所作的声明:"现在的问题只是**要劳动恢复原状**。"

然而还不止这些。二月共和国是工人在资产阶级消极支持下争得的。无产者理所当然地认为自己是二月斗争中的胜利者,并提出胜利者的高傲要求。必须在巷战中战胜这些无产者,一定要让他们明白,一旦他们在斗争中不是**联合资产阶级**而是**反对资产阶级**,他们就注定要失败。先前,为了建立一个对社会主义作出让步的二月共和国,曾经需要无产阶级联合资产阶级同王权进行战斗;现在,为了使共和国摆脱它向社会主义作出的让步,为了正式确立**资产阶级共和国**的统治,已需要再来一场战斗了。资产阶级一定要用手中的武器来反对无产阶级的要求。资产阶级共和国的真正出生地并不是**二月胜利**,而是**六月失败**。

无产阶级加速了决战的到来:它在 5 月 15 日涌入了国民议会,徒然地试图恢复自己的革命威望,结果只是使自己有能力的领袖落到了资产阶级狱吏手中。**237** *Il faut en finir*! 这种局面必须结束! 这个呼声表明了国民议会决心迫使无产阶级进行决战。执行委员会颁布了许多挑衅性的法令,如禁止民众集会等等。从制宪国民议会的讲坛上直接向工人发出挑衅,辱骂和嘲弄工人。但是,我们已经看到,真正的攻击对象,还是**国家工场**。制宪议会命令执行委员会对付这些国家工场,而执行委员会本来就只等国民议会用命令方式批准它自己既定的计划。

执行委员会开始阻挠工人进入国家工场,把计日工资改成了计件工资,并把一切不是在巴黎出生的工人赶到索洛涅,说是让他们去做掘土工作。而所谓掘土工作,正如从那里失望归来的工人向同行工友们所说的那样,不过是用来掩饰驱逐工人这一行动的花言巧语罢了。最后,6 月 21 日,《通报》**225**上登载了一项法令,命令把一切未婚工人强制逐出国家工场,或者编入军队。

工人们没有选择的余地:不是饿死,就是斗争。他们在 6 月 22 日以大规模的起义作了回答——这是分裂现代社会的两个阶级之间的第一次大规模的战斗。这是保存还是消灭**资产阶级**制度的斗争。蒙在共和国头上的面纱被撕破了。

大家知道,那些没有领袖、没有统一计划、没有经费和多半没有武器的工人,是如何以无比的勇敢和机智扼制了军队、别动队、巴黎的国民自卫军以及从外省开来的国民自卫军,一直坚持了五天。大家知道,资产阶级为自己所经受的死亡恐怖进行了闻所未闻的残酷报复,残杀了 3 000 多名俘虏。

法国民主派的正式代表人物受共和主义意识形态影响太深,以致在六月战斗已经过去了几星期,才开始觉察到这次战斗的意义。他们简直被冲散他们共和国幻觉的硝烟熏得头昏眼花。

请读者允许我们用《新莱茵报》**149** 中的一段话来表达六月失败的消息给我们的直接印象：

"二月革命的最后正式残余物——执行委员会——已像幻影一样在严重事变的面前消散了；拉马丁的照明弹变成了卡芬雅克的燃烧弹。博爱，一方剥削另一方的那些互相对立的阶级之间的那种博爱；博爱，在 2 月间宣告的、用大号字母写在巴黎的正面墙上、写在每所监狱上面、写在每所营房上面的那种博爱，用真实的、不加粉饰的、平铺直叙的话来表达，就是**内战**，就是最可怕的国内战争——劳动与资本间的战争。在 6 月 25 日晚间，当资产阶级的巴黎张灯结彩，而无产阶级的巴黎在燃烧、在流血、在呻吟的时候，这个博爱便在巴黎所有窗户前面烧毁了。博爱存在的那段时间正好是资产阶级利益和无产阶级利益友爱共处的时候。

拘守 1793 年旧的革命传统的人，社会主义的空论家，他们曾为人民向资产阶级乞怜，并且被允许长时间地说教和同样长时间地丢丑，直到把无产阶级的狮子催眠入睡为止；共和党人，他们要求实行整套旧的、不过没有君主的资产阶级制度；王朝反对派**222**，他们从事变中得到的不是内阁的更换，而是王朝的崩溃；正统派，他们不是想脱去奴仆的服装，而是仅仅想改变一下这种服装的式样。所有这些人物就是人民在实现自己的二月革命时的同盟者……

二月革命是一场**漂亮的**革命，得到普遍同情的革命，因为在这场反对王权的革命中显现出来的各种矛盾还在**尚未充分发展的状态**中和睦地安睡在一起，因为构成这些矛盾背景的社会斗争还只是一种隐约的存在，还只是口头上和字面上的存在。相反，**六月革命**则是一场**丑恶的**革命，令人讨厌的革命，因为这时行动已经代替了言辞，因为这时共和国已经摘掉了保护和掩饰过凶恶怪物的王冠，暴露出这个凶恶怪物的脑袋。**秩序！**——这是基佐的战斗呐喊。**秩序！**——基佐的信徒塞巴斯蒂亚尼曾在俄军攻下华沙时这样高喊。**秩序！**——法国国民议会和共和派资产阶级的粗野的应声虫卡芬雅克这样高喊。**秩序！**——他所发射的霰弹在炸开无产阶级的躯体时这样轰鸣。1789 年以来的许多次法国资产阶级革命，没有一次曾侵犯过**秩序**，因为所有这些革命都保持了阶级统治和对工人的奴役，保持了**资产阶级秩序**，尽管这种统治和这种奴役的政治形式时常有所改变。六月革命侵犯了这个秩序。六月革命罪该万死！"①(1848 年 6 月 29 日《新莱茵报》)

六月革命罪该万死！——欧洲各处响应道。

巴黎无产阶级在资产阶级**逼迫**下发动了六月起义。单是这一点已注定无产阶级要失败。既不是直接的、公开承认的要求驱使无产阶级想用武力推翻资产阶级，也不是无产阶级已经到了有能力解决这个任务的地步。《通报》只得正式向无产阶级挑明，共和国认为有必要对它的幻想表示尊重的时代已经过去了，并且只有它的失败才使它确信这样一条真理：它要在资产阶级共和国**范围内**稍微改善一下自己的处境只是一种**空想**，这种空想只要企图加以实现，就会成为罪行。于是，原先无产阶级想要强迫二月共和国予以满足的那些要求，那些形式上浮夸而实质上琐碎的、甚至还带有资产阶级性质的要求，就由一个大胆的革命战斗口号取而代之，这个口号就是：**推翻资产阶级！工人阶级专政！**

无产阶级既然将自己的葬身地变成了**资产阶级共和国**的诞生

---

① 参看马克思《六月革命》，《马克思恩格斯全集》中文第 1 版第 5 卷第153—155 页。——编者注

地,也就迫使资产阶级共和国现了原形:原来这个国家公开承认的目的就是使资本的统治和对劳动的奴役永世长存。已经摆脱了一切桎梏的资产阶级统治,由于眼前总是站立着一个遍体鳞伤、决不妥协与不可战胜的敌人——其所以不可战胜,是因为它的存在就是资产阶级自身生存的条件——就必定要立刻变成**资产阶级恐怖**。在无产阶级暂时被挤出舞台而资产阶级专政已被正式承认之后,资产阶级社会的中间阶层,即小资产阶级和农民阶级,就必定要随着他们境况的恶化以及他们与资产阶级对抗的尖锐化而越来越紧密地靠拢无产阶级。正如他们从前曾认为他们的灾难是由于无产阶级的崛起一样,现在则认为是由于无产阶级的失败。

如果说六月起义在大陆各处都加强了资产阶级的自信心,并且促使它公开与封建王权结成联盟来反对人民,那么究竟谁是这个联盟的第一个牺牲品呢?是大陆的资产阶级自身。六月失败阻碍了它巩固自己的统治,阻碍了它使人民在半满意和半失望中停留于资产阶级革命的最低阶段上。

最后,六月失败使欧洲各个专制国家识破了一个秘密,即法国为了能在国内进行内战,无论如何都必须对外保持和平。这就把已经开始争取民族独立的各国人民置于俄国、奥地利和普鲁士的强权之下,而同时这些国家的民族革命的成败也就要依无产阶级革命的成败而定,它们那种表面上不依社会大变革为转移的独立自主性就消失了。只要工人还是奴隶,匈牙利人、波兰人或意大利人都不会获得自由!

最后,神圣同盟[217]的胜利使欧洲的局面发生了变化,只要法国发生任何一次新的无产阶级起义,都必然会引起**世界战争**。新的法国革命将被迫立刻越出本国范围去**夺取欧洲的地区**,因为只有在这里才能够实现 19 世纪的社会革命。

总之,只有六月失败才造成了所有那些使法国能够发挥欧洲革命**首倡**作用的条件。只有浸过了六月起义者的**鲜血**之后,三色旗才变成了欧洲革命的旗帜——**红旗!**[224]

因此我们高呼:**革命死了!——革命万岁!**

二 1849 年 6 月 13 日

1848 年 2 月 25 日法国被迫实行**共和制**,6 月 25 日**革命**被强加给法国。在 6 月以后,革命意味着**推翻资产阶级社会**,而在 2 月以前,它却意味着**推翻一种国家形式**。

六月斗争是资产阶级**共和派**领导的,斗争胜利了,政权当然归他们。戒严使手足被缚的巴黎毫无抵抗地倒在他们脚下,而在外省,则到处笼罩着精神上的戒严气氛,获胜的资产者盛气凌人、飞扬跋扈,农民则肆无忌惮地表现出对财产的狂热情绪。因此,**在下层已经没有任何威胁了!**

在工人的革命力量被消灭的同时,**民主主义共和派**即具有**小资产阶级**思想的共和派的政治影响也被消灭了,他们的代表者在执行委员会[236]中是赖德律-洛兰,在制宪国民议会中是山岳党[238],在新闻出版界是《改革报》[201]。他们同资产阶级共和派一起在 4 月 16 日搞过反对无产阶级的阴谋,同这些人一起在六月事变时攻打过无产阶级。这样,他们就自己破坏了他们那一派赖以成为一股力量的背景,因为小资产阶级只有以无产阶级为后盾,才能保持住自己反对资产阶级的革命阵地。他们被踢开了。资产阶级共和派公然破坏了自己在临时政府和执行委员会时期勉强地而且是满腹鬼胎地跟他们结成的虚假同盟。民主主义共和派作为同盟者已被轻蔑地抛弃,堕落成了三色旗派[221]的仆从,他们不可能迫使三色旗派作出任何让步,但是每当三色旗派的统治以及整个共和国看来受到反对共和的资产阶级集团的威胁时,他们就必定要维护这个统治。最后,这些集团,即奥尔良派和正统派,一开始就在制宪国民议会中占少数。在六月事变以前,他们自己只有戴上资产阶级共和主义假面具才敢出头露面;六月胜利使整个资产阶级法国一度把卡芬雅克当成自己的救星来欢迎,而当反共和派在六月事变后不久重新取得独立地位时,军事专政和巴黎戒严只容许这一派非常畏缩谨慎地伸出自己的触角。

自 1830 年起,**资产阶级共和派**以他们的著作家、他们的代言人、他们的专门人才、他们的野心家、他们的议员、将军、银行家和律师为代表,聚集在巴黎的一家报纸即《**国民报**》[221]的周围。在外省,《国民报》设有自己的分社。《国民报》派是**三色旗共和国的王朝**。他们立刻就占据了一切官职——内阁各部、警察总局和邮政总局的职位,以及地方行政长官的职位和军队高级军官的空缺。他们的将军**卡芬雅克**执掌着行政权,他们的总编辑马拉斯特成了制宪国民议会常任议长。同时,他又以司礼官的身份在自己的沙龙中接待正直的共和国的宾客。

甚至那些革命的法国著作家,也由于对共和主义传统怀着某种敬畏而抱着错误见解,以为在制宪国民议会中是保皇党人占统治地位。恰恰相反,在六月事变之后,制宪议会仍然**完全是资产阶级共和主义的代表者**,而且,三色旗共和派在议会外的影响越是丧失殆尽,制宪议会就越是坚决地摆出这副面孔。在需要捍卫资产阶级共和国的**形式**时,制宪议会就拥有民主主义共和派的支持票;在需要捍卫这个共和国的**内容**时,制宪议会甚至连讲话的方式也与资产阶级保皇派如出一辙了,因为构成资产阶级共和国内容的正是资产阶级的利益,正是它的阶级统治和阶级剥削的物质条件。

由此可见,这个制宪议会的生命和活动不是体现了保皇主义,而是体现了资产阶级的共和主义,它归根到底不是死去了,也不是被杀害了,而是腐烂了。

在制宪议会统治的全部期间,当它在前台表演大型政治历史剧**99**的时候,在后台却进行着一刻不停的牺牲祭——军事法庭不断地对被捕的六月起义者判罪,或是不经审判就放逐。制宪议会老练地承认,它不是把六月起义者当做罪犯来审判,而是当做敌人来消灭。

制宪国民议会的第一步行动就是成立了**调查委员会**,来调查六月事件**158**和五月十五日事件**237**,并调查社会主义各派和民主主义各派的领袖们参加这些事件的情况。调查的直接对象就是路易·勃朗、赖德律-洛兰和科西迪耶尔。资产阶级共和派急于要除掉这些敌手。他们再也找不到比**奥迪隆·巴罗**先生更为适当的人选来替他们复仇了。这个人是王朝反对派过去的首领,自由主义的化身,妄自尊大的小人,浅薄无能的庸才,他不仅要为王朝复仇,而且要同那些使他丢掉内阁首相职位的革命家算账。这保证他决不会手软。于是这个巴罗被任命为调查委员会主席,而他也就制造出了一桩控诉二月革命的完整的案件,这个案件可以概括如下:3 月 17 日——**游行示威**,4 月 16 日——**阴谋**,5 月 15 日——**谋杀**,6 月 23 日——**内战**! 他为什么没有把他的深奥的刑事调查工作延伸到二月二十四日事件呢?《辩论日报》**239**对此作了回答①:二月二十四日事件就是**创建罗马**。国家的起源湮没在神话之中,而

---

① 指 1848 年 8 月 28 日《辩论日报》社论。——编者注

对神话是只许相信,不许讨论的。路易·勃朗和科西迪耶尔被交付法庭审判了,国民议会已经完成了它在 5 月 15 日开始进行的清洗自身的工作。

由临时政府拟定而由古德肖重新提出的对资本课税的方案(通过抵押税的形式)被制宪议会否决;限制工作日为十小时的法律被废除;负债者监禁制度重新施行;占法国人口大部分的没有读写能力的人被取消了参加陪审的资格。为什么不干脆连他们的选举权也剥夺掉呢?报刊交纳保证金的制度重新施行,结社权受到了限制。

但是,资产阶级共和派在急忙给旧日的资产阶级关系恢复旧日的保障,并消除革命浪潮所遗留下来的一切痕迹时,却遇到了一种使他们遭受意外危险的反抗。

在六月事变中,最狂热地为拯救财产和恢复信用而奋斗的,莫过于巴黎的小资产者——开咖啡店的、开餐馆的、开酒店的、小商人、小店主、小手工作坊主等等。小店主们奋起向街垒进攻,以求恢复从街头到小店去的通路。但是,街垒后面站着小店主们的顾客和债务人,街垒前面站着他们的债权人。而当街垒被摧毁,工人被击溃,小店主们在胜利的陶醉中奔回自己店里的时候,发觉店门已被财产的救主即信用的正式代理人堵住了,这位代理人拿着威胁性的通知单迎接他们:票据过期了!房租过期了!债票过期了!小店铺垮了!小店主垮了!

拯救财产!但是,他们所居住的房屋不是他们的财产;他们做生意的店铺不是他们的财产;他们所出卖的商品不是他们的财产。无论是他们的店铺,或是他们吃饭用的盘子,或是他们睡觉用的床铺,都已不再归他们所有了。正是为了对付他们,人们才需要**去拯救这种财产**,这样做为的是那些将房屋租给他们住的房东,为的是那些为他们贴现票据的银行家,为的是那些贷给他们现金的资本家,为的是那些把商品信托给小店主们出卖的工厂主,为的是那些把原料赊卖给小手工作坊主的批发商。**恢复信用!** 但是,重新变得稳定的信用已表明自己是一个充满活力而又十分干练的神,它把无力支付的债务人连同其妻子儿女一起逐出了住所,把他的虚幻的财产交给了资本,而把他本人抛进了在六月起义者尸体上重又威风凛凛地耸立起来的债务监狱。

小资产者惊愕地认识到,他们击溃了工人,就使自己毫无抵抗地陷入了债权人的掌握之中。他们从 2 月起就像慢性病一样拖延下来的、似乎没有人去注意的破产,在 6 月以后被正式宣告了。

小资产者的**名义上的财产**,只有在需要驱使他们去**以财产的名义**进行斗争的时候,才不受侵犯。现在,既然已经和无产阶级算清大账,也就可以和小店主来算小账了。在巴黎,过期的票据总值在 2 100 万法郎以上,外省则在 1 100 万法郎以上。巴黎有 7 000 多家商店老板,自 2 月以来就没有交过房租。

如果说国民议会决定要调查自 2 月以来的**政治罪责**,那么小资产者则要求调查 2 月 24 日以前的**公民债务**。大群的小资产者聚集在交易所的大厅里,威胁地提出要求:任何商人,凡是能证明自己只是由于革命引起的不景气才遭到破产,而到 2 月 24 日以前生意仍然不错,就应该由商业法庭准许延长偿付债务的期限,并强制债权人在取得适当利息的条件下撤诉。这个问题曾以"**友好协议**"法案形式在国民议会中讨论。国民议会正在踌躇不决的时候,突然听说有起义者的妻子儿女数千人在圣但尼门前准备请愿要求大赦。

小资产者面对着复活的六月幽灵战栗了起来,而国民议会又板起了面孔。债权人和债务人的 concordats à l'amiable——友好协议——中最重要的条款遭到了否决。

可见,在国民议会中,资产阶级的共和派代表早已把小资产者的民主派代表压了下去,这种议会范围内的分裂使资产阶级获得了现实的经济利益,因为小资产者作为债务人被交给资产者这个债权人去摆布了。这些债务人当中有一大部分已经完全破产,其余的人则只许在完全成为资本奴隶的条件下继续经营自己的业务。1848 年 8 月 22 日,国民议会否决了友好协议,而 1848 年 9 月 19 日,即在戒严期间,路易·波拿巴亲王和囚禁在万塞讷监狱的共产主义者拉斯拜尔当选为巴黎的代表。资产阶级则选举了犹太汇兑业者和奥尔良党人富尔德。这样,各方面都同时向制宪国民议会,向资产阶级共和主义和卡芬雅克公开宣战了。

不言而喻,巴黎小资产者大批破产造成的后果势必远远超出直接受害者的范围而持续发生作用,因而势必再次破坏资产阶级的交易,同时因六月起义造成的耗费加大了国家的赤字,而国家财政收入则因生产停滞、消费紧缩和输入减少而持续下降。卡芬雅克和国民议会别无他法,只好靠发行新公债寻找出路,而新公债又使他们更加受到金融贵族的束缚。

小资产者得到的六月胜利果实是破产和依法清账,而卡芬雅克的鹰犬即**别动队**[230]得到的酬劳则是娼妇们温情的拥抱,社会的这些"年轻的救主们"在马拉斯特——同时扮演正直的共和国东道主和行吟诗人角色的三色旗骑士——的沙龙里备受欢迎。但是,别动队这样受到社会优待,领取过高的薪俸,却使**军队**感到恼怒;同时,资产阶级共和主义在路易-菲力浦统治时期通过自己的报纸《国民报》用以争取一部分军队和农民阶级的一切民族幻想,却已经消失了。卡芬雅克和国民议会在**北意大利**充当调停者,以便伙同英国把它出卖给奥地利,仅仅这么一天的政绩就把《国民报》派 18 年来扮演反对派所得的成果化为乌有。再也没有哪一个政府比《国民报》派政府更缺乏民族气质了;再也没有哪一个政府像它这样依赖英国,而《国民报》派在路易-菲力浦统治时期原是每天都靠搬用卡托的"迦太基必须被消灭"①这句话过日子的;再也没有哪一个政府像它这样屈从于神圣同盟[217],而《国民报》派原是要求基佐那样一个人撕毁维也纳条约[240]的。历史的讽刺竟使《国民报》的前外事编辑巴斯蒂德当上了法国外交部长,让他以自己的每一件公文来驳斥自己的每一篇论文。

军队和农民阶级曾一度相信,有了军事专政,同时就会把对外战争和"荣誉"提到法国的日程上来。可是,卡芬雅克不是对资产阶级社会实行军刀专政,而是靠军刀实行资产阶级专政。这个专政现在需要的士兵只是宪兵。卡芬雅克在恪守古希腊罗马共和主义的忍让精神的严肃面具下隐藏着这样一个真相:他鄙俗地服从于为了资产阶级的官位而必须接受的屈辱条件。L'argent n'a pas de maître! 金钱无主人! 卡芬雅克也像制宪议会那样把第三等级的这句老格言理想化了,把它译成了如下的政治语言:资产阶级无国王,资产阶级统治的真正形式是共和国。

制宪国民议会的"伟大的根本性工作"就是造出这个**形式**,拟定共和**宪法**。正如把基督教历改名为共和历[241],把圣巴托洛缪节改名为圣罗伯斯比尔节不会使天气有什么改变一样,这部宪法没有并且也不能使资产阶级社会有什么改变。凡是宪法超出了**改换服装**的范围的地方,它就把**已经存在的**事实记录下来。于是,它隆重地登记了共和国的事实,普选权的事实,由单一全权国民议会代替两个权力有限的立宪议院的事实。于是,它把固定不变的、无责

---

① 卡托通常在元老院中结束演讲时所惯用的一句话。——编者注

任的、世袭的王权改成了可变更的、有责任的、由选举产生的王权，即改成了任期四年的总统制，从而登记了并且法定了卡芬雅克专政的事实。同样，它把国民议会在受过 5 月 15 日[237]和 6 月 25 日[158]的惊吓后为保证自身安全而预先赋予议长的非常权力，提高成了根本法。宪法里其余的东西都是在术语上做文章。从旧君主国的机器上撕掉保皇主义的标签而贴上了共和主义的标签。原任《国民报》总编辑、现任宪法总编辑的马拉斯特，不无才华地完成了这项学院式的任务。

制宪议会好像那个智利官吏，当地下的轰鸣已经预告火山即将喷发而必定会把他脚下的土地冲走的时候，他还准备通过土地丈量来更精确地划定地产的边界。当制宪议会在理论上雕琢资产阶级统治的共和主义形式的时候，它在实际上却是专靠否定一切常规、使用赤裸裸的暴力、宣布**戒严**来维持的。它在开始制定宪法的前两天，宣布延长戒严期。从前，通常是在社会变革的过程达到一个停顿点，新形成的阶级关系已经固定，统治阶级内部斗争的各派彼此已经求得一种妥协，使它们相互间可以继续进行斗争而同时把疲惫的人民群众排除于斗争之外的时候，才制定和通过宪法。与此相反，这次的宪法却不是批准了什么社会革命，而是批准了旧社会对于革命的暂时胜利。

在六月事变以前制定的最初宪法草案中，还提到了"*droit au travail*"，即劳动权这个初次概括无产阶级各种革命要求的笨拙公式。现在劳动权换成了 *droit à l'assistance*，即享受社会救济权，而哪一个现代国家不是这样或那样地养活着自己的穷人呢？劳动权在资产阶级的意义上是一种胡说，是一种可怜的善良愿望，其实劳动权就是支配资本的权力，支配资本的权力就是占有生产资料，使生产资料受联合起来的工人阶级支配，也就是消灭雇佣劳动、资本及其相互间的关系。"劳动权"是以六月起义为后盾的。制宪议会既然已在事实上把革命无产阶级置于 hors la loi——法律之外，也就势必要在原则上把它的公式从宪法——法律的准绳——中删去，把"劳动权"斥为异端。但制宪议会并不到此为止。正如柏拉图把诗人逐出了自己的共和国一样，制宪议会把**累进税**永远逐出了自己的共和国。其实累进税不仅是在现存生产关系范围内或多或少可行的一种资产阶级的措施，并且是唯一能使资产阶级社会各中间阶层依附"正直的"共和国，减少国家债务并抵制资产阶级中反共和主义多数派的手段。

在友好协议问题上，三色旗共和派[221]实际上是为大资产阶级的利益而牺牲了小资产阶级。他们用立法方式禁止征收累进税，就把这件个别事实提高成为一个原则。他们把资产阶级改良跟无产阶级革命同等看待。那么，还有哪个阶级留下来做他们共和国的支柱呢？大资产阶级。而大资产阶级中的多数是反对共和的。如果说他们利用了《国民报》的共和派来重新巩固经济生活中的旧关系，那么，在另一方面，他们则打算利用重新巩固起来的旧社会关系来恢复那些与它相适应的政治形式。早在10月初，卡芬雅克就已经不得不任命路易-菲力浦时期的大臣杜弗尔和维维安做共和国的部长，而不顾他自己党内愚蠢的清教徒[242]们拼命叫喊表示反对。

三色旗宪法拒绝对小资产阶级作任何妥协，也没有能吸引任何新的社会成分来归附新的国家形式，却又匆忙恢复了最顽强、最狂热地拥护旧国家的那个集团历来享受的不可侵犯的权利。它把临时政府企图否定的**法官终身制**提高成为根本法。于是，它所罢黜的**一个国王**，就在这种裁定合法性的终身任职的宗教裁判官身上大量地复活了。

法国报刊多方面揭示了马拉斯特先生的宪法中所包含的矛盾,如一国二主——国民议会和总统——同时并存等等,等等。

但是,这部宪法的主要矛盾在于:它通过普选权赋予政治权力的那些阶级,即无产阶级、农民阶级和小资产者,正是它要永远保持其社会奴役地位的阶级。而它认可其旧有社会权力的那个阶级,即资产阶级,却被它剥夺了这种权力的政治保证。资产阶级的政治统治被宪法硬塞进民主主义的框子里,而这个框子时时刻刻都在帮助敌对阶级取得胜利,并危及资产阶级社会的基础本身。宪法要求一方不要从政治的解放前进到社会的解放,要求另一方不要从社会的复辟后退到政治的复辟。

资产阶级共和派不大理会这些矛盾。既然他们已经不再是**必不可少的人物**——他们只有在充当旧社会反对革命无产阶级的急先锋时才是必不可少的人物,他们在胜利后几个星期就从一个**政党**降为一个**派别**了。宪法在他们眼中是一个大**阴谋**。他们认为宪法首先应该确定他们那个派别的统治,总统应该由卡芬雅克继续充任,立法议会应该是制宪议会的延续。他们希望能把人民群众的政治权力降低为一种有名无实的权力,同时又能充分玩弄这种权力,借以威胁资产阶级中的多数,让他们时时面对六月事变时期的那种两难选择:或者是《国民报》派的天下,或者是**无政府状态的天下**。

9 月 4 日开始的制宪工作在 10 月 23 日结束了。9 月 2 日制宪议会就已经决定,在颁布补充宪法的基本法律以前不宣布解散。然而它却决定在 12 月 10 日,即在它自己的活动终结以前很久,就要使它特有的产儿即总统出世。它确信宪法造就的人物一定不愧为其母亲的儿子。为了慎重起见,当时决定如果候选人中没有一人获得 200 万选票,则总统就不再由国民选举,而由制宪议会选举。

真是枉费心机！宪法实施的第一天就是制宪议会统治的最后一天。在投票箱的底层放着的原来是制宪议会的死刑判决书。它寻找"母亲的儿子"，但找到的是"伯父的侄子"。扫罗-卡芬雅克获得 100 万选票，而大卫-拿破仑却获得了 600 万选票，是扫罗-卡芬雅克的六倍。[243]

1848 年 12 月 10 日是**农民起义**的日子。只是从这一天起，才开始了法国农民的二月。这种表示他们投入革命运动的象征既笨拙又狡猾、既奸诈又天真、既愚蠢又精明，是经过权衡的迷信，是打动人心的滑稽剧，是荒诞绝顶的时代错乱，是世界历史的嘲弄，是文明人的头脑难以理解的象形文字——这一象征显然带有代表着文明内部的野蛮的那个阶级的印记。共和国通过**收税人**向这个阶级表明自己的存在，而这个阶级则通过**皇帝**向共和国表明自己的存在。拿破仑是最充分地代表了 1789 年新形成的农民阶级的利益和幻想的唯一人物。农民阶级把他的名字写在共和国的门面上，就是对外宣布战争，对内宣布谋取自己的阶级利益。拿破仑在农民眼中不是一个人物，而是一个纲领。他们举着旗帜，奏着乐曲走向投票站，高呼："Plus d'impôts, à bas les riches, à bas la république, vive l'Empereur!"——"取消捐税，打倒富人，打倒共和国，皇帝万岁！"隐藏在皇帝背后的是农民战争。由他们投票推翻的共和国是**富人共和国**。

12 月 10 日的事变是农民推翻现政府的政变。自从他们取消法国的一个政府而给了它另一个政府的那一天起，他们就目不转睛地盯着巴黎。他们在一瞬间扮演了革命剧中的活跃的主角，别人就再也无法强迫他们重新回到合唱队的无所作为的、唯命是从的角色中去了。

其余各阶级帮助完成了农民的选举胜利。对**无产阶级**来说，选举拿破仑就意味着撤换卡芬雅克和推翻制宪议会，意味着取消资产阶级共和主义，意味着宣布六月胜利无效。对**小资产阶级**来说，拿破仑意味着债务人对债权人的统治。对于**大资产阶级**中的多数来说，选举拿破仑意味着跟他们曾不得不暂时利用来对付革命的那个集团公开决裂，一旦这个集团想把暂时性的地位作为宪法认可的地位固定下来，他们就感到不能容忍了。拿破仑代替卡芬雅克，这对大资产阶级中的多数来说是君主国代替共和国，是王朝复辟的开端，是向奥尔良派羞答答地示意，是隐藏在紫罗兰当中的百合花[244]。最后，**军队**投票选举拿破仑，就是投票反对别动队，反对和平牧歌而拥护战争。

这样，正如《新莱茵报》所说的，法国一个最平庸的人获得了最多方面的意义[245]。正因为他无足轻重，所以他能表明一切，只是不表明他自己。虽然拿破仑的名字在各个不同阶级的口中可以有不同的意义，但是各个阶级都在自己的选票上把以下口号同这个名字写在一起："打倒《国民报》派，打倒卡芬雅克，打倒制宪议会，打倒资产阶级共和国！"杜弗尔部长曾在制宪议会中公开声明了这一点："12 月 10 日乃是第二个 2 月 24 日。"

小资产阶级和无产阶级一致投票**拥护拿破仑**，是为了**反对卡芬雅克**，并且用集中选票的办法剥夺制宪议会的最后决定权。可是，这两个阶级的最先进部分却提出了自己的候选人。拿破仑是联合起来反对资产阶级共和国的一切派别的**集合名词**，赖德律-洛兰和拉斯拜尔则是**专有名词**，前者是民主派小资产阶级的专有名词，后者是革命无产阶级的专有名词。无产者及其社会主义代言人大声宣称投拉斯拜尔的票，完全是一种示威；这既是表示反对任何总统制，即反对宪法本身的一种抗议，同时又是对赖德律-洛兰投的反对票;这是无产阶级作为一个独立政党脱离了民主派的第一次行动。相反,后一派,即民主派小资产阶级及其在议会中的代表——山岳党在提名赖德律-洛兰为候选人时倒是一本正经的,这是它在愚弄自己时的一种庄严的习惯。而且,这也是它想作为与无产阶级对峙的独立派别出现的最后一次尝试。不仅共和派资产阶级的派别,而且还有民主派小资产阶级及其山岳党,都在 12 月10 日被击败了。

法国现在除了有一个**山岳党²³⁸**之外,还有一个**拿破仑**——这就证明两者都不过是他们名义上所代表的那些伟大现实的毫无生气的讽刺画罢了。正如使用 1793 年词句摆出蛊惑家姿态的山岳党,是对于旧山岳党的一种拙劣的模仿一样,戴着皇冠打着鹰旗的路易-拿破仑,也是对于老拿破仑的一种拙劣的模仿。于是,历来对 1793 年的迷信和历来对拿破仑的迷信同时都告结束。革命只有在它取得了自己**专有的**、**独特的**名称时,才显出了自己本来的面目,而这一点只有在现代的革命阶级即工业无产阶级作为主角出现在革命前台时,才成为可能。可以说,12 月 10 日之所以使山岳党觉得出乎意料和感到惊慌失措,至少是因为在这一天,农民以不体面的逗趣兴高采烈地打破了对旧革命的经典式模拟。

12 月 20 日,卡芬雅克卸职,制宪议会宣布路易-拿破仑为共和国总统。12 月 19 日,即在自己专制统治的最后一日,制宪议会否决了关于大赦六月起义者的提案。它如果撤销自己不经法庭审讯而判处 15 000 个起义者流放的 6 月 27 日的法令,岂不就是否定六月屠杀本身吗?

路易-菲力浦的最后一个大臣奥迪隆·巴罗,成了路易-拿破仑的第一任总理。正如路易-拿破仑认为自己的统治不是始于 12 月 10 日,而是始于 1804 年的元老院法令一样,他给自己找到的内阁总理,也认为自己的内阁不是始于 12 月 20 日,而是始于 2 月 24 日的敕令。作为路易-菲力浦的合法继承人,路易-拿破仑保留旧内阁以缓和政府的更迭,况且这个旧内阁因为还来不及出世,所以也就没来得及被用坏。

他的这个选择是资产阶级保皇集团的领袖们提示给他的。这位昔日王朝反对派[222]的首领曾无意识地充当过转向《国民报》派共和党人[221]的过渡阶梯,现在他完全有意识地来充当从资产阶级共和国转向君主国的过渡阶梯,当然是再合适不过了。

奥迪隆·巴罗是那个总是徒然争夺内阁位置而还没有精疲力竭的唯一的旧反对党的领袖。革命迅速地把所有的旧反对党相继推上国家高峰,使它们不只在行动上,而且在言论上都不得不放弃、否认自己旧日的言论,并且最终成为一堆令人作呕的大杂烩,被人民全部丢到历史的垃圾堆里去。巴罗,这个资产阶级自由主义的化身,18 年来一贯以外表的持重来掩盖自己内心的卑劣和空虚,简直是极尽变节之能事。虽然他自己有时也因现今的荆棘与过去的月桂之间过分尖锐的对照而感到惊恐,但他只要往镜中一瞥,就又重新恢复了他那种阁员的镇定和人的自负。在他面前的镜子里照出的是基佐,就是那个一向令他羡慕并经常把他当做小学生看待的基佐;镜子里的形象简直就是基佐本人,然而这个基佐长着奥迪隆的前额,即奥林波斯山上的神的前额。他只是没有发觉迈达斯的耳朵。

2 月 24 日的巴罗,只是通过 12 月 20 日的巴罗才显露出来。正统主义者兼耶稣会[246]会士的法卢又作为文化部部长跟他这个奥尔良党人兼伏尔泰主义者[247]沆瀣一气了。

几天之后,内务部就交给了马尔萨斯主义者[21]莱昂·福适。法、宗教、政治经济学!在巴罗的内阁里,这一切都齐全了,此外它还把正统主义者与奥尔良党人结合在一起。所缺少的只是一个波拿巴主义者。波拿巴还隐藏着自己想要充当拿破仑的意图，因为**苏路克**还没有扮演杜山-路维杜尔。

《国民报》派立刻被革除了它所占据的一切高级官职。警察总局、邮政总局、总检察署、巴黎市政厅——这一切都落到了旧日君主制走卒的手中。正统派尚加尔涅一人兼掌了塞纳省国民自卫军、别动队以及正规军第一师的指挥大权；奥尔良党人毕若被任命为阿尔卑斯军团司令。这种官员的任免，在巴罗内阁时期总是连续不断地发生。巴罗内阁的第一件事情，便是恢复旧日保皇派的行政机构。顷刻间，官方的舞台——布景、服装、台词、演员、配角、哑角、提词员、各种角色的位置、戏剧题材、冲突内容和整个格局——全都变样了。只有老掉牙的制宪议会，仍然留在原地没有动。但是自从国民议会任命波拿巴，波拿巴任命巴罗，巴罗任命尚加尔涅之后，法国就从共和国建立时期进入共和国建成时期了。而在一个已经建成的共和国里，制宪议会又有什么用呢？大地已经创造出来，它的造物主除了逃到天上去，就没有其他事情可做了。制宪议会决心不去效法造物主，国民议会是资产阶级共和派的最后一个避难所。它即使已经被夺去了行政权的一切杠杆，它手中不是还握有立宪大权吗？它的第一个念头，就是无论如何都要保住自己的主权岗位，并从这里出发去夺回失去的阵地。只要《国民报》派内阁取代了巴罗内阁，保皇派的人物就得立即退出一切官厅，而三色旗的人物就可以得胜回朝了。国民议会决定推翻内阁，而内阁自己就给制宪议会提供了一个它怎么也想不出来的再合适不过的攻击机会。

我们记得，在农民的眼中，路易·波拿巴意味着取消捐税！可是，他在总统宝座上刚坐了六天，到第七天，即 12 月 27 日，他的内阁就提议**继续保留**临时政府已下令取消的**盐税**。盐税和葡萄酒税一起享有充当法国旧财政制度替罪羊的特权，在农民的眼中更是如此。对于农民所选中的这个人，巴罗内阁再不能教他一句比"**恢复盐税！**"更为尖刻辛辣的话来嘲弄他的选民了。随着盐税的恢复，波拿巴就失去了自己身上的那点革命的盐，变得淡而无味了——农民起义所拥戴的拿破仑就像一个模糊的幻影一样消散，剩下的只是一个体现着保皇派资产阶级阴谋的非常陌生的人物。而巴罗内阁把这种不明智的令人失望的蛮横步骤作为总统施政的第一步，却是不无用意的。

制宪议会方面迫不及待地抓住了这个一箭双雕的机会——既能够推翻内阁，又能够扮成农民利益的保护者去攻击农民所选中的那个人。它否决了财政部长的提案，把盐税减少为原来数额的三分之一，从而使 56 000 万的国家赤字又增加了 6 000 万。它在通过了这个**不信任案**之后，就静待内阁辞职。它对自己周围的新世界以及它自己已经改变的地位，实在是太不理解了。内阁背后有总统，而总统背后又有 600 万选民，每一个选民都往票箱中投进了对制宪议会的不信任票。制宪议会把国民的不信任票又退还给国民。真是一种可笑的交换！制宪议会竟忘记了它的不信任票已经失去强制性的行价。它否决盐税只是加强了波拿巴及其内阁要把它"**干掉**"的决心。那个贯串着制宪议会整个后半期的长期决斗从此开始了。**一月二十九日事件**、三月二十一日事件、五月八日事件是这个危机时期中的重大事件，同时也正是**六月十三日事件**的先兆。

法国人——例如路易·勃朗——把一月二十九日事件看成是宪法中所包含的矛盾的表现：矛盾一方是享有主权、不许解散、通过实行普选权而产生的国民议会；另一方是总统。按照条文，总统应当对国民议会负责,而实际上,总统不仅同样是通过实行普选权而获得批准,并把分配在国民议会各个议员身上从而百倍分散的全部选票集中于一身,而且,总统还掌握着全部行政权,而国民议会则只是作为一种道义力量悬浮在行政权之上。对于一月二十九日事件的这种解释,是把议会讲坛上、报刊上、俱乐部里的斗争的语言同斗争的真实内容混同了。路易·波拿巴和制宪国民议会的对立并不是宪制权力中一方同另一方的对立,不是行政权同立法权的对立,而是已经建立起来的资产阶级共和国本身同建立共和国的那些工具的对立,同资产阶级中革命集团的野心勃勃的阴谋和意识形态上的要求的对立,这个集团建立了共和国,而现在却惊奇地发现自己所建立的共和国像一个复辟的君主国,于是就想把立宪时期及其条件、幻想、语言和人物强行保持下去,不让已经成熟了的资产阶级共和国以其完备的和典型的形态出现。正如制宪国民议会代表着回归到它中间的卡芬雅克一样,波拿巴代表着尚未脱离他的立法国民议会,即代表着已经建成的资产阶级共和国的国民议会。

波拿巴的当选,只有当选举给**一个名字**加上它的各种不同的意义的时候,只有当这种选举在新国民议会选举中重演的时候,才能得到解释。12 月 10 日废除了旧国民议会的代表权。这样,在 1 月 29 日,发生冲突的就不是**同一个**共和国里的总统和国民议会,而是尚在建立中的共和国的国民议会和已经建成的共和国的总统,即体现着共和国生命过程中两个全然不同时期的两个权力。一方是不大的资产阶级共和派集团,唯有它才能宣布成立共和国,才能用巷战和恐怖统治从革命无产阶级手里夺去共和国,并在宪法中定出这个共和国的各种理想特征;另一方则是资产阶级中的全部保皇派大众,唯有他们才能在这个已经建成的资产阶级共和国里实行统治,才能剥去宪法的那套意识形态的服饰,并利用自己的立法机关和行政机关来实现为奴役无产阶级所必需的各种条件。

1 月 29 日发生的风暴,是在整个 1 月份当中蓄积起来的。制宪议会想通过对巴罗内阁投不信任票来迫使它辞职。但巴罗内阁作为回敬,却建议制宪议会对自己投下最终的不信任票,判处自己自杀,宣布自己**自动解散**。一个极无声望的议员拉托,在内阁指使下于 1 月 6 日把这个提案交给制宪议会,交给这个早在 8 月间就已经决定在它颁布一系列补充宪法的基本法律以前决不自行解散的制宪议会。内阁中的富尔德率直地向制宪议会说,"**为恢复遭到破坏的信用**",制宪议会必须解散。的确,制宪议会延长临时状态,而且使波拿巴跟着巴罗、已经建成的共和国跟着波拿巴都重新受到威胁,岂不就是破坏信用吗?巴罗这位奥林波斯山上的神变成了疯狂的罗兰,因为共和派让他等了整整一个"Dezennium"即十个月之久才终于弄到手的内阁总理位置眼看又要被夺去,而他连两个星期的福也没有享到。于是巴罗就比暴君还要残暴地对待这个可怜的议会。他所说的最温和的话是:"它是根本没有前途的。"而议会这时确实也只代表着过去。巴罗又以讽刺的口吻补充说:"它没有能力在共和国周围确立那些为巩固共和国所必需的机构。"①确实如此!议会对无产阶级的极度敌视同它的资产阶级毅力同时受挫,它对保皇派的敌视态度同它的共和主义狂热一起复活。所以,它就加倍地不能以适当的机构来巩固它再也无法理解的那个资产阶级共和国了。

---

① 奥·巴罗《1849 年 1 月 12 日在国民议会的演说》,载于 1849 年 1 月 13 日《总汇通报》第 13 号。——编者注

在指使拉托提出建议的同时,内阁在全国各地掀起了**请愿的风暴**;每天从法国各地往制宪议会头上飞来一束一束情书,其中都或多或少坚决地请求它**解散**自己和立下遗嘱。制宪议会则掀起了反请愿运动,让人们要求它继续存在下去。波拿巴与卡芬雅克之间的竞选斗争,就以主张或反对国民议会解散的请愿斗争形式复活了。请愿是对十二月十日事件的事后注释。这种鼓动在整个 1 月份一直持续不断。

制宪议会在同总统的冲突中,不能再说自己是普遍选举的产物,因为别人正是用普选权来反对它。它不能依靠任何合法权力,因为问题就在于反对法定权力。它不能如它早在 1 月 6 日和 26 日尝试过的那样用不信任票来推翻内阁,因为内阁并不需要它来表示信任。它所剩下的**唯一**出路就是**起义**。构成起义战斗力量的是**国民自卫军共和派部分**、**别动队**[230]以及革命无产阶级的各个中心——**俱乐部**。别动队,这些六月事变的英雄们,在 12 月是资产阶级共和派的有组织的战斗力量,正如六月事件以前**国家工场**[232]是革命无产阶级的有组织的战斗力量一样。正如制宪议会执行委员会在必须彻底取消无产阶级那些已使它不堪忍受的权利时,就残暴地攻击国家工场一样,波拿巴的内阁在必须彻底取消资产阶级共和派那些已使它不堪忍受的权利时,就向别动队猛攻。它下令**解散别动队**。其中有一半被遣散并被抛到街头,另一半则从民主制的组织被改成君主制的组织,而薪饷则减低到正规军的普通薪饷水平。别动队陷入了六月起义者的境地,于是报纸上每天都刊载别动队的**公开悔过声明**,承认自己在 6 月间犯的罪过,并恳求无产阶级宽恕。

而**俱乐部**又怎样呢?自从制宪议会通过对巴罗的不信任而表示对总统的不信任,通过对总统的不信任而表示对已经建成的资产阶级共和国的不信任,通过对这个共和国的不信任而表示对一般资产阶级共和国的不信任时起,在议会的周围就必然地聚集起二月共和国中的所有制宪分子,所有想要推翻现存共和国并用强制性手段使它回复到原来状态、想要把它改造为维护自己阶级利益和原则的共和国的各派。已经发生的就像没有发生过一样;革命运动的结晶又重新融解了;这些派别为之斗争的共和国又成了性质模糊的二月共和国,而对于二月共和国的性质,他们本来就各持己见。转瞬之间,各派又采取了它们在二月时期的旧立场,不过没有抱着二月时期的幻想。《国民报》的三色旗共和派又来依靠《改革报》[201]的民主主义共和派,推出他们来做议会斗争前台上的急先锋。民主主义共和派又来依靠社会主义共和派(1 月 27 日发表的公开宣言已宣告了他们的和解和联合),并在俱乐部里奠定发动起义的基础。内阁的报刊有理由把《国民报》的三色旗共和派看做复活的六月起义者。他们为要保持自己在资产阶级共和国中的领导地位,就设法使资产阶级共和国本身成为问题。在 1 月 26 日,福适部长提出了关于结社权的法案,其中第一条就是"**取缔俱乐部**"。他提议把这个法案当做紧急事项立即进行讨论。制宪议会否决了这项紧急提案,而 1 月 27 日赖德律-洛兰就提出了一项由 230 个议员署名的关于内阁违反宪法应交付审判的提案。把内阁交付审判这样的行动,不是冒失地暴露出审判官即议会多数的软弱无能,就是意味着控告人对这个多数本身的软弱无力的抗议;在这种时候竟要求把内阁交付审判——这就是后辈山岳党此后在危机的每个紧要关头打出的那张大点数革命王牌。可怜的山岳党已被自己名称的重负压碎了!

布朗基、巴尔贝斯、拉斯拜尔等人曾于 5 月 15 日率领巴黎无产阶级冲入制宪议会的会场,企图把它解散。巴罗也针对这个议会,准备在道义上把五月十五日事件[237]重演一遍,想强迫它自行解散,并封闭它的会场。就是这个议会曾经委托巴罗对五月事件的被告进行审讯;而现在,当巴罗已开始扮演保皇派的布朗基角色反对制宪议会,而制宪议会已开始在俱乐部里,从革命无产者方面,从布朗基派方面寻找同盟者来反对巴罗的时候,残酷无情的巴罗就提议把五月囚犯从陪审法庭提出来交给《国民报》派所发明的特别最高法庭,以此来刁难制宪议会。令人惊奇的是,怕失去内阁总理位置的焦虑竟从巴罗的脑袋中挤出了堪与博马舍的机智媲美的机智!国民议会经过长期的踌躇后接受了他的提议。国民议会在对待五月杀人犯的问题上,又回复到它的正常性质了。

如果说制宪议会在对付总统和部长们时不得不诉诸**起义**,那么总统和内阁在对付制宪议会时就不得不诉诸政变,因为他们没有任何法律手段去解散制宪议会。但是,制宪议会是宪法之母,而宪法又是总统之母。总统举行政变就会取消宪法,因而也就会取消自己的共和制的合法名义。于是他只好拿出帝制的合法名义,而帝制的合法名义又要唤起奥尔良王室的合法名义,但这两种名义同正统的合法名义比起来是相形见绌的。合法共和国的颠覆,只能使与它势不两立的一方即正统君主国重新抬头,因为这时奥尔良派[235]只是 2 月的失败者,而波拿巴只是 12 月 10 日的胜利者,双方所能用以对抗共和派的篡夺行为的,只是自己同样用篡夺手段得来的君主国的名义。正统派知道时机对他们有利,就公然进行阴谋活动。他们有可能指望尚加尔涅将军来做他们的**蒙克**。正如在无产者俱乐部里曾公开宣告**红色共和国**的到来一样,在他们的俱乐部里也公开宣告了**白色君主国**的到来。

只要把一次起义顺利镇压下去,内阁就可以摆脱一切困难。"合法性害死我们!"——奥迪隆·巴罗这样叫喊道。如果发生一次起义,人们就可以借口维护公共安全来解散制宪议会,就可以为了宪法本身来破坏宪法。奥迪隆·巴罗在国民议会的粗暴态度,建议解散俱乐部,大张旗鼓地撤销 50 个三色旗地方行政长官职务而代之以保皇派,解散别动队,尚加尔涅虐待别动队长官,恢复在基佐政府时代就已混不下去的勒米尼耶教授的讲席,容忍正统派的狂妄行为——这一切都是为了要挑动起义。但是起义毫无动静。起义等候的是来自制宪议会的信号,而不是来自内阁的信号。

终于到了 1 月 29 日,这一天要对马蒂厄(德拉德罗姆)关于无条件否决拉托提案的提案进行表决。正统派**199**、奥尔良派、波拿巴派、别动队、山岳党**238**、各个俱乐部——大家都在这一天进行密谋活动,既起劲地反对自己假想的敌人,又起劲地反对自己假想的同盟者。波拿巴骑着马在协和广场检阅部分军队,尚加尔涅装模作样地举行排场很大的战略演习,制宪议会发现自己的会场已被军队包围了。这个交织着各种希望、疑惧、期待、愤慨、紧张和阴谋的中心——猛如雄狮的制宪议会,在比以往任何时候都更接近时代精神的关头一刻也没有犹豫。它好像是一个不仅害怕动用自己的武器,而且觉得应该保全敌人的武器的战士。它以视死如归的气概签署了宣告自己死刑的判决书,否决了关于无条件否决拉托提案的提案。既然它自己已处于戒严之下,它就以巴黎戒严作为必要界限来限制自己的立宪活动。次日它就决定对内阁在 1 月 29 日加于它的恐怖进行调查,它也只配采取这种报复办法。山岳党暴露出自己缺乏革命毅力和政治理解力,居然让《国民报》派利用它来充当这出阴谋大喜剧中参与争吵的叫喊者。《国民报》派最后一次尝试在已经建成的资产阶级共和国里保持它曾在共和国产生时期拥有的那种垄断政权的地位。它遭到了失败。

一月危机关系到制宪议会的存亡,而三月二十一日危机则关系到宪法的存亡;前一件事涉及《国民报》派的人员,后一件事涉及这一派的理想。不言而喻,正直的共和党人宁愿放弃他们超凡脱俗的意识形态,也不肯放弃在尘世间执掌政府权力的乐趣。

3 月 21 日,在国民议会的日程上所列的是福适提出的反对结社权的法案:查封俱乐部。宪法第八条保障一切法国人有结社权。因此,取缔俱乐部就是公然破坏宪法,而且制宪议会还得亲手批准对自己的这个圣物的亵渎。然而,俱乐部是革命无产阶级的集合地点,是它的密谋活动场所。国民议会自己就曾禁止工人们联合起来反对他们的资产者。而俱乐部不就是要让整个工人阶级联合起来去反对整个资产阶级,不就是要建立一个工人的国家去对抗资产者的国家吗?俱乐部不就是十足的无产阶级制宪议会和十足的起义军备战部队吗?宪法首先要确立的是资产阶级的统治。因此,宪法所说的结社权显然只是指容许那些能与资产阶级统治,即与资产阶级制度相协调的社团存在。如果说宪法为了理论上的冠冕堂皇而表述得有点笼统,那么政府和国民议会的存在难道不正是为了在各个具体场合对宪法进行解释和运用吗?既然在共和国初创时期,俱乐部实际上已经因为戒严而被取缔,那么在已经整顿好的、已经建成的共和国里,难道就不能用法律来取缔吗?三色旗共和派只能用宪法中的堂皇辞令来反对这样生硬地解释宪法。他们中间有一部分人,如帕涅尔、杜克莱尔等等,投票拥护内阁,从而使它获得了多数。另一部分人,则以天使长卡芬雅克和教会之父马拉斯特为首,在关于取缔俱乐部的条文通过之后,就与赖德律-洛兰和山岳党一同退到一个专用的办公大厅里去"开会"。国民议会瘫痪了,它已经不再具有为通过决议所必需的票数。这时克雷米约先生在办公大厅里及时提醒,说这里有一条路直通街头,并且现在已不是 1848 年 2 月,而是 1849 年 3 月了。《国民报》派恍然大悟,回到了国民议会的会场,再度受骗的山岳党也尾随其后。山岳党一直苦于革命的渴望得不到满足,同样,它也一直在寻求合乎宪法的途径;所以它总是觉得站在资产阶级共和派后面比站在革命无产阶级前面更为自在。这出喜剧就这样收场了。制宪议会自己通过决定,认为违背宪法条文就是唯一恰当地实现宪法条文的精神。

只有一点还需要调整一下,这就是已经建成的共和国对欧洲革命的态度,即它的**对外政策**。1849 年 5 月 8 日,在行将寿终正寝的制宪议会里气氛异常激奋。日程上所列的问题是法军进攻罗马,法军被罗马人击退,法军在政治上受辱和在军事上丢丑,法兰西共和国暗杀罗马共和国**248**,第二个波拿巴首次出征意大利。山岳党再一次打出了自己的大点数王牌,赖德律-洛兰免不了在议长桌上放上一份控告内阁——而且这一次还控告波拿巴——违反宪法的控诉书。

5 月 8 日动议的理由,后来又在 6 月 13 日动议中重述了一遍。我们来看看这次出征罗马是怎么一回事吧。

卡芬雅克早在 1848 年 11 月中就派遣舰队去奇维塔韦基亚,目的是保护教皇①,把他接到船上并送到法国。教皇的任务是为正直的共和国祝福,并保证卡芬雅克当选为总统。卡芬雅克想利用教皇来拉拢神父,利用神父来拉拢农民,再利用农民来谋取总统职位。卡芬雅克的远征按其直接目的来说是为选举做广告,同时也是对罗马革命进行抗议和威胁。这次远征包含着法国为保护教皇而进行干涉的苗头。

---

① 庇护九世。——编者注

这次为保护教皇和反对罗马共和国而联合奥地利和那不勒斯进行的干涉,是 12 月 23 日在波拿巴内阁第一次会议上决定的。法卢在内阁,这就意味着教皇在罗马,并且是在教皇的罗马。波拿巴不再需要教皇来帮助他成为农民的总统,但他需要稳住教皇,以便稳住总统的农民。农民的轻信使他当上了总统。如果他们不再有信仰,就会不再轻信,而他们一旦失去教皇,也就不再有信仰。那些借波拿巴的名字来实现统治的联合起来的奥尔良派和正统派会怎么样呢! 要恢复国王,必须先恢复使国王神圣化的权力。问题不仅在于他们的保皇思想,如果没有受教皇世俗权力支配的旧罗马,就没有教皇;没有教皇,就没有天主教;没有天主教,就没有法国宗教;而没有宗教,旧的法国社会又会成为什么样子呢? 农民享有的对天国财富的抵押权,保证了资产者享有的对农民土地的抵押权。因此,罗马革命,也如六月革命一样,是对于所有权,对于资产阶级制度的可怕的侵犯。在法国重新建立起来的资产阶级统治,要求在罗马恢复教皇统治。最后,打击罗马革命者,就是打击法国革命者的同盟军;已建成的法兰西共和国内各反革命阶级间的联盟,自然要以法兰西共和国与神圣同盟结成的联盟,即与那不勒斯和奥地利结成的联盟来作补充。内阁会议 12 月 23 日的决定,对制宪议会来说并不是什么秘密。1 月 8 日赖德律-洛兰已经就此事向内阁提出了质询,内阁予以否认,国民议会就转而进行下一项议程。国民议会是否相信了内阁的话呢? 我们知道,在整个 1 月里,它始终忙于对内阁投不信任票。不过,如果说扯谎已是内阁的本分,那么假装相信这种谎言,并以此挽回共和国的体面,就是国民议会的本分。

这时,皮埃蒙特被攻破,查理-阿尔伯特退位,奥地利军队直叩法国的大门,赖德律-洛兰以激烈的语气提出质询。但是内阁证明,它在北意大利只是继续了卡芬雅克的政策,而卡芬雅克只是继续了临时政府即赖德律-洛兰的政策。这一次,它甚至获得国民议会的信任票,并且被授权在北意大利暂时占领一个适当的地点,以作为与奥地利进行关于撒丁领土不可分割问题和罗马问题的和平谈判的后盾。大家知道,意大利的命运是由北意大利战场上的会战来决定的。所以,不是罗马随着伦巴第和皮埃蒙特一并陷落,就是法国必须向奥地利,从而也向欧洲反革命势力宣战。难道国民议会忽然把巴罗内阁当做旧日的救国委员会[249]了吗?或是把自己当做国民公会[208]了吗?如果这样的话,那么法国军队为什么要在北意大利占领一个地点呢?原来在这层透明的面纱下藏着的是对罗马的远征。

4 月 14 日,14 000 名士兵由乌迪诺率领乘船前往奇维塔韦基亚;4 月 16 日,国民议会同意给内阁拨款 120 万法郎,作为进行干涉的舰队驻留地中海三个月的经费。这样,国民议会就给了内阁干涉罗马的一切手段,同时却装做是让内阁去干涉奥地利。它对内阁不是观其行,而只是听其言。这么深的信仰,就是在以色列也没有遇见过。制宪议会已经落到了无权过问已经建成的共和国所作所为的境地了。

终于,在 5 月 8 日,喜剧的最后一幕上演了。制宪议会要求内阁立即采取措施,使意大利远征回到它原定的目标。波拿巴当晚就在《通报》[225]上刊载了一封信,对乌迪诺大加赞扬。5 月 11 日,国民议会否决了弹劾这个波拿巴及其内阁的控诉书。而山岳党没有去揭穿这个骗局,却把议会的喜剧弄成了一个悲剧,以便自己在这里扮演富基埃-坦维尔的角色,但这岂不是在借来的国民公会的狮子皮底下露出了天生的小资产阶级的牛犊皮吗!

制宪议会的后半期可以概括如下:1 月 29 日,它承认资产阶级各保皇集团是它所建成的共和国中的当然首脑；3 月 21 日，它承认违背宪法就是实现宪法；5 月 11 日，它又承认堂皇宣布的法兰西共和国与正在奋斗的欧洲各族人民结成的消极联盟意味着法兰西共和国与欧洲反革命势力结成的积极联盟。

这个可怜的议会在自己诞生一周年纪念日即 5 月 4 日的前两天否决了大赦六月起义者的提议而给自己一点补偿，此后它便退出了舞台。制宪议会既已丧失了自己的权力，既已为人民所切齿痛恨，既已引起曾利用它做工具的资产阶级的反感而被粗暴地、轻蔑地扔在一边，既已被迫在自己的后半生否定自己的前半生，既已失去了自己共和主义的幻想，过去没有建树而将来又毫无希望，只是在活活地一点一点地死去，那么，它就只能通过经常重提六月的胜利、重温六月的胜利，通过再三判处已被判处的人们以证实自己的存在，来镀饰自己的尸体。这些专靠六月起义者的鲜血为生的吸血鬼！

它遗下了以前的国家赤字，并且因镇压六月起义的费用、盐税的取消、为废除黑奴制而给予种植场主的补偿金、远征罗马的费用以及葡萄酒税的取消而使赤字增大了；制宪议会在临终时才决定取消葡萄酒税，它活像一个幸灾乐祸的老人，庆幸给自己欣喜的继承者加上一笔令人身败名裂的信誉债。

3 月初开始了**立法国民议会**的选举鼓动。有两大集团相对垒：一是**秩序党**[250]，一是**民主社会主义党或红党**；站立在这两大集团中间的是**宪法之友**——《国民报》派的三色旗共和派[221]企图在这个名称下弄成一个党。**秩序党**是在六月事变后立即成立的，但是直到 12 月 10 日以后，当它可以摆脱《国民报》派即资产阶级共和派的时候，它存在的秘密才暴露了：它是**奥尔良派**与**正统派联合组成的一个党**。资产阶级分裂成为两大集团，一是**大地产**，一是**金融贵族和工业资产阶级**，这两大集团曾先后独占政权，前者在**复辟**

王朝时期独占过政权,后者在**七月王朝**[215]时期独占过政权。**波旁**是一个集团的利益占优势的王室姓氏;**奥尔良**则是另一个集团的利益占优势的王室姓氏;只有在**没有姓氏的共和制王国**中,这两大集团才能在同等掌握政权的条件下维护共同的阶级利益,而又不停止相互间的竞争。既然资产阶级共和国不外是整个资产阶级的完备的纯粹的统治形式,那么,它除了是以正统派为补充的奥尔良派的统治和以奥尔良派为补充的正统派的统治,即**复辟时期与七月王朝的综合**,还能是什么呢?《国民报》派的资产阶级共和派,并不代表本阶级中拥有经济基础的庞大集团。他们的作用与历史任务只在于:在君主制时期,他们与两个只知道各自的**特殊**政治制度的资产阶级集团相反,提出了资产阶级的共同政治制度,即**没有姓氏的共和制王国**,把它理想化,并饰以古代的阿拉伯式花纹,但首先是把它当做自己小集团的统治来欢迎。《国民报》派看见在自己所创立的共和国的顶峰站着联合的保皇派时感到莫名其妙,而联合的保皇派对于自己共同统治的事实也同样感到迷惑不解。他们不了解,如果他们的每一个集团分开来看是保皇主义的,那么他们的化合物就必然是**共和主义的**;他们不了解,白色王朝与蓝色王朝在三色旗的共和国里必然互相中和。秩序党的两个集团既与革命无产阶级以及那些日益向作为中心的革命无产阶级靠拢的过渡阶级相对抗,就不得不发动自己的联合力量并保全这个联合力量的组织;每个集团都只得为反对另一集团的复辟独霸意图而提出共同的统治,即提出资产阶级统治的**共和形式**。于是我们就看到,这些保皇派起初还相信能立刻实行复辟,尔后又在怒气冲冲、切齿咒骂中保存了共和形式,最后则承认他们只有在共和国中才能和睦相处,并把复辟无限期地延搁了。共同享有统治本身使这两个集团的每个集团都加强起来,使每个集团都越发不能和不愿服从另一集团,即越发不能和不愿复辟君主制。

　　秩序党在自己的选举纲领中直截了当地宣布了资产阶级的统治,即保全这个阶级统治的存在条件:**财产、家庭、宗教、秩序**！当然它是把资产阶级的阶级统治以及这个阶级统治的条件描绘为文明的统治,描绘为物质生产以及由此产生的社会交往关系的必要条件。秩序党拥有巨额资金,它在法国各地都成立支部,以薪金豢养旧社会的一切意识形态家,控制着现政权的势力,在众多的小资产者和农民中拥有不领薪的奴仆大军,这些小资产者和农民对革命运动还很疏远,把地位显赫的大财主看做是他们的小财产和小偏见的天然代表。秩序党在全国有不可胜数的小国王为其代表,能够把拒绝选举其候选人当做造反来惩罚,能够解雇造反的工人、不顺从的雇农、仆役、听差、铁路职员、文书、一切日常生活中从属于它的工作人员。最后,秩序党在某些地方竟能维持这样一种错觉,即共和主义的制宪议会阻碍了 12 月 10 日的当选者波拿巴施展他那神奇的力量。我们在谈秩序党时没有提到波拿巴分子。他们并不是资产阶级中的一个真正的集团,而只是迷信的老年伤残者和无信仰的青年冒险家的混合体。秩序党在选举中获得了胜利,向立法议会输送了绝大多数的议员。

　　在联合的反革命资产阶级面前,小资产阶级和农民阶级中一切已经革命化的成分,自然必定要与享有盛誉的革命利益代表者,即与革命无产阶级联合起来。我们看到,议会里的小资产阶级的民主主义代言人,即山岳党,如何由于议会中的失败而去与无产阶级的社会主义代言人接近,而议会外的真正的小资产阶级又如何由于友好协议被否决,由于资产阶级利益被蛮横坚持以及由于破产而去与真正的无产者接近。1 月 27 日,山岳党与社会主义者庆祝了他们的和解;而在 1849 年的二月大宴会上他们又再次采取了这种联合行动。社会党与民主党，工人的党与小资产者的党，就结合成**社会民主党**，即结合成**红党**。

法兰西共和国由于紧跟着六月事变而来的痛苦挣扎一度陷于瘫痪，从戒严状态解除时起，即从10月14日起，又接连不断地经历了一连串寒热症似的动荡。最初是争夺总统位置的斗争；接着是总统与制宪议会的斗争；因俱乐部而引起的斗争；布尔日的案件[251]，这一案件使无产阶级的真正革命家与总统、联合的保皇派、正直的共和派、民主主义的山岳党人以及无产阶级的社会主义空论家等渺小人物比起来，就像是一些只是被大洪水遗留在社会表层的，或者只能引领社会大洪水的史前世界的巨人；选举鼓动；处决那些打死布雷亚的人[158]；接连不断地对报刊提出控告；政府派警察对宴会运动进行暴力干涉；保皇派的放肆挑衅；路易·勃朗与科西迪耶尔的肖像被挂在耻辱柱上；已经建成的共和国与制宪议会之间的不断斗争，这种斗争随时都迫使革命回到自己最初的出发点，随时都使战胜者变为被战胜者，被战胜者变为战胜者，并且顷刻间就改变各党派和各阶级的地位、它们的决裂和结合；欧洲反革命的迅速前进；匈牙利人的光荣斗争；德国各地的起义；远征罗马；法军在罗马城下的可耻失败[248]——在这运动的旋涡中，在这历史动荡的痛苦中，在这革命的热情、希望和失望的戏剧性的起落中，法国社会各阶级从前以半世纪为单位来计算自己的发展时期，现在却不能不以星期为单位来计算了。很大一部分农民和外省已经革命化了。他们已经对拿破仑感到失望，况且，红党答应向他们提供的已经不再是名称，而是内容；不再是免除租税的幻想，而是收回已付给正统派的10亿法郎、调整抵押贷款和消灭高利贷的行动。

军队本身也感染了革命的寒热症。军队投波拿巴的票，原是为了取得胜利，而波拿巴却给军队带来了失败。军队投他的票，原是投票拥护可望成为伟大革命统帅的小军士,而他给军队带来的却仍然是那些只具有普通军士水平的大将军。毫无疑问,红党,即联合的民主派,即使得不到胜利,也一定会获得巨大的成就,因为巴黎、军队和大多数的外省都会投票拥护它。**赖德律-洛兰**这个山岳党的领袖在五个省当选了;秩序党的领袖没有一个得到这样的胜利,真正无产者的党派中的候选人也没有谁得到这样的胜利。这次选举结果给我们揭示了民主社会主义党的秘密。如果说,一方面,山岳党这个民主派小资产阶级在议会中的先锋,不得不与无产阶级的社会主义空论家联合——无产阶级在6月遭受了沉重的物质失败,不得不通过精神上的胜利重新振作起来,又由于其余各阶级的发展使它无力实行革命专政,它就势必投入幻想无产阶级解放的空论家的怀抱,即投入那些社会主义流派的创始人的怀抱——那么,另一方面,革命的农民、军队和外省都站到了山岳党方面。于是,山岳党就成了革命营垒的指挥官,而它与社会主义者的谅解就消除了革命派内部的任何对立。在制宪议会存在的后半期,山岳党体现了制宪议会的共和主义的激情,而使人忘记了它在临时政府、执行委员会和六月事变时期的罪孽。随着《国民报》派由于自己的不彻底的本性而听任保皇派内阁的压制,在《国民报》派全权在握的时期被摒于一边的山岳党也就抬起头来,并且起到了议会中的革命代表者的作用。的确,《国民报》派能拿出来与其他保皇派相对立的,除了沽名钓誉的人物和唯心主义的空谈之外,就什么也没有了。相反,山岳党则代表着摇摆于资产阶级和无产阶级之间的群众,这些群众的物质利益要求民主制度。于是与卡芬雅克之流和马拉斯特之流相比,赖德律-洛兰和山岳党站在革命真理的一边,由于意识到自己所处的这种举足轻重的地位,所以,革命热情的表现越是局限于在议会中进行攻击——提交控诉书、进行威吓、高声喊叫、发表雷鸣似的演说和提出不外是些空话的极端措施,他们也就越是勇敢。农民所处的地位与小资产者大致相同,他们的社会要求也大致一样。所以,社会的一切中间阶层既然被卷入革命运动,就必定要把赖德律-洛兰视为他们的英雄。赖德律-洛兰是民主派小资产阶级的主要人物。在与秩序党相抗衡的情况下,这种秩序的半保守、半革命和全然空想的改良家必然首先被推上领导地位。

《国民报》派、"坚决的宪法之友"、纯粹的共和派在选举中一败涂地。他们只有极少数被选进立法议会;他们的最著名的领袖,连马拉斯特这位总编辑,这位正直的共和国的奥菲士也包括在内,都退出了舞台。

5 月 28 日立法议会开幕,6 月 11 日重演了 5 月 8 日的冲突。赖德律-洛兰代表山岳党提出了弹劾总统和内阁违反宪法、炮轰罗马的控诉书。6 月 12 日,立法议会否决了这个控诉书,正如制宪议会在 5 月 11 日否决了它一样,但是这次无产阶级迫使山岳党走上了街头——然而不是去进行巷战,而只是上街游行。只要指出这次运动是以山岳党为首的,就足以知道这次运动要被镇压下去,而 1849 年 6 月只不过是 1848 年 6 月的一幅可笑而又可鄙的漫画。6 月 13 日的伟大退却,只是因为被秩序党急忙封为大人物的尚加尔涅提出了更伟大的战斗报告,才显得逊色了。如爱尔维修所说的,每一个社会时代都需要有自己的大人物,如果没有这样的人物,它就要把他们创造出来。

12 月 20 日,存在的只是已建成的资产阶级共和国的一半,即**总统**。5 月 28 日,补上了另一半,即**立法议会**。建立中的资产阶级共和国,是在 1848 年 6 月通过对无产阶级的空前搏斗载入历史的出生登记簿的;而已建成的资产阶级共和国,则是在 1849 年 6

月通过它与小资产阶级合演的难以名状的滑稽剧载入这个出生登记簿的。1849 年 6 月是对 1848 年 6 月实行报复的涅墨西斯。1849 年 6 月，并不是工人被打败，而是站在工人与革命之间的小资产者遭到了失败。1849 年 6 月，并不是雇佣劳动与资本之间的流血悲剧，而是债务人与债权人之间的包藏大量牢狱之灾的可悲的正剧。秩序党获胜了，它已经全权在握，现在一定要露出真相了。

三　1849 年六月十三日事件的后果

12 月 20 日，**立宪共和国**的雅努斯脑袋只显示出它的**一副**面孔，即带有路易·波拿巴的模糊的浅淡线条的行政权面孔。1849 年 5 月 28 日，它显示出另一副面孔，即布满了复辟时期和七月王朝时期的闹宴所留下的累累伤痕的**立法权**面孔。有了立法国民议会，**立宪共和国**的外表即共和制的国家形式也就完成了，在这个国家形式中确立了资产阶级的统治，即确立了构成法国资产阶级的两大保皇派集团——联合的正统派和奥尔良派的共同统治，**秩序党**的统治。于是，法兰西共和国就成了保皇派同盟的财产，同时欧洲反革命的大国同盟又向三月革命[157]的最后避难所举行了全面的十字军征讨[18]。俄国人侵匈牙利[151]，普鲁士军队进攻维护帝国宪法[152]的军队，乌迪诺炮轰罗马[248]。欧洲危机显然已经接近决定性的转折点，全欧洲的目光都集中在巴黎，而全巴黎的目光则都集中在**立法议会**。

6 月 11 日，赖德律-洛兰登上立法议会的讲坛。他没有发表演说，他只提出了弹劾内阁部长们的控诉书，赤裸裸的、毫无掩饰的、切实的、扼要的、无情的控诉书。

侵犯罗马就是侵犯宪法,侵犯罗马共和国就是侵犯法兰西共和国。宪法第 5 条说:"法兰西共和国永远不使用自己的武装力量侵犯任何民族的自由",而总统却使用法国军队去侵犯罗马的自由。宪法第 54 条禁止行政权未经国民议会①同意而宣布任何战争。制宪议会 5 月 8 日通过决议,坚决命令内阁尽速使罗马远征军回到原定目标上来,可见它也同样坚决地禁止他们对罗马作战,而乌迪诺却在炮轰罗马。这样,赖德律-洛兰就请出宪法本身来做他控诉波拿巴及其部长们的证人。他这位宪法保护人向国民议会的保皇派多数发出了威胁性声明:"共和派会采取一切手段迫使人们尊重宪法,甚至会诉诸武力!"山岳党**238**以强烈百倍的回声重复说:"**诉诸武力!**"多数派则报以可怕的喧嚷;国民议会议长要赖德律-洛兰遵守秩序;赖德律-洛兰重复自己挑战性的声明,最后在议长桌上放了一份要求将波拿巴及其部长们交付审判的提案。国民议会则以 361 票对 203 票的多数决议从炮轰罗马问题转入一般议程。

难道赖德律-洛兰以为能够利用宪法来击败国民议会,利用国民议会来击败总统吗?

诚然,宪法是根本禁止侵犯其他民族自由的,但是,据内阁说,法军在罗马侵犯的不是"自由",而是"无政府势力的专横"。难道山岳党虽然在制宪议会中有那么多经验,却依然不懂得宪法的解释权不属于宪法制定人,而只属于宪法接受者吗?依然不懂得宪法条文应该就其切实可行的意义去解释,而资产阶级的意义就是宪法的唯一切实可行的意义吗?依然不懂得波拿巴和国民议会保

---

① 从本页到本文结束,国民议会是指 1849 年 5 月 28 日—1851 年 12 月的立法国民议会(立法议会)。——编者注

皇派多数是宪法的真正解释者,正如神父是圣经的真正解释者,而法官是法律的真正解释者一样吗? 当制宪议会在世时,奥迪隆·巴罗一个人就曾违背过它的意志,难道刚由普选产生的国民议会还会认为自己受已故的制宪议会的遗言约束吗? 赖德律-洛兰在援引制宪议会 5 月 8 日决议时,难道忘记了正是这个制宪议会在 5 月 11 日否决了他第一次要把波拿巴及其部长们交付审判的提案,忘记了这个制宪议会业已宣告总统及其部长们无罪,从而承认侵犯罗马是"合乎宪法的",忘记了他只是对一个业已宣布的判决提出上诉,并且最终是由共和主义的制宪议会去向保皇主义的立法议会上诉吗? 宪法专门列了一个条文,号召每一个公民来保护它,因而它本身就是求助于起义的。赖德律-洛兰依据的正是这一条文。但同时,难道国家的各个权力机构不是为保护宪法而建立的吗? 难道违背宪法的行为不是只有当国家的一个宪制权力机构起来反对另一个宪制权力机构的时候才出现的吗? 而当时共和国的总统、共和国的部长们和共和国的国民议会却是协调一致的。

山岳党在 6 月 11 日企图发动的是**"纯理性范围内的起义"**,即**纯议会内的起义**。山岳党想让被人民群众武装起义的前景吓坏了的国民议会多数派借毁灭波拿巴及其部长们来毁灭他们自己的权力和他们自己当选的意义。制宪议会曾经那么顽强地要求罢免巴罗—法卢内阁,不也是企图用类似手段宣告波拿巴的当选无效吗?

难道在国民公会[208]时代没有出现过议会内的起义突然使多数派与少数派的对比关系发生根本转变的实例吗? 为什么老辈山岳党能够做成的事情,青年山岳党就不能做成呢? 况且当前的局势看来也不是不利于采取这种行动。民情的激愤,在巴黎已经达到使人惶惶不安的程度;按选举时的投票来看,军队并不拥护政府;立法议会的多数派本身刚刚形成不久,来不及牢固地组织起来,而且都是些老年人。如果山岳党把议会内的起义搞成功了,国家的大权就会直接落入它的手中。至于民主派小资产阶级,它一向热衷的莫过于看到议会的亡灵们在它头上的云端里发生争斗。最后,民主派小资产阶级以及它的代表者山岳党,都想借议会内的起义达到自己的伟大目的:粉碎资产阶级的势力,而又不让无产阶级有行动自由,或只是让它在远景中出现;利用无产阶级,但是不让它构成危险。

在 6 月 11 日国民议会投票之后,山岳党的若干成员和秘密工人团体的代表们举行了一次会谈。后者极力主张当天晚上就起事。山岳党坚决拒绝了这个计划。它无论如何不肯丢掉领导权;它对盟友也像对敌人一样疑虑重重,而这是有道理的。1848 年 6 月的记忆,从未这样强烈地使巴黎无产阶级的队伍激动过。然而无产阶级还是被它自己同山岳党的联盟束缚住了。山岳党代表着大部分的省,它夸大了自己在军队中的影响,它掌握了国民自卫军内的民主主义部分,并得到小商店的道义上的支持。在这个时候,违反山岳党意志发动起义,对于无产阶级说来——况且无产阶级又因霍乱而人员锐减,因失业而不得不大批地离开巴黎——就是在没有 1848 年 6 月的那种逼迫无产阶级进行拼死斗争的情势下徒然重演 1848 年的六月事件。无产阶级的代表们采取了唯一合理的办法。他们迫使山岳党**丢丑**,即迫使它在它的控诉书被否决时越出议会斗争的范围。在 6 月 13 日这一整天内,无产阶级一直保持着这种怀疑、观望的态度,等待民主主义的国民自卫军与军队之间展开一场真刀真枪的、你死我活的搏斗,以便在那时投入斗争,推动革命超出强加于它的那些小资产阶级的目的。如果获得胜利,无产阶级的公社已经成立好了,要让它与正式的政府并行地活动。巴黎的工人已经接受了 1848 年 6 月的血的教训。

6 月 12 日,部长拉克罗斯自己向立法议会提出了立即讨论控诉书的动议。政府在当晚采取了准备防御和进攻的一切措施;国民议会的多数派决心要把反叛的少数派逼上街头,少数派本身也已经无法退却,非应战不可了;控诉书以 377 票对 8 票被否决了;拒绝投票的山岳党,气愤地跑到"爱好和平的民主派"的宣传厅,跑到《和平民主日报》的编辑部里去了。[252]

山岳党一退出议会会场,就失去了力量,正如大地的儿子安泰一离开大地,就失去了力量一样。山岳党人在立法议会会场内是参孙,而在"爱好和平的民主派"的厅堂里却成了非利士人①。一场冗长、嘈杂而空洞的争论就这样开始了。山岳党决心不惜采取任何手段迫使人们尊重宪法,"**只是不诉诸武力**"。山岳党的这个决心,得到了"宪法之友"的一个宣言[253]和一个代表团的赞助。"宪法之友"是《国民报》派[221]即资产阶级共和派的残余的自称。它在议会中保留下来的代表有六人投票**反对**否决控诉书,但其余的人全都投票**赞成**否决控诉书;**卡芬雅克**已经把他的军刀交给秩序党随意使用,但是另一方面,这一派在议会外的更大部分,却如饥似渴地抓住这个机会以摆脱其政治贱民的地位,并挤入民主政党的行列。他们不正是这个藏在他们的盾牌、藏在他们的**原则**、藏在**宪法**后面的民主政党的当然持盾者吗?

直到天明,"山岳"一直在忍受分娩的痛苦。它生下了一个《**告人民书**》,[254]于 6 月 13 日早晨在两家社会主义报纸的不显眼的地方刊登出来。[255]这个宣言宣布总统、部长们、立法议会多数派

---

① 参看《旧约全书·士师记》第 15 章。——编者注

"不受宪法保护"（hors la constitution），并号召国民自卫军和军队，最后还号召人民**"起来反抗"**。**"宪法万岁!"** 就是它的口号——无异于**"打倒革命!"** 的口号。

与山岳党的宪制宣言相呼应的，是 6 月 13 日小资产者举行的一次所谓**和平示威游行**。这是从水塔街出发沿着林荫大道行进的列队游行；3 万人中大部分是不带武器的国民自卫军，其中夹杂着秘密工人团体的成员，他们沿途高呼："**宪法万岁!**"游行者在喊这个口号时是机械的、冷漠的、违心的，这些呼喊声没有汇成雷鸣般的巨响，反而受到群集于人行道上的民众的嘲讽。在这个多声部的合唱中缺少的是发自内心的声音。当游行队伍走到"宪法之友"开会的楼房前面时，在那楼房的山墙上出现了一个雇用的宪法使者，他拼命挥动他那顶受雇捧场者的帽子，使足了劲叫喊"**宪法万岁!**"，喊声像冰雹似地撒落在朝拜者的头上。这时，游行者自己似乎刹那间也感觉到了这个场面滑稽可笑。众所周知，游行队伍在和平路口转入林荫大道时遇到了尚加尔涅的龙骑兵和猎步兵的完全不是议会式的接待；游行者顷刻间就四散奔逃，只是在奔跑中喊了几声"**拿起武器!**"，以执行 6 月 11 日议会中发出的拿起武器的号召。

和平游行队伍被强力驱散，隐约传闻赤手空拳的公民在林荫大道上被杀害，街道上越来越乱，当这一切似乎预告起义即将来临的时候，集合在阿扎尔街上的山岳党人大部分就逃散了。**赖德律-洛兰**带领着一小群议员挽回了山岳党的名誉。他们在集结于国民宫的巴黎炮兵队的保护下，跑到工艺博物馆去，等候国民自卫军第五军团和第六军团来援救。但是山岳党人没有等到第五军团和第六军团；这些谨慎的国民自卫军把自己的代表丢开不管，巴黎炮兵队本身还阻挠人民构筑街垒，极端的混乱使得任何决定都不可能作出，正规部队端着上好刺刀的枪向前逼进，一部分议员被逮捕了，另一部分逃跑了。六月十三日事件就此结束。

如果说 1848 年的 6 月 23 日是革命无产阶级起义的日子，那么 1849 年的 6 月 13 日就是民主派小资产者起义的日子；这两次起义中的每一次都是发动起义的那个阶级的**典型纯粹的**表现。

只有在里昂，事变才发展成顽强的流血冲突。在这里，工业资产阶级和工业无产阶级不可调和地对立着，工人运动不像在巴黎那样被约束在一般运动范围内并受一般运动的支配，因此，六月十三日事件在这里的反映就丧失了它原来的性质。在对六月十三日事件有过反响的其他外省地方，这个事件并没有燃成烈火，只不过划过**一道冷清清的闪电**。

6 月 13 日结束了**立宪共和国生命的第一个时期**，立宪共和国是在 1849 年 5 月 28 日随着立法议会的开幕而开始其正常存在的。这整个序幕充满着秩序党与山岳党之间、资产阶级与小资产阶级之间的喧嚣的斗争；小资产阶级徒然反抗确立资产阶级共和国，而为了这个资产阶级共和国，它自己曾在临时政府和执行委员会中不断进行阴谋活动，在六月事变中拼命攻击无产阶级。6 月 13 日这一天摧毁了它的反抗，而把联合保皇派的**立法独裁**弄成了既成事实。从这时起，国民议会就只是**秩序党的救国委员会**[249]了。

巴黎把总统、部长们和国民议会多数派放在**被告地位**，而他们则宣布巴黎"**戒严**"。山岳党宣布立法议会多数派"**不受宪法保护**"；而多数派则以违背宪法的罪名把山岳党交付特别最高法庭审判，并使这个党内仍有生命力的一切都不受法律保护。山岳党被砍杀得只剩下了一个无头无心的躯干。少数派只是企图举行**议会内的起义**，多数派则把自己的**议会专制**提升为法律。多数派发布了新的议会规章，借以取消讲坛上的言论自由，并授权国民议会议长用谴责、罚款、停发薪金、暂停与会资格和监禁等手段，来惩罚议员违反规章的行为。这个多数派在山岳党的躯干上方悬挂的不是利剑,而是鞭子。留下来的山岳党议员,为了保全名誉,本应集体退出议会。这样的行动会加速秩序党的解体。当不再有对抗的迹象促使秩序党团结一致的时候,秩序党就必定会分裂成它原来的构成部分了。

在民主派小资产者被夺去**议会**力量的时候,它的**武装力量也**被夺去了;巴黎炮兵队以及国民自卫军第八、第九和第十二军团都被解散了。相反,金融贵族的军团在 6 月 13 日袭击了布莱和鲁镇的印刷厂,毁坏了印刷机,捣毁了共和派报刊编辑部,擅自逮捕了它们的编辑、排字工人、印刷工人、收发员和投递员,却得到了来自国民议会讲坛的嘉奖。在整个法国,凡是有共和主义嫌疑的国民自卫军,都相继被解散了。

颁布新的**新闻出版法**[256]、新的**结社法**、新的**戒严法**;巴黎各监狱关满囚犯,政治流亡者被驱逐出境,一切超出《国民报》限度的报刊都被查封;里昂及其邻近五个省被迫服从军人的粗暴专横的统治;检察机关无处不在;已经受过多次清洗的大批公职人员再次受到清洗——这都是获得胜利的反动派必不可少和经常重复的**惯用手法**,其所以在六月大屠杀和六月放逐后还值得一提,只是因为这次它们不单是用来对付巴黎,而且也用来对付外省,不单是用来对付无产阶级,而且首先是用来对付中等阶级。

国民议会在 6 月、7 月和 8 月间的全部立法活动,都是在忙于制定各种镇压的法律,这些法律把宣布戒严的权力交给了政府,对报刊的控制更严,取消了结社权。

可是,这一时期的特点不是在**事实上**利用胜利,而是在**原则上**利用胜利;不是国民议会通过各种决议,而是为这些决议寻找理由;不是行动,而是词句;甚至不是词句,而是使词句显得生动的腔调和手势。放肆无耻地表露**保皇主义信念**,以盛气凌人的狂妄态度对共和国进行侮辱,卖弄而轻浮地道出复辟的目的,一句话,大言不惭地破坏**共和主义的体面**,这就使这一时期具有特殊的音调和色彩。"宪法万岁!"是 6 月 13 日的**失败者**的战斗口号。因此,**胜利者**也就不必虚情假意地去讲什么宪制的即共和主义的言辞了。反革命战胜了匈牙利、意大利和德国,所以他们认为复辟的日子在法国很快就要到来。秩序党各派头头们之间发生了真正的竞争,竞相在《通报》[225]上表白自己的保皇立场,坦白、忏悔他们在君主制时期无意间犯下的自由主义罪行,恳求上帝与人们宽恕。每天都有人在国民议会讲坛上宣布二月革命是社会的灾难,每天都有外省的正统派地主庄严地宣称自己从未承认过共和国,每天都有一个背弃和出卖了七月王朝的懦夫追述自己的英雄勋业,说只是因为路易-菲力浦的仁慈或其他的误会才妨碍了这种英雄勋业的实现。似乎在二月事变中令人惊叹的,竟不是获得胜利的人民的宽宏大量,反而是保皇派表现出的自我牺牲与温和态度,让人民取得了胜利。有一位人民代表提议把二月事变负伤人员抚恤金发一部分给**市近卫军**,因为他们是二月事变时唯一有功于祖国的。另一位代表提议在卡鲁塞尔广场建立奥尔良公爵骑像。梯也尔称宪法是一片脏纸。在讲坛上有奥尔良党人相继发言,痛悔自己曾阴谋反对正统王朝;同时又有正统主义者相继发言,责备自己,说他们对非正统王朝的反抗加速了整个王朝的倾覆;梯也尔痛悔他曾阴谋反对摩莱,摩莱痛悔他曾阴谋反对基佐,巴罗则痛悔他曾阴谋反对他们三个人。"社会民主共和国万岁!"这一口号被宣布为违反宪法的口号;"共和国万岁!"这一口号则被视为社会民主主义的口号而受到追究。在滑铁卢会战的周年纪念日,有一个议员宣称:"我对于普鲁士人侵入法国,不像对于革命流亡者进入法国那样害怕。"为了回答人们对里昂及其邻近各省实行的恐怖政治的怨言,巴拉盖·狄利埃说道:"我宁愿要白色恐怖而不愿要红色恐怖。"(J'aime mieux la terreur blanche que la terreur rouge.)①每当国民议会的发言者说出反对共和国、反对革命、反对宪法、拥护君主国、拥护神圣同盟的警句时,全场都报以狂热的掌声。每当共和派的惯常做法——哪怕是微不足道的做法,例如用"公民"称呼议员——被违反时,那些维护秩序的骑士们都会欢欣鼓舞。

7 月 8 日在戒严影响下以及在无产阶级大部分人拒绝投票的情况下举行的巴黎补充选举,法国军队占领罗马,红衣主教们进入罗马²⁵⁷,以及随之而来的宗教裁判所¹⁹和僧侣恐怖——这一切都给 6 月的胜利添上新的胜利,使秩序党更加陶醉了。

最后,8 月中旬,保皇派宣布国民议会休会两个月,一方面是为了要出席那些刚刚召集的各省议会,另一方面是由于一连数月的帮派闹宴弄得他们精疲力竭。他们以明显的嘲弄态度,留下了一个由 25 个议员组成的委员会作为国民议会的代理人,作为**共和国的守卫者**,其中包括正统派和奥尔良派的精英,如摩莱与尚加尔涅。这种嘲弄比他们所料想的还要意味深长。他们先是历史注定要去帮助推翻他们心爱的君主国,后来又历史注定要去维护他们所憎恶的共和国。

随着立法议会的**休会**,立宪共和国生命的**第二个时期**,即其**保皇主义猖狂时期**也就结束了。

巴黎的戒严解除了,报刊恢复了。在社会民主主义报纸停刊期间,在实行镇压措施与保皇主义嚣张期间,**立宪君主派小资产者**的老的代言者《世纪报》²⁵⁸**共和主义化了**;资产阶级改革派的老的

---

① 阿·巴拉盖·狄利埃《1849 年 7 月 7 日在国民议会的演说》,载于 1849 年 7 月 8 日《总汇通报》第 189 号。——编者注

喉舌《新闻报》**259**民主主义化了,而**共和派资产者**的老的典型机关报《国民报》则**社会主义化**了。

　　公开的俱乐部变得难以存在,**秘密团体**也就越来越多,越来越强了。被视为纯商业团体而容许存在并且在经济上无所作为的产业**工人协会**,在政治上对无产阶级起了纽带的作用。6 月 13 日把各种半革命党派的正式首脑除掉了,而留下的群众却有了他们自己的头脑。那些维护秩序的骑士们以预言红色共和国的恐怖来吓唬人,但是获得胜利的反革命在匈牙利、巴登和罗马的卑鄙的兽行和无以复加的残暴手段,已经把"**红色共和国**"洗成了白色。法国社会的心怀不满的中间阶级,开始觉得与其接受实际上完全无望的红色君主国的恐怖,还不如接受未必会带来恐怖的红色共和国的诺言。在法国,没有一个社会主义者比**海瑙**进行了更多的革命宣传。按工效定能力!

　　这时,路易·波拿巴利用国民议会休会到外省去作隆重的巡游,最热忱的正统派跑到埃姆斯去参拜圣路易的后裔**260**,而大批亲近秩序党的议员则在刚召开的各省议会中进行阴谋活动。必须使各省议会说出国民议会多数派还不敢说的话,即提出**立刻修改宪法的紧急动议**。依据宪法,只有在 1852 年专门为修改宪法而召集的国民议会上才能修改宪法。但是,如果大多数省议会主张修改宪法的话,难道国民议会还不应当听听法国的呼声而牺牲宪法的贞操吗? 国民议会对这些省议会的期望,同伏尔泰的《亨利亚德》中的修女们对潘都尔兵**261**的期望一样。但是,除了少数例外,国民议会的波提乏们在外省碰到了为数不少的约瑟①。绝大多数

---

①　参看《旧约全书·创世记》第 39 章。——编者注

人都不愿理会这种令人厌烦的诱导。阻碍修改宪法的,正是本该用来实现修改宪法的工具本身:各省议会的表决。法国,并且是资产阶级的法国,已经发表了意见,发表了反对修改宪法的意见。

10 月初,立法国民议会复会——但它是多么不同了啊![tantum mutatus ab illo!]①它的面貌已经完全改变。各省议会出人意料地不同意修改宪法,这就使国民议会回到了宪法的界限内,并且向它提示了它生存的界限。奥尔良派因正统派前往埃姆斯参拜而发生猜疑,正统派则因奥尔良派跟伦敦来往[262]而疑虑重重,两派的报纸都已经把火煽旺了,衡量了各自的王位追求者的相互要求。奥尔良派和正统派一致怨恨波拿巴派的阴谋,这些阴谋表现于总统的隆重巡游,表现于他那或多或少露骨的、想要摆脱宪法束缚的企图,以及波拿巴派报纸的傲慢论调;路易·波拿巴则怨恨国民议会只承认正统派和奥尔良派有理由进行秘密活动,并怨恨内阁经常把他出卖给这个国民议会。最后,内阁本身在对罗马的政策问题上,以及在由帕西部长提议的而被保守派骂做是社会主义性质的所得税问题上发生了分裂。

巴罗内阁向重新召开的立宪议会提出的第一批议案之一,就是要求拨款 30 万法郎给奥尔良公爵夫人作为寡妇抚恤金。国民议会同意了这个要求,又在法兰西民族负债簿上增添了 700 万法郎的数目。这样,路易-菲力浦就继续成功地扮演着"pauvre honteux"——羞羞答答的乞丐,而内阁却不敢向议会提议增加波拿巴的薪俸,议会看来也不愿批准,于是路易·波拿巴又像以往那样处于进退两难的境地:要么做凯撒,要么进债狱![263]

---

① 维吉尔《亚尼雅士之歌》。——编者注

内阁的第二个拨款要求是提供 900 万法郎来弥补**罗马远征费用**,这更加剧了波拿巴这一方同内阁和国民议会那一方之间的紧张关系。路易·波拿巴在《通报》上公布了他写给侍卫官埃德加·奈伊的一封信。在这封信中,他以一些宪法上的保证约束教皇政府。教皇①则发表了一个训谕,即"出乎真意"**264**,拒绝对自己的已经恢复的权力加任何限制。波拿巴的信有意透露内情,撩开了他的内阁的帷幕,使他自己能在戏院顶层楼座观众面前显现为一个心地善良的,但是在自己家里不被了解和受着束缚的天才。他以"自由心灵渴望振翼飞腾"②的神情来讨好卖俏,已不是第一次。委员会的报告人**梯也尔**完全忽略了波拿巴的振翼飞腾,而只限于把教皇的训谕译成法文。企图为总统挽回面子而提议国民议会对拿破仑的信表示赞同的并不是内阁,而是**维克多·雨果**。"够了! 够了!"——多数派以这种无礼而轻率的喊声埋葬了雨果的提案。总统的政策? 总统的信? 总统自己?"够了! 够了!"谁会对波拿巴先生的话信以为真呢? 维克多·雨果先生,难道您以为我们相信您,认为您真正相信总统吗?"够了! 够了!"

最后,波拿巴与国民议会之间的决裂,又因对**召回奥尔良王室和波旁王室**议案的讨论而加速了。总统的堂弟③,前威斯特伐利亚国王的儿子,乘内阁没有出席时,向议院提出了这个提案,目的不外是要把正统派和奥尔良派的王位追求者摆到与波拿巴派的王位追求者不相上下的地位,或者更确切地说,摆到**低于波拿巴派王位追求者**的地位,因为后者至少在事实上是站在国家政权的顶峰。

---

① 庇护九世。——编者注
② 见格·海尔维格《一个活人的诗》。——编者注
③ 拿破仑·波拿巴亲王。——编者注

拿破仑·波拿巴居然无礼到如此地步,竟把**召回被放逐国外的王室与大赦六月起义者**合成了一个提案。多数派的愤怒迫使他立即为自己将神圣的东西与可恶的东西、王室血统与无产者败类、社会的恒星与社会的沼泽游火亵渎地混为一谈而表示歉意,并使这两个提案各自得到应有的地位。多数派断然否决了召回王室的提案,而**贝里耶**这位正统派的狄摩西尼,更是透彻地阐述了这次投票的意义。把各个王位追求者贬为普通公民——这就是所要追求的目的!有人居然想要夺去他们身上的圣光,夺去他们剩下的最后一点尊严,**流亡国外的尊严!**贝里耶喊叫道:如果有哪个王位追求者忘记了他的尊贵的出身,回到法国来只是为了以普通的私人身份生活的话,那人家会怎样看待他!这就再明显不过地告诉了路易·波拿巴,他靠目前的状况什么也没有赢得,而联合的保皇派需要他在法国这里作为一个**中立人物**坐在总统位子上,则是因为俗人的目光无法透过流亡的云雾认清真正的王位追求者。

11 月 1 日,路易·波拿巴以一件咨文回敬了立法议会,咨文用颇为粗暴的言辞通知说,他已撤销巴罗内阁并成立新内阁。巴罗—法卢内阁是保皇派联盟的内阁,而奥普尔内阁则是波拿巴的内阁,是总统反对立法议会的工具,是**听差内阁**。

波拿巴已经不只是 1848 年 12 月 10 日的**中立人物**了。他掌握行政权,从而成为一定利益的中心。反无政府状态的斗争使得秩序党本身不得不加强波拿巴的势力,而且如果说他已经不再得人心了,那么秩序党本来就不得人心。难道他不能指望,由于奥尔良派与正统派的竞争,以及某一君主复辟的必要性,将会迫使这两派承认**中立的王位追求者**吗?

从 1849 年 11 月 1 日开始了立宪共和国生命的第三个时期,这一时期于 1850 年 3 月 10 日结束。宪法机构间那种受到基佐如此赞美的习见的把戏,即行政权与立法权间的争端已经开始了。但是并不止于这一点。波拿巴反对联合起来的奥尔良派和正统派的复辟欲望而维护自己实际政权的名义——共和国;秩序党反对波拿巴的复辟欲望而维护自己共同统治的名义——共和国;正统派反对奥尔良派,奥尔良派反对正统派而维护现状——共和国。秩序党中所有这些集团各自心里都有自己的国王,自己的复辟意图,同时又都为了反对自己对手的篡夺和谋叛的欲望而坚持资产阶级的共同统治,坚持使各种特殊的要求得以互相抵消而又互相保留的形式——**共和国**。

康德认为,共和国作为唯一合理的国家形式,是实践理性的要求,是一种永远不能实现但又是我们应该永远力求实现和牢记在心的目标。同样,这些保皇派也正是这样对待**君主国**的。

这样,立宪共和国从资产阶级共和党人手中产生出来时本来是一个空洞的意识形态的公式,而落到联合保皇派手中时就成了一个内容充实的生动的形式了。当梯也尔说"我们保皇派是立宪共和国的真正支柱"[①]时,他没有料想到他的话里包含有这么多的真理。

联合内阁的倒台和听差内阁的登台还有另外一个意义。新内阁的财政部长是**富尔德**。让富尔德当财政部长,就等于把法国的国民财富正式交付给交易所,通过交易所并且为了交易所的利益来管理国家财产。金融贵族在《通报》上宣布了对富尔德的任命,同时也就宣布了自己的复辟。这个复辟必然成为其余各种复辟的补充,而且与它们一起构成立宪共和国链条中的各个环节。

路易-菲力浦从来不敢任命真正的交易所豺狼为财政大臣。

---

① 阿·梯也尔《1850 年 2 月 23 日在国会议会的演说》,载于 1850 年 2 月 24 日《总汇通报》第 55 号。——编者注

正如他的君主国是资产阶级上层的统治的理想名称一样,在他的
各届内阁中,特权的利益必定要带着表明没有利害关系的意识形
态的名称。在所有的领域,资产阶级共和国都把各种君主国——
正统王朝的和奥尔良的君主国——隐藏在后台的东西推到了前
台。它把君主国捧到天上去的东西都降到地上来了。它用表明统
治阶级利益的资产阶级专有名称代替了圣徒的名称。

我们的全部叙述都已经表明,共和国从它存在的头一天起就
不仅没有推翻金融贵族,反而巩固了它的地位。但是,它对金融贵
族的让步,是违反本意而屈从命运的。富尔德一上任,政府的主动
权又回到了金融贵族手中。

有人会问,联合的资产阶级怎么能忍受和容许在路易-菲力浦时
期以排斥或支配资产阶级其余各个集团为基础的金融贵族的统治呢?

答案很简单。

首先,金融贵族本身在保皇派联合势力内部形成了一个举足轻
重的集团,这个联合势力的共同的统治权力称为共和国。难道奥尔
良派中的演说家和专门人才不是金融贵族昔日的同盟者和同谋者
吗? 难道金融贵族本身不是奥尔良派的黄金军团吗? 至于正统派,
他们早在路易-菲力浦时期就已经实际参加了交易所、矿山和铁路
投机生意的全部闹宴。一般来说,大地产与金融贵族结成联盟,是
一种**正常现象**。**英国**就是一个证明,甚至**奥地利**也是证明。

在法国,国民生产水平与国家债务相比是低得不相称的,国债
是投机生意的最重要的对象,而交易所是希图以非生产方法增殖的
资本的主要投资市场。在这样一个国家里,整个资产阶级和半资产
阶级中的数不尽的人,不能不参与国家的借贷活动、交易所投机生
意和金融活动。所有参与这些活动的二流人物,不正是把那个在很
大的范围内整个地代表着同一利益的集团,视为他们的天然靠山和

首脑吗？

国家财产落到金融贵族手中的原因何在呢？就在于有增无已的国家负债状态。而这种国家负债状态的原因何在呢？就在于国家支出始终超过收入，在于失衡，而这种失衡既是国债制度的原因又是它的结果。

为了摆脱这种负债状态，国家必须限制自己的开支，即精简政府机构，管理尽可能少些，官吏尽可能少用，尽可能少介入市民社会方面的事务。秩序党[250]是不可能走这条道路的，因为秩序党的统治和它那个阶级的生存条件越是受到各方面的威胁，它就越是必须加强它的镇压措施，加强它的由国家出面的官方干涉，加紧通过国家机关来显示自己的无所不在。对人身和财产的侵犯越是日益频繁，宪兵人数就越是不能减少。

或者，国家必须设法避免借款，把**特别税**加在最富裕的阶级身上而使预算立即得到哪怕是暂时的平衡。但是秩序党难道会为了使国民财富摆脱交易所剥削，而把他们自己的财富献上祖国的祭坛吗？它没有这么傻！

总之，如果没有法兰西国家的根本变革，就决不会有法兰西国家财政上的变革。而与国家财政必然联系着的是国家债务，与国家债务必然联系着的是国债投机买卖的统治，是国债债权人、银行家、货币经营者和交易所豺狼的统治。秩序党中只有一个集团同金融贵族的垮台有直接利害关系，这就是**工厂主**。我们所指的既不是中等的也不是小的工业家，而是在路易-菲力浦统治下构成王朝反对派广大基础的工业巨头。他们的利益无疑是要求减少生产费用，从而也就是要求减少列入生产费用项下的捐税，也就是减少国债，因为国债的息金已列入捐税项下，所以，他们的利益是要求金融贵族垮台。

在英国——法国最大的工厂主与他们的英国对手比起来都是小资产者——我们确实看到工厂主,例如某个科布顿或布莱特,带头对银行和交易所贵族举行十字军征讨。为什么在法国没有这种情形呢?在英国占统治地位的是工业,而在法国占统治地位的是农业。在英国,工业需要自由贸易,而在法国,工业则需要保护关税,除需要其他各种垄断外还需要国家垄断。法国工业并不支配法国生产,所以法国工业家并不支配法国资产阶级。他们为了自己的利益不受资产阶级其他集团的侵犯,就不能像英国人那样站在运动的前头,并把自己的阶级利益提到第一位;他们必须跟随在革命后头,并为那些同他们阶级的整体利益相反的利益服务。在 2 月间,他们没有了解自己的地位,但 2 月已使他们学乖了。还有谁比雇主,即工业资本家更直接受到工人的威胁呢?所以在法国,工厂主必然成为秩序党中最狂热的分子。诚然,**金融巨头是在削减他们的利润,但是这和无产阶级消灭利润比起来,又算得了什么呢**?

在法国,小资产者做着通常应该由工业资产者去做的事情;工人完成着通常应该由小资产者完成的任务;那么工人的任务又由谁去解决呢?没有人。它在法国解决不了,它在法国只是被宣布出来。它在本国范围内的无论什么地方都不能解决;法国社会内部阶级间的战争将要变成各国间的世界战争。只有当世界战争把无产阶级推到支配世界市场的国家的领导地位上,即推到英国的领导地位上的时候,工人的任务才开始解决。革命在这里并没有终结,而是获得有组织的开端,它不是一个短暂的革命。现在这一代人,很像那些由摩西带领着通过沙漠的犹太人。他们不仅仅要夺取一个新世界,而且要退出舞台,以便让位给那些能适应新世界的人们。

我们回过来说富尔德吧。

1849 年 11 月 14 日,富尔德登上国民议会的讲坛,说明他的财政制度:赞扬旧税制! 保留葡萄酒税[265]! 撤回帕西关于征收所得税的提案!

帕西也不是革命家,他是路易-菲力浦的一个老大臣。他是杜弗尔一类的清教徒[242],是七月王朝的替罪羊戴斯特①的密友。帕西也曾称赞旧税制,也曾提议保留葡萄酒税,但同时他又揭开了蒙在国家赤字上的面纱。他宣称,如果不想让国家破产,就必须征收一种新税——所得税。曾经劝告赖德律-洛兰宣布国家破产的富尔德,现在又劝告立法议会保留国家赤字。他答应节约,而这种节约的秘密后来暴露出来了:例如,开支减少了 6 000 万法郎,而短期债款却增加了 2 亿法郎,这只是数字分类和决算上的一些戏法,结果都归结于举借新债。

在富尔德任期内,由于金融贵族身旁有其他一些心怀忌妒的资产阶级集团,所以它当然就不像在路易-菲力浦统治时期那样无耻腐败。但是制度还是照旧:国家债务不断增加,财政赤字被掩饰起来。渐渐地,旧日的交易所欺诈行为就更加露骨地表现出来了。证据是:关于阿维尼翁铁路的法律;一时成为巴黎全市议论话题的国债券行市令人莫测的涨跌;最后,还有富尔德和波拿巴在 3 月 10 日选举中没有成功的投机。

在金融贵族正式复辟以后,法国人民势必很快就重新回到 2

---

① 恩格斯在 1895 年版上加了一个注:"1847 年 7 月 8 日,在巴黎贵族院里开始了对于帕芒蒂耶和居比耶尔将军(被控贿赂官吏以图取得盐场特权)以及当时的公共工程大臣戴斯特(被控收受前两人的贿赂)的审判案。后者在受审时企图自杀。三个人都被判处很重的罚金。戴斯特除罚金外还被判处了三年徒刑。"——编者注

月 24 日前的境况了。

制宪议会为了发泄对自己的继承人的仇恨,废除了 1850 年度的葡萄酒税。旧税既已废除,新债就无法偿付了。秩序党中的一位白痴**克雷通**还在立法议会休会以前,就提议要保留葡萄酒税。富尔德以波拿巴派内阁的名义采纳了这个提议,而在 1849 年 12 月 20 日,即波拿巴宣布总统就职一周年纪念日,国民议会颁令**恢复葡萄酒税**。

竭力为这次恢复葡萄酒税作辩护的不是一位金融家,而是耶稣会[246]首领**蒙塔朗贝尔**。他的论据简单明了:赋税,这是喂养政府的母乳;政府,这是镇压的工具,是权威的机关,是军队,是警察,是官吏、法官和部长,是**教士**。攻击赋税,就是无政府主义者攻击秩序卫士,而秩序卫士是保卫资产阶级社会的物质生产和精神生产不受无产阶级野蛮人侵犯的。赋税,这是与财产、家庭、秩序和宗教相并列的第五位天神。而葡萄酒税无疑是一种赋税,并且不是一种寻常的赋税,而是一种由来已久的、浸透君主主义精神的、可敬的赋税。葡萄酒税万岁!万岁,万岁,万万岁!

法国农民想象魔鬼的时候,就把他想象成税吏。自从蒙塔朗贝尔把赋税尊崇为天神的时候起,农民就变成不信神的人,变成无神论者,并投到魔鬼即**社会主义**怀抱里去了。秩序的宗教轻率地失去了农民,耶稣会会士轻率地失去了农民,波拿巴轻率地失去了农民。1849 年 12 月 20 日不可挽回地断送了 1848 年 12 月 20 日的名声。"伯父的侄子"并不是他的家族中受葡萄酒税,即受蒙塔朗贝尔所说的预示着革命风暴的赋税之害的第一个人。真正的伟大的拿破仑在圣赫勒拿岛上曾经说过,恢复葡萄酒税是使他垮台的最大原因,因为这使法国南部的农民脱离了他。这项赋税在路易十四统治时期就已经是人民憎恨的主要对象了(见布阿吉尔贝

尔和沃邦两人的著作①）。第一次革命废除了它，而拿破仑在
1808 年又把它改头换面重新施行起来。当复辟王朝进入法国时，
为它开路的不仅有哥萨克骑兵，而且有废除葡萄酒税的诺言。当
然，贵族阶级是不必履行他们对必须无条件纳税的人民许下的诺
言的。1830 年答应了废除葡萄酒税，可是根本没有行其所言和言
其所行。1848 年答应废除葡萄酒税，也如它答应了其他一切一
样。最后，什么都没有答应过的制宪议会，如我们已经说过的，在
自己的遗嘱中规定从 1850 年 1 月 1 日起废除葡萄酒税。但是恰
巧在 1850 年 1 月 1 日前 10 天，立法议会又重新实行了葡萄酒税。
这样，法国人民一个劲地驱逐这项赋税，但是刚把它从门口赶了出
去，又看见它从窗口飞了进来。

人民普遍憎恨葡萄酒税，不是没有原因的：这项赋税集中了法
国赋税制度的一切可憎之处。它的征收方式是可憎的，分摊方法
是贵族式的，因为最普通的酒和最名贵的酒的税率全都一样。因
此，消费者的财富越少，税额越是按几何级数增加；这是倒过来的
累进税。它是对于伪造和仿造酒品的奖励，因而使劳动阶级直接
受到毒害。这项赋税使人口在 4 000 人以上的城镇都在城门口设
立税卡，使每一个城镇都变成以保护关税抵制法国酒的异邦，这样
就减少了酒的消费量。大酒商，尤其是那些全靠卖酒为生的小酒
商，所谓 marchands de vins，即酒店老板，都是葡萄酒税的死敌。最
后，葡萄酒税使消费量减少，从而使产品的销售市场缩小。它既然
使城市工人无力买酒喝，也就使酿造葡萄酒的农民无力把酒卖出

---

① 皮·布阿吉尔贝尔《法国详情》、《法兰西辩护书》、《论财富、货币和赋税
的性质》，载于《18 世纪的财政经济学家》，欧·德尔编，1843 年巴黎版；
塞·沃邦《王国什一税》1708 年巴黎版。——编者注

去。而法国酿造葡萄酒的人数大约有 1 200 万。因此，一般百姓对于葡萄酒税的憎恨是可以理解的，而农民对于葡萄酒税的切齿痛恨也就尤其可以理解了。况且，他们不是把恢复葡萄酒税看做一个多少带有偶然性的孤立事件。农民具有一种父子相传的特有的历史传统，他们已从这一历史经验中形成了一种信念：任何一个政府要想欺骗农民时，就答应他们废除葡萄酒税，而当它一旦骗取了农民的信任时，就把葡萄酒税保留或恢复起来。农民根据葡萄酒税来鉴别政府的气味，判断政府的倾向。12 月 20 日恢复葡萄酒税的事实表明，**路易·波拿巴和别人是一样的**。但他过去和别人不一样，他本是**农民塑造出来的一个人物**，所以农民在有数百万人签名的反对葡萄酒税的请愿书中，把他们一年前投给"伯父的侄子"的选票收回去了。

　　占法国人口总数三分之二以上的农村人口，主要是所谓自由的**土地所有者**。他们的第一代人，由于 1789 年革命而无偿地免除了封建赋役，不付任何代价地取得了土地。但是，以后各代人却以**地价**形式偿付了他们那些半农奴式的祖先当时曾以地租、什一税、徭役等等形式偿付过的赋役。人口越增加，土地越分散，小块土地的价格也就变得越昂贵，因为这些小块土地分割得越零碎，对于它们的需求也就越大。但是农民购买小块土地的价钱越提高，**农民的负债程度**即**抵押程度**也就必然随着增大，不管这小块土地是由他直接买下的，还是作为资本由共同继承人分给他的，都是一样。加在土地上的债务，称为**土地抵押**，即土地典当。正如在中世纪大地产上积聚着**特权**一样，在现代的小块土地上积聚着**抵押权**。另一方面，在小块土地制度下，土地对于它的所有者来说纯粹是**生产工具**。但是土地的肥力随着土地被分割的程度而递减。使用机器耕作土地，分工制度，大规模的土壤改良措施，如开凿排水渠和灌溉渠等,都越来越不可能实行,而耕作土地的**非生产费用**却按照这一生产工具本身被分割的比例而递增。这一切情况,都与小块土地的所有者是否拥有资本无关。但是土地被分割的过程越发展,小块土地连同它那极可怜的农具就越成为小农的唯一资本,向土地投资的可能就越少,小农就越感到缺乏利用农艺学成就所必需的土地、金钱和学识,土地的耕作就越退步。最后,**纯收入按照总消费**增长的比例而相应减少,按照农民财产阻碍农民全家从事其他生计的程度而相应减少,然而这份财产已不能保障农民的生活。

这样一来,随着人口的增加和土地的不断被分割,**生产工具即土地**则相应地**昂贵**,**土地肥力**则相应地**下降**,**农业**则相应地**衰落**,**农民的债务**则相应地**增加**。而且,本来是结果的东西,反而成了原因。每一代人都给下一代人留下更多的债务,每一代新人都在更不利更困难的条件下开始生活,抵押贷款又产生新的抵押贷款,所以当农民已经不能再以他那一小块土地作抵押而借**新债**时,即不能再让土地担负新的抵押权时,他就直接落入**高利贷者**的手中,而**高利贷的利息**也就越来越大了。

这样,法国农民就以对**押地借款**支付利息的形式,以向**高利贷者的非抵押借款**支付利息的形式,不仅把地租,不仅把营业利润,总之,不仅把**全部纯收入**交给资本家,甚至把**自己工资的一部分**也交给资本家;这样他就下降到**爱尔兰佃农**的地步,而这全是在**私有者**的名义下发生的。

在法国,这个过程由于日益增长的**赋税负担和诉讼费用**而加速了。这种诉讼费用,一部分是法国法律对土地所有权所规定的许多手续本身直接引起的;一部分是地界相连和互相交错的小块土地的所有者之间的无数纠纷引起的;一部分是农民爱打官司引起的,这些农民对于财产的乐趣都归结于狂热地保卫想象的财产,保卫**所有权**。

根据 1840 年的统计资料,法国农业的总产值为 5 237 178 000 法郎。从这个总数中除去 355 200 万法郎的耕作费用,其中包括从事劳动的人的消费。余下来的净产值为 1 685 178 000 法郎,其中扣去 55 000 万法郎支付押地借款利息,1 亿法郎付给法官,35 000 万法郎用于赋税,10 700 万法郎用以支付公证费、印花税、典当税等等。原产值剩下的只有三分之一,合计为 578 178 000 法郎;按人口平均计算,每人还分不到 25 法郎的净产值。这项统计资料自然并没有把土地抵押以外的高利贷利息或律师费等估计在内。

现在当共和国在法国农民旧有的重担上又添加了新的负担时,农民的情况更是可想而知了。很明显,农民所受的剥削和工业无产阶级所受的剥削,只是在**形式**上不同罢了。剥削者是同一个:**资本**。单个的资本家通过**抵押**和**高利贷**来剥削单个的农民;资本家阶级通过**国家赋税**来剥削农民阶级。农民的所有权是资本迄今为止用来支配农民的一种符咒;是资本用来唆使农民反对工业无产阶级的一个借口。只有资本的瓦解,才能使农民地位提高;只有反资本主义的无产阶级的政府,才能结束农民经济上的贫困和社会地位的低落。**立宪共和国**是农民的剥削者联合实行的专政;**社会民主主义的红色**共和国是农民的同盟者的专政。而天平的升降要取决于农民投进票箱的选票。农民自己应该决定自己的命运。——社会主义者在各种各样的小册子、论丛、历书以及传单中,都是这样说的。这些语言已经由于秩序党[250]的论战文章而使农民更容易理解;秩序党也向农民呼吁,它随意地夸大、粗暴地歪曲和篡改社会主义者的意向和思想,因而恰好打中了农民的心坎,激起了农民尝食禁果[229]的渴望。但是最容易理解的语言是农民阶级在行使选举权时所获得的经验本身,是农民阶级在革命的急剧发展进程中接连遭到的失望。**革命是历史的火车头。**

农民逐渐发生的转变,已经表现出种种征兆了。它已表现于立法议会的选举,表现于里昂周围五个省的戒严,表现于六月十三日事变后几个月由吉伦特省选出一个山岳党人来代替无双议院①的前任议长;表现于 1849 年 12 月 20 日由**加尔省**选出一个红色议员来代替一个去世的正统派的议员,[266] 而加尔省原是正统派的乐园,是 1794 年和 1795 年对共和党人施行最恐怖的暴行的地方,是 1815 年白色恐怖的中心,在这里公开杀害过自由主义者和新教徒。这个最守旧的阶级的革命化,在葡萄酒税恢复后表现得最明显了。1850 年 1 月和 2 月间政府所颁布的规定和法律,差不多完全是用来对付**外省**和**农民**的,这就是农民进步的最令人信服的证明。

奥普尔的通令,使宪兵被加封为省长、专区区长尤其是镇长的宗教裁判官,使密探活动向各地蔓延,直到穷乡僻壤;**教师法**,使身为农民阶级的专门人才、代言人、教育者和顾问的学校教师受省长任意摆布,使身为学者阶级中的无产者的学校教师从一个乡镇被赶到另一个乡镇,就像被追猎的野兽一样;**镇长法案**,在镇长们头顶上悬着一把免职的达摩克利斯剑,时时刻刻把他们这些乡村总统跟共和国总统和秩序党对立起来;**军令**,把法国 17 个军区改为四个帕沙辖区[267],并把兵营和野营作为民族沙龙强加给法国人;

---

① 恩格斯在 1895 年版上加了一个注:"历史上一般这样称呼在 1815 年间紧接着拿破仑第二次退位后选出的那个极端保皇主义的和反动的众议院。"——编者注

教育法[268]，秩序党靠它来宣布法国的愚昧状态和强制愚化是该党在普选权制度下生存的条件——所有这一切法律和规定究竟是什么呢？就是拼命企图为秩序党重新赢得各省和各省农民。

作为**镇压措施**来看，这是一些使秩序党自己的目标落空的拙劣办法。重大的规定，如保留葡萄酒税[265]和保留四十五生丁税[227]，轻蔑地拒绝农民关于归还 10 亿法郎的请愿等等——这一切立法上的雷电一下子从中心大批袭来，使农民阶级感到震惊。上述各项法律和规定使攻击手段和反抗行动具有了**普遍的性质**，使它们成为每所茅舍中议论的中心话题，使革命感染每个农村，**把革命带到全国各地并使它农民化**。

另一方面，波拿巴提出这些法案和国民议会通过这些法案，岂不是证明了立宪共和国的两个权力在镇压无政府势力方面，即在镇压奋起反对资产阶级专政的一切阶级方面，是协调一致的吗？难道**苏路克**不是在发出了自己那个粗暴咨文[269]后，立刻又通过**卡尔利埃**——这个人是对富歇的一种卑劣庸俗的模仿，正如路易·波拿巴自己是对拿破仑的一种平庸的模仿一样——随后发出的公告[270]向立法议会保证他忠实于秩序吗？

教育法给我们指明了年轻的天主教徒和年老的伏尔泰主义者[247]之间的同盟。联合起来的资产者的统治，不是亲耶稣会的复辟王朝与卖弄自由思想的七月王朝的联合专制，又是什么呢？资产阶级各个集团为争夺最高权力而彼此攻击时散发给人民的那些武器，在人民一旦跟他们的联合专政对立的时候，他们不是必定要再从人民手里夺过去吗？任何事情，甚至连友好协议法案的被否决，也都没有比这种对**耶稣会教义**的谄媚更使巴黎小店主感到愤慨。

然而，秩序党各个集团之间的冲突，国民议会与波拿巴之间的冲突，还是照样继续着。使国民议会感到不高兴的，是波拿巴在发动政变之后,即在组成了自己的波拿巴派内阁之后,立即就把那些刚被任命为省长的王朝老朽无能之辈召来,要他们以鼓动连选他当总统的违宪活动作为他们任职的条件;使议会感到不高兴的,是卡尔利埃封闭了一个正统派的俱乐部来庆祝他的就职;使议会感到不高兴的,是波拿巴创办了他自己的报纸《拿破仑》[271],这家报纸向公众透露了总统的秘密欲望,而部长们却不得不在立法议会的讲坛上对此否认一番;使议会感到不高兴的,是波拿巴不顾议会历次的不信任投票,执意保留自己的内阁;使议会感到不高兴的,是波拿巴每天多发给军士四苏薪饷,企图以此讨好他们,同时又抄袭欧仁·苏的《巴黎的秘密》中的办法,即设立"信誉贷款银行",借以讨好无产阶级;最后,使议会感到不高兴的,是波拿巴无耻地通过部长们提议将剩下的六月起义者放逐到阿尔及尔,以使立法议会在很大程度上丧失人心,而总统自己却以实行个别赦免的办法来逐个笼络人心。**梯也尔**说了些关于"政变"和"冒险行动"①的威胁性的话,立法议会就对波拿巴进行报复,否决他为自身利益而提出的一切法案,对于他为公共利益而提出的一切法案则都以吵吵闹闹的怀疑态度予以审查,看波拿巴是不是企图通过加强行政权来扩大他个人的权力。一句话,立法议会**以轻蔑相待的阴谋进行了报复**。

使正统派方面感到烦恼的,是那班更能干的奥尔良派又夺走了几乎一切要职,是**中央集权制**的扩大,而他们是希望主要靠实行**地方分权**来获得成功的。的确,反革命在**用强力实行中央集权**,即为革命准备了一套机构。反革命甚至规定银行券强制流通,把法

---

① "政变"原文为"coups d'état","冒险行动"原文为"coups de tête"。两词发音相近。——编者注

国的金银都**集中**于巴黎银行,因而就为革命建造了一个**现成的军用钱库**。

最后,使奥尔良派感到烦恼的,是他们那个旁系王朝的原则受到重新抬头的正统王朝原则的对抗,是他们自己经常受到他人的冷淡和鄙视,正像一个市民出身、地位低微的妻子受到自己贵族丈夫的冷淡和鄙视一样。

我们已经逐一考察过农民、小资产者、整个中间等级如何逐渐向无产阶级靠拢,如何迫于形势而同正式共和国公开敌对,如何被共和国当做敌人来对待。**反对资产阶级专政,要求改造社会,要把民主共和机构保存起来作为他们运动的工具,团结在作为决定性革命力量的无产阶级周围**——这就是**所谓社会民主派即红色共和国派**的一般特征。这个**无政府派**——如它的敌人所称呼的——正和**秩序党**一样,是各种不同利益的联合。从对旧社会的无秩序加以稍微改良到把旧社会的秩序推翻,从资产阶级自由主义到革命恐怖主义——这就是构成无政府派的起点和终点的两个极端间的距离。

废除保护关税! 这就是社会主义,因为这样做就是要打破秩序党**工业**集团的垄断。整顿国家财政! 这就是社会主义,因为这样做就是要打破秩序党**金融**集团的垄断。自由输入外国肉类与粮食! 这就是社会主义,因为这样做就是要打破秩序党第三个集团即**大地产**集团的垄断。英国资产阶级最先进的派别即自由贸易派[145]的要求在法国也成了社会主义的要求。伏尔泰主义[247]! 这就是社会主义,因为它攻击秩序党第四个集团即**天主教**集团。新闻出版自由、结社权利和普及国民教育就是社会主义,全都是社会主义! 因为这一切都是要打破秩序党的整个垄断!

在革命进程中,形势成熟得这样快,连各种色彩的改良之友,要求极其温和的中等阶级,都被迫团结在最极端的主张变革的党的旗帜周围,团结在**红旗**周围。

可是,虽然无政府派的各个主要组成部分的**社会主义**,因本阶级或阶级集团的经济条件以及由此产生的整个革命要求不同而有所不同,但有**一点**是一致的,那就是宣布自己是**解放无产阶级的手段**,而无产阶级的解放就是自己的**目的**。某些人是在故意骗人,而另一些人则是在自我欺骗,因为这些人以为,按照他们的需要加以改造的世界对于一切人来说都是最好的世界,是一切革命要求的实现和一切革命冲突的扬弃。

在**无政府派**的声调大致相同的**一般**社会主义词句下面,隐藏着《国民报》**221**、《新闻报》**259**和《世纪报》**258**的**社会主义**,这种社会主义大体上一贯要求推翻金融贵族的统治而使工业和交易摆脱历来的束缚。这是工业、商业和农业的社会主义,这三者的利益由于同秩序党中工业、商业和农业巨头的私人垄断不再相符而被这些巨头摒弃了。这种**资产阶级社会主义**,和任何一种社会主义的变种一样,自然也吸引了一部分工人和小资产者。跟这种资产阶级社会主义不同的是本来意义的社会主义,即**小资产阶级社会主义**,地道的社会主义。资本主要以**债权人**的身份来迫害这个阶级,所以这个阶级要求设立**信贷机关**;资本以**竞争**来扼杀它,所以它要求设立由国家支持的**协作社**;资本以**积聚**来战胜它,所以它要求征收**累进税**、限制继承权并由国家兴办大型工程以及采取其他各种**强力抑止资本增长**的措施。既然它梦想和平实现自己的社会主义——至多允许再来一次短促的二月革命,那么它自然就把未来的历史进程想象为正在或已经由社会思想家协力或单独设计的种种**体系的实现**。于是这些思想家就成为各种现有社会主义**体系**,即**空论的社会主义**的折中主义者或行家,这种社会主义只有在无产阶级尚未发展为自由的历史的自主运动的时候,才是无产阶级的理论表现。

这种**乌托邦**,这种**空论的社会主义**,想使全部运动都服从于运动的一个阶段,用个别学究的头脑活动来代替共同的社会生产,而主要是幻想借助小小的花招和巨大的感伤情怀来消除阶级的革命斗争及其必要性;这种空论的社会主义实质上只是把现代社会理想化,描绘出一幅没有阴暗面的现代社会的图画,并且不顾这个社会的现实而力求实现自己的理想。所以,当无产阶级把这种社会主义让给小资产阶级,而各种社会主义首领之间的斗争又表明每个所谓体系都是特意强调社会变革中的某一个过渡阶段而与其他各个阶段相对抗时,**无产阶级**就日益团结在**革命的社会主义**周围,团结在被资产阶级用**布朗基**来命名的**共产主义**周围。这种社会主义就是宣布**不断革命**,就是无产阶级的**阶级专政**,这种专政是达到**消灭一切阶级差别**,达到消灭这些差别所由产生的一切生产关系,达到消灭和这些生产关系相适应的一切社会关系,达到改变由这些社会关系产生出来的一切观念的必然的过渡阶段。

由于本文叙述范围所限,我们不能更详细地来讨论这个问题。

我们已经看到:正如在**秩序**党中必然是**金融贵族**占据领导地位一样,在**无政府派**中也必然是**无产阶级**占据领导地位。当结成革命联盟的各个不同阶级在无产阶级周围聚集起来的时候,当各省变得越来越不稳定,而立法议会本身越来越埋怨法国的苏路克所提的要求时,延搁已久的为填补 6 月 13 日被逐的山岳党人空缺而安排的补缺选举临近了。

备受敌人轻视而又时刻遭到假朋友欺凌的政府,认为只有**一个办法**可以摆脱这种令人讨厌和摇摇欲坠的境况,这个办法就是**暴动**。只要巴黎发生暴动,政府就可以在巴黎和各省宣布戒严,从而操纵选举。另一方面,当政府战胜无政府势力之后,秩序之友如果不愿意让自己扮演无政府主义者的话,就不得不对政府让步。

于是政府就着手工作。1850 年 2 月初,政府砍倒了自由之树[272],以此向人民挑衅。结果是徒劳。如果说自由之树丧失了安身之所,那么政府自己也已弄得张皇失措,并被它自己的挑衅吓倒了。国民议会则以冷冰冰的不信任态度对待波拿巴这种妄求解脱的拙劣企图。从七月纪念柱[273]上取走不谢花花环,也没有收到更大的成效。这在一部分军队中引起了革命示威游行,并使国民议会找到借口,用或多或少隐蔽的方式对内阁投不信任票。政府报刊以废除普选权和哥萨克骑兵入侵来进行恫吓,也是徒劳。奥普尔在立法议会中向左翼分子直接挑战,要他们上街,并说政府已准备好对付他们,也没有奏效。奥普尔接到的只是议长要他遵守秩序的命令,而秩序党则在暗中幸灾乐祸,听凭一位左翼议员对波拿巴的篡夺欲望进行嘲弄。最后,政府预言 **2 月 24 日**将发生革命,也是枉然。政府的所作所为使得人民在 2 月 24 日采取冷漠的态度。

无产阶级没有受人挑动去进行**暴动**,因为他们正准备**革命**。

政府的种种挑衅行为只是加强了对现状的普遍不满,并没有能阻止完全处于工人影响下的选举委员会为巴黎提出下列三位候选人:**德弗洛特**、**维达尔**和**卡诺**。**德弗洛特**是六月被放逐者,只因波拿巴有一次企图笼络人心才获得赦免;他是布朗基的朋友,曾经参加过 5 月 15 日的谋杀行动。**维达尔**是共产主义作家,以《论财富的分配》①一书闻名;他曾在卢森堡宫委员会当过路易·勃朗的秘书。**卡诺**是一位从事过组织工作并赢得胜利的国民公会议员的儿子,《国民报》派中威信丧失得最少的成员,临时政府和执行委

---

① 弗·维达尔《论财富的分配,或论社会经济的公正分配》1846 年巴黎版。——编者注

员会的教育部长,因为提出民主主义的人民教育法案而成了对抗耶稣会会士的教育法的活生生的象征。这三个候选人代表着三个互相结成同盟的阶级:为首的是一个六月起义者,革命无产阶级的代表;其次是一个空论社会主义者,社会主义小资产阶级的代表;最后,第三个候选人是资产阶级共和派的代表,这一派的民主主义公式在与秩序党的冲突中获得了社会主义的意义而早已失去了它本来的意义。这就像在 **2 月那样,是为反对资产阶级和政府而结成的普遍联合。但这一次无产阶级是革命联盟的首脑。**

一切反对都是枉然,社会主义的候选人都取得了胜利。甚至军队也投票表示拥护六月起义者而反对自己的那个陆军部长**拉伊特**。秩序党吓得如同遭到五雷轰顶。各省的选举没有给它带来安慰:选举结果是山岳党获得多数票。

1850 年 3 月 10 日的选举! 这是 1848 年六月事件的翻案:那些屠杀和放逐过六月起义者的人回到了国民议会,但他们是低声下气地跟随着被放逐者并且嘴里喊着后者的原则回来的。**这是 1849 年六月十三日事件的翻案:**曾被国民议会赶走的山岳党回到了国民议会,但它回来时已不再是革命的指挥官,而是革命的先头司号兵了。**这是十二月十日事件的翻案:**拿破仑以他的部长拉伊特为代表落选了。法国议会史中只有过一次类似的情形:查理十世的大臣奥赛在 1830 年落选。最后,1850 年 3 月 10 日的选举,是使秩序党获得多数票的 5 月 13 日选举的翻案;3 月 10 日的选举,是对 5 月 13 日的多数票的抗议。3 月 10 日是一次革命。隐藏在选票后面的是铺路石①。

---

① 暗指武装起义,因当时巴黎起义者经常利用铺路石来构筑街垒。——编者注

"3 月 10 日的投票是一场战争。"①秩序党的最极端分子之一赛居尔·达居索这样高声叫道。

立宪共和国随着 1850 年 3 月 10 日进入了一个新阶段,即**解体的阶段**。多数派方面的各个集团又互相联合起来,并与波拿巴联合起来了;他们来拯救秩序,而波拿巴又成了他们的**中立人物**。如果他们想起自己是保皇派,那只是因为他们对资产阶级共和国的可能性已感到绝望了;如果波拿巴想起他是王位追求者,那只是因为他对自己继续做总统的可能性感到绝望了。

为了回答六月起义者**德弗洛特**的当选,波拿巴在秩序党的指挥下任命曾对布朗基和巴尔贝斯、赖德律-洛兰和吉纳尔提起诉讼的**巴罗什**当内务部长。为了回答**卡诺**的当选,立法议会通过了教育法;为了回答**维达尔**的当选,当局扼杀了社会主义的报刊。秩序党企图以自己报刊②的喇叭声来驱走自己的恐惧。"剑是神圣的。"它的一个刊物这样叫道。"秩序的保卫者应该对红党发起进攻。"另一个刊物这样声明。"在社会主义与社会之间进行着一场你死我活的决斗,一场不停息的无情的战争;在这场殊死战中,双方必有一方灭亡;如果社会不消灭社会主义,那么社会主义就要消灭社会。"秩序的第三只雄鸡这样叫道。③ 筑起秩序的街垒、宗教的街垒、家庭的街垒来吧! 一定要把巴黎的 127 000 个选民收拾掉! 给社会主义者带来一个巴托洛缪之夜**274**! 而秩序党在刹那间确实相信它准能获得胜利。

---

① 雷·约·保·赛居尔·达居索《1850 年 3 月 16 日在国民议会的演说》,载于 1850 年 3 月 17 日《总汇通报》第 76 号。——编者注
② 秩序党的报刊指《祖国报》。——编者注
③ 马克思可能引自 1850 年 3 月 17 和 18 日《人民之声报》第 166 和 167 号。——编者注

它的各个报刊攻击得最猛烈的是"**巴黎的小店主**"。巴黎的小店主居然把巴黎的六月起义者选举为自己的代表！这就是说，1848 年 6 月不会重演了；这就是说，1849 年 6 月 13 日不会重演了；这就是说，资本的道义影响已经被摧毁了；这就是说，资产阶级议会只代表资产阶级了；这就是说，大所有制陷入绝境了，因为它的陪臣，即小所有制已经到一无所有者的阵营中去寻求解救了。

秩序党自然要重弹它那非弹不可的**老调**。"**加强镇压！**"它高声叫道，"**把镇压加强十倍！**"但是它的镇压力量已减少了十倍，而它受到的反抗却增强了百倍。难道最主要的镇压工具——军队本身不需要镇压吗？于是秩序党就说出了它的最后结论："必须粉碎窒息着我们的合法性的铁环。**立宪共和国太不成体统了**。我们一定要运用自己的真正武器来作战。自 1848 年 2 月以来，我们总是用**革命**的武器并在**革命**的基地上同革命作战，我们接受了**革命**的机构；宪法是保护围攻者而不是保护被围攻者的堡垒！我们藏在特洛伊木马[275]的肚子里潜入了神圣的伊利昂城，但我们并不是像我们的祖先**希腊人**①那样潜入的，我们没有占领敌人的城池，反而使自己成了俘虏。"

可是宪法的基础是**普选权**。**废除普选权**——这就是秩序党的最后结论，资产阶级专政的最后结论。

在 1848 年 5 月 4 日、1848 年 12 月 20 日、1849 年 5 月 13 日、1849 年 7 月 8 日，普选权承认秩序党和资产阶级专政是对的。而在 1850 年 3 月 10 日，普选权则承认自己是错的。把资产阶级统治看做普选权的产物和结果，看做人民主权意志的绝对表

---

① 恩格斯在 1895 年版上加了一个注："这是双关语，原文 grecs 意为'希腊人'，但同时也有'职业骗子'的意思。"——编者注

现——这就是资产阶级宪法的意义。但是，当这种选举权，这种主权意志的内容已不再归结为资产阶级统治的时候，宪法还有什么意义呢？难道资产阶级的责任不正是要调整选举权，使它合乎理性，即合乎资产阶级的统治吗？普选权一再消灭现存国家权力而又从自身再造出新的国家权力，不就是消灭整个稳定状态，不就是时刻危及一切现存权力，不就是破坏权威，不就是威胁着要把无政府状态本身提升为权威吗？在 1850 年 3 月 10 日之后，谁还会怀疑这一点呢？

资产阶级既然将它一向用来掩饰自己并从中汲取无限权力的普选权抛弃，也就是公开承认：**"我们的专政以前是依靠人民意志而存在的，现在它却必须违背人民意志而使自己巩固起来。"** 照这个逻辑，资产阶级现今已不在**法国境内**寻求支持，而在法国境外，在国外，在外敌入侵中寻求支持。

资产阶级，这个在法国本土上的第二个科布伦茨[276]，既然求助于外敌入侵，它就会激起一切民族情感来反对自己。既然攻击普选权，它就为新的革命提供了**普遍的口实**，而革命正需要有这样一个口实。任何**特殊的**口实，都会使革命联盟的各个集团分离，使他们彼此间的差异显露出来。但是普遍的口实却把一些半革命的阶级弄得眼花缭乱，使它们对于即将来临的革命的**明确性质**，对于它们本身行动的后果怀有一种自欺的幻想。任何革命都需要有一个宴会问题。普选权就是新革命的宴会问题。[277]

可是，联合的资产阶级的各个集团抛弃了它们**联合**权力的唯一可能形式，抛弃了它们**阶级统治**的最强大最完备的形式，即抛弃了**立宪共和国**，后退到低级的、不完备的、较软弱的形式即**君主国**去，这样它们就给自己作出了判决。它们正像是一个老人，为了要恢复自己的青春活力，居然拿出自己童年的盛装，硬要把他的干瘪的四肢塞进去。它们的共和国只有一个功绩,就是**充当了革命的温室**。

1850 年三月十日事件带有这样一句题词:

我死后哪怕洪水滔天。①

四 1850 年普选权的废除

(这是前三章的续文,是从《新莱茵报》杂志[278]最后两期即第5—6 期合刊所载《时评》中摘出来的。该文首先叙述了 1847 年在英国爆发的大规模商业危机,说明欧洲大陆政治纠纷因受这次危机影响而尖锐化并转变为 1848 年 2 月和 3 月的革命,随后又指出,在 1848 年即已再度来临而在 1849 年势头更猛的工商业的繁荣,如何遏止了革命高潮,并使反动派有可能在此期间取得胜利。接着,文章在专门讲到法国时作了如下论述:)②

从 1849 年,特别是 1850 年初起,**法国**也出现了这样的征兆。巴黎的工业开足马力,鲁昂和米尔豪森的棉纺织厂情况也相当好,虽然在这些地区也像在英国一样,原料价格昂贵起了阻碍作用。同时,西班牙广泛进行关税改革和墨西哥降低各种奢侈品的关税,也大大促进了法国繁荣的发展。法国商品对这两个市场的输出量大大增加。资本的增加导致法国出现了一连串的投机活动,而大规模开采加利福尼亚金矿[45]是这些投机活动的借口。大批的公司纷纷设立,它们以小额股票和涂上社会主义色彩的说明书直指小

---

① 据说这是路易十五讲的话。——编者注
② 这段引言是恩格斯为 1895 年版所写。——编者注

资产者和工人的腰包,但是这完全是法国人和中国人所独有的纯粹的欺骗。其中有一家公司甚至直接受到政府的庇护。法国进口税,1848 年的前 9 个月为 6 300 万法郎,1849 年的前 9 个月为 9 500 万法郎,1850 年的前 9 个月为 9 300 万法郎。而 1850 年 9 月份,进口税比 1849 年同月又增加了 100 余万法郎。出口在 1849 年也有所增加,而 1850 年增加得更多。

　　法兰西银行根据 1850 年 8 月 6 日的法令恢复兑现,就是繁荣再度来临的最令人信服的证明。1848 年 3 月 15 日,该行曾受权停止兑现。当时,银行券流通额,其中包括外省银行发行的,共达 37 300 万法郎(1 492 万英镑)。1849 年 11 月 2 日,银行券流通额是 48 200 万法郎,或 1 928 万英镑,这就是说,增加了 436 万英镑;而 1850 年 9 月 2 日是 49 600 万法郎,或 1 984 万英镑,即增加了将近 500 万英镑。同时,没有发生过银行券贬值的现象;相反,银行券流通额增加的同时,该行地下室里存的黄金和白银日益增多,以致到 1850 年夏季金银储备达到了将近 1 400 万英镑,这在法国是空前的数额。该行能够这样增加自己的银行券流通额并把自己的流动资本增加 12 300 万法郎,或 500 万英镑,这一事实令人信服地证明,我们在本刊前一期中的论断①是正确的,即金融贵族不仅没有被革命推翻,反而更加巩固了。从下面对法国近几年的银行法的概述中可以更为明显地看出这种结果。1847 年 6 月 10 日法兰西银行受权发行面额 200 法郎的银行券。在这以前,银行券的最低面额是 500 法郎。1848 年 3 月 15 日的法令宣布,法兰西银行发行的银行券为法定支付手段,于是就免除了该行为银行券兑

---

① 见本卷第 517—521 页。——编者注

换现金的义务。它发行银行券的数额限定为 35 000 万法郎。同时它还受权发行面额为 100 法郎的银行券。4 月 27 日的法令规定各个外省银行合并于法兰西银行；另一个在 1848 年 5 月 2 日颁布的法令允许该行把银行券的发行额增加到 45 200 万法郎。1849 年 12 月 22 日的法令规定银行券的最高发行额为 52 500 万法郎。最后，1850 年 8 月 6 日的法令又重新规定银行券可以兑现。银行券流通额不断增加，法国的全部信贷都集中在法兰西银行的手中，法国的全部黄金和白银都贮存在该行的地下室里。这些事实使蒲鲁东先生得出结论说，法兰西银行现在必须蜕掉旧的蛇皮，变成蒲鲁东式的人民银行。[279] 其实，蒲鲁东甚至用不着了解 1797 年到 1819 年英国的银行限制[280] 的历史，只要看一看拉芒什海峡的对岸，就可以知道，这个据他看来在资产阶级社会历史中前所未闻的事实正是资产阶级社会中极其正常的现象，只不过现在在法国是第一次出现而已。我们可以看到，那些跟着巴黎的临时政府说大话的冒牌革命理论家也像临时政府中的先生们自己一样，对所采取的措施的性质和结果一无所知。

尽管法国目前出现了工商业的繁荣，但大部分人口，即 2 500 万农民却由于严重的不景气而受苦。近几年的丰收使法国谷物价格跌得比英国低得多，负债累累、受高利贷盘剥并受捐税压榨的农民的处境远远不能认为是美妙的。但是，近三年来的历史充分证明，居民中的这个阶级根本没有能力首倡革命。

在大陆上，不论危机时期还是繁荣时期都比英国来得晚。最初的过程总是发生在英国；英国是资产阶级世界的缔造者。资产阶级社会经常反复经历的周期的各个阶段，在大陆上是以第二次和第三次的形式出现的。首先，大陆对英国的输出要比对任何国家的输出多得多。但是，这种对英国的输出却又取决于英国的情况,特别是英国海外市场的情况。其次,英国对海外国家的输出要比整个大陆多得多,所以大陆对这些国家的输出量始终要取决于英国对海外的输出量。因此,如果危机首先在大陆上造成革命,那么革命的原因仍然始终出在英国。在资产阶级机体中,四肢自然要比心脏更早地发生震荡,因为心脏得到补救的可能性要大些。另一方面,大陆革命对英国的影响程度同时又是一个温度计,它可以显示出,这种革命在多大的程度上真正危及资产阶级的生存条件,在多大的程度上仅仅触及资产阶级的政治形式。

在这种普遍繁荣的情况下,即在资产阶级社会的生产力正以在整个资产阶级关系范围内所能达到的速度蓬勃发展的时候,也就谈不到什么真正的革命。只有在**现代生产力**和**资产阶级生产方式这两个要素**互相**矛盾**的时候,这种革命才有可能。大陆秩序党内各个集团的代表目前争吵不休,并使对方丢丑,这决不能导致新的革命;相反,这种争吵之所以可能,只是因为社会关系的基础在目前是那么巩固,并且——这一点反动派并不清楚——是那么明**显地具有资产阶级特征**。一切想阻止资产阶级发展的反动企图都会像民主派的一切道义上的愤懑和热情的宣言一样,必然会被这个基础碰得粉碎。**新的革命,只有在新的危机之后才可能发生。但新的革命正如新的危机一样肯定会来临。**

我们现在来谈一谈**法国**。

人民既已促成了4月28日的新的选举,也就把自己联合小资产阶级在3月10日的选举中所取得的胜利化为乌有。维达尔不仅在巴黎当选,而且在下莱茵省也当选。山岳党[238]和小资产阶级的代表力量很强的巴黎委员会,怂恿他接受下莱茵省的委任状。3月10日的胜利已丧失了它的决定性意义;最后的决定性时刻又拖延了下来,人民松了劲,他们已经习惯于合法的胜利而不再去争取革命的胜利。最后,感伤的小市民的社会幻想家欧仁·苏被提名为候选人这件事,完全勾销了 3 月 10 日选举的革命意义,否定了为六月起义恢复名誉的做法;无产阶级至多不过把这次提名看成是讨好轻佻女郎的玩笑而接受下来。由于对手的政策不坚决而壮起胆来的秩序党,为了同这种善意的提名相对抗,提出了一个应该体现六月**胜利**的候选人。这个可笑的候选人是斯巴达式的家长勒克莱尔**281**,不过他身上的英雄甲胄被报刊一片一片地扯了下来,在选举中遭到了惨败。4 月 28 日选举的新胜利使山岳党和小资产阶级得意忘形。山岳党心花怒放,认为它可以用纯粹合法的方式实现自己的愿望,而不用掀起一场再度把无产阶级推上前台的新的革命;它确信,在 1852 年新的选举中一定能靠普选权把赖德律-洛兰先生安置在总统宝座上,并保证山岳党在国民议会里占多数。新的选举,提名苏为候选人以及山岳党和小资产阶级的情绪,使秩序党十分有把握地相信,山岳党和小资产阶级在任何情况下都决心保持平静,所以秩序党以废除普选权的**选举法**²⁸²回答了这两次选举的胜利。

政府极为谨慎,自己不对这个法案负责。它向多数派作了假的让步,把这个法案的起草工作交给了多数派的首脑即交给 17 个卫戍官²⁸³。这样一来,就不是政府向国民议会提议,而是国民议会的多数派向自己提议废除普选权。

5 月 8 日,这个法案提交议会审核。所有社会民主主义报刊都异口同声地劝人民要保持尊严,要保持庄重冷静,要安心等待,要信赖自己的代表。这些报刊的每一篇论文都承认,革命首先必定会消灭所谓的革命报刊,因而现在的问题是报刊如何保全自己。所谓的革命报刊泄露了自己的全部秘密。它签署了自己的死刑判决书。

5 月 21 日,山岳党将这个临时性问题提交讨论,要求否决整个提案,理由是它违反宪法。秩序党回答说,宪法在必要时是要违反的,但现在还用不着,因为宪法可以作各种解释,只有多数才有权决定哪种解释是正确的。山岳党对梯也尔和蒙塔朗贝尔的肆无忌惮的野蛮进攻,报以彬彬有礼和温文尔雅的人道态度。山岳党引证了法的基础;秩序党给它指出了法借以发展的基础——资产阶级所有制。山岳党鸣咽着说:难道他们真的要不顾一切地挑起革命吗?秩序党回答说:我们将静候革命来临。

5 月 22 日,人们以 462 票对 227 票的表决结果解决了这个临时性问题。有些人曾经十分郑重而认真地证明说,国民议会和每个议员一旦使人民,即他们的授权人丧失权利,自己也就会丧失代表权;正是这些人仍然稳坐在自己的席位上,他们突发奇想,要全国行动起来,并且是以请愿的方式行动起来,而他们自己却不采取行动;甚至当 5 月 31 日法案已经顺利通过的时候,他们还是安然不动。他们企图用抗议书来为自己报复,在抗议书中写明他们没有参与强奸宪法,但是,就连这份抗议书,他们也没有公开提出,而是偷偷地塞进议长的衣袋里。

巴黎的 15 万大军,最后决定的无限期推迟,报刊的平静态度,山岳党和新当选的议员的胆小怕事,小资产者的庄重冷静,而主要是商业和工业的繁荣,阻碍了无产阶级进行任何革命的尝试。

普选权已经完成了自己的使命。大多数人民都上了有教育意义的一课,普选权在革命时期所能起的作用不过如此而已。它必然会被革命或者反动所废除。

在随后不久发生的事件中,山岳党消耗了更多的能量。陆军部长奥普尔在国民议会的讲坛上把二月革命称为危害深重的灾难。山岳党的演说家照例大吵大嚷地表示义愤,但是议长杜班不让他们发言。日拉丹提议山岳党立刻全体退出会场。结果,山岳党依然留在那里,而日拉丹却作为一个不够资格的人被驱逐出山岳党。

选举法还需要一个东西作补充,即新的**新闻出版法**[256]。后者不久就问世了。经过秩序党的修正而变得严厉得多的政府提案,规定要增加保证金,规定对报刊副刊上登载的小说征收特别印花税(这是对欧仁·苏当选的报复),规定对周刊和月刊上发表的所有达到一定页数的作品都要征税,最后,规定报刊上的每一篇文章都要有作者署名。保证金的规定扼杀了所谓的革命报刊;人民把这些报刊的死亡看成是对废除普选权的报应。但是,新法律的意图和作用不仅仅局限于这一部分报刊。当报刊匿名发表文章的时候,它是广泛的无名的社会舆论的工具;它是国家中的第三种权力。每篇文章都署名,就使报纸仅仅成了或多或少知名的人士的作品集。每一篇文章都降到了报纸广告的水平。以前,报纸是作为社会舆论的纸币流通的,现在报纸却变成了多少有点不可靠的本票,它的价值和流通情况不仅取决于出票人的信用,而且还取决于背书人的信用。秩序党的报刊不仅煽动废除普选权,而且还煽动对坏的报刊采取极端措施。然而,就连好的报刊,也由于用了可恶的匿名方式而不合秩序党的口味,尤其不合它的个别外省议员的口味。秩序党希望只跟领取稿酬的著作家打交道,想知道他们的姓名、住址和特征。好的报刊埋怨人家以忘恩负义的态度来酬谢它的功劳,也是白费力气。法案通过了,而署名的要求首先打击的正是它。共和主义时事评论家是相当著名的,但是,当这批神秘人物突然表现为像格朗尼埃·德卡桑尼亚克那样为了金钱可以替任何事情辩护的、卖身求荣的、老奸巨猾的廉价文人,或者表现为像卡普菲格那样以国家要人自居的老废物,或者表现为像《辩论日报》的勒穆瓦讷先生那样的卖弄风骚的下流作家的时候,自诩代表国家智慧的《辩论日报》**239**、《国民议会报》**284**、《立宪主义者报》**285**等等可尊敬的报馆便露出一副可怜相。

在讨论新闻出版法的时候，山岳党已经堕落到如此道德败坏的地步，竟然只是给路易-菲力浦时期的老名人维克多·雨果先生的高谈阔论拍手喝彩。

从选举法和新闻出版法通过时起，革命的和民主的党派就退出了官方舞台。议会闭会不久，在议员动身回家之前，山岳党的两派——社会主义民主派和民主社会主义派——发表了两篇宣言**286**，即两份赤贫证明书，用以证明，虽然权力和成功从来都不在他们那一边，但是他们却一向都站在永恒的正义和其余一切永恒的真理一边。

现在来谈一谈秩序党。《新莱茵报》杂志在第3期第16页上写道："波拿巴反对联合起来的奥尔良派和正统派的复辟欲望而维护自己实际政权的名义——共和国；秩序党反对波拿巴的复辟欲望而维护自己共同统治的名义——共和国；正统派反对奥尔良派，奥尔良派反对正统派而维护现状——共和国。秩序党中所有这些集团各自心里都有自己的国王，自己的复辟意图，同时又都为了反对自己对手的篡夺和谋叛的欲望而坚持资产阶级的共同统治，坚持使各种特殊的要求得以互相抵消而又互相保留的形式——共和国。……当梯也尔说'我们保皇派是立宪共和国的真正支柱'时，他没有料想到他的话里包含有这么多的真理。"①

不得已的共和派②这出喜剧，即憎恶现状而又不断地巩固现

---

① 见本卷第517页。——编者注
② 套用莫里哀的喜剧《不得已的医生》。——编者注

状;波拿巴与国民议会之间无休止的摩擦;秩序党经常面临分裂为它的几个组成部分的危险以及它的各个集团经常重新结合;每一个集团都企图把对共同敌人的每一次胜利变成自己的暂时同盟者的失败;相互的忌妒、仇恨、倾轧,常常剑拔弩张,而结果总是拉摩勒特式的亲吻[287]——整个这一出没趣的谬误喜剧从来没有发展得像最近六个月那样典型。

秩序党同时把选举法也看做是对波拿巴的胜利。政府把自己提案的草拟工作和对这项提案的责任交给了十七人委员会,这难道还不是政府放弃了政权吗?波拿巴能同国民议会抗衡,不正是倚仗他是由 600 万人选出来的吗?在波拿巴看来,选举法是对议会的让步,他用这种让步换得了立法权和行政权之间的协调。这个下流的冒险家要求把他的年俸增加 300 万法郎作为酬劳。国民议会在剥夺绝大多数法国人选举权的情况下,能跟行政权发生冲突吗?国民议会十分气愤,看来它决心要采取极端措施了,它的委员会否决了提案,波拿巴的报刊也摆出威胁的姿态,抬出遭受抢劫的、被剥夺了选举权的人民;在进行了许多吵吵闹闹的试图达成协议的活动之后,议会终于在事实上作了让步,但同时在原则上却进行了报复。国民议会不同意在原则上把年俸增加 300 万法郎,而只同意拨给波拿巴 216 万法郎的临时补助金。国民议会对此并不满意,只是在秩序党的将军和波拿巴的自告奋勇的庇护者尚加尔涅对国民议会表示支持以后,它才作出这种让步。可见,这 200 多万实际上不是拨给波拿巴的,而是拨给尚加尔涅的。

波拿巴全然以施主的心情接受了这个勉强掷给的施舍。波拿巴的报刊重新对国民议会进行攻击,而在讨论新闻出版法过程中,有人首先针对代表波拿巴私人利益的二流报纸提出了关于文章署名的修正案,这时波拿巴派的主要机关报《权力报》[288]对国民议会进行了公开的猛烈攻击。内阁阁员不得不在国民议会面前斥责这家报纸；《权力报》的发行人被传到国民议会问罪，并被课以最高罚金 5 000 法郎。次日，《权力报》刊载了一篇更加粗暴无礼的文章攻击议会，政府的报复行动是，立即由法庭以破坏宪法的罪名追究几家正统派报纸的责任。

最后，提出了议会会议延期的问题。波拿巴为了使自己的行动不受国民议会阻碍，希望会议延期。秩序党一方面为了使自己的各个集团能够进行阴谋活动，另一方面为了使各个议员能够谋求个人利益，也希望会议延期。双方为了巩固和扩大各省反动派的胜利，都需要会议延期。因此议会把它的会议从 8 月 11 日延期到 11 月 11 日。但是，因为波拿巴毫不隐讳地一心想要摆脱国民议会的讨厌的监督，所以议会给信任投票本身打上了不信任总统的印记。在议会休会期间由 28 名共和国道德卫士组成常设委员会[289]，所有波拿巴分子都被排除在外。为了向总统证明多数人对立宪共和国的忠诚，没有选波拿巴分子，反倒选了《世纪报》[258]和《国民报》[221]的几个共和主义者。

在议会会议延期前不久，尤其在刚刚延期的时候，秩序党的两大集团奥尔良派和正统派看来准备和解，和解的基础就是两个王室的融合，而它们在斗争时打的旗号就是王室。报纸上登满了在圣伦纳兹的路易-菲力浦病床前讨论的和解计划；路易-菲力浦的死突然使情况简单化了。路易-菲力浦是个篡位者，亨利五世曾被他夺去了王位，而巴黎伯爵由于亨利五世无嗣便成了他的合法继承人。现在已经没有任何借口来反对两个王朝利益的融合。但是资产阶级的两个集团现在才终于明白，使它们分裂的并不是对这个或那个王室的温情的眷恋，相反，是它们的不同的阶级利益使两个王朝分了家。正统派像他们的竞争者到圣伦纳兹去谒见路易-

菲力浦一样,也前往威斯巴登行宫谒见亨利五世,在那里获悉路易-菲力浦死去的消息。他们立刻组织了一个有名无实的内阁,其成员主要是上述共和国道德卫士委员会的委员,这个内阁趁党内发生冲突的时机立刻直言不讳地宣布它的权利是上帝恩赐的。奥尔良派看到这个宣言[290]在报刊上使对方丢了丑而兴高采烈,毫不掩饰他们对正统派的公开敌视。

在国民议会休会期间,各省议会都开了会。它们大多数都赞成多少有保留地修改宪法,就是说,它们赞成没有明确规定的君主制复辟;赞成**"解决问题"**,但同时又承认自己没有足够的权力和胆量去找到解决问题的方法。波拿巴派急忙从延长波拿巴总统任期的角度来解释这种修改宪法的愿望。

统治阶级决不能容许用合乎宪法的办法解决问题,这个办法就是:波拿巴在 1852 年 5 月辞职,同时由全国选民选举新总统,在新总统上任后几个月内由为修改宪法而选出的特别议院来修改宪法。新总统选举之日,必定是正统派、奥尔良派、资产阶级共和派、革命派等一切敌对派别相逢之时。结果必然要在各个集团之间以暴力一决胜负。即使秩序党[250]能够一致推出一个王室之外的中立候选人,波拿巴也会反对这个候选人。秩序党在其反对人民的斗争中不得不经常加强行政权。行政权一加强,执掌行政权的波拿巴的地位也就加强了。因此,秩序党加强其共同的权力时,也就加强了想登王位的波拿巴的战斗手段,增加了他在决胜关头以暴力阻挠用宪制的办法解决问题的可能性。那时,波拿巴在反对秩序党时将不会与宪法的一个重要支柱发生冲突,正像秩序党在选举法问题上反对人民时不会与宪法的另一个重要支柱发生冲突一样。他甚至有可能诉诸普选权来反对议会。总之,用宪制的办法解决问题会危及整个政治现状,而资产者觉得在现状动荡不

定的后面是混乱、无政府状态、内战。他们好像觉得,在 1852 年 5
月头一个星期日,他们的买卖、票据、婚约、公证书、押据、地租、房
租、利润,一切契约和收入来源都将成为问题,他们不能让自己冒
这样的风险。在政治现状的动荡不定后面潜伏着整个资产阶级社
会崩溃的危险。对资产阶级来说,唯一可能的解决办法就是延期
解决。它只能用破坏宪法和延长总统任期的办法来挽救立宪共和
国。这也是秩序党报刊在省议会会议结束后对所热衷的"解决问
题"的办法经过长期深入的辩论后得出的结论。这样,强大的秩
序党只好忍受羞辱,不得不认真看待这个可笑的、平庸的、它所憎
恶的人物——假波拿巴。

这个肮脏人物对越来越使他具有必要人物性质的原因,也理
解错了。他那一派十分明了,波拿巴的作用日益增长是当时的环
境造成的,而他本人却相信,这仅仅是由于他的名字有魔力和他一
贯模仿拿破仑的缘故。他的雄心一天比一天大。他以周游法国来
对抗前往圣伦纳兹和威斯巴登的拜谒。波拿巴分子不相信他这个
人有什么魔力,所以他们用火车和驿递马车大批装载十二月十日
会[291]这个巴黎流氓无产阶级组织的成员,把他们送到各处去为他
捧场喝彩。他们根据不同城市对总统接待的情况,教自己的傀儡
发表演说,或者宣称总统施政的座右铭是坚持共和主义的随和温
顺的态度,或者宣称这一座右铭是坚持刚毅倔强的精神。尽管施
用了一切花招,这次巡游还是一点也不像凯旋的游行。

波拿巴确信已经用这种办法把人民鼓动了起来,于是他着手
争取军队。他在凡尔赛附近的萨托里平原上举行了盛大的阅兵
式,在阅兵时,他力图用蒜腊肠、香槟酒和雪茄烟来收买士兵。如
果说真拿破仑在其侵略性远征的艰苦时刻善于靠突然表现家长式
的关怀来鼓励疲劳的士兵,那么假拿破仑则以为,士兵高喊"拿破

仑万岁,腊肠万岁!"即"腊肠万岁,小丑万岁!"①就是向他表示
感谢。

这次阅兵暴露出波拿巴和陆军部长奥普尔与尚加尔涅之间长
期隐伏的纠纷。秩序党认为尚加尔涅是它的真正中立的人物,因
为这个人谈不上有什么建立自己王朝的野心。秩序党指定他作为
波拿巴的继承人。况且,尚加尔涅由于在 1849 年 1 月 29 日和 6
月 13 日的行为,已经成了秩序党的伟大统帅,成了当代的亚历山
大,在胆怯的资产者看来,这个亚历山大以蛮横的干涉斩断了革命
的戈尔迪之结。其实他跟波拿巴一样可笑,他以这种极便宜的手
段变成一个有势力的人物,被国民议会捧出来监视总统。他以波
拿巴的庇护者身份炫耀自己——如在讨论总统的薪俸时就是如
此——并且以越来越高傲的态度对待波拿巴和部长们。当人们预
料新选举法**282**的颁布会引发暴动的时候,他不许他的军官接受陆
军部长或总统的任何命令。报刊方面也帮助吹捧尚加尔涅这个
人。秩序党由于根本没有什么杰出人物,而不得不把整个阶级所
缺乏的力量凭空移到一个人身上,以这种办法使他膨胀为一个巨
人。关于尚加尔涅这个"**社会中坚**"的神话就是这样产生的。尚
加尔涅借以把整个世界担在自己肩上的那种无耻的招摇撞骗和不
可思议的妄自尊大,跟萨托里阅兵时和阅兵后所发生的事件形成
了十分可笑的对比。这些事件无可争辩地证明,只要波拿巴这个
极端渺小的人物大笔一挥,就足以使惊恐不安的资产阶级通过幻
想产生的怪物——巨人尚加尔涅降为一个平庸的人,就足以把这
个拯救社会的英雄变成退休的将军。

---

① 文字游戏:"腊肠"的原文是"Wurst","小丑"的原文是"Hanswurst"。——
   编者注

波拿巴很早就对尚加尔涅进行过报复,唆使陆军部长在纪律问题上同这个讨厌的庇护者发生冲突。最近在萨托里举行的阅兵式,终于使旧怨公开爆发了。当骑兵团列队通过波拿巴面前并高呼反宪法口号"皇帝万岁!"时,尚加尔涅为维护宪法而产生的愤怒简直达到了极限。波拿巴为了在议会即将开会对这个口号进行不愉快的辩论之前抢先采取行动,便把陆军部长奥普尔调走,任命他为阿尔及尔总督。他任命一个十分可靠的帝国时代的老将军担任陆军部长的职务,这位老将军的粗暴丝毫不亚于尚加尔涅。但是,为了不让人觉得奥普尔的免职是对尚加尔涅的让步,波拿巴同时又把伟大的社会救主的得力助手诺马耶将军从巴黎调到南特。正是诺马耶在上次阅兵式上使全体步兵在拿破仑继承人面前十分冷淡地默默走过。由于诺马耶的被调而感到自己被触犯的尚加尔涅提出了抗议并进行恫吓。结果白费力气。经过两天的谈判,调动诺马耶的命令在《通报》上发表了,秩序的英雄除了服从纪律或提请辞职之外没有任何其他办法。

波拿巴跟尚加尔涅的斗争是他跟秩序党的斗争的继续。因此,11月11日国民议会将在不祥的征兆之下复会。但是,这将是杯水风波。从根本上说,旧戏必定还会继续演下去。尽管秩序党各集团维护原则的勇士们大喊大叫,秩序党的多数人仍将不得不延长总统任期。同样,尽管波拿巴提出了种种临时性的抗议,他也仍然会把这种延长任期当做国民议会的简单授权从它手里接受下来,因为仅仅由于缺钱,他就已经感到沮丧。这样,问题的解决就延搁下来,现状就保持下去;秩序党的各个集团互相破坏威信,互相削弱,使对方丢丑;对共同的敌人即全国群众的镇压手段不断加强,并且无所不用其极,直到经济关系本身重新达到这样的发展水平,使得所有这些互相抱怨的派别连同它们的立宪共和国由于新的爆炸而粉身碎骨。

不过,为了安慰资产者,还需要补充一点,由于波拿巴与秩序党之间的争吵,交易所里许多小资本家陷于破产,他们的钱财都落到交易所大豺狼的腰包里去了。

卡·马克思写于 1849 年底——1850 年 3 月底和 1850 年 10 月——11 月 1 日

载于 1850 年 1、2、3 和 5——10 月《新莱茵报。政治经济评论》第 1、2、3 和 5——6 期

原文是德文

选自《马克思恩格斯文集》第 2 卷第 77——187 页

卡·马克思和弗·恩格斯

共产主义者同盟中央委员会告同盟书[292]

1850 年 3 月

中央委员会告同盟书

兄弟们!

在 1848 年和 1849 年这两个革命的年头中,同盟[167]经受了双重的考验。第一重考验是,它的成员在各地积极参加了运动,不论在报刊上、街垒中还是在战场上,都站在唯一坚决革命的阶级即无产阶级的最前列。同盟经受的另一重考验是,1847 年各次代表大会和中央委员会的通告以及《共产主义宣言》①中阐述的同盟关于运动的观点,都已被证明是唯一正确的观点,这些文件中的各种预见都已完全被证实,而以前同盟仅仅秘密宣传的关于当前社会状况的见解,现在人人都在谈论,甚至在大庭广众之中公开宣扬。可是在同一个时候,同盟以前的坚强的组织却大大地涣散了。大部

---

① 即《共产党宣言》。——编者注

分直接参加过革命运动的成员,都认为秘密结社的时代已经过去,现在单靠公开活动就够了。个别的区部和支部开始放松了,甚至渐渐地中止了自己同中央委员会的联系。结果,当德国民主派即小资产阶级的党派日益组织起来的时候,工人的政党却丧失了自己唯一巩固的支柱,至多也只是在某些地方为了当地的目的还保存着组织的形式,因此在一般的运动中就落到了完全受小资产阶级民主派控制和领导的地位。这种状况必须结束,工人的独立应该恢复。中央委员会认识到这种必要性,因此早在1848—1849年冬天就已委派特使约瑟夫·莫尔到德国去改组同盟。可是莫尔所负的使命没有产生持久的影响,这一方面是由于德国工人当时还没有足够的经验,另一方面是由于去年5月发生的起义[152]使这次使命不能继续执行。莫尔本人拿起武器加入了巴登-普法尔茨军队,于6月29日在穆尔格河战斗中阵亡。他的牺牲使同盟失去了一位资历最深、最积极和最可靠的成员,他参加过历次代表大会和中央委员会,曾多次非常成功地完成使命。在1849年6月德法两国革命政党遭到失败之后,差不多全体中央委员会委员都重聚在伦敦,他们用新的革命力量补充了自己的队伍,再次精神焕发地进行改组同盟的工作。

同盟的改组只有通过一个特使才可能实现,因此中央委员会认为指派一个特使立即动身是十分重要的,因为新的革命即将爆发,工人政党必须尽量有组织地、尽量一致地和尽量独立地行动起来,才不会再像1848年那样被资产阶级利用和支配。

兄弟们,我们早在1848年就对你们说过,德国的自由资产者很快就会掌握统治权,并且立刻就会利用他们刚刚获得的权力转过来对付工人。你们已经看到,这个预言已成为事实。1848年三月运动[157]之后,资产者果然立即就夺得了国家政权,并且随即利用这个权力迫使工人即自己在战斗中的同盟者回到从前那种受压迫的地位。资产阶级如果不同那个在 3 月间被打败了的封建党派结成联盟，最后甚至把统治权重又让给这个封建专制主义党派，是不可能做到这一点的。不过它终究为自己保住了一些条件，假如革命运动现在就有可能走上所谓和平发展的道路，那么，在政府陷入财政困难的情况下，这些条件就可能使统治权逐渐落到资产阶级的手中，使它的全部利益都得到保障。为了保障自己的统治权，资产阶级甚至不必采用惹人憎恨的反人民的暴力措施，因为所有这一切暴力手段封建反革命派都用过了。但是，发展不会采取这种和平进程。相反，革命已经迫近，而这次革命不管是由法国无产阶级的独立起义引起的，还是由神圣同盟[217]对革命的巴比伦的侵犯引起的，都会加速这种发展。

德国自由资产者 1848 年在对人民的关系上扮演过的叛徒角色，在即将到来的革命中将由民主派小资产者来担任，而民主派小资产者现在在反对派中所持的态度，正和自由资产者在 1848 年以前所持的态度相同。这个党派，这个对工人来说比从前的自由派危险得多的民主派，是由下面三种人组成的：

一、大资产阶级中最进步的那部分人，他们所追求的目的是立即彻底推翻封建制度和专制制度。这一派的代表是从前的柏林的协商派[207]，即那些曾经主张拒绝纳税的人。

二、立宪民主派小资产者，他们在迄今为止的运动中所追求的主要目标是要建立一个多少有点民主的联邦国家，也就是要建立他们的代表即法兰克福议会左派以及后来的斯图加特议会和他们自己在维护帝国宪法运动[152]中所争取的那种国家。

三、共和派小资产者，他们的理想是建立一个瑞士式的德意志联邦共和国，他们现在自称为**红色党人**和社会民主党人，因为他们幻想消除大资本对小资本的压迫、大资产者对小资产者的压迫。这一派的代表是历次民主大会和民主委员会的成员、民主协会的领导者和民主报纸的编辑。

所有这三派在遭到失败之后,现在都自称为共和党人或红色党人,正像法国的共和派小资产者现在自称为社会主义者一样。凡是在他们还能找到机会用立宪的办法追求自己目标的地方,如在符腾堡、巴伐利亚等地方,他们总是利用机会来坚持他们那套陈词滥调,用行动来证明他们丝毫没有改变。此外,很明显,改变这个党派的名称,丝毫也改变不了它对工人的态度;改变名称只不过是证明这个党派现在不得不反对同专制制度相勾结的资产阶级,而且不得不依靠无产阶级。

德国的这个小资产阶级民主派力量很大。它不但包括居住在城市里的绝大多数市民、小工业品商贩和手工业师傅;跟着它走的还有农民以及尚未得到独立的城市无产阶级支持的农村无产阶级。

革命的工人政党同小资产阶级民主派的关系是:同小资产阶级民主派一起去反对工人政党所要推翻的派别;而在小资产阶级民主派企图为自己而巩固本身地位的一切场合,工人政党都对他们采取反对的态度。

民主派小资产者根本不愿为革命无产者的利益而变革整个社会,他们要求改变社会状况,是想使现存社会尽可能让他们感到日子好过而舒服。因此,他们首先要求限制官僚制度以缩减国家开支,让大土地占有者和大资产者承担主要税负。其次,他们要求消除大资本对小资本的压迫,设立公共信用机构,颁布反高利贷的法令,这样他们和农民就可以不从资本家那里,而从国家那里以优惠条件得到贷款;然后,再彻底铲除封建制度,在农村中建立资产阶级的财产关系。为了实现这一切,他们需要一种能使他们及其同盟者农民占多数的民主的——不论是立宪的或共和的——政体,并且需要一种能把乡镇财产的直接监督权以及目前由官僚行使的许多职能转归他们掌握的民主的乡镇制度。

此外,他们还认为,必须一方面用限制继承权的办法,另一方面用尽量把各种事业转由国家经营的办法,阻挡资本的统治及其迅速的增长。至于工人,首先毫无疑问的是,他们还应当照旧做雇佣工人,不过这些民主派小资产者想让工人的工资多一点,生活有保障一点;他们希望通过国家部分地解决就业问题,并通过各种慈善救济的措施来达到这一点。总之,他们希望用或多或少经过掩饰的施舍来笼络工人,用暂时使工人生活大体过得去的方法来摧毁工人的革命力量。这里所概述的小资产阶级民主派的各种要求,并不是他们当中的一切派别都在坚持,而只有其中的极少数人才把所有这些要求当做既定的目标。小资产阶级民主派中的个别人物和派别走得越远,这些要求中被他们当做自身要求去争取的就越多,而那些把上述种种要求视为自己纲领的少数人,也许会以为这就是对革命所能寄予的最大希望。但是这些要求无论如何也不能使无产阶级的党感到满足。民主派小资产者只不过希望实现了上述要求便赶快结束革命,而我们的利益和我们的任务却是要不断革命,直到把一切大大小小的有产阶级的统治全都消灭,直到无产阶级夺得国家政权,直到无产者的联合不仅在一个国家内,而且在世界一切举足轻重的国家内都发展到使这些国家的无产者之间的竞争停止,至少是发展到使那些有决定意义的生产力集中到了无产者手中。对我们说来,问题不在于改变私有制,而只在于消灭私有制,不在于掩盖阶级对立,而在于消灭阶级,不在于改良现存社会,而在于建立新社会。德国小资产阶级民主派在革命进一步的发展过程中,将保持一段时期的优势,这是毫无疑义的。因此应当考虑,无产阶级特别是共产主义者同盟应对他们采取什么态度:

1. 当小资产阶级民主派也处于被压迫地位的现有关系还继续存在的时候对他们应取什么态度?

2. 在最近的将来会使他们获得优势的革命斗争中对他们应取什么态度?

3. 这场斗争结束后,在他们的势力超过被推翻各阶级和无产阶级的时候对他们应取什么态度?

第一,目前,在民主派小资产者到处都受压迫的时候,他们一般都向无产阶级宣传团结与和解,表示愿意与无产阶级携手合作,力求建立一个包括民主派内各种人物的大反对党,就是说,他们极力想把工人拉入这样一个党组织,在这里尽是一些掩盖他们特殊利益的笼统的社会民主主义空话,为了所向往的和平而不许提出无产阶级的明确要求。这种联合只会对小资产者有利,而对无产阶级则十分有害。无产阶级会完全丧失它辛辛苦苦争得的独立地位,而重新沦为正式的资产阶级民主派的附庸。因此,对于这种联合应该坚决拒绝。工人,首先是共产主义者同盟,不应再度降低自己的地位,去充当资产阶级民主派的随声附和的合唱队,而应该谋求在正式的民主派旁边建立一个秘密的和公开的独立工人政党组织,并且应该使自己的每一个支部都成为工人协会的中心和核心,在这种工人协会中,无产阶级的立场和利益问题应该能够进行独立讨论而不受资产阶级影响。资产阶级民主派对于他们同无产者缔结这种应该保证无产者与他们具有同等力量和同等权利的联盟,采取多么不严肃的态度,这可从布雷斯劳的民主派的例子上看出来:他们在自己的机关报《新奥得报》²⁹³上,非常猖狂地攻击他们称为社会主义者的那些独立组织起来的工人。在反对共同的敌人时,不需要什么特别的联合。一旦必须进行反对共同敌人的直接斗争,两个党派的利益也就会暂时趋于一致,正如历来的情况一样,将来也自然会产生出这种只适合一时需要的联合。不言而喻,在即将发生的流血冲突中,也如在先前各次流血冲突中一样,主要是工人必须勇敢而坚定地以自我牺牲的精神来争取胜利。在这个斗争中,小资产者群众也必定会和从前一样,尽可能拖延行动,采取犹豫不决和消极的态度,而在将来取得胜利的时候,则把胜利果实据为己有,要求工人镇静下来,回去劳动,防止所谓过火行为,并且不让无产阶级享有胜利果实。工人没有能力阻止小资产阶级民主派这样做,可是工人有能力阻挠小资产阶级民主派凌驾于武装的无产阶级之上,并逼迫他们接受一些条件,使得资产阶级民主派的统治一开始就种下覆灭的根苗,使他们的统治在以后很容易就被无产阶级的统治排挤掉。工人在发生冲突期间和斗争刚结束时,首先必须尽一切可能反对资产阶级制造安静局面的企图,迫使民主派实现他们现在的恐怖言论。工人应该设法使直接革命的热潮不致在刚刚胜利后又被压制下去。相反,他们应该使这种热潮尽可能持久地存在下去。工人不应反对所谓过火行为,不应反对人民对与可恨的往事有关的可恨的人物或官方机构进行报复的举动,他们不仅应该容忍这种举动,而且应该负责加以引导。在斗争中和斗争后,工人一有机会就应当在资产阶级民主派的要求之外提出他们自己的要求。民主派资产者一准备夺取政权,工人就应当要求他们给工人以各种保证。在必要时,工人应当以强制性手段争得这些保证,并且应当设法使新执政者作出一切可能的让步和承诺——这是使他们丧失威信的最可靠的手段。总之,工人应该用一切方法,尽可能抑制那种随着每次巷战胜利而出现的新形势所引起的陶醉于胜利的情绪,应该镇定清醒地认清形势,对新政府公开表示不信任。同时,工人应该立刻在正式的新政府旁边成立自己的革命工人政府,可以采用市镇领导机关即市镇委员会的形式,也可以采用工人俱乐部或工人委员会的形式,使得资产阶级民主派的政府不仅立刻失去工人的支持,而且一开始就看到自己处于受全体工人群众拥护的行政机关的监督和威胁之下。总之,从胜利的最初一瞬间起,工人的不信任态度就不必再针对已被打倒的反动党派,而是必须针对自己从前的同盟者,即针对那个想要独吞共同胜利的果实的党。

第二,为了坚决而严厉地反对这个从胜利的头一小时起就开始背叛工人的党,工人应该武装起来和组织起来。必须立刻把整个无产阶级用步枪、马枪、大炮和弹药武装起来;必须反对复活过去那种用来对付工人的市民自卫团。在无法做到这一点的地方,工人就应该设法组成由他们自己选出的指挥官和自己选出的总参谋部来指挥的独立的无产阶级近卫军,不听从国家权力机关的调遣,而听从由工人建立的革命的市镇委员会调动。凡是国家出钱雇用工人做工的地方,工人们都应该武装起来,组成由他们自己选出的指挥官指挥的独立军团,或者组成无产阶级近卫军的支队。武器和弹药不得以任何借口交出去;对任何解除工人武装的企图在必要时都应予以武装回击。消除资产阶级民主派对工人的影响,立刻建立起独立和武装的工人组织,造成各种条件,尽量使暂时不可避免的资产阶级民主派的统治感到困难和丧失威信。这就是无产阶级,因而也就是共产主义者同盟在即将爆发的起义中和起义后应当牢记不忘的主要问题。

第三,新政府只要巩固到一定程度,就会立刻开始反对工人的斗争。为了能够有力地反对民主派小资产者,首先必须使工人以俱乐部的形式独立地组织起来并集中起来。在推翻现存政府以后,中央委员会一有可能就迁往德国,立刻召开代表大会,并向大会提出旨在把各个工人俱乐部集中起来由一个设在运动中心的机关来领导的各种必要的提案。至少要在各省范围内迅速建立各个工人俱乐部之间的联系,这是加强和发展工人政党的最重要的措施之一。推翻现存政府以后,立刻就要选举国民代表会议。这里无产阶级必须注意以下几点:

一、无论如何都不要让地方当局或政府委员用某种诡谲借口把一部分工人摒除于选举之外。

二、各地都要尽可能从同盟盟员中提出工人候选人来与资产阶级民主派候选人相抗衡,并且要用一切可能的手段使工人候选人当选。甚至在工人毫无当选希望的地方,工人也一定要提出自己的候选人,以保持自己的独立性,计算自己的力量,并公开表明自己的革命立场和本党的观点。同时,工人不应听信民主派的空话,例如说这种做法将使民主派陷于分裂而使反动派有可能获得胜利。所有这些空话,归根到底是为了蒙骗无产阶级。无产阶级政党通过这种独立行动所必然取得的进展,同几个反动分子参加国民代表会议所能造成的害处相比,其重要性不知要大多少。如果民主派一开始就坚决用恐怖手段对付反动派,那么,反动派在选举中的影响预先就会被消除掉。

引起资产阶级民主派同工人发生冲突的第一个问题,将是废除封建制度的问题。正如在第一次法国革命中一样,小资产者将把封建地产交给农民作为他们自由支配的财产,也就是说,他们要继续保存农村无产阶级并造就一个农民小资产阶级,这个阶级会像法国农民现在的处境一样,经受日益贫困和债台高筑的痛苦。

工人为了农村无产阶级的利益和自身的利益,一定要反对这种意图。他们必须要求把没收过来的封建地产变为国有财产,变成工人移民区,由联合起来的农村无产阶级利用大规模农业的一切优点来进行耕种。这样一来,在资产阶级所有制关系发生动摇的情况下,公有制的原则立刻就会获得巩固的基础。正如民主派同农民联合起来那样,工人应当同农村无产阶级联合起来。其次,民主派或者将直接力争建立联邦共和国,或者,如果他们无法回避建立一个统一而不可分割的共和国,至少也将设法赋予各乡镇和各省区以尽量大的独立自主权,从而使中央政府陷于瘫痪状态。工人应该反对这种意图,不仅要力求建立统一而不可分割的德意志共和国,而且还要极其坚决地把这个共和国的权力集中在国家政权手中。他们不应当被民主派空谈乡镇自由、自治等等的花言巧语所迷惑。在任何一个像德国这样还需要铲除那么多中世纪残余,还必须打破那么多地方性和省区性痼习的国家里,无论如何也不能容许每个村庄、每个城市和每个省设置新的障碍去阻挠革命活动,因为革命活动只有在集中的条件下才能发挥全部力量。——决不能容许现今这种状况重现,因为在这种状况下,德国人在每个城市和每个省都不得不为同一个前进步骤而独自去搏斗。决不能容许利用所谓自由的乡镇制度来永远保存乡镇所有制,因为这种所有制形式比现代私有制还要落后,并且到处都必然陷于解体而转变为现代私有制;决不能容许利用所谓自由的乡镇制度来使各个贫穷乡镇与富裕乡镇在这种所有制基础上发生的争执,以及与国家民法并存的乡镇民法及其各种刁难工人的规定永远存在下去。正如1793年在法国那样,目前在德国实行最严格的中央集权制是真正革命党的任务①。

我们已经说过,在下次运动中,民主派将取得统治,他们将不得不提出一些多少带点社会主义性质的措施。试问:工人对此应该提出一些什么措施呢? 当然,在运动初期,工人还不可能提出直接的共产主义的措施。但是他们可以采取如下两个措施:

1. 迫使民主派尽可能多方面地触动现存的社会制度,干扰现存社会制度的正常运行,使它自己丧失威信,并把尽可能多的生产力、运输工具、工厂、铁路等等集中在国家手里。

2. 工人应当极力将那些肯定不会采取革命手段而只会采取改良手段的民主派所提出的主张加以提升,把这些主张变成对私有制的直接攻击。例如,假若小资产者主张赎买铁路和工厂,工人就应该要求把这些铁路和工厂作为反动派财产干脆由国家没收,不给任何补偿;假若民主派主张施行比例税,工人就应该要求施行

---

① 恩格斯在 1885 年版上加了一个注:"现在必须指出,这个地方是出于误会。当时因受到波拿巴派和自由派的历史伪造家的欺骗,大家都以为法国中央集权的管理机器是由大革命建立起来的,特别是以为国民公会**208**曾利用这个机器作为战胜保皇主义反动派和联邦主义反动派以及外敌的必不可少的和决定性的武器。可是,现在大家都已经知道的事实是:在整个革命时期,直到雾月十八日为止,各省、各区和各乡镇的全部管理机构都是由被管理者自己选出的机关组成的,这些机关可以在共同的国家法律范围内完全自由行动;这种和美国类似的省区的和地方的自治,正是革命的最强有力的杠杆;拿破仑在雾月十八日政变刚刚结束以后,就急忙取消这种自治而代之以沿用至今的地方行政长官管理制,可见,地方行政长官管理制自始就纯粹是反动势力的工具。但是,正如地方的和省区的自治不同政治的和全国的中央集权相抵触一样,它也并不一定同自治州或乡镇的狭隘的利己主义联系在一起,这种利己主义现今在瑞士已经显得非常丑恶可憎,而南德意志的所有联邦共和主义者在1849 年却企图在德国把它奉为准则。"——编者注

累进税;假若民主派自己提议施行适度的累进税,工人就应该坚持征收税率逐级大幅度提高的捐税,从而使大资本走向覆灭;假若民主派要求调整国债,工人就应该要求宣布国家破产。这就是说,工人的要求到处都必须针对民主派的让步和措施来决定。

如果说德国工人不经过较长时间的革命发展过程,就不能掌握统治权和实现自己的阶级利益,那么这一次他们至少可以确信,这一出即将开始的革命剧的第一幕,将与他们本阶级在法国取得直接胜利同步上演,因而第一幕的进展一定会大大加速。

但是,为了要达到自己的最终胜利,他们首先必须自己努力:他们应该认清自己的阶级利益,尽快采取自己独立政党的立场,一时一刻也不能因为听信民主派小资产者的花言巧语而动摇对无产阶级政党的独立组织的信念。他们的战斗口号应该是:不断革命。

1850 年 3 月于伦敦

卡·马克思和弗·恩格斯写
于 1850 年 3 月 24 日以前

1850 年印成传单,1885 年由
恩格斯收在马克思的《揭露
科隆共产党人案件》一书中
作为附录发表

原文是德文

选自《马克思恩格斯文集》
第 2 卷第 188—199 页

弗·恩格斯

*德国的革命和反革命²⁹⁴

［一　革命前夕的德国］

欧洲大陆上的革命剧的第一幕已经闭幕了。1848年大风暴以前的"过去的当权者"，又成为"现在的当权者"了，而那些多少受人欢迎的短期掌权者，如临时执政者、三头执政、独裁者以及追随他们的议员、民政委员、军事委员、地方长官、法官、将军、军官、士兵等等，都被抛到异国，"赶到海外"，赶到英国或美国去了。他们在那里组织起新的"有名无实的"政府、欧洲委员会、中央委员会、国民委员会，以堂哉皇哉的文告宣布它们的成立，那些文告的庄严堂皇，并不亚于真正当权者的文告。

很难想象还有什么失败比大陆的革命党派（更确切地说是各革命党派）在全战线各个据点所遭受的失败更为惨重。但这有什么关系呢？为了争取社会的和政治的统治，英国资产阶级不是经过了48年①，而法国资产阶级不是经过了40年②空前的斗争吗？

---

① 指1640—1688年的英国。——编者注
② 指1789—1830年的法国。——编者注

资产阶级不正是在复辟了的君主制以为自己的地位比任何时候都巩固的时刻才最接近自己的胜利的吗？把革命的发生归咎于少数煽动者的恶意那种迷信的时代，早已过去了。现在每个人都知道，任何地方发生革命动荡，其背后必然有某种社会要求，而腐朽的制度阻碍这种要求得到满足。这种要求也许还未被人强烈地、普遍地感觉到，因此还不能保证立即获得成功；但是，任何人企图用暴力来压制这种要求，那只能使它越来越强烈，直到它把自己的枷锁打碎。所以，如果我们被打败了，那么我们除了从头干起之外再无别的办法。值得庆幸的是，在运动的第一幕闭幕之后和第二幕开幕之前，有一次大约很短暂的休息，使我们有时间来做一件很紧要的工作：研究这次革命必然爆发而又必然失败的原因。这些原因不应该从一些领袖的偶然的动机、优点、缺点、错误或变节中寻找，而应该从每个经历了动荡的国家的总的社会状况和生活条件中寻找。1848 年 2 月和 3 月突然爆发的运动，不是个别人活动的结果，而是民族的要求和需要的自发的不可遏止的表现，每个国家的各个阶级对这种要求和需要的认识程度虽然各不相同，但都已清楚地感觉到。这已经是一件公认的事实。而每当问及反革命成功的原因时，却到处听到一种现成的回答：因为这个先生或那个公民"出卖了"人民。从具体情况来看，这种回答也许正确，也许错误，但在任何情况下，它都不能说明任何问题。甚至不能说明，"人民"怎么会让别人出卖自己。而且，如果一个政党的全部本钱只是知道某某公民不可靠这一件事，那么它的前途就太可悲了。

此外，研究和揭示革命动荡及其被镇压下去的原因，从历史的观点来看，具有极重要的意义。所有这些琐碎的个人争论和互相责备，所有这些互相矛盾的论断，说把革命之舟驶向暗礁以致使它触礁沉没的是马拉斯特，或者是赖德律-洛兰，或者是路易·勃朗，或者是临时政府的其他成员，或者是他们全体——这一切对于从远处来观察这种种运动、因而不了解事件的详情细节的美国人或英国人来说有什么意义呢，这能说明什么问题呢？任何一个头脑正常的人都永远不会相信，多半都是庸才、既不能为大善也不能作大恶的11个人①能在三个月之内毁坏一个有3 600万人口的民族，除非这3 600万人和这11个人一样缺乏辨认方向的能力。问题正在于，这3 600万在一定程度上还在昏暗中摸索的人，怎么突然应当自己决定走什么道路，后来他们又怎么迷了路，而让他们从前的领袖暂时回到了领导地位。

因此，如果我们要向《论坛报》²⁹⁵的读者说明1848年德国革命必然发生以及它必然在1849年和1850年暂时遭到镇压的原因，那么我们无须叙述德国发生这些事件的全部历史。将来的事变和后代的评论会判定，在这一大堆杂乱的、看似偶然的、互不连贯而又矛盾的事实中，哪一部分将构成世界历史的组成部分。解决这一任务的时候尚未到来。我们现在只限于在可能的范围内加以论述，如果我们能根据确凿的事实找出合理的原因来说明那个运动的主要事件和根本性的转折，使我们能够认清也许在不远的将来就会出现的下一次爆发将指示给德国人民的方向，那么我们也就满足了。

那么，首先，革命爆发时德国处于怎样一种状况呢？

在德国，作为一切政治组织的基础的人民，其各个阶级的构成比任何别的国家都更为复杂。在英国和法国，集中在大城市，特别是集中在首都的强大而富裕的资产阶级，已经完全消灭了封建制

---

① 即1848年2月24日成立的法国临时政府的成员。——编者注

度,或者至少像在英国那样,已经使它沦为一些没有多大意义的形式,而德国的封建贵族却仍然保留着很大一部分旧日的特权。封建土地所有制差不多到处都还居于统治地位。封建领主甚至还保留着对租佃者的审判权。他们虽然被剥夺了政治上的特权——对各邦君主的控制权,但他们几乎原封不动地保持着对他们领地上的农民的那种中世纪的统治权以及不纳税的权利。封建制度在有些地区比在另一些地区更为盛行,但是除了莱茵河左岸,它在任何地方都没有完全被消灭。[296]这种封建贵族当时人数很多,一部分也很富裕,被公认为国内的第一"等级"。他们充任政府的高级官吏,军队里的军官也差不多全是他们。

当时德国的**资产阶级**远没有英国或法国的资产阶级那样富裕和集中。德国的旧式工业因蒸汽的采用和英国工业优势的迅速扩张而被摧毁了。在拿破仑的大陆体系[100]之下开始出现的、在国内其他地方建立的现代化的工业,既不足以补偿旧式工业的损失,也不能保证工业有足够强大的影响,以迫使那些对于非贵族的财富和势力的任何一点增强都心怀忌妒的各邦政府考虑现代工业的要求。法国在50年的革命和战争中成功地经营了自己的丝纺织业,而德国在这个时期却几乎完全丧失了自己的旧式的麻纺织业。此外,德国的工业区少而分散;它们深处内陆,主要是利用外国的——荷兰或比利时的——港口进行进出口贸易,所以它们与北海和波罗的海沿岸各大商港很少有或毫无共同的利益;而最重要的是,它们不能建立像巴黎和里昂、伦敦和曼彻斯特那样巨大的工商业中心。造成德国工业的这种落后状态的原因很多,但是只要举出两个就足以说明问题:国家的地理位置不利,距离已经成为世界贸易要道的大西洋太远;从16世纪到现在,德国不断卷入战争,而这些战争又都是在它的国土上进行的。英国**资产阶级**自1688

年即已享有政治统治权,法国资产阶级自 1789 年也已夺到了这种
统治权,但德国的资产阶级由于人数少,尤其是由于非常不集中,
没有能够获得这种权力。可是,自从 1815 年以来,德国资产阶级
的财富不断增加,而且随着财富的增加,它在政治上的重要性也不
断增长。各邦政府虽不愿意,却也不得不至少考虑一下它的直接
的物质利益。我们甚至可以直截了当地指出,各小邦宪法中给予
资产阶级的每一点政治势力,在 1815—1830 年和 1832—1840 年
这两个政治反动时期虽然都再度被剥夺了,但资产阶级却得到了
更实际的利益作为补偿。资产阶级每次政治上的失败,都带来贸
易立法方面的胜利。当然,1818 年普鲁士的保护关税条例以及**关
税同盟**的建立[297],对于德国商人和工业家来说,要比在某一小公
国的议会中拥有对嘲弄他们的表决权的大臣们表示不信任的那种
不大可靠的权利重要得多。这样,随着财富的增多和贸易的扩展,
资产阶级很快就达到了这样一个阶段:它发现自己最重要的利益
的发展受到本国政治制度的约束,国家被 36 个意图和癖好互相矛
盾的君主所任意分割,封建压迫束缚着农业和与之相联系的商业,
愚昧而专横的官僚统治对资产阶级的一切事务都严加监视。同
时,**关税同盟**的扩大与巩固,蒸汽在交通方面的普遍采用,国内贸
易中日益加剧的竞争,使各邦各省的商业阶级互相接近,使它们的
利益一致起来,力量集中起来了。这一情况的自然结果就是:它们
全都转到自由主义反对派的营垒中去了,德国资产阶级争取政治
权力的第一次严重斗争获得了胜利。这个变化可以说是从 1840
年,即从普鲁士的**资产阶级**领导德国资产阶级运动的时候开始的。
我们以后还要谈到 1840—1847 年的这个自由主义反对派的运动。

　　国民的大部分既不是贵族,也不是资产阶级,而是城市里的小
手工业者小商人阶级和工人,以及农村中的农民。

在德国,由于大资本家和大工业家作为一个阶级尚不发达,小手工业者小商人阶级人数非常之多。在较大的城市中,它几乎占居民的大多数;在较小的城市中,由于没有更富裕的竞争对手同它争夺势力,它完全居于支配地位。这个阶级在所有现代国家和现代革命中,都居于极重要的地位,而在德国则尤其重要,在最近德国的各次斗争中,它常常起着决定性的作用。它的地位是介于较大的资本家(商人和工业家)即名副其实的资产阶级与无产阶级或产业工人阶级之间,这种地位就决定了它的特性。它力图爬上资产阶级的地位,但命运中的一点点不顺利就把这个阶级中的某些人抛到无产阶级的队伍中去。在君主制和封建制的国家里,这个阶级的生存要仰赖于宫廷和贵族的惠顾,失去这些主顾,这个阶级的大部分就会破产。在较小的城市里,驻军、地方政府、法院以及它们的属员,通常便是这个阶级繁荣的基础,没有这些,小店主、裁缝、鞋匠、木匠等就无法生存。因此,这个阶级永远摇摆在两者之间:既希望跻身于较富有的阶级的行列,又惧怕堕入无产者甚至乞丐的境地;既希望参与对公共事务的领导以增进自己的利益,又唯恐不合时宜的对抗行为会触怒主宰着他们的生存的政府,因为政府有权力使他们失掉最好的主顾;他们拥有的财产很少,而财产的稳固程度是与财产的数额成正比的,因此,这一阶级的观点是极端动摇的。它在强有力的封建制或君主制政府面前卑躬屈膝,百依百顺,但当资产阶级得势的时候,它就转到自由主义方面来;一旦资产阶级获得了统治权,它就陷入强烈的民主主义狂热,但当低于它的那个阶级——无产阶级企图展开独立的运动时,它马上就变得意气消沉,忧虑重重。我们以后将会看到,在德国,这个阶级如何在这种种不同的状态中变来变去。

德国工人阶级在社会和政治方面的发展比英国和法国的工人

阶级落后,正像德国资产阶级比英国和法国的资产阶级落后一样。主人是什么样,仆人也是什么样。人数众多、强大、集中而有觉悟的无产阶级的生存条件的演变,是与人数众多、富裕、集中而强有力的资产阶级的生存条件的发展同时进行的。在资产阶级的各个部分,尤其是其中最进步的部分即大工业家还没有获得政权并按照他们的需要改造国家以前,工人阶级运动本身就永远不会是独立的,永远不会具有纯粹无产阶级的性质。而在这以后,企业主与雇佣工人之间不可避免的冲突就会变得刻不容缓而再也不可能推迟;那时,工人阶级再也不可能被虚幻的希望和永不兑现的诺言所欺骗;那时,19 世纪的重大问题——消灭无产阶级的问题,就终于会十分明朗地毫无保留地提出来了。现在,德国工人阶级中的多数人并不是受雇于现代的工业巨头(大不列颠的工业巨头是最好的标本),而是受雇于小手工业者,他们的全部生产方法,只是中世纪的遗迹。就像棉纺织业大王与鞋匠或裁缝这些小业主之间有很大的差别一样,繁华的现代工业中心的十分觉悟的工厂工人也根本不同于小城市里的温顺的裁缝帮工或细木工,后者的生活环境和工作方法,与 500 年前没有多大差别。这种普遍缺乏现代生活条件、缺乏现代工业生产方法的情况,自然伴随着差不多同样普遍缺乏现代思想的现象;因此,在革命刚爆发时,工人阶级中的大部分人要求立即恢复行会和中世纪的享有特权的手工业公会,那是毫不奇怪的。然而,在现代生产方法占优势的工业区域的影响之下,由于交往便利,由于许多工人迁徙不定的生活使他们的智力有了发展,于是便形成了一个强有力的核心,这个核心关于本阶级解放的思想更加明确得多,而且更加符合现存的事实和历史的需要;但这些工人只是少数。如果说资产阶级的积极运动可以从1840 年算起,那么工人阶级的积极运动则开始于 1844 年西里西亚和波希米亚的工人起义[65]。我们在下面很快就有机会来考察这一运动所经过的各个阶段。

最后，还有一个广大的小农业主阶级，农民阶级。这个阶级加上附属于它的农业工人，占全国人口的大多数。但这个阶级本身又分为不同的部分。第一是富裕的农民，在德国叫做**大农**和**中农**，这些人都拥有面积不等的大片农田，都雇用若干个农业工人。对这个处于不纳捐税的大封建地主与小农和农业工人之间的阶级来说，最自然的政治方针当然就是同城市中反封建的资产阶级结成联盟。第二是小自由农，他们在莱茵地区占据优势，因为这里的封建制度已经在法国大革命的有力打击之下垮台了。在其他省份的某些地区也有这种独立的小自由农存在，在这些地方，他们赎买了从前加在他们土地上的封建义务。可是这个阶级只是名义上的自由农阶级，他们的财产大都在极苛刻的条件之下抵押出去，以致真正的土地所有者并不是农民，而是放债的高利贷者。第三是封建佃农，他们不能轻易被赶出所租的土地，但他们必须永远向地主交租，或永远为地主服一定的劳役。最后是农业工人，在许多大农场中，他们的状况和英国的这个阶级的状况完全一样，他们由生到死都处在贫穷饥饿之中，做他们雇主的奴隶。农村居民中后面这三个阶级——小自由农、封建佃农和农业工人，在革命以前是从来不怎么关心政治的，但这次革命显然已经为他们开辟了一个充满光辉灿烂的前景的新天地。革命对他们中的每个人都有利，因此可以预料，一旦运动全面展开，他们就会一个跟着一个参加进来。但同时有一点也同样是十分明显的，而且为各个现代国家的历史所证实，即农村居民由于分散于广大地区，难以达到大多数人的意见一致，所以他们永远不能胜利地从事独立的运动。他们需要更集中、更开化、更活跃的城市居民的富有首创精神的推动。

上面对在最近的运动爆发时构成德意志民族的各个最重要的阶级的概述,已经足以说明这次运动中普遍存在的不一致、不协调和明显的矛盾等情况的一大部分。当如此各不相同、如此互相矛盾而又如此奇异地互相交织的利益发生剧烈冲突的时候,当各地区各省的这些互相冲突的利益以各种不同的比例混合在一起的时候,尤其是当德国没有伦敦或巴黎那样一个大的中心的时候(这种城市的各项权威性的决定,可以避免每一个地区每一次都要用斗争来重新解决同样的争论),除了斗争被分解成许多不相联系的格斗,因而耗费大量的鲜血、精力和资本而仍然得不到任何有决定意义的结果之外,还能希望得到什么呢?

德国在政治上分解成 36 个大大小小的公国,也同样要用组成这个国家而在每个地方又各有特点的各种成分的混乱与复杂来解释。没有共同的利益,也就不会有统一的目的,更谈不上统一的行动。不错,德意志联邦[298]曾宣称是永远不可分割的,但联邦和它的代表机关联邦议会[299],却从来没有代表过德国的统一。德国中央集权所达到的最高点,是**关税同盟**的成立。北海一带的各邦也曾经因此不得不组成它们自己的关税联盟[300],而奥地利则仍然关起门来实行它自己单独的禁止性关税。这样,德国可以满意了,因为它为了自己的实际目的现在仅仅分成三个独立的势力,而不是36 个。当然,1814 年建立起来的俄国沙皇的无上权威,并没有因此而有所变动。

根据我们的前提得出这些初步结论之后,在下一篇里我们就要谈到德国人民的上述各个阶级怎样一个跟着一个卷入运动,以及这个运动在 1848 年法国革命爆发后所具有的性质。

1851 年 9 月于伦敦

[二　普鲁士邦]

　　德国中等阶级或资产阶级的政治运动，可以从 1840 年算起。在这以前，已经有种种征兆表明，这个国家的拥有资本和工业的阶级已经成熟到这样一种程度，它再也不能在半封建半官僚的君主制的压迫下继续消极忍耐了。德国较小的君主们，都相继颁布了或多或少带有自由主义性质的宪法，这部分地是为了保证他们自己有更大的独立以对抗奥地利和普鲁士的霸权，或对抗他们自己邦内贵族的势力，部分地是为了把根据维也纳会议[301]而联合在他们统治之下的各个分散的地区团结成一个整体。这样做对他们自己是毫无危险的，因为，如果联邦议会——它只是奥地利和普鲁士的傀儡——要侵犯他们作为主权君主的独立性，他们知道，在反抗它的命令时舆论和本邦议会会做他们的后盾；反之，如果这些邦议会的势力太大时，他们可以很容易地运用联邦议会的权力击败一切反对派。巴伐利亚、符腾堡、巴登或汉诺威的宪法所规定的制度，在这种情形下并不能推动争取政治权力的严重斗争；因此，德国资产阶级的大多数对于各小邦立法议会中的琐碎的争端，一般是不加过问的，他们清楚地知道，如果德国两个大邦的政治和国家制度没有根本改变，任何次要的努力和胜利都是没有用处的。但同时，在这些小邦议会中却涌现出一大批自由主义律师、职业反对派；罗泰克、韦尔克尔、勒麦、约尔丹、施蒂韦、艾森曼等等这类大"名人"（Volksmänner），在做了 20 年喧嚷然而总是毫无成效的反对派之后，被 1848 年的革命浪潮推上了权力的顶峰，而他们在暴露了自己的极端无能和微不足道之后，顷刻之间就被推翻了。这是第一批德国土产的职业政客和反对派的样板;他们用演说和文章使德国人耳熟了立宪主义的语言,并用他们的存在本身预示着这样一个时刻即将到来,那时,资产阶级将利用这些夸夸其谈的律师和教授们所惯用然而却不大了解其真实意义的政治词句,并恢复它们本来的含义。

1830 年的事件[302]使整个欧洲顿时陷入了政治骚动,德国文坛也受到这种骚动的影响。当时几乎所有的作家都鼓吹不成熟的立宪主义或更加不成熟的共和主义。用一些定能引起公众注意的政治暗喻来弥补自己作品中才华的不足,越来越成为一种习惯,特别是低等文人的习惯。在诗歌、小说、评论、戏剧中,在一切文学作品中,都充满所谓的"倾向",即反政府情绪的羞羞答答的流露。为了使 1830年后在德国盛行的思想混乱达到顶点,这些政治反对派的因素便同大学里没有经过很好消化的对德国哲学的记忆以及法国社会主义,尤其是圣西门主义的被曲解了的只言片语掺混在一起;这一群散布这些杂乱思想的作家,傲慢不逊地自称为青年德意志或现代派[303]。后来他们曾追悔自己青年时代的罪过,但并没有改进自己的文风。

最后,当黑格尔在他的《法哲学》①一书中宣称立宪君主制是最终的、最完善的政体时,德国哲学这个表明德国思想发展的最复杂同时也是最准确的温度计,就表示支持资产阶级。换句话说,黑格尔宣布了德国资产阶级取得政权的时刻即将到来。他死后,他的学派没有停止在这一点上,他的追随者中最先进的一部分,一方面对一切宗教信仰给予严厉的批评,使基督教的古老建筑根本动摇,同时又提出了德国人从未听到过的大胆的政治原则,并且企图恢复第一次法国革命时期的已故的英雄们的应有的荣誉。用来表

---

① 黑格尔《法哲学原理,或自然法和国家学纲要》1833 年柏林版(《黑格尔全集》第 8 卷)。——编者注

达这些思想的晦涩的哲学语言,既把作者和读者都弄得昏头昏脑,同样也把检查官的眼睛蒙蔽了,因此"青年黑格尔派"的作家便享有文坛的其他任何一个分支都不能享有的新闻出版自由。

这就是说,德国的舆论界显然已经发生了巨大的变化。那些在专制君主制度下因教育或生活状况而能够得到一些政治信息并形成某种独立政治见解的阶级,其中的大多数人渐渐地联合成了一个反对现存制度的强大集团。在评价德国政治发展缓慢时,任何人都不应该不考虑:在德国要得到任何问题的准确信息都是困难的;在这里,一切信息的来源都在政府控制之下,从贫民学校、主日学校以至报纸和大学,没有事先得到许可,什么也不能说,不能教,不能印刷,不能发表。就以维也纳为例,维也纳居民在勤劳和经营工业的能力方面在全德国可以说是首屈一指,论智慧、勇敢和革命魄力,他们更是远远超过别人,但他们对于自身的真正利益,却比别人无知,他们在革命中犯的错误也比别人多。这在很大程度上是由于他们对于最普通的政治问题也几乎一无所知,这是梅特涅政府实行愚民政策的结果。

在这样一种制度下,不用再解释也很清楚,政治信息为什么几乎完全被社会中那些有钱私运政治信息到国内来的阶级,尤其是其利益受到现状侵害最严重的阶级——工商业阶级所一手垄断。因此,这些阶级首先联合起来反对继续保持在不同程度上伪装起来的专制制度;应当认为它们进入反对派队伍的时刻是德国的真正革命运动的开始。

德国资产阶级宣告反对政府,可以说是从 1840 年,即从普鲁士前国王①——1815 年神圣同盟[217]创始者中活到最后的人——

---

① 弗里德里希-威廉三世。——编者注

死去时开始的。大家知道,新国王①不赞成他父亲的那种主要是官僚军阀式的君主制。法国的资产阶级在路易十六即位时所希望得到的东西,德国的资产阶级也希望在某种程度上从普鲁士的弗里德里希-威廉四世那里得到。大家一致认为旧制度已经腐朽、衰败了,应该摒弃了;老国王在位时人们沉默地加以忍受的一切,现在都被大声疾呼地宣布为不能容忍的事情了。

可是,如果说路易十六——"受欢迎的路易"是一个平庸的不思进取的蠢材,他多少意识到自己的无能,没有任何主见,主要是按自己在受教育期间养成的习性行事,那么"受欢迎的弗里德里希-威廉"则完全是另一种人物。他在性格软弱这一点上的确超过了他的法国先驱,但他却有自己的抱负、自己的见解,他涉猎了许多门科学的基本知识,因此便自以为具有足够的学识,可以对一切问题作出最后的裁决。他深信自己是一流的演说家,在柏林没有一个商品推销员能比他更善于卖弄聪明,更善于辞令。而最重要的是,他有自己的主见。他憎恨而且轻视普鲁士君主制的官僚主义因素,但这只是因为他完全同情封建主义因素。作为所谓历史学派³(该学派所信奉的是博纳尔德、德·梅斯特尔及其他属于第一代法国正统派的作家们的思想)的《柏林政治周刊》³⁰⁴的创办人和主要撰稿人之一,他力图尽可能充分地恢复贵族在社会中的统治地位。这位国王是他治域中的第一个大贵族;在他周围的首先是一班显赫的朝臣——有权势的陪臣、侯爵、公爵和伯爵,其次是许多富裕的下层贵族。他按照自己的意旨统治他那些忠顺的市民和农民。因此,他自己是社会各等级或阶层的至高无上的主宰。而各个等级或阶层都享有各自的特权,它们彼此之间应该用门第

---

① 弗里德里希-威廉四世。——编者注

的或固定不变的社会地位的几乎不可逾越的壁垒分隔开来；同时，所有这些阶层或"王国的等级"都应该在权势方面恰好达到互相平衡，使国王能保持充分的行动自由，这就是弗里德里希-威廉四世过去准备实现而现在又在努力实现的**美好理想**。

不很了解理论问题的普鲁士资产阶级，过了相当一段时间才看出了国王的真正意图。但是，他们很快就发现了一个事实，即国王一心要做的和他们所需要的恰恰相反。新国王①刚一发现自己的"辩才"因他父亲之死而可以自由施展，他便在无数次的演说中宣布他的意图；但他的每次演说、每一行动，都使他更加失掉资产阶级对他的同情。如果不是一些严酷而惊人的现实打断了他的美梦，对这种情形他还会不大在意。可惜，浪漫主义不是很会算计，而封建主义自唐·吉诃德时代以来总是失算！弗里德里希-威廉四世对于轻视金钱这种十字军后裔的最高贵的传统承袭得太多了。他在即位时发现，政府组织虽然已经相当节约，但用度依然浩繁，国库已经不太充裕。在两年之内，一切节余都在朝廷的喜庆宴会、国王巡狩，以及对贫困、破落而贪婪的贵族的赐赠资助等等上面用光了，正常的税收已不够宫廷和政府开支了。于是，国王陛下很快就发现自己处于严重的财政赤字和 1820 年法令的夹攻之下，1820 年法令规定，不经"将来的人民代议机关"的认可，任何新的公债或增税都是非法的。而这时还没有这种代议机关；新国王甚至比他父亲更不愿意建立它；而即使他愿意建立的话，他也知道，自他即位以来，舆论已经发生了惊人的变化。

的确，资产阶级曾经一度期望新国王会立刻颁布宪法，宣布新

---

① 弗里德里希-威廉四世。——编者注

闻出版自由,实行陪审审判等等;总之,期望他自己会领导资产阶级取得政权所需要的和平革命。现在他们发觉自己错了,于是便转而对国王发动猛烈的攻击。在莱茵省(全普鲁士各地在不同程度上也是这样),他们的不满情绪如此强烈,以致在他们本身缺乏能够在报刊上代表自己意见的人才的情况下,竟然同我们在上面提到的那一极端的哲学派别结成了联盟。在科隆出版的《莱茵报》[305],便是这个联盟的果实。这家报纸虽然在存在 15 个月之后就被查封,但可以说它是德国现代报刊的先驱。这是 1842 年的事。

可怜的国王在经济上的困难,是对他那些中世纪嗜好的最尖锐的讽刺;他很快就看出,如果他不向要求建立"人民代议机关"的普遍呼声作一些小小的让步,他便不能继续统治下去,这样的机关作为 1813 年和 1815 年那些早被遗忘的诺言的最后一点遗迹体现在 1820 年法令中。他觉得实施这个讨厌的法令的阻力最小的方法,就是把各省议会的等级委员会[306]召集在一起开会。各省议会是 1823 年成立的。王国八个省的省议会的成员包括:(1)上层贵族,德意志帝国原来的各个皇族,它们的首脑人物都是当然的议会成员;(2)骑士或下层贵族的代表;(3)城市的代表;(4)农民或小农业主阶级的代表。全部事情是这样安排的:在每个省都是两部分贵族在议会中占多数。八个省的省议会各选一个委员会,现在这八个委员会都被召到柏林,以便组成一个代表会议来投票决定发行国王所渴望的公债。据说国库是充裕的,发行公债不是为了当前的需要,而是为了建筑一条国有铁路。但联合委员会[307]断然拒绝了国王的要求,声言他们不能行使人民代议机关的职权,并要求国王陛下履行他父亲在需要人民帮助对抗拿破仑时许下的诺言——颁布一部代议制的宪法。

联合委员会的会议表明,怀有反政府情绪的已不只是资产阶级了。一部分农民已经站到他们一边;许多贵族也宣布反对政府,要求颁布一部代议制的宪法,因为他们本身就是自己领地上的大农场主和做谷物、羊毛、酒精和亚麻生意的商人,他们同样需要获得反对专制制度、反对官僚制度、反对封建复辟的保障。国王的计划彻底破产了;他没有搞到钱,却增加了反对派的力量。此后接着召开的各省议会会议,更加不利于国王。所有省议会都要求改革,要求履行1813年和1815年的诺言,要求颁布宪法和给予新闻出版自由;有些议会的有关决议措辞颇为不恭,国王在盛怒之下所作的粗暴答复,使事态更加恶化。

同时,政府的财政困难日渐增加。由于缩减对各项公用事业的拨款,由于通过"海外贸易公司"[308](它是一个由国家出资和承担风险做投机生意的商业机构,很早以来就充当国家借款的经纪人)进行欺诈交易,才得以暂时维持门面;增发国家纸币提供了一些财源;总的说来,这个秘密保守得颇为严紧。然而所有这些计谋很快就显得不够用了。于是又试行另一个计划:设立一个银行,其资本部分由国家,部分由私人股东提供,主要的管理权属于国家,这样一来,政府就能够大量取用这个银行的资金,从而继续进行已经不能再通过"海外贸易公司"进行的欺诈交易。但是,很自然,没有一个资本家愿意在这种条件下投资;只有修改银行章程,保证股东的财产不受国库的侵犯,然后才会有人认股。而当这个计划也失败之后,除了发行公债以外再没有别的办法了——但愿能够找到一批资本家,他们不要求那个神秘的"将来的人民代议机关"的允许和保证就愿意出借他们的现款。于是求助于路特希尔德,但他说,如果公债有"人民代议机关"作保,他马上就认购,否则,他决不打算谈这宗交易。

这样,搞到钱的一切希望都破灭了,想避开命中注定的"人民代议机关"已经不可能了。路特希尔德拒绝贷款是1846年秋天的事,次年2月国王就把所有八个省议会召集到柏林,把它们组成一个"联合议会"[211]。这个议会的任务,就是完成1820年法令规定在需要的情况下所要做的工作,即表决公债和增税,此外它不应该有任何权利。它对一般立法问题的意见,只是咨议性的;它开会无定期,国王想什么时候开就什么时候开;政府想让它讨论什么问题它就讨论什么问题。当然,议员们很不满足于让他们扮演这种角色。他们一再申述他们在各省议会开会时所表达的愿望;他们和政府之间的关系很快就恶化了,而当要求他们同意发行仍然被说成是用来建筑铁路的公债时,他们又一次加以拒绝。

这个表决很快就使他们的会议结束了。越来越愤怒的国王对他们严加申斥并将他们遣散;但钱还是没有弄到手。的确,国王有充分理由为自己的处境感到惊惶不安,因为他看到,以资产阶级为首的、包括大部分下层贵族和蕴积在各个下层等级中的各种各样的不满分子在内的自由派联盟,决心要获得它所要求的东西。国王在联合议会的开幕词中徒劳地宣称,他永远不会赐给现代意义上的宪法;自由派联盟坚决要求的正是现代的、反封建的代议制的宪法及其一切成果——新闻出版自由、陪审审判等等;在他们未得到这种宪法以前,他们是分文不给的。很明显,事情不能这样长久继续下去,必须有一方让步,否则就一定会发生破裂和流血斗争。资产阶级知道,它正处在革命的前夜,而且它已准备进行革命。它用一切可能的方法争取城市的工人阶级和农业地区的农民的支持,而且大家知道,1847年底,在资产阶级中间几乎没有一个出名的政治人物不冒充"社会主义者"以取得无产阶级的同情,下面我们很快就可以看到这些"社会主义者"的实际行动。

起领导作用的资产阶级急于至少是用社会主义来装点门面，是因为德国工人阶级已经发生了很大的变化。从 1840 年起，一部分曾到过法国和瑞士的德国工人多少都受到了一些当时法国工人中间流行的粗浅的社会主义或共产主义思想的熏染。1840 年以来，这些思想在法国越来越引人注意，这使社会主义和共产主义在德国也成了时髦的东西，而且从 1843 年起，所有的报纸都絮絮不休地讨论起社会问题来了。德国很快就形成了一个社会主义者学派[132]，这一学派的特点与其说是思想新颖不如说是思想含混。它的主要工作是把傅立叶派[63]、圣西门派和其他派别的学说，从法文翻译成晦涩的德国哲学的语言。与这一宗派完全不同的德国共产主义学派，大致也在这个时候形成了。

1844 年发生了西里西亚的织工起义，接着又发生了布拉格印花工厂工人的起义。这些被残酷镇压下去的起义，这些不是反对政府而是反对企业主的工人起义，产生了深刻的影响，对在工人中间的社会主义和共产主义宣传给予了新的推动。饥荒的 1847 年的粮食暴动也起了这种作用。简单地说，正像大部分有产阶级（大封建地主除外）团结在立宪反对派的旗帜周围一样，大城市的工人阶级把社会主义和共产主义的学说当做自己解放的手段，虽然在当时的新闻出版法之下，关于这些学说他们所能知道的只是很少一点。当时也不能希望他们对于自身的需要有很明确的认识；他们只知道，立宪派资产阶级的纲领不包含他们所需要的一切，他们的需要决不局限在立宪思想的范围之内。

当时德国没有单独的共和党。人们不是立宪君主派，就是或多或少比较明确的社会主义者或共产主义者。

由于这些因素，最小的冲突也一定会引起一次大革命。当时只有上层贵族和上层文武官员是现存制度的唯一可靠的支柱；下层贵族,工商业资产阶级,各个大学、各级学校的教员,甚至一部分下级文武官员都联合起来反对政府;在这些人后面还有心怀不满的农民群众和大城市的无产者群众,他们虽然暂时支持自由主义反对派,但已在低声地说一些关于要把事情掌握在自己手中的怪话;资产阶级准备推翻政府,无产者则准备随后再推翻资产阶级,而就在这样的时候,政府却顽固地沿着那条必然要引起冲突的道路走去。1848年初,德国已处在革命的前夜,即使没有法国二月革命的促进,这次革命也是一定要爆发的。

这次巴黎革命对于德国影响如何,我们将在下一篇中谈到。

1851年9月于伦敦

［三　德国其他各邦］

在前一篇中,我们几乎仅仅谈到1840年至1848年间在德国的运动中起着最重要的作用的那个邦,即普鲁士。现在我们则应该略微考察一下同一时期德国其他各邦。

自从1830年革命运动以后,各小邦完全处于联邦议会²⁹⁹的独裁之下,也就是处于奥地利和普鲁士的独裁之下。各邦制定的宪法既是用来抵御大邦的专横霸道,又是为了给制定宪法的君主们树立声望并把由维也纳会议³⁰¹不依任何指导原则建立的各色各样的省议会统一起来。这些宪法虽然虚有其名,但在1830年和1831年的动荡时期,对各小邦君主的权力仍然是一种危险,所以它们几乎全部被废除,幸存下来的则更加有名无实,只有像韦尔克尔、罗泰克和达尔曼这帮絮絮不休的自我陶醉的人才会设想,他们在这些小邦的不起作用的议会里被允许表明的那种掺和着可耻谄媚的、谦卑的反对立场,能够获得什么结果。

这些小邦里比较坚决的那一部分资产阶级,1840年后很快就完全放弃了他们从前希望在奥地利和普鲁士的这些附庸小邦里发展议会制度的一切想法。当普鲁士的资产阶级和同它联合起来的各阶级郑重表示决心,要为在普鲁士实行议会制度而斗争时,它们便立即被公认为除奥地利以外的全德国的立宪运动的领袖。现在,一个无可争辩的事实是:中部德国那些后来退出法兰克福国民议会[309]并因他们单独召开会议的地点而被称做哥达派[310]的立宪派核心分子,早在1848年以前就讨论过一个计划,1849年,他们把这个计划略加修改提交给全德国的代表。他们打算把奥地利完全排除于德意志联邦[298]之外,建立一个具有新的根本法和联邦议会的、在普鲁士保护之下的新的联邦,并且把小邦归并于大邦。只要普鲁士一实现立宪君主制,实行新闻出版自由,采取不依赖俄国和奥地利的独立政策,因而使各小邦的立宪派能够真正控制各邦的政府,上述一切便可以实现。这个计划的发明者是海德堡(巴登)的盖尔温努斯教授。这样一来,普鲁士资产阶级的解放,就预示着全德国资产阶级的解放,预示着一个对抗俄国和对抗奥地利的攻守同盟的建立。因为,正如我们马上就会看到的那样,奥地利被认为是一个十分野蛮的国家,人们对它很少了解,而所了解的一点点,也不是奥地利人的什么光彩的事。因此,当时奥地利不被认为是德国的一个重要组成部分。

至于各小邦里的其他社会阶级,它们都或快或慢地跟着它们的普鲁士弟兄跑。小资产阶级越来越不满意他们的政府,不满意加重捐税,不满意剥夺他们在同奥地利和普鲁士的"专制的奴隶"相比时常常借以自夸的那些政治上的虚假特权。但在他们的反对立场中还没有任何明确的东西,表明他们是与上层资产阶级的立宪主义不同的一个独立的党派。农民中间的不满情绪也在增长，但大家都清楚地知道，除非在确立了普选权的国家，这一部分人在安静的和平的时期，从不会维护自身的利益，从不会采取一个独立阶级的立场。城市工业企业中的工人，已感染了社会主义和共产主义的"毒素"。但是在除普鲁士以外的别的地方，重要城市很少，工业区更少，由于缺乏活动和宣传的中心，这个阶级的运动在各小邦发展得极为缓慢。

政治反对派所遇到的种种障碍，无论在普鲁士或各小邦都促成了宗教反对派，即平行地进行活动的德国天主教[311]和自由公理会[312]。历史给我们提供了许多例子，说明在那些享受国教的祝福而政治问题的讨论却受到束缚的国家里，与世俗权力相对抗的危险的世俗反对派，常常隐藏在更加神圣的、看来更加无意于世俗利益而一意反对精神专制的斗争后面。很多政府不允许对自己的任何行动进行讨论，但它们却不敢贸然制造殉教事件和激起群众的宗教狂热。所以，1845 年在德国的每一个邦里，或者是旧罗马天主教，或者是新教，或者是这两者，都被视为国家制度不可缺少的组成部分。在每一个邦，这两个教派的或其中一派的教士，都是官僚政府机构的重要因素。因此，攻击新教或天主教正统，攻击教士，就等于变相攻击政府本身。至于德国天主教派，他们的存在本身就是对德国，尤其是对奥地利和巴伐利亚的天主教政府的攻击；而这些政府也正是这样理解这一点的。自由公理会的信徒，反对国教的新教徒，有点像是英国和美国的一位论派[313]，他们公开宣称反对普鲁士国王①及其宠臣、宗教和教育事务大臣艾希霍恩先

---

① 弗里德里希-威廉四世。——编者注

生的那种教权主义和严格的正统主义的倾向。两个新教派都曾一度得到迅速的发展，前者是在天主教地区，后者是在新教地区，二者除了起源不同之外，没有别的区别；至于教义，两派在最重要的一点上是完全一致的，都认为一切已确定的教条是无效的。这种缺乏确定性便是它们的真正实质。它们自称要建筑一个伟大的神殿，使所有德国人都能在其屋顶下联合起来；这样它们就用宗教的形式表达了当时的另一种政治思想，即统一德国的思想。可是它们相互之间却无论如何也不能取得一致。

上述的教派企图发明一种适合于所有德国人的需要、习惯和趣味的特制的共同宗教，以便至少是在宗教方面实现德国的统一。这种思想的确传布很广，尤其是在各小邦中。自从德意志帝国[314]被拿破仑灭亡以后，要求将德国的一切**分散的成员**联合起来的呼声，已成为对于现状不满的最普遍的表示，在各小邦尤其是这样。因为在小邦里维持宫廷、行政机关、军队等等的巨大开支，简言之，沉重的捐税负担，与各邦的微小和贫弱成正比地增加着。但是，如果德国的统一得到实现的话，那么这种统一究竟应该怎样，在这一点上各党派的看法是有分歧的。不愿有严重革命动荡的资产阶级，满足于前面我们已经提到的他们认为"切实可行的"东西，即要求在普鲁士立宪政府的领导下建立除奥地利之外的全德联盟。的确，既然要避免危险的风暴，当时所能做的也只能到此为止。至于小资产阶级和农民（如果说农民也愿意过问这类事情的话），他们从来没有能够对他们后来所大声疾呼要求的德国统一有任何明确的观念；少数的梦想家，多半是封建的反动派，希望恢复德意志帝国；一些无知的**所谓的**激进派羡慕瑞士的制度（他们当时还没有实行那种制度的经验，后来这种经验才使他们十分滑稽地醒悟过来），主张建立联邦共和国;只有最极端的党派敢于在当时要求建立一个统一的、不可分割的德意志共和国[315]。因此,德国统一问题本身就孕育着分歧、争执,在某种情况下甚至孕育着内战。

我们可以对1847年底普鲁士和德国其他小邦的情况作如下的总结。资产阶级已经认识到自己的力量,决定不再忍受封建官僚专制制度用来束缚他们的商业事务、工业生产能力和他们作为一个阶级而进行的共同行动的枷锁;一部分土地贵族已变成了纯粹市场商品的生产者,因而他们同资产阶级利害相同、休戚与共;小资产阶级很不满意,埋怨捐税,埋怨对他们的业务设置的种种障碍,但是并没有任何明确的、应保障他们在社会和国家中的地位的改革方案;农民在一些地方饱受封建的苛捐杂税的盘剥,在另一些地方则备受放债人、高利贷者和律师们的压迫;城市工人普遍不满,他们对政府和大工业资本家同样憎恨,并且深受社会主义和共产主义思想的感染。总之,反对政府的群众是由各种各样的成分组成的,它们的利益各不相同,但或多或少都受资产阶级领导,而走在资产阶级最前列的又是普鲁士的资产阶级,尤其是莱茵省的资产阶级。另一方面,各邦政府在许多问题上不一致,彼此互不信任,尤其不信任普鲁士政府,虽然它们不得不依靠它的保护。在普鲁士,政府已遭到舆论的唾弃,甚至遭到一部分贵族的唾弃,它所依赖的军队和官僚也一天比一天更多地感染了反政府的资产阶级的思想,越来越受它的影响;除了这一切,这个政府又确实是一文不名,除了乞求资产阶级反对派,便不能得到一分钱去弥补日渐增多的赤字。有哪个国家的资产阶级在反对现存的政府、夺取政权时曾经处于比这更有利的地位呢?

1851年9月于伦敦

［四　奥地利］

我们现在应该来看看奥地利,这个国家在 1848 年 3 月以前不为外国人所了解,差不多就像最近一次同英国作战以前的中国①一样。

当然,我们这里只能研究德意志的奥地利。波兰、匈牙利或意大利的奥地利人,不属于本题范围;至于 1848 年后他们对德意志的奥地利人的命运的影响,我们将在以后来谈。

梅特涅公爵的政府所遵循的两个方针是:第一,使奥地利统治下的各民族中的每一个民族都受到所有其他处于同样境地的民族的牵制;第二,这向来是一切专制君主制的基本原则,即依靠封建地主和做证券交易的大资本家这两个阶级,同时使这两个阶级的权势和力量互相平衡,以便政府保留完全的行动自由。以各种封建收益作为全部收入的土地贵族,不能不支持政府,因为政府是他们对付被压迫的农奴阶级(他们靠掠夺这些农奴为生)的唯一靠山。而每当他们之中较不富裕的一部分起来反对政府的时候,例如 1846 年加利西亚的情形,梅特涅立刻就唆使这些农奴去反抗他们,因为这些农奴总是力图抓住机会狠狠地报复他们的直接压迫者。[316]另一方面,交易所的大资本家由于大量投资于国家的公债,也受到梅特涅政府的束缚。奥地利在 1815 年恢复了它的全部实力,1820 年后又在意大利恢复和维持了专制君主制,1810 年的破

---

① 指第一次鸦片战争(1840—1842 年)以前的中国。——编者注

产**317**又免除了它的一部分债务,所以,在媾和之后,它很快就在欧洲各大金融市场重新建立了信用;而信用越是增长,它也就越是加紧利用这种信用。于是,欧洲的一切金融巨头都把他们的很大一部分资本投入奥地利的公债。他们全都需要维持奥地利的信用,而要维持奥地利的国家信用又总是需要新的借款,于是他们便不得不时常提供新的资本,以维持他们过去已经投资的债券的信用。1815 年以后的长期和平,以及表面上看来奥地利这样一个千年王国不可能倾覆的假象,使梅特涅政府的信用惊人地增长,甚至使它可以不依赖维也纳的银行家和证券投机商了;因为只要梅特涅还能够在法兰克福和阿姆斯特丹得到足够的资金,他当然就心满意足地看着奥地利的资本家们被踩在他的脚下,而且,他们在其他方面也得仰承他的鼻息。银行家、证券投机商、政府的承包商虽然总是设法从专制君主制那里获得大宗利润,但这是以政府对他们的人身和财产具有几乎是无限的支配权作为交换条件的,因此,不能期待这一部分人会对政府持任何反对态度。这样,梅特涅便有把握获得帝国中最有力量和最有权势的两个阶级的支持,此外他还拥有军队和官僚机构,它们被组织得最适合于为专制制度服务。奥地利的文武官员自成一个门第;他们的父辈是为**奥皇**效劳的,他们的子孙也将如此。他们不属于在双头鹰①的羽翼下联合起来的许多民族中的任何一族;他们经常从帝国的一端迁移到另一端,从波兰到意大利,从德意志地区到特兰西瓦尼亚。他们对匈牙利人、波兰人、德意志人、罗马尼亚人、意大利人、克罗地亚人,对一切没有打上"皇家和王室"等等标记而具有某一民族特性的人同样

---

① 神圣罗马帝国国徽。——编者注

予以轻视;他们没有民族性,或者更确切地说,正是他们构成了真正的奥地利民族。很明显,这样一个文武官员的特殊等级,在一个有才智有能力的统治者手里会是怎样一种驯顺而有力的工具。

至于居民中的其他阶级,梅特涅采取十足的**旧式政治家**的态度,不大重视他们的支持。他对待他们只有一个政策:通过赋税从他们身上尽可能多地进行榨取,同时使他们保持平静。工商业资产阶级在奥地利发展缓慢。多瑙河流域的贸易相对来说无足轻重;奥地利只有的里雅斯特一个港埠,而这个港埠的贸易也十分有限。至于工业家,他们受益于广泛实行的保护关税制度,这一制度在大多数场合甚至无异于完全排除了外国的竞争;但向他们提供这种优惠,主要是为了增加他们纳税的能力;不过,由于国内对工业的限制,由于行会和其他封建公会(在不妨碍政府实现它的目的和意图的情况下,它们是受到周密的保护的)的特权,这种优惠在很大程度上已经被抵消了。小手工业者被封闭在中世纪行会的狭窄框框内,这种行会使各个行业彼此不断地为争夺特权而斗争,同时它们使工人阶级的各个成员几乎没有任何可能提高自己的社会地位,从而使这些强制性的联合体的成员具有一种世袭的稳定性。最后,农民和工人只是被当做征税的对象;他们所得到的唯一的关心,就是要尽可能使他们保持当前的和以前其父辈所赖以生存的生活条件。为了达到这个目的,一切旧的、既存的、世袭的权力,都像国家的权力一样受到保护;地主对小佃农的权力、厂主对工厂工人的权力、手工业师傅对帮工和学徒的权力、父亲对儿子的权力,到处都受到政府的极力维护,凡有不服从者,都像触犯法律一样,要受到奥地利司法的万能工具——笞杖的惩罚。

最后,为了把所有这些创造人为的安定的努力结成一个包罗万象的体系,被允许给予人民的精神食粮都要经过最审慎的选择,而且极其吝啬。教育到处都掌握在天主教教士手里,而教士的首脑们像大封建地主一样,是迫切需要保存现有制度的。大学都办成这个样子:只容许它们造就充其量在种种专门知识领域可能有比较高深造诣的专家,但无论如何不允许进行在别的大学里可望进行的那种全面的自由的教育。除了匈牙利,根本没有报刊,而匈牙利的报纸在帝国一切其他地方都是违禁品。至于一般的著述,100 年以来其发行范围不但毫未扩大,自约瑟夫二世死后反倒缩减了。在奥地利各邦与文明国家接壤的地方,除了关税官员的**警戒线**,还有书报检查官的**警戒线**;外国的任何书籍或报纸不经过两次三番的详细审查,查明它们丝毫没有沾染时代的恶毒精神,决不会让它们进入奥地利。

在 1815 年后的将近 30 年中,这种制度取得了惊人的成就。奥地利几乎完全不为欧洲所了解,而欧洲也同样不为奥地利所了解。居民中各阶级和全体居民的社会状况,似乎都没有丝毫变化。不管阶级与阶级之间存在着怎样的怨仇(这种怨仇正是梅特涅统治的一个主要条件,他甚至有意加深这种怨仇,让上层阶级充当政府进行一切横征暴敛的工具,从而把憎恶引向它们),不管人民对国家下级官吏有怎样的憎恨,但整个说来,他们对于中央政府很少有或者根本没有不满情绪。皇帝受到崇拜,而事实似乎也证实了老弗兰茨一世的话。他曾经怀疑这种制度能否持久,但他接着就安慰自己说:"在我和梅特涅在世的时候,它总还是会维持下去的。"

但是有一种徐缓的、表面上看不见的运动在进行着,它使梅特涅的一切努力都白费了。工商业资产阶级的财富和势力都增加了。工业中机器和蒸汽的采用,在奥地利,也像在所有别的地方一样,使社会各阶级的一切旧有关系和生活条件发生了变革;它把农奴变成了自由民,把小农变成了工业工人;它摧毁了旧的封建手工业行会,消灭了许多这种行会的生存手段。新的工商业居民与旧的封建制度到处发生冲突。因业务关系日益频繁地去国外旅行的资产阶级,把关于帝国关税壁垒以外的各文明国家的某些神话般的知识介绍给国内;最后,铁路的建设加速了国内工业和智力的发展。此外,在奥地利的国家机构中,也存在一个危险的部分,这就是匈牙利的封建宪法、议会辩论以及反政府的大批破落贵族对政府及其同盟者豪绅显贵们进行的斗争。匈牙利的议会所在地普雷斯堡在维也纳的大门口。这一切因素都促使城市资产阶级产生一种情绪——这不是真正反政府的情绪,因为当时反政府还不可能,而是一种不满情绪,产生一种实行改革,主要是行政上的改革,而不是立宪性质的改革的普遍要求。也如在普鲁士一样,在这里一部分官僚与资产阶级联合起来了。在这个世袭的官吏阶层中间,约瑟夫二世的传统还没有被遗忘;政府中受过较多教育的官员本身有时也幻想各种可能的改革,他们宁愿要这位皇帝的进步和开明的专制,而不愿要梅特涅的"严父般的"专制。一部分较穷的贵族也支持资产阶级,至于居民中一向有充分理由对上层阶级(如果不是对政府)不满的下层阶级,它们在大多数场合是不会不支持资产阶级的改革要求的。

大约正是在这个时候,即1843年或1844年,在德国创立了一个适应这种变革的特殊的著作部门。少数奥地利的作家、小说家、文艺批评家、蹩脚诗人(他们的才能都很平常,但都天生具有犹太人所特有的那种勤奋)在莱比锡以及奥地利以外的其他德国城市站住了脚,在这些梅特涅的势力所不及的地方出版了一些论述奥地利事务的书籍和小册子。他们和他们的出版商的这桩生意"十分兴隆"。全德国都急于想了解这个欧洲的中国的政治秘密;

奥地利人本身通过波希米亚边境上进行的大批的走私而获得了这些出版物，他们的好奇心更加强烈。当然，这些出版物中所泄露的秘密并没有什么重要意义，它们的善意的作者所设计的改革计划非常天真，可以说在政治上十分纯朴。他们认为宪法和新闻出版自由对奥地利来说是难以得到的东西。实行行政改革，扩大省议会权限，允许外国书报入境，稍稍放松书报检查制度——这些善良的奥地利人的忠君守法的谦恭的要求，不过如此而已。

无论如何，要阻止奥地利与德国其他部分以及经过德国与全世界的文化交流，越来越不可能了，这种情况大大促进了反政府的舆论的形成，并且至少使奥地利居民中的一部分人获得了一些政治信息。于是在1847年底，当时盛行于全德国的政治的和政治宗教的鼓动也波及到奥地利，虽然在程度上较弱。这种鼓动在奥地利进行得较为沉寂，但它仍然找到了足以供它施加影响的革命因素。这些因素是：被地主或政府的横征暴敛压得喘不过气来的农民、农奴或封建佃农，在警察的棍棒下被迫在厂主随意规定的任何条件下做工的工厂工人，被行会条例剥夺了在自己的行业取得独立地位的任何机会的手工业帮工，在经营中处处被种种荒谬条例捆住手脚的商人，不断与小心翼翼地保护着自己的特权的手工业行会或贪婪而多事的官吏发生冲突的厂主，与无知而专横的教士或愚蠢而跋扈的上司进行徒劳无益的斗争的教师、**学者**和受过较高教育的官员。总之，没有一个阶级感到满意，因为政府有时不得不作的一些小小让步，并不是由它自己出资（国库是负担不了的），而是靠上层贵族和教士出资进行的。至于大银行家和公债持有人，意大利最近的事变、匈牙利议会中日益加强的反对派，以及波及整个帝国的异常的不满情绪和要求改革的呼声，自然丝毫也不会加强他们对奥地利帝国的巩固与支付能力的信心。

这样,奥地利也在缓慢地但确定无疑地走向伟大的变革,而这时法国突然爆发了事变,它使逼近的暴风雨立刻倾降下来,驳倒了老弗兰茨关于大厦在他和梅特涅在世的时候还是会维持下去的断语。

1851 年 9 月于伦敦

[五 维也纳起义]

1848 年 2 月 24 日,路易-菲力浦被赶出巴黎,法兰西共和国宣告成立。紧接着,在 3 月 13 日,维也纳人民摧毁了梅特涅公爵的政权,迫使他可耻地逃亡国外。3 月 18 日,柏林人民举行武装起义,经过 18 小时顽强的战斗之后,满意地看到国王①向他们求饶乞降。同时,在德国各小邦的首府也都爆发了激烈程度不同但成果相同的骚动。如果说德国人民没有完成他们的第一次革命,那么他们至少是真正走上了革命的道路。

我们不能在这里考察这许多次起义的细节;我们只想阐明这些起义的性质以及居民中各个阶级对起义所采取的立场。

维也纳的革命可以说几乎是全体居民一致完成的。资产阶级(银行家和证券投机商除外)、小资产阶级、全体工人,一致立即起来反对大家所憎恶的政府,这个政府如此普遍地被人憎恨,以致从前支持它的极少数贵族和金融巨头在它刚刚遭到攻击时也都隐藏起来了。梅特涅已使资产阶级在政治上无知到如此程度,以致他们对从巴黎传来的关于无政府状态、社会主义和恐怖的统治的消

---

① 弗里德里希-威廉四世。——编者注

息,以及关于资本家阶级和工人阶级之间即将展开斗争的消息完全不能理解。他们由于政治上的幼稚,不是完全不了解这些消息的意义,就是以为那是梅特涅恶意捏造的,为的是恐吓他们,让他们再去服从他。而且,他们从来没有看见过工人作为一个阶级行动或者为自己本身的特殊的阶级利益而斗争。他们根据过去的经验,不能设想刚刚如此衷心地联合起来推翻大家一致憎恨的政府的各阶级之间可能产生任何分歧。他们看到工人在所有各点上——在宪法、陪审审判、新闻出版自由等等问题上——都与他们一致。于是,他们至少在1848年3月全身心地投入了运动,而另一方面,运动从最初起就使他们(至少在理论上)成为国家的统治阶级。

但是,不同阶级的这种联合,虽然在某种程度上向来是一切革命的必要条件,却不能持久,一切革命的命运都是如此。在战胜共同的敌人之后,战胜者之间就要分成不同的营垒,彼此兵戎相见。正是旧的复杂的社会机体中阶级对抗的这种迅速而剧烈的发展,使革命成为社会进步和政治进步的强大推动力;正是新的党派的这种不断的迅速成长,一个接替一个掌握政权,使一个民族在这种剧烈的动荡时期5年就走完在普通环境下100年还走不完的途程。

维也纳革命使资产阶级成为理论上的统治阶级;也就是说,一旦从政府那里争取到的让步付诸实行,并且能够坚持一个时期的话,就一定会保证资产阶级的统治。可是,事实上这一阶级的统治还远远没有建立起来。不错,由于国民自卫军的建立使资产阶级和小资产阶级掌握了武器,资产阶级获得了力量和权势;不错,由于成立了"安全委员会"这种由资产阶级占支配地位的、对谁都不负责的革命政府,资产阶级取得了最高的权力。但同时一部分工人也武装起来了,每当发生战斗时,他们和大学生[318]总是承担起战斗的全部重任;约4 000名装备优良、训练远比国民自卫军要好的大学生,成为革命武装的核心和真正力量,他们决不愿意只是充当安全委员会手里的一个工具。他们虽然承认安全委员会,甚至是它的最热烈的拥护者,可是他们形成了一种独立的而且颇不安分的团体,在"大礼堂"召开他们自己的会议,保持介于资产阶级和工人阶级之间的中间立场,以不断的鼓动阻止事物回复到旧日的平常状态,而且经常把自己的决议强加于安全委员会。另一方面,工人差不多完全失业了,国家不得不花钱雇用他们到公共工程中去做工,而用于这方面的款项当然必须取自纳税人的腰包或维也纳市的金库。这一切自然使维也纳的生意人很不愉快。该市的工业企业本来是为这个大国中的富豪和贵族的消费服务的,由于发生革命,由于贵族和宫廷的逃亡,这些企业自然完全停业了;商业陷于停顿,工人和大学生不断进行的鼓动和骚动,当然不是如当时人们常说的"恢复信任"的办法。这样,资产阶级与不安分的大学生和工人之间很快就出现了某种冷淡关系,而这种冷淡关系之所以在一个长时期中并没有转变为公开的敌对关系,那是由于内阁,尤其是宫廷急欲恢复旧秩序,因而不断证明比较革命的党派的疑虑和不安分的活动是有道理的,并且甚至当着资产阶级的面,不断地使旧日的梅特涅专制借尸还魂。由于政府企图限制或完全取消某些刚刚争得的新的自由,于是5月15日和5月26日先后两次发生了维也纳各阶级的起义。在这两次起义中,国民自卫军或武装的资产阶级、大学生以及工人之间的联盟又暂时得到巩固。

至于居民中的其他阶级,贵族和金融巨头们已经销声匿迹,农民则到处忙于铲除封建制度的残余。由于意大利的战争[319],也由于宫廷忙于维也纳和匈牙利问题,农民得到了充分的行动自由,在奥地利,他们在解放事业中取得的成就,比在德国任何其他地方都大。在这之后不久,奥地利议会只好确认农民已经实际实行了的种种措施,不管施瓦尔岑堡公爵的政府还能够恢复别的什么东西,它永远不能恢复对农民的封建奴役了。如果说奥地利目前又比较平静了,甚至强有力了,这主要是因为人民的大多数即农民真正从革命中得到了利益,还因为不管业已重建的政府侵犯了别的什么东西,农民所争得的这些实际的物质利益却没有受到侵犯。

1851 年 10 月于伦敦

[六　柏林起义]

　　革命运动的第二个中心是柏林。根据前面几篇所叙述的情形,不难了解,为什么柏林的革命运动根本不像在维也纳那样得到几乎所有阶级的一致支持。在普鲁士,资产阶级早已经卷入了反政府的实际斗争;"联合议会"[211]造成了破裂;资产阶级革命日益迫近。如果不是由于巴黎二月革命[156],这个革命在爆发之初也许会像维也纳革命一样万众一心。巴黎事变猛然促进了一切,但同时它是在另一旗帜下进行的,这面旗帜与普鲁士资产阶级准备进攻自己的政府时所举起的旗帜完全不同。二月革命在法国所推翻的那种政府,正是普鲁士资产阶级在自己国内所要建立的。二月革命声称自己是工人阶级反对资产阶级的革命,它宣告了资产阶级政府的垮台和工人的解放。而普鲁士资产阶级最近则受够了自己国内工人阶级的骚扰。在西里西亚起义所引起的最初恐怖过去以后,他们甚至想为自身利益来利用这些骚扰。但他们对革命的社会主义和共产主义始终怀有本能的恐惧。因此,当他们看到巴黎政府的首脑人物正是被他们视为财产、秩序、宗教、家庭以及现代资产者的其他**家神**的最危险的敌人的时候,他们的革命热情马上一落千丈。他们知道,必须抓住时机,没有工人群众的帮助他们就会失败,可是他们没有勇气。因此,当外地刚一出现零星的发动时,他们便站在政府方面,努力使柏林的人民保持安定,因为五天以来人民一直聚集在王宫前讨论各种新闻,要求改组政府。而当梅特涅被推翻的消息传来、国王终于作了一些小小的让步时,资产阶级便认为革命已经完成,跑去向陛下谢恩,说他已满足了他的人民的一切愿望。可是紧接着便出现了军队向群众进攻、街垒、战斗以及王室的溃败。于是一切都改变了。一直被资产阶级排挤到后面去的工人阶级,现在被推到斗争的前列,进行了战斗而且获得了胜利,突然意识到了自己的力量。对于普选权、新闻出版自由、陪审权、集会权的限制——这些限制深受资产阶级的欢迎,因为受到限制的只是它下面的各阶级——现在已经不可能继续下去了。重演巴黎的"无政府状态"那一场戏的危险迫在眉睫。在这种危险面前,一切过去的分歧都消逝了。多年来的朋友和仇敌为了反对胜利的工人而联合起来了,虽然工人还并没有提出他们自己的任何特殊要求。资产阶级和被推翻的制度的拥护者在柏林的街垒上订立了联盟。他们彼此不得不作一些必要的让步,但也只限于势在必行的让步;成立了一个由联合议会中各反对派的领袖组成的内阁,为了酬答这个内阁保全王位的功绩,旧政府的一切支柱——封建贵族、官僚、军队都保证支持它,这就是康普豪森先生和汉泽曼先生组阁的条件。

新阁员们对于觉醒的群众非常恐惧,在他们眼里,任何能巩固已被动摇的政权的基础的手段都是好的。这些糊里糊涂的可怜虫以为旧制度复辟的一切危险都已经过去,因此便利用整个旧的国家机器来恢复"秩序"。文武官员没有一个被撤职;旧的管理国家的官僚制度丝毫没有变更。这些可爱的立宪责任内阁的阁员们,甚至把那些由于其过去的官僚暴行而被人民在最初的革命高潮中赶跑的官员也恢复了原职。在普鲁士,除了阁员更换而外,没有任何变更,甚至各部门的主管人员也都一个未动;所有那些在新擢升的统治者周围组成一个合唱队并希望分得一份权位的猎取官职的立宪派,都被告知:应该等到秩序恢复安定时再来更换官员,因为现在就这样做是有危险的。

在3月18日起义以后极度沮丧的国王,很快就发觉这些"自由派"阁员需要他,正如他也需要他们一样。起义没有推翻王位;王位成了防范"无政府状态"的最后一个现存的屏障;因此自由派资产阶级及其现任阁员的领袖们,很愿意同国王保持最亲善的关系。国王和他周围的反动的宫廷奸党很快就发现了这一点,于是便利用这种环境来阻碍内阁实行它有时打算进行的那些微不足道的改革。

内阁首先关心的事情,是要给最近的暴力变革一种合法的外貌。它不顾人民群众的反对,召集了联合议会,使之作为人民的合法的立宪机关,通过新的议会选举法,新选出的议会应与国王商定新的宪法。选举应当是间接的,选民先选举若干选举人,选举人再选出议员。虽然遭到各种反对,这种两级选举制还是通过了。接着又要求联合议会允许发行数目相当于2 500万美元的公债,人民党反对,但是议会又同意了。

内阁的这些行为,促使人民党,或者——像它现在自己称呼的那样——民主党异常迅速地发展起来。这个以小手工业者小商人阶级为首的党,在革命之初曾经把大多数工人团结在自己的旗帜下;它要求法国已实行的那种直接的普遍的选举权,要求一院制的立法议会,要求完全和公开地承认3月18日的革命是新政府的体制的基础。这个党的较温和的一派认为可以对这样"民主化的"君主制表示满意;它的较先进的一派则要求彻底建立共和国。两派都同意承认德国法兰克福国民议会为国家最高权力机关,而立宪派和反动派对这个机构的最高权力却怀着很大的恐惧,他们宣布说他们认为这个议会太革命了。

工人阶级的独立运动被革命暂时打断了。运动的直接要求和环境不允许把无产阶级党的任何特殊要求提到首位。事实上,当工人进行独立行动的场地尚未扫清,直接的普遍的选举权尚未实现,36个大小邦照旧把德国分成无数小块的时候,无产阶级党除了注视对自己具有极重要意义的巴黎运动,以及和小资产阶级一起共同争取那些使他们日后能够为自身的事业进行斗争的权利以外,还能做些什么呢?

因此,当时无产阶级党在其政治活动中根本不同于小资产阶级,或者更确切地说根本不同于所谓的民主党之处,主要只有三点:第一,对于法国的运动的评价不同,民主派攻击巴黎的极端派,而无产阶级革命者却维护他们;第二,宣布必须建立一个统一的、不可分割的德意志共和国[315],而民主派中最最激进的分子也只敢希望建立一个联邦共和国;第三,在一切场合都表现出革命的勇气和行动的决心,而这却是任何以小资产者为首并主要由他们组成的党永远不会有的。

无产阶级的或真正革命的党只是逐渐地使工人群众摆脱了民主派的影响,而在革命初期工人是跟着民主派跑的。但是在一定的时刻,民主派领袖们的优柔寡断和软弱怯懦起到了应有的作用,而现在可以说,过去几年的动荡的主要成果之一,就是在所有工人阶级相当集中的地方,工人们完全摆脱了民主派的影响,这种影响在1848年和1849年曾使他们犯了许多错误和遭到种种不幸。但我们不必去进行预测,这两年的事变将给我们充分的机会看到这些民主派先生们的实际行为。

普鲁士的农民,像奥地利的农民一样,曾经利用革命一举摆脱了一切封建枷锁,但其劲头较小,因为这里的农民所遭受的封建压迫一般来说不那么厉害。可是由于上述种种原因,这里的资产阶级立即转而反对自己最早的、最不可少的同盟者——农民。同资产者一样被所谓对私有财产的侵犯吓坏了的民主派,也不再支持农民;这样,在三个月的解放之后,在流血冲突和军事屠杀(尤其是在西里西亚)之后,封建制度便通过昨天还在反封建的资产阶级之手恢复了。再没有比这更可耻的事实可以用来谴责他们了。历史上从来没有任何一个党派这样出卖自己最好的同盟者,出卖自己。不管这个资产阶级党后来遭到怎样的侮辱与惩罚,单单由于它的这一种行为,它也完全是罪有应得。

1851 年 10 月于伦敦

［七　法兰克福国民议会］

读者大概还记得,我们在前六篇里叙述了德国的革命运动,直到维也纳 3 月 13 日和柏林 3 月 18 日两次人民的伟大胜利[157]。我们看到,在奥地利和普鲁士都建立了立宪政府,自由主义的或资产阶级的原则被宣布为未来整个政策的指导方针;这两大运动中心之间唯一显著的区别是:普鲁士的自由派资产阶级以康普豪森先生和汉泽曼先生这两位富商为代表,直接攫取了权柄;而奥地利的资产阶级所受的政治训练差得很远,自由派**官僚**们便走马上任,宣称自己是受资产阶级的委托来执掌政权。我们又看到,原来团结一致反对旧政府的各党派和各社会阶级,如何在胜利之后,或者甚至还在进行斗争的时候就四分五裂;而独享胜利果实的上述自由

601

派资产阶级,如何立即转而反对它昨天的同盟者,如何对一切较先进的阶级或党派采取敌对态度,并且同战败的封建官僚势力结成同盟。事实上,早在革命剧开演时就可以看出,自由派资产阶级只有依靠较激进的人民党的援助,才能守住自己的阵地,抵抗那些已被击败但未被消灭的封建官僚党;另一方面,为了对付这些较激进的群众的冲击,自由派资产阶级又需要封建贵族和官僚的援助。所以,很明显,奥地利和普鲁士的资产阶级没有掌握足够的力量保持自己的政权并使一切国家机构适应于自己的需要和理想。自由派资产阶级的内阁不过是一个中间站。从这里,按照事态的发展情况,国家或者将走向更高级的阶段——统一的共和国,或者将重新堕入旧日封建教权主义的和官僚主义的**制度**中去。无论如何,真正的决战还在后面;三月事变只是战斗的开始。

奥地利和普鲁士在德国是居于支配地位的两个邦,因此维也纳或柏林的每个决定性的革命胜利,对全德国都有决定性的意义。这两个城市1848年三月事变的发展,决定了全德国事态的进程。所以,如果不是由于各小邦的存在而产生了一个机构——这个机构的存在本身正是德国的不正常状态的最显著的证据,正是最近这次革命半途而废的证据——那么本来无须再叙述各小邦所发生的运动,我们的确可以只限于研究奥地利和普鲁士的情况了。上述机构如此不正常,它所处的地位如此滑稽可笑,可是又如此自命不凡,可以说,在历史上将找不到**第二个这样的机构**。这个机构就是所谓的美因河畔法兰克福的**德国国民议会**[309]。

在维也纳和柏林的人民胜利之后,自然就产生了应当召开全德代表会议的问题。于是这个会议就被选举出来,在法兰克福开会,与旧的联邦议会[299]并存。人民希望德国国民议会解决一切有争议的问题,履行全德意志联邦[298]最高立法权力机关的职能。但召集国民议会的联邦议会,对于它的职权未作任何规定。谁也不知道它的法令是具有法律效力呢,还是需要经过联邦议会或各邦政府的批准。在这种混乱状况中,如果国民议会稍有一点力量,它就会把联邦议会这个在德国最不受欢迎的机构立即解散,使之寿终正寝,代之以从国民议会自己的议员中选举出来的人所组成的联邦政府。它就会宣布自己是德国人民的至高无上的意志的唯一合法代表,从而使自己的一切法令具有法律效力。最重要的是,它就会使自己在国内获得一支足以粉碎各邦政府的任何反抗的有组织的武装力量。在革命初期,这一切都是很容易做到的。但是要求一个主要是由自由派律师和**学究式的**教授们组成的议会做到这一点,那就未免太过分了,这个议会虽然自称体现了德国思想和学术的精华,而事实上它只是一个供老朽政客在全德国眼前表现他们不自觉的滑稽丑态和他们思想与行动上的无能的舞台。这个老太婆议会从存在的第一天起,就害怕最小的人民运动甚于害怕全德各邦政府的所有一切反动阴谋。它在联邦议会的监视之下开会,不仅如此,它几乎是恳求联邦议会批准它的各项法令,这是因为它的最初一些决议必须由这个可憎的机关发布。它不坚持自己的最高权力,反而故意回避讨论任何这一类危险的问题。它不把人民的武装力量聚集在自己周围,而是闭眼不看各邦政府的暴行,直接就来讨论议事日程上的问题。这个国民议会眼看着美因茨实行戒严,该城的居民被解除武装,竟不闻不问。后来它选举了奥地利的约翰大公做德国的摄政王,并宣称自己的一切决议都具有法律效力。但约翰大公只是在获得了各邦政府的同意之后才荣登新的高位,而且这不是由国民议会而是由联邦议会授予的。至于国民议会的法令的法律效力,这一点从来没有被各大邦政府所承认,而国民议会本身也不坚持,因此仍然是一个悬案。总之,我们看到一种奇异的景象:一个议会宣称自己是伟大的主权民族的唯一合法代表,但它从来既没有愿望也没有力量迫使别人承认自己的要求。这个机构中的辩论没有任何实际结果,甚至也没有任何理论价值,只不过是重复一些陈腐不堪的哲学学派和法学学派的最乏味的老生常谈;人们在这个议会中所说的,或者毋宁说是所嘟哝的每一句话,报刊上早已刊登过一千次,而且比他们说得要好一千倍。

总之,这个自称为德国新的中央政权的机构,使一切都保持原来的状态。它根本没有实现人们久已渴望的德国的统一,连统治德国的各邦君主中最无足轻重的君主也没有废除;它没有加强德国各个分散的省份之间的联系;它从未采取任何步骤去摧毁分隔汉诺威和普鲁士、分隔普鲁士和奥地利的关税壁垒;它甚至完全没有打算废除在普鲁士到处妨碍内河航行的苛捐杂税。但是,这个议会做得越少,却喧嚷得越厉害。它建立了一个纸面上的德国舰队;它兼并了波兰和石勒苏益格;它允许德意志的奥地利对意大利作战,但在奥地利人安全退入德境时却禁止意大利人追击;它对法兰西共和国连呼万岁,并接纳了匈牙利的使者,后者回国时对德国的了解无疑是比出使时更加糊涂了。

在革命之初,全德各邦政府曾把这个议会看做一个可怕的怪物。它们估计这个议会可能采取十分专断而革命的行动,因为它的权限极不明确——当时对它的权限问题不作明确规定是必要的。于是,为了削弱这个可怕的机构的影响,各邦政府策划了一整套十分周密的阴谋;但事实证明,它们的幸运胜过聪明才智,因为这个议会替各邦政府办事比它们自己办得还要好。这些阴谋中主要的一招,就是召开地方的立法议会。结果,不仅各小邦召开了它们的立法议会,连普鲁士和奥地利也召开了制宪议会。在这些议会里,像在法兰克福议会里一样,也是自由派资产阶级或它的同盟者——自由派律师和官僚占据多数,而且所有这些议会的工作情况几乎完全一样,唯一的区别是:德国国民议会是一个假想的国家的议会,因为它拒绝建立它自身赖以存在的首要条件——统一的德国;它讨论一些它自己创造出来的假想的政府的各种假想的、永远不能实现的措施,它通过了一些谁也不感兴趣的假想的决议。而奥地利和普鲁士的制宪议会至少还是真正的议会,它们推翻了旧内阁并且任命了真正的内阁,而且至少曾一度强迫它们与之进行斗争的各邦君主实行它们的决议。它们也是怯懦的,也缺乏作出革命决断的远大见识;它们也背叛了人民,把政权交还给了封建的、官僚的和军事的专制制度。但当时它们至少还是被迫讨论了一些有关目前利益的实际问题,被迫同别人一起生活在地上;而法兰克福的吹牛家们却以在**"梦想的空中王国"**①里遨游为无上的快乐。因此,柏林和维也纳制宪议会的辩论构成德国革命史的重要的一章,而法兰克福这群笨伯的苦心佳作,却只能使文献和古董收藏家感兴趣。

德国人民深深感到必须消除可恨的疆土分裂状态,因为这种状态分散和抵消了民族的集体力量,他们曾一度希望法兰克福国民议会至少是一个新纪元的开端,但这群自作聪明的蠢人的幼稚行为很快就使全国的热情冷却了。签订马尔默停战协定**320**这一可耻行为(1848 年 9 月),使人民怒不可遏地起来反对这个议会;他们本希望它会给民族提供一个自由的活动场所,但它却无比怯懦而不知所措,只是使现在的反革命制度借以建立的各种基础恢复了它们从前的稳固。

1852 年 1 月于伦敦

---

①　海涅《德国——一个冬天的童话》第 7 章。——编者注

[八 波兰人、捷克人和德意志人]

从以上几篇的叙述中已经可以明显看出,除非1848年三月革命后紧接着再来一次新的革命,否则德国就不可避免地要恢复到这次事变以前的状态。但我们现在试图略加阐述的历史问题,性质非常复杂,因此,如果不考虑到可以称之为德国革命的国际关系的种种情况,便不能够充分了解后来的一些事件。而这些国际关系也像德国内部情形一样复杂。

大家都知道,在过去1 000年中,整个德国东半部,直到易北河、萨勒河和波希米亚林山,已经从斯拉夫族的入侵者手里夺回来了。这些地区的大部分都已日耳曼化,以至斯拉夫的民族性和语言几百年以前就已经完全消失;如果我们把少数完全孤立的残余(总共不到10万人,包括波美拉尼亚的卡舒布人、卢萨蒂亚的文德人或索布人)除外,这些地区的居民都已经是地地道道的德意志人了。但在所有同旧波兰接壤的地带和捷克语国家,在波希米亚和摩拉维亚,情形就不同了。在这些地方,两个民族在每个区域都混居杂处,城市一般地说在不同程度上属于德意志人,而农村中则是斯拉夫人占优势,不过在农村中斯拉夫人也因德意志人势力的不断增强而逐渐被瓦解和排挤。

造成这种情况的原因是:自从查理大帝时代以来,德意志人就十分坚决顽强地力求征服欧洲东部,把它殖民地化,或至少文明化。封建贵族在易北河与奥得河之间所进行的征服,武装骑士团在普鲁士和立窝尼亚一带所建立的封建殖民地,只是为德国工商业资产阶级所实行的一个规模更大和更有效得多的日耳曼化计划奠定了基础,因为在德国,正如在西欧其他国家一样,从15世纪起,资产阶级的社会和政治作用增长起来了。斯拉夫人,尤其是西方的斯拉夫人(波兰人和捷克人),主要是从事农业的民族,他们从来不怎么重视工商业。结果,随着这些地区人口的增加和城市的兴起,一切工业品的生产便落在德意志人移民的手里,这些商品与农产品的交换完全被犹太人所垄断,而这些犹太人,如果说他们属于什么民族的话,那么在这些国家里,他们当然与其说属于斯拉夫人,不如说属于德意志人。整个东欧的情形都是如此,虽然程度略轻。在彼得堡、佩斯、雅西,甚至在君士坦丁堡,直到今天,手工业者、小商人、小厂主都还是德意志人,而放债人、酒店老板和小贩(在这些人口稀少的国家,这种人是非常重要的)则大多数是犹太人,他们的母语是一种讹误百出的德语。在边境各斯拉夫人地区,德意志人的重要性随着城市和工商业的发达而增加,而当事实表明几乎一切精神文化都必须从德国输入时,他们的重要性就更大了。继德意志商人和手工业者之后,德意志牧师、教员和**学者**也到斯拉夫人的土地上安家立业。最后,侵略军的铁蹄或审慎周密的外交手段,不仅跟随在由于社会发展而发生的缓慢的但是肯定无疑的非民族化过程的后面,而且常常走在它的前面。因此,自从第一次瓜分波兰[146]以后,由于把官地卖给或赐给德意志殖民者,由于奖励德意志资本家在这些混居地区建立工业企业等等,以及由于经常对该地波兰居民采取极端横暴的手段,西普鲁士和波森的大部分就日耳曼化了。

因此,近70年来,德意志民族和波兰民族间的分界线完全改变了。1848年的革命,立即唤醒一切被压迫民族起来要求独立和自己管理自己事务的权利;所以很自然,波兰人也立即要求恢复他们在1772年以前旧波兰共和国疆界以内的国家。的确,就在当时,这个疆界作为德意志民族与波兰民族的分界线也已经过时了,而此后随着日耳曼化的进展,它更是一年比一年过时了;但是,既然德意志人当时曾经那样热情地宣布他们赞助波兰复国,那么,要求他们放弃**他们**所掠得的一部分领土作为体现他们同情心的第一个证据,也就是理所当然的了。但另一方面,应不应该把主要是德意志人居住的大块大块的土地和完全属于德意志人的大城市,让给一个从未证明自己能够摆脱以农奴制为基础的封建状态的民族呢?这个问题十分复杂。唯一可能的解决方法是同俄国开战。那时,革命化了的各民族间的划界问题就会成为次要问题,而主要问题就将是确立一个对付共同敌人的安全的疆界。波兰人如果在东方获得广大的领土,他们在西方的要求便会比较温和而合理;总而言之,对他们来说,里加和米塔瓦也会同但泽和埃尔宾一样重要。因此,德国的先进政党认为,要支持大陆上的运动,就必须对俄国开战,而且它深信,即使是部分地恢复波兰的民族独立,也必然要引起这样的战争,所以它支持波兰人。而当权的自由派资产阶级党却很清楚地预见到,反对俄国的民族战争将使它自身崩溃,因为这种战争一定会使更活跃、更积极的人掌握政权;因此,它装出一副热心于德意志民族的扩张的样子,宣布普属波兰,即波兰革命鼓动的中心,是未来的德意志帝国的一个不可缺少的组成部分。在热情高涨的最初几天向波兰人许下的诺言,被可耻地背弃了。经政府批准而组成的波兰军队,被普鲁士的炮兵击溃和屠杀;到1848年4月,即柏林革命后六个星期,波兰的运动就被镇压下去了,而且波兰人和德意志人之间旧有的民族敌视复活了。为俄国专制君主①立下这份无法估量的巨大功劳的是自由派商人阁员康

---

① 亚历山大一世。——编者注

普豪森和汉泽曼。应当附带说明,这次对波兰的战役,是改组和鼓舞普鲁士军队的第一步,正是这支军队后来推翻了自由派政党,摧毁了康普豪森先生和汉泽曼先生辛辛苦苦促成的运动。"恶有恶报"①,这就是从赖德律-洛兰到尚加尔涅、从康普豪森到海瑙,所有这些1848年和1849年的暴发户的共同的命运。

民族问题在波希米亚引起了另一场斗争。在这个居住着200万德意志人和300万捷克语斯拉夫人的地区,有不少伟大的历史事迹几乎都与捷克人先前的霸权相联系。但自从15世纪的胡斯战争**321**以后,斯拉夫族的这一支脉的势力就被摧毁了。捷克语地区分裂了:一部分形成了波希米亚王国,另一部分形成了摩拉维亚公国,第三部分——斯洛伐克人居住的喀尔巴阡山地则归入匈牙利。从那时起,摩拉维亚人和斯洛伐克人就已失掉一切民族意识和民族生命力的痕迹,虽然在很大程度上还保留着他们的语言。波希米亚被德意志人的地区三面包围。德意志人在波希米亚境内做出了很大的成绩,甚至在首都布拉格,这两个民族也完全势均力敌;而资本、商业、工业和精神文化则普遍掌握在德意志人手里。捷克民族的头号卫士帕拉茨基教授本人就是一个发了狂的博学的德意志人,直到今天他还不能正确地、不带外国腔调地讲捷克语。但是就像常有的情形那样,垂死的捷克民族——最近400年历史上的一切事实都证明它是垂死的——于1848年作了最后一次努力来恢复它从前的生命力,而这次努力的失败,撇开一切革命方面的考虑不谈,足以证明波希米亚此后只能作为德国的一个组成部分而存在,即使它的一部分居民在几百年之内继续说非

---

① 引自《旧约外传·所罗门智训》。——编者注

德意志的语言。

1852 年 2 月于伦敦

［九 泛斯拉夫主义。
石勒苏益格—荷尔斯泰因的战争］

　　波希米亚和克罗地亚（斯拉夫族的另一个离散的成员，它受匈牙利人的影响，就像波希米亚人受德意志人的影响一样），是欧洲大陆上所谓"**泛斯拉夫主义**"的发源地。波希米亚和克罗地亚都没有强大到自身足以作为一个民族而存在。它们各自的民族性都已逐渐被种种历史原因的作用所破坏，这些原因必然使它们为更强大的种族所并吞，它们只能寄希望于通过和其他斯拉夫民族联合起来而恢复一定的独立性。波兰人有 2 200 万，俄罗斯人有 4 500 万，塞尔维亚人和保加利亚人有 800 万，为什么不把所有这 8 000 万斯拉夫人组成一个强有力的联邦，把侵入神圣的斯拉夫族领土的土耳其人、匈牙利人，尤其是那可恨而又不可缺少的 *Niemetz* 即德意志人驱逐出去或消灭掉呢？于是，就从几个斯拉夫族的历史学**爱好者**的书斋里发起了一个荒唐的、反历史的运动，其目的无非是要使文明的西方屈服于野蛮的东方，城市屈服于乡村，商业、工业和文化屈服于斯拉夫农奴的原始农业。但在这种荒唐的理论之后，还站着**俄罗斯帝国**这一可怕的现实；这个帝国的一举一动都暴露出它想把整个欧洲变成斯拉夫族，尤其是斯拉夫族的唯一强有力的部分即俄罗斯人的领土的野心；这个帝国虽有圣彼得堡和莫斯科两个首都，但只要被每个俄国农民视为其宗教和国家的真正首都的"**沙皇之城**"（君士坦丁堡，俄文为沙皇格勒，即沙皇城)还没有成为俄国皇帝的真正的都城,这个帝国就还没有找到自己的重心。过去150年以来,这个帝国在它所进行的每次战争中不仅从未失掉领土,而且总是获得领土。在中欧,人所共知,俄罗斯的政策是用种种阴谋手段支持新式的泛斯拉夫主义体系,这个体系的发明最适合于它的目的。因此波希米亚和克罗地亚的泛斯拉夫主义者有的是自觉地、有的是不自觉地为俄国的直接利益服务;他们为了一个民族的幻影而出卖了革命事业,而这个民族的命运至多也不过同俄国统治下的波兰民族的命运一样。然而必须对波兰人加以赞扬:他们从来没有真正陷入这个泛斯拉夫主义的圈套;至于少数贵族变成了狂热的泛斯拉夫主义者,那是由于他们知道,他们在俄国统治下所受的损失,要比他们在自己的农奴起义时所受的损失轻微一些。

后来波希米亚人和克罗地亚人在布拉格召开了一个斯拉夫人代表大会³²²,筹备成立一个斯拉夫人大同盟。即使没有奥地利军队的干涉,这个大会也会遭到惨败。几种斯拉夫语言各不相同,就像英语、德语和瑞典语各不相同一样;因此在会议开始以后,那些发言人都无法讲一种大家都能听懂的共同的斯拉夫语言。曾经试用法语,但大多数人也不懂,于是,这些可怜的斯拉夫族狂热分子——他们的唯一的共同感情就是对德意志人的共同仇恨——最后不得不用与会者都听得懂的唯一语言,即可恨的德语来表达意见!但正在这个时候,在布拉格也召开了另外一个斯拉夫人代表大会,参加这个大会的是加利西亚人的轻骑兵、克罗地亚人和斯洛伐克人的掷弹兵、波希米亚人的炮兵和重骑兵,而这个真正的武装的斯拉夫人代表大会在文迪施格雷茨的指挥之下,不到24小时就把假想的斯拉夫人霸权的这些奠基者们驱逐出城,并把他们赶得东逃西散了。

奥地利制宪议会中的波希米亚、摩拉维亚、达尔马提亚的代表和一部分波兰的代表（贵族），在这个议会中对德意志代表发动了有计划的斗争。德意志人和一部分波兰人（破产的贵族）在这个议会中是革命进步势力的主要支持者。对他们采取反对态度的大多数斯拉夫族代表，并不满足于这样明确表露自己整个运动的反动倾向，他们竟下贱地同驱散他们的布拉格会议的奥地利政府暗中勾结。他们的这种卑鄙的行为也得到了报应。斯拉夫代表在1848年十月起义（归根到底正是这次起义使他们在制宪议会中获得了多数）时支持政府，而在这之后，现在这个几乎是清一色的斯拉夫人的议会，也像布拉格代表大会一样被奥地利军队驱散了，这些泛斯拉夫主义者还被警告说，他们如果再有所动作，就将被关进监狱。他们得到的只是这样一个结果：斯拉夫人的民族性现在到处都被奥地利的中央集权所摧毁，而这是他们的幻想和愚蠢所应得的。

如果匈牙利和德国的边境问题还有任何疑问，那也一定会引起另一场争端。但是，幸亏没有任何口实，而且两个民族的利益密切相连，他们一起反对共同的敌人——奥地利政府和泛斯拉夫主义狂热。相互的善意谅解一刻也没有受到损害。但是意大利的革命至少使德国的一部分陷入了自相残杀的战争，而在这里必须指出一个事实，1848年的头六个月曾经在维也纳参加街垒战斗的人又满腔热情地参加了与意大利爱国者作战的军队，这证明梅特涅的统治多么严重地阻碍了社会意识的发展。不过，这种可悲的思想混乱并没有继续多久。

最后，还因为石勒苏益格—荷尔斯泰因而发生了与丹麦的战争。这两个地方在民族、语言和感情方面无疑都是德意志的，而从军事、海运和商业方面说，也是德国所需要的。这两地的居民在过去三年中曾经顽强地反对丹麦人的入侵。此外，根据条约，正义在他们方面。三月革命使他们与丹麦人发生公开冲突，德国援助了他们。可是，虽然在波兰、意大利、波希米亚，以及后来在匈牙利，战事进行得十分激烈，但在这个唯一得人心的、唯一至少具有部分革命性的战争中，却让部队采取了一系列毫无意义的前进和后撤行动，甚至屈从外国的外交干涉，在进行了许多次英勇的战斗之后，导致了十分悲惨的结局。德国各邦政府在这次战争中抓住一切机会出卖石勒苏益格—荷尔斯泰因的革命军队，故意让丹麦人在这支军队被分散或分开的时候把它消灭，由德意志志愿兵组成的部队也遭到同样的待遇。

　　虽然德国的名字遭到普遍的憎恨，而德国各立宪派和自由派的政府却扬扬得意。它们把波兰人和波希米亚人的运动镇压下去了。它们到处重新挑起旧日的民族仇恨，这种仇恨直到今天还使德意志人、波兰人和意大利人彼此间不能有任何谅解和共同行动。它们使人民习惯于内战和军队镇压的场面。普鲁士军队在波兰，奥地利军队在布拉格都恢复了自信。当满怀着过分的爱国激情（即海涅所谓的"die patriotische Überkraft"）①的、热心革命但目光短浅的青年被引导到石勒苏益格和伦巴第去在敌人的霰弹下送死的时候，普鲁士和奥地利的正规军这些真正的作战工具，却得到机会以战胜外国人来重新赢得人心。但是我们要再说一遍：这些被自由派加强起来当做反对较先进的党派的作战工具的军队，刚刚在某种程度上恢复它们的自信和纪律，便翻脸反对自由派，而把政权交还给了旧制度的代表人物。当拉德茨基在阿迪杰河彼岸他的

---

① 海涅《夜巡来到巴黎》。——编者注

军营中接到维也纳的"责任大臣们"的第一批命令时,他大喊道:
"这些大臣是些什么人?他们并不是奥地利政府!奥地利现在只
存在于我的军营中;我和我的军队就是奥地利;等将来我们把意大
利人打败,我们就要为皇帝夺回帝国!"老拉德茨基是对的。但维
也纳的没有头脑的"责任"大臣们却没有注意他。

1852 年 2 月于伦敦

[十 巴黎起义。法兰克福议会]

早在 1848 年 4 月初,整个欧洲大陆上的革命洪流已经被那些
从最初的胜利中获得利益的社会阶级同战败者立即缔结的联盟挡
住了。在法国,小资产阶级和共和派资产阶级,同保皇派资产阶级
联合起来反对无产阶级;在德国和意大利,胜利的资产阶级急忙乞
求封建贵族、政府官僚和军队帮助他们对付人民群众和小资产者。
联合起来的保守的和反革命的党派,很快又获得了优势。在英国,
发动得不适时和准备得不充分的人民示威(4 月 10 日),使从事运
动的党派遭到了彻底的决定性的失败。[56]在法国,两次类似的运动
(4 月 16 日[323]和 5 月 15 日[237])也同样被击败了。在意大利,炮弹
国王在 5 月 15 日一举恢复了政权。[324]在德国,各个新的资产阶级
政府和它们的制宪议会都巩固了自己的地位;如果说在维也纳,多
事的 5 月 15 日使人民获得了胜利,那么这毕竟只是一个次要的事
变,可以认为这是人民的能量的最后一次胜利的闪耀。在匈牙利,
运动看来是转入了完全合法的平静的轨道;至于波兰的运动,我们
在前面一篇中已经提到,它刚刚萌芽就被普鲁士的刺刀镇压下去
了。但是这一切并没有确定事态的最后结局,各革命党派在各国

失去的每一寸土地,只是使它们更加团结自己的队伍,投入决定性
的战斗。

决定性的战斗已经临近了。它只能在法国爆发;因为当英国
没有参加革命战斗而德国仍然四分五裂的时候,法国由于国家的
独立、文明和中央集权,是唯一能够推动周围各国发生强烈震动的
国家。所以,当1848年6月23日巴黎的流血斗争**158**开始的时候,
当接二连三的电报和信件使欧洲越来越清楚地看到这次斗争是在
工人群众为一方和得到军队援助的巴黎居民的其他一切阶级为另
一方之间进行的这样一个事实的时候,当战斗以现代内战史上前
所未有的激烈程度打了好几天,但双方都没有得到明显的胜利的
时候,每个人都清楚地看到,这是一次伟大的决战,如果起义胜利,
整个欧洲大陆就会掀起新的革命浪潮,如果起义失败,反革命统治
就会至少暂时恢复。

巴黎的无产者被击败、被屠戮、被摧毁到这样的程度,以致直
到现在他们还没有恢复元气。在整个欧洲,新旧保守分子和反革
命分子都立即肆无忌惮地抬起头来,这说明他们对这次事变的重
要性了解得十分清楚。他们到处压制报刊,限制集会结社权,利用
外地任何一个小城镇发生的任何细小事件来解除人民的武装,宣
布戒严,并且用卡芬雅克传授给他们的新的策略和手段训练军队。
此外,二月革命以后,大城市里的人民起义是不可战胜的这种说法
第一次被证明是一种幻想;军队的荣誉恢复了;以前经常在重大的
巷战中失败的队伍,现在重新获得了信心,相信自己也能胜任这样
的斗争了。

在巴黎**工人**的这次失败之后,德国的旧封建官僚党便开始采
取积极的步骤并制定明确的计划,甚至抛弃他们暂时的同盟者资
产阶级,使德国恢复到三月事变以前的状态。军队又成为这个国

家中的决定力量,而军队已不属于资产阶级而属于它自己了。甚至在普鲁士,那里一部分下级军官在1848年以前十分倾向于立宪制度,革命在军队中引起的混乱又使这些理智的年轻人像从前一样忠于职守了,只要普通士兵对于长官们稍微随便一点,长官就会立刻感到纪律和绝对服从的必要。被击败的贵族和官僚们现在开始看到自己的出路。空前团结的军队由于在镇压小规模起义和对外战争中取得胜利而扬扬得意,羡慕法国士兵刚刚获得的大胜利。只要使这个军队不断和人民发生小冲突,一旦决定性的时刻到来,它就能够以强有力的一击粉碎革命党人,并把资产阶级议员们的傲慢不逊一扫而光,而进行这样一次决定性的打击的时刻很快就到来了。

关于德国各党派夏季所从事的那些有时令人感到新奇而多半令人感到厌烦的议会辩论和地方性斗争,我们就不谈了。只需要说明一点:资产阶级利益的维护者虽然在议会里取得多次胜利,但没有一次得到过任何实际效果,他们普遍感到,他们介于两个极端党派之间的地位一天天变得更不稳固了;因此,他们不得不今天力求同反动派结盟,明天又向比较民主的党派讨好。这种不断的摇摆使舆论界对他们嗤之以鼻,而按照事态发展的趋向来看,他们受人轻蔑,暂时主要是有利于官僚和封建主们。

到了秋初,各党派之间的关系已极其尖锐而紧张,使决战成为不可避免的了。民主派革命群众同军队之间在这场战争中的最初战斗发生在法兰克福。[325]虽然这次战斗并不十分重要,但是军队却是第一次在这里取得相对于起义的显著优势,而这产生了很大的精神上的效果。普鲁士根据十分明显的理由允许法兰克福国民议会所建立的虚有其名的政府同丹麦签订停战协定[320],这个协定不但把石勒苏益格的德意志人交给丹麦人去横加报复,而且也完全否认了在丹麦战争中公认的多少带有革命性的原则。法兰克福议会以两三票的多数否决了这个停战协定。在这次表决之后发生了虚假的内阁危机。而三天以后议会重新审查了自己的决议,实际上取消了这个决议而承认了停战协定。这种可耻的行为激起了人民的愤怒。人们筑起了街垒,但法兰克福调来了足够的军队,经过六小时的战斗,起义便被镇压下去了。这次事件在德国其他地方(巴登、科隆)引起的类似的但声势不大的运动,也同样被镇压下去了。

这次前哨战给反革命党派带来了一个很大的好处:完全由人民选举出来(至少表面上是这样)的唯一政府——法兰克福帝国政府,现在也像国民议会一样,在人民心目中破产了。这个政府和这个议会都不得不用军队的刺刀来反对人民意志的表现。它们已名誉扫地,虽然它们以前多少还能得到一点尊敬,但这次的忘本行为和这种依赖反人民的各邦政府及其军队的做法,却使帝国的摄政王①,使他的大臣们和议员们此后都变成了毫无意义的摆设。我们不久就会看到,最先是奥地利,接着是普鲁士,后来是各小邦,都怎样轻蔑地对待这群无能的梦想家所发出的每一道命令、每一项要求、每一次委派。

现在我们来谈谈法国六月战斗在德国所引起的强有力的反响,来谈谈对德国有决定意义的——就像巴黎无产阶级的斗争对法国那样——事变。我们是指 1848 年 10 月维也纳的起义**326**和随之而来的对维也纳的攻击。但这次斗争的意义十分重大,说明对这次事件的进程产生比较直接影响的种种情况需要占《论坛

———————————

①　奥地利大公约翰。——编者注

报》295很大篇幅,因此我们不得不专门写一篇通讯来加以阐述。

1852 年 2 月于伦敦

[十一　维也纳起义]

现在我们来谈谈一个有决定意义的事变,即 1848 年 10 月的维也纳起义,它是巴黎六月起义在德国的革命的对应物①,它使优势一下子转到了反革命党派方面。

我们已经看到,3 月 13 日革命157胜利以后维也纳各阶级的状况如何。我们也已经看到,德意志的奥地利的运动如何同非德意志的奥地利各省的事变交错在一起并受到后者的阻碍。所以,我们现在只要简短地叙述一下引起德意志的奥地利这次最后且最勇猛的起义的原因就可以了。

上层贵族和做证券交易的资产阶级是梅特涅政府的非官方的主要支柱,他们在三月事变后仍然能够保持对政府的决定性影响。这是因为他们不仅利用了宫廷、军队和官僚,而且在更大程度上利用了在资产阶级当中迅速蔓延的对"无政府状态"的恐惧。他们很快就大胆地放出了一些试探气球,这就是:新闻出版法327、不伦不类的贵族宪法和以旧日的"等级"区分为基础的选举法328。由怯懦无能的半自由派官僚组成的所谓宪制内阁,5 月 14 日竟敢直接攻击群

---

① 1852 年 3 月 19 日《纽约每日论坛报》上的原文"which formed the counter-revolutionary party in Germany, to the Parisian insurrection of June…"可能是印刷错误。《马克思恩格斯全集》英文版第 11 卷第 54 页上将这句话改为"which formed the revolutionary counterpart in Germany to the Parisian insurrection of June…"。——编者注

众的革命组织,解散了国民自卫军代表和大学生军团代表的中央委员会(这个团体是专门为了监督政府并且在必要时动员人民群众的力量来反对它而组织的)。但这一行动激起了 5 月 15 日的起义,因此政府被迫承认了上述委员会,取消了宪法和选举法,并且授权由普选产生的制宪议会来制定新的根本法。这一切都由第二天的圣谕确认了。但是在内阁中拥有代表的反动党派,不久就促使自己的"自由派"同僚向人民的胜利成果发动新的进攻。大学生军团是从事运动的党派的堡垒,是经常的鼓动的中心,正因为如此,它就为较温和的维也纳市民所厌恶。5 月 26 日,内阁下令把它解散。如果只是由一部分国民自卫军来执行这个命令,这次打击也许能够成功,但是政府连国民自卫军也不相信,它调动了军队,于是国民自卫军立即倒戈,和大学生军团联合起来,从而破坏了内阁的计划。

但是与此同时,皇帝①和他的宫廷却于 5 月 16 日离开维也纳,逃往因斯布鲁克。在这里,他们被狂热的蒂罗尔人所包围,这些人由于看到撒丁—伦巴第的军队有入侵自己国家的危险,所以他们对皇室的忠心重新激荡起来;他们可以依靠驻在附近的拉德茨基的军队的支持,因斯布鲁克就在该军的大炮的射程之内。在这里,反动党派找到了一个避难所,可以摆脱任何监督和注视,毫无危险地集结自己已被击溃的力量,修补自己的阴谋之网,再次撒向全国。和拉德茨基、耶拉契奇、文迪施格雷茨以及各省行政官僚中可信赖的人们之间的联系恢复了,开始同斯拉夫族领袖们策划阴谋;这样一来,由反革命的宫廷奸党所掌握的一股真正的势力便形成了,而维也纳的无能的大臣们却只能在与革命群众不断的冲

---

① 斐迪南一世。——编者注

突中,在关于即将成立的制宪议会的辩论中败坏自己短暂而低微的声誉。因此,对首都的革命运动暂时听之任之的政策,在法国那样一个中央集权的统一国家中会使从事运动的党派变得无比强大,而在奥地利这样一个五光十色的政治结合体里则是重新组织反动力量的最可靠的方法之一。

维也纳的资产阶级以为,宫廷党在连续遭到三次失败之后,而且面临着由普选产生的制宪议会,已经不再是一个可怕的对手了,于是就越来越陷入厌倦和冷漠,总是呼吁遵守秩序和保持镇静;这个阶级在剧烈的动荡和由此产生的工商业混乱之后就已经有了这样的情绪。奥地利首都的工业,几乎只是生产奢侈品,而对奢侈品的需求,自从革命爆发和宫廷逃亡以后,当然是大大缩小了。要求恢复正常的政府组织和宫廷还都(这二者都被指望会带来商业的重新繁荣),现在已成为资产阶级的普遍呼声。7 月间制宪议会的召开被当做革命时代的终结而受到热烈欢迎;宫廷还都也受到同样的欢迎[329],而宫廷在拉德茨基在意大利获胜和多布尔霍夫反动内阁上台之后,感到自己已经足以抵挡住人民的浪潮,同时它认为也需要回到维也纳以完成它同在议会中占多数的斯拉夫议员策划的阴谋。当制宪议会讨论把农民从封建束缚下解放出来并且免除他们为贵族服劳役的法律的时候,宫廷耍了一个巧妙的手腕。8 月 19 日,皇帝①被安排去检阅国民自卫军,皇室、廷臣和将军们竞相恭维这些武装的市民,这些市民看到自己被公开承认为国家的一支重要力量而扬扬得意。紧接着发布了一道由内阁中唯一有声望的大臣施瓦策先生签署的命令,取消国家一向发给失业工人的

---

① 斐迪南一世。——编者注

补助金。诡计得逞了。工人阶级举行了示威;资产阶级的国民自
卫军宣称拥护他们的大臣的命令;他们向"无政府主义者"进攻,
像猛虎一样扑向手无寸铁、毫未抵抗的工人,在8月23日那天屠
杀了许多工人。革命力量的团结和实力就这样被摧毁了。资产阶
级和无产阶级之间的阶级斗争,在维也纳也演变成了流血的搏斗,
而反革命的宫廷奸党则看到,它可以进行致命打击的日子已经临
近了。

匈牙利的事态很快就给反革命的宫廷奸党提供了一个机会,
公开宣布他们行动中所要遵循的原则。10月5日官方的《维也纳
日报》**330**发表一道皇帝敕令(敕令没有一个匈牙利责任大臣副
署),宣布解散匈牙利议会并且任命克罗地亚总督耶拉契奇做该
国的军政首脑;耶拉契奇是南方斯拉夫反动派的领袖,他实际上与
匈牙利合法政权处于交战状态。同时,维也纳的部队奉令出动,加
入支持耶拉契奇政权的军队。可是,这么一来马脚就过于明显地
露出来了;每一个维也纳人都觉得,向匈牙利开战,就等于向立宪
制度的原则开战。这个原则在这个敕令中已经遭到蹂躏,因为皇
帝企图不经责任大臣的副署就使自己的命令发生法律效力。10
月6日,人民、大学生军团和维也纳的国民自卫军举行了大规模的
起义,阻止部队出发。一些掷弹兵转到人民方面来;人民的武装力
量和部队发生了短时间的冲突;陆军大臣拉图尔被人民杀死,到晚
间人民取得了胜利。在施图尔韦森堡被佩尔采尔击败的耶拉契奇
总督,这时逃到了维也纳附近的德意志的奥地利领土上。本应开
去援助他的维也纳卫戍部队,现在也对他采取显然敌对和戒备的
态度;皇帝和宫廷再次逃亡,逃到了半斯拉夫人的领土奥尔米茨。

宫廷在奥尔米茨的处境和它从前在因斯布鲁克时的处境完全
不同。它现在已经能够直接进攻革命了。它被成群流入奥尔米茨

的制宪议会的斯拉夫族议员，以及帝国各个部分的斯拉夫族狂热分子所包围。在他们看来，这次战役应当是斯拉夫人复兴的战争，是歼灭侵入他们认为是斯拉夫人领土的两个入侵者——德意志人和马扎尔人——的战争。布拉格的征服者，现在集结在维也纳四周的军队的司令官文迪施格雷茨，一下子变成了斯拉夫民族的英雄。他的军队迅速地从各方面集中。一团一团的军队从波希米亚、摩拉维亚、施蒂里亚、上奥地利和意大利开往维也纳，与耶拉契奇的部队和原来的首都卫戍部队会合。这样，到10月底就集结了6万多人，他们立刻从四面八方把帝国的首都包围起来，到10月30日，他们已经推进到可以大胆发动决定性攻击的位置了。

这时，维也纳一片混乱与无措。资产阶级刚刚获得胜利，就又对"无政府主义的"工人阶级抱定从前那种不信任的态度。工人们也还清楚地记得六个星期以前武装的生意人对待他们的态度，记得整个资产阶级的摇摆不定的政策，因此不愿意指靠他们去保卫维也纳城，而要求获得武器，成立自己的军事组织。热望与君主专制作斗争的大学生军团，完全不能了解两个阶级彼此隔膜的真正原因，或者说完全不能了解当前局势的需要。公众思想混乱，各领导机构也是一片混乱。议会中剩下的人，即德意志族议员和几个给自己在奥尔米茨的朋友做侦探的斯拉夫族议员（几个革命的波兰议员除外）没完没了地开会。但是他们并不采取坚决的行动，却把全部时间消耗在能不能不越出宪法惯例的范围抵抗帝国军队这种无聊的辩论上。差不多全部由维也纳各民众团体的代表组成的安全委员会虽然决心抵抗，但其中起决定作用的多数是市民和小生意人，这些人永远不允许它采取坚决果敢的行动路线。大学生军团的委员会虽然通过了一些英勇的决议，但它根本不能掌握领导权。不受信任、没有武装、也没有组织起来的工人阶级，刚刚解脱旧制度的精神枷锁,刚刚觉醒,尚未认识到而只是本能地感觉到自己的社会地位和应当采取的政治行动路线。他们只能在喧嚷的示威中表现自己;不能指望他们去克服当时的种种困难。但是只要能得到武器,他们是准备战斗到底的,在德国革命时期他们一向都是这样。

这就是维也纳当时的情形。在城外,经过整编的奥地利军队,由于拉德茨基在意大利的胜利而士气大振,其人数共有六七万,装备精良、组织良好,尽管指挥不力,但至少总还有指挥官。在城内,人心惶惶,阶级矛盾重重,一片混乱;国民自卫军有一部分决定根本不打,一部分犹豫不决,只有一小部分准备行动;无产阶级群众虽然人数众多,但是没有领袖,没有受过任何政治教育,容易惊慌失措,或者几乎是无缘无故地怒不可遏,盲目听信一切流言飞语;他们决心战斗,但是至少开始是没有武装的,而当最后被带去打仗的时候,也是装备不全、组织很差;议会束手无策,在火差不多已经烧着屋顶的时候,还在讨论一些琐碎的理论问题;领导委员会[331]既无魄力,又无能力。一切情形都与3月和5月的那些日子不同了,那时反革命营垒中一片混乱,唯一有组织的力量是革命所创造的力量。这样一场斗争的结局如何,几乎是毋庸置疑的;如果还有什么疑问,那么10月30、31日和11月1日的事变也已经作出解答了。

1852年3月于伦敦

[十二 对维也纳的攻击。对维也纳的背叛]

当文迪施格雷茨调集的军队最终对维也纳发动进攻的时候,能够用于防御的兵力极其不足。国民自卫军只有一部分可以调到战壕中去。不错,无产阶级的自卫军最后终于仓促组成了,但是决定这样来利用人数最多、最勇敢、最坚决的这一部分居民为时已晚，所以他们未能充分学会使用武器和受到最基本的军纪训练，因而不能胜利地抗击敌人。因此，有三四千之众、训练有素、纪律严明、勇敢热情的大学生军团，从军事观点来说便成为能够胜任自己任务的唯一的一支部队了。但他们，再加上少数可靠的国民自卫军和一群纷乱的武装起来的无产者，同文迪施格雷茨的人数多得多的正规军比较起来又算得了什么呢？更不要说耶拉契奇的那帮土匪了，他们由于生活习惯，十分擅长于那种争夺一幢幢房屋和一条条胡同的巷战。文迪施格雷茨肆无忌惮地动用了许多装备完善的大炮，而起义者除了几门陈旧不堪、装配不好、使用不灵的火炮而外，还有什么呢？

危险越迫近，维也纳城内就越惊慌失措。直到最后一刻，议会还不能下决心向驻扎在离首都几英里的佩尔采尔的匈牙利军队求援。安全委员会通过了一些自相矛盾的决议，它也像武装的人民群众一样，随着各种互相矛盾的谣言的起伏而情绪时高时低。只有一件事是全体都同意的——尊重财产；而这种尊重在当时的情况下几乎达到了滑稽可笑的程度。在最后制订防御计划方面没有做什么事情。如果说当时还有人能挽救维也纳的话，那么贝姆便是唯一的一个，他是一个本籍斯拉夫族的、在维也纳几乎没有人知道的外国人；而由于大家对他不信任，他放弃了这个任务。如果他坚持下去，他也许要被当做叛徒而遭到私刑拷打。起义部队的指挥官梅森豪泽作为小说家的才能远远超过他甚至作为下级军官的才能，因此他根本不适合承担这个任务；可是，在八个月的革命斗争之后，人民党并没有造就或者物色到一个比他更能干的军事人才。战斗就这样开始了。维也纳人既十分缺少防御手段，又非常缺乏军事训练和组织，但他们还是作了最英勇的抵抗。贝姆担任

指挥官时所发布的命令——"坚守阵地到最后一人",在很多地方
都不折不扣地执行了。但是,毕竟寡不敌众。在构成近郊的主要
交通线的又长又宽的林荫道上,街垒一个接着一个被帝国炮兵扫
除了;战斗到第二天晚上,克罗地亚人便占领了旧城斜堤对面的一
排房屋。匈牙利军队的无力而零乱的攻击完全被击退了;在休战
期间,旧城里的队伍有的投降了,有的踌躇动摇,惊慌失措,剩下来
的大学生军团在构筑新的工事,而帝国军队就在这时攻入城内,趁
着城内的一片混乱占领了旧城。

　　这次胜利的直接后果就是种种暴行和许多人被依军法处死,
就是进入维也纳的斯拉夫族匪帮的各种骇人听闻的无耻兽行;这
些事大家知道得太清楚了,用不着在这里详细叙述。这次胜利的
更深远的后果,即维也纳革命的失败使德国事态发生的全新的转
变,我们下面再谈。关于对维也纳的攻击,还有两点需要加以考
察。这个首都的人民有两个同盟者:匈牙利人和德意志人民。在
这个考验的时刻他们在哪里呢?

　　我们已经看到,维也纳人以刚获解放的人民的全部慷慨胸怀
挺身起来捍卫的事业,虽然归根到底也是他们自己的事业,但首先
是而且主要是匈牙利人的事业。他们不让奥地利军队开去进攻匈
牙利,而宁愿自己首当其冲地承受这些军队的最凶猛的攻击。当
他们这样高尚地挺身出来援助他们的同盟者的时候,成功地抵挡
住了耶拉契奇的匈牙利人却把他赶向维也纳,用自己的胜利增强
了准备进攻维也纳的兵力。在这种情形下,匈牙利的义不容辞的
责任应该是毫不迟延地以一切可供使用的兵力去援助维也纳——
不是援助维也纳议会,也不是援助安全委员会或维也纳的任何其
他官方机构,而是援助**维也纳革命**。如果说匈牙利甚至忘记了维
也纳为匈牙利打了第一仗,那么,它为了自己的安全,也不应该忘

记维也纳是维护匈牙利独立的唯一前哨,如果维也纳陷落,便没有什么东西能阻止帝国军队向匈牙利推进。现在我们已经完全弄清匈牙利人为他们在维也纳被包围和被攻击时按兵不动作辩护的种种借口:他们自己的战斗力量不足,维也纳议会或任何其他官方机构都拒绝向他们求援,他们必须坚持宪法立场而避免和德国中央政权发生纠纷。至于匈牙利军队实力不足,事实是这样的:在维也纳革命和耶拉契奇到来以后最初几天,完全可以不需要什么正规军队,因为当时奥地利的正规军还远远没有集中起来;如果在第一次击败耶拉契奇后乘胜进行勇猛无情的追击,那么单是在施图尔韦森堡作战的**后备军**的力量也足以和维也纳人会合,而使奥地利军队的集中迟延半年。在战争中,尤其是在革命战争中,在没有获得某种决定性的胜利之前,迅速行动是一个基本规则;而且我们可以断然地说,从**纯粹的军事角度**来看,佩尔采尔在和维也纳人会合以前是不应该停止行动的。事情当然是有些危险,但有谁打胜仗而不曾冒一点危险呢? 当40万维也纳人把要开去征服1 200万匈牙利人的军队吸引来攻击他们自己的时候,难道他们就不冒一点危险吗? 在奥地利人集结起来以前一直采取观望态度,以及后来在施韦夏特发动软弱无力的佯攻(结果当然遭到了不光彩的失败)——这种军事错误同坚决向维也纳进军去追击耶拉契奇的溃散了的匪军相比所招致的危险肯定更大。

可是,据说匈牙利人如果不经官方机构的同意就这样进兵,便是侵犯德国领土,便会和法兰克福的中央政权发生纠纷,最重要的是,这就意味着背弃合法的和立宪的政策,而这种政策据说正是匈牙利人的事业的力量所在。可是要知道,维也纳的官方机构不过是形同虚设! 奋起保卫匈牙利的难道是议会或什么民众委员会吗? 难道不是维也纳的人民(而且只有他们)拿起武器为匈牙利的独立而打先锋吗？问题不在于必须支援维也纳的这个或那个官方机构，因为所有这些机构在革命发展的过程中可能而且很快就会被推翻；问题在于革命运动的高涨，在于民众行动的不断发展本身，只有这些才能保障匈牙利不被侵略。当维也纳和整个德意志的奥地利仍是匈牙利人反抗共同敌人的同盟者的时候，革命运动以后可能采取怎样的形式，这是维也纳人而不是匈牙利人的事情。但问题是：匈牙利政府这样坚持要取得某种所谓合法的认可，我们是否应当从中看出这是追求一种颇为可疑的合法性的第一个明显的征兆。这种追求虽然没有能够挽救匈牙利，但后来至少给英国资产阶级的公众留下了不坏的印象。

至于借口说可能和法兰克福的德国中央政权发生冲突，这也是完全站不住脚的。法兰克福当局**事实上**已经被维也纳反革命的胜利推翻了；假使革命能在那里找到为击败它的敌人所必需的帮助的话，该当局也同样会被推翻。最后，一个重要理由是，匈牙利不能离开合法的和立宪的基础；这种说法也许会得到英国的自由贸易派[145]的交口称赞，但历史永远不会承认这是一个充分的理由。假如维也纳人在3月13日和10月6日拘泥于"合法的和立宪的"手段，那么那种"合法的和立宪的"运动的命运，以及所有那些第一次使匈牙利为文明世界所注意的光荣战斗的结局又会怎样呢？据说，匈牙利人在1848年和1849年曾立足于合法的和立宪的基础之上，而这个基础正是维也纳人民在3月13日用极端不合法的和非立宪的起义给他们争取到的。我们不打算在这里考察匈牙利的革命史，但我们应该指出，只用合法手段去反抗对这种循规蹈矩报以嘲笑的敌人，那是完全不适当的；还应该指出，如果不是这样一味声称要坚持合法性，使戈尔盖得以利用这种合法性来反对匈牙利政府，戈尔盖的军队就不会服从自己的统帅，就不会出现维拉戈什的那种可耻的灾祸[332]。而当 1848 年 10 月底匈牙利人为挽救自己的名誉终于渡过莱塔河的时候,那不是和任何直接的坚决的攻击一样不合法吗?

大家知道,我们对匈牙利并不怀有任何不友好的情感。在斗争中我们是维护它的;我们有权利说,我们的报纸——《新莱茵报》[149],为在德国宣传匈牙利人的事业而做的工作,比任何其他报纸做得都要多。[333]它阐释了马扎尔族和斯拉夫族之间的斗争的性质,发表了一系列评论匈牙利战争的文章。这些论文得到了这样的荣誉,几乎后来出版的关于这一问题的每一本书都抄袭它们,连匈牙利本国人和"目击者"的著作也不例外。我们甚至现在也还认为,在欧洲大陆将来的任何动荡中,匈牙利仍然是德国的必需的和天然的同盟者。但我们一向对自己的同胞是很严厉的,所以我们也有权对我们的邻居直言不讳。其次,在这里我们应以历史学家的公正态度记述事实,所以我们必须说,在这个特定的事例中,维也纳人民豪迈的英勇精神,比匈牙利政府的小心谨慎态度不仅高尚得多,而且有远见得多。而作为德国人,我们还可以说,我们不愿意拿匈牙利战役中的一切煊赫胜利和辉煌战斗同我们的同胞维也纳人的那种自发的、独力进行的起义和英勇的抵抗相交换,是他们使匈牙利有时间去组织能够完成如此伟大业绩的军队。

维也纳的第二个同盟者是德国人民。但他们到处都被卷入了像维也纳人所卷入的那种斗争。法兰克福、巴登和科隆都刚刚遭到失败并被解除武装。在柏林和布雷斯劳,人民和军队双方都剑拔弩张,战事一触即发。每一个地方的运动中心的情况也都是这样。到处问题都争执不下,只有靠武力来解决;保持德国过去的分裂和涣散状态的不幸后果,现在才第一次被痛切地感觉到。各邦、各省和各城市的各种不同的问题,实质上是一样的;但它们在各个地方是以不同的形式和借口提出的,它们在各个地方成熟的程度也各不相同。因此就发生了这种情形:虽然每个地方都感觉到了维也纳事变的决定性意义,但没有一个地方能够实行一次重要的打击,以便帮助维也纳人,或牵制住敌人的力量;这样,能够帮助维也纳人的就只有法兰克福的议会和中央政权了。各方面都向它们呼吁;但它们做了些什么呢?

法兰克福议会[309]和由于它同旧联邦议会私通而产生的私生子——所谓的中央政权,因维也纳的运动而暴露了它们的彻头彻尾的无能。我们已经说过,这个可鄙的议会早就丧失了它的贞操,它尽管还年轻,但已白发苍苍,已经熟练地掌握了各种胡扯瞎诌和娼妓式的八面玲珑的伎俩。议会最初曾对德国的强盛、复兴和统一满怀梦想和幻想,可是现在剩下的只是到处重复的条顿人的哗众取宠的夸夸其谈,以及每个议员都坚信自己十分重要而公众则诚实可欺。最初的质朴被抛弃了;德国人民的代表变成了一些讲求实际的人,就是说,他们发现,他们做得越少,说得越多,他们作为德国命运的裁决者的地位就越稳固。他们并不认为他们的许多会议是多余的;完全相反。但他们已经看出,一切真正重大的问题,对于他们都是禁区,他们最好置之不理。于是他们像一群东罗马帝国[113]的拜占庭学者一样,以骄傲而勤恳的态度(他们后来的命运正是这种勤恳的报酬)讨论在文明世界的一切地方都早已解决了的理论教条,或者讨论一些永远得不到任何实际结果的显微镜下的实际问题。这样,议会就成了一所兰开斯特学校[334]。议员们在这里互教互学,因而这个议会对他们具有重大意义。他们都相信,这个议会所做的事情甚至超过了德国人民对它的希望,他们认为,谁要是再无耻地要求它取得什么成果,谁就是祖国的叛徒。

当维也纳起义爆发时,关于这个事件曾经有过许多质问、辩论、建议和修正,这一切当然毫无结果。中央政权准备加以干涉,它派了两个专员——过去的自由党人韦尔克尔先生以及莫斯莱先生——到维也纳去。同这两位德国统一的游侠骑士的英勇事迹和令人惊异的冒险行为比较起来,唐·吉诃德和桑乔·潘萨的旅行可以算得上是奥德赛。他们不敢到维也纳去,文迪施格雷茨恫吓他们,愚蠢的皇帝①不理解他们,施塔迪昂大臣公然无礼地愚弄他们。他们的公文和报告也许是法兰克福记录中可以在德国文献里占一席之地的唯一的一部分;这是一部卓越的、道地的讽刺小说,是为法兰克福国民议会及其政府树立的永久性耻辱纪念碑。

国民议会的左派也派了两个专员——福禄培尔先生和罗伯特·勃鲁姆先生——到维也纳去,以维持他们在那里的声望。当危机临近的时候,勃鲁姆正确地断定,德国革命的大会战将在这里进行,并且毫不迟疑地决心为此而献出自己的头颅。福禄培尔却相反,他认为必须保全自己,以便承担他在法兰克福的岗位上的重要职责。勃鲁姆被认为是法兰克福议会里最善于雄辩的人才之一,他当然是最得人心的。他的辩才恐怕在任何一个富有经验的议会里都经不起考验;他太喜欢德国非国教派传教士的那种浅薄的空谈,而他的论据既缺乏哲学的锐敏,又缺乏实际知识。在政治上他属于"温和的民主派",这是一个相当暧昧的派别,但正是这种在原则问题上的模棱两可,受到一些人的喜爱。虽然如此,罗伯特·勃鲁姆按其天性却是一个地地道道的、然而又是文质彬彬的平民,在决定性的关头,他的平民的本能和平民的气魄战胜了他的模棱两可以及由此造成的动摇不定的政治信念和见解。在这种时

---

① 斐迪南一世。——编者注

刻,他的才干远远超过了他平日的水平。

因此,他一到维也纳便看出他的国家的命运要在这里决定,而不是在法兰克福那些堂而皇之的辩论中决定。他立刻下定决心,抛弃了一切退却思想,挑起了指挥革命军的担子,行动异常冷静而果断。正是他使维也纳城的陷落迟延了很长一段时间,并且烧毁了多瑙河上的塔博尔桥,使该城的一面没有受到攻击。大家都知道,在维也纳被攻陷以后他就被捕,被军事法庭审判并处死。他英勇地牺牲了。而法兰克福议会虽然吓得发抖,却装出一副泰然自若的样子接受了这种血腥的侮辱。它通过了一个决议,就其措辞的和缓和克制来说,与其说是对奥地利的诅咒,不如说是对被害的殉难者坟墓的侮辱。但是,难道能够指望这个卑劣的议会对它的一个议员——尤其是一个左派领袖——的被杀害表示愤怒吗?

1852 年 3 月于伦敦

[十三　普鲁士制宪议会。国民议会]

维也纳于 11 月 1 日陷落,而同月 9 日柏林制宪议会的解散说明这一事变怎样立刻助长了全德国反革命党派的气焰和势力。

1848 年夏季普鲁士的事变很快就传开了。制宪议会,或者更确切地说,"为了与国王商定宪法而选出的议会",以及它的由资产阶级利益的代表构成的多数,由于害怕居民中较积极的分子而同宫廷勾结起来进行种种阴谋,早已威信扫地。他们承认了,或者更确切地说,恢复了令人憎恨的各种封建特权,因而出卖了农民的自由和利益。他们既没有能够起草宪法,也没有能够对总的立法作任何改进。他们差不多只是忙于弄清一些理论上的细微差别、纯粹的形式问题和制宪的仪式问题。事实上,这个议会与其说是一个能够代表人民的任何一点利益的机关,不如说是一个供议员们学习议会**礼仪**的学校。另外,议会中没有一个比较稳定的多数,而且这个多数差不多总是由动摇的"**中间派**"来决定,它的**忽左忽右**的摇摆,起初推翻了康普豪森内阁,后来又推翻了奥尔斯瓦尔德和汉泽曼内阁。但当自由派在这里也像在任何其他地方一样坐失时机的时候,宫廷却把它在贵族、最落后的农村居民以及在军队和官僚中的各种力量重新组织起来。在汉泽曼倒台以后,建立了一个由官僚和军官、由一切顽固的反动派组成的内阁,而这个内阁装出一副样子,好像它准备考虑议会的要求。议会采取"重要的是措施而不是人"这一变通原则使自己大受愚弄,竟对这个内阁鼓掌称赞;这样,它当然就看不到这个内阁几乎公开地在纠集和组织反革命势力的事实。最后,维也纳的陷落发出了信号;国王①把大臣们都撤了职,用现任的内阁首相曼托伊费尔先生为首的"实干家"代替了他们。于是梦中的议会才突然惊醒,意识到大难临头。它通过了一个不信任内阁案,但是对此的回答是立刻来了一道命令,责令议会从柏林,从这个在发生冲突时议会可以指望得到群众支持的地方,迁到勃兰登堡——一个完全处在政府控制之下的外地小城镇。但议会宣称,除非它本身同意,既不能推延它的会期,也不能把它迁移或解散。这时候,弗兰格尔将军统率约4万大军进入柏林②。市政当局和国民自卫军军官会议决定不予抵抗。于是,制宪议会和它的后盾——自由派资产阶级听任联合起来的反动党派占据了一切重要阵地,并从他们手里夺去了几乎所有的防御

---

① 弗里德里希-威廉四世。——编者注
② 实际只有13 000名士兵。——编者注

手段,在这以后,就开始演出了一场"消极合法抵抗"的大喜剧,他们想把这种抵抗变成对汉普敦和美国人在独立战争期间最初行动[335]的光荣模仿。柏林宣布了戒严,但仍然平静无事;国民自卫军被政府解散,它规规矩矩地缴了械。在两个星期中,议会被军队从一个开会地点赶到另一个地点,到处都被驱散,而议员们却要求市民保持镇静。最后政府宣布议会已被解散时,议会才通过一项决议,宣布征税是非法的,随后议员们奔走全国,组织抗税。[336]但他们发现,他们选择这种手段是个大错误,在令人忐忑不安的几个星期之后,政府对反对派采取了严厉手段,于是所有的人都不愿再拒绝纳税以取悦于一个甚至连自卫的勇气都没有的已经死去的议会了。

在 1848 年 11 月初进行武装抵抗是否已经太迟,或者一部分军队如果遇到严重反抗是否会转到议会方面来,从而使事态的结局有利于议会,这也许是一个永远无法解决的问题。但是,在革命中,也像在战争中一样,永远需要勇敢地面对敌人,而进攻者总是处于有利地位。在革命中,也像在战争中一样,在决定性关头,不计成败地孤注一掷是十分必要的。历史上没有一次胜利的革命不证明这个原理的正确。1848 年 11 月,普鲁士革命的决定性关头来到了,正式领导整个革命运动的议会,不但没有勇敢地面对敌人,反而节节后退;进攻就更谈不上了,因为它连自卫都宁肯放弃。在弗兰格尔率领 4 万人叩打柏林大门的决定性关头,完全出乎他和他的军官们的意料,他看到的不是布满街垒的街道和变成枪眼的窗口,而是敞开的城门,街道上唯一的障碍物是和平的柏林市民,他们欣赏着自己同他开的这次玩笑——他们把自己手脚全都捆绑起来而听任那些惊异不止的士兵的处置。不错,议会和人民如果进行抵抗,也许会被击败;柏林也许会遭到炮击,也许会有千百人死亡,而仍然不能阻止保皇党的最后胜利,但这并不能作为他们立刻缴械乞降的理由。顽强奋战后的失败是和轻易获得的胜利具有同样的革命意义的。1848 年 6 月巴黎的失败和 10 月维也纳的失败,在使这两个城市人民的头脑革命化方面所起的作用,无疑是 2 月和 3 月的胜利所不可比拟的。也许,议会和柏林的人民会遭到和上述两个城市同样的命运,但那时他们虽败犹荣,他们会在活着的人的心里留下一种复仇的渴望,而在革命时期,这种渴望是采取坚决激烈的行动的最有力的刺激之一。当然,在一切斗争中,应战的人都有被击败的危险,但这难道能作为不抽刀应战就承认战败、甘受奴役的理由吗?

在革命中,占据决定性阵地而不迫使敌人进攻以试其身手就把这种阵地丢弃的人,永远应该被视为叛徒。

普鲁士国王解散制宪议会的同一道敕令也宣布了新的宪法,这个宪法是以该议会的一个委员会所拟定的草案作为基础的;不过,它在某些条款中扩大了国王的权限,而在另外一些条款中使议会的权力大成问题。根据这个宪法建立了两个议院,这两个议院应该在短期内开会,以便批准和修订宪法。

几乎用不着再问:当普鲁士的立宪派进行"合法而又和平的"斗争的时候,德国国民议会究竟在什么地方。像通常在法兰克福所见的情形一样,它忙于通过一些很温和的决议,谴责普鲁士政府的行动,而称赞"全体人民消极地、合法地和一致地抵抗暴力的壮观"。中央政府派专员到柏林去调解内阁和议会间的纠纷,但他们遭到了和他们的前任在奥尔米茨所遭受的同样命运——被客气地送出来了。国民议会的左派即所谓激进派,也派遣了他们的专员,这些专员在确信柏林议会完全无用并承认自己也同样无用之后,便回到法兰克福去报告事情的经过,并证实柏林居民的令人称道的和平行为。不仅如此,当中央政府的一个专员巴塞尔曼先生报告说,因为近来常看见各种各样粗野的人物在柏林街头徘徊,而在一切无政府主义运动发生之前总是有这类人物(后来这类人物就被称为"巴塞尔曼式的人物")出现,所以普鲁士内阁最近所采取的严厉手段并非毫无理由的时候,这些可敬的左派议员和革命利益的坚决捍卫者便真的站起来赌咒发誓,证明实际情况并非如此!因此,在两个月当中,已经明显地证明了法兰克福议会的完全无能。这再清楚不过地证明,这个机构完全不能履行其职责,甚至不明白自己的职责究竟是什么。革命的命运在维也纳和柏林都已被决定了,而在这两个首都解决最重要最迫切的问题的时候,人们好像根本不知道有法兰克福国民议会存在似的。仅仅这个事实就足以证明,这个机构不过是一个由一群轻信的笨伯组成的辩论俱乐部。他们让各邦政府把自己当做议会傀儡,登场演戏,使各小邦和小城市的小店主和小手工业者开心,因为政府认为暂时有必要转移一下这一部分人的视线。这种做法需要保持多久,我们很快就可以看到。但一个值得注意的事实是:在这个议会的所有的"卓越"人物中,任何一个人都丝毫没有感觉到人家要他扮演的是什么角色,甚至直到今天,法兰克福俱乐部的旧日的成员们也还原封未动地保留着他们所特有的历史感觉器官。

1852 年 3 月于伦敦

[十四　秩序的恢复。议会和议院]

奥地利和普鲁士政府利用 1849 年的最初几个月来扩大上一年 10 月和 11 月的战果。自从维也纳被占领以后,奥地利的议会就在摩拉维亚的一个叫做克雷姆西尔的小镇上继续其有名无实的存在。斯拉夫族议员和选派他们的人曾经充当奥地利政府用来摆脱虚脱状态的主要工具,在这里,他们因为自己背叛欧洲革命而受到了应有的惩罚。政府一经恢复了力量,便用极端轻蔑的态度来对待议会和构成议会多数的斯拉夫族议员;当帝国军队的最初的胜利已经预示匈牙利战争将很快结束的时候,议会便在3月4日被解散了,议员们也被武力驱散了。这时斯拉夫人才终于看到他们受了愚弄,于是他们大声疾呼:我们要到法兰克福去继续我们在这里不能进行的反对派活动!但这时已经太迟了,而他们除了安分守己或者参加无能的法兰克福议会以外再无别的选择,单是这个事实也足以表明他们已完全无可奈何了。

德国的斯拉夫人恢复独立的民族生存的尝试,现在而且很可能是永远地就这样完结了。有许多民族的零星残余,它们的民族性和政治生命力早已被消灭,因此它们在近1 000年以来总是不得不尾随一个更强大的民族即它们的征服者,就像过去威尔士人在英国,巴斯克人在西班牙,下布列塔尼人在法国一样,也像今天西班牙裔和法裔克里奥尔人在最近被英裔美国人占领的北美洲那些地方一样。这些垂死的民族,如波希米亚人、卡林西亚人、达尔马提亚人等等,都力图利用1848年的普遍混乱恢复他们在公元800年时的政治**状况**。过去1 000年的历史应该已经向他们表明,这样开倒车是不行的;如果说易北河和萨勒河以东的全部领土的确曾一度被斯拉夫血统的人所占据,那么这个事实只能证明德意志民族征服、并吞和同化它的古老的东方邻人的历史趋势以及它的肉体的和精神的能力;德意志人进行并吞的趋势过去一向是,现在也还是西欧文明传播到东欧的最有力的方法之一;只有当日耳曼化的过程进行到那些能够保持独立民族生存、团结统一的大民族(匈牙利人是这种民族,在某种程度上波兰人也是这种民族)的边界时,这种趋势才会停止;因此,这些垂死的民族的自然而不可避免的命运,就是让它们的强邻完成这种瓦解和并吞它们的过程。当然,这对曾经把一部分波希米亚人和南方斯拉夫人鼓动起来的泛斯拉夫主义梦想家的民族野心来说,并不是一种很惬意的前途;但是他们怎么能够希望历史为了让少数病弱者称心而倒退1000年呢? 这些人在他们居住的所有地方到处都是和德意志人混居杂处并且为后者所包围,他们几乎从很久以来为了满足文明的需要除了德语以外就再没有别的语言,而且他们甚至缺乏民族生存的首要条件——众多的人口和整片的领土。因此,泛斯拉夫主义的浪潮,在德国和匈牙利的斯拉夫人地区,到处都掩盖着所有这些无数的小民族力求恢复独立的企图,到处都与欧洲的革命运动相冲突,同时,斯拉夫人虽然自称为自由而战,却总是(除了波兰的一部分民主派之外)站在专制主义和反动势力一边。在德国、匈牙利是这样,甚至在土耳其某些地方也是这样。他们是人民事业的叛徒,是奥地利政府的各种阴谋的拥护者和主要支持者,在所有革命的民族的心目中,他们是罪人。虽然任何地方的人民群众都没有参加泛斯拉夫运动的领袖们所制造的关于民族问题的琐碎的纷争——这完全是因为他们过分无知,但永远不应忘记:在布拉格这个半德意志的城市里,成群的狂热的斯拉夫人曾经一再高呼:"宁受俄罗斯的鞭笞也不要德意志的自由!"在他们1848年的初次尝试遭到失败以后,在奥地利政府给了他们教训以后,下次遇有机会他们大概不会再这样做了。但如果他们再一次准备以类似的借口去和反革命势力联合,那么德国的职责就很明显了,没有一个处于革命状态并卷入了对外战争的国家,能够容忍一个**旺代**[209]处在自己的心腹之中。

至于皇帝①在解散议会的同时所颁布的宪法，没有必要再谈它，因为它从未生效，现在则已完全废除了。从1849年3月4日起，在奥地利已经完全恢复了专制制度。

在普鲁士，各议院曾在2月开会，审查和批准国王②所颁布的新宪法。它们开了差不多六个星期的会，对政府的态度十分谦卑恭顺，但它们当时还没有充分的决心完全遵照国王和他的大臣们的愿望办事。因此，时机一到它们就被解散了。

于是，奥地利和普鲁士都暂时摆脱了议会监督的束缚。两邦政府现在已把一切权力都集中在自己手里，并且能够在一切需要的场合使用这种权力。奥地利用它对付匈牙利和意大利，普鲁士用它对付德意志。因为普鲁士也准备进行一次战役来恢复各小邦的"秩序"。

现在，在德国的两个巨大的运动中心维也纳和柏林，反革命占了上风，只是在各小邦里斗争尚未见分晓，虽然在那里力量的对比也日渐不利于革命方面。我们已经说过，这些小邦在法兰克福国民议会**309**里找到了共同中心。虽然这个所谓的国民议会的反动性质早已十分明显，连法兰克福的人民都武装起来反对它，但是它的产生却多少带一点革命性。1月间它曾经采取过一反常态的革命立场；它的权限从未确定，但它却终于能够作出一项决议，说它的决定具有法律效力——虽然各大邦从未承认这个决议。在这种情况下，在立宪君主派看到正在恢复元气的专制派已经夺取了它的阵地的时候，差不多全德国的保皇派自由**资产阶级**自然都把他们的最后希望寄托在这个议会的多数派身上，而小商人的代表，民

---

① 弗兰茨-约瑟夫一世。——编者注
② 弗里德里希-威廉四世。——编者注

主派的核心,在日渐困难的境遇中团结在这个议会的少数派周围,这个少数派的确是民主派在议会中最后的密集的方阵。另一方面,各大邦的政府,尤其是普鲁士的内阁,越来越清楚地看到,这样一个不正常的民选机关和德国已经复辟的君主制度是不能相容的,而它们所以没有要求立刻把它解散,那只是因为时机未到,也因为普鲁士还希望先利用它去达到沽名钓誉的目的。

　　同时,这个可怜的议会本身也一天比一天更加狼狈。在维也纳和柏林,它派去的代表和专员都遭到极端的轻蔑;它的一个议员①在维也纳被当做一个普通造反者处以死刑,虽然他具有议员人身不受侵犯的权利。它的法令到处都没有人理睬。如果说各大邦还曾经提到这些法令,那只是在抗议书中提到,这些抗议书否认议会有权通过它们的政府必须执行的法律和决定。代表这个议会的中央行政权,几乎和全德各邦的内阁都发生了外交争辩,而且不管议会和中央政府如何努力,它们都没有能够使奥地利和普鲁士说明它们的意图、计划和要求究竟是什么。最后,议会终于开始清楚地看到,至少是看到了这样一点:它已失去了一切权力,它本身也在奥地利和普鲁士的掌握中;如果它真打算给德国制定全联邦宪法,它就必须立刻认真地开始做这件事情。许多动摇的议员也都清楚地看到,他们被各邦政府大大地愚弄了。但他们既然处于软弱无力的地位,现在他们又能做什么呢?唯一能挽救他们的办法是迅速而坚决地投入人民的营垒,但就是采取这个步骤,成功的希望也是很渺茫的。其次,这是一伙软弱无能、优柔寡断、目光短浅、自以为是的人,当各种互相矛盾的谣言和外交照会的没完没了

---

① 罗·勃鲁姆。——编者注

的嘈杂声把他们弄得晕头转向的时候,他们却在不断重复的誓言中寻求慰藉和支持,说什么他们是国家最优秀、最伟大、最英明的人物,只有他们能够拯救德国。一年的议会生活已使他们变成了道地的白痴,难道在这伙可怜虫中间能找到可以作出迅速明确的决定的人吗?至于行动坚决果断的人,那就更不用说了!

奥地利政府终于丢掉了假面具。在3月4日颁布的宪法中,它宣称奥地利是一个不可分割的君主国,财政、关税制度和军事编制完全统一;这样便抹去了德意志省份和非德意志省份之间的一切界线和差别。它这样宣布,是与法兰克福议会已经通过的决议和已经通过的草拟中的联邦宪法的条文相抵触的。这是奥地利对议会的挑战,而可怜的议会除了应战之外,再没别的选择。它虚张声势地应战一番,但奥地利很明白它自己的力量,也很了解议会一文不值,所以根本不予理睬。而这个自以为是宝贝的代议机关,为了报复奥地利对它的这种侮辱,竟想不出任何更好的办法,而只好自缚手足,跪倒在普鲁士政府面前。说来似乎令人难以置信,它向之屈膝跪拜的,正是它曾经斥之为违背宪法和敌视民意并坚持要撤换而没有撤换掉的那些大臣,这种可耻的行径和后来发生的悲喜剧事件的详情,将是我们下一篇的内容。

1852年4月于伦敦

[十五 普鲁士的胜利]

我们现在来谈德国革命史的最后一章:国民议会与各邦政府尤其是普鲁士政府的冲突,德国南部和西部的起义及其最后为普鲁士所镇压。

我们已经看到法兰克福国民议会的工作情况了。我们已经看到,奥地利践踏它,普鲁士侮辱它,各小邦不服从它,它自己的无能的中央"政府"[337]愚弄它,而这个中央政府本身又被全国各邦的每个君主所愚弄。到最后,这个软弱、动摇、无聊的立法机关终于感到事态的严重了。它被迫得出了这样一个结论:"统一德国这个崇高思想的实现受到了威胁。"而这恰恰等于说,法兰克福议会以及它做过的和要做的一切,看来即将成为泡影。因此它以最认真的态度开始工作,以便尽快地完成它的杰作——"帝国宪法"。

但是这里有一个难题。行政权应该是什么样的呢?是一个行政委员会吗? 不行,明智的议会考虑到:那样就会使德国成为一个共和国。是一个"总统"吗? 那也会产生同样的结果。因此,必须恢复旧日的皇帝尊严。但是皇帝总是要由一个君主来做的,究竟谁该做皇帝呢? 自然不能是罗伊斯-施莱茨-格赖茨-洛本施泰因-埃伯斯多夫公爵①以至巴伐利亚君主这些**二流人物**;无论奥地利或普鲁士都不能容忍那样做。只有奥地利或普鲁士才有这样的资格。但是怎样二者择一呢? 毫无疑问,如果环境更好的话,如果不是奥地利政府斩断戈尔迪之结因而使议会解脱了麻烦的话,这个崇高的议会可能直到今天还在开会,还在讨论这个重要的左右为难的问题而得不出结论。

奥地利十分清楚,一旦它把自己的一切省份驯服,而重新以一个强大的欧洲大国出现在欧洲,政治引力定律本身就会把德国其余部分拉入它的势力范围之内,而不需要借助于法兰克福议会授予它的皇冠可能使它获得的威信。奥地利自从扔掉那个毫无实际

①　指亨利希七十二世。——编者注

意义的德皇皇冠之后,已经更加强盛得多了,行动也更加自由得多了。那个皇冠妨碍了它实行独立的政策,而并没有在德国国内国外给它增加丝毫力量。如果奥地利不能在意大利和匈牙利保持自己的阵地,那么它在德国也会土崩瓦解、一败涂地,永远也别想拿回它在全盛时期就已失去的皇冠。因此,奥地利立刻宣称它根本反对复活皇权,而明确地要求恢复德意志联邦议会——即被1815年的各个条约提到和承认的唯一的德国中央政府。它在1849年3月4日颁布的宪法,则明确宣布奥地利是一个不可分割的、中央集权的和独立的君主国,它甚至与法兰克福议会所要改组的那个德国毫不相干。

这种公开宣战使得法兰克福的那些自作聪明的人实在没有别的选择,只得把奥地利摒除于德国之外,而把德国的其余部分建成一个东罗马帝国[113]式的国家——“小德意志”;把它那相当粗陋的皇袍加在普鲁士国王陛下的身上。应该提到,这是6—8年前德国南部和中部的一批自由主义**空论家们**所提倡的那种旧的计划的更新,这些人把这种有失体面的状况视为天赐的良机,因为在这种状况下,可以把自己旧日的奇怪念头重新提出来,作为拯救祖国的最后的“新招”。

因此,1849年2月和3月间,他们结束了关于帝国宪法以及权利宣言和帝国选举法的讨论,同时不得不在许多地方作了十分矛盾的让步——时而向议会中的保守派或者更确切地说向反动派让步,时而又向较进步的派别让步。事实上,很明显,原来属于右派和右翼中间派(保守派和反动派)的议会领导权,现在逐步地(虽然是徐缓地)转到议会中的左派或民主派方面来。议会已把奥地利摒除于德国之外,但奥地利代表仍被邀请参加会议和进行表决,这些代表的暧昧立场,也促使议会中的均势遭到破坏;因此,早在2月底,左翼中间派和左派就常常由于奥地利代表的支持而居于多数地位,虽然有的时候保守的奥地利代表好像开玩笑似的忽然在投票时又追随右派，使天平又倒向另一边。他们使议会这样**忽左忽右**，其目的是想让它为人所轻视，但这是完全用不着的，因为人民群众早已认识到法兰克福所做的一切纯粹是空洞无益的事情。不难想象，在当时这种左右摇摆的情形下拟定的宪法，究竟是怎样一种东西了。

议会中的左派（他们自信是革命德国的**精英**和骄傲），完全陶醉于依靠受奥地利专制制度唆使并为它效劳的一些奥地利政客的好意（更确切地说是恶意）而取得的微小的胜利。每当一种稍稍接近于他们自己的那些不很明确的原则的主张，以一种用顺势疗法冲淡了的形式获得法兰克福议会的某种批准时，这些民主派就宣称他们已经挽救了国家和人民。这些可怜的蠢人，在他们的整个说来十分暗淡的一生中，绝少遇到胜利一类的事情，以致他们真正相信，以两三票的多数通过的他们的毫无价值的修正案，会改变欧洲的面貌。他们从开始立法生涯时起，就比议会中任何其他派别更深地感染了**议会迷**[338]这种不治之症，这种症候使它的不幸的患者满怀一种庄严的信念：整个世界，它的历史和它的未来，都要由有幸以他们为议员的这个代议机关的多数票来支配和决定；他们议院四壁以外发生的所有一切——战争、革命、铁道建设、所有新大陆的殖民地化、加利福尼亚金矿的发现[45]、中美洲运河、俄罗斯的军队以及任何其他多少可以影响人类命运的事情——同与目前正受到他们可敬的议院关注的那个重要问题紧密联系的那些重大事件比较起来，都是微不足道的。于是，议会中的民主派由于成功地往"帝国宪法"里偷偷塞进了自己的一些灵丹妙药，便认为自己首先有义务对它加以支持，虽然这部宪法的每一重要条款都和他们自己所常常宣扬的原则正相矛盾。最后，当这部不伦不类的作品被它的主要作者们抛弃并遗赠给民主派的时候，后者就接受了这份遗产,并且坚持这部**君主制的**宪法,甚至反对任何**当时**主张民主派自己的**共和主义**原则的人。

但是应该承认,这里的矛盾不过是表面的。帝国宪法的不明确、自相矛盾和不成熟的性质,恰好反映了这些民主派先生们的不成熟、混乱和自相矛盾的政治思想。如果说他们自己所说的话和所写的文章——就他们所能够写出的而言——还不能充分证明这一点,那么他们的行为就是充分的证据。因为对头脑正常的人来说,判断一个人当然不是看他的声明,而是看他的行为;不是看他自称如何如何,而是看他做些什么和实际是怎样一个人。我们以后还会看到,德国民主派的这些英雄们的行动足以说明他们自己。不管怎样,帝国宪法及其一切附属物和装饰品的确被通过了,3月28日,普鲁士国王①在 248 票弃权和大约 29 位议员缺席的情况下,以 290 票当选为**除奥地利之外**的德国皇帝。这真是历史的一个绝大的讽刺:在 1848 年 3 月 18 日革命的后三天,弗里德里希-威廉四世在惊愕的柏林的街道上上演了一出皇帝的滑稽剧[339],当时的情形如果是在别处,他也许会被认为触犯了缅因州的禁酒令,而恰好在一年之后,这个令人厌恶的滑稽剧却被一个虚构的全德代表会议所批准。德国革命的结果就是这样!

1852 年 7 月于伦敦

[十六 国民议会和各邦政府]

法兰克福国民议会[309]把普鲁士国王选为德国(奥地利**除外**)

---

① 弗里德里希-威廉四世。——编者注

皇帝以后,便派遣一个代表团到柏林去授予他皇冠,然后就宣告休会。4月3日弗里德里希-威廉接见了代表们。他告诉他们说,虽然他接受人民代表投票所赋予他的凌驾于德国其他各邦君主之上的权利,但他在还没有确信其余各邦君主承认他的最高统治权和承认赋予他这些权利的帝国宪法以前,不能接受皇冠。他接着说,考虑这个宪法是否可以予以批准,这是德国各邦政府的事。最后他说,做皇帝也好,不做皇帝也好,他时刻都准备着以武力打击内部或外来的敌人。我们很快就会看到,他以使国民议会十分吃惊的方式履行了自己的诺言。

法兰克福的那些自作聪明的人经过一番深刻的外交研究之后,终于得出结论说,作这种答复就等于拒绝皇冠。于是他们(在4月12日)作出一项决议:帝国宪法是国家的法律,必须遵守。但是,由于他们根本不知道下一步该怎么走,他们就选举了一个三十人委员会,要它就如何才能实施这部宪法提出建议。

这项决议就是法兰克福议会和德国各邦政府之间现在已爆发的冲突的信号。

资产阶级,尤其是小资产阶级,立即宣布拥护新的法兰克福宪法。他们不能再等待"终结革命"的时刻了。在奥地利和普鲁士,由于武力的干涉,革命当时已经终结。上述各阶级本想选择一个较和平的方式来实现这个行动,但他们没有得到机会。事已如此,他们只能好自为之,这就是他们立即作出的并坚决执行的决定。在事情进行得比较顺利的各小邦,资产阶级早已重新陷入那种最合他们心意的、表面上轰轰烈烈但由于没有实力而毫无成效的议会鼓动。这样一来,德国的每一个邦,单独看来,好像都获得了据说能使它们今后走上和平立宪发展道路的新的最终形式。只留下一个没有解决的问题,即关于德意志联邦[298]的新的政治组织的问题。这个唯一的、看来还包含着危险的问题必须立刻得到解决。因此资产阶级就对法兰克福议会施加压力,敦促它尽快制定宪法;因此上层和下层资产阶级都决心接受并支持这部不管是什么样的宪法,以便立即造成一个稳定的局面。总之,要求制定帝国宪法的鼓动一开始就是出于一种反动的情感,并且是在那些早已厌倦革命的阶级中产生的。

但事情还有另外一面。未来的德国宪法的首要的基本的原则,在1848年春夏的最初几个月就已被表决通过了;当时,人民运动还处于高潮。那时通过的决议虽然**在当时来说**是十分反动的,但在经历了奥地利和普鲁士政府的暴虐行为之后,现在看起来它们却是十足自由主义的,甚至是民主主义的了。进行比较的标准变了。法兰克福议会如果不愿在道义上自杀,就不能勾销已经通过的这些条款,而根据在奥地利和普鲁士政府的刀剑的威逼下制定的那些宪法去仿造一部帝国宪法。此外,我们已经说过,议会中多数派的地位已经掉换,自由派和民主派的势力不断增大。因此,帝国宪法的特色是:它不仅在表面上完全出自民意,同时,虽然充满了矛盾,却仍然是全德国最富于自由主义精神的宪法。它的最大缺点在于它只是一纸空文,它的条款没有实力作为后盾。

在这种情况下,所谓的民主派即小资产阶级群众抱住帝国宪法不放,那是很自然的。这一阶级在提出自己的要求方面,向来比拥护立宪君主制的自由派资产阶级更先进;它曾经表现出比较强硬的态度,常常以武力对抗相要挟,经常慷慨地宣称,在争取自由的斗争中,不惜牺牲自己的鲜血和生命;但是有许多事实证明,一到危急关头它就不见了,而在遭到彻底失败的第二天,它却觉得再舒服不过了,这时虽然一切都已失掉,但它至少可以自慰的是:它知道,无论如何问题**已经**解决了。所以,当大银行家、大工厂主和大商人对法兰克福宪法的拥护比较慎重,只是简单地对它表示赞成的时候,紧挨在他们下面的阶级——我们的勇敢的民主派小资产阶级,却堂而皇之地出来亮相,像往常一样地宣称,他们宁愿流尽最后一滴血,也不让帝国宪法完蛋。

得到这两派——拥护立宪君主制的资产者和多少带有民主主义倾向的小资产者——支持的、要求立即实施帝国宪法的运动进展很快,它在几个邦的议会中得到了最强有力的表现。普鲁士、汉诺威、萨克森、巴登和符腾堡的议院都宣称赞成这部宪法。各邦政府和法兰克福议会之间的斗争尖锐化了。

可是,各邦政府迅速行动起来了。普鲁士的两院被解散了,这是违宪的,因为应由它们审查和批准普鲁士宪法;政府故意在柏林激起了骚动;过了一天,即4月28日,普鲁士内阁发布了一个通告,声称帝国宪法是一个极端无政府主义的和革命的文件,德国各邦政府必须予以审订并使之纯正。普鲁士就这样直截了当地否认了法兰克福的那些聪明人常常夸耀而从未真正实现过的自主的制宪权。于是召集了一个各邦君主会议[340],即死灰复燃的旧联邦议会,来讨论已被宣布为法律的宪法。同时,普鲁士把军队集中于离法兰克福只有三天路程的克罗伊茨纳赫,并且号召各小邦效法它的榜样,只要各小邦的议院支持法兰克福议会,就立即予以解散。汉诺威和萨克森马上照着这个榜样做了。

显然,斗争的结局要靠武力来决定,这已成为不可避免的了。各邦政府的敌对态度和人民中的骚动,一天比一天明显。具有民主情绪的市民到处力图影响军队,并且在德国南部取得了很大成绩。各地举行群众大会,会上通过决议准备在必要时以武力支持帝国宪法和国民议会。科隆为此召开了一个莱茵普鲁士各市议会代表会议[341]。在普法尔茨、在贝格区、在富尔达、在纽伦堡、在奥登林山,农民成群地举行集会,情绪十分激昂。这时,法国的制宪议会被解散了,各地都在激烈的骚动中准备新的选举;而在德国的东部边境,匈牙利人通过连续不断的光辉的胜利,在不到一个月的期间把奥地利的侵略浪潮从蒂萨河压回到莱塔河,每天都有攻下维也纳的可能。总之,人民的想象力到处都达到了最高点,而各邦政府的挑衅政策也一天天更加露骨,暴力冲突是必不可免了,只有怯懦的低能儿才会相信斗争可以和平解决。但这种怯懦的低能儿在法兰克福议会里却大有人在。

1852 年 7 月于伦敦

［十七 起 义］

法兰克福国民议会和德国各邦政府之间的不可避免的冲突,终于在 1849 年 5 月初爆发为公开的敌对行动。被奥地利政府召回的奥地利议员,除了少数左派或民主派议员外,已经离开议会回家去了。大多数保守派议员看到事态的动向,甚至不等他们各自的政府提出要求就退出了议会。因此,即令撇开前几篇中所指出的左派势力得以加强的种种原因不谈,仅仅右派议员的离职,就足以使议会里以前的少数派转变为多数派了。以前从未梦想到会获得这种好运的新的多数派,过去曾经利用自己的反对派地位尽情揭发旧多数派及其帝国摄政府的软弱、犹豫和怠惰,现在**他们**竟然突然要来代替那个旧多数派了。现在**他们**要表明他们能做什么。当然,**他们**的活动应该是有魄力、有决心而充满生气的。**他们**,德国的**精英**,很快就能推动老朽的帝国摄政王①和他的动摇的大臣

---

① 奥地利大公约翰。——编者注

们前进,如果做不到这一点的话,他们就要——这是毫无疑问的——以人民主权的力量废除这个无能的政府,用一个精干的、不知疲倦的行政权代替它,这个行政权一定能挽救德国。可怜的家伙们! **他们的**统治——如果没有一个人服从也能称为统治的话——比他们的前任的统治更加荒唐可笑。

新的多数派宣称:尽管有种种障碍,帝国宪法必须付诸实行,并且必须**立即**付诸实行;7月15日人民要选举新议院的议员,而这个议院将于8月15日在法兰克福开会。这是向未承认帝国宪法的各邦政府——首先是占德国人口四分之三以上的普鲁士、奥地利、巴伐利亚——公开宣战;各邦立即接受了宣战。普鲁士和巴伐利亚也召回了由它们境内派往法兰克福的代表,并加紧反对国民议会的军事准备。另一方面,民主派(在议会以外)为拥护帝国宪法和国民议会而举行的示威,也一天比一天更加激烈,工人群众在激进党人的领导下,决心拿起武器捍卫一项事业。虽然这不是他们自己的事业,但是使德国摆脱旧的君主制枷锁至少给他们提供了在某种程度上达到自己目的的机会。于是人民和政府到处为此而剑拔弩张;冲突是不可避免的了;地雷已经装好,一点火星就可以使它爆炸。萨克森议院的解散、普鲁士后备军的征召、各邦政府对帝国宪法的公开反对就是这样的火星。火星落下了,于是全国马上燃起了熊熊大火。德累斯顿的人民在5月4日胜利地占领了该城,驱逐了国王①;同时一切邻近的地区都派遣援军帮助起义者。在莱茵普鲁士和威斯特伐利亚,后备军拒绝出征,占领了兵工厂,武装起来捍卫帝国宪法。在普法尔茨,人民逮捕了巴伐利亚的

---

① 弗里德里希-奥古斯特二世。——编者注

政府官吏,夺取了公款,组织了一个保卫委员会,保卫委员会宣布该省受国民议会的保护。在符腾堡,人民强迫国王①承认了帝国宪法。在巴登,军队和人民联合起来迫使大公②逃亡,并建立了临时政府。在德国其他地方,人民都在等待着,只要国民议会发出决定性的信号,就武装起来听它指挥。

虽然国民议会过去的活动不大光彩,现在它的处境却出乎意料的好。德国的西半部已经拿起武器来捍卫议会;军队到处都发生动摇,在各小邦,军队无疑都支持运动。匈牙利人胜利地挺进已使奥地利精疲力竭,俄罗斯——德国各邦政府的后台则正在以全副精力帮助奥地利对抗马扎尔军队。只有普鲁士尚待制服;由于该邦存在着对革命的同情,达到这一目的的机会肯定是存在的。总之,一切都取决于议会的行动。

起义也正如战争或其他各种艺术一样,是一种艺术,它要遵守一定的规则,这些规则如果被忽视,那么忽视它们的政党就会遭到灭亡。这些规则是从各政党的性质和在这种情况下所要对待的环境的性质中产生的逻辑推论,它们是如此浅显明白,1848年的短时期的经验已经使德国人十分熟悉它们了。第一,不要玩弄起义,除非你有充分的准备应付你所玩弄的把戏的后果。起义是一种用若干极不确定的数进行的演算,这些不确定数的值每天都可能变化。敌人的战斗力量在组织、训练和传统的威望方面都占据优势;如果你不能集中强大的优势力量对付敌人,你就要被击溃和被消灭。第二,起义一旦开始,就必须以最大的决心行动起来并采取进攻。防御是任何武装起义的死路,它将使起义在和敌人较量以前就遭到毁灭。必须在敌军还分散的时候,出其不意地袭击他们;每天都必须力求获得新的胜利,即令是不大的胜利;必须保持起义的最初胜利给你造成的精神上的优势;必须把那些总是尾随强者而且总是站在较安全的一边的动摇分子争取过来;必须在敌人还没有能集中自己的力量来攻击你以前就迫使他们退却;用迄今为止人们所知道的最伟大的革命策略家丹东的话来说,就是要:"**勇敢,勇敢,再勇敢!**"①

那么,法兰克福国民议会要想逃脱它必然要灭亡的命运,它应当怎么办呢?首先,要把局势弄清,并且要认识到,现在除了无条件地向各邦政府屈服或者毫不动摇地坚决实行武装起义以外别无选择。其次,要公开承认一切已经爆发的起义,并号召各地的人民拿起武器保卫国民代议机关,宣布一切敢于反对有主权的人民(由受委托者代表他们)的君主、大臣以及其他人都不受法律保护。第三,要立即废黜德意志帝国摄政王,建立一个强有力的、活跃的、**毫不退缩的**行政权;召集起义部队到法兰克福来直接保护它,从而给起义的扩展一个合法的借口;要把它所指挥的一切战斗力量组织成为一个严密的整体。总之,要迅速而坚决地利用一切可能的方法来巩固自己的阵地,削弱敌人的阵地。

法兰克福议会里善良的民主派的所作所为恰恰相反。这些可敬的先生们不满足于听任事变自然发展,而且走得更远,竟用自己的反对行动扼杀一切正在准备中的起义运动。例如,卡尔·福格特先生在纽伦堡就是这样做的。他们任凭萨克森、莱茵普鲁士和威斯特伐利亚的起义被镇压下去而不予任何援助,只是在事后对

---

① 雅·丹东1792年9月2日在立法议会上的演说。——编者注

普鲁士政府的残酷暴行表示了感伤的抗议。他们和德国南部的起义暗中保持着外交关系,但从未以公开承认的方式来支持这些起义。他们知道帝国摄政王站在各邦政府方面,但却呼吁**他**反对这些政府的阴谋,而他对此要求始终无动于衷。帝国的大臣们即旧日的保守派,每次开会都嘲笑这个无能的议会,他们却加以容忍。当西里西亚的议员、《新莱茵报》的编辑之一威廉·沃尔弗要求他们宣布帝国摄政王不受法律保护,公正地指出帝国摄政王是帝国第一个和最大的叛徒时,他却被这些激愤的民主主义革命家全场一致地哄下了台![342] 简单说来,他们继续清谈、抗议、发宣言,但一直没有采取行动的勇气或意识;各邦政府派来的敌军日渐逼近,而他们自己的行政官帝国摄政王却忙于和各邦君主密谋尽快地消灭他们。这样一来,这个可耻的议会连最后一点威信也失去了;那些起来保护它的起义者也不再关心它了。最后,当它那可耻的末日到来时,正如我们在下面将会看到的那样,它就寿终正寝了,它的不光彩的死亡没有引起任何人的任何注意。

1852 年 8 月于伦敦

[十八　小资产阶级]

在我们的前一篇中,我们指出了德国各邦政府和法兰克福议会之间的斗争终于达到了如此激烈的程度,以致在 5 月初德国很大一部分地区都爆发了公开的起义:首先在德累斯顿,接着在巴伐利亚的普法尔茨,在莱茵普鲁士的部分地区,最后在巴登。[152]

在这一切场合,起义者**真正的战斗**主力,即首先拿起武器与军队作战的主力,是由**城市工人阶级**组成的。一部分穷苦的农村居民,即雇农和小农,一般在冲突真正爆发后参加了工人的队伍。资本家阶级以下的一切阶级中的大多数青年至少曾一度参加了起义军的队伍,但这一群颇为混杂的青年人,一到事态的严重时刻,便很快减少了。尤其是喜欢自称为"知识界的代表"的大学生,如果不是由于获得军官头衔而被留住,他们便首先抛弃自己的旗帜,可是,他们担任军官根本就不够格。

工人阶级参加了这次起义,正像它也会参加其他起义一样,只要这种起义能清除它在取得政治统治和实行社会革命道路上的某些障碍,或者至少可以迫使那些势力较大而勇气较小的社会阶级采取一种比它们以前所采取的更坚决更革命的方针。工人阶级拿起武器时已清楚地认识到,从事件的直接目的来说,这次起义并不是它自己的斗争;但它仍然执行了对它来说是唯一正确的策略:不让任何以它为垫脚石的阶级(像资产阶级在 1848 年所干的那样)巩固其阶级统治,除非这一阶级至少给工人阶级提供一个为自身的利益而斗争的自由场地;在任何情况下,都要使事态发展成为危机,这种危机不是使整个民族坚决果断地走上革命道路,就是使革命前的**状况**尽量恢复,从而使新的革命不可避免。在这两种场合,工人阶级都代表整个民族的真正的和被正确理解的利益,因为它尽量加速革命的进程,而这个革命对于文明欧洲的任何一个旧社会都已成为历史的必然,没有这个革命,文明欧洲的任何一个旧社会都休想较安稳较正常地继续发展自己的力量。

至于参加这次起义的农村居民,他们大半是这样投入革命派的怀抱的:部分地是由于捐税过重,部分地是由于压在他们身上的封建义务过重。他们本身没有任何主动性,总是尾随在参加起义的其他阶级的后面,在工人与小资产阶级之间摇摆。他们站在哪一边几乎总是由他们各自所处的不同的社会地位决定的。农业工人通常是支持城市工人的;小农则倾向于和小资产阶级携手。

我们已经几次提到过这个小资产阶级的重大作用和影响,可以认为这个阶级是1849年五月起义[152]的领导阶级。因为,在这一次,没有一个德国大城市是运动的中心,所以通常在中小城市中占优势的小资产阶级便能够掌握运动的领导权。而且我们已经知道,这次维护帝国宪法和德国议会权利的斗争,正是同这个阶级的利益密切相关的。在一切起义地区所组织的临时政府中占大多数的都是这一部分人的代表,因此,他们能走多远,这完全可以作为衡量德国小资产阶级有多大能耐的尺度。我们将要看到,它除了使托付给它的运动遭到失败而外,什么能耐也没有。

小资产阶级擅长吹牛,在行动上却十分无能,而且不敢作任何冒险。这个阶级的商业交易和信贷业务的**小本经营**,很容易给它的性格打上缺乏魄力和进取心的烙印,因此它的政治活动也自然具有同样的特点。所以小资产阶级是用漂亮的言词和吹嘘它要完成什么功绩来鼓动起义的;一旦完全违背它的愿望而爆发了起义,它就迫不及待地攫取权力;但它使用这种权力只是为了毁灭起义的成果。每当一个地方的武装冲突使事态发展到了危急关头,小资产阶级就十分害怕他们所面临的危险局势,害怕人民真正接受了他们号召武装起来的高调,害怕已经落到他们手里的政权,尤其是害怕他们被迫采取的政策会给他们自己、给他们的社会地位和他们的财产带来的后果。人们不是希望他们真的像他们常说的那样,为了起义的事业,可以不惜牺牲"生命财产"吗?他们在起义时不是被迫担任官方职务,因而在失败时就有失去自己的资本的风险吗?而在起义胜利时,他们不是深信自己会立即被赶下台,并且眼看着他们的全部政策被作为他们的战斗部队主力的胜利的无产阶级根本改变吗？这样，小资产阶级就被种种互相对立的危险团团包围，它除了让一切都听天由命之外，再也不知道如何使用它的权力；因此，它当然也就失去了本来可能有的取得胜利的小小的机会，而把起义完全断送了。小资产阶级的策略，或者更确切地说，小资产阶级的毫无策略，到处都是一样的，所以1849年5月德国各个地方的起义，也都是由一个模子铸出来的。

在德累斯顿，巷战继续了四天之久。德累斯顿的小资产阶级、"市自卫军"，不仅没有参加斗争，反而在许多场合支持军队镇压起义者的行动。起义者又几乎全是周围工业区的工人。他们**找到了一个能干的、头脑冷静的指挥者——俄国的流亡者米哈伊尔·巴枯宁**，后来他被俘了，现在被囚禁在匈牙利的蒙卡奇监牢里。人数众多的普鲁士军队的干涉，把这次起义镇压下去了。

在莱茵普鲁士，实际的战斗规模不大。所有的大城市都是被许多炮台所控制的堡垒，起义者只能进行一些小的战斗。一旦调集了足够数量的部队，武装反抗就终止了。

在普法尔茨和巴登则相反，起义者占领了一个富饶的省份和一个整个的邦。金钱、武器、士兵、军需品这里应有尽有。正规军的士兵们本身就参加了起义队伍；在巴登他们甚至是起义的先锋。萨克森和莱茵普鲁士的起义作了自我牺牲，为组织德国南部的运动赢得了时间。一省范围内的地方起义，还从来没有得到过这样有利的条件。巴黎有爆发革命的可能；匈牙利人已兵临维也纳城下；在德国中部各邦，不仅人民，连军队也都坚决支持起义，等到有适当机会就公开加入起义。可是运动既然被小资产阶级所控制，从一开始就注定了要遭到毁灭。小资产阶级的统治者，尤其是以布伦坦诺先生为首的巴登小资产阶级统治者，无论如何也忘不了他们篡夺"合法的"君主即大公①的地位和特权是一种大逆不道的行为。他们坐在大臣的坐椅里深感内疚。能够希望这些懦夫有什么作为呢？他们不仅对起义放任自流，使之分散因而毫无结果，并且还竭力磨去运动的锋芒，阉割和摧毁运动。由于一批深谋远虑的政客即"民主主义的"小资产阶级英雄们的热诚支持，他们做到了这一点；这些英雄们当真相信，他们让布伦坦诺之流的少数狡猾之徒牵着鼻子走的时候，是在"拯救祖国"。

至于军事方面，从没有见到过比原正规军尉官巴登总指挥济格尔指挥的军事行动更草率、更蠢笨的了。一切都杂乱无章，一切有利时机都放过了，一切宝贵的时刻都浪费在考虑一些庞大而不能实现的计划上。到最后，当能干的波兰人梅洛斯拉夫斯基担任指挥的时候，军队已经是组织涣散、迭遭败北、士气沮丧、给养恶劣，却面对着四倍于己的敌人。所以他已经没有别的办法，只能在瓦格霍伊瑟尔进行战斗。这一仗虽未打胜但打得很英勇，接着实行了机智巧妙的退却，在拉施塔特城下进行了最后一次绝望的战斗他便辞职了。像在任何起义战争中一样，部队是由老练的士兵和新召入伍的士兵混合组成的，所以在这支部队中虽然有许多英雄事迹，但同时也有许多次士兵所不应有的、常常是不可理解的惊慌失措。但是，尽管有这种种不可避免的缺陷，这支军队至少有一点是可以对自己表示满意的，这就是：人们承认四倍的优势兵力还不足以把它击溃，10万正规军在对付2万起义者的战役中，在军事上对后者如此高度重视，就好像要同拿破仑的老近卫军作战一般。

起义在1849年5月爆发；7月中旬完全被镇压下去。第一次

---

① 莱奥波德。——编者注

德国革命就此完结了。

［十九　起义的终结］

当德国的南部和西部举行公开起义的时候,当各邦政府费了十多个星期的时间——从德累斯顿的军事行动开始到拉施塔特投降——来扑灭第一次德国革命的这最后一团火焰的时候,国民议会从政治舞台上消失了,它的退场没有引起任何人的注意。

我们已经谈到,法兰克福的这个崇高的机关处于狼狈不堪的境地,因为各邦政府对它的尊严进行放肆的攻击,因为它自己所创立的中央政权既软弱无能又怠惰得等同于背叛,因为拥护它的小资产阶级和追求更革命的最终目的的工人阶级纷纷起义。悲观和失望完全支配了它的议员们;事变立刻形成了如此明确而肯定的态势,以致在几天之内,这些博学的立法者关于他们有真正力量和势力的幻觉就完全破灭了。保守派在各邦政府的示意下,早已退出了这个除非向各个合法当局挑战,否则今后便不能够再存在下去的机关。慌乱的自由派认为事情已无可挽救,他们也抛弃了议员的职务。这些可敬的先生们成百地开了小差。议员最初有800—900人,但是这个数目急速地减少,以致法定人数只好规定为150人,而几天之后又改为100人。但是甚至这么一点人也很难召集起来,虽然全体民主派都还留在议会里。

剩下的议员应当遵循什么方针,这是显而易见的。他们只需公开而坚决地站在起义方面,从而给予起义以合法性所能赋予它的一切力量,他们自己也就立刻获得了一支实行自卫的军队。他们应该要求中央政权立即制止一切军事行动,如果像可以预见到的那样,这个政权既不能也不愿这样做,那就立即废除它而代之以一个更有力量的政府。如果不能把起义部队调到法兰克福(起初,当各邦政府缺乏准备、还犹豫不决的时候,这一点并不难做到),那么可以立即把议会迁移到起义区域的中心地点去。如果在5月中或5月底以前迅速地、坚决地做到了这一切,起义和国民议会就还有取胜的机会。

但是谁也不能指望德国小市民阶级的代表会采取这样坚决的方针。这些抱负不凡的政治家一点也不能抛开他们的幻想。那些已经失去自己对议会的力量和不可侵犯性的倒霉信念的议员们,已经溜之大吉,要让留下的民主派放弃他们一年来所怀抱的对于权力和虚荣的梦想又很不容易。他们忠实于他们以前所采取的方针,百般回避坚决的行动,直到最后失去了一切胜利的机会,甚至一切光荣失败的机会。为了开展装模作样的无事忙的活动(这种活动的毫无效果和它的虚张声势,只是使人觉得既可怜又可笑),他们继续向毫不理睬他们的帝国摄政王和公开同敌人勾结的大臣们发布一些低三下四的决议、文告和请求。而最后,当施特里高的议员、《新莱茵报》的编辑之一、整个议会中唯一的真正革命者**威廉·沃尔弗**宣称,如果他们说话算数,那就最好结束空谈,立刻宣布德国最大的叛徒帝国摄政王不受法律保护时,这些议员先生们积蓄已久的义愤一下子全都爆发出来了,其猛烈的气势,连政府一再凌辱他们的时候也从没有看到过。这是理所当然的,因为**沃尔弗**的提议是圣保罗教堂①四壁之内说出的第一句通情达理的话。因为他所说的正是必须做的,而话又说得那么直截了当,所以不能

---

① 法兰克福国民议会1848年5月18日—1849年5月30日开会的会址。——编者注

不使那班敏感的人感到受了侮辱。这些人只有在不坚决这一点上是坚决的,他们胆小怕事,而且下了永久不变的决心:什么都不做——这就是他们所应该做的事情。每一句像闪电一样拨开了蒙蔽他们的头脑而他们自己又有意加以保持的迷雾的话,每一个能把他们引出他们要尽可能在里面多待一些时候的迷宫的建议,每一种对于实际情况的清楚的见解,当然都是对这个自主的议会的尊严的冒犯。

法兰克福的可敬的议员先生们虽然发表了种种决议、呼吁、质问和宣言,但他们的地位已经不能再维持下去,此后不久他们就退却了,但不是退到起义地区去,因为采取这一步骤未免太大胆了,他们到了斯图加特,那里的符腾堡政府保持着观望的中立态度。在这里,他们终于废黜了帝国摄政王,从自己人中间选举了一个五人摄政团。这个摄政团立刻通过了民军法,并按规定手续通告了德国各邦政府。它们,议会的真正敌人,被命令去征兵以保卫议会!于是便创造了——当然是在纸上———支保卫国民议会的军队。师、旅、团、炮队,一切都被规定好和安排好了。所缺乏的只是实在的东西,因为这支军队当然从来没有出世。

还有最后一个方案呈现在国民议会面前。民主派民众,从全国各地派来代表团请求议会出面指挥,并催促它采取坚决的行动。人民知道符腾堡政府的真正意向,恳求国民议会强迫这个政府同各邻邦一道公开而积极地参加起义。但是白费气力,国民议会一迁到斯图加特,就完全听从符腾堡政府的摆布。议员们意识到了这一点,便压制人民中间的骚动。这样一来,他们便丧失了他们还可以保持的最后一点点影响。他们获得了应得的轻蔑;符腾堡政府在普鲁士和帝国摄政王的逼迫下结束了这出民主的滑稽剧;在1849年6月18日封闭了议会开会的大厅,命令摄政团成员离开该邦。

于是他们前往巴登,去参加起义者的阵营,但现在他们在那里已经毫无用处了。没有一个人理睬他们。可是摄政团仍然以有自主权的德国人民的名义在继续努力拯救祖国。它企图获得外国列强的承认,凡是愿意领取**护照**的人都一律发给。它不断发表宣言,派专员到符腾堡那些它曾经拒绝及时给予积极支援的地区去发动起义;这一切当然没有成功。现在我们手边有一篇报告原件,是这些专员之一律斯勒先生(厄尔斯的议员)寄给摄政团的,它的内容很能说明问题。报告注明"1849 年 6 月 30 日于斯图加特"。律斯勒先生在描述六位专员筹措现金毫无收获的奇遇之后,举了一大堆理由说明他为什么尚未到达指定的岗位,接着又就普鲁士、奥地利、巴伐利亚和符腾堡之间可能发生的纷争及其可能引起的后果发表了很有分量的见解。但是,他详细地考察了这一切之后,得出结论说,再也没有任何指望了。其次,他提议建立由可靠人员组成的驿站式的机构以传递消息,并建立谍报系统以侦察符腾堡内阁的意向和军队的调动情形。这封信没有寄到收信人手里,因为在写这封信的时候,"摄政团"已完全转变为"外交部",也就是搬到瑞士去了。当可怜的律斯勒先生正在为一个第六等王国的可怕内阁的意向而绞尽脑汁的时候,10 万普鲁士的、巴伐利亚的和黑森的士兵,已经在拉施塔特城下的最后一战中把全部问题解决了。

德国的议会就这样消失了,德国革命的第一个也是最后一个作品也随之消失了。议会的召开是德国的确**曾发生过**革命的首要证据;这个议会一直存在到这第一次现代的德国革命完结之时。在资本家阶级的影响下由分裂涣散的、多半是刚刚从封建制度的愚昧中觉醒过来的农村居民选举出来的这个议会,其作用是把1820—1848 年间一切有名的大人物统统集中在政治舞台上,然后又把他们彻底葬送。这里集中了资产阶级自由派所有的知名人士。资产阶级期待出现奇迹,但是却为自己和自己的代表赢得了耻辱。工商业资本家阶级在德国遭受的失败,比在任何其他国家都更加惨重。最初他们在德国各邦被打败,被击溃,被逐出官场,后来在德国的中央议会里遭到痛击,遭到侮辱和嘲笑。政治自由主义,即资产阶级的统治,不管是采取君主政体还是共和政体的形式,在德国永远不可能实现了。

德国议会在其存在的后期,使1848年3月以来领导官方反对派的那一帮人,那些代表小资产阶级的利益并部分地代表农民阶级的利益的民主派,蒙受永久的耻辱。这一阶级在1849年5月和6月,曾得到机会来表明它有办法在德国建立一个稳定的政府。我们已经看到它遭到了怎样的失败;这与其说是由于环境不利,不如说是由于它在革命爆发以来的一切紧急关头一贯畏缩不前;它遭到这种失败是由于它在政治上也同样目光短浅、畏首畏尾和动摇不定,这正是它的商业活动的特点。1849年5月,它由于这种行为已经失去了欧洲所有起义的真正战斗力量——工人阶级的信任。可是当时它还有取得胜利的机会。德国的议会在反动派和自由派退出以后,完全在它的掌握之中。农村居民也都赞助它。只要它认清形势,坚决地、勇敢地行动起来,各小邦三分之二的军队,普鲁士三分之一的军队,普鲁士后备军(预备队或民军)的大多数,都准备和它一致行动。但领导这一阶级的政客们,并不比追随他们的小资产阶级群众更有洞察力。他们甚至比自由派更糊涂,更迷恋于他们有意保持着的幻觉,更容易上当受骗,更缺乏正视事实的能力。他们的政治作用也降到了零度以下。但是由于事实上他们还没有实现他们那些陈腐的原则,所以在**十分**有利的环境下,他们本来还能够再活跃一个短暂的时期;但是,最后的这一点希望也被**路易·波拿巴**的政变剥夺了,正像他们的法国"纯民主派"伙伴们一样。

德国西南部起义的失败和德国议会的解散,结束了第一次德国革命的历史。最后,我们还需要看一下获得胜利的反革命联盟的成员们。这我们将在下一篇通讯来谈。**343**

1852 年 9 月 24 日于伦敦

弗·恩格斯写于 1851 年 8 月 17 日—1852 年 9 月 23 日

原文是英文

载于 1851 年 10 月 25 和 28 日,11 月 6、7、12 和 28 日,1852 年 2 月 27 日,3 月 5、15、18 和 19 日,4 月 9、17 和 24 日,7 月 27 日,8 月 19 日,9 月 18 日,10 月 2 和 23 日《纽约每日论坛报》

选自《马克思恩格斯文集》第 2 卷第 349—459 页

署名:卡尔·马克思

卡·马克思

路易·波拿巴的雾月十八日[344]

1869年第二版序言

　　我的早逝的朋友**约瑟夫·魏德迈**①曾打算从1852年1月1日起在纽约出版一个政治周刊。他曾请求我给这个刊物写政变[345]的历史。因此,我直到2月中旬为止每周都在为他撰写题为《路易·波拿巴的雾月十八日》的论文。这时,魏德迈原来的计划遭到了失败。作为变通办法,他在1852年春季开始出版名为《革命》[346]的月刊,月刊第一期的内容就是我的《雾月十八日》。那时这一刊物已有数百份输送到德国,不过没有在真正的书籍市场上出售过。当我向一个行为极端激进的德国书商建议销售这种刊物时,他带着真正的道义上的恐惧拒绝了这种"不合时宜的要求"。

　　从上述事实中就可以看出,本书是在形势的直接逼迫下写成的,而且其中的历史材料只截止到(1852年)2月。现在把它再版发行,一方面是由于书籍市场上的需求,另一方面是由于我那些在

---

①　马克思在这里加了一个注:"约·魏德迈在美国内战时期担任过圣路易斯区的军事指挥官。"——编者注

德国的朋友们的催促。

在与我这部著作差不多**同时**出现的、论述同一问题的著作中，值得注意的只有两部：**维克多·雨果**的《**小拿破仑**》①和**蒲鲁东**的《**政变**》②。

维克多·雨果只是对政变的主要发动者作了一些尖刻的和机智的痛骂。事变本身在他笔下被描绘成了一个晴天霹雳。他认为这个事变只是某一个人的暴力行为。他没有觉察到，当他说这个人表现了世界历史上空前强大的个人主动性时，他就不是把这个人写成小人物而是写成巨人了。蒲鲁东呢，他想把政变描述成以往历史发展的结果。但是，在他那里关于政变的历史构想不知不觉地变成了对政变主角所作的历史辩护。这样，他就陷入了我们的那些所谓**客观**历史编纂学家所犯的错误。相反，我则是证明，法国**阶级斗争**怎样造成了一种局势和条件，使得一个平庸而可笑的人物有可能扮演了英雄的角色。

现在如果对本书加以修改，就会使它失掉自己的特色。因此，我只限于改正印错的字，并去掉那些现在已经不再能理解的暗示。

我这部著作的结束语："但是，如果皇袍终于落在路易·波拿巴身上，那么拿破仑的铜像就将从旺多姆圆柱[347]顶上倒塌下来。"——这句话已经实现了。

沙尔腊斯上校在他论述 1815 年会战的著作③中，开始攻击对

---

① 维·雨果《小拿破仑》1852 年伦敦版。——编者注
② 即皮·约·蒲鲁东《从十二月二日政变看社会革命》1852 年巴黎版。——编者注
③ 即让·巴·沙尔腊斯《1815 年滑铁卢会战史》1857 年布鲁塞尔版。——编者注

拿破仑的崇拜。从那时起,特别是在最近几年中,法国的出版物借助历史研究、批评、讽刺和诙谐等等武器彻底破除了关于拿破仑的奇谈。在法国境外,这种与传统的民众信仰的断然决裂,这个非同寻常的精神革命,很少有人注意,更不为人所理解。

最后,我希望,我这部著作对于清除那种特别是现今在德国流行的所谓**凯撒主义**的书生用语,将会有所帮助。在作这种肤浅的历史对比时,人们忘记了主要的一点,即在古罗马,阶级斗争只是在享有特权的少数人内部进行,只是在富有的自由民与贫穷的自由民之间进行,而从事生产的广大民众,即奴隶,则不过为这些斗士充当消极的舞台台柱。人们忘记了**西斯蒙第**所说的一句名言:罗马的无产阶级依靠社会过活,现代社会则依靠无产阶级过活。①由于古代阶级斗争同现代阶级斗争在物质经济条件方面存在这样的根本区别,由这种斗争所产生的政治怪物之间的共同点也就不可能比坎特伯雷大主教与最高祭司撒母耳之间的共同点更多。

卡尔·马克思

1869 年 6 月 23 日于伦敦

卡·马克思写于 1869 年 6 月 23 日

载于 1869 年 7 月在汉堡出版的《路易·波拿巴的雾月十八日》第 2 版

原文是德文

选自《马克思恩格斯文集》第 2 卷第 465—467 页

---

① 参看德·西斯蒙第《政治经济学概论》1837 年巴黎版第 1 卷第 35 页。——编者注

恩格斯写的 1885 年第三版序言

《雾月十八日》在初版问世 33 年后还需要印行新版,证明这部著作就是在今天也还丝毫没有失去自己的价值。

的确,这是一部天才的著作。当时事变像晴天霹雳一样震惊了整个政治界,有的人出于道义的愤怒大声诅咒它,有的人把它看做是脱离革命险境的办法和对于革命误入迷途的惩罚,但是所有的人对它都只是感到惊异,而没有一个人理解它;紧接着这一事变之后,马克思立即写出一篇简练的讽刺作品,叙述了二月事变[156]以来法国历史的全部进程的内在联系,揭示了 12 月 2 日的奇迹[345]就是这种联系的自然和必然的结果,而他在这样做的时候对政变的主角除了给予其应得的蔑视以外,根本不需要采取别的态度。这幅图画描绘得如此高明,以致后来每一次新的揭露,都只是提供出新的证据,证明这幅图画是多么忠实地反映了实际。他对活生生的时事有这样卓越的理解,他在事变刚刚发生时就对事变有这样透彻的洞察,的确是无与伦比。

但是要做到这一点,就需要像马克思那样深知法国历史。法国是这样一个国家,在那里历史上的阶级斗争,比起其他各国来每一次都达到更加彻底的结局;因而阶级斗争借以进行、阶级斗争的结果借以表现出来的变换不已的政治形式,在那里也表现得最为鲜明。法国在中世纪是封建制度的中心,从文艺复兴时代起是统一的等级君主制的典型国家,它在大革命中粉碎了封建制度,建立了纯粹的资产阶级统治,这种统治所具有的典型性是欧洲任何其他国家所没有的。而正在上升的无产阶级反对占统治地位的资产阶级的斗争,在这里也以其他各国所没有的尖锐形式表现出来。正因为如此,马克思不仅特别热衷于研究法国过去的历史,而且还考察了法国时事的一切细节,搜集材料以备将来使用。因此,各种事变从未使他感到意外。

此外还有另一个情况。正是马克思最先发现了重大的历史运动规律。根据这个规律,一切历史上的斗争,无论是在政治、宗教、哲学的领域中进行的,还是在其他意识形态领域中进行的,实际上只是或多或少明显地表现了各社会阶级的斗争,而这些阶级的存在以及它们之间的冲突,又为它们的经济状况的发展程度、它们的生产的性质和方式以及由生产所决定的交换的性质和方式所制约。这个规律对于历史,同能量转化定律对于自然科学具有同样的意义。这个规律在这里也是马克思用以理解法兰西第二共和国历史的钥匙。在这部著作中,他用这段历史检验了他的这个规律;即使已经过了 33 年,我们还是必须承认,这个检验获得了辉煌的成果。

弗·恩·

弗·恩格斯写于 1885 年 2 月中以前

载于 1885 年在汉堡出版的《路易·波拿巴的雾月十八日》第 3 版

原文是德文

选自《马克思恩格斯文集》第 2 卷第 468—469 页

路易·波拿巴的雾月十八日

一

黑格尔在某个地方说过,一切伟大的世界历史事变和人物,可以说都出现两次。他忘记补充一点:第一次是作为悲剧出现,第二次是作为笑剧出现。[4]科西迪耶尔代替丹东,路易·勃朗代替罗伯斯比尔,1848—1851 年的山岳党代替 1793—1795 年的山岳党[238],侄子代替伯父。在使雾月十八日事变得以再版的种种情况中,也可以看出一幅同样的漫画![①]

[①] 在 1852 年版中这一段是这样写的:"黑格尔在某个地方说过,一切伟大的世界历史事变和人物,可以说都出现两次。他忘记补充一点:第一次是作为伟大的悲剧出现,第二次是作为卑劣的笑剧出现。科西迪耶尔代替丹东,路易·勃朗代替罗伯斯比尔,1848—1851 年的山岳党代替 1793—1795 年的山岳党,伦敦的特别警察和十来个负债累累的尉官代替小军士及其一桌元帅[348]!白痴的雾月十八日代替天才的雾月十八日!在使雾月十八日事变得以再版的种种情况中,也可以看出一幅同样的漫画。第一次是法国站在破产的边缘,这一次是波拿巴自己站在债务监狱的边缘;当初是大国联盟站在边境,这一次是卢格和达拉什联盟在英国,金克尔和布伦坦诺联盟在美国;当初是爬过一座圣伯纳德山[349],这一次是派一个中队宪兵越过汝拉山脉[350];当初是不止获得一个马伦戈,这一次是应当得到圣安德烈大十字勋章[351]和丧失柏林《国民报》[352]的尊敬。"——编者注

人们自己创造自己的历史,但是他们并不是随心所欲地创造,并不是在他们自己选定的条件下创造,而是在直接碰到的、既定的、从过去承继下来的条件下创造。一切已死的先辈们的传统,像梦魇一样纠缠着活人的头脑。当人们好像刚好在忙于改造自己和周围的事物并创造前所未有的事物时,恰好在这种革命危机时代,他们战战兢兢地请出亡灵来为自己效劳,借用它们的名字、战斗口号和衣服,以便穿着这种久受崇敬的服装,用这种借来的语言,演出世界历史的新的一幕。例如,路德换上了使徒保罗[353]的服装,1789—1814 年的革命依次穿上了罗马共和国和罗马帝国的服装,而 1848 年的革命就只知道拙劣地时而模仿 1789 年,时而又模仿1793—1795 年的革命传统。就像一个刚学会一种新语言的人总是要把它翻译成本国语言一样;只有当他能够不必在心里把新语言翻译成本国语言,能够忘掉本国语言而运用新语言的时候,他才算领会了新语言的精神,才算是运用自如。

在观察世界历史上这些召唤亡灵的行动时,立即就会看出它们之间的显著差别。旧的法国革命时的英雄卡米耶·德穆兰、丹东、罗伯斯比尔、圣茹斯特、拿破仑,同旧的法国革命时的党派和人民群众一样,都穿着罗马的服装,讲着罗马的语言来实现当代的任务,即解除桎梏和建立现代**资产阶级**社会。前几个人打碎了封建制度的基础,割去了长在这个基础上的封建头脑;另一个人在法国内部创造了一些条件,从而才保证有可能发展自由竞争,经营分成小块的地产,利用解除了桎梏的国内的工业生产力,而他在法国境外则到处根据需要清除各种封建的形式,为的是要给法国资产阶级社会在欧洲大陆上创造一个符合时代要求的适当环境。但是,新的社会形态一形成,远古的巨人连同复活的罗马古董——所有这些布鲁土斯们、格拉古们、普卜利科拉们、护民官们、元老们以及凯撒本人就都消失不见了。冷静务实的资产阶级社会把萨伊们、库辛们、鲁瓦耶-科拉尔们、本杰明·贡斯当们和基佐们当做自己真正的翻译和代言人；它的真正统帅坐在营业所的办公桌后面，它的政治首领是肥头肥脑的路易十八。资产阶级社会完全埋头于财富的创造与和平竞争，竟忘记了古罗马的幽灵曾经守护过它的摇篮。但是，不管资产阶级社会怎样缺少英雄气概，它的诞生却是需要英雄行为，需要自我牺牲、恐怖、内战和民族间战斗的。在罗马共和国的高度严格的传统中，资产阶级社会的斗士们找到了理想和艺术形式，找到了他们为了不让自己看见自己的斗争的资产阶级狭隘内容、为了要把自己的热情保持在伟大历史悲剧的高度上所必需的自我欺骗。例如，在 100 年前，在另一个发展阶段上，克伦威尔和英国人民为了他们的资产阶级革命，就借用过旧约全书中的语言、热情和幻想。当真正的目的已经达到，当英国社会的资产阶级改造已经实现时，洛克就排挤了哈巴谷[354]。

由此可见，在这些革命中，使死人复生是为了赞美新的斗争，而不是为了拙劣地模仿旧的斗争；是为了在想象中夸大某一任务，而不是为了回避在现实中解决这个任务；是为了再度找到革命的精神，而不是为了让革命的幽灵重行游荡。

在 1848—1851 年间，只有旧革命的幽灵在游荡，从改穿了老巴伊的服装的戴黄手套的共和党人马拉斯特，到用拿破仑的死人铁面具把自己的鄙陋可厌的面貌掩盖起的冒险家[①]。自以为借助革命加速了自己的前进运动的整个民族，忽然发现自己被拖回到一个早已死亡的时代；而为了不致对倒退产生错觉，于是就使那

---

① 路易·波拿巴。——编者注

些早已成为古董的旧的日期、旧的纪年、旧的名称、旧的敕令以及好像早已腐朽的旧宪兵复活起来。一个民族的感觉，就好像贝德勒姆①那里的一个癫狂的英国人的感觉一样，他设想自己生活在古代法老的时代，每天悲痛地埋怨繁重的劳役，因为他要在地下监狱般的埃塞俄比亚矿场挖掘金矿，头顶一盏暗淡的油灯，背后站着手持长鞭的奴隶监工，洞口站着一群乱哄哄的野蛮士兵，他们既不了解矿山苦役犯，相互之间也不了解，因为大家讲着不同的语言。癫癫的英国人叹道："我这个生来自由的不列颠人被迫忍受这一切，为的是要替古代法老找金子。"法兰西民族则叹道："为的是要替波拿巴家族还债。"这个英国人在头脑清醒的时候总不能撇开找金子这种固定观念。而法国人在从事革命的时候总不能摆脱对拿破仑的追念，12月10日的选举³⁵⁵就证明了这一点。由于害怕革命的危险，他们曾怀念埃及的肉锅³⁵⁶，1851年十二月二日事件便是对于这一点的回答。他们所得到的不只是一幅老拿破仑的漫画，他们得到的是漫画化的老拿破仑本身，是在19世纪中叶所应当出现的老拿破仑。

19世纪的社会革命不能从过去，而只能从未来汲取自己的诗情。它在破除一切对过去的迷信以前，是不能开始实现自己的任务的。从前的革命需要回忆过去的世界历史事件，为的是向自己隐瞒自己的内容。19世纪的革命一定要让死人去埋葬他们的死人②，为的是自己能弄清自己的内容。从前是辞藻胜于内容，现在是内容胜于辞藻。

二月革命¹⁵⁶对于旧社会是一个突然袭击，是一个**意外事件**，

---

① 伦敦的疯人院。——编者注
② 参看《新约全书·马太福音》第8章第22节。——编者注

而人民则把这个突然的**打击**宣布为具有世界历史意义的壮举，认为它开辟了一个新纪元。12 月 2 日，二月革命被一个狡猾的赌徒的骗术所葬送，结果，被消灭的不再是君主制度本身，而是一个世纪以来的斗争从君主制度方面夺取来的自由主义的让步。结果，不是**社会**本身获得了新的内容，而只是**国家**回到了最古的形态，回到了宝剑和袈裟的极端原始的统治。1851 年 12 月的轻率行为报复了 1848 年 2 月的勇敢打击。来得容易去得快。然而这两个事变之间的时间并不是白过了的。在 1848—1851 年期间，法国社会总算获得了教训和经验，而且是以革命的，因而是速成的方式获得的。这些教训和经验在正常的即所谓按部就班的发展进程中，本来应该在二月革命以前预先获得，如果这次革命不只是一种表面的动荡的话。看起来仿佛社会现在退到它的出发点后面去了，实际上社会首先要为自己创造革命所必需的出发点，创造唯一能使现代革命成为真正的革命的形势、关系和条件。

资产阶级革命，例如 18 世纪的革命，总是突飞猛进，接连不断地取得胜利；革命的戏剧效果一个胜似一个，人和事物好像是被五彩缤纷的火光所照耀，每天都充满极乐狂欢；然而这种革命为时短暂，很快就达到自己的顶点，而社会在还未学会清醒地领略其疾风暴雨时期的成果之前，长期沉溺于消沉状态。相反，无产阶级革命，例如 19 世纪的革命，则经常自我批判，往往在前进中停下脚步，返回到仿佛已经完成的事情上去，以便重新开始把这些事情再做一遍；它十分无情地嘲笑自己的初次行动的不彻底性、弱点和拙劣；它把敌人打倒在地，好像只是为了要让敌人从土地里汲取新的力量并且更加强壮地在它前面挺立起来；它在自己无限宏伟的目标面前，再三往后退却，直到形成无路可退的局势为止，那时生活本身会大声喊道：

这里是罗陀斯,就在这里跳跃吧!

这里有玫瑰花,就在这里跳舞吧![357]

但是,每个平庸的观察家,即使他没有逐步研究过法国的发展进程,也不免要预感到,这次革命必将遭受前所未闻的屈辱。只要听一听民主派先生们当时那种自鸣得意的胜利叫嚣就够了,这些先生们曾以此互相祝贺,以为1852年5月的第二个星期日[358]一定会带来良好的结果。1852年5月的第二个星期日在他们头脑中成了一种固定观念,成了一个教条,正如在锡利亚[359]信徒脑子里基督再临和千年王国到来的那个日子一样。弱者总是靠相信奇迹求得解救,以为只要他能在自己的想象中驱除敌人就算打败了敌人;他总是对自己的未来,对自己打算建树,但现在还言之过早的功绩信口吹嘘,因而失去对现实的一切感觉。这些英雄是想以彼此表示同情和结成团伙,来驳倒关于他们显然庸碌无能的意见。他们收拾起自己的家私,预先拿起自己的桂冠,准备把他们的有名无实的共和国(这些共和国的政府人员已由他们毫不挑剔地在暗中确定了)拿到交易所里去贴现。12月2日对他们来说犹如晴天霹雳。人民在意气消沉的时代总是乐意用大喊大叫来抑制内心的不安,这一次他们也许已经确信:鹅的叫声能够拯救卡皮托利诺[360]的那种时代已经过去了。

宪法、国民议会、保皇党[361]、蓝色的和红色的共和党人[362]、非洲的英雄[363]、讲坛的雷鸣声、报刊的闪电、整个著作界、政治声望和学者的名誉、民法和刑法、自由、平等、博爱以及1852年5月的第二个星期日,所有这一切,都好像一片幻影在一个人的咒文面前消失不见了,而这个人连他的敌人也不认为是一个魔法师。普选权还保持了一刹那,好像仅仅是为了在全世界瞩目下亲笔写下自己的遗嘱,并以人民自己的名义宣布："一切现存的东西,都一定要死亡。"①

像法国人那样说他们的民族遭受了偷袭,那是不够的。一个民族和一个妇女一样,即使有片刻疏忽而让随便一个冒险者能加以奸污,也是不可宽恕的。这样的言谈并没有揭开这个谜,而只是把它换了一个说法罢了。还应当说明,为什么一个有 3 600 万人的民族竟会被三个衣冠楚楚的骗子偷袭而毫无抵抗地做了俘虏。

现在我们来把法国革命从 1848 年 2 月 24 日到 1851 年 12 月所经过的阶段大致总结一下。

总共有以下三个明显的主要时期:**二月时期**;**共和国建立时期**,或**制宪国民议会时期**(从 1848 年 5 月 4 日到 1849 年 5 月 28日);**立宪共和国时期**,或**立法国民议会时期**(从 1849 年 5 月 28 日到 1851 年 12 月 2 日)。

第一个时期,从 1848 年 2 月 24 日到 5 月 4 日,即从路易-菲力浦被推翻起到制宪议会开幕之日止(这是本来意义上的**二月时期**),这个时期可以称为革命的**序幕**。这个时期的性质,正式表现于这一时期仓促建立的政府自己宣布自己是**临时性的**。在这个时期所采取、试行和发表的一切,都像政府一样,一概宣布自己只是**临时性的**。无论什么人和什么机构,都不敢承认自己有权长期存在,有权真正有所作为。所有一切准备了或决定了革命的分子——王朝反对派[222]、共和派资产阶级、民主共和派小资产阶级和社会民主派工人,都在二月**政府**中临时取得了位置。

情况只能是这样。二月事变原先的目标是选举改革,以求扩大有产阶级内部享有政治特权者的范围和推翻金融贵族独占的统

---

① 歌德《浮士德》第 1 部第 3 场《书斋》。——编者注

治。但是,当事变已演进到引起实际冲突,当人民已投入街垒战,当国民自卫军采取消极的态度,军队不进行认真抵抗而王室已经逃走的时候,成立共和国似乎就是自然而然的事情了。每个政党都按自己的观点去解释共和国。手持武器夺得了共和国的无产阶级,在共和国上面盖上了自己的印记,并把它宣布为**社会共和国**。这样就表露出了现代革命的总的内容,这个内容和在当时的情况与条件下、在群众已达到的教育水平上用现成材料所能立刻直接实现的一切都是极为矛盾的。另一方面,其余一切曾经促成二月革命的分子,因获得了政府中的绝大多数位置而心满意足了。正因为如此,任何其他时期都没有当时那样错综复杂:浮夸的空话同实际上的犹豫不决和束手无策相混杂,热烈谋求革新的势力同墨守成规的顽固积习相混杂,整个社会表面上的和谐同社会各个成分的严重的彼此背离相混杂。当巴黎无产阶级还陶醉于为它开辟的伟大前景并且认真地埋头讨论各种社会问题时,旧的社会力量却在集结、联合、醒悟,并获得了国内群众的意外支持,即获得了那些在七月王朝这个障碍物被推翻后立刻跃上政治舞台的农民和小资产者的意外支持。

第二个时期,从1848年5月4日到1849年5月底,是**资产阶级共和国创立、奠定的时期**。紧跟在二月事变之后,不仅王朝反对派被共和派弄得惊慌失措,共和派被社会主义者弄得惊慌失措,而且全法国都被巴黎弄得惊慌失措了。由国民选出而于1848年5月4日开幕的国民议会,是代表国民的。这个议会是对二月事变的奢望所提出的活的抗议,并且要把革命的结果降低到资产阶级的水平。巴黎无产阶级一下子就看出了这个国民议会的性质,所以他们在国民议会开幕后不几天,即在5月15日,就企图用强力停止其存在,把它解散,将国民中起反动作用的思潮所借以威胁他们的这个机体重新分解为各个构成部分,但是这个企图没有成功。大家知道,五月十五日事变[237]的结果,不过是使布朗基及其同道者,即无产阶级政党的真正领袖们,在我们所考察的整个周期中退出社会舞台罢了。

继路易-菲力浦的**资产阶级君主制**之后,只能有**资产阶级共和国**,就是说,以前是由资产阶级中的一小部分人在国王的招牌下进行统治,今后将由全体资产阶级借人民的名义进行统治。巴黎无产阶级所提出的要求,是必须终止的狂妄空想。对制宪国民议会的这个声明,巴黎无产阶级以**六月起义**作了回答,这是欧洲各国内战史上最大的一次事变。获得胜利的是资产阶级共和国。站在资产阶级共和国方面的有金融贵族、工业资产阶级、中间等级、小资产者、军队、组成别动队[230]的流氓无产阶级、知识分子、牧师和农村居民。而站在巴黎无产阶级方面的却只有它自己。资产阶级共和国胜利以后,起义者被屠杀的有 3 000 多人,未经审判就被放逐的有 15 000 人。无产阶级从这次失败后,就退到革命舞台的**后台**去了。每当运动好像又重新开始时,无产阶级就企图再向前推进,可是劲头越来越弱,成效也越来越小。每当无产阶级上面的某个社会阶层进入革命动荡时,无产阶级就跟它缔结同盟,从而分享了各个政党依次遭受到的全部失败。但是,这些相继而来的打击,随着力量分摊到全部社会的整个表面,也越来越弱了。无产阶级在议会和报刊方面的一些比较有影响的领袖,相继被捕判罪,代替他们挂帅的是些愈益模棱两可的人物。无产阶级中有一部分人醉心于**教条的实验**,醉心于**成立交换银行**[279]和工人团体,换句话说,醉心于**这样一种运动**,即不去利用旧世界自身所具有的一切强大手段来推翻旧世界,却企图躲在社会背后,用私人的办法,在自身的有限的生存条件的范围内实现自身的解救,因此必然是要失败的。

当六月事变中无产阶级与之斗争的**一切阶级**还没有在无产阶级身边倒下的时候，无产阶级大概既不能使本身恢复自己原有的革命的伟大，也不能从重新缔结的联盟中获得新的力量。但是，无产阶级至少是带着进行过世界历史性的伟大斗争的光荣而失败的；不仅法国，而且整个欧洲都被六月的地震所惊动，而各个上层阶级后来的失败的代价却如此便宜，以致得胜的党派只有公然无耻地加以夸张，才可以把这些失败说成是事变。同时，失败的政党离开无产阶级政党越远，这些失败就越是可耻。

六月起义者的失败，固然为资产阶级共和国的奠基和建立准备和扫清了基地，但同时它也表明，欧洲的问题并不是争论"共和国还是君主国"的问题，而是别的问题。它揭示出，**资产阶级共和国**在这里是表示一个阶级对其他阶级实行无限制的专制统治。它表明，在那些阶级构成发达、具备现代生产条件、拥有通过百年来的努力而使一切传统观念都融于其中的精神意识的旧文明国家里，**共和国一般只是资产阶级社会的政治变革形式**，而不是资产阶级社会的**保守的存在形式**，例如，像北美合众国那样，在那里，虽然已有阶级存在，但它们还没有固定下来，它们在不断的运动中不断变换自己的组成部分，并且彼此互换着自己的组成部分；在那里，现代的生产资料不仅不和停滞的人口过剩现象同时发生，反而弥补了头脑和人手方面的相对缺乏；最后，在那里，应该占有新世界的那种狂热而有活力的物质生产运动，没有给予人们时间或机会来结束旧的幽灵世界。

在六月的日子里，一切阶级和党派都团结成一个**维护秩序的党**来反对无产阶级——**无政府主义**、社会主义和共产主义的**党**。它们从"**社会之敌**"手里"救出了"社会。它们选择了旧社会的格言"**财产、家庭、宗教、秩序**"作为自己的军队的口令，并用"在此标记下你必胜！"**364**这句话激励反革命十字军征讨。从这时起，许多曾经团结在这个旗号下反对过六月起义者的政党中的任何政党只要企图为自己的阶级利益而守住革命战场，它就要被"财产、家庭、宗教、秩序！"这一口号所战胜。每当社会的统治者集团范围缩小时，每当比较狭小的利益压倒比较广大的利益时，社会就得救了。任何最单纯的资产阶级财政改革的要求、任何最平凡的自由主义的要求、任何最表面的共和主义的要求、任何最浅薄的民主主义的要求，都同时被当做"侵害社会的行为"加以惩罚，被当做"社会主义"加以指责。最后，连那些"宗教和秩序"的最高祭司自己也被踢出他们的皮蒂娅的座椅，半夜里被拖下床，关进囚车，投入监狱或流放；他们的神殿被拆毁，他们的嘴被封住，他们的笔被折断，他们的法律被撕毁，这一切都是为了宗教、财产、家庭和秩序。一群群酩酊大醉的士兵对那些站在自己阳台上的资产者即秩序的狂信者开枪射击，亵渎他们的家庭圣地，炮击他们的房屋以取乐，这一切都是为了财产、家庭、宗教和秩序。最后，资产阶级社会中的败类组成**维护秩序的神圣队伍**，而主人公克拉普林斯基①就以**"社会救主"**的资格进入了土伊勒里宫②。

<h2 style="text-align:center">二</h2>

现在让我们再接着谈下去。

六月事变以后的**制宪国民议会**的历史，是**资产阶级共和派统**

---

① 暗指路易·波拿巴。——编者注
② 巴黎的一座皇宫。——编者注

治和瓦解的历史，这个派别是以三色旗共和党人、纯粹的共和党人、政治的共和党人、形式主义的共和党人等等称呼闻名的。

这个派别在路易-菲力浦的资产阶级君主制度下是**官方的共和主义反对派**，因而是当时政界中一个公认的构成部分。议院中有它的代表，在报界它也有相当大的势力。它在巴黎的机关报《国民报》²²¹，和《辩论日报》²³⁹一样，算是受人尊敬的。它的性质和它在立宪君主制度下的这个地位也是相称的。它并不是一个因有某些重大的共同利益而紧密团结、因有特殊生产条件而独树一帜的资产阶级集团。它是由一些抱有共和主义思想的资产者、作家、律师、军官和官吏组成的一个派系，这个派系之所以有影响，是由于全国对路易-菲力浦个人的反感，由于对旧的共和国的怀念，由于一群幻想家的共和主义信仰，而主要是由于**法国人的民族主义**。这个派别对于维也纳条约²⁴⁰和同英国联盟，始终怀有这种民族主义的仇恨。在路易-菲力浦的统治下，《国民报》的很大一部分拥护者都是因为它鼓吹这种隐蔽的帝制思想而获得的，也正因为如此，后来在共和国时期，这种帝制思想就能以路易·波拿巴为代表，作为一个置人于死地的竞争者来同《国民报》本身对立。《国民报》也和其余一切资产阶级反对派一样，曾经对金融贵族作过斗争。反对预算案的论争在当时的法国是同反对金融贵族的斗争完全相吻合的，这个论争既然能博得非常便宜的声望，并吸取非常丰富的材料来写清教徒²⁴²式的社论，因而是不能不大受利用的。工业资产阶级感激《国民报》，是因为它奴颜婢膝地拥护法国的保护关税制度，而它维护这个制度又多半是出于民族的动机，而不是出于国民经济学的动机。整个资产阶级感激它，则是因为它恶毒地诽谤共产主义和社会主义。此外，《国民报》派是**纯粹的共和派**，就是说，它要求把资产阶级统治的形式由君主国改为共和国,首先是要求保证自己能在这个统治中占优势。对于这一变革的条件,它的认识极其模糊。但有一点它看得十分清楚,而且在路易-菲力浦统治末期的改革运动的宴会[220]上,这一点已很明显地表露出来了,这就是它在民主派小资产者中间,特别是在革命无产阶级中间是不受欢迎的。这些纯粹的共和党人,真是名副其实的纯粹的共和党人,本来已经准备好在开始时满足于奥尔良公爵夫人摄政[365],恰好这时爆发了二月革命,因而他们那些最有名的代表人物都在临时政府里获得了位置。他们当然是一开始就受到资产阶级的信任并在制宪国民议会中占了多数。临时政府中的**社会主义**分子马上被排挤出国民议会开幕后成立的执行委员会[236];《国民报》派利用六月起义的爆发解散了**执行委员会**,从而清除了它的最切近的对手,即**小资产阶级的**或**民主主义的共和党人**(赖德律-洛兰等人)。卡芬雅克,这个指挥了六月战斗的资产阶级共和派的将军,获得了一种独裁的权力,代替了执行委员会。《国民报》的前任总编辑马拉斯特,成了制宪国民议会的常任议长;政府各部部长以及其他一切重要职位,都由纯粹的共和党人占据了。

这样,实际情况超过了早就自命为七月王朝[215]的合法继承人的资产阶级共和派的理想。但是,这个派别取得统治权并不像它在路易-菲力浦时期所幻想的那样,是通过资产阶级举行反对国王的自由主义叛乱,而是由于无产阶级对资本举行了被霰弹镇压下去的起义。资产阶级共和派认为**最革命**的事件,实际上却是**最反革命**的事件。果实落到了资产阶级共和派的怀里,但它不是从生命树上落下来的,而是从知善恶树[229]上落下来的。

资产阶级共和派独占的统治,只是从 1848 年 6 月 24 日起存在到 12 月 10 日止。这种统治的结果就是**拟定共和主义宪法和宣布巴黎戒严**。

新的**宪法**³⁶⁶实质上不过是 1830 年宪章³⁶⁷的共和主义化的版本。七月王朝的过高的选举资格限制，甚至把资产阶级的一大部分人也排挤在政治统治之外，这是和资产阶级共和国的存在不相容的。二月革命立刻取消了这种选举资格限制而宣布了直接的普遍的选举权。资产阶级共和派无法挽回这一事件。他们只得补充了一个限制条款，规定选民必须是在选区居住满六个月的。旧有的行政、市政、司法和军队等等组织，仍然原封不动，宪法对其所作的变更，只涉及目录而没有涉及内容，只涉及名称而没有涉及事物。

1848 年各种自由的必然总汇，人身、新闻出版、言论、结社、集会、教育和宗教等自由，都穿上宪法制服而成为不可侵犯的了。这些自由中的每一种都被宣布为法国公民的**绝对**权利，然而总是加上一个附带条件，说明它只有在不受"**他人的同等权利和公共安全**"或"法律"限制时才是无限制的，而这些法律正是要使各种个人自由彼此之间以及同公共安全协调起来。例如："公民有权成立团体，有权和平地、非武装地集会，有权进行请愿并且通过报刊或用其他任何方法发表意见。**对于这些权利的享受，除受他人的同等权利和公共安全限制外，不受其他限制。**"（法国宪法第 2 章第 8 条）"教育是自由的。教育的自由应在法律规定的范围内并在国家的最高监督下享用之。"（同上，第 9 条）"每一公民的住所是不可侵犯的，**除非按照法定手续办事。**"（第 1 章第 3 条）如此等等。所以，宪法经常提到未来的**基本**法律；这些基本法律应当详细地解释这些附带条件并且调整这些无限制的自由权利的享用，使它们既不致互相抵触，也不致同公共安全相抵触。后来，这些基本法律由秩序之友制定出来了，所有这些自由都得到调整，结果，资产阶级可以不受其他阶级的同等权利的任何妨碍而享受这些自由。至于资产阶级完全禁止"他人"享受这些自由，或是允许"他人"在某些条件(这些条件都是警察的陷阱)下享受这些自由,那么这都是仅仅为了保证"**公共安全**",也就是为了保证资产阶级的安全,宪法就是这样写的。所以,后来两方面都有充分权利援引宪法:一方面是废除了所有这些自由的秩序之友,另一方面是要求恢复所有这些自由的民主党人。宪法的每一条本身包含有自己的对立面,包含有自己的上院和下院:在一般词句中标榜自由,在附带条件中废除自由。所以,当自由这个**名字**还备受尊重,而只是——当然是通过合法途径——对它的真正实现设下了种种障碍时,不管这种自由在**日常**现实中的存在怎样被彻底消灭,它在宪法上的存在仍然是完整无损、不可侵犯的。

然而,用这么巧妙的方法使之不可侵犯的这个宪法,如同阿基里斯一样,有一个致命的弱点,只是这个弱点不是在脚踵上,而是在头脑上,或者不如说,是在两个头脑(在这里宪法误入了迷途)上:一个是**立法议会**,另一个是**总统**。只要把宪法浏览一遍,就可以看出:只有那些确定总统对立法议会的关系的条文,才是绝对的、肯定的、没有矛盾的、不容丝毫曲解的。要知道,这里所谈的问题,是要建立资产阶级共和派的可靠地位。宪法第45—70条规定,国民议会可以用合乎宪法的办法排除总统,而总统要排除国民议会却只能用违背宪法的办法,即只有取消宪法本身。可见,这里宪法本身是在号召以暴力来消灭自己。宪法不仅像1830年的宪章那样尊崇分权制,而且把这种分权制扩大到矛盾重重的地步。基佐曾经把立法权和行政权在议会内的争吵称为**宪法的权力的赌博**,在1848年的宪法中,这种赌博一直是孤注一掷的。一方面是由普选产生并享有连选连任权的750名人民代表构成一个不受监督、不可解散、不可分割的国民议会,它拥有无限的立法权力,最终决定宣战、媾和及商约等问题,独揽大赦权,因自己不间断地召集会议而经常站在政治舞台最前面。另一方面是具有王权的一切特性的总统,他有权不经国民议会而任免自己的内阁阁员,他掌握行政权的一切手段,可以分封一切官职,从而在法国操纵着至少150万人的命运,因为有这么多的人在物质生活上依靠于50万各级官吏和各级军官。他统率一切武装力量。他享有赦免个别罪犯、解散国民自卫军以及——经国务会议同意——罢免由公民自己选出的省委员会、县委员会、市镇委员会的特权。同外国缔结条约时,他具有倡议和领导的作用。国民议会永远留在舞台上,是公众日常批评的对象,而总统却在极乐世界[368]过着隐居的生活,不过他眼前和心里老是有宪法第45条在提醒他:"兄弟,要准备牺牲!"[369]你的权力在你当选的第四年,在美丽的5月的第二个星期日就要完结了!那时你的荣华就要完蛋了,这出戏是不会再演的,如果你负有债务,你就及时用宪法规定给你的60万法郎的薪俸一律偿清,不然你就不免要在美丽的5月的第二个星期一进入克利希①!这样,宪法就把实际权力授给了总统,而力求为国民议会保证道义上的权力。可是,不用说,法律条文不可能创造道义上的权力,宪法在这方面也是自己否定自己,因为它规定总统由所有的法国人直接投票选举。全法国的选票是分散在750个国民议会议员之间,可是在这里选票就集中在**一个**人身上。每一单个人民代表不过是某个政党、某个城市、某个桥头堡的代表,甚至只是表示必须选出一个人来凑足750个人民代表,人们并不去特别注意事情本身和被选举者本人,可是总统是由全国人民选出的,选举总统是行使主权的人民每四年运用一次的王牌。民选的国民议会和国民

---

① 1826—1867年巴黎的债务监狱。——编者注

只有形而上学的联系,而民选的总统却和国民发生个人联系。国民议会的确通过它的各个代表反映着国民精神的多种多样的方面,而总统却是国民精神的化身。和国民议会不同,总统是一种神权的体现者,他是人民恩赐的统治者。

海洋女神西蒂斯曾经预言阿基里斯要在盛年夭折。像阿基里斯一样有个致命弱点的宪法,也像阿基里斯一样预感到它命该早死。根本用不着西蒂斯离开海洋向制宪的纯粹的共和派泄露这个秘密,这些共和派只要从自己的理想共和国的高空云层间俯瞰一下罪孽的尘世,就可以看到,他们越是接近于完成他们那个伟大的立法艺术创作,保皇派、波拿巴派、民主派和共产主义者的傲慢自负以及他们自己的不孚众望,也就与日俱增。他们力图用立宪的狡猾手腕,用宪法第 111 条来躲过厄运,根据这条规定,任何**修改宪法**的提案都必须经过每次相距一个月的三次讨论,至少必须由四分之三的票数通过,而且参加表决的至少必须有 500 个国民议会议员。可是这只是为了在他们将来成为议会少数派时(他们现在已经预感到这一点)继续行使权力的一种无力的尝试,现在当他们还在议会中占多数并且握有一切政府权力手段时,这种权力就已经一天天地从他们的软弱的手中滑出去了。

最后,在一个特别滑稽的条文中,宪法把自己托付给"全体法国人民和每一个法国人的警惕性和爱国心",而在前面的另一条文中,它已经把有"警惕性"和"爱国心"的法国人托付给它专门发明出来的特别最高法庭("haute cour")所实行的温柔的刑事监护了。

1848 年的宪法就是这样。它在 1851 年 12 月 2 日不是被人头撞倒,而只是被一顶帽子碰倒了,诚然,这顶帽子是三角拿破仑帽。

当资产阶级共和派在国民议会内忙于构思、讨论和表决这个宪法时,卡芬雅克却在国民议会外把**巴黎**控制在**戒严状态**中。巴黎戒严是处于分娩共和国的产前阵痛中的制宪议会的助产婆。如果说后来宪法被刺刀葬送了，那么不要忘记，当它还在母胎中时，刺刀，而且是对准人民的刺刀就保护过它，而且它是在刺刀帮助下出世的。"正直的共和派"的先辈们曾经拿着他们的象征即三色旗走遍了全欧洲。正直的共和派自己也作出了一项发明，这项发明自己给自己开拓了通向整个大陆的道路，但是它又怀着永不熄灭的爱回到法国，直到它终于在法国的半数的省里取得公民权为止。这项发明就是**戒严**。这是一项卓越的发明，每当法国革命进程处于危急关头，它就要被周期地加以运用。但是，既然兵营和露营这样周期地重重压在法国社会头上，要压制这个社会的意识并制服这个社会；既然马刀和毛瑟枪周期地受命进行审判和管理，进行监护和检查，执行警察和更夫职务；既然胡子和军服周期地被宣布为社会的最高智慧和指导者，那么兵营和露营、马刀和毛瑟枪、胡子和军服又怎么能不终于得出一个结论：最好是宣布自己的统治是最高的统治，并使资产阶级社会根本不必关心自治问题，从而一劳永逸地拯救社会！兵营和露营、马刀和毛瑟枪、胡子和军服必然要产生这种想法，尤其是因为它们在这种场合下可以希望自己所建树的更高的功劳得到更多的现金报酬，而当它们按某一派资产阶级的命令实行周期戒严和暂时拯救社会的时候，它们除了几个人的死伤和资产者的一些假笑之外，是很少获得实际利益的。为什么军方不可以最终为自己的利益搞一次对自己有好处的戒严，同时把资产者的交易所也围攻一下呢？而且还不应忘记（我们顺便提一提），**贝尔纳上校**，即在卡芬雅克时期未经审判就把15 000名起义者放逐的那位军事委员会主席，现在又是巴黎各军事委员会的领导人了。

　　如果说正直的、纯粹的共和派宣布巴黎戒严，从而创设了后来

1851 年 12 月 2 日的近卫军[370]所赖以成长的苗床,那么同时属于他们的还有另一种功绩:在路易-菲力浦时期他们还点燃民族情感,而现在,当他们掌握了全国的力量的时候,他们却向国外列强跪拜,不去解放意大利,反而让奥地利人和那不勒斯人再一次来奴役意大利。[248]路易·波拿巴在 1848 年 12 月 10 日当选为总统,结束了卡芬雅克的独裁和制宪议会。

宪法第 44 条说:"曾经丧失过法国公民资格的人不能担任法兰西共和国总统。"法兰西共和国的第一任总统路易-拿破仑·波拿巴不只丧失过法国公民资格,不只当过英国特别警察[348],而且是一个已经归化了的瑞士人[371]。

关于 12 月 10 日选举的意义,我在另一个地方已经详细谈过①,这里就不再谈了。这里只须指出,12 月 10 日的选举是曾经不得不支付二月革命的费用的**农民反对**国内其他各个阶级的**表现**,是**农村反对城市的表现**。这次选举得到军队方面的巨大同情,因为军队从《国民报》派共和党人[221]那里既没有取得荣誉,也没有领到附加军饷;这次选举还受到大资产阶级方面的巨大同情,大资产阶级欢迎波拿巴是把他作为恢复君主制度的一个跳板;选举也受到无产者和小资产者的巨大同情,他们欢迎波拿巴是把他作为对卡芬雅克的一种惩罚。下边我还要更详细地谈谈农民对法国革命的态度。

从 1848 年 12 月 20 日到 1849 年 5 月制宪议会解散这个时期,包括了资产阶级共和派灭亡的历史。资产阶级共和派为资产阶级建立了共和国,把革命无产阶级赶下台,一时堵住了民主派小

---

① 指马克思《1848 年至 1850 年的法兰西阶级斗争》第 2 章《1849 年 6 月 13 日》中的相关论述,见本卷第 481—483 页。——编者注

资产阶级的嘴,此后自己也就被资产阶级群众所排斥,这批资产阶级群众有权利把共和国据为**自己的财产**。可是这批资产阶级群众是**保皇派**,其中一部分,即大土地所有者,曾经在**复辟**时期居于统治地位,因而是**正统派**;另一部分,即金融贵族和大工业家,曾经在七月王朝时期居于统治地位,因而是**奥尔良派**。军队、大学、教会、律师界、学院和报界的显要人物,都分属于上述两派,虽然所占比例各不相同。这两部分资产阶级都把这个既不叫做**波旁**,也不叫做**奥尔良**,而是叫做**资本**的资产阶级共和国,当做它们能够**共同**进行统治的国家形式。六月起义已经把他们联合成"秩序党"**250**,现在首先应该把还在国民议会中占有席位的一帮资产阶级共和派排斥出去。这些纯粹的共和派曾经极其残暴地滥用武力对付人民,而现在,当需要捍卫他们自己的共和主义和自己的立法权以对抗行政权和保皇党人时,他们却极其怯懦地、畏缩地、沮丧地、软弱无力地放弃了斗争。我用不着在这里叙述他们解体的可耻历史。他们不是灭亡了,而是消亡了。他们已经最终演完了自己的角色。在往后的时期中,不论在议会内或议会外,他们都仅仅表现为对过去的回忆,只要涉及到共和国的名称,只要革命冲突有下降到最低水平的危险,这些回忆便又复活起来。顺便指出,把自己的名称交给这个派别的《国民报》,在后来一个时期就转到社会主义方面去了。①

---

① 在1852年版中这一段之后还有如下一段话:"这样,法兰西共和国创立或奠定时期可分为三个阶段:1848年5月4日—6月24日,在二月事变中联合起来的所有阶级和附属阶级在资产阶级共和派的领导下反对无产阶级,无产阶级一败涂地;1848年6月25日—1848年12月10日,资产阶级共和派当政,制定宪法,巴黎戒严,卡芬雅克专政;1848年12月20日—1849年5月底,波拿巴和秩序党反对共和派制宪议会,共和派制宪议会失败,资产阶级共和派覆灭。"——编者注

在结束这一时期之前,我们还应该回顾一下两种力量,这两种力量从1848年12月20日起到制宪议会结束时止是结为连理的,而在1851年12月2日那天,其中的一种力量消灭了另一种力量。我们所指的一方是路易·波拿巴,另一方是联合的保皇党,即秩序党,大资产阶级的党。波拿巴就任总统后立即组织了以奥迪隆·巴罗为首(请注意,是以议会资产阶级的最自由主义的一派的老领袖为首)的秩序党内阁。巴罗先生终于获得了他1830年以来朝思暮想的内阁职位,并且是内阁总理的职位。然而这个位置并非像他在路易-菲力浦时期所幻想的那样,是以议会反对派[222]的最先进领袖的身份得到的,而是以他的一切死敌即耶稣会[246]和正统派的同盟者的身份得到的,而且他的任务就是把议会送进坟墓。他终于迎娶了新娘,然而只是在新娘失身以后才娶回家的。波拿巴本人好像完全退隐了,代他行动的是秩序党。

在内阁第一次会议上就决定派远征军去罗马,并且商定要瞒着国民议会来安排这件事,而经费却要假造口实向国民议会索取。这样,内阁就开始以欺骗国民议会和暗中勾结外国专制势力的办法来对付革命的罗马共和国了。波拿巴也用同样的方法和同样的手段准备了反对保皇党立法议会及其立宪共和国的十二月二日政变。不要忘记,在1848年12月20日组成波拿巴内阁的那个政党,又是1851年12月2日的立法国民议会中的多数。

8月间制宪议会曾经决定,在制定并公布一套补充宪法的基本法律以前,它不解散。1849年1月6日,秩序党通过议员拉托建议议会不要去搞什么基本法律,最好是通过一项关于议会**自行解散**的决议。这时,不仅以奥迪隆·巴罗先生为首的内阁,而且国民议会中的全体保皇党议员,都以命令口吻对国民议会说:为了恢复信用,为了巩固秩序,为了终止不确定的暂时状态而建立完全确定的状态,必须解散国民议会;议会妨碍新政府进行有效的工作,它只是由于执迷不悟才企图延长自己的生命;它已经使全国感到厌恶了。波拿巴把这一切攻击立法权的说法都记在心里,背得烂熟,并在1851年12月2日向议会保皇派证明,他确实从他们那里学到了一些东西。他把他们自己的口号拿来反对他们。

巴罗内阁和秩序党往前更进了一步。他们在全法国掀起了**向国民议会请愿的运动**,客客气气地请求国民议会隐退。这样,他们就把无组织的人民群众引入反对国民议会、反对依照宪法组织起来的民意表现的斗争。他们教会波拿巴从诉诸议会转而诉诸人民。1849年1月29日那天,制宪议会终于不得不解决关于自行解散的问题了。这一天,军队占据了国民议会举行会议的场所;总揽国民自卫军和正规军指挥大权的秩序党将军尚加尔涅,就像是处于临战状态那样在巴黎举行了大规模的阅兵,而联合起来的保皇党人威胁制宪议会说,如果它不表示顺从,就将使用暴力。国民议会果然表示愿意顺从,但商定再苟延一个短短的时期。1月29日不就是1851年12月2日的政变吗?不过这次是由保皇党人协同波拿巴反对共和派国民议会罢了。保皇党老爷们没有看到或是不愿意看到,波拿巴利用1849年1月29日事变,为的是让一部分军队在土伊勒里宫前受他检阅;他贪婪地抓住这个公然诉诸武力来反对议会权力的初次尝试,为的是提醒大家想起卡利古拉[372]。他们当然只看见了他们的尚加尔涅。

特别推动秩序党使用暴力去缩短制宪议会生命的一个原因,就是那些补充宪法的**基本**法律——教育法、宗教法等等。联合的保皇党人认为极其重要的,是他们自己制定这些法律,而不是让那些疑虑重重的共和党人去制定。可是,在这些基本法律中,还有一个关于共和国总统的责任的法律。1851年立法议会正从事于制定这个法律,波拿巴就以 12 月 2 日的政变防止了这一政变。联合的保皇党人在 1851 年冬季议会行动时期,是多么希望有一个现成的总统责任法,并且是由疑虑重重的、敌对的共和派议会制成的总统责任法啊!

在制宪议会于 1849 年 1 月 29 日自己毁坏了自己最后的武器以后,巴罗内阁和秩序之友便将它置于死地。他们不放过任何机会来贬低它,强迫这个软弱无力的和对自己绝望的议会通过一些使它失去最后一点社会尊敬的法律。波拿巴沉溺于自己的固定的拿破仑观念[373],竟然肆无忌惮地公开利用对议会势力的这种贬低。例如,当国民议会 1849 年 5 月 8 日因乌迪诺将军占领奇维塔韦基亚而通过谴责内阁议案,并命令罗马远征军回到它所谓的目标时,当天晚上波拿巴就在《通报》上发表了致乌迪诺的一封信,祝贺这位将军建树了英雄的功绩,并且和那些卖弄笔墨的议员相反,假装成军队的宽大为怀的庇护者。保皇党人对此加以讥笑。他们认为他不过是个笨蛋。最后,当制宪议会议长马拉斯特偶尔担忧国民议会的安全,根据宪法责令一个上校率领所部开来保护国民议会时,那个上校却以军纪为借口拒绝调动,并建议马拉斯特去跟尚加尔涅交涉,而尚加尔涅也拒绝了马拉斯特的要求,并且刻毒地说,他不喜欢能思想的刺刀。1851 年 11 月,联合的保皇党人在准备开始同波拿巴作决定性的斗争时,曾经企图在他们的声名狼藉的**议会总务官法案**[374]中规定国民议会议长能直接调动军队的原则。他们的一位将军勒夫洛签署了这个法案。但是,尚加尔涅白白地投票赞成了这一法案,梯也尔也白白地赞扬了已故制宪议会的有远见的智慧。**陆军部长圣阿尔诺**像尚加尔涅回答马拉斯特一样回答了他,而且博得了山岳党的鼓掌!

当**秩序党**还只是内阁而不是国民议会的时候,它就这样玷污了**议会制度**。而当1851年十二月二日政变把议会制度逐出法国的时候,它就叫喊起来了!

我们祝议会制度一路平安!

三

立法国民议会于1849年5月28日开会,到1851年12月2日被解散。这一时期是**立宪共和国或议会制共和国**的存在时期。①

在第一次法国革命中,**立宪派**统治以后是**吉伦特派**[375]的统治;**吉伦特派**统治以后是**雅各宾派**[80]的统治。这些党派中的每一个党派,都是以更先进的党派为依靠。每当某一个党派把革命推进得很远,以致它既不能跟上,更不能领导的时候,这个党派就要被站在它后面的更勇敢的同盟者推开并且送上断头台。革命就这样沿着上升的路线行进。

1848年革命的情形却相反。当时无产阶级的政党是小资产阶级民主派的附属物。后者背叛了它,并使它在4月16日[323]、5

---

① 在1852年版中这一段是这样写的:"立法国民议会于1849年5月28日开会,到1851年12月2日被解散。这一时期是**立宪共和国或议会制共和国**的存在时期。这一时期可分为三个主要阶段:**1849年5月28日—1849年6月13日**,民主派和资产阶级的斗争,**小资产阶级或民主主义政党的失败;1849年6月13日—1850年5月31日**,资产阶级,即联合的奥尔良派和正统派或秩序党的议会专政,这个专政是在**废除普选权**之后实行的;**1850年5月31日—1851年12月2日**,资产阶级和波拿巴的斗争,**推翻资产者的统治,立宪共和国或议会制共和国的覆灭**。"——编者注

月 15 日[237]和 6 月的日子[158]里遭受了失败。民主派又全靠资产阶级共和派双肩的支持。资产阶级共和派刚刚感到自己站稳脚跟，就把这个麻烦的伙伴抛弃，自己又去依靠秩序党双肩的支持。但秩序党耸了耸肩膀，抛开资产阶级共和派，自己赶忙站到武装力量的双肩上去；它还一直以为它是坐在武装力量的肩膀上，却忽然有一天发现肩膀已经变成了刺刀。每个党派都向后踢那挤着它向前的党派，并向前伏在挤着它后退的党派身上。无怪乎它们在这种可笑的姿势中失去平衡，并且装出一副无可奈何的鬼脸，奇怪地跳几下，就倒下去了。革命就这样沿着下降的路线行进。二月革命的最后街垒还没有拆除，第一个革命政权还没有建立，革命就已经这样开起倒车来了。

我们所谈的这个时期，各种尖锐的矛盾极其错综复杂：立宪派公然图谋反对宪法，革命派公开承认自己拥护立宪；国民议会想左右一切，却总是按议会方式进行活动；山岳党以忍耐为天职，并以预言未来的胜利来补偿现在的失败；保皇派扮演着共和国的元老院议员的角色，为环境所迫，不得不在国外支持他们所依附的互相敌对的王室，而在法国内部却支持他们所憎恨的共和国；行政权把自己的软弱当做自己的力量，把自己招来的轻蔑看做自己的威信；共和国不过是两个王朝——复辟王朝和七月王朝——的卑鄙方面在帝国的招牌下的结合；联盟的首要条件是分离；斗争的首要准则是不分胜负；放肆地无谓地煽动，是为了安宁；最隆重地宣扬安宁，是为了革命；有热情而无真理；有真理而无热情；有英雄而无功绩；有历史而无事变；发展的唯一动力仿佛是日历，它由于相同的紧张和松弛状态的不断反复而使人倦怠；对立形势周期地达到高度尖锐化，好像只是为了钝化和缓和，但始终不能得到解决；一方面是装腔作势的努力和害怕世界灭亡的市侩恐怖心理，另一方面却是救世主们玩弄极其卑微的倾轧手段和演出宫廷闹剧,他们这种漫不经心的做法使人想起的不是末日的审判,而是弗伦特运动[376]时期的情景;法国的全部官方天才,由于一个人的狡猾的愚钝而破灭;国民的共同意志每次通过普选权来表现时,都试图在群众利益的昔日的敌人身上得到适当的体现,直到最后它在一个海盗的固执的意志上得到了体现。如果历史上曾经有一页是被涂抹得一片灰暗的话,那就正是这一页。人物和事变仿佛是一些颠倒的施莱米尔——没有肉体的影子。革命自己麻痹自己的体现者,而把热情的强力完全赋予自己的敌人。如果说,反革命派不停地召唤来的"赤色幽灵"[377]终于出现,那么它出现时就不是戴着无政府主义的弗利基亚帽[378],而是穿着秩序的制服、**红色的军裤**。

我们已经看到,波拿巴在1848年12月20日他自己的升天节这一天所组成的内阁,是秩序党的内阁,即正统派和奥尔良派的联合内阁。这个或多或少用强力缩短了共和派制宪议会寿命的巴罗—法卢内阁,直到制宪议会死后还在执掌政权。联合保皇党人的将军尚加尔涅继续执掌着正规军第一师和巴黎国民自卫军的最高统帅权。最后,普选保证秩序党在国民议会中取得大多数的席位。在国民议会中,路易-菲力浦的众议院议员和贵族院议员,已同一群神圣的正统主义者汇合起来了,对于这些正统主义者来说,国民的大量的选票变成了政治舞台的入场券。波拿巴派的议员人数太少,不足以构成一个独立的议会党。他们只不过是秩序党的一个可怜的附属物。这样,秩序党就掌握了政府权力、军队和立法机关,一句话,掌握了全部国家政权;而且这个党在精神上是靠着把它的统治炫示为民意表现的普选、靠着反革命势力在整个欧洲大陆上同时获得胜利而加强起来的。

从来还没有一个党派拥有这样强有力的手段和在这样良好的

征兆下开始斗争。

罹难的**纯粹的共和派**[221]在立法国民议会中只剩下一个以非洲的将军卡芬雅克、拉莫里谢尔和贝多为首的大约50人组成的集团。大的反对党是**山岳党**——这是**社会民主派**给自己取的议会名称。在国民议会750个席位中,它占有200多个,所以它至少是和秩序党三个派别中的任何一个派别同等强大。它和整个保皇派联盟相比之下所占的相对少数地位,好像是由于特殊情况而趋于平衡了。不仅各省的选举表明山岳党在农村居民中获得很多拥护者,而且差不多全体巴黎议员都是属于山岳党的;军队以选出三个下级军官来表明它的民主主义信念,而山岳党的首领赖德律-洛兰与秩序党的一切代表不同,是由于五个省的选票集中到他身上而被抬上议员宝座的。这样,在1849年5月28日,山岳党在保皇党内部以及在整个秩序党和波拿巴之间必然发生冲突的情况下看来有获胜的一切条件。可是,两星期以后,它竟失掉了一切,包括声誉在内。

在我们继续叙述议会的历史以前,为了避免在估计我们所考察的这个时代的总的性质时通常易犯的错误,需要作几点说明。在民主派看来,无论在制宪国民议会时期或在立法国民议会时期,问题都不过是共和党人和保皇党人之间的斗争。他们把运动本身概括为**一个词**:"**反动**"——黑夜,这时所有的猫都是灰的,而他们也可以滔滔不绝地倾泻出他们的更夫的老生常谈。当然,初看起来,秩序党好像是各种保皇派集团的结合体,这些集团不仅互相倾轧,以便把自己的王位追求者捧上王位,把对方的王位追求者排挤掉,而且它们一致对"共和国"表示仇恨,一致对"共和国"进行斗争。和这些保皇派的阴谋家相反,山岳党好像是"共和国"的代表。秩序党似乎是永远忙于"反动",而这种"反动"完全像在普鲁士一样,是针对新闻出版、结社等等的,并且还像在普鲁士一样,是以官僚、宪兵和法庭进行粗暴的警察干涉的方式实现的。"山岳党"同样毫不停息地忙于抵抗这种攻击,以此来保护"永恒的人权",就像近 150 年以来每个所谓的人民党派所多多少少做过的那样。可是,只要更仔细地分析一下情况和各个党派,这种遮蔽着**阶级斗争**和这个时期特有面貌的假象就消失了。

我们已经说过,正统派和奥尔良派是秩序党中的两个大集团。什么东西使这两个集团依附于它们的王位追求者并使它们互相分离呢?难道只是百合花[244]和三色旗,波旁王室和奥尔良王室,各种色彩的保皇主义?难道真是它们的保皇主义信仰?在波旁王朝时期进行统治的是**大地产**连同它的僧侣和仆从;在奥尔良王朝时期进行统治的是金融贵族、大工业、大商业,即**资本**和它的随从——律师、教授和阿谀者。正统王朝不过是地主世袭权力的政治表现,而七月王朝则不过是资产阶级暴发户篡夺权力的政治表现。所以,这两个集团彼此分离决不是由于什么所谓的原则,而是由于各自的物质生存条件,由于两种不同的财产形式;它们彼此分离是由于城市和农村之间的旧有的对立,由于资本和地产之间的竞争。当然,把它们同某个王朝联结起来的同时还有旧日的回忆、个人的仇怨、忧虑和希望、偏见和幻想、同情和反感、信念、信条和原则,这有谁会否认呢?在不同的财产形式上,在社会生存条件上,耸立着由各种不同的、表现独特的情感、幻想、思想方式和人生观构成的整个上层建筑。整个阶级在其物质条件和相应的社会关系的基础上创造和构成这一切。通过传统和教育承受了这些情感和观点的个人,会以为这些情感和观点就是他的行为的真实动机和出发点。如果奥尔良派和正统派这两个集团中的每一个集团,都硬要自己和别人相信它们彼此分离是由于它们对两个不同王朝的忠诚,那么后来的事实所证明的却恰恰相反,正是它们利益的对立才使得这两个王朝不能合二为一。正如在日常生活中应当把一个人对自己的想法和品评同他的实际人品和实际行动区别开来一样,在历史的斗争中更应该把各个党派的言辞和幻想同它们的本来面目和实际利益区别开来,把它们对自己的看法同它们的真实本质区别开来。奥尔良派和正统派同处于共和国中并提出同样的要求。如果一方不管另一方力求**复辟**它**自家的王朝**,那么这只是表明,**资产阶级**分裂成的**两大集团**(地产和资本),都力图恢复自己的统治地位,而使对方处于从属地位。我们谈论资产阶级的两大集团,是因为大地产虽然还摆着封建主义的姿态,抱着高贵门第的高傲态度,但是在现代社会发展的影响下已经完全资产阶级化了。例如,英国的托利党人[66]曾长期认为,他们是热衷于王权、教会和旧日英国制度的美好之处,直到危急关头才被迫承认,他们仅仅是热衷于**地租**。

联合的保皇党人在报刊上,在埃姆斯[260],在克莱尔蒙特[262],在议会之外,总是互相倾轧。在幕后,他们又穿起他们旧时的奥尔良派的和正统派的制服,进行他们的旧时的比武。但是在公开的舞台上,在大型政治历史剧[99]演出时,在扮演一个议会大党的角色时,他们对自己的可敬的王朝只是敬而远之,无止境地推迟君主制的复辟。他们在从事自己的真正事业时是以**秩序党**的姿态出现,即凭着**社会的**资格,而不是凭着**政治的**资格;是作为资产阶级世界秩序的代表者,而不是作为出游公主的护卫骑士;是作为和其他阶级对立的资产阶级,而不是作为和共和党人对立的保皇党人。作为秩序党,他们也比先前任何时候,比复辟时期或七月王朝时期,享有更加无限和更加稳固地统治其他社会阶级的权力。这样的权力只有在议会制共和国的形式下才可能存在,因为只有在这种国家形式下,法国资产阶级的两大集团才能联合起来,从而把本阶级的统治提到日程上来,以代替本阶级中的一个特权集团的统治。如果尽管如此他们还是以秩序党的身份痛骂共和制,发泄他们对共和制的憎恶,那么这就不仅是出于保皇主义的回忆了。本能告诉他们,共和制虽然完成了他们的政治统治,同时却破坏着这一统治的社会基础,因为他们现在必须面对各个被奴役的阶级并且直接和它们斗争,没有人调解,没有王冠作掩护,也不能用相互之间以及和王权之间的次要斗争来转移全国的视线。由于感觉到自己软弱无力,他们才不得不在他们阶级统治的完备的条件面前退缩下来,力图返回到那些不大完备、不大发达、因而危险也较少的阶级统治的形式上去。相反地,每当联合的保皇党人和敌视他们的王位追求者即波拿巴发生冲突时,每当他们担心行政权危害他们的议会的万能权力时,每当他们因此必须亮出自己统治的政治资格时,他们就不是以**保皇党人**的身份出现,而是以**共和党人**的身份出现,从奥尔良派的梯也尔到正统派的贝里耶都是如此:前者曾向国民议会担保说,关于共和国的问题,他们的意见分歧最少;后者曾缠着三色绶带,以护民官的姿态,在1851年12月2日代表共和国向集合在第十区区政府前面的人民群众发表演说。的确,有一阵讥笑的回声响应着他:亨利五世! 亨利五世!

与联合的资产阶级相对抗的,是小资产者和工人的联合,即所谓的**社会民主派**。1848年六月事变以后,小资产者发觉自己受到了亏待,自己的物质利益受到威胁,而那些应当保证它有可能捍卫这种利益的民主保障,也受到了反革命的危害。因此,它就和工人接近起来。另一方面,它在议会中的代表,即在资产阶级共和派专政时期被排挤到后台去的**山岳党**,在制宪议会存在的后半期,因为同波拿巴及保皇派阁员们进行了斗争,又重新获得了已失去的声

望。山岳党和社会主义的领袖们结成了同盟。1849 年 2 月举行
了和解宴会，制定了共同纲领，设立了共同的选举委员会，提出了
共同的候选人。无产阶级的社会要求已被磨掉革命的锋芒，发生
了民主主义的转折，小资产阶级的民主主义要求则丢掉了纯政治
的形式而显露出社会主义的锋芒。这样就产生了**社会民主派**。由
这种联合产生出来的新**山岳党**所包含的成员，除了几个工人阶级
出身的配角和几个社会主义的宗派分子，还是和旧山岳党所包含
的成员一样，不过是人数多点罢了。但是，逐渐地它就随着它所代
表的那个阶级一同变化了。社会民主派的特殊性质表现在，它要
求把民主共和制度作为手段并不是为了消灭两极——资本和雇佣
劳动，而是为了缓和资本和雇佣劳动之间的对抗并使之变得协调
起来。无论它提出什么办法来达到这个目标，无论目标本身涂上
的革命颜色是淡是浓，其内容始终是一样的：以民主主义的方法来
改造社会，但是这种改造始终不超出小资产阶级的范围。然而也
不应该狭隘地认为，似乎小资产阶级原则上只是力求实现其自私
的阶级利益。相反，它相信，保证它自身获得解放的那些**特殊**条
件，同时也就是唯一能拯救现代社会并避免阶级斗争的**一般**条件。
同样，也不应该认为，所有的民主派代表人物都是小店主或崇拜小
店主的人。按照他们所受的教育和个人的地位来说，他们可能和
小店主相隔天壤。使他们成为小资产者代表人物的是下面这样一
种情况：他们的思想不能越出小资产者的生活所越不出的界限，因
此他们在理论上得出的任务和解决办法，也就是小资产者的物质
利益和社会地位在实际生活上引导他们得出的任务和解决办法。
一般说来，一个阶级的**政治代表**和**著作界代表**同他们所代表的阶
级之间的关系，都是这样。

　　从以上的分析可以明显地看出，当山岳党为了共和国和所谓

的人权不断同秩序党作斗争时,共和国或人权并不是它的最终目的,正像一支将被缴械的军队进行反抗和投入战斗并不是为了保全自己的武器一样。

国民议会刚一开幕,秩序党就向山岳党挑战。资产阶级这时已感到必须制服民主派小资产者,正如他们在一年以前感到必须整垮革命无产阶级一样。不过这次对手的情况已是另一个样子了。无产阶级党的力量是在街上,小资产者的力量却在国民议会中。因此必须趁时间和形势还没有把这种力量巩固起来的时候,就把它从国民议会引诱到街上,使它自己摧毁它在议会中的力量。山岳党便纵马飞奔到陷阱中去了。

把山岳党引入陷阱的诱饵是法军炮轰罗马。这次炮轰违反了宪法第5条,因为该条禁止法兰西共和国使用自己的兵力侵犯他国人民的自由。此外,宪法第54条还禁止行政权不经国民议会同意宣布战争,而制宪议会在5月8日的决议中曾指责远征罗马的举动。赖德律-洛兰以此为根据在1849年6月11日对波拿巴和他的部长们提出弹劾案。赖德律-洛兰被梯也尔的刻毒的讥刺激怒,威胁说将用一切手段,甚至将使用武力来保卫宪法。山岳党全体一致起立,重申这个使用武力的号召。6月12日,国民议会否决了弹劾案,于是山岳党就退出了议会。六月十三日事变[379]大家都知道:一部分山岳党人发表宣言,宣布波拿巴和他的部长们"不受宪法保护";民主派的国民自卫军徒手举行示威游行,遇到尚加尔涅的军队就逃散了,如此等等。一部分山岳党人逃到国外,另一部分被交付布尔日特别最高法庭审讯,余下的山岳党人按照议会规则[380]受到国民议会议长吹毛求疵的监管。巴黎重又宣布戒严,巴黎国民自卫军中的民主派部分被解散了。山岳党在议会中的影响和小资产者在巴黎的力量就这样被消灭了。

里昂——在那里六月十三日事变成了工人流血起义的信号[381]——也和邻近的五个省同时宣布了戒严。戒严状态一直继续到现在。

山岳党大多数背弃了自己的先锋队,拒绝在它的宣言上签名。报刊也临阵脱逃了,只有两家报纸敢于登载这个宣言。[255]小资产者背叛了自己的代表,国民自卫军没有露面,即使在某处露面,也只是阻挠构筑街垒。代表们欺骗了小资产者,军队中的所谓同盟者根本没有露过面。最后,民主派不但没有从无产阶级中汲取力量,反而把自己的懦弱传染给无产阶级,并且正如民主党人的一切重大行动中常有的情形那样,领袖们为了安慰自己,可以责备他们的"人民"背叛了他们,人民为了安慰自己,可以责备他们的领袖欺骗了他们。

很少看到有什么事情比山岳党当前的进军喧嚷得更厉害;很少看到谈论什么事情像现在吹嘘民主派必胜这样自信、这样迫不及待。显然,民主党人是相信使耶利哥城墙应声倒塌的号角声[382]的力量的。每当他们站在专制制度的城墙面前时,他们就力图重复这个奇迹。如果山岳党真想在议会中获得胜利,它就不应该号召使用武力。如果它在议会中号召使用武力,它就不应该在街头采取议会式的行动。如果它真的想举行和平示威,那么没有预见到示威将受到武力的干涉,就很愚蠢了。如果它想投入实际的战斗,那么放下战斗所必需的武器,就是件怪事了。可是问题在于,小资产者和他们的民主派代表人物提出革命威胁,不过是企图吓唬一下敌人罢了。当他们误入死胡同时,当他们丢尽了面子,以致不得不把自己的威胁付诸实行时,他们就采取模棱两可的态度,尽力避免采取可能达到目的的手段,而急于寻找失败的借口。一旦必须实地战斗时,震耳欲聋的宣战前奏曲就变成怯懦的唠叨;演员不再认真表演了,戏也就停止了,像吹胀了的气球一样,针一刺就破了。

没有一个党派像民主党这样夸大自己的力量,也没有一个党派像民主党这样轻率地错误估计局势。当一部分军队投票赞成山岳党的时候,山岳党就认为,军队会举行起义来拥护它。而根据是什么呢?就是根据这样一个理由,这个理由在军队看来只有一个意思,即革命家站在罗马士兵方面反对法国士兵。另一方面,人们对1848年的六月事变还记忆犹新,以致无产阶级对国民自卫军深恶痛绝,秘密团体的领袖们对民主派的领袖们表示很不信任。要消除这些矛盾,必须有受到威胁的重大的共同利益出现。宪法某一抽象条文遭破坏,并不能激起这种利益。如民主党人自己所说,难道宪法不是已经被人破坏了许多次吗?难道最大众化的报纸不是已经责骂宪法是反革命的拙劣作品吗?但是,民主党人代表小资产阶级,即体现两个阶级的利益互相削弱的那个**过渡阶级**,所以民主党人自以为完全超然于阶级对抗之上。民主党人认为,和他们对立的是一个特权阶级,而他们和全国所有其他阶层一起构成了**人民**。他们所维护的是**人民的权利**;他们所关心的是**人民的利益**。因此,他们没有必要在临近斗争时考察各个不同阶级的利益和立场。他们不必过分仔细地估量自己的力量。他们只要发出一个信号,**人民**就会用它的无穷无尽的力量冲向**压迫者**。可是,如果事实表明民主党人的利益没有吸引力,他们的力量是软弱的,那么这就应该归罪于危险的诡辩家,他们把**统一的人民**分成了各个敌对的阵营;或者是由于军队太野蛮,太没有理智,不能把民主党人的纯正目的当做自己的至宝;再不然就是由于执行中的某个细节使全盘皆输,或者是由于某个意外的偶然事件使这一次行动又被挫败了。不管怎样,民主党人逃出最可耻的失败时总是洁白无瑕的,正像他们陷入这种失败时是纯洁无辜的一样;他们摆脱失败时信心更加坚定了,他们以为他们一定会胜利,以为不是他们自己和他们的党应该放弃旧的观点,相反地,是形势应该来适应他们的旧观点。

因此,不应当以为人数大大削减、备受挫折并被新的议会规则所侮辱的山岳党是太不幸运了。虽然六月十三日事变排挤了它的领袖,但是这一天又给第二流的能者腾出了位置,这个新地位使得他们得意忘形。虽然他们在议会中软弱无力的情况已经毋庸置疑,但是他们现在已经有理由把他们的行动局限于道义上的愤怒和虚张声势的言论了。虽然秩序党把他们这些最后正式代表革命的人物看做无政府状态一切可怕现象的体现者,但是他们在实际上已经能够表现得更平庸、更温和了。关于 6 月 13 日的失败[379],他们意味深长地安慰自己说,只要谁敢动一动普选权,只要敢动一下,我们就让他知道我们的厉害! 走着瞧吧!

至于那些逃到国外的山岳党人,这里只须指出:赖德律-洛兰在不到两星期的时间内就把他所领导的强大的党无可挽回地断送了,在这以后,他竟觉得自己负有使命组织一个有名无实的法国政府;他这个远离行动舞台的人物,似乎将随着革命水平的下降,随着官方法国的官方大人物变得愈益矮小而愈益高大起来;在 1852 年,他能以共和派竞选人的资格出面;他不断向瓦拉几亚人和其他民族发出通告,威胁说要以他自己和他的同盟者的壮举来对付大陆上的专制暴君。蒲鲁东曾向这班老爷们说过:"你们就是会吹牛皮!"①他这样说难道没有一点道理吗?

---

① 皮·约·蒲鲁东《致公民赖德律-洛兰、沙尔·德勒克吕兹、马丁·贝尔纳等人和伦敦〈流亡者报〉的编辑们。1850 年 7 月 20 日》,载于 1850 年 7 月《1850 年人民报》第 2 期。——编者注

6月13日,秩序党不仅击溃了山岳党的势力,同时还执行了**宪法应服从国民议会多数的决议的原则**。它对共和国的理解是:在共和国里,资产阶级通过议会形式实现统治,不像在君主国里那样,既要受行政权的否决权的限制,又要受行政权解散议会的权力的限制。这就是梯也尔所说的**议会制共和国**。可是,如果说资产阶级在6月13日保证自己在议会大厦内取得了无限的权力,那么它把议会中最孚众望的议员排除出去,岂不是严重地削弱了议会对付行政权和人民的力量,因而使议会本身受到一次沉重的打击吗?它既然毫不客气地把许多议员交付法庭审判,也就是废弃了它本身的议会不可侵犯性。它迫使山岳党议员遵守的那个屈辱性的规则,大大提高了共和国总统的地位,因而也就大大贬低了每一个人民代表。它指责为保护立宪制宪法而举行的起义是图谋颠覆社会的无政府行动,也就是自己剥夺了自己在遭受行政权违反宪法的侵犯时诉诸起义的机会。历史真能捉弄人!1851年12月2日,秩序党痛哭流涕、但徒劳无益地向人民推荐了一位抵御波拿巴并保护宪法的将军**乌迪诺**,而这位将军曾按照波拿巴的命令炮轰了罗马,因而成为6月13日护宪骚动的直接原因。6月13日的另一个英雄**维埃伊拉**,曾经率领一帮属于金融贵族的国民自卫军在民主派报社内胡作非为,因而受到来自国民议会讲坛的称赞;而这个维埃伊拉竟参与了波拿巴的阴谋,并且在很大程度上使得国民议会在生死关头失掉了国民自卫军方面的任何援助。

6月13日的事变还有另一种意思。山岳党曾力求把波拿巴交付法庭审判。所以,山岳党的失败也就是波拿巴的直接胜利,也就是波拿巴个人对他那些民主派敌人的胜利。秩序党赢得了这个胜利,而波拿巴只要坐享其成就行了。他这样做了。6月14日,巴黎各处墙壁上张贴了一个布告,据布告所说,总统好像并没有参与这一切,好像他也并不愿意,只是为事变所迫才离开他的僧院式的隐居生活,他以被人误会的善人的口吻抱怨敌人对他的诽谤,他仿佛把他个人和秩序的事业等同起来,实际上却是把秩序的事业和他个人等同起来。此外,虽然国民议会后来批准了对罗马的征讨,但这次征讨是由波拿巴发起的。波拿巴恢复了最高祭司撒母耳在梵蒂冈的权力以后,便可以指望以大卫王的姿态进入土伊勒里宫。[383]他已把僧侣拉到自己方面来了。

我们已经说过,6月13日的骚动只不过是一次和平的街头游行。所以,对付这次游行,是说不上什么军事勋业的。然而,在这个很少有英雄人物和事变的时期,秩序党却把这个不流血的战斗变成了第二个奥斯特利茨[384]。讲坛和报刊都称赞军队,说它是秩序用来对抗那些体现无政府状态的软弱无力的人民群众的一种力量,而尚加尔涅则被称颂为"社会中坚"——这个骗局,最后连他自己也信以为真了。这时,那些看来怀有二心的军队,都被悄悄地调出了巴黎;那些在选举中表露出浓厚的民主倾向的团队,都从法国调往阿尔及尔去了;士兵中不安分的分子,都被送入了惩罚队;最后,报刊渐渐和兵营完全隔绝,而兵营渐渐和市民社会完全隔绝了。

在这里我们已经谈到了法国国民自卫军历史上的决定性的转折点。1830年,国民自卫军决定了复辟的垮台。在路易-菲力浦时期,如果国民自卫军站在军队一边,每次暴动都要遭到失败。当国民自卫军在1848年的二月事变中对镇压起义采取消极的态度,而对路易-菲力浦采取模棱两可的态度时,路易-菲力浦就认定自己要完蛋,而事情果然也就是这样。于是就确立了这样一种信念:革命**没有**国民自卫军便不能胜利,而军队如果**反对**国民自卫军便不能获胜。这是军队对市民万能的一种迷信。在1848年六月事变中,当全部国民自卫军协同正规军镇压了起义的时候,这种迷信更加牢固了。从波拿巴就任总统时起,由于违反宪法地把国民自卫军的指挥权和正规军第一师的指挥权统一在尚加尔涅一人身上,国民自卫军的地位才有所降低了。

国民自卫军的指挥权在这里好像成了最高军事统帅的一种属性,同样,国民自卫军本身也好像只是正规军的附属物。最后,在6月13日国民自卫军已经被粉碎,这不仅是由于从这一天起它在法国全国各地都一部分一部分地逐渐被解散,直到只剩一些碎屑为止。6月13日的示威游行首先是国民自卫军中民主派的示威游行。固然,他们用来和军队对抗的,不是自己的武器,而只是自己的军装;可是,护身符就在于这个军装。军队知道,这种军装不过是一块普普通通的毛料。魔法消失了。1848年六月事变时,资产阶级和小资产阶级以国民自卫军为代表同军队联合起来反对无产阶级;1849年6月13日,资产阶级在军队的帮助下驱散了小资产阶级的国民自卫军;1851年12月2日,资产阶级自己的国民自卫军也已经不存在了,当波拿巴后来签署解散国民自卫军的法令时,他只是确认了既成的事实。资产阶级就这样自己毁坏了自己对抗军队的最后一个武器,但是自从小资产阶级已不像一个忠顺的臣仆支持它而像一个反叛者反对它的时候,资产阶级就已经不得不毁坏这个武器了。一般说来,资产阶级一旦自己成为专制者的时候,就不得不亲手把自己用来对付专制制度的一切防御手段尽行毁坏。

这时候,秩序党却在庆祝政权重新回到它手里(1848年它失掉了这个政权,好像只是为了1849年它摆脱一切羁绊的时候重新把政权收回来),它对共和国和宪法横加侮辱,咒骂未来、现在和过去的一切革命,甚至连它自己的领袖所完成的革命都包括在内,最后还颁布了钳制报刊言论、消灭结社自由和把戒严状态规定为正常制度的法律。接着,国民议会从 8 月中旬到 10 月中旬休会,任命了休会期间的常任委员会。在休会期间,正统派在埃姆斯进行阴谋活动,奥尔良派在克莱尔蒙特进行阴谋活动,波拿巴借皇帝式的巡游来进行阴谋活动,而各省议会则在为修改宪法召开的会议上施展阴谋,这是国民议会定期休会期间照例经常发生的一些事实。这些事实只有在它们具有事变的性质时,我才较为详细地予以论述。不过这里还应该指出,国民议会在一个相当长的时期内退出舞台,只留下路易·波拿巴这**一个**——虽然是可怜的——人物在众目睽睽之下占据共和国首脑的地位,国民议会的这种举动是失策的,而这时秩序党却分解为保皇派的各个构成部分,发泄其彼此敌对的复辟欲望,使公众为之哗然。每当这种休会期间**议会**的喧闹声趋于沉寂而议会的身体消融到国民里去的时候,就显然可以看出,这个共和国为要显出自己的真面目来,只缺少**一件东西**——使议会的休会继续不断,并把共和国的"自由,平等,博爱"这句格言代以毫不含糊的"步兵,骑兵,炮兵!"

四

1849 年 10 月中,国民议会复会。11 月 1 日,波拿巴送给议会一份咨文[①],说巴罗—法卢内阁已经被免职,新内阁已经组成,这使议会大为震惊。就是驱逐一个仆人也不会像波拿巴驱逐自己的内阁阁员那样蛮横无礼。预定要向国民议会踢去的一脚,先踢到

---

① 1849 年 11 月 1 日巴黎《总汇通报》第 305 号。——编者注

巴罗和他的同僚身上了。

我们已经说过,巴罗内阁是由正统派¹⁹⁹和奥尔良派²³⁵组成的。这是秩序党的内阁。波拿巴需要这个内阁,是为了要解散共和派制宪议会,实现对罗马的征讨,并摧毁民主派的力量。那时他好像躲在这个内阁背后,把政府权力让给了秩序党,戴上了路易-菲力浦时期报刊的责任发行人戴的谦虚的性格面具,即代理人戴的面具。现在他把面具丢掉了,因为这个面具已不是一块使他能够隐藏自己的面容的薄纱,而是已变成一个妨碍他显示出自己的本来面目的铁制面具了。他任命巴罗内阁,是要借秩序党的名义驱散共和派的国民议会;他解散这个内阁,是要宣布他自己的名字和这个秩序党的国民议会无关。

要解散巴罗内阁是不乏正当借口的。巴罗内阁在对待共和国总统这个和国民议会并存的权力时,甚至连必须遵守的礼节都忽视了。在国民议会休会期间,波拿巴发表了给埃德加·奈伊的信,其中好像是指责教皇①的自由主义行动³⁸⁵,正像他曾同制宪议会相对抗,发表了称赞乌迪诺进攻罗马共和国的信一样。当国民议会表决远征罗马的拨款时,维克多·雨果从所谓的自由主义出发提起了这封信的问题。秩序党在表示轻蔑和怀疑的叫声下,根本埋葬了认为波拿巴的狂妄举动可能有什么政治意义的念头。内阁阁员没有一个人出来替波拿巴应战。又一次,巴罗以他特有的空洞的热情,在讲坛上愤愤不平地讲到据他说是在总统亲信人物中进行的"可憎的阴谋"。最后,内阁从国民议会中为奥尔良公爵夫人争得了寡妇抚恤金,却坚决拒绝向国民议会提出增加总统年俸的议案。在

---

① 庇护九世。——编者注

波拿巴身上，王位追求者和破产冒险家的身份紧紧地结合在一起，因此，认定他自己负有恢复帝国的使命这一伟大思想，总是由认定法国人民负有替他偿清债务的使命的另一伟大思想来补充。

巴罗—法卢内阁是波拿巴所成立的第一个同时又是最后一个**议会制内阁**。所以，这个内阁的解散是一个决定性的转折点。随着这个内阁的解散，秩序党就不可挽回地丧失了为维持议会制度所必需的支柱——掌握行政权。显然，在法国这样的国家里，行政权支配着由 50 多万人组成的官吏大军，也就是经常和绝对控制着大量的利益和生存；在这里，国家管制、控制、指挥、监视和监护着市民社会——从其最广泛的生活表现到最微不足道的行动，从其最一般的生存形式到个人的私生活；在这里，这个寄生机体由于极端的中央集权而无处不在、无所不知，并且极其敏捷、极其灵活，而现实的社会机体却极无独立性、极不固定；在这样一个国家里，国民议会如果不同时简化国家管理，不尽可能缩减官吏大军，最后，如果不让市民社会和舆论界创立本身的、不依靠政府权力的机关，那么它一旦失掉分配阁员位置的权限，也就失掉任何实际影响了。但是，法国资产阶级的**物质利益**恰恰是和保持这个庞大而分布很广的国家机器最紧密地交织在一起的。它在这里安插自己的多余的人口，并且以国家薪俸形式来补充它用利润、利息、租金和酬金形式所不能获得的东西。另一方面，资产阶级的**政治利益**又迫使它每天都要加强压制，即每天都要增加国家政权的经费和人员，同时又必须不断地进行反对社会舆论的战争，并由于猜疑而去摧残和麻痹独立的社会运动机关，如果不能把它们根本割掉的话。这样，法国资产阶级的阶级地位就迫使它一方面要根本破坏一切议会权力、包括它自己的议会权力的生存条件，另一方面则使得与它相敌对的行政权成为不可抗拒的权力。

新内阁叫做奥普尔内阁。这并不是说奥普尔将军得到了内阁总理的职位。自从巴罗被免职时起,波拿巴甚至废除了这个职位,因为事实上这个职位使共和国总统成为在法律上微不足道的立宪君主,这个立宪君主没有王位和王冠,没有权杖和宝剑,没有不被追究责任的特权,没有世袭的最高国家权位,而最糟糕的是没有王室费。奥普尔内阁里只有一个人拥有议员头衔,这就是高利贷者**富尔德**,他是金融贵族中恶名昭彰的一个。财政部长的位置就落到他手上。只要看看巴黎交易所的行市表,就可以看出,从1849年11月1日起,法国的证券是随着波拿巴的股票的涨跌而涨跌的。这样,波拿巴在交易所中找到了同盟者,同时又通过任命卡尔利埃为巴黎警察局长而把警察抓到自己手里。

可是,内阁更迭的后果,只有在事变继续发展的进程中才能显露出来。波拿巴暂时只向前进了一步,好像是为了更清楚地表明自己被抛到后面去了。他送了一份粗鲁的咨文以后,接着就极为卑屈地表示听命于国民议会。每当内阁阁员们敢于小心翼翼地试图把他个人的奇奇怪怪的想法制定成法案的时候,他们好像只是迫于本身地位违心地执行他们事先已确信不会有什么效果的滑稽的委托。每当波拿巴在内阁阁员们背后泄露出他的意图并玩弄他的"拿破仑观念"[373]的时候,他的内阁阁员就在国民议会的讲坛上表示不同意他的主张。看来他说出篡夺权位的欲望,只是为了使他的敌人们的幸灾乐祸的笑声不致沉寂下去。他扮演了一个不被赏识而被全世界当做傻瓜的天才角色。他还从来没有像这个时期这样遭到一切阶级的极度的轻蔑。资产阶级还从来没有这样绝对地统治过,还从来没有这样高傲地炫耀过自己的统治的象征物。

我的任务不是在这里叙述资产阶级立法活动的历史。它的立法活动在这个时期只限于制定两个法律:一个是恢复**葡萄酒税**的法律**265**,另一个是废除无神思想的**教育法268**。当法国人难以喝上葡萄酒的时候,真正的生命之水①却供应得更加充裕。资产阶级以葡萄酒税的法律宣布了旧时的可恨的法国税制的不可侵犯性,同时又力图以教育法使群众保存他们能够容忍这一税制的旧时的心境。有人感到奇怪,为什么奥尔良派,自由派资产者,这些伏尔泰主义**247**和折中派哲学的老信徒们,竟把指导法国人的精神的工作委托给他们的宿敌耶稣会**246**。可是,奥尔良派和正统派虽然在王位追求者这个问题上有分歧,但是他们双方都懂得,他们的共同统治要求把两个时期的压迫手段结合起来,七月王朝时期的奴役手段必须用复辟时期的奴役手段来补充和加强。

农民的一切希望都落了空,他们一方面比任何时候都苦于粮价低落,另一方面又苦于赋税和抵押债务日益加重,于是他们在各省开始骚动起来。他们所得到的回应是:迫害教师,使他们服从于僧侣;迫害镇长,使他们服从于省长;最后是施行控制一切人的侦探制度。在巴黎和各大城市,反动派本身具有自己时代的特征,挑衅行为多于压制。在乡村,反动派卑鄙龌龊、琐碎小气、可恶可厌,一句话,就是宪兵。显然,受过牧师制度祝福的宪兵制度三年来对愚昧的群众的腐蚀该是多么深。

虽然秩序党在国民议会讲坛上热情奔放,大发议论反对少数派,但是它的言词始终是单音节的,正如基督徒说:"是就是,不是就不是!"②不论是讲坛上或报刊上的言论,都很单调,和预先知道

---

① 参看《新约全书・约翰启示录》第 22 章。——编者注
② 参看《新约全书・马太福音》第 5 章第 37 节。——编者注

答案的谜语一样平淡无味。不管是谈请愿权还是葡萄酒税,不管是谈新闻出版自由还是贸易自由,不管是谈俱乐部还是市政机构,也不管是谈保障人身自由还是决定国家预算,发出的口号总是一样,题目总是一个,判词总是早已准备妥帖而且总是一成不变地说:"**社会主义**!"甚至资产阶级的自由主义也被宣布为**社会主义**;资产阶级的启蒙运动也被宣布为社会主义;资产阶级的财政改革也被宣布为社会主义。在已有运河的地方建筑铁路也是社会主义,用木棍抵御刀剑的袭击也是社会主义。

这并不只是一句空话、一种时髦或一种党派斗争手腕。资产阶级正确地了解到,它为反对封建制度而锻造出来的各种武器都倒过来朝向它自己了,它所创造的一切教育手段都转过来反对它自己的文明了,它所创造的所有的神都离弃了它。它了解到,一切所谓的市民自由和进步机关,都侵犯它的**阶级统治**,并且既威胁它的社会基础,又威胁它的政治上层,因此这些东西就成了"**社会主义的**"了。在这种威胁和这种侵犯中,它正确地看出了社会主义的秘密,所以它对于社会主义的意义和趋势的评价,比所谓的社会主义自己对自己的评价更正确些。而这种所谓的社会主义因此也就不能了解,为什么资产阶级对它一味表示反对——不管它是在为人类的痛苦感伤地哭泣,不管它是在宣扬基督的千年王国和博爱,也不管它是在用人道主义态度漫谈精神、教育和自由,或是在空泛地臆造一切阶级的协调和幸福的制度。资产阶级只是没有了解到一点:如果推论下去,那么它**自己的议会制度**,它的整个**政治统治**,现在也应该被普遍指责为**社会主义的东西**了。当资产阶级的统治还没有充分组织起来,还没有获得自己的纯粹的政治表现时,其他各个阶级的对抗也不能以纯粹的形式出现,而在出现这一对抗的地方,它也不能实现那种使一切反对国家政权的斗争转化为反对资本的斗争的危险转变①。既然资产阶级认为任何一种社会生活表现都危害"安宁",那么它又怎能希望在社会上层保持**不安宁的制度**,即保持自己那个——照它的一位发言人的说法——生存在斗争中并且靠斗争生存的**议会制度**呢?靠辩论生存的议会制度怎能禁止辩论呢?既然这里每种利益、每种社会措施都被变成一般的思想,并被当做一种思想来讨论,那么在这种条件下怎么能把某种利益、某种措施当做一种高出思维的东西而强使人们把它当做信条来接受呢?发言人在讲坛上的斗争,引起了报界低级作家的斗争;议会中的辩论俱乐部必然要由沙龙和酒馆中的辩论俱乐部来补充;议员们经常诉诸民意,就使民意有理由在请愿书中表示自己的真正的意见。既然议会制度将一切事情交给大多数决定,那么议会以外的大多数又怎能不想作决定呢?既然你们站在国家的顶峰上拉提琴,那么站在下面的人跟着跳舞不正是意料之中的事吗?

总之,既然资产阶级把它从前当做"**自由主义**"颂扬的东西指责为"**社会主义**",那么它就是承认:它本身的利益要求它逃避**自身统治**的危险;要恢复国内的安宁,首先必须使它的资产阶级议会安静下来,要完整地保持它的社会权力,就应该摧毁它的政治权力;只有资产阶级作为一个阶级在政治上注定同其他阶级一样毫无价值,个别资产者才能继续剥削其他阶级,安逸地享受财产、家庭、宗教和秩序;要挽救它的钱包,必须把它头上的王冠摘下,并且把保护它的剑像达摩克利斯剑一样悬在它自己的头上。

---

① 在1852年版中这句话是这样写的:"它也不能实现那种立刻危及财产、宗教、家庭和秩序,使一切反对国家政权的斗争转化为反对资本的斗争的危险转变。"——编者注

在资产阶级的共同利益方面,国民议会表现得非常无能。例如1850年冬季开始的关于修筑巴黎—阿维尼翁铁路问题的讨论,直到1851年12月2日还没有结果。国民议会只要不从事压迫,不进行反动活动,它就患了不可救药的不妊之症。

当波拿巴的内阁中的一部分人倡议制定符合秩序党精神的法律,一部分人还在夸大这些法律在实施和运用中的严酷性的时候,波拿巴本人却企图以一些幼稚荒唐的提案来博得声望,强调自己对于国民议会的敌意,并暗示有某种神秘的藏宝处,只是由于环境的阻碍暂时还不能把所藏的财宝奉献给法国人民。例如,给下级军官每天增加四个苏的津贴的提案,以及为工人创设信誉贷款银行的提案。金钱的馈赠和金钱的借贷,这就是他希望用以诱惑群众的远景。馈赠和贷款,这无非就是显贵的和卑贱的流氓无产阶级的财政学。波拿巴所善于运用的妙诀只此而已。还从来没有一个王位追求者像他这样庸俗地利用群众的庸俗习气来进行投机勾当。

国民议会眼看着波拿巴这样明显地企图靠损害它来博取声望,眼看着这个被债主催逼而又毫无值得珍惜的声誉的冒险家越来越可能干出某种极冒险的勾当,曾不止一次地表示狂怒。秩序党和总统之间的分歧已经具有危险性,一个出乎意料的事件又迫使总统怀着忏悔的心情重新投入秩序党的怀抱。我们指的是**1850年3月10日的补选**。这次选举是为了填补六月十三日事变后被监禁或被驱逐出国的议员所空下来的席位。巴黎只选了社会民主派的候选人①,并且绝大部分选票都投给了参加过1848年六

---

① 拉·伊·卡诺、保·德弗洛特和弗·维达尔。——编者注

月起义的德弗洛特。和无产阶级联合起来的巴黎小资产阶级,就这样报复了1849年6月13日的失败。看来,小资产阶级在危急关头离开战场,只是为了要在顺利的情况下以更大的战斗力量和更勇敢的战斗口号重新进入战场。看来有一种情况更加重了这次选举胜利的危险性。军队在巴黎投票选举了六月起义的一个参加者来对抗波拿巴的内阁阁员拉伊特,而在各省,军队中大部分人投了山岳党人的票,山岳党人在这些地方虽然不像在巴黎那样占有绝对优势,但也比对手占有优势。

波拿巴突然看到自己又面对着革命了。和1849年1月29日及1849年6月13日一样,1850年3月10日他又躲到秩序党背后去了。他屈服了,他怯懦地请罪,表示决心遵照议会多数的意旨来组织任何一个内阁,他甚至恳求奥尔良派和正统派的首领们,梯也尔们、贝里耶们、布罗伊们和摩莱们,一句话,就是恳求所谓的卫成官们[283]亲自掌握政权。秩序党未能利用这个千载难逢的机会。它不但没有大胆地抓住这个送到手上的政权,甚至也没有强迫波拿巴恢复他在11月1日所解散的内阁;它满足于用自己的宽恕羞辱波拿巴,并使**巴罗什**先生加入奥普尔内阁。这个巴罗什作为公诉人曾经在布尔日特别最高法庭疯狂地攻击过五月十五日事件中的革命者和六月十三日事件中的民主派,两次都指控他们危害国民议会。以后波拿巴的任何一个内阁阁员,都没有再敢像巴罗什那样侮辱国民议会,而在1851年12月2日以后,我们发现,他又得到了参议院副议长这个官高禄厚的职位。他把痰吐在革命者的菜汤中,为的是让波拿巴把它喝掉。

社会民主派这边似乎只是在寻找借口,以便再度使自己的胜利成为问题并削弱这一胜利的意义。巴黎新选出的议员之一维达尔,同时在斯特拉斯堡也当选了。他被说服放弃巴黎的选举而接受了斯特拉斯堡的选举。这样,民主派就没有把自己在投票站的胜利变成最终的胜利,从而激起秩序党立刻在议会中对这个胜利提出异议,它没有迫使对手在人民热情高昂和军队情绪良好的时机出来斗争,反而在3月和4月间用新的竞选把巴黎弄得疲惫不堪,使人民的激昂的感情在这一新的临时竞选把戏中消耗掉,使革命的精力满足于宪制的成就,把革命精力浪费于细小的攻讦、空洞的宣言和表面的运动,让资产阶级集合起来并做好准备,最后,以4月补选的感伤主义的注解(欧仁·苏当选)减弱了3月选举的意义。一句话,社会民主派让3月10日受了4月愚人节的愚弄。

议会中的多数派了解自己对手的弱点。因为波拿巴让多数派领导和负责攻击,多数派的17个卫戍官拟定了新选举法[282],法案的报告人是要求这种荣誉的福适先生。5月8日,福适提出了这个法案,其内容是要废除普选权,并规定选举人必须在他们所在的选区内居住三年,最后,工人在选区的居住年限应由他们的雇主来作证。

民主派在宪制选举斗争时期曾满怀革命的激情,当现在应该拿起武器来证明自己的选举胜利的重大意义的时候,他们却以宪制精神鼓吹秩序,宣扬庄严的宁静(calme majestueux)和合法行为,也就是盲目地服从自封为法律的反革命势力的意志。在辩论的时候,山岳党[238]力图羞辱秩序党,以一个遵守法制的正直庸人的冷漠态度来对抗它的革命热情,严厉责备它的革命行为,从而把它置于死地。甚至新当选的议员们也极力想以自己的谨慎而有礼的举动来向大家证明:责骂他们是无政府主义者和把他们的当选解释成革命的胜利,是一种怎样的误解。5月31日,新选举法通过了。山岳党把抗议书塞进议长的衣袋里就心满意足了。继选举法之后又通过了一个彻底消灭革命报刊的新的新闻出版法[256]。

革命报刊遭到这种厄运是活该。在这场大洪水以后,革命的最前哨就只剩下《国民报》[221]和《新闻报》[259]这两个资产阶级的报纸了。

我们已经看到,民主派的领袖们在3月和4月间曾竭力把巴黎人民拖入虚构的斗争,而在5月8日以后又竭力阻止巴黎人民进行实际的斗争。此外,我们还不应当忘记,1850年是少有的工商业繁荣的年头,所以当时巴黎的无产阶级有充分就业的机会。可是1850年5月31日的选举法根本剥夺了无产阶级参政的权利,甚至断绝了他们接近战场的机会。这个法律使工人回复到他们在二月革命以前所处的贱民地位。面对着这样的事变,他们却让民主派来驾驭自己,为了一时的安逸而忘记了自己阶级的革命利益,由此放弃了作为制胜力量的光荣,屈服于自己的命运,并且表明,1848年6月的失败使他们多年丧失了战斗能力,最近的历史进程又要撇开他们而自行发展。至于在6月13日曾大嚷大叫"只要敢动一动普选权,那就对他不客气!"的小资产阶级民主派,现在却自慰说:反革命给他们的打击根本不是打击,而5月31日的法律也根本不是法律。在1852年5月的第二个星期日,每个法国人都将一手拿着选票,一手拿着利剑来到投票站。他们用这样的预言来安慰自己。最后,军队为了1850年3月和4月的选举而受到上级的处罚,正如他们曾经为了1849年5月29日的选举而受到处罚一样。可是这一次军队坚决地对自己说:"第三次我们再不会上革命的当了!"

1850年5月31日的法律[282],是资产阶级的政变。资产阶级过去所有各次对革命的胜利,都只具有临时的性质。只要现届国民议会一退出舞台,这些胜利就成为问题了。这些胜利是取决于新的普选中的偶然情况的,而自从1848年以来,选举的历史已经无可辩驳地证明,资产阶级的实际统治越强大,它对人民群众的精神统治就越软弱。普选权在 3 月 10 日直接表明反对资产阶级的统治,资产阶级就以取消普选权进行了报复。所以,5 月 31 日的法律是阶级斗争的一种必然表现。另一方面,按宪法规定,共和国总统的当选至少要有 200 万票才算有效。如果总统候选人中没有一个人获得这个最低限度的票数,国民议会就有权从得票最多的三个候选人中选出一个来当总统。当制宪议会制定这个法律的时候,选民册中共有 1 000 万选民。所以,按照这个法律,只要取得占选民总数五分之一的票数,总统当选就算有效了。5 月 31 日的法律至少从选民册中勾销了 300 万个选民,这样就把选民人数减低到 700 万人,但是当选总统需要获得 200 万选票的法定最低限额却依然保留。这样一来,法定的最低限额就从总选票的五分之一几乎提高到三分之一。换句话说,这个法律用尽一切办法把总统选举从人民手里暗中转到国民议会手里。总之,秩序党好像是用 5 月 31 日的选举法加倍巩固了自己的统治,因为它已经把国民议会议员的选举和共和国总统的选举转交给社会的保守部分了。

<h1 style="text-align:center">五</h1>

革命危机刚一过去,普选权刚一废止,国民议会和波拿巴之间的斗争就重新爆发了。

宪法规定发给波拿巴的薪俸是每年 60 万法郎。他就职后不到半年工夫,就把这个数额增加了一倍,因为奥迪隆·巴罗硬要制宪议会每年发给 60 万法郎的津贴作为所谓交际费。在 6 月 13 日以后,波拿巴又提出过类似的要求,可是巴罗这次并没有听从。现在,在 5 月 31 日以后,波拿巴立即利用这个有利的时机,通过他的内阁阁员们向国民议会要求每年发给 300 万法郎的总统年俸。长期的流浪生活使这个冒险家长出非常发达的触角,能探知可能向资产者勒索金钱的时机。他采取了十足的敲诈手段。国民议会在他的协助和同意下污辱了人民的主权。他威胁说,如果国民议会不松开钱袋,不以每年 300 万法郎来买他的沉默,他就要向人民法庭告发国民议会的犯罪行为。国民议会剥夺了 300 万法国人的选举权,他要求把每一个不流通的法国人换成一个流通的法郎,正好是 300 万法郎。他是由 600 万人选出来的,他要求赔偿他在事后被剥夺掉的票数。国民议会的委员会拒绝了这种厚颜无耻的要求。波拿巴派的报纸进行威胁。国民议会能够在它从原则上彻底和国民群众决裂的时候又同共和国总统决裂吗?国民议会虽然否决了每年的总统年俸,但同意一次性增发 216 万法郎。国民议会既已答应给钱,同时又以自己的烦恼表明自己这样做是出于不得已,因而就暴露了双倍的软弱。波拿巴为什么需要这笔款子,我们往后就可以看到。在废除普选权后,接踵而至的是令人气恼的尾声,在这尾声当中波拿巴对于篡权的议会的态度已经从 3 月和 4 月危机时期的恭顺平和变成了挑战式的骄横,而国民议会在这个尾声后却休会三个月,从 8 月 11 日到 11 月 11 日。它在休会期间留下了一个由 28 人组成的常任委员会,代行它的职能。这其中没有一个波拿巴分子,但是有几个温和的共和派。1849 年的常任委员会完全是由秩序党和波拿巴分子组成的。但是,那时是秩序党以革命的经常反对者自命,现在则是议会制共和国以总统的经常反对者自命了。5 月 31 日的法律通过后,秩序党要对付的只是这个敌手了。

1850 年 11 月国民议会复会的时候,过去国民议会和总统之间的一些小小的冲突看来势必要转化为两个权力之间的大规模的无情战斗,转化为两个权力之间的你死我活的斗争。

同 1849 年间一样,这一年议会休会期间,秩序党又分解成了各个派别,每一派别都忙于自己的复辟阴谋,这种阴谋因路易-菲力浦之死而更加活跃起来。正统派的国王亨利五世甚至任命了一个组织完备的内阁驻在巴黎,其中有几个常任委员会委员。因此,波拿巴也有理由巡游法国各省,并按照他所临幸的每个城市的情绪,或者隐晦地或者公开地吐露自己的复辟计划,为自己张罗选票。波拿巴的这次巡游,自然被大型的官方报纸《通报》²²⁵和小型的波拿巴私人通报捧做胜利的游行。在这次巡游期间,到处都有**十二月十日会**²⁹¹的会员们随驾陪行。这个团体在 1849 年就成立了。它名义上是个慈善会,实际上是由巴黎流氓无产阶级组成的一些秘密宗派,每一个宗派都由波拿巴的走狗们领导,总领导人是一个波拿巴派的将军①。在这个团体里,除了一些生计可疑和来历不明的破落放荡者,除了资产阶级中的败类和冒险分子,就是一些流氓、退伍的士兵、释放的刑事犯、脱逃的劳役犯、骗子、卖艺人、游民、扒手、玩魔术的、赌棍、皮条客、妓院老板、挑夫、下流作家、拉琴卖唱的、捡破烂的、磨刀的、补锅的、叫花子,一句话,就是被法国人称做浪荡游民的那个完全不固定的、不得不只身四处漂泊的人群。波拿巴把这些跟他同类的分子组成十二月十日会即"慈善会"的核心,因为这个团体的所有成员都和波拿巴一样感到自己需要靠国内的劳动群众来周济。波拿巴是**流氓无产阶级的首领**,他只有在这些流氓无产者身上才能大量地重新找到他本人所

---

① 让·皮·皮亚。——编者注

追求的利益,他把这些由所有各个阶级中淘汰出来的渣滓、残屑和糟粕看做他自己绝对能够依靠的唯一的阶级。这就是真实的波拿巴,不加掩饰的波拿巴。① 他这个老奸巨猾的痞子,把各国人民的历史生活和他们所演出的大型政治历史剧[99],都看做最鄙俗的喜剧,看做专以华丽的服装、辞藻和姿势掩盖最鄙陋的污秽行为的化装舞会。例如,在进攻斯特拉斯堡时,一只受过训练的瑞士兀鹰就扮演了拿破仑之鹰的角色。当他在布洛涅登陆时,他给几个伦敦仆役穿上了法国军装,于是他们就俨然成了军队。[387]在他的十二月十日会中,他搜罗了1万个游手好闲分子,要他们扮演人民,正像尼克·波顿扮演狮子②一样。当资产阶级毫不违反法国演剧格式的迂腐规则,十分严肃地表演最纯粹的喜剧时,当它一半被骗一半信服自己的大型政治历史剧的庄严时,一个把喜剧仅仅看做喜剧的冒险家当然是要获得胜利的。只有当他扫除了盛装的敌人,并且认真演起自己的皇帝角色,戴上拿破仑的面具装做真正的拿破仑以后,他才会成为他自己的世界观的牺牲品,成为一个不再把世界历史看做喜剧而是把自己的喜剧看做世界历史的认真的丑角。十二月十日会是波拿巴特有的一种党派战斗力量;它对于波拿巴的意义,正如国家工场[232]对于社会主义工人,别动队[230]对于资产阶级共和派的意义一样。在他巡游期间,十二月十日会的会员们成群地聚集在沿途各火车站,装做迎驾的群众,并表示人民的

---

① 在1852年版中这句话是:"这就是真实的波拿巴,不加掩饰的波拿巴,他后来除了革命者之外,还把他的一部分昔日的共谋者送到卡宴[386],从而以万能的方式还清了欠他们的债,这充分地显示出波拿巴的本色。"——编者注

② 莎士比亚《仲夏夜之梦》第1幕第2场。——编者注

热情,高叫"皇帝万岁!",侮辱和殴打共和党人——所有这些,当然都是在警察保护下干出来的。在他返回巴黎的途中,这些人就充当了前卫,防止或驱散敌对性的示威游行。十二月十日会属于他,是**他**创造出来的,是完全出自他自己的主意。在其他方面,他据为己有的东西,都是由于形势关系落到他手中的;他所做的一切,都不过是形势替他做好或者是他模仿别人的行为罢了。他公开地对资产者大打其关于秩序、宗教、家庭、财产的官腔,暗地里却依靠着舒夫特勒和斯皮格尔勃之流的秘密团体,依靠着无秩序、卖淫和偷窃的团体。这是波拿巴的本色,而十二月十日会的历史便是他本人的历史。有一次破例地发生了这样的事情:有几个秩序党议员挨了十二月十日会会员的木棍。更有甚者,指派给国民议会负责其保卫事宜的警官伊雍,根据一个名叫阿莱的人的口供向常任委员会报告,说十二月十日会的一个支部决定暗杀尚加尔涅将军和国民议会议长杜班,并且已经指定了凶手。可以想象,杜班先生该是多么惊恐。看来,议会对十二月十日会的调查,即对波拿巴秘密内幕的揭发,是不可避免的了。可是,在国民议会即将开会的时候,波拿巴却早有戒备地解散了自己的这个团体,不过这种解散当然只是在纸面上,因为1851年底,警察局长卡尔利埃还在一个详尽的报告书中徒劳地劝他真正解散十二月十日会。

当波拿巴还未能把国家军队变成十二月十日会时,十二月十日会仍然是他的私人军队。波拿巴在国民议会休会不久就在这方面作了初次的尝试,而且用的是他刚刚从国民议会手中索取来的钱。他是一个宿命论者,相信有某种不可抗拒的力量是人们特别是军人们所抵抗不住的。而首先被他列入这种力量的就是雪茄烟和香槟酒、冷盘禽肉和蒜腊肠。所以他一开始就在爱丽舍宫的大厅里用雪茄烟、香槟酒、冷盘禽肉和蒜腊肠款待了军官和军士。

10 月 3 日他在圣莫阅兵时，又对军队采用了这种办法；10 月 10 日他在萨托里阅兵时，又更大规模地重复了这种办法。伯父回忆亚历山大远征亚洲，侄子就回忆巴克科斯在同一地方的征伐。不错，亚历山大是半神，而巴克科斯却是神，并且是十二月十日会的庇护神。

10 月 3 日检阅后，常任委员会曾把陆军部长奥普尔召来质问，后者保证这类违反纪律的事情不再发生。大家知道，波拿巴怎样在 10 月 10 日履行了奥普尔的诺言。这两次阅兵都是由巴黎军队总司令尚加尔涅担任指挥的。这个尚加尔涅既是常任委员会的委员，又是国民自卫军的司令官；既是 1 月 29 日和 6 月 13 日的"救星"，又是"社会中坚"；既是秩序党的总统候选人，又是两个王朝的意中的蒙克；他以前从来没有承认自己是陆军部长的部属，一向公开嘲笑共和国宪法，以模棱两可的高傲的庇护态度追逐着波拿巴。现在他却热烈地拥护军纪，反对陆军部长；拥护宪法，反对波拿巴了。当 10 月 10 日有一部分骑兵高呼"拿破仑万岁！腊肠万岁！"时，尚加尔涅竟作了安排，至少使他的朋友诺马耶率领去受检阅的步兵严守沉默。在波拿巴的怂恿下，陆军部长为了惩罚诺马耶将军，以任命他为第十四师和第十五师的司令官为借口，解除了他在巴黎的职位。诺马耶拒绝调换职务，因而被迫辞职。尚加尔涅于 11 月 2 日发布命令，禁止军队在持军械的情况下呼喊任何政治口号和进行任何示威。爱丽舍宫方面的报纸[388]攻击尚加尔涅；秩序党的报纸攻击波拿巴；常任委员会接连不断地召开秘密会议，会上一再提议宣布祖国处于危急状态；军队好像已分裂为两个敌对的阵营，有两个敌对的总参谋部，一个在波拿巴的官邸爱丽舍宫，另一个在尚加尔涅的官邸土伊勒里宫。看来只需国民议会召开会议来发出战斗的信号了。法国公众对波拿巴和尚加尔涅之

间这次纠纷的评判,和一位英国记者的评论相同,这位记者写道:

> "法国的政治女仆们正在用旧扫帚扫除革命的灼热熔岩,而她们在这样做的时候又互相争吵得不可开交。"①

这时,波拿巴急忙免除了陆军部长奥普尔的职务,随即把他派到阿尔及尔去,任命施拉姆将军继任陆军部长。11 月 12 日波拿巴向国民议会送去了一篇美国式的冗长咨文②,其中充满了琐事,渗透着秩序的臭味,渴望调和,表示服从宪法,谈论到所有一切,只是没有谈论到当前的紧急问题。他好像是顺便指出,根据宪法的明确规定,军队的指挥权完全属于总统。这篇咨文是以下面一段极其庄严的词句结尾的:

> "法国要求的首先是安宁……　我只受誓言约束,我将谨守这个誓言给我划定的狭隘界限……　至于我个人,我是人民选出的,我的权力完全是人民赋予的,我将永远服从人民的合法表示的意志。如果你们在本届会期中决定要修正宪法,那就由制宪议会来调整行政权的地位。否则人民将于 1852 年庄严地宣布自己的决定。可是不论将来的结局如何,我们总应该取得一种共识,永远不让一个伟大民族的命运由热情、意外事故或暴力来主宰……我首先注意的问题不是弄清楚谁将在 1852 年治理法国,而是要运用我所能支配的时间使这个过渡时期不发生风波和乱子。我对诸位是开诚布公的。望你们以信任来回答我的诚意,以襄助来回答我的善念,其余的一切上帝会来照顾。"

资产阶级的有礼貌的、伪善而温和的、庸俗慈善的腔调,在十二月十日会的专权者兼圣莫和萨托里的野餐英雄的口中,暴露了它那最深长的含义。

关于这种内心剖白是否值得信任的问题,秩序党的卫戍官们

---

① 见 1850 年 11 月 9 日《经济学家》第 376 期。——编者注
② 1850 年 11 月 13 日巴黎《总汇通报》第 317 号。——编者注

总是心中有数的。誓言他们早已听厌了，他们自己的人中间就有许多政治上发伪誓的老手和巧匠；不过关于军队的那一段话，他们倒是没有听漏。他们愤懑地发觉：这个咨文非常烦琐地列举了最近颁布的各种法律，但是故意不提最重要的法律——选举法；不仅如此，在不修改宪法的情况下，这个咨文把1852年的总统选举委诸人民。选举法是拴在秩序党脚上的铅球，妨碍他们行动，当然更妨碍他们冲击！此外，波拿巴以正式解散十二月十日会和免除奥普尔的陆军部长职务的手法，亲手把替罪的羔羊献到祖国的祭坛上。他把预期发生的尖锐冲突缓和了下来。最后，秩序党自己也胆怯地竭力回避、缓和并抹杀和行政权发生的决定性的冲突。由于害怕失去在和革命进行斗争中所获得的一切，它让敌手攫取了它所获得的果实。"法国要求的首先是安宁。"秩序党从2月起就开始对革命这样叫喊；现在波拿巴在他的咨文中又对秩序党这样叫喊。"法国要求的首先是安宁。"波拿巴采取了图谋篡夺权位的行为，但是当秩序党因为这种行为而吵吵嚷嚷并且神经过敏地加以解释的时候，它就造成了"不安宁"。只要没有人谈到萨托里的腊肠，这腊肠是根本不会说话的。"法国要求的首先是安宁。"所以波拿巴要求让他安安静静地干他的事情，而议会党却由于双重的恐惧而动弹不得：一怕重新引起革命的不安宁状态，二怕自己在本阶级即资产阶级眼中成为造成不安宁的人。既然法国要求的首先是安宁，所以秩序党也就不敢用"战争"来回答波拿巴咨文中的"和平"了。公众本来以为在国民议会开会时准有好戏看，结果却大失所望。反对派议员要求常任委员会交出它关于十月事件的记录，但这个要求被多数否决了。人们根本规避一切可能激动人心的辩论。国民议会在1850年11月和12月的工作是没有什么意义的。

直到 12 月底,才开始在议会的个别特权问题上爆发一场游击战。自从资产阶级以废止普选权暂时避开了阶级斗争的时候起,运动就沦为两个权力之间为特权问题发生的小小的口角。

有一位人民代表,名叫莫甘,因负债被法庭判罪。司法部长鲁埃在回答法院院长的询问时宣称,应当径直下令把负债者拘捕起来。于是莫甘就被投入债务监狱。国民议会得知这种谋害行为时,大为愤懑。它不仅决定立即释放被捕者,而且当晚①就通过自己的法警强制地把他从克利希监狱放出来了。可是,为了要证明自己信仰私有财产的神圣性,并且暗中打算将来在必要时能够把讨厌的山岳党人安置到收容所去,国民议会又宣布说:在事先取得它的同意后,拘捕负债的人民代表是容许的。国民议会忘记宣布总统也可以因负债被捕入狱。国民议会把自己议员的不可侵犯权的最后一点影子都消灭无余了。

上面已经讲过,警官伊雍根据一个名叫阿莱的人的供词,告发了十二月十日会的一个支部阴谋暗杀杜班和尚加尔涅两人的计划。因此,议会总务官**374**在第一次会议上②就提议设立一种特殊的议会警察,由国民议会本身的预算中的经费维持,完全不受警察局长管辖。内务部长巴罗什提出了抗议,说这是一种侵害他的职权的行为。结果双方达成了可怜的妥协,规定议会警官应由议会预算中的经费维持并由议会总务官任免,但是事先必须取得内务部长的同意。这时,政府已对阿莱提起诉讼,政府方面很容易就把阿莱的供词宣布为凭空捏造,并通过公诉人的嘴把杜班、尚加尔涅、伊雍和整个国民议会嘲笑了一顿。然后,12 月 29 日,巴罗什

---

① 1850 年 12 月 28 日晚。——编者注
② 1850 年 12 月 29 日举行的会议。——编者注

部长又写信给杜班，要求把伊雍免职。国民议会委员会决定伊雍留任原职，可是国民议会由于自己在莫甘案件中采取了强制性的行动而忐忑不安，它习惯于在每次给予行政权打击后受到它两次回击，因此没有批准这个决定。国民议会为酬答伊雍的忠诚尽职而免了伊雍的职，因而丧失了自己所享有的一种议会特权，但这种特权对它是十分必要的，因为它所要对付的那个人，不是一个夜间决定白天要干什么的人，而是一个白天作决定夜间采取行动的人。

我们已经看到，国民议会在11月和12月间，总是极力避免和拒绝在重大的、迫切的问题上和行政权进行斗争。现在我们却看到，它不得不为了最微不足道的理由投入战斗。在处理莫甘案件时，它原则上已经允许逮捕负债的人民代表，不过有个条件，即这个原则只能运用于它不喜欢的人民代表身上，它为了这种可耻的特权和司法部长①发生了争执。国民议会没有利用关于有人准备谋杀杜班和尚加尔涅两人的消息要求追查十二月十日会的活动，并在法国和欧洲面前彻底揭穿波拿巴作为巴黎流氓无产阶级首领的真面目，它竟把冲突归结为在警官应由谁任免的问题上跟内务部长的争吵。这样，我们就看到，秩序党在这个时期始终都因自己的模棱两可的态度而不得不把自己反对行政权的斗争缩小为关于权限问题的无谓争吵，变成吹毛求疵、无谓争讼以及关于界限问题的争论，把最无聊的形式问题变成了自己的活动的内容。当斗争具有原则意义，行政权真正名誉扫地，国民议会的事业成为国民的事业的时候，秩序党不敢斗争，因为它如果要斗争，就会对国民发出一种进军令，而发动国民正是它最害怕的事情。因此，在这种场

---

① 欧·鲁埃。——编者注

合,它总是否决山岳党的提案而转入日常议程。当秩序党已经放弃了大规模的斗争之后,行政权就静待时机,以便有可能当斗争只具有可以说是议会性的局部利害关系时,借一些无关紧要的理由重新开始这种斗争。那时秩序党将发泄出满腔的愤怒,拉开后台的幕布,揭开总统的面具,宣布共和国处境危急,然而那时它的热情令人感到荒唐,斗争的理由是一种虚伪的口实或根本不值得斗争的东西。议会的风暴原来不过是一杯水中的风暴,斗争不过是阴谋,冲突不过是吵架。各革命阶级都幸灾乐祸地观望着国民议会受屈辱,因为它们对国民议会的议会特权热心的程度,和国民议会对社会自由热心的程度一样;同时,议会外的资产阶级却不了解,为什么议会内的资产阶级居然把时间浪费在这样琐碎的纠纷上,为什么它竟这样无聊地跟总统对抗,从而危害安宁。当大家都在等候作战的时候进行媾和,而当大家都以为和约已经缔结的时候却又开始进攻,这种战略把议会外的资产阶级弄糊涂了。

12 月 20 日,帕斯卡尔·杜普拉就发行金条彩票一事向内务部长提出质问。这彩票是"来自爱丽舍园的女儿"[389]。波拿巴和他的亲信把它献给人世,而警察局长卡尔利埃则把它置于自己的正式保护之下,虽然法国的法律除了以救济为目的的彩票外禁止发行任何其他彩票。彩票发行了 700 万张,每张一法郎,所得纯利据说是用来遣送巴黎的游民到加利福尼亚[45]去。一方面是为了用黄金梦来排除巴黎无产阶级的社会主义梦想,用可望中头彩的诱人幻景来驱除作为教义的劳动权。自然,巴黎的工人们没有认出加利福尼亚的耀眼的金条就是从他们口袋里骗去的无光彩的法郎。无论如何,这种彩票不过是一种骗局而已。妄想不离开巴黎就能发现加利福尼亚金矿的游民,正是波拿巴本人和他的负债累累的亲信。国民议会同意给他的 300 万法郎已经用光,无论如何

总得重新填满空虚的钱库。波拿巴为建立所谓的工人村曾向全国
募集捐款，并且他自己在认捐名册上第一个认捐了一大笔款子，但
他只是徒劳了一番。冷酷的资产者抱着不信任的态度等待他付出
认捐的款子；而这笔款子自然是没有付出，于是利用社会主义空中
楼阁进行的投机把戏就像肥皂泡一样破灭了。金条的吸引力较
大。波拿巴和他的同谋者并不满足于把700万法郎中扣除应兑现
的金条以后的一部分纯收益装进自己的腰包，他们还制造了假彩
票，同一个号码的彩票发出了10张、15张以至20张，这真是十二
月十日会的金融手段啊！这里，国民议会所碰到的不是名义上的共
和国总统，而是有血有肉的波拿巴。这里，国民议会可以在他犯
罪——不是违反宪法，而是违反刑法典——的现场把他当场捉住。
如果说国民议会以转入日常议程回答了杜普拉的质问，那么，它这
样做不只是因为日拉丹要国民议会宣布自己"满意"的提案提醒了
秩序党人想起他们自己的一贯的贪污行为。资产者，尤其是高升为
政治家的资产者，总是用理论上的浮夸来弥补自己实践上的卑下。
资产者身为政治家时，也和同他相对立的国家权力一样，俨然成为
至高无上之物，因而与他作斗争时，也只能采取高尚的庄严的方式。

波拿巴是一个浪荡人，是一个骄横的流氓无产者，他比无耻的
资产者有一个长处，这就是他能用下流手段进行斗争。现在，在国
民议会亲手帮助他顺利地走过了军人宴会、阅兵、十二月十日会以
及违反刑法典等几处很容易滑倒的地点以后，他看到，他可以由伪
装的防御转为进攻的时刻已经到了。司法部长、陆军部长、海军部
长和财政部长①所遭到的那些小小的失败，即国民议会借以表示

---

① 欧·鲁埃、让·保·亚·施拉姆、罗·约·德福塞和阿·富尔德。——
编者注

愤懑的失败,很少使波拿巴感到不安。他不仅阻止了部长们辞职,从而阻止了承认行政权服从议会。他现在已经能完成他在国民议会休会期间就已经开始做的事情:军权和议会分立,**把尚加尔涅免职**。

爱丽舍宫的一家报纸发表了5月间似乎是向第一师颁发的一项紧急命令(因而是出自尚加尔涅的命令),劝告军官们遇有叛乱时不要宽容自己队伍中的叛徒,要立刻将他们枪毙,并且不要按国民议会的要求派遣军队。[390] 1851年1月3日,内阁因这一紧急命令受到了质问。为了调查这一事件,内阁起初要求的限期是三个月,继则一个星期,最后仅仅是24小时,国民议会要求立即予以解释。尚加尔涅站起来声明说:从未下过这个紧急命令。他还补充说,他随时都准备执行国民议会的要求;遇有冲突发生时,国民议会可以信赖他。国民议会以狂热的鼓掌欢迎他的声明,并对他投了信任票。国民议会既委身于一个将军的私人保护之下,也就是放弃了权力,宣告自己的软弱和军队的万能。但是这位将军弄错了,因为他居然想把他只是由于波拿巴的封赏才持有的权力交付给国民议会去反对同一个波拿巴,并且盼望从这个议会,从他的需要保护的被托管者那里获得保护。可是尚加尔涅相信资产阶级从1849年1月29日起赋予他的那种神秘力量。他以为自己是和其他两个国家权力相鼎立的第三个权力。他所遭遇到的命运,也和当代的其他英雄,更确切地说,和当代的圣者们所遭遇到的命运一样,这些人物的伟大只在于他们的党派故意替他们宣扬,而到局势要求他们创造奇迹时,他们就显得平庸无奇了。一般说来,不信神是这些假英雄和真圣者的死敌。因此,他们对那些冷酷无情的讽刺者和讥笑者表示庄严的道义的愤懑。

当晚①,内阁阁员们被召请到爱丽舍宫,波拿巴坚持要撤换尚加尔涅,五个阁员②拒绝署名。《通报》[225]宣布内阁危机,而秩序党的报纸则以组织由尚加尔涅指挥的议会军相威胁。根据宪法,秩序党是有权这样做的。它只要任命尚加尔涅为国民议会议长,并调来任何数量的军队来保护自己的安全就够了。由于尚加尔涅实际上还统率着军队和巴黎国民自卫军,并且正等待和军队一起被调用,所以秩序党是可以更加放心地这样做的。波拿巴派的报纸甚至还不敢对国民议会直接调动军队的权利提出疑问,提出这种法律上的问题在当前局势下是不会有什么成效的。军队将听从国民议会调遣,这是可能的,要知道,波拿巴花了整整一个星期的时间才在巴黎找到两位将军(巴拉盖·狄利埃和圣让·丹热利)愿意在把尚加尔涅撤职的命令上签名。但是秩序党本身是否能在自己的队伍中和议会里找到通过这样一个决议所必需的票数,就很成问题了,要知道,过了一个星期就有286个议员脱离了秩序党,而且山岳党甚至在1851年12月,在最后的决定性的时刻还否决了一个类似的提议。不过,卫戍官们这时也许还能发动他们党内的群众去建立丰功伟绩,即藏身于枪林之后,并利用投到它阵营中的军队的帮助。可是,卫戍官先生们并没有这样做,1月6日晚上他们到爱丽舍宫去,希望用政治手段和论据规劝波拿巴放弃把尚加尔涅撤职的决定。劝谁就是承认谁是主事人。波拿巴由于卫戍官们的这种做法而增加了勇气,1月12日任命了新内阁,旧内阁的首领富尔德和巴罗什两人继续留任。圣让·丹热利当了陆军

---

① 1851年1月3日晚。——编者注
② 皮·茹·巴罗什、罗·约·德福塞、让·厄·杜·拉伊特·玛·路·皮·费·帕略和欧·鲁埃。——编者注

部长。《通报》刊载了把尚加尔涅撤职的命令,他的职权划分给指挥第一师的巴拉盖·狄利埃和指挥国民自卫军的佩罗了。社会中坚退职了,这虽然并没有使一块瓦片从屋顶上掉下来,但是使交易所的行情上涨了。

秩序党既然推开了由尚加尔涅作代表表示愿意听它指挥的军队,因而把这个军队永不复返地让给了总统,这就表明资产阶级已经丧失了统治的使命。议会制内阁已经不存在了。秩序党现在既已丧失了控制军队和国民自卫军的权力,那么它还剩下什么强制手段来同时保持议会用以统治人民的篡夺来的权力和议会用以防止总统侵犯的宪法的权力呢?什么也没有了。它现在只好求助于一些无力的原则,就连它自己也经常把这些原则看做只是责成第三者遵守而使自己能更加从容行动的一般规则。我们所研究的时期,即秩序党和行政权斗争的时期的前一部分,就以尚加尔涅被撤职和军权落入波拿巴之手而结束。现在,两个权力之间的战争已经正式宣布并且已在公开进行,不过是在秩序党既失去武器又失去士兵以后罢了。国民议会已经没有内阁,没有军队,没有人民,没有社会舆论,从 5 月 31 日通过选举法起就不再是有主权的国民的代表者了;没有眼睛,没有耳朵,没有牙齿,没有一切,①逐渐变成了一个**旧法国高等法院**[391],它让政府去行动,自己则满足于在事后发出唠叨的抗议。

秩序党以狂怒迎接了新内阁。贝多将军提醒大家记住常任委员会在议会休会期间的温和态度,记住它由于过分慎重而拒绝把自己的议事记录公布出来。这时内务部长②自己也坚持公布这些

---

① 莎士比亚《皆大欢喜》第 2 幕第 7 场。——编者注
② 皮·茹·巴罗什。——编者注

记录,因为这些记录现在当然就像不新鲜的水一样已经走味,它暴露不出任何新的事实,对于厌倦的公众也不会有任何影响了。根据雷缪扎的建议,国民议会回到自己的办公室,任命了一个"非常措施委员会"。巴黎未越出自己平常生活的常轨一步,尤其是因为这时贸易繁荣,工厂开工,粮价低廉,食品丰富,储蓄银行每天都收到新存款。议会所喧嚷的"非常措施",不过是在 1 月 18 日通过了对内阁的不信任案罢了,而关于尚加尔涅将军连提都没有提到。秩序党不得不这样来提出自己的不信任案,是为了保证自己取得共和党人的票数,因为在内阁的一切措施中,共和党人只赞成尚加尔涅被撤职一项,而秩序党实际上也不能非难其余的措施,因为这些措施是它自己迫使内阁采取的。

1 月 18 日的不信任案以 415 票对 286 票通过,就是说,只是由于极端的正统派和奥尔良派同纯粹共和党人和山岳党人的**联合**才得以通过。这就证明,秩序党不只失去了内阁,不只失去了军队,而且在自己和波拿巴的冲突中失去了自己的独立的议会多数;由于狂热地倾向妥协,由于害怕斗争,由于软弱,由于顾及亲属而眷恋国家薪俸,由于指望获得阁员的空缺(如奥迪隆·巴罗),由于那种经常使平庸的资产者为某种个人动机而牺牲本阶级的总的利益的庸俗的利己主义,一部分议员已经从秩序党阵营中开了小差。波拿巴派的议员们从最初起就只是在对革命进行斗争时才依附于秩序党。天主教党的首领蒙塔朗贝尔在那时已经把他个人的势力投到波拿巴方面,因为他已不相信议会党的生命力了。最后,这个党的首领们,奥尔良派的梯也尔和正统派的贝里耶,不得不公开宣称自己是共和派,不得不承认,虽然他们的心是保皇派,而头却是共和派,议会制共和国是整个资产阶级实行统治的唯一可能的形式。因此,他们不得不在资产阶级眼前把他们在议会背后继续努力从事的复辟计谋咒骂为危险而愚蠢的阴谋。

1月18日的不信任案是对内阁阁员的打击,而不是对总统的打击。可是撤换尚加尔涅的并不是内阁,而是总统。秩序党不应当向波拿巴本人问罪吗?不应当以他的复辟欲望作为罪名吗?可是,这种复辟欲望只不过是补充了秩序党自己的复辟欲望罢了。不应当以他在阅兵和十二月十日会中的阴谋活动作为罪名吗?可是秩序党早已把这些问题埋葬在一堆日常议程下面了。不应当以他撤换1月29日和6月13日的英雄,即撤换1850年5月曾威胁遇有叛乱发生时就四处放火烧光巴黎的那个人作为罪名吗?可是,秩序党的山岳党同盟者和卡芬雅克甚至根本不让它以正式表示同情来把倒台的社会中坚扶起来。秩序党自己不能否认总统拥有宪法赋予他的撤换将军的权力。秩序党之所以气愤,只是因为总统把宪法赋予他的权力当做反对议会的手段。可是,秩序党自己岂不是也不断地(特别是在废除普选权时)把它的议会特权当做违反宪法的手段吗?因此,秩序党只好严格地在议会范围内活动。1848年以来,在全欧洲大陆上流行着一种特殊的病症,即**议会迷**[338],染有这种病症的人就变成幻想世界的俘虏,失去一切理智,失去一切记忆,失去对外界世俗事物的一切理解——只有这种议会迷才可以说明,为什么秩序党在它已亲手消灭了议会势力的一切条件并在它反对其他阶级的斗争中不得不消灭了这些条件之后,仍然把它的议会胜利看做胜利,并且以为打击了总统的内阁阁员也就是打击了总统本人。这样,秩序党只是让总统得到一次机会在国民面前重新凌辱国民议会罢了。1月20日,《通报》报道说,内阁全体辞职已被批准。波拿巴以已经没有一个议会党占据多数(这一点已由1月18日的投票,即山岳党和保皇党联合产生的果实所证明),而新的多数又尚待形成为借口,任命了一个所谓的过渡内阁,其中没有一个人是议会议员,全都是些毫不知名的和微不足道的人物,这是个纯粹由一些听差和文书组成的内阁。秩序党现在可以把自己的精力花费在跟这些傀儡打交道上面了;而行政权则不再认为自己在国民议会中需要有什么认真的发言人了。波拿巴的内阁阁员越是成为单纯的哑配角,波拿巴就越是明显地把全部行政权集中在他一人身上,越容易利用行政权来达到个人目的。

为了报复,秩序党和山岳党联合起来,否决了给予总统 180 万法郎补助金的提案,这个提案是由十二月十日会的首领命令他的听差阁员们提出来的。这一次,问题是由不过 102 票的多数票决定的,由此可见,秩序党从 1 月 18 日以来又丧失了 27 票;它的解体又进了一步。同时,为了使人不致对它和山岳党联合的用意发生丝毫怀疑,它甚至对 189 名山岳党人联名提出的关于大赦政治犯的议案不屑一顾。只要那个叫做瓦伊斯的内务部长出来声明说,安宁只是表面的安宁,有人在加紧进行秘密鼓动,到处都有人组织秘密团体,民主派报纸又准备重新出版,从各省传来不利的消息,日内瓦的流亡者正在主持一个通过里昂遍及法国南部全境的阴谋活动,法国处于工商业危机的前夜,鲁贝市的厂主们缩短了工作时间,贝勒岛[392]的囚犯已经骚动起来——只要瓦伊斯这么一个人唤来赤色幽灵,秩序党不经讨论就立刻否决了一个将使国民议会获得极大的声望并迫使波拿巴重新投入它的怀抱的提案。秩序党本来不应当被行政权所描绘的新骚动的远景吓住,而应当让阶级斗争有些活动余地,以便把行政权控制在从属于自己的地位。可是,秩序党没有感觉到自己有能力担负这种玩火的任务。

可是,所谓的过渡内阁却一直勉强维持到 4 月中旬。波拿巴不断地以组织新内阁的把戏来搅扰和愚弄国民议会。他时而表示要组织一个有拉马丁和比约参加的共和党内阁,时而表示要组织一个不免要有奥迪隆·巴罗(凡是需要有个易于愚弄的蠢才时总是少不了他)参加的议会制内阁,时而又表示要组织一个有瓦蒂梅尼尔和贝努瓦·达济参加的正统派内阁,时而又表示要组织一个有马尔维尔参加的奥尔良派内阁。波拿巴用这种方法使秩序党各派之间的关系处于紧张状态,并以共和党内阁的出现以及因此必然会使普选权恢复的远景来恫吓整个秩序党,同时又竭力让资产阶级相信,他组织议会制内阁的真诚努力由于保皇派集团的不调和态度而受挫。而日益逼近的普遍商业危机越是为社会主义在城市中招募信徒,低落得招致破产的粮价越是为社会主义在农村中招募信徒,资产阶级就越是响亮地要求"强有力的政府",越是认为使法国陷于"没有行政"的状态是不可宽恕的。商业萧条日益加重,失业者显著增多,巴黎至少有上万的工人没有饭吃,在鲁昂、米卢斯、里昂、鲁贝、图尔宽、圣艾蒂安、埃尔伯夫等地,无数的工厂停了工。在这种情况下,波拿巴就敢于在4月11日恢复了1月18日的内阁,除了鲁埃、富尔德、巴罗什及其他先生们而外,还添进了莱昂·福适先生,这个福适先生曾因散发伪造的电讯而被制宪议会在最后几天一致(除五个内阁阁员外)投了不信任票。这样,国民议会曾在1月18日取得了对内阁的胜利,它和波拿巴斗了三个月,只不过是为了在4月11日让富尔德和巴罗什能够把清教徒[242]福适当做第三者接受到自己的内阁同盟中去而已。

1849年11月,波拿巴满足于**非议会制**内阁,1851年1月,他满足于**超议会制**内阁,而到4月11日,他已经觉得有充分的力量来组织一个**反议会制**内阁了,这一内阁把两个议会——制宪议会和立法议会,即共和派议会和保皇派议会所表示的不信任协调地结合在自己身上。内阁的这种演变,是议会可以用来测定其体温下降的温度计。这种体温到 4 月底已经降得非常之低,以致佩尔西尼能够在私人谈话中建议尚加尔涅投到总统方面去。他向尚加尔涅保证:波拿巴认为国民议会的势力已经彻底被消灭,并且已经拟定了预备在政变后发表的宣言,这个政变已经经过深思熟虑,只是由于偶然的原因才又延迟下来。尚加尔涅把这个讣告通知了秩序党的首领们。但是谁会相信臭虫咬人能致人于死命呢?议会虽然已经虚弱无力,完全瓦解,奄奄一息,但是它毕竟还不能使自己把和十二月十日会[291]的小丑一般的头目的决斗看做一种不同于和臭虫的决斗。然而波拿巴像阿革西拉乌斯回答国王亚奇斯那样回答了秩序党:**"你把我看做蚂蚁,但是总有一天我会成为狮子的。"**[393]

六

秩序党在徒劳地力图保持军权和夺回已经丧失的对于行政权的最高领导权时,不得不去跟山岳党和纯粹共和党人进行联合,这就确凿地证明,秩序党已经失去了独立的**议会多数**。日历的无情的力量、钟表的时针,在 5 月 28 日发出了秩序党彻底瓦解的信号。5 月 28 日是国民议会生命的最后一个年头的开始。国民议会现在必须解决一个问题:是原封不动地保存宪法呢,还是把它加以修改。但是,修改宪法就不只意味着,是资产阶级统治还是小资产阶级民主派统治,是民主主义还是无产阶级无政府状态,是议会制共和国还是波拿巴,而且意味着,是奥尔良王朝还是波旁王朝!这样,在议会内部就出现了厄里斯的金苹果,秩序党内利益彼此矛盾的各个敌对派别将围绕着它展开公开的斗争。秩序党是各种不同社会成分的结合体。修改宪法的问题造成了一种政治热度，它使这个产物重又分解为它原来的各个构成部分。

波拿巴派关心修改宪法的原因很简单。他们首先想废除禁止再度选举波拿巴的第45条和延长他的权力期限。共和派的立场也很简单。他们无条件地反对任何修改，认为修改宪法是反对共和国的周密的阴谋。因为他们在国民议会中拥有**四分之一以上的票数**，而依照宪法又必须要有四分之三的票数赞成才能合法地决定修改宪法和召集修改宪法的专门会议，所以他们只要计算一下自己的票数，就可以相信自己必获胜利了。他们当时确实是相信自己一定会胜利的。

和这些明确的立场相反，秩序党陷入了无法解决的矛盾中。如果它拒绝修改宪法，它就会使现状受到威胁，因为这样就会使波拿巴只有使用暴力一个出路，并且会使法国在1852年5月的第二个星期日这个决定时刻听任革命的无政府状态摆布，那时，总统是失去了权威的总统，议会是早已没有权威的议会，人民则是企图重新争得权威的人民。如果它投票支持按照宪法修改宪法，那么它知道自己的投票是枉然的，一定会被共和派按照宪法进行的否决所推翻。如果它违背宪法，宣布只要有简单多数通过就够了，那么它就只有在自己完全服从行政权的条件下才能有希望制服革命；这样它就把宪法、宪法的修改和它本身一并交给波拿巴掌握了。为延长总统权力而作局部的修改，将为帝制派篡夺权力开辟道路。为缩短共和国寿命而作全面的修改，又必然会引起各个王朝的要求之间的冲突，因为波旁王朝复辟的条件和奥尔良王朝复辟的条件不仅各不相同，而且是互相排斥的。

议会制共和国已不仅是法国资产阶级中的两派（正统派与奥尔良派，即大地产与工业）能够平分秋色的中立地盘。它还是他们**共同**进行统治的必要条件,是他们的共同阶级利益借以支配资产阶级各派的要求和社会其他一切阶级的唯一的国家形式。作为保皇派,他们又重新陷入他们旧有的对抗状态,卷入地产和金钱争夺霸权的斗争,而这种对抗状态的最高表现,这种对抗状态的化身,就是他们各自的国王,他们各自的王朝。正因为如此,秩序党总是反对**召回波旁王族**。

奥尔良派的人民代表克雷通,在 1849 年、1850 年和 1851 年曾定期地建议废除放逐王族的法令。议会同样定期地表演保皇派集会顽强地阻挡其被逐国王返国的场面。理查三世在杀死亨利六世时曾对他说,他太好了,这个尘世容纳不了他,他的位置在天上。① 保皇派认为法国太坏了,不配再有自己的国王。形势迫使他们成为共和派并一再认可人民作出的把他们的国王逐出法国的决定。

修改宪法(而这个问题由形势所迫又不得不加以考虑)不仅会使共和国成为问题,而且会使资产阶级两派的共同统治成为问题;不仅会使君主国有恢复的可能,而且会复活君主国曾轮流优先代表的那些利益之间的竞争,复活两派之间争夺霸权的斗争。秩序党的外交家们希望以两个王朝的结合,即以各个保皇派和它们的王室的所谓**融合**来中止这一斗争。复辟王朝和七月王朝的真正融合便是议会制共和国,在这一共和国中,奥尔良派和正统派双方的色彩都脱落了,各类的资产者都消融为一般的资产者,消融为资产者这个类属了。现在奥尔良派应当变成正统派,正统派应当变成奥尔良派。体现着他们的互相对抗的君主国,应当成为他们彼

---

① 莎士比亚《理查三世》第 1 幕第 2 场。——编者注

此统一的化身；他们互相排斥的派别利益的表现，应当成为他们的共同的阶级利益的表现；这个君主国应当完成只有在废除两个君主国的情况下共和国才能完成和已经完成的任务。这就是秩序党的术士们绞尽脑汁制造出来的哲人之石。仿佛正统派的君主国可能在什么时候变成工业资产者的君主国，或是资产者王权可能在什么时候变成世袭土地贵族的王权。仿佛地产和工业能够在**同一顶**王冠下面称兄道弟，可是王冠只能落到一个人头上——不是落到哥哥头上，就是落到弟弟头上。仿佛在地产还没有决心自动变成工业财产以前，工业可以完全和地产和解。如果亨利五世明天逝世，巴黎伯爵不会因此就成为正统派的国王，除非他不再是奥尔良派的国王。但是，从事融合的哲人随着宪法修改问题被提到突出地位而自我膨胀起来，把《国民议会报》[284]变成自己的正式的机关日报，并且现在（1852年2月）又在努力活动——这些哲人认为一切困难都是由于两个王朝的对抗和竞争。想使奥尔良王室和亨利五世和解的尝试，从路易-菲力浦逝世时就已经开始，但这种尝试也像只是在国民议会休会期间，在幕间休息时，在后台进行的一切王朝阴谋一样，与其说是郑重的事情，不如说是对旧日的迷信暗送秋波，这种尝试现在已经变成大型政治历史剧[99]，秩序党已经不像以前那样把它当做票友戏，而是把它搬上公开的舞台。信使不断从巴黎奔到威尼斯①，再从威尼斯奔到克莱尔蒙特[262]，又从克莱尔蒙特奔到巴黎。尚博尔伯爵发表了一个宣言，他在这个宣言中"在他全家族的支持下"，宣布"国民的"，而不是他自己的复辟。奥尔良派的萨尔万迪跪倒在亨利五世脚下，正统派的首领贝里

---

① 19世纪50年代尚博尔伯爵住在威尼斯。——编者注

耶、贝努瓦·达济和圣普里跑到克莱尔蒙特去劝说奥尔良王室,但是徒劳无功。融合派在太晚的时候才觉察到,资产阶级两派的利益既然集中地表现为家族利益即两个王室的利益,那么它们的利益就会互相排斥,而不会互相通融。假定亨利五世承认巴黎伯爵是他的继承人(这是融合派在最好的情况下所能指望的唯一成就),那么奥尔良王室除了因亨利五世没有后嗣本来就一定能够获得的东西外,并不会获得别的权利,可是它会因此丧失它从七月革命获得的一切权利。奥尔良王室将放弃自己旧日的要求,放弃它在差不多 100 年的斗争中从波旁王室长系手里夺得的一切权利,它将要为了宗族的特权而放弃自己的历史特权,即现代君主国的特权。所以,融合无非就是奥尔良王室自愿退让,向正统派让权,忏悔地从新教国教后退到天主教国教。这种后退甚至不可能把奥尔良王室送上它所失去的王位,而只能把它送上它诞生时所占据的通向王位的台阶。旧日的奥尔良派阁员基佐、杜沙特尔等人,也赶快跑到克莱尔蒙特那里去为融合游说,实际上他们只是表现了对七月革命的悔恨,表现了对资产者王权和资产者所拥有的王权的失望,表现了对正统派的迷信,把它作为防止无政府状态的最后的护符。他们自命为奥尔良王室和波旁王室之间的调停者,事实上他们只不过是奥尔良派的变节分子,而茹安维尔亲王就是把他们当做这种人来看待的。然而,奥尔良派富有生命力的、好战的那部分人,如梯也尔、巴兹等,却因此更容易使路易-菲力浦家族确信,既然君主制的任何直接的复辟都要以两个王朝的融合为前提,而任何这样的融合又都要以奥尔良王室引退为前提,那么,暂且承认共和国,等到事变允许把总统的安乐椅变成王位时再说,这样做是和他们先辈的传统完全相适合的。起初有传言说茹安维尔要当共和国总统的候选人,公众的好奇心被激发起来了,过了几个月,到9月间,在宪法修改案已被否决以后,这个候选人就被公开宣布了。

这样一来,奥尔良派和正统派之间搞保皇主义融合的尝试,不仅遭到了失败,而且还破坏了他们在**议会中的融合**,破坏了把他们联合起来的共和国形式,把秩序党又分解成原来的各个构成部分。但是,克莱尔蒙特和威尼斯之间越是疏远,它们之间的和解越是近于破裂,支持茹安维尔的煽动越是加紧,波拿巴的内阁阁员福适和正统派之间的谈判,也就越是热烈,越是认真了。

秩序党的解体还不止于分解成原来的构成部分。这两大派别中的每一派,又都继续分解下去。看来,先前两大营垒中的每一个营垒(不论是正统派或奥尔良派)内部曾经互相斗争互相排斥的一切旧有色彩,如同干纤毛虫碰到了水一样,又都重新活起来了。看来,他们又重新获得了充分的生命力,能够形成具有互相对立的独立利益的各个派别了。正统派在梦中回味土伊勒里宫和马松阁之间的争吵、维莱尔和波林尼雅克之间的争吵。**394** 奥尔良派重温基佐、摩莱、布罗伊、梯也尔和奥迪隆·巴罗之间比武的黄金时代。

秩序党中有一部分人赞成修改宪法,可是对于修改的范围,他们的意见并不一致。在这部分人中,有贝里耶和法卢为一方、拉罗什雅克兰为另一方所领导的正统派,有摩莱、布罗伊、蒙塔朗贝尔和奥迪隆·巴罗所领导的那些疲于斗争的奥尔良派;这部分人和波拿巴派的议员一致提出了如下一个含义广泛而不明确的建议:

> "下面署名的议员建议对宪法进行修改,目的在于把国民主权的完整行使权还给国民。"①

---

① 见1851年5月31日《经济学家》第405期。——编者注

同时,这些议员通过自己的报告人托克维尔一致声称:国民议会无权建议**废除共和国**,这个权利只能属于为修改宪法而召集的议会。此外,他们声称,宪法只能在"**合法的**"基础上,就是说,只有在按照宪法规定的四分之三多数票赞成修改时才能修改。经过六天的激烈讨论之后,7月19日,宪法修改案果然被否决了。赞成修改的有446票,反对修改的有278票。极端的奥尔良派梯也尔、尚加尔涅等人在表决时和共和派及山岳党采取了一致行动。

这样,议会的多数表示反对宪法,而宪法本身却表明支持议会的少数,表明议会少数的决议是具有约束力的。可是,秩序党在1850年5月31日和1849年6月13日不是曾经使宪法服从议会多数吗?它以前的全部政策不都是以宪法条文服从议会多数决议为基础的吗?它不是曾经让民主派以迷信旧约的态度去对待法律的字眼,并因为这种迷信而处罚了民主派吗?可是目前,修改宪法无非就是要延长总统掌权的期限,而延长宪法的寿命无非就是要罢免波拿巴。议会表示拥护波拿巴,而宪法表明反对议会。所以,当波拿巴撕毁宪法时,他的行动是合乎议会精神的,而当他解散议会时,他的行动又是合乎宪法精神的。

议会宣布了宪法,同时也就是宣布议会本身的"不依靠多数"的统治;议会以自己的决议废除了宪法,延长了总统掌权的期限,同时也就是宣布,只要它本身还继续存在,宪法就不可能死亡,总统的权力也不可能生存。它未来的掘墓人已经站在门前了。当议会正忙于讨论修改宪法的问题时,波拿巴撤销了表现得不坚决的巴拉盖·狄利埃将军第一师指挥官的职务,任命马尼昂将军继任该职,这位将军是里昂的胜利者[381],十二月事变的英雄,波拿巴的爪牙之一,早在路易-菲力浦时期就由于布洛涅征讨事件而在某种程度上代替波拿巴出了丑。

秩序党关于修改宪法的决议表明,它既不能统治,又不能效劳;既不能生,又不能死;既不能容忍共和国,又不能推翻共和国;既不能维护宪法,又不能废除宪法;既不能和总统合作,又不能和总统决裂。它究竟是期待谁来解决一切矛盾呢?期待日历,期待事变的进程。它不再相信自己有能力控制事变。因此,它就把自己交给事变支配,交给一种力量支配,它在反对人民的斗争中已经向这种力量让出了一个又一个阵地,直至它自己在这种力量面前变得毫无权力为止。为了使行政权的首脑能够更顺利地拟订出对付它的战斗计划,加强自己的进攻手段,选择自己的工具和巩固自己的阵地,秩序党在这个紧急关头决定退出舞台,使议会从8月10日到11月4日休会三个月。

不仅议会党分裂为原来的两大集团,不仅其中的每一个集团又各自再行分裂,而且议会内的秩序党和议会外的秩序党也分裂了。资产阶级的演说家和作家,资产阶级的讲坛和报刊,一句话,资产阶级的意识形态家和资产阶级自己,代表者和被代表者,都互相疏远了,都不再互相了解了。

外省的正统派,由于眼界狭小和过分狂热,责备他们的议会领袖贝里耶和法卢投奔波拿巴阵营和背叛了亨利五世。他们的百合花[244]的头脑只相信造孽行为,不相信外交手腕。

商业资产阶级和它的政治家之间的分裂更加危险,更具有决定性的意义。正统派责备自己的政治家背弃了原则,而商业资产阶级却正好相反,责备自己的政治家固守已经变得无用的原则。

前面我已经指出,自从富尔德加入内阁以来,那一部分在路易-菲力浦时期握有绝大部分权力的商业资产阶级,即**金融贵族**,已经变成波拿巴派了。富尔德不仅在交易所中维护波拿巴的利益,而且也在波拿巴面前维护交易所的利益。关于金融贵族的态度,他们的欧洲机关刊物即伦敦的《经济学家》**395**杂志中的一段话作了最贴切的说明。这个杂志在 1851 年 2 月 1 日那一期上发表了如下的巴黎通讯:

> "现在我们从各方面都得到证实,法国要求的首先是安宁。总统在他致立法议会的咨文中声明了这一点;国民讲台上也有人响应了这一点;报纸上再三重复说到这一点;教堂的教坛上也宣扬这一点;**国债券对于最小的破坏安宁的事件的敏感及其在行政权每次获胜时的稳定,也证明这一点。**"

《经济学家》杂志在 1851 年 11 月 29 日那一期上以自己的名义宣称:

> "**在欧洲所有的证券交易所中,总统现在已被公认为秩序的卫士。**"

可见金融贵族指责秩序党对行政权进行的议会斗争是**破坏秩序**,而把总统对秩序党那些所谓的代表的胜利当做**秩序的胜利**来欢呼。这里所说的金融贵族,应当理解为不只是那些国债的大债权人和大投机者,这些人的利益当然是和国家政权的利益相吻合的。全部现代金融业、全部银行业,都是和公共信用极为密切地联系在一起的。银行的部分营业资本必然要投入容易兑现的国债券以收取利息。银行存款,即交给银行并由银行在商人和工业家之间分配的资本,有一部分是从国债债权人的红利中得来的。既然在一切时代国家政权的稳定对整个金融市场和这种金融市场的牧师们来说是摩西和先知,那么现在,当任何大洪水都有把旧国债同旧国家一齐从地面上冲掉的危险时,又怎能不是这样呢?

狂热地渴望秩序的**工业资产阶级**,也对议会内的秩序党和行政权争吵不休感到烦恼。梯也尔、昂格勒斯、圣贝夫等人在 1 月18 日因尚加尔涅免职事件投票以后,也受到他们的选民们(而且正是工业区的选民)的公开谴责,特别是他们跟山岳党成立联盟的行为被指斥为背叛秩序。如果说,像我们已经看到的,秩序党和总统的斗争不过是些言过其实的嘲弄和琐屑无聊的攻讦,不配受到好的待遇,那么,另一方面,对这部分要求自己的代表们顺从地把军权从自己的议会手中奉送给冒险的王位追求者去掌握的资产阶级,就连那些曾为他们的利益而采用过的攻讦手段也不值得采取了。这部分资产阶级表明,为了保持他们的**公共利益、他们本阶级的利益**、他们的**政治权力**而进行的斗争,是有碍于他们私人的事情的,因而只是使他们感到痛苦和烦恼。

当波拿巴巡游各地时,外省城市的资产阶级显贵、市政官员、商业法庭的法官等等,到处都几乎毫无例外地以极卑屈的态度迎接他,甚至当他在第戎肆无忌惮地攻击国民议会,特别是攻击秩序党的时候,也是这样欢迎他。

当商业情况良好的时候(1851年初还是这样),商业资产阶级激烈地反对任何议会斗争,生怕这种斗争会使商业吃亏。当商业情况不好的时候(从1851年2月底起已成为经常现象了),商业资产阶级就抱怨议会斗争是商业停滞的原因,并要求为了活跃商业停止这种斗争。关于修改宪法的讨论恰好发生在这种不景气的时期。因为当时涉及到现存政体的生死存亡问题,所以资产阶级就更有理由要求它的代表们终止这种痛苦的过渡状态,同时又保持现状。这里面没有任何矛盾。它所理解的终止过渡状态,正是延长过渡状态,将应当做出决断的时刻拖延到遥远的将来。保持现状只能有两种方法:一是延长波拿巴掌权的期限,一是让波拿巴按照宪法退职,选出卡芬雅克来。一部分资产阶级倾向于后一种解决方法,可是他们除了叫他们的代表保持沉默,不去触动这个迫切的问题以外,提不出更好的建议。他们以为,如果他们的代表不出来讲话,波拿巴就不会行动了。他们希望有一个为了不让人看见而把头藏起来的鸵鸟议会。另一部分资产阶级希望让已经坐在总统位子上的波拿巴留任总统,一切照旧不变。他们感到愤慨的是,他们的议会没有公开违背宪法和率直地放弃权力。

在国民议会休会期间,从 8 月 25 日起先后召开会议的各省委员会(大资产阶级的地方代议机关),几乎一致表示赞成修改宪法,即反对议会,拥护波拿巴。

资产阶级对于自己的著作界代表和自己的报刊所表现的愤怒,比它跟**议会代表们**的破裂更为明显。只要资产阶级的新闻记者抨击一下波拿巴篡夺权力的欲望,只要报刊企图保护一下资产阶级的政治权利不受行政权侵害,资产者陪审团就判以数额异常巨大的罚款和不光彩的监禁,这种情况不仅使法国,而且使整个欧洲都感到惊愕。

前面我已经指出,**议会内的秩序党**由于叫嚣要安宁而自己也得安宁,它在反对其他社会阶级的斗争中亲手破坏了自己的制度即议会制度的一切条件,从而宣布资产阶级的政治统治同资产阶级的安全和生存是不相容的,相反,**议会外的资产阶级群众**却对总统奴颜婢膝,诋毁议会,粗野地对待自己的报刊,要求波拿巴压制和消灭资产阶级中从事宣讲和写作的分子,即资产阶级的政治家和著作家、资产阶级的讲坛和报刊,以便能够在不受限制的强硬的政府的保护下安心地从事他们私人的事情。议会外的资产阶级毫不含糊地声明说,它渴望摆脱自己的政治统治地位,以便摆脱这种统治地位带来的麻烦和危险。

这个议会外的资产阶级,对于为它本阶级的统治而进行的单纯的议会斗争和文字斗争表示激愤,并且出卖了这一斗争的领袖人物;但是现在它却敢于在事后责备无产阶级没有为它进行你死我活的流血战斗!这个资产阶级时刻都为最狭小最卑鄙的私人利益而牺牲自己的全阶级的利益即政治利益,并且要求自己的代表人物也作同样的牺牲;但现在它却哀叫无产阶级为了自己的物质利益而牺牲了它的理想的政治利益。它装得像个好心肠的人,而被社会主义者引入歧途的无产阶级却不了解它,并且在紧要关头抛弃了它。它的这种哀叫在整个资产阶级世界中得到了普遍的共鸣。自然,这里我不是指德国那些小政客和浅学之辈。我指的是例如前面提到过的那个《经济学家》杂志。这个杂志在1851年11月29日,即政变前四天还宣布波拿巴是"秩序的卫士",而梯也尔和贝里耶是"无政府主义者",到1851年12月27日,当波拿巴驯服了这些无政府主义者之后,它又大叫大喊,说什么"无知的、没有教养的、愚蠢的无产阶级群众"背叛了"社会中等和上等阶层的才能、知识、纪律、精神影响、智力源泉和道德威望"。而愚蠢、无知和卑鄙的一群不是别人,正是资产阶级本身。

的确,法国在1851年是遭受了一次小小的商业危机。2月底,出口比1850年减少了;3月,商业衰落,工厂关闭;4月,各工业省的情况好像和二月事变后一样令人失望;5月,情况还没有好转;6月28日,法兰西银行的结算仍以存款数量猛增和贴现数量锐减表明了生产的停滞;直到10月中旬,情况才逐渐好转。法国资产阶级把这种商业停滞说成是纯粹由于政治原因,由于议会和行政权之间的斗争,由于临时政体的不稳定,由于1852年5月第二个星期日[358]的可怕远景。我并不否认所有这些情况都对巴黎和各省的某些工业部门的衰落有影响。但是,无论如何这种政治局势的影响只是局部的,而且是很微小的。商业开始好转正是在10月中旬,恰好是在政治局势恶化、政治的地平线上笼罩着乌云、每分钟都可能从爱丽舍园[389]打来霹雳的时候,这还不足以说明问题吗?虽然法国的资产者所具有的"才能、知识、洞察力和智力源泉"越不出他们自己的鼻尖,但是他们在伦敦工业博览会[396]整个会期内总能用鼻子触到自己的商业情况不利的原因吧。当法国工厂关闭的时候,英国爆发了商业破产。法国在4月和5月达到顶点的是工业恐慌,而英国在4月和5月达到顶点的则是商业恐慌。无论是在法国或英国,毛纺织业和丝纺织业的情况都很不妙。虽然英国的棉纺织工厂还在继续生产,但是它们所获得的利润已不像1849年和1850年那样大了。不同点只在于法国发生的是工业危机,而英国发生的则是商业危机;法国是工厂关闭,而英国则是生产扩大,不过是在不如前几年那样顺利的条件下扩大的;在法国,受打击最重的是出口,而在英国则是进口。其共同原因(当然不应在法国政治地平线的范围内去寻找)是显而易见的。1849年和1850年是物质大繁荣和生产过剩的两个年头,这种生产过剩本身直到1851年才显露出来。这年年初,生产过剩因工业博览会即将举行而特别加重了。除此以外,还有下面一些特殊情况:起初是1850年和1851年的棉花歉收,然后是人们确信棉花的收成会比预期的好,棉价起初是上涨,后来突然跌落,一句话,就是棉价涨跌不定。生丝产量至少在法国是低于平均产量。最后是毛纺织业自1848年以来飞速发展,使得羊毛的生产跟不上,而原毛的价格上涨与毛纺织品的价格相比非常不相称。这样,我们就在上述三个世界性工业部门所需的原料方面找到引起商业停滞的三重原因。除了这些特殊情况以外,1851年的表面上的危机,无非是在生产过剩与过度投机还未用尽所有力量疯狂地跑完工业循环的最后阶段并重新回到自己的出发点,即回到**普遍的商业危机**去以前,每次在工业循环中都会造成的那种停顿。在商业史上的这种间隙时期中,英国发生了商业的破产,而法国却是工业本身陷于停顿,这一方面是由于当时法国工业已经经受不住英国人的竞争而被排挤出所有的市场,另一方面是由于法国工业是奢侈品工业,每当出现商业的停滞,它都首当其冲。这样一来,法国除了普遍危机之外,还经受本国的商业危机,不过,这种商业危机为世界市场一般情况所决定和制约的程度,比它受法国地方影响决定和制约的程度要大得多。这里不妨把英国资产者的推断拿来和法国资产者的偏见对比一下。利物浦的一家大商行在1851年的年度商业报告中写道:

"很少有哪一年像刚刚过去的这一年这样辜负人们年初对它所寄托的希望了。这一年不但没有大家一致预期的大繁荣,反而成了最近25年来最令人沮丧的年头。这自然只是对商业阶级,而不是对工业阶级而言。可是,在这年年初,无疑是有可靠的根据来预期相反的情形:产品库存很少,资本充足,食品价格低廉,秋季丰收在望;在大陆有稳固的和平,在本国又没有任何政治上或财政上的困难,的确,看来商业是完全可以展翅高飞的…… 这一不幸的结果究竟应归罪于什么呢? 我们认为应归罪于进出口**贸易额过分庞大**。如果我们的商人自己不把自己的活动限制在较狭小的范围内,那么,除了三年一度的恐慌以外,什么东西也不会使我们保持均衡。"①

现在我们想象一下法国资产者在这种商业恐慌中的情形:他们的生意经的病态头脑每天都被这样一些东西所折磨、搅扰和麻痹,这就是关于政变和恢复普选权的种种谣传、议会和行政权的斗争、奥尔良派和正统派的攻讦、法国南部共产主义的密谋活动、涅夫勒省和谢尔省臆想的农民起义、各个总统候选人的自吹自擂、报纸上各种大肆宣扬的口号、共和派要以武力保卫宪法和普选权的威胁、流亡国外的英雄们预告1852年5月的第二个星期日将是世界末日的文告,这样我们就可以理解,为什么资产者在融合、修改、延期、宪法、密谋、联合、亡命、篡权和革命等难以形容的喧嚣的

---

① 见1852年1月10日《经济学家》第437期。——编者注

混乱中气急败坏地向自己的议会制共和国喊道："**无终结的恐怖，还不如以恐怖告终！**"

波拿巴懂得这种喊声。债权人急躁情绪的日益增长，使得他的理解力更加敏锐。这些债权人发觉，每当太阳落山，总统任期的最后一天即1852年5月的第二个星期日就愈益临近，这是天上星辰的运行在反对他们的人间的票据。债权人变成了真正的占星家了。国民议会使波拿巴丧失了靠宪法来延长其掌权期限的希望，茹安维尔亲王的候选人资格已不允许他再犹豫动摇了。

如果说有过什么事变在它尚未到来之前老早就把自己的影子先投射出来的话，那么这就是波拿巴的政变了。波拿巴早在1849年1月29日，即在他当选刚过一个月的时候，就已向尚加尔涅提出了这种建议。关于政变的政策，他自己的内阁总理奥迪隆·巴罗在1849年夏天委婉地谈到过，而梯也尔则在1850年冬天公开地揭露过。1851年5月，佩尔西尼曾经再度企图取得尚加尔涅对于政变的赞同，而《国民议会通报》[397]公布了这些谈判。每逢议会发生风波时，波拿巴派的报纸就以政变相威胁；危机越是接近，它们的声调就越放肆。在波拿巴每夜和打扮成绅士淑女的骗子欢聚的狂宴上，一到午夜，当豪饮使他们畅所欲言并激起他们的幻想时，政变总是指定在第二天早晨举行。利剑出鞘，酒杯相碰，议员被抛出窗外，皇袍加在波拿巴身上，而一到早晨，幽灵便又消失，吃惊的巴黎从直率的修女和不慎重的武士们的口里才知道它又度过了一次危险。在9月和10月两个月间，关于政变的谣传一刻也没有停息过。影子像彩色的银版相片一样已染上了各种色彩。只要翻一翻9月和10月的欧洲报纸，就可以找到这类情况的报道："巴黎到处流传着政变的谣言。听说首都今天夜间就要被军队占领，而明天早晨就会有解散国民议会、宣布塞纳省戒严、恢复普选权并诉诸人民的法令出现。听说波拿巴正在寻找阁员来执行这些非法的法令。"提供这些消息的报道总是以不祥的"**延期**"一语结束。政变始终是波拿巴的固定观念。他是抱着这个观念重回法国的。他满脑子都是这个观念,以致经常流露于言谈之间。他十分软弱,因此又经常放弃这个观念。对巴黎人来说,这个政变的影子像幽灵一样习以为常,以致当这个政变终于有肉有血地出现时,巴黎人还不愿意相信它。可见,政变之所以成功,根本不是由于十二月十日会的头目严守秘密和国民议会方面受到没有预料到的袭击。不管**波拿巴**怎样泄露秘密,不管**国民议会**怎样事先完全知悉内情,这个政变都是会成功的,因为这是先前的事变进程的必然而不可避免的结果。

10 月 10 日,波拿巴向内阁阁员们宣布他决定恢复普选权;10 月 16 日内阁阁员辞职;10 月 26 日巴黎知道了托里尼内阁组成的消息。同时,警察局长卡尔利埃由莫帕代替,而第一师师长马尼昂把最可靠的团队调到了首都。11 月 4 日国民议会宣布复会。国民议会除了把它已学过的课程按简单扼要的提纲复习一遍并证实自己是在死后才被埋葬之外,是别无他事可做了。

国民议会在和行政权的斗争中失掉的第一个阵地就是内阁。国民议会不得不把纯系摆样子的托里尼内阁当做完备的内阁接受下来,以此来庄严地承认这个失败。当日罗先生以新内阁名义向常任委员会作自我介绍时,常任委员会报之以嘲笑。一个这么软弱的内阁竟要来执行像恢复普选权这样强硬的措施!可是,问题正是在于什么事情都不**通过**议会,一切事情都**违背**议会。

国民议会在它复会的当天就接到了波拿巴的咨文,在咨文中他要求恢复普选权和废除 1850 年 5 月 31 日的法律。当天他的阁员们就提出了一项以此为内容的法令。国民议会立即否决了阁员们的紧急提案,而在 11 月 13 日以 355 票对 348 票否决了这个法令本身。这样,议会就再度撕毁了自己的委任状,又一次证实它已从自由选出的人民代议机关变成了一个阶级的篡权议会,再度承认它自己割断了联结议会头部和国民身躯的肌肉。

如果说行政权建议恢复普选权是表示从诉诸国民议会转向诉诸人民,那么立法权提出它的议会总务官法案[374]则是表示从诉诸人民转向诉诸军队了。国民议会是想通过这个法案来确立自己直接调动军队的权力,确立自己创建议会军的权力。国民议会就这样一方面指定军队来充当自己和人民之间、自己和波拿巴之间的仲裁者,承认军队是国家的决定性力量,另一方面它也不得不确认,它自己早已放弃统率这种力量的要求了。它不是立刻调动军队,而是把自己调动军队的权力当成讨论的题目,这就暴露了它对于自己的力量的怀疑。它否决了议会总务官法案,于是就公开承认了自己的软弱无力。这个法案因为只得到 108 票的少数而失败了。山岳党决定了它的命运。当时山岳党所处的地位就像布利丹的驴子一样,不同的地方只在于不是要在两袋干草之间决定哪一边诱惑力更大,而是要在两顿棒打之间决定哪一边打得更痛。一边怕尚加尔涅,另一边怕波拿巴。老实说,这种处境决不是英雄好汉的处境。

11 月 18 日,有人对秩序党提出的市镇选举法提出了一个修正案,规定市镇选举人在选区内居住的最低期限不是三年,而是一年。这个修正案仅以一票之差被否决了,但是立刻就发现这一票是废票。秩序党由于分裂成各个敌对的派别,早就丧失了自己的独立的议会多数。这时它表明,议会内根本没有什么多数可言了。**国民议会丧失了通过决议的能力。**已经没有什么聚合力能够把它的原子般的构成部分再结合在一起,它已经断了气,它已经死了。

最后,在大难临头的前几天,议会外的资产阶级群众又一次庄严地证实自己已与议会内的资产阶级决裂。梯也尔这个议会英雄特别严重地患了议会迷[338]这个不治之症,他在议会死后还协同国务会议想出了一个新的议会阴谋——制定责任法,把总统牢牢地约束在宪法范围之内。在9月15日巴黎的新集市大厅举行奠基典礼时,波拿巴简直像马赞尼洛那样把那些女商贩和女渔贩迷惑了一番(不错,一个女渔贩的实际力量等于17个卫成官[283]);在议会总务官法案提出之后,他曾使他在爱丽舍宫设宴招待的那些尉官们喜出望外,同样,到了11月25日,他又把聚会在马戏场想从他手中领取伦敦工业博览会[396]奖章的工业资产阶级吸引过来了。现在我把《辩论日报》[239]上他的演说中最典型的一段话引录如下:

"这样出乎意料的成绩使我有权再说一遍,如果法兰西共和国有可能关心自己的实际利益和改组自己的机构,而不是一再容忍蛊惑者和君主主义幻想的骚扰,那么法兰西共和国该是多么伟大啊。(圆形剧场里到处响起雷鸣般的暴风雨般的经久不息的掌声。)君主主义的幻想妨碍任何进步和一切重要的工业部门。没有进步,只有斗争。我们看到,从前热烈拥护国王的权威和特权的人,现在成为国民公会的党徒,只求削弱从普选权中产生的权威。(掌声雷动,经久不息。)我们看到,从前吃革命的苦头最多和最怨恨革命的人,现在却煽动新的革命,而这一切都只是为了要束缚国民的意志…… 我保证你们将来能得到安宁……(好!好!暴风雨般的叫好声。)"①

工业资产阶级就这样卑躬屈膝地鼓掌欢迎了12月2日的政变,欢迎了议会的灭亡,欢迎了自己的统治地位的毁灭和波拿巴的独裁。12月4日轰隆的炮击声报答了11月25日轰隆的鼓掌声,而鼓掌鼓得最起劲的萨兰德鲁兹先生的房子挨的炮弹也最多。[398]

克伦威尔在解散长期国会[399]时独自一人进入会场,从口袋里拿

---

① 路·拿·波拿巴《1851年11月25日在伦敦工业博览会颁奖仪式上的讲话》,载于1851年11月26日《政治和文学辩论日报》。——编者注

出表来,为的是不让国会比他所指定的期限多存在一分钟,接着就以愉快的幽默的嘲笑把每一个国会议员赶出会场。拿破仑虽然比他的榜样矮小,但他毕竟在雾月十八日跑到立法机关去向它宣读了(虽然是以颤抖的声调)死刑判决书。第二个波拿巴所拥有的行政权无论和克伦威尔或拿破仑所拥有的比起来都完全不同,他不是在世界史册中,而是在十二月十日会的史册中,在刑事法庭的史册中为自己寻找榜样。他从法兰西银行窃取了2 500万法郎,用100万法郎收买了马尼昂将军,用15法郎加烧酒收买一个个士兵,他像贼一样夜间偷偷地去跟自己的同谋者相会,命令他们闯入最危险的议会首领们的住宅,把卡芬雅克、拉莫里谢尔、勒夫洛、尚加尔涅、沙尔腊斯、梯也尔、巴兹等人从床上绑架走,用军队占领巴黎各重要据点和议会大厦,第二天一早就在各处墙上张贴广告般的告示,宣告国民议会和国务会议已被解散,普选权已经恢复,塞纳省处于戒严状态。稍后,他就在《通报》[225]上登出了一个伪造的文件,说什么在他周围已聚集了许多议会权威人士,他们已组成一个咨政会。

议会里剩下的人,主要是正统派和奥尔良派,集合在第十区区政府内开会,反复高呼“共和国万岁!”,决定罢免波拿巴,毫无成效地向站在区政府门前张望的人群呼吁,直到最后被非洲猎兵押送到多尔塞兵营,然后又装进囚车转送到马扎斯、阿姆和万塞讷等地的监狱。秩序党、立法议会和二月革命的结局就是如此。在抓紧作结论之前,我们且把它们的历史作个简括的概述。

I. **第一个时期**,从1848年2月24日起到5月4日止。二月时期。序幕。普遍友爱的骗局。

II. **第二个时期**,共和国成立和制宪国民议会时期。

(1)从1848年5月4日起到6月25日止。一切阶级同无产阶级进行斗争。无产阶级在六月事变中遭受失败。

(2)从 1848 年 6 月 25 日起到 12 月 10 日止。纯粹的资产阶级共和派专政。起草宪法。宣布巴黎戒严。资产阶级专政因 12 月 10 日波拿巴当选为总统而废除。

(3)从 1848 年 12 月 20 日起到 1849 年 5 月 28 日止。制宪议会同波拿巴以及和波拿巴联合起来的秩序党进行斗争。制宪议会灭亡。共和派资产阶级遭受失败。

III. **第三个时期,立宪共和国和立法国民议会**时期。

(1)从 1849 年 5 月 28 日起到 1849 年 6 月 13 日止。小资产阶级同资产阶级和波拿巴进行斗争。小资产阶级民主派遭受失败。

(2)从 1849 年 6 月 13 日起到 1850 年 5 月 31 日止。秩序党实行议会专政。秩序党以废除普选权而完成自己的统治,但失去议会制内阁。

(3)从 1850 年 5 月 31 日起到 1851 年 12 月 2 日止。议会资产阶级和波拿巴进行斗争。

(a)从 1850 年 5 月 31 日起到 1851 年 1 月 12 日止。议会失去军队总指挥权。

(b)从 1851 年 1 月 12 日起到 4 月 11 日止。议会重新支配行政权的企图遭到失败。秩序党失去独立的议会多数。秩序党同共和派和山岳党联合。

(c)从 1851 年 4 月 11 日起到 10 月 9 日止。尝试修改宪法,企图实现融合和延长任期。秩序党分解为各个构成部分。资产阶级议会和资产阶级报刊同资产阶级群众最后决裂。

(d)从 1851 年 10 月 9 日起到 12 月 2 日止。议会和行政权公开决裂。议会正在死亡和崩溃,被自己的阶级、军队以及其余各阶级所抛弃。议会制度和资产阶级的统治覆灭。波拿巴获得胜利。对帝制复辟的拙劣可笑的模仿。

七

社会共和国在二月革命开始的时候是作为一个词句、作为一个预言出现的。1848 年六月事变时,它被扼杀在**巴黎无产阶级**的血泊中,但是它像幽灵一样出现在戏剧的下几幕中。**民主共和国**登上了舞台。它在 1849 年 6 月 13 日和它那些四散奔逃的**小资产者**一同消失了,但是它在逃走时却随身散发了大吹大擂的广告。**议会制共和国**同资产阶级一起占据了全部舞台,在它的整个生存空间为所欲为,但是 1851 年十二月二日事件在联合的保皇党人的"共和国万岁!"的惊慌叫喊声中把它埋葬了。①

法国资产阶级反对劳动无产阶级的统治,它把政权送给了以十二月十日会的头目为首的流氓无产阶级。资产阶级使得法国一想到红色无政府状态的可怕前景就心惊肉跳。12 月 4 日,当那些为烧酒所鼓舞的秩序军队根据波拿巴的命令,对蒙马特尔林荫道上和意大利林荫道上的凭窗眺望的显贵资产者射击的时候,波拿巴就把这一可怕前景贴现给了资产阶级。资产阶级曾把马刀奉为神,马刀统治了它。资产阶级消灭了革命的报刊,它自己的报刊也被消灭了。它把人民的集会置于警察监视之下,它自己的沙龙也遭到了警察的监视。它解散了民主派的国民自卫军,它自己的国民自卫军也被解散了。它实行了戒严,戒严也实行到了它头上。

---

① 在 1852 年版中这一段后面还有如下一段话:"社会共和国和民主共和国失败了,而议会制共和国、保皇派资产阶级的共和国已经覆灭,同样,纯粹的共和国、资产者共和派的共和国也已覆灭。"——编者注

它用军事委员会代替了陪审团,它自己的陪审团也被军事委员会代替。它把国民教育置于教士的支配之下,教士也把它置于自己的教育之下。它不经审判就流放囚犯,它自己也未经审判就被流放了。它以国家权力镇压社会的一切运动,它自己的一切社会运动也遭到了国家权力的镇压。它因偏爱自己的钱袋而反对自己的政治家和著作家,它的政治家和著作家被排除了,但是它的钱袋也在它的口被封死和笔被折断后被抢劫了。资产阶级曾不倦地像圣徒阿尔塞尼乌斯对基督徒那样向革命叫喊道:"Fuge, tace, quiesce! ——快跑,住嘴,安静!"波拿巴也向资产阶级叫喊道:"Fuge, tace, quiesce! ——快跑,住嘴,安静!"

法国资产阶级早已把拿破仑的"50 年后欧洲是共和制的欧洲还是哥萨克式的欧洲"①这个二难推理给解决了。它以"哥萨克式的共和国"解决了这个二难推理。无须瑟西的魔法就把资产阶级共和国这个杰作变成一个畸形怪物了。这个共和国除了外表的体面之外,什么也没有丧失。今天的法国采用了议会制共和国这一成熟的形式。只要刺刀一戳,水泡就破了,怪物就出现在眼前。②

---

① 艾·拉斯卡斯《圣赫勒拿岛回忆录》1840 年巴黎版。——编者注
② 在 1852 年版中这一段话后面是这样写的:"二月革命的最近的目标是推翻奥尔良王朝和在奥尔良王朝时期当政的那一部分资产阶级。到 1851 年 12 月 2 日才达到这个目标。这时,奥尔良王室的大量财产,即它的影响的物质基础,被没收了。二月革命后人们所期待的,在 12 月以后出现了,自 1830 年以来那些以自己的大喊大叫弄得法国精疲力竭的人遭到监禁、流亡、撤职、放逐、缴械、嘲笑。然而在路易-菲力浦时期执政的,只是商业资产阶级中的一部分。它的其他派别形成一个王朝反对派和一个共和主义反对派,或者完全站在所谓合法国土之外。只有议会制共和国把商业资产阶级的所有派别吸收到它的国家范围里。另外,在路易-菲力浦时期,商业资产阶级排斥了占有土地的资产阶级。只有议会制

为什么巴黎无产阶级在 12 月 2 日后没有举行起义呢？

当时资产阶级的倾覆还只见之于法令，而法令还没有被执行。无产阶级的任何重大起义都会立刻使资产阶级重新活跃起来，使它和军队协调起来，从而为工人造成第二个六月失败。

12 月 4 日，资产者和小店主唆使无产阶级起来战斗。当天晚上，国民自卫军的几个联队答应拿着武器穿着军装到战场上来。因为资产者和小店主已经得知波拿巴在 12 月 2 日的一项命令中废除了秘密投票，命令他们在正式登记名册上把"赞成"或"反对"写在他们的名字后边。12 月 4 日的抵抗吓坏了波拿巴。夜间他就下令在巴黎各个街口张贴了广告，宣布恢复秘密投票。资产者和小店主认为自己的

共和国使他们彼此处于平等地位，让七月王朝和正统王朝联姻并把财产统治的两个时期合而为一。在路易-菲力浦时期，资产阶级的享有特权的部分将其统治隐匿于王冠之下；在议会制共和国时期，资产阶级统治在联合了它的所有的构成部分并把它的帝国扩展为它的阶级的帝国之后，赤裸裸地露出头角。因此，革命本身首先必须创造一种形式，使资产阶级统治在这种形式下可以得到最广泛、最普遍、最彻底的表现，因而也可以被推翻，再也不能站立起来。

直到这时才执行了 2 月宣布的对奥尔良派资产阶级，即法国资产阶级中最有生命力的派别的判决。它的议会、律师协会、商业法庭、地方代议机关、公证处、大学、讲坛和法庭、报刊和书籍、行政收入和法院诉讼费、军饷和国债，它的精神和肉体都被击溃了。布朗基解散资产阶级自卫军作为向革命提出的第一个要求，曾经在 2 月阻挡过革命前进的资产阶级自卫军在 12 月从舞台上消失了，万神庙又重新变成了普通的教堂。曾经把资产阶级制度的 18 世纪的发起人神圣化的魔法也同资产阶级制度的最后形式一起破灭了。当基佐得知 12 月 2 日的政变成功时，他宣告：C'est le triomphe complet et définitif du Socialisme！**这是社会主义的完全而彻底的胜利！** 也就是说：这是资产阶级统治的彻底而完全的灭亡。

为什么无产阶级没有拯救资产阶级呢？这个问题转化为另一个问题："——编者注

目的已经达到了。次日早晨留在家里的正是小店主和资产者。

12月1日深夜,波拿巴以突然的袭击使巴黎的无产阶级失掉了它的领袖,失掉了街垒战的指挥者。这支没有指挥官的军队,由于对1848年六月事变、1849年六月事变和1850年五月事变记忆犹新,不愿意在山岳党的旗帜下作战,于是就听凭自己的先锋队即秘密团体去挽救巴黎的起义的荣誉,这种荣誉已被资产阶级如此恭顺地交给兵痞们去蹂躏,以致波拿巴后来能够用一个刻薄的理由解除国民自卫军的武装:他担心无政府主义者滥用国民自卫军的武器来反对国民自卫军自己!

"这是社会主义的完全而彻底的胜利!"——基佐曾这样评论12月2日的政变。但是,如果说议会制共和国的倾覆包含有无产阶级革命胜利的萌芽,那么它的直接的具体结果就是**波拿巴对议会的胜利,行政权对立法权的胜利,不讲空话的权力对讲空话的权力的胜利。**① 在议会中,国民将自己的普遍意志提升为法律,即将统治阶级的法律提升为国民的普遍意志。在行政权面前,国民完全放弃了自己的意志,而服从于他人意志的指挥,服从于权威。和立法权相反,行政权所表现的是国民的他治而不是国民的自治。这样,法国逃脱一个阶级的专制,好像只是为了服从于一个人的专制,并且是服从于一个没有权威的人的权威。斗争的结局,好像是一切阶级都同样软弱无力地和同样沉默地跪倒在枪托之前了。

然而革命是彻底的。它还处在通过涤罪所的历程中。它在有条不紊地完成自己的事业。1851年12月2日以前,它已经完成

---

① 在1852年版中这句话后面还有这样一句话:"这样,旧国家的一种权力首先只是从它自身的局限中解放了出来,变成了无限制的绝对的权力。"——编者注

了前一半准备工作,现在它在完成另一半。它先使议会权力臻于完备,为的是能够推翻这个权力。现在,当它已达到这一步时,它就来使**行政权**臻于完备,使行政权以其最纯粹的形式表现出来,使之孤立,使之成为和自己对立的唯一的对象,以便集中自己的一切破坏力量来反对行政权。而当革命完成自己这后一半准备工作的时候,欧洲就会从座位上跳起来欢呼:掘得好,老田鼠!①

这个行政权有庞大的官僚机构和军事机构,有复杂而巧妙的国家机器,有50万人的官吏大军和50万人的军队。这个俨如密网一般缠住法国社会全身并阻塞其一切毛孔的可怕的寄生机体,是在专制君主时代,在封建制度崩溃时期产生的,同时这个寄生机体又加速了封建制度的崩溃。土地所有者和城市的领主特权转化为国家权力的同样众多的属性;封建的显贵人物转化为领取薪俸的官吏;互相对抗的中世纪的无限权力的五颜六色的样本转化为确切规定了的国家权力的方案,国家权力的运作像工厂一样有分工,又有集中。第一次法国革命的任务是破坏一切地方的、区域的、城市的和各省的特殊权力以造成全国的公民的统一,它必须把专制君主制已经开始的事情——中央集权加以发展,但是它同时也就扩大了政府权力的容量、属性和走卒数目。拿破仑完成了这个国家机器。正统王朝和七月王朝并没有增添什么东西,不过是扩大了分工,这种分工随着资产阶级社会内部的分工愈益造成新的利益集团,即造成用于国家管理的新材料,而愈益扩大起来。每一种**共同的**利益,都立即脱离社会而作为一种最高的**普遍的**利益来与社会相对立,都不再是社会成员的自主行动而成为政府活动的对象——从某一村镇的

---

① 莎士比亚《哈姆雷特》第1幕第5场。——编者注

桥梁、校舍和公共财产,直到法国的铁路、国家财产和国立大学。最后,议会制共和国在它反对革命的斗争中,除采用高压手段外,还不得不加强政府权力的工具和中央集权。一切变革都是使这个机器更加完备,而不是把它摧毁。那些相继争夺统治权的政党,都把这个庞大国家建筑物的夺得视为胜利者的主要战利品。

但是在专制君主时代,在第一次革命时期,在拿破仑统治时期,官僚不过是为资产阶级的阶级统治进行准备的手段。在复辟时期,在路易-菲力浦统治时期,在议会制共和国时期,官僚虽力求达到个人专制,但它终究是统治阶级的工具。

只是在第二个波拿巴统治时期,国家才似乎成了完全独立的东西。和市民社会相比,国家机器已经大大地巩固了自己的地位,它现在竟能以十二月十日会的头目,一个从外国来的、被喝醉了的兵痞拥为领袖的冒险家做首脑,而这些兵痞是他用烧酒和腊肠收买过来的,并且他还要不断地用腊肠来讨好他们。由此便产生了怯懦的绝望和遭受奇耻大辱的情感,这种情感压住法国的胸膛,让它喘不过气来。法国觉得自己被凌辱了。①

---

① 在1852年版中这一段是这样写的:"只是在第二个波拿巴统治时期,国家才似乎成了完全独立于社会并对它进行奴役的东西。行政权具有明显的独立性,这时它的首脑不再需要天赋,它的军队不再需要声誉,它的官僚不再需要道义上的权威,便可以合法存在。和市民社会相比,国家机器已经大大地巩固了自己的地位,它现在竟能以十二月十日会的头目,一个从外国来的、被喝醉了的兵痞拥为领袖的冒险家做首脑,而这些兵痞是他用烧酒和腊肠收买过来的,并且他还要不断地用腊肠来讨好他们。由此便产生了怯懦的绝望和遭受奇耻大辱的情感,这个情感压住法国的胸膛,让它喘不过气来。法国觉得自己被凌辱了。如果说拿破仑还勉强能够以为法国争自由作为借口,那么第二个波拿巴已不再可能以让法国受奴役作为借口。"——编者注

虽然如此，国家权力并不是悬在空中的。波拿巴代表一个阶级，而且是代表法国社会中人数最多的一个阶级——**小农**。

正如波旁王朝是大地产的王朝，奥尔良王朝是金钱的王朝一样，波拿巴王朝是农民的王朝，即法国人民群众的王朝。被农民选中的不是服从资产阶级议会的那个波拿巴，而是驱散了资产阶级议会的那个波拿巴。城市在三年中成功地曲解了12月10日选举的意义，辜负了农民恢复帝国的希望。1848年12月10日的选举只是在1851年12月2日的政变中才得以实现。

小农人数众多，他们的生活条件相同，但是彼此间并没有发生多种多样的关系。他们的生产方式不是使他们互相交往，而是使他们互相隔离。这种隔离状态由于法国的交通不便和农民的贫困而更为加强了。他们进行生产的地盘，即小块土地，不容许在耕作时进行分工，应用科学，因而也就没有多种多样的发展，没有各种不同的才能，没有丰富的社会关系。每一个农户差不多都是自给自足的，都是直接生产自己的大部分消费品，因而他们取得生活资料多半是靠与自然交换，而不是靠与社会交往。一小块土地，一个农民和一个家庭；旁边是另一小块土地，另一个农民和另一个家庭。一批这样的单位就形成一个村子；一批这样的村子就形成一个省。这样，法国国民的广大群众，便是由一些同名数简单相加而形成的，就像一袋马铃薯是由袋中的一个个马铃薯汇集而成的那样。数百万家庭的经济生活条件使他们的生活方式、利益和教育程度与其他阶级的生活方式、利益和教育程度各不相同并互相敌对，就这一点而言，他们是一个阶级。而各个小农彼此间只存在地域的联系，他们利益的同一性并不使他们彼此间形成共同关系，形成全国性的联系，形成政治组织，就这一点而言，他们又不是一个阶级。因此，他们不能以自己的名义来保护自己的阶级利益，无论是通过议会或通过国民公会。他们不能代表自己,一定要别人来代表他们。他们的代表一定要同时是他们的主宰,是高高站在他们上面的权威,是不受限制的政府权力,这种权力保护他们不受其他阶级侵犯,并从上面赐给他们雨水和阳光。所以,归根到底,小农的政治影响表现为行政权支配社会。①

历史传统在法国农民中间造成了一种迷信,以为一个名叫拿破仑的人将会把一切美好的东西送还他们。于是就出现了一个人来冒充这个人,因为他取名为拿破仑,而且拿破仑法典规定:"不许寻究父方"。经过20年的流浪生活和许多荒唐的冒险行径之后,预言终于实现了,这个人成了法国人的皇帝。侄子的固定观念实现了,因为这个观念是和法国社会中人数最多的阶级的固定观念一致的。

但是,也许有人会反驳我说:在半个法国不是发生过农民起义吗? 军队不是围攻过农民吗? 农民不是大批被捕,大批被流放吗?**400**

从路易十四时起,法国农民还没有"因为蛊惑者的阴谋"而遭到过这样的迫害。

但是,要正确地理解我的意思。波拿巴王朝所代表的不是革命的农民,而是保守的农民;不是力求摆脱其社会生存条件即小块土地的农民,而是想巩固这种条件的农民;不是力求联合城市并以自己的力量去推翻旧制度的农村居民,而是相反,是愚蠢地固守这个旧制度,期待帝国的幽灵来拯救自己和自己的小块土地并赐给自己以特权地位的农村居民。波拿巴王朝所代表的不是农民的开化,而是农民的迷信;不是农民的理智,而是农民的偏见;不是农民

---

① 在1852年版中这句话是这样写的:"所以,归根到底,小农的政治影响表现为行政权支配议会,国家支配社会。"——编者注

的未来,而是农民的过去;不是农民的现代的塞文[401],而是农民的现代的旺代[209]。

议会制共和国三年的严酷统治,使一部分法国农民摆脱了对于拿破仑的幻想,并使他们(虽然还只是表面上)革命化了;可是,每当他们发动起来的时候,资产阶级就用暴力把他们打回去。在议会制共和国时期,法国农民的现代意识同传统意识展开了斗争。这一过程是以教师和教士之间不断斗争的形式进行的。资产阶级打垮了教师。农民第一次力图对政府的行动采取独立的态度;这表现在镇长和省长之间的不断冲突上。资产阶级撤换了镇长。最后,法国各地农民在议会制共和国时期曾起来反对他们自己的产物,即军队。资产阶级用宣布戒严和死刑惩罚了他们。这个资产阶级现在却公然叫喊什么群众是可鄙的群氓,十分愚蠢,说这些群众把它出卖给波拿巴了。它自己曾以暴力加强了农民阶级对帝制的信赖,它曾把这种农民宗教产生的条件保留下来。当群众墨守成规的时候,资产阶级害怕群众的愚昧,而在群众刚有点革命性的时候,它又害怕起群众的觉悟了。

在政变以后发生的各次起义中,一部分法国农民拿起武器抗议他们自己在1848年12月10日的投票表决。1848年以来的教训,使他们学聪明了。但是他们已经投身于历史的地狱,历史迫使他们履行诺言,而大多数农民当时还抱有成见,以致恰恰是在最红的省份中农村居民公开把选票投给波拿巴。在他们看来,国民议会妨碍了波拿巴的活动。波拿巴现在只是打破了城市加之于乡村意志的桎梏。在有些地方,农民甚至荒唐地幻想在拿破仑身旁建立一个国民公会。

第一次革命把半农奴式的农民变成了自由的土地所有者之后,拿破仑巩固和调整了某些条件,以保证农民能够自由无阻地利用他们刚得到的法国土地并满足其强烈的私有欲。可是法国农民现在没落的原因,正是他们的小块土地、土地的分割,即被拿破仑在法国固定下来的所有制形式。这正是使法国封建农民成为小块土地的所有者,而使拿破仑成为皇帝的物质条件。只经过两代就产生了不可避免的结果:农业日益恶化,农民负债日益增加。"拿破仑的"所有制形式,在19世纪初期原是保证法国农村居民解放和致富的条件,而在本世纪的进程中却已变成使他们受奴役和贫困化的法律了。而这个法律正是第二个波拿巴必须维护的"拿破仑观念"[373]中的第一个观念。如果他和农民一样,还有一个错觉,以为农民破产的原因不应在这种小块土地所有制中去探求,而应在这种土地所有制以外,在一些次要情况的影响中去探求,那么,他的实验一碰上生产关系,就会像肥皂泡一样破灭。

小块土地所有制的经济发展根本改变了农民与其他社会阶级的关系。在拿破仑统治时期,农村土地的小块化补充了城市中的自由竞争和正在兴起的大工业。① 农民阶级是对刚被推翻的土地贵族的普遍抗议。② 小块土地所有制在法国土地上扎下的根剥夺了封建制度的一切营养物。小块土地的界桩成为资产阶级抵抗其旧日统治者的一切攻击的自然堡垒。但是在19世纪的进程中,封建领主已被城市高利贷者所代替;土地的封建义务已被抵押债务所代替;贵族的地产已被资产阶级的资本所代替。农民的小块土

---

① 在1852年版中这之后还有如下几句话:"对农民阶级实行优待本身有利于新的资产阶级制度。这个新造就的阶级是资产阶级制度向城市以外的地区的全面伸延,是资产阶级制度在全国范围内的实施。"——编者注

② 在1852年版中这之后还有如下一句话:"如果说它首先受到优待,那么它也首先为封建领主的复辟提供了进攻点。"——编者注

地现在只是使资本家得以从土地上榨取利润、利息和地租，而让农民自己考虑怎样去挣自己的工资的一个借口。法国土地所负担的抵押债务每年从法国农民身上取得的利息，等于英国全部国债的年债息。受到资本这样奴役的小块土地所有制（而它的发展不可避免地要招致这样的奴役）使法国的一大半国民变成穴居人。1 600万农民（包括妇女和儿童）居住在洞穴中，大部分的洞穴只有一个洞口，有的有两个小洞口，最好的也只有三个洞口。而窗户之于住房，正如五官之于脑袋一样。资产阶级制度在本世纪初曾让国家守卫新产生的小块土地，并对它尽量加以赞扬，现在却变成了吸血鬼，吸吮它的心血和脑髓并把它投入资本的炼金炉中去。拿破仑法典现在至多不过是一个执行法庭判决、查封财产和强制拍卖的法典。在法国，除了官方计算的400万（包括儿童等等）乞丐、游民、犯人和妓女之外，还有500万人濒于死亡，他们或者是居住在农村，或者是带着他们的破烂和孩子到处流浪，从农村到城市，又从城市到农村。由此可见，农民的利益已不像拿破仑统治时期那样同资产阶级的利益、同资本相协调，而是同它们相对立了。因此，农民就把负有推翻资产阶级制度使命的**城市无产阶级**看做自己的天然同盟者和领导者。可是，**强有力的和不受限制的政府**（这是第二个拿破仑应该实现的第二个"拿破仑观念"）应该用强力来保卫这种"物质的"制度。这种"物质制度"也是波拿巴反对造反农民的一切文告中的口号。

小块土地除了肩负资本加于它的抵押债务外，还肩负着**赋税**的重担。赋税是官僚、军队、教士和宫廷的生活来源，一句话，它是行政权的整个机构的生活来源。强有力的政府和繁重的赋税是一回事。小块土地所有制按其本性说来是无数全能的官僚立足的基础。它造成全国范围内各种关系和个人的均质的水平。所以，它也就使得一个最高的中心对这个均质的整体的各个部分发生均质的作用。它消灭人民群众和国家权力之间的贵族中间阶梯。所以，它也就引起这一国家权力的全面的直接的干涉和它的直属机关的全面介入。最后，它造成无业的过剩人口，使他们无论在农村或城市都找不到容身之地，因此他们钻营官职，把官职当做一种体面的施舍，迫使增设官职。① 拿破仑借助于他用刺刀开辟的新市场，借助于对大陆的掠夺，连本带利一并偿还了强制性赋税。这种赋税曾是刺激农民发展产业的手段，而现在赋税却使这些产业失去最后的资源，失去抵御贫困化的能力。大批衣着华贵和脑满肠肥的官僚，是最符合第二个波拿巴心意的一种"拿破仑观念"。既然波拿巴不得不创造一个同社会各真实阶级并列的人为等级，而对这个等级来说，维护波拿巴的政权就成了饭碗问题，那么，事情又怎能不是这样呢？正因为如此，他的最初的财政措施之一就是把官吏薪俸提高到原来的水平，并添设了领干薪的新官职。

另一个"拿破仑观念"是作为政府工具的**教士**的统治。可是，如果说刚刚出现的小块土地由于它和社会相协调，由于它依赖自然力并且对从上面保护它的权威采取顺从态度，因而自然是相信宗教的，那么，债台高筑、同社会和权威反目并且被迫越出自己的有限范围的小块土地自然要变成反宗教的了。苍天是刚刚获得的

---

① 在1852年版中这后面还有如下一段话："在拿破仑时期，这一大批政府人员不仅仅直接提供生产成果，因为他们在公共工程等等的形式下采用国家的强制手段为新形成的农民阶级做出了资产阶级在私人产业的道路上还不可能做出的事情。国家赋税是维持城市和农村之间交换的必要的强制手段，否则，小块土地所有者就会像在挪威和瑞士的部分地区那样，由于农民的自给自足而破坏同城市的联系。"——编者注

一小块土地的相当不错的附加物,何况它还创造着天气;可是一到有人硬要把苍天当做小块土地的代替品的时候,它就成为一种嘲弄了。那时,教士就成为地上警察的涂了圣油的警犬——这也是一种"拿破仑观念"。[①] 对罗马的征讨下一次将在法国内部进行,不过它的意义和蒙塔朗贝尔先生所想的[402]正好相反。

最后,"拿破仑观念"登峰造极的一点,就是**军队**占压倒的优势。军队是小农的光荣,军队把小农造就成为英雄,他们保护新得的财产免受外敌侵犯,颂扬他们刚获得的民族性,掠夺世界并使之革命化。军服是他们的大礼服,战争是他们的诗篇,在想象中扩大和完整起来的小块土地是他们的祖国,而爱国主义是财产观念的理想形态。可是,现在法国农民为了保护自己的财产所要对付的敌人,已不是哥萨克,而是法警和税吏了。小块土地已不是躺在所谓的祖国中,而是存放在抵押账簿中了。军队本身已不再是农民青年的精华,而是农民流氓无产阶级的败类了。军队大部分都是招募来的新兵,都是些顶替者,正如第二个波拿巴本人只是一个招募来的人物,只是拿破仑的顶替者一样。现在军队是在执行宪兵勤务围捕农民时树立英雄业绩的;所以,如果十二月十日会的头目在其制度内在矛盾的驱使下到法国境外去用兵,那么军队在干了几桩强盗勾当后就不是获得荣誉,而是遭到痛打了。

这样,我们就看到,**一切"拿破仑观念"都是不发达的、朝气蓬勃的小块土地所产生的观念**;对于已经衰老的小块土地说来,这些

---

① 在1852年版中这后面还有如下一句话:"和拿破仑时期不同,在第二个波拿巴时期,地上警察的使命不是监视农民体制在城市里的敌人,而是监视波拿巴在农村里的敌人。"——编者注

观念是荒谬的,只是它垂死挣扎时的幻觉,只是变成了空话的词句,只是变成了幽灵的魂魄。但是,为了使法国国民大众解脱传统的束缚,为了使国家权力和社会之间的对立以纯粹的形态表现出来,一出模仿帝国的滑稽剧是必要的。随着小块土地所有制日益加剧的解体,建立在它上面的国家建筑物将倒塌下来。现代社会所需要的国家中央集权制,只能在军事官僚政府机器的废墟上建立起来,这种军事官僚政府机器是在同封建制度的对立中锻造而成的。①

12 月 20 日和 21 日大选之谜,要从法国农民的状况中找到解答。这次大选把第二个波拿巴推上西奈山**403**,并不是为了让他去接受法律,而是为了让他去颁布法律。②

---

① 在 1852 年版中没有最后这两句话,本段的结尾是这样写的:"打碎国家机器不会危及中央集权制。官僚政治不过是中央集权制还受其对立物即封建制度累赘时的低级和粗糙形态。法国农民一旦对拿破仑帝制复辟感到失望,就会把对于自己小块土地的信念抛弃;那时建立在这种小块土地上面的全部国家建筑物都将会倒塌下来,于是**无产阶级革命就会形成一种合唱,若没有这种合唱,它在一切农民国度中的独唱是不免要变成孤鸿哀鸣的。**"——编者注

② 在 1852 年版中这段话是这样写的:"12 月 20 日和 21 日大选之谜,要从法国农民的状况中找到解答。这次大选把第二个波拿巴推上西奈山,并不是为了让他去接受法律,而是为了让他去颁布和执行法律。的确,法兰西民族在那些灾难的日子里犯了反对民主主义的滔天大罪。民主主义跪倒在地,每天祷告:神圣的普选权,求您帮帮我们!普选权的信奉者自然不愿意放弃一种神奇的力量,因为它可以使他们成就大业,可以把第二个波拿巴变成拿破仑,把扫罗变成保罗,把西门变成彼得。国民精神通过选票箱对他们说话,就像先知以西结对枯干的骸骨说话:'Haec dicit dominus deus ossibus suis:Ecce, ego intromittam in vos Spiritum et vivetis.''主耶和华对这些骸骨如此说:我必使气息进入你们里面,你们就要活了。'"——编者注

显然,资产阶级现在除了投票选举波拿巴之外,再没有别的出路了。① 当清教徒在康斯坦茨宗教会议[404]上诉说教皇生活淫乱并悲叹必须改革风气时,红衣主教彼得·大利向他们大声喝道:"现在只有魔鬼还能拯救天主教会,而你们却要求天使!"法国资产阶级在政变后也同样高声嚷道:现在只有十二月十日会[291]的头目还能拯救资产阶级社会! 只有盗贼还能拯救财产;只有假誓还能拯救宗教;只有私生子还能拯救家庭;只有无秩序还能拯救秩序!

波拿巴作为行政权的自主的力量,自命为负有保障"资产阶级秩序"的使命。但是这个资产阶级秩序的力量是中等阶级。所以他就自命为中等阶级的代表人物,并颁布了相应的法令。可是,他之所以能够成为一个人物,只是因为他摧毁了并且每天都在重新摧毁这个中等阶级的政治力量。所以他又自命为中等阶级的政治力量和著作力量的敌人。可是,既然他保护中等阶级的物质力量,那么就不免要使这个阶级的政治力量重新出现。因此,必须保护原因并在结果出现的地方把结果消灭掉。但是,原因和结果总不免有某些混淆,因为原因和结果在相互作用中不断丧失自己的特征。于是就有抹掉界限的新法令出现。同时波拿巴针对资产阶级,自命为农民和人民大众的代表,想使人民中的下层阶级在资产阶级社会的范围内得到幸福。于是就有一些预先抄袭"真正的社会主义者"[405]的治国良策的新法令出现。但是波拿巴首先觉得自己是十二月十日会的头目,是流氓无产阶级的代表。他本人、他的亲信、他的政府和他的军队都属于这个阶级,而这个阶级首先关心的是自己能生活得舒服,是从国库中抽取加利福尼亚的彩票。于

---

① 在1852年版中这后面还有如下一句话:"专制或者无政府主义,它自然投票赞成专制。"——编者注

是他就以颁布法令、撇开法令和违反法令来证实他真不愧为十二月十日会的头目。

这个人所负的这种充满矛盾的使命，就可以说明他的政府的各种互相矛盾的行动。这个政府盲目摸索前进，时而拉拢这个阶级，时而又拉拢另一个阶级，时而侮辱这个阶级，时而又侮辱另一个阶级，结果使一切阶级一致起来和它作对。他这个政府在实际行动上表现的犹豫，和他从伯父那里盲目抄袭来的政府法令的独断果敢的风格形成一种十分可笑的对照。①

工业和商业，即中等阶级的事业，应该在强有力的政府治理下像温室中的花卉一样繁荣。于是就让出了无数的铁路承租权。但是波拿巴派的流氓无产阶级是要发财致富的。于是就有事先知悉秘密的人在交易所进行承租权上的投机。但是又没有建筑铁路的资本。于是就强令银行以铁路股票作抵押来发放贷款。但是银行同时要由波拿巴本人来经营，因此就要优待银行。于是银行就免除了公布每周结算的义务，它和政府订立了只对它有利的契约。人民应该有工作。于是就安排公共工程。但是公共工程增加人民的税负。因此必须对食利者下手，把利息由五厘改为四厘半，以此来减低税额。但是必须再给中间等级一些甜头。因此零买酒喝的大众的葡萄酒税增加了一倍，而大批买酒喝的中间等级的酒税却减低了一半。现有的工人团体被解散了，但是许诺将来会出现团体兴旺的奇迹。必须帮助农民。于是要有抵押银行，以加重农民债务并加速财产集中。但是必须利用这些银行来从被没收的奥尔良王室财产中榨取金钱。可是没有一个资本家同意这个在法令中没有规定的

---

① 在1852年版中这里还有一句话："因此，这些互相矛盾的行动的匆忙和草率，应该模仿皇帝的面面俱到和善于应对。"——编者注

条件,结果抵押银行也就始终只是一纸法令,如此等等。

波拿巴想要扮演一切阶级的家长似的恩人。但是,他要是不从一个阶级那里取得一些什么,就不能给另一个阶级一些什么。正如吉斯公爵在弗伦特运动[376]时期由于曾把自己的一切财产变成他的党徒欠他的债务而被称为法国最该受感激的人一样,波拿巴也想做法国最该受感激的人,把法国所有的财产和所有的劳动都变成欠他个人的债务。他想窃取整个法国,以便将它再赠给法国,或者说得更确切些,以便能够用法国的钱再来收买法国,因为他作为十二月十日会的头目,就不得不收买应归他所有的东西。于是所有一切国家设施,即参议院、国务会议、立法机关、荣誉军团勋章、士兵奖章、洗衣房、公共工程、铁路、没有士兵的国民自卫军司令部以及被没收的奥尔良王室财产,都成了用于收买的设施。军队和政府机器中的每一个位置,都成了收买手段。然而在这种先把法国攫取过来,然后再把它交给法国自己的过程中,最重要的东西还是在买卖过程中流到十二月十日会的头目和会员的腰包里去的利润。莫尔尼先生的情妇 L. 伯爵夫人,对没收奥尔良王室财产一事曾说过这样一句俏皮话:"C'est le premier vol de l'aigle"("这是鹰的最初的飞翔"①),这句俏皮话对于这只更像是**乌鸦**的鹰的每一次飞翔都适用。一个意大利的加尔都西会[406]修士曾对一个夸耀地计算自己还可以受用多年的财产的守财奴说过:"Tu fai conto sopra i beni,bisogna prima far il conto sopra gli anni."②波

---

① 马克思在这里加了一个注:"vol 有'飞翔'和'盗窃'两个意思。"——编者注
② 马克思在这里加了一个注:"你总是计算你的财产,但你最好是先计算一下你的年岁。"——编者注

拿巴和他的信徒每天都对自己说这句话。为了不致算错年月，他们按分钟来计算。钻进宫廷，钻进内阁，钻进行政机关和军队的上层去的是一群连其中最好的一个也来历不明的流氓，是一群吵吵嚷嚷的、声名狼藉的、贪婪的浪荡者。他们穿着缀有标志级别的金银边饰的制服，装出俨如苏路克的高官显宦那样可笑的庄严的样子。如果人们注意到，**韦隆-克勒维尔**①是十二月十日会的道德说教者，**格朗尼埃·德卡桑尼亚克**是它的思想家，那么人们对这个会的上层人物就能有个清楚的概念了。基佐主持内阁的时候，曾在一家地方小报上利用这个格朗尼埃作为攻击王朝反对派的工具，并且总是给他如下的赞语："C'est le roi des drôles"，"这是丑角之王"。**407**如果把路易·波拿巴的朝廷和家族拿来跟摄政时期**408**或路易十五统治时期对比，那是不公正的。因为"法国已不止一次地有过姘妇的政府，但是从来还没有过面首的政府"。②

波拿巴既被他的处境的自相矛盾的要求所折磨，同时又像个魔术师，不得不以不断翻新的意外花样吸引观众把视线集中在他这个拿破仑的顶替者身上，也就是说，他不得不每天发动小型政变，使整个资产阶级经济陷于混乱状态，侵犯一切在1848年革命中显得不可侵犯的东西，使一些人容忍革命而使另一些人欢迎革命，以奠定秩序为名造成无政府状态，同时又使整个国

---

① 马克思在这里加了一个注："巴尔扎克在其长篇小说《贝姨》中，把克勒维尔描绘为最淫乱的巴黎庸人，这个克勒维尔是以《立宪主义者报》**285**报社主人韦隆博士为模特描摹出来的。"——编者注

② 马克思在这里加了一个注："德·日拉丹夫人的话。"在1852年版中本段的结尾还有一句话："卡托为了在极乐世界同英雄相会，宁愿一死！可怜的卡托！"——编者注

家机器失去圣光,渎犯它,使它成为可厌而又可笑的东西。他模仿特里尔的圣衣[409]的礼拜仪式在巴黎布置拿破仑的皇袍的礼拜仪式。但是,如果皇袍终于落在路易·波拿巴身上,那么拿破仑的铜像就将从旺多姆圆柱[347]顶上倒塌下来。

卡·马克思大约写于 1851 年
12 月中—1852 年 3 月 25 日

载于 1852 年 5 月《革命。不定期刊物》第 1 期

原文是德文

选自《马克思恩格斯文集》
第 2 卷第 470—578 页

卡·马克思

在《人民报》创刊纪念会上的演说[410]

1856 年 4 月 14 日在伦敦

所谓的 1848 年革命,只不过是一些微不足道的事件,是欧洲社会干硬外壳上的一些细小的裂口和缝隙。但是它们却暴露出了外壳下面的一个无底深渊。在看来似乎坚硬的外表下面,现出了一片汪洋大海,只要它动荡起来,就能把由坚硬岩石构成的大陆撞得粉碎。那些革命吵吵嚷嚷、模模糊糊地宣布了无产阶级解放这个 19 世纪的秘密,本世纪革命的秘密。

的确,这个社会革命并不是 1848 年发明出来的新东西。蒸汽、电力和自动走锭纺纱机甚至是比巴尔贝斯、拉斯拜尔和布朗基诸位公民更危险万分的革命家。但是,尽管我们生活在其中的大气把两万磅重的压力加在每一个人身上,你们可感觉得到吗?同样,欧洲社会在 1848 年以前也没有感觉到从四面八方包围着它、压抑着它的革命气氛。

这里有一件可以作为我们 19 世纪特征的伟大事实,一件任何政党都不敢否认的事实。一方面产生了以往人类历史上任何一个时代都不能想象的工业和科学的力量;而另一方面却显露出衰颓的征兆,这种衰颓远远超过罗马帝国末期那一切载诸史册的可怕情景。

在我们这个时代,每一种事物好像都包含有自己的反面。我们看到,机器具有减少人类劳动和使劳动更有成效的神奇力量,然而却引起了饥饿和过度的疲劳。财富的新源泉,由于某种奇怪的、不可思议的魔力而变成贫困的源泉。技术的胜利,似乎是以道德的败坏为代价换来的。随着人类愈益控制自然,个人却似乎愈益成为别人的奴隶或自身的卑劣行为的奴隶。甚至科学的纯洁光辉仿佛也只能在愚昧无知的黑暗背景上闪耀。我们的一切发明和进步,似乎结果是使物质力量成为有智慧的生命,而人的生命则化为愚钝的物质力量。现代工业和科学为一方与现代贫困和衰颓为另一方的这种对抗,我们时代的生产力与社会关系之间的这种对抗,是显而易见的、不可避免的和毋庸争辩的事实。有些党派可能为此痛哭流涕;另一些党派可能为了要摆脱现代冲突而希望抛开现代技术;还有一些党派可能以为工业上如此巨大的进步要以政治上同样巨大的倒退来补充。可是我们不会认错那个经常在这一切矛盾中出现的狡狯的精灵。我们知道,要使社会的新生力量很好地发挥作用,就只能由新生的人来掌握它们,而这些新生的人就是工人。工人也同机器本身一样,是现代的产物。在那些使资产阶级、贵族和可怜的倒退预言家惊慌失措的现象当中,我们认出了我们的勇敢的朋友好人儿罗宾,这个会迅速刨土的老田鼠、光荣的工兵——革命。英国工人是现代工业的头一个产儿。他们在支援这种工业所引起的社会革命方面肯定是不会落在最后的,这种革命意味着他们的本阶级在全世界的解放,这种革命同资本的统治和雇佣奴隶制具有同样的普遍性质。我知道英国工人阶级从上世纪中叶以来进行了多么英勇的斗争,这些斗争只是因为资产阶级历史学家把它们掩盖起来和隐瞒不说才不为世人所熟悉。为了报复统治阶级的罪行,在中世纪的德国曾有过一种叫做"菲默法庭"[72]的秘密法庭。如果某一所房子画上了一个红十字,大家就知道,这所房子的主人受到了"菲默法庭"的判决。现在,欧洲所有的房子都画上了神秘的红十字。历史本身就是审判官,而无产阶级就是执刑者。

载于 1856 年 4 月 19 日《人民报》
第 207 期

原文是英文

选自《马克思恩格斯文集》
第 2 卷第 579—581 页

卡·马克思

中国革命和欧洲革命[411]

　　有一位思想极其深刻但又怪诞的研究人类发展原理的思辨哲学家[①]，常常把他所说的两极相联规律赞誉为自然界的基本奥秘之一。在他看来，"两极相联"这个朴素的谚语是一个伟大而不可移易地适用于生活一切方面的真理，是哲学家所离不开的定理，就像天文学家离不开开普勒的定律或牛顿的伟大发现一样。

　　"两极相联"是否就是这样一个普遍的原则姑且不论，中国革命[②]对文明世界很可能发生的影响却是这个原则的一个明显例证。欧洲人民的下一次起义，他们下一阶段争取共和自由、争取廉洁政府的斗争，在更大的程度上恐怕要决定于天朝帝国（欧洲的直接对立面）目前所发生的事件，而不是决定于现存其他任何政治原因，甚至不是决定于俄国的威胁及其带来的可能发生全欧战争的后果。这看来像是一种非常奇怪、非常荒诞的说法，然而，这决不是什么怪论，凡是仔细考察了当前情况的人，都会相信这一点。

[①]　黑格尔。——编者注
[②]　太平天国革命。——编者注

中国的连绵不断的起义已经延续了约十年之久,现在汇合成了一场惊心动魄的革命;不管引起这些起义的社会原因是什么,也不管这些原因是通过宗教的、王朝的还是民族的形式表现出来,推动了这次大爆发的毫无疑问是英国的大炮,英国用大炮强迫中国输入名叫鸦片的麻醉剂。满族王朝的声威一遇到英国的枪炮就扫地以尽,天朝帝国万世长存的迷信破了产,野蛮的、闭关自守的、与文明世界隔绝的状态被打破,开始同外界发生联系,这种联系从那时起就在加利福尼亚和澳大利亚黄金[45]的吸引之下迅速地发展起来。同时,这个帝国的银币——它的血液——也开始流向英属东印度。

在1830年以前,中国人在对外贸易上经常是出超,白银不断地从印度、英国和美国向中国输出。可是从1833年,特别是1840年以来,由中国向印度输出的白银,几乎使天朝帝国的银源有枯竭的危险。因此皇帝①下诏严禁鸦片贸易,结果引起了比他的诏书更有力的反抗。除了这些直接的经济后果之外,和私贩鸦片有关的行贿受贿完全腐蚀了中国南方各省的国家官吏。正如皇帝通常被尊为全中国的君父一样,皇帝的官吏也都被认为对他们各自的管区维持着这种父权关系。可是,那些靠纵容私贩鸦片发了大财的官吏的贪污行为,却逐渐破坏着这一家长制权威——这个庞大的国家机器的各部分间的唯一的精神联系。存在这种情况的地方,主要正是首先起义的南方各省。所以几乎不言而喻,随着鸦片日益成为中国人的统治者,皇帝及其周围墨守成规的大官们也就日益丧失自己的统治权。历史好像是首先要麻醉这个国家的人

---

① 道光帝。——编者注

民,然后才能把他们从世代相传的愚昧状态中唤醒似的。

中国过去几乎不输入英国棉织品,英国毛织品的输入也微不足道,但从 1833 年对华贸易垄断权由东印度公司[164]手中转到私人商业手中之后,这两种商品的输入便迅速地增加了。从 1840 年其他国家特别是我国[412]也开始参加和中国的通商之后,这两项输入增加得更多了。这种外国工业品的输入,对本国工业也发生了类似过去对小亚细亚、波斯和印度所发生的那种影响。中国的纺织业者在外国的这种竞争之下受到很大的损害,结果社会生活也受到了相应程度的破坏。

中国在 1840 年战争失败以后被迫付给英国的赔款、大量的非生产性的鸦片消费、鸦片贸易所引起的金银外流、外国竞争对本国工业的破坏性影响、国家行政机关的腐化,这一切造成了两个后果:旧税更重更难负担,旧税之外又加新税。因此,1853 年 1 月 5 日皇帝①在北京下的一道上谕中,就责成武昌、汉阳南方各省督抚减缓捐税,特别是在任何情况下均不准额外加征;否则,这道上谕中说,"小民其何以堪?"又说:

"……庶几吾民于颠沛困苦之时,不致再受追呼迫切之累。"[413]

这种措辞,这种让步,记得在 1848 年我们从奥地利这个日耳曼人的中国也同样听到过。

所有这些同时影响着中国的财政、社会风尚、工业和政治结构的破坏性因素,到 1840 年在英国大炮的轰击之下得到了充分的发展;英国的大炮破坏了皇帝的权威,迫使天朝帝国与地上的世界接触。与外界完全隔绝曾是保存旧中国的首要条件,而当这种隔绝

---

① 咸丰帝。——编者注

状态通过英国而为暴力所打破的时候,接踵而来的必然是解体的过程,正如小心保存在密闭棺材里的木乃伊一接触新鲜空气便必然要解体一样。可是现在,当英国引起了中国革命的时候,便发生一个问题,即这场革命将来会对英国并且通过英国对欧洲发生什么影响?这个问题是不难解答的。

我们时常提请读者注意英国的工业自1850年以来空前发展的情况。在最惊人的繁荣当中,就已不难看出日益迫近的工业危机的明显征兆。尽管有加利福尼亚和澳大利亚的发现,尽管人口大量地、史无前例地外流,但是,如果不发生什么意外事情的话,到一定的时候,市场的扩大仍然会赶不上英国工业的增长,而这种不相适应的情况也将像过去一样,必不可免地要引起新的危机。这时,如果有一个大市场突然缩小,那么危机的来临必然加速,而目前中国的起义对英国正是会起这种影响。英国需要开辟新市场或扩大旧市场,这是英国降低茶叶税的主要原因之一,因为英国预期,随着茶叶进口量的增加,向中国输出的工业品也一定会增加。在1833年取消东印度公司的贸易垄断权以前,联合王国对中国的年输出总值只有60万英镑,而1836年达到了1 326 388英镑,1845年增加到2 394 827英镑,到1852年便达到了300万英镑左右。从中国输入的茶叶数量在1793年还不超过16 067 331磅,然而在1845年便达到了50 714 657磅,1846年是57 584 561磅,现在已超过6 000万磅。

上一季茶叶的采购量从上海的出口统计表上可以看出,至少比前一年增加200万磅。新增加的这一部分应归因于两种情况:一方面,1851年底市场极不景气,剩下的大量存货被投入1852年的出口;另一方面,在中国,人们一听到英国修改茶叶进口的法律的消息,便把所有可供应的茶叶按提高很多的价格全部投入这个现成的市场。可是讲到下一季的茶叶采购，情况就完全不同了。这一点可以从伦敦一家大茶叶公司的下面一段通信中看出：

"上海的恐慌据报道达到了极点。黄金**因人们抢购贮藏**而价格上涨25%以上。白银现已不见，以致英国轮船向中国交纳关税所需用的白银都**根本弄不到**。因此，阿礼国先生同意向中国当局担保，一俟接到东印度公司的票据或其他有信誉的有价证券，便交纳这些关税。从商业的最近未来这一角度看，**金银的缺乏**是一个最不利的条件，因为它恰恰是发生在最需要金银的时候。茶和丝的收购商有了金银才能够到内地去采购，因为采购**要预付大量金银，以使生产者能够进行生产**…… 每年在这个时候都已开始签订新茶收购合同，可是现在人们不讲别的问题，只讲如何保护生命财产，一切交易都陷于停顿…… 如不备好资金在四五月间把茶叶购妥，那么，包括红茶绿茶的精品在内的早茶，必然要像到圣诞节还未收割的小麦一样损失掉。"①

停泊在中国领海上的英、美、法各国的舰队，肯定不能提供收购茶叶所需的资金，而它们的干涉却能够很容易地造成混乱，使产茶的内地和出口茶叶的海港之间的一切交易中断。由此看来，收购目前这一季茶叶势必要提高价格——在伦敦投机活动已经开始了，而要收购下一季茶叶，肯定会缺少大量资金。问题还不止于此。中国人虽然也同革命震荡时期的一切人一样，愿意将他们手上全部的大批存货卖给外国人，可是，正像东方人在担心发生大变动时所做的那样，他们也会把他们的茶和丝贮存起来，非付给现金现银是不大肯卖的。因此，英国就不免要面临这样的问题：它的主要消费品之一涨价，金银外流，它的棉毛织品的一个重要市场大大缩小。甚至《经济学家》[395]杂志，这个善于把一切使商业界人心不安的事物化忧为喜的乐观的魔术师，也不得不说出这样的话：

"我们千万不可沾沾自喜，以为给我们向中国出口的货物找到了同以前

---

① 见1853年5月21日《经济学家》第508期。——编者注

一样大的市场…… 更可能的是:我们对中国的出口贸易要倒霉,对曼彻斯特和格拉斯哥的产品的需求量要减少。"①

不要忘记,茶叶这样一种必需品涨价和中国这样一个重要市场缩小的时候,将正好是西欧发生歉收因而肉类、谷物及其他一切农产品涨价的时候。这样,工厂主们的市场就要缩小,因为生活必需品每涨一次价,国内和国外对工业品的需求量都要相应地减少。现在大不列颠到处都在抱怨大部分庄稼种植情况不好。关于这个问题《经济学家》说:

"在英国南部,不但会有许多田地错过各种作物的农时而未播种,而且已经播种的田地有许多看来也会是满地杂草,或者是不利于谷物生长。在准备种植小麦的阴湿贫瘠的土地上,显然预示着灾荒。现在,种饲用甜菜的时节可以说已经过去了,而种上的很少;为种植芜菁备田的季节也快要过去,然而种植这一重要作物的必要的准备工作却一点也没有完成…… 雪和雨严重地阻碍了燕麦的播种。早播种下去的燕麦很少,而晚播种的燕麦是很难有好收成的…… 许多地区种畜损失相当大。"②

谷物以外的农产品的价格比去年上涨 20%—30%,甚至 50%。欧洲大陆的谷物价格比英国涨得更高。在比利时和荷兰,黑麦价格足足涨了 100%,小麦和其他谷物也跟着涨价。

在这样的情况下,既然英国的贸易已经经历了通常商业周期的大部分,所以可以有把握地说,中国革命将把火星抛到现今工业体系这个火药装得足而又足的地雷上,把酝酿已久的普遍危机引爆,这个普遍危机一扩展到国外,紧接而来的将是欧洲大陆的政治革命。这将是一个奇观:当西方列强用英、法、美等国的军舰把

---

① 见 1853 年 5 月 21 日《经济学家》第 508 期。——编者注
② 见 1853 年 5 月 14 日《经济学家》第 507 期。——编者注

"秩序"送到上海、南京和运河口的时候,中国却把动乱送往西方世界。这些贩卖"秩序",企图扶持摇摇欲坠的满族王朝的列强恐怕是忘记了:仇视外国人,把他们排除在帝国之外,这在过去仅仅是出于中国地理上、人种上的原因,只是在满族鞑靼人①征服了全国以后才形成为一种政治原则。毫无疑问,17 世纪末竞相与中国通商的欧洲各国彼此间的剧烈纷争,有力地助长了满族人实行排外的政策。可是,更主要的原因是,这个新的王朝害怕外国人会支持一大部分中国人在中国被鞑靼人征服以后大约最初半个世纪里所怀抱的不满情绪。出于此种考虑,它那时禁止外国人同中国人有任何来往,要来往只有通过离北京和产茶区很远的一个城市广州。外国人要做生意,只限同领有政府特许执照从事外贸的行商⁴¹⁴进行交易。这是为了阻止它的其余臣民同它所仇视的外国人发生任何联系。无论如何,在现在这个时候,西方各国政府进行干涉只能使革命更加暴烈,并拖长商业的停滞。

同时,从印度这方面来看还必须指出,印度的英国当局的收入,足足有七分之一要靠向中国人出售鸦片,而印度对英国工业品的需求在很大程度上又是取决于印度的鸦片生产。不错,中国人不大可能戒吸鸦片,就像德国人不可能戒吸烟草一样。可是大家都知道,新皇帝②颇有意在中国本土种植罂粟和炼制鸦片,显然,这将使印度的鸦片生产、印度的收入以及印度斯坦的商业资源同时受到致命的打击。虽然利益攸关的各方或许不会马上感觉到这种打击,但它到一定的时候会实实在在地起作用,并且使我们前面

---

① 西方通常将中国北方诸民族泛称为"鞑靼"。所谓"满族鞑靼人"也就是满族。——编者注
② 咸丰帝。——编者注

预言过的普遍的金融危机尖锐化和长期化。

欧洲从18世纪初以来没有一次严重的革命事先没发生过商业危机和金融危机。1848年的革命是这样,1789年的革命也是这样。不错,我们每天都看到,不仅称霸世界的列强和它们的臣民之间、国家和社会之间、阶级和阶级之间发生冲突的迹象日趋严重,而且现时的列强相互之间的冲突正在一步步尖锐,乃至剑拔弩张,非由国君们来打最后的交道不可了。在欧洲各国首都,每天都传来全面大战在即的消息,第二天的消息又说和平可以维持一星期左右。但是我们可以相信,无论欧洲列强间的冲突怎样尖锐,无论外交方面的形势如何严峻,无论哪个国家的某个狂热集团企图采取什么行动,只要有一丝一毫的繁荣气息,国君们的狂怒和人民的愤恨同样都会缓和下来。战争也好,革命也好,如果不是来自工商业普遍危机,都不大可能造成全欧洲的纷争,而那种危机到来的信号,总是来自英国这个欧洲工业在世界市场上的代表。

现在,英国工厂空前扩充,而官方政党都已完全衰朽瓦解;法国的全部国家机器已经变成一个巨大的从事诈骗活动和证券交易的商行;奥地利则处于破产前夕;到处都积怨累累,行将引起人民的报复;反动的列强本身利益互相冲突;俄国再一次向全世界显示出它的侵略野心——在这样的时候,上述危机所必将造成的政治后果是毋庸赘述的。

卡·马克思写于1853年5月31日前后

作为社论载于1853年6月14日《纽约每日论坛报》第3794号

原文是英文

选自《马克思恩格斯文集》第2卷第607—614页

卡·马克思

*俄国的对华贸易

在对华贸易和交往方面,帕麦斯顿勋爵和路易-拿破仑采用武力来进行扩展,而俄国所处的地位却显然令人大为羡慕。真的,非常可能,从目前同中国人发生的冲突中,俄国不要花费一个钱,不用出动一兵一卒,到头来能比任何一个参战国都得到更多的好处。

俄国同中华帝国的关系是极为奇特的。当英国人和我们[412]自己——至于法国人,他们参加目前的军事行动只能算是客串,因为他们实际上没有同中国进行贸易——连跟两广总督直接联系的权利都得不到的时候,俄国人却享有在北京派驻使节的特权。固然,据说这种特权是俄国甘愿被天朝计入中华帝国的纳贡藩属之列才换得的。但这毕竟使俄国外交在中国,也像在欧洲一样,能够产生一种决不仅限于纯粹外交事务的影响。

因为俄国人被排除在同中国的海上贸易之外,所以他们过去和现在同有关这个问题的纠纷,都没有任何利害关系或牵连;他们也没有尝到中国人对外国人的那种反感——中国人自古以来就对从海上来到他们国家的一切外国人抱有反感,而且并非毫无根据地把他们同那些看来总是出没于中国沿海的海盗式冒险家相提并论。然而俄国人却自己独享内地陆路贸易,这成了他们被排除于海上贸易之外的一种补偿。看来,在内地陆路贸易中,他们不会有什么竞争者。这种贸易是依照 1768 年叶卡捷琳娜二世在位时订立的一项条约⁴¹⁵进行的,以恰克图作为主要的(如果不算是唯一的)活动中心。恰克图位于西伯利亚南部和中国的鞑靼①交界处、在流入贝加尔湖的一条河上、伊尔库茨克城以南约 100 英里的地方。这种一年一度的集市贸易,由 12 名代理商管理,其中 6 名俄国人,6 名中国人;他们在恰克图会商并规定双方商品交换的比率,因为贸易完全是用以货易货的方式进行的。中国人方面拿来交换的货物主要是茶叶,俄国人方面主要是棉织品和毛织品。近年来,这种贸易似乎有很大的增长。10 年或 12 年以前,在恰克图卖给俄国人的茶叶,平均不超过 4 万箱;但在 1852 年却达 175 000 箱,其中大部分是上等货,即在大陆消费者中间享有盛誉的所谓商队茶,完全不同于由海上进口的次等货。中国人卖出的其他商品是少量的食糖、棉花、生丝和丝织品,不过这一切数量都很有限。俄国人则付出数量大致相等的棉织品和毛织品,再加上少量的俄国皮革、金属制品、毛皮,甚至还有鸦片。买卖货物的总价值——按照公布的账目来看,货物定价都不高——竟达 1 500 万美元以上的巨额。1853 年,因为中国内部不安定②以及产茶省区的通路被明火执仗的起义者队伍占领,所以运到恰克图的茶叶数量减少到 5 万箱,那一年的全部贸易额只有 600 万美元左右。但是在随后的两年

---

① 西方通常将中国北方诸民族泛称为"鞑靼",此处显然指蒙古。——编者注

② 指太平天国革命。——编者注

内,这种贸易又恢复了,运往恰克图供应 1855 年集市的茶叶不下 112 000 箱。

由于这种贸易的增长,位于俄国境内的恰克图就由一个普通的要塞和集市地点发展成一个相当大的城市了。它被选中成为这一带边区的首府,荣幸地驻上了一位军事司令官和一位民政长官。同时,恰克图和距离它约 900 英里的北京之间,最近建立了直接的、定期的邮政交通以传递公文。

很显然,如果同中国的海上贸易由于现在发生的军事行动而停止,欧洲所需的全部茶叶可能就只有靠这条商路供应了。实际上,有人认为,即使在海上贸易畅通的情况下,俄国在完成了它的铁路网建设以后,也会在供应欧洲市场茶叶方面成为海运国家的一个强有力的竞争者。这些铁路将直接沟通喀琅施塔得和利包两港同俄国内地的古城——下诺夫哥罗德(在恰克图经商的商人居住的地方)之间的交通。欧洲将从这条陆路得到茶叶的供应,自然比使用我们[412]拟议中的太平洋铁路来达到这一目的可能性要大。中国的另一宗主要出口物——丝,也是一种体积小价值大因而完全可以由陆路运输的货物;同时,同中国的这种贸易也为俄国的工业品打开了在别处找不到的销路。

然而,可以看出,俄国的努力决不只限于发展这种内陆贸易。它占领黑龙江沿岸的地方——当今中国统治民族的故乡——已经有几年的时间了。[416]它在这方面的努力,在上次战争[417]期间曾受阻中断,但是,无疑它将来会恢复并大力推进这种努力。俄国占领了千岛群岛和与其毗邻的堪察加沿岸。它在这一带海面上已经拥有一支舰队,无疑它将来会利用可能出现的任何机会来谋求参与同中国的海上贸易。不过对它说来,这与扩大已经为它所垄断的陆路贸易相比，其重要性就差多了。

卡·马克思写于 1857 年 3 月 18 日前后

作为社论载于 1857 年 4 月 7 日《纽约每日论坛报》第 4981 号

原文是英文

选自《马克思恩格斯文集》第 2 卷第 615—617 页

卡·马克思

*英人在华的残暴行动

　　几年以前,当在印度施行的可怕的刑讯制度在议会中被揭露的时候,极可尊敬的东印度公司**164**的董事之一詹姆斯·霍格爵士曾厚颜无耻地硬说这种说法是没有根据的。可是后来的调查证明,这种说法有事实作根据,而且这些事实对东印度公司的董事们来说应当是十分清楚的。因此,詹姆斯爵士对于东印度公司被指控的那些可怕的事情,只有或者承认是"有意不闻",或者承认是"明知故纵"。看来,英国现任首相帕麦斯顿勋爵和外交大臣克拉伦登伯爵现在也处于同样的窘境。首相在市长①不久前举行的宴会上的演说②中,企图为施于中国人的残暴行为进行辩护,他说:

　　"如果政府在这件事情上赞同采取无理的行动,毫无疑问,它走的就是一条应受议会和全国谴责的道路。但是相反,我们深信这些行动是必需的和至关重要的。我们认为,我国受到了严重的欺凌。我们认为,我国同胞在地球的遥远地方遭到了种种侮辱、迫害和暴虐,对此我们不能默不作声。(喝彩声)我们认为,我国根据条约应享有的权利已遭到破坏,而在当地负责保

---

① 托·奎·芬尼斯。——编者注

② 亨·帕麦斯顿《1857年3月20日在市长官邸举行的宴会上的演说》,载于1857年3月21日《泰晤士报》第22634号。——编者注

护我国在世界那个地区利益的人员,不仅有理由而且有义务尽量利用他们所能采取的手段来表示对这些暴行的义愤。我们认为,如果我们不赞同采取那些在我们看来是正确的,而且我们设身处地也会认为自己有责任采取的行动,那我们就是辜负了我国同胞对我们所寄予的信任。(喝彩声)"

但是,无论英国人民和全世界怎样为这些讲得头头是道的解释所欺骗,勋爵大人自己肯定不会相信这些解释的真实性,要是他认为这些都是真的,那就暴露出他是有意不去了解真实情况,同"明知故纵"几乎同样是不可原谅的。自从英国人在中国采取军事行动的第一个消息传来以后,英国政府报纸和一部分美国报刊就连篇累牍地对中国人进行了大量的斥责,大肆攻击中国人违背条约的义务、侮辱英国的国旗、羞辱旅居中国的外国人,如此等等。可是,除了亚罗号划艇事件**418**以外,它们举不出一个明确的罪名,举不出一件事实来证实这些指责。而且就连这个事件的实情也被议会中的花言巧语歪曲得面目全非,以至使那些真正想弄清这个问题真相的人深受其误。

亚罗号划艇是一只中国小船,船员都是中国人,但是为几个英国人所雇用。这只船曾经取得暂时悬挂英国国旗航行的执照,可是在所谓的"侮辱事件"发生以前,这张执照就已经满期了。据说,这只船曾被用来偷运私盐,船上有几名歹徒——中国的海盗和走私贩,当局早就因为他们是惯犯而在设法缉捕。当这只船不挂任何旗帜下帆停泊在广州城外时,缉私水师得知这些罪犯就在船上,便逮捕了他们。要是我们的港口警察知道附近某一只本国船或外国船上隐匿水贼和走私贩,也一定会这样做的。可是因为这次逮捕妨碍了货主的商务,船长就向英国领事①控告。这位领事是个就职不久

---

① 斯·巴夏礼。——编者注

的年轻人,据我们了解是一个性情暴躁的人。他**亲自跑到船上**,同只是履行自己职责的缉私水师大吵大闹,结果一无所得。随后他急忙返回领事馆,用命令式的口吻向两广总督①提出书面要求:放回被捕者并道歉,同时致书香港的约翰·包令爵士和海军将军西马糜各厘,说什么他和英国国旗遭到了不可容忍的侮辱,并且相当明显地暗示说,期待已久的向广州来一次示威的良机到来了。

叶总督①有礼貌地、心平气和地答复了激动的年轻英国领事的蛮横要求。他说明捕人的理由,并对因此而引起的误会表示遗憾。同时他断然否认有丝毫侮辱英国国旗的意图,而且送回了水手,因为尽管这些人是依法逮捕的,但他不愿为拘留他们而招致这样严重的误会。然而这一切并没有使巴夏礼领事先生感到满意,他坚持要求正式道歉和以隆重礼节送回被捕者,否则叶总督必须承担一切后果。接着西马糜各厘将军率领英国舰队抵达,旋即开始了另一轮公函往来:海军将军态度蛮横,大肆恫吓,中国总督则心平气和、冷静沉着、彬彬有礼。西马糜各厘将军要求在广州城内当面会商。叶总督说,这违反先例,而且乔治·文翰爵士曾答应不提这种要求。如果有必要,他愿意按照常例在城外会晤,或者采取其他不违反中国习惯与相沿已久的礼节的方式来满足将军的愿望。但是这一切都未能使这位英国强权在东方的好战的代表称心如意。

这场极端不义的战争就是根据上面简单叙述的理由而进行的——现在向英国人民提出的官方报告完全证实了这种叙述。广州城的无辜居民和安居乐业的商人惨遭屠杀,他们的住宅被炮火夷为平地,人权横遭侵犯,这一切都是在"中国人的挑衅行为危及英国

---

① 叶名琛。——编者注

人的生命和财产"这种站不住脚的借口下发生的！英国政府和英国人民——至少那些愿意弄清这个问题的人们——都知道这些非难是多么虚伪和空洞。有人企图转移对主要问题的追究，给公众造成一个印象：似乎在亚罗号划艇事件以前就有大量的伤害行为足以构成开战的理由。可是这些不分青红皂白的说法是毫无根据的。英国人控告中国人一桩，中国人至少可以控告英国人九十九桩。

英国报纸对于旅居中国的外国人在英国庇护下每天所干的破坏条约的可恶行为真是讳莫如深！非法的鸦片贸易年年靠摧残人命和败坏道德来填满英国国库的事情，我们一点也听不到。外国人经常贿赂下级官吏而使中国政府失去在商品进出口方面的合法收入的事情，我们一点也听不到。对那些被卖到秘鲁沿岸去当不如牛马的奴隶、被卖到古巴去当契约奴隶的受骗契约华工横施暴行"以至杀害"的情形[419]，我们一点也听不到。外国人常常欺凌性情柔弱的中国人的情形以及这些外国人带到各通商口岸去的伤风败俗的弊病，我们一点也听不到。我们所以听不到这一切以及更多得多的情况，首先是因为在中国以外的大多数人很少关心这个国家的社会和道德状况；其次是因为按照精明和谨慎的原则不宜讨论那些不能带来钱财的问题。因此，坐在家里而眼光不超出自己买茶叶的杂货店的英国人，完全可以把政府和报纸塞给公众的一切胡说吞咽下去。

与此同时，在中国，压抑着的、鸦片战争时燃起的仇英火种，爆发成了任何和平和友好的表示都未必能扑灭的愤怒烈火。[420]

卡·马克思写于 1857 年 3 月 22 日前后

作为社论载于 1857 年 4 月 10 日《纽约每日论坛报》第 4984 号

原文是英文

选自《马克思恩格斯文集》第 2 卷第 618—621 页

弗·恩格斯

波斯和中国

英国人在亚洲刚结束了一场战争⁴²¹，现在又开始进行另一场战争⁴²²了。波斯人对英国侵略的抵抗和中国人迄今对英国侵略所进行的抵抗，形成了值得我们注意的对照。在波斯，欧洲式的军事组织被移植到亚洲式的野蛮制度上；在中国，这个世界上最古老国家的腐朽的半文明制度，则用自己的手段与欧洲人进行斗争。波斯被打得一败涂地，而绝望的、陷于半瓦解状态的中国，却找到了一种抵抗办法，这种办法实行起来，就不会再有第一次英国对华战争①那种节节胜利的形势出现了。

波斯的状况与1828—1829年俄土战争⁴²³时土耳其的状况相同。英国的、法国的、俄国的军官曾先后尝试过组织波斯的军队。各种办法相继采用，但是每一种办法都行不通，因为那些本来应在这些办法的实施下成为欧洲式军官和士兵的东方人忌妒、阴险、愚昧、贪婪而又腐败。新式的正规军从来没有机会在战场上考验一下自己的组织性和战斗力。它的全部战绩只限于对库尔德人、土库曼人和阿富汗人的几次征讨，而在这几次征讨中，它只是作为波

---

① 即1840—1842年的第一次鸦片战争。——编者注

斯数量众多的非正规骑兵的某种核心或预备队。实际作战的主要是非正规骑兵，而正规军通常只是利用它那表面威武的阵势来吓唬敌人而已。最后，同英国的战争终于爆发了。

英军进攻布什尔，遇到了虽然无效但却勇敢的抵抗。但是在布什尔作战的并不是正规军，而是从住在海滨地区的波斯人和阿拉伯人中征召兵员编成的非正规部队。正规军当时还正在大约60英里以外的山区集结。最后，他们向前挺进了。英印军队与他们在中途相遇；虽然波斯人很熟练地运用了自己的大炮，并按照最佳原则排列了方阵，但是仅仅一个印度骑兵团的一次冲杀，就把整个波斯军队，无论警卫部队还是基干部队，完全扫出了战场。要想知道这些印度正规骑兵自己作战的本领如何，只要看看诺兰上尉写的一本关于骑兵的书①就够了。英印军官认为他们无用已极，远不如英印非正规骑兵。诺兰上尉找不出一个能说明他们表现良好的战例。可是600名这样的骑兵竟能打跑1万名波斯军队！波斯正规军如此心寒胆裂，以致从那以后，除炮兵外，他们在任何地方都没有进行过一次抵抗。在穆罕默腊，他们远远地避开危险，让炮兵单独防守炮台，炮台一被打哑，他们就立即撤退；当英军为了进行侦察，派300名步兵和50名非正规骑兵登陆时，波斯全军即行退却，把辎重、军需品和枪炮都留给了侵略者——你不能把这些英国人叫做胜利者。

但是不应根据这一切来指责波斯人是懦夫的民族，也不应由此认为不能教东方人学欧洲式战术。1806—1812年俄土战争**424**和1828—1829年俄土战争提供了许多这方面的事例。抵抗俄军

---

① 刘·爱·诺兰《骑兵的历史与战术》1854年伦敦第2版。——编者注

最有力的都是非正规部队,这些非正规部队的兵员既有从设防城市征召来的,也有从山区省份征召来的。正规军只要一上战场,就立刻被俄军击溃,并且常常刚一听到枪炮声就逃跑;而一个由阿尔瑙特人①编成的非正规连,竟在瓦尔纳的一个深谷中成功地抵抗俄军的围攻达几星期之久。但是在最近的那场战争中,从奥尔泰尼察和切塔泰到卡尔斯和因古里河,土耳其的正规军每次交战都击败了俄军。[425]

事实是:把新的军队按欧洲方式来加以编组、装备和操练,还远不能算是完成了把欧洲的军事组织引用于野蛮民族的工作。这只是第一步。采用某种欧洲式的军事条令,也是不够的;欧洲式的军事条令不能保证培养出欧洲式的纪律,就如同一套欧洲式的操典本身不能产生欧洲式的战术和战略一样。主要的问题,同时也是主要的困难就在于:需要造就一批按照欧洲的现代方式培养出来的、在军事上完全摆脱了旧的民族偏见和习惯的、能使新部队振作精神的军官和士官。这需要很长的时间,而且一定还会遇到东方人的愚昧、急躁、偏见以及东方宫廷所固有的宠辱无常等因素的最顽强的抗拒。只要士兵在检阅时可以列队行进,在转换方向、展开队形和排成纵队时不致乱成一团,那么苏丹或沙赫就会很容易认为自己的军队已经无所不能了。至于军事学校,由于它们收效很慢,所以在东方政府不稳定的情况下,很难期望收到任何效果。甚至在土耳其,受过训练的军官也很少,土耳其军队如果不是有大量的叛教者②和欧洲军官,它在最近那次战争中就根本打不了仗。

到处都成为例外的唯一兵种是炮兵。东方人在这方面太无知

---

① 土耳其人对阿尔巴尼亚人的称呼。——编者注
② 指原信基督教后改信伊斯兰教的人。——编者注

无能了,他们只好把炮兵的管理完全交给欧洲教官。结果,在波斯也像在土耳其一样,炮兵比步兵和骑兵强得多。

英印军队是所有按照欧洲方式组织起来的东方军队中最老的一支,也是唯一不隶属于东方政府而隶属于纯粹欧洲式政府,并且差不多完全由欧洲军官指挥的军队。很自然,在上述那种情况下,这样一支军队,又有大量英国后备部队和强大海军做后盾,是不难把波斯的正规军击溃的。挫折越严重,对于波斯人越有好处。正如土耳其人已经懂得的那样,波斯人现在也会懂得:欧洲式的服装和阅兵操练本身还不是一种护符;再过 20 年以后,波斯人可能就会像个样子了,就像土耳其人在最近的各次胜利中所表现的那样。

据说,攻克布什尔和穆罕默腊的军队将立即调往中国。在中国,他们将遇到不同的敌人。抗击他们的将不是依照欧洲方式部署的部队,而是大群亚洲人摆成的不规则的战阵。毫无疑问,他们将不难对付这种队伍。可是,如果中国人发起全民战争来抵抗他们,如果野蛮人毫无顾虑地运用他们善于运用的唯一武器,英国人又怎么办呢?

现在,中国人的情绪与 1840—1842 年战争①时的情绪已显然不同。那时人民保持平静,让皇帝的军队去同侵略者作战,失败之后,则抱着东方宿命论的态度屈从于敌人的暴力。但是现在,至少在迄今斗争所及的南方各省,民众积极地而且是狂热地参加反对外国人的斗争。他们经过极其冷静的预谋,在供应香港欧洲人居住区的面包里大量地投放了毒药。(有几只面包送交李比希化验。他发现面包的各个部分都含有大量的砒霜,这表明在和面时

---

① 第一次鸦片战争。——编者注

就已掺入砒霜。但是药量过大,结果一定是变成了呕吐剂,因而抵消了毒效。)他们暗带武器搭乘商船,而在中途杀死船员和欧洲乘客,夺取船只。他们绑架和杀死所能遇到的每一个外国人。连移民到外国去的苦力都好像事先约定好了,在每一艘移民船上起来暴动,夺取船只,他们宁愿与船同沉海底或者在船上烧死,也不投降。甚至国外的华侨——他们向来是最听命和最驯顺的臣民——也进行密谋,突然在夜间起事,如在沙捞越就发生过这种情形;又如在新加坡,当局只是靠武力和戒备才压制住他们。是英国政府的海盗政策造成了这一所有中国人普遍奋起反抗所有外国人的局面,并使之表现为一场灭绝战。

军队对于采取这种作战方法的民族有什么办法呢?军队应当在什么地方进入敌国,深入到什么地方和怎样在那里坚守下去呢?这些把炽热的炮弹射向毫无防御的城市、杀人又强奸妇女的文明贩子们[426],尽可以把中国人的这种抵抗方法叫做卑劣的、野蛮的、凶残的方法;但是只要这种方法有效,那么对中国人来说这又有什么关系呢?既然英国人把他们当做野蛮人对待,那么英国人就不能反对他们充分利用他们的野蛮所具有的长处。如果他们的绑架、偷袭和夜间杀人就是我们所说的卑劣行为,那么这些文明贩子们就不应当忘记:他们自己也承认过,中国人采取他们通常的作战方法,是不能抵御欧洲式的破坏手段的。

简言之,我们不要像道貌岸然的英国报刊那样从道德方面指责中国人的可怕暴行,最好承认这是"保卫社稷和家园"的战争①,这是一场维护中华民族生存的人民战争。虽然你可以说,这场战

---

① 西塞罗《论神之本性》。——编者注

争充满这个民族的目空一切的偏见、愚蠢的行动、饱学的愚昧和迂腐的野蛮,但它终究是人民战争。而对于起来反抗的民族在人民战争中所采取的手段,不应当根据公认的正规作战规则或者任何别的抽象标准来衡量,而应当根据这个反抗的民族所刚刚达到的文明程度来衡量。

这一次,英国人陷入了窘境。直到现在,中国的民族狂热似乎还只限于南方未参加大起义①的几个省份。战争是否将以这几个省为限呢?这样,它就不会得到任何结果,因为中国的一切要害地方都不会受到威胁。而如果这种狂热延及内地的人民,那么这场战争对于英国人将是非常危险的。广州城可以被整个毁掉,沿海能攻占的一切据点都可以被攻占,可是英国人所能调集的全部兵力都不足以攻取并守住广东和广西两省。在这种情况下,他们还能再干些什么呢?广州以北到上海、南京一带的地区都掌握在中国起义者手里,触犯他们,那将是下策;而南京以北唯一可能在袭击后收到决定性效果的地点是北京。这样就得在海岸上建立有防御工事和守备部队的作战基地,进军途中要克服一个一个的障碍,要留下分遣队以保证同海岸的交通,而且要以大军压境之势抵达这座与伦敦一样大、离登陆地点100英里远的城池之下。可是所需的军队在哪里呢?另一方面,对京城的示威行动如果成功,就会从根本上动摇中华帝国本身的存在,就会加速清王朝的倾覆,就会给俄国而不是给英国铺平前进的道路。

新的英中战争形势极为复杂,使人根本无法预料它将如何发展。在几个月内兵力不足以及在更长时间内缺乏决心,将使英军

---

① 指太平天国革命。——编者注

不会有什么行动,只有在某个不重要的地方或许出现例外,在目前情况下广州也可以算是这样的地方。

有一点是肯定无疑的,那就是旧中国的死亡时刻正在迅速临近。国内战争已经把帝国的南方与北方分开,看来起义者之王①在南京不会受到帝国军队的危害(当然不能说不会受到他自己手下人阴谋之害**427**),正如天朝皇帝②在北京不会受到起义者的危害一样。广州迄今是在独自进行着一种反对英国人、也是根本反对一切外国人的战争;正当英法两国的海陆军向香港集结之际,西伯利亚边界线上的哥萨克缓慢地但是不停地把他们的驻屯地由达斡尔山向黑龙江沿岸推移,俄国海军陆战队则构筑工事把满洲的良好港湾包围起来。中国的南方人在反对外国人的斗争中所表现的那种狂热本身,似乎表明他们已觉悟到旧中国遇到极大的危险;过不了多少年,我们就会亲眼看到世界上最古老的帝国的垂死挣扎,看到整个亚洲新纪元的曙光。

弗·恩格斯写于1857年5月
20日前后

载于1857年6月5日《纽约每
日论坛报》第5032号

原文是英文

选自《马克思恩格斯文集》
第2卷第622—628页

---

① 洪秀全。——编者注
② 咸丰帝。——编者注

卡·马克思

鸦片贸易史

一

联军全权代表强迫中国订立新条约①的消息,看来引起了以为贸易将有大规模扩展的狂想,同第一次对华战争结束后 1845 年时商人们头脑中产生的狂想完全一样。即使彼得堡的电讯所传属实,是否能完全肯定,通商口岸一增多,对华贸易就必然会扩大呢? 是否能够指望 1857—1858 年的战争会比 1841—1842 年的战争导致更好的结果呢? 有一件事是肯定无疑的:1843 年的条约并没有使美国和英国对中国的出口增加,倒是起了加速和加深 1847 年商业危机的作用。现时的这个条约也是一样,它使人们梦想得到一个无穷尽的市场,使人们产生不切实际的希望,可能就在世界市场刚刚从不久以前的普遍恐慌中逐渐复原的时候,又促进新危机的形成。除了这个消极后果以外,第一次鸦片战争还刺激了鸦片贸易的增长而损害了合法贸易;只要整个文明世界的压力还没有迫使英国放弃在印度强制种植鸦片和以武力在中国推销鸦片的做法,那么这第二次鸦

---

① 1858 年天津条约。——编者注

片战争就会产生同样的后果。我们不想详述这种贸易的道德方面，关于这种贸易，连英国人蒙哥马利·马丁都这样写道：

"不是吗，'奴隶贸易'比起'鸦片贸易'来，都要算是仁慈的。我们没有毁灭非洲人的肉体，因为我们的直接利益要求保持他们的生命；我们没有**败坏他们的品格、腐蚀他们的思想，也没有毁灭他们的灵魂**。可是鸦片贩子在腐蚀、败坏和毁灭了不幸的罪人的精神存在以后，还杀害他们的肉体；每时每刻都有新的牺牲者被献于永不知饱的摩洛赫①之前，英国杀人者和中国自杀者竞相向摩洛赫的祭坛上供奉牺牲品。"②

中国人不能既购买商品又购买毒品；在目前条件下，扩大对华贸易也就是扩大鸦片贸易；增加鸦片贸易是和发展合法贸易不相容的。这些论点早在两年以前已经得到相当普遍的承认。1847年为调查英中贸易状况而委派的一个下院委员会曾提出报告说：

"我们感到遗憾的是：一段时间以来，同这个国家的贸易处于很不能令人满意的状态，**扩大我们交往的结果竟一点也没有实现我们的合理期望**，而这种期望本来是在**能够更自由地进入这样一个了不起的大市场**的基础上自然而然地产生出来的……　我们发现，贸易受到阻碍并不是因为中国不需要英国商品或别国竞争加强……　**花钱买鸦片**……消耗了白银从而大大妨碍了中国人的一般贸易；实际上就必须用茶叶和丝来偿付其他商品。"③

1849 年 7 月 28 日的《中华之友》**428**在概括同一种观点时，十分肯定地说：

"鸦片贸易在不断地增长。英国和美国对于茶叶和丝的需求增大，只会使鸦片贸易继续增长；制造商的情况是毫无希望的。"

---

①　古腓尼基人所奉祀的火神，以人做祭品。——编者注
②　蒙·马丁《论中国的政治、商业和社会》1847 年伦敦版第 2 卷。——编者注
③　见 1847 年 8 月 28 日《经济学家》第 209 期增刊。——编者注

一位在中国的美国大商人，在 1850 年 1 月份汉特的《商人杂志》[429]上刊登的一篇文章里，把对华贸易的全部问题归结为如下一点：

"停止哪一种贸易——鸦片贸易还是美英产品的出口贸易？"

中国人自己对这个问题的看法也正是这样。蒙哥马利·马丁说：

"我曾问过上海道台，促进我们对华贸易的最好办法是什么。他当着女王陛下的领事巴富尔上尉的面立刻回答我说：'别再向我们运送那么多鸦片，我们就能够买你们的产品。'"

最近八年来全部贸易的历史给这个论点提供了新的、十分明显的说明；但是在分析鸦片贸易对合法贸易的有害影响以前，我们先来简单地回顾一下这种触目惊心的贸易的产生和发展。这种贸易，无论就可以说是构成其轴心的那些悲惨冲突而言，还是就其对东西方之间一切关系所发生的影响而言，在人类历史记录上都是绝无仅有的。

在 1767 年以前，由印度输出的鸦片数量不超过 200 箱，每箱重约 133 磅。中国法律许可鸦片作为药品输入，每箱鸦片抽税 3 美元左右；当时从土耳其贩运鸦片的葡萄牙人几乎是唯一给天朝帝国输入鸦片的商人。

1773 年，堪与埃芒蒂耶之流、帕尔默之流以及其他世界闻名的毒品贩子并驾齐驱的沃森上校和惠勒副董事长，建议东印度公司[164]同中国进行鸦片贸易。于是在澳门西南的一个海湾里下碇的船只上，建立起了鸦片堆栈。但是这种投机买卖最后失败了。1781 年，孟加拉省政府派了一艘满载鸦片的武装商船驶往中国；1794 年，东印度公司就派了一艘运载鸦片的大船停在黄埔——广州港的停泊处。看来，黄埔做堆栈比澳门更便利，因为黄埔被选定做堆栈以后才过两年，中国政府就觉得有必要颁布法令，用杖责和枷号示众来震慑中国的鸦片走私者了。大约在 1798 年,东印度公司不再是鸦片的直接出口商,而成了鸦片的生产者。在印度,实行了鸦片垄断,同时东印度公司伪善地禁止自己的船只经营这种毒品的买卖,而该公司发给同中国做买卖的私人船只的执照中却附有条件,规定这些船只如载运非东印度公司生产的鸦片要受处罚。

1800 年,输入中国的鸦片已经达到 2 000 箱。在 18 世纪,东印度公司与天朝帝国之间的斗争,具有外国商人与一国海关之间的一切争执都具有的共同点,而从 19 世纪初起,这个斗争就具有了非常突出的独有的特征。中国皇帝①为了制止自己臣民的自杀行为,下令同时禁止外国人输入和本国人吸食这种毒品,而东印度公司却迅速地把在印度种植鸦片和向中国私卖鸦片变成自己财政系统的不可分割的部分。半野蛮人坚持道德原则,而文明人却以自私自利的原则与之对抗。一个人口几乎占人类三分之一的大帝国,不顾时势,安于现状,人为地隔绝于世并因此竭力以天朝尽善尽美的幻想自欺。这样一个帝国注定最后要在一场殊死的决斗中被打垮:在这场决斗中,陈腐世界的代表是激于道义,而最现代的社会的代表却是为了获得贱买贵卖的特权——这真是任何诗人想也不敢想的一种奇异的对联式悲歌。

二

正因为英国政府在印度实行了鸦片垄断,中国才采取了禁止鸦片贸易的措施。天朝的立法者对违禁的臣民所施行的严厉惩罚

---

① 嘉庆帝。——编者注

以及中国海关所颁布的严格禁令,结果都毫不起作用。中国人的道义抵制的直接后果就是,帝国当局、海关人员和所有的官吏都被英国人弄得道德堕落。侵蚀到天朝官僚体系之心脏、摧毁了宗法制度之堡垒的腐败作风,就是同鸦片烟箱一起从停泊在黄埔的英国趸船上被偷偷带进这个帝国的。

东印度公司一手扶植的、北京中央政府抵制无效的鸦片贸易规模日益增大,到1816年,鸦片年贸易额已将近250万美元。就在这一年印度的贸易开放了,只有茶叶贸易一项例外,仍由东印度公司继续垄断。印度贸易的开放又大大推动了英国鸦片走私商的活动。1820年,偷运入中国的鸦片增加到5 147箱,1821年达7 000箱,1824年达12 639箱。在这个时候,中国政府向外国商人提出严重警告,同时惩办了被认为是与外国商人同谋共犯的行商[414],大力查办了本国的鸦片吸食者,并且在自己的海关采取了更严厉的措施。最终的结果,一如1794年所做的同样努力,只是把鸦片堆栈由一个不牢靠的地点驱赶到一个更便于经营的基地。鸦片堆栈从澳门和黄埔转到了珠江口附近的伶仃岛;在那里,全副武装、人员众多的船只上建起了固定的鸦片堆栈。同样地,当中国政府暂时制止住了广州旧有窑口①的营业时,鸦片贸易只是转了一道手,转到比较小的商人手里,他们不惜冒一切危险采用任何手段来进行这种贸易。在由此产生的更有利的条件下,鸦片贸易在1824年到1834年的10年当中,就由12 639箱增加到21 785箱。

1834年,也像1800年、1816年、1824年一样,在鸦片贸易史上标志着一个时代。东印度公司不仅在那一年失去了经营中国茶

---

① 私卖鸦片烟的店铺。——编者注

叶的特权,而且必须完全停止一切商务。由于东印度公司从商务机构改组为纯粹的政府机构,对华贸易就向英国私人企业敞开了大门,这些企业干得非常起劲,尽管天朝政府拼命抵制,在1837年还是把价值2 500万美元的39 000箱鸦片顺利地偷运进了中国。这里有两件事实要注意:第一,从1816年起,在对华出口贸易的每一个发展阶段上,鸦片走私贸易总是占着大得极不相称的比例。第二,就在英印政府在鸦片贸易上明显的商业利益逐渐消失的同时,它在这种非法贸易上的财政利益却越来越重要了。1837年,中国政府终于到了非立即采取果断行动不可的地步。因输入鸦片而造成的白银不断外流,开始扰乱天朝帝国的国库收支和货币流通。中国最有名的政治家之一许乃济,曾提议使鸦片贸易合法化而从中取利;但是经过帝国全体高级官吏一年多的全面审议,中国政府决定:"此种万恶贸易毒害人民,不得开禁。"**430** 早在1830年,如果征收25%的关税,就会带来385万美元的收入,到1837年,就会双倍于此。可是,天朝的野蛮人当时拒绝征收一项随着人民堕落的程度而必定会增大的税收。1853年,当今的咸丰帝虽然处境更加困难,并且明知为制止日益增多的鸦片输入而作的一切努力不会有任何结果,但仍然恪守自己先人的坚定政策。顺便要指出的是:这位皇帝把吸食鸦片当做邪教一样来取缔,从而使鸦片贸易得到了宗教宣传的一切好处。中国政府在1837年、1838年和1839年采取的非常措施——这些措施的最高潮是钦差大臣林则徐到达广州和按照他的命令没收、销毁走私的鸦片——提供了第一次英中战争的借口,这次战争带来的后果就是:中国发生了起义①;帝国国库完

---

① 指太平天国革命。——编者注

全空虚;俄国顺利地由北方进犯;鸦片贸易在南方达到巨大的规模。尽管英国在结束这场为保护鸦片贸易而发动和进行的战争时所签订的条约禁止鸦片贸易①,可是从 1843 年以来,鸦片贸易实际上却完全不受法律制裁。1856 年输入中国的鸦片,总值约 3 500 万美元,同年英印政府靠鸦片垄断获取了 2 500 万美元的收入,正好是它财政总收入的六分之一。作为第二次鸦片战争借口的那些事件,是不久以前才发生的,无需赘述。

这个题目讲到最后,不能不特别指出摆出一副基督教伪善面孔、标榜文明的英国政府本身的一个明显的矛盾。作为帝国政府,它假装同违禁的鸦片贸易毫无关系,甚至还订立禁止这种贸易的条约。① 可是作为印度政府,它却强迫孟加拉省种植鸦片,使该省的生产力受到极大的损害;它强迫一部分印度莱特[431]种植罂粟,用贷款的办法引诱另一部分印度莱特去种植罂粟。它严密地垄断了这种毒品的全部生产,借助大批官方侦探来监视一切:种植罂粟,把罂粟交到指定地点,按照中国吸食者的口味提炼和调制鸦片,把鸦片打成便于偷运的货包,最后运往加尔各答,由政府拍卖,国家官吏把鸦片移交给投机商人,然后又转到走私商人手里,由他们运往中国。英国政府在每箱鸦片上所花的费用约 250 卢比,而在加尔各答拍卖场上的卖价是每箱 1 210—1 600 卢比。可是,这个政府并不满足于这种实际上的共谋行为,它直到现在还公然同那些干着毒害一个帝国的冒险营生的商人和船主们合伙经营,赔赚与共。

英国政府在印度的财政,实际上不仅要依靠对中国的鸦片贸

---

① 1842 年订立的中英南京条约并无禁止鸦片贸易的条款。——编者注

易,而且还要依靠这种贸易的不合法性。如果中国政府使鸦片贸易合法化,同时允许在中国种植罂粟,英印政府的国库会遭到严重灾难。英国政府公开宣传毒品的自由贸易,暗中却保持自己对毒品生产的垄断。任何时候只要我们仔细地研究一下英国的自由贸易的性质,我们大都会发现:它的"自由"说到底就是垄断。

卡·马克思写于 1858 年 8 月
31 日—9 月 3 日

作为社论载于 1858 年 9 月
20、25 日《纽约每日论坛报》第
5433、5438 号

原文是英文

选自《马克思恩格斯文集》
第 2 卷第 629—636 页

卡·马克思

*英 中 条 约

　　1842年8月29日亨利·璞鼎查爵士签订的、并且像新近与中国订立的条约①一样也是在炮口下强加给对方的对华条约②，从商务观点来看，其结果是不成功的。这是一个连那家著名的英国自由贸易派**145**机关刊物伦敦《经济学家》**395**也正在重温的事实。这家杂志曾是不久前入侵中国一事的最忠实的辩护者之一，现在它觉得自己应该"抑制"一下在其他各界所造成的乐观期望了。《经济学家》杂志把1842年的条约对英国出口贸易的影响，看做是"我们借以防止错误行动后果的一个前车之鉴"。这当然是正确的忠告。但是，威尔逊先生为了解释首次企图用武力为西方产品扩大中国市场遭到失败而举出的理由，却远不能作为定论。

　　他举出的造成这次大失败的第一个重要原因是：在璞鼎查签订条约以后的最初三年中，中国市场被盲目过量涌进的商品所充斥，英国商人不注意中国人需求什么。英国对中国的出口额在1836年是1 326 388英镑，在1842年下降到969 000英镑。此后

---

① 1858年天津条约。——编者注
② 1842年南京条约。——编者注

四年中又连续迅速增长,从下列数字可以看出:

1842 年 ··	969 000 英镑
1843 年 ··	1 456 000 英镑
1844 年 ··	2 305 000 英镑
1845 年 ··	2 395 000 英镑

可是,到 1846 年,不仅出口额降低到 1836 年的水平以下,而且伦敦从事对华贸易的商行在 1847 年危机时期所遭到的灾难还证明:官方报告统计表中所列的 1843—1846 年出口的**计算**价值同真正**实现的**价值完全不符。如果说由此可以看出,英国出口商在向中国消费者出售商品的数量方面犯了错误,那么他们在商品的品种方面也同样犯了错误。为了证明后一个论断,《经济学家》杂志援引了前伦敦《泰晤士报》[432]驻上海和广州通讯员温·库克先生的一段话:

"1843 年、1844 年和 1845 年,当北方各通商口岸刚刚开放的时候,我们国内的人兴奋若狂。设菲尔德一家有名的商行向中国运去了大批餐刀和餐叉,并表示它准备给全中国供应此类餐具······ 这些商品的卖价几乎抵不上运费。一家著名的伦敦商行向中国运去了大批钢琴,也遭到了同样的命运。刀叉和钢琴的遭遇,毛织品和棉织品也遇到了,不过形式没有那么显著······ 曼彻斯特在各通商口岸开放的时候**盲目地**做了一番巨大的努力,这种努力归于失败。从此以后,它就冷漠消沉,听天由命了。"

最后,《经济学家》为了证明贸易的缩减、稳定和增长取决于对消费者需求的考察,还从上述那位作者那里引用了 1856 年的材料:

	1845 年	1846 年	1856 年
精梳毛织物(匹) ····················	13 569	8 415	7 428
驼毛呢····························	13 374	8 034	4 470
粗哔叽····························	91 530	75 784	36 642

粗梳毛织物…………………………	62 731	56 996	38 553
印花棉布……………………………	100 615	81 150	281 784
素色棉布……………………………	2 998 126	1 859 740	2 817 624
棉纱(磅) …………………………	2 640 090	5 324 050	5 579 600

但是,所有这一切论据和例证,除了说明 1843—1845 年贸易过热所引起的反应以外,不能说明任何问题。贸易骤增之后又出现剧烈的缩减,一个新的市场从一开始就为过剩的英国商品所窒息,人们把商品投入这个市场而没有很好地估计消费者的实际需要和支付能力,这些现象决不是对华贸易所特有的。实际上,这是世界市场历史上经常有的现象。拿破仑垮台以后,欧洲大陆开放通商,那时英国的出口同大陆的购买能力很不相称,以致"由战争转向和平"倒比大陆封锁[100]更具有灾难性。坎宁对美洲的西班牙殖民地独立的承认,也促进了 1825 年商业危机的发生。为适应莫斯科的气候而制造的商品,当时被运往墨西哥和哥伦比亚。再说,今天甚至连澳大利亚,尽管它具有很大的伸缩性,也没有摆脱一切新市场所共有的命运——市场上的商品既超过了它的支付能力也超过了它的消费能力。中国市场所特有的现象是:自从 1842 年的条约使它开放以来,中国出产的茶叶和丝向英国的出口一直不断增长,而英国工业品输入中国的数额,整个说来却停滞不变。中国方面的这种持续增长的贸易顺差,可以说同俄国和英国之间贸易差额的状况相似;不过后一种情况,一切都可以用俄国的保护关税政策来解释,可是中国的进口税却比任何一个同英国通商的国家都低。1842 年以前,中国对英国的出口总值约为 700 万英镑,1856 年约达到 950 万英镑。输入英国的茶叶数量,在 1842 年以前从未超过 5 000 万磅,而在 1856 年就增加到约 9 000 万磅。另一方面,英国进口的中国丝,只是从 1852 年起才占有重要地位。

其增长情况,可以从下列数字中看出:

	1852 年	1853 年	1854 年	1855 年	1856 年
丝的进口额(磅)	2 418 343	2 838 047	4 576 706	4 436 862	3 723 693
价值(英镑)	—	—	3 318 112	3 013 396	3 676 116

另一方面,我们再看一看英国对中国的出口额的变动:

1834 年 …… 842 852 英镑 1836 年 …… 1 326 388 英镑
1835 年 …… 1 074 708 英镑 1838 年 …… 1 204 356 英镑

关于 1842 年市场开放和英国取得香港以后的时期,我们有下列材料:

1845 年 …… 2 359 000 英镑 1853 年 …… 1 749 597 英镑
1846 年 …… 1 200 000 英镑 1854 年 …… 1 000 716 英镑
1848 年 …… 1 445 950 英镑 1855 年 …… 1 122 241 英镑
1852 年 …… 2 508 599 英镑 1856 年 …… 2 000 000 英镑以上

《经济学家》企图以外国的竞争来解释为什么英国工业品对中国市场的输入会停滞和相对减少,并且再一次援引库克先生的话来加以论证。据这位权威人士看来,在中国市场上许多贸易门类中英国人都被公平的竞争所击败。他说,美国人在粗斜纹布和被单布方面压倒了英国人。1856 年输入上海的美国粗斜纹布是221 716 匹,而英国是 8 745 匹;美国被单布是 14 420 匹,而英国是1 240 匹。另外,在毛织品贸易方面,据说德国和俄国对他们的英国竞争者排挤得很厉害。我们不需要其他的证明,单凭这一例证就可以确信:库克先生和《经济学家》对中国市场的估计都是错误的。他们认为只限于英中贸易的那些特点,其实也恰恰是美国和天朝帝国之间的贸易的特点。1837 年,中国对美国的出口额超过美国对中国的出口额约 86 万英镑。在 1842 年条约订立以来的时期中,美国每年平均得到 200 万英镑的中国产品,而我们**412**付出的是 90 万英镑的美国商品。1855 年上海的进口,不包括硬币和鸦片,总额达 1 602 849 英镑,其中英国所占份额是 1 122 241 英镑,美国所占份额是 272 708 英镑,其他国家所占份额是 207 900 英镑;而上海的出口总额达 12 603 540 英镑,其中对英国出口是 6 405 040 英镑,对美国出口是 5 396 406 英镑,对其他国家出口是 102 088 英镑。把美国对上海的 272 708 英镑出口额同美国从上海进口的 500 多万英镑的数额对比一下吧。如果连美国的竞争也使英国的贸易蒙受到了明显的损害,那么可见,中国市场为全部外国贸易提供的活动场所是多么有限。

中国的进口市场自 1842 年开放以来,其意义之所以不大的最后一个原因据说就是中国革命①;可是,尽管发生了这次革命,1851—1852 年对中国的出口,还是随着全面的贸易增长而相对地增长了,而且鸦片贸易在整个革命时期不但没有缩减,反而迅速达到了巨大的规模。然而无论如何,应该承认的是:由于最近这次海盗式的战争和统治王朝遭到的许多新屈辱,外国进口所遇到的产生于帝国内部动乱状态的一切障碍,只会增加不会减少。

我们仔细考察了中国贸易的历史以后感觉到,一般说来,人们过高地估计了中国人的消费能力和支付能力。在以小农经济和家庭手工业为核心的当前中国社会经济结构中,根本谈不上大宗进口外国货。虽然如此,只要取消鸦片贸易,中国还可以逐渐地再多吸收一些英美商品,数额可达 800 万英镑——粗略算来这也就是

---

① 指太平天国革命。——编者注

中国对英美贸易总顺差的数目。这个结论是从分析下面这个简单事实而自然得出的：尽管有着贸易顺差，中国的财政和货币流通却由于总额约达 700 万英镑的鸦片进口而陷于严重的混乱。

　　然而，惯于吹嘘自己道德高尚的约翰牛，却宁愿隔一定的时候就用海盗式的借口向中国勒索军事赔款，来弥补自己的贸易逆差。只是他忘记了：如果兼施并用迦太基式的和罗马式的方法[433]去榨取外国人民的金钱，那么这两种方法必然会相互冲突、相互消灭。

卡·马克思写于 1858 年 9 月 10 日　　　　　　　原文是英文

作为社论载于 1858 年 10 月 5 日　　　　　　选自《马克思恩格斯文集》
《纽约每日论坛报》第 5446 号　　　　　　　第 2 卷第 637—642 页

卡·马克思

中国和英国的条约

英国政府终于公布的关于英中条约①的正式摘要,同由其他各种渠道已经传开的消息比较,大体上所增无几。第一款和最后一款实际上包括了条约中纯粹有关英国利益的各点。根据第一款,南京条约缔结以后所规定的"善后旧约并通商章程""作为废纸"。这一补充条约曾规定:驻香港和驻五个为英国贸易开放的中国口岸的英国领事,如遇装载鸦片的英国船只驶入其领事裁判权所辖地区,应与中国当局协同处理。② 这样,英国商人在形式上被禁止输入这种违禁的毒品,而且英国政府在某种程度上充当了天朝帝国的一个海关官吏角色。第二次鸦片战争以解除第一次鸦片战争还在表面上加于鸦片贸易的束缚而告终,看来是十分合乎逻辑的结果,是那些特别热烈鼓掌欢迎帕麦斯顿施放的广州焰火**426**的英国商界殷切期望得到的成就。可是,如果我们以为英国正式放弃它对鸦片贸易的假惺惺的反对,不会导致与预期完全相

---

① 1858 年天津条约。——编者注
② "这一补充条约"即上面的"善后旧约并通商章程",亦即虎门条约。该条约并无此项规定。——编者注

反的结果,那就大错特错了。中国政府请英国政府协同取缔鸦片贸易,也就是承认了自己依靠本身的力量不能做到这一点。南京条约的补充条约是为了借助外国人的帮助来取缔鸦片贸易而作的最大的、也可以说是绝望的努力。既然这种企图遭到了失败——而且现在是公开宣布失败,既然鸦片贸易就英国来说现在已经合法化了,那么毫无疑问,中国政府无论从政治上或财政上着想,都将会试行一种办法,即从法律上准许在中国种植罂粟并对进口的外国鸦片征税[434]。不论当前的中国政府意向如何,天津条约给它造成的处境本身就给它指出了这条路。

这种改变一经实行,印度的鸦片垄断连同印度的国库一定会一起受到致命的打击,而英国的鸦片贸易会缩小到寻常贸易的规模,并且很快就会成为亏本生意。到目前为止,鸦片贸易一直是约翰牛用铅心骰子进行的一场赌博。因此,第二次鸦片战争的最明显的结果,看来就是它本身的目的落了空。

对俄国宣布了"正义战争"的慷慨的英国,在订立和约时没有要求任何军事赔款。另一方面,英国虽然一直声称同中国处于和平状态,却因此而不能不迫使中国偿付连英国现任大臣们都认为是由英国自己的海盗行为所造成的耗费。不管怎么样,天朝人将偿付1 500万或2 000万英镑的消息一传来,对于最清高的英国人的良心起了安定作用。《经济学家》[395]杂志以及一般撰写金融论文的作者们,都兴致勃勃地计算着中国的纹银对贸易差额和英格兰银行贵金属储备的状况将发生多么有利的作用。但是遗憾得很!帕麦斯顿派的报刊煞费苦心地制造和宣扬的那些最初印象太脆弱了,经不起真实消息的冲击。

有一专条规定:"以200万两白银"偿付"因广州中国当局处理不当而使英国臣民所遭受的损失;另以200万两偿付"军费。[435]

这两笔款项总共才 1 334 000 英镑，而在 1842 年，中国皇帝①偿付的是 420 万英镑，其中 120 万英镑赔偿被没收的走私鸦片，300 万英镑赔偿军费。由 420 万英镑外加香港，减少到只有 1 334 000 英镑，这毕竟不像是一桩漂亮的买卖；可是，最糟糕的我们还没有讲呢。中国皇帝②说，既然你们不是同中国作战，而只是同广州进行"地方性战争"，那就请你们自己设法去从广东省挤出那笔由你们亲善的军舰逼迫我批给你们的损失费吧。同时，你们那位赫赫有名的斯特劳本齐将军不妨把广州作为物质保证，并继续使英国武器成为连中国兵勇都会耻笑的笑柄。乐观的约翰牛因 1 334 000 英镑的小战利品所附带的这些条件而产生的苦恼，已经表现为可以听到的呻吟。伦敦有一家报纸写道：

"不仅不能调回我们的 53 艘军舰并看到它们载着几百万两中国纹银凯旋归来，我们可以指望的好运气反倒是必须派遣 5 000 名士兵去重新占领和守住广州，并帮助海军去进行我们的代理领事③所宣布的地方性战争。可是这场地方性战争，除了把我们的贸易从广州赶到中国其他口岸以外，会不会造成其他结果？…… 继续进行战争〈地方性战争〉会不会使一大部分茶叶贸易落到俄国手里？欧洲大陆和英国本身会不会变得必须依靠俄国和美国供给茶叶？"④

约翰牛担心"地方性战争"会影响茶叶贸易，并不是完全没有根据的。从麦格雷戈的《商业税则》⑤中可以看出：在第一次对华

---

① 道光帝。——编者注
② 咸丰帝。——编者注
③ 斯·巴夏礼。——编者注
④ 见 1858 年 9 月 22 日《自由新闻》第 21 期。——编者注
⑤ 约·麦格雷戈《欧美若干国家的商业税则、条例、资源和贸易》1847 年伦敦版。——编者注

战争的最后一年内,俄国经由恰克图得到 12 万箱茶叶。在英国同中国媾和后的一年内,俄国对茶叶的需求减少了 75% ,总共只有 3 万箱。不管怎样,英国人为占据广东而将继续耗费的钱财,一定会大大增加收支的逆差,以致这第二次对华战争将是所得难偿所失。埃默森先生说得对,在英国人看来这真是莫此为甚的大错。

在第五十一款上载有英国侵略所取得的另一个大胜利。按照这一条款,"嗣后各式公文,无论京外,内叙大英国官民,自不得提书夷字"。约翰牛不坚持要称自己为神国或圣朝,只要正式文件中除去表示"蛮夷"意思的字样就满意了。在自称"天朝"的中国当局的眼里,约翰牛该是多么恭顺啊!

条约中的商务条款,并未向英国提供它的竞争者享受不到的任何利益,而且这些条款在目前条件下只是空洞的诺言,其中大部分价值还不如书写条约用的羊皮纸。第十款规定:

> "长江一带各口,英商船只俱可通商,唯现在江上下游,均有贼匪,除镇江一年后立口通商外,其余俟地方平靖,大英钦差大臣与大清特派之大学士尚书会议,准将自汉口溯流至海各地,选择不逾三口,准为英船出进货物通商之区。"

按照这一条款,英国人实际上是被禁止进入全帝国的通商大动脉,这条大动脉,正如《晨星报》[436]所正确指出的,是"英国人能将自己的工业品销往内地的唯一通路"。如果他们肯当乖孩子,帮助帝国政府将起义者①逐出其目前所占领的区域,那时他们才或许可以在长江航行,但也只限于特定的口岸。至于新开放的海港,最初听说是开放"一切"口岸,现在已缩减为除南京条约所规定的五个口岸外,再开放五个口岸[437]了,而且如一家伦敦报纸所

---

① 指太平军。——编者注

说,这些口岸"一般都是偏僻的或者位于海岛上"。此外,那种以为贸易的发展会与所开放的通商口岸数目成正比的错觉,时至今日已该破除了。请看英国、法国和美国海岸上的港口,有几个发展成了真正的商业中心?在第一次对华战争以前,英国人只限于到广州进行贸易。让出五个新口岸,并没有造成五个新的商业中心,而是使贸易渐渐地由广州转移到上海,这一点可以从引自1856—1857年关于各地贸易状况的议会蓝皮书[62]的下列数字看出来。同时还应该记住,广州的商品进口额中也包括由广州转运到厦门和福州的进口商品。

年 份	由英国进口的贸易额(美元)		对英国出口的贸易额(美元)	
	广 州	上 海	广 州	上 海
1844	15 500 000	2 500 000	17 900 000	2 300 000
1845	10 700 000	5 100 000	27 700 000	6 000 000
1846	9 900 000	3 800 000	15 300 000	6 400 000
1847	9 600 000	4 300 000	15 700 000	6 700 000
1848	6 500 000	2 500 000	8 600 000	5 000 000
1849	7 900 000	4 400 000	11 400 000	6 500 000
1850	6 800 000	3 900 000	9 900 000	8 000 000
1851	10 000 000	4 500 000	13 200 000	11 500 000
1852	9 900 000	4 600 000	6 500 000	11 400 000
1853	4 000 000	3 900 000	6 500 000	13 300 000
1854	3 300 000	1 100 000	6 000 000	11 700 000
1855	3 600 000	3 400 000	2 900 000	19 900 000
1856	9 100 000	6 100 000	8 200 000	25 800 000

"条约中的商务条款不能令人满意"——这就是帕麦斯顿最卑鄙的走卒《每日电讯》[438]所得出的结论。但是这家报纸却欣赏"条约中最妙的一点",即"将有一位英国公使常驻北京,同时也将有一位满清大员常驻伦敦,他还可能会邀请女王参加在阿尔伯特门举行的舞会呢"。然而,无论约翰牛觉得这有多么开心,毫无疑

问的是,如果有谁会在北京拥有政治影响,那一定是俄国,俄国由于上一个条约**439**得到了一块大小和法国相等的新领土,这块领土的边境大部分只和北京相距 800 英里。约翰牛自己通过进行第一次鸦片战争,使俄国得以签订一个使它有权沿黑龙江航行并在陆上边界自由贸易的条约;而通过进行第二次鸦片战争,又帮助俄国获得了鞑靼海峡和贝加尔湖之间价值无量的地域——这是俄国无限垂涎的一块地方,从沙皇阿列克谢·米哈伊洛维奇到尼古拉,一直都企图把它弄到手。这一切对于约翰牛来说决非愉快的回忆。伦敦《泰晤士报》**432**为此感到很不是滋味,所以它在刊登来自圣彼得堡的过分渲染大不列颠占便宜的新闻时,特意将电讯中提到俄国依照条约获得黑龙江流域的那一部分删去了。

卡·马克思写于 1858 年 9 月 28 日

载于 1858 年 10 月 15 日《纽约每日论坛报》第 5455 号

原文是英文

选自《马克思恩格斯文集》第 2 卷第 643—648 页

弗·恩格斯

*俄国在远东的成功

　　俄国由于自己在塞瓦斯托波尔城外遭到军事失败而要对法国和英国进行的报复,现在刚刚实现。虽然赫拉克利亚半岛上顽强而持久的战斗伤害了俄国的民族自豪感,并使它丧失了一小块领土,[440]但是俄国在战争结束后还是得到了明显的好处。"病夫"的状况大为恶化[441];欧洲土耳其的基督教居民,无论是希腊人还是斯拉夫人,现在比任何时候都更加渴望摆脱土耳其的束缚,更加把俄国看成是自己唯一的保护人。毫无疑问,现在在波斯尼亚、塞尔维亚、黑山以及克里特岛上所发生的一切暴动和阴谋,都有俄国的代理人插手其中;但是土耳其在战争中就已经暴露出来的、并且被和约强加于它的义务所加剧了的那种极度衰颓和软弱,已足能说明苏丹的基督教臣民为什么会这样普遍躁动不安了。可见,俄国虽然把一条窄小的土地暂时牺牲——因为显然它一有机会一定收回,却换得了在实现自己对土耳其的谋划方面的长足进展。加紧分裂土耳其和对土耳其基督教臣民行使保护权,这就是俄国在战争肇始时所追求的目的;谁能说现在俄国不是比过去任何时候都在更大的程度上行使着这种保护权呢?

　　可见俄国甚至在这场失利的战争中也是唯一的得利者。但是俄国还得进行报复,于是它选定了一个稳操胜券的领域——外交领域——来进行这种报复。当英国和法国对中国进行一场代价巨大的斗争时,俄国保持中立,到战争快结束时才插手干预。结果,英国和法国对中国进行的战争只是让俄国得到了好处。这一回俄国的处境可真是再顺利没有了。摇摇欲坠的亚洲帝国正在一个一个地成为野心勃勃的欧洲人的猎获物。这里又有一个这样的帝国,它很虚弱,很衰败,甚至没有力量经受人民革命的危机,在这里,就连一场激烈爆发的起义也都变成了看来无法医治的慢性病;它很腐败,无论是控制自己的人民,还是抵抗外国的侵略,一概无能为力。正当英国人在广州同中国的下级官吏争执不下、英国人自己在讨论叶总督①是否真是遵照中国皇帝②的意旨行事这一重要问题的时候,俄国人已经占领了黑龙江以北的地区和该地区以南的大部分满洲海岸;他们在那里建筑了工事,勘测了一条铁路线并拟定了修建城市和港口的规划。当英国终于决定打到北京,而法国也希望捞到一点好处而同英国联合起来的时候,俄国——尽管就在此时夺取了中国的一块大小等于法德两国加在一起的领土和一条同多瑙河一样长的河流——竟能以处于弱者地位的中国人的无私保护人身份出现,而且在缔结和约时俨然以调停者自居;如果我们把各国条约⁴⁴²比较一下,就必须承认:这次战争不是对英、法而是对俄国有利,已成为昭然若揭的事实。

各参战国得到的好处——其中也有俄国和美国的份——纯属商业性质,而且正如我们前次所指出,这些好处大部分都是虚幻的③。在目前情况下,对华贸易,除鸦片和若干数量的东印度棉花外,只能仍以中国商品即茶叶和丝的出口为主;而这种出口贸易取

---

① 叶名琛。——编者注
② 咸丰帝。——编者注
③ 见本卷第 815—820 页。——编者注

决于外国的需求而不是取决于中国政府提供方便的多少。在南京
条约订立以前,世界各国已经能够买到茶叶和丝;在这个条约订立
以后,开放五个口岸的作用是使广州的一部分贸易转移到了上海。
其他的口岸几乎根本没有什么贸易,而汕头这个唯一有点重要作
用的,却并不属于那五个开放的口岸。至于深入长江通商,这一要
求被机智地推迟了,要等到皇帝陛下①在那个动乱地区完全恢复了
自己的统治时再说,也就是遥遥无期。此外,关于这个新条约的价
值还产生了另一些怀疑。有人断言,英中条约第二十八款所提到的
子口税是臆造的。过去人们之所以认为有这种税存在,纯粹是由
于:中国人不大需要英国商品因而英国货根本没有打入内地。与此
同时有一种适合中国人需要的、经由恰克图或西藏运去的俄国布
匹,就千真万确地一直运销到沿海。人们忘记了,如果真有这种税
存在的话,不管是英国货还是俄国货都一样要受到影响。有一点是
肯定的,曾被专门派往内地的温格罗夫·库克先生,找不出什么地
方有这种所谓的"子口税",而且他在公开的场合被问及这方面的问
题时承认,他已"惭愧地认识到,我们对中国的无知是十分明显
的"②。另一方面,英国商业大臣约·沃·亨利在一封已经发表的
信件中回答"是否有证据证明确实存在着这种内地税"的问题时,十
分清楚地说道:"对于你们问到的关于中国内地税的证据问题,我无
可奉告。"约翰牛本来就颇不愉快地想着:额尔金勋爵规定了赔款,
竟未定出交款期限,把战事从广州转移到京都,竟只是订了一个让
英军从京都再回到广州去打仗的条约。现在这样一来,约翰牛的心

① 咸丰帝。——编者注
② 乔·温·库克《中国:1857—1858 年〈泰晤士报〉特约中国通讯》1858 年
伦敦版第 273 页。——编者注

里又突然产生一个不妙的疑虑:恐怕得自掏腰包交付所规定的赔款了,因为第二十八款非常可能促使中国当局对英国工业品规定7.5%的子口税,将来经过要求会改为2.5%的进口税。伦敦《泰晤士报》[432]为了不让约翰牛过细考察自己的条约,觉得有必要装出对美国公使大为愤恨的样子,气势汹汹地骂他把事情弄糟了,虽然事实上他同第二次英中战争的失败就像月中人一样毫不相干。

因此,就英国商业来说,和约所带来的只是一项新的进口税和一系列条款,这些条款或者没有任何实际意义,或者是中国人无法履行的,因而随时可能成为挑起新战争的借口。英国没有得到任何新的领土,因为它无法提出领土要求而同时又不准法国这样做,而一场英国进行的战争如果使法国在中国沿海得到了领土,那是绝对没有好处的。至于俄国,情况完全不同。不但英、法所得的一切明显利益,不管是什么,俄国都有份,而且俄国还得到了黑龙江边的整个地区,这个地区是它早已悄悄占领的。俄国并不满足于此,它还取得了这样一个成果,即成立俄中委员会来确定边界。现在我们都知道这种委员会在俄国手里是什么货色。我们曾看到这种委员会在土耳其的亚洲边界上的活动情况,20多年来它们在那里把这个国家的领土一块一块地割去,直到最近这次战争才打断了它们的活动,而现在又该重新再来一遍了。其次,条约中还有关于恰克图和北京之间邮政管理的条款。从前不定期通行的、只是被容忍的交通线,现在要定期使用并作为一项权利加以规定。在这两个地点之间每月要有一次邮班,全程大约1 000英里,15天到达;而每三个月还要有一支商队走这同一条路线。很明显,将来中国人对这些业务要么是漫不经心,要么是力不胜任;既然交通线现在已作为权利为俄国所得,其结果就是这些业务将逐渐控制在俄国手中。我们曾看到,俄国人怎样在吉尔吉斯草原建立起自己的军事堡垒线①;我们深信不疑,用不了几年,同样的一条路线将穿过戈壁沙漠,那时候英国统治中国的梦想将永成泡影,因为俄国军队不论哪一天都能够向北京进发。

不难想象,在北京设立常驻使馆将会产生什么作用。请回想一下君士坦丁堡或德黑兰吧。凡是俄国外交同英国外交或法国外交交锋的地方,俄国总是占上风。俄国公使在几年以后就可能在与北京相隔一个月路程的恰克图拥有一支足以达到任何目的的强大军队和一条供这支军队顺利进军的道路——这样一位俄国公使在北京将具有无上的威力,谁能怀疑这一点呢?

事实是,俄国正在迅速地成为亚洲的头等强国,它很快就会在这个大陆上压倒英国。由于征服了中亚细亚和吞并了满洲,俄国使自己的领地增加了一块像除俄罗斯帝国外的整个欧洲那样大的地盘,并从冰天雪地的西伯利亚进入了温带。中亚细亚各河流域和黑龙江流域,很快就会住满俄国的移民。这样获得的战略阵地对于亚洲,正如在波兰的阵地对于欧洲一样,具有重要的意义。占领图兰威胁着印度;占领满洲威胁着中国。而中国和印度,两国共有45 000万人口,现在是亚洲举足轻重的国家。

弗·恩格斯写于1858年10月25日前后

作为社论载于1858年11月18日《纽约每日论坛报》第5484号

原文是英文

选自《马克思恩格斯文集》第2卷第649—653页

---

① 见恩格斯《俄国在中亚细亚的进展》,《马克思恩格斯全集》中文第1版第12卷第638—639页。——编者注

卡·马克思

新的对华战争

一

　　当英国硬逼天朝人签订了天津条约而受到普遍祝贺的时候，我曾试图说明：实际上从这次海盗式的英中战争中取得实利的唯一强国是俄国，英国根据条约所得到的商业利益是很微小的；同时，从政治观点看来，这个条约不仅不能巩固和平，反而将使战争必然重起。[①] 事变的进程，完全证实了这个看法。天津条约已成过去的事情，在战争的严酷现实面前，表面上的和平也已经消失。

　　首先让我来叙述最近大陆邮班传来的一些事实。

　　尊敬的普鲁斯先生在法国的全权公使布尔布隆先生偕同下，带着一支英国远征队出发。这支远征队的任务是沿白河上驶护送两国公使进北京。远征队由海军将军贺布统率，包括有 7 艘轮船、10 艘炮艇、2 艘载运部队和军需品的运输船，以及几百名海军陆战队和皇家陆军工兵队士兵。中国人方面反对公使取这条路进京。因此，贺布将军发现白河口已被防栅所阻塞；他在河口从 6 月

---

① 见本卷第 815—820、821—825 页。——编者注

17 日至 25 日停留了 9 天以后企图用武力开路前进,因为两国公使已于 6 月 20 日来到舰队。贺布将军在到达白河口时,曾查明在上次战争中拆毁的大沽炮台确已修复,这里要顺便指出,此事他是应该早就知道的,因为"京报"**443**正式报道过。

6 月 25 日,英国人企图强行进入白河时,约有 2 万蒙古军队①做后盾的大沽炮台除去伪装,向英国船只进行毁灭性的轰击。陆战水战同时并举,打得侵略者狼狈不堪。远征队遭重创后只得退却。它损失了 3 艘英国船:鸬鹚号、避风号和小鸽号,英军方面死伤 464 人,参加作战的 60 名法国人当中死伤 14 人。英国军官死 5人,伤 23 人,连贺布将军自己也是带伤逃命的。这次失败以后,普鲁斯先生和布尔布隆先生就回到了上海,英国舰队则奉命停泊在宁波府镇海县外的海面。

当这些不愉快的消息传到英国时,帕麦斯顿派的报纸就立刻跨上不列颠狮子**444**,一致怒吼着要求实行大规模报复。当然,伦敦的《泰晤士报》**432**在激发自己同胞们的嗜血本能时还多少故作庄重,但帕麦斯顿派的次等报纸却荒谬绝伦地扮演了疯狂的罗兰的角色。

例如,我们来听听伦敦《每日电讯》**438**怎样说:

"大不列颠应该对中国海岸线全面进攻,打进京城,将皇帝逐出皇宫,取得物质上的保证,以免将来再受侵犯……我们应该用九尾鞭抽打每一个敢于侮辱我国民族象征的蟒衣官吏……应该把他们〈中国将军们〉个个都当做海盗和凶手,吊在英国军舰的桅杆上。把这些浑身纽扣、满面杀气、穿着丑角服装的坏蛋,在桅杆上吊上十来个示众,让他们随风飘动,倒是令人开心和大有裨益的场面。无论如何总得采取恐怖手段,我们已经过分宽大了!……应该教训中国人尊重英国人,英国人高中国人一等,应该做他们的**主人**……

---

① 指蒙古亲王僧格林沁的军队。——编者注

起码可以一试的是攻占北京,如果采取更大胆的政策,则接着就能把广州永远收归我国所有。我们会像占有加尔各答那样把广州保持在自己手里,把它变为我们在东方最东端的商业中心,使我们针对俄国在帝国的满蒙边疆所取得的势力,为自己找到补偿,奠定一个新领地的基础。"

我想现在还是丢开帕麦斯顿的笔杆子们的这些胡言乱语来谈谈事实,并根据现有的不多的一点材料尽可能地说明这个不快事件的真实意义。

这里首先要回答的问题是:即使天津条约规定允许英国公使可以直接前往北京,中国政府反抗英国舰队强行驶入白河,是否就违反了这个用海盗式战争强加于它的条约呢?从大陆邮班传来的消息中可知,中国当局不是反对英国使节前往北京,而是反对英国武装船只上驶白河。他们曾经表示普鲁斯先生应由陆路入京,不得用武装护送。天朝人对炮轰广州事件[426]记忆犹新,所以不能不认为这种武装是实行入侵的工具。难道法国公使留驻伦敦的权利就能赋予他率领一支法国武装远征队强行侵入泰晤士河的权利吗?肯定可以这样说:英国人对英国公使前往北京的权利的这种解释,至少和英国人在上次对华战争中所发明的那种说法同样奇怪,当时他们说炮轰一个帝国的城市,并不是对该帝国本身作战,而只是与它的一个属地发生了局部的相互敌对行动。对于天朝人所提出的交还的要求[445],英国人的回答是——按照他们自己说的——"采取了一切周密措施,务求获准进入北京,必要时使用武力",以一支强大舰队上驶白河。就算是中国人必须接纳英国的和平公使入京,他们抵抗英国人的武装远征队也是完全有理的。中国人这样做,并不是违背条约,而是挫败入侵。

其次,人们可能提出这样的问题:尽管天津条约已经赋予英国派驻使节的抽象权利,可是额尔金勋爵不是决定至少在目前暂不实际行使此项权利吗？如果翻阅一下《女王陛下特谕刊行的关于额尔金伯爵赴华特别使命的函件》①，每个不存偏见的人都会深信：第一，准许英国公使进入北京一事不是在现在，而是在**较晚的时候**付诸实行；第二，英国公使留驻北京的权利附有各种条件；最后第三，条约英文本中关于准许公使进入北京的那个专横的第三款，根据中国钦差们的要求在条约中文本中作了修改。额尔金勋爵自己也承认条约两个文本之间的这个不同之处，但是额尔金勋爵，据他本人说，

"根据他所得到的训令，只好要求中国人接受他们一字不识的条约文本作为国际协定的正式文本"。

中国人根据条约的中文本行动，而不是根据连额尔金勋爵都承认与"该项规定的正确含义"有些偏离的英文本行动——难道可以凭这一点对他们加以非难吗？

最后，我要指出，前任英国驻香港首席检察官托·奇泽姆·安斯蒂先生在他致伦敦《晨星报》**436**编辑的信中郑重宣称：

"这个条约不论其本身如何，早已因英国政府及其官吏采取暴力行动而失效到这样的程度，即至少大不列颠王室得自这个条约的一切利益和特权均被剥夺。"

英国一方面受着印度的重重困难的拖累**446**，另一方面又为防备欧洲战争一旦爆发而进行着武装，所以中国的这场新的、大约是帕麦斯顿一手造成的灾难，很可能给英国带来巨大的危险。第二个结果必然是现政府的崩溃，因为该政府是以上次对华战争的制

---

① 指《关于额尔金伯爵赴华赴日特别使命的函件。1857—1859 年》1859 年伦敦版。——编者注

造者为首的,而它的主要成员又曾经对他们现在的首长因他进行那场战争而投过不信任票。不管怎样,米尔纳·吉布森先生和曼彻斯特学派[145]必须要么退出现在的自由党人联盟,要么——这个可能性不很大——同约翰·罗素勋爵、格莱斯顿先生及其皮尔派[447]同僚们一致行动,迫使他们的首长服从他们自己的政策。

二

内阁会议宣布在明天召开,会议的目的是要决定对于在中国的惨败采取什么对策。法国《通报》[225]和伦敦《泰晤士报》[432]煞费苦心写出的文章,使人确信帕麦斯顿和波拿巴已作出决定。他们想要再发动一场对华战争。我从可靠方面得来的消息说:在即将举行的内阁会议上,米尔纳·吉布森先生首先将就主张战争的理由是否正当提出质问;其次他将抗议任何事先未经议会两院批准的宣战;如果他的意见为多数票否决,他将退出内阁,从而再次发出这样的信号,即帕麦斯顿的统治将要遭到新的冲击,曾使德比内阁倒台的这个自由党人联盟将要崩溃。据说帕麦斯顿对于米尔纳·吉布森先生企图采取的行动感到有些惊惶不安。吉布森是他的同僚中唯一使他害怕的人,而且他曾不止一次地说过吉布森是一个特别善于"吹毛求疵"的人。可能和本篇通讯同时,你们会从利物浦收到关于内阁会议结果的消息。现在要对这里所谈的事件的真实情况作出最正确的判断,不能根据帕麦斯顿派报刊上登出来的东西,而要根据这些报刊在最初刊登上次大陆邮班带来的消息时故意不登的东西。

首先,他们隐瞒了中俄条约已经完成批准手续和中国皇帝①已经谕令他的官员接待并护送美国公使进京交换中美条约批准书的消息。隐瞒这些事实的目的,是为了制止一种自然会产生的猜疑,这就是:对英法公使执行职务时遇到阻碍这件事,应负责任的恐怕不是北京朝廷,而是他们自己,因为他们的俄国或美国同僚并未遭遇到这些阻碍。另外还有一个更为重要的事实最初也为《泰晤士报》和其他帕麦斯顿派报刊所隐瞒,但现在它们已公开承认,这个事实就是:中国当局曾经声明愿意护送英法公使进京;而且中国官员们的确在白河的一个河口等候接待他们,并且表示,只要他们同意离开他们的兵舰和军队,就给他们派一支卫队。既然天津条约中并无条文赋予英国人和法国人以派遣舰队上驶白河的权利,那么非常明显,破坏条约的不是中国人而是英国人,而且,英国人是蓄意要刚好在规定的交换批准书日期之前向中国寻衅。谁都不会相信,尊敬的普鲁斯先生对上一次对华战争表面上要达到的目的进行的这种干扰,是他本人自作主张的行动;相反,谁都会看出他只不过是执行了从伦敦接到的秘密训令而已。诚然,普鲁斯先生并不是由帕麦斯顿派遣而是由德比派遣去的。然而,我只需提醒这样一件事:在罗伯特·皮尔爵士首届内阁任内,阿伯丁勋爵任外交大臣期间,英国驻马德里公使亨利·布尔沃爵士向西班牙宫廷寻衅,结果被西班牙驱逐出境;上院在辩论这个"不快事件"时证明,布尔沃不执行阿伯丁的正式训令,而是按照当时坐在反对派席位上的帕麦斯顿的秘密训令行事。

最近几天,帕麦斯顿派的报刊又玩弄花招,这至少使熟悉近

---

① 咸丰帝。——编者注

30 年英国外交内幕的人们可以毫无疑问地断定,究竟谁是白河惨败和迫在眉睫的第三次英中战争的真正罪魁。《泰晤士报》暗示说,安装在大沽炮台上把英国舰队打得落花流水的大炮,是来自俄国而且是由俄国军官指挥操作的。另一家帕麦斯顿派的报刊说得更明白,现引述于下:

> "现在我们看出俄国的政策与北京的政策如何紧密地交织在一起;我们发觉在黑龙江一带有大规模的军队调动;我们了解到,大批哥萨克军队在贝加尔湖以东极遥远的地方、在迷迷茫茫的旧大陆边缘上的严寒奇境里进行演习;我们注意到无数辎重队的行踪;我们侦察到一位俄国特使(东西伯利亚总督穆拉维约夫将军)正带着秘密计划,从遥远的东西伯利亚向与世隔绝的中国京城进发;一想到外国势力曾参与使我们蒙受耻辱并屠杀我们的陆海军士兵这件事,我国的公众舆论当然会怒火冲天。"①

这只不过是帕麦斯顿勋爵的一套老把戏。当俄国要跟中国缔结通商条约时,他用鸦片战争把中国推入它北方邻邦的怀抱;当俄国要求割让黑龙江时,他又用第二次对华战争促其实现;而现在俄国想要巩固它在北京的势力,他就弄出个第三次对华战争来。他在和亚洲弱国——中国、波斯、中亚细亚、土耳其等国的一切交往关系上,总是抱着这样一个始终不变的定则:在表面上反对俄国的阴谋,但不去向俄国寻衅,却向亚洲国家寻衅,采取海盗式的敌对行动使亚洲国家和英国疏远,用这种方法绕着圈子来迫使它们对俄国作出本来不愿做的让步。你们可以相信,帕麦斯顿过去全部的亚洲政策这次将要重新受到审查,因此,我请你们注意 1859 年 6 月 8 日下院命令刊印的阿富汗文件②。这些文件比以前发表过

---

① 见 1859 年 9 月 16 日《每日电讯》。——编者注

② 《东印度文件。喀布尔和阿富汗》,根据下院 1859 年 6 月 8 日的决议刊印。——编者注

的任何文件都更能说明帕麦斯顿的险恶政策以及近 30 年来的外交史。简短地说,事情是这样的:1838 年帕麦斯顿对喀布尔统治者多斯特-穆罕默德发动了战争[448],结果使一支英军遭到覆没。发动这次战争的借口是:多斯特-穆罕默德同波斯和俄国缔结了一个反英秘密同盟。为了证明这种说法,帕麦斯顿于 1839 年向议会提出了蓝皮书[62],其内容主要是英国驻喀布尔的使节亚·伯恩斯爵士同加尔各答政府之间的来往信件。伯恩斯在喀布尔发生反抗英国侵略者的暴动时被刺杀,但是他生前由于对英国外交大臣不信任,曾把自己的某些公务信札的副本寄给住在伦敦的哥哥伯恩斯医生。关于 1839 年发表帕麦斯顿所编纂的《阿富汗文件》一事,伯恩斯医生曾指责他"篡改和伪造了已故的亚·伯恩斯爵士的信件",并且为了证实他的声明,印发了一些信件的原文。[449]可是直到今年夏天真相才大白于天下。在德比内阁的时候,下院根据哈德菲尔德先生的提议,命令把所有关于阿富汗的文件一律全文发表。这个命令的执行使最愚钝的人也都懂得了:所提出的为了**俄国的利益**而篡改和伪造文件这一指控属实无误。在蓝皮书的扉页上印有下述字句:

"注:这些信札在以前的报告书中仅部分刊出,今将其全部发表,以前删节之处以括号( )标出。"

保证这份报告书真实性的官员姓名是"约·威·凯,政务机要司秘书";凯先生是"研究阿富汗战争的公正历史编纂学家"。

帕麦斯顿是借口反对俄国而发动阿富汗战争的,可是目前只需举出一个实例就足以说明他与俄国的真正关系了。1837 年到达喀布尔的俄国代表维特凯维奇携有一封沙皇给多斯特-穆罕默德的信。亚历山大·伯恩斯爵士弄到了这封信的抄件,并把它寄给了印度总督奥克兰勋爵。伯恩斯本人的信件以及他所附上的各种文件，都一再提到这件事。但沙皇书信抄件在1839年帕麦斯顿所提供的文件中被整个抹掉了，而且凡是提及此事的每一信件，出于隐瞒"俄国皇帝"同派人去喀布尔一事有关的需要，都做了删改。这样作假，其目的在于隐瞒那位独裁暴君与维特凯维奇之间有联系的证据。这个维特凯维奇回到圣彼得堡后，尼古拉出于自己的需要正式声明自己与此人无涉。在蓝皮书第82页上有一个删改的例子，那里有一封给多斯特-穆罕默德书信的译文，译文列后，括号内的字句是当初被帕麦斯顿删去的。

> "由俄国（或皇帝）方面派遣的使节（从莫斯科）前来德黑兰，他奉命拜访坎大哈的酋长，然后从该地去晋见埃米尔⋯⋯ 他携有（皇帝的密函和）俄国驻德黑兰公使的书信。俄国公使推荐此人极其可靠，并有全权（代表皇帝和他本人）进行任何谈判云云。"

帕麦斯顿为保全沙皇的脸面而干的诸如此类的作假行为并不是《阿富汗文件》所显示出的唯一怪事。帕麦斯顿为入侵阿富汗辩护的理由是：亚历山大·伯恩斯爵士曾建议采取这种行动，认为这是挫败俄国在中亚细亚的阴谋的适当手段。但是亚·伯恩斯爵士所做的恰好相反，因此他为多斯特-穆罕默德作的一切呼吁，在帕麦斯顿版的"蓝皮书"中就全被删除了；信件经过篡改和伪造被弄得与原意完全相反。

就是这样一个人，现在正准备用挫败俄国在中国的阴谋这一虚假借口发动第三次对华战争。

三

即将对天朝人进行另一次文明战争，看来现在被英国报刊相当普遍地认为是已成定论的事了。然而,自从上星期六举行了内阁会议以来,正是那些带头叫嚷要流血的报纸,发生了显著的变化。起初,伦敦《泰晤士报》**432**像是着了爱国怒火的魔一样,雷霆般地斥责双重的背信弃义行为,这就是:卑怯的蒙古人用精心伪装和隐蔽炮队的办法来诱骗英国海军将军①这样的老实人,而北京朝廷更是不择手段,竟让这些蒙古吃人恶魔干这种该诅咒的恶作剧。说来奇怪,《泰晤士报》虽然是在狂热的浪涛中上下翻滚着,但在转载报道时却费尽心机把其中对该诅咒的中国人有利的各节,都小心翼翼地从原文中抹掉了。混淆事实也许是狂热时干的事,但篡改事实似乎只有冷静的头脑才能做到。不管怎么说,9月16日,恰好在举行内阁会议的前一天,《泰晤士报》来了一个大转弯,若无其事地把它那像雅努斯的两个面孔一样的双重指责砍掉了一个。该报说:

　　"**我们恐怕**不能对那些抵抗我们攻打白河炮台的**蒙古人**控以背信弃义的罪名";

但为了弥补后退的这尴尬的一步,该报益发死皮赖脸地硬说"**北京朝廷**存心背信弃义地破坏庄严的条约"。

　　内阁会议举行后过了三天,《泰晤士报》经过进一步考虑,甚至认为

"**毫无疑问**,如果普鲁斯先生和布尔布隆先生请求清朝官员护送他们进京,他们本来是会获准前去履行条约批准手续的"。②

　　既然如此,北京朝廷还有什么背信弃义的地方呢? 连一点影

---

① 　詹・贺布。——编者注

② 　见 1859 年 9 月 19 日《泰晤士报》第 23415 号。——编者注

子也没有了,而《泰晤士报》肚里倒留下两点疑虑。该报说:

> "企图用这样一支舰队去打开我们通往北京的道路,作为一种**军事**措施来说是否明智,可能**值得怀疑**。而哪怕是动用一点武力,作为**外交**手段来说是否可取,就**更值得怀疑**了。"①

这"首家大报"那样义愤填膺地大发雷霆之后,得出的却是这样一个自打嘴巴的结论,不过,它以自己独有的逻辑,否定了进行战争的理由而并不否定战争本身。另一家半官方报纸,即曾以热心为炮轰广州辩护著称的《经济学家》**395**,现在似乎更多地采取经济观点而较少空谈了,因为詹·威尔逊先生当上了印度财政大臣。《经济学家》就这个题目发表了两篇文章②,一篇是政治性的,另一篇是经济性的;前一篇文章的结尾说:

> "考虑到所有这些情况,显然,赋予我国公使以去北京或驻留北京之权的条款,确确实实是**强加**给中国政府的;如果认为使这个条款得到遵守对我们的利益来说是绝对必要的话,我们觉得在要求履行条款时,大有表现体谅与耐心的余地。毫无疑问,人们可以说:对中国这样的政府采取延缓和容忍的态度,会被认为是极端虚弱的表现,因而会是我们最大的失策。但是我们在多大程度上有权利根据这样的理由,在对待这些东方国家政府方面,改变我们对任何文明国家毫无疑义应该遵循的原则? 我们已经利用他们的畏惧心理强迫他们作了一次不愉快的让步,那么再利用他们的畏惧心理,以对我们自己最便利的方式强迫他们立刻执行条约的规定,这也许是最首尾一贯的政策。但是,如果我们没有能够做到这一点,如果这时中国人克服了他们的畏惧心理,适当地显示一下武力,坚持要我们同他们协商以何种方式使条约生效——那么,我们能够理直气壮地责备他们背信弃义吗? 他们不正是对我们采用了我们自己所用的说服方法? 中国政府也许——很可能就是这样——是有意要引诱我们落入这个凶险的陷阱,而从未打算履行这个条约。

---

① 见 1859 年 9 月 19 日《泰晤士报》第 23415 号。——编者注
② 《中国的灾难》和《中国的贸易及其直接的与间接的重要意义》,载于 1859 年 9 月 17 日《经济学家》第 838 期。——编者注

如果事实确是如此,我们就必须而且应该要求赔偿。但是结果也可能证实是这样的:守卫白河口,以防止像额尔金勋爵上一年使用暴力进入河口那种事再度重演,并不含有任何背弃条约所有条文的意图。既然敌对行动完全出自我方,而且我们的司令官当然随时都能从中国方面只是为了保卫炮台才发射的凶猛炮火中退却,那么,我们就不能确证中国方面有任何背信弃义的企图。在还没有得到存心破坏条约的证明的时候,我们认为有理由暂时不作判断,而是仔细想一想,我们在对待野蛮人方面,是否没有采用一套同野蛮人用到我们身上的相差无几的原则。"

在同一论题的第二篇文章中,《经济学家》详细论述了英国对华贸易的直接的和间接的重要意义。在 1858 年,英国对中国的出口额上升到 2 876 000 英镑,而最近三年来英国从中国进口的商品价值平均每年在 900 万英镑以上,因此英国同中国的直接贸易总额估计在 1 200 万英镑左右。但是除这种直接交易之外,还有其他三种重要贸易,英国或多或少地同它们在圆圈式的交易中发生密切联系,这就是印度与中国、中国与澳大利亚、中国与美国之间的贸易。《经济学家》说:

"澳大利亚每年从中国得到大量茶叶,却没有什么可以在中国找到销路的货物作为交换。美国也得到大量茶叶和若干生丝,其价值远超过它直接对中国的出口额。"

这两个国家对中国的逆差,都必须由英国来弥补,英国因弥补这一交换上的不平衡而得到的报偿是澳大利亚的黄金和美国的棉花。因此,英国除了它本身对中国的逆差外,又由于从澳大利亚进口黄金和从美国进口棉花而必须支付给中国大宗款项。目前英国、澳大利亚和美国对中国的这个逆差,在很大程度上已由中国转移到印度,与中国在鸦片和棉花上面产生的对印度的逆差相抵消。我们这里要顺便指出,中国向印度输出的总额从未达到过 100 万英镑,而印度向中国输出的总额竟将近 1 000 万英镑。《经济学家》根据这些经济上的观察推论说:英国对华贸易的任何严重停顿,将"是一场很大的灾难,它比仅凭乍一看进出口数字所能想象的灾难还要大";这一波动所引起的困窘,不仅在英国的直接茶丝贸易方面会反映出来,而且必然也会"影响"到英国对澳大利亚和美国的贸易。当然,《经济学家》也注意到,在前次对华战争中,贸易并未像所担心的那样因战争而遭到很大的阻碍;而且在上海这个口岸,甚至丝毫没有受到影响。然而,《经济学家》要人们注意"当前争端中的两个新特点",这两个新特点可能会根本改变新的对华战争给予贸易的影响;这两个新的特点是:目前的冲突具有"全帝国的"而非"地方的"性质;中国人反抗欧洲军队第一次获得了"大胜"。

《经济学家》的这种语言同它在划艇事件时的声嘶力竭的战争叫嚣相比,是多么不同啊。

正如我在前一篇通讯中所预示的①,米尔纳·吉布森先生果然在内阁会议上反对战争并威胁说,如果帕麦斯顿按照法国《通报》[225]上所泄露的早已安排好的决定行动的话,他就退出内阁。帕麦斯顿暂时用这样一种声明防止了内阁的分裂和自由党人联盟的分裂,他说,保护英国贸易所必需的武力必须集结在中国海面,但在英国公使的更详尽的报告到达以前,关于战争问题暂不作决定。这样一来,迫在眉睫的问题就得以延缓。然而帕麦斯顿的真正意图,却通过他的痞棍报刊《每日电讯》[438]透露出来,该报最近有一期上说:

"如果明年有任何事件导致不利于政府的表决,肯定必将诉诸选民……下院将用一项关于中国问题的决定来检验一下那些人活动的结果,因为必须看到,在以迪斯累里先生为首的职业恶棍之外,还有一批宣称道理完全在蒙古人一边的世界主义者呢。"

---

① 见本卷第830页。——编者注

托利党人**66**由于自己上当而陷入替帕麦斯顿所策划、由他的两个代理人额尔金勋爵和普鲁斯先生（额尔金勋爵之弟）干出的事负责的窘境，这一情况我可能将另找机会加以评论。**450**

四

我在以前的一篇通讯中断言，白河冲突并非出于偶然，相反，是由额尔金勋爵事先策划的。他遵照帕麦斯顿的秘密训令行事，并把当时是反对派领袖的高贵子爵①的这套计划算到托利党外交大臣马姆兹伯里勋爵的账上。现在首先，中国的"意外事件"是由出自现任英国首相之手的"训令"所造成这一看法，决不是新的看法，早在辩论划艇战争时，一位非常了解情况的人士——迪斯累里先生——已经向下院作过这样的暗示，而且说也奇怪，竟为一位非常权威的人士——帕麦斯顿勋爵本人——所确认。1857 年 2 月 3 日，迪斯累里先生曾用以下的话警告下院说：

"我不能不相信，在中国发生的事件并不是产生于据称的那种原因，实际上产生于相当长时间之前**从国内收到的训令**。如果情况是这样，我觉得现在下院要是不认真考虑一个问题，那就有背自己的职守。这个问题就是：下院有没有方法控制住一种在我看来保持下去会危害我国利益的**制度**。"②

帕麦斯顿勋爵非常冷静地回答道：

"这位尊敬的先生说，事变进程似乎是**国内政府预定的某种制度**的结

---

① 亨·帕麦斯顿。——编者注

② 本·迪斯累里《1857 年 2 月 3 日在下院的演说》，载于 1857 年 2 月 4 日《泰晤士报》第 22595 号。——编者注

果。毫无疑问确是如此。"①

现在,我们约略地看一下题为《关于额尔金伯爵赴华赴日特别使命的函件。1857—1859 年》的蓝皮书**62**就会知道,6月25日在白河发生的事件,额尔金勋爵在 3 月 2 日就已经有所预示了。在前述《函件》第 484 页,我们找到下面两封快函:

"额尔金伯爵致海军少将西马縻各厘爵士

1859 年 3 月 2 日于怒涛号战舰

爵士阁下:兹就我于上月 17 日致阁下之快函向阁下谨陈:我以为,女王陛下政府就英国公使常驻北京问题所做之决定——此决定我在昨日之谈话中已告知阁下——或许可能促使中国政府在女王陛下代表前往北京交换天津条约批准书时给以适宜之接待。同时,毋庸置疑,此种可能亦有落空之虞。无论如何,我以为,**女王陛下政府将愿意**我国公使**前往天津时**有一支**大军**护送。据此,敢请阁下考虑,既然普鲁斯先生抵华之期不会延迟过久,是否宜在上海尽速集结一批**足够**之炮艇**以作此用**。

顺颂……

额尔金—金卡丁"

"马姆兹伯里伯爵致额尔金伯爵

1859 年 5 月 2 日于外交部

勋爵阁下:阁下 1859 年 3 月 7 日快函已收到。现通知阁下,女王陛下政府同意阁下随函抄附的关于通知中国钦差大臣谓女王陛下政府将不坚持女王陛下公使常驻北京的照会。

女王陛下政府对**阁下业已建议**西马縻各厘海军少将在上海集结一批炮艇,以便护送普鲁斯先生**上驶白河**一事,亦表赞同。

马姆兹伯里"

---

① 亨·帕麦斯顿《1857 年 2 月 3 日在下院的演说》,载于 1857 年 2 月 4 日《泰晤士报》第 22595 号。——编者注

可见,额尔金勋爵事先就知道英国政府"将愿意"用由"炮艇"组成的"一支大军"护送他的弟弟普鲁斯先生上驶白河,而且他曾命令海军少将西马糜各厘准备好一切"以作此用"。马姆兹伯里伯爵在他5月2日的快函中,赞同了额尔金勋爵对海军少将提出的建议。全部信函表明额尔金勋爵是主人,马姆兹伯里勋爵是仆从。额尔金勋爵总是采取主动,根据原来从帕麦斯顿那里得到的训令行事,甚至不等待唐宁街[451]的新训令;而马姆兹伯里却心甘情愿地去满足他那傲慢的僚属暗中强加给他的"意愿"。额尔金说条约还没有批准,他们无权进入中国的任何江河,他点头称是;额尔金认为在执行条约中有关公使驻京条款的问题上,他们对中国人应持较多的容忍态度,他点头称是;额尔金直接违反自己过去讲过的话而声称有权用一支"由炮艇组成的大舰队"强行通过白河时,他也毫无难色地点头称是。他的点头称是,和道勃雷对教堂司事的提议点头称是①一模一样。

如果回想一下托利党内阁上台时伦敦《泰晤士报》[432]及其他有势力的报纸所发出的叫喊,那么马姆兹伯里伯爵所显露出的那副可怜相和他的卑恭态度就容易理解了。这些报纸说托利党内阁的上台,对于额尔金勋爵遵照帕麦斯顿的指示而行将在中国取得的辉煌成就是严重的威胁;说托利党政府即使只是为了怄气,为了证明他们对帕麦斯顿炮轰广州事件投不信任票的正确性,也很可能要破坏这个成就。马姆兹伯里自己被这种叫喊吓住了。何况在他心目中还铭记着埃伦伯勒勋爵的命运。埃伦伯勒勋爵敢于公然抵制高贵的子爵②对印度的政策,为了酬答他的爱国勇气,他自己

---

① 莎士比亚《无事生非》第4幕第2场。——编者注
② 亨·帕麦斯顿。——编者注

在德比内阁中的同僚竟把他做了牺牲品。[452]因此,马姆兹伯里就把全部主动权交到了额尔金手里,结果使额尔金能够执行帕麦斯顿的计划,而将责任推卸给帕麦斯顿的官场敌手——托利党。正是这种情况现在使托利党人在对白河事件应采取何种对策这一点上处于很尴尬的两难境地。他们必须要么和帕麦斯顿一同鼓吹战争,从而使他继续当政;要么抛弃他们在最近一次意大利战争期间曾经令人作呕地拼命吹捧的这位马姆兹伯里。[453]

因为迫在眉睫的第三次对华战争并不受英国商界方面的欢迎,所以这个抉择更令人头痛了。在 1857 年,商界曾跨上不列颠狮子,因为他们当时指望从强迫开放的中国市场获得巨大的商业利润。现在却相反,眼见已经到手的条约果实忽然从他们手里被夺走,他们感到愤怒了。他们知道,即使不发生会使局势进一步复杂化的大规模对华战争,欧洲和印度的形势看来也已经够严重的了。他们没有忘记,在 1857 年茶叶进口量减少了 2 400 多万磅,这种商品几乎完全是从广州输出的,而当时广州正好是唯一的战场。因此他们担心,这种因战争而妨碍贸易的现象,现在可能扩展到上海和天朝帝国的其他通商口岸。可是英国人在为鸦片走私的利益发动了第一次对华战争、为保护海盗划艇进行了第二次对华战争之后,为达到一个高潮,就只有在公使常驻首都这个使中国十分为难的问题上,再来一次对华战争了。

卡·马克思写于 1859 年 9 月
13、16、20 和 30 日

载于 1859 年 9 月 27 日,10 月
1、10 和 18 日《纽约每日论坛报》
第 5750、5754、5761 和 5768 号

原文是英文

选自《马克思恩格斯文集》
第 2 卷第 654—671 页

卡·马克思

对华贸易

　　过去有个时候，曾经流行过一种十分虚妄的见解，以为天朝帝国"大门被冲开"一定会大大促进美国和英国的商业；当时我们曾根据对本世纪初以来中国对外贸易所作的较详尽的考察指出，这些奢望是没有可靠根据的。① 我们曾认为，除我们已证明与西方工业品销售成反比的鸦片贸易之外，妨碍对华出口贸易迅速扩大的主要因素，是那个依靠小农业与家庭工业相结合而存在的中国社会经济结构。为了证实我们以前的论断，现在可以援引题为《关于额尔金伯爵赴华赴日特别使命的函件》②的蓝皮书[62]。

　　每当亚洲各国的什么地方对输入商品的实际需求与设想的需求——设想的需求大多是根据新市场的大小、当地人口的多寡，以及某些重要的口岸外货销售情况等表面资料推算出来的——不相符时，急于扩大贸易地域的商人们就极易于把自己的失望归咎于野蛮政府所设置的人为障碍在作梗，因此可以用强力清除这些障

---

① 见本卷第 809—814 页。——编者注
② 《关于额尔金伯爵赴华赴日特别使命的函件。1857—1859 年》1859 年伦敦版。——编者注

碍。正是这种错觉,在我们这个时代里,使得英国商人拼命支持每一个许诺以海盗式的侵略强迫野蛮人缔结通商条约的大臣。这样一来,假想中对外贸易从中国当局方面遇到的人为障碍,事实上便构成了在商界人士眼中能为对天朝帝国施加的一切暴行辩护的极好借口。额尔金勋爵的蓝皮书中所包含的宝贵材料,将会使一切没有成见的人大大消除这些危险的错觉。

蓝皮书中附有 1852 年广州的一位英国官员米切尔先生致乔治·文翰爵士的报告书。我们现在从这份报告书中摘录如下的一段:

"我们与这个国家〈中国〉的通商条约充分生效至今〈1852 年〉已将近 10 年。每一个可能设想的障碍都已清除,1 000 英里长的新海岸已对我们开放,新的商埠已经在紧靠生产地区之处和沿海最方便的地点建立起来。但是,就我们所预期的对我国工业品消费数量的增加而论,其结果又怎样呢? 老实说来结果就是:经过 10 年以后,商业部的表报告诉我们,亨利·璞鼎查爵士在 1843 年签订补充条约①时所见到的当时的贸易量,较之他的条约本身在 1850 年底给我们带来的还要大些〈!〉——这里是就我们本国制造的工业品而论的,我们本国制造的工业品是我们现在所考虑的唯一问题。"

米切尔先生承认,自从 1842 年条约②订立以来,几乎完全是以白银交换鸦片的中印贸易,已经大大发展。但即使是对于这种贸易,他也还补充说:

"它从 1834 年到 1844 年的发展,与从 1844 年到现在的发展,速度是相同的,而在后一个时期内,可以认为它是在条约的保护之下进行的。另一方面,从商业部的表报上,我们看到一件非常突出的事实,即 1850 年底我们向中国出口的工业品,同 1844 年底相比,几乎减少了 75 万英镑。"

---

① 指南京条约的补充条约,即虎门条约。——编者注
② 南京条约。——编者注

1842 年条约在促进英国对华出口贸易方面,没有发生丝毫作用,这可以从下表看出:

申报价值

	1849	1850	1851	1852	1853	1854	1855	1856	1857
棉织品	1 001 283	1 020 915	1 598 829	1 905 321	1 408 433	640 820	883 985	1 544 235	1 731 909
毛织品	370 878	404 797	373 399	434 616	203 875	156 959	134 070	268 642	286 852
其他商品	164 948	148 433	189 040	163 662	137 289	202 937	259 889	403 246	431 221
共 计	1 537 109	1 574 145	2 161 268	2 503 599	1 749 597	1 000 716	1 277 944	2 216 123	2 449 982

现在我们把这些数字与据米切尔说 1843 年为 175 万英镑的中国对英国工业品的需求额比较一下,就可以看出,在最近九年内,英国的输出,有五年远远低于 1843 年的水平,而 1854 年只有 1843 年的 $\frac{10}{17}$。米切尔先生首先用一些看来过于笼统而不能确切证明任何具体事物的理由来解释这一惊人的事实。他说:

"中国人的习惯是这样节俭、这样因循守旧,甚至他们穿的衣服都完全是以前他们祖先所穿过的。这就是说,他们除了必不可少的以外,不论卖给他们的东西多么便宜,他们一概不要。""一个靠劳动为生的中国人,一件新衣至少要穿上三年,而且在这个期间还要能经得住干最粗的粗活时的磨损,不然他们是添置不起的。而像那样的衣服所用的棉花,至少要相当于我们运到中国去的最重的棉织品所用棉花重量的三倍,换句话说,它的重量必须相当于我们能运到中国去的最重的粗斜纹布和平布重量的三倍。"

没有需要以及对传统服式的偏爱,这些是文明商业在一切新市场上都要遇到的障碍。至于粗斜纹布的厚度和强度,难道英国和美国的制造商不能使他们的产品适合中国人的特殊需要吗?这里我们就接触到问题的症结了。1844 年,米切尔先生曾将各种质料的土布样品寄到英国去,并且注明其价格。同他通信的人告诉他,按照他所开列的价格,他们在曼彻斯特不能生产那种布匹,更不能把它运往中国。为什么世界上最先进的工厂制度生产出的产品,售价竟不能比最原始的织机上用手工织出的布更低廉呢？我们上面已经指出过的那种小农业与家庭工业的结合,解答了这个谜。我们再来引述米切尔先生的话吧:

"在收获完毕以后,农家所有的人手,不分老少,都一齐去梳棉、纺纱和织布;他们就用这种家庭自织的料子,一种粗重而结实、经得起两三年粗穿的布料,来缝制自己的衣服;而将余下的拿到附近城镇去卖,城镇的小店主就收购这种土布来供应城镇居民及河上的船民。这个国家十分之九的人都穿这种手织的衣料,其质地各不相同,从最粗的粗棉布到最细的本色布都有,全都是在农家生产出来的,生产者所用的成本简直只有原料的价值,或者毋宁说只有他交换原料所用的自家生产的糖的价值。我们的制造商只要稍稍思索一下这种做法的令人赞叹的节俭性,以及它与农民其他活路的可以说是巧妙的穿插配合,就会一目了然,以粗布而论,他们是没有任何希望与之竞争的。每一个富裕的农家都有织布机,世界各国也许只有中国有这个特点。在所有别的国家,人们只限于梳棉和纺纱——到此为止,而把纺成的棉纱送交专门的织工去织成布匹。只有节俭的中国人才一干到底。中国人不但梳棉和纺纱,而且还依靠自己的妻女和雇工的帮助,自己织布;他的生产并不以仅仅供给自己家庭的需要为限,而且是以生产一定数量的布匹供应附近城镇及河上船民作为他那一季工作的一个主要部分。

因此,福建的农民不单单是一个农民,他既是庄稼汉又是工业生产者。他生产布匹,除原料的成本外,简直不费分文。如前所说,他是在自己家里经自己的妻女和雇工的手而生产这种布匹的;既不要额外的劳力,又不费特别的时间。在他的庄稼正在生长时,在收获完毕以后,以及在无法进行户外劳动的雨天,他就让他家里的人们纺纱织布。总之,一年到头一有可利用的空余时间,这个家庭工业的典型代表就去干他的事,生产一些有用的东西。"

下面是额尔金勋爵对他溯航长江时所见到的农民的描述,可以看做是对米切尔先生的记载的补充:

"我所看到的情形使我相信,中国农民一般说来过着丰衣足食和心满意足的生活。我曾竭力从他们那里获取关于他们的土地面积、土地占有性质、他们必须交纳的税金以及诸如此类的精确资料,虽所得无几,我已得出这样的结论:他们大都拥有极有限的从皇帝那里得来的完全私有的土地,每年须交纳一定的不算过高的税金;这些有利情况,再加上他们特别刻苦耐劳,就能充分满足他们衣食方面的简单需要。"

　　正是这种农业与手工业的结合,过去长期阻挡了而且现时仍然妨碍着英国商品输往东印度。但在东印度,那种农业与手工业的结合是以一种特殊的土地所有制为基础的。而英国人凭着自己作为当地最高地主的地位,能够破坏这种土地所有制,从而强使一部分印度自给自足的公社变成纯粹的农场,生产鸦片、棉花、靛青、大麻之类的原料来和英国货交换。在中国,英国人还没有能够行使这种权力,将来也未必能做到这一点。

卡·马克思写于 1859 年 11 月中　　　　　原文是英文

载于 1859 年 12 月 3 日《纽约每日论坛报》第 5808 号

选自《马克思恩格斯文集》第 2 卷第 672—676 页

卡·马克思

不列颠在印度的统治[454]

1853 年 6 月 10 日星期五于伦敦

来自维也纳的电讯报道,那里都认为土耳其问题、撒丁问题和瑞士问题肯定会得到和平解决。

昨晚下院继续辩论印度问题,辩论情况同往日一样平淡无味。布莱克特先生责备查理·伍德爵士和詹·霍格爵士,说他们的发言带有假装乐观的味道。内阁和董事会①的一批辩护士对这个责难极力加以反驳,而无所不在的休谟先生则在结论中要大臣们把他们的法案收回。辩论暂停。

印度斯坦是亚洲规模的意大利。喜马拉雅山相当于阿尔卑斯山,孟加拉平原相当于伦巴第平原,德干高原相当于亚平宁山脉,锡兰岛相当于西西里岛。它们在土地出产方面是同样地富庶繁多,在政治结构方面是同样地四分五裂。意大利常常被征服者的刀剑压缩为各种大大小小的国家,印度斯坦的情况也是这样,在它不处于伊斯兰教徒、莫卧儿人[455]或不列颠人的压迫之下时,它就

---

① 指东印度公司董事会。——编者注

分解成像它的城镇甚至村庄那样多的各自独立和互相敌对的邦。但是从社会的观点来看，印度斯坦却不是东方的意大利，而是东方的爱尔兰。意大利和爱尔兰——一个淫乐世界和一个悲苦世界——的这种奇怪的结合，早在印度斯坦宗教的古老传统里已经显示出来了。这个宗教既是纵欲享乐的宗教，又是自我折磨的禁欲主义的宗教；既是崇拜林伽[456]的宗教，又是崇拜札格纳特[457]的宗教；既是僧侣的宗教，又是舞女的宗教。

我不同意那些相信印度斯坦有过黄金时代的人的意见，不过为了证实我的看法也不必搬出库利汗统治时期，像查理·伍德爵士那样。① 但是，作为例子大家可以举出奥朗则布时期；或者莫卧儿人出现在北方而葡萄牙人出现在南方的时代；或者伊斯兰教徒入侵和南印度七国争雄[458]的年代；或者，如果大家愿意，还可以追溯到更远的古代去，举出婆罗门[459]本身的神话纪年，它把印度灾难的开端推到了甚至比基督教的世界创始时期更久远的年代。

但是，不列颠人给印度斯坦带来的灾难，与印度斯坦过去所遭受的一切灾难比较起来，毫无疑问在本质上属于另一种，在程度上要深重得多。我在这里所指的还不是不列颠东印度公司[164]在亚洲式专制的基础上建立起来的欧洲式专制，这两种专制结合起来要比萨尔赛达庙[460]里任何狰狞的神像都更为可怕。这并不是不列颠殖民统治独有的特征，它只不过是对荷兰殖民统治的模仿，而且模仿得惟妙惟肖，所以为了说明不列颠东印度公司的所作所为，只要把英国的爪哇总督斯坦福·拉弗尔斯爵士谈到旧日的荷兰东

---

① 参看马克思《俄国的欺骗。——格莱斯顿的失败。——查理·伍德爵士的东印度改革》，《马克思恩格斯全集》中文第 2 版第 12 卷第 134 页。——编者注

印度公司**461**时说过的一段话一字不改地引过来就够了：

> "荷兰东印度公司一心只想赚钱，它对它的臣民还不如过去的西印度种植场主对那些在他们的种植场干活的奴隶那样关心，因为这些种植场主买人的时候是付了钱的，而荷兰东印度公司却没有花过钱，它开动全部现有的专制机器压榨它的臣民，迫使他们献出最后一点东西，付出最后一点劳力，从而加重了恣意妄为的半野蛮政府所造成的祸害，因为它把政客的全部实际技巧和商人的全部独占一切的利己心肠全都结合在一起。"①

内战、外侮、革命、征服、饥荒——尽管所有这一切接连不断地对印度斯坦造成的影响显得异常复杂、剧烈和具有破坏性，它们却只不过触动它的表面。英国则摧毁了印度社会的整个结构，而且至今还没有任何重新改建的迹象。印度人失掉了他们的旧世界而没有获得一个新世界，这就使他们现在所遭受的灾难具有一种特殊的悲惨色彩，使不列颠统治下的印度斯坦同它的一切古老传统，同它过去的全部历史断绝了联系。

在亚洲，从远古的时候起一般说来就只有三个政府部门：财政部门，或者说，对内进行掠夺的部门；战争部门，或者说，对外进行掠夺的部门；最后是公共工程部门。气候和土地条件，特别是从撒哈拉经过阿拉伯、波斯、印度和鞑靼区直至最高的亚洲高原的一片广大的沙漠地带，使利用水渠和水利工程的人工灌溉设施成了东方农业的基础。无论在埃及和印度，或是在美索不达米亚、波斯以及其他地区，都利用河水的泛滥来肥田，利用河流的涨水来充注灌溉水渠。节省用水和共同用水是基本的要求，这种要求，在西方，例如在佛兰德和意大利，曾促使私人企业结成自愿的联合；但是在东方，由于文明程度太低，幅员太大，不能产生自愿的联合，因而需

---

① 托·斯·拉弗尔斯《爪哇史》1817 年伦敦版第 1 卷第 151 页。——编者注

要中央集权的政府进行干预。所以亚洲的一切政府都不能不执行一种经济职能，即举办公共工程的职能。这种用人工方法提高土壤肥沃程度的设施归中央政府管理，中央政府如果忽略灌溉或排水，这种设施立刻就会废置，这就可以说明一件否则无法解释的事实，即大片先前耕种得很好的地区现在都荒芜不毛，例如巴尔米拉、佩特拉、也门废墟以及埃及、波斯和印度斯坦的广大地区就是这样。同时这也可以说明为什么一次毁灭性的战争就能够使一个国家在几百年内人烟萧条，并且使它失去自己的全部文明。

现在，不列颠人在东印度从他们的前人那里接收了财政部门和战争部门，但是却完全忽略了公共工程部门。因此，不能按照不列颠的自由竞争原则——自由放任[462]原则——行事的农业便衰败下来。但是我们在一些亚洲帝国经常可以看到，农业在一个政府统治下衰败下去，而在另一个政府统治下又复兴起来。在那里收成取决于政府的好坏，正像在欧洲随时令的好坏而变化一样。因此，假如没有同时发生一种重要得多的、在整个亚洲的历史上都算是一种新事物的情况，那么无论对农业的抑制和忽视多么严重，都不能认为这是不列颠入侵者给予印度社会的致命打击。从遥远的古代直到19世纪最初十年，无论印度过去在政治上变化多么大，它的社会状况却始终没有改变。曾经造就无数训练有素的纺工和织工的手织机和手纺车，是印度社会结构的枢纽。欧洲从远古的时候起就得到印度制作的绝妙的纺织品，同时运送它的贵金属去进行交换，这样就给当地的金匠提供了材料，而金匠是印度社会必不可少的成员，因为印度人极其爱好装饰品，甚至社会最下层中的那些几乎是衣不蔽体的人们通常都戴着一副金耳环，脖子上套着某种金饰品。手指和脚趾上戴环戒也很普遍。妇女和孩子常常戴着沉甸甸的金银手镯和脚镯，而金银的小神像在很多家庭中都可以看到。不列颠入侵者打碎了印度的手织机,毁掉了它的手纺车。英国起先是把印度的棉织品挤出了欧洲市场,然后是向印度斯坦输入棉纱,最后就使英国棉织品泛滥于这个棉织品的故乡。从1818年到1836年,大不列颠向印度输出的棉纱增长的比例是1∶5 200。在1824年,输入印度的不列颠细棉布不过100万码,而到1837年就超过了6 400万码。但是在同一时期,达卡的人口却从15万人减少到2万人。然而,曾以纺织品闻名于世的印度城市的这种衰败决不是不列颠统治的最坏的结果。不列颠的蒸汽机和科学在印度斯坦全境彻底摧毁了农业和制造业的结合。

在印度有这样两种情况:一方面,印度人也像所有东方人一样,把他们的农业和商业所凭借的主要条件即大规模公共工程交给中央政府去管,另一方面,他们又散处于全国各地,通过农业和制造业的家庭结合而聚居在各个很小的中心地点。由于这两种情况,从远古的时候起,在印度便产生了一种特殊的社会制度,即所谓**村社制度**,这种制度使每一个这样的小结合体都成为独立的组织,过着自己独特的生活。从过去英国下院关于印度事务的一份官方报告的下面一段描写中,可以看出这个制度的特殊性质:

"从地理上看,一个村社就是一片占有几百到几千英亩耕地和荒地的地方;从政治上看,它很像一个地方自治体或市镇自治区。它固有的管理机构包括以下各种官员和职员:**帕特尔**,即居民首脑,一般总管村社事务,调解居民纠纷,行使警察权力,执行村社里的收税职务——这个职务由他担任最合适,因为他有个人影响,并且对居民的状况和营生十分熟悉。**卡尔纳姆**负责督察耕种情况,登记一切与耕种有关的事情。还有**塔利厄尔**和**托蒂**,前者的职务是搜集关于犯罪和过失的情况,护送从一个村社到另一个村社去的行人;后者的职务范围似乎更直接地限于本村社,主要是保护庄稼和帮助计算收成。**边界守卫员**负责保护村社边界,在发生边界争议时提供证据。蓄水池和水道管理员主管分配农业用水。婆罗门[459]主持村社的祭祀。教师教村社的儿童在沙土上读写,另外还有管历法的婆罗门或占星师等等。村社的管理机构通常都是由这些官员和职员组成;可是在国内某些地方,这个机构的人数较少,上述的某些职务有的由一人兼任;反之,也有些地方超过上述人数。从远古的时候起,这个国家的居民就在这种简单的自治制的管理形式下生活。村社的边界很少变动。虽然村社本身有时候受到战争、饥荒或疫病的严重损害,甚至变得一片荒凉,可是同一个村名、同一条村界、同一种利益、甚至同一个家族却一个世纪又一个世纪地保持下来。居民对各个王国的崩溃和分裂毫不关心;只要他们的村社完整无损,他们并不在乎村社转归哪一个政权管辖,或者改由哪一个君主统治,反正他们内部的经济生活始终没有改变。帕特尔仍然是居民的首脑,仍然充当着全村社的小法官或地方法官,全村社的收税官或收租官。"[1]

这些细小刻板的社会机体大部分已被破坏,并且正在归于消失,这与其说是由于不列颠收税官和不列颠士兵的粗暴干涉,还不如说是由于英国蒸汽机和英国自由贸易的作用。这些家庭式公社本来是建立在家庭工业上面的,靠着手织业、手纺业和手耕农业的特殊结合而自给自足。英国的干涉则把纺工放在兰开夏郡,把织工放在孟加拉,或是把印度纺工和印度织工一齐消灭,这就破坏了这种小小的半野蛮半文明的公社,因为这摧毁了它们的经济基础;结果,就在亚洲造成了一场前所未闻的最大的、老实说也是唯一的一次**社会**革命。

从人的感情上来说,亲眼看到这无数辛勤经营的宗法制的祥和无害的社会组织一个个土崩瓦解,被投入苦海,亲眼看到它们的每个成员既丧失自己的古老形式的文明又丧失祖传的谋生手段,是会感到难过的;但是我们不应该忘记,这些田园风味的农村公社不管看起来怎样祥和无害,却始终是东方专制制度的牢固基础,它们使人的头脑局限在极小的范围内,成为迷信的驯服工

---

[1] 托·斯·拉弗尔斯《爪哇史》1817年伦敦版第1卷第285页。——编者注

具,成为传统规则的奴隶,表现不出任何伟大的作为和历史首创精神。我们不应该忘记那些不开化的人的利己主义,他们把全部注意力集中在一块小得可怜的土地上,静静地看着一个个帝国的崩溃、各种难以形容的残暴行为和大城市居民的被屠杀,就像观看自然现象那样无动于衷;至于他们自己,只要哪个侵略者肯于垂顾他们一下,他们就成为这个侵略者的驯顺的猎获物。我们不应该忘记,这种有损尊严的、停滞不前的、单调苟安的生活,这种消极被动的生存,在另一方面反而产生了野性的、盲目的、放纵的破坏力量,甚至使杀生害命在印度斯坦成为一种宗教仪式。我们不应该忘记,这些小小的公社带着种姓[103]划分和奴隶制度的污痕;它们使人屈服于外界环境,而不是把人提高为环境的主宰;它们把自动发展的社会状态变成了一成不变的自然命运,因而造成了对自然的野蛮的崇拜,从身为自然主宰的人竟然向猴子哈努曼和母牛撒巴拉虔诚地叩拜这个事实,就可以看出这种崇拜是多么糟蹋人了。

的确,英国在印度斯坦造成社会革命完全是受极卑鄙的利益所驱使,而且谋取这些利益的方式也很愚蠢。但是问题不在这里。问题在于,如果亚洲的社会状态没有一个根本的革命,人类能不能实现自己的使命? 如果不能,那么,英国不管犯下多少罪行,它造成这个革命毕竟是充当了历史的不自觉的工具。

总之,无论一个古老世界崩溃的情景对我们个人的感情来说是怎样难过,但是从历史观点来看,我们有权同歌德一起高唱:

"我们何必因这痛苦而伤心,
既然它带给我们更多欢乐?
难道不是有千千万万生灵

曾经被帖木儿的统治吞没?"①

卡尔·马克思

卡·马克思写于1853年6月7—10日之间

原文是英文

载于1853年6月25日《纽约每日论坛报》第3804号

选自《马克思恩格斯文集》第2卷第677—684页

---

① 歌德《致祖莱卡》。——编者注

卡·马克思

不列颠在印度统治的未来结果

1853 年 7 月 22 日星期五于伦敦

在这篇通讯里,我打算归纳一下我对印度问题的意见。

英国在印度的统治是怎样建立起来的呢?大莫卧儿[455]的无上权力被它的总督们摧毁,总督们的权力被马拉塔人[463]摧毁,马拉塔人的权力被阿富汗人摧毁;而在大家这样混战的时候,不列颠人闯了进来,把他们全都征服了。这是一个不仅存在着伊斯兰教徒和印度教徒的对立,而且存在着部落与部落、种姓[103]与种姓对立的国家,这是一个建立在所有成员之间普遍的互相排斥和与生俱来的排他思想所造成的均势上面的社会。这样一个国家,这样一个社会,难道不是注定要做征服者的战利品吗?就算我们对印度斯坦过去的历史一点都不知道,那么,甚至现在英国还在用印度出钱供养的印度人军队来奴役印度,这难道不是一个重大的、不容争辩的事实吗?所以,印度本来就逃不掉被征服的命运,而它过去的全部历史,如果还算得上是什么历史的话,就是一次又一次被征服的历史。印度社会根本没有历史,至少是没有为人所知的历史。我们通常所说的它的历史,不过是一个接着一个的入侵者的历史,他们就在这个一无抵抗、二无变化的社会的消极基础上建立了他们的帝国。因此,问题并不在于英国人是否有权征服印度,而在于我们是否宁愿让印度被土耳其人、波斯人或俄国人征服而不愿让它被不列颠人征服。

英国在印度要完成双重的使命:一个是破坏的使命,即消灭旧的亚洲式的社会;另一个是重建的使命,即在亚洲为西方式的社会奠定物质基础。

相继侵入印度的阿拉伯人、土耳其人、鞑靼人和莫卧儿人,不久就被**印度化**了——野蛮的征服者,按照一条永恒的历史规律,本身被他们所征服的臣民的较高文明所征服。不列颠人是第一批文明程度高于印度因而不受印度文明影响的征服者。他们破坏了本地的公社,摧毁了本地的工业,夷平了本地社会中伟大和崇高的一切,从而毁灭了印度的文明。他们在印度进行统治的历史,除破坏以外很难说还有别的什么内容。他们的重建工作在这大堆大堆的废墟里使人很难看得出来。尽管如此,这种工作还是开始了。

使印度达到比从前在大莫卧儿人统治下更加牢固和更加扩大的政治统一,是重建印度的首要条件。不列颠人用刀剑实现的这种统一,现在将通过电报而巩固起来,永存下去。由不列颠的教官组织和训练出来的印度人军队,是印度自己解放自己和不再一遇到外国入侵者就成为战利品的必要条件。第一次被引进亚洲社会并且主要由印度人和欧洲人的共同子孙所领导的自由报刊,是改建这个社会的一个新的和强有力的因素。柴明达尔制度[464]和莱特瓦尔制度[431]本身虽然十分可恶,但这两种不同形式的土地私有制却是亚洲社会迫切需要的。从那些在英国人监督下在加尔各答勉强受到一些很不充分的教育的印度当地人中间,正在崛起一个具有管理国家的必要知识并且熟悉欧洲科学的新的阶级。蒸汽机使印度能够同欧洲经常地、迅速地交往,把印度的主要港口同整个东南海洋上的港口联系起来,使印度摆脱了孤立状态,而孤立状态是它过去处于停滞状态的主要原因。在不远的将来,铁路加上轮船,将使英国和印度之间的距离以时间计算缩短为八天,而这个一度是神话中的国度就将同西方世界实际地联结在一起。

大不列颠的各个统治阶级过去只是偶尔地、暂时地和例外地对印度的发展问题表示兴趣。贵族只是想征服它,金融寡头只是想掠夺它,工业巨头只是想通过廉价销售商品来压垮它。但是现在情势改变了。工业巨头们发现,使印度变成一个生产国对他们大有好处,而为了达到这个目的,首先就要供给印度水利设备和国内交通工具。现在他们正打算用铁路网覆盖整个印度。他们会这样做。其后果将是无法估量的。

大家知道,由于印度极端缺乏运输和交换其各种产品的工具,它的生产力陷于瘫痪状态。尽管自然资源丰富,但由于缺乏交换工具而使社会非常穷困,这种情况在印度比世界任何一个地方都要严重。1848 年在英国下院的一个委员会的会议上曾经证明:

> "在坎德什,每夸特粮食售价是 6—8 先令,而在布纳却高达 64—70 先令,那里的居民饿死在街头,粮食却无法从坎德什运来,因为道路泥泞不堪,无法通行。"[1]

铁路的敷设可以很容易地用来为农业服务,例如在建筑路堤需要取土的地方修水库,给铁路沿线地区供水。这样一来,作为东方农业的必要条件的水利事业就会大大发展,常常因为缺水而造

---

[1] 约·狄金逊《官僚制度下的印度管理》1853 年伦敦—曼彻斯特版第 81—82 页。——编者注

成的地区性饥荒就可以避免。从这样的观点来看,铁路有多方面的重要性是很明显的,因为甚至在高止山脉附近地区,经过灌溉的土地也比面积相同而未经灌溉的土地多纳 2 倍的税,多用 9—11 倍的人,多得 11—14 倍的利润。

铁路可以缩减军事机构的数量和开支。圣威廉堡[465] 司令沃伦上校曾在下院的专门委员会中作过如下的说明:

"如果不是像现在这样,要用几天甚至几个星期才能从这个国家的边远地区收到情报,而是用几小时就能收到,如果能在更短的时间内把命令连同军队和给养一起送到目的地,其意义将是不可估量的。军队可以驻扎在彼此距离比现在更远和更卫生的地方,这样就可以免得使许多人因疾病而丧生。仓库里的给养也用不着储存得像现在这样多,因而就能避免由于腐烂和天气不好而造成的损失。军队的人数也将因效率提高而相应地减少。"①

我们知道,农村公社的自治制组织和经济基础已经被破坏了,但是,农村公社的最坏的一个特点,即社会分解为许多固定不变、互不联系的原子的现象,却残留下来。村庄的孤立状态在印度造成了道路的缺少,而道路的缺少又使村庄的孤立状态长久存在下去。在这种情况下,公社就一直处在既有的很低的生活水平上,同其他村庄几乎没有来往,没有推动社会进步所必需的愿望和行动。现在,不列颠人把村庄的这种自给自足的**惰性**打破了,铁路将造成互相交往和来往的新的需要。此外,

"铁路系统的效果之一,就是它将把其他地方的各种发明和实际设备的知识以及如何掌握它们的手段带给它所经过的每一个村庄,这样就将使印度世代相传的、领取工薪的农村手工工匠既能够充分显示他们的才能,又能够弥补

① 《印度的铁路及其可能产生的后果。附地图和附录》1848 年伦敦第 3 版第 20—22 页。——编者注

他们的缺陷。"(查普曼《印度的棉花和贸易》)①

我知道,英国的工业巨头们之所以愿意在印度修筑铁路,完全是为了要降低他们的工厂所需要的棉花和其他原料的价格。但是,你一旦把机器应用于一个有铁有煤的国家的交通运输,你就无法阻止这个国家自己去制造这些机器了。如果你想要在一个幅员广大的国家里维持一个铁路网,那你就不能不把铁路交通日常急需的各种必要的生产过程都建立起来,而这样一来,也必然要在那些与铁路没有直接关系的工业部门应用机器。所以,铁路系统在印度将真正成为现代工业的先驱。何况,正如英国当局自己所承认的,印度人特别有本领适应完全新的劳动并取得管理机器所必需的知识。在加尔各答造币厂操纵蒸汽机多年的本地技师们表现出来的本领和技巧,在布德万②煤区看管各种蒸汽机的本地人的情况以及其他许多实例,都充分证明了这个事实。甚至受东印度公司**164**的偏见影响很深的坎伯尔先生本人也不得不承认:

"广大的印度人民群众具有巨大的**工业活力**,很善于积累资本,有清晰的数学头脑,有长于计算和从事精密科学的非凡才能。"他还说,"他们的智慧是卓越的。"③

由铁路系统产生的现代工业,必然会瓦解印度种姓制度**103**所凭借的传统的分工,而种姓制度则是印度进步和强盛的基本

---

① 约·查普曼《印度的棉花和贸易及其与大不列颠的利害关系,兼评孟买管区的铁路交通》1851年伦敦版第95页。——编者注
② 《纽约每日论坛报》误为"赫尔德瓦尔"。——编者注
③ 乔·坎伯尔《现代印度。民政管理制度概述》1852年伦敦版第59—60页。——编者注

障碍。

英国资产阶级将被迫在印度实行的一切，既不会使人民群众得到解放，也不会根本改善他们的社会状况，因为这两者不仅仅决定于生产力的发展，而且还决定于生产力是否归人民所有。但是，有一点他们是一定能够做到的，这就是为这两者创造物质前提。难道资产阶级做过更多的事情吗？难道它不使个人和整个民族遭受流血与污秽、蒙受苦难与屈辱就实现过什么进步吗？

在大不列颠本国现在的统治阶级还没有被工业无产阶级取代以前，或者在印度人自己还没有强大到能够完全摆脱英国的枷锁以前，印度人是不会收获到不列颠资产阶级在他们中间播下的新的社会因素所结的果实的。但是，无论如何我们都可以满怀信心地期待，在比较遥远的未来，这个巨大而诱人的国家将得到重建。这个国家的人举止文雅，用萨尔蒂科夫公爵的话来说，甚至最下层阶级里的人都"比意大利人更精细更灵巧"[1]；他们的沉静的高贵品格甚至足以抵消他们所表现的驯服态度；他们虽然天生一副委靡不振的样子，但他们的勇敢却使英国军官大为吃惊；他们的国家是我们的语言、我们的宗教的发源地，从他们的贾特[466]身上我们可以看到古代日耳曼人的原型，从他们的婆罗门[459]身上我们可以看到古代希腊人的原型。

在结束印度这个题目时，我不能不表示一些结论性的意见。

当我们把目光从资产阶级文明的故乡转向殖民地的时候，资产阶级文明的极端伪善和它的野蛮本性就赤裸裸地呈现在我们面前，它在故乡还装出一副体面的样子，而在殖民地它就丝毫不加掩

---

① 阿·德·萨尔蒂科夫《印度信札》1848年巴黎版第61页。——编者注

饰了。资产阶级是财产的捍卫者,但是难道曾经有哪个革命党发动过孟加拉、马德拉斯和孟买那样的土地革命吗? 当资产阶级在印度单靠贪污不能填满他们那无底的欲壑的时候,难道他们不是都像大强盗克莱夫勋爵本人所说的那样,采取了凶恶的勒索手段吗? 当他们在欧洲大谈国债神圣不可侵犯的时候,难道他们不是同时就在印度没收了那些把私人积蓄投给东印度公司作股本的拉甲**467**所应得的红利吗? 当他们以保护"我们的神圣宗教"为口实反对法国革命的时候,难道他们不是同时就在印度禁止传播基督教吗? 而且为了从络绎不绝的朝拜奥里萨和孟加拉的神庙的香客身上榨取钱财,难道他们不是把札格纳特庙里的杀生害命和卖淫变成了一种职业吗?**468**这就是维护"财产、秩序、家庭和宗教"的人的真面目!

对于印度这样一个和欧洲一样大的、幅员 15 000 万英亩的国家,英国工业的破坏作用是显而易见的,而且是令人吃惊的。但是,我们不应当忘记:这种作用只是整个现存的生产制度所产生的有机的结果。这个生产建立在资本的绝对统治上面。资本的集中是资本作为独立力量而存在所十分必需的。这种集中对于世界市场的破坏性影响,不过是在广大范围内显示目前正在每个文明城市起着作用的政治经济学本身的内在规律罢了。资产阶级历史时期负有为新世界创造物质基础的使命:一方面要造成以全人类互相依赖为基础的普遍交往,以及进行这种交往的工具;另一方面要发展人的生产力,把物质生产变成对自然力的科学支配。资产阶级的工业和商业正为新世界创造这些物质条件,正像地质变革创造了地球表层一样。只有在伟大的社会革命支配了资产阶级时代的成果,支配了世界市场和现代生产力,并且使这一切都服从于最先进的民族的共同监督的时候,人类的进步才会不再像可怕的异教神怪那样,只有用被杀害者的头颅做酒杯才能喝下甜美的酒浆。

卡尔·马克思

卡·马克思写于 1853 年 7 月 22 日

载于 1853 年 8 月 8 日《纽约每日论坛报》第 3840 号

原文是英文

选自《马克思恩格斯文集》第 2 卷第 685—691 页

注　释

1　《〈黑格尔法哲学批判〉导言》是马克思从唯心主义向唯物主义、从革命民主主义向共产主义转变过程中的重要著作。马克思在这篇导言中从唯物主义和无神论的立场出发，揭示了宗教的社会根源和本质，指出宗教是"颠倒的世界"产生的一种"颠倒的世界意识"（见本卷第 1 页），"宗教是人民的鸦片"（见本卷第 2 页），论述了对宗教的批判同对现实世界的批判的关系，阐明了"对宗教的批判就是对苦难尘世——宗教是它的神圣光环——的批判的胚芽"（见本卷第 2 页）。马克思揭示了德国资产阶级的国家哲学和法哲学维护德国现存制度的本质，指出这种哲学在黑格尔的著作中得到了最系统的表现，论述了对黑格尔法哲学的批判同对德国现实社会的批判的关系，提出了"向德国制度开火"（见本卷第 4 页）的革命任务。马克思阐释了革命理论同革命实践相统一的思想，指出"批判的武器当然不能代替武器的批判，物质力量只能用物质力量来摧毁；但是理论一经掌握群众，也会变成物质力量。理论只要说服人，就能掌握群众；而理论只要彻底，就能说服人。"（见本卷第 9—10 页）这篇著作首次阐明了无产阶级的历史使命，指出无产阶级是唯一能够消灭任何奴役、实现人的解放的阶级，并论述了无产阶级和哲学的关系，指出"哲学把无产阶级当做自己的物质武器，同样，无产阶级也把哲学当做自己的精神武器"（见本卷第 16 页）。

　　马克思在 1843 年 3 月中—9 月底撰写了《黑格尔法哲学批判》这部手稿（见《马克思恩格斯全集》中文第 2 版第 3 卷），用唯物主义观点对黑格尔《法哲学原理》中阐述国家问题的部分作了全面分析，特别是对黑格尔在国家和市民社会关系问题上的唯心主义观点进行了深刻批判，指出：不是国家决定市民社会，而是市民社会决定国家。随后马克思离开德国前往巴黎。他在那里考察了法国的工人运动，研究了当时进步思想界的先进政治思想，在 1843 年 10 月中—12 月中这一期间撰写了《〈黑格尔法哲学批判〉导言》,并于 1844 年 2 月在《德法年鉴》公开发表。

列宁认为,这篇《导言》和同时发表在《德法年鉴》上的《论犹太人问题》(见《马克思恩格斯文集》第 1 卷)标志着马克思从唯心主义向唯物主义、从革命民主主义向共产主义的转变"彻底完成"(见《列宁全集》中文第 2 版第 26 卷第 83 页)。

1850 年,《导言》的法译文以节选的形式收入海·艾韦贝克的著作《从最新的德国哲学看什么是宗教》;1887 年,《导言》的俄文版在日内瓦出版;1890 年 12 月 2—10 日,《柏林人民报》再次发表了这篇导言。

《导言》的中译文最早发表在 1935 年上海辛垦书店出版的《黑格尔哲学批判》一书,译者是柳若水。——1。

2 指《黑格尔法哲学批判》这部著作。马克思本来计划在《德法年鉴》上发表这篇《导言》之后,接着完成在 1843 年已着手撰写的《黑格尔法哲学批判》并将其付印。《德法年鉴》停刊后,马克思逐渐放弃了这一计划。他在《1844 年经济学哲学手稿》的序言中曾说明了放弃这一计划的原因(见《马克思恩格斯文集》第 1 卷第 111 页)。

1844 年 5—6 月以后,马克思已经忙于其他工作,并把经济学研究提到了首位。从 1844 年 9 月起,由于需要对青年黑格尔派进行反击,马克思开始把阐述新的革命的唯物主义世界观同批判青年黑格尔派结合起来,同批判德国资产阶级和小资产阶级的唯心主义世界观结合起来。马克思和恩格斯合著的《神圣家族》(见《马克思恩格斯文集》第 1 卷)和《德意志意识形态》(见本卷)完成了这项任务。——2。

3 历史法学派又称历史学派,是 18 世纪末在德国兴起的一个法学流派。其特征是反对古典自然法学派,强调法律应体现民族精神和历史传统;反对 1789 年法国资产阶级革命中的资产阶级民主主义思想;重视习惯法;反对制定普遍适用的法典。该派的代表人物是古·胡果、弗·卡·萨维尼等人。他们借口保持历史传统的稳定性,极力维护贵族和封建制度的各种特权。该派以后逐步演变成 19 世纪资产阶级法学中的一个重要流派。1842 年,萨维尼被任命为修订普鲁士法律的大臣,这样,历史法学派的理论和方法就成了修订普鲁士法律的依据。

历史法学派的主张同黑格尔法哲学的观点相对立。早在 1836—1838 年,马克思就开始研究历史法学派与黑格尔法哲学之间的分歧和论争。1841 年底,马克思着手批判黑格尔的法哲学,同时继续研究历史法学派。对这一流派的批判,见马克思《历史法学派的哲学宣言》(《马克思恩格斯全集》中文第 2 版第 1 卷)。——3、577。

4　马克思后来在《路易·波拿巴的雾月十八日》中,也作过类似的阐述,他写道:"黑格尔在某个地方说过,一切伟大的世界历史事变和人物,可以说都出现两次。他忘记补充一点:第一次是作为伟大的悲剧出现,第二次是作为卑劣的笑剧出现。"(见本卷第 668 页)

　　这里是指黑格尔在《历史哲学讲演录》第 3 部第 2 篇《从第二次布匿战争到皇帝当政时期》中的论述。黑格尔指出:"如果某种国家变革重复发生,人们总会把它当做既成的东西而认可。这样就有了拿破仑的两次被捕,波旁王室的两次被驱逐。由于重复,开初只是偶然和可能的东西便成了现实的和得到确认的东西了。"——6、668。

5　国民经济学是当时德国人对英国人和法国人称做政治经济学的资产阶级政治经济学采用的概念。德国人认为政治经济学是一门系统地研究国家应该采取哪些措施和手段来管理、影响、限制和安排工业、商业和手工业,从而使人民获得最大福利的科学。因此,政治经济学也被等同于国家学(Staatswissenschaft)。英国经济学家亚·斯密认为,政治经济学是关于物质财富的生产、分配和消费的规律的科学。随着斯密主要著作的问世及其德译本的出版,在德国开始了一个改变思想的过程。有人认为可以把斯密提出的原理纳入德国人界定为国家学的政治经济学。另一派人则竭力主张把两者分开。路·亨·冯·雅科布和尤·冯·索登在 1805 年曾作了两种不同的尝试,但都试图以一门独立的学科形式来表述一般的经济学原理,并都称其为"国民经济学"。——6、17、49、114、291。

6　指哲学家阿那卡雪斯,西徐亚人。

　　西徐亚人亦称斯基泰人,是古代黑海北岸古国西徐亚王国的居民,最早属于中亚细亚北部的游牧部落。约公元前 7 世纪,伊朗族的西徐亚人由东方迁入并征略小亚细亚等地。西徐亚人生性强悍,善于骑射;他们以氏族部落为其社会基础,没有自己的文字。——7。

7　马克思按照当时反对德国半封建状况的政治反对派对哲学的作用所持的态度,根据他在《莱茵报》从事编辑活动的一般体会,把这些政治反对派区分为"实践政治派"和"起源于哲学的理论政治派"。

　　这里所说的实践政治派包括一部分自由资产阶级和知识分子以及民主派的代表。他们提出实践政治的要求,要么是为争取立宪君主制而奋斗,要么是为争取民主主义共和制而奋斗。——9。

这里所说的理论政治派带有整个青年黑格尔运动的特征。他们从黑格尔哲学得出彻底的无神论结论,但同时又使哲学脱离现实,从而在事实上日益脱离实际革命斗争。——9。

8 1818—1819 年黑格尔第一次讲授法哲学(在柏林大学)。他于 1817 年出版的《哲学全书纲要》一书已经包括了他的法哲学的基本概念。1821 年,黑格尔发表了《法哲学原理》,该书的副标题是:《自然法和国家学纲要。供授课用》。自 1821 年至 1825 年,黑格尔按照他自称为"教科书"的《法哲学原理》多次讲授法哲学。1831 年,即在他逝世前不久,他又开始讲授法哲学。1833 年,爱·甘斯在柏林出版了黑格尔的《法哲学原理,或自然法和国家学纲要》。随着这个新版本的出版,对黑格尔法哲学的研究深入展开,出现了不同的理解和阐释。黑格尔的国家观曾是青年黑格尔派探讨的中心议题之一。对于马克思来说,如何对待黑格尔的国家学说,一直是个重要的问题。——9。

9 指 16 世纪德国新教创始人马丁·路德领导的要求摆脱教皇控制、改革封建关系的宗教改革运动。1517 年 10 月 31 日,路德在维滕贝格教堂门前张贴了《九十五条论纲》,抗议教皇滥用特权、派教廷大员以敛财为目的向各地教徒兜售赎罪券,并要求对此展开辩论。随着《九十五条论纲》的传播,德国和欧洲各地掀起了宗教改革运动。关于这一运动的情况,可参看恩格斯《德国农民战争》第二章(《马克思恩格斯文集》第 2 卷第 234—254 页)。——10。

10 教会财产的收归俗用,在德国是随着宗教改革开始的。教会地产首先转为诸侯地产,只有极小部分低等贵族和市民阶层的成员(城市新贵)从中获利。在法国大资产阶级的直接影响下,1803 年的帝国代表会议的决议决定,教会诸侯领地收归俗用。普鲁士和南德意志的中等邦国首先能够获得最大的土地利润。随着 1810 年 10 月 10 日颁布的敕令,普鲁士境内教会财产的收归俗用遂告结束。——10。

11 市民社会(bürgerliche Gesellschaft)这一术语出自黑格尔《法哲学原理》第 182 节(见《黑格尔全集》1833 年柏林版第 8 卷)。在马克思和恩格斯的早期著作中,这一术语有两重含义。广义地说,是指社会发展各历史时期的经济制度,即决定政治制度和意识形态的物质关系总和;狭义地说,是指资产阶级社会的物质关系。因此,应按照上下文作不同的理解。——11、136、167、211。

12 九月法令是法国政府利用路易-菲力浦 1835 年 7 月 28 日遭谋刺事件于当年 9 月 9 日颁布的法令。这项法令对 1789 年和 1819 年的新闻出版法进行了修订,限制了陪审人员的权利,对新闻出版业采取了多项严厉措施,增加了定期刊物的保证金;规定对发表反对私有制和现行政治体制言论的人以政治犯罪论处并课以高额罚款。

马克思在这里讲的"德国政府突发奇想",是指 1843 年 1 月 31 日德国政府颁发的"书报检查令"、1843 年 2 月 23 日颁发的《关于书报检查机关的组织的规定》、1843 年 6 月 30 日发布的《指令,包括对 1843 年 2 月 23 日的规定所作的有关新闻出版和书报检查条例的若干必要补充》。——12。

13 神圣罗马帝国(962—1806 年)是欧洲封建帝国。公元 962 年,德意志国王奥托一世在罗马由教皇加冕,成为帝国的最高统治者。1034 年帝国正式称为罗马帝国,1157 年称神圣帝国,1254 年称神圣罗马帝国。到了 1474 年,神圣罗马帝国被称为德意志民族神圣罗马帝国。帝国在不同时期包括德意志、意大利北部和中部、法国东部、捷克、奥地利、匈牙利、荷兰和瑞士,是由具有不同政治制度、法律和传统的封建王国和公国以及教会领地和自由城市组成的松散的联盟。1806 年对法战争失败后,弗兰茨二世被迫放弃神圣罗马帝国皇帝的称号,这一帝国便不复存在了。——12。

14 参看艾·约·西哀士《第三等级是什么?》1789 年巴黎第 2 版第 3 页:"本文的计划甚为简单,我们要向自己提三个问题。

1. 第三等级是什么? 是一切。

2. 迄今为止,第三等级在政治秩序中的地位是什么? 什么也不是。

3. 第三等级要求什么? 要求取得某种地位。"——13。

15 高卢是法国古称。高卢雄鸡是法兰西第一共和国时代国旗上的标志,是当时法国人民的革命意识的象征。马克思在这里借用了海涅在《加里多尔夫就贵族问题致穆·冯·莫里加特伯爵书》序言中的形象比喻:"高卢雄鸡如今再次啼叫,而德意志境内也已破晓"。——16。

16 《国民经济学批判大纲》是恩格斯在同马克思合作以前撰写的政治经济学论著,是他从唯心主义向唯物主义、从革命民主主义向共产主义转变过程中的重要著作。恩格斯在这篇著作中对资产阶级政治经济学作了比较系统的考察,论述了它的起源、作用和影响;剖析了它的基本范畴,并着重指出竞争是资产阶级经济学家的主要范畴,阐明了资本主义私有制条件下的竞争必然会导致的种种恶果;揭露了资产阶级政治经济学的阶级实质,指出它是资本主义私有制的理论表现。恩格斯还揭露了资本主义生产方式的各种矛盾,指出以劳动和资本相对立为特征的资本主义私有制是一切社会矛盾的根源,资本主义内部正在孕育并必然产生社会革命,强调只有消灭私有制,全面变革社会关系,才能消除资本主义制度造成的极其严重的社会弊端。

恩格斯的这篇经济学著作对马克思的政治经济学研究产生过重要影响。马克思对这篇著作作了详细摘录,给予高度评价,赞誉它是"批判经济学范畴的天才大纲"(见本选集第2卷第3页),指出这篇著作"已经表述了科学社会主义的某些一般原则"(见本选集第3卷第741页)。

《国民经济学批判大纲》写于1843年9月底或10月初—1844年1月中旬,发表在1844年2月的《德法年鉴》上。1890年,德国社会民主党理论刊物《新时代》编辑部为庆祝恩格斯七十寿辰,于11月28日重新发表了《国民经济学批判大纲》。

《国民经济学批判大纲》的中译文(节译)于1931年发表在广州中山大学《社会科学论丛》第3—4卷,译者是何思敬;1951年人民出版社出版了何思敬的全译本。——17。

17 重商主义是15—16世纪流行于欧洲各国的一个经济学派,反映了那个时期商业资本的利益和要求。重商主义者认为货币是财富的基本形式,主张国家干预经济生活,采取措施在对外贸易上实现出超,使货币流入本国,并严禁货币输出国外,对进口实行保护关税政策。

早期重商主义的形式是货币主义,主张货币差额论,即禁止货币输出,增加金银收入。晚期重商主义盛行于17世纪,主张贸易差额论,即发展工业,扩大对外贸易出超,保证大量货币的输入。——18。

18 十字军征讨指11—13世纪西欧天主教会、封建主和大商人打着从伊斯兰教徒手中解放圣地耶路撒冷的宗教旗帜,主要对东地中海沿岸伊斯兰教国家发动的侵略战争。因参加者的衣服上缝有红十字,故称"十字军"。十字军征讨前后共八次,历时近200年,最后以失败而告终。十字军征讨给东方国家的人民带来了深重的灾难,也使西欧国家的人民遭受惨重的牺牲,但是,它在客观上也对东西方的经济和文化交流起到了一定的促进作用。——18、403、503。

19 宗教裁判所,又称异端裁判所,是天主教会侦查和审讯异端分子的机构,1231年由教皇格雷戈里九世在罗马建立。随后,法国、比利时、意大利、西班牙等国也先后设立了宗教裁判所。宗教裁判所以教皇为最高首脑,裁判官由教皇任命并直接控制,不受地方教会机构和世俗政权的监督制约。裁判所对异端分子、异端嫌疑者实行秘密审讯,严刑拷打。刑罚的种类有没收财产、监禁、流放和火刑等。16 世纪以后,随着教皇权势的削弱,宗教裁判所也逐渐衰落。1908 年,教皇庇护十世把罗马裁判所改为圣职部,由教皇亲自主持,其主要职能是检查书刊,颁布禁书目录,革除教徒教籍以及罢免神职人员等。——18、512。

20　社会契约是让·雅·卢梭提出的政治理论。按照这一理论,人们最初生活在自然状态下,人人都享有平等的权利。私有财产的形成和不平等的占有关系的发展决定了人们从自然状态向市民状态的过渡,并导致以社会契约为合法基础的国家的形成。社会契约的目的是达到每个结合者的平等和自由。政治上的不平等的进一步发展破坏了这种社会契约,导致某种新的自然状态的形成。为了消除这一自然状态,必须建立以某种新的社会契约为基础的理性国家。

　　卢梭在 1755 年阿姆斯特丹版的《论人间不平等的起源和原因》和1762 年阿姆斯特丹版的《社会契约论,或政治权利的原则》这两部著作中详细阐述了这一理论。——18。

21　马尔萨斯人口论是英国资产阶级经济学家托·马尔萨斯提出的理论,又称马尔萨斯主义。马尔萨斯在 1798 年出版的《人口原理。人口对社会未来进步的影响》一书中认为,在正常情况下,人口以几何级数率(1、2、4、8、16……)增长,而生活资料则以算术级数率(1、2、3、4、5……)增长,人口的增长超过生活资料的增长是一条"永恒的自然规律"。他用这一观点来解释资本主义制度下劳动人民遭受失业、贫困的原因,认为只有通过战争、瘟疫、贫困和罪恶等来抑制人口的增长,人口与生活资料的数量才能相适应。——19、38、42、484。

22　反谷物法同盟是英国工业资产阶级的组织,由曼彻斯特的两个纺织厂主理·科布顿和约·布莱特于 1838 年创立。谷物法是英国政府为维护大土地占有者的利益,从 1815 年起实施的旨在限制或禁止从国外输入谷物的法令(见注 44)。同盟要求贸易完全自由,废除谷物法,其目的是为了降低国内谷物价格,从而降低工人的工资,削弱土地贵族的经济和政治地位。同盟在反对大土地占有者的斗争中曾经企图利用工人群众,宣称工人和工厂主的利益是一致的。但是,就在这个时候,英国的先进工人展开了独立的、政治性的宪章运动。1846 年谷物法废除以后,反谷物法同盟宣布解散。实际上,同盟的一些分支机构一直存在到1849年。——30、122、184、362。

23 即阿·艾利生《人口原理及其和人类幸福的关系》1840年爱丁堡—伦敦版第1—82页。恩格斯对该书作的摘要片断,见《马克思恩格斯全集》1981年历史考证版第4部分第2卷第585—589页。——39。

24 以"马尔库斯"这一署名发表的小册子在英国不止一本。这里可能指马尔库斯《论限制人口增长的可能性》(1838年伦敦版),以及《无痛苦灭绝论》等。本文所述显然转引自托·卡莱尔《宪章运动》1840年伦敦版第110—111页。——40。

25 新济贫法指1834年英国议会通过的《关于修改和更好地实施英格兰与威尔士济贫法的法令》。新济贫法只允许用一种办法来救济贫民,那就是把他们安置到习艺所(见注77)从事强制性劳动。——40、121、361。

26 指恩格斯原来准备撰写的关于英国社会史的著作。他在英国居留期间(1842年11月—1844年8月)曾为撰写这部著作收集了材料,打算在这部著作中用专门的篇幅描写英国工厂制度和工人阶级的状况。后来他改变计划,决定撰写一本专著论述英国无产阶级。他回到德国后完成了这部著作,即1845年在莱比锡出版的《英国工人阶级状况》(见本卷)。——48。

27 《1844年经济学哲学手稿》是马克思大约于1844年5月底6月初—8月撰写的一部未完成的手稿,是马克思主义形成过程中的重要著作。在这部手稿中,马克思从唯物主义和共产主义的立场出发,对涉及哲学、政治经济学和共产主义理论的各种历史文献和思想观点进行了系统的批判性考察,在剖析资本主义经济制度和资产阶级经济学的过程中,提出了新的经济学观点、哲学观点和共产主义理论观点,并作了初步的综合性阐述。他论述了劳动实践对于人类文明和历史进步的伟大意义,指出整个世界历史不外是人通过人的劳动而诞生的过程,人正是通过劳动这种有意识的生命活动创造了社会的全部物质财富和精神财富。他批判地改造了德国古典哲学的异化概念,提出了异化劳动理论,用来分析资本主义的社会关系。他通过对异化劳动的剖析揭露了资产阶级社会中资本与劳动的不可调和的对立,说明私有财产的存在必然造成异化劳动,因而必然给工人阶级和整个人类带来灾难性的后果,指出只有扬弃私有财产才能消除异化劳动,而要使社会从私有财产的统治下解放出来,必须通过工人解放这种政治形式。他强调指出,要扬弃现实的私有财产,必须有现实的共产主义行动,"历史将会带来这种共产主义行动,而我们在思想中已经认识到的那正在进行自我扬弃的运动,在现实中将经历一个极其艰难而漫长的过程"(见《马克思恩格斯文集》第 1 卷第 232 页)。他肯定了费尔巴哈对唯物主义的贡献,并在批判黑格尔的唯心主义的同时阐发了黑格尔辩证法的积极成果。他还阐明了自然科学和工业的伟大历史作用,指出工业的历史是"一本打开了的关于人的本质力量的书"(同上,第 192 页);指出自然科学"通过工业日益在实践上进入人的生活,改造人的生活,并为人的解放作准备"(同上,第 193 页)。此外,手稿还对自然史、人类史以及美的规律等问题提出了一系列深刻的见解。

　　《1844 年经济学哲学手稿》由写在三个笔记本中的手稿组成。笔记本 I 的内容是:对斯密学说中的工资、资本的利润和地租这三个经济学范畴作比较分析,揭示斯密学说的矛盾;详细论述资本主义社会的异化劳动。笔记本 II 只保留下四页手稿,主要是有关私有财产的论述。笔记本 III 的主要内容是:关于私有财产和劳动、私有财产和共产主义的论述,对当时的各种共产主义理论的考察和评述,对黑格尔哲学的批判,有关分工和货币的两个片断,还有一篇《序言》。

　　《1844 年经济学哲学手稿》在马克思生前没有发表。1927 年,苏联出版的《马克思恩格斯文库》在第三卷附录中摘要发表了这部手稿中的《第三手稿》(即笔记本 III)的俄译文,但这部分手稿被误认为《神圣家族》(见《马克思恩格斯文集》第 1 卷)的准备材料。1932 年出版的《马克思恩格斯全集》历史考证版第一部分第三卷以德文原文发表了全部手稿,并加了标题《1844 年经济学哲学手稿》。

　　本卷收录了笔记本 I 中关于异化劳动和私有财产的部分。马克思在这里第一次阐述了异化劳动范畴,证明异化劳动同私有财产的关系,揭示了在私有财产条件下工人状况的本质特征。《1844 年经济学哲学手稿》全文见《马克思恩格斯文集》第 1 卷。《手稿》中方括号内的罗马数字是作者编的手稿页码。

　　《手稿》最早由何思敬译成中文,1956 年由人民出版社出版;1979年人民出版社还出版了刘丕坤的中译本。——49。

28　马克思在《让·巴蒂斯特·萨伊〈论政治经济学〉一书摘要》中对萨伊关于财富的性质和流通的原理的论述写有如下评注:"私有财产是一个事实,国民经济学对此没有说明理由,但是,这个事实是国民经济学的基础";"没有私有财产的财富是不存在的,国民经济学按其本质来说是发财致富的科学。因此,没有私有财产的政治经济学是不存在的。这样,整个国民经济学便建立在一个没有必然性的事实的基础上。"(见《马克思恩格斯全集》历史考证版第 4 部分第 2 卷第 316、319 页)——49。

29 马克思在《亚·斯密〈国民财富的性质和原因的研究〉一书摘要》中写有如下评注:"十分有趣的是斯密作的循环论证。为了说明分工,他假定有交换。但是为了使交换成为可能,他就以分工、以人的活动的差异为前提。他把问题置于原始状态,因而未解决问题。"(见《马克思恩格斯全集》历史考证版第 4 部分第 2 卷第 336 页)——50。

30 这个结论在当时的社会批判性著作中相当流行。例如,威·魏特林在其著作《和谐与自由的保证》中就曾写道:"正像在筑堤时要产生土坑一样,在积累财富时也要产生贫穷。"——51。

31 马克思在这里使用了黑格尔的术语及其探讨对立的统一的方法,把 Verwirklichung(现实化)与 Entwirklichung(非现实化)对立起来。——51。

32 马克思在手稿中往往并列使用两个德文术语"Entfremdung"(异化)和"Entäußerung"(外化)来表示异化这一概念。但他有时赋予"Entäußerung"另一种意义,例如,用于表示交换活动,从一种状态向另一种状态转化,就是说,用于表示那些并不意味着敌对性和异己性的关系的经济现象和社会现象。——51。

33 马克思在这里以自己的理解复述了费尔巴哈哲学关于宗教是人的本质的异化的论点。费尔巴哈说,为了使上帝富有,人就必须贫穷;为了使上帝成为一切,人就必须什么也不是。人在自身中否定了他在上帝身上所肯定的东西。——51。

34 这里表述的思想与费尔巴哈的论点相呼应。费尔巴哈认为宗教和唯心主义哲学是人的存在及其精神活动的异化。费尔巴哈写道,上帝作为对人来说的某种至高的、非人的东西,是理性的客观本质;上帝和宗教就是幻想的对象性本质。他还写道,黑格尔逻辑学的本质是主体的活动,是主体的被窃走的思维,而绝对哲学则使人自身的本质、人的活动在人那里异化。——54。

35 马克思在本段和下一段利用了费尔巴哈哲学中表述人和整个人类时所

用的术语,并且创造性地吸取了他的思想:人把人的"类本质"、人的社会性质异化在宗教中;宗教以人同动物的本质区别为基础,以意识为基础,而意识严格说来只是在存在物的类成为存在物的对象、本质的地方才存在;人不像动物那样是片面的存在物,而是普遍的、无限的存在物。——55。

36　类、类生活、类本质都是费尔巴哈使用的术语,它们表示人的概念、真正人的生活的概念。真正人的生活以友谊和善良的关系,即以爱为前提,这些都是类的自我感觉或关于个人属于人群这种能动意识。费尔巴哈认为,类本质使每个具体的个人能够在无限多的不同个人中实现自己。费尔巴哈也承认人们之间确实存在着利益的相互敌对和对立关系,但是在他看来,这种关系不是产生于阶级社会的历史的现实条件,即资产阶级社会的经济生活条件,而是人的真正本质即类本质同人相异化的结果,是人同大自然本身预先决定了的和谐的类生活人为地但绝非不可避免地相脱离的结果。——56。

37　马克思显然是指皮·约·蒲鲁东的著作《什么是财产?》。参看该书第3章第4—8节。——61。

38　马克思在这段话里从广义上使用工资范畴,以表达资本家和雇佣工人这两个阶级之间的对抗性关系。——61。

39　这是马克思在批判皮·约·蒲鲁东的"平等"观念时所持的基本论点。蒲鲁东在《什么是财产?》一书中表述的"平等"观念是建立在资本主义关系基础上的。他的空想的、改良主义的药方规定,私有财产要由"公有财产"代替,而这种"公有财产"将以平等的小占有的形式,在"平等"交换产品的条件下掌握在直接生产者手中。这实际上是指均分私有财产。蒲鲁东是这样设想交换的"平等"的,即"联合的工人"始终得到同等的工资,因为在相互交换他们的产品时,即使产品实际上不同等,但每个人得到的仍然是相同的,而一个人的产品多于另一个人的产品的余额将处于交换之外,不会成为社会的财产,这样就完全不会破坏工资的平等。马克思认为,在蒲鲁东的理论中,社会是作为抽象的资本家出现的。他指出蒲鲁东没有考虑到即使在小("平等")占有制度下也仍然起作用的商品生产的现实矛盾。后来,马克思在《神圣家族》这部著作中表述了这样一个结论:蒲鲁东在经济异化范围内克服经济异化,就是说,实际上根本没有克服它。参看《马克思恩格斯文集》第1卷第268页。——61。

40 《英国工人阶级状况。根据亲身观察和可靠材料》是恩格斯在深入调查的基础上写成的论述工人阶级在资本主义制度下的社会地位、斗争历程和历史使命的重要著作。在这部著作中,恩格斯阐述了英国资本主义工业的发展史,说明了工人阶级伴随工业革命而形成和壮大的过程;以大量生动具体的材料真实地展现了工人阶级在资本主义制度下遭受残酷压迫和剥削的悲惨情景。恩格斯揭示了工人遭受非人待遇的社会根源,指出正是资本主义社会政治制度和经济制度把工人置于这种境地。恩格斯明确宣布,工人阶级的社会地位必然会推动它为争取自身解放而去推翻资本主义制度。他在高度评价英国工人阶级的斗争热情和坚强意志的同时,论述了英国工人运动的发展历程和前进方向,指出工人运动除了与社会主义相结合,再没有其他出路,而社会主义只有成为工人阶级政治斗争的目标,才能赢得胜利,只有到那时,"工人阶级才会真正成为英国的统治者"(见本卷第 130 页),从而实现改造整个社会的任务。

　　1842 年 11 月—1844 年 8 月,恩格斯在英国居住期间深入工人住宅区进行实地调查,亲自了解英国工人阶级的劳动和生活状况,同时广泛搜集和仔细研究他所能看到的各种官方文件和资料。根据亲自调查和考证的翔实材料,恩格斯于 1844 年 9 月—1845 年 3 月在德国巴门撰写了《英国工人阶级状况》。这部著作的德文第一版于 1845 年 5 月在莱比锡出版,德文第二版于 1892 年出版,恩格斯为该版写了序言。经恩格斯本人同意还出版了两个英文本,即 1887 年美国版和 1892 年英国版,恩格斯分别为这两个版本写了序言。恩格斯还将美国版序言译成德文,以《美国工人运动》为题发表在 1887 年 6 月 10 日和 17 日《社会民主党人报》上(见本选集第 4 卷)。1892 年德文第二版序言包括了英国版序言的主要内容,并在理论阐述上作了新的补充。在这篇序言中,恩格斯这样评价自己的这部著作:"这本书无论在优点方面或缺点方面都带有作者青年时代的痕迹……但是当我重读这本青年时期的著作时,发现它毫无使我羞愧的地方。"(见本卷第 64 页)同时,他也说明了其中个别不足之处。他进一步分析了英国资本主义发展的新情况,指出英国资本主义的迅速发展只给少数工人贵族带来好处,而广大工人群众依然过着穷困的生活,工人阶级贫困的原因"应当到资本主义制度本身中去寻找"(见本卷第 67 页)。他强调工人阶级要善于总结经验,指出:"伟大的阶级,正如伟大的民族一样,无论从哪方面学习都不如从自己所犯错误的后果中学习来得快。"(见本卷第 79 页)他还评述了当时流行的各种社会主义流派,批判了那种"凌驾于一切阶级对立和阶级斗争之上的社会主义"(见本卷第70页)。

列宁指出,恩格斯的《英国工人阶级状况》"是世界社会主义文献中的优秀著作之一"(见《列宁全集》中文第2版第24卷第277页);在这部著作中,"恩格斯第一个指出,无产阶级不只是一个受苦的阶级,正是它所处的那种低贱的经济地位,无可遏止地推动它前进,迫使它去争取本身的最终解放";这部著作是"对资本主义和资产阶级的极严厉的控诉",是"对现代无产阶级状况的最好描述"。(见《列宁选集》第3版第1卷第91、92页)

本卷对《英国工人阶级状况》作了节选。该著作全文见《马克思恩格斯全集》中文第1版第2卷。

《英国工人阶级状况》的部分内容曾由陈问路译成中文发表在南京《劳动季报》1935年第5期和1936年第8期。——64。

41　这篇序言是恩格斯为1892年在斯图加特出版的《英国工人阶级状况》一书德文第二版而写的。序言包括了1892年英国版序言(见《马克思恩格斯全集》中文第1版第22卷)的主要内容,并在理论阐述上作了新的补充。恩格斯把英国版序言中所录《1845年和1885年的英国》(见《马克思恩格斯全集》中文第1版第21卷)一文按1885年《新时代》杂志第3年卷第6期上的德译文照录于本序言中。本篇序言的结尾部分是恩格斯专为德文版写的。——64。

42　这里的"美国版序言"是指《英国工人阶级状况》美国版附录(见《马克思恩格斯全集》中文第1版第21卷)。这篇文章本来是为美国版写的,但恩格斯后来写了另一篇阐述美国工人运动状况的文章作为美国版序言。恩格斯将这篇序言译成德文发表在《社会民主党人报》上,题为《美国工人运动》(见本选集第4卷)。——65。

43　1876年5月10日第六届世界工业博览会在费城开幕,有40个国家参展。为了在国际市场上获得一席之地,德国也参加了展览。可是,德国政府任命的德国展品评判委员会主席、柏林工业科学院院长弗·勒洛教授不得不承认,德国产品的性能大大落后于其他国家,德国工业遵循的原则是"价廉质劣"。此事由1876年6月27日柏林《国民报》第293号首先披露,致使舆论哗然。《人民国家报》在7—9月就此事专门发表了一系列文章。恩格斯把这一事件称做工业上的耶拿会战,以普鲁士军队在1806年10月耶拿会战中被拿破仑法国击溃一事来作比喻。——65。

44 谷物法是英国历届托利党内阁为维护大土地占有者的利益从1815年起实施的法令,旨在限制或禁止从国外输入谷物。谷物法规定,当英国本国的谷物价格低于每夸特80先令时,禁止输入谷物。1822年对这项法律作了某些修改,1828年实行了滑动比率制,即国内市场谷物价格下跌时提高谷物进口关税,谷物价格上涨时降低谷物进口关税。谷物法的实施严重影响了贫民阶层的生活,同时也不利于工业资产阶级,因为它导致劳动力涨价,妨碍国内贸易的发展。谷物法的实施引起了工业资产阶级和土地贵族之间的斗争,这场斗争是由曼彻斯特的两个纺织厂主理·科布顿和约·布莱特于1838年创立的反谷物法同盟(见注22)领导,在自由贸易的口号下进行的。1846年6月26日英国议会通过了《关于修改进口谷物法的法令》和《关于调整某些关税的法令》,从而废除了谷物法。——65、103、122、270、360。

45 1848年在加利福尼亚、1851年在澳大利亚发现了丰富的金矿,这些发现对欧美各国的经济发展产生了重大影响。——66、538、643、727、779。

46 关于实物工资制,恩格斯在《英国工人阶级状况》中作了较为详细的介绍(见《马克思恩格斯全集》中文第1版第2卷第467—469页)。1831年通过了禁止实行实物工资制的法律,但很多工厂主并不遵守。——66。

47 英国工人阶级从18世纪末开始争取用立法手段限制工作日,从19世纪30年代起,广大无产阶级群众投入争取十小时工作日的斗争。十小时工作日法案是英国议会在1847年6月8日通过的,作为法律于1848年5月1日起生效。该法律将妇女和儿童的日劳动时间限制为10小时。但是,许多英国工厂主并不遵守这项法律,他们寻找种种借口把工作日从早晨5时半延续到晚上8时半。工厂视察员伦·霍纳的报告就是很好的证明(参看《马克思恩格斯文集》第5卷第335页)。

恩格斯在《十小时工作日问题》和《英国的十小时工作日法》(见《马克思恩格斯全集》中文第2版第10卷)中对该法案作了详细的分析。关于英国工人阶级争取正常工作日的斗争,马克思在《资本论》第一卷第八章(见《马克思恩格斯文集》第5卷第267—350页)中作了详细考察。——66、121、364、410。

48 "小爱尔兰"是曼彻斯特南部的一个工人区,在这里居住的主要是爱尔兰人。恩格斯在《英国工人阶级状况》中,对这一地区的状况作过较为详细的描述(见《马克思恩格斯全集》中文第 1 版第 2 卷第 342—343 页)。——68。

49　"七日规"是伦敦中部的一个工人区,从中心点往外有七条放射状街道。——68。

50　小宅子制是英国 19 世纪上半叶某些工厂自己制定的制度,即工厂主以极苛刻的条件为工人提供住所,房租从工人的工资中扣除。恩格斯在《英国工人阶级状况》中,对这种制度作了较为详细的描述(见《马克思恩格斯全集》中文第 1 版第 2 卷第 469—470 页)。——69。

51　指 1886 年 1 月 22 日—2 月 26 日美国宾夕法尼亚州一万多名矿冶工人举行的罢工。在罢工过程中炼铁工人和炼焦工人提出要增加工资和改善劳动条件,这些要求部分地得到了满足。——69。

52　《公益》(The Commonweal)是英国的一家周刊,社会主义同盟的机关报;1885—1891 年和 1893—1894 年在伦敦出版;1885—1886 年曾刊登过恩格斯的一些文章。——71。

53　《新时代。精神生活和社会生活评论》(Die Neue Zeit. Revue des geistigen und öffentlichen Lebens)是德国社会民主党的理论杂志;1883—1890 年 10 月在斯图加特出版,每月一期,以后至 1923 年秋每周一期;1883—1917 年 10 月由卡·考茨基担任编辑,1917 年 10 月—1923 年秋由亨·库诺担任编辑。从 19 世纪 90 年代初起,弗·梅林为该杂志撰稿;1885—1894 年恩格斯在杂志上发表了许多文章,经常提出批评、告诫,帮助杂志编辑部端正办刊方向。——71。

54　人民宪章是英国宪章运动(见注 55)的纲领性文件,1837 年由下院六名议员和六名伦敦工人协会会员组成的一个委员会提出,并于 1838 年 5 月 8 日作为准备提交议会的一项草案在各地群众大会上公布。人民宪章包括宪章派的下列六项要求:普选权(年满 21 岁的男子)、议会每年改选一次、秘密投票、各选区一律平等、取消议会议员候选人的财产资格限制,以及发给议员薪金(参看本卷第 120 页)。1839、1842 和 1849 年,议会三次否决了宪章派递交的要求通过人民宪章的请愿书。——71、116、119。

55　宪章运动是 19 世纪 30—50 年代中期英国工人的政治运动,其口号是争取实施人民宪章。人民宪章要求实行普选权并为保障工人享有此项权利而创造种种条件。宪章派指宪章运动的参加者,其领导机构是"宪章派全国协会",机关报是《北极星报》,左翼代表人物是乔·朱·哈尼、厄·琼斯等。宪章运动在 1839、1842 和 1848 年出现三次高潮,宪章运动领导人试图通过向下院提交全国请愿书的方式迫使政府接受人民宪章,但均遭到下院否决。19 世纪 50 年代末,宪章派全国协会停止活动,宪章运动即告结束。恩格斯称宪章派是"近代第一个工人政党"(见本选集第 3 卷第 768 页)。列宁指出,宪章运动是"世界上第一次广泛的、真正群众性的、政治上已经成型的无产阶级革命运动"(见《列宁全集》中文第 2 版第 36 卷第 292 页)。——71、72、86、119、273、311、314、315、361、433。

56 宪章派(见注 55)原定于 1848 年 4 月 10 日在伦敦组织大规模游行示威,示威者将前往议会大厦,递交第三封要求通过人民宪章的请愿书。但是政府禁止这次示威游行,为了阻挠游行示威的进行,在伦敦集结了大批军警。宪章派的领导人中有许多人发生了动摇,决定放弃游行示威,并劝说请愿的群众就地解散。反动势力利用这次行动的失败向工人发起进攻并对宪章派加以迫害。——71、614。

57 1831 年 3 月,辉格党内阁首相查·格雷和副首相约·罗素在议会中提出了一项关于选举法改革的法案。这一提案旨在打破土地贵族和金融贵族的政治垄断地位,增加资产阶级议员的席位,保证资产阶级的代表进入下院。为争取选举制度的改革而掀起的群众运动不断发展,形成了高潮。经过议会内外的斗争,这项法案于 1832 年 6 月 4 日经上院最后批准,于 6 月 7 日生效。改革法案调整了选区,向新兴工业城市补充或分配了下院议员席位;改变了选举的财产资格限制,使多数资本家获得了选举权,但是,为争取选举制度的改革而斗争的主力军工人和手工业者仍未获得选举权。——71、102。

58 指英国自由党。1832 年英国议会改革后,英国在 19 世纪 50 年代末和 60 年代上半叶形成了两个政党:自由党和保守党。自由党由代表工商业资产阶级的新辉格党人、自由学派和皮尔分子左翼托利党人组成,它在成立后取代了辉格党人在英国两党制中的位置。——72。

59 1867 年,英国在群众性的工人运动的压力下实行了第二次议会改革。国际工人协会总委员会积极参加了争取改革的运动。这次改革使英国选民数目增加了一倍多,一部分熟练工人也获得了选举权。但工人阶级的基本群众仍然和以前一样处于政治上无权的地位。

1884 年,英国在农村地区的群众运动压力下实行了第三次议会改革。经过这次改革,1867 年为城市居民规定的享有投票权的条件,也同样适用于农村地区。第三次选举改革以后,相当大一部分居民——农村无产阶级、城市贫民以及所有的妇女仍然没有选举权。——73。

60 马克思在其他著作里,例如在《1859 年的爱尔福特精神》(见《马克思恩格斯全集》中文第 1 版第 13 卷)一文中阐述过这样的思想:反动派在 1848 年以后扮演了特殊的革命遗嘱执行人的角色,不可避免地实现了革命的要求,尽管这是在一种滑稽可笑的歪曲的方式下进行的。——73、395、396。

61 《致大不列颠工人阶级》是恩格斯用英文写成的,他本打算单独印行并分发给英国各政党的某些领袖、著作家和议会议员们。1845 年和 1892 年德文版《英国工人阶级状况》用原文刊载了这篇文章,1887 年的美国版和 1892 年的英国版没有收入这篇文章。——81。

62 蓝皮书是英国议会或政府的(包括政府向议会提交的)文件或报告书的通称,因封皮为蓝色而得名。英国从 17 世纪开始发表蓝皮书,它是英国经济史和外交史方面主要的官方资料。——82、819、833、840、843。

63 傅立叶主义是法国空想社会主义者沙·傅立叶的学说,傅立叶派指这种学说的拥护者。傅立叶主义于 1799—1803 年期间初步形成,它继承了 18 世纪法国唯物主义的传统,承认客观世界的物质性和运动的规律性,承认人类历史由低级向高级发展的规律性,认为人类历史发展分为蒙昧、宗法、野蛮和文明四个阶段,尖锐地批判现存的文明制度,指出在这种制度下,少数寄生者占有工人创造的巨大财富,而创造财富的工人却成了一无所有的赤贫者;主张现存制度应当由理想的和谐制度所取代。在这种和谐制度下,社会的基层单位是工农结合和城乡结合的生产消费协作社法郎吉(phalange)。在法郎吉中,人人都参加劳动,劳动者和资本家都可以入股,保存生产资料私有制,产品按资本、劳动和才能进行比例分配。协作社成员居住和劳作的场所称法伦斯泰尔(phalanstere)。傅立叶派在法国和美国都进行过法郎吉移民区实验,均以失败告终。——84、384、392、433、582。

64 工人阶级生活改善协会是 1844—1845 年间根据德国自由资产阶级的倡议在普鲁士许多城市建立起来的,其目的是诱使德国工人放弃争取自己的阶级利益的斗争。尽管资产阶级和统治集团极力使这些协会带有无害的慈善性质,但是,这些协会的建立还是唤醒了广大群众的政治积极性,引起了德国社会各阶层对社会问题的关注。在工业发达的莱茵省各城市,建立工人阶级生活改善协会运动发展的规模较大,因为在那里,资产阶级和无产阶级之间的矛盾很尖锐,并且已经存在一个反对普鲁士专制制度的激进民主主义反对派。

革命民主派的知识分子广泛利用筹建这些协会和讨论协会章程的集会来传播先进思想。于是,这些集会以及协会本身成了各种对立的社会利益和阶级利益互相争斗的场所。这种现象反映了资产阶级革命前夜德国社会政治生活的活跃。普鲁士政府慑于这些协会的活动具有难以预料的倾向,遂于1845年春采取不批准协会章程等手段,阻止协会继续活动,进而将其取缔。——85。

65 1844年6月4—6日,西里西亚纺织工人反对降低工资而自发举行了起义。这是德国无产阶级和资产阶级之间展开的第一次阶级大搏斗。工人们捣毁工厂,破坏机器。起义最终遭到政府军队残酷的镇压。

与此同时,6月下半月,捷克爆发了布拉格纺织工人自发的起义。布拉格起义引起捷克许多工业城市的工人发生骚动,他们捣毁工厂,破坏机器。这次起义同样遭到了政府军队残酷的镇压。——85、106、572。

66 托利党是英国的政党,于17世纪70年代末80年代初形成。1679年,就詹姆斯公爵(后来的詹姆斯二世)是否有权继承王位的问题,议会展开了激烈的争论。拥护詹姆斯继承王位的议员,被敌对的辉格党人讥称为托利。托利(Tory)为爱尔兰语,原意为天主教歹徒。托利党坚持反动的对内政策,维护国家制度中保守和腐朽的体制,反对国内的民主改革,曾与辉格党轮流执政。随着英国资本主义的发展,托利党逐渐失去了先前的政治影响和在议会中的垄断权。1832年议会改革(见注57)使资产阶级代表人物进入议会。1846年废除谷物法(见注44),削弱了英国旧土地贵族的经济基础并造成了托利党的分裂。19世纪50年代末60年代初,在老托利党的基础上成立了英国保守党。——86、106、121、440、696、839。

67 珍妮纺纱机是詹·哈格里沃斯于1764—1767年发明并用他女儿的名字命名的一种纺纱机。——90。

68 《达勒姆纪事报》(Durham Chronicle)是英国的一家周刊,1820年起在英格兰的达勒姆出版;19世纪40年代该报倾向于资产阶级自由派。——98。

69　七月革命即1830年7月爆发的法国资产阶级革命。1814年拿破仑第
一帝国垮台后,代表大土地贵族利益的波旁王朝复辟,竭力恢复封建专
制统治,压制资本主义发展,限制言论自由和新闻出版自由,加剧了资
产阶级同贵族地主的矛盾,激起了人民的反抗。1830年7月27—29日
巴黎爆发革命,推翻了波旁王朝。金融资产阶级攫取了革命果实,建立
了以奥尔良公爵路易-菲力浦为首的代表金融贵族和大资产阶级利益
的"七月王朝"。——101、423、446。

70　1844年的议会会议讨论的有关问题的详细情况见《马克思恩格斯全
集》中文第1版第2卷第461—462、571—572和582页以及《马克思恩
格斯文集》第1卷第483—484、493页。——102。

71　萨格(Thug)是对印度勒杀教派的称呼。该教派的信徒经常在宗教仪
式的名义下进行杀人勾当。在19世纪的欧洲文献中,这一名词成为形
容职业强盗和杀人犯的流行用语。——112。

72　菲默法庭是中古时代盛行于德国西部威斯特伐利亚的秘密法庭。——
113、777。

73　据罗马历史传说,罗马贵族梅涅尼·阿格利巴为了劝说公元前494年
举行起义并上圣山反抗贵族压迫的平民,向他们讲了一则人体四肢反
抗胃的寓言,使平民同意和解。阿格利巴把当时的社会比做有生命的
机体,把贫民比做机体的手,把贵族比做供养这个机体的胃。手和胃分
离开来,就要引起生命机体的必然死亡,同样,平民拒绝履行他们的义
务,就等于古罗马国家的灭亡。——114。

74　《北极星报。全国工联的报纸》(The Northern Star, and National Trades'
Journal)是英国的一家周报,宪章派的机关报;1837年由菲·奥康瑙尔
在利兹创刊,名称为《北极星报。利兹总汇报》(The Northern Star, and
Leeds General Advertiser);1843年9月乔·朱·哈尼参加报纸编辑部;
1844年11月起用《北极星报。全国工联的报纸》这一名称在伦敦出
版;1843—1849年报纸曾刊登恩格斯的文章、短评和通讯;哈尼离开编
辑部后报纸逐步转向反映宪章派右翼的观点;1852年停刊。——116。

75　相传公元前494年,古罗马的平民由于不堪忍受贵族的压迫而举行起
义,后来退往圣山。克萨尔-摩尔是曼彻斯特附近的一座小山,工人们

常在那里举行集会。恩格斯因此把它比做古罗马的圣山。——121。

76 警察叛乱(spy-outbreaks)指设菲尔德、布拉德福德及其他城市中由煽动者挑起的宪章派和警察之间的冲突。这些冲突使运动的许多领袖和参加者被捕。——122。

77 习艺所是根据英国的《济贫法》设置的救济贫民的机构。1601年《济贫法》规定以教区为单位解决贫民的救济问题。1723年颁布的《济贫法》进一步作出规定,设立习艺所,受救济者必须入所接受救济。1782年又改为只对年老和丧失劳动能力的人采取集中救济的方法。1834年英国颁布的新济贫法对以前实施的《济贫法》作了修订,规定不得向有劳动能力的人及其家属提供任何金钱和食品的救济,受救济者必须在习艺所里从事强制性劳动。习艺所里生产条件恶劣,劳动强度大,生产效率低,那里实行的制度与强迫囚徒从事苦役的牢狱制度不相上下,因此,被贫民们称为"济贫法巴士底狱"(见《马克思恩格斯文集》第1卷第487页),马克思则称它为"无产者的巴士底狱"(见本卷第361页)。——123、361、462。

78 特别警察指英国的特别巡警,是由平民组成的警察后备队,他们曾帮助正规警察驱散1848年4月10日宪章派示威游行队伍。——124。

79 贵格会,又名教友会,是基督教新教的一派,17世纪资产阶级革命时期产生于英国,在北美也流传很广。教友会信徒反对官方教会及其仪式,反对暴力和战争,鼓吹和平主义思想,致力于社会公益事业。——125。

80 雅各宾派是雅各宾俱乐部的成员,18世纪末法国资产阶级革命时期代表下层资产阶级的利益,1793—1794年实行了雅各宾专政,颁布了一系列废除封建所有制、镇压反革命活动和击退外国武装干涉的法令。——125、691。

81 《每周快讯》(The Weekly Dispatch)是英国的一家周报,1801—1928年每逢星期日在伦敦出版;报纸反映资产阶级自由派的观点。——126。

82 《每周纪事报》(The Weekly Chronicle)是英国的一家周报,资产阶级激进派的机关报,1836—1865年在伦敦出版。——126。

83 《观察家》(The Examiner)是英国的一家周报,1808—1881年在伦敦出版;40年代为自由贸易派的机关报。——126。

84 "国内移民区"是罗·欧文对自己的共产主义社会实验区的称

呼。——128。

85　"技术学校"是一种夜校,工人们在那里可以学到一些普通学科和技术
学科的知识;在英国,这种学校最初在格拉斯哥(1823 年)和伦敦(1824
年)出现。19 世纪 40 年代初,这类学校有 200 多所,大都分布在兰开
夏郡和约克郡的工厂城市中。资产阶级利用这些学校来训练工业生产
所必需的熟练工人以供他们使用。——130。

86　《关于费尔巴哈的提纲》是马克思 1845 年春在布鲁塞尔写的笔记,这篇
笔记表明马克思不仅同唯心主义,而且同旧唯物主义彻底划清了界限,
为创立新世界观奠定了基础。马克思在这个笔记中批判了费尔巴哈和
一切旧唯物主义者忽视人的主观能动性、忽视实践作用的主要缺点,阐
明了马克思主义的实践观,论述了实践是检验真理的标准的思想,强调
"人的思维是否具有客观的真理性,这不是一个理论的问题,而是一个
实践的问题。人应该在实践中证明自己思维的真理性";说明"全部社
会生活在本质上是实践的","环境的改变和人的活动或自我改变的一
致,只能被看做是并合理地理解为革命的实践";指出"哲学家们只是
用不同的方式解释世界,问题在于改变世界"(见本卷第 134、135、136
页)。马克思还批判了旧唯物主义者对人的本质的抽象理解,指出"人
的本质不是单个人所固有的抽象物,在其现实性上,它是一切社会关系
的总和"(见本卷第 135 页),从而把对人的认识置于唯物史观的科学
基础上。

　　这篇笔记写在 1844—1847 年的笔记本中,标题为《1. 关于费尔巴
哈》,马克思生前没有发表。1888 年恩格斯在出版《路德维希·费尔巴
哈和德国古典哲学的终结》一书单行本时把这篇笔记作为附录首次发
表,标题为《马克思论费尔巴哈》。恩格斯在该书序言中说:"我在马克
思的一本旧笔记中找到了十一条关于费尔巴哈的提纲,现在作为本书
附录刊印出来。这是匆匆写成的供以后研究用的笔记,根本没有打算
付印。但是它作为包含着新世界观的天才萌芽的第一个文献,是非常
宝贵的。"(见本选集第 4 卷第 218—219 页)后来,《马克思恩格斯全
集》俄文版和德文版编者根据恩格斯在这篇序言中的提法,将这一笔
记定名为《关于费尔巴哈的提纲》。

　　恩格斯在发表这个《提纲》时对个别地方作了文字上的修改,本卷
将马克思 1845 年的原稿本和恩格斯修改的稿本一并收入。

　　《提纲》的中译文最早发表在 1929 年上海沪滨书局出版的林超真

翻译的《宗教·哲学·社会主义》一书,在以后出版的《路德维希·费尔巴哈和德国古典哲学的终结》的多种中译本中都收有这个《提纲》。——133。

87 经院哲学也称烦琐哲学,是欧洲中世纪基督教学院中形成的一种哲学。经院哲学家们通过烦琐的抽象推理的方法来解释基督教教义和信条,实际上把哲学当做"神学的婢女"。——134。

88 《德意志意识形态。对费尔巴哈、布·鲍威尔和施蒂纳所代表的现代德国哲学以及各式各样先知所代表的德国社会主义的批判》是马克思和恩格斯阐述唯物史观和共产主义理论的重要著作。这部著作共分两卷,第一卷批判了路·费尔巴哈、布·鲍威尔和麦·施蒂纳的唯心史观,阐发了唯物史观的基本原理,论述了共产主义和无产阶级革命的理论;第二卷批判了当时在德国流行的所谓"真正的"社会主义或"德国社会主义",揭示了这种假社会主义的哲学基础、社会根源和阶级本质。

马克思和恩格斯在这部著作第一卷第一章中首次对唯物史观作了比较系统的阐述。他们阐明了社会存在决定社会意识这一唯物史观的出发点,论证了研究现实的人的活动和他们的物质生活条件是科学历史观的前提,指出这种历史观就在于:从直接生活的物质生产出发来考察现实的生产过程,并把同这种生产方式相联系的、它所产生的交往形式理解为整个历史的基础,同时由此出发来阐明意识的各种理论产物和形式,如宗教、哲学、道德等等,并追溯它们的产生过程。因此,"这种历史观和唯心主义历史观不同,它不是在每个时代中寻找某种范畴,而是始终站在现实历史的基础上,不是从观念出发来解释实践,而是从物质实践出发来解释各种观念形态"(见本卷第172页)。他们论述了物质生产在人类历史发展中的决定作用,论述了生产力与交往形式的矛盾运动,指出人类第一个历史活动是生活资料的生产,即物质生活本身的生产;生产力制约交往形式,随着生产力的发展,原来与生产力相适应的交往形式成为生产力发展的桎梏,从而必然由新的交往形式来代替,"一切历史冲突都根源于生产力和交往形式之间的矛盾"(见本卷第196页),这种矛盾"每一次都不免要爆发为革命"(见本卷第196页)。他们从生产力和交往形式的矛盾运动中揭示了人类历史发展的一般规律,论证了共产主义取代资本主义的历史必然性,提出了无产阶级夺取政权、消灭私有制、建设新社会并在斗争实践中改造自己的任务。他们指出："对实践的唯物主义者即共产主义者来说，全部问题都在于使现存世界革命化，实际地反对并改变现存的事物"。（见本卷第155页）他们强调未来新社会的创建一方面"是以生产力的巨大增长和高度发展为前提的"，"如果没有这种发展，那就只会有贫穷、极端贫困的普遍化；而在极端贫困的情况下，必须重新开始争取必需品的斗争，全部陈腐污浊的东西又要死灰复燃"（见本卷第166页）；另一方面要以同生产力的普遍发展相联系的世界交往为前提，共产主义是无产阶级的事业，这个事业"只有作为'世界历史性的'存在才有可能实现"（见本卷第167页）。他们还指出，共产主义将消灭旧的分工造成的限制，使每个人的才能得到自由全面的发展；到那时，单个人才能摆脱种种民族局限和地域局限，在历史完全转变为世界历史的进程中真正获得解放。

这部著作是马克思和恩格斯于1845年秋—1846年5月共同撰写的。马克思和恩格斯曾多次为出版《德意志意识形态》在德国寻找出版商。由于书报检查机关的阻挠，加上出版商对书中所批判的哲学流派及其代表人物的同情，这部著作未能出版。只有第二卷第四章在1847年《威斯特伐利亚汽船》杂志8月号和9月号上发表过。这部著作以手稿形式保存下来，没有总标题。现在的书名源于马克思在1847年4月6日发表的声明《驳卡尔·格律恩》中对这部著作的称呼（见《马克思恩格斯全集》中文第1版第4卷第43页）。

《德意志意识形态》第一卷第一章《费尔巴哈》是未完成的手稿，写于第一卷写作过程中的不同时间。在手稿中，这一章原来的标题是《一、费尔巴哈》。在手稿第一章的结尾处恩格斯写有：《一、费尔巴哈。唯物主义观点和唯心主义观点的对立》。显然，这是恩格斯在马克思逝世后整理马克思遗稿，重读《德意志意识形态》手稿时对原有标题所作的具体说明。

《费尔巴哈》这一章直到1924年才由苏共中央马克思恩格斯研究院第一次译成俄文发表，1926年在《马克思恩格斯文库》第一卷中以德文原文发表；1932年，《德意志意识形态》全书第一次以原文发表于《马克思恩格斯全集》历史考证版第一部分第五卷，其中《费尔巴哈》这一章由编者重新编排，加了分节标题，删去手稿结尾部分关于社会意识形式等内容的几段札记。《马克思恩格斯全集》俄文第二版、德文版和中文第一版的第三卷均以这一版本为依据。后来，苏联《哲学问题》杂志1965年第10、11期发表了巴加图里亚根据手稿重新编排的《费尔巴哈》这一章的俄译文;1966 年《德国哲学杂志》第 10 期用德文发表了该章的新编版本;此后该章的俄、德文单行本也相继问世。收入本卷的《费尔巴哈》章是根据该章 1985 年德文单行本译校的。

本卷收录了第一卷中《第一章　费尔巴哈》。《德意志意识形态》全文见《马克思恩格斯全集》中文第 1 版第 3 卷。

《费尔巴哈》这一章曾由郭沫若译成中文,1938 年由上海言行出版社出版,书名为《德意志意识形态》;1942 年 7 月上海珠林书店还出版了克士(周建人)翻译的这一章的中译文,书名为《德意志观念体系》。——141。

89 大·施特劳斯的主要著作《耶稣传》(1835—1836 年蒂宾根版第 1—2 卷)开创了对宗教的哲学批判,并使黑格尔学派开始分裂为老年黑格尔派和青年黑格尔派。

老年黑格尔派强调黑格尔的体系,对德国三月革命(见注 157)前的社会和政治实践持保守的甚至反动的态度。因此,他们也被称做右翼黑格尔派,其成员有格·加布勒、卡·道布、汉宁和亨·莱奥。

青年黑格尔派注重黑格尔的辩证方法,对基督教和普鲁士国家持批判态度,他们也被称做左翼黑格尔派,其主要成员有大·施特劳斯、麦·施蒂纳、阿·卢格、鲍威尔兄弟等,路·费尔巴哈一度也是该派成员。——142。

90 狄亚多希是马其顿亚历山大大帝的将领们,他们在亚历山大死后为争夺权力而彼此进行残酷的厮杀。在这场争斗的过程中(公元前 4 世纪末至公元前 3 世纪初),亚历山大的帝国这个不巩固的、实行军事管理的联盟分裂为许多单独的国家。——142。

91 "震撼世界的"一词是《维干德季刊》(见注 106)上一篇匿名文章的用语(见该杂志 1845 年第 4 卷第 327 页)。——145。

92 "交往"(Verkehr)这个术语在《德意志意识形态》中含义很广。它包括单个人、社会团体以及国家之间的物质交往和精神交往。马克思和恩格斯在这部著作中指出:物质交往,首先是人们在生产过程中的交往,这是任何其他交往的基础。《德意志意识形态》中所用的"交往形式"、"交往方式"、"交往关系"、"生产关系和交往关系"这些术语,表达了马克思和恩格斯在这个时期形成的生产关系概念。——147。

93 马克思和恩格斯使用的术语 Stamm,在本文中译为"部落"。在 19 世纪中叶的历史研究中,这个术语的含义比现在宽泛。它是指渊源于共同祖先的人们的共同体,包括近代所谓的"氏族"和"部落"。美国的民族学家路·亨·摩尔根在其主要著作《古代社会》(1877 年)中第一次把"氏族"和"部落"这两个概念区分开来,并下了准确的定义。摩尔根指明,氏族是原始公社制度的基层单位,部落则是由若干血缘相近的氏族结合而成的集体,从而为研究原始社会的全部历史奠定了科学的基础。恩格斯在《家庭、私有制和国家的起源》(见本选集第 4 卷)一书中总结了摩尔根的这些发现,全面地解释了氏族和部落这两个概念的内容。——148。

94　李奇尼乌斯土地法是公元前 367 年在古罗马通过的一项法律,又称李奇尼乌斯法。该法律对于把公有地转交个人使用的权利作了某种限制,并规定撤销部分债务。该法反对大土地占有制,反对扩大贵族的特权,反映了平民的经济地位和政治地位有所加强。根据罗马的传统说法,该法是罗马护民官李奇尼乌斯和塞克斯蒂乌斯制定的。——149。

95　内战指在罗马发生的内战,通常是指罗马统治阶级各集团之间从公元前 2 世纪末至公元前 30 年持续进行的斗争。这些内战连同日益尖锐的阶级矛盾和奴隶起义加速了罗马共和国的衰亡,并导致罗马帝国的建立。——149。

96　在恩格斯的《家庭、私有制和国家的起源》(见本选集第 4 卷)以及《法兰克时代》(见《马克思恩格斯全集》中文第 2 版第 25 卷)中均有关于日耳曼人军事制度的论述。——149。

97　马克思和恩格斯在这里和后面的论述,主要涉及路·费尔巴哈的著作《未来哲学原理》,并且从中引用了费尔巴哈的一些用语。——155。

98　《德法年鉴》(Deutsch-Französische Jahrbücher)是由马克思和阿·卢格在巴黎编辑出版的德文刊物,仅在 1844 年 2 月出版过第 1—2 期合刊;其中刊载有马克思的著作《论犹太人问题》(见《马克思恩格斯文集》第 1 卷)和《〈黑格尔法哲学批判〉导言》(见本卷),以及恩格斯的著作《国民经济学批判大纲》(见本卷)和《英国状况。评托马斯·卡莱尔的〈过去和现在〉》(见《马克思恩格斯全集》中文第 2 版第 3 卷)。这些著作标志着马克思和恩格斯完成了从唯心主义向唯物主义、从革命民主主义向共产主义的转变。该杂志由于马克思和资产阶级激进分子卢格之间存在原则分歧而停刊。——164。

99 重大政治历史事件的德文原文是 Haupt- und Staatsaktion,其原意是"大型政治历史剧",指 17 世纪和 18 世纪上半叶德国巡回剧团演出的戏剧。这些戏剧用夸张的、粗俗的和笑剧的方式展现悲剧性的历史事件。

这个词的引申意义是指重大的政治历史事件。德国历史科学中的一个流派"客观的历史编纂学"学派就是在这个意义上使用这个词的。莱·兰克是该学派的主要代表之一。他把 Haupt- und Staatsaktion 看做是需要陈述的重要主题。"客观的历史编纂学"学派看重国家的政治和外交历史,宣称外交政治高于国内政治,无视人们的社会关系及其在历史中的积极作用。——167、473、696、720、739。

100 大陆体系或大陆封锁是法国皇帝拿破仑第一在拿破仑战争期间为反对英国而采取的一项重要的经济政治措施。1805 年法国舰队被英国舰队消灭后,拿破仑于 1806 年 11 月 21 日颁布了《柏林敕令》,禁止欧洲大陆各国同英国进行贸易。参加大陆体系的有西班牙、那不勒斯、荷兰、普鲁士、丹麦和奥地利。根据 1807 年的蒂尔西特条约的秘密条款,俄国加入了大陆体系。1812 年拿破仑在俄国遭到失败后,所谓的大陆体系便瓦解了。——168、568、811。

101 指布·鲍威尔的论文《评路德维希·费尔巴哈》,载于 1845 年《维干德季刊》(见注 106)第 3 卷。——171。

102 《马赛曲》、《卡马尼奥拉曲》、《ça ira》(意为:就这么办)都是 18 世纪末法国资产阶级革命时期的革命歌曲。《ça ira》这首歌曲结尾的叠句是:"好! 就这么办,就这么办,就这么办。把贵族吊在路灯柱上!"——171。

103 种姓是职业世袭、内部通婚和不准外人参加的社会等级集团。种姓的出现和阶级社会形成时期的分工有关。种姓制度曾以不同形式存在于古代和中世纪各国,但在印度社会中表现得最为典型。古印度的《摩奴法典》规定有四个种姓:婆罗门、刹帝利、吠舍及首陀罗。——174、237、854、856、860。

104 《哈雷年鉴》(Hallische Jahrbücher)和《德国年鉴》(Deutsche Jahrbücher)是青年黑格尔派的刊物《德国科学和艺术哈雷年鉴》(Hallische Jahrbücher für deutsche Wissenschaft und Kunst)的简称,1838 年 1 月—1841 年 6 月以日报形式在莱比锡出版,由阿·卢格和泰·埃希特迈尔负责编辑;因在普鲁士受到禁止刊行的威胁,编辑部从哈雷迁到萨克森的德累斯顿，并更名为《德国科学和艺术年鉴》(Deutsche Jahrbücher für Wissenschaft und Kunst)，从 1841 年 7 月起由阿·卢格负责编辑，继续出版；起初为文学哲学杂志，从 1839 年底起逐步成为政治评论性刊物，在 1838—1841 年还出版《哈雷年鉴附刊》(Intelligenzblatt zu den Hallischen Jahrbüchern)，主要刊登新书广告；1843 年 1 月 3 日被萨克森政府查封，并经联邦议会决定在全国查禁。——175。

105　莱茵之歌是指德国诗人尼·贝克尔的诗歌《德国的莱茵河》。这首诗在 1840 年写成后被多次谱成歌曲。——176。

106　《维干德季刊》(Wigand's Vierteljahrsschrift) 是青年黑格尔派的哲学杂志，1844—1845 年由奥·维干德在莱比锡出版；参加该杂志工作的有布·鲍威尔、麦·施蒂纳和路·费尔巴哈等人。——176。

107　路·费尔巴哈在《因〈唯一者及其所有物〉而论〈基督教的本质〉》一文的结尾处这样写道："由此可见，既不应当称费尔巴哈为唯物主义者，也不应当称他为唯心主义者，更不应当称他为同一哲学家。那他究竟是什么呢？思想中的他，就是行动中的他，精神中的他，就是肉体中的他，本质中的他，就是感觉中的他；他是人，或者，说得更确切一些，——因为，费尔巴哈把人的本质仅仅设定在共同性之中——他是共同人，是共产主义者。"——176。

108　路·费尔巴哈《未来哲学原理》1843 年苏黎世—温特图尔版第 47 页。
　　　恩格斯在为写作《德意志意识形态》第一卷第一章而写的札记《费尔巴哈》(见《马克思恩格斯全集》中文第 1 版第 42 卷)中，引用和评论了费尔巴哈这部著作中有关的话。——177。

109　按照麦·施蒂纳的看法，"联盟"是利己主义者的自愿联合(参看《马克思恩格斯全集》中文第 1 版第 3 卷第 452—501 页)。——186。

110　马克思和恩格斯后来研究了农民反抗封建制度的斗争历史，探讨了 1848—1849 年农民的革命活动，改变了他们对中世纪农民起义的评价。恩格斯在 1850 年写的《德国农民战争》(见《马克思恩格斯文集》第 2 卷)一书中阐明了农民起义的性质及其在推翻封建制度的基础方面所起的作用。——186。

111　航海条例是英国为了保护本国海运、对付外国竞争而制定的一系列法令。条例规定，进口货物只能用英国船只或货物出产国的船只；英国沿海的航行以及与殖民地的贸易只限于英国船只。第一个,也是最著名的航海条例,是 1651 年奥·克伦威尔为对付荷兰的转运贸易和巩固英国的殖民统治而颁布的。航海条例在 19 世纪 20 年代已受到很大限制,1849 年只保留了有关沿海贸易部分,1854 年全部废除。——192。

112 英格兰于 1066 年被诺曼底公爵、征服者威廉征服。

1130 年宣告成立的西西里王国包括西西里和以那不勒斯为中心的南意大利。西西里王国的建国方针是由诺曼征服者的首领罗·基斯卡德于 11 世纪下半叶制定的。——205。

113 东罗马帝国指拜占庭帝国。公元 395 年罗马帝国分裂为东西两部分。东罗马帝国包括巴尔干半岛、小亚细亚、地中海东南岸地区,其首都是君士坦丁堡。1453 年土耳其军队占领君士坦丁堡,东罗马帝国灭亡。中国史籍中称东罗马帝国为拂菻或大秦。——206、629、642。

114 民族大迁徙指公元 3—7 世纪日耳曼、斯拉夫及其他部落向罗马帝国的大规模迁徙。4 世纪上半叶,日耳曼部落中的西哥特人因遭到匈奴人的进攻侵入罗马帝国。经过长期的战争,西哥特人于 5 世纪在西罗马帝国境内定居下来,建立了自己的国家。日耳曼人的其他部落也相继在欧洲和北非建立了独立的国家。民族大迁徙对摧毁罗马帝国的奴隶制度和推动西欧封建制度的产生起了重要的作用。——207、403。

115 意大利城市阿马尔菲是 10—11 世纪繁荣的商业中心。在中世纪,阿马尔菲市海商法在整个意大利都有效,并在地中海沿岸各国广泛采用。——213。

116 《哲学的贫困。答蒲鲁东先生的〈贫困的哲学〉》是马克思批判法国小资产阶级社会主义者蒲鲁东、阐发新的历史观和经济观的重要著作。在这部著作中,马克思批判了蒲鲁东为维护资本主义私有制而散布的取消阶级斗争和社会革命的改良主义观点,批判了他的唯心史观和形而上学方法论,阐明了唯物史观的基本原理,论述了生产力和生产关系的辩证关系以及生产力在社会发展中的决定作用,指出:"随着新生产力的获得,人们改变自己的生产方式,随着生产方式即谋生的方式的改变,人们也就会改变自己的一切社会关系。手推磨产生的是封建主的社会,蒸汽磨产生的是工业资本家的社会。"(见本卷第 222 页)同时,马克思对生产力的构成进行了科学的分析,指出生产力不仅包括生产工具,而且包括劳动者本身,强调"最强大的一种生产力是革命阶级本身。革命因素之组成为阶级，是以旧社会的怀抱中所能产生的全部生产力的存在为前提的"（见本卷第 274 页）。马克思阐明了资本主义生产方式内在矛盾的对抗性，指出这种对抗性矛盾必然导致阶级斗争尖锐化，导致资本主义社会终将为一个没有阶级和阶级对抗的新社会所代替。在这部著作中，马克思还强调工人阶级是解决资本主义社会矛盾、实现社会根本改造的真正的社会力量，阐明了工人阶级在资本主义条件下进行斗争的目标和形式，指出工人阶级必须通过斗争来团结和教育广大劳动群众，必须联合起来、结成同盟，用革命手段来改造社会，争取劳动阶级的解放，而"劳动阶级解放的条件就是要消灭一切阶级"（见本卷第 275 页）。

马克思在 1859 年回忆说："我们见解中有决定意义的论点，在我的 1847 年出版的为反对蒲鲁东而写的著作《哲学的贫困》中第一次作了科学的、虽然只是论战性的概述。"（见本选集第 2 卷第 4 页）恩格斯指出，《哲学的贫困》表明"马克思自己已经弄清了他的新的历史观和经济观的基本特点"（见《马克思恩格斯文集》第 4 卷第 199 页）。

1846 年 12 月，马克思读了刚出版的蒲鲁东的著作《经济矛盾的体系，或贫困的哲学》。他在 1846 年 12 月 28 日给俄国文学评论家和政论家帕·瓦·安年科夫的信（见本选集第 4 卷）中对蒲鲁东《贫困的哲学》中的唯心主义和形而上学观点作了详细的评论，信中表述的思想后来成为马克思撰写《哲学的贫困》的基础。1847 年 1 月马克思着手撰写这部著作，4 月初完稿并付印。1847 年 6 月 15 日，马克思为该书写了一篇简短的序言。

这部著作于 1847 年 7 月初在布鲁塞尔和巴黎以法文出版。1880 年 4 月 7 日，法国《平等报》刊登了马克思以编辑部名义为该报发表这部著作而写的一篇引言（见《马克思恩格斯全集》中文第 2 版第 25 卷第 425—426 页）。在这篇引言中，马克思写道："我们决定重新发表《哲学的贫困》（初版已售完），是因为该书包含了经过 20 年的研究之后，在《资本论》中阐发的理论的萌芽。所以，阅读《哲学的贫困》以及马克思和恩格斯于 1848 年发表的《共产党宣言》，可以作为研究《资本论》和现代其他社会主义者的著作的入门"。马克思还进一步阐明了撰写《哲学的贫困》的目的和意义，他指出："为了给力求阐明社会生产的真实历史发展的、批判的、唯物主义的社会主义扫清道路，必须断然同意识形态的经济学决裂，这种经济学的最新的体现者，就是自己并没有意识到这一点的蒲鲁东。"这部著作的德文第一版于 1885 年出版，恩格斯校订了译文,加了许多注释,并专门写了一篇序言:《马克思和洛贝尔图斯》(见《马克思恩格斯文集》第 4 卷)。恩格斯在校订德译文过程中,参考了马克思在 1876 年 1 月 1 日送给娜·吴亭娜(第一国际俄国支部委员尼·伊·吴亭的妻子)的 1847 年法文版上的修改意见。该书的德文第二版于 1892 年出版,恩格斯写了一个简短的按语(见《马克思恩格斯全集》中文第 1 版第 22 卷第 333 页)。恩格斯逝世以后,马克思的女儿劳·拉法格于 1896 年出版了法文第二版。

本卷节选了《哲学的贫困》的第二章。该著作的全文见《马克思恩格斯全集》中文第 1 版第 4 卷。

《哲学的贫困》曾由李铁声译成中文,1928 年发表在上海《思想》月刊第 2—3 期;1929 年上海水沫书店出版了杜竹君的译本;1932 年北平东亚书局出版了许德珩的译本;1949 年解放社出版了何思敬的译本。——216。

117 暗指弗·魁奈的同时代人尼·勃多于 1770 年发表的著作《经济表说明》。——217。

118 引自卢克莱修的诗篇《物性论》第 3 卷第 869 行:"不死的死夺去了有死的生"。——222。

119 在《哲学的贫困。答蒲鲁东先生的〈贫困的哲学〉》1847 年巴黎—布鲁塞尔法文版目录中,第四节的标题为:"土地所有权或地租",而在正文中第四节的标题为:"所有权或租",但两者在理论内涵上没有什么区别,正如马克思在本文中指出的那样:"虽然蒲鲁东先生表面上似乎讲的是一般的所有权,其实他所谈论的不过是土地所有权,地租而已"(见本卷第 258 页)。1885 年恩格斯亲自审定的德文版则把目录中第四节的标题改为"所有权或租"。——258。

120 有 40 个埃巨的人是伏尔泰同名小说的主人公,他是一个农民,每年收入 40 个埃巨。埃巨是法国当时的币名。——259。

121 制宪议会是 18 世纪末法国资产阶级革命第一阶段(1789 年 7 月 14 日—1792 年 8 月 10 日)的革命领导机关和国家立法机关,从 1789 年 7 月存在到 1791 年 9 月,立宪君主派在议会中起主要作用。制宪议会曾于 1789 年 8 月 4—11 日通过法令,宣布废除封建制度,取消教会和贵族的特权。1789 年 8 月 26 日通过了《人权和公民权宣言》,确立了资产阶级的人权、法制、公民自由和私有财产权等原则。——272、439。

122 当时在法国实行的法律,如1791年资产阶级革命时期制宪议会通过的所谓列沙白里哀法案和拿破仑帝制时期制定的刑法典,都禁止工人建立工人联合会和组织罢工,违者受到严厉的惩处。在法国,对工会的禁令到1884年才撤销。——272。

123 全国职工联合会是英国工联的组织,成立于1845年。联合会的活动仅限于争取出卖劳动力的优惠条件和改善工厂立法的经济斗争。联合会一直存在到60年代初,但是1851年以后它在工会运动中便没有发挥太大作用。——273。

124 指斐·拉萨尔的错误提法,这一提法主要出现在1862年4月12日拉萨尔在柏林手工业者联合会所作的报告中。报告的题目是《论当前历史阶段同工人等级思想的特殊联系》。拉萨尔的这一报告后来刊印的单行本大都以《工人纲领》为题。——275。

125 《共产主义者和卡尔·海因岑》是恩格斯为阐述共产主义的政治立场和理论主张而写的文章。恩格斯在文中批驳了小资产阶级民主派卡·海因岑对共产主义的攻击和诬蔑,强调共产主义不是教义,而是运动,它不是从原则出发,而是从事实出发。恩格斯指出,共产主义者不是把某种哲学作为前提,而是把迄今为止的全部历史,特别是这一历史目前在文明各国造成的实际结果作为前提。恩格斯阐述了共产主义理论产生的时代背景和实践基础,指出共产主义作为理论,是无产阶级立场在斗争中的理论表现,是无产阶级解放的条件的理论概括。

　　本文包含两篇文章,分别写于1847年9月27日以前和10月3日,刊载于1847年10月3日和7日《德意志—布鲁塞尔报》第79、80号。——276。

126 《德意志—布鲁塞尔报》(Deutsche-Brüsseler-Zeitung)是布鲁塞尔德国流亡者创办的报纸,1847年1月3日—1848年2月27日由阿·冯·伯恩施太德主编和出版;起初具有小资产阶级民主主义倾向,后来在马克思和恩格斯的影响下,成为传播革命民主主义思想和共产主义思想的报纸;威·沃尔弗从1847年2月底起,马克思和恩格斯从1847年9月起经常为该报撰稿,并实际领导编辑部的工作。——276。

127 卡·海因岑主张建立的德意志共和国是一个类似瑞士联邦的自治国家的共和联邦。这个共和国的旗帜就是黑、红、黄三色旗。这也是当时德国小资产阶级民主派在对待德国统一问题上的立场。马克思和恩格斯认为这种观点与消除中世纪隔绝状态和政治上不统一的斗争相互矛盾,针锋相对地提出建立统一的、不可分割的德意志共和国的主张,参看注315。——278。

128 恩格斯列举的这些农民起义都是中世纪发生的大规模农民运动:瓦·泰勒是1381年英国最大一次农民起义的领袖;杰·凯德是1450年英国南部农民和手工业者反封建起义的领导者;扎克(雅克)是法国贵族对农民的蔑称,意即"乡下佬",因此法国1358年的农民起义被称为扎克雷起义;农民战争指德国1524—1525年的农民战争。恩格斯后来研究了农民反抗封建制度斗争的历史,探讨了1848—1849年农民的革命活动,改变了自己对农民运动的评价。他在1850年撰写的《德国农民战争》(见《马克思恩格斯文集》第2卷)一书中阐明了农民起义的性质及其在推翻封建制度的基础方面所起的作用。——280。

129 指尤·福禄培尔的《社会政治体系》,亦即《新政治》一书1847年曼海姆第2版第1—2卷。这部著作的第1版于1846年出版,书名为《新政治》,作者使用的笔名是尤尼乌斯。——284。

130 《特里尔日报》(Trier'sche Zeitung)是德国的一家日报,1757年在特里尔创刊,1815—1919年用这个名称出版;1842年起报纸反映资产阶级民主派的观点,特别是深受亨·贝特齐希的影响;40年代中开始接受"真正的社会主义"(见注132)的影响,1842—1843年曾转载《莱茵报》上马克思的几篇文章,全面支持《摩泽尔记者的辩护》,反对查封《莱茵报》。——286。

131 见马克思《驳卡尔·格律恩》(《马克思恩格斯全集》中文第1版第4卷)以及马克思和恩格斯《德意志意识形态》第2卷第4章《卡尔·格律恩〈法兰西和比利时的社会运动〉》(1845年达姆施塔特版)或"真正的社会主义"的历史编纂学》(《马克思恩格斯全集》中文第1版第3卷第573—628页)。——287。

132 "真正的社会主义"是从1844年起在德国知识分子中间传播的一种小资产阶级社会主义学说,其代表人物有卡·格律恩、莫·赫斯、海·克利盖等人。"真正的社会主义者"宣扬超阶级的爱、抽象的人性和改良主义思想,拒绝进行政治活动和争取民主的斗争,否认进行资产阶级民主革命的必要性。在19世纪40年代的德国,这种学说成了不断发展的工人运动的障碍,不利于团结民主力量进行反对专制制度和封建秩序的斗争,不利于在革命斗争的基础上形成独立的无产阶级运动。马克思和恩格斯在1845—1848年的许多著作中对"真正的社会主义"进行了不懈的批判,如《德意志意识形态》(见《马克思恩格斯文集》第1卷)、《反克利盖的通告》(见《马克思恩格斯全集》中文第1版第4卷)、《诗歌和散文中的德国社会主义》(同上)、《"真正的社会主义者"》(见《马克思恩格斯全集》中文第1版第3卷)和《共产党宣言》(见本卷)。——287、582。

133 伊留米纳特直译为照耀派,是1776年在巴伐利亚成立的近似于共济会的秘密团体,由对国王专制制度不满的市民和贵族反对派组成。伊留米纳特害怕一切民主运动,它在章程中所作的规定使普通会员变成了领导人的盲目工具。1784年,该团体被巴伐利亚当局取缔。——290。

134 长裤汉又称无套裤汉,是法国大革命时期对城市平民的称呼。他们穿粗布长裤,有别于穿丝绒短套裤的贵族富豪,故名。长裤汉原是贵族对平民的蔑称,后来成为"革命者"、"共和主义者"的同义语。1793—1794年,他们曾发起要求社会经济改革的运动。——293。

135 这些诗句引自海涅《阿塔·特洛尔》第24章。从该书序言中可以看出,"但毛茸茸的胸膛里却充满信念"、"虽无才能,却有性格"都是海涅用来讽刺白尔尼派的。恩格斯转引这些诗句用以讽刺卡·海因岑。——293。

136 《共产主义原理》是恩格斯为共产主义者同盟撰写的纲领草案,是科学社会主义的重要文献。恩格斯在这篇文献中阐明了共产主义理论的本质,指出共产主义是关于无产阶级解放条件的学说;论述了无产阶级产生的历史和阶级特性,指出只有无产阶级才能承担埋葬资本主义和解放全人类的伟大历史使命;阐述了资本主义灭亡和共产主义胜利的历史必然性。恩格斯强调指出,要实现共产主义,必须废除私有制;废除私有制是共产主义者的主要要求,但私有制不是一下子就能废除的,"只有创造了所必需的大量生产资料之后,才能废除私有制"(见本卷第304页)。恩格斯论述了未来新社会的基本特征,指出按共产主义原则组织起来的社会将有计划地组织社会生产,将大力发展生产力以满足社会全体成员的需要,阶级对立、城乡对立将消失,社会成员的才能将得到全面发展,等等。恩格斯还阐述了实现共产主义的道路和手段,指出:"无产阶级革命将建立民主的国家制度,从而直接或间接地建立无产阶级的政治统治。"(见本卷第304页)在这篇文献中,恩格斯还阐明了共产主义者对形形色色社会主义流派的态度,论述了共产主义者进行革命斗争的策略原则。

1847 年 6 月,在共产主义者同盟第一次代表大会期间,恩格斯为同盟起草了第一个纲领稿本,即《共产主义信条草案》(见《马克思恩格斯全集》中文第 1 版第 42 卷)。同年 10 月底—11 月,恩格斯受同盟巴黎区部的委托,在《共产主义信条草案》的基础上写出新的纲领草案《共产主义原理》,准备提交同盟第二次代表大会讨论。恩格斯在 1847 年 11 月 23—24 日写信给马克思,扼要介绍了《共产主义原理》的内容,并建议"最好不要采用那种教义问答形式,而把这个文本题名为《共产主义宣言》"(见本选集第 4 卷第 420 页)。这个重要意见得到了马克思的赞同。1847 年 11 月,共产主义者同盟第二次代表大会委托马克思和恩格斯为同盟起草一个准备公布的纲领。他们在《共产主义原理》的基础上写成了《共产党宣言》(见本卷)。

《共产主义原理》的中译文曾收入 1930 年由潘鸿文编、上海社会科学研究社出版的《马克斯主义的基础》一书;1949 年 7 月上海民间出版社又出版了林若的中译本。——295。

137　马克思和恩格斯在 19 世纪 40—50 年代,即马克思制定出剩余价值理论以前所写的著作中使用过"劳动价值"、"劳动价格"、"出卖劳动"这样的概念。1891 年,恩格斯在为马克思的《雇佣劳动与资本》这本小册子所写的导言中指出:"用后来的著作中的观点来衡量",这些概念"是不妥当的,甚至是不正确的"(见本卷第 318 页)。马克思和恩格斯在后来的著作中使用的是"劳动力价值"和"劳动力价格"、"出卖劳动力"等概念。——295、367、407。

138　在恩格斯的手稿中,以下是半页空白,没有答案。在《共产主义信条草案》中有对这个问题的答案:"不同于无产者的所谓手工业者,上个世纪几乎到处都有,而今天还散见各处,他们顶多是暂时的无产者。他们的目的是为自己获得资本,并用它来剥削其他劳动者。当行会仍然存在,或者当经营自由还没有导致手工业照工厂的方式进行生产、还没有导致激烈的竞争时,他们往往还可以达到这个目的。但是,一旦手工业采用了工厂制度,竞争也非常盛行时,这种前景就消失了,手工业者就日益成为无产者。因此,手工业者获得解放的道路是:或者是成为资产者或一般是变为中间等级,或者是由于竞争而成为无产者(正如现在所经常发生的),并参加无产阶级的运动,也就是参加或多或少自觉的共产主义运动。"（见《马克思恩格斯全集》中文第 1 版第 42 卷第 377 页）——299。

139 恩格斯曾指出："……我把工业大危机的周期算成了五年。这个关于周期长短的结论，显然是从 1825 年到 1842 年间的事变进程中得出来的。但是 1842 年到 1868 年的工业历史证明，实际周期是十年，中间危机只具有次要的性质，而且在 1842 年以后日趋消失。"（见本卷第 70 页）——301。

140 在回答第二十二个问题的地方，写着"保留原案"的字样。这是指答案应当维持恩格斯写的《共产主义信条草案》中的答案，即"按照公有制原则结合起来的各个民族的民族特点，由于这种结合而必然融合在一起，从而也就自行消失，正如各种不同的等级差别和阶级差别由于废除了它们的基础——私有制——而消失一样。"（见《马克思恩格斯全集》中文第 1 版第 42 卷第 380 页）——309。

141 在回答第二十三个问题的地方，写着"保留原案"的字样。这是指答案应当维持恩格斯写的《共产主义信条草案》中的答案，即"迄今一切宗教都是单个民族或几个民族的历史发展阶段的表现，而共产主义却是使一切现有宗教成为多余并使之消灭的发展阶段。"（见《马克思恩格斯全集》中文第 1 版第 42 卷第 380 页）——309。

142 全国土地改革派即北美土地改革派，又称美国"全国改革协会"，成立于 1845 年，是一个以手工业者和工人为核心的政治团体，宗旨是无偿地分给每一个劳动者一块土地。19 世纪 40 年代后半期，协会宣传土地改革，反对种植场奴隶主和土地投机分子，并提出实行十小时工作制、废除奴隶制、取消常备军等民主要求。许多德国手工业侨民参加了这一土地改革运动。——311、434。

143 《关于波兰的演说》是马克思和恩格斯论述无产阶级革命与民族解放运动关系的重要演说。他们指出，资本主义所有制关系是一些国家剥削另一些国家的条件，只有消灭现存的所有制关系，被压迫的无产阶级和一切被压迫民族才能同时获得解放。因此，无产阶级对资产阶级的胜利同时就是一切被压迫民族获得解放的信号。一个民族当它还在压迫其他民族的时候，是不可能获得自由的，因此，具有相同处境、相同利益、相同敌人的无产阶级应当联合起来，共同为争取本阶级的解放和各民族的解放而斗争。

马克思和恩格斯的演说是在 1847 年 11 月 29 日民主派兄弟协会在伦敦举行的纪念 1830 年波兰起义国际大会上发表的。民主派兄弟协会是英国宪章运动左翼代表人物和各国革命流亡者于 1845 年在伦敦成立的国际性民主团体。1847 年 12 月 9 日《德意志—布鲁塞尔报》刊载了马克思和恩格斯演说的全文。——313。

144 指 1830 年 11 月开始的 1830—1831 年反对沙皇制度的波兰解放起义。起义的领导权基本上掌握在波兰小贵族的手里。由于他们拒绝满足广大农民群众废除农奴依附地位的要求,未能得到农民群众的支持,起义最终遭到沙皇的残酷镇压。对这次起义的评价,见恩格斯 1848 年 2 月 22 日在布鲁塞尔举行的 1846 年克拉科夫起义两周年纪念大会上的演说(《马克思恩格斯全集》中文第 1 版第 4 卷第 537—541 页)以及他在《德国农民战争》中的有关论述(《马克思恩格斯文集》第 2 卷第 274 页)。——313。

145 自由贸易派也称曼彻斯特学派,是 19 世纪上半叶英国出现的资产阶级政治经济学的一个派别,其主要代表人物是曼彻斯特的两个纺织厂主理·科布顿和约·布莱特。19 世纪 20—50 年代,曼彻斯特是自由贸易派的宣传中心。该学派提倡自由贸易,要求国家不干涉经济生活,反对贸易保护主义原则,要求减免关税并奖励出口,废除有利于土地贵族的、规定高额谷物进口关税的谷物法。1838 年,曼彻斯特的自由贸易派建立了反谷物法同盟(见注 22)。19 世纪 40—50 年代,该派组成了一个单独的政治集团,后来成为自由党的左翼。——313、360、530、627、809、830。

146 瓜分波兰指 18 世纪根据 1772 年 5 月 3 日在圣彼得堡签订的协定对波兰进行的三次瓜分。1772 年第一次瓜分波兰时,奥地利分得了加利西亚,普鲁士分得了瓦尔米亚以及波美拉尼亚、库亚维恩和大波兰区的一部分;利夫兰及白俄罗斯东部的一部分划归俄国。1793 年第二次瓜分波兰时,俄国得到了白俄罗斯的一部分地区和第聂伯河西岸乌克兰地区,普鲁士得到了但泽(今格但斯克)、托伦及大波兰区的部分地区。奥地利未参加第二次瓜分。1795 年第三次瓜分波兰时,俄国分得了立陶宛、库尔兰、白俄罗斯西部地区和沃伦的一部分。奥地利攫取了包括卢布林和克拉科夫在内的小波兰区的一部分。包括华沙在内的波兰本土大部分划归普鲁士。第三次瓜分波兰以后,波兰贵族共和国已不再作为独立国家而存在了。——314、607。

147　《雇佣劳动与资本》是马克思的一部重要的政治经济学论著。马克思
在这部著作中用通俗易懂的语言论述了以剥削雇佣工人劳动为基础的
资本主义生产关系的实质,阐明了后来在《资本论》中得到科学论证的
剩余价值理论的某些思想,戳穿了资产阶级经济学家宣扬的"资本家
和工人利益一致"的谎言,指出"资本的利益和雇佣劳动的利益是截然
对立的"(见本卷第 350 页),从而说明了构成现代阶级斗争和民族斗
争的物质基础的经济关系。这部著作还阐述了生产力和生产关系之间
的矛盾运动和辩证关系,揭示了资本主义制度的基本矛盾、深刻危机及
其走向灭亡的历史必然性。

　　这部著作是马克思根据 1847 年 12 月在布鲁塞尔德意志工人协会
发表的演说写成的,最初以社论形式于 1849 年 4 月 5—8 日和 11 日在
《新莱茵报》陆续发表。后来由于《新莱茵报》被迫停刊,这部著作的连
载遂告中断。1880 年,这部著作的单行本首次在布雷斯劳出版,并于
1881 年再版。1884 年,瑞士合作印书馆在霍廷根—苏黎世再次出版这
部著作的单行本,并附有恩格斯写的简短前言。1891 年,为适应工人
群众学习科学社会主义理论的需要,在恩格斯的关心下,这部著作的新
单行本在柏林印行。恩格斯根据《资本论》的基本观点和科学论述,对
马克思这部著作进行了适当的修改和补充。恩格斯在《导言》中指出:
"我所作的全部修改,都归结为一点。在原稿上是,工人为取得工资向
资本家出卖自己的劳动,在现在这一版本中则是出卖自己的劳动力。"
(见本卷第 318 页)恩格斯阐明了修改的理由,论述了马克思主义政治
经济学的科学价值,揭露了资本主义制度的本质,指出工人阶级不仅是
社会财富的生产者,而且是新的社会制度的创造者。

　　本卷发表的《雇佣劳动与资本》是根据 1891 年版译出的。凡是恩
格斯所作的重要改动,均在脚注中注明《新莱茵报》上发表时的原文。

　　《雇佣劳动与资本》的中译文于 1919 年 5 月 9 日—6 月 1 日在北
京《晨报》上连载,译者署名食力;1921 年,广州人民出版社出版了袁让
翻译的中译本;1929 年上海泰东图书局出版了朱应祺、朱应会合译的
中译本;1939 年延安解放社出版的由王学文、何锡麟、王石巍合译的
《政治经济学论丛》收有这篇著作的中译文。——317。

148　这篇导言是恩格斯为他本人校订的、于 1891 年在柏林出版的马克思的
《雇佣劳动与资本》新版单行本而写的。恩格斯在导言开头部分,把他
为这一著作的 1884 年单行本所写的前言(见《马克思恩格斯全集》中
文第 1 版第 21 卷第 204 页)全部复述了一遍。19 世纪 90 年代,为了在

工人中宣传马克思的经济学说,马克思的这一著作和恩格斯的这篇导言曾在德国大量印行,广为传播。

导言曾以独立的论文形式公开发表,在工人和社会主义报刊上获得广泛的传播。在《雇佣劳动与资本》的新版单行本出版以前,这篇导言曾以《雇佣劳动与资本》为题发表在 1891 年 5 月 13 日《前进报》第109 号附刊。此外,导言还稍经删节刊载于 1891 年 5 月 30 日《自由报》第 22 号,1891 年 7 月 10 日意大利杂志《社会评论》第 10 期,1891年 7 月 22 日《社会主义者报》第 44 号,1892 年法国社会主义杂志《社会问题》等报刊。

马克思的这一著作后来根据 1891 年版译成许多种外文出版,所有这些版本都收入了恩格斯写的这篇导言。——317。

149 指《新莱茵报。民主派机关报》(Neue Rheinische Zeitung. Organ der Demokratie)。该报是德国 1848—1849 年革命时期民主派中无产阶级一翼的战斗机关报,1848 年 6 月 1 日—1849 年 5 月 19 日每日在科隆出版,马克思任主编;参加编辑部工作的有恩格斯、威·沃尔弗、格·维尔特、斐·沃尔弗、恩·德朗克、斐·弗莱里格拉特和亨·毕尔格尔斯。报纸编辑部作为无产阶级革命运动的领导核心,实际履行了共产主义者同盟中央委员会的职责;1848 年 9 月 26 日科隆实行戒严,报纸暂时停刊;此后在经济和组织方面遇到了巨大困难,马克思不得不在经济上对报纸的出版负责,为此,他把自己的全部积蓄贡献出来,使报纸得以继续出版。

《新莱茵报》起到了教育和鼓舞人民群众的作用。报纸发表的有关德国和欧洲革命的重要观点的社论,通常都是由马克思和恩格斯执笔。尽管遭到当局的种种迫害和阻挠,《新莱茵报》仍然英勇地捍卫革命民主主义运动和无产阶级的利益。1849 年 5 月,在反革命势力全面进攻的形势下,普鲁士政府借口马克思没有普鲁士国籍而把他驱逐出境,同时又加紧迫害《新莱茵报》的其他编辑,致使该报被迫停刊。1849 年 5 月 19 日,《新莱茵报》用红色油墨印出了最后一号即 301 号。报纸的编辑在致科隆工人的告别书中写道:"无论何时何地,他们的最后一句话将始终是:工人阶级的解放!"(参看《马克思恩格斯全集》中文第 1 版第 6 卷第 619 页)——317、468、628。

150 布鲁塞尔德意志工人协会全称是布鲁塞尔德意志工人教育协会,是马克思和恩格斯 1847 年 8 月底在布鲁塞尔建立的德国工人团体,旨在对侨居比利时的德国工人进行政治教育并向他们宣传科学社会主义思想。在马克思和恩格斯及其战友的领导下,协会成了团结侨居比利时的德国革命无产者的合法中心,并同佛兰德和瓦隆的工人俱乐部保持着直接的联系。协会中的优秀分子加入了共产主义者同盟的布鲁塞尔支部。协会在布鲁塞尔民主协会成立过程中发挥了出色的作用。1848年法国资产阶级二月革命之后不久,由于协会成员被比利时警察当局逮捕或驱逐出境,协会在布鲁塞尔的活动即告停止。——317。

151 1849年,沙皇军队为了镇压匈牙利资产阶级革命、恢复奥地利哈布斯堡王朝的统治,对匈牙利进行了武装干涉。根据尼古拉一世的命令,俄国军队于1849年5月开进了匈牙利。——317、503。

152 指维护帝国宪法的运动。这是1848—1849年德国资产阶级民主革命的最后阶段。以普鲁士为首的德意志各邦拒绝承认法兰克福国民议会于1849年3月28日通过的帝国宪法,但是人民群众认为帝国宪法是唯一还没有被取消的革命成果。1849年5月初在萨克森和莱茵省,5—7月在巴登和普法尔茨相继爆发了维护帝国宪法的武装起义。6月初,两个普鲁士军团约6万人与一个联邦军团开始对两地起义者实行武力镇压,而法兰克福国民议会却不给起义者任何援助。1849年7月,维护帝国宪法的运动被镇压下去。——317、503、554、555、652、654。

153 后来在马克思的遗稿中发现了一份手稿,是为《雇佣劳动与资本》最后一讲或最后几讲准备的提纲,标题为《工资》(见《马克思恩格斯全集》中文第1版第6卷),封面上注明"1847年12月于布鲁塞尔"。从内容上看,这份手稿在某种程度上是马克思这篇未完成的著作《雇佣劳动与资本》的补充。但是在马克思的手稿中,未发现《雇佣劳动与资本》已定稿的结尾部分。——317。

154 李嘉图学派是指以罗·托伦斯、詹·穆勒和约·斯·穆勒为代表的资产阶级经济学家,他们在大·李嘉图的主要著作《政治经济学和赋税原理》1817年在伦敦出版之后用庸俗经济学取代了古典资产阶级经济学,试图用资产阶级的方式来解决李嘉图理论中的基本对立。其结果正如马克思所说的那样,李嘉图学派的解体是由于它无法解决两个问题:"(1)资本和劳动之间按照价值规律交换。(2)一般利润率的形成。把剩余价值和利润等同起来。不理解价值和费用价格的关系。"(见马克思《政治经济学批判(1861—1863年手稿)》第 XIV 笔记本第851

页)对这一学派的详细分析,见马克思《政治经济学批判(1861—1863年手稿)》第VII笔记本第319页—第VIII笔记本第347页(《马克思恩格斯全集》中文第2版第33卷第168—221页)。——322。

155 指1891年五一庆祝活动。在某些国家(英国、德国),这种庆祝活动是在5月1日以后头一个星期日举行的;1891年5月1日以后的头一个星期日是5月3日。英国、奥地利、德国、法国、意大利、俄国和其他国家许多城市的工人,在1891年五一纪念日举行了集会和示威游行。——326。

156 二月革命指1848年2月爆发的法国资产阶级民主革命。代表金融资产阶级利益的"七月王朝"推行极端反动的政策,反对任何政治改革和经济改革,阻碍资本主义发展,加剧对无产阶级和农民的剥削,引起全国人民的不满;农业歉收和经济危机进一步加深了国内矛盾。1848年2月22—24日巴黎爆发革命,推翻了"七月王朝",建立了资产阶级共和派的临时政府,宣布成立了法兰西第二共和国。法国二月革命在欧洲1848—1849年革命中具有重要影响。无产阶级和小资产阶级积极参加了这次革命,但革命果实却落到了资产阶级手里。——327、376、382、391、441、445、597、666、671。

157 在二月革命的影响下,1848年3月13日,奥地利首都维也纳的市民、大学生和工人行动起来,举行了要求宪法、陪审制和新闻出版自由的游行示威。群众和军警发生冲突,起义爆发。这次起义导致反动政府的垮台和首相梅特涅的逃亡。

　　1848年3月初,柏林群众举行集会,要求普鲁士政府取消等级特权、召开议会和赦免政治犯。国王弗里德里希-威廉四世调动军队进行镇压,遂发生流血冲突。3月13日,维也纳人民推翻梅特涅统治的消息传到柏林,斗争进一步激化。国王慑于群众的威力,并企图拉拢资产阶级自由派,阻止革命发展,于17、18日先后颁布特别命令,宣布取消书报检查制度;允诺召开联合议会,实行立宪君主制。资产阶级自由派遂与政府妥协。柏林群众要求军队撤出首都,在遭到军警镇压后,于3月18日构筑街垒举行武装起义,最终迫使国王于19日下令把军队撤出柏林。起义获得了胜利,但是起义成果却被资产阶级窃取,3月29日普鲁士成立了康普豪森—汉泽曼内阁。——327、440、441、503、554、601、618。

158 指1848年6月巴黎无产阶级的起义。二月革命后,无产阶级要求把革命推向前进,资产阶级共和派政府推行反对无产阶级的政策,6月22日颁布了封闭"国家工场"的挑衅性法令,激起巴黎工人的强烈反抗。6月23—26日,巴黎工人举行了大规模武装起义。6月25日,镇压起义的让·巴·菲·布雷亚将军在枫丹白露哨兵站被起义者打死,两名起义者后来被判处死刑。经过四天英勇斗争,起义被资产阶级共和派政府残酷镇压下去。马克思论述这次起义时指出:"这是分裂现代社会的两个阶级之间的第一次大规模的战斗。这是保存还是消灭资产阶级制度的斗争。"(见本卷第467页)——327、376、382、391、446、473、478、500、615、692。

159　指1848年11月1日维也纳被文迪施格雷茨的军队占领。——327。

160　指1848年11月的柏林事件。1848年11月8日国王下令把普鲁士国民议会会址从柏林迁往勃兰登堡。国民议会的多数派通过了一项继续把会址设在柏林的决定。11月10日国民议会被赶出它经常举行会议的话剧院。11月11—13日议会在射击俱乐部召开会议,11月15日被弗兰格尔将军的军队驱散。——327。

161　马克思的《雇佣劳动与资本》在《新莱茵报》上发表时,此处即为"劳动力"。关于本文中"劳动力"概念的使用情况,可看恩格斯为1891年单行本写的导言(本卷第318页)。——343。

162　《关于自由贸易问题的演说》是马克思针对资产阶级关于自由贸易的谎言,揭露资本主义制度本质的一篇重要演说。马克思在演说中揭示了资本家对雇佣工人进行残酷剥削的事实,指出只要雇佣劳动和资本的关系继续存在,就永远会有剥削阶级和被剥削阶级存在;资产阶级经济学家和自由贸易派所标榜的"贸易自由",实质上就是资产阶级充分运用资本的自由,就是资本家压榨工人的自由,同时也是一些国家牺牲另一些国家的利益而聚敛财富的自由。

　　1848年1月9日,马克思在布鲁塞尔民主协会召开的公众大会上发表了这篇演说。1848年2月初,这篇演说的单行本在布鲁塞尔用法文出版。同年,马克思和恩格斯的战友约·魏德迈将这篇演说译成德文,在德国出版。1885年,根据恩格斯的意见,这篇演说的新的德译本作为附录被收入马克思《哲学的贫困》德文第一版。1888年,这篇演说的英译本在美国波士顿出版,并刊有恩格斯撰写的序言;1888年7月,《新时代》杂志刊载了恩格斯这篇序言,标题为《保护关税制度和自由贸易》(见《马克思恩格斯文集》第4卷)。

这篇著作由邹钟隐译成中文,收入 1930 年上海联合书店出版的《自由贸易问题》一书。——360。

163 指 1847 年 9 月 16—18 日在布鲁塞尔召开的经济学家会议。关于这次会议的情况,见恩格斯《经济学家会议》和《讨论自由贸易问题的布鲁塞尔会议》(《马克思恩格斯全集》中文第 1 版第 4 卷)。——367。

164 东印度公司是存在于 1600—1858 年的英国贸易公司,是英国在印度和中国以及亚洲其他国家经营垄断贸易、推行殖民主义掠夺政策的工具。从 18 世纪中叶起,公司拥有军队和舰队,成为巨大的军事力量。在公司的名义下,英国殖民主义者完成了对印度的占领。该公司长期控制着同印度进行贸易的垄断权和印度最主要的行政权。它的贸易和行政特权由英国议会定期续发的公司特许状规定。由于公司管理中的独断专行、经营不善,加之 19 世纪初日益强大的英国工业资产阶级迫使印度对外"开放",致使东印度公司的权力和影响日渐削弱。英国资产阶级要求扩大对华贸易,提倡自由贸易。1833 年 8 月 23 日,英国议会通过了取消东印度公司对华贸易特权的法案,该法案自 1834 年 4 月 22 日开始实施。1853 年下院辩论印度法案时的焦点是英国今后在印度的统治形式问题,因为 1854 年 4 月 30 日是东印度公司特许状的截止日期。1857—1859 年印度的民族解放起义迫使英国改变殖民统治的形式,于是公司被撤销,印度被宣布为英王的领地。——370、780、790、803、849、860。

165 《共产党宣言》是马克思和恩格斯为共产主义者同盟起草的纲领,是马克思主义的纲领性文献。《宣言》用历史唯物主义观点阐明了原始土地公有制解体以来的全部历史都是阶级斗争的历史;对资本主义作了深刻而系统的分析,科学地评价了资产阶级的历史作用,揭示了资本主义的内在矛盾,论证了资本主义必然灭亡和共产主义必然胜利是人类社会发展规律。《宣言》强调:"共产主义的特征并不是要废除一般的所有制,而是要废除资产阶级的所有制。但是,现代的资产阶级私有制是建立在阶级对立上面、建立在一些人对另一些人的剥削上面的产品生产和占有的最后而又最完备的表现。从这个意义上说,共产党人可以把自己的理论概括为一句话:消灭私有制。"(见本卷第 414 页)"共产主义革命就是同传统的所有制关系实行最彻底的决裂;毫不奇怪,它在自己的发展进程中要同传统的观念实行最彻底的决裂。"(见本卷第 421 页)《宣言》论述了无产阶级作为资本主义掘墓人的伟大历史使命和建立共产主义新社会的奋斗目标,指出:"代替那存在着阶级和阶级对立的资产阶级旧社会的,将是这样一个联合体,在那里,每个人的自由发展是一切人的自由发展的条件。"(见本卷第 422 页)《宣言》奠定了马克思主义建党学说的基础,论述了共产党的性质、特点、基本纲领和策略原则,指出:"共产党人同其他无产阶级政党不同的地方只是:一方面,在无产者不同的民族的斗争中,共产党人强调和坚持整个无产阶级共同的不分民族的利益;另一方面,在无产阶级和资产阶级的斗争所经历的各个发展阶段上,共产党人始终代表整个运动的利益。因此,在实践方面,共产党人是各国工人政党中最坚决的、始终起推动作用的部分;在理论方面,他们胜过其余无产阶级群众的地方在于他们了解无产阶级运动的条件、进程和一般结果。"(见本卷第 413 页)《宣言》批判了当时流行的各种社会主义流派,划清了科学社会主义与这些流派的界限,提出了"全世界无产者,联合起来!"这一战斗口号。《宣言》为无产阶级争取自身解放的斗争提供了科学的理论指导,是马克思主义和工人运动相结合的典范。列宁指出:"这部著作以天才的透彻而鲜明的语言描述了新的世界观,即把社会生活领域也包括在内的彻底的唯物主义、作为最全面最深刻的发展学说的辩证法、以及关于阶级斗争和共产主义新社会创造者无产阶级肩负的世界历史性的革命使命的理论。"(见《列宁全集》中文第 2 版第 26 卷第 50 页)"这本书篇幅不多,价值却相当于多部巨著:它的精神至今还鼓舞着、推动着文明世界全体有组织的正在进行斗争的无产阶级。"(见《列宁全集》中文第 2 版第 2 卷第 8 页)

　　1847 年 11 月,共产主义者同盟第二次代表大会在伦敦召开,马克思和恩格斯在大会上阐述了科学社会主义的思想。大会经过辩论,接受了他们的观点,并委托他们为同盟起草一个准备公布的纲领。马克思和恩格斯从 1847 年 12 月—1848 年 1 月底用德文写成了《共产党宣言》。

　　1848 年 2 月底,《共产党宣言》第一个德文单行本在伦敦出版。《宣言》一问世便被译成欧洲多种文字。在 1848 年的各个版本中作者没有署名。1850 年英国宪章派机关刊物《红色共和党人》杂志登载《宣言》的英译文时,编辑乔·哈尼在序言中第一次指出了作者的名字。

　　1872 年,《宣言》出版了新的德文版。这一版以及后来出版的 1883 年和 1890 年德文版,书名改用《共产主义宣言》。

　　《共产党宣言》曾有多种中译本。《宣言》的第一个全译本由陈望道翻译,1920 年 8 月由上海社会主义研究社出版;1930 年上海中外社会科学研究社出版了华岗翻译的中译本;1938 年延安解放社出版了成仿吾、徐冰翻译的中译本;1943 年延安解放社又出版了博古校译的中译本;1949 年莫斯科外国文书籍出版局出版了《宣言》发表一百周年纪念版的中译本;1978 年人民出版社出版了成仿吾的中译本。——376。

166 《1872 年德文版序言》是马克思和恩格斯为《共产党宣言》新的德文版合写的第一篇序言。马克思和恩格斯在序言中明确指出,"不管最近 25 年来的情况发生了多大的变化,这个《宣言》中所阐述的一般原理整个说来直到现在还是完全正确的";同时又强调,这些原理的实际运用,"随时随地都要以当时的历史条件为转移"(见本卷第 376 页)。他们还谈到,由于情况的变化,由于有了法国二月革命特别是巴黎公社的实际经验,《宣言》的某些地方本来可以作一些修改,但考虑到《宣言》是一个历史文件,所以对内容未作修改。

　　《共产党宣言》新的德文版由《人民国家报》编辑部倡议,于 1872 年在莱比锡出版。这一版只对个别用词作了改动。——376。

167 共产主义者同盟是历史上第一个以科学社会主义为指导的无产阶级政党,1847 年在伦敦成立。共产主义者同盟的前身是 1836 年成立的正义者同盟,这是一个主要由德国工人和手工业者组成的德国政治流亡者秘密革命组织,后期也有其他国家的人参加。随着形势的发展,正义者同盟的领导成员逐步认识到必须使同盟摆脱旧的密谋传统和方式,并且确信马克思和恩格斯的理论是正确的,遂于 1847 年邀请马克思和恩格斯参加正义者同盟,协助同盟改组。1847 年 6 月,正义者同盟在伦敦召开代表大会,恩格斯出席了大会,按照他的倡议,同盟的名称改为共产主义者同盟,因此这次大会也是共产主义者同盟的第一次代表大会。大会批准了同盟的章程草案,并用"全世界无产者,联合起来!"的战斗口号取代了正义者同盟原来的"人人皆兄弟!"的口号。同年 11 月 29 日—12 月 8 日,同盟召开第二次代表大会,马克思和恩格斯出席了大会。大会通过了同盟的章程,并委托马克思和恩格斯起草同盟的纲领,这就是 1848 年 2 月问世的《共产党宣言》。

　　1848 年 2 月法国爆发革命,在伦敦的同盟中央委员会于 1848 年 2 月底把同盟的领导权移交给了以马克思为首的布鲁塞尔区部委员会。3 月初,马克思被驱逐出布鲁塞尔并迁居巴黎。同盟在巴黎成立新的中央委员会,马克思当选为中央委员会主席,恩格斯当选为中央委员。

　　1848 年 3 月下半月至 4 月初,马克思、恩格斯和数百名德国工人(他们多半是共产主义者同盟盟员)回国参加已经爆发的德国革命。马克思和恩格斯在 3 月底写成的《共产党在德国的要求》(见《马克思恩格斯全集》中文第 1 版第 5 卷)是共产主义者同盟在这次革命中的政治纲领。同年 6 月,马克思和恩格斯创办了《新莱茵报》(见注 149),该报成为革命的指导中心。

　　欧洲 1848—1849 年革命失败后,共产主义者同盟进行了改组并继续开展活动。1850 年夏,同盟中央委员会内部在斗争策略问题上发生严重分歧。以马克思和恩格斯为首的中央委员会多数派坚决反对维利希—沙佩尔集团提出的宗派主义、冒险主义的策略,反对该集团无视革命发展的客观规律和欧洲现实政治形势而主张立即发动革命。1850 年 9 月中,维利希—沙佩尔集团的分裂活动最终导致同盟与该集团决裂。1851 年 5 月,由于警察的迫害和大批盟员被捕,共产主义者同盟在德国的活动实际上已陷于停顿。1852 年 11 月 17 日,科隆共产党人案件宣判后不久,同盟根据马克思的建议宣告解散。

　　共产主义者同盟在国际工人运动史上起了巨大的作用,它是培养无产阶级革命家的学校,很多共产主义者同盟盟员后来都积极参加了国际工人协会(见注 177)的活动。——376、382、553。

168　《红色共和党人》(The Red Republican)是英国的一家周刊,宪章派左翼的机关报,1850 年 6—11 月在伦敦出版,主编是乔·朱·哈尼。——376、382。

169　《社会主义者报》(Le Socialiste)是美国的一家法文日报,1871 年 10 月—1873 年 5 月在纽约出版,国际法国人支部的机关报;海牙代表大会(1872 年 9 月 2—7 日)以后与国际断绝了关系。1872 年 1—2 月该报曾发表《共产党宣言》。——376、384。

170　巴黎公社是 1871 年法国无产阶级在巴黎建立的人类历史上第一个无产阶级政权。1871 年 3 月 18 日,巴黎无产者举行武装起义,夺取了政权;28 日巴黎公社宣告成立。公社打碎了资产阶级国家机器,废除常备军代之以人民武装,废除官僚制度代之以民主选举产生的、对选民负责的、受群众监督的公职人员。公社没收逃亡资本家的企业交给工人管理,并颁布一系列保护劳动者利益的法令。5 月 28 日,巴黎公社在国内外反动势力的打击下遭到失败,总共只存在了 72 天。——377、386。

171　《1882 年俄文版序言》是马克思和恩格斯为《共产党宣言》的第二个俄

译本合写的序言。该译本由格·普列汉诺夫翻译。马克思和恩格斯在序言中强调:"《共产主义宣言》的任务,是宣告现代资产阶级所有制必然灭亡。"(见本卷第 379 页)他们通过对俄美两国资本主义发展进程的分析,论证了自《共产党宣言》发表以来无产阶级运动不断扩大的趋势,指出俄国已经从欧洲全部反动势力的最后一支庞大后备军变成了欧洲革命运动的先进部队,并对当时俄国农村公社土地公有制的前途提出这样的设想:"假如俄国革命将成为西方无产阶级革命的信号而双方互相补充的话,那么现今的俄国土地公有制便能成为共产主义发展的起点。"(见本卷第 379 页)

这篇序言最初于 1882 年 2 月 5 日在俄国民意党人的《民意》杂志第 8—9 期用俄译文发表。附有这篇序言的《共产党宣言》俄文版单行本于 1882 年在日内瓦作为《俄国社会革命丛书》之一出版。1882 年 4 月,德国社会民主党中央机关报《社会民主党人报》准备发表这篇序言,因找不到德文原稿,只好请帕·波·阿克雪里罗得将俄译文再转译成德文,于 1882 年 4 月 13 日发表在《社会民主党人报》第 16 号。恩格斯在《共产党宣言》1890 年德文版序言中,全文引用了他本人由俄文转译成德文的这篇序言,个别地方与德文原稿略有差异。直到 20 世纪 30 年代,这篇序言的德文手稿才被重新发现。1939 年莫斯科外国文书籍出版局出版的德文版《共产党宣言》首次按德文原文发表了这篇序言,本卷刊出的序言就是据此翻译的。——378。

172 《钟声》(Колоколь)是俄国革命民主主义的报纸,1857—1865 年由亚·伊·赫尔岑和尼·普·奥格辽夫用俄文在伦敦不定期出版,1865—1867 年在日内瓦出版,1868—1869 年改用法文出版,同时出版俄文版附刊。——378、384、388。

173 1881 年 3 月 13 日民意党人刺杀沙皇亚历山大二世以后,亚历山大三世因害怕民意党人采取新的恐怖行动,终日藏匿在彼得堡附近的加特契纳行宫内,因而被人们戏谑地称为"加特契纳的俘虏"。——379、389。

174 《1883 年德文版序言》是恩格斯为 1883 年在霍廷根—苏黎世出版的《共产党宣言》第三个德文版写的序言,该版本是马克思逝世后经恩格斯同意出版的第一个德文本。序言明确表述了贯穿《宣言》的基本思想:"每一历史时代的经济生产以及必然由此产生的社会结构,是该时代政治的和精神的历史的基础;因此(从原始土地公有制解体以来)全部历史都是阶级斗争的历史,即社会发展各个阶段上被剥削阶级和剥削阶级之间、被统治阶级和统治阶级之间斗争的历史;而这个斗争现在已经达到这样一个阶段,即被剥削被压迫的阶级(无产阶级),如果不同时使整个社会永远摆脱剥削、压迫和阶级斗争,就不再能使自己从剥削它压迫它的那个阶级(资产阶级)下解放出来。"(见本卷第380页)恩格斯的这一表述,概括了唯物史观的主要内容。——380。

175　《1888年英文版序言》是恩格斯为1888年在伦敦出版的英文版《共产党宣言》写的序言。该版本由赛·穆尔翻译,恩格斯亲自校订并加了一些注释。恩格斯在序言中回顾了国际工人运动的历史和《宣言》在各国的传播史,指出:"《宣言》的历史在很大程度上反映着现代工人阶级运动的历史;现在,它无疑是全部社会主义文献中传播最广和最具有国际性的著作,是从西伯利亚到加利福尼亚的千百万工人公认的共同纲领。"(见本卷第384页)恩格斯重申了1883年德文版序言所表述的《宣言》的基本思想,并强调"这一思想对历史学必定会起到像达尔文学说对生物学所起的那样的作用"(见本卷第385—386页)。他还引录了1872年德文版序言的主要内容。——382。

176　科隆共产党人案件(1852年10月4日—11月12日)是普鲁士政府策动的一次挑衅性案件。共产主义者同盟的11名成员被送交法庭审判,其罪名是"进行叛国性密谋"。被指控的证据是普鲁士警探们假造的中央委员会会议《原本记录》和其他一些伪造文件,以及警察局从已被开除出共产主义者同盟的维利希—沙佩尔冒险主义宗派集团那里窃得的一些文件。法庭根据伪造文件和虚假证词,判处七名被告三年至六年徒刑。马克思和恩格斯对这一案件的策动者的挑衅行为和普鲁士警察国家对付国际工人运动的卑鄙手段进行了彻底的揭露(参看马克思《揭露科隆共产党人案件》和恩格斯《最近的科隆案件》,《马克思恩格斯全集》中文第2版第11卷)。——382、391。

177　国际工人协会简称国际,后通称第一国际,是无产阶级第一个国际性的革命联合组织,1864年9月28日在伦敦成立。马克思参与了国际工人协会的创建,是它的实际领袖,恩格斯参加了国际后期的领导工作。在马克思和恩格斯的指导下,国际工人协会领导了各国工人的经济斗争和政治斗争,积极支持了被压迫民族的解放运动,坚决地揭露和批判了蒲鲁东主义、巴枯宁主义、拉萨尔主义、工联主义等错误思潮,促进了各国工人的国际团结。国际工人协会在1872年海牙代表大会以后实际上已停止了活动,1876年7月15日正式宣布解散。国际工人协会的历史意义在于它"奠定了工人国际组织的基础,使工人做好向资本进行革命进攻的准备"(见《列宁全集》中文第2版第36卷第290页)。——383、391。

178 英国工联即英国工会。1824年英国工人获得了自由结社的权利,工联遂在英国普遍建立起来。工联是按行业组织的,加入工联的人必须是满师的技术工人,须缴纳很高的会费;工联设有全国性的领导机关;工联的任务是维护本行业熟练工人的经济利益。工联的机会主义领袖把无产阶级的斗争局限于经济斗争,鼓吹阶级调和。许多工联组织曾经加入国际。马克思和恩格斯从国际成立时起,就同工联领导人的机会主义,即工联主义进行了坚决的斗争。——383、391。

179 蒲鲁东派是法国小资产阶级社会主义者、无政府主义者蒲鲁东的信徒。蒲鲁东派从小资产阶级立场出发批判资本主义,幻想使小私有制万古长存;主张建立"交换银行"和发放无息贷款,以维护小生产者的私有制;宣传用改良的办法消除资本主义"坏的"方面,保留资本主义"好的"方面;反对无产阶级进行暴力革命和政治斗争,主张取消任何政府和国家。马克思和恩格斯在国际工人协会中对蒲鲁东派的机会主义路线进行了坚决的斗争。——383、391。

180 拉萨尔派是19世纪60—70年代德国工人运动中的机会主义派别,斐·拉萨尔的信徒,主要代表人物是约·巴·冯·施韦泽、威·哈森克莱维尔、威·哈赛尔曼等。该派的组织是1863年5月由拉萨尔创立的"全德工人联合会"。拉萨尔派反对暴力革命,认为只要进行议会斗争,争取普选权,就可以把普鲁士君主国家变为"自由的人民国家";主张在国家帮助下建立生产合作社,把资本主义和平地改造为社会主义;支持普鲁士政府通过王朝战争自上而下地统一德国的政策。马克思和恩格斯同拉萨尔派的机会主义路线进行了坚决的斗争。

1875年拉萨尔派与爱森纳赫派合并为德国社会主义工人党。——383、391。

181 1887年9月5—12日在英国斯旺西举行了工联年度代表大会,即斯旺西代表大会。这次代表大会通过了建立单独的工人政党等项决议。恩格斯提到的这句话引自斯旺西工联理事会主席比万在大会上的发言,比万担任这次代表大会的主席。这篇发言载于1887年9月17日伦敦《公益》周刊。——383、392。

182 《伍德赫尔和克拉夫林周刊》(Woodhull & Claflin's Weekly)是美国的一

家周刊,1870—1876 年由资产阶级女权主义者维·伍德赫尔和田·克拉夫林在纽约出版。——384。

183 《共产党宣言》第二个俄文本的译者不是维·查苏利奇,而是格·瓦·普列汉诺夫。恩格斯于 1894 年曾在《〈论俄国的社会问题〉跋》中指出,《宣言》的第二个俄文本是普列汉诺夫翻译的(见本选集第 4 卷第313—314 页)。——384、388。

184 这里提到的《共产党宣言》丹麦文译本(1885 年哥本哈根版)删去了一些重要的地方,因而不够完备;有些译文也不太确切。恩格斯在《宣言》1890 年德文版序言中指出了这一点(见本卷第 390 页)。——384。

185 劳·拉法格翻译的《共产党宣言》法文译本刊登在 1885 年 8 月 29 日—11 月 7 日的《社会主义者报》上,以后又作为附录收入 1886 年在巴黎出版的梅尔麦著的《社会主义法国》。

　　《社会主义者报》(Le Socialiste)是法国的一家周报,1885 年由茹·盖得在巴黎创办,1902 年以前是工人党的机关报,后来是法国社会党机关报;19 世纪 80—90 年代恩格斯曾为该报撰稿。——384、390。

186 《共产党宣言》西班牙文译本发表在 1886 年 7—8 月的《社会主义者报》上,并出版过单行本。

　　《社会主义者报》(El Socialista)是西班牙的一家周报,西班牙社会主义工人党的中央机关报,从 1885 年起在马德里出版。——384、390。

187 欧文派指英国空想社会主义者罗·欧文的拥护者。欧文认为,人是环境的产物,只有实现社会主义才能克服社会的一切罪恶。他曾在美国试办共产主义移民区,实行集体劳动和生产资料公有,最后宣告失败。欧文反对宪章运动,不主张工人开展政治斗争。认为靠知识的传播可以消除社会弊病,解决社会矛盾,并把希望寄托在统治者身上。——384、392、433。

188 埃·卡贝是法国空想共产主义者。他认为人类的不平等是违反自然规律的,人类最严重的错误是建立私有制。他揭露了资本主义的罪恶,主张废除私有制,建立公有制,实现人人平等和幸福的社会。但是,他反对暴力革命,主张通过和平宣传来改造资本主义社会。卡贝在 1840 年发表的《伊加利亚旅行记》中描绘了他的理想社会。——385、392。

189 威·魏特林是德国早期工人运动活动家,空想共产主义者。魏特林在

1842 年出版了《和谐与自由的保证》一书,抨击资本主义社会,提出了他的空想共产主义计划。他认为,理想的社会是和谐与自由的社会,在这个社会中,人人从事劳动,产品平均分配;他承认使用暴力实现社会革命的必要性。魏特林的学说是一种粗陋的平均共产主义的理论,在早期德国工人运动中起过一定的积极作用,但后来成为工人运动发展的障碍。——385、392。

190 关于"工人的解放应当是工人阶级自己的事情"这一思想,马克思和恩格斯在 19 世纪 40 年代以后的一系列著作中都表述过。这一思想在《国际工人协会共同章程》中是这样表述的:"工人阶级的解放应该由工人阶级自己去争取。"(见本选集第 3 卷第 171 页)——385、392。

191 《1890 年德文版序言》是恩格斯为 1890 年在伦敦作为《社会民主主义丛书》之一出版的德文版《共产党宣言》写的序言。该版本是经恩格斯同意出版的《宣言》第四个德文本。它除了发表恩格斯的新序言外,还收入了 1872 年和 1883 年德文版序言。1890 年 11 月 28 日《工人报》第 48 号在庆祝恩格斯七十寿辰的社论中也摘要刊登了这篇新序言。恩格斯在序言中再次回顾了国际工人运动的历史和《宣言》在各国的传播史,不仅全文引录了 1882 年俄文版序言,而且援引了 1888 年英文版序言的主要内容。——388。

192 《共产党宣言》1882 年俄文版序言的德文原稿后来找到了。恩格斯在这里引用的序言是他亲自从俄文翻译成德文的,个别地方同德文原稿有细微差别。参看注 171。——388。

193 日内瓦代表大会是国际工人协会于 1866 年 9 月 3—8 日在瑞士日内瓦举行的第一次代表大会。出席大会的有中央委员会,协会各支部以及英、法、德和瑞士的工人团体等的 60 名代表。大会批准了协会的章程和条例。由马克思执笔的《给临时中央委员会代表的关于若干问题的指示》(见《马克思恩格斯全集》中文第 2 版第 21 卷)作为中央委员会的正式报告提交大会讨论。参加大会的蒲鲁东主义者对《指示》几乎逐点加以反对。经过辩论,中央委员会的拥护者取得了胜利。《指示》九项内容中有六项作为大会决议通过,其中之一是要求法律规定八小时工作日,并把这一要求作为全世界工人阶级共同行动的纲领。

巴黎工人代表大会是 1889 年 7 月 14—20 日在巴黎举行的国际社会主义工人代表大会,这次大会实际上是第二国际的成立大会。出席大会的有来自欧美 22 个国家和地区的 393 名代表。大会主席是前巴黎公社委员爱·瓦扬和德国社会民主党领导人威·李卜克内西。这次大会听取了各社会主义政党代表关于本国工人运动的报告并通过了一些重要决议,要求在法律上规定八小时工作日,规定五月一日为全世界无产阶级团结战斗的节日。——393。

194　《1892 年波兰文版序言》是恩格斯为 1892 年由波兰社会党人的《黎明》杂志出版社在伦敦出版的波兰文版《共产党宣言》写的序言。恩格斯在序言中指出:"近来《宣言》在某种程度上已经成为测量欧洲大陆大工业发展的一种尺度。某一国家的大工业越发展,该国工人想要弄清他们作为工人阶级在有产阶级面前所处地位的愿望也就越强烈,工人中间的社会主义运动也就越扩大,对《宣言》的需求也就越增长。"(见本卷第 394 页)他还指出,波兰的独立只有年轻的波兰无产阶级才能争得,而欧洲其余国家的工人也像波兰工人一样需要波兰的独立和复兴,因为"欧洲各民族的真诚的国际合作,只有当每个民族自己完全当家作主的时候才能实现"(见本卷第 395 页)。这篇序言发表于 1892 年 2 月 27 日《黎明》杂志第 35 期。——394。

195　会议桌上的波兰指沙皇俄国根据 1814—1815 年维也纳会议的决定所吞并的波兰领土。维也纳会议后,波兰再度被俄、普、奥三国瓜分,沙皇俄国吞并了大部分波兰国土,成立了波兰王国,由沙皇亚历山大一世兼任国王。会议桌上的波兰或俄罗斯的波兰,即指这部分波兰领土。——394。

196　《1893 年意大利文版序言》是恩格斯应意大利社会党领袖菲·屠拉梯的请求,用法文为 1893 年意大利文版《共产党宣言》写的序言。该版本由蓬·贝蒂尼翻译,序言由屠拉梯翻译,于 1893 年由社会党理论刊物《社会评论》杂志社在米兰出版。恩格斯在序言中回顾了 1848 年革命以来的历史进程,特别是意大利、德国、匈牙利等民族取得统一和独立的进程,指出:"1848 年革命虽然不是社会主义革命,但它毕竟为社会主义革命扫清了道路,为这个革命准备了基础。最近 45 年来,资产阶级制度在各国引起了大工业的飞速发展,同时造成了人数众多的、紧密团结的、强大的无产阶级;这样它就产生了——正如《宣言》所说——它自身的掘墓人。不恢复每个民族的独立和统一,那就既不可能有无产阶级的国际联合,也不可能有各民族为达到共同目的而必须实行的和睦的与自觉的合作。"(见本卷第 397 页)——396。

197　1848 年 3 月 18 日米兰人民举行了反对奥地利统治的武装起义,赶走了奥地利军队,成立了资产阶级自由派和民主派领导的临时政府,推动了意大利其他各地的革命。

同一天,柏林人民也发动了武装起义,迫使国王宣布立即召开国民议会,制定宪法,撤出城内驻军,改组政府。参看注157。——396。

198 改革运动指英国工业资产阶级发动的议会改革运动。英国资产阶级为了同土地贵族争夺政治权力,在19世纪20年代末提出了改革议会选举制度的要求,经过几年斗争,在人民群众的支持下,迫使英国议会于1832年6月通过了选举法改革法案。这次改革削弱了土地贵族和金融贵族的政治垄断,加强了工业资产阶级在议会中的地位。但是,由于财产资格的限制,为争取选举制度改革而斗争的主力军工人和手工业者仍未获得选举权。——423。

199 正统派是法国代表大土地贵族和高级僧侣利益的波旁王朝(1589—1792年和1814—1830年)长系的拥护者。1830年波旁王朝第二次被推翻以后,正统派结成政党。在反对以金融贵族和大资产阶级为支柱的当政的奥尔良王朝时,一部分正统派常常抓住社会问题进行蛊惑宣传,标榜自己维护劳动者的利益,使他们不受资产者的剥削。——424、452、465、492、707。

200 "青年英国"是由英国托利党中的一些政治活动家和著作家组成的集团,成立于19世纪40年代初,主要代表人物是本·迪斯累里及托·卡莱尔等。他们维护土地贵族的利益,对资产阶级日益增长的经济势力和政治势力不满,企图用蛊惑手段把工人阶级置于自己的影响之下,并利用他们反对资产阶级。——424。

201 改革派又称《改革报》派,是聚集在法国《改革报》周围的一个政治集团,包括一些小资产阶级民主共和主义者和小资产阶级社会主义者。其首领是赖德律-洛兰和路易·勃朗等人。他们主张建立共和国并实行民主改革和社会改革。

《改革报》(La Réforme)是法国的一家日报,小资产阶级民主派、小资产阶级共和党人和小资产阶级社会主义者的机关报,1843年7月—1850年1月在巴黎出版,创办人和主编是赖德律-洛兰和多·弗·阿拉戈,编辑有赖德律-洛兰和斐·弗洛孔等,1847年10月—1848年1月曾刊登恩格斯的许多文章。——433、434、471、490。

202 波兰人民为争取民族解放曾准备在1846年2月举行起义。起义的主要发起人是波兰的革命民主主义者埃·邓波夫斯基等人。但是,由于波兰小贵族的背叛以及起义的领袖遭普鲁士警察逮捕,总起义未能成功。仅在从 1815 年起由奥地利、普鲁士和俄国共管的克拉科夫举行了起义,起义者在 2 月 22 日获胜并建立了国民政府,发表了废除封建徭役的宣言。克拉科夫起义在 1846 年 3 月初被镇压。1846 年 11 月,奥地利、普鲁士和俄国签订了关于把克拉科夫并入奥地利帝国的条约。——434、449。

203　《危机和反革命》是马克思在德国 1848—1849 年革命时期写的一组评论柏林内阁危机的文章中的一篇。文章揭露了德国资产阶级背叛革命的行径,谴责资产阶级自由派掌权后不对反革命势力实行专政,不去粉碎和清除旧制度的残余,而是陶醉于立宪君主制的幻想,并采取专制的措施来对付民主派,从而使被打垮的反革命势力赢得了时间,在官僚机构和军队中巩固了自己的阵地。马克思由此得出一个重要结论:"在革命之后,任何临时性的政局下都需要专政,并且是强有力的专政。"(见本卷第 437 页)

　　马克思评论柏林内阁危机的一组文章共四篇(见《马克思恩格斯全集》中文第 1 版第 5 卷第 469—478 页),本文是其中的第三篇,发表在 1848 年 9 月 14 日《新莱茵报》第 102 号,发表时的标题是《危机》。——436。

204　弗里德里希-威廉四世在 1848 年 9 月 10 日的信中同意内阁的意见,认为普鲁士国民议会 1848 年 9 月 7 日作出的关于要求陆军大臣发布一道命令(参看注 206),让反对立宪制度的军官辞职的决议,破坏了"立宪君主制的原则",因此赞同内阁以辞职来抗议议会的这一行动。——436。

205　《科隆日报》(Kölnische Zeitung)是德国的一家日报,17 世纪创刊,1802—1945 年用这个名称出版。19 世纪 40 年代初该报代表温和自由派的观点,对资产阶级民主主义反对派持批判态度,维护莱茵地区资产阶级的利益。在科隆教会争论中该报代表天主教会的利益。《莱茵报》被查封后,《科隆日报》成为莱茵地区资产阶级自由派的主要机关报。1831 年起出版者是杜蒙,1842 年报纸的政治编辑是海尔梅斯。——436。

206　1848 年 8 月 3 日,在施韦德尼茨发生了要塞军队向市民自卫团开火的事件,有 14 个市民在这次事件中丧生。鉴于普鲁士军队日益明显的反革命倾向,普鲁士国民议会于1848年8月9日通过了施泰因议员的提案,要求陆军大臣发布一道命令,让军官们支持立宪制度,不要参与反革命行动,并让那些反对立宪制度的军官辞职。陆军大臣施雷肯施坦违反议会的决议,没有发布这道命令。为此施泰因在国民议会9月7日的会议上再次提出他的提案,大多数议员同意向内阁提出以最快速度发布上述命令的要求;由于这一表决结果,奥尔斯瓦尔德—汉泽曼内阁被迫辞职;继任的普富尔内阁终于在1848年9月26日颁布了这项命令,但语气比较和缓,而且只是一纸空文。——438。

207 马克思和恩格斯把1848年5月22日在柏林召开的普鲁士国民议会称为"协商议会"。召开这个议会的目的是"同国王协商"制定宪法。议会把"同国王协商"作为自己行动的基础,从而放弃了主权属于人民的原则。

马克思和恩格斯有时把协商议会中的自由派称为协商派、妥协派等。1848年11月,在反革命势力进攻下,该派曾作出拒绝纳税的决议,但由于他们仅限于消极抵抗,最终国民议会于1848年12月5日被解散。——438、555。

208 国民公会是18世纪末法国资产阶级革命时期建立的最高立法机关,从1792年9月存在到1795年10月。在雅各宾专政期间,即革命的第三阶段(1793年6月2日—1794年7月27日),作为最高权力机关,国民公会颁布了一系列法令,废除封建所有制,公布了法国第一部共和制的民主宪法,并同国内外反革命势力进行了坚决的斗争;1794年7月27日热月政变后,国民公会遵循大资产阶级意旨,取消了雅各宾派颁布的主要革命措施。1795年10月国民公会被解散。——438、496、505、563。

209 旺代是法国西部的一个省。1793年春季,该省经济落后地区的农民在贵族和僧侣的唆使和指挥下举行反对法国大革命的暴动,围攻并夺取了共和国军队防守的索米尔城。暴动于1795年被平定,但是在1799年和以后的年代中,这一地区的农民又多次试图叛乱。旺代因此而成为反革命叛乱策源地的代名词。——439、637、764。

210 《资产阶级和反革命》是马克思1848年底写的一组总结德国三月革命的文章中的一篇。这篇文章对欧洲资产阶级革命的历史作了科学分析,指出了1848年德国三月革命同1648年英国革命和1789年法国革命的区别,阐明了当时德国资产阶级所处的历史地位和自身状况,揭示了它必然背叛革命的原因和必然走向失败的趋势,从而为无产阶级确立革命目标、制定斗争策略指明了方向。马克思指出,当德国资产阶级革命爆发时,无产阶级已经登上了历史舞台,因此德国资产阶级的前面和后面同时站着两个敌人:封建势力和无产阶级及其他革命阶层。这导致德国资产阶级在革命中表现出软弱性和保守性,"它一开始就蓄意背叛人民,而与旧社会的戴皇冠的代表人物妥协"(见本卷第443页)。

马克思总结德国三月革命的一组文章共四篇(见《马克思恩格斯全集》中文第1版第6卷第118—146页),本文是其中的第二篇,发表在1848年12月15日《新莱茵报》第169号。——440。

211　联合议会或联合(省)议会是普鲁士国王弗里德里希-威廉四世为了获得向国外借款的保证以摆脱财政困难,于1847年4月11日—6月26日在柏林召开的各省等级议会的联合会议。联合议会的职权限于批准新的税收和贷款,在讨论法律草案时有发言和向国王呈交请愿书的权利。弗里德里希-威廉四世在第一届联合议会的开幕词中表示,他决不会让"君主与人民之间的天经地义的联系"变成"受到制约的、宪制的"联系;他决不会让一张"写上了字的纸"来代替"真正神圣的王权"。由于国王拒绝满足议会资产阶级多数派最低的政治要求,议会大多数代表拒绝给国王以新贷款的保证。国王出于报复于同年6月解散了联合议会。

1848年4月召开第二次联合议会,同意了一笔数额为2500万塔勒的借款。——440、581、597。

212　《1848年至1850年的法兰西阶级斗争》是马克思总结法国1848年革命经验的重要著作。在这部著作中,马克思运用唯物史观分析了法国1848年二月革命和六月起义等重大事件,剖析了法国的阶级结构以及各阶级的经济状况和政治态度,阐明了无产阶级革命斗争的理论和策略,并第一次使用了"无产阶级专政"概念。他论述了六月起义的伟大意义和经验教训,指出:"这是分裂现代社会的两个阶级之间的第一次大规模的战斗。这是保存还是消灭资产阶级制度的斗争。"(见本卷第467页)六月起义的失败使无产阶级认识了一条真理:"它要在资产阶级共和国范围内稍微改善一下自己的处境只是一种空想。"(见本卷第469页)无产阶级提出的革命战斗口号是:"推翻资产阶级!工人阶级专政!"(见本卷第469页)马克思以此划清了革命的社会主义与各种空论的社会主义的界限,指出革命的社会主义"就是宣布不断革命,就是无产阶级的阶级专政,这种专政是达到消灭一切阶级差别,达到消灭这些差别所由产生的一切生产关系,达到消灭和这些生产关系相适应的一切社会关系,达到改变由这些社会关系产生出来的一切观念的必然的过渡阶段"(见本卷第 532 页)。针对空论的社会主义关于"劳动权"的幻想,马克思揭示了劳动权的科学内涵,指出:"其实劳动权就是支配资本的权力,支配资本的权力就是占有生产资料,使生产资料受联合起来的工人阶级支配,也就是消灭雇佣劳动、资本及其相互间的关系。"(见本卷第 478—479 页)恩格斯认为,这是"第一次提出了世界各国工人政党都一致用以扼要表述自己的经济改造要求的公式,即:生产资料归社会所有"(见本选集第 4 卷第 381 页)。马克思还提出了"革命是历史的火车头"(见本卷第 527 页)这个著名论点,并阐述了工农联盟的思想。在这部著作中,马克思还分析了 1848 年革命后英法等国出现的工商业繁荣,指出:"在这种普遍繁荣的情况下,即在资产阶级社会的生产力正以在整个资产阶级关系范围内所能达到的速度蓬勃发展的时候,也就谈不到什么真正的革命。只有在现代生产力和资产阶级生产方式这两个要素互相矛盾的时候,这种革命才有可能。"(见本卷第 541 页)

这部著作是由马克思为《新莱茵报。政治经济评论》杂志撰写的一组文章组成的,写于 1849 年底—1850 年 3 月底和 1850 年 10 月—11 月 1 日。马克思原计划写四篇文章:《1848 年的六月失败》、《1849 年 6 月 13 日》、《6 月 13 日在大陆上产生的后果》和《英国的现状》。但是在该杂志第 1、2、3 期上只发表了三篇文章,题目为:《1848 年的六月失败》、《1849 年 6 月 13 日》、《1849 年六月十三日事件的后果》。这三篇文章发表时用的总标题为:《1848 年至 1849 年》。关于 1849 年六月事件对大陆的影响以及英国的状况,马克思和恩格斯在该杂志的其他文章中,尤其是在他们合写的时评中作了阐述。

1895 年,恩格斯将这组文章编成单行本在柏林出版,并将总标题改为《1848 年至 1850 年的法兰西阶级斗争》。恩格斯为这个单行本写了导言,题为《卡·马克思〈1848 年至 1850 年的法兰西阶级斗争〉一书导言》(见本选集第 4 卷)。在导言中,恩格斯阐述了马克思这篇著作的理论价值和实践意义,同时根据资本主义新变化和工人运动新经验,深刻论述并进一步发展了无产阶级革命斗争的策略思想。在编校过程中,恩格斯增添了第四章,即《新莱茵报。政治经济评论》第 5—6 期合刊发表的《时评。1850 年 5—10 月》中有关法国事件的部分(参看《马克思恩格斯全集》中文第 2 版第 10 卷第 593—596、602—613 页）。恩格斯还给这一章加了标题:《1850 年普选权的废除》。他在 1895 年 2 月 13 日给理·费舍的信中说,这样"就真正使得这部著作完整了,否则小册子将显得残缺不全"(见《马克思恩格斯文集》第 10 卷第 685 页)。在单行本中,前三章的标题改为:《从 1848 年 2 月到 1848 年 6 月》、《从 1848 年 6 月到 1849 年 6 月 13 日》、《从 1849 年 6 月 13 日到 1850 年 3 月 10 日》。在本卷中,前三章仍沿用《新莱茵报。政治经济评论》发表时的标题,第四章则采用了 1895 年版的标题。

这篇著作的第一个中译本由柯柏年翻译,1942 年延安解放社出版,书名为《法兰西阶级斗争》。——445。

213 巴黎市政厅是 1789—1794 年法国革命以来政府所在地,1848 年二月革命后是临时政府所在地。——446。

214 1832 年 6 月 5—6 日的巴黎起义是由共和党左翼以及包括人民之友社在内的秘密革命团体组织的。反对路易-菲力浦政府的马·拉马克将军的出殡是起义的导火线。这次起义第一次举起了红旗。当政府派出军队时,参加起义的工人构筑街垒,异常英勇顽强地进行自卫战,但最终仍被军队镇压下去。

1834 年 4 月 9—13 日的里昂工人起义是在共和党的秘密组织人权公民权协会的领导下进行的,是法国无产阶级最早的群众性的行动之一。这次起义得到其他城市,特别是巴黎的共和党人的支持,但是最终仍被残酷地镇压下去。

1839 年 5 月 12 日的巴黎起义是在奥·布朗基和阿·巴尔贝斯的领导下,由共和派社会主义的秘密组织四季社发动的,在这次起义中,革命工人起了主要作用。起义最终遭到军队和国民自卫军的镇压。起义失败后,布朗基、巴尔贝斯及其他一些起义者被流放。——446。

215 七月王朝指法国 1830 年七月革命(见注69)至 1848 年二月革命(见注156)期间国王路易-菲力浦执政时期,即金融贵族和大资产阶级统治时期。——447、450、498、680。

216 宗得崩德是瑞士七个经济落后的天主教州为对抗进步的资产阶级改革和维护教会的特权于 1843 年缔结的单独联盟。其首领是天主教僧侣和城市上层贵族。宗得崩德的反动企图遭到了 40 年代在大部分州和瑞士代表会议里取得优势的资产阶级激进派和自由派的反对。1847 年 7 月,瑞士代表会议决定解散宗得崩德,宗得崩德遂于 11 月初向其他各州采取军事行动。1847 年 11 月 23 日宗得崩德的军队被联邦政府的军队击溃。天主教僧侣和城市上层贵族后来不止一次地利用一部分落后保守的农民企图抗拒自由主义的改革和夺取各州的政权。联邦政府的胜利和 1848 年宪法的通过,使瑞士由国家的联盟变成联邦国家。

在宗得崩德进行战争期间,曾加入神圣同盟的西欧强国奥地利和普鲁士企图干涉瑞士内政,维护宗得崩德。弗·基佐保护宗得崩德,实际上就是采取了支持这些强国的立场。

马克思和恩格斯经常用这个名称来讽刺搞分裂的宗派集团,尤其是 1850 年 9 月 15 日共产主义者同盟分裂后另立自己的中央委员会的维利希—沙佩尔宗派集团。——449。

217 神圣同盟是欧洲各专制君主镇压欧洲各国进步运动和维护封建君主制度的反动联盟。该同盟是在拿破仑第一战败以后,由俄国沙皇亚历山大一世倡议,俄国、奥地利和普鲁士于 1815 年 9 月 26 日在巴黎建立的。后来几乎所有欧洲君主国家都参加了同盟。这些国家的君主负有相互提供经济、军事和其他方面援助的义务,以维持维也纳会议上重新划定的边界和镇压各国革命。

神圣同盟为了镇压欧洲各国资产阶级革命和民族解放运动,先后召开过几次会议:1818 年亚琛会议,1820—1821 年特罗保会议,1821 年 5 月莱巴赫会议以及 1822 年维罗纳会议。根据会议的决议,神圣同盟曾于 1820—1821 年间镇压意大利的革命运动,1823 年武装干涉西班牙革命,并企图干涉拉丁美洲的独立运动。由于欧洲诸国间的矛盾以及民族革命运动的发展,1830 年法国七月革命后神圣同盟实际上已经瓦解。——449、470、477、555、576。

218 巴勒莫是意大利的一个城市。1848 年 1 月 12 日当地人民举行起义,经过两周激战,波旁王朝的那不勒斯国王斐迪南二世被迫退出这座城市,巴勒莫建立了临时政府和议会。1848 年意大利革命失败时,巴勒莫起义也被镇压。——449。

219 1847 年春,法国安德尔省比藏赛发生了暴动。居住在附近农村的饥饿的工人带领居民们袭击了投机商的粮仓,与军队发生了流血冲突。政府对比藏赛事件的参加者进行了残酷的镇压,1847 年 3 月底 4 月初对参加暴动的人进行审讯,其中有三人被判处死刑,很多人被罚做苦役。——450。

220 宴会运动指 1847 年 7 月—1848 年 1 月之间法国各种反对派势力利用

宴会形式进行的政治斗争。七月王朝末期,王朝反对派联合共和派为促进选举改革,征集请愿书签名,举行了大规模的宴会运动,资产阶级民主派也积极参加了这一运动。在宴会上,各派政治势力的代表人物以发表公开演说,致祝酒词等方式陈述政见,宣传改革。第一次公开的宴会于1847年7月9日在巴黎的红宫舞厅举行,所有支持改革的派别都有代表参加,成分相当复杂。在这次宴会上,资产阶级民主派无论从人数方面还是思想方面都表现出自己极大的优势。宴会运动吸引了社会各个阶层,席卷了法国各个地区,仅1847年秋季的两个月内,全法国就举办了70次宴会,出席总人数多达17 000余人。每次宴会出席者少则数百人,多则千余人。工人代表也组织过自己的宴会。但是,原定于1848年2月22日举行的宴会遭到基佐政府的禁止,因为选举改革的运动给七月王朝带来了威胁。宴会运动为1848年资产阶级民主主义的二月革命拉开了序幕。恩格斯针对宴会运动撰写过一系列文章(见《马克思恩格斯全集》中文第1版第4卷第381—384、394—402、405—408、423—426、430—437页)。——450、680。

221　指《国民报》派,又称三色旗共和派、纯粹的共和派,是法国温和的资产阶级共和派。该派所依靠的是法国工业资产阶级和一部分自由主义知识分子。《国民报》是该派的机关报。1848年革命时期,《国民报》派的领导人进入了临时政府(1848年2月24日—5月4日),其中最著名的代表人物有马拉斯特、茹·巴斯蒂德和加尔涅-帕热斯。3月5日以后,加尔涅-帕热斯接替银行家米·古德肖的职务,任临时政府财政部长,后来靠卡芬雅克的帮助策划了对巴黎无产阶级的六月大屠杀。

　　《国民报》(Le National)是法国的一家日报,1830年由路·阿·梯也尔、弗·奥·玛·米涅和阿·卡雷尔在巴黎创刊,1834—1848年用《1834年国民报》(Le National de 1834)的名称出版,40年代是温和的共和派的机关报,1848—1849年革命时期聚集在报纸周围的有阿·马拉斯特、路·安·加尔涅-帕热斯和路·欧·卡芬雅克等资产阶级共和党人,1851年停刊。——451、465、472、479、484、497、507、531、547、679、686、694、716。

222　王朝反对派是七月王朝时期法国众议院中以奥·巴罗为首的议员集团。这个集团代表工商业资产阶级自由派的政治观点,主张实行温和的选举改革,认为这样做能避免革命并维持奥尔良王朝的统治。该派也被称做议会反对派。——451、468、484、674、688。

223 《法兰西报》(La Gazette de France)是法国的第一家报纸,1631 年由泰·勒诺多在巴黎创刊,最初名称为《新闻报》(La Gazette),每周出一次,后来每周出两次,1792 年起改为日报,七月王朝时期为正统派的机关报。——452。

224 在临时政府成立的最初几天就面临选择法兰西共和国国旗的问题。巴黎的革命工人要求宣布 1832 年六月起义时在巴黎工人区高举的红旗为国旗,资产阶级的代表则坚持要采用 18 世纪末资产阶级革命时期和拿破仑第一帝国时期所用的蓝白红三色旗,这种旗帜直到 1848 年革命时仍然是聚集在《国民报》周围的资产阶级共和派的标志。工人代表最后被迫同意宣布三色旗为法兰西共和国的国旗,但是在旗杆上系上了红色的旗缘。——455、471。

225 《通报》是法国日报《总汇通报》(Le Moniteur universel)的简称,1789—1901 年在巴黎出版。1811 年 1 月 1 日起用这个名称出版,最初用《国民报,或总汇通报》(Gazette nationale, ou Le Moniteur universel)的名称出版,1799—1814、1816—1868 年是政府的官方报纸,1848 年 2 月 26 日起加副标题《法兰西共和国官方报纸》。1870—1871 年巴黎被围困期间,报纸在巴黎和图尔两地同时出版,后在波尔多出版,是甘必大领导的国防政府代表团的正式机关报。——455、467、496、511、719、730、754、830、838。

226 高教会是英国国教会中的一派,产生于 19 世纪。高教会信徒主要是土地贵族和金融贵族,他们主张保持古老的豪华仪式,强调与天主教徒的传统联系。英国国教会中与高教会相对立的另一派为低教会,其信徒主要是资产阶级和下层教士,具有新教倾向。——459。

227 1848 年 3 月 16 日,法国资产阶级临时政府决定对各种直接税每法郎增加 45 生丁(100 生丁合 1 法郎)的附加税。这种附加税的负担主要落在农民身上,资产阶级共和派采取的这种政策使大地主和天主教僧侣借机策动农民反对巴黎的民主派和工人,壮大了反革命势力。——460、528。

228 指 1825 年法国国王拨给贵族的一笔款项,用以补偿贵族在 18 世纪末法国资产阶级革命期间被没收的财产。——460。

229 知善恶树上的苹果也叫禁果。据圣经传说,伊甸园中有一棵果树,人若吃了这树上的果子就会眼睛明亮,知道善恶。上帝怕人们吃此果后能同他一样识别善恶,因而禁止人们摘食。——460、527、680。

230　别动队是根据法国临时政府 1848 年 2 月 25 日命令,为对付革命的人民群众而成立的。这支由 15—20 岁的巴黎流氓无产者组成的队伍曾被利用来镇压巴黎工人的六月起义。当时任陆军部长的卡芬雅克将军亲自领导了这次镇压工人的行动。后来,波拿巴主义者将其解散,因为他们担心波拿巴与共和党人发生冲突时,别动队会站在共和党人一边。——461、476、489、676、720。

231　拉察罗尼是意大利游手好闲的流氓无产者的绰号。他们不止一次地被反动君主专制集团利用来反对自由主义和民主主义运动。——461。

232　国家工场是 1848 年二月革命后根据法国临时政府的法令仓促建立起来的。国家工场一律采取军事化方式进行生产,对工人实行以工代赈的办法,发给面包卡和军饷。临时政府这样做的目的,一方面是使路易·勃朗关于组织劳动的思想在工人中丧失威信,另一方面是想利用以军事方式组织起来的国家工场的工人来反对革命的无产阶级。但是这个分裂工人阶级的计划没有成功,革命情绪在国家工场中继续高涨,于是政府便采取减少工人人数,将他们派到外省参加公共工程等办法来达到取消国家工场的目的。这些做法引起了巴黎无产阶级的极大愤怒,成了巴黎六月起义的导火线之一。起义者利用国家工场内部已有的军事组织采取行动。起义被镇压后,卡芬雅克政府于 1848 年 7 月 3 日下令解散了国家工场。——462、489、720。

233　在 16 世纪特别是 17 世纪西班牙的喜剧中,常常是主人假扮成仆人,仆人假扮成主人,结果闹出了混乱而可笑的纠纷。——462。

234　国民自卫军总部的选举原定于 1848 年 3 月 18 日进行,制宪国民议会的选举原定于 4 月 9 日进行。团结在奥·布朗基和泰·德萨米等人周围的巴黎工人坚持要求延期选举,理由是必须在居民中进行适当的解释工作。巴黎 3 月 17 日群众示威游行迫使正规军撤离首都(4 月 16 日事件后又被召回),并迫使国民自卫军总部的选举推迟到 4 月 5 日,制宪国民议会的选举推迟到 4 月 23 日。——463。

235　奥尔良派是金融贵族和大资产阶级的保皇党,是 1830 年七月革命到 1848 年二月革命这段时期执政的波旁王朝幼系奥尔良公爵的拥护者。——465、491、707。

236 执行委员会是法国制宪议会1848年5月10日为取代辞职的临时政府而建立的法兰西共和国政府。该委员会存在到1848年6月24日卡芬雅克上台为止,其成员多半是温和的共和派。赖德律-洛兰是执行委员会中的左翼代表。——466、471、680。

237 指1848年5月15日巴黎人民的革命行动。这一行动是在进一步推进革命和支持意大利、德国、波兰的革命运动的口号下进行的,参加游行的人数多达15万,其中主要是以奥·布朗基等为首的巴黎工人。游行者向正在讨论波兰问题的制宪议会进发,闯进了波旁王宫的会议大厅,要求议会兑现诺言,向为争取独立而斗争的波兰提供军事援助,采取断然措施消除失业和贫困,给工人以面包和工作,成立劳动部。当这些要求遭到拒绝后,游行者试图驱散制宪议会,成立新的临时政府。5月15日的示威运动遭到镇压。运动的领导者布朗基、巴尔贝斯(他曾提出向富人征收10亿税款)、阿尔伯、拉斯拜尔等人遭逮捕。这次革命行动失败后,临时政府采取了一系列废除国家工场的措施,实施了禁止街头集会的法律,查封了许多民主派俱乐部。1849年3月7日—4月3日,当局在布尔日对1848年五月十五日事件的参加者进行了审判。巴尔贝斯被处以无期徒刑,布朗基被处以10年的单独监禁,德弗洛特、索布里埃、拉斯拜尔、阿尔伯等人被判处期限不等的徒刑,有的被流放到殖民地。——467、473、478、491、614、676、692。

238 山岳党即山岳派,在1793—1795年间是指法国资产阶级革命时期代表中小资产阶级利益的革命民主派,因其在国民公会开会时坐在大厅左侧的最高处而得名,代表人物有马·罗伯斯比尔、让·马拉、若·丹东等。其成员大都参加了雅各宾俱乐部。1792年10月,代表大工商业资产阶级利益的吉伦特派退出雅各宾俱乐部后,山岳派实际上成为雅各宾派的同义语。

山岳党在1848—1851年间是指法国制宪议会和立法议会中集合在《改革报》周围的小资产阶级民主主义者和社会主义者。其领袖人物为赖德律-洛兰、费·皮阿等人。以路易·勃朗为首的小资产阶级社会主义者也参加了这一派。他们自称是1793—1795年法国国民公会中的山岳党思想的继承人。1849年2月后该派又称新山岳党。——471、483、492、504、541、668、715。

239 《辩论日报》(Journal des débats)是法国资产阶级报纸《政治和文学辩论日报》(Journal des débats politiques et littéraires)的简称,1789年在巴

黎创刊。七月王朝时期该报为政府的官方报纸,1848—1849 年革命时期支持反革命,1851 年十二月二日政变后为温和的奥尔良反对派的机关报,70—80 年代报纸具有保守主义倾向。——473、545、679、753。

240 维也纳条约指在 1814 年 9 月—1815 年 6 月维也纳会议(见注 301)上缔结的旨在恢复各国王朝统治和满足战胜国领土要求的条约和协议。——477、679。

241 法兰西共和历是法国从 1793 年 10 月 24 日—1806 年 1 月 1 日期间为取代格雷戈里历采用的新历法。为消除基督教的影响,该历法日和月的名称都取自自然界和不同的时令,如雾月、获月等。附在格雷戈里历日期上的圣徒名字则代之以种子、树木、花卉和水果的名称。——477。

242 清教徒是基督教新教教徒中的一派,16 世纪中叶产生于英国,原为英国国教会(圣公会)内以加尔文教义为旗帜的新宗派,如长老会、公理会等。清教徒要求"清洗"英国国教内保留的天主教旧制和烦琐仪文,反对王公贵族的骄奢淫逸,提倡"勤俭清洁"的简朴生活,因而得名。16 世纪末,清教徒中开始形成两派,即温和派(长老派)和激进派(独立派)。温和派代表大资产阶级和上层新贵族的利益,主张立宪君主政体。激进派代表中层资产阶级和中小贵族的利益,主张共和政体。——479、521、679、735。

243 据圣经传说,犹太国的第一个国王扫罗在和腓尼基人作战中消灭了数千敌人,在扫罗庇护下的卫士大卫则消灭了数万人。扫罗死后,大卫继承了犹太的王位。——481。

244 百合花是波旁王朝的标志,紫罗兰是奥尔良王朝的标志。——482、695、743。

245 这句话引自 1848 年 12 月 21 日《新莱茵报》第 174 号的 12 月 18 日巴黎通讯,通讯下面标有斐·沃尔弗的通讯代号。不过,这句话很可能是马克思本人写的,因为报纸的全部材料都经他缜密地校审过。——482。

246 耶稣会是天主教的修会之一,以对抗宗教改革运动为宗旨。耶稣会会士以各种形式渗入社会各阶层进行活动,为达到目的不择手段,在欧洲声誉不佳。——484、522、688、710。

247 伏尔泰是自然神论者,他对僧侣主义、天主教和专制政体的猛烈抨击曾对他的同时代人产生极大的影响。因此伏尔泰主义特指 18 世纪末期进步的、反宗教的社会政治观点。

在马克思和恩格斯的著作里,伏尔泰主义这一概念是指资产阶级在上升时期所持的充满矛盾的思想观点和政治态度。当时,这个阶级一方面从自然神论的立场出发,反对宗教狂热和封建教权主义;另一方面又认为,为了对"贱民"实行统治,宗教的存在是必要的。——484、528、530、710。

248 指 1849 年 5—7 月武装干涉罗马共和国一事。1848 年秋,在欧洲革命的影响下,意大利境内重新掀起反对奥地利统治和争取统一的民族解放运动。1848 年 9 月 16 日,罗马爆发人民起义。1848 年 11 月,庇护九世逃往那不勒斯的要塞加埃塔。在法国政府的支持下,庇护九世于 1848 年 12 月 4 日号召所有天主教国家共同镇压罗马革命者,那不勒斯和奥地利立即响应。1849 年 2 月 9 日,罗马由全民投票产生的制宪议会废除了教皇的世俗权力并宣布成立共和国,政权集中在以朱·马志尼为首的三执政手中。法国政府于 1849 年 4 月派出了由尼·乌迪诺将军率领的所谓意大利远征军。4 月 27 日法军在意大利要塞港口奇维塔韦基亚登陆,4 月 30 日被朱·加里波第领导的罗马共和国军队击退,双方签订了停火协议。6 月 3 日,乌迪诺撕毁协议,再次炮击罗马。法军于 1849 年 7 月 1 日占领罗马城。由于法国、奥地利和那不勒斯的武装干涉,罗马共和国于 1849 年 7 月 3 日被推翻。——494、500、503、686。

249 救国委员会是法国资产阶级革命时期雅各宾派专政时的最高权力机构,1793 年 4 月 6 日由国民公会创立。在雅各宾专政时期(1793 年 6 月 2 日—1794 年 7 月 27 日),救国委员会作为革命政府的中央机关,在同国内外反革命进行斗争并完成资产阶级革命任务的过程中起了极其重要的作用。热月九日反革命政变以后,救国委员会丧失了领导作用,并于 1795 年 10 月被解散。——496、509。

250 秩序党是 1848 年由法国两个保皇派即正统派和奥尔良派联合组成的保守的大资产阶级政党,从 1849 年到 1851 年 12 月 2 日政变,该党在第二共和国的立法议会中一直占据领导地位。——497、519、526、548、687。

251 指 1849 年 3 月 7 日—4 月 3 日在布尔日对 1848 年五月十五日事件参加者进行的审判(见注 237)。——500。

252　山岳党活动家会议于 1849 年 6 月 12 日夜在傅立叶派的《和平民主日报》编辑部举行。会议的参加者拒绝使用武力,决定只举行和平示威游行。

　　《和平民主日报》是法国的一家杂志,其全称为《和平民主日报。维护政府和人民利益的报纸》(La Démocratie pacifique. Journal des intérêts des gouvernements et des peuples),1843—1851 年在巴黎出版,主编是维·孔西得朗。——507。

253　1849 年 6 月 13 日"宪法之友民主协会"在《人民报》第 206 号上发表宣言,号召巴黎公民参加和平示威游行,抗议政府的"蛮横要求"。——507。

254　马克思在这里套用了罗马诗人贺拉斯《诗论》中的名句:"山岳开始忍受分娩的痛苦。它生下了一只小小的老鼠。"马克思文中的"山岳",指山岳党。——507。

255　山岳党的宣言载于 1849 年 6 月 13 日的《改革报》(见注 201)、《和平民主日报》(见注 252)以及蒲鲁东的《人民报》。——507、700。

256　新的新闻出版法于 1850 年 7 月 16 日由立法议会通过。这部法律的有关规定大大提高了报刊出版者应交付的保证金数额,并开始征收印花税,小册子也不例外。新的新闻出版法实际上是取消法国新闻出版自由的又一项反动措施。——510、544、715。

257　这里是指由三个红衣主教(德拉真加、瓦尼切利-卡索尼和路·阿尔蒂埃里)组成的委员会。在罗马共和国被推翻(参看注 248)之后,该委员会在罗马恢复了反动的制度。——512。

258　《世纪报》(Le Siècle)是法国的一家日报,1836—1839 年在巴黎出版,1870—1871 年间曾在图尔和波尔多出版;19 世纪 40 年代代表部分仅限于要求温和的宪法改革的小资产阶级的观点。——512、531、547。

259　《新闻报》(La Presse)是法国的一家日报,1836 年在巴黎创刊,七月王朝时期具有反政府的性质;1848—1849 年是资产阶级共和派的机关报,1851 年十二月二日政变后是反波拿巴派的报纸;1836—1857 年主编是埃·日拉丹。——513、531、716。

260　埃姆斯是德国威斯巴登附近的一处疗养地。"圣路易的后裔"指自封为亨利五世的法国正统派王位追求者尚博尔伯爵。1849 年 8 月在尚博尔伯爵的经常居住地埃姆斯,召开了有他出席的正统派代表大会。尚博尔伯爵出身于波旁王朝,是查理十世的孙子。波旁王朝有多位名叫"路易"的法国国王。马克思在这里所说的"圣路易"是指哪一位国王,尚不清楚。——513、696。

261 潘都尔兵是奥地利军队中一种特殊形式的非正规步兵,以残暴著称。——513。

262 二月革命后,路易-菲力浦从法国出逃,曾住在伦敦附近的一个城堡克莱尔蒙特。这里是指奥尔良派同路易-菲力浦在那里进行的谈判。——514、696、739。

263 "要么做凯撒,要么进债狱!"是马克思套用了切·博贾的座右铭"要么做凯撒,要么一事无成"。博贾(1475—1507年)是意大利人,教皇亚历山大六世的私生子。尼·马基雅弗利在《君主论》中以博贾为"新时代君主"的楷模,鼓吹"欲达目的可以不择手段"的论调。——514。

264 "出乎真意"(motu proprio)是一种不必经红衣主教同意,一般只涉及教皇国内部事务的特别教皇文书的开头语。这里是指1849年9月12日教皇庇护九世发表的文告。——514。

265 这里涉及废除酒税的法案。制宪议会曾于1849年5月19日通过决定,从1850年1月1日起废除酒税。关于废除酒税的法案于1849年12月18日提交国民议会进行讨论。在废除酒税的决定生效前10天,国民议会又通过了恢复这项税收的法律。——521、528、710。

266 加尔省由于议员让·巴·博恩死亡,举行了补选。拥护山岳党的候选人埃·欧·法旺在36 000票中获21 688票,以多数票当选。文中所说的红色议员、红色分子即指法旺。——527。

267 1850年3月10日立法议会举行补选,政府为了对选民施加压力,把法国领土分成了五大军区,这一做法使巴黎及其邻近的省份处在其他四个军区的包围之中,而这四个军区的领导人都是一些恶名昭彰的反动分子。共和派报纸强调指出,这些反动将军的无限权力和土耳其帕沙的专横权力一模一样。所以,这几个军区被称为帕沙辖区。——527。

268 1850年1月19日、2月26日和3月15日国民议会讨论了教育法,并在3月15日通过了这项法律。这项废除无神思想的教育法,实际上是把学校置于教士的控制之下。——528、710。

269 指 1849 年 10 月 31 日路易·波拿巴总统给立法议会的咨文,他在咨文中通报,已批准巴罗内阁辞职,另组新阁。——528。

270 指再度被任命的巴黎警察局长皮·卡尔利埃在 1849 年 11 月 10 日发布的公告。他在公告中呼吁组织"反社会主义的社会联盟",以保卫"宗教、劳动、家庭、财产和忠于政府"。公告发表在 1849 年 11 月 11 日《总汇通报》上。——528。

271 《拿破仑》(Le Napoléon)是法国波拿巴派的周报,1850 年 1 月 6 日—5 月 19 日在巴黎出版。——529。

272 自由之树是 1848 年二月革命胜利后在巴黎街道上种植的象征自由的树,通常是橡树或白杨。种植自由之树在 18 世纪末资产阶级革命期间就已经成了法国的传统,当时国民公会还为此做了明文规定。

1850 年 1 月,政府当局借口排除街道交通障碍,在警察局长的命令下砍倒了自由之树。——533。

273 七月纪念柱是 1840 年为纪念 1830 年七月革命的殉难者而在巴黎巴士底广场上修建的。1850 年 2 月 24 日,即 1848 年革命纪念日这一天,巴黎民众用鲜花和花环装饰了七月纪念柱。1850 年 2 月 25 日夜,警察清除了鲜花,引起了民众的抗议风潮。——533。

274 巴托洛缪之夜指天主教徒在巴黎屠杀异教徒事件。1572 年 8 月 23—24 日夜里,即圣巴托洛缪节的前夕,天主教徒在巴黎杀害了大批胡格诺教徒。——535。

275 据希腊神话传说,古希腊人攻打特洛伊城,很久未能攻克。后来,他们佯装撤退,在城下营房中留下了一匹腹内藏有一批勇士的大木马。特洛伊人不知道这是敌方的计策,把木马作为战利品拉进城去。深夜,勇士们走出木马,利用特洛伊人毫无戒备的时机,配合城外的军队,迅速夺取了特洛伊城。——536。

276 科布伦茨是德国西部的一座城市,在 18 世纪末法国资产阶级革命时期是流亡的贵族保皇党人策动对革命的法国进行干涉的中心。得到封建专制国家支持的、以路易十六极端反动的大臣沙·卡龙为首的流亡政府就设在这里。——537。

277 宴会问题的提法来源于宴会运动(见注 220),这里实际上是指革命的导火线问题。——537。

278 指《新莱茵报。政治经济评论》(Neue Rheinische Zeitung. Politisch-ökonomische Revue)。这是马克思和恩格斯于 1849 年 12 月创办的共产主义者同盟的理论和政治刊物。它是马克思和恩格斯在 1848—1849 年革命期间出版的《新莱茵报》的续刊。该杂志从 1850 年 3—11 月底总共出了六期,其中有一期是合刊(第 5—6 期合刊)。杂志在伦敦编辑,在汉堡印刷。封面上注明的出版地点还有纽约,因为马克思和恩格斯打算在侨居美国的德国流亡者中间发行这个杂志。该杂志发表的绝大部分文章(论文、短评、书评)都是马克思和恩格斯撰写的。他们也约请他们的支持者如威·沃尔弗、约·魏德迈、格·埃卡留斯等人撰稿。该杂志发表的马克思和恩格斯的重要著作有:马克思《1848 年至 1850 年的法兰西阶级斗争》(见本卷),恩格斯《德国维护帝国宪法的运动》(见《马克思恩格斯全集》中文第 2 版第 10 卷)和《德国农民战争》(见《马克思恩格斯文集》第 2 卷)。这些著作总结了 1848—1849 年革命的经验,进一步制定了革命无产阶级政党的理论和策略。1850 年 11 月,由于反动势力的迫害,加上资金缺乏,杂志被迫停刊。——538。

279 蒲鲁东的这一观点是在他批驳资产阶级经济学家弗·巴师夏的一篇论战文章中提出的,这篇文章发表在 1849 年 11 月—1850 年 2 月的《人民之声》报上,1850 年又以单行本形式在巴黎出版,标题是《无息信贷。弗·巴师夏先生和蒲鲁东先生的辩论》。

  蒲鲁东式的人民银行是 1849 年 1 月 31 日成立的。他打算借助这个银行通过和平的途径实现他的"社会主义",即消灭信贷利息,在生产者获得自己劳动收入的全部等价物的基础上进行没有货币的交换。这个银行在开始正常业务活动之前就于 4 月初宣告关闭。——540、676。

280 1797 年英国政府颁布了专门的银行限制法,该法规定英格兰银行券的强制性的牌价,并且停止用银行券兑换黄金。1819 年通过了恢复银行券兑换黄金的法令。实际上这种兑换到 1821 年才完全恢复。——540。

281 亚·勒克莱尔是巴黎商人,他因以国民自卫军的身份和他的儿子们一起参加镇压 1848 年六月起义而获得荣誉勋章。恩格斯在《法国来信》一文中曾讽刺地称他为"资产阶级的斯巴达人"(见《马克思恩格斯全集》中文第 2 版第 10 卷第 412 页)。——542。

282 指新选举法,即法国 1850 年 5 月 31 日通过的《1849 年 3 月 15 日选举法修正案》。该法案规定,在固定居住地居住三年以上并直接纳税的人才有表决权。此项法案使 300 多万选民丧失了选举权,实际上废除了普选权。——542、550、715、716。

283　《卫戍官》是维·雨果的一部描写德国中世纪生活的历史剧。在中世纪的德国,卫戍官是皇帝指派的城堡和地区的统治者。1850 年 5 月 1 日,根据内务大臣的命令成立了立法议会新选举法起草委员会。该委员会的 17 名成员属于奥尔良派和正统派,由于贪图权力和立场反动而被称为卫戍官。——542、714、753。

284　《国民议会报》(L'Assemblée nationale)是法国的一家日报,1848—1857 年在巴黎出版。该报代表两个保皇派即正统派和奥尔良派的观点,支持他们的合并。——545、739。

285　《立宪主义者报》(Le Constitutionnel)是法国资产阶级的日报,其全称为《立宪主义者报。政治和文学汇闻》(Le Constitutionnel. Journal politique, littéraire, universel)。1815—1870 年该报用不同名称在巴黎出版,40 年代是奥尔良派温和的一翼的机关报,1848—1849 年革命时期代表以梯也尔为首的反革命资产阶级的观点,1851 年十二月二日政变后成为波拿巴派的机关报。——545、773。

286　指两份文件:一份是发表在 1850 年 8 月 11 日《1850 年人民报》第 6 号的《山岳党告人民书》,另一份是发表在 1850 年 8 月 14 日该报第 7 号的《告人民书》。——545。

287　拉摩勒特式的亲吻(Baiser Lamourette)指发生在 18 世纪末法国资产阶级革命时期的一段有名的插曲。1792 年 7 月 7 日立法会议议员安·拉摩勒特提议以兄弟般的亲吻来结束一切党派纷争,于是,各敌对党派的代表彼此热情拥抱。但是不出人们所料,这种虚伪的"兄弟般的亲吻"第二天就被遗忘了。——546。

288　《权力报》(Le Pouvoir)是法国波拿巴派的机关报,1849 年 4 月—1850 年 6 月用《十二月十日报。维护秩序的报纸》(Le Dix décembre. Journal de l'ordre)的名称出版,此后改名为《权力报。十二月十日报》(Le Pouvoir. Journal du dix décembre),1850 年 7 月 19 日起取消副标题,正式用《权力报》的名称出版;1850 年 6 月—1851 年 1 月主编是阿·格朗尼埃·德卡桑尼亚克。——546。

289　法兰西共和国宪法第 32 条规定,在立法议会休会期间须成立一个常设委员会,由议会选出的 25 名委员和议会常务局组成。1850 年,这个委员会实际上由 39 人组成:常务局 11 人,庶务 3 人以及选举产生的委员25 人。——547。

290 指所谓的《威斯巴登宣言》,是由正统派在立法议会的秘书德·巴泰勒米受尚博尔伯爵的委托于 1850 年 8 月 30 日在威斯巴登草拟的。宣言规定了正统派执政后将采取的政策。尚博尔伯爵扬言要"正式地断然拒绝一切诉诸人民的做法,因为这种做法就等于否定传统的君主政治的伟大的民族原则"。这篇宣言引起正统派内部特别是以昂·拉罗什雅克兰为首的一伙人的抗议,并在报刊上引起了激烈的论战。——548。

291 十二月十日会是波拿巴派的秘密团体,以纪念其庇护人路易·波拿巴1848 年 12 月 10 日当选为法兰西共和国总统而得名。该组织成立于1849 年,主要由堕落分子、政治冒险家、军人等组成。虽然该团体于1850 年 11 月表面上被解散,但实际上其党羽仍然继续进行波拿巴主义的宣传,并积极参加了 1851 年 12 月 2 日政变。——549、719、736、770。

292 《共产主义者同盟中央委员会告同盟书。1850 年 3 月》是马克思和恩格斯总结德国 1848—1849 年革命经验的重要文献。他们在《告同盟书》中指出,《共产党宣言》中阐述的同盟关于无产阶级革命运动的观点,已被证明是唯一正确的观点,并说明了对同盟进行改组的必要性。他们从德国当时革命运动的实际情况出发,着重阐述了无产阶级政党对小资产阶级民主派的策略,强调必须建立和保持独立的工人政党并坚持无产阶级独立的革命策略,工人政党在某些场合可以同小资产阶级民主派结成联盟,但必须保持自己组织上和思想上的独立性。他们第一次比较完整地阐述了"不断革命"的理论,指出小资产阶级民主派掌握政权后只愿意实行资产阶级性质的有限改革,根本不愿意为无产阶级的利益变革整个社会,而"我们的利益和我们的任务却是要不断革命,直到把一切大大小小的有产阶级的统治全部消灭,直到无产阶级夺得国家政权,直到无产者的联合不仅在一个国家内,而且在世界一切举足轻重的国家内都发展到使这些国家的无产者之间的竞争停止,至少是发展到使那些有决定意义的生产力集中到了无产者手中。对我们说来,问题不在于改变私有制,而只在于消灭私有制,不在于掩盖阶级对立,而在于消灭阶级,不在于改良现存社会,而在于建立新社会"(见本卷第557—558页）。他们还指出,工人阶级在革命中必须始终保持独立的武装,对任何解除工人武装的企图都应予以回击;必须维护农村无产阶级的利益,在反对资产阶级的斗争中同农村无产阶级联合起来。

这份文件写于1850年3月24日以前,最初曾印成传单在同盟盟员中秘密散发。1851年这份文件被普鲁士警察查获,曾刊登在德国资产阶级报纸《科隆日报》《德累斯顿新闻通报》上,后来又被警官卡·维尔穆特和威·施梯伯收入他们编写的《19世纪共产主义者的阴谋》一书。1885年,这份文件经恩格斯校订,作为附录收入马克思的《揭露科隆共产党人案件》(见《马克思恩格斯全集》中文第2版第11卷)。

这篇告同盟书的中译文曾发表在北京《政治生活》1924年第14期,译者署名葵;1939年延安解放社又发表了王石巍、柯柏年等翻译的中译文。——553。

293　《新奥得报》(Neue Oder-Zeitung)是德国资产阶级民主派的日报,1849—1855年在布雷斯劳(弗罗茨拉夫)出版。该报是1846年出版的天主教反对派的《奥得总汇报》(Allgemeine Oder-Zeitung)编辑部调整出版方针后于1849年4月创办的。它支持布雷斯劳方兴未艾的工人运动,从而成了德国资产阶级民主派的机关报,被普遍认为是德国最激进的报纸;其最活跃的撰稿人之一是路·海尔贝格;1855年该报曾发表马克思和恩格斯的文章;1855年12月31日停刊。——559。

294　《德国的革命和反革命》是恩格斯总结德国1848—1849年革命经验的重要著作。在这篇著作中,恩格斯用历史唯物主义观点分析德国革命的起因、性质、过程和失败的原因,批判了资产阶级、小资产阶级社会主义思想对工人的侵蚀,指出应当根据社会总的经济状况和生活条件研究革命发生和成败的原因,并通过对德国社会阶级结构、各阶级的社会地位及其在革命中的态度和作用的分析,论述了无产阶级领导权和工农联盟问题。他强调革命是"社会进步和政治进步的强大推动力"(见本卷第595页),阐明了无产阶级革命斗争的策略原则,指出武装起义是一种艺术,必须遵守一定规则;不要把起义当儿戏,事前必须有充分准备,要集中强大的优势力量对付敌人;起义一旦开始,就必须以最大的决心行动起来并采取进攻,要按照"勇敢,勇敢,再勇敢!"的要求去行动。恩格斯还运用唯物史观分析了民族问题,抨击了奥地利和普鲁士的民族压迫政策,揭露了资产阶级在1848年革命中对民族解放斗争的背叛,强调无产阶级应当支持被压迫民族的解放运动。他还批判了

"泛斯拉夫主义",指出这种理论起着助长俄罗斯帝国的侵略扩张政策的作用。

这篇著作由恩格斯于1851年8月—1852年9月写的19篇文章组成。1851年7月底,《纽约每日论坛报》编辑查·德纳约请马克思为该报撰稿。当时马克思正忙于经济学研究,因此请恩格斯帮忙。恩格斯在写这些文章时利用了《新莱茵报》合订本以及马克思提供的其他资料,文章在寄出前都经马克思看过。恩格斯本来还打算写一篇结束语,但未能写成。

这些文章从1851年10月25日—1852年10月23日陆续发表在《纽约每日论坛报》的"德国"专栏,标题是《革命和反革命》,署名是卡尔·马克思,直到1913年马克思和恩格斯的来往书信发表后,人们才知道作者是恩格斯。

在马克思和恩格斯生前,这组文章没有出版过单行本,开头几篇文章曾被译成德文在美国的德文报纸《纽约晚报》以及柏林的《德意志总汇报》上转载。

1896年,马克思的女儿爱·马克思-艾威林编辑出版了这组文章的第一个英文单行本,并给每篇文章加了标题,书名是《革命和反革命或1848年的德国》。同年还出版了卡·考茨基翻译的德文本,书名是《德国的革命和反革命》。这两个版本均收录了恩格斯1852年11月写的《最近的科隆案件》(见《马克思恩格斯全集》中文第2版第11卷),作为恩格斯原打算写的结束语。在后来编辑出版的马克思恩格斯著作的全集本中,没有将《最近的科隆案件》收入《德国的革命和反革命》。1900年,马克思的女儿劳·拉法格将此书译成法文出版。

本卷选用《德国的革命和反革命》作为总标题,并保留了爱·马克思-艾威林为19篇文章所加的标题。

这篇著作1930年由刘镜园译成中文,由上海新生命书局出版;1939年延安解放社又出版了王石巍、柯柏年等翻译的中译本。——565。

295 指《纽约每日论坛报》(New-York Daily Tribune)。该报是美国的一家日报,由著名的美国新闻工作者和政治活动家霍·格里利和托·麦克尔拉思等人创办,1841年4月10日—1924年在纽约出版。19世纪50年代中期以前是美国辉格党左翼的机关报,后来是共和党的机关报。40—50年代,该报站在进步的立场上反对奴隶制。参加该报工作的有许多著名的美国作家和新闻工作者,受空想社会主义思想影响的查·德纳从40年代末起是该报的编辑之一。马克思从1851年8月开始为该报供稿,一直到 1862 年 3 月,持续了十余年。马克思为《纽约每日论坛报》提供的文章,很大一部分是他约请恩格斯写的。恩格斯的文章多半写于曼彻斯特,许多文章注明的日期并不是写作日期,因为马克思通常标明的是寄往纽约的日期。有些文章写于伦敦,而马克思注明的却是巴黎、维也纳或柏林。马克思和恩格斯在《纽约每日论坛报》发表的文章,涉及国际政治、工人运动、欧洲各国的经济发展、殖民地扩张、被压迫国家和附属国家的民族解放运动等极其重要的问题。在欧洲反动时期,马克思和恩格斯利用这个发行很广的美国报纸,以具体材料揭露了资本主义社会的种种弊端及其固有的各种不可调和的矛盾,并说明资产阶级民主的局限性。

《纽约每日论坛报》编辑部对马克思和恩格斯的文章常常随意处理,有些文章不署作者名字而作为编辑部的社论刊登出去。自 1855 年年中起,马克思和恩格斯的所有文章在发表时都被删去了署名。编辑部有时甚至未经作者本人同意便随意改动文章的内容和日期,这种做法一再引起马克思的抗议。从 1857 年秋天起,由于美国发生经济危机,报纸的财政状况受到影响,编辑部让马克思减少他给《纽约每日论坛报》撰写通讯的数量。美国内战爆发后,编辑部内主张同各蓄奴州妥协的势力加强,报纸离开进步立场,马克思和恩格斯遂停止撰稿并与报纸断绝关系。——567、618。

296 在曾被法国兼并的莱茵河左岸地区,农奴制度同贵族、教士的特权以及教会的房地产特权在法国革命和拿破仑战争期间已被废除。——568。

297 关税同盟是 1834 年 1 月 1 日在普鲁士领导下最后形成的。在此之前,1818 年的保护关税条例废除了普鲁士境内的国内税,1819 年开始,普鲁士同德意志的一些小邦(其中最大的是黑森-达姆施塔特)签订了关税协定,后来发展成确定共同税界的关税同盟,该同盟逐渐包括了德意志几乎所有的邦;在同盟之外的只有奥地利、汉撒的自由市(吕贝克、汉堡、不来梅)和北德意志的一些小邦。1848—1849 年革命时期以及这次革命被镇压以后,关税同盟事实上已名存实亡。普鲁士在 1853 年恢复了关税同盟。关税同盟的成立促进了于 1871 年完成的德国政治上的统一。——569。

298 德意志联邦于 1815 年 6 月 8 日在维也纳会议上由德意志各邦联合组成,最初包括 34 个邦和 4 个自由市,其中还包括藩属丹麦王国的荷尔斯泰因公国和尼德兰国王的领地卢森堡。联邦既没有统一的军队,也没有财政经费,保存了封建割据的一切基本特点。德意志联邦唯一的中央机关是由奥地利代表担任主席的联邦议会。联邦议会拥有有限的权力,是反动势力镇压革命运动的工具。德意志联邦在 1848—1849 年革命时期瓦解,1850 年恢复。联邦的两个最大的邦,即奥地利和普鲁士之间曾不断地进行争夺霸权的斗争。德意志联邦在 1866 年普奥战争期间彻底解体,后来被北德意志联邦所取代。——573、584、602、645。

299 联邦议会是根据 1815 年维也纳会议决议成立的德意志联邦唯一的中央机关,由德意志各邦的代表组成,会址设在美因河畔法兰克福,由奥地利代表担任主席。联邦议会并不履行政府的职能,事实上成了德意志各邦政府推行反动政策的工具。它干预德意志各邦的内部事务,其目的在于镇压各邦的革命运动。1848 年三月革命以后,反动势力企图加紧联邦议会的活动,以达到反对人民主权的原则和反对德意志民主联合的目的。1851—1859 年,普鲁士驻联邦议会的全权代表是俾斯麦,最初他力求和奥地利结盟,后来采取了坚决反奥的立场。1859 年初卡·乌泽多姆被任命为普鲁士的全权代表。1866 年普奥战争后,德意志联邦被北德意志联邦所取代,联邦议会也不复存在。——573、583、602。

300 关税联盟于 1834 年 5 月 1 日成立,由愿意同英国进行贸易的德意志各邦汉诺威、不伦瑞克、奥尔登堡和绍姆堡-利珀单独组建而成。1854 年该联盟瓦解,其成员并入了关税同盟。——573。

301 维也纳会议是欧洲各国(土耳其除外)从 1814 年 9 月至 1815 年 6 月断断续续召开的会议。参加会议的有英、普、俄、奥等反拿破仑战争同盟国的君主和代表,法国复辟的波旁王朝也派代表出席了会议。会议缔结的旨在恢复各国王朝统治和满足战胜国领土要求的条约和协议,统称为维也纳条约。根据维也纳会议的决定,奥地利获得了意大利的伦巴第和威尼斯等地;普鲁士获得了莱茵河两岸及北部萨克森的土地;瑞典从丹麦获得了挪威;俄国获得了芬兰,并把华沙大公国改名为波兰王国,由沙皇统治;克拉科夫成为俄、普、奥共同保护的共和国;奥地利的尼德兰(比利时)合并于荷兰称为尼德兰王国;德意志组成松散的德意志联邦;瑞士重新恢复中立;英国得到了荷兰的殖民地好望角和锡兰以及法属殖民地马耳他岛。会议的最后决议规定,恢复法国 1792 年的疆界,恢复波旁王朝在法国的统治,并将法国置于列强的严格监督之下;法国不得再侵占欧洲领土。1815 年 9 月关于成立神圣同盟的决议是对维也纳决议的补充。——574、583。

302 指1830年的法国七月革命(见注69)以及相继在比利时、波兰、德国和意大利等许多欧洲国家爆发的革命和起义。——575。

303 青年德意志或现代派是德国19世纪30年代在法国七月革命和德国人民起义的影响下出现的一个文学流派,它同时又是一个文学团体,受海涅和卡·白尔尼的影响极大,在世界观方面受黑格尔思想和圣西门主义的影响。青年德意志作家(卡·谷兹科、亨·劳伯、卢·文巴尔克和泰·蒙特等)主张信仰自由和新闻出版自由、实行立宪制、解放妇女等等。他们的文艺和政论作品反映出小资产阶级的反抗情绪。青年德意志派观点的特点是思想上不成熟和政治上不坚定。他们之中的大多数人很快就沦为庸俗的资产阶级自由派。青年德意志在1848年后解体。——575。

304 《柏林政治周刊》(Berliner politisches Wochenblatt)是德国的一家周报,历史法学派(见注3)的机关报,1831—1841年在柏林出版,代表君主派的观点,对普鲁士的政治发展有影响,曾得到皇太子弗里德希-威廉的支持。——577。

305 指《莱茵政治、商业和工业日报》(Rheinische Zeitung für Politik,Handel und Gewerbe)。该报是德国的一家日报,青年黑格尔派的喉舌,1842年1月1日—1843年3月31日在莱茵地区资产阶级自由派的支持下在科隆出版。创办人是伯·腊韦,编辑是伯·腊韦和阿·鲁滕堡,发行负责人是路·舒尔茨和格·荣克。曾吸收了几个青年黑格尔分子撰稿。1842年4月马克思开始为该报撰稿,同年10月起成为该报编辑。《莱茵报》也发表过许多恩格斯的文章。在马克思担任编辑期间,该报日益具有明显的革命民主主义性质并成为德国最重要的反对派报纸之一。普鲁士政府对《莱茵报》进行了特别严格的检查,1843年4月1日将其查封。——579。

306 各省议会的等级委员会是根据普鲁士国王弗里德希-威廉四世1842年6月21日发布的命令建立的,等级委员会委员由各省议会按照等级划分,从各等级的议员中选举产生,并由国王召集各等级委员会组成咨议性机构——联合委员会。建立等级委员会的目的在于加强封建等级代表制,抵制自由主义反对派提出的在全普鲁士实行立宪代表制的要求。关于省议会等级委员会的情况,参看马克思《评奥格斯堡〈总汇报〉第335号和第336号论普鲁士等级委员会的文章》(《马克思恩格斯全集》中文第2版第1卷)。——579。

307 联合委员会是普鲁士各等级委员会组成的联合机构,行使咨议职能。弗里德里希-威廉四世于1842年10月18日—11月10日召集联合委员会会议,打算按照1820年1月17日颁布的《关于将来处理全部国债事务的规定》实行新的税收和获得公债。——579。

308 海外贸易公司是1772年在普鲁士成立的贸易信用公司。该公司享有许多重要的国家特权。它给予政府巨额贷款,实际上起到了政府的银行老板和财政经纪人的作用。1820年1月起,海外贸易公司正式成为普鲁士国家银行。——580。

309 法兰克福国民议会即法兰克福全德国民议会于1848年5月18日在美因河畔法兰克福召开,其目的是消除德国政治上的分裂状态和制定全德宪法。同年6月28日,根据法兰克福国民议会的决议,建立了由帝国摄政王(奥地利大公约翰)和帝国内阁组成的临时中央政府。法兰克福国民议会的选举采取两级制,不是直接选举。议会中,除了罗·勃鲁姆、卡·福格特等人组成的左翼外,还有阿·卢格、弗·施勒弗尔、弗·齐茨、威·特吕奇勒尔等人组成的极左翼,或称激进民主党。议会的多数派是自由资产阶级中间派,它又分裂成中间派右翼和中间派左翼。中间派拥护立宪君主政体。由于自由派多数的胆怯和妥协,以及小资产阶级左翼的动摇性和不彻底性,议会害怕接管国家的最高权力,没有成为真正统一德国的机构,最后变成了一个没有实际权力,只能导致群众离开革命斗争的纯粹的争论俱乐部。

当德意志各大邦召回本邦议员,而法兰克福市当局又禁止留下的左翼议员在当地开会时,左翼议员便于1849年5月30日决定把议会地点迁往斯图加特,并试图组织保卫帝国宪法的合法运动。1849年6月6日,国民议会宣布废黜帝国摄政王及其阁员,建立由温和民主派弗·拉沃、卡·福格特、亨·西蒙、弗·许勒尔和奥·贝谢尔组成的五人摄政团,但是没有成效。同年6月18日,议会被军队驱散,停止了活动。马克思和恩格斯曾在《新莱茵报》上发表许多文章,对法兰克福国民议会的活动进行了尖锐的批评。——584、602、629、638、644。

310 哥达派是法兰克福国民议会中以弗·达尔曼、马·西姆桑、弗·巴塞尔曼、亨·加格恩、卡·布吕格曼等人为首的大资产阶级的代表,属于右翼自由派。在普鲁士国王弗里德里希-威廉四世拒绝法兰克福国民议会为他加冕,以及国民议会左翼多数派通过关于建立帝国摄政团的决议之后,他们当中有 148 名代表宣布退出国民议会,并于 1849 年 6 月25—27 日在哥达单独召开了三天会议,故而得名。最后有 130 名与会代表签署了一项声明,要求在普鲁士领导之下实现德国统一。于是"哥达派"一词被习惯地用来指背叛革命的自由资产阶级。——584。

311 德国天主教是 1844 年在德意志一些邦中产生的宗教派别,吸引了中小资产阶级广大阶层参加。该派不承认罗马教皇的最高权威,反对天主教会的许多信条和仪式,竭力使天主教适应德国新兴资产阶级的利益,是 19 世纪 40 年代资产阶级对德国反动制度的不满和要求全国政治上统一的愿望在宗教上的反映。

1859 年,德国天主教徒协会与自由公理会(见注 312)合并。——585。

312 自由公理会是在"光明之友"运动的影响下,于 1846 年和 1847 年从官方新教教会中分化出来的宗教团体,曾试图成立全德国的教会。"光明之友"是产生于 1841 年的一种宗教派别,它反对在新教教会中占统治地位的、以极端神秘主义和伪善行为为特征的虔诚主义。自由公理会在政治上反映了 19 世纪 40 年代德国资产阶级对本国反动制度的不满。该团体于 1847 年 3 月 30 日获得了进行自由的宗教活动的权利。1859 年,自由公理会与德国天主教徒协会合并。——585。

313 一位论派或反三一论派,是反对"神的三位一体"教义的宗教派别。一位论派运动产生于 16 世纪的宗教改革时期,最初在波兰、匈牙利、荷兰等国流行,17 世纪以后又在英国和北美出现。19 世纪,一位论派的教义反对宗教的表面仪式,把宗教中的道德伦理因素提到了首位。——585。

314 这里的德意志帝国是指创立于公元 962 年的欧洲封建帝国神圣罗马帝国(见注 13)。——586。

315 "统一的、不可分割的德意志共和国"这一口号是马克思和恩格斯在1848 年革命前夕提出的(参看马克思 1847 年 10 月底写的《道德化的批判和批判化的道德》,《马克思恩格斯全集》中文第 1 版第 4 卷第 350页)。1848 年 3 月,马克思和恩格斯在拟定共产主义者同盟在德国革命中的政治纲领《共产党在德国的要求》时,又把这一口号作为最主要的要求列在首位(见本选集第 4 卷第 208 页)。——587、600。

316 1846 年 2—3 月加利西亚爆发了乌克兰农民起义,当时在奥地利所辖的波兰地区,以克拉科夫为中心恰好也爆发了波兰民族解放起义。奥地利当局利用乌克兰农民与当时准备进行反奥暴动的波兰贵族之间的阶级矛盾和民族矛盾,多次使起义农民将矛头指向波兰起义者的队伍。起义农民一开始就解除了波兰贵族起义部队的武装,随后大规模地摧毁地主庄园。奥地利政府在平息波兰贵族的起义运动之后,又镇压了加利西亚的农民起义。——588。

317 奥地利的财政状况在 19 世纪初依然极度拮据。当局曾想采用发行纸币的办法来克服支付和信贷上的困难;1810 年流通的钞票超过 10 亿盾,全值兑现已不可能。1811 年 2 月 20 日的特许令规定兑现面值的五分之一,这实际上意味着国家的破产。——589。

318 指大学生军团,该军团是一个准军事性的学生团体,1848 年 3 月组建于维也纳。参加该团体的还有一些大学讲师及其他知识分子,主要是一些激进的民主主义者。该军团在 1848 年奥地利的革命运动中起了重要作用,维也纳十月起义失败后被解散。——595。

319 指 1848—1849 年的奥意战争。1847 年底和 1848 年初在并入奥地利版图的伦巴第和威尼斯地区,意大利居民掀起了反对奥地利的群众运动。在人民群众的压力下,以皮埃蒙特为首的意大利各君主国于 1848 年 3 月底向奥地利宣战。战争的第一阶段,皮埃蒙特的军队于 1848 年 7 月 25 日在库斯托扎被击败,8 月 9 日签订了奥地利—皮埃蒙特停战协定。由于意大利国内革命运动重新高涨,1849 年 3 月 20 日皮埃蒙特的君主被迫继续进行战争。但在 21—23 日,他的军队在摩尔塔拉和诺瓦拉又被彻底击溃。皮埃蒙特在军事上的失败及其统治集团的投降,使奥地利恢复了在意大利北部的统治。——596。

320 马尔默停战协定指 1848 年 8 月 26 日丹麦和普鲁士签订的关于石勒苏益格—荷尔斯泰因战争的停战协定。从石勒苏益格—荷尔斯泰因德意志居民起义开始的反对丹麦的战争,是德国人民争取德国统一的革命斗争的一部分。德意志各邦政府,其中包括普鲁士政府,在人民群众的压力下不得不参战。但是,普鲁士政府实际上在作战中采取消极态度,并于 1848 年 8 月在马尔默同丹麦政府签订了为期七个月的停战协定。法兰克福国民议会在 1848 年 9 月批准了这一协定,引起了人民群众的抗议怒潮并导致法兰克福的人民起义。1849 年春天,石勒苏益格—荷尔斯泰因战事再起,结果,1849 年 7 月普鲁士和丹麦签订了和约,石勒苏益格—荷尔斯泰因仍然留在丹麦王国中。——605、616。

321　胡斯战争是 1419—1434 年间捷克民族为反对德国贵族和德意志皇帝的最高权力而进行的带有宗教色彩的农民战争(见恩格斯《匈牙利的斗争》,《马克思恩格斯全集》中文第 1 版第 6 卷第 199 页),因捷克爱国者和宗教改革领袖胡斯而得名。胡斯严厉谴责教皇兜售"赎罪券",反对教会占有土地,抨击教士的奢侈堕落行为,主张用捷克语举行宗教仪式。1415 年 7 月胡斯作为异教徒被处以火刑。对胡斯的处决激起捷克人民更大的义愤,1419 年 7 月 30 日布拉格发生起义,拉开了这场民族解放战争的序幕。胡斯战争的参加者分为两大派,即代表农民和平民的塔博尔派与代表市民和中小贵族的圣杯派。战争期间,塔博尔派军队击退了教皇和德意志皇帝组织的五次反对捷克的十字军征讨。最后由于圣杯派同国外封建反动势力实行叛变性的妥协,人民起义遭到失败。胡斯派的运动对 16 世纪欧洲宗教改革产生了巨大的影响。——609。

322　斯拉夫人代表大会于 1848 年 6 月 2 日在布拉格举行。代表大会上,受哈布斯堡王朝压迫的斯拉夫民族的民族运动中的两个派别展开了斗争。温和的自由主义右派(属于该派的有代表大会的领导者弗·帕拉茨基和帕·约·沙法里克)为了维护和巩固哈布斯堡王朝,试图使之变为各民族享有平等权利的联盟,从而解决民族问题。民主主义左派(萨宾纳、弗里奇、利贝尔特等)对此坚决反对,他们竭力主张同德国和匈牙利的革命民主力量一致行动。代表大会的部分代表积极参加了1848 年 6 月 12—17 日布拉格起义,受到残酷的迫害;其余的代表,即温和的自由派代表于 6 月 16 日宣布代表大会无限期休会。——611。

323　1848 年 4 月 16 日巴黎工人在路易·勃朗影响下举行和平示威,向临时政府提出关于"劳动组织"和"消灭人对人的剥削"的请愿书,示威队伍被资产阶级国民自卫军驱散。——614、691。

324　1848 年 5 月 15 日,那不勒斯国王斐迪南二世镇压了那不勒斯的人民起义,解散了议会和国民自卫军,取消了 1848 年 2 月在群众压力下实行的一些改革。1848 年 1 月斐迪南炮轰巴勒莫,同年 9 月又炮轰墨西拿,因此被人们称为"炮弹国王"。——614。

325　指 1848 年 9 月 18 日的法兰克福起义。法兰克福国民议会 1848 年 9 月16 日批准马尔默停战协定是这场人民起义的导火线。当时曾有 1 000多人参加街垒战,起主要作用的是工人协会和体操协会的成员。奥地利和普鲁士的军队取得了议会中占多数的自由派的同意,镇压了这次起义。——616。

326 1848 年 10 月 6 日维也纳人民起义是由于大资产阶级支持的保皇派试图取消 1848 年奥地利三月革命的成果,恢复专制制度而引起的。德意志皇帝发布命令,派遣维也纳守备部队征讨革命的匈牙利,成了起义的直接导火线。经过 1848 年 10 月 24 日—11 月 1 日的激烈战斗,起义最后被政府军队镇压。——617。

327 新闻出版法指 1848 年 4 月 1 日奥地利政府公布的新闻出版暂行条例。该新闻出版法规定必须交纳大量保证金才能取得出版报纸的权利。由于保留书报检查制度并规定“在新闻出版方面犯罪”的人必须交由行政法庭(而不是陪审法庭)审判,政府官员因此就可能禁止任何一本著作的出版。——618。

328 1848 年 4 月 25 日宪法规定,在选举议会方面实行苛刻的财产资格限制和居住资格限制,决定建立两院,即下院和上院,并保留各省的等级代议机关。宪法将行政权和军权交给皇帝,并授予皇帝可以否决两院通过的法律的权力。

1848 年 5 月 9 日选举法剥夺了短工和仆役等的选举权。上院议员一部分由皇帝任命,另一部分则按照两级选举制从纳税数目最多的人中间选举。下院的选举也实行两级制。——618。

329 根据约翰大公的决定,1848 年 7 月 22 日在维也纳召开了奥地利制宪议会会议。根据民主派议员的提议,奥地利议会于 1848 年 7 月 31 日发出请愿书,要求奥地利皇帝斐迪南一世无条件地返回维也纳。当年 8 月 12 日斐迪南一世回到维也纳。——620。

330 《维也纳日报》(Wiener Zeitung)是《奥地利帝国维也纳日报》(Oester-reichisch-Kaiserliche Wiener Zeitung)的简称,它是奥地利政府的官方报纸,1780—1931 年在维也纳出版,曾数度易名,1814 年 1 月 1 日起正式作为日报出版。——621。

331 指 1848 年 10 月 6 日成立的帝国议会常设委员会,最初有 10 名议员参加。该委员会由温和的小资产阶级民主派阿·菲施霍夫主持。——623。

332 1849 年 4 月 19 日,奥地利军队在纳迪—夏尔洛被击溃,4 月 26 日,奥军撤出科莫恩(科马罗姆),当时匈牙利军队司令部和匈牙利革命政府

没有组织力量追击向维也纳方向撤退的奥军,而是去围攻布达。恩格
斯认为,这个决定给匈牙利革命带来了致命的后果,因为这样一来就使
奥军在沙皇军队入侵匈牙利之前得以发动新的进攻,最终导致匈牙利
军队于8月13日在维拉戈什向镇压匈牙利起义的沙皇军队投降。匈
牙利军队当时还具有战斗力,并且得到匈牙利革命群众的积极支持,它
的投降是由总司令阿·戈尔盖的叛卖行为造成的,戈尔盖依靠的是匈
牙利资产阶级和贵族中的反革命势力。另一方面,拉·科苏特和革命
政府的其他领导人在与戈尔盖的叛卖行为进行斗争时态度也很不坚
决。——628。

333　《新莱茵报》在1849年1—5月间发表了大量有关匈牙利人民革命战争
的文章,其中大部分是恩格斯写的。他写的第一篇文章题为《匈牙利
的斗争》(见《马克思恩格斯全集》中文第1版第6卷),发表在该报
1849年1月13日第194号。1849年5月19日《新莱茵报》的最后一
号发表了恩格斯的总结性文章《匈牙利》(同上)。——628。

334　兰开斯特学校是以英国教育家约·兰开斯特的名字命名的贫民子弟学
校。这些学校实行学习互助制度,年龄较大和学习成绩较好的学生在
学习上帮助其他学生,以弥补师资的不足。19世纪上半叶,英国以及
其他一些国家曾广泛开办兰开斯特学校。——629。

335　英国下院议员约·汉普敦1637年拒绝向皇家收税官交纳一种未经下
院批准的捐税——"造船费",并在法庭上坚持英国人有抗交皇家非法
征收的捐税的权利。就汉普敦拒绝纳税一事举行的审判案使英国社会
反对专制制度的情绪更加高涨。汉普敦后来成为17世纪英国资产阶
级革命的卓越活动家之一。

　　美国人反对英国政府在殖民地征收捐税的斗争拉开了英属北美殖
民地争取独立的战争(1775—1783年)的序幕。1766年英国议会被迫
取消前一年开始征收的印花税;后来美国人宣布抵制须缴纳间接税的
英国商品。1773年英国强行向美国输入须缴纳高消费税的茶叶,货物
在波士顿港口被销毁。这些冲突导致了美洲殖民地举行反对英国的起
义。——633。

336　指普鲁士国民议会于1848年11月15日通过的一项决议。决议指出:
"只要国民议会不能自由地继续在柏林召开会议,政府就无权动用国
家的资金并征收捐税。本决议从11月17日开始生效。"11月15日的
会议是议员们在柏林举行的最后一次会议。12月初,一部分议员,主

要是右翼议员已集中到了勃兰登堡，12月5日，国王发布了关于解散国民议会并实施钦定宪法的敕令。至此，普鲁士的反革命政变即告成功。——633。

337 无能的中央"政府"指根据法兰克福国民议会1848年6月28日决议成立的、由帝国摄政王和帝国内阁组成的临时中央政府。该政府没有财权、军权等任何实权，唯一能做的就是支持德意志各邦君主推行反革命政策。——641。

338 议会迷德文原文是 parlamentarischer Kretinismus，直译为"议会克汀病"。马克思和恩格斯在1848—1849年革命时期首先使用这个术语批评法兰克福国民议会中的小资产阶级民主派领袖，后来他们用这个术语泛指欧洲大陆醉心于议会制度的资产阶级代表人物。——643、733、753。

339 弗里德里希-威廉四世演出的皇帝的滑稽剧，指1848年3月21日由力图恢复国王权威的普鲁士资产阶级阁员们倡议，在柏林举行的普鲁士国王出巡盛典。与此同时还举行了要求德国统一的游行示威。弗里德里希-威廉四世沿柏林的街道巡视，臂上戴着象征德国统一的黑红黄三色臂章，并发表了虚假的爱国主义演说，把自己装扮成"德国自由和统一"的捍卫者。他在当天发布的《告陛下的臣民和德意志民族书》中，庄严地保证要把统一德国的事业掌握在自己手里，并答应成立等级代议机构，实施宪法，确立内阁责任制，规定公开的和口头的诉讼手续以及陪审制度。——644。

340 各邦君主会议是1849年5月17日在柏林召开的有普鲁士、萨克森、汉诺威、巴伐利亚和符腾堡的君主参加的会议，会议旨在修改由法兰克福国民议会拟定的所谓帝国宪法。5月26日会议结束时，普鲁士、萨克森和汉诺威的国王缔结了协定，即所谓"三王联盟"。到1849年9月共有29个邦加入了这一协定，几乎包括了所有的德意志邦。根据协定，联盟首脑由普鲁士国王充任。"联盟"是一次使普鲁士君主制在德国取得霸权的尝试。但是，在奥地利和俄国的压力下，普鲁士不得不退却，并于1850年11月退出了"联盟"。——647。

341 莱茵普鲁士各市议会代表会议于1849年5月8日在科隆召开，代表们明确主张重新召开第二议院会议，赞成1849年3月28日的德意志帝国宪法，反对勃兰登堡—曼托伊费尔的政府。——647。

342 1849 年 5 月 26 日,法兰克福国民议会第 228 次会议在讨论措辞极为温和的《告德国人民书》时,威·沃尔弗发表演说,要求宣布帝国摄政王不受法律保护,并且说"我要在这里代表人民讲话",结果被哄下了台。——652。

343 《德国的革命和反革命》这组文章的最后一篇没有写成。1896 年英文版以及后来的许多版本都收录了恩格斯的《最近的科隆案件》一文,把它作为这组文章的最后一篇,实际上它并不属于这组文章。——662。

344 《路易·波拿巴的雾月十八日》是马克思总结法国 1848 年革命经验和评述 1851 年 12 月 2 日路易·波拿巴政变的重要著作。在这部著作中,马克思运用唯物史观阐述了当时法国的社会结构和阶级斗争状况,评述了路易·波拿巴政变的原因、过程和结局,并通过对历史事件的生动描述和精辟分析,揭示了历史运动的规律,阐述了评价历史事件和历史人物的科学方法,指出:"人们自己创造自己的历史,但是他们并不是随心所欲地创造,并不是在他们自己选定的条件下创造,而是在直接碰到的、既定的、从过去承继下来的条件下创造。"(见本卷第 669 页)马克思透彻地分析了资产阶级国家的本质,阐明了马克思主义国家学说,提出了无产阶级革命必须摧毁旧的国家机器的思想。他指出:"资产阶级共和国在这里是表示一个阶级对其他阶级实行无限制的专制统治。"(见本卷第 677 页)历次资产阶级革命都没有动摇在专制君主时代形成的军事官僚机器,反而把它当做主要的战利品。"一切变革都是使这个机器更加完备,而不是把它摧毁。"(见本卷第 761 页)而无产阶级革命则必须"集中自己的一切破坏力量"(见本卷第 760 页)来摧毁旧的国家机器。马克思在 1871 年 4 月 12 日给路·库格曼的信中更明确地重申了这一思想:"如果你查阅一下我的《雾月十八日》的最后一章,你就会看到,我认为法国革命的下一次尝试不应该再像以前那样把官僚军事机器从一些人的手里转到另一些人的手里,而应该把它打碎,这正是大陆上任何一次真正的人民革命的先决条件。"(见本选集第 4 卷第 493 页)马克思还阐述了工农联盟的思想,指出:随着农民认识到自身利益与资产阶级利益的对立,他们"就把负有推翻资产阶级制度使命的城市无产阶级看做自己的天然同盟者和领导者"(见本卷第 766 页),而无产阶级革命有了农民的支持,"就会形成一种合唱,若没有这种合唱,它在一切农民国度中的独唱是不免要变成孤鸿哀鸣的"(见本卷第 769 页)。

1851 年 12 月 2 日政变后不久,马克思就动笔撰写这部著作,并把它定名为《路易·波拿巴的雾月十八日》,这个标题显然含有讽刺意味。法国大革命后的共和八年雾月十八日,即 1799 年 11 月 9 日,拿破仑第一发动政变,实行军事独裁,改行帝制。1851 年 12 月 2 日,他的侄子路易·波拿巴步他的后尘,发动政变,废除共和,复辟帝制,号称拿破仑第三。在路易·波拿巴发动政变的第二天,恩格斯在给马克思的信中就称这次政变“演出了雾月十八日的可笑的模仿剧”(见《马克思恩格斯文集》第 10 卷第 97 页)。这部著作原来准备在共产主义者同盟盟员约·魏德迈在美国创办的德文周刊《革命》上连载。最初计划写三篇,但在撰写过程中不断扩充,最后共写了七篇,于 1852 年 3 月 25 日前完稿。《革命》周刊 1852 年 1 月只出了两期,因经济困难而停刊。1852 年 5 月,魏德迈以单行本形式将这部著作作为不定期刊物《革命》的第一期出版,他在扉页和前言中误将标题写成了《路易-拿破仑的雾月十八日》。

1869 年,这部著作由出版商奥·迈斯纳在德国汉堡再版。再版前,马克思重新审定了原文,把书名更正为《路易·波拿巴的雾月十八日》,并写了第二版序言。马克思在序言中批判了维·雨果和皮·约·蒲鲁东在论述路易·波拿巴政变的著作中的唯心史观,强调对这一事件和人物的分析必须联系现代阶级斗争的物质经济条件,指出他的这部著作旨在证明:“法国阶级斗争怎样造成了一种局势和条件,使得一个平庸而可笑的人物有可能扮演了英雄的角色。”(见本卷第 664 页)

马克思逝世后,这部著作于 1885 年 6 月在汉堡出版了第三版。恩格斯对第二版作了少量修辞上的改动,并为第三版写了序言。他在序言中指出:“正是马克思最先发现了重大的历史运动规律。根据这个规律,一切历史上的斗争,无论是在政治、宗教、哲学的领域中进行的,还是在其他意识形态领域中进行的,实际上只是或多或少明显地表现了各社会阶级的斗争,而这些阶级的存在以及它们之间的冲突,又为它们的经济状况的发展程度、它们的生产的性质和方式以及由生产所决定的交换的性质和方式所制约。这个规律对于历史,同能量转化定律对于自然科学具有同样的意义。”(见本卷第 667 页)1891 年这部著作被译成法文,同年 1 月 7 日—11 月 12 日分 32 节在法国工人党机关报《社会主义者报》上连载。这一年还在法国里尔出版了单行本。另外,1889 年出版了波兰文版,1894 年出版了俄文版。

收入本卷的中译文是根据 1869 年版译出的,并收入了恩格斯为

1885 年版写的序言。马克思对 1852 年版所做的重要改动,均在脚注中作了说明。

　　这篇著作 1930 年由陈仲涛译成中文,上海江南书店出版,书名为《拿破仑第三政变记》;1940 年延安解放社又出版了柯柏年翻译、吴黎平校订的《拿破仑第三政变记》。——663。

345 1848 年 12 月 10 日当选法兰西共和国总统的路易·波拿巴于 1851 年 12 月 2 日在法国发动政变,立法议会和国务会议被解散,许多议员被逮捕,全国有 32 个省宣布处于战时状态,社会党和共和党的领导人被驱逐出法国。1852 年 1 月 14 日通过的新宪法规定,一切权力都集中在总统手中,而在 1852 年 12 月 2 日却宣布路易·波拿巴为法国皇帝,帝号拿破仑第三。——663、666。

346 《革命》(Die Revolution)是约·魏德迈在纽约出版的德文周报,1852 年 1 月 6 日和 13 日出版两期后,由于物质上的困难不得不停刊。1852 年 5 月和 6 月,魏德迈在阿·克路斯的资助下又作为月刊出版了两期《革命。不定期刊物》(Die Revolution. Eine Zeitschrift in zwanglosen Heften)。——663。

347 旺多姆圆柱又称凯旋柱,是为了纪念拿破仑第一的战功,于 1806—1810 年在巴黎旺多姆广场修建的。整个圆柱全部用缴获的武器上的青铜制成,顶上铸有一座拿破仑雕像,雕像在复辟时期被拆除,但在 1833 年又复原。1871 年根据巴黎公社的决议,旺多姆圆柱作为军国主义的象征被推倒。1875 年圆柱又被资产阶级政府修复。——664、774。

348 特别警察指英国的特别巡警,是由平民组成的警察后备队,他们曾帮助正规警察驱散 1848 年 4 月 10 日的宪章派示威游行队伍。路易·波拿巴流亡伦敦期间曾自愿充当特别警察。伦敦的特别警察代替小军士,指路易·波拿巴代替拿破仑第一。——668、686。

349 1800 年 6 月 14 日,拿破仑的军队经圣伯纳德山口翻越阿尔卑斯山,在意大利北部的马伦戈击溃奥地利将军梅拉斯的军队,这一决定性胜利最后导致英、俄、奥等国反法同盟的解体。——668。

350 指 1851 年 12 月至 1852 年 1 月间由于路易·波拿巴要求瑞士当局引渡法国共和派流亡者而发生的法国和瑞士两国之间的冲突。——668。

351 圣安德烈大十字勋章是沙皇俄国的最高勋章。马克思在这里显然是指路易·波拿巴需要得到俄国皇帝尼古拉一世的承认。——668。

352 《国民报》(National-Zeitung)是德国的一家日报,1848 年 4 月 1 日—1915 年在柏林出版。19 世纪 50 年代该报具有自由主义倾向,后为民族自由党的机关报。1866 年以后该报支持俾斯麦的政策,1870—1871 年曾号召兼并法国领土,主张武力镇压巴黎公社。——668。

353 使徒保罗是圣经中的人物,原名扫罗,是虔诚的犹太教徒。据《新约全书·使徒行传》记载,当他前往大马士革追捕基督教徒时,忽被强光照射,耶稣在光中显现,嘱他停止迫害基督徒。他从此转信耶稣基督,后来成为耶稣直接挑选的使徒,被派往各地传教,改名保罗。《新约全书》中的保罗书信传说为他所写,其主要思想成为基督教教义和神学的重要依据之一。——669。

354 哈巴谷是圣经中 12 个所谓小先知之一。他以其诗一般热情的话语为人们所称道。约·洛克是 17 世纪英国资产阶级革命后出现的哲学家和经济学家,他处事注重实际而缺少诗意,只相信人的理智。在这里马克思把哈巴谷当做洛克的对立面。——670。

355 1848 年 12 月 10 日,路易·波拿巴经大选成为法兰西共和国总统。——671。

356 "埃及的肉锅"一词源于圣经传说:被奴役的以色列人逃离埃及,行至旷野,饥饿难忍,于是开始抱怨摩西,说他不应该带领他们离开埃及,因为他们在埃及虽然世代为奴,但毕竟可以围着肉锅吃饱肚子(参看《旧约全书·出埃及记》第 16 章第 1—3 节)。——671。

357 "这里是罗陀斯,就在这里跳跃吧!"这句话出自伊索寓言《说大话的人》。一个说大话的人自吹在罗陀斯岛上跳得很远很远。别人就用这句话反驳他。其转义是:这里就是最主要的,你就在这里证明吧!

"这里有玫瑰花,就在这里跳舞吧!"这句话是从上面那句话演变而来的。罗陀斯在希腊语中既是岛名,又有"玫瑰花"的意思。黑格尔在《法哲学原理》一书的序言中曾使用这种说法。——673。

358 按照 1848 年 11 月 4 日宪法规定,法兰西共和国总统任期为四年,新总统的选举在 5 月的第二个星期日举行,即将离任的总统不能参加竞选。1852 年 5 月的这一天,路易·波拿巴的总统任期届满。小资产阶级民主派,特别是流亡者,希望民主党派在这一天能够上台执政。——

673、747。

359 锡利亚一词源于希腊文 Chilias，意为一千年的时期。锡利亚教义产生于奴隶制度解体时期，宣传基督复临，在世上建立公正、平等和幸福的"千年王国"的宗教神秘主义学说，反映了农民和城市平民的心态。恩格斯把这种信仰称做"锡利亚式狂想"。在基督教早期，这种信仰流传很广，后来经常出现在中世纪各种教派的教义中。——673。

360 卡皮托利诺是罗马城中一个设有防御工事的小丘，那里建有尤诺纳神庙。据传说，公元前 390 年高卢人进犯罗马时，尤诺纳神庙里鹅的叫声惊醒了守卫卡皮托利诺的士兵，从而拯救了罗马城。——673。

361 指正统派（见注 199）和奥尔良派（见注 235）。——673。

362 蓝色共和党人指资产阶级共和派，因其机关报是《国民报》故又称《国民报》派，亦称三色旗共和派、纯粹的共和派（见注 221）。1848 年革命时期，这一派的领导人参加了临时政府，后来靠卡芬雅克的帮助策划了六月大屠杀。红色共和党人指其他各种民主派和社会主义者。——673。

363 非洲的英雄指曾经参加阿尔及利亚殖民战争的法国军官，在法国，人们曾把他们称做"非洲人"或"阿尔及利亚人"。马克思在这里指的是路·欧·卡芬雅克、克·拉莫里谢尔和玛·阿·贝多等将军，他们是国民议会中共和派集团的首领。——673。

364 相传罗马皇帝君士坦丁大帝在 312 年征讨马克森提乌斯时，中午时刻看见天上出现一个光芒四射的十字架，旁边有一行字："在此标记下你必胜！"有人据此认为君士坦丁大帝从迫害基督教到皈依和保护基督教与这个传说有关。——678。

365 1848 年 2 月 24 日，路易-菲力浦让位给他的年幼的孙子巴黎伯爵。奥尔良公爵夫人打算让法国众议院拥戴她来摄政，立其年幼的儿子为国王。但是，在起义人民的压力下，法国后来成立了临时政府并宣布成立共和国。——680。

366 法国国民议会 1848 年 11 月 4 日通过的法兰西共和国宪法于 1848 年 11 月 7 日发表于《总汇通报》（见注 225）第 312 号。马克思 1851 年在《1848 年 11 月 4 日通过的法兰西共和国宪法》一文（见《马克思恩格斯全集》中文第 2 版第 10 卷）中对该宪法作了专门研究，可与本卷第 681—684 页马克思对该宪法的评述相对照。——681。

367　法国1830年宪章是七月王朝的根本法。宪章表面上宣布国民拥有自主权并对国王的权力作了某些限制，但是那些反对工人运动和民主运动的官僚警察机构以及苛刻的法律仍然原封未动。——681。

368　指路易·波拿巴的总统府邸。"极乐世界"的德文是"elysäische Gefilde"，与波拿巴的总统府邸巴黎的爱丽舍宫"Palais de l'Elysée"谐音。——683。

369　"兄弟，要准备牺牲！"是特拉伯天主教修道会修士见面时的问候语。特拉伯修道会成立于1664年，以严格的规章及其成员的禁欲主义生活方式而闻名。——683。

370　近卫军是古罗马帝王或将相拥有的享有特权的武装力量，经常参与内讧，扶助主子登上王位。马克思在这里是指支持路易·波拿巴政变的法国部队和军官。——686。

371　1832年路易·波拿巴在图尔高州加入瑞士国籍。——686。

372　卡利古拉是罗马皇帝(37—41年)，他执政后立即同元老院一起参加近卫军的阅兵式并发表演讲。——689。

373　暗指路易·波拿巴1839年在巴黎出版的《拿破仑观念》一书。书中颂扬拿破仑的政治原则、拿破仑第一的帝国秩序，并把皇帝本人写成一个理想人物。——690、709、765。

374　议会总务官原是古罗马元老院中的下级官员——财务官和档案官。这里是指法国国民议会中负责经济、财务和安全保卫事务的委员会。
　　　　1851年11月6日，保皇党人议会总务官勒夫洛、巴兹和帕纳提出一项议案，要求把调动军队的权力授予议会。阿·梯也尔支持这项议案，波拿巴分子圣阿尔诺表示反对，经过激烈的辩论，这项议案于11月17日被否决。在表决中山岳党支持波拿巴派，因为他们认为保皇党人是主要危险。——690、725、752。

375　吉伦特派是18世纪末法国资产阶级革命时期的一个政治集团，代表大工商业资产阶级和在革命时期产生的地主资产阶级的利益。该派的许多领导人在立法议会和国民公会中代表吉伦特省，因此而得名。吉伦特派借口保卫各省实行自治和成立联邦的权利，反对雅各宾政府以及拥护政府的革命群众。——691。

376　弗伦特运动又译投石党运动，是1648—1653年法国反专制制度的运动。弗伦特(Fronde)原意是一种投石器,曾为当局所禁,违令者应受惩罚;这个词的转义为破坏秩序,反对当局。

弗伦特运动分为两个阶段。第一阶段称为"高等法院弗伦特"(1648—1649年)。路易十四未成年期间,摄政太后安娜(1643—1653年)及首相马扎里尼的专横引起国内广大阶层的不满。1648年5月,巴黎高等法院要求监督政府财政,取消各省巡按使,但遭到拒绝。8月,巴黎市民起义,支持高等法院,迫使王室逃出首都。1649年3月,起义被政府军镇压,高等法院被迫与王室妥协。第二阶段称为"亲王弗伦特"(1650—1653年)。1650年1月起,以孔代亲王为首的贵族资产阶级在外国军队支持下,利用城乡人民运动,与专制政府抗衡,1653年被政府军击败。弗伦特运动的失败为路易十四当政后的专制独裁铺平了道路。——693、772。

377 策划1851年12月2日政变的波拿巴统治集团和反革命报刊在1852年5月总统选举之前用无政府状态、革命阴谋、新的农民起义和侵犯私有财产来恐吓善良的遵纪守法的法国公众。前警察局长罗米厄所写的小册子《1852年的赤色幽灵》在这一宣传运动中起到了特殊的作用。——693。

378 弗利基亚帽,或红色尖顶帽,是古代弗利基亚(小亚细亚)人的头饰,后来在18世纪法国资产阶级革命时期成为雅各宾党人的帽子样式。此后,这种帽子便成了自由的象征。——693。

379 1849年6月13日,小资产阶级政党山岳党在巴黎组织了一次和平示威,抗议法国派兵镇压意大利革命,因为共和国宪法规定,禁止动用军队干涉别国人民的自由。这次示威被军队驱散,它的失败宣告了法国小资产阶级民主主义的破产。6月13日以后,当局开始迫害民主主义者,其中包括外侨,同时许多社会主义报刊遭到查封。

1849年8月10日,国民议会通过一项法令,将"6月13日暴乱的主谋和从犯"送交"布尔日特别最高法庭"审讯。34名山岳党议员(其中包括赖德律-洛兰、费·皮阿和维·孔西得朗)被提交法庭审判。

马克思对这一事件作了详细评述,见本卷第471—538页。——699、702。

380 议会规则是由国民议会多数派制定的,这项规则限制议员发言自由并赋予议长开除议员和扣发议员津贴的权利。1849年六月十三日事变后的第十天,议会拟订了这项规则的草案(见1849年6月25日巴黎

《总汇通报》第176号),经过多日讨论,于1849年7月6日通过。

当时国民议会议长是安·杜班。——699。

381 在巴黎1849年六月十三日事变的影响下,里昂工人于6月15日举行了武装起义。这次起义经过八小时的战斗,最终被贝·马尼昂将军指挥的军队所镇压。——700、742。

382 使耶利哥城墙应声倒塌的号角声的传说出自圣经典故:以色列统帅约书亚的军队围攻耶利哥城时,约书亚令自己的士兵吹响用羊角制成的号角,并随号角声一齐大声呼喊,从而使久攻不破的城墙应声倒塌(见《旧约全书·约书亚记》第6章)。——700。

383 据圣经传说,犹太王大卫是由撒母耳主持涂油仪式而登极的(见《旧约全书·撒母耳记(上)》第16章)。这里暗指路易·波拿巴在恢复罗马教皇庇护九世的世俗权力之后,指望在他复辟称帝进入土伊勒里宫时,能得到教皇的支持。——704。

384 奥斯特利茨是现在的斯拉夫科夫的旧称。1805年12月2日,拿破仑第一在这里击败了俄奥联军,取得了决定性胜利。——704。

385 所谓教皇的自由主义行动是指罗马教皇庇护九世1846年就职时实行大赦,在教皇国开始实行广泛的改革,以及1848年3月在教皇国实施立宪制并建立某种程度的世俗内阁等做法。

在《路易·波拿巴的雾月十八日》1852年第一版和1869年第二版中,此处都错印成"教皇的非自由主义行动",1885年出版第三版时更正为"教皇的自由主义行动"。——707。

386 卡宴是法属圭亚那的首府,法国流放政治犯的地方。大批政治犯在这里被折磨致死,故有"不流血的断头台"之称。——720。

387 指七月王朝时期路易·波拿巴企图实行政变的两次武装叛乱。1836年10月30日,路易·波拿巴在一些拥护波拿巴主义的军官的帮助下策动了斯特拉斯堡驻防军两个炮兵团的叛变,但几小时后叛乱分子就被解除了武装,路易·波拿巴本人被捕并被流放到美洲,1837年回到瑞士。因其在举事时是瑞士国民,所以被称为瑞士兀鹰。1840年8月6日他利用法国波拿巴主义抬头的机会,和一小撮密谋家一起在布洛涅登陆,企图在当地驻防军队中发动叛乱。这一企图也遭到了完全失败。路易·波拿巴被判处终身监禁,但1846年他便逃往英国了。——720。

388　指波拿巴派的报纸。爱丽舍宫是路易·波拿巴任总统期间在巴黎的官邸。——722。

389　爱丽舍园是巴黎的街名,路易·波拿巴的官邸所在地。在古代作者的笔下,爱丽舍园是天堂的同义语。"来自爱丽舍园的女儿"出自席勒的诗歌《欢乐颂》,在这里,马克思以"爱丽舍园"指路易·波拿巴的宫邸爱丽舍宫。——727、747。

390　这项命令刊载于 1851 年 1 月 2 日巴黎《祖国报》(La Patrie),该报全称为《祖国报.商业、农业、工业、文学、科学和艺术报》(La Patrie. Journal du commerce, de l'agriculture, de l'industrie, de la littérature, des sciences et des arts),是法国的一家日报,1841 年在巴黎创刊,1850 年报纸支持秩序党的保皇派选举联盟,1851 年十二月二日政变后成为波拿巴派的机关报。——729。

391　旧法国高等法院是 18 世纪末资产阶级革命前法国的最高司法机关,许多城市设有这种高等法院。作用最大的是巴黎高等法院,该院办理国王敕令的登记,并具有所谓谏诤的权力,即对不合习惯和国家法律的敕令提出反对意见的权力。但是高等法院没有实权,因为只要国王亲自出席会议,敕令就一定要作为法律登记下来。法国大革命时期这种高等法院于 1790 年被解散。——731。

392　贝勒岛是比斯开湾的一个岛屿。1849—1857 年是法国囚禁政治犯的地方,1848 年巴黎六月起义的参加者奥·布朗基也被囚禁在这里。——734。

393　马克思在这里套用了古希腊作家阿泰纳奥斯(2—3 世纪)的著作《哲人宴》中的一个情节。埃及法老泰俄斯讥笑带兵前来支援他的斯巴达王阿革西拉乌斯身材矮小,他说:"山在分娩,宙斯很吃惊,但山生了个老鼠。"阿革西拉乌斯回答说:"您把我看做老鼠,但是总有一天我会成为狮子的。"——736。

394　指复辟时期正统派营垒中策略上的意见分歧。路易十八和让·维莱尔主张谨慎从事,而达尔图尔伯爵(1824 年起为国王查理十世)和茹·波林尼雅克却不顾法国局势的变化,主张完全恢复革命前的秩序。
　　　　巴黎的土伊勒里宫是路易十八的皇宫,马松阁是宫里的建筑之一,复辟时期是达尔图尔伯爵的府邸。——741。

395 《经济学家》的全称为《经济学家。每周商业时报,银行家的报纸,铁路监控:政治文学总汇报》(The Economist. Weekly Commercial Times, Bankers' Gazette, and Railway Monitor: a political, literary, and general newspaper),是英国的一家周刊,1843 年由詹·威尔逊在伦敦创办,大工业资产阶级的喉舌。——744、782、809、816、836。

396 伦敦工业博览会是 1851 年 5—10 月举行的第一届世界工商业博览会。——748、753。

397 《国民议会通报》(Le Messager de l'Assemblée)是法国反波拿巴派的日报,1851 年 2 月 16 日—12 月 2 日在巴黎出版。——750。

398 指波拿巴派的将军圣阿尔诺率军摧毁巴黎街垒的炮击声。1851 年 12 月 2 日波拿巴政变后,巴黎曾爆发了一次共和派起义。起义的领导者是立法议会左翼议员和工人联合会秘密组织的领导人。12 月 4 日夜,在镇压这次起义时,波拿巴派的军队不仅用大炮摧毁了共和派构筑的街垒,还向路旁行人和窗口、阳台上的观望者任意射击。一些资产者的楼房,包括萨兰德鲁兹的房屋也遭到破坏。——753。

399 长期国会指英国资产阶级革命时期长达 13 年(1640—1653 年)没有改选的一届英国国会。长期国会是英国国王查理一世为筹集政府经费于 1640 年 11 月召开的,是英国资产阶级革命期间的立法机构和领导机构。该国会于 1649 年宣布处死国王,成立共和国;1653 年 4 月,奥·克伦威尔建立军事专政后将其解散。——753。

400 1851 年 12 月共和派在巴黎举行了反对波拿巴政变的起义。外省农民、小城镇手艺人、工人、商人和知识分子等也纷纷起义。反抗波拿巴的运动波及法国东南部、西南部和中部 20 多个省,将近 200 个地区。但是,由于缺乏统一领导,起义很快就被警察和政府军队镇压下去了。参看注 398。

马克思在这里把波拿巴当局对包括农民在内的共和派运动采取的报复措施,同 19 世纪二三十年代德国当局迫害所谓蛊惑者的行为作了类比。——763。

401 塞文是法国南部朗格多克省的一个山区,1702—1705 年爆发了农民起义,被称为"卡米扎尔"("穿衬衫的人")起义。由于新教徒遭受迫害而引发的这些起义具有明显的反封建性质。个别地区直到 1715 年还有这类起义发生。——764。

402 指正统派首领沙·蒙塔朗贝尔1850年5月22日在一篇演说中要求国民议会议员"同社会主义进行严肃的斗争"。——768。

403 西奈山是阿拉伯半岛上的山脉。据圣经传说,摩西在西奈山上聆受了耶和华的"十诫"(见《旧约全书·出埃及记》第19—20章)。——769。

404 康斯坦茨宗教会议(1414—1418年)是宗教改革运动开始后为巩固天主教会已经动摇的地位而召开的。这次会议谴责了宗教改革运动的首领约·威克利夫和扬·胡斯的教理,消除了天主教会的分裂状态并推选出新的教会首脑以代替三个争夺教皇皇位的人。——770。

405 "真正的社会主义者"原指1844年起在德国传播的所谓德国的或"真正的"社会主义思潮(见注132)的代表人物。马克思在这里是指大约1850年初出现在法国的所谓社会民主派。——770。

406 加尔都西会是1084年法国人圣布鲁诺创立的天主教隐修院修会之一,因创建于法国加尔都西山中而得名。该会会规以本笃会会规为蓝本,但更严格。修士各居一小室,以便独自专务苦身、默想、诵经;终身严守静默,只能在每周六聚谈一次;在每年的40天封斋期内,仅食面包和清水,有"苦修会"之称。——772。

407 雅·杜邦·德勒尔在《内部纪事》一文中曾引用弗·基佐的这句话,该文发表在1850年12月15日《流亡者之声》第8期。——773。

408 指法国奥尔良公爵菲力浦摄政时期(1715—1723年)。当时路易十五尚未成年。——773。

409 特里尔的圣衣是保存在特里尔教堂里的天主教圣物,传说是耶稣受刑时脱下的。特里尔的圣衣是朝圣者的崇拜物。——774。

410 《在〈人民报〉创刊纪念会上的演说》是马克思1856年4月14日在纪念英国宪章派报纸《人民报》创刊四周年的宴会上的演说。在这篇演说中,马克思简明扼要地阐述了唯物史观和无产阶级革命理论,指出社会生产力的发展和科学技术的进步蕴含着巨大的革命力量,而在资本主义时代,这种发展和进步却使工人阶级和劳动群众陷入贫穷困苦的境地,使整个社会显露出衰颓的征兆;在资本主义社会,生产力与生产关系之间的对抗是不可避免、毋庸争辩的事实,它必然引起无产阶级革命,这种革命意味着无产阶级在全世界的解放;无产阶级是新生产力的代表,肩负着彻底改造旧世界的历史使命。马克思以铿锵有力的语言

宣告:"历史本身就是审判官,而无产阶级就是执刑者。"(见本卷第777页)

《人民报。维护公正政治和普遍权利》(The People's Paper, the champion of political justice and universal right)是英国宪章派的周报,1852年5月由宪章运动的领袖之一、马克思和恩格斯的朋友厄·琼斯在伦敦创办。1852年10月—1856年12月,马克思和恩格斯曾为该报撰稿,并对该报的编辑工作给予帮助。该报除刊登马克思和恩格斯专门为之撰写的文章外,还转载他们在《纽约每日论坛报》发表的重要文章。在这个时期,该报捍卫工人阶级的利益,宣传社会主义思想。后来琼斯同资产阶级激进派日益接近,致使马克思和恩格斯停止撰稿,同琼斯的关系一度破裂;1856年6月报纸转入资产阶级实业家手中。1856年4月14日,马克思作为流亡伦敦的外国革命人士的代表应邀参加《人民报》创刊四周年宴会并发表演说,演说词发在1856年4月19日《人民报》第207期。

这篇文章的中译文曾收入1930年上海社会科学研究会出版的《马克思论文选译》,译者李一氓;还收入1940年上海读书出版社出版的《卡尔·马克思——人、思想家、革命者》一书,译者为何封等。——775。

411 《中国革命和欧洲革命》、《俄国的对华贸易》、《英人在华的残暴行动》、《波斯和中国》、《鸦片贸易史》、《英中条约》、《中国和英国的条约》、《俄国在远东的成功》、《新的对华战争》、《对华贸易》这10篇文章是马克思、恩格斯分别为《纽约每日论坛报》写的有关中国问题的评论,其中《中国革命和欧洲革命》、《俄国的对华贸易》、《英人在华的残暴行动》、《鸦片贸易史》、《英中条约》、《俄国在远东的成功》是作为社论发表的。

这些文章均写于19世纪50年代。在这些文章中,马克思、恩格斯从经济、政治、文化角度分析了中国社会的特点,揭露了英、法、俄、美等国对华战争的侵略本质和血腥暴行,谴责列强通过极不平等的贸易、虚伪狡诈的外交和"极端不义的战争"(见本卷第792页)对中华民族进行的掠夺和践踏,同时深切同情、高度评价中国人民反抗列强侵略的斗争,认为"这是'保卫社稷和家园'的战争,这是一场维护中华民族生存的人民战争"(见本卷第798页)。他们对中国的农民起义作了科学的评价,指出封建专制的压迫和欧洲列强的侵略是引起中国革命的原因,中国革命必将对欧洲产生重要影响。马克思指出:"中国革命将把火星抛到现今工业体系这个火药装得足而又足的地雷上,把酝酿已久的普遍危机引爆,这个普遍危机一扩展到国外,紧接而来的将是欧洲大陆的政治革命。"(见本卷第 783 页)恩格斯在展望中国的前途时满怀深情地预言:"过不了多少年,我们就会亲眼看到世界上最古老的帝国的垂死挣扎,看到整个亚洲新纪元的曙光。"(见本卷第 800 页)

　　这组关于中国问题的文章的中译文收入 1938 年武汉中国出版社出版的《马·恩论中国》,译者署名方乃宜;同年又收入上海珠林书店出版的杨克斋编的《中国问题评论集》。——778。

412 在马克思和恩格斯以《纽约每日论坛报》驻伦敦通讯员的身份为该报撰写的文章中,"我国"常指美国,"我们"常指美国人。——780、786、788、813。

413 1853 年 1 月 5 日,咸丰帝在太平军已攻克岳州,行将夺取武昌、汉阳的形势下,谕令"该督抚悉心体察被贼地方,分别蠲缓,奏请恩施。其余应征钱粮之处,亦著严查各州县,总期照旧开征,毋得稍有浮勒。"本段引文和正文中马克思的引文均见《大清文宗显皇帝实录》卷七十七第十八页。

　　这里咸丰帝提到的"督抚",当指湖南、湖北两省的总督和巡抚。马克思文中的"武昌、汉阳南方各省督抚"一语显然不确切。——780。

414 鸦片战争以前,中国的对外贸易是由官方特许的垄断组织"公行"在广州进行的。公行的商人叫做"行商"。行商制度在南京条约第五款中被取消。——784、805。

415 原文中订立条约的年代写的是 1787 年。实际上,1787 年中俄并未订立任何条约。叶卡捷琳娜二世在位期间(1762—1796 年),中俄曾在 1768 年对 1728 年恰克图条约的个别条款进行修改;1792 年中俄订立恰克图市约。这里根据史实改为 1768 年。——787。

416 《尼布楚条约》(1689 年)签订以后,历代沙皇政府觊觎中国的黑龙江地区,图谋夺取通往太平洋的出海口。第一次鸦片战争结束后,沙皇俄国成立"黑龙江问题特别委员会",加紧其侵略黑龙江的活动。1849—1855 年,俄国海军上将根·涅韦利斯科伊率领武装人员侵入黑龙江下游,建立侵略据点。随后,在东西伯利亚总督尼·穆拉维约夫-阿穆尔斯基的指挥下,大批俄国侵略军闯入黑龙江地区,对黑龙江中上游北岸和下游两岸地区实行军事占领。——788。

417 指克里木战争。这是 1853—1856 年俄国对英国、法国、土耳其和撒丁的联盟进行的战争。这场战争是由于这些国家在近东的经济和政治利益发生冲突而引起的,故又称东方战争。克里木战争中俄国的惨败重挫了沙皇俄国独占黑海海峡和巴尔干半岛的野心,同时加剧了俄国国内封建制度的危机。这场战争以签订巴黎和约而告结束。——788。

418 1856 年 10 月 8 日,中国水师在走私船亚罗号划艇上拘捕了 12 名水手。该船船主和水手均为中国人,只雇用了 1 名英国人做船长,该船的香港执照已过期失效。英国驻广州代理领事巴夏礼硬说亚罗号是英国船只,并指控中国水师扯下了该船事实上并未悬挂的英国国旗。香港总督兼英国驻华全权公使包令以亚罗号事件为借口,命令英国海军舰队司令西马縻各厘于 23 日率部进犯广州。第二次鸦片战争即自此始。

文中所说的划艇实际上是一种船身为欧式、帆具为中式的近海帆船。这种船只最早为澳门的葡萄牙人所造。——791。

419 从 19 世纪中叶起,外国侵略者曾在中国东南沿海一带拐骗一批又一批劳动者,强迫他们接受定期的卖身契约,然后运往古巴、秘鲁和英属西印度等地,从事牛马般的强迫劳动。这实际上是一种变相的奴隶贸易;当时,主要的资本主义国家全部参与了这一拐卖华工的罪恶勾当。1845—1875 年间,被卖往海外的"契约华工"总数不下 50 万人。——793。

420 《纽约每日论坛报》编辑部在此处加了这样一段话:"为了同中国保持基督教的和贸易的联系,最好是我们避免参与这一冲突,使中国人不致觉得所有西方国家都暗中串通起来侵害他们。"——793。

421 指 1856—1857 年英国对波斯进行的战争。19 世纪中叶,英国企图征服波斯和阿富汗,以便在中东和亚洲实行进一步的侵略扩张。1856 年 10 月,波斯占领了波阿两国有争议的领土赫拉特。英国以此为借口于 11 月对波斯宣战,先后占领了恰拉克岛、布什尔港、穆罕默腊市和阿瓦士市。由于俄国在外交上支持波斯,印度爆发了为争取民族独立、反对英国统治的大规模的人民起义,以及向中国调兵进行第二次鸦片战争等等,英国不得不在 1857 年 3 月 4 日同波斯签订和约,英军撤出波斯,波斯撤出赫拉特,并放弃对赫拉特的一切要求。——794。

422 指第二次鸦片战争,参看注 418。——794。

423 1828—1829 年俄土战争是尼古拉一世借口支持信奉基督教的希腊人反对土耳其压迫的民族运动而挑起的。1828 年 4—10 月是战争的第一阶段,1829 年 5—8 月是战争的第二阶段。土耳其军队起初对集中在多瑙河地区(锡利斯特里亚、舒姆拉、瓦尔纳等要塞附近)的俄国军队进行了有力的抗击。1828 年 10 月 11 日,瓦尔纳被俄军攻占。1829年 5 月 30 日,土军在库列夫恰(保加利亚)会战中被击溃。1829 年夏,俄国军队向君士坦丁堡进军,并于 6 月 11 日击败了土耳其军队。1829年 9 月 14 日,土耳其接受了俄国提出的全部条件,签订了阿德里安堡条约。——794。

424　1806—1812 年俄土战争是拿破仑第一施展外交阴谋致使俄国和土耳其之间矛盾加剧而引起的。除 1807—1809 年战事中断外,几年间交战双方各有胜败。1811 年,战局发生了对俄国有利的变化,1812 年 5 月28 日,俄土两国签订了布加勒斯特条约。——795。

425　指克里木战争(见注 417)中的几次会战。

　　1853 年 11 月 4 日,土耳其军队渡过多瑙河,占领了俄军在多瑙河左岸的奥尔泰尼察阵地。

　　1854 年 1 月 6 日,在切塔泰村进行了一场血战,俄军以重大伤亡为代价才把土耳其军队赶至卡拉法特。

　　1855 年 9 月 29 日,俄军对被围困的土耳其要塞卡尔斯进行突袭,因兵力准备不足,且对方事先已有准备,突袭失败。

　　1855 年 11 月 6 日,俄军在因古里河一战中,被占优势的土耳其军队赶出了明格列利亚。——796。

426　英国侵略者在 1856 年利用亚罗号划艇事件(见注 418)作为发动第二次鸦片战争的口实,从 1856 年 10 月 27 日起,开炮轰击广州城。29 日,英军攻破外城,一度冲入城内,纵火将靖海门、五仙门附近民房烧毁殆尽,后因兵力不足,只得退出,但是炮轰城市、掠杀居民的暴行依然继续。——798、815、828。

427　指 1856 年秋太平天国领导人之间的内讧。这次内讧是起义军领袖之间个人利益和团体利益压倒阶级利益和民族利益的结果。内讧中有三个起义军领袖以及成千上万的起义军士兵被杀害。这对太平天国起义的进一步发展造成了极大的危害。——800。

428　《中华之友》(The Friend of China)是《大陆上中华之友》(The Overland Friend of China)的简称,英国官方的报纸,1842—1859 年在维多利亚(香港)出版。——802。

429　《商人杂志》是《商人杂志和商业评论》(The Merchant's Magazine and

Commercial Review)的简称,美国的一家杂志,由弗·汉特创办,1839—1850年用这个名称在纽约出版。——803。

430 1838年10月28日道光帝所下的上谕中有"鸦片烟流毒内地,官民煽惑,传染日深……必欲净绝根株,毋贻远患"等语。马克思所引可能源出于此。——806。

431 莱特即印度农民,在18世纪末19世纪初英国殖民者实行新的土地税收法以前,在英国殖民者没有破坏印度的村社以前,他们是享有充分权利的村社农民。在从1793年起实行所谓柴明达尔制度的地区(最初在孟加拉、比哈尔、奥里萨实行,后来稍微改变了形式,在联合省和中央省以及马德拉斯省部分地区实行)莱特成了柴明达尔(地主)的佃农。在19世纪初孟买和马德拉斯两管区实行"莱特瓦尔"土地税收制后,莱特成为国有土地的持有者,并按印度英政府随意规定的数额缴纳地租税。根据"莱特瓦尔"制度,莱特同时被宣布为他们所租佃的土地的所有者。由于实行这种在法律上自相矛盾的土地税收制,为农民规定了高得无力缴纳的地租,致使农民欠税日增,其土地逐渐转到包买商和高利贷者手里。——807、857。

432 《泰晤士报》(The Times)是英国的一家资产阶级报纸,保守党的机关报,1785年1月1日在伦敦创刊,报名为《环球纪事日报》(Daily Universal Register),1788年1月1日起改名为《泰晤士报》,每日出版;创办人和主要所有人为约·沃尔特,1812年起主要所有人为约·沃尔特第二,约·沃尔特第三继其后为主要所有人;19世纪先后任编辑的有:主编托·巴恩斯(1817—1841)、约·塔·德莱恩(1841—1877)、托·切纳里(1877—1884)、乔·厄·巴克尔(1884—1912),助理编辑乔·韦·达森特(1845—1870)等,50—60年代的撰稿人有罗·娄、亨·里夫、兰邦等人。莫·莫里斯为财务和政务经理(40年代末起),威·弗·奥·德莱恩为财务经理之一(1858年前);报纸与政府、教会和垄断组织关系密切,是专业性和营业性的报纸;1866—1873年间曾报道国际的活动和刊登国际的文件。——810、820、824、827、830、835、841。

433 古代北非奴隶制国家迦太基的居民除从事农业外还经营海外贸易,而罗马帝国则通过征服别国来掠夺和积累财富。这里所说的"迦太基式的和罗马式的方法",是指贸易的和征服的方法。——814。

434 继天津条约之后,中国和英国于1858年11月8日在上海签订了通商章程善后条约。该条约第五款规定："向来洋药、铜钱、米谷、豆石、硝磺、白铅等物,例皆不准通商,现定稍宽其禁,听商遵行纳税贸易。"洋药即鸦片。——816。

435 此专条在中英天津条约中文本中为:"前因粤城大宪办理不善,致英民受损,大英君主只得动兵取偿,保其将来守约勿失。商亏银二百万两,军需经费银二百万两二项,大清皇帝皆允由粤省督、抚设措,至应如何分期办法,与大英秉权大员酌定行办。以上款项付清,方将粤城仍交回大清国管属。"——816。

436 《晨星报》(The Morning Star)是英国的一家日报,自由贸易派的机关报,1856—1869 年在伦敦出版。报纸还出版定期晚刊《晚星报》(The Evening Star)。——818、829。

437 中英天津条约第十一款规定:"广州、福州、厦门、宁波、上海五处,已有江宁条约旧准通商外,即在牛庄、登州、台湾、潮州、琼州等府城口,嗣后皆准英商亦可任意与无论何人买卖,船货随时往来。"——818。

438 《每日电讯》(The Daily Telegraph)是英国的一家日报,1855—1937 年在伦敦出版;起初为资产阶级自由派报纸,后来从 19 世纪 80 年代起是保守派报纸;1937 年同《晨邮报》(Morning Post)合并以后改名为《每日电讯和晨邮报》(Daily Telegraph and Morning Post)。——819、827、838。

439 指俄国乘第二次鸦片战争之机胁迫中国于 1858 年 5 月 28 日签订的中俄瑷珲条约。下文所述俄国取得大片中国领土以及黑龙江航行权,均以该条约为据。在陆上边界自由贸易则属 1851 年 8 月 6 日签订的中俄伊犁塔尔巴哈台通商章程的内容。——820。

440 赫拉克利亚半岛即克里木半岛南端自因克尔曼到巴拉克拉瓦以西的那部分土地,是克里木战争(1853—1856 年)的重要战场之一,塞瓦斯托波尔就在这个小半岛上。文中所说俄国丧失了一小块领土,是指按照 1856 年的巴黎和约,俄国被迫放弃了比萨拉比亚南部的一部分地区。——821。

441 1853 年 1 月 9 日沙皇尼古拉一世在同英国驻彼得堡公使乔·西摩尔会晤时曾称土耳其为"病夫"。尼古拉一世曾建议俄英瓜分土耳其帝国,但是英国不愿加强俄国的势力并希望保持奥斯曼帝国的弱小地位,因而拒绝了这一建议。——821。

442 这里是指 1858 年 6 月清政府在第二次鸦片战争中签订的四个不平等条约,即中俄天津条约(13 日),中美天津条约(18 日),中英天津条约(26 日)及中法天津条约(27 日)。——822。

443 中国古代政府机关用来通报朝政的官方文书抄本,原称"邸抄",清代称"京报"。——827。

444 英国的国徽是狮子。"跨上不列颠狮子"是指打着国家利益和民族利益的幌子为武装侵华张目。——827。

445 当时广州为英法联军所占领,这里指中国向英法提出的交还广州的要求。——828。

446 英国在镇压了 1857—1859 年印度起义以后,面临着如何在印度巩固和加强被大大动摇了的殖民统治的难题。——829。

447 皮尔派是英国一批拥护罗·皮尔爵士的温和的托利党人。他们支持皮尔在保持土地贵族和金融贵族政治统治的条件下,在经济政策方面对工商业资产阶级采取让步政策。1846 年,皮尔为了工业资产阶级的利益废除了谷物法,引起了托利党保护关税派的强烈不满,导致了托利党的分裂和皮尔派的孤立。19 世纪 50 年代,皮尔派在议会中是一个没有固定纲领的小政治集团。50 年代末 60 年代初,皮尔派并入自由党。——830。

448 指 1838—1842 年英国为了对阿富汗进行殖民奴役而发动的第一次英阿战争。1839 年 8 月英军占领了喀布尔,由于 1841 年 11 月喀布尔爆发起义,英军被迫于 1842 年 1 月开始退却,最后英军完全被击溃。——833。

449 亚·伯恩斯于 1836—1841 年在喀布尔供职;喀布尔暴动发生于 1841 年 11 月;帕麦斯顿 1835—1841 年任英国外交大臣。詹·伯恩斯就亚·伯恩斯爵士公务信札被篡改一事所作的声明载于 1858 年 2 月 3 日《自由新闻》第 5 期。——833。

450 在对华侵略的做法上,以德比为首的托利党内阁(1858 年 2 月—1859 年 6 月)与在它之前以及之后的两届帕麦斯顿内阁有所不同。1858 年詹·额尔金攻陷大沽口,1859 年 6 月弗·普鲁斯以驻华全权公使身份来华,都是以德比为首的托利党内阁执政期间发生的事,而且惨败于大沽口的普鲁斯来华系由德比内阁所派。据马克思判断,额尔金和普鲁斯在华的所作所为乃是根据帕麦斯顿的指示,但是责任却要落到德比内阁头上。本文第四部分(见本卷第839—842页)主要讲的就是这件事。——839。

451 唐宁街是伦敦白厅大街上的一条横街,英国首相及某些内阁大臣的官邸设在这条街上,因此唐宁街也是英国政府的代称。——841。

452 指印度事务督察委员会主席罗·埃伦伯勒勋爵和印度总督查·坎宁勋爵之间的冲突。主张对印度封建上层采取灵活政策的埃伦伯勒在1858年4月19日的紧急报告中,激烈地抨击了坎宁关于没收曾参加民族解放起义的奥德封建主土地的通告。但是埃伦伯勒的紧急报告并没有得到英国统治集团的赞同,因此他不得不于1858年5月辞去督察委员会主席的职务。德比内阁力图以埃伦伯勒辞职为代价来保住政权。——842。

453 1859年4月,法国对意大利的撒丁王国和奥地利开战,英国外交大臣詹·马姆兹伯里曾力图阻止这场战争的爆发。——842。

454 《不列颠在印度的统治》、《不列颠在印度统治的未来结果》是马克思为《纽约每日论坛报》写的两篇关于印度问题的评论。马克思在文章中严厉地鞭挞了英国的殖民政策,深刻地揭露了英国殖民统治给印度人民带来的巨大灾难,指出"当我们把目光从资产阶级文明的故乡转向殖民地的时候,资产阶级文明的极端伪善和它的野蛮本性就赤裸裸地呈现在我们面前"(见本卷第861页);同时还分析了英国殖民统治给印度政治、经济和社会生活带来的巨大变化,指出它破坏了印度的宗法制,动摇了东方专制制度的基础,造成了一场前所未有的社会革命,"英国不管犯下多少罪行,它造成这个革命毕竟是充当了历史的不自觉的工具"(见本卷第854页)。马克思联系无产阶级革命的前景来考察民族殖民地问题,指出:"英国资产阶级将被迫在印度实行的一切,既不会使人民群众得到解放,也不会根本改善他们的社会状况,因为这两者不仅仅决定于生产力的发展,而且还决定于生产力是否归人民所有。"(见本卷第861页)"在大不列颠本国现在的统治阶级还没有被工业无产阶级取代以前,或者在印度人自己还没有强大到能够完全摆脱英国的枷锁以前,印度人是不会收获到不列颠资产阶级在他们中间播下的新的社会因素所结的果实的。"(见本卷第861页)"只有在伟大的社会革命支配了资产阶级时代的成果,支配了世界市场和现代生产力,并且使这一切都服从于最先进的民族的共同监督的时候,人类的进步

才会不再像可怕的异教神怪那样,只有用被杀害者的头颅做酒杯才能喝下甜美的酒浆。"(见本卷第862—863页)

这两篇文章于1853年6月25日和8月8日发表在《纽约每日论坛报》第3804、3840号。

这两篇文章的中译文曾收入1940年5月上海北社出版的由丁宗恩编译的《论弱小民族》一书。——848。

455 莫卧儿人是16世纪从中亚细亚东部入侵印度的突厥征服者,1526年在印度北部建立伊斯兰教国家大莫卧儿帝国。"莫卧儿"(Mogul)一词为"蒙古"(Mongol)的转音,该帝国的创建者(巴卑尔,1483—1530)自称是蒙古人,相传是成吉思汗时代蒙古人的直系后裔,这就是"莫卧儿"一词的由来。

大莫卧儿帝国在17世纪中叶征服了印度大部分地区以及阿富汗部分地区。由于农民起义和印度各民族对征服者的反抗加剧,加之征服者经常发生内讧,封建割据趋势日益加剧,到了18世纪上半叶莫卧儿帝国便分裂成许多小邦,这些小邦逐渐被英国殖民主义者侵占。

1803年英国人占领德里以后,大莫卧儿王朝的后裔靠东印度公司的赡养费维持生计,成了该公司的傀儡。1858年英国殖民者宣布印度为不列颠王国的领地之后,莫卧儿帝国遂亡。——848、856。

456 林伽是印度教的主神之一湿婆神的象征。崇拜林伽的宗教盛行于印度南部。这一印度教派不承认种姓,反对斋戒、祭祀和朝圣。——849。

457 札格纳特是印度教的主神之一毗湿奴的化身。崇拜札格纳特的教派的特点是宗教仪式十分豪华,充满极端的宗教狂热,这种狂热表现为教徒的自我折磨和自我残害。在举行大祭的日子里,某些教徒往往投身于载着毗湿奴神像的车轮下将自己轧死。——849。

458 七国争雄亦称七国时代,是英国史编纂学中用以表示英国中世纪初期七国并立时代的术语,在6—8世纪,英国分为七个盎格鲁撒克逊王国,这些王国极不稳定,分合无常。马克思借用这一术语来描绘德干(印度的中部和南部)在穆斯林入侵以前的封建割据状态。——849。

459 婆罗门是梵文Brāhmana的音译,意译为"净行"或"承习",是印度古代的僧侣贵族、印度的第一种姓(见注103),世代以祭祀、诵经(吠陀)、传教为业。

婆罗门教是印度古代宗教之一,约于公元前7世纪形成,因崇拜梵天,并由婆罗门种姓担任祭司而得名。以吠陀为最古的经典,信奉多神,其中主神为婆罗贺摩(梵天,即创造之神)、毗湿奴(遍入天,即保护之神)和湿婆(大自在天,即毁灭之神),并认为三者代表宇宙的"创造"、"保全"和"毁灭"三个方面。主张善恶有因果、人生有轮回之说。——849、852、861。

460　萨尔赛达庙是位于孟买北部的萨尔赛达岛上的庙宇,以拥有109座佛教石窟而闻名。——849。

461　荷兰东印度公司是存在于1602—1798年的荷兰贸易公司。它是荷兰在印度尼西亚推行殖民主义掠夺政策的工具。公司不仅控制贸易垄断权,而且具有政府职权。它用强制手段巩固和保存当地的奴隶占有制关系和封建关系,在为荷兰效劳的土著政权的封建官僚机构的帮助下,掠夺当地被征服的居民。公司从印度尼西亚运出农产品,通过销售这些产品获取巨额收入;后来,还强制性地引进新的农作物(特别是咖啡),其收获全部归公司占有。荷兰人的残酷剥削和压迫引起印度尼西亚人民举行一系列大规模的起义,随着荷兰共和国的全面衰落,该公司于1798年宣告倒闭。——850。

462　"自由放任"(laissez faire, laissez aller)是英国资产阶级自由贸易派经济学家的信条,他们主张贸易自由,反对国家干涉经济范围内的任何事务。——851。

463　马拉塔人是印度境内居住在德干西北部地区的一个部族。从17世纪中叶起,这个部族开始进行反对莫卧儿封建主的武装斗争,沉重地打击了大莫卧儿帝国并加速了它的崩溃。在这一斗争进程中建立了一个马拉塔人的独立邦,这个邦的封建上层人物不久就走上了发动侵略战争的道路。17世纪末,马拉塔邦被封建内讧所削弱,但是到了18世纪初,又形成了一个以最高统治者派施华为首的诸马拉塔王国的强大联盟。马拉塔封建主为了称霸印度而与阿富汗人进行斗争,1761年遭到惨重的失败。在1803—1805年英国—马拉塔战争中诸马拉塔王国被东印度公司征服。——856。

464　柴明达尔在大莫卧儿帝国时代指主要来自被征服的印度教徒中的封建领主。他们的世袭土地持有权被保留了下来,条件是从自己向被压迫农民征收的租税中抽出一定份额缴交给政府。"柴明达尔"这个名词还被用来指孟加拉的土地税大包税主。1793年英国政府用"永久柴明达尔"法把柴明达尔(包税主)变成了私有土地的地主,以他们作为英国殖民当局的阶级支柱。随着英国人对印度的步步征服,柴明达尔制度在形式上略经改变后也在印度某些地区实行起来。——857。

465 圣威廉堡(威廉堡)是英国人于1696年在加尔各答修建的一座城堡,以当时英国国王奥伦治的威廉三世的名字命名。英国人在1757年征服孟加拉以后,把政府机关迁入这座城堡,城堡的名称遂被用来指"孟加拉管区政府",后来指"印度英国政府"。——859。

466 贾特是印度北部的一个种姓集团,其基本群众是耕作农,其中也有军事封建等级的代表。在17世纪,农民贾特曾多次举行起义,反对外来的莫卧儿封建主的统治。——861。

467 拉甲(raja)是古代印度贵族的称号,指一族的酋长或一地的首领。最初由人民推选,后演变成世袭职位。近代英国殖民政府称印度土著王公为拉甲。——862。

468 奥里萨(东印度)的札格纳特庙是崇拜印度教主神之一毗湿奴-札格纳特(见注457)的中心。庙里的僧侣受东印度公司的庇护,从群众朝拜以及豪华祭祀中取得巨额收入。在群众朝拜时,他们乘机怂恿住在庙里的妇女卖淫,而在举行祭祀时,则有一些狂热信徒进行自我折磨和自我残害。——862。

人 名 索 引

A

阿伯丁伯爵,乔治·汉密尔顿·戈登(Aberdeen, George Hamilton Gordon, Earl of 1784—1860)——英国国务活动家,托利党人,1850 年起为皮尔派领袖,曾任外交大臣(1828—1830 和 1841—1846)、陆军和殖民大臣(1834—1835)和联合内阁首相(1852—1855)。——831。

阿尔伯(Albert 原名亚历山大·马丁 Alexandre Martin,人称工人阿尔伯 Ouvrier Albert 1815—1895)——法国工人,布朗基主义者,七月王朝时期是秘密革命团体的领导人之一;1848 年二月革命时期领导巴黎工人的武装起义,临时政府成员,因参加 1848 年五月十五日事件被判处有期徒刑,巴黎公社的积极战士。——451、453、466。

阿尔塞尼乌斯,圣徒(Arsenius, the Saint 约 354—450)——罗马贵族;基督教圣徒,隐居埃及荒漠。——757。

阿革西拉乌斯(Agesilaus 公元前 444—361)——斯巴达王(公元前 401—361)。——736。

阿克莱,理查(Arkwright, Sir Richard 1732—1792)——英国企业家,各种纺织机械的设计者和制造者。——46、92、106、247。

阿莱(阿莱斯),路易·皮埃尔·孔斯坦(Allais[Alais], Louis-Pierre-Constant 约生于 1821 年)——法国警探。——721、725。

阿礼国,拉瑟福德(Alcock, Sir Rutherford 1809—1897)——英国外交官,1844 年起历任驻厦门、福州、上海、广州等埠领事,1859—1865 年为驻日公使,1865—1871 年为驻华公使。——782。

阿列克谢·米哈伊洛维奇(亚历克西斯)(Алексей Михаилович[Алексис] 1629—1676)——俄国沙皇(1645—1676)。——820。

阿什沃思,埃德蒙(Ashworth, Edmund 1801—1881)——英国厂主,反谷物法同盟成员。——115。

阿特金森,威廉(Atkinson, William 19 世纪)——英国经济学家,资产阶级古典政治经济学学派的反对者,保护关税论者。——370。

埃伦伯勒伯爵,爱德华·罗(Ellenborough, Edward Law, Earl of 1790—1871)——英国国务活动家,托利党人,议会议员;曾任印度总督(1842—1844),海军首席大臣(1846),印度事务督察委员会主席(1858);爱·罗·埃伦伯勒男爵的儿子。——841。

埃芒蒂耶(Hermentier)——803。

埃默森(Emerson)——818。

埃斯库罗斯(Aischylos 公元前 525—456)——古希腊剧作家,古典悲剧作家。——6。

艾金,约翰(Aikin, John 1747—1822)——英国医生、历史学家和激进派政论家。——193。

艾利生,阿奇博尔德(Alison, Sir Archibald 1792—1867)——英国历史学家和经济学家,托利党人。——38—39、41。

艾森曼,约翰·哥特弗里德(Eisenmann, Johann Gottfried 1795—1867)——德国医生和政论家,1848 年是《德意志人民报》编辑;1848—1849 年是法兰克福国民议会议员,属于中间派,后来属于左派。——574。

艾希霍恩,约翰·阿尔布雷希特·弗里德里希(Eichhorn, Johann Albrecht Friedrich 1779—1856)——普鲁士政治活动家,曾在施泰因和哈登堡内阁担任多种职务,积极参与关税同盟的建立,1840—1848 年任宗教事务、教育和卫生大臣,同时为书报检查三大臣之一。——585。

爱尔维修,克劳德·阿德里安(Helvétius, Claude-Adrien 1715—1771)——法国哲学家,机械唯物主义的代表人物,无神论者,法国革命资产阶级的思想家。——131、502。

安斯蒂,托马斯·奇泽姆(Anstey, Thomas Chisholm 1816—1873)——英国法学家和政治活动家,资产阶级激进主义者,议会议员(1847—1852);曾任香港首席检察官(1854—1859)。——829。

安斯沃思—克朗普顿(Ainsworth & Crompton)——英国一家纺织厂。——112。

昂格勒斯,弗朗索瓦·厄内斯特(Anglès, François-Ernest 1807—1861)——法国地主,第二共和国时期是立法议会议员(1850—1851),秩序党的代表人物。——744。

昂利,波尔多公爵——见尚博尔伯爵,昂利·沙尔·斐迪南·玛丽·迪约多内·达尔图瓦,波尔多公爵(亨利五世)。

昂利第二(洛林的),吉斯公爵(Henri II de Lorraine, duc de Guise 1614—1664)——法国弗伦特党领导人。——772。

奥尔良公爵——见路易-菲力浦一世(路易-菲力浦),奥尔良公爵。

奥尔良公爵夫人,埃莱娜·路易莎·伊丽莎白,梅克伦堡-什未林公主(Orléans, Hélène-Louise-Elisabeth, duchesse d', Prinzessin von Mecklenburg-Schwerin 1814—1858)——法国国王路易-菲力浦的长子斐迪南的遗孀,法国王位追求者巴黎伯爵的母亲。——514、680、707。

奥尔良王朝——法国王朝(1830—1848)。——482、491、498、515、687、695、736—737、739—740、757、762、771—772。

奥尔斯瓦尔德,鲁道夫·冯(Auerswald, Rudolf von 1795—1866)——普鲁士国务活动家,自由派贵族的代表,曾任首相兼外交大臣(1848年6—9月),普鲁士第一议院议长(1849—1850),不管大臣(1858—1862);汉·阿·埃·冯·奥尔斯瓦尔德的弟弟。——436、632。

奥古斯都(盖尤斯·尤利乌斯·凯撒·屋大维)(Augustus〔Gaius Julius Caesar Octavianus〕公元前63—公元14)——罗马皇帝(公元前27—公元14)。——156。

奥克兰伯爵,乔治·伊登(Auckland, George Eden, Earl of 1784—1849)——英国国务活动家,辉格党人,曾多次担任内阁大臣,1836—1842年任印度总督。——834。

奥朗则布(Aurangzib 1618—1707)——印度大莫卧儿王朝的钵谛沙赫(1658—1707)。——849。

奥普尔侯爵,阿尔丰斯·昂利(Hautpoul, Alphonse-Henri, marquis d' 1789—1865)——法国将军,正统主义者,后为波拿巴主义者;第二共和国时期是立法议会议员(1849—1851),陆军部长(1849—1850)。——516、527、533、543、550—551、709、714、722—724。

奥赛男爵,沙尔·勒梅谢·德隆普雷(Haussez, Charles Lemercher de Longpré, baron d' 1778—1854)——法国政治活动家,曾任海军大臣(1829)。——534。

奥斯特勒,理查(Oastler, Richard 1789—1861)——英国政治活动家和社会改革家;托利党人,贵族慈善运动的主要代表;在反对资产阶级自由贸易派的斗争中主张通过立法限制工作日。——121。

B

巴贝夫,格拉古(Babeuf, Gracchus 原名弗朗索瓦·诺埃尔 François-Noël 1760—1797)——法国革命家,空想平均共产主义的代表人物,1796年是平等派密谋的组织者;密谋失败后被处死。——430。

巴尔贝斯,西吉斯蒙·奥古斯特·阿尔芒(Barbès, Sigismond Auguste Armand 1809—1870)——法国革命家,小资产阶级民主主义者,七月王朝时期秘密革命团体四季社的领导人之一;第二共和国时期是制宪议会议员(1848),因参加 1848 年五月十五日事件被判处无期徒刑,1854 年遇赦;后流亡荷兰,不久即脱离政治活动。——490、535、775。

巴尔扎克,奥诺雷·德(Balzac, Honoré de 1799—1850)——法国现实主义作家。——773。

巴富尔,乔治(Balfour, Sir George 1809—1894)——英国外交官和军官;第一次鸦片战争时期任参谋,南京条约签订后,代表英国政府接受中国支付的赔款;曾任驻上海领事(1843—1846)。——803。

巴枯宁,米哈伊尔·亚历山大罗维奇(Бакунин, Михаил Александрович 1814—1876)——俄国无政府主义和民粹主义创始人和理论家;1840 年起侨居国外,曾参加德国 1848—1849 年革命;1849 年因参与领导德累斯顿起义被判死刑,后改为终身监禁;1851 年被引渡给沙皇政府,囚禁期间向沙皇写了《忏悔书》;1861 年从西伯利亚流放地逃往伦敦;1868 年参加第一国际活动后,在国际内部组织秘密团体——社会主义民主同盟,妄图夺取总委员会的领导权;由于进行分裂国际的阴谋活动,1872 年在海牙代表大会上被开除出第一国际。——378、384、388、391、655。

巴拉盖·狄利埃伯爵,阿希尔(Baraguay d'Hilliers, Achille, comte 1795—1878)——法国将军,1854 年起为元帅;第二共和国时期是制宪议会和立法议会议员(1848—1851);1851 年统率巴黎卫戍部队;1851 年十二月二日政变后为波拿巴主义者,曾任驻君士坦丁堡大使(1853—1854),1854 年指挥波罗的海的法国远征军;在 1859 年奥意法战争中任军长;1870 年任巴黎武装力量总司令。——512、730—731、742。

巴黎伯爵——见路易-菲力浦-阿尔伯。

巴罗,卡米耶·亚桑特·奥迪隆(Barrot, Camille-Hyacinthe-Odilon 1791—1873)——法国政治活动家,七月王朝时期是自由主义的王朝反对派领袖之一;1848 年 12 月—1849 年 10 月任内阁总理,领导各个保皇集团的反革命联盟所支持的内阁;1849 年 11 月内阁辞职后脱离政治活动。——450、473、483—486、488—492、496、505、511、514、516、688—690、693、706—709、717、718、732、735、741、750。

巴罗什,皮埃尔·茹尔(Baroche, Pierre-Jules 1802—1870)——法国政治活动家和法学家,七月王朝时期是自由主义的王朝反对派领袖之一,第二共和国时期是制宪议会和立法议会议员(1848—1851),秩序党的代表人物,波拿巴主义者;1849年为上诉法院的首席检察官;1851年十二月二日政变以前和以后曾数度入阁。——535、714、725、730、731、735。

巴塞尔曼,弗里德里希·丹尼尔(Bassermann, Friedrich Daniel 1811—1855)——德国书商和政治活动家,温和的自由主义者,预备议会议员;1848—1849年革命时期是巴登政府驻联邦议会的代表,法兰克福国民议会议员,属于中间派右翼。——634、635。

巴师夏,弗雷德里克(Bastiat, Frédéric 1801—1850)——法国资产阶级庸俗经济学家,阶级调和论的代表人物。——446。

巴斯蒂德,茹尔(Bastide, Jules 1800—1879)——法国政治活动家和政论家;资产阶级共和派报纸《国民报》的编辑(1836—1846);1848年是制宪议会议员和外交部长(1848年5—12月)。——477。

巴夏礼,斯密斯(Parkes, Harry Smith 1828—1885)——英国外交官;第一次鸦片战争时期任璞鼎查的秘书兼翻译,曾参加攻占镇江的战役;1856年任驻广州领事,制造亚罗号事件,挑起第二次鸦片战争(1856—1860);英军窃据广州后为驻广州的三个欧洲监察员之一(1858—1859);1860年随额尔金北上,随同英法联军侵入北京,焚毁圆明园;曾任驻上海领事(1863—1865)、驻日公使(1865—1883)和驻华公使兼驻朝鲜公使(1883—1885)。——791—792、817。

巴伊,让·西尔万(Bailly, Jean-Sylvain 1736—1793)——法国天文学家;18世纪末法国资产阶级革命的活动家,资产阶级自由立宪派领袖之一;任巴黎市长期间(1789—1791)曾下令向马尔斯广场上的要求建立共和国的游行示威群众开枪射击(1791),因此在1793年被革命法庭判处死刑。——670。

巴兹,让·狄德埃(Baze, Jean-Didier 1800—1881)——法国律师和政治活动家,奥尔良党人,第二共和国时期是制宪议会和立法议会议员(1848—1851)。——740、754。

白恩士,约翰(Burns, John 笔名杰克 Jack 1858—1943)——英国工人运动活动家,80年代为新工联的领导人之一,伦敦码头工人罢工(1889)的领导者;90年代转到自由派工联主义立场;议会议员(1892年起),曾任自由党内阁的地方自治事务大臣(1905—1914)和商业大臣(1914)。——79。

拜比吉,查理(Babbage, Charles 1792—1871)——英国数学家、力学家和资产阶级经济学家。——245。

拜伦,乔治(Byron, George 1788—1824)——英国诗人,革命浪漫主义的代表人物。——131。

包令,约翰(Bowring, John 1792—1872)——英国政治活动家、外交官、语言学家和文学家,边沁的信徒,自由贸易派,高级殖民官员,议会议员;1847—1852年任驻广州领事,1854—1857年继文翰任香港总督兼驻华公使和中国商务监督,极力主张对中国进行侵略;1856年10月借口亚罗号事件,挑起第二次鸦片战争。——360、364、367、369—371、792。

鲍格雷夫,罗伯特·哈里·英格利斯(Palgrave, Robert Harry Inglis 1827—1919)——英国银行家和经济学家,《经济学家》杂志的出版者(1877—1883)。——76。

鲍威尔,布鲁诺(Bauer, Bruno 1809—1882)——德国唯心主义哲学家、宗教和历史研究者,资产阶级激进主义者;早期为黑格尔正统派的拥护者,1839年后成为青年黑格尔派的重要理论家,自我意识哲学的代表;1834年起在柏林大学、1839年起在波恩大学任非公聘神学讲师,1842年春因尖锐批判圣经而被剥夺教职;1842年为《莱茵报》撰稿人;1837—1842年初为马克思的朋友;1842年夏天起为"自由人"小组成员;1848—1849年革命后为《新普鲁士报》(《十字报》)的撰稿人;1866年后成为民族自由党人;写有一些基督教史方面的著作。——141、144、145、156、158、170—172、174—178。

贝多,玛丽·阿尔丰斯(Bedeau, Marie-Alphonse 1804—1863)——法国将军和政治活动家,温和的资产阶级共和党人;30—40年代曾参加侵占阿尔及利亚;第二共和国时期是制宪会和立法议会副议长(1848—1851),反对拿破仑第三的政府,1851年十二月二日政变后逃离,1859年回国。——694、731。

贝尔纳(Bernard)——法国上校,镇压1848年巴黎六月起义的军事委员会主席;1851年十二月二日政变后是对反拿破仑第三的共和派的审判的组织者之一。——685。

贝克拉特,海尔曼·冯(Beckerath, Hermann von 1801—1870)——德国银行家,莱茵省自由派资产阶级的领袖之一;法兰克福国民议会议员,属于中间派右翼;1848年8—9月任帝国政府的财政大臣;普鲁士第二议院议员(1849—1852)和爱尔福特议会议员(1850);支持普鲁士的联盟政策。——436。

贝里耶,皮埃尔·安东(Berryer, Pierre-Antoine 1790—1868)——法国律师和政治活动家,七月王朝时期是正统主义反对派领袖,第二共和国时期是制宪议会和立法议会议员(1848—1851)。——516、697、714、732、739—741、743、747。

贝利,威廉(Bailey, William)——英国厂主。——123。

贝姆,约瑟夫(Bem, József 1794—1850)——波兰将军,民族解放运动活动家,1830—1831年起义的领导人;1848年维也纳十月起义的参加者;1849年是匈牙利革命军领导人;革命失败后避难土耳其,入伊斯兰教,被苏丹封为穆拉德帕沙,任土耳其军队指挥官。——624。

贝努瓦·达济伯爵,德尼(Benoist〔Benoît〕d'Azy, Denis, comte 1796—1880)——法国政治活动家、金融家和工业家;正统主义者;第二共和国时期是立法议会副议长(1849—1851)。——735、740。

贝托莱伯爵,克劳德·路易(Berthollet, Claude-Louis, comte de 1748—1822)——法国化学家,创造氯漂白法,发现氯酸钾。——28。

本特利—怀特(Bentley & White)——英国的一家锯木厂。——112。

比约,奥古斯特·阿道夫·玛丽(Billault, Auguste-Adolphe-Marie 1805—1863)——法国政治活动家,律师,奥尔良党人,第二共和国时期是制宪议会议员(1848—1849);1851年十二月二日政变后成为波拿巴主义者;曾任内务大臣(1854—1858和1859—1860)。——735。

俾斯麦公爵,奥托(Bismarck〔Bismark〕, Otto Fürst von 1815—1898)——普鲁士和德国国务活动家和外交家,普鲁士容克的代表;曾任驻彼得堡大使(1859—1862)和驻巴黎大使(1862);普鲁士首相(1862—1872和1873—1890),北德意志联邦首相(1867—1871)和德意志帝国首相(1871—1890);1870年发动普法战争,1871年支持法国资产阶级镇压巴黎公社;主张在普鲁士领导下"自上而下"统一德国;曾采取一系列内政措施,捍卫容克和大资产阶级的联盟;1878年颁布反社会党人非常法。——73、395。

毕若·德·拉·比贡利,托马·罗伯尔(Bugeaud de la Piconnerie, Thomas-Robert 1784—1849)——法国元帅,奥尔良党人,七月王朝时期是众议院议员;在比利牛斯半岛战争期间(1808—1814)指挥法军分队,以后曾指挥军队镇压1834年巴黎共和派的起义;侵略阿尔及利亚和摩洛哥战争的策划者之一,1841—1847年为阿尔及利亚总督,1848—1849年为阿尔卑斯山部队的总司令,第二共和国时期是立法议会议员(1848—1849)。——485。

庇护九世(Pius IX〔Pio Nono〕世俗名乔万尼·马里亚·马斯塔伊-费雷蒂 Giovanni Maria Mastai-Ferretti 1792—1878)——罗马教皇(1846—1878)。——494、515、707。

边沁,耶利米(Bentham, Jeremy 1748—1832)——英国社会学家、哲学家和经济学家,功利主义理论的主要代表,主张效用原则是社会生活的基础。——131。

波尔多公爵——见尚博尔伯爵,昂利·沙尔·斐迪南·玛丽·迪约多内·达尔图瓦,波尔多公爵(亨利五世)。

波尔恩,斯蒂凡(Born, Stephan 真名西蒙·布特尔米尔希 Simon Buttermilch 1824—1898)——德国排字工人,共产主义者同盟盟员;《新莱茵报》通讯员(1848年6—8月);德国1848—1849年革命的参加者,工人兄弟会组织者和领袖;1850年被开除出共产主义者同盟;革命后脱离工人运动。——294。

波林—亨弗莱(Pauling & Henfrey)——英国的一家建筑公司。——117。

波林尼雅克亲王,茹尔·奥古斯特·阿尔芒·玛丽(Polignac, Jules-Auguste-Armand-Marie, prince de 1780—1847)——法国国务活动家,正统主义者和教权主义者,曾任外交大臣和首相(1829—1830)。——741。

波拿巴,拿破仑·约瑟夫·沙尔·保尔,拿破仑亲王(Bonaparte, Napoléon-Joseph-Charles-Paul, prince Napoléon 又名日罗姆 Jérôme, 绰号普隆-普隆 1822—1891)——法国政治活动家,第二共和国时期是制宪议会和立法议会议员(1848—1851),1854年在克里木指挥一个师,在1859年奥意法战争中任军长,普法战争初期曾参加关于法意反普同盟的谈判,日·波拿巴的儿子,拿破仑第三的堂弟,其兄死后(1847)改名日罗姆。——515。

波拿巴——见拿破仑第一。

波拿巴——见拿破仑第三。

波拿巴王朝——法国皇朝(1804—1814、1815和1852—1870)。——671、762—763。

波旁王朝——法国王朝(1589—1792、1814—1815和1815—1830)。——498、515、687、695、736—737、740、762。

波特,乔治·理查森(Porter, George Richardson 1792—1852)——英国资产阶级经济学家和统计学家,自由贸易论者;商业副大臣(1841年起)。——93。

伯恩斯,亚历山大(Burnes, Alexander 1805—1841)——英国军官,英国在中亚进行殖民扩张的策划者之一;1836—1838年在喀布尔执行特殊使命,1839—1841年任喀布尔英军司令部顾问,1841年喀布尔发生起义时被杀。——833—834。

伯恩斯,詹姆斯(Burnes, James 1801—1862)——英国医生,亚·伯恩斯的哥哥。——833。

伯西,彼得(Bussey, Peter)——英国店主,宪章派,1839年宪章派代表大会代表;1839年约克郡起义失败后脱离工人运动。——122。

柏拉图(Platon[Plato]约公元前427—347)——古希腊哲学家,客观唯心主义的主要代表人物,奴隶主贵族的思想家,自然经济的拥护者。——479。

勃多,尼古拉(Baudeau, Nicolas 1730—1792)——法国神父,经济学家,重农学

派的代表。——217。

勃朗,路易(Blanc, Louis 1811—1882)——法国小资产阶级社会主义者,新闻工作者和历史学家;1848年临时政府成员和卢森堡宫委员会主席;采取同资产阶级妥协的立场;1848年8月流亡英国,后为伦敦的法国布朗基派流亡者协会的领导人;1871年国民议会议员,反对巴黎公社。——434、451、453、457、462、464、466、473、474、486、500、533、566、668。

勃鲁姆,罗伯特(Blum, Robert 1807—1848)——德国新闻工作者和出版商,小资产阶级民主主义者;预备议会副议长和法兰克福国民议会议员,为左派领袖之一;1848年维也纳十月起义的参加者,在反革命军队占领维也纳后被杀害。——630、639。

博马舍,皮埃尔·奥古斯坦·卡龙·德(Beaumarchais, Pierre-Augustin Caron de 1732—1799)——法国剧作家。——491。

博纳尔德子爵,路易·加布里埃尔·昂布鲁瓦兹(Bonald, Louis-Gabriel-Ambroise, vicomte de 1754—1840)——法国政治活动家和政论家,保皇派,复辟时期的贵族和教权主义反动派的思想家。——577。

布阿吉尔贝尔,皮埃尔·勒珀桑(Boisguillebert, Pierre Le Pesant 1646—1714)——法国经济学家和统计学家,重农学派的先驱,法国资产阶级古典政治经济学的创始人;写有《法国详情》和其他经济学著作。——522—523。

布尔布隆,阿尔丰斯·德(Bourboulon, Alphonse de 生于1809年)——法国外交官,驻华公使(1851、1852—1857和1859—1862);1853年曾访问太平天国的国都天京(南京),试探太平军的对外政策。——826—827、835。

布尔沃,威廉·亨利·利顿·厄尔(Bulwer, William Herny Lytton Earle 1801—1872)——英国外交家,议会议员(1830—1837),辉格党人;1839年和1840年任英国驻巴黎代办,后任驻马德里公使(1843—1848)、驻华盛顿大使(1849—1852)、驻佛罗伦萨大使(1852—1855)、驻君士坦丁堡大使(1858—1865)。——831。

布莱克特,约翰·芬威克·伯戈因(Blackett, John Fenwick Burgoyne 1821—1856)——英国议会议员。——848。

布莱特,约翰(Bright, John 1811—1889)——英国政治活动家,棉纺厂主,自由贸易派领袖和反谷物法同盟创始人;60年代初起为自由党(资产阶级激进派)左翼领袖,曾多次任自由党内阁的大臣。——71、360、520。

布朗基,路易·奥古斯特(Blanqui, Louis-Auguste 1805—1881)——法国革命家,空想共产主义者,主张通过密谋性组织用暴力夺取政权和建立革命专政;许多秘密社团和密谋活动的组织者,1830年七月革命和1848年二月革命的参加者,秘密的四季社的领导人,1839 年五月十二日起义的组织者,同年被判处死刑,后改为无期徒刑;1848—1849 年革命时期是法国无产阶级运动的领袖;巴黎 1870 年十月三十一日起义的领导人,巴黎公社时期被反动派囚禁在凡尔赛,曾缺席当选为公社委员;一生中有 36 年在狱中度过。——464、490、491、532、533、535、676、758、775。

布雷,约翰·弗兰西斯(Bray, John Francis 1809—1895)——英国经济学家,空想社会主义者,罗·欧文的信徒,职业是印刷工人;阐发了"劳动货币"的理论。——21、37。

布雷亚,让·巴蒂斯特·菲德尔(Bréa, Jean-Baptiste-Fidèle 1790—1848)——法国将军,参与镇压 1848 年巴黎六月起义,被起义者击毙。——500。

布里奇沃特公爵,弗兰西斯·埃杰顿(Bridgewater, Francis Egerton, Duke of 1736—1803)——英国的大土地占有者,企业家,曾投资开凿从沃斯利至曼彻斯特的运河(1759—1772),后以他的名字命名为布里奇沃特运河。——100。

布利丹,让(Buridan, Jean 1300 前后—1358 以后)——法国哲学家,唯名论者;认为意志自由特别是选择自由的问题在逻辑上是不可解决的;据说他讲了一个驴子的故事:一头驴子在两个完全相同的草堆之间,无法进行选择,结果只好饿死。"布利丹的驴子"就成了一句俗语。——752。

布林德利,詹姆斯(Brindley, James 1716—1772)——英国工程师和发明家。——100。

布鲁土斯(马可·尤尼乌斯·布鲁土斯)(Marcus Junius Brutus 公元前 85—42)——罗马国务活动家,贵族共和派密谋反对凯撒的策划者之一。——669。

布伦坦诺,路德维希·约瑟夫(路约)(Brentano, Ludwig Joseph〔Lujo〕1844—1931)——德国资产阶级庸俗经济学家,讲坛社会主义者。——75。

布伦坦诺,洛伦茨·彼得·卡尔(Brentano, Lorenz Peter Karl 1813—1891)——德国律师,小资产阶级民主主义者;1848 年是法兰克福国民议会议员,属于左派;1849 年领导巴登临时政府,巴登-普法尔茨起义失败后流亡瑞士,1850年迁居美国;1878 年起为美国国会议员。——655、656、668。

布罗德赫斯特,亨利(Broadhurst, Henry 1840—1911)——英国政治活动家,工联领袖之一,改良主义者,职业是泥瓦匠,后为工联官员;工联代表大会议会委员会书记(1875—1890),自由党人,议会议员,内务副大臣(1886)。——79。

布罗伊公爵,阿希尔·沙尔·莱昂斯·维克多(Broglie, Achille-Charles-Léonce-Victor, duc de 1785—1870)——法国政治活动家,奥尔良党人;内阁首相(1835—1836),第二共和国时期是立法议会议员(1849—1851)。——

714、741。

C

查理-阿尔伯特(Carlo Alberto［Charles-Albert，Karl Albert］1798—1849）——
撒丁和皮埃蒙特国王(1831—1849)。——495。

查理大帝——见查理一世,查理大帝。

查理一世,查理大帝(Charles I,Charlemagne 742—814)——法兰克国王
(768—800)和皇帝(800—814)。——207、606。

查理二世(Charles II 1630—1685)——英国国王(1660—1685)。——268。

查理十世(Charles X 1757—1836)——法国国王(1824—1830);被 1830 年的
七月革命赶下王位。——534。

查普曼,约翰(Chapman,John 1801—1854)——英国政论家,资产阶级激进主
义者,赞同在印度实行改革;《印度的棉花和贸易》一书作者。——860。

查苏利奇,维拉·伊万诺夫娜(Засулич,Вера Ивановна 1851—1919)——俄
国民粹运动、社会民主主义运动的活动家,劳动解放社(1883)的创始人之
一;后来转到孟什维克立场。——384、388。

D

达尔曼,弗里德里希·克里斯托夫(Dahlmann,Friedrich Christoph 1785—
1860)——德国历史学家和政治活动家,自由主义者,1829 年起为格丁根
大学教授,"格丁根七贤"之一,因拒绝宣誓效忠而被赶出格丁根,1842 年
被聘为波恩大学教授,1848—1849 年为预备议会议员和法兰克福国民议
会议员,属于中间派右翼,1850 年为爱尔福特议会议员,后脱离政治活动;
写有丹麦、德国、英国和法国史方面的著作。——583。

达尔文,查理·罗伯特(Darwin,Charles Robert 1809—1882)——英国自然科
学家,科学的生物进化论的奠基人。——380、385。

达拉什,阿尔伯特(Darasz,Albert 1808—1852)——波兰民族解放运动的领
导人,1830—1831 年起义的参加者,波兰流亡者民主组织的领导成员,伦
敦欧洲民主派中央委员会委员。——668。

大利,彼得(Ailly,Pierre d' 1350—1420)——法国传教士,神学家,红衣主教
(1410 年起),康斯坦茨宗教会议的重要人物。——770。

大莫卧儿王朝——见莫卧儿王朝。

戴斯特,让·巴蒂斯特(Teste,Jean-Baptiste 1780—1852)——法国律师和国
务活动家,奥尔良党人,历任七月王朝时期商业大臣、司法大臣和公共工程

大臣,因贪污舞弊被送交法庭审判(1847)。——521。

戴维,汉弗莱(Davy, Sir Humphrey 1778—1829)——英国化学家和物理学家,曾发现多种化学元素和化合物,并发明了矿工安全灯;曾任英国皇家学会会长(1820—1827);由于在原电池、制革和矿物分析上的研究,1820 年荣获科普利奖章。——28、44、99。

丹东,若尔日·雅克(Danton, Georges-Jacques 1759—1794)——法国政治活动家和法学家,18 世纪末法国资产阶级革命的活动家,雅各宾派的右翼领袖。——651、668、669。

但丁·阿利格埃里(Dante Alighieri 1265—1321)——意大利诗人。——397。

道光(1782—1850)——中国清朝皇帝(1821—1850)。——779、817。

德·梅斯特尔——见梅斯特尔(德·梅斯特尔)伯爵,约瑟夫·玛丽。

德比伯爵,爱德华·乔治·杰弗里·斯密斯·斯坦利,(比克斯塔夫的)斯坦利勋爵(Derby, Edward George Geoffrey Smith Stanley, Lord Stanley of Bickerstaffe, Earl of 1799—1869)——英国政治活动家,托利党领袖,19 世纪下半叶为保守党领袖;曾任陆军和殖民大臣(1833—1834 和 1841—1845),内阁首相(1852、1858—1859 和 1866—1868)。——830、831、833、842。

德尔,路易·弗朗索瓦·欧仁(Daire, Louis-François-Eugène 1798—1847)——法国著作家和资产阶级经济学家,政治经济学著作的出版者。——217、523。

德弗洛特——见弗洛特(德弗洛特),保尔·路易·弗朗索瓦·勒奈·德。

德福塞,罗曼·约瑟夫(Desfossés, Romain-Joseph 1798—1864)——法国海军上将,第二共和国时期是立法议会议员(1849—1851),1849 年 11 月—1851 年 1 月任海军部长。——728、730。

德洛姆(洛姆,德),让·路易(Delolme〔Lolme, de〕, Jean-Louis 1741—1806)——瑞士法学家和作家,立宪君主制的辩护士。——437。

德穆兰,吕西·西姆普利斯·卡米耶·贝努瓦(Desmoulins, Lucie-Simplice-Camille-Benoist 1760—1794)——法国法学家和新闻工作者,18 世纪末法国资产阶级革命的活动家,右翼雅各宾党人。——669。

邓库姆,托马斯·斯林斯比(Duncombe, Thomas Slingsby 1796—1861)——英国政治活动家,资产阶级激进派,40 年代曾参加宪章运动;议会议员(1826—1861)。——102—103。

狄德罗,德尼(Diderot, Denis 1713—1784)——法国哲学家,机械唯物主义的代表人物,无神论者,法国革命资产阶级的代表,启蒙思想家,百科全书派领袖;1749 年因自己的著作遭要塞监禁。——131。

狄金逊,约翰(Dickinson, John 1815—1876)——英国政论家,自由贸易论者;

东印度改革促进协会创始人之一;写有关于印度的著作。——858。

狄摩西尼(Demosthenes 公元前 384—322)——古希腊政治活动家和演说家,雅典的反马其顿派的领袖,奴隶主民主制的拥护者;雅典同盟反马其顿战争失败后(公元前338)被驱逐出雅典。——516。

迪斯累里,本杰明,比肯斯菲尔德伯爵(Disraeli〔D'Israeli〕, Benjamin, Earl of Beaconsfield 1804—1881)——英国政治活动家和著作家,40 年代参加"青年英国";托利党领袖,19 世纪下半叶为保守党领袖;曾任财政大臣(1852、1858—1859 和 1866—1868),内阁首相(1868 和 1874—1880)。——838、839。

杜班,安德烈·玛丽·让·雅克(Dupin, André-Marie-Jean-Jacques 人称大杜班 Dupin aîné 1783—1865)——法国法学家和政治活动家,奥尔良党人,众议院议长(1832—1839),第二共和国时期是制宪议会议员(1848—1849)和立法议会议长(1849—1851);后为波拿巴主义者。——543、721、725、726。

杜邦·德勒尔,雅克·沙尔(Dupont de l'Eure, Jacques-Charles 1767—1855)——法国政治活动家,自由主义者;18 世纪末法国资产阶级革命和 1830 年革命的参加者;1830 年以前是烧炭党领导成员;40 年代是王朝反对派的代表人物,接近温和的资产阶级共和派;1848 年为临时政府主席,后为国民议会议员。——451。

杜弗尔,茹尔·阿尔芒·斯塔尼斯拉斯(Dufaure, Jules-Armand-Stanislas 1798—1881)——法国律师和政治活动家,奥尔良党人,曾任社会公共工程大臣(1839—1840),第二共和国时期是制宪议会和立法议会议员(1848—1851),卡芬雅克政府的内务部长(1848 年 10—12 月)和波拿巴政府的内务部长(1849 年 6—10 月);第三共和国时期任司法部长,内阁总理。——479、482、521。

杜克莱尔,沙尔·泰奥多尔·欧仁(Duclerc, Charles-Théodore-Eugène 1812—1888)——法国政治活动家和新闻工作者,《国民报》编辑(1840—1846),财政部长(1848 年 5—6 月);第二共和国时期是立法议会议员(1848—1849),动产信用公司董事会成员,国民议会副议长(1875),内阁总理兼外交部长(1882 年 8 月—1883 年 1 月)。——493。

杜普拉,帕斯卡尔(Duprat, Pascal 1815—1885)——法国政治活动家和新闻工作者,资产阶级共和党人;第二共和国时期是制宪议会和立法议会议员(1848—1851),反对路易·波拿巴的政府;1871 年国民议会议员。——727—728。

杜沙特尔伯爵,沙尔·玛丽·汤讷吉(Duchâter, Charles-Marie-Tanneguy, comte

1803—1867）——法国政治活动家,奥尔良党人,曾任商业大臣(1834—
1836)和内务大臣(1839—1840 和 1840—1848 年 2 月)。——740。

杜山-路维杜尔——见路维杜尔(杜山-路维杜尔),弗朗索瓦·多米尼克。

多布尔霍夫-迪尔男爵,安东（Doblhoff-Dier, Anton Freiherr von 1800—
1872)——奥地利政治活动家,温和的资产阶级自由派,1848 年任贸易大臣
(5 月)和内务大臣(7—10 月)。——620。

多斯特-穆罕默德汗（Dost-Muhammad Khan〔Dost-Mahomed〕1793—1863)——
阿富汗埃米尔(1826—1839 和 1842—1863)。——833—834。

E

额尔金—金卡丁——见额尔金伯爵,詹姆斯·普鲁斯,金卡丁伯爵。

额尔金伯爵,詹姆斯·普鲁斯,金卡丁伯爵（Elgin, James Bruce, Earl of Kin-
cardine, Earl of 1811—1863)——英国外交官,作为特命全权代表出使中国
(1857—1858 和 1860—1861),印度总督(1862—1863)。——823、828、
829、837、839—844、846。

F

法卢伯爵,弗雷德里克·阿尔弗勒德·皮埃尔（Falloux, Frédéric-Alfred-Pierre,
comte de 1811—1886)——法国政治活动家和著作家,正统主义者和教权主
义者,1848 年解散国家工场的策划者和镇压巴黎六月起义的鼓吹者,第二
共和国时期是制宪议会和立法议会议员(1848—1851),曾任教育和宗教部
长(1848—1849)。——484、495、505、516、693、706、708、741、743。

范斯特劳本齐,查理·托马斯（Van Straubenzee, Charles Thomas 1812—
1892)——英国将军,1855—1856 年在克里木战争中任英军一个旅的指挥
官,1857—1858 年在第二次鸦片战争中任英军指挥官。——817。

斐迪南一世（Ferdinand I 1793—1875)——奥地利皇帝(1835—1848)。——
619、620、630。

斐迪南多二世,斐迪南二世（Ferdinando II, Ferdinand II, 绰号炮弹国王 King
Bomba 1810—1859)——双西西里王国国王(1830—1859)。——614。

费尔巴哈,路德维希（Feuerbach, Ludwig 1804—1872)——德国唯物主义哲学
家,德国古典哲学的代表人物。——28、85、133—135、137—139、141、
143—145、154—158、172、174—178、199、277、279。

费奈迭,雅科布（Venedey, Jakob 1805—1871)——德国作家、政论家和政治
活动家,小资产阶级民主主义者;30 年代是巴黎流亡者同盟领导人,

1848—1849 年是预备议会议员和法兰克福国民议会议员,属于左派;1848—1849 年革命后成为自由派。——176、277。

芬尼斯,托马斯·奎斯特德(Finnis, Thomas Quested)——伦敦市长(1856—1857)。——790。

弗格森,亚当(Ferguson, Adam 1723—1816)——苏格兰历史学家、哲学家和社会学家;大·休谟的追随者。——239。

弗莱里格拉特,斐迪南(Freiligrath, Ferdinand 1810—1876)——德国诗人,1848—1849 年为《新莱茵报》编辑,共产主义者同盟盟员;50 年代脱离革命斗争,50—60 年代为瑞士银行伦敦分行职员。——277。

弗兰茨一世(Franz I 1768—1835)——奥地利皇帝(1804—1835),德意志神圣罗马帝国皇帝(1792—1806),称弗兰茨二世。——591、594。

弗兰茨-约瑟夫一世(Franz-Joseph I 1830—1916)——奥地利皇帝(1848—1916)。——638。

弗兰格尔伯爵,弗里德里希·亨利希·恩斯特(Wrangel, Friedrich Heinrich Ernst Graf von 1784—1877)——普鲁士将军,1848 年 11 月参加普鲁士反革命政变,驱散普鲁士国民议会;1856 年起任陆军元帅;丹麦战争时期(1864)任普奥联军总司令。——632、633。

弗里德里希-奥古斯特二世(Friedrich August II 1797—1854)——萨克森国王(1836—1854)。——649。

弗里德里希-威廉三世(Friedrich-Wilhelm III 1770—1840)——普鲁士国王(1797—1840)。——576。

弗里德里希-威廉四世(Friedrich-Wilhelm IV 1795—1861)——普鲁士国王(1840—1861)。——12、436、577、578、585、594、632、638、644、645。

弗罗斯特,约翰(Frost, John 1784—1877)——英国小资产阶级激进派,1838 年起为宪章运动的拥护者;由于组织 1839 年威尔士的矿工起义,被判终身流放澳洲;后来被赦免并于 1856 年回到英国。——122。

弗洛孔,斐迪南(Flocon, Ferdinand 1800—1866)——法国政治活动家和政论家,小资产阶级民主主义者,《改革报》编辑,1848 年为临时政府成员;山岳党人;1851 年十二月二日政变后被驱逐出法国。——451。

弗洛特(德弗洛特),保尔·路易·弗朗索瓦·勒奈·德(Flotte〔Deflotte〕, Paul-Louis-François-René de 1817—1860)——法国海军军官,民主主义者和社会主义者,布朗基主义者,巴黎 1848 年五月十五日事件和六月起义的参加者,第二共和国时期是立法议会议员(1850—1851),1860 年参加加里波第向南意大利的进军。——533、535、713、714。

伏尔泰(Voltaire 原名弗朗索瓦·玛丽·阿鲁埃 François-Marie Arouet 1694—1778)——法国自然神论哲学家、历史学家和作家,18 世纪资产阶级启蒙运动的主要代表人物,反对专制制度和天主教。——513、528、530、710。

福格特,卡尔(Vogt, Karl 1817—1895)——德国自然科学家,庸俗唯物主义者,小资产阶级民主主义者;1848—1849 年是法兰克福国民议会议员,属于左派;1849 年 6 月为帝国五摄政之一;1849 年逃往瑞士,50—60 年代是路易·波拿巴雇用的密探;马克思在抨击性著作《福格特先生》中对他进行了揭露。——651。

福禄培尔,尤利乌斯(Fröbel [Froebel], Julius 1805—1893)——德国自然科学家,政论家和进步书籍出版者,小资产阶级激进主义者,1843 年底—1844 年同马克思有密切联系;德国 1848—1849 年革命的参加者,法兰克福国民议会议员,属于左派;德意志民主协会中央委员会委员;革命失败后流亡美国,1857 年回到欧洲,为奥地利政府撰写时评。——284、630。

福适,莱昂(Faucher, Léon 1803—1854)——法国政治活动家、政论家和经济学家,奥尔良党人,后为波拿巴主义者;第二共和国时期是制宪议会和立法议会议员(1848—1851),内务部长(1848 年 12 月—1849 年 5 月和 1851 年)。——270、446、484、490、493、715、735、741。

傅立叶,沙尔(Fourier, Charles 1772—1837)——法国空想社会主义者。——37、38、84、251、272、384、392、431、433、582。

富尔德,阿希尔(Fould, Achille 1800—1867)——法国银行家和政治活动家,奥尔良党人,后为波拿巴主义者;第二共和国时期是制宪议会议员(1848—1849),曾任财政部长(1849—1851),财政大臣(1861—1867),国务大臣和皇廷事务大臣(1852—1860)。——460、476、488、517、518、520—522、709、728、730、735、743。

富基埃-坦维尔,安东·康坦(Fouquier-Tinville, Antoine-Quentin 1746—1795)——法国法学家,18 世纪末法国资产阶级革命的活动家,1793 年任革命法庭的公诉人。——496。

富歇,约瑟夫(Fouché, Joseph 1759—1820)——法国政治活动家和警官,18 世纪末法国资产阶级革命的活动家,雅各宾党人,拿破仑第一内阁的警务大臣,以毫无原则著称。——528。

G

盖尔马尼库斯(盖尤斯·尤利乌斯·凯撒·盖尔马尼库斯)(卡利古拉)(Gaius Julius Caesar Germanicus [Caligula] 12—41)——罗马皇帝(37—

41)。——689。

盖尔温努斯,格奥尔格·哥特弗里德（Gervinus, Georg Gottfried 1805—1871）——德国历史编纂学家和文学史家,自由派;1844 年起为海德堡大学教授,1847—1848 年 10 月是《德意志报》的编辑,1848 年是预备议会议员和法兰克福国民议会议员,属于中间派右翼。——584。

戈尔盖,阿尔图尔（Görgey, Arthur 1818—1916）——匈牙利将军,匈牙利军队总司令（1849 年 4—6 月）;曾依靠反动军官和资产阶级中的反革命派,背叛匈牙利革命,率领所属部队向沙皇军队投降。——627。

歌德,约翰·沃尔弗冈·冯（Goethe, Johann Wolfgang von 1749—1832）——德国诗人、作家、思想家和博物学家。——156、674、854、855。

格拉古（盖尤斯·赛姆普罗尼乌斯·格拉古）（Gaius Sempronius Gracchus 公元前 153—121）——古罗马的护民官（公元前 123—122）,曾为农民利益进行争取实现土地法的斗争;提比里乌斯·赛姆普罗尼乌斯·格拉古的弟弟。——669。

格拉古（提比里乌斯·赛姆普罗尼乌斯·格拉古）（Tiberius Sempronius Gracchus 公元前 162—133）——古罗马的护民官（公元前 133）,曾为农民利益进行争取实现土地法的斗争;盖尤斯·赛姆普罗尼乌斯·格拉古的哥哥。——669。

格莱斯顿,威廉·尤尔特（Gladstone, William Ewart 1809—1898）——英国国务活动家,托利党人,后为皮尔分子,19 世纪下半叶是自由党领袖;曾任财政大臣（1852—1855 和 1859—1866）和首相（1868—1874、1880—1885、1886 和 1892—1894）。——80、830、849。

格朗丹,维克多（Grandin, Victor 1797—1849）——法国工厂主,保守派政治活动家,众议院议员（1839—1848）;第二共和国时期是制宪会和立法议会议员（1848—1849）。——446。

格朗尼埃·德卡桑尼亚克,贝尔纳·阿道夫（Granier de Cassagnac, Bernard-Adolphe 1806—1880）——法国新闻工作者,1848 年革命前是奥尔良党人,后为波拿巴主义者,第二帝国时期是立法团议员（1852—1870）;曾为《立宪主义者报》撰稿,50 年代为《国家报》主编。——544、773。

格雷厄姆（Graham）——113。

格雷格,威廉·拉思本（Greg, William Rathbone 1809—1881）——英国工业家和政论家,自由贸易派。——363—364、374。

格律恩,卡尔（Grün, Karl 笔名恩斯特·冯·德尔·海德 Ernst von der Haide 1817—1887）——德国小资产阶级政论家,接近青年德意志和青年黑格尔派,40 年代中是"真正的"社会主义的主要代表人物;普鲁士制宪议会议员(1848),属于左翼,普鲁士第二议院议员(1849);1851 年起流亡比利时,1861 年回到德国,曾在美因河畔法兰克福高等商业工艺学校任艺术史、文学史和哲学史教授(1862—1865);1870 年到维也纳;1874 年出版路·费尔巴哈的书信集和遗著。——286、287、429。

葛德文,威廉(Godwin, William 1756—1836)——英国作家、哲学家和政论家,边沁的信徒,理性主义者,无政府主义的创始人之一。——131。

贡斯当·德勒贝克,昂利·本杰明(Constant de Rebecque, Henri Benjamin 1767—1830)——法国政治活动家、政论家和著作家,资产阶级自由主义的反民主主义流派的代表,法国唯物主义和无神论观点的反对者;曾从事国家法问题的研究。——670。

古德肖,米歇尔(Goudchaux, Michel 1797—1862)——法国银行家,资产阶级共和党人,1848 年为临时政府的财政部长,50 年代为反对波拿巴主义政体的共和党反对派领袖之一。——474。

H

哈德菲尔德,乔治(Hadfield, George 1787—1879)——英国政治活动家,资产阶级激进主义者,议会议员。——833。

哈第,詹姆斯·基尔(Hardie, James Keir 1856—1915)——英国工人运动活动家,改良主义者,职业是矿工,后为政论家;苏格兰工党创始人(1888)和领袖,独立工党创始人(1893)和领袖。——79。

哈格里沃斯,詹姆斯(Hargreaves, James 1745 前后—1778)——英国织工,第一台实用机械纺纱机(珍妮纺纱机)的发明者。——46、90。

哈克斯特豪森男爵,奥古斯特·弗兰茨(Haxthausen, August Franz Freiherr von 1792—1866)——普鲁士官员和作家,联合议会议员(1847—1848),后为普鲁士第一议院议员;写有描述普鲁士和俄国土地关系中当时还残存的土地公社所有制方面的著作。——400。

哈尼,乔治·朱利安(Harney, George Julian 1817—1897)——英国工人运动活动家,宪章派左翼领袖;正义者同盟盟员,后为共产主义者同盟盟员;民主派兄弟协会创建人之一,《北极星报》编辑,《民主评论》、《人民之友》、《红色共和党人》等宪章派刊物的出版者;1862—1888 年曾数度住在美国;国际会员;曾同马克思和恩格斯保持友好联系;50 年代初和小资产阶级民主派接近,一度同工人运动中的革命派疏远。——382。

哈斯基森,威廉(Huskisson, William 1770—1830)——英国国务活动家和经

济学家,托利党人,曾任商业大臣(1823—1827),1810年金条委员会成员,议会议员;主张在经济上向工业资产阶级让步,曾制定降低某些商品进口税的税率。——272。

哈维,威廉(Harvey, William 1578—1657)——英国医生、生理学家和胚胎学家,科学生理学的创始人和胚胎研究的倡导者;1628年发现血液循环系统。——255。

海尔维格,格奥尔格(Herwegh, Georg 1817—1875)——德国诗人,小资产阶级民主主义者;1842年起成为马克思的朋友,《莱茵报》等多家报刊的撰稿人;1848年二月革命后是巴黎德意志民主协会领导人,巴黎德国流亡者志愿军团组织者之一;1848—1849年革命的参加者,后长期流亡瑞士;1869年起为德国社会民主工党(爱森纳赫派)党员。——515。

海瑙男爵,尤利乌斯·雅科布(Haynau, Julius Jakob Freiherr von 1786—1853)——奥地利将军,1848年镇压意大利的革命;曾任镇压匈牙利革命的奥地利军队总司令(1849)。——513、609。

海涅,亨利希(Heine, Heinrich 1797—1856)——德国诗人,革命民主主义运动的先驱,马克思一家的亲密朋友。——605、613。

海特男爵,奥古斯特(Heydt, August Freiherr von der 1801—1874)——普鲁士银行家、政治活动家,曾任商业、工业和公共工程大臣(1848年12月—1862年)和财政大臣(1862和1866—1869);1849年为第二议院议员。——440。

海因岑,卡尔(Heinzen, Karl 1809—1880)——德国作家和政论家,小资产阶级民主主义者;《莱比锡总汇报》记者,《莱茵报》撰稿人;1844年9月逃往布鲁塞尔,1845年春移居瑞士,1847年起反对马克思和恩格斯;曾参加1849年巴登-普法尔茨起义,后来先后流亡瑞士和英国;1850年秋定居美国,后为《先驱者》报的主编(1854—1879)。——276—294。

汉普敦,约翰(Hampden, John 1594—1643)——英国资产阶级革命的活动家,在英国资产阶级革命前夜反对专制独裁,革命斗争的参加者,在国内战争中牺牲。——633。

汉特,弗里曼(Hunt, Freeman 1804—1858)——美国政论家,《商人杂志和商业评论》的出版者。——803。

汉泽曼,大卫·尤斯图斯·路德维希(Hansemann, David Justus Ludwig 1790—1864)——德国政治活动家和银行家,莱茵省自由派资产阶级的领袖之一;普鲁士制宪会议议员,财政大臣(1848年3—9月)。——440—441、598、601、609、632。

贺布,詹姆斯(Hope, James 1808—1881)——英国海军将领,1859—1860 年率
领远征舰队侵略中国。——826—827、835。

赫尔岑,亚历山大·伊万诺维奇(Герцен, Александр Иванович 1812—
1870)——俄国唯物主义哲学家、政论家和作家,革命民主主义者,1847 年
流亡法国,1852 年移居伦敦,在英国建立"自由俄国印刷所",并出版《北极
星》定期文集和《钟声》报。——384。

黑格尔,乔治·威廉·弗里德里希(Hegel, Georg Wilhelm Friedrich 1770—
1831)——德国古典哲学的主要代表。——1、9、85、141—145、158、174、
175、181、216—221、223、225、226、277、575、576、668、778。

亨茨曼,本杰明(Huntsman, Benjamin 1704—1776)——英国发明家和钢铁厂
厂主。——98。

亨利,约瑟夫·沃讷(Henley, Joseph Warner 1793—1884)——英国政治活动
家,托利党人,商业和交通大臣(1852 和 1858—1859)。——823。

亨利五世——见尚博尔伯爵,昂利·沙尔·斐迪南·玛丽·迪约多内·达尔
图瓦,波尔多公爵(亨利五世)。

亨利六世(Henry VI 1421—1471)——英国国王(1422—1461)。——738。

亨利八世(Henry VIII 1491—1547)——英国国王(1509—1547)。——190。

亨利希七十二世(Heinrich LXXII 1797—1853)——德国一小邦幼系(罗伊斯-
洛本施泰因-埃伯斯多夫)的领主王公(1822—1848)。——641。

洪秀全(1814—1864)——太平天国的创始人。——800。

淮亚特,约翰(Wyatt, John 1700—1766)——英国技师,曾发明纺纱机。——247。

惠勒(Wheeler)——东印度公司董事会副董事长。——803。

霍尔巴赫男爵,保尔·昂利·迪特里希(Holbach, Paul-Henri Dietrich, baron d'
1723—1789)——法国哲学家,唯物主义者,无神论者,启蒙思想家,革命资产
阶级的代表人物。——131。

霍格,詹姆斯·韦尔(Hogg, James Weir 1790—1876)——英国政治活动家,托
利党人,后为皮尔分子;议会议员;东印度公司董事会董事长(1846—1847 和
1852—1853);印度事务督察委员会委员(1858—1872)。——790、848。

霍普,乔治(Hope, George 1811—1876)——英国农场主,自由贸易的拥护
者。——363、374。

J

基钦(Kitchen)——英国厂主。——112。

基佐,弗朗索瓦·皮埃尔·吉约姆(Guizot, François-Pierre-Guillaume 1787—

1874）——法国政治活动家和历史学家，奥尔良党人；1812 年起任巴黎大学历史系教授，七月王朝时期是立宪君主派领袖，历任内务大臣（1832—1836）、教育大臣（1836—1837）、外交大臣（1840—1848）和首相（1847—1848）；代表大金融资产阶级的利益。——399、446、449、450、469、477、484、492、511、516、670、682、740、741、758、759、773。

吉布森，托马斯·米尔纳（Gibson, Thomas Milner 1806—1884）——英国政治活动家，自由贸易的拥护者，后为自由党人，议会议员；曾任商业大臣（1859—1865 和 1865—1866）。——830、838。

吉芬，罗伯特（Giffen, Robert 1837—1910）——英国资产阶级经济学家和统计学家，财政问题专家；《伦敦统计学会会刊》发行人（1876—1891），商业部统计局局长（1876—1897）。——75。

吉纳尔，约瑟夫·奥古斯坦（Guinard, Joseph-Augustin 1799—1874）——法国小资产阶级民主主义者，制宪议会议员（1848—1849），由于参加 1849 年六月十三日示威游行被判终生监禁，1854 年获赦。——535。

吉斯公爵——见昂利第二（洛林的），吉斯公爵。

济格尔，弗兰茨（Sigel, Franz 1824—1902）——德国军官，小资产阶级民主主义者；1848—1849 年巴登革命运动的参加者，1849 年巴登-普法尔茨起义时期为巴登-普法尔茨革命军总司令、副总司令和巴登临时政府陆军部长；起义失败后流亡瑞士，1851 年起流亡英国；1852 年迁居美国，曾站在北部方面参加美国内战；1866 年起为纽约新闻工作者；阿·济格尔的哥哥。——656。

嘉庆（1760—1820）——中国清朝皇帝（1796—1820）。——804。

金克尔，约翰·哥特弗里德（Kinkel, Johann Gottfried 1815—1882）——德国诗人、作家和政论家，小资产阶级民主主义者，1849 年巴登-普法尔茨起义的参加者，被普鲁士法庭判处无期徒刑，1850 年在卡·叔尔茨帮助下越狱逃跑，流亡英国；在伦敦的德国小资产阶级流亡者的领袖，《海尔曼》周报编辑（1859）；反对马克思和恩格斯。——668。

居比耶尔，阿梅代·路易·德庞·德（Cubières, Amédée-Louis Despans de 1786—1853）——法国将军和国务活动家，奥尔良党人；1839—1840 年任陆军大臣，1847 年因营私舞弊被降职。——521。

K

卡贝，埃蒂耶纳（Cabet, Étienne 人称卡贝老爹 Père Cabet 1788—1856）——法国法学家和政论家，法国工人共产主义一个流派的创始人，和平空想共产主义的代表人物,《人民报》的出版者(1833—1834);流亡英国(1834—1839);《1841年人民报》的出版者(1841—1851);曾尝试在美洲建立共产主义移民区(1848—1856),以实现其在1848年出版的小说《伊加利亚旅行记》中阐述的理论。——385、392、433、464。

卡尔利埃,皮埃尔·沙尔·约瑟夫(Carlier, Pierre-Charles-Joseph 1799—1858)——法国警官,巴黎警察局长(1849—1851),波拿巴主义者。——528、529、709、721、727、751。

卡芬雅克,路易·欧仁(Cavaignac, Louis-Eugène 1802—1857)——法国将军和政治活动家,温和的资产阶级共和党人;30—40年代曾参加侵占阿尔及利亚,1848年任阿尔及利亚总督;第二共和国时期是陆军部长(1848年5—6月),镇压巴黎六月起义;曾任政府首脑(1848年6—12月);立法议会议员(1849—1851);1851年十二月二日政变后因反对拿破仑第三的政府而被捕。——468、469、472、476—483、487、489、493—494、496、501、507、615、680、684—687、694、733、745、754。

卡莱尔,托马斯(Carlyle, Thomas 1795—1881)——英国作家、历史学家和唯心主义哲学家,宣扬英雄崇拜,封建社会主义的代表,资本主义生产方式和资产阶级政治经济学的批评者,托利党人;1848年后成为工人运动的敌人。——40、113。

卡利古拉——见盖尔马尼库斯(盖尤斯·尤利乌斯·凯撒·盖尔马尼库斯)(卡利古拉)。

卡诺,拉扎尔·伊波利特(Carnot, Lazare-Hippolyte 1801—1888)——法国政治活动家和政论家,温和的资产阶级共和党人,七月王朝时期为众议院议员(左派反对派);第二共和国时期是临时政府教育部长(1848年2—7月),制宪议会和立法议会议员(1848—1851);秩序党的反对者;1851年十二月二日政变以后成为共和党反对派领袖,反对拿破仑第三的政府。——533、535、713。

卡普菲格,让·巴蒂斯特·奥诺雷·雷蒙(Capefigue, Jean-Baptiste-Honoré-Raymond 1801—1872)——法国政论家、历史学家和作家;保皇派。——544。

卡特赖特,埃德蒙(Cartwright, Edmund 1743—1823)——英国牧师、发明家和机械师,第一台获得专利的机械织布机的发明者。——28、92。

卡托(老卡托)(马可·波尔齐乌斯·卡托)(Marcus Porcius Cato Major 公元前234—149)——罗马政治活动家、历史学家和著作家,维护贵族特权;曾任执政官(公元前195年),监察官(公元前184年);《论农业》的作者。——477。

卡托(小卡托)(马可·波尔齐乌斯·卡托)(Marcus Porcius Cato Minor 公元

前 95—46）——罗马护民官，凯撒的反对者。——773。

开普勒，约翰奈斯（Kepler, Johannes 1571—1630）——德国天文学家、数学家、物理学家和自然哲学家，在哥白尼学说的基础上，发现行星运动的规律。——778。

凯，约翰·威廉（Kaye, John William 1814—1876）——英国军事史学家和殖民官员，曾任印度事务部政务机要司秘书（1858—1874），写有印度的历史和民族学方面的著作以及英国在阿富汗和印度进行的殖民战争方面的著作。——833。

凯德，杰克（Cade, Jack 死于 1450 年）——1450 年英国农民和手工业者在英国南部举行反封建起义时的领袖。——280。

凯利-威士涅威茨基，弗洛伦斯（Kelly-Wischnewetzky, Florence 1859—1932）——美国社会主义者，后为资产阶级改良主义者，曾将恩格斯的《英国工人阶级状况》一书译成英文；1892 年以前为波兰流亡者拉·威士涅威茨基的妻子。——64、386。

凯撒（盖尤斯·尤利乌斯·凯撒）（Gaius Julius Gaesar 公元前 100—44）——罗马统帅、国务活动家和著作家。——514、670。

坎伯尔，乔治（Campbell, Sir George 1824—1892）——英国国务活动家和外交官，议会议员（1875—1892），自由党人；1843—1874 年屡任英国驻印度的殖民官员；写有关于印度的著作。——860。

康德，伊曼努尔（Kant, Immanuel 1724—1804）——德国古典哲学的创始人，唯心主义者；也以自然科学方面的著作闻名。——240、517。

康普豪森，卢道夫（Camphausen, Ludolf 1803—1890）——德国政治活动家和银行家，莱茵省自由派资产阶级的领袖之一；1834 年起任科隆商会会长，莱茵报社股东和《莱茵报》撰稿人；1843 年起为莱茵省议会城市等级的代表，普鲁士首相（1848 年 3—6 月），后为第一议院议员；普鲁士驻中央政府的使节（1848 年 7 月—1849 年 4 月），北德意志联邦国会议员。—— 437、441、598、601、608—609、632。

柯尔培尔，让·巴蒂斯特（Colbert, Jean-Baptiste 1619—1683）——法国国务活动家，重商主义者，财政总监（1661 年起），实际上操纵了法国的内外政策；曾建立国家工场，促进内外贸易。——253。

科布顿，理查（Cobden, Richard 1804—1865）——英国工厂主，自由党人，自由贸易的拥护者，反谷物法同盟创始人，议会议员（1841—1864）；曾参加多次国际和平主义者代表大会，如 1850 年 8 月美因河畔法兰克福和平主义者代表大会。——520。

科西迪耶尔，马尔克（Caussidière, Marc 1808—1861）——法国小资产阶级民主主义者,1834年里昂起义的参加者;七月王朝时期秘密革命团体的组织者之一;第二共和国时期任巴黎警察局长(1848年2—5月),制宪议会议员(1848);因政府准备在布尔日对五月十五日事件的参加者进行审判,于1848年8月逃往英国。——457、473、474、500、668。

克拉伦登伯爵,乔治·威廉·弗雷德里克·维利尔斯(Clarendon, George William Frederick Villiers, Earl of 1800—1870)——英国国务活动家,外交家,辉格党人,后为自由党人;爱尔兰总督(1847—1852),曾镇压爱尔兰1848年起义;外交大臣(1853—1858、1865—1866和1868—1870)。——790。

克莱夫,罗伯特(Clive, Robert 1725—1774)——英国国务活动家和将军,英国在印度建立殖民统治的肇始人,孟加拉省督(1757—1760和1765—1767)。——862。

克朗普顿,赛米尔(Crompton, Samuel 1753—1827)——英国技师,珍妮纺纱机的改良者,英国麦斯林纱(高级细纱)的首创者。——46、92。

克雷米约,伊萨克·阿道夫(Crémieux〔Cremieux〕, Isaac-Adolphe 1796—1880)——法国律师和政治活动家,40年代为自由主义者;第二共和国时期为临时政府司法部长(1848年2—5月),制宪议会和立法议会议员(1848—1851)。——451、493。

克雷通,尼古拉·约瑟夫(Creton, Nicolas-Joseph 1798—1864)——法国律师和政治活动家,奥尔良党人;第二共和国时期是制宪议会和立法议会议员(1848—1851)。——522、738。

克伦威尔,奥利弗(Cromwell, Oliver 1599—1658)——英国国务活动家,17世纪英国资产阶级革命时期资产阶级和资产阶级化贵族的领袖;1649年起为爱尔兰军总司令和爱尔兰总督,1653年起为英格兰、苏格兰和爱尔兰的护国公。——670、753。

库克,乔治·温格罗夫(Cooke, George Wingrove 1814—1865)——英国历史学家和新闻工作者,自由党人;1857年为《泰晤士报》驻中国通讯员。——810、812、823。

库利汗——见纳迪尔沙赫(库利汗)。

库辛,维克多(Cousin, Victor 1792—1867)——法国唯心主义哲学家,折中主义者。——670。

魁奈,弗朗索瓦(Quesnay, François 1694—1774)——法国经济学家,重农学派的创始人;职业是医生。——217、371。

L

拉德茨基伯爵,约瑟夫·温采尔(Radetzky, Joseph Wenzel Graf 1766—

1858)——奥地利陆军元帅,1831 年起为意大利北部奥军司令,1848—1849 年镇压意大利的民族解放运动;伦巴第—威尼斯王国的总督(1850—1856)。——613、614、619、620、623。

拉菲特,雅克(Laffitte, Jacques 1767—1844)——法国银行家和政治活动家,奥尔良党人,金融资产阶级的代表,政府首脑(1830—1831)。——446。

拉弗尔,约翰(Lovell, John)——美国出版商和书商,曾出版恩格斯的《英国工人阶级状况》一书。——386。

拉弗尔斯,托马斯·斯坦福(Raffles, Thomas Stamford 1781—1826)——英国殖民地官员,曾任爪哇总督(1811—1816);《爪哇史》一书的作者。——849、850、853。

拉克罗斯男爵,贝尔特朗·泰奥巴尔德·约瑟夫(Lacrosse, Bertrand-Théobald-Joseph, baron de 1796—1855)——法国政治活动家,奥尔良党人,波拿巴主义者,第二共和国时期任公共工程部长(1848—1849 和 1851 年10—12 月)。——507。

拉罗什雅克兰侯爵,昂利·奥古斯特·若尔日·杜韦尔日耶(La Rochejaquelein〔Larochejaquelin〕, Henri-Auguste-Georges Du Vergier, marquis de 1805—1867)——法国政治活动家,贵族院议员,正统派领袖,第二共和国时期是制宪议会和立法议会议员(1848—1851),1852 年起为第二帝国参议员。——452、741。

拉马丁,阿尔丰斯(Lamartine, Alphonse 1790—1869)——法国诗人,历史学家和政治活动家,40 年代为温和的资产阶级共和派领袖;第二共和国时期任外交部长(1848),临时政府的实际上的首脑。—— 451、456、464、468、735。

拉莫里谢尔,克里斯托夫·莱昂·路易·瑞绍·德(Lamoricière, Christophe-Léon-Louis Juchault de 1806—1865)——法国将军和政治活动家,温和的资产阶级共和党人;30—40 年代曾参加侵占阿尔及利亚,1848 年参与镇压巴黎的六月起义,第二共和国时期任陆军部长(1848 年 6—12 月),制宪议会和立法议会议员(1848—1851);反对拿破仑第三的政府;1851 年十二月二日政变后被驱逐出法国,1857 年回到法国;1860 年曾指挥罗马教皇的军队。——694、754。

拉萨尔,斐迪南(Lassalle, Ferdinand 1825—1864)——德国工人运动中的机会主义代表,1848—1849 年革命的参加者;全德工人联合会创始人之一和主席(1863);写有古典古代哲学史、法学史和文学方面的著作。——383、391、392。

拉斯拜尔，弗朗索瓦·万桑（Raspail, François-Vincent 1794—1878）——法国自然科学家、政治活动家和政论家，社会主义者，《人民之友》的出版者，靠近革命无产阶级；1830年和1848年革命的参加者；第二共和国时期是制宪议会议员（1848）；1849年因参加1848年五月十五日事件被判处六年徒刑，后流亡比利时；1870—1871年普法战争爆发前夜属于资产阶级共和党反对派，后转向资产阶级民主派立场。——451、464、476、482、490、775。

拉斯卡斯伯爵，艾曼纽埃尔·奥古斯坦·迪约多内·马兰·约瑟夫（Las Cases, Emmanuel-Augustin-Dieudonné-Marin-Joseph, comte de 1766—1842）——法国军官和历史学家，拿破仑第一的秘书；1815—1816年曾陪同拿破仑第一前往圣赫勒拿岛。——757。

拉图尔伯爵，泰奥多尔（Latour, Theodor Graf 1780—1848）——奥地利将军，专制君主制度的拥护者；1848年任陆军大臣；1848年10月被维也纳起义者杀死。——621。

拉托，让·皮埃尔·拉莫特（Rateau, Jean-Pierre Lamotte 1800—1887）——法国律师，波拿巴主义者，第二共和国时期是制宪议会和立法议会议员（1848—1851）。——488、489、492、688。

拉维特，威廉（Lovett, William 1800—1877）——英国手工业者，小资产阶级民主主义者；30年代宪章运动领袖，拥护"道德力量"并主张和资产阶级合作。——120。

拉伊特子爵，让·厄内斯特·杜科（La Hitte [Lahitte], Jean-Ernest Ducos, vicomte de 1789—1878）——法国将军，波拿巴主义者，第二共和国时期是立法议会议员（1850—1851）、外交部长和陆军部长（1849—1851）。——534、714、730。

莱昂伯爵夫人（L. 伯爵夫人）（Lehon [Gräfin L.], comtesse de）——比利时驻巴黎公使沙·艾·约·莱昂伯爵的妻子，30—50年代随丈夫住在巴黎，同奥尔良王朝代表人物有联系。——772。

莱奥波德（大公）（Leopold [Grand Duke] 1790—1852）——巴登大公（1830—1852）。——650、656。

莱维，莱昂内（Levi, Leone 1821—1888）——英国经济学家、统计学家和法学家；写有商法方面的著作；理·科布顿的朋友。——75。

赖德律（赖德律-洛兰），亚历山大·奥古斯特（Ledru [Ledru-Rollin], Alexandre-Auguste 1807—1874）——法国政论家和政治活动家，小资产阶级民主派领袖，《改革报》编辑；第二共和国时期任临时政府内务部长和执行委员会委员（1848），制宪议会和立法议会议员（1848—1849），在议会中领导山岳党;1849年六月十三日示威游行后流亡英国,1870年回到法国。——
434、451、460、464、471、473、482、483、490、493—496、501—505、508、521、
535、542、566、609、680、694、699、702。

兰开斯特,约瑟夫(Lancaster, Joseph 1778—1838)——英国教育家。——629。

勒夫洛,阿道夫·艾曼纽埃尔·沙尔(Le Flô〔Leflô〕, Adolphe-Emmanuel-
　　Charles 1804—1887)——法国将军、政治活动家和外交家,保皇党人;秩序
　　党代表人物,第二共和国时期是制宪议会和立法议会议员(1848—1851);
　　1851年十二月二日政变后流亡英国,1859年回到法国;曾任国防政府和梯
　　也尔政府的陆军部长(1870—1871),1871年国民议会议员;曾任驻彼得堡
　　大使(1848—1849和1871—1879)。——690、754。

勒克莱尔,亚历山大(Leclerc, Alexandre)——法国商人,秩序党的拥护者,曾
　　参加镇压1848年巴黎工人的六月起义。——542。

勒麦,克里斯托夫·哥特洛布·亨利希·弗里德里希·冯(Römer〔Roemer〕,
　　Christof Gottlob Heinrich Friedrich von 1794—1864)——德国法学家和政治
　　活动家;1833年起为符腾堡第二议院议员,自由主义反对派的领袖之一,
　　1848—1849年任符腾堡的司法大臣和首相,法兰克福国民议会议员。——
　　574。

勒蒙泰,皮埃尔·爱德华(Lemontey, Pierre-Édouard 1762—1826)——法国历
　　史学家、经济学家和政治活动家,立法议会议员(1791—1792)。——
　　238、239、249。

勒米尼耶,让·路易·欧仁(Lerminier, Jean-Louis-Eugène 1803—1857)——
　　法国法学家和政论家,30年代末为保守主义者,法兰西学院比较法教授
　　(1831—1839),由于学生抗议而离职。——492。

勒穆瓦讷,约翰·玛格丽特·埃米尔(Lemoinne, John-Marguerite-Émile 1815—
　　1892)——法国政论家,《辩论日报》驻英国记者,后为主编。——544。

雷缪扎伯爵,沙尔·弗朗索瓦·玛丽(Rémusat, Charles-François-Marie, comte
　　de 1797—1875)——法国政治活动家、政论家和作家,奥尔良党人,曾任内
　　务大臣(1840);第二共和国时期是制宪议会和立法议会议员(1848—
　　1851),反对拿破仑第三的政府;第三共和国时期任外交部长(1871—
　　1873)。——732。

雷尼奥·德·圣让·丹热利(圣让·丹热利)伯爵,奥古斯特·米歇尔·埃蒂
　　耶纳(Regnault de Saint-Jean d'Angély〔St. Jean d'Angély〕, Auguste-Michel-
　　Étienne, comte de 1794—1870)——法国将军,后为元帅,波拿巴主义者,第
　　二共和国时期是制宪议会和立法议会议员(1848—1851)、陆军部长(1851

政治活动家和哲学家,巴黎大学历史和哲学教授,立宪君主制的拥护者。——
670。

路德,马丁(Luther, Martin 1483—1546)——德国神学家,宗教改革运动的活动
家,德国新教路德宗的创始人,德国市民等级的思想家,温和派的主要代表;
在1525年农民战争时期,站在诸侯方面反对起义农民和城市平民。——
10、22、669。

路特希尔德家族(Rothschild)——金融世家,在欧洲许多国家设有银行。——
67、580、581。

路特希尔德男爵,詹姆斯(Rothschild, James, baron de 1792—1868)——巴黎路
特希尔德银行行长。——448。

路维杜尔(杜山-路维杜尔),弗朗索瓦·多米尼克(Louverture〔Toussaint
L'Ouverture〕, François-Dominique 1743—1803)——海地黑人革命运动的领
袖,18世纪末法国资产阶级革命时期反抗西班牙和英国的统治,1791年参加
海地第一次奴隶起义,1795年被法国国民公会任命为黑人陆军师长和副总
督,1797年任海地武装力量总司令,1800年脱离法国统治而独立,并自任总
统,1803年被法国军队击败后被捕,并带至法国。——485。

路易十四(Louis XIV 1638—1715)——法国国王(1643—1715)。——522、763。

路易十五(Louis XV 1710—1774)——法国国王(1715—1774)。——217、
538、773。

路易十六(Louis XVI 1754—1793)——法国国王(1774—1792),18世纪末法国
资产阶级革命时期被处死。——577。

路易十八(Louis XVIII 1755—1824)——法国国王(1814—1815和1815—
1824)。——670。

路易·波拿巴——见拿破仑第三。

路易-菲力浦-阿尔伯,奥尔良公爵,巴黎伯爵(Louis-Philippe-Albert, duc
d'Orléans, comte de Paris 1838—1894)——法国国王路易-菲力浦一世之孙,
法国王位追求者,称菲力浦七世;1861—1862年站在北部方面参加美国内
战。——547、739—740。

路易-菲力浦一世(路易-菲力浦),奥尔良公爵(Louis-Philippe I〔Louis-Philippe〕,
duc d'Orléans 1773—1850)——法国国王(1830—1848)。——446—448、
450、476、477、479、483、484、511、514、517—519、521、545、547—548、594、
674、676、679—680、686、688、693、704、707、719、739—740、742、743、757、
758、761。

路易-拿破仑——见拿破仑第三。

M

马尔维尔,弗朗索瓦·让·莱昂·德(Maleville, François-Jean-Léon de 1803—1879)——法国政治活动家,奥尔良党人,第二共和国时期是制宪议会和立法议会议员(1848—1851),内务部长(1848 年 12 月下半月),1871 年国民议会议员。——735。

马拉斯特,玛丽·弗朗索瓦·帕斯卡尔·阿尔芒(Marrast, Marie-François-Pascal-Armand 1801—1852)——法国政论家和政治活动家,人权社的领导人,后为温和的资产阶级共和派领袖,《国民报》总编辑;第二共和国时期是临时政府成员和巴黎市长(1848),制宪议会议长(1848—1849)。——464、472、476、478、480、493、501、502、566、670、680、690。

马利·德·圣乔治,皮埃尔·托马斯·亚历山大·阿马布勒(Marie de Saint-Georges, Pierre-Thomas-Alexandre-Amable 人称马利 Marie 1795—1870)——法国律师和政治活动家,温和的资产阶级共和党人,第二共和国时期是临时政府公共工程部长(1848);曾组织国家工场,执行委员会委员,制宪议会议长(1848),后为卡芬雅克政府的司法部长。——462。

马姆兹伯里伯爵,詹姆斯·霍华德·哈里斯(Malmesbury, James Howard Harris, Earl of 1807—1889)——英国政治活动家,托利党人,后为保守党人,曾任外交大臣(1852 和 1858—1859),掌玺大臣(1866—1868 和 1874—1876)。——839—842。

马尼昂,贝尔纳·皮埃尔(Magnan, Bernard-Pierre 1791—1865)——法国将军,后为元帅,波拿巴主义者;30 年代曾参加侵占阿尔及利亚;里昂(1831 和 1849)、利尔和鲁贝(1845)的工人起义及 1848 年巴黎六月起义的镇压者;第二共和国时期是立法议会议员(1849—1851),1851 年为巴黎卫戍司令,1851 年十二月二日政变的策划者之一;第二帝国时期是参议员。——742、751、754。

马赞尼洛(Masaniello 原名托马佐·安尼洛 Tommaso Aniello 1620—1647)——意大利渔民,1647 年那不勒斯王国反对西班牙统治的人民起义的领袖。——753。

玛丽·约瑟夫——见苏,欧仁。

麦格雷戈,约翰(MacGregor, John 1797—1857)——英国统计学家和历史学家,自由贸易派,议会议员,英国皇家银行的创办人,并为董事之一(1849—1856),写有统计学方面的著作。——817。

麦克法林,海伦(Macfarlane, Helen 笔名霍华德·莫滕 Howard Morten)——英国新闻工作者,革命宪章派领袖乔·哈尼出版的《民主评论》(1849—1850)和《红色共和党人》(1850)的撰稿人,马克思和恩格斯的《共产党宣

梅特涅－温内堡公爵，克莱门斯·文策斯劳斯·奈波穆克·洛塔尔（Metternich-Winneburg, Clemens Wenzeslaus Nepomuk Lothar Fürst von 1773—1859）——奥地利国务活动家和外交家，曾任外交大臣（1809—1821）和首相（1821—1848），神圣同盟的组织者之一。——399、576、588—592、594—596、598、612、618。

蒙克，乔治，阿尔比马尔公爵（Monk, George, Duke of Albemarle 1608—1669）——英国将军和政治活动家；17世纪英国资产阶级革命的领袖；初为王党成员，后来是奥·克伦威尔军队将军；1660年曾积极主张英国恢复君主制。——491、722。

蒙塔朗贝尔伯爵，沙尔·福布斯（Montalembert, Charles Forbes, comte de 1810—1870）——法国政治活动家和政论家，奥尔良党人，第二共和国时期是制宪议会和立法议会议员（1848—1851），天主教党的领袖；1851年十二月二日政变时支持路易·波拿巴，但不久又成为他的反对者；1852年起为法兰西学院院士。——522、543、732、741、768。

孟德斯鸠，沙尔（Montesquieu, Charles 1689—1755）——法国哲学家、社会学家、经济学家，18世纪资产阶级启蒙运动的主要代表，立宪君主制的理论家；货币数量论的拥护者；早期资产阶级天赋人权理论的创始人之一。——437。

米切尔（Mitchell）——英国驻广州代办。——844—846。

摩尔根，路易斯·亨利（Morgan, Lewis Henry 1818—1881）——美国法学家、民族学家、考古学家和原始社会史学家，进化论的代表，自发的唯物主义者。——400。

摩莱伯爵，路易·马蒂厄（Molé, Louis-Mathieu, comte 1781—1855）——法国政治活动家，奥尔良党人，曾任首相（1836—1839），第二共和国时期是制宪议会和立法议会议员（1848—1851）；秩序党领导人。——511—512、714、741。

莫尔，约瑟夫（Moll, Joseph 1813—1849）——德国工人运动和国际工人运动的活动家，职业是钟表匠；正义者同盟领导人之一，共产主义者同盟中央委员会委员，1848年7—9月是科隆工人联合会主席，民主主义者莱茵区域委员会委员；1848年科隆九月事件后流亡伦敦，不久改名回到德国，在各地进行宣传鼓动；1849年巴登－普法尔茨起义的参加者，在穆尔格河战斗中牺牲。——554。

莫尔尼公爵，沙尔·奥古斯特·路易·约瑟夫（Morny, Charles-Auguste-Louis-Joseph, duc de 1811—1865）——法国政治活动家，波拿巴主义者，第二共和国时期是立法议会议员（1849—1851），1851年十二月二日政变的策划者之一，曾任内务部长（1851年12月—1852年1月），第二帝国时期是立法团议

N

帕略,玛丽·路易·皮埃尔·费利克斯(Parieu, Marie-Louis-Pierre-Félix, Es-
　　quirou de 1815—1893)——法国政治活动家,第二共和国时期是教育部长
　　(1849—1851)。——730。

帕麦斯顿子爵,亨利·约翰·坦普尔(Palmerston, Henry John Temple, Vis-
　　count 1784—1865)——英国国务活动家,初为托利党人,1830 年起为辉格
　　党领袖,依靠该党右派;曾任军务大臣(1809—1828),外交大臣(1830—
　　1834、1835—1841 和 1846—1851),内务大臣(1852—1855)和首相(1855—
　　1858 和 1859—1865)。——786、790、815、816、819、827—834、838—842。

帕芒蒂耶(Parmentier)——法国厂主和金融家,1847 年因贿赂官吏受
　　审。——521。

帕涅尔,洛朗·安东(Pagnerre, Laurent-Antoine 1805—1854)——法国出版商
　　和政治活动家;资产阶级共和党人;1848 年是临时政府和执行委员会的秘
　　书长,制宪议会议员。——493。

帕西,伊波利特·菲利贝尔(Passy, Hippolyte-Philibert 1793—1880)——法国
　　政治活动家和经济学家,奥尔良党人,七月王朝时期曾数度入阁,第二共和
　　国时期是财政部长(1848—1849)。——514、521。

潘恩,托马斯(Paine, Thomas 1737—1809)——美国政论家,英国人,共和主
　　义者,曾参加美国独立战争和 18 世纪末法国资产阶级革命。——97。

炮弹国王——见斐迪南多二世,斐迪南二世。

佩尔采尔,莫尔(Perczel, Mór 1811—1899)——匈牙利政治活动家和将军,
　　匈牙利 1848—1849 年革命的参加者;革命失败后流亡土耳其,1851 年流亡
　　英国。——621、624、626。

佩尔西尼伯爵,让·吉尔贝·维克多·菲阿兰(Persigny, Jean-Gilbert-Victor-
　　Fialin, comte 1808—1872)——法国政治活动家,波拿巴主义者,第二共和
　　国时期是立法议会议员(1849—1851),1851 年十二月二日政变的策划者
　　之一,曾任内务大臣(1852—1854 和 1860—1863),驻伦敦大使(1855—
　　1858 和 1859—1860)。——736、750。

佩罗,本杰明·皮埃尔(Perrot, Benjamin-Pierre 1791—1865)——法国将军,
　　1848 年参加镇压巴黎六月起义,1849 年为巴黎国民自卫军司令。——
　　731。

配第,威廉(Petty, William 1623—1687)——英国经济学家和统计学家,英国
　　资产阶级古典政治经济学的创始人。——268。

皮尔,罗伯特(Peel, Robert 1788—1850)——英国国务活动家和经济学家,托
　　利党温和派(亦称皮尔派,该派即因他而得名)的领袖;曾任内务大臣

（1822—1827 和 1828—1830），首相（1834—1835 和 1841—1846）；1844 年和 1845 年银行法的起草人；在自由党人的支持下废除了谷物法（1846）。——830、831。

皮亚，让·皮埃尔（Piat, Jean-Pierre 1774—1862）——法国将军，波拿巴主义者；十二月十日会的组织者和领导人。——719。

平托，伊萨克·德（Pinto, Isaac de 1715—1787）——荷兰的大证券交易商和经济学家；写有经济学方面的著作。——193。

蒲鲁东，皮埃尔·约瑟夫（Proudhon, Pierre-Joseph 1809—1865）——法国政论家、经济学家和社会学家，小资产阶级思想家，无政府主义理论的创始人，第二共和国时期是制宪议会议员（1848）。——61、131、216—231、236—260、263—271、292、293、383、391、392、429、540、664、702。

璞鼎查，亨利（Pottinger, Henry 1789—1856）——英国外交官和将军，1841—1842 年任驻华公使，1842 年第一次鸦片战争时期任英军司令，1843 年任香港总督，1847—1854 年任马德拉斯总督。——809、844。

普卜利科拉（普卜利乌斯·瓦莱里乌斯·普卜利科拉）（Publius Valerius Poplicola［Publicola］死于公元前 503 年）——据传说是罗马共和国任期一年的执政官。——669。

普鲁斯，弗雷德里克·威廉·阿道夫（Bruce, Frederick William Adolf 1814—1867）——英国殖民官和外交官，驻华公使（1858—1865）。——826—828、831、835、839—841。

R

日拉，菲力浦（Girad, Philippe 1775—1845）——法国工程师和发明家。——95。

日拉丹，埃米尔·德（Girardin, Émile de 1806—1881）——法国资产阶级政论家和政治活动家；1836—1866 年曾断续地担任《新闻报》编辑，后为《自由报》编辑（1866—1870）；1848 年革命前反对基佐政府，革命时期是资产阶级共和党人，第二共和国时期是立法议会议员（1850—1851），第二帝国时期为波拿巴主义者。——544、728。

日拉丹，德尔芬娜·德（Girardin, Delphine de 1804—1855）——法国女作家，埃·德·日拉丹的妻子。——773。

日罗，沙尔·约瑟夫·巴泰勒米（Giraud, Charles-Joseph-Barthélemy 1802—1881）——法国法学家，保皇党人，曾任教育部长（1851）。——751。

茹安维尔亲王，弗朗索瓦·斐迪南·菲力浦·路易·玛丽，奥尔良公爵（Joinville, François-Ferdinand-Philippe-Louis-Marie, duc d'Orléans, prince de 1818—1900）——法国海军上将,40 年代曾参加侵占阿尔及利亚,1848 年二月革命后流亡英国,1861—1862 年站在北部方面参加美国内战;路易-菲力浦一世的儿子。——740、741、750。

S

萨尔蒂科夫公爵,阿列克塞·德米特里耶维奇（Салтыков, Алексей Дмитрие-вич, князь 1806—1859）——俄国旅行家、作家和艺术家,曾游历印度（1841—1843 和 1845—1846）。——861。

萨尔万迪伯爵,纳尔西斯·阿希尔（Salvandy, Narcisse-Achille, comte de 1795—1856）——法国国务活动家和作家,奥尔良党人,曾任教育大臣和教育部长（1837—1839 和 1845—1849）。——739。

萨兰德鲁兹·德拉莫尔奈,沙尔·让（Sallandrouze de Lamornais, Charles-Jean 1808—1867）——法国工业家,第二共和国时期是制宪会议议员（1848—1849）;1851 年十二月二日政变时支持路易·波拿巴。——753。

萨伊,让·巴蒂斯特（Say, Jean-Baptiste 1767—1832）——法国资产阶级经济学家,庸俗政治经济学的代表人物,最先系统地阐述"生产三要素"论。——25—27、238、670。

塞巴斯蒂亚尼伯爵,奥拉斯·弗朗索瓦·巴斯蒂安（Sébastiani, Horace-François-Bastien, comte de 1772—1851）——法国元帅,外交家;1801—1802 年在土耳其、埃及和叙利亚任拿破仑第一内阁的外交使节;曾任驻君士坦丁堡大使（1806—1807）,外交大臣（1830—1832）,驻伦敦大使（1835—1840）。——469。

赛居尔·达居索伯爵,雷蒙·约瑟夫·保尔（Ségur d'Aguesseau, Raymond-Jo-seph-Paul, comte de 1803—1889）——法国律师和政治活动家,第二共和国时期是立法议会中的秩序党代表。——535。

桑,乔治（Sand, George 原名奥罗尔·杜班 Aurore Dupin 1804—1876）——法国女作家,著有长篇社会小说多种,浪漫主义的民主派代表人物。——275。

桑南夏恩,威廉·斯旺（Sonnenschein, William Swan 1855—1931）——英国出版商,曾出版马克思的《资本论》第一卷英文第一版（1887）以及马克思和恩格斯的其他著作。——64。

僧格林沁（1811—1865）——中国清末将领,蒙古亲王,蒙古科尔沁旗（今属内蒙古）人。——827。

沙尔腊斯,让·巴蒂斯特·阿道夫（Charras, Jean-Baptiste-Adolphe 1810—

1865）——法国军事家和政治活动家,温和的资产阶级共和党人;曾参加镇压1848年巴黎六月起义;第二共和国时期是制宪议会和立法议会议员（1848—1851）,反对路易·波拿巴;1851年十二月二日政变后被驱逐出法国。——664、754。

莎士比亚,威廉（Shakespeare, William 1564—1616）——英国戏剧家和诗人。——7、444、720、731、738、760、841。

尚博尔伯爵,昂利·沙尔·斐迪南·玛丽·迪约多内·达尔图瓦,波尔多公爵（亨利五世）（Chambord, Henri-Charles-Ferdinand-Marie Dieudonné d'Artois, duc de Bordeaux, comte de, Henri V 1820—1883）——法国波旁王室长系的最后代表,查理十世之孙,1830年七月革命后逃亡国外,法国王位的追求者,称亨利五世。——547—548、697、719、738—740、743。

尚加尔涅,尼古拉·安娜·泰奥杜尔（Changarnier, Nicolas-Anne-Théodule 1793—1877）——法国将军和政治活动家,保皇派;第二共和国时期是制宪议会和立法议会议员（1848—1849）,曾参加镇压1848年巴黎六月起义;后为巴黎卫戍部队和国民自卫军司令,曾参加驱散巴黎1849年六月十三日示威游行,1851年十二月二日政变后被逮捕并被驱逐出法国,1859年回到法国;普法战争时期在莱茵军团司令部任职,1871年国民议会议员。——485、491、492、502、508、512、546、550、551、609、689—690、693、699、704、705、721—722、725、726、729—733、736、742、744、750、752、754。

舍尔比利埃,安东·埃利泽（Cherbuliez, Antoine-Élisée 1797—1869）——瑞士经济学家,西斯蒙第的追随者,把西斯蒙第的理论和李嘉图理论的某些原理结合在一起。——207、265。

圣阿尔诺,阿尔芒·雅克·阿希尔·勒鲁瓦·德（Saint-Arnaud, Armand-Jacques-Achille-Leroy de 1801—1854）——法国将军,1852年起为元帅,波拿巴主义者;1836—1851年曾参加侵占阿尔及利亚,曾任陆军部长和陆军大臣（1851—1854）,1851年十二月二日政变的策划者之一,1854年任克里木法军总司令。——690。

圣贝夫,皮埃尔·昂利（Sainte-Beuve, Pierre-Henri 1819—1855）——法国厂主和地主,自由贸易的拥护者,秩序党的代表人物;第二共和国时期是制宪议会和立法议会议员（1848—1851）。——744。

圣路易（Ludwig, der heilige）——513。

圣普里子爵,艾曼纽埃尔·路易·玛丽·德·吉尼亚尔（Saint-Priest, Emmanuel-Louis-Marie de Guignard, vicomte de 1789—1881）——法国将军和外交家,正统派的领袖,第二共和国时期是立法议会议员（1849—

1851）。——740。

圣让·丹热利——见雷尼奥·德·圣让·丹热利（圣让·丹热利）伯爵，奥古斯特·米歇尔·埃蒂耶纳。

圣茹斯特，安东·路易·莱昂·德（Saint-Just, Antoine-Louis Léon de 1767—1794）——法国资产阶级革命的活动家，雅各宾派的领袖，罗伯斯比尔的追随者，1794 年被绞死。——669。

圣西门，昂利（Saint-Simon, Henri 1760—1825）——法国空想社会主义者。——431、575、582。

施蒂纳，麦克斯（Stirner, Max 原名约翰·卡斯帕尔·施米特 Johann Caspar Schmidt 1806—1856）——德国哲学家和著作家，青年黑格尔派，资产阶级个人主义和无政府主义的思想家。——141、144—145、172、174—178、182、197、203、277、292。

施蒂韦，约翰·卡尔·贝尔特拉姆（Stüve, Johann Karl Bertram 1798—1872）——德国政治活动家，自由主义者，曾任汉诺威内务大臣（1848—1850）。——574。

施拉姆伯爵，让·保尔·亚当（Schramm, Jean-Paul-Adam, comte de 1789—1884）——法国将军和政治活动家，波拿巴主义者，曾任陆军部长（1850—1851）。——723、728。

施塔迪昂伯爵，弗兰茨·泽拉夫（Stadion, Franz Seraph Graf 1806—1853）——奥地利政治活动家，1846 年起为加利西亚总督，镇压加利西亚和捷克民族解放运动的策划者之一，1848 年为奥地利帝国国会议员，曾任内务大臣（1848—1849）。——630。

施特劳斯，大卫·弗里德里希（Strauß, David Friedrich 1808—1874）——德国哲学家和政论家，黑格尔的学生；《耶稣传》（1835）和《基督教教义》（1840）的作者；他对圣经的历史性批判奠定了青年黑格尔派的理论基础；1866 年后成为民族自由党人。——131、142、144。

施瓦策，恩斯特·冯（Schwarzer, Ernst von 1808—1860）——奥地利新闻工作者和政治活动家，自由主义者；1848 年为《奥地利总汇报》的创办人和编辑；奥地利帝国国会议员，曾任公共工程大臣（1848 年 7—9 月）。——620。

施瓦尔岑堡公爵，费利克斯·路德维希·约翰·弗里德里希（Schwarzenberg, Felix Ludwig Johann Friedrich Fürst zu 1800—1852）——奥地利国务活动家和外交家；1848 年维也纳十月起义被镇压后任首相兼外交大臣（1848 年 11 月—1852 年）。——597。

梯也尔,阿道夫(Thiers, Adolphe 1797—1877)——法国国务活动家和历史学家,奥尔良党人,曾先后任内务大臣、贸易和公共事务大臣(1832—1836)、首相(1836 和 1840);第二共和国时期是制宪议会和立法议会议员(1848);第三共和国政府首脑(内阁总理)(1871)、总统(1871—1873);镇压巴黎公社的刽子手。——511、515、517、529、543、545、690、697、699、703、714、732、740—742、744、747、750、752、754。

帖木儿(跛帖木儿)(Tīmūr-i-lang [Tamerlane] 1336—1405)——中亚细亚的统帅和征服者,帖木儿王朝(1370—1507)的创立者。——855。

托克维尔,沙尔·亚历克西斯·昂利·莫里斯·克莱雷勒·德(Tocqueville, Charles-Alexis-Henri-Maurice Clérel de 1805—1859)——法国历史学家和政治活动家,正统主义者和立宪君主制的拥护者,第二共和国时期是制宪议会和立法议会议员(1848—1851)、外交部长(1849 年 6—10 月)。——742。

托里尼,皮埃尔·弗朗索瓦·伊丽莎白·勒利永·德(Thorigny, Pierre-François-Elisabeth Leullion de 1798—1869)——法国法学家,波拿巴主义者,1834 年审理里昂四月起义者案件;第二共和国时期任内务部长(1851)。——751。

托马佐·安尼洛——见马赞尼洛。

W

瓦茨,约翰(Watts, John 1818—1887)——英国政论家,早期为空想社会主义者,欧文的信徒;后为资产阶级自由主义者,资本主义制度的辩护士;1853 年在伦敦创办"国民人身保险公司",1857 年在曼彻斯特设立分公司。——21、37、44。

瓦蒂梅尼尔,安东·弗朗索瓦·昂利·勒费夫尔·德(Vatimesnil, Antoine-François-Heinri Lefebvre de 1789—1860)——法国政治活动家,正统主义者,曾任教育大臣和教育部长(1828—1851),第二共和国时期是立法议会议员(1849—1851)。——735。

瓦特,詹姆斯(Watt, James 1736—1819)——英国商人、工程师和发明家,万能蒸汽发动机的设计者。——28、29、92。

瓦伊斯,克劳德·马里乌斯(Vaïsse, Claude-Marius 1799—1864)——法国政治活动家,波拿巴主义者;曾任内务部长(1851 年 1—4 月)。——734。

万德比尔特家族(Vanderbilt)——美国金融和工业巨头世家。——67。

威德,约翰(Wade, John 1788—1875)——英国政论家、经济学家和历史学家。——36、45。

威尔逊,约瑟夫·哈弗洛克(Wilson, Josoph Havelock 1858—1929)——英国工联运动活动家,海员和司炉工全国工会的组织者和主席(1887年起);1892年起多次当选为议会议员,主张同资产阶级合作;第一次世界大战期间为社会沙文主义者。——79。

威尔逊,詹姆斯(Wilson, James 1805—1860)——英国经济学家和政治活动家;议会议员(1847—1859),自由贸易论者;《经济学家》的创办人和编辑;曾任财政部财务次官(1853—1858)、印度财政大臣(1859—1860);货币数量论的反对者。——809、836。

威廉一世(Wilhelm I 1781—1864)——符腾堡国王(1816—1864)。——650。

威廉三世(奥伦治的)(William III of Orange 1650—1702)——尼德兰总督(1672—1702),英国国王(1689—1702)。——257。

韦尔克尔,卡尔·泰奥多尔(Welcker, Karl Theodor 1790—1869)——德国法学家、政治活动家和自由派政论家;1831年起为巴登第二议院温和的自由主义反对派的领袖;1848为巴登驻联邦议会全权代表,1848—1849年是预备议会和法兰克福国民议会议员,属于中间派右翼。——574、583、630。

韦隆,路易·德西雷(Véron, Louis-Désiré 1798—1867)——法国新闻工作者和政治活动家,1848年前为奥尔良党人,后为波拿巴主义者,《巴黎评论》和《立宪主义者报》的所有人和发行人(1844—1852)。——773。

韦奇伍德,乔赛亚(Wedgwood, Josiah 1730—1795)——英国制陶业主和企业家,某种制陶技术的发明者和英国陶器工业的奠基者。——98。

维埃伊拉(Vieyra)——法国上校,波拿巴主义者;1851年任国民自卫军参谋长;1851年十二月二日政变的参加者。——703。

维达尔,弗朗索瓦(Vidal, François 1814—1872)——法国经济学家;小资产阶级社会主义者,路·勃朗的追随者;1848年卢森堡宫委员会书记,第二共和国时期是立法议会议员(1850—1851)。——533、535、541、713、714。

维尔纽夫-巴尔热蒙子爵,让·保尔·阿尔邦(Villeneuve-Bargemont, Jean-Paul-Alban, vicomte 1784—1850)——法国政治活动家和经济学家,封建社会主义的思想家。——231。

维吉尔(普卜利乌斯·维吉尔·马洛)(Publius Vergilius Maro 公元前70—19)——罗马诗人。——514。

维莱尔伯爵,让·巴蒂斯特·赛拉芬·约瑟夫(Villéle, Jean-Baptiste-Séraphin-Joseph, comte de 1773—1854)——法国国务活动家,正统主义者,曾任首相(1822—1828)。——741。

维特凯维奇,伊万·维克多罗维奇(Виткевич, Иван Викторович 死于 1839
年)——俄国军官,驻阿富汗外交代表(1837—1838)。——833、834。

维维安,亚历山大·弗朗索瓦·奥古斯特(Vivien, Alexandre-François-Auguste
1799—1854)——法国律师和政治活动家,奥尔良党人,1840 年任司法大
臣,1848 年任卡芬雅克政府公共工程部长。——479。

魏德迈,约瑟夫(Weydemeyer, Joseph 1818—1866)——德国和美国工人运动
活动家、军官、新闻工作者,"真正的"社会主义者(1846—1847),《威斯特
伐利亚汽船》编辑;曾参加布鲁塞尔共产主义通讯委员会的活动(1846);共
产主义者同盟盟员(在同盟内部一度以"汉斯"的名字通信),德国 1848—
1849 年革命的参加者,《新德意志报》编辑(1849—1850);共产主义者同盟
法兰克福区部领导人(1849—1851);1851 年流亡美国,站在北部方面参加
美国内战;马克思和恩格斯的朋友和战友。——663。

魏特林,克里斯蒂安·威廉(Weitling, Christian Wilhelm 1808—1871)——德
国工人运动活动家,正义者同盟领导人,职业是裁缝;空想平均共产主义理
论家和鼓动家;工人同盟的创始人,《工人共和国报》的出版者;1849 年流
亡美国,晚年接近国际工人协会。——385、392。

文迪施格雷茨公爵,阿尔弗勒德·坎迪杜斯·斐迪南(Windischgrätz, Alfred
Candidus Ferdinand Fürst zu 1787—1862)——奥地利陆军元帅;1848 年镇压
布拉格六月起义和维也纳十月起义;1849 年率领奥地利军队镇压匈牙利革
命。——611、619、622—624、630。

文翰,赛米尔·乔治(Bonham, Samuel George 1803—1863)——英国殖民官
员;1847—1852 年任香港总督兼驻华全权公使和中国商务监督,1853 年曾
访问太平天国国都天京(南京),试探太平军的对外政策。——792、844。

沃邦侯爵,塞巴斯蒂安·勒普雷特尔(Vauban, Sébastien Le Prêtre [Prestre],
marquis de 1633—1707)——法国元帅,军事工程师,写有筑城学和围攻方
面的著作以及经济学著作《王国什一税》。——523。

沃尔弗,弗里德里希·威廉(Wolff, Friedrich Wilhelm 鲁普斯 Lupus 1809—
1864)——德国无产阶级革命家和政论家,职业是教员,西里西亚农民的儿
子,1834—1839 年被关在普鲁士监狱;1846—1847 年为布鲁塞尔共产主义
通讯委员会委员,共产主义者同盟创始人之一和同盟中央委员会委员
(1848 年 3 月起),《新莱茵报》编辑(1848—1849),民主主义者莱茵区域委
员会和科隆安全委员会委员;法兰克福国民议会议员,属于极左派;1849 年
流亡瑞士,1851 年迁居英国,1853 年起在曼彻斯特当教员;马克思和恩格
斯的朋友和战友。——652、658。

级共和党人,第二共和国时期是制宪议会和立法议会议员(1848—1851),1851年十二月二日政变后流亡泽西岛;1855年底被英国当局驱逐出境,1870年回到法国,1871年国民议会议员,1876年为参议员。——515、545、664、707。

约尔丹,西尔韦斯特尔(Jordan, Sylvester 1792—1861)——德国法学家和政治活动家,30年代黑森选帝侯国立宪民主运动的领袖;1848—1849年是法兰克福国民议会议员。——574。

约翰(Johann 1782—1859)——奥地利大公,元帅,曾参加反对拿破仑法国的战争,1809年为奥地利军队指挥官,1848年6月—1849年12月为德意志帝国摄政王。——603、617、648。

约瑟夫一世(Joseph I 1678—1711)——德意志神圣罗马帝国皇帝(1705—1711)。——279。

约瑟夫二世(Joseph II 1741—1790)——奥地利女大公玛丽-泰莉莎的共同执政者(1765—1780),奥地利君主国执政(1780—1790),德意志神圣罗马帝国皇帝(1765—1790)。——591、592。

文学作品和神话中的人物索引

A

阿基里斯——古希腊神话中围攻特洛伊的一位最勇敢的希腊英雄,荷马的
　《伊利亚特》中的主要人物,他同希腊军队的领袖亚加米农的争吵和回到
　自己的营幕去,构成了荷马史诗《伊利亚特》第一章的情节。据传说,阿基
　里斯出生时被母亲海洋女神西蒂斯握住脚跟倒浸在冥河水中,因此他的身
　体除没有浸水的脚跟外,不能被任何武器所伤害,后来,他因脚跟,即他身
　上那个唯一致命的地方中箭而身亡。后人用"阿基里斯之踵"比喻可以致
　命的地方和最弱的一环。——77、682、684。
安泰——古希腊神话中的巨人,海神波赛东和地神盖娅的儿子。战斗时,他
　只要身体不离土地,就能从母亲大地身上不断吸取力量,所向无敌。后来,
　海格立斯发现了他的这个特点,把他举起与地隔开,用手扼死。——507。
奥德赛(乌利斯)——荷马的史诗《伊利亚特》和《奥德赛》中的主要人物,传
　说中的伊大卡岛国王,特洛伊战争时希腊军队领袖,以大胆、机智、善辩著
　称。传说他去过阴曹地府,同一些亡灵谈过话。——630。
奥菲士——古希腊神话中的诗人和歌手,他的歌声使猛兽俯首,顽石点头;他
　曾参加亚尔古船英雄们寻求金羊毛的远航。——502。

B

巴克科斯——古希腊神话中的酒神和快乐之神,又称狄奥尼索斯。据传说,
　他首创用葡萄酿酒,并将种植葡萄和采集蜂蜜的方法传遍四方。祭祀巴克
　科斯的方式是狂欢暴饮和疯狂舞蹈。——722。
巴托洛缪——圣经中的人物。——477、535。
保罗——据圣经传说,是基督教使徒之一;在信基督教之前叫扫罗。——
　658、669、769。
笨伯雅克——法国农民的讽刺性绰号。——460。

彼得——据圣经传说,是基督教使徒之一,三次不认自己的老师。——769。

彼得·施莱米尔——沙米索的中篇小说《彼得·施莱米尔奇遇记》中的主人
　　公,他用自己的影子换来一个神奇的钱袋。——693。

波顿——见尼克·波顿。

波提乏——据圣经传说,是埃及法老的侍卫长,以愚忠和轻信著称。——513。

C

参孙——圣经中古犹太人的领袖,以身强力大著称。据《士师记》记载,参孙
　　以留发不剃而具有神力,曾徒手撕裂狮子,以一块驴腮骨击杀 1 000 非利
　　士人。——507。

D

达摩克利斯——古希腊传说中叙拉古暴君迪奥尼修斯(公元前 4 世纪)的宠
　　臣。他常说帝王多福,于是迪奥尼修斯请他赴宴,让他坐在自己的宝座上,
　　并用一根马鬃将一把利剑悬挂在他的头上,让他知道帝王的忧患。后来用
　　“达摩克利斯剑”比喻随时都可能出现的灾难。——527、712。

大卫——据圣经传说,大卫幼年时撒母耳曾为其敷油,预许他继承扫罗王位。
　　少年时值以色列王扫罗同非利士人作战,遇勇士歌利亚,军中无人能胜他。
　　大卫自请出战,杀死歌利亚。后大卫继扫罗为以色列王。——481、704。

道勃雷——莎士比亚的喜剧《无事生非》中的人物,自大而愚蠢的官吏的化
　　身。——841。

E

厄里斯——古希腊神话中的不和女神;佩琉斯同忒提斯结婚时,因忘了请厄
　　里斯参加婚礼,她就投下了“不和的金苹果”,从而引起了赫拉、雅典娜和
　　阿芙罗狄蒂之间的争执,最后导致了特洛伊战争的爆发。——736。

F

疯狂的罗兰——阿里欧斯托的同名长诗中的主人公。——488、827。

浮士德——歌德同名悲剧中的主要人物。——156、674。

G

戈尔迪——古希腊传说中的弗利基亚国王,据传说,他用乱结把轭系在马车
　　的辕上,牢固不可解,声言能解此结者,得以统治整个亚洲,马其顿王亚历

山大拔剑斩开此结。"斩断戈尔迪之结"一语转意就是以大刀阔斧的方法解决复杂的问题。——550、641。

H

哈巴谷——圣经中的先知。——670。

哈姆雷特——莎士比亚同名悲剧和卡·谷兹科的剧作《维滕贝格的哈姆雷特》中的主要人物。——7、760。

哈努曼——印度传说中的神猴,后来被奉为印度教的毗湿奴的化身之一。——854。

海格立斯——古希腊神话中的一个最为大家喜爱的英雄,以非凡的力气和勇武的功绩著称,他的十二件功绩之一是驯服并抢走地狱之犬塞卜洛士。——115。

好人儿罗宾——英国民间故事中的乐善好施、助人为乐的典型形象;是莎士比亚的喜剧《仲夏夜之梦》中的主要人物。——776。

J

基督——见耶稣基督。

教堂司事——莎士比亚的喜剧《无事生非》中的人物。——841。

K

克拉普林斯基——海涅的诗《两个骑士》中的主人公,一个破落的贵族;克拉普林斯基这个姓是由法文单词 crapule(贪食、饕餮、酗酒以及懒汉、败类的意思)构成的。马克思用克拉普林斯基来暗指路易·波拿巴。——678。

克勒维尔——巴尔扎克的小说《贝姨》中的人物,是暴发户、贪财者和贪淫好色之徒的典型。——773。

L

理查三世——莎士比亚的同名悲剧中的主人公。——738。

罗宾——见好人儿罗宾。

M

马凯尔,罗伯尔——法国演员弗·勒美尔特所塑造的和奥·多米耶画笔下的一个狡诈奸商的典型。罗·马凯尔的形象是对七月王朝时期金融贵族统治的讽刺。——448。

马太——据基督教传说,是十二使徒之一,马太福音的作者。——671、710。

迈达斯——古希腊神话中的弗利基亚国王。据传说,太阳神阿波罗把迈达斯的耳朵变成一对驴耳。又据传说,他获得一种魔法,凡接触的东西都变成金子,结果食物也变成金子,他面临饿死的危险。——484。

美杜莎——古希腊神话中三个蛇发女妖之一,凡是看见她的人都要变成石头;后为柏修斯所杀。转意为可怕的怪物或人。——33。

密纳发——古罗马神话中司智慧、手艺、艺术和战争的女神,也是雅典的保护神,相当于古希腊神话中的雅典娜·帕拉斯。——115。

摩洛赫——古腓尼基和迦太基的宗教中的太阳神、火神和战神,祭祀摩洛赫时要用活人做祭品,因此摩洛赫这一名字成了残忍、吞噬一切的暴力的化身。——802。

摩西——据圣经传说,摩西是先知和立法者,他带领古犹太人摆脱了埃及的奴役并给他们立下了约法。——3、520、744。

N

尼克·波顿——莎士比亚的喜剧《仲夏夜之梦》中的人物,织工,愚蠢的小人物的典型。——720。

涅墨西斯——古希腊神话中的复仇女神,共三人,又称依理逆司或厄默尼德。——503。

P

皮蒂娅——古希腊德尔斐城阿波罗神殿的女巫。——678。

普罗米修斯——古希腊神话中的一个狄坦神,他从天上盗取火种,带给人类;宙斯把他锁缚在悬崖上,令鹰啄他的肝脏,以示惩罚。——6、115。

S

撒巴拉——印度传说中的神牛,在印度教中被奉为财富和土地之神。——854。

撒母耳——据圣经传说,是古犹太先知;卡·谷兹科的悲剧《扫罗王》中的主人公。——665、704。

桑乔·潘萨——塞万提斯的小说《唐·吉诃德》中的人物,唐·吉诃德的侍从。——630。

扫罗——据圣经传说,是第一个以色列王。——481。

扫罗——见保罗。

瑟西——古希腊神话中伊伊亚岛的女巫;她用魔法把奥德赛的同伴变成猪,

而把奥德赛留在岛上近一年；瑟西这个名字后来成了诱人的美女的代名词。——757。

施莱米尔——见彼得·施莱米尔。

舒夫特勒和斯皮格尔勃——席勒的悲剧《强盗》中的人物；丧尽天良的打家劫舍、杀人放火的暴徒。——721。

斯芬克斯——古希腊神话中半截狮身半截美人的怪物。传说它常向过路人提出难猜的谜语，谁猜不出，谁就被它吃掉。后来谜底被奥狄浦斯道破，遂即自杀。今用以隐喻"谜"一样的人物。——458。

斯皮格尔勃——见舒夫特勒和斯皮格尔勃。

所罗门——古犹太王；在中世纪的文学中以英明公正的君主著称。——609。

T

唐·吉诃德——塞万提斯的同名小说中的主要人物。——578、630。

W

乌利斯——见奥德赛。

X

西蒂斯——古希腊神话中的海洋女神，阿基里斯的母亲。——684。

西门——见彼得。

夏洛克——莎士比亚的剧作《威尼斯商人》中的人物，残酷的高利贷者，他根据借约要求从无法如期还债的债户身上割下一磅肉。——3。

许德拉——古希腊神话中堤丰与厄喀德那的后裔，是一个九头怪物，正中的一个头长生不死，杀死许德拉是海格立斯完成的十二件功绩之一。因为怪物正中的那个头砍下后会生出两个头。最后海格立斯想尽办法，终于杀死了怪物。——115。

Y

雅赫维（耶和华）——犹太教中的主神。——769。

雅努斯——古罗马神话中的两面神，有前后两副面孔，一副向着过去，另一副朝向未来，掌管门户出入和水陆交通；后人用雅努斯这一名字比喻口是心非的人。——503、835。

耶稣基督（基督）——传说中的基督教创始人。——59、131、364、673、711。

以西结——圣经中的先知。——769。

约翰——据基督教传说,是基督教使徒之一,是耶稣基督最喜爱的门徒。按习惯说法是启示录、约翰福音和约翰一、二、三书的作者,实际上这些作品是由许多人写成的。——710。

约翰牛——18 世纪英国作家约·阿巴思诺特在 1712 年写的政治讽刺小说《约翰牛传》中塑造的人物——一个急躁、坦率、滑稽的绅士形象,用以影射西班牙王位继承战争中的英国人。后来此名成为英国或英国人的绰号,广为流传。——814、816—820、823、824。

约瑟——圣经中的人物。据创世记记载,是犹太人的祖先雅各的第十一个儿子,被自己的兄弟出卖给埃及,成了埃及法老的侍卫长波提乏的仆人,以仁慈、贤能和正派著称,后成为法老的宰相。——513。

Z

札格纳特——古印度教的大神之一毗湿奴的化身之一。——849、862。

祖莱卡——歌德的诗歌《致祖莱卡》中的主人公。——855。

责任编辑：邓仁娥

装帧设计：曹　春

版式设计：程凤琴

责任校对：赵立新　周　昕

责任印制：栾文驹　贲　菲

图书在版编目（CIP）数据

马克思恩格斯选集　第一卷/中共中央马克思恩格斯列宁斯大林著作编译局编译.
-北京：人民出版社，2012.9（2021.1 重印）
ISBN 978-7-01-010686-1

Ⅰ.马…　Ⅱ.中…　Ⅲ.马恩著作-选集　Ⅳ.A11

中国版本图书馆 CIP 数据核字（2012）第 026648 号

书　　名	马克思恩格斯选集
	MAKESI ENGESI XUANJI
	第一卷
编 译 者	中共中央马克思恩格斯列宁斯大林著作编译局
出版发行	人民出版社
	（北京市东城区隆福寺街 99 号　邮编 100706）
邮购电话	（010）65250042　65289539
经　　销	新华书店
印　　刷	北京新华印刷有限公司
版　　次	2012 年 9 月第 3 版　2021 年 1 月北京第 13 次印刷
开　　本	880 毫米×1230 毫米 1/32
印　　张	32.75
插　　页	2
字　　数	848 千字
印　　数	100,001-120,000 册
书　　号	ISBN 978-7-01-010686-1
定　　价	80.00 元

ISBN 978-7-01-010686-1

9 787010 106861 >